TUTTLE

Concise
Vietnamese
Dictionary

T0160852

TUTTLE

Concise Vietnamese Dictionary

Vietnamese–English
English–Vietnamese

Phan Văn Giưỡng

TUTTLE Publishing

Tokyo | Rutland, Vermont | Singapore

Published by Tuttle Publishing, an imprint of Periplus Editions (HK) Ltd.

www.tuttlepublishing.com

Copyright © 2008, 2015 by Periplus Editions (HK) Ltd.

All rights reserved. No part of this publication may be reproduced or utilized in any form or by any means, electronic or mechanical, including photocopying, recording, or by any information storage and retrieval system, without prior written permission from the publisher.

LCC Card No. 2007943681
ISBN 978-0-8048-4399-7

Distributed by:

North America, Latin America & Europe
Tuttle Publishing
364 Innovation Drive, North Clarendon,
VT 05759-9436 USA.
Tel: 1(802) 773 8930; Fax: 1(802) 773 6993
info@tuttlepublishing.com
www.tuttlepublishing.com

Japan
Tuttle Publishing
Yaekari Building, 3rd Floor
5-4-12 Osaki, Shinagawa-ku
Tokyo 141-0032
Tel: (81) 03 5437 0171; Fax: (81) 03 5437 0755
sales@tuttle.co.jp
www.tuttle.co.jp

Asia Pacific
Berkeley Books Pte. Ltd.
3 Kallang Sector #04-01
Singapore 349278
Tel: (65) 6741 2178; Fax: (65) 6741 2179
inquiries@periplus.com.sg
www.tuttlepublishing.com

25 24 23 22   8 7 6 5 4   2208TP
Printed in Singapore

TUTTLE PUBLISHING® is a registered trademark of Tuttle Publishing, a division of Periplus Editions (HK) Ltd.

CONTENTS

Introduction

The Vietnamese language is part of the Austro-Asiatic family of languages. In the early development of the language, Vietnamese scholars initially used Chinese characters for its official written Vietnamese language. The influx of missionaries from Europe resulted in the romanized form of the language in the 17th century—one that used diacritics to differentiate tones in the language. The use of diacritics became fully assimilated in Vietnamese in the 20th century.

There are about 95 million people in Vietnam and another three million people in other parts of the world who speak Vietnamese.

The English language is the first language for approximately 400 million people residing in Australia, Canada, Ireland, New Zealand, the United Kingdom and the United States of America. It is also the second language for approximately 600 million peo-ple, especially from the former British colonies in Africa, Asia and the Commonwealth, and its use in the business, educational, professional and communications spheres makes it an almost universal language. Many countries and international organizations use English as their official language. With the proliferation of the Internet, it has also become the common language for Internet users.

In the last fifty years, there have been so many changes in both the English and Vietnamese languages in all aspects of life. New terms have been invented to meet the development of society, especially in media and communications. The demand for an inexpensive and up-to-date Vietnamese-English/English-Vietnamese dictionary has grown dramatically in recent years.

We are confident that with its 25,000 entries for every aspect of daily living, the **Tuttle Concise Vietnamese Dictionary** will become an essential tool for English-speaking users as well as Vietnamese who are learning the English language.

Phan Văn Giưỡng

How To Use This Dictionary

This dictionary is in two parts: a Vietnamese-English section and an English-Vietnamese section. The entries in each section are arranged alphabetically, following the English order from A to Z; and according to the Vietnamese tradition for tones and sequence for the Vietnamese-English section.

The components of each headword are as follows:

1. **Headwords are printed in bold**, followed by the word class (given in italics). If the headword has more than one word class, the different classes are numbered:

   ém *v.* to cover up, to hide

   land 1 *n.* đất liền, lục địa; đất, đất đai (để trồng trọt); vùng, xứ sở, địa phương, lãnh thổ; ruộng đất, điền sản **2** *v.* đổ bộ; đưa đến, đẩy vào; được, bắt được; giáng (đòn); (máy bay) hạ cánh; cập bến

2. **Square brackets** are used to give more information for each entry: such as cross-references to other headwords, the past tense and past participle of the English headword, etc:

   phụ hoạ *v.* to echo, to repeat [someone's opinion]

   bear 1 *n.* con gấu: **~ hug** ôm chặt **2** *v.* [**bore; born/borne**] mang, cầm, vác v.v. chịu đựng, sinh (sản), sinh lợi; **to ~ interest** sinh lãi

3. **Meanings of Vietnamese headwords** are in low cases. If the headword has different expressions in Vietnamese, they are separated by a comma (,) and if they have different meanings, they are separated by a semi-colon (;):

   oán *v., n.* to resent, to bear a grudge against; resentment, hatred: **thù oán** to resent; **ân oán** ingratitude and rancor

4. **Extended vocabulary items and sample sentences** using the English headword are first given in English, followed by the Vietnamese translation. In order to avoid repetition of the headword in these extended vocabulary items or sample sentences, the symbol ~ is used to represent the English headword:

   pace 1 *n.* bước đi; dáng/cách đi; tốc độ, nhịp độ: **to keep ~ with** theo/sánh kịp; **to set the ~** nêu gương; **to go at a walking ~** đi từng bước; **to go the ~** đi nhanh; ăn chơi phóng đãng; **to put someone through his/her ~s** thử tài ai, thử sức ai; cho ai thi thố tài năng 2 *v.* đi từng bước, bước từng bước: **to ~ up and down the corridors** đi đi lại lại dọc theo hành lang

For the **Vietnamese–English section**, the extended vocabulary items are separated by semi-colons:

   ra 1 *v.* [SV **xuất**] to exit, to go out, to come out; to go [out] into, to come [out] into; to look, to become; to issue [order **lệnh**], to give [signal **hiệu**, assignment **bài**]: **ra bể** to go to the sea 2 *adv.* out, outside, forth: **không ra gì, chẳng ra gì** to amount to nothing; **bày ra** to display, to show off; **đỏ ra** to become red; **nói ra** to speak up; **nhớ ra** to remember, to call forth; **tìm ra, kiếm ra** to find out; **cửa ra vào** door; **hiện ra** to appear; **hoá ra** to become; it turns out that; **thành ra** to come out; **chia ra** to divide up, to divide into

5. There are a variety of terms used to address the **first and second persons in Vietnamese**. As shown by the following example:

> **bà** **1** *n.* [SV **tổ mẫu**] grandmother; female: **bà ngoại** maternal grandmother; **bà nội** paternal grandmother; **đàn bà** woman, women **2** *pron.* lady/you [used by grandchild to grandmother, first person pronoun being **cháu**]; I [used by grandmother to grandchild, second person pronoun being **cháu**]; you [used to refer to women of a certain age, first person pronoun being **tôi**]

> **tôi** is used for the first person and **cháu** for the second person. The reader can replace these terms with **ông**, **bà**, **anh**, **chị**, em, **tau**, **mày**... depending on age and relationship between the first and second persons.

6. Vietnamese words that are **loanwords** have their Vietnamese pronunciation connected by hyphens (-), for example:

> **a-xít** *n.* acid
> **ki-lô** *n.* [Fr. *kilogram*] kilogram

7. Abbreviations used in this Dictionary are as follows:

Abbreviations	Full word	Vietnamese equivalent
adj.	adjective	**tính từ**
adv.	adverb	**phụ từ**
conj.	conjunction	**kết từ**
f.	female	**giống cái**
intj.	interjection	**cảm từ**
m.	male	**giống đực**

Abbreviations	Full word	Vietnamese equivalent
n.	noun	**danh từ**
num.	numeral	**số từ**
pl.	plural	**số nhiều**
prep.	preposition	**giới từ**
pron.	pronoun	**đại từ**
sing	singular	**số ít**
v.	verb	**động từ**

A Guide to Vietnamese Pronunciation

Vietnamese is a tonal language where no word is conjugated. The Vietnamese alphabet has 29 letters:

a, ă, â, b, c, d, đ, e, ê, g, h, i, k, l, m, n, o, ô, ơ, p, q, r, s, t, u, ư, v, x, y.

The Vietnamese consonants are written as single letters or a cluster of two or three letters, as follows:

b, c, ch, d, đ, g, gh, gi, h, k, kh, l, m, n, ng, ngh, nh, p, ph, qu, r, s, t, th, tr, v, x.

The vowels in Vietnamese are the following: **a, ă, â, e, ê, i/y, o, ô, ơ, u, ư**. Vowels can also be grouped together to form a cluster or a word.

The following tables show the vowels and consonants in Vietnamese pronunciation with their English equivalents.

Vowels

Vietnamese	English	Example	Meaning
a	f*a*ther	**ba**	three
ă	h*a*t	**ăn**	to eat
â	b*u*t	**âm**	sound
e	b*e*t	**em**	younger brother/sister
ê	m*a*y	**đêm**	night
i/y	m*e*	**kim**	needle
o	l*a*w	**lo**	to worry
ô	n*o*	**cô**	aunt

Vietnamese	English	Example	Meaning
ơ	f*ur*	**bơ**	butter
u	t*oo*	**ngu**	stupid
ư	*uh-uh*	**thư**	letter

Consonants

Vietnamese	English	Example	Meaning
b	*b*ook	**bút**	pen
c, k, q	*c*an	**cá**	fish
		kem	ice-cream
		quý	precious
ch	*ch*ore	**cho**	to give
d, gi	*z*ero	**da**	skin
		gì	what
đ	*d*o	**đi**	to go
g/gh	*g*o	**ga**	railway station
		ghe	boat
h	*h*at	**hai**	two
kh	(no real English equivalent)	**không**	no
l	*l*ot	**làm**	to do
m	*m*e; hi*m*	**mai**	tomorrow
n	*n*ot; i*n*	**nam**	south
ng/ngh	si*ng*er	**ngon**	delicious
		nghe	to hear
nh	ca*ny*on	**nho**	grape
ph	*ph*one	**phải**	right
r	*r*un	**ra**	to go out
s	*sh*ow	**sữa**	milk
t	*t*op	**tốt**	good
th	*th*in	**thăm**	to visit
tr	en*tr*y	**trên**	on/ above
v	*v*ery	**và**	and
x	*s*ee	**xa**	far
nh	ca*ny*on	**nho**	grape
ph	*ph*one	**phải**	right

Vietnamese	English	Example	Meaning
r	*r*un	**ra**	to go out
s	*s*how	**sữa**	milk
t	*t*op	**tốt**	good
th	*th*in	**thăm**	to visit
tr	en*tr*y	**trên**	on/ above
v	*v*ery	**và**	and
x	*s*ee	**xa**	far

Tones

The standard Vietnamese language has six tones. Each tone is a meaningful and integral part of the syllable. Every syllable must have a tone. The tones are indicated in conventional Vietnamese spelling by diacritic marks placed over (á, à, ả, ã) or under (ạ) single vowels or the vowel in a cluster that bears the main stress (v).

Vietnamese	Tone name	Tone mark	Description	Example	Meaning
Không dấu	(no)	o	Voice starts at middle of normal speaking range and remains at that level	**ma**	ghost
Sắc	high-rising	ó	Voice starts high and rises sharply	**má**	cheek
Huyền	low-falling	ò	Voice starts at a fairly low and gradually falls	**mà**	but

Vietnamese	Tone name	Tone mark	Description	Example	Meaning
Nặng	low-broken	ọ	Voice falls, then cuts off abruptly	**mạ**	rice seedling
Hỏi	low-rising	ỏ	Voice falls initially, then rises slightly	**mả**	tomb
Ngã	high-broken	õ	Voice rises slightly, is cut off abruptly, then rises sharply again	**mã**	horse

Tone Symbols

The six tones just described are summarized in the following chart to illustrate the differences between them as they are associated with individual words.

	Mid level	High rising	Low falling	Low broken	Low rising	High broken
	Không dấu	Dấu sắc	Dấu huyền	Dấu nặng	Dấu hỏi	Dấu ngã

Vietnamese language has its national standard syntax, morphology and the tone system, although there are some regional variations in pronunciation and accents. There are significant differences in pronunciation and accents between the Northern and Southern people (represented by Hanoi and Saigon respectively). They are as follows:

1. There is no difference in the single vowels between Hanoi and Saigon.
2. There are two vowel clusters /**ưu**/ and **ươu**/ which are pronounced /iu/ and /iêu/ by Hanoi, and /**ưu**/ and /**ươu**/ by Saigon.
3. Differences in the pronunciation of consonants:

Consonant	Sound Hanoi	Saigon	Examples	Pronunciation Hanoi	Saigon
d, gi	/z/	/j/	**dạ** (yes)	/zạ/	/jạ/
r	/z/	/r/	**ra** (out)	/za/	/ra/
s	/x/	/s/	**sau** (after)	/xau/	/sau/
tr	/ts/	/tr/	**trong** (in)	/tsong/	/trong/
v	/v/	/vj/	**vào** (to come in)	/vào/	/vjào/
n	/n/	/ng/	**ăn** (to eat)	/ăn/	/ăng/
t	/t/	/k/	**mặt** (face)	/mặt/	/mặc/

4. Saigonese do not differentiate between the two tones /ʔ/ and /~/; these are pronounced alike.

VIETNAMESE-ENGLISH

VIETNAMESE-ENGLISH

A

a **1** *n.* acre [100 square meters] **chữ viết tắt mẫu Tây** **2 a!** *intj.* Oh! [exclamation term]

a dua *v.* to flatter, to follow

a-lô! *intj.* Hello!

a phiến *n.* (= **thuốc phiện**) opium

A-Phú-Hãn *n.* Afghanistan, Afghan

a tòng *v.* to act as an accomplice

á! *intj.* Oh! Ouch!

Á *n.* Asia, Asian: **Đông Nam Á** Southeast Asia

Á-Căn-Đình *n.* Argentina, Argentine

Á Châu *n.* Asia, Asian: **Đông Nam Á Châu** Southeast Asia

Á Đông *n.* Asia, The East, The Orient, Asian, Eastern, Oriental

à *intj.* Oh! Ah!: **Thế à?** Is that so?

ả *n.* lass, gal, dame, damsel

ả đào *n.* traditional song female singer

Á Rập *n.* Arabia, Arab, Arabian

ạ *intj.* polite particle: **vâng ạ** Yes sir

ác *adj.* cruel [*opp.* **hiền**], severe, fierce; R evil [*opp.* **thiện**]

ác cảm *n.* antipathy, ill-feeling, dislike

ác chiến *n.* a bloody fight

ác liệt *adj.* [of a fight, battle, war] very violent, very fierce

ác miệng *adj.* foul-mouthed

ác mộng *n.* nightmare

ác ôn *n.* wicked thug

ác thú *n.* wild animal

ác ý *n.* malice, ill-will

ách *n.* yoke

ai *pron.* Who?, whom, whoever, everyone, someone, anyone

Ai Cập *n.* Egypt, Egyptian

Ai Lao *n.* Laos, Laotian [see **Lào**]

ái ân *v.* to make love

ái chà! *intj.* Well, well!

ái hữu *n.* friendly society

ái ngại *v.* to feel compassion for

ái lực *n.* affinity

Ái Nhĩ Lan *n.* Ireland, Irish

ái nữ *n.* daughter

ái quốc *adj.* patriotic: **lòng ái quốc** patriotism; **nhà ái quốc** patriot

ái tình *n.* (= **tình yêu**) love

ải *n.* pass, hurdle

am *n.* small Buddhist temple, cottage

am hiểu *v.* to know well, to be familiar with

ám ảnh *v.* to be obsessed, beset

ám hiệu *n.* secret signal

ám muội *adj.* stupid, fishy, shady

ám sát *v.* to assassinate: **vụ ám sát** assassination

ám tả *n.* dictation

an *adj.* safe, secure; R peace: **bình an** (= **yên**) security

an hưởng *v.* to live peacefully, to enjoy peacefully: **an hưởng cuộc đời** to enjoy life peacefully

an khang *adj.* healthy and safe

An Nam *n.* Vietnam [old term]

an ninh *n.* security: **cơ quan an ninh** security service

an nhàn *adj.* to be leisurely: **đời sống an nhàn** a good and easy life

an phận

an phận *v.* to feel smug: **an phận thủ thường** to feel smug about one's present circumstances

an toạ *v.* to be seated

an toàn *adj.* secure, safe

an ủi *v.* to comfort

án *n.* judgment, sentence, verdict: **toà án** court of law

án mạng *n.* murder, homicide

án treo *n.* suspended sentence

áng *n.* literary work: **áng văn chương** literature work

anh **1** *n.* (= **huynh**) elder brother: **anh em** brothers/you; **anh cả** eldest brother; **anh rể** brother-in-law [one's sister's husband]; **anh ruột** blood brother; **anh họ** cousin [one's parent's elder sibling's son] **2** *pron.* **anh** (first person as I [used by elder brother to younger sibling], and as you [used to young man]); he [used of young man])

Anh *n., adj.* Great Britain, England; British, English: **Nước Anh** England, Britain; **tiếng Anh** English; **liên hiệp Anh** the British Commonwealth

Anh Cát Lợi *n.* England, English

anh đào *n.* cherry

anh hùng *n.* hero: **bậc/đấng anh hùng** hero

anh hùng ca *n.* epic

Anh quốc *n.* England

anh thư *n.* heroine

ánh *n.* beam, ray: **ánh nắng** sunlight; **ánh trăng** moonlight

ánh sáng *n.* light: **ánh sáng ban ngày** daylight

ảnh *n.* photograph: **tấm/bức ảnh** (= **hình**); **tranh ảnh** pictures, illustrations; **chụp ảnh** to take photographs; **điện ảnh** movies

ảnh hưởng *n.* influence: **có ảnh hưởng** to influence [**đến** precedes object], to be influential

ao *n.* pond: **ao cá** fish pond

ao ước *v.* to long for, to dream

áo *n.* [SV **y**] blouse, shirt, jacket, tunic: **cái áo** clothes, clothing; **cơm áo** food and clothing

Áo *n.* Austria, Austrian: **nước Áo** Austria

Áo môn *n.* Macao

áo quan *n.* coffin

Áo quốc *n.* Austria

ào ào *adj.* roaring: **chạy ào ào** to rush; **gió thổi ào ào** roaring wind

ảo *adj.* imaginary, illusive: **huyền ảo** mysterious

ảo tưởng *n.* illusion, fancy

áp *v.* to approach, to get close; to stand against: **áp bức** to oppress; **đàn áp** to repress

áp dụng *v.* to apply, to use [method, policy]

áp đặt *v.* to impose, to force on

áp lực *n.* pressure: **áp lực không khí** atmospheric pressure

áp phích *n.* poster, bill

áp suất *n.* pressure

át *v.* to drown out [noise]

áy náy *v.* to be uneasy

Ă

ắc-quy *n.* [Fr. *Accu*] battery

ẵm *v.* to carry [baby] in one's arms

ăn **1** *v.* [SV **thực**] to eat: **ăn cơm** to eat or take a meal **2** *v.* to earn;

to win: **ăn gian** to earn dishonestly; **ăn lương** to earn wages

ăn bận v. to wear clothes, to dress

ăn bớt v. to practice squeezing, to take part of profits

ăn cắp v. to steal, to rob, to pilfer

ăn chay v. to eat vegetarian food

ăn chịu v. to eat on credit

ăn chơi v. to amuse oneself, be a playboy; to eat for fun: **bốn món ăn chơi** four assorted appetizers

ăn cướp v. to rob, to loot, to burglarize

ăn diện v. to dress smartly

ăn gian v. to cheat

ăn trầu v. to chew betel

ăn hại v. to live at the expense of; to be a parasite

ăn hiếp v. to bully, to oppress

ăn hỏi v. to ritually propose, to become engaged

ăn hối lộ v. to take bribes, to be corrupt

ăn khao v. to celebrate a happy event by giving a banquet

ăn mày v. to beg: **người/kẻ ăn mày** beggar

ăn mặc v. to dress, to wear clothes

ăn mừng v. to celebrate: **ăn mừng ngày quốc khánh** to celebrate the National Day

ăn nằm v. to live as husband and wife

ăn năn v., n. to repent; regret

ăn non v. to quit gambling as soon as one has won

ăn ở v. to live; to behave

ăn quịt v. to eat or take without paying

ăn tiền 1 v. to take bribes 2 adj. [slang] to be successful, all right

ăn trộm v. to rob, to burglarize, to steal [as in housebreaking]

ăn vạ v. to make a scene in order to obtain what one wants; [of child] to create a tantrum

ăn vã v. to eat [meat, fish, other food] without rice

ăn vận v. (= **ăn mặc**) to dress

ăn xin v. (= **ăn mày**) to beg

ăng ẳng v. [of puppy] to yelp repeatedly

Ăng Lê n. [Fr. *Anglais*] English: **tiếng Ăng Lê** English language

ăng ten n. [Fr. *antenne*] antenna, aerial: **gắn cột ăng ten truyền hình** to set up an antenna for TV

ấp adj. brimful

ất adv. certainly, surely

Â

âm 1 n. sound, phone: **bát âm** the eight sounds used in music [produced from silk **ti**, bamboo **trúc**, metal **kim**, stone **thạch**, wood **mộc**, earthenware **thổ**, leather **cách**, and the gourd **bào**]; **ngũ âm** the five notes in the pentatonic scale; **bán mẫu âm** semi-vowel; **nguyên âm** vowel; **phụ âm** consonant; **phát âm** pronunciation; **nhị trùng âm** diphthong 2 n. female principle, negative principle, minus, yin [opp. **dương**]: **âm lịch** lunar calendar

âm ba n. sound wave

âm cực n. cathode

âm đạo n. vagina

âm điệu n. tune, melody

âm độ *n.* pitch

âm hộ *n.* vulva

âm hưởng *n.* echo

âm lịch *n.* lunar calendar

âm mưu *n., v.* plot; to plot

âm nhạc *n.* music

âm phủ *n.* hell

âm thanh *n.* sound, tone

âm thầm *v., adj.* quiet, to be profound; silent

âm tiết *n.* syllable

âm tố *n.* sound element

âm vị *n.* phoneme

âm vị học *n.* phonemics

ấm 1 *v., adj.* warm: **nước ấm** warm water 2 *n.* teapot, kettle: **cái ấm nấu nước** kettle

ấm cúng *adj.* snug, harmonious

ấm no *adj.* well off, comfortable

ầm *adj., adv.* noisy; noisily: **ầm ĩ** to be very noisy; noisily

ẩm *adj.* humid, moist, muggy

ân *n.* R kind act [from above], good deed, favor (= **ơn**)

ân cần *adj.* kind, thoughtful

ân hận *v.* to regret, to be sorry

ân nhân *n.* benefactor

ân xá *v.* to proclaim amnesty

ấn *v.* to press [button]; R to print (= **in**): **ấn loát** printing

Ấn *n.* India, Indies, Indian: **Tây Ấn** the West Indies

ấn định *v.* to define, to confirm, to fix [price, rate, date…]

Ấn độ *n.* India

Ấn Độ Dương *n.* Indian Ocean

Ấn Độ giáo *n.* Hinduism

ấn hành *v.* to print, to publish

ấn loát *v., n.* to print; printing: **thiết bị ấn loát** printing facilities; **ấn quán** printing house

ấn tượng *n.* impression, imprint: **gây ấn tượng tốt** to make a good impression

ẩn *v.* to hide: **ẩn nấp** to take shelter; **trú ẩn** to be latent, hidden

ẩn dật *v.* to live a secluded life

ẩn khuất *v.* to be hidden

ẩn náu *v.* to hide oneself, to take shelter

ẩn núp *v.* to hide, to take cover

ấp 1 *n.* hamlet, settlement, farm 2 *v.* to sit on [eggs]

Âu *n.* Europe, European: **Âu Mỹ** Western; **châu Âu** Europe

âu phục *n.* Western clothes

âu sầu *adj., v.* sad, sorrowful; to grieve, to be concerned

âu yếm *v.* to fondle, caress

ấu 1 *adj.* R to be young: **lớp đồng ấu** first grade [primary school] 2 *n.* caltrops: **ăn củ ấu** to eat caltrops

ấu trĩ *adj.* childish, immature

ấu trĩ viên *n.* kindergarten

ẩu *adj., v.* careless, negligent; to disregard rules and regulations

ẩu đả *v.* to fight, to brawl

ấy 1 *adj., pron.* that, those: **chính phủ ấy** that government 2 *intj.* Look! Mind you!

B

ba 1 *num.* [SV **tam**] three: **thứ ba** third; Tuesday; **mười ba** thirteen; **ba mươi/chục** thirty 2 *n.* [Fr. *papa*] dad, father 3 *n.* R wave (= **sóng**): **lò bếp vi ba** microwave

ba ba *n.* turtle

ba chỉ *n.* side: **mua một miếng thịt ba chỉ** to buy a cut of pork-side

ba gai *adj.* rowdy, impolite

ba hoa *adj., v.* talkative; to talk too much; to boast, to brag

Ba Lan *n.* Poland, Polish

ba lăng nhăng *adj.* undisciplined, disorganized; worthless

Ba lô *n.* knapsack, rucksack: **vai mang ba lô** to carry a knapsack on one's shoulder

ba phải *adj.* agreeing with everyone

Ba Tây *n.* Brazil, Brazilian

ba toong *n.* [Fr. *baton*] stick, cane

ba trợn *adj.* unruly, rude

Ba Tư *n.* Persia, Iran; Persian, Iranian

bá 1 *adj.* R one hundred (= **trăm**): 2 *n.* R count, earl, mandarin, title of king's court 3 *v.* R to sow [seeds]: **truyền bá** to spread; **quảng bá** to broadcast

bá cáo *v.* to announce, to publicize, to proclaim

bá chủ *n.* lord, master, ruler

bá quyền *n.* hegemony

bá tước *n.* earl, count

bà 1 *n.* [SV **tổ mẫu**] grandmother; female: **bà ngoại** maternal grandmother; **bà nội** paternal grandmother; **đàn bà** woman, women 2 *pron.* lady/you [used by grandchild to grandmother, first person pronoun being **cháu**]; I [used by grandmother to grandchild, second person pronoun being **cháu**]; you [used to refer to women of a certain age, first person pronoun being **tôi**]

bà con *n.* relative, relation, fellow

bà đỡ *n.* midwife

bà phước *n.* (= **dì phước**) Catholic female priest, sister

bà vãi *n.* Buddhist nun

bả 1 *n.* lure; poison; bait: **bả vinh hoa** the lure of honors 2 *pron.* (= **bà ấy**) she; her

bả vai *n.* flat of shoulder, shoulder blade

bã *n.* residue, waste, dregs: **bã mía** sugar-cane residue

bạ *adj.* anyone; anything; anywhere; at random, haphazardly

bác 1 *n.* uncle [father's elder brother] 2 *pron.* you [used to refer to an uncle, first person pronoun being **cháu**], I [used to refer to a nephew or niece, second person pronoun being **cháu**], you [used to refer to craftsmen, first person pronoun being **tôi**]; you [my child's uncle or aunt; also used to refer to friends]; she, he: **Cháu xin chào bác?** How are you? 3 *v.* to scramble [eggs] 4 *v.* to reject [application, proposal]

bác ái *adj.* humane, tolerant, altruistic

bác bỏ *v.* to reject

bác học *n.* learned man, scholar, scientist: **nhà bác học** scientist

bác sĩ *n.* doctor, medical doctor

bạc 1 *n.* [SV **ngân**] silver; money: **đồng bạc** piastre; **kho bạc** treasury; **tiền bạc** money, currency; **đánh bạc** to gamble 2 *adj.* discolored, faded

bạc bẽo *adj.* ungrateful, unrewarding

7

bạc đãi v. to betray, to treat with indifference, to be ill-treated

bạc hà n. peppermint, mint

bách num. R one hundred (= **trăm**)

bách bộ v. to go for a walk

bách hoá n. all kinds of goods

bách khoa n. polytechnical, encyclopedic; **bách khoa từ điển** encyclopedia

bách phân n. per cent, centigrade

bách thảo adj. botanical: **vườn bách thảo** botanical gardens

bách thú n. zoological: **vườn bách thú** zoo

bạch adj. R white (= **trắng**): **bạch chủng** the white race

bạch kim n. platinum

Bạch Ốc n. (= **Bạch Cung**) the White House

bái v. R to bow, to kowtow, to pay homage to

bài 1 n. text, lesson, script; CL for nouns denoting speeches, newspaper articles; cards: **một bài diễn văn** a speech; **con/lá quân/cây bài** a deck of cards; **chơi bài, đánh bài** to play cards; **dàn bài** outline 2 v. R to be against

bài tiết v. to excrete; to eliminate

bài trí v. to furnish; to decorate

bài trừ v. to abolish; to get rid of [an evil]

bài vở n. class materials; task

bài xích v. to disapprove of; to be against

bãi 1 n. flat expanse, field, stretch [of grass, sand, etc.]: **bãi bể** shore, beach; **bãi đá bóng** soccer field; **bãi sa mạc** desert; **bãi tha ma** graveyard 2 v. R to stop, to cease, to strike: **bãi binh** to cease fighting, to disarm

bãi khoá v. [of students] to strike

bãi thị v. [of market vendors] to strike

bãi trường n. school vacation

bại v. to lose [battle, war], to be defeated (= **thua**): **thất bại** to fail [opp. **thành, thắng**]

bám v. to hang on, to stick, to cling [lấy to]

ban 1 n. section, board, committee, commission: **ban nhạc** orchestra, band 2 n. section of time: **ban ngày** in the daytime; **ban đêm** during the night; **ban nãy** just now, a short while ago; **ban sáng** this morning 3 v. to grant, to bestow, to confer

ban bố v. to issue, to promulgate [laws, regulation]

ban hành v. to issue, to promulgate, to enforce [laws]

ban khen v. to praise, to award

ban phát v. to distribute, to dispense

bán 1 v. [SV **mại**] to sell; to be sold: **bán lại** to resell; **đồ bán nước** traitor, quisling; **bán chịu** to sell on credit; **người bán hàng** salesman, salesgirl 2 adj. semi, half: **bán công khai** semi-official

bán cầu n. hemisphere

bán chính thức n. semi-official

bán đảo n. peninsula: **bán đảo Triều Tiên** the Korean Peninsula

bán kết n. semi-final

bán khai adj. under-developed, uncivilized, backward: **dân tộc bán khai** uncivilized people

bán kính n. radius

bán nguyệt *n.* semi-circular; bimonthly

bán nguyên âm *n.* semi-vowel

bán niên *n.* half year, one semester

bán sống bán chết *adj.* being in danger of one's life

bán thân *n.* bust

bán thân bất toại *n.* hemiplegia

bán tín bán nghi *adj.* doubtful, dubious

bán tự động *adj.* semi-automatic

bàn 1 *n.* table, desk: **cái bàn học** study table; **bàn chân** foot; **bàn chải** brush; **bàn đạp** pedal; **bàn ghế** furniture; **bàn thờ** altar **2** *v.* [SV **luận**] to discuss, to deliberate [**đến, về** about]

bàn bạc *v.* to discuss, to deliberate

bàn cãi *v.* to debate

bàn giao *v.* to transfer, to hand over

bản 1 *n.* edition, copy, impression [CL for scripts, songs, plays, statements, treaties, etc.]: **một bản hiệp ước** a treaty; **một bản báo cáo** a report **2** *n.* R root, base, origin, source (= **gốc**)

bản doanh *n.* headquarters

bản đồ *n.* map

bản lề *n.* hinge

bản năng *n.* instinct

bản ngã *n.* ego, self

bản quyền *n.* copyright

bản sao *n.* a photocopy [of an original document]

bản sắc *n.* character, identity: **bản sắc dân tộc** national identity

bản thảo *n.* draft, rough draft

bản xứ *n.* local/native country

bạn *n.* [SV **hữu**] friend, comrade: **nước bạn** friendly nation; **bạn**

trăm năm spouse, husband, wife

bạn đọc *n.* reader: **trả lời thư bạn đọc** to answer readers' letters

bạn hàng *n.* customer, fellow trader

bang *n.* R state, country, nation: **lân bang** neighboring state; **liên bang** union, federation

bang giao *v.* to have relations with

báng 1 *n.* butt, stock: **báng súng** butt **2** *n.* ascites

bàng bạc *v.* to teem, to overflow

bàng hoàng *adj.* stunned, dumbfounded, stupefied

bàng quan *v.* to look on: **kẻ bàng quan** spectator

bàng thính *v.* to audit [class, course]; to listen in

bảng *n.* sign, placard: **yết lên bảng thông báo** to put up on the notice-board

bánh 1 *n.* cake, pie, pastry: **bánh ngọt** cake; **bánh mì** bread; **bánh bao** dumpling; **bánh bò** sponge cake; **bánh cuốn** steamed rolled rice pancake **2** *n.* wheel: **bánh xe** car wheel; **tay bánh lái** steering wheel

bánh Trung thu *n.* mid-autumn festival cake

bành tô *n.* jacket, coat

bành trướng *v.* to develop, to expand, to spread

bao 1 *pron.* how much, how many; so much, so many; some, any: **Bao giờ?** When?, What time?; **Bao nhiêu?** How much? How many?; **bao giờ cũng được** any time **2** *n.* envelope, bag: **một bao thuốc lá** a pack of cigarettes **3** *v.* to pack, to wrap,

bao che

to cover: **bao bọc** to protect; **bao gồm** to include

bao che *v.* to screen

bao dung *adj.* generous, tolerant

bao phủ *v.* to cover up

bao quát *v.* to embrace, to include

bao tử *n.* stomach: **bệnh đau bao tử** stomach-ache

bao vây *v.* to besiege, to encircle

báo 1 *v.* to announce, to notify, to report **2** *n.* newspaper: **tờ báo hàng ngày, nhật báo** a daily newspaper; **nhà báo** journalist

báo cáo *v.* to report

báo chí *n.* newspaper and magazine; the press: **thông cáo báo chí** press release

báo danh *n.* candidate list

báo động *v.* to alarm, to alert, to be in an emergency

báo giới *n.* the press, media

báo hỉ *n.* wedding announcement

báo hiếu *v.* to show gratitude towards one's parents: **tỏ lòng báo hiếu cha mẹ** to convey one's filial piety towards one's parents

báo hiệu *v.* to give the signal

báo thù *v.* to avenge oneself

báo thức *v.* to wake up: **đồng hồ báo thức** alarm clock

báo tin *v.* to inform, to advise, to announce

bào 1 *v.* to plane **2** *n.* **cái bào** plane: **vỏ bào** shavings **3** *n.* R womb: **đồng bào** compatriot, fellow countryman

bào chế *v.* to produce medicines, to make drugs: **nhà bào chế** pharmacist, pharmacologist

bào chữa *v.* to defend

bào ngư *n.* abalone

bào thai *n.* fetus

bảo *v.* to say [to], to tell [**rằng** that]: **khuyên bảo/răn bảo** to advise

bảo an *n.* security: **Hội đồng Bảo An** the Security Council

bảo đảm *v.* to guarantee, to assure; to register

bảo hành *v.* to give a warranty

bảo hiểm *v.* to insure, to assure, to guarantee

bảo hoàng *v.* to be royalist/ monarchist

bảo hộ *v.* to protect

bảo kê *v.* to register, to insure

bảo mật *v.* to keep secretly, to be confidential

bảo quyến *n.* [precious] family

bảo vật *n.* precious things, valuables (= **quí**)

bảo vệ *v.* to protect, to guard, to preserve (= **giữ**)

bảo tàng viện *n.* museum

bảo thủ *v.* to be conservative

bảo toàn *v.* to keep intact, to preserve perfectly

bảo tồn *v.* to preserve: **bảo tồn văn hoá** to preserve one's culture

bảo trợ *v.* to protect, to sponsor: **quyền bảo trợ** patronage, sponsorship

bảo vệ *v.* to preserve, to guard, to defend

bão *n.* typhoon, storm, hurricane: **cơn/trận bão** storm; **bão tuyết** snowstorm

bão hòa *adj.* saturated

bão táp *n.* violent storm, severe hurricane

bạo *adj.* daring, brave, bold

bạo bệnh *n.* serious illness

bạo chúa *n.* tyrant

bạo dạn *adj.* bold, daring, fearless

bạo động *v.* to be violent

bạo lực *n.* repression, violence

bạo tàn *v.* to be cruel, to be wicked

bất bạo động *adj.* non-violent

bát 1 *n.* eating bowl: **một bát cơm** a bowl of rice **2** *num.* eight (= **tám**): **bát giác** octagon

bát đĩa *n.* bowls and plates; dishes: **máy rửa bát đĩa** dish washer

bát ngát *adj.* immense, limitless

bát phố *v.* to loiter in the streets, to wander about in a shopping center

bát quái *n.* eight-number figure

bạt 1 *adj.* careless, negligent, rash: **bạt mạng** reckless **2** *n.* epilogue **3** *n.* canvas: **nhà bạt** a canvas tent

bạt thiệp *adj.* well-mannered, polite: **con người bạt thiệp** a well-mannered person

bay 1 *pron.* you [plural]: **chúng bay** you all **2** *n.* trowel: **bay thợ hồ** bricklayer's trowel **3** *v.* [SV **phi**] to fly: **sân bay** airport

bày *v.* (= **bầy**) [SV **bài**] to display, to arrange: **tỏ bày** to express, to expose; **trình bày** to present

bày biện *v.* to display, to arrange

bày đặt *v.* to create unnecessarily

bày tỏ *v.* to convey, to express

bày vẽ *v.* to contrive unnecessary things; to show, to teach

bảy *num.* [SV **thất**] seven: **mười bảy** seventeen; **bảy mươi/chục** seventy; **thứ bảy** seventh; Saturday; **một trăm bảy mươi/chục** one hundred and seventy

bắc 1 *v.* to bridge a space with [a plank **tấm ván**, brick **gạch**]: **bắc cầu** to build a bridge **2** *n.* north, northern: **phương bắc** the north; **thuốc Bắc** Chinese medicine; **người Bắc** northerner

Bắc Băng Dương *n.* Arctic Ocean

Bắc bộ *n.* the northern part of Vietnam

Bắc Cực *n.* North Pole

Bắc Đẩu Bội Tinh *n.* Legion of Honor Medal

Bắc Đại Tây Dương *n.* North Atlantic

Bắc Hàn *n.* North Korea

Bắc Kinh *n.* Beijing

Bắc Kỳ *n.* North Vietnam

Bắc Mỹ *n.* North America

bắc phần *n.* the northern part of Vietnam

Bắc Phi *n.* North Africa

Bắc thuộc *n.* Chinese domination

Bắc Việt *n.* North Vietnam

băm 1 *num.* thirty [contraction of **ba mươi**]: **băm sáu** thirty six **2** *v.* to chop

băn khoăn *v.* to be worried, unable to make up one's mind

bắn *v.* [SV **xạ**] to fire, to shoot [**vào** at]; to splash: **bắn tin** to drop a hint, to start a rumor, to spread the news

băng 1 *n.* ice: **đóng băng/kết băng** to freeze **2** *n.* [Fr. *banque*] bank **3** *n.* [Fr. *ruban, bande*] ribbon, band, bandage, tape: **thay băng** to change a bandage

băng bó *v.* to dress a wound

Băng Cốc *n.* Bangkok

băng hà 1 *n.* glacier **2** *v.* [of king] to pass away

băng phiến *n.* naphthalene, moth balls

bằng 1 *adj.* equal to, to be as ... as; to be even, level: **bằng lòng** satisfied; consenting, agreeable; **bằng không** if not, or else **2** *adv.* to be made of [some material], run by [some fuel], use [at means], travel or be transported by **3** *n.* diploma, degree: **lĩnh bằng** to receive a diploma/degree/certificate; **lễ phát bằng** graduation ceremony

bằng cấp *n.* diploma, degree

bằng chứng *n.* (= **bằng cứ**) evidence, proof: **trưng bằng chứng** to give an evidence

bằng hữu *n.* friend(s)

bằng lòng *v.* to agree, to be satisfied

bằng phẳng *adj.* even and flat

bắp *n.* (= **ngô**) corn, maize

bắp cải *n.* cabbage

bắp thịt *n.* muscle: **bắp chân** calf

bắt *v.* [SV **bộ**] to catch, to seize, to arrest; to force

bắt bẻ *v.* to find fault with, to criticize

bắt bớ *v.* to arrest

bắt buộc *v.* to force, to compel; to be obligatory, to be compulsory

bắt chước *v.* to imitate, to mimic

bắt cóc *v.* to kidnap

bắt đầu *v.* to begin, to start

bắt đền *v.* to demand restitution, to ask for compensation

bắt gặp *v.* to come across, to run into

bắt mạch *v.* to take a pulse

bắt mối *v.* to make contact

bắt nạt *v.* to bully

bắt quả tang *v.* to catch in the act

bắt tay *v.* to shake hands [with]; to start

bắt thăm *v.* to draw lots

bắc 1 *adj.* [of wind] northern **2** *n.* pith: **bấc đèn** wick

bậc *n.* step [of stairs], rung [of ladder], category, level

bấm *v.* to press [button, etc.]

bầm *adj.* bruised, black and blue

bẩm *v.* (= **thưa**) to report [to a superior]/[polite particle]

bẩm chất *n.* nature, inborn trait

bẩm sinh *adj.* innate, inborn

bẩm tính *n.* innate character

bấn *v.* to be short of money, to be in trouble

bần 1 *adj.* R poor (= **nghèo**): **bần cùng** very poor **2** *n.* cork

bần đạo *n.* a poor priest

bần cố nông *n.* a poor peasant

bần tăng *n.* a poor monk

bần thần *adj.* haggard, worried

bần tiện *adj.* mean, ignoble

bẩn *adj.* dirty, filthy; stingy: **tay bẩn** dirty hands

bận 1 *adj.* busy, occupied: **bận việc** to be busy **2** *v.* to dress, to wear **3** *n.* time, occurrence: **mỗi bận** each time

bâng khuâng *adj.* melancholic; undecided

bâng quơ *adj.* vague or indefinite [in speech]

bấp bênh *adj.* [of conditions, situation, position] unstable, uncertain

bập bẹ *v.* to jabber, to mutter, to babble

bập bùng *adj.* flickering

bất *adj.* R not, non (= **chẳng**,

không): **bất bình** displeased, unhappy

bất cần v. not to care

bất cẩn adj. careless: **việc làm bất cẩn** careless work

bất chấp v. regardless of; to ignore

bất chính adj. unrighteous

bất công adj. unjust, unfair

bất cộng đái thiên adj. to be deadly [enemies]

bất cứ adj. any: **bất cứ lúc nào** any time, any moment

bất di bất dịch adj. immutable

bất diệt adj. immortal, everlasting

bất đắc dĩ adj. unwilling, reluctant, unavoidable

bất định adj. unstable

bất đồ adv. suddenly, unexpectedly

bất đồng adj. different, uneven, divergent

bất động adj. motionless

bất động sản n. real estate, property

bất hạnh adj. unlucky, unfortunate: **kẻ bất hạnh** a victim

bất hảo adj. bad

bất hợp pháp adj. illegal, unlawful

bất hợp tác v. to be uncooperative; non-cooperative

bất hủ adj. [of character, literary work] to be immortal

bất khả xâm phạm adj. inviolable, unalienable

bất kỳ adj. any; unexpected, unintended

bất luận adj. regardless of

bất lực adj. inefficient, incapable, powerless

bất lương adj. dishonest, crooked

bất mãn adj. dissatisfied with

bất nhã adj. rude, impolite

bất nhân adj. non-benevolent, inhumane

bất quá adv. at most, only

bất tài adj. incapable

bất thình lình v., adv. to act suddenly; suddenly; all of a sudden, unexpectedly

bất thường adj. unusual, extraordinary

bất tiện adj. inconvenient

bất tỉnh adj. unconscious, insensible

bất trị adj. incurable, unruly: **bệnh bất trị** an incurable disease

bật v. to snap, to switch [lights] on

bật lửa n. cigarette lighter

bầu 1 n. bottle gourd, calabash: **quả/trái bầu** a calabash; CL for certain nouns: **bầu nhiệt huyết** enthusiasm **2** n. sphere, globe; **có bầu** to be pregnant **3** v. to elect, to vote [**cho** for]

bầu cử n. election

bây giờ pron., adv. now, at [the] present [time]

bấy giờ adv. at that time

bấy lâu pron., adv. so long, since then

bấy nhiêu pron. that much

bầy n. flock, herd, group, pack

bẩy v. to pry up, to prize: **họ bẩy hòn đá lên** they pry up a slab of stone

bẫy v., n. to trap; to snare; trap, snare: **mắc bẫy** to be trapped

bậy adj., adv. wrong; improperly; nonsense

be n. wine flask

be bét adj. crushed to pulp; completely messed up

bé *adj.* [SV **tiểu**] small, young, little, tiny: **con bé** the little girl; **vợ bé** a concubine; **bé con** a little child

bè **1** *n.* faction, clique, party: **bè lũ, bè đảng** gang, group, party **2** *n.* raft: **đóng cái bè** to build a craft; **tầu bè** boats, ships; **thuyền bè** boats, craft

bè phái *n.* faction, clique, party

bẻ *v.* to break; to bend [something long or flexible] in a curve; to snap; to pick [fruit, flower]; to pinion: **bẻ cành cây** to break a stick

bẽ *adj.* ashamed

bén *adj.* sharp

bén mùi *v.* to become familiar with, to be accustomed to

bèn *adv.* then, instantly, immediately [precedes main verb]

bẽn lẽn *adj.* shy, timid

béo *adj.* fat, plump, stout, obese [*opp.* **gầy, ốm**]; [of dish] greasy

béo bở *adj.* profitable, easy to do

béo tốt *adj.* fat and healthy

bèo *n.* [SV **bình**] duckweed, marsh lentil, water hyacinth

bẹp *adj.* crushed, flattened, put out of shape

bét **1** *adj.* last [in rank], lowest, worst **2** *adj.* wrong, utterly messed up: **nát bét** beaten to a pulp

bẹt *adj.* flattened

bê **1** *n.* calf [of cow]: **thịt bê** veal **2** *v.* to carry with both hands

bê bết *adj.* smeared all over, splashed all over

bê bối *adj.* in a pother, in a stew

bê toong/tông *n.* [Fr. *bêton*] concrete

bê trễ *v.* to leave undone, to neglect

bế *v.* to hold in one's arms

bế mạc *v.* [of a conference] to close, to adjourn, to end, to finish, to be over

bế quan tỏa cảng *n.* the closed-door policy

bế tắc *adj.* obstructed, deadlocked

bề *n.* side, dimension: **bề ngoài** appearance; **bề cao** height

bề bộn *adj.* jumbled, in a jumble, busy, mess

bề mặt *n.* surface, area, appearance

bể **1** *n.* (= **biển**) [SV **hải**] sea; cistern, tank **2** *v.* [of glassware, china, etc.] to be broken (= **vỡ**)

bệ *n.* platform, pedestal; throne

Bệ Hạ *n.* Your Majesty; Your Excellency; Sire

bệ rạc *adj.* slovenly, squalid

bệ vệ *adj.* stately, imposing

bên *n.* [SV **biên**] side; edge; party: **cả hai bên** both sides

bến *n.* landing place, pier, port; bus or railroad station

bền *adj.* strong, durable, solid; long-wearing: **bền bỉ** enduring

bênh *v.* to protect, to defend, to take the side of

bệnh *n., v.* sickness, disease; to be sick: **khám bệnh, xem bệnh** to give or receive a medical examination; **chữa bệnh** to cure a disease

bệnh hoa liễu *n.* (= **bệnh phong tình**) venereal disease

bệnh lý *n.* pathology

bệnh tật *n.* illness and infirmity

bệnh tình *n.* patient's condition,

history of ailment

bệnh viện *n.* hospital, clinic

bếp *n.* kitchen; stove: **người làm bếp** cook, chef; **bếp nước** cooking

bi *n.* [Fr. *bille*] marbles: **chơi bi, đánh bi** to shoot marbles

bi ai *adj.* sorrowful, sad, lamentable, tragic

bi đát *adj.* lamentable, tragic, heart-rending

bi hài kịch *n.* tragedy-comedy

bi kịch *n.* tragedy, drama

bi quan *adj.* pessimistic [*opp.* **lạc quan**]

bi thảm *adj.* tragic: **cái chết bi thảm** a tragic death

bi tráng *adj.* pathetic

bí 1 *n.* pumpkin, squash, winter melon: **quả/trái bí** a pumpkin 2 *adj.* obstructed; constipated; to be stumped

bí ẩn *adj.* hidden, secret

bí danh *n.* pseudonym, pen name

bí hiểm *adj.* mysterious

bí mật *adj., adv.* secret, mysterious; secretly, mysteriously; **công tác bí mật** secret mission

bí quyết *n.* hint, secret [formula]

bí thư *n.* secretary

bí tỉ *adj.* unconscious

bì 1 *v.* to compare: **không ai bì kịp** no one is comparable 2 *n.* skin (= **da**), derm, peel; envelope, bag: **phong bì** envelope; **cho gạo vào bì** to pack rice in bags

bỉ *adj.* scornful or contemptuous of

Bỉ *n.* Belgium, Belgian

bĩ *adj.* cornered, unfortunate, unlucky [*opp.* **thái**]

bị 1 *n.* bag, knapsack 2 *v., adv.* to

suffer or experience something unpleasant or disastrous; to be: **bên bị can** the defendant, the accused [*opp.* **bên nguyên đơn** the plaintiff]

bị cáo *n.* defendant

bị động *adj., adv.* passive; passively

bia 1 *n.* [SV **bi**] tombstone, stone slab, stele: **bia đá** tombstone 2 *n.* bull's eye, target [for archers, marksmen]: **bia đỡ đạn** cannon folder 3 *n.* [Fr. *bière*] beer

bìa *n.* book cover; cardboard: **đóng bìa** to bind [with a hard cover]

bịa *v.* to invent, to fabricate

bịa đặt *v.* to invent, to fabricate

bích chương *n.* poster

bích báo *n.* newspaper posted on the wall

biếc *adj.* [SV **bích**] green or azure blue

biếm hoạ *n.* cartoon

biên 1 *v.* to write down, to note down, to jot down 2 *n.* R edge, border, limit, boundary, frontier

biên bản *n.* report, log, minutes

biên cảnh *n.* frontier area

biên chép *v.* to write, to copy

biên chế *v.* to arrange staff: **giảm biên chế** to cut staff

biên cương *n.* frontier, boundaries, border

biên giới *n.* frontier, border

biên lai *n.* receipt

biên soạn *v.* to edit, to compile, to write

biên tập viên *n.* editor, writer

biên thuỳ *n.* frontier, border

biến 1 *v.* to disappear, to vanish 2 *v.* to change, to turn into

biến cải

biến cải *v.* to change, to transform

biến chuyển *v.* to change, to develop

biến cố *n.* event, happening, occurrence

biến đổi *v.* to change, to fluctuate

biến hoá *v.* to change, to evolve

biến loạn *adj., n.* rebellious; turmoil

biến số *n.* variable number

biến thiên *v.* to change, to vary

biền ngẫu *n.* parallel, couple [stylistics]

biển 1 *n.* [SV hải, dương] sea, ocean: **bãi biển** seashore, beach (= **bể**) **2** *n.* sign, placard

biển lận *adj.* avaricious; fraudulent

biển thủ *v.* to embezzle

biện bác *v.* to discuss, to argue, to explain, to debate

biện giải *v.* to explain

biện luận *v.* to discuss, to argue

biện lý *n.* prosecutor

biện pháp *n.* method, measure, means, procedure

biếng *adj.* lazy; indolent

biết *v.* [SV tri] to know, be aware of: **quen biết** to be acquainted with

biết đâu *adv.* Who knows!

biết điều *adj.* reasonable

biết ơn *adj.* grateful

biệt 1 *adj.* separated, isolated **2** *v.* to disappear without a trace: **đặc biệt** to be special, characteristic, typical

biệt đãi *v.* to treat exceptionally well

biệt động đội *n.* special mobile troops

biệt hiệu *n.* nickname, pen name, pseudonym, alias

biệt lập *adj.* independent, isolated

biệt ly *v.* to be separated, to part

biệt phái *v.* to detail

biệt tài *n.* special talent

biệt thự *n.* countryhouse, villa

biệt xứ *adj.* exiled, banished

biếu *v.* to offer as a gift/present

biếu xén *v.* to make [frequent] gifts

biểu 1 *v.* (= **bảo**) to say to, to tell, to order **2** *n.* table, index, scale, meter: **đồ biểu** chart

biểu diễn *v.* to perform, to demonstrate, to parade

biểu dương *v.* to show, to manifest [a certain spirit **tinh thần**]

biểu đồng tình *v.* to express agreement

biểu hiện *v.* to manifest, to show plainly

biểu lộ *v.* to express, to convey

biểu ngữ *n.* slogan, banner

biểu quyết *v.* to decide, to vote

biểu thị *v.* to show, to express

biểu tình 1 *v.* to demonstrate [as a crowd] **2** *n.* demonstration

biểu tượng *n.* symbol

binh *n.* R soldier, private (= **lính**)/ R military: **nhà binh** the military, **tù binh** prisoner-of-war; **mộ binh** to recruit soldiers; **pháo binh** artillery(man); **binh nhì** private

binh bị *n.* military affairs

binh chế *n.* military system or organization

binh chủng *n.* arms, service, branch

binh đao *adj., n.* pertaining to war; war, warfare, hostilities

binh đội *n.* troops, forces

binh lính *n.* soldiers, troops

binh lực *n.* combat forces, military power

binh mã *n.* troops, army, cavalry

binh ngũ *n.* troops, army ranks

binh pháp *n.* military strategy/tactics

binh phí *n.* military expenses

binh sĩ *n.* soldier, fighter, serviceman

binh thư *n.* military book/manual

binh vận *v.* to carry out agitation and propaganda among enemy troops

bình 1 *v.* to comment, to criticize 2 *n.* vase, pot: **bình hoa** flower vase; **bình chè** teapot; **bình hương** incense burner

bình an *adj.* well, safe: **chúc bạn thượng lộ bình an** to have a safe trip

bình dân *adj.* common, popular, simple-mannered, democratically-mannered

bình dị *adj.* ordinary, simple

bình diện *n.* aspect, facet

bình đẳng 1 *adj.* to be equal, on the same level 2 *n.* equality

bình địa *n.* level ground

bình điện *n.* battery

bình định *v.* to pacify

bình lặng *adj.* quiet and peaceful

bình luận 1 *v.* to comment [**về** on] 2 *n.* commentary, editorial

bình minh *n.* dawn, early morning

bình nguyên *n.* plain

bình nhật *n.* every day

bình phẩm *v.* to comment, to criticize

bình phong *n.* screen [folding screen]

bình phục *v.* to recover [from an illness]

bình phương *n.* square [in mathematics]

bình quyền *n.* equal rights; equality of rights

bình sinh *adv.* in one's lifetime

bình thần *adj.* peaceful, uneventful; indifferent, calm

bình thường 1 *adj.* normal, ordinary 2 *adv.* ordinarily, normally

bình tĩnh 1 *adj.* calm, peaceful 2 *v.* to keep calm

bình yên See **bình an**

bịp *v.* to bluff, to cheat

bít tất *n.* socks, stockings: **một chiếc bít tất** a sock

bít tết *n.* [Fr. *bifteck*] beefsteak

bịt *v.* to cover, to stop up: **bịt mắt** to blindfold

bíu *v.* to cling to, to grasp, to hold

bĩu *v.* to purse [one's lips]

bo bo *adj.* jealously guarding, close, griping

bó *v., n.* to tie in a bundle; bunch: **băng bó** to dress a wound

bó buộc *v.* to compel, to force; [of a system] to be strict, severe

bó tay *v.* to give up, to be unable to do anything

bò 1 *v.* to crawl, to creep, to go on all fours: **loài bò sát** the reptiles 2 *n.* [SV **ngưu**] cow, ox, bull: **loài trâu bò** livestock; **bò cái** cow; **bò đực** bull; **bò con** calf

bỏ *v.* to put, to cast; to leave, to abandon, to give up; to deposit: **bỏ tiền vào ngân hàng** to put/deposit money into the bank

bỏ bê *v.* to neglect

bỏ cuộc

bỏ cuộc v. to give up joining a competition

bỏ dở v. to leave [something] unfinished

bỏ mặc v. to abandon oneself

bỏ mình v. to die [vì for]

bỏ nhỏ v. to make a passing shot

bỏ phiếu v. to cast a vote, to vote

bỏ qua v. to pass, to overlook, to throw away [a chance]

bỏ quên v. to forget

bỏ rơi v. to leave far behind

bỏ sót v. to omit, to leave out, to miss

bỏ tù v. to jail, to put in jail

bỏ túi v. to put into a pocket

bõ adj. worthwhile: **bõ công** worth the trouble

bọ n. insect, worm, flea: **con bọ chó** dog flea, tick

bóc v. to peel [fruit]; to open: **bóc thư** to open the mail

bóc lột v. to rob; to exploit

bọc v., n. to wrap, to cover, to pack; package; parcel, bundle: **bao bọc** to envelop; to protect, to support/aid [relatives]

bói v. to tell one's fortune, to divine: **xem bói** to consult a fortune-teller

bói cá n. kingfisher

bom n. [Fr. bombe] bomb: **ném/ thả bom** to drop bombs; **bom lửa** incendiary bomb; **bom nguyên tử** nuclear bomb

bỏm bẻm v. to chew [betel] a mouthful

bon bon adj. [of vehicles] to run fast

bón 1 v. to fertilize 2 adj. to be constipated

bọn n. small group of people [derogatory]; gang: **nhập bọn** to affiliate oneself with a group

bong v. to get loose, to come off

bong bóng n. bubble, toy balloon, bladder

bóng 1 n. [SV ảnh] shadow, shade, light: **bóng cây** shade of tree; **bóng nắng** sunlight; **chiếu/ chớp bóng** to show movies; **nghĩa bóng** figurative meaning 2 n. [SV cầu] ball, balloon: **bóng bàn** table tennis; **bóng rổ** basketball; **bóng tròn/đá** soccer 3 adj. shiny: **đánh bóng** to polish

bỏng adj. burned, scalded

boong n. [Fr. pont] deck of a ship

bóp 1 v. to squeeze with one's hand, to press: **bóp cò** to pull the trigger; **đấm bóp** to massage 2 n. [Fr. portefeuille] wallet

bóp bụng v. to deny oneself in everything, to suffer

bóp méo v. to distort: **bóp méo sự thật** to distort the truth

bọt n. foam, bubble, suds, lather: **nước bọt** saliva; **bọt bể** sponge

bô n. chamber pot, bedpan

bô bô adj. loud and noisy

bô lão n. village elderly

bố 1 n. father, dad, papa: **bố mẹ** parents; **bố vợ** wife's father; **bố chồng** husband's father 2 n. jute: **vải bố** canvas 3 v. to raid

bố cáo v. to proclaim, to announce: **công bố** to make public; **phân bố** to distribute

bố cục v., n. to arrange; to structure; arrangement; structure

bố thí v. to give alms, to give to charities

bố trí v. to deploy [troops]

bồ 1 n. friend, pal, sweetheart, lover **2** n. bamboo basket

bồ câu n. pigeon, squab, dove

bồ côi adj. (= **mồ côi**) to be an orphan: **bồ côi mẹ** motherless

Bồ Đào Nha n. Portugal, Portuguese

bồ đề n. bodhi tree [Buddhism]

bồ hóng n. soot

bồ hôi n. (= **mồ hôi**) sweat, perspiration

bồ nhìn See **bù nhìn**

bồ nông n. pelican

bổ 1 v. to split, to chop, to open: **bổ củi** to chop wood; **bổ quả dưa** to cut a melon **2** v. to name, to appoint **3** adj. to be nourishing, nutritious; mended; supplementary, complementary: **thuốc bổ** tonic; **tu bổ** to repair, to restore [buildings]

bổ dụng v. to appoint, to nominate

bổ ích adj. to be useful, interesting

bổ khuyết v. to fill [lacuna, position]

bổ nhiệm v. to appoint

bổ túc v. to complement, to supplement, to add to

bộ 1 n. set, series, pack [of cards], suit [of clothes], service, collection, assortment: **bộ bình trà** a set of teapots **2** n. section, part, branch, [government] department, ministry: **Bộ Ngoại giao** Ministry of Foreign Affairs **3** n. appearance, look, gait, mien: **làm bộ làm tịch** to be conceited **4** n. R foot, step (= **bước**); land: **đi/cuốc bộ** to go on foot; **trên bộ** on land

bộ binh n. infantry(man)

bộ điệu n. gesture, attitude

bộ đội n. troops, army

bộ hành n. pedestrian

bộ lạc n. tribe

bộ môn n. subject, department, section, field of specialization or endeavor: **bộ môn tiếng Anh** English subject

bộ trưởng n. minister, secretary

bộ xương n. skeleton

bốc 1 v. to take with one's fingers: **ăn bốc** to eat with one's fingers **2** v. to rise, to emit **3** n. [Fr. boxe] boxing: **đánh bốc** to box [to fight]

bộc lộ v. to expose, to reveal, to show: **bộc lộ tình cảm** to show one's sentiment

bộc phát v. to explode, to break out suddenly

bôi v. to coat, to apply [cream, lotion, pomade]

bôi bác v. to smear

bôi nhọ v. to soil, to discredit, to dishonor, to slander

bối cảnh n. background

bối rối adj. uneasy, perplexed, troubled, confused, bewildered

bồi 1 v. to bank up with earth; R to nourish, to strengthen **2** n. [Fr. boy] houseboy, waiter

bồi bếp n. servants

bồi bổ v. to strengthen, to foster, to increase

bồi bút n. ghost writer

bồi dưỡng v. to feed up, to improve, to cultivate: **bồi dưỡng nghiệp vụ** to foster one's professional ability

bồi hoàn v. to refund money, to reimburse

bồi thường

bồi thường v. to pay damages [**cho** to], to pay compensation for

bồi thẩm n. assessor, juror

bồi thẩm đoàn n. jury

bội v. R to violate, to break [promise, trust]: **phản bội/bội phản** to betray

bội bạc adj. ungrateful, unfaithful: **con người bội bạc** ungrateful person

bội chi adj. overspending

bội phần adj., adv. manifold, many times; extremely

bội số n. multiple

bội thực v. to have indigestion, to have stomach upset

bội tín v., n. to violate a trust; a breach of trust

bội tinh n. medal: **danh dự bội tinh** medal of honor

bội ước v. to break a promise, to violate a pledge

bôn ba v. to run after [honors and wealth]; to wander, to roam

bốn num. [SV **tứ**] four: **mười bốn** fourteen; **bốn mươi/chục** forty

bồn n. vase, basin, bed: **bồn hoa** flower bed

bồn chồn adj. anxious, uneasy, worried

bổn n. See **bản**

bổn phận n. duty, obligation

bộn adj. to be disorderly, confused: **bề bộn** in a mess

bông 1 n. cotton: **áo bông** quilted robe; **chăn bông** padded blanket, quilt 2 n. [SV **hoa**] flower: **pháo bông** fireworks; **vườn bông** park 3 n. [Fr. **bon**] coupon, ration card

bông đùa v. to make a joke

bồng v. to carry [a child] in one's arms; to present [arms **súng**]

bồng bột adj. to be enthusiastic, ardent, eager, ebullient

bồng lai n. fairyland

bổng adj. rising up [in the air], soaring skyward: **lên bổng xuống trầm** [of voice, tone] to go up and down, be melodious

bổng n. salary, payment, bonus, premium, allowance: **lương bổng** salary, pay; **hưu bổng** pension

bỗng adv. suddenly [precedes main verb]: **bỗng chốc** suddenly; **bỗng không** by accident

bột n. flour, powder, farina: **bột mì** wheat flour; **bột ngô** corn meal

bột phát v. to flare up

bơ n. [Fr. **beurre**] butter

bơ phờ adj. disheveled; to be tired, worn out

bơ vơ adj. abandoned, helpless, friendless, lonely

bờ intj. Hello! Hey!

bờ n. edge, rim, bank, limit, border: **bờ cõi** limits, frontier, territory; **bờ bể, bờ biển** seashore, coastline; **lên bờ** to go ashore

bở adj. friable, crumbly; to be gainful

bỡ ngỡ adj. new and inexperienced, at fault

bợ 1 v. to flatter servilely 2 v. to lift with both palms extended

bơi v. to swim (= **lội**); to row/paddle (= **chèo**): **bể bơi** swimming pool; **bơi lội** swimming

bới v. to dig with fingers or paws; to dig up: **bới chuyện** to dig up a story; **bới việc** to find work; **bới lỗi** to find fault/mistake

bởi *conj.* because, since, for; because of, by, on account of, due to: **bởi thế/vậy** therefore, because of that

bơm *v., n.* [Fr. *pompe*] to pump, to inflate; pump, inflator

bờm *n.* mane: **bờm ngựa** mane of horse; **bờm sư tử** mane of lion

bợm *adj.* smart, clever, artful, skillful

bỡn *v.* to kid, to joke, to tease

bợn *n.* dirt, stain, spot, impurity

bớp *v.* (= **bợp**) to slap, to smack

bớt *v.* [*opp.* **thêm**] to lessen, to reduce, to lower, to decrease; to cut down; to be better in health: **bỏ bớt** to reduce, to cut down; **nói bớt lời** to speak less, be less talkative; **bớt mồm, bớt miệng** to talk less, to scold less

bu 1 *n.* mother 2 *n.* coop

bú *v.* to suckle: **cho bú** to nurse, to breast-feed; **thôi bú** to wean

bú dù *n.* monkey: **trông như con bú dù** to look like a monkey

bù 1 *adj.* [of hair **đầu**, **tóc**] ruffled, disheveled 2 *v.* to make up, to compensate for: **chẳng/chả bù với** in contrast with

bù đầu *adj.* very busy

bù khú *v.* to have a rollicking time together; to enjoy each other's company

bù loong *n.* [Fr. *boulon*] bolt

bù lu bù loa *adj., n.* crying lustily, wailing, moaning

bù nhìn *n.* scarecrow, dummy; puppet: **chính phủ bù nhìn** a puppet government

bù trừ *v.* to compensate, to make up: **quỹ bù trừ** compensation fund

bụ *adj.* [of child] plump, chubby

búa *n.* hammer: **búa đinh** claw hammer; **trên đe dưới búa** between the hammer and the anvil

bùa *n.* [SV **phù**] written charm, amulet: **bùa hộ mạng/mệnh, bùa hộ thân** talisman

bục *n.* platform, rostrum, dais

bùi *adj.* having a nutty flavor or buttery taste

bùi ngùi *adj.* sad, melancholic

bụi 1 *n., adj.* dust; dusty: **bụi bặm** dusty 2 *n.* clump, bush, thicket, grove: **bụi tre** a bamboo grove

bụm *v.* to scoop up with one's hands; to cup in one's hands

bún *n.* soft noodles made of rice flour, vermicelli: **mềm như bún** to be soft as rice noodles

bùn *n., adj.* mud, mire; muddy

bùn lầy *adj.* muddy, slushy: **đường sá bùn lầy** muddy road

bủn rủn *adj.* paralyzed, flabby, limp

bủn xỉn *adj.* very stingy; mean

bung *v.* to burst open, to come apart

bung xung *n.* shield; puppet; scapegoat

búng *v.* to flip one's fingers/fillip, to flick

bùng *v.* to flare up, to blow up [precedes or follows main verb]: **cháy bùng** to go up in flames

bủng *adj.* jaundiced, sallow

bụng *n.* belly, stomach, tummy; heart: **xấu bụng** to be mean; **đau bụng** to have a stomach upset

buộc *v.* to bind, to fasten, to tie, to tie up; to compel, to force: **buộc tội** to accuse, to prosecute; **buộc**

lòng to be against one's will

buổi *n.* half a day, session, event, performance; time: **cả hai buổi** all day, morning and afternoon; **buổi trưa** noon; **buổi bình minh** dawn; **buổi hoàng hôn** twilight; **buổi họp** a meeting

buồm *n.* sail: **thuyền buồm** sailboat

buôn *v.* to buy in [in order to sell later]; to trade or to deal in: **bán buôn** to sell wholesale; **buôn bán** to carry on business; **hãng buôn** firm; **tiệm buôn** store; **buôn người** slave trade; **buôn son bán phấn** to be a prostitute

buồn *adj.* sad: **buồn bã, buồn bực, buồn rầu** uninteresting, ticklish; **buồn ngủ** sleepy; drowsy; **buồn nôn, buồn mửa** nauseous, nauseating

buồn bực *adj.* annoyed, angry, displeased

buồn rầu *adj.* sad, melancholic

buông *v.* [SV **phóng**] to let go, to release; to lower [curtain, mosquito netting **màn**], to drop

buông lỏng *v.* to disengage, to spare

buông trôi *v.* to let drift, to loose

buồng 1 *n.* [SV **phòng**] room, chamber; cage: **buồng ăn** dining room; **buồng học** classroom; study room; **buồng khách** living room; **buồng ngủ** bedroom 2 *n.* bunch: **buồng chuối** a bunch of bananas; **buồng phổi lung; buồng trứng** ovary

buốt *v.* [of pain] to be sharp, to be bitter: **gió lạnh buốt** bitter cold wind

buột *v.* to slip, to get loose

búp *n.* bud, shoot: **ngón tay búp măng** tapered fingers

búp bê *n.* [Fr. *poupée*] doll

búp phê *n.* cupboard

bút *n.* writing brush, pen: **bút chì** pencil; **bút mực** pen; **nét bút** handwriting, calligraphy; **người cầm bút** writer; **tuyệt bút** fine piece of writing; **chủ bút** editor [of newspaper]; **bút lông** writing brush

bút chiến *v.* to engage in a polemic [between writers]

bút danh *n.* (= **bút hiệu**) pen name

bút đàm *n.* written conversation

bút nghiên *n.* pen and ink slab; writing materials; academic activities

bút pháp *n.* style of writing

bút tích *n.* written documents

Bụt *n.* Buddha: **ông Bụt** Buddha

bự *adj.* big, large: **trái cam bự** a big orange; **một ông bự** a V.I.P

bứa *n.* mangosteen

bừa 1 *v., n.* to rake, to harrow; harrow: **cày sâu bừa kỹ** to plow deep and rake carefully 2 *adj.* to be disorderly, untidy: **bừa bãi, bừa bộn** to be left untidy, to act disorderly

bữa *n.* meal; a period of time: **bữa ăn/bữa cơm hàng ngày** daily meal; **bữa nay** today; **bữa hổm** that day; **bữa qua** yesterday; **mấy bữa rầy** these few days

bựa *n.* tartar, food particles between or on teeth

bức 1 *adj.* hot and sultry, humid 2 *n.* a unit of board, a piece, a set: **bức tường** a wall; **bức thư** letters

bức thiết *adj.* urgent; pressing

bức xạ *n.* radiation

bực 1 *v., adj.* displeased, annoyed, vexed: **bực mình/bực dọc** to be upset 2 *n.* step [see **bậc**]

bực dọc *v., adj.* testy

bưng 1 *v.* to carry with both hands 2 *v.* to cover, to cup one's hand 3 *n.* resistance area

bưng bít *v.* to cover up; to suppress

bứng *v.* to uproot, to pull up

bừng *v.* [of flames **lửa**] to flare up, to blaze up: **bừng đôi mắt** to open the eyes suddenly

bước *v., n.* to step; step: **rảo bước** to quicken one's step; **lùi bước** to step back; **Bước đi!** Go away! Scram!; **từng bước một** step by step

bước đầu *n.* the initial, at the beginning

bước đường *n.* stages on the road/way

bước ngoặt *n.* turning point: **bước ngoặt lịch sử** the turning point of history

bưởi *n.* pomelo, grapefruit

bướm *n.* [SV **hồ điệp**] butterfly: **ong bướm** flirtation

bướng *adj.* stubborn, bull-headed: **cãi bướng** to argue stubbornly

bươu *v.* to lump; to bump: **bươu đầu** to bump on the head

bướu *n.* hump: **bướu cổ** goiter

bứt *v.* to pick, to pluck off; to scratch: **bứt hoa** to pick flowers; **bứt tóc** to tear one's hair

bưu chính *n.* (= **bưu điện**) postal service

bưu cục *n.* post office

bưu điện *n.* postal service, post office

bưu kiện *n.* parcel post; postal matter

bưu phẩm *n.* postal matter, mail item

bưu phí *n.* mailing cost, postage

bưu phiếu *n.* money order

bưu tá *n.* postman, mailman

bưu thiếp *n.* postcard

bửu bối *n.* valuable thing; magic wand

C

ca 1 *n.* mug: **uống một ca nước** to drink a mug of water 2 *n.* shift: **làm ca đêm** to work the night shift 3 *n.* case: **ca cấp cứu** an emergency case 4 *v.* to sing (= **hát**): **bài ca** a song, melody; **đồng ca, hợp ca** chorus

ca dao *n.* folk song, folk ballad

ca khúc *n.* a song

ca kịch *n.* a play, opera, theater

ca lô ri *n.* calorie

ca nhạc *n.* music and song

ca nô *n.* boat, speed boat

ca tụng *v.* to praise, to eulogize

ca vát *n.* necktie

cá 1 *n.* [SV **ngư**] fish: **món cá** fish dish; **câu/đánh cá** to fish; **người đánh cá** fisherman; **thuyền đánh cá** fishing boat; **cá hộp** canned fish; **cá nước ngọt** fresh water fish; **cá ươn** spoiled or rotten fish; **cá ông voi** whale 2 *v.* to bet, to wager

cá biệt *adj.* particular, individual

cá hồi *n.* salmon

cá hồng *n.* snapper

cá mập *n.* shark

cá nhân *adj.* individual, personal

cá tính *n.* personality

cà *n.* eggplant, aubergine: **cà chua** tomato; **cà tím** eggplant

cà kê *v., adj.* to drag out, to tell a very long yarn; palavering

cà khẳng *adj.* tall and skinny

cà khịa *v.* to pick a quarrel [a fight] with

cà lăm *v.* to stutter, to stammer

cà mèng *adj.* good for nothing, worthless

cà nhom *adj.* very skinny

cà nhắc *v.* to limp

cà phê *n.* coffee, coffee bean: **pha cà phê** to make coffee; **ấm pha cà phê** coffee pot, coffeemaker; **một tách cà phê** a cup of coffee

cà rốt *n.* carrot

cà rá *n.* carat, diamond, ring (= **nhẫn**)

cà kheo *adj.* stilts: **đi cà kheo** to walk on stilts

cà sa *n.* monk's robe

cà vạt *n.* See **ca vát**

cả 1 *adj.* the oldest, the biggest: **con cả** eldest brother 2 *pron.* all, the whole, at all: **cả ngày** all day long; **cả nhà** the whole family; **cả thảy, cả thảy** in all, altogether; **cả hai** both; **hết cả** all, the whole

các 1 *adv.* every, all: **Thưa các ông các bà!** Ladies and gentlemen! 2 *n.* card, visiting card 3 *v.* to pay an extra sum in a trade in

các tông *n.* cardboard

cách 1 *n.* manner, way, method, fashion: **cách thức làm việc** working method; **tìm cách**

đối phó to find out the way to deal with 2 *v.* R to change, to reform; to revoke: **cải cách hành chánh** to reform an administration system 3 *adj.* to be distant from: **xa cách** separated from

cách biệt *v.* to be distant, to separate, to be isolated, to cut off

cách bức *v.* to be indirect, to be distant, to cut off

cách chức *v.* to revoke, to dismiss

cách điện *v.* to insulate

cách mạng *n.* revolution: **cuộc cách mạng kỹ nghệ** the Industrial Revolution

cách mệnh *n.* See **cách mạng**

cách ngôn *n.* maxim, aphorism, saying

cách nhật *adj.* recurrent

cách quãng *adj.* intermittent

cách thức *n.* style, method, way

cách trí *n.* natural science

cách trở *v.* to be difficult, to separate and obstruct

cai 1 *n.* superintendent, jail keeper, corporal: **cai quản** foreman 2 *v.* to abstain from, to quit [habit]: **cai thuốc phiện** to give up smoking opium

cai quản *v.* to supervise, to manage, to administer: **cai quản nhân công** to supervise workers

cai trị *v.* to administer, to govern, to rule

cái 1 *n.* object, thing; CL for most nouns denoting inanimate things and some nouns denoting small insects [such as ants **kiến**, bees **ong** etc.]; CL for single action; single strokes, single blows: **cái đẹp** the beautiful; **một cái bàn** a table; **cái ấy/đó** that one; **mấy/vài cái** a few; **Mấy cái?** How many? **2** *adj.* to be female [opp. **đực**]: **bò cái** cow; **chó cái** bitch **3** *adj.* main, principal, largest: **đường cái** main road, highway; **sông cái** big river [Red River in North Vietnam]

cài *v.* to fasten; to bolt; to shut: **cài áo** to fasten clothes; **cài khuy** to button; **cài tóc** to fasten hair

cải 1 *n.* cabbage: **củ cải** beets; **cải hoa** cauliflower **2** *v.* R to change, to reform (= **đổi**): **biến cải, canh cải** to reform; **hoán cải** to change

cải cách *v., n.* to reform; reform: **cải cách xã hội** social reform

cải chính *v.* to deny; to rectify, to correct

cải dạng *v.* to disguise oneself

cải giá *v.* [of widow] to marry again, to remarry

cải hoá *v.* to change, to convert:

cải lương *v., n.* to improve, to reform; renovated theater, modern play

cải táng *v.* to reinter for reburial [a body]

cải tạo *v.* to reconstruct, to reform, to re-educate

cải thiện *v.* to improve

cải tiến *v.* to improve, to ameliorate

cải tổ *v.* to reorganize, to reshuffle: **cải tổ nội các** to reshuffle the cabinet

cải trang *v.* to disguise oneself

cải lão hoàn đồng *v.* to rejuvenate

cải tử hoàn sinh *v.* to revive, to resuscitate

cãi *v.* to argue, to deny, to retort, to discuss, to quarrel

cãi cọ *v.* to quarrel, to argue with someone

cãi lộn *v.* to quarrel

cãi vã *v.* to argue, to debate

cam 1 *n.* orange: **bốc cam** to peel an orange; **nước cam** orange juice, orange drink; **mầu da cam** orange-colored; **mứt cam** marmalade **2** *v.* to be resigned [to]: **cam chịu** to content oneself with; **cam đoan** to guarantee; **cam tâm** to resign oneself to

cam thảo *n.* liquorice

cám *n.* bran

cám ơn *v.* to thank, thank you

cám dỗ *v.* to tempt, to seduce:

cảm 1 *v.* to feel, to be affected by, to be touched: **cảm động** to be moved; **thiện cảm** sympathy; **đa cảm** very sensitive **2** *v.* to catch cold: **cảm lạnh** to catch cold

cảm động *v., adj.* to be moved, to be touched; emotional

cảm giác *v., n.* to feel; feeling, sensation

cảm hứng *n.* inspiration

cảm kích *v.* to be touched, to be moved

cảm phục *v.* to admire

cảm tạ *v.* to express one's gratitude; to thank

cảm tình *n.* sympathy, affection; feeling, sentiment

cảm thông *v.* to comprehend, to sympathize with

cảm tử *v.* to volunteer for death

cảm tưởng *n.* impression, imprint, remarks, comment

cảm xúc *v., n.* to be moved, to be affected; feeling, emotion

can 1 *v.* to concern, to involve, to be interested [**đến** precedes object]: **liên can** to be implicated, to be convicted for; **bị can** the accused; **không can gì/chi** it doesn't matter 2 *v.* to stop a quarrel or a fight; to dissuade, to advise [against something]; R to intervene, to interfere 3 *n.* one of the system of ten Heaven's Stems used for indicating serial order or reckoning years: **thập can: giáp, ất, bính, đinh, mậu, kỷ, canh, tân, nhâm, quí** the ten Heaven's Stems

can dự *v.* to be implicated, to have something to do with

can đảm *adj., n.* courageous; courage

can hệ *v.* to be vital, to concern

can ngăn *v.* to advise [against something], to stop doing something

can thiệp *v.* to intervene, to interfere

cán 1 *n.* straight handle [of a tool]: **cán dao** a handle of a knife 2 *v.* to run over; to grind

cán bộ *n.* cadre: **cán bộ y tế** healthcare worker

cán cân *n.* balance

cán sự *n.* technician: **cán sự y tế** healthcare worker

càn 1 *v.* to rush through, to raid, to mop up 2 *adj.* to be inconsiderate; arbitrary; wanton

cản *v.* to hinder, to stop, to block, to prevent

cản trở *v.* to hinder, to prevent, to obstruct: **cản trở giao thông** to obstruct the traffic

cạn 1 *adj.* dried up: **khô cạn** dried 2 *v.* no more to say; finished: **cạn chén** to empty the cup; **cạn tiền** without any money

cáng 1 *n.* stretcher, litter, palanquin: **người khiêng cáng** stretcher bearer 2 *v.* to carry on a stretcher or litter

cáng đáng *v.* to take charge of; to assume the responsibility

càng 1 *adv.* increasingly, all the more, the more: **càng ngày càng nghèo** becoming poorer and poorer every day 2 *n.* shaft [of carriage **xe**], claw; nipper: **càng cua** nipper of crab

cảng *n.* R port, harbor: **thương cảng** commercial port; **xuất cảng** to export; **nhập cảng** to import

canh 1 *n.* soup, broth: **chan canh vào cơm** to pour soup over the rice 2 *v.* to watch over, to guard: **lính canh** sentry, guard

canh cải *v.* to change, to reform

canh gác *v.* to guard, to watch

canh giữ *v.* to guard, to defend, to protect

canh nông *n.* agriculture

canh phòng *v.* to watch, to defend, to be vigilant

canh tác *v.* to cultivate, to do farming

canh tân *v.* to modernize, to reform: **canh tân giáo dục đại học** to reform the higher education system

cánh *n.* wing [of bird **chim**], a leaf, a side: **cánh cửa** door flap; **cánh buồm** sails; **cất cánh** [of a plane] to take off; **cánh tay phải** the righthand man

cành *n.* branch, bough, twig, limb

cảnh *n.* landscape, view, scenery, sight, scene, site, spectacle; condition, state, plight: **tả cảnh** to describe the scene

cảnh cáo *v.* to warn; to arouse, to alarm

cảnh bị *v., n.* to guard; guard, police, patrol

cảnh binh *n.* military police

cảnh cáo *v.* to warn

cảnh huống *n.* situation, plight

cảnh ngộ *n.* situation, plight

cảnh sát *n.* police, policeman: **lính cảnh sát** police force; **sở cảnh sát** police station

cảnh sát cuộc *n.* police station

cảnh trí *n.* landscape, sight, view, scenery

cảnh tượng *n.* spectacle, scene, view

cảnh vật *n.* nature; spectacle

cạnh *n., adv.* side, edge, ridge; to be beside: **bên cạnh nhà tôi** next to my house; **khía cạnh** angle, aspect

cạnh tranh *v.* to compete with: **cạnh tranh để sinh tồn** to struggle for life

cao 1 *adj.* tall, high; to excel [in a game]; exalted, lofty, noble: **làm cao** conceited; **bề cao** height; **độ cao** altitude **2** *n.* ointment; jelly; glue: **thuốc cao** herbal ointment

cao cả *adj., adv.* to be great, noble; greatly, nobly

cao cấp *adj.* high-ranking, top-ranking, top level

cao cường *adj.* superior, excellent

Cao Đài *n.* Caodaist, Caodaism

cao đẳng *adj.* higher education: **trường cao đẳng** college

cao độ *n.* pitch, height, altitude

cao học *n.* post-graduate studies

cao hứng *adj.* inspired, elated

cao lâu *n.* restaurant

cao lớn *adj.* tall, high

cao lương mỹ vị *n.* exquisite dishes, the best food

Cao-Ly *n.* Korea; Korean (= **Triều tiên**, **Hàn quốc**): **Bắc Cao Ly** North Korea

Cao Mên *n.* (= **Cao Miên**) Cambodia; Cambodian, Khmer

cao minh *adj.* intelligent, far-sighted, enlightened

cao nguyên *n.* uplands, highlands

cao niên *adj.* elderly, old

cao quý *adj.* noble

cao ráo *adj.* high, tall; good-looking

cao sang *adj.* noble

cao su *n.* rubber: **rừng cao su, đồn điền cao su** rubber plantation; **súng cao su** sling; **kẹo cao su** chewing gum

cao tăng *n.* eminent monk

cao tần *n.* high frequency

cao thượng *adj.* noble, magnanimous

cao trào *n.* movement, high tide

cao vọng *n.* ambition

cao xa *adj.* far-reaching, exalted; utopian, unrealistic

cao xạ *n.* anti-aircraft

cáo 1 *n.* fox (= **chồn**) **2** *v.* to announce, to report; R to indict; to feign [illness, etc.] so as to take leave or decline an invitation; **báo cáo** to report; **cảnh cáo**

to warn; **bị cáo** the defendant; **tố cáo** to denounce, to charge; **kính cáo, cẩn cáo** respectfully yours [at the end of an announcement]

cáo bạch *n.* leaflet, handbill, announcement, advertisement

cáo bệnh *v.* to feign illness

cáo biệt *v.* to take leave of; to say goodbye

cáo chung *v.* to announce its own end

cáo giác *v.* to denounce

cáo già *adj.* foxy, clever, crafty

cáo phó *n.* death announcement

cáo thị *n.* announcement, proclamation, notice

cáo trạng *n.* charge, indictment

cáo tri *v.* to inform, to notify

cáo từ *v.* to take leave; to say goodbye

cào *v.* to scratch, to claw; to rake

cào cào *n.* grasshopper, locust

cảo *n.* draft.

cạo *v.* to scrape, to scratch, to graze, to peel, to shave: **cạo đầu** to have or give a haircut

cạo giấy *n.* clergy; bureaucrat clergy

cát *n.* [SV **sa**] sand: **bãi cát** beach, sandbank; **cồn cát** sand dune; **đống cát** sand pile; **đất cát** sandy soil; **đất cát** land [as property]; **đãi cát** to pan sand; **đường cát** granulated sugar

cát tuyến *n.* secant

cau 1 *v.* to frown: **cau mày, cau mặt** to scowl 2 *n.* areca palm: **quả cau** areca nut

cáu *adj.* dirty

cáu kỉnh *adj.* furious

cáu tiết *adj.* furious

càu nhàu *v.* to grumble

cay *adj.* to be peppery hot; hot

cay cú *v.* to have a passion for [card game, etc.]; **ghét cay cú** to hate

cay đắng *adj.* bitter, miserable, painful

cay độc *adj.* cruel, malicious

cay nghiệt *adj.* stern; cruel

cáy *n.* small crab: **nhát như cáy** to be a coward; shy; to be a chicken

cày *n., v.* plow: **cày cấy** to do farming

cạy *v.* to prise up

cậy *v.* to rely on as an asset

cắc *n.* (= **hào**) dime

cắc kè *n.* chameleon, gecko

căm *v.* to bear a grudge against

căm phẫn *v.* to feel indignant

căm thù *v.* to hate and resent; to feel a vindictive hatred for

cắm *v.* to plant, to thrust, to pitch [tent **lều**]: **cắm trại** to camp

cằm *n.* chin: **râu cằm** beard [as opp. to **râu mép** mustache]

cặm cụi *v., adj.* to be absorbed in a task; completely wrapped up in

căn 1 *n.* R root (= **rễ**); cause, origin, source: **thâm căn cố đế** to be deep-rooted 2 *n.* flat, apartment, compartment: **căn nhà** house

căn bản *n., adj.* base, basis, fundamentals, background; to be basic, fundamental: **khoá căn bản tiếng Anh** a basic English course

căn cơ *n., adj.* thrifty, economical; thrift

căn cứ *n., v.* basis; to base on

căn cước *n.* identity: **giấy căn cước, chứng minh nhân dân**

identity card

căn dặn *v.* to repeat advice/suggestion/recommendation, to remind

căn duyên *n.* origin, cause

căn nguyên *n.* root; source, cause

căn số *n.* root [math]

cắn *v.* to bite, to sting

cắn răng *v.* to bear, to endure: **cắn răng mà chịu** to endure in silence

cắn rứt *v.* to gnaw; to worry

cằn *adj.* stunted, dwarfed, impoverished

cằn nhằn *v.* to grumble, to complain

cặn *n.* deposit, residue, lees, dregs

cặn kẽ *adj.* careful, thorough, detailed

căng *v.* to stretch, to spread: **căng da** to stretch the skin

căng thẳng *adj.* [of situation] tense; fully stretched

cẳng *n.* paw; leg (= **chân**): **rộng cẳng** to have much freedom, much leeway

cấp 1 *v.* to carry under one's arms (= **đội, vác, khuân, khiêng, xách, gánh, quẩy, mang**) 2 *v.* to steal, to swipe, to pilfer: **ăn cấp vặt** petty theft

cặp 1 *n.* pair, couple: **cặp vợ chồng** married couple 2 *n.* brief bag, briefcase 3 *v.* to nip, to grip

cắt 1 *v.* to assign [to a specific job]: **cắt cử, cắt đặt; cắt lượt, cắt phiên** to assign on a rotation basis 2 *v.* to cut, to carve [meat thịt etc.]: **cắt (làm, ra làm) hai/đôi** to cut in two; **cắt nghĩa** to explain; **cắt áo** to make a dress

câm *adj., v.* to be dumb, mute; to hold one's tongue

cấm *v.* to forbid, to prohibit, to ban [**ngặt, tiệt** strictly]: **Cấm hút thuốc.** No smoking.; **Cấm vào.** Do not enter.; **Cấm khạc nhổ.** No spitting.; **Cấm dán giấy.** Post no bill.; **nghiêm cấm** to prohibit categorically

cấm chỉ *v.* to prohibit, to forbid

cấm cố *v.* to detain

cấm địa *n.* forbidden area

cấm đoán *v.* to interdict; to prevent arbitrarily

cấm vận *v.* to sanction, to embargo

cầm 1 *v.* to hold, to take hold of; to retain; R to capture: **cầm bắt** to arrest; **giam cầm** to detain; **cầm được nước mắt** to hold back tears; **nhà cầm quyền** the authorities; **cầm lấy** to take 2 *v.* to pawn: **tiệm cầm đồ** pawnshop 3 *n.* R lute, guitar, musical instrument (= **đàn**): **dương cầm** piano; **khẩu cầm** harmonica; **phong cầm** organ; **vĩ cầm** violin; **Hạ uy cầm** Hawaiian guitar

cầm bằng *v., adv.* to consider as; as if

cầm cập *v.* to tremble like a leaf; to clatter: **run cầm cập** to shiver with teeth clattering

cầm chắc *v.* to be sure; to hold something for certain

cầm chừng *v., adv.* to take one's time, to take it easy; half-heartedly, perfunctorily

cầm cự *v.* to resist; to contend

cầm hơi *v.* to survive; to maintain enough for living

cầm lái *v.* to drive

cầm lòng *v.* to keep back emotions; to hold back one's feeling

cầm quyền v. to be in power, to hold power

cầm thú n. animals

cầm thạch n. marble

cân 1 v. to weigh; to equal, to balance, to scale **2** n. **máy cân** weighing machine; **cân ta** Vietnamese pound, catty; **lên cân** to gain weight **3** adj. balanced

cân đối adj. well-proportioned

cân não n. nerves and brain

cân nhắc v. to consider carefully; to weigh [pros and cons]

cần 1 v. to be needed, to be urgent, to want: **cần kíp, cần cấp** to be urgent; **cần thiết** necessary, essential **2** n. pole, rod: **cần câu** fishing rod **3** n. water parsnip: **rau cần** celery

cần cù adj. (= **cần mẫn**) industrious, hard-working

cần kiệm adj. thrifty

cần lao adj. laborious: **giao cấp cần lao** labor classes

cần thiết adj. essential, needed, wanted

cẩn 1 adj. R cautious, careful: **cẩn thận** be careful; **bất cẩn** careless **2** v. to inlay, to incrust (= **khảm**)

cẩn phòng v. to be vigilant

cẩn thận adj. careful, cautious, attentive

cận adj. R to be near (= **gần**, opp. **viễn**): **thiển cận** short-sighted, to be shallow; **thân cận** to be close, intimate

cận đại n., adj. modern times; modern

cận Đông n. Near East

cận kim n. See **cận đại**

cận sử n. modern history

cận thị adj. short-sighted

cận vệ n. imperial guard, bodyguard

cấp 1 v. to grant, to bestow, to confer: **cấp giấy phép** to issue a permit; **trợ cấp** to subsidize **2** n. level, step; rank, degree, grade: **bằng cấp** diploma, degree; **sơ cấp** primary level; **trung cấp** intermediate level; **cao cấp** advanced level, high ranking

cấp bách adj. urgent, pressing

cấp báo v. to notify immediately

cấp bậc n. grade, class, rank

cấp cứu v. to give emergency aid/first aid [to]: **cấp cứu người bị nạn** to give emergency aid to injured people

cấp dưỡng v. to provide relief for

cấp phát v. to issue, to supply

cấp số n. progression [math.]: **cấp số cộng** arithmetic progression

cấp tiến adj. progressive, reformed

cấp tốc adv., adj. swiftly, urgently; urgent; intensive

cập v. to land, to reach, to come up to (= **đến, tới**)

cất 1 v. to put away, to hide; to lift, to build [house, school, factory]; [of horse] to rear; to buy wholesale: **cất tiếng** to raise one's voice **2** v. to distill: **cất rượu** to distill rice spirit

cật n. [SV **thận**] kidney

cật vấn v. to interrogate, to investigate

câu 1 n. [SV **cú**] phrase, expression, sentence, clause, proposition: **đặt câu** to construct a sentence; **câu chuyện** story, conversation; **câu nói** utterance, sentence **2** *v.* to fish: **cần câu** fishing rod; **đi câu** to go fishing; **câu khách** to try to attract customers

câu chuyện *n.* story, talk

câu đố *n.* riddle

câu đối *n.* parallel sentences

câu lạc bộ *n.* [social] club

câu lưu *v.* to detain

câu nệ *v.* to stick too much to the formalities

câu thúc *v.* to bind, to hold, to restrain

cấu *v.* to pinch, to claw, to nip off: **Nó cấu tôi.** He pinches me.

cấu tạo *v.* to create, to engender, to build, to structure; to design

cấu thành *v.* to form, to complete, to compose, to make up

cấu trúc *n.* structure

cấu xé *v.* to tear, to claw and tear

cầu 1 *n.* [SV **kiều**] bridge: **cầu vồng** rainbow **2** *n.* shuttlecock; R ball (= **bóng**): **bán cầu** hemisphere; **địa cầu** the earth, globe; **hoàn cầu** the world; **túc cầu** football, soccer **3** *v.* to seek (= **tìm**), to request (= **xin**), to pray

cầu an *v.* to pray for peace and safety

cầu bơ cầu bất *adj.* vagrant, homeless

cầu cạnh *v.* to request a favor; to entreat favors of

cầu chì *n.* fuse

cầu chúc *v.* to wish

cầu cống *n.* bridges and locks

cầu cứu *v.* to ask for help

cầu hôn *v.* to ask for an engagement: **lễ cầu hôn** requiem mass

cầu kinh *v.* to pray

cầu khẩn *v.* to beg, to plead

cầu kỳ *adj.* far-fetched, sophisticated

cầu lông *n.* badminton

cầu may *v.* to try one's luck

cầu nguyện *v.* to pray

cầu siêu *v.* to pray for the peace of someone's soul

cầu thủ *n.* player, football player

cầu tiêu *n.* toilet, restroom

cầu treo *n.* suspension bridge

cầu trượt *n.* children's slide

cầu vai *n.* shoulder-strap

cầu viện *v.* to request for aid, to seek reinforcements

cầu vòng *n.* rainbow

cẩu thả *adj.* negligent, careless, sloppy

cẩu trệ *n.* beast [dog and hog]

cậu *n.* mother's younger brother: **anh/chị em con cô con cậu** first cousins [A calls B's mother **cô**, and B calls A's father **cậu**]

cây 1 *n.* plant, tree [name of species follows]: **tưới cây** to water plants; **xén cây** to trim; **chiết cây** to graft; **vườn ương cây** nursery; **cây con** sapling; **cây cảnh** dwarf tree; **bóng cây** tree shade; **cành cây** branch; **gốc cây** foot of a tree, stump; **thân cây** tree trunk; **cây nhà lá vườn** home-grown, home-made **2** *n.* CL for objects shaped like sticks; wood (= **gỗ**): **một cây nến** a candle; **nhà cây** wooden house; **cho leo cây** to keep [somebody] waiting in vain

cây bông *n.* flower trees; fireworks

cây bút *n.* writer

cây cối *n.* trees, vegetation

cây số *n.* milestone; kilometer

cấy *v.* to transplant [rice seedlings]

cấy cấy *v.* to till, to cultivate, to farm [land]

cầy 1 *v.* (= **cày**) to plow 2 *n.* dog (= **chó**): **ngu như cầy** very stupid; **cầy hương** civet cat

cậy *v.* to depend on, to rely on

cha *n.* [SV **phụ**] father; [Catholic] father, I [used by father to child, second person pronoun being **con**], you [used by child to father, first person pronoun being **con**]; you [used by Catholic priest]: **cha nào con ấy** like father like son; **cha mẹ** parents; **thằng cha** guy, fellow; **cha truyền con nối** hereditary; **anh em cùng cha khác mẹ** half-brothers

cha anh *n.* elders

cha cố *n.* Catholic priests, clergymen

cha xứ *n.* vicar, local priest

chà *intj.* Oh! [exclamation of surprise or admiration]

chà là *n.* date palm

Chà và *n.* Javanese; Indian

chà xát *v.* to rub, to crush

chả 1 *n.* meat pie or ham: **giò chả** pork pies/ham 2 *adv.* not to be, not to do (= **chẳng**, **không**)

chả giò *n.* Saigon spring rolls

chạ *adj.* mixed, mingled: **sống chung chạ** to live with other people

chạc 1 *n.* bamboo plaited cord 2 *v.* to borrow to eat; to buy without paying

chạch *n.* small and long eel

chai 1 *n.* bottle: **đóng chai** to bottle; **nút chai** cork 2 *n.*, *adj.* callus; callosity; corn: **chai chân** callus, callosity; to be callous

chài 1 *n.* fishing net 2 *v.* to fish with a fishing net: **thuyền chài** fishing boat; **phường chài** fishermen [as a guild]

chải *v.* to comb, to brush: **chải tóc** to comb hair; **bàn chải** brush

chải chuốt *v.*, *adj.* spruced up; well-groomed, meticulous [about dressing, writing]

chàm 1 *n.* olive CL **quả**: **hình quả/ miếng chàm** lozenge; diamond 2 *n.* Champa, Cham 3 *adj.* indigo, dark blue; indigo dye

chạm 1 *v.* to carve, to sculpt: **thợ chạm** sculptor 2 *v.* to touch, to encounter, to collide [**vào**, **phải** against], to clink [glasses **cốc**]: **chạm trán** to confront, to meet face to face

chan *v.* to souse, to overflow

chan hoà *adj.* dampened, soaked, bathed in

chán 1 *adj.* sufficient, be [sick and] tired of, fed up with [followed by noun or preceded by verb]; boring, dull, tedious, tiresome 2 *v.* to have no lack of, to have plenty of; to be tired of, to be sick of

chán chê *adj.* satiated; plentiful, to have more than enough

chán chường *v.*, *adj.* to be tired of [person, regime]; to be embittered

chán đời *v.* to be tired of the world, to be tired of living

chán nản *v.* to be discouraged, to be disheartened

chán ngán v. to be [sick and] tired of

chán ngắt adj. very dull, wearisome

chán phè adj. dull, monotonous, colorless

chán vạn adj. many, a great many, a lot

chạn n. screened larder, cupboard

chang chang adj. [of sunlight] hot and blazing

chàng 1 n. young man; you [from wife to husband; first person pronoun being **thiếp**]: **chàng rể** son-in-law; **anh chàng** the fellow, the chap, the guy, the lad **2** n. chisel

chạng háng v., adj. to straddle; straddling

chạng vạng n., adj. twilight, dusk

chanh n. lemon, lime: **nước chanh** lemonade; **chua như chanh** sour as lemon

chanh chua adj. sharp-tongued, tart, sour

chánh n. (= **chính**) chief, head

chánh án n. presiding judge, tribunal president

chánh chủ khảo n. chairman of examination board

chánh văn phòng n. chief of the secretariat

chạnh v. to be affected, to be moved

chao 1 n. soybean paste **2** n. lamp-shade

chao ôi! intj. Alas! Oh dear!

cháo n. [SV **chúc**] rice gruel, congee: **cháo hoa** plain rice congee

chào v. to greet, to salute: **chào khách** to greet customers; **chào đời** to be born; **chào hàng** to try to sell merchandise; **câu chào** greeting

chào đón v. to welcome, to greet

chào mào n. peewit, lapwing

chào mừng v. to welcome, to extend a welcome

chảo n. frying pan [shaped like a skullcap]

chão n. rope, cable

chạo tôm n. sugar-cane wrapped with minced prawn

chạp n. the twelfth month of the lunar year: **tháng chạp** December; **giỗ chạp** festivals

chát 1 adj. tart, strong, acrid: **chua chát** [of words] bitter **2** n. thump, slang

chau v. to frown, to knit: **chau mày** to frown [eyebrows]

cháu n. [SV **tôn**] grandchild, nephew, niece: **con cháu** offspring; **cháu gái** granddaughter, niece; **cháu giai/trai** grandson, nephew

chay adj. [SV **trai**] vegetarian, diet: **ăn chay** to be vegetarian

chay tịnh adj., n. pure, chaste; diet

cháy v. to blaze, to burn in a conflagration: **đốt cháy nhà** to set blaze to a house; **cơm cháy** burnt rice at the bottom of the pot (= **xém**); **một đám cháy** a fire; **đốt cháy** to set fire to; **Cháy!** Fire!

chảy v. [SV **lưu**] to run, to flow; [of metals] to melt; [of fabrics] to stretch; [of container] to leak: **chảy máu cam** to have a nosebleed

chạy 1 *v.* [of people, vehicles, ships] to run; [of machine, clock] to run; [of goods] to sell well; [of work] to get done: **chạy tiền** to seek money; **chạy chọt** to bribe 2 *v.* to give up, to pass 3 *adj.* doing well, smoothly running: **sách bán chạy nhất** best seller

chạy chữa *v.* to treat one's best, to treat with all means

chạy đua *v.* to race: **chạy đua với thời gian** to race against time

chạy làng *v.* to run away, to give up the game

chắc *adj.* firmly based, firm, certain, sure: **chắc dạ** to be full; **chắc ý** certain ideas

chắc chắn 1 *adj.* to be firm, stable, steady; certain; reliable 2 *adv.* definitely

chắc hẳn *adv.* surely, certainly

chăm 1 *adj.* [SV **cần**] assiduous; to be hard-working, industrious: **chăm học** to be studious 2 *v.* to look after diligently; to take care of

chăm bón *v.* to cultivate

chăm chú *adj.* concentrated, attentive

chăm lo *v.* to give one's mind to something, to take care of

chăm nom *v.* to look after, to take care of

chăn 1 *n.* (= **mền**) blanket: **đắp chăn** to cover oneself with a blanket; **chăn bông** quilted blanket; **trùm chăn** to be a fence sitter 2 *v.* to tend [animals]: **thằng bé chăn trâu** buffalo boy; **nghề chăn nuôi** cattle raising,

animal husbandry

chăn chiếu *v.* to live as husband and wife; to make love; blanket and mat

chăn gối *v., n..* to make love; to live as husband and wife; blanket and pillow

chăn nuôi *v.* to breed, to raise

chắn 1 *v.* to stop, to bar: **kính chắn gió** windshield; **chắn nước chảy lại** to stop water running 2 *n.* [sort of] card game

chẵn *adj.* [SV **ngẫu**] [of a number, amount] even [*opp.* **lẻ**]: **số chẵn** even number

chặn *v.* to stop, to block: **cái chặn giấy** paper weight; **chặn đứng** to stop, to hold up

chăng 1 *v.* to stretch [string, rope], to spread [net **lưới**], to hang: **chăng màn muỗi** to hang a mosquito net 2 *adv.* [final particle denoting doubt] it seems to me, I presume, I suspect: **và chăng** besides

chằng *v.* to tie up; to use [somebody else's money, belongings]; to fasten

chằng chịt *adj.* interlaced, intertwined

chẳng *adv.* (= **không, chả**) [SV **bất**] not to be, not to do [precedes main verb]

chẳng bao giờ *adv.* never

chẳng bao lâu *adv.* soon

chẳng bõ *adv.* not to be worthwhile

chẳng cứ *adv.* not necessarily, not only

chẳng hạn *adv.* for example, as an example, for instance, namely

chẳng qua *adv.* only, just, at most; actually speaking

chẳng thà *adv.* it would be better, it would be preferable

chặng *n.* stage, leg [of trip]; portion, section; range [of mountains]

chấp *v.* to join, to assemble: **chấp nối** to connect, to assemble, to join

chất 1 *n.* great-grandchild: **cháu chất** offspring 2 *v.* to drain off, to decant

chắt bóp *v.* to be thrifty, to deny oneself [in terms of money]

chặt 1 *v.* to cut off, to amputate, to chop: **chặt cổ/chặt đầu** to behead 2 *adj.* tight: **chặt chẽ** tightly; **buộc chặt** to tie securely; **đóng chặt** to shut tight

châm 1 *v.* to light, to kindle, to ignite, to burn: **châm thuốc hút** to light a cigarette 2 *v.* to pin, to needle

châm biếm *v.* to attack, to ridicule, to satirize

châm chế *v.* (= **châm chước**) to adjust, to be tolerant

châm chích *v.* to criticize

châm chọc *v.* to tease

châm chước *v.* to be tolerant, to adjust

châm cứu *n., v.* acupuncture

châm ngôn *n.* saying, precept

chấm 1 *n.* [SV **điểm**] dot, point, period 2 *v.* to put a dot, to select; to correct, to grade, to mark: **chấm bài thi** to mark examination papers 3 *v.* to reach; to dip

chầm chậm *adv.* slowly: **đi chầm**

chậm to go slowly

chậm *adj.* [SV **trì**] slow, halting

chậm chạp *adj.* [*opp.* **nhanh**] slow, late [*opp.* **sớm**]: **đến chậm** to be late, to arrive late

chậm rãi *adj.* [of speech] slow and poised

chậm tiến *adj.* underdeveloped, backward

chậm trễ *adj.* late, tardy

chân 1 *n.* [SV **túc**] foot, leg [= **cẳng**]; base: **gẫy chân** to break one's leg; **què chân** to be lame; **bàn chân** foot; **đi chân không** to go barefoot; **chân lấm tay bùn** to foil hard; **chân trời** horizon; **chân vịt** propeller 2 *adj.* R right, true, sincere (= **thật, thực**) [*opp.* **giả**]: **chân chính** true, genuine, legitimate

chân dung *n.* portrait

chân giá trị *n.* true value/worth

chân lý *n.* truth: **tìm chân lý cho cuộc sống** to find the truth in life

chân tài *n.* real talent

chân tay *n.* limbs; follower, henchman

chân thành *adj.* sincere, honest: **chân thành cảm ơn** sincere thanks

chân thật *adj.* honest, frank

chân tình *n., adj.* sincerity, heartfelt feelings; very sincere

chân trời *n.* horizon

chân tướng *n.* true face, true identity

chân ướt chân ráo *adj.* to be newly arrived

chấn *v.* R to shake; to vibrate: **chấn động** to shake up; **địa chấn** earthquake

chấn chỉnh

chấn chỉnh v. to reorganize, to improve, to revamp

chấn hưng v. to develop, to restore, to improve

chấn song n. bar; block

chấn thương n. trauma, injured

chần v. to parboil, to blanch, to scald, to pour boiling water on

chần chừ adj. hesitant, undecided: **đi ngay không nên chần chừ** to go straight in without hesitation

chẩn v. R to examine, to treat [medically]

chẩn bần v. to help the poor

chẩn bệnh v. to diagnose, to examine, to treat an illness

chẩn đoán v. to diagnose, to treat an illness

chẩn mạch v. to feel the pulse, to check the nerves

chẩn tế v. to bring relief to the needy

chận v. to stop, to block; to obstruct: **chận lại/chận đứng** to stop, to block

chấp 1 v. to reproach, to bear a grudge; to give as an advantage 2 v. R to hold; to approve [application **đơn**], R to manage, to execute; to accept

chấp chính v. to assume governmental powers

chấp hành v., adj. to execute; executive

chấp nhận v. to accept, to approve, to admit

chấp nhất v. to be full of grudges, to resent

chấp thuận v. to accept, to agree to

chập 1 v. to join, to bring together, to fasten together 2 adj.

moment, instant: **chập chà chập chững** unstable

chập choạng adv., adj., n. imperfectly; unsteady; twilight

chập chờn v. to be flickering

chập chững adj. [of child] toddling

chất 1 n. matter, material, substance; R disposition: **chất lỏng** liquid; **chất đặc** solid; **chất khí** gas; **chất nổ** explosive; **vật chất** matter, material; **tư chất** character, aptitude; **khoáng chất** mineral 2 v. to pile up, to heap up: **chất đống** to pile up

chất lượng n. quality

chất phác adj. sincere, simple-mannered

chất vấn v. to question, to investigate; to examine

chật adj. narrow; [of clothing] tight [opp. **rộng**]

chật ních v. to be overcrowded

chật vật adj. [of life] hard, difficult: **làm việc chật vật quá** to work hard for a living

châu 1 n. administrative unit in the highlands 2 v. to converge, to huddle together 3 n. continent: **năm châu** the five continents

châu báu n. precious things, valuables

châu chấu n. grasshopper

châu thành n. city

châu thổ n. delta

chầu 1 v. to attend court: **sân chầu** court [in front of throne] 2 n. party, round

chầu chực v. to wait to see somebody [a V.I.P.]

chầu giời/trời *v.* to die, to pass away

chầu Phật *v.* to die, to pass away

chầu rìa *adj.* idle

chậu *n.* [SV **bồn**] wash basin, washbowl, pot

chấy 1 *n.* head louse; [cf. **rận**] **2** *v.* to grill and ground: **thịt chấy** grilled and grounded meat

chầy 1 *n.* pestle **2** *adj.* late, tardy: **chẳng chóng thì chầy** sooner or later

che *v.* to cover, to hide, to shelter; to get protection, to take shelter

che chở *v.* to protect

che đậy *v.* to cover up, to conceal

chè 1 *n.* [SV **trà**] tea [both the leaves and the beverage]: **nước chè** tea [the beverage]; **ấm/bình chè** teapot; **rượu chè** alcohol; to be a tea drinker; **chè tươi/ xanh** green tea **2** *n.* pudding, custard, dessert dish using such ingredients as soybeans, sugar, peas, lotus seeds, etc.

chẻ *v.* to split, to chop [wood]

chém *v.* [SV **trảm**] to cut, to chop; to behead: **máy chém** guillotine

chen *v.* to creep in; to elbow one's way through a crowd: **chen chúc** to jostle

chén *n.* [SV **bôi**] cup (= **tách**), eating bowl (= **bát**)

chèn *v.* to chock [wheel, etc.]; to force [opponent, cyclist, motorist] out of his path

chẽn *adj.* [of clothing] very tight

cheo *n.* betrothal, engagement fee

cheo leo *adj.* perched way up high

chéo *adj.* slanted, tilted, diagonal

chèo 1 *v.* to row [boat, oar]; to paddle **2** *n.* comedy, farce

chép 1 *v.* to copy, to transcribe, to note down, to write down **2** *v.* to smack: **chép miệng** to smack one's mouth

chét *v.* (= **trét**) to fill [crack, hole]

chẹt *v.* to crush, to run over; to be strangled, to be crushed in between

chê *v.* to belittle, to spurn, to criticize, to scorn, to find fault with [*opp.* **khen**]: **chê cười** to laugh at, to mock

chê bai *v.* to criticize, to scorn

chê cười *v.* to laugh at, to mock

chế 1 *v.* to jeer, to mock: **chế riễu** to mock at **2** *v.* to manufacture; to process: **bào chế** to prepare drugs; **sáng chế** to invent **3** *v.* R system; R to moderate, to limit, to control: **tiết chế** to control; **pháp chế** legislation; **học chế** educational system

chế biến *v.* to process

chế dục *v.* to restrain one's desire

chế định *v.* to determine, to decide

chế độ *n.* system, regime, -ism: **chế độ quân chủ** monarchy; **chế độ khoa cử** examination system

chế ngự *v.* to control, to restrain, to bridle

chế nhạo *v.* to mock, to jeer

chế tác *v.* to create, to invent

chế tạo *v.* to manufacture, to make: **nhà chế tạo** manufacturer

chếch *adj.* tilted, slanting

chêm *v.* to wedge; to add

chễm chệ *adj.* sitting in a solemn, haughty manner

chênh *adj.* tilted; very different

chênh chếch *adj.* oblique, tilted, slanted

chênh lệch *adj., n.* uneven, unequal; different; at variance

chếnh choáng *adj.* tipsy, groggy, tight

chểnh mảng *adj., v.* to be negligent, be neglectful; to neglect

chết *v., adv.* [SV **tử**] to die; [of timepiece, machine] to stop; extremely, awfully [follows main verb]: **xác chết** corpse; **giết chết** to kill; **đâm chết** to stab to death; **cắn chết** to bite, to sting to death

chết cha *intj.* Oh my god!

chết dở *v.* to be between life and death, to have [financial] trouble

chết điếng *v.* to be half dead [because of pain, shock]

chết đói *v.* to starve to death

chết đuối *v.* to be drowned

chết giấc *v.* to lose consciousness, to swoon

chết hụt *v.* to escape death [very narrowly]

chết (mê chết) mệt *v.* to be madly in love with

chết ngạt *v.* to be suffocated

chết ngất *v.* to swoon, to faint, to be unconscious

chết non *v.* (= **chết yểu**) to die young

chết oan *v.* to die because of someone's injustice or error, to die innocently

chết sống *n., adv.* life and death; at any cost, in any event

chết toi *v.* to die of a contagious disease, to die in an epidemic

chết tươi *v.* to die on the spot, to die in one's boots

chết yểu *v.* to die young

chệt *n.* Chinese

chi **1** *pron.* (= **gì**) What?; something, anything, everything: **Chi bằng** Wouldn't it be better to …; **không can chi** it doesn't matter; **hèn chi** no wonder; **phương chi** all the more reason; **vị chi …** that makes …; **Vội chi** What's the hurry? **2** *n.* R branch (= **cành**); limb: **tứ chi** the four limbs **3** *v.* to pay, to disburse, to spend [*opp.* **thu**] out

chi bộ *n.* cell of a political party

chi cấp *v.* to allot, to grant, to provide

chi chít *adj.* thickly set; all over, condensed

chi cục *n.* branch office

chi dụng *v.* to pay, to spend

chi đội *n.* detachment [army]

chi hội *n.* branch of association/society

chi li *adj.* to be stingy; particular

chi lưu *n.* tributary

chi nhánh *n.* branch office

chi phí *n.* expenses, expenditures

chi phiếu *n.* check [bank document]

chi phối *v.* to control, to govern, to rule

chi thu *n.* expenditures and receipts

chi tiết *n.* detail: **đầy đủ chi tiết** fully detailed, in full detail

chi tiêu *v.* to spend

chí **1** *n.* will, resolution: **ý chí** ambition, aim; **chí khí, chí hướng** purpose in life; **đồng chí** comrade **2** *v.* R to arrive, to each (= **đến, tới**); to, until: **từ bắc chí nam** from the north to the south; **từ đầu chí cuối** from beginning to end **3** *adv.* R very, quite, most: **chí phải** quite right; **chí hiếu** very pious; **chí lý** quite right **4** *n.* head louse **5** *n.* R magazine, newspaper: **báo chí** press; **tạp chí** magazine, journal

chí chóe *v.* to quarrel, to argue noisily

chí hướng *n.* ambition, aim, purpose in life

chí khí *n.* will, purpose, integrity

chí lý *adj.* most reasonable

chí nguyện *n.* volunteer

chí sĩ *n.* retired mandarin; strong-willed scholar

chí thú *adj.* serious, interested in

chí tuyến *n.* tropic

chì *n.* lead: **bút chì** pencil

chỉ 1 *v.* (= **ngón tay**) to show, to point out, to indicate: **chỉ bảo** to teach, to guide **2** *adv.* only, merely, simply, but [**thôi** or **mà thôi** ending the sentence]; R to stop: **đình chỉ** to cease, to stop **3** *n.* thread, string: **sợi chỉ** a string of thread; **chỉ tay** line on palm; **kim chỉ** needle and thread, needlework

chỉ dẫn *v.* to explain, to inform, to guide

chỉ đạo *v.* to manage, to guide, to steer

chỉ định *v.* to designate, to appoint

chỉ giáo *v.* [of superior, teacher] to show, to teach, to advise

chỉ huy *v.* to command, to control

chỉ nam *n.* compass: **kim chỉ nam** guide book, handbook

chỉ số *n.* index

chỉ tệ *n.* paper money

chỉ thị *n.*, *v.* instruction; to instruct, to direct

chỉ thiên *v.* pointing to heaven

chỉ trích *v.* to criticize

chị *n.* [SV **tỉ**] elder sister: **chị ruột** blood sister; you [used to refer to an elder sister by a younger sibling, first person pronoun being **em**]; I [used to refer to a younger sibling by an elder sister, second person pronoun being **em**], you [to young women, first person pronoun being **tôi**]; **chị ấy** she; **chị ta** Mrs; **chị dâu** one's elder brother's wife, sister-in-law

chia *v.* [SV **phân**] to be divided; to divide [**làm** into], to separate, to share/distribute: **phân chia/ chia cắt** to divide

chia buồn *v.* to share the sorrow [**với** of], to present one's condolences; to convey sympathy to

chia lìa *v.* to separate, to leave

chia phôi *v.* to separate

chia rẽ *v.* to divide [a group of people], to split

chia tay *v.* to part, to say goodbye, to bid farewell

chia uyên rẽ thuý *v.* to separate two persons in love

chia xẻ *v.* to share [**với** with]

chìa *v.* to hold out [RV **ra**]

chìa khoá *n.* key

chìa vôi *n.* spatula-like stick used to spread lime on a betel leaf

chĩa *n.* pitchfork, fork

chĩa *v.* to point

chích *v.* to prick, to draw [blood **máu**, **huyết**]; to give an injection (= **tiêm**): **chích thuốc** to give or to get injections

chích chòe *n.* blackbird, magpie-robin

chiếc 1 *n.* general meaning of a unit of something: **một chiếc xe** a car 2 *adj.* R alone, single: **đơn chiếc** alone

chiêm 1 *adj.* [of (rice) harvest] fifth lunar month 2 *v.* R to look up [to], to admire; to observe

chiêm bao *v.* to dream [**thấy** of]; dream CL **giấc**

chiêm nghiệm *v.* to experiment

chiêm ngưỡng *v.* to revere, to worship, to admire

Chiêm Thành *n.* Champa

chiêm tinh học *n.* astrology

chiếm *v.* to seize [territory], to usurp [throne **ngôi**]; to occupy [house **nhà**, territory]

chiếm cứ *v.* to occupy forcibly, to take possession of

chiếm đoạt *v.* to appropriate, to usurp

chiếm đóng *v.* to occupy [enemy's territory]

chiếm giữ *v.* to appropriate; to withhold

chiếm hữu *v.* to possess, to own

chiên 1 *v.* to fry (= **rán**) 2 *n.* sheep (= **cừu**): **con chiên** the faithful, the congregation

chiến 1 *v.* R to struggle, to fight: **tuyên chiến** to declare war; **đình chiến** armistice; **kháng chiến** resistance 2 *adj.* [slang] very good, luxury, terrific, smart: **xe chiến** luxury car

chiến bại *adj.* vanquished

chiến binh *n.* fighter, soldier

chiến công *n.* feat of arms, victory

chiến cụ *n.* war materials

chiến cuộc *n.* war situation

chiến dịch *n.* campaign, operation [with **mở** to launch]: **chiến dịch chống nạn hút thuốc** anti-smoking campaign

chiến đấu *v.* to fight, to struggle

chiến địa *n.* battlefield

chiến hạm *n.* battleship, warship

chiến hào *n.* fighting trench

chiến hữu *n.* comrade-in-arms

chiến khu *n.* war zone, military base

chiến lợi phẩm *n.* war booty

chiến lũy *n.* fortifications, military line/base

chiến lược *n.* strategy

chiến sĩ *n.* fighter, soldier

chiến sự *n.* war, warfare, fighting

chiến thắng *n., adj.* victory; to be victorious

chiến thuật *n.* tactics

chiến thuyền *n.* warship

chiến tranh *n.* war [CL **cuộc, trận**] warfare, hostilities: **chiến tranh tâm lý** psychological warfare

chiến trận *n.* battle, war

chiến trường *n.* battlefield [CL **bãi**]

chiến tuyến *n.* line of battle, front line

chiến tướng *n.* fighter; [football] player

chiến xa *n.* tank, combat vehicle

chiêng gong *n.* gong [CL **cái**]

chiết 1 *v.* to graft: **chiết cây trồng vào chậu** to graft a plant to grow in a pot 2 *v.* to deduct, to take off, to reduce

chiết khấu *v.* to deduct, to discount

chiết tính *v.* to prepare the detailed statement of account

chiết trung *adj.* happy medium; eclectic

chiêu *v.* R to welcome: R to advertise, to announce, to proclaim

chiêu bài *n.* signboard, label, hint [statement]

chiêu đãi *v.* to receive, to entertain

chiêu đãi viên *n.* hostess, steward/stewardess

chiêu hồi *v.* to open arms to the enemy, to welcome a surrendered enemy

chiêu mộ *v.* to recruit, to enlist: **chiêu mộ binh lính** to recruit soldiers

chiêu sinh *v.* to enroll students

chiếu 1 *n.* [SV **tịch**] straw mat for sleeping: **chiếc chiếu** a straw mat; **giải/trải chiếu** to spread a straw mat, to roll out of the mat; **chăn chiếu** to live as husband and wife 2 *v.* to shine; to project [pictures], to project a point on a plane: **rạp chiếu bóng** movie theater; **chiếu điện** to X-ray 3 *n.* R permit, document; imperial order

chiếu chỉ *n.* imperial edict

chiếu cố *v.* to care, to patronize; to take care of, to pay attention to

chiếu khán *n.* visa [on passport]

chiếu lệ *adv.* for form's sake

chiếu theo *v.* to refer to

chiều 1 *n.* [of time **giời/trời**] late afternoon, early evening 2 *n.* direction, course; side, dimension; manner, method: **chiều dài** length; **chiều cao** height; **chiều sâu** depth; **trăm chiều** in every way, in every respect; **đường một chiều** one-way street 3 *v.* to please [people, customer]; to

pamper, to spoil [child]; to treat with kindness and consideration

chim *n.* [SV **cầm, điểu**] bird: [**cá chậu**] **chim lồng** somebody who does not enjoy any freedom

chim chuột *v.* to woo, to flirt

chim muông *n.* birds and beast

chìm *v.* [SV **trầm**] to sink, to be submerged; to be hidden: **của chìm** hidden wealth

chìm đắm *v.* to be engulfed in [pleasure, passion]

chín 1 *num.* [SV **cửu**] nine: **mười chín** nineteen; **chín mười** ninety 2 *adj.* ripe [*opp.* **xanh**], cooked [*opp.* **tái, sống**]; **nghĩ** [**cho**] **chín** to think over carefully; **chín tới** done to a turn

chín chắn *adj.* mature

chín muồi *adj.* very ripe

chinh *v.* R to make an expedition against: **tòng chinh** to enlist

chinh chiến *n.* war, warfare

chinh phạt *v.* to send a punitive expedition against

chinh phu *n.* warrior, fighter

chinh phụ *n.* warrior's wife

chinh phục *v.* to subdue, to conquer

chính 1 *adj.* (= **chánh**) principal, main, chief [*opp.* **phụ**]; secondary [or **phó** second, vice, assistant]: **cửa chính** main gate; **bản sao** a copy] 2 *adj.* R righteous, just, upright [*opp.* **tà**]: **quân, dân, chính** the army, the people and the government 3 *adv.* exactly, just, precisely: **chính giữa** in the middle; **chính tôi** I myself; **chính ra** at bottom in the main, actually; **cải chính** to deny

chính bản *n.* the original copy

chính biến *n.* political upheaval, coup d'etat

chính chuyên *adj.* [of woman **gái, đàn bà**] virtuous

chính cống *adj.* real, real McCoy, original

chính cung hoàng hậu *n.* official queen

chính danh *n.* a correct name

chính diện *adj.* right side; face front

chính đại *adj.* straightforward, upright

chính đáng *adj.* legitimate, proper, correct

chính đảng *n.* political party

chính đạo *n.* the right way, the correct way [*opp.* **tà đạo**]

chính giáo *n.* orthodox religion

chính giới *n.* political circles, government circles; politicians

chính khách *n.* politician

chính kiến *n.* political views

chính nghĩa *n.* righteous cause, cause

chính phạm *n.* author of a crime, principal to a crime

chính phủ *n.* government

chính qui *adj.* [of army] regular

chính quyền *n.* political power [with **cướp, dành, nắm** to seize]; government

chính sách *n.* policy

chính sự *n.* political affairs, government affairs, politics

chính tả *n.* orthography; dictation

chính thất *n.* legal wife, first wife

chính thể *n.* form of government, regime

chính thị *adv.* exactly, precisely

chính thống *adj.* orthodox

chính thức *adj., adv.* official, formal; officially, formally

chính tình *n.* political situation

chính tông *adj.* authentic, genuine, real, real McCoy

chính trị *n., adj.* politics, policy; political: **khoa học chính trị** political science

chính trị gia *n.* statesman, politician

chính trị học *n.* political science

chính trị phạm *n.* political prisoner

chính trị viên *n.* political instructor

chính trực *adj.* righteous, upright

chính xác *adj.* accurate, corrected

chính yếu *adj.* important, main, principal, vital

chỉnh 1 *adj.* right, straight, correct: **nghiêm chỉnh/tề chỉnh** serious, right 2 *v.* to correct, to repair; to amend; to fix

chỉnh đốn *v.* to revamp

chỉnh huấn *v.* to re-educate

chỉnh lưu *v.* to rectify [electric] current

chỉnh lý *v.* to re-adjust, to correct and edit

chỉnh tề *adj.* correct; tidy, in good order

chĩnh *n.* jar [to store rice, salt, etc.]: **chuột sa chĩnh gạo** to get a windfall [like a mouse falling into a jar of rice]

chít 1 *v.* to wrap 2 *n.* great-great-great-grandchild

chịu *v.* to bear, to stand, to endure, to tolerate, to put up with; to consent; to give up; to receive, to acknowledge: **dễ chịu** to be agreeable, comfortable; to feel fine; **không (thể) chịu được**

unbearable; **bán chịu** to sell on credit

chịu cực v. to endure hardship

chịu đựng v. to bear, to put up with, to suffer

chịu khó v. to be patient, to work hard

cho 1 v. to give; to add; to let/allow/permit to, for; as a favor, for you [follows main verb] until; **cho đến; cho ăn** to feed; **cho mượn** to lend [tool, money]; **cho (kỳ) được** until one succeeds, until one gets what is wanted; **cho đến nay** up to now, so far, thus far; **cho hay** to let know, to inform 2 v. to think, to maintain [**rằng, là** that]

cho không v. to give away, to grant

cho nên adv. therefore, hence

cho phép v. to allow, to authorize

chó n. [SV **khuyển, cẩu**] dog: **chó săn** hunting dog, police dog; **chó cái** bitch; **chó sói** wolf; **cũi chó** dog kennel, dog house; **chó con** puppy; **chó mực** black dog; **Đồ chó.** What a dog!; **chó giữ nhà** watchdog, house dog; **chó má** scoundrel, cad; **Coi chừng chó dữ.** Beware of dogs!

chỗ 1 n. elbow: **cùi chỗ** elbow 2 v. to direct one's mouth to; to stick out: **chỗ miệng/mồm** to give one's unexpected view

choạc v. to open wide; to spread [legs **chân**]

choán v. to take up, to occupy space

choang adj. bright

choáng adj. shocked into a daze, to be dazzling

choáng váng v. to feel dizzy

choàng v. to embrace, to throw over or around

choảng v. to stick, to beat, to hit, to come to blows

choắt adj. dwarfed, stunted: **bé loắt choắt** tiny

chọc v. to pierce, to puncture; to tease, to annoy, to bother: **chọc tức ai** to tease someone

chọc ghẹo v. to tease

chọc tiết v. to stick; to bleed: **chọc tiết heo** to bleed pigs

choé 1 n. ornamental jar 2 adj. very bright: **đỏ choé** bright red

choi choi n. warbler

chói adj. [of light] dazzling, blind, shrill

chói lọi adj. brilliant, radiant, blazing

chòi n. shed, hut: **chòi canh** watchtower

chọi v. to oppose, to be equal; to fight, to compete with: **chống chọi/đối chọi với** to compete with [to precede object]; **chọi gà** cock fight; **đối chọi** [of two lines] well coupled

chòm n. tuft [of hair], clump [of trees], bunch [of flowers], group [of stars]

chỏm n. peak, summit [of mountain], top [of head, tree]; tuft of hair grown on shaven head of a little child: **lúc còn để chỏm, thời để chỏm** childhood

chọn v. to choose, to select [**làm** as]: **lựa chọn/kén chọn** to select carefully; to be choosy

chọn lọc v., adj. to select; to choose; selected, chosen

chọn lựa v. to select, to choose

chong v. to keep [đèn lamp] lighted: **chong đèn suốt đêm** to keep the light lit all night long

chong chóng n. pinwheel; propeller

chóng adj., adv. quick, fast, rapid, speedy; rapidly, quickly: **chóng lên** Quick! Hurry up!

chóng mặt v. to feel dizzy

chóng vánh adj. prompt, speedy

chòng chành v. to sway, to roll, to be unstable

chòng chọc v. to stare at, to look straight [vào at]

chõng n. bamboo bench, bamboo bed

chóp n. summit, peak, top

chót 1 n., adj. the last in a series (= **cuối**); last, lowest ranking (= **bét**): **ngày chót** the last day [before deadline]; **hạn chót** deadline; **hàng chót** the last row; **màn chót** last scene, end [of play] 2 v. to have done or to act already [followed by main verb and preceded optionally by **đã**]

chót vót adj. very tall/high, towering: **cao chót vót** very high

chỗ n. place, location, site, spot; room, space: **chỗ ở** residence, address; **chỗ buôn bán** place of business

chốc n. (= **lát**) moment, instant: **chốc nữa** in a while; **chốc chốc lại** every now and then

chốc lát n. short moment: **phút chốc** in a jiffy

chối v. to deny, to refuse

chối cãi v. to deny, to reject

chối từ v. to refuse, to decline

chồi n. bud

chổi n. broom: **sao chổi** comet

chồm v. to jump up, to spring up

chôn v. to bury, to inter [dead, money, idea in one's mind]

chôn cất v. to bury, to inhume

chôn chân v. to stay at one place, to confine oneself to

chôn rau cắt rốn n. native place

chôn sống v. to bury alive

chôn vùi v. to bury

chốn n. place, spot, destination

chồn 1 n. fox 2 adj. tired, stiff

chông n. caltrops, spikes, stakes

chông gai n., adj. spikes and thorns; difficulties, hardship; dangerous

chống v. [SV **kháng**] to oppose, to resist: **chống lại** to be against

chống án v. to appeal [a case]

chống chọi v. to resist, to confront

chống chế v. to defend oneself

chống cự v. to resist

chống giữ v. to hold out, to defend

chống nạnh v. to put arms akimbo

chống trả v. to oppose, to resist, to fight back

chồng 1 n. [SV **phu, quân**] husband: **lấy chồng** to marry; **bỏ chồng** to divorce; **ế chồng** to be unable to find a husband 2 v., n. to pile up; a pile

chổng v., adv. to point upward; upward: **nằm chổng gọng** to lie with one's legs in the air

chộp v. to seize, to catch

chốt n., v. axle; to bolt, to pin: **chốt cửa lại** to bolt the door

chột 1 adj. one-eyed 2 adj. stunted, scared, worried: **chột bụng/ chột dạ** startled

chơ vơ *adj.* abandoned, forlorn, without protection

chớ *adv.* do not, let us not: **chớ hề** never

chờ *v.* to await, to wait for (= **đợi**)

chở *v.* to take, to transport, to carry: **chuyên chở** to be transported

chợ *n.* [SV **thị**] market, marketplace: **hội chợ** fair, exposition; **chợ đen** black market; **chợ giời** open air second-hand market

Chợ lớn *n.* Cho Lon, Saigon's Chinatown

chơi *v.* [SV **du**] to play, to amuse oneself; to play [game, musical instrument, cards, sport]; to be a fan of, to collect, to keep [as a hobby]; to indulge in; to take part in—not seriously—for fun [follows main verb] [*opp.* **thật**]: **sân chơi** playground; **đồ chơi** plaything, toy; **đến chơi** to come for a visit; **chơi dao** to play hopscotch; **chơi bài** to play cards; **chơi cờ** to play chess; **chơi bóng rổ** to play basketball; **chơi lan** to collect orchids; **chơi đồ cổ** to collect antiques; **chơi gái** to frequent prostitutes; **ăn chơi** to eat for fun, as in **bốn món ăn chơi** hors d'oeuvres, assorted appetizers; **chơi chơi** not to play for money, to play [card game] for fun; **giờ [ra] chơi** to have a break; **làng chơi** the pleasure world; **gái làng chơi** prostitute(s)

chơi ác *v.* to play a dirty trick [on somebody]

chơi bời *v.* to be a playboy, to indulge in playing

chơi khâm *v.* to play a nasty trick [on somebody]

chơi lu bù *v.* to have rounds after rounds of fun [literally and pejoratively]

chơi vơi *adj.* lonely, to be in a precarious position

chởm chởm *adj.* rugged, craggy, shaggy

chớm *v.* to start to, to begin to, to be about to

chớm nở *v.* [of feelings] to be budding

chớn *n.* limit: **quá chớn** to go beyond the limit

chờn vờn *v.* to flutter about

chớp *v.* [of heaven **giời**, **trời**] to lighten; **chớp mắt** to blink/wink; **nhanh như chớp** as fast as lightning; **cửa chớp** shutters

chớp ảnh *v.* to project movies

chớp bóng *v.* to show movies

chớp nhoáng *adv.* at lightning speed; **chiến tranh chớp nhoáng** lightning war

chợp *v.* to doze off

chớt nhả *v.* to use non-serious language

chợt *adv.* suddenly or unexpectedly [precedes main verb]; alternately: **chợt nói chợt cười** alternately talking and laughing

chu cấp *v.* to support, to assist, to help, to provide

chu chéo *v.* to yell, to holler

chu du *v.* to travel [around]

chu đáo *adj.* perfectly done, perfectly taken care of

chu kỳ *n.* cycle, period [of recurring phenomena]

chu niên *n.* anniversary

chu tất *adj., v.* full and careful, perfect; to pay all back

chu toàn *v., adj.* to be perfect; to complete perfectly, safe; intact

chu trình *n.* circular [which is sent around], cycle

chu vi *n.* circumference

chú 1 *n.* uncle [father's younger brother]: **chú ruột** uncle [addressed by nephew or niece]; **chú họ** father's male cousin; **chú thím tôi** my uncle and his wife; **cô chú tôi** my aunt and her husband **2** *n., v.* note; to annotate, to explain, to mark: **ghi chú/ cước chú** footnote **3** *n.* incantation, conjuration: **đọc thần chú** to read incantation

chú âm *v.* to phoneticize

chú cước *n.* explanatory notes, marginal notes

chú dẫn *v.* to note, to annotate

chú giải *v.* to explain, to quote, to annotate

chú lực *v.* to concentrate or to apply one's strength on

chú mục *v.* to pay attention to

chú rể *n.* bridegroom

chú tâm *v.* to concentrate on

chú tiểu *n.* novice [in a Buddhist temple]

chú trọng *v.* to pay attention to, to attach importance to [**đến, tới** precedes object]

chú ý *v.* to pay attention [**đến, tới** precedes object]; Attention!

chủ *n.* owner, master, boss, lord (= **chúa**); landlord: **ông chủ nhà** landlord; **chủ nhà** host, hostess [*opp.* **khách**]; **chủ hãng** employer [*opp.* **thợ**]; **địa chủ** landowner; **gia chủ** head of family; **nghiệp**

chủ manager of industry

chủ bút *n.* editor-in-chief, editor

chủ chiến *v.* to advocate war

chủ đạo *adj.* decisive

chủ đề *n.* main subject, main topic

chủ đích *n.* main objective, main aim, chief goal

chủ động *v., adj.* to be active, to take the initiative; principal

chủ giáo *n.* bishop

chủ hoà *v.* to advocate peace

chủ hộ *n.* head of a family

chủ hôn *n., v.* celebrant; to conduct a wedding ceremony [preceded by **đứng**]

chủ khảo *n.* head of examiners

chủ lực *n.* main force, driving force

chủ mưu *v., n.* to instigate; to be the mastermind, to contrive; instigator

chủ nghĩa *n.* doctrine, ideology

chủ ngữ *n.* subject [of a sentence]

chủ nhân *n.* boss, master

chủ nhật *n.* Sunday (= **chúa nhật**)

chủ nhiệm *n.* director; editor

chủ quan *n., adj.* subjective thinking [*opp.* **khách quan**]; subjective

chủ quyền *n., adj.* sovereignty; sovereign

chủ sự *n.* chief of a bureau

chủ tâm *v., n.* to intend, to aim; intention

chủ tể *n.* chief, master, lord

chủ thầu *n.* contractor

chủ thể *n.* subject, main organ

chủ tịch *n.* chairman

chủ toạ *v., n.* to preside over [a meeting]; chairperson: **chủ toạ buổi họp** to chair a meeting

chủ từ *n.* subject

chủ trương *v., n.* to advocate, to assert, to maintain; policy

chủ ý *v., n.* to intend, to aim; main idea, primary intention

chủ yếu *adj.* essential, important

chua 1 *v.* to note, to annotate **2** *adj.* sour, acid

chua chát *adj.* bitter, ironical

chua ngoa *adj.* talkative; lying; sharp-tongued

chua xót *adj.* painful

chúa *n.* lord, prince, God: **vua chúa** kings and princes; **chúa Trời** God

chúa nhật *n.* Sunday

chúa sơn lâm *n.* tiger

chúa tể *n.* chief, master, leader

chùa *n.* [SV **tự**] Buddhist temple, pagoda: **thầy chùa** monk

chùa chiền *n.* Buddhist temples

chuẩn *n., adj.* standard: **tiêu chuẩn** criterion

chuẩn bị *v.* to prepare, to get ready

chuẩn chi *v.* to order, to authorize a payment

chuẩn đích *n.* definite aim, goal, norm

chuẩn định *v.* to fix, to decide

chuẩn nhận *v.* to accept, to approve

chuẩn phê *v.* to approve

chuẩn tướng *n.* brigadier-general

chuẩn úy *n.* warrant officer

chuẩn xác *adj.* accurate

chuẩn y *v.* to approve

chúc 1 *v.* to tilt **2** *v.* to wish; to congratulate, to celebrate

chúc thư *n.* will and testament

chúc tụng *v.* to wish; to praise

chục *num.* ten: **hai chục** twenty

chui *v.* to glide headlong, to creep, to steal, to slip in through a narrow opening; to cede [a card]

chúi *v.* to bend one's head forward; to be engaged totally in

chùi *v.* to wipe, to clean, to polish

chum *n.* water jar

chúm *v.* to purse, to round [lips]

chùm *n.* cluster, bunch [of grapes, keys, flowers]: **chùm chìa khoá** a set of keys

chụm *v.* to assemble, to join

chụm lửa *v.* to light a fire

chun *v.* to shrink, to be elastic

chun chủn *adj.* short, tiny

chùn *v.* to slow down, to stop

chùn chụt *adv.* [to kiss or suck] noisily

chung 1 *adj., v.* common, mutual; to have or do in common: **ở chung** to live together; **chung tiền** to pool money **2** *v.* R to finish (= **hết**): **thuỷ chung** to the end; from beginning to end; to be loyal, faithful **3** *n.* the end [used at the end of books or articles]

chung chạ *v.* to share [with other people]

chung đúc *v.* to amalgamate, to create

chung đụng *v.* to clash; to share with other people

chung kết *n.* final

chung quanh *n.* surrounding area (= **xung quanh**)

chung qui *adv.* in the final analysis, in conclusion

chung thân *adv.* all one's life: **tù chung thân** life imprisonment

chúng *pron.* [pluralizer for certain personal pronouns]; R group, people: **công chúng** the public; **đại chúng** the masses; **quần**

chúng the masses

chúng bạn *n.* friends

chúng bay *pron.* you [plural]; [also **bay**]

chúng cháu *pron.* we [your grandchildren, your nephews, your nieces]

chúng con *pron.* we [your children]

chúng em *pron.* we [your younger siblings]

chúng mày *pron.* you [arrogant]

chúng mình *pron.* we [inclusive I and you, (he) and I; you, (they) and I]; cf. **chúng ta, mình, ta**

chúng nó *pron.* they, them

chúng ông *pron.* we [very arrogant]

chúng sinh *n.* all living creatures; wandering souls

chúng ta *pron.* we, us [inclusive I and you, (he) and I; you, (they) and I]; cf. **chúng mình, ta, mình**

chúng tôi *pron.* we [exclusive I, he and I, they and I, but not you]

chùng *adj.* [of rope, string] loose, slack; [of trousers] to be long, hanging

chùng chình *v.* (= **trùng trình**) to loiter; to procrastinate

chủng 1 *n.* R species, kind, sort: **chủng loại** race; **chủng tộc** human race **2** *v.* to vaccinate

chủng loại *n.* sort, kind, variety, type, species

chủng tộc *n.* race, people

chuốc *v.* to seek, to bring upon oneself [worry, profit, honors]

chuộc *v.* to buy back [lost or pawned object], to redeem; to atone for [fault, mistake]; to try

to win [someone's heart]

chuôi *n.* handle [of knife **dao**], hilt

chuối *n.* banana: **một buồng chuối** a bunch of bananas; **vườn chuối** banana farm

chuỗi *n.* a string [of beads], necklace; file, series, succession: **chuỗi hạt trai** pearl necklace; **chuỗi tràng hạt** rosary

chuôm *n.* small pond

chuồn *v.* to take French leave, to clear out, to sneak out

chuồn chuồn *n.* dragonfly

chuông *n.* bell: **bấm chuông** to ring the bell [by pushing a button]; **đánh chuông/thỉnh chuông** to strike the bell with a mallet; **lắc chuông** to ring the bell [by shaking it]; **chuông bấm, chuông điện** electric bell

chuồng *n.* cage, shed, shelter, coop, stable, sty: **lúc gà lên chuồng** at nightfall; **chuồng bò** stable for oxen; **chuồng gà** chicken coop, chicken house; **chuồng heo/chuồng lợn** pig sty; **chuồng tiêu** latrine, privy; **chuồng xí** latrine, privy; **chuồng trâu** buffalo stable

chuộng *v.* to be fond of, to like, to esteem: **chiều chuộng** to pamper, to esteem; **kính chuộng** to respect and esteem

chuốt *v.* to polish, to refine: **chải chuốt** to be smart

chuột *n.* rat, mouse, cobaye: **bả chuột** rat poison; **dưa chuột** cucumber; **ướt như chuột lột** drenched to the skin

chuột bạch *n.* white mice

chuột bọ *n.* rodents

chuột đồng *n.* field mouse

chuột nhắt *n.* mouse, mice

chuột rút *n.* cramp

chụp *v.* to spring upon and seize suddenly: **chụp lấy cổ nó** to grab him

chụp ảnh *v.* (= **chụp hình**) to take a photograph [of]; to have one's picture taken

chụp đèn *n.* lamp shade

chút 1 *adj.* tiny (= **tí**): **chút ít, chút đỉnh, chút xíu; một chút** a little bit **2** *n.* great-great-grandchild; cf. **cháu, chắt, chít**

chút con *n.* a small child, the only child

chút đỉnh *adj.* a little bit, a touch of

chút ít *adj.* tiny

chút phận *n.* modest condition

chút thân *n.* humble life

chút tình *n.* humble sentiment

chút xíu *adj.* tiny

chụt *n.* smacking noise

chùy *n.* mallet, hammer; blow

chuyền 1 *v.* to transfer [liquid, merchandise]; to transport; to carry **2** *adj., n., v.* specialized in; expert, main occupation; to concentrate on: **chuyên về** to specialize in

chuyên cần *adj.* diligent, industrious

chuyên chế *adj.* absolute, dictatorial, arbitrary, autocratic

chuyên chính *n.* dictatorship: **chế độ chuyên chính** dictatorship regime

chuyên chở *v.* to transport

chuyên chú *v.* to apply oneself, to be attentive, to concentrate on

chuyên đề *n.* special subject/topic

chuyên gia *n.* specialist, expert

chuyên khoa *n.* specialty, advanced and specialized course; second cycle [three years] of secondary education [*opp.* **phổ thông**]

chuyên môn *n., adj.* specialty [to specialize in], professional; to be technical: **nhà chuyên môn** expert, specialist; **danh từ chuyên môn** technical terms, jargon

chuyên nghiệp *n.* specialist, professional; vocational: **trường trung học chuyên nghiệp** technical college, vocational school

chuyên nhất *v.* to be devoted to one thing

chuyên quyền *v.* to be despotic, to rule as an autocracy, to be a dictatorship

chuyên tâm *v.* to concentrate on [with fixed intention]

chuyên trách *v.* to be responsible

chuyên trị *v.* [of doctor] to be a specialist in: **bác sĩ chuyên trị bệnh ngoài da** dermatologist

chuyên tu *v.* to give or to get special training: **lớp chuyên tu** special session, seminar [on certain subjects]

chuyên viên *n.* expert, specialist

chuyến *n.* trip, journey, voyage, flight [as a unit, single event]; time: **chuyến về** the homeward trip; **chuyến mười giờ** the 10 o'clock train [bus, plane, etc.]; **đi cùng một chuyến** to travel together; **nhiều chuyến** many times; **chuyến tàu đêm** the night train

chuyển *v.* to pass, to hand; to pass

chuyển

from place to place; to carry, to transfer: **chuyển tay nhau** to pass on to each other

chuyển v. to move, to transfer; to shift; to change [direction]; to transmit, to hand over: **chuyển giao** to transfer; **lay chuyển** to move, to shake; **thuyên chuyển** to move [personnel] around

chuyển biến v. to change

chuyển bụng v. (= **chuyển dạ**) to start to have labor pains

chuyển đạt v. to transmit, to convey

chuyển đệ v. to transmit, to forward

chuyển động v., n. to move; movement, motion

chuyển giao v. to hand over [authority, government office]

chuyển hoá v. to transform, to change

chuyển hoán v. to complete an evolution

chuyển hướng v. to change direction

chuyển nhượng v. to transfer, to cede

chuyển tiếp v., n. to transit; transition

chuyển vận v. to transport; to set in motion

chuyện n. talk; story: **kể chuyện** to tell a story; **bày/bịa/vẽ chuyện** to fabricate; **nói chuyện** to talk, to speak, to chat [**với** with, **về**, **đến**, **tới** about, of]; **buổi nói chuyện** a talk, public speaking; **nói chuyện gẫu** to talk idly; **chuyện phim** film story, movie story; **chuyện tình** love story;

sinh chuyện to pick a quarrel, to make a fuss

chuyện trò v. to converse, to chat

chuyện vãn v. to converse, to chat

chư tăng n. all the monks

chư vị n. gentlemen, every one of …

chư hầu n. all the vassals; satellite, vassal

chứ 1 conj. and not, but not: **Chứ (còn) ai (nữa)** Sure, who else?; **Chứ sao?** Sure, how else? (= **chở**) 2 adv. [final particle] I suppose, I'm sure, I'm certain, shall we?

chứ lị adv. naturally, of course; surely, certainly

chừ n., adv. now, at present, at the present time

chữ n. [SV **tự, từ**] letter [of the alphabet]; [written] character, word, type, script, written language, handwriting: **chữ cái** letter of the alphabet; **chữ hoa** capital letter; **chữ Hán/chữ Nho** Chinese characters; **chữ nghĩa** literary knowledge; **chữ thảo, chữ thấu** grass style [calligraphy]; **chữ xấu** poor handwriting or calligraphy, to have poor handwriting; **không biết chữ** to be illiterate; **biết chữ** to be literate; **chữ Anh** English [written]; **chữ ký** signature; **chữ trinh** virginity, faithfulness, loyalty [in woman]

chưa adv. not yet [precedes main verb in statements]; Yet? [final particle in questions]

chứa v. to contain, to hold; to take in, to put up [boarders, visitors]; to store [goods]; to harbor, to keep [stolen goods, dishonest people]: **kho chứa hàng** warehouse; **nhà chứa** brothel

chứa chan *adj.* overflowing [with]

chứa chấp *v.* to conceal, to hide

chứa chất *v.* to pile up, to accumulate

chứa đựng *v.* to fill with, to contain

chừa *v.* to give up, to abstain from, to quit [habit, vice]; to set aside; to avoid, to leave: **chừa thuốc lá** to quit smoking [cigarettes]; **chừa ra hai phân** leave a margin of two centimeters

chửa *v.* to be pregnant: **chửa con so** to be pregnant for the first time; **chửa hoang** to be pregnant without being married

chữa *v.* to repair, to alter; to mend, to fix; to correct: **chữa bệnh** to cure diseases; **chữa cháy/chữa lửa** to put out a fire

chữa thẹn *v.* to save one's face by saying something

chức *n.* office, position, title, function [chemistry]: **cách chức** to dismiss; **công chức** government employee; **giáng chức** to demote; **thăng chức** to promote; **viên chức** employee, staff

chức chưởng *n.* function, title

chức hàm *n.* honorary title

chức nghiệp *n.* occupation, career

chức phẩm *n.* office, grade, rank

chức phận *n.* duty, office, position

chức quyền *n.* authority, function, position

chức sắc *n.* dignitaries, authorities

chức trách *n.* responsible authorities

chức tước *n.* function and title

chức vị *n.* position, office, rank and function

chức vụ *n.* position, function, duty

chực **1** *v.* to wait; to watch for **2** *adv.* to be on the point of, be about to [precedes main verb]

chửi *v.* to insult, to abuse, to scold

chửi bới *v.* to insult, to scold

chửi mắng *v.* to insult, to offend, to scold

chửi rủa *v.* to abuse and curse

chửi thề *v.* to use abusive language, to swear all the time

chưng **1** *v.* to show off, to display: **chưng bằng cấp** to display all certificates **2** *v.* to boil down, to dry up

chưng bày *v.* to display, to exhibit

chưng diện *v.* to dress up, to show off; to decorate

chưng dọn *v.* to display, to arrange

chứng **1** *n.* R proof, evidence: **bằng chứng/chứng cớ** evidence, proof; **chứng nhân/nhân chứng** witness **2** *n.* illness, defect, vice, ailment, tic: **triệu chứng** symptom; **giở chứng, sinh chứng** to become vicious, wicked

chứng bệnh *n.* symptom

chứng chỉ *n.* certificate

chứng cớ *n.* (= **chứng cứ**) evidence, proof

chứng giám *v.* to witness, to be a witness, to certify

chứng khoán *n.* security certificate, bonds, shares

chứng kiến *v.* to witness, to see

chứng minh *v.* to prove, to demonstrate

chứng minh thư *n.* identification

chứng nghiệm

certificate, *laissez passer*

chứng nghiệm *v.* to verify

chứng nhân *n.* witness

chứng nhận *v.* to certify

chứng phiếu *n.* certificate

chứng thực *v.* to certify, to prove

chứng tỏ *v.* to prove

chứng từ *n.* receipt, document, proof

chừng *n., adv.* foreseeable degree, measure, extent; about: **chừng độ** approximately; **chừng ấy/ chừng nấy** then, that amount; **coi chừng** to watch out, to be cautious; **độ chừng/phỏng chừng/ chừng độ** about, approximately; **quá chừng** excessively, to the extreme; **vừa chừng** moderately; **ý chừng** it seems that

chừng độ *n., adv.* moderation; about

chừng mực *n., adj.* average, moderation; reasonable

chửng *n.* at one stretch, in one gulp: **ngã bổ chửng** to fall back

chững *v.* [of child] to totter

chững chạc *adj.* (= **chững chàng**) stately, dignified

chước **1** *n.* dodge, trick, ruse, expedient: **mưu chước** trick **2** *v.* to excuse, to exempt

chuởi See **chửi**

chườm *v.* to apply a compress to

chương *n.* chapter [of a book]

chương trình *n.* program, project, plan; program of studies, curriculum: **chương trình Anh văn** the English program

chướng *adj.* unpleasant; indecent; senseless

chướng khí *n.* unhealthy air

chướng mắt *adj.* unpleasant, unacceptable

chướng ngại: *n.* hindrance, obstruction: **vật chướng ngại** obstacle

chướng ngại vật *n.* obstacle, barricade, roadblock, hurdle

chướng tai *adj.* unpleasant to the ears

chưởng *n.* martial art trick

chưởng khế *n.* notary

co **1** *v.* to shrink, to contract **2** *v.* to bend, to curl up

co bóp *v.* to pulsate

co giãn *adj.* elastic, flexible

co quắp *adj.* curled up

có **1** *v.* to be; to exist; to have, to possess, to own; there is/are **2** *adv.* affirmative article: **giàu có** to be wealthy; **ít có** to be rare

có chửa *adj.* pregnant

có hậu *v.* to have a happy ending

có hiếu *v.* to have filial piety

có học *adj.* educated

có ích *adj.* useful: **bạn hãy làm việc gì có ích cho xã hội** to do something useful for society

có khi *adv.* sometimes

có lẽ *adv.* perhaps, probably

có (lễ) phép *adj.* polite

có lý *adj.* reasonable, logical

có mang *adj.* (= **có chửa**) pregnant

có mặt *adj.* be present at

có một không hai *adj.* unique

có nghĩa *adj.* loyal to, constant in one's sentiment

có nhân *adj.* compassionate, humane

có thai *adj.* (= **có mang**) pregnant

có thể *v., adv.* can, could, to be able to; perhaps, maybe, possibly

có tiếng *adj.* well-known, noted, famous

có tội *adj.* guilty

có vẻ *v.* to seem to, to look, to appear to

cò 1 *n.* stork, egret 2 *n.* trigger 3 *n.* postage stamp (= **tem**)

cò kè *v.* to bargain

cò mồi *n.* decoy, show-off presenter, trading cheater

cỏ *n.* [SV **thảo**] grass, herb: **bãi cỏ** lawn; **rau cỏ** vegetables; **ăn cỏ** to be herbivorous; **đồng cỏ** meadow; to kill; **cỏ dại** weeds

cọ 1 *v.* to rub, to polish, to mop 2 *n.* palm tree

cọ xát *n., v.* friction; to rub repeatedly; to contact with

cóc 1 *n.* toad: **cóc tía/cóc vàng** somebody wealthy [but stupid] 2 *adv.* [slang] not to (= **không, chẳng, chả**), anything

cọc 1 *n.* stake, picket, post; pile 2 *n.* deposit: **đặt cọc** to make a downpayment, a deposit

coi *v.* (= **xem**) to see, to look at, to watch, to consider: **coi chừng** to watch out; **coi sóc** to look after, to take care of

còi *n.* whistle, horn, siren: **Cấm bóp còi.** No hornblowing.

cõi *n.* region, country, space, world: **toàn cõi Việt Nam** the whole Vietnam

com lê *n.* suit

com-pa *n.* compasses: **com-pa đo dày** callipers

còm *adj.* lean, skinny

con 1 *n.* [SV **tử**] child: **người/đứa con** child; **thằng con giai/trai** son; **con gái** daughter; **cha nào con ấy** like father, like son 2 *n.* for animals and certain inanimate things as a classifier noun: **một con ngựa** a horse; **một con dao** a knife; **một con số** a number, figure, digit; **một con sông** a river 3 *adj.* [SV **tiểu**] to be small, young: **trẻ con** child(ren); childish; **mèo con** kitty; **cây con** sapling

con bạc *n.* gambler

con buôn *n.* merchant, trader

con cà con kê *v., n.* to say/talk nonsense; a cock and bull story

con cả *n.* first-born child, oldest child

con cái *n.* children, offspring

con cháu *n.* offspring, grandchildren

con dâu *n.* daughter-in-law

con đầu lòng *n.* first-born child

con đội *n.* jack [automobile]

con hoang *n.* illegitimate child

con mọn *n.* little child, infant

con niêm *n.* stamp duty

con nít *n.* child(ren)

con nuôi *n.* adopted child

con ở *n.* maid, servant

con rể *n.* son-in-law

con so *n.* the first baby

con số *n.* figure, number, digit

con thơ *n.* young child

con thứ *n.* the second-born child

con tin *n.* hostage

con trưởng *n.* first-born child, oldest child

con út *n.* youngest child

còn *v., adv.* [SV **tồn**] to remain; to have left, there is something left, still, yet, also, in addition: **chậm còn hơn không** better late than never

cỏn con *adj.* smallish, insignificant, negligible

cong *adj.* curved

cong cong *adj.* curved

cong queo *adj.* winding

cóng *adj.* numb

còng *v.* to be bent/hunchbacked

cõng *v.* to carry/pick a backpack

cóp 1 *v.* to glean, to pick up, to gather 2 *v.* to copy, to cheat [at examination]

cọp *n.* tiger (= **hổ**, **hùm**)

cót két *adj.* grating, creaking

cọt kẹt See **cót két**

cô 1 *n.* father's sister, aunt: **cô ruột** aunt 2 *n., pron.* young lady, young woman; you; you [used for unmarried young women]: **cô ấy, cô ta** she, Miss; **cô dâu** bride; **cô đỡ** midwife 3 *adj.* (= **côi**) R to be isolated, alone, lonely

cô độc *adj.* lonely

cô đơn *adj.* lonesome

cô lập *v., adj.* stand in isolation; isolated

cô nhi *n.* orphan

cô nhi viện *n.* orphanage

cô phụ *n.* widow

cố 1 *v.* to make an effort, to try, to endeavor [with **đi, lên**]: **cố hết sức** to try, to do one's best 2 *n.* great-grandfather (= **cụ**) 3 *adj.* old, former, the late

cố chấp *adj.* obstinate, stubborn

cố đô *n.* old capital city

cố gắng *v.* to do one's best

cố hương *n.* native village

cố hữu 1 *n.* old friend 2 *adj.* natural, innate

cố nhân *n.* old friend/lover

cố nhiên *adj., adv.* of course, natural; naturally

cố quốc *n.* native land

cố sát *v.* to commit murder

cố tật *n.* defect, infirmity, disability

cố tình *adj.* deliberate, intentional, purposely

cố tri *n.* old acquaintance

cố vấn *n.* adviser, counselor

cố ý *adv.* purposely, intentionally

cổ 1 *n.* neck: **cổ áo** collar; **nghển cổ/vươn cổ** to stretch one's neck; **tóm cổ/túm cổ** to nab, to grab 2 *adj.* old, ancient (= **cũ**, **xưa**; *opp.* **kim**): **lỗi thời** old-fashioned; **đồ cổ** antique

cổ cánh *n.* partisan, friendship, acquaintances [of office holders]

cổ điển *adj., n.* classical; classics

cổ đông *n.* shareholder

cổ động *v. to* campaign for

cổ hủ *adj.* old-fashioned, conservative

cổ kính *adj.* ancient, old

cổ phần *n.* share, stock

cổ phong *n.* ancient customs

cổ sử *n.* ancient history

cổ tích *adj.* old story, vestiges

cổ truyền *adj.* traditional

cổ văn *n.* old literature

cổ võ *v.* to stimulate, to excite; to encourage

cổ xúy *v.* to applaud, to eulogize, to advocate

cỗ *n.* set; banquet, feast; **một cỗ áo quan [quan tài]** a coffin; **cỗ cưới** wedding feast

cốc 1 *n.* (= **ly**) glass [any shape], tumbler 2 *n.* cereal, grain: **ngũ**

cốc, mễ cốc cereals 3 *v.* to rap someone's head with the knuckle of one's finger

cộc *adj.* to be short

cộc lốc *adj.* curt

côi *adj.* orphaned

côi cút *adj.* orphaned; waif-like

cối *n.* mortar, mill: **cối xay** rice hulling mill; **súng cối** mortar; **súng cối xay** machine gun

cỗi *adj.* stunted: **cằn cỗi** stunted and dried

cỗi rễ *n.* root, origin

cốm *n.* grilled rice

cộm *adj.* bulging; chafing with

côn *n.* fighting stick

Côn Đảo *n.* Poulo Condore

côn đồ *n.* ruffian, gangster

côn trùng *n.* insects

cồn 1 *n.* [sand] dune; river islet 2 *n.* alcohol 3 *n.* paste, gum

công 1 *n.* peacock 2 *n.* efforts, R labor; credit: **tiền công** wages, salary; **bãi công/đình công** to go on strike; **lao công** labor; **phân công** division of labor 3 *adj.* public, common [*opp.* **tư**]: **của công** public funds; **dụng công vi tư** to use public funds for private purposes

công an *n.* public security; police, secret service; policeman

công an viên *n.* security officer

công báo *n.* official gazette

công bằng *adj., adv.* just, equitable, fair; justly, equitably

công binh *n.* army engineer

công bình See **công bằng**

công bố *v.* to announce publicly, to publish, to make public

công bộc *n.* public servant

công cán *n.* official mission

công cán uỷ viên *n.* chargé de mission; official commissioner

công chính *n.* public works

công chúa *n.* princess

công chúng *n.* the public

công chuyện *n.* business; public affairs

công chức *n.* public servant, government employee

công cộng *adj.* public

công cuộc *n.* task, work, job, undertaking

công danh *n.* reputation, titles, honors, position, career

công dân *n.* citizen

công dụng *n.* use

công đàn *n.* public forum

công điền *n.* village-owned ricefield; public field

công đoàn *n.* trade union

công đức *n.* virtue, morality, good deed

Công giáo *n.* Catholicism, Catholic

công hàm *n.* diplomatic letter

công hãm *v.* to attack

công hiệu *n., adj.* effectiveness, efficiency; efficient, effected

công ích *n.* public interest/welfare, public good

công kênh *v.* to carry [somebody] astride on one's shoulder

công khai *adj.* to be done openly

công kích *v.* to attack

công lập *adj.* public, state

công lao *n.* labor, work, credit

công lệ *n.* rule, law

công luận *n.* public opinion, public forum

công lý *n.* justice

công minh *adj.* just, fair

công nghệ *n.* industry; technology: **công nghệ tin học** information technology

công nghiệp *n.* industry; work

công nghiệp hoá *v.* to industrialize

công nhân *n.* worker, employee

công nhân viên *n.* public servant, government employee

công nhận *v.* to recognize, to grant, to admit

công nhật *n.* daily wages

công nhiên *adv.* publicly, openly

công nông *n.* worker and peasant

công nợ *n.* debts

công ơn *n.* good deed, gratitude

công phá *v.* to storm, to attack

công pháp *n.* public law

công phạt *v.* to have violent after-effects

công phẫn *adj.* indignant

công phiếu *n.* state bond

công phu *n., adj.* labor; elaborate

công quản *n.* public administration, public authority

công quỹ *n.* public/state funds

công sản *n.* public property

công sở *n.* government office, public service

công suất *n.* capacity, power

công sứ *n.* envoy, minister

công tác *n.* work, task, job, assignment, official business

công tác phí *n.* traveling expenses for official business

công tắc *n.* switch

công tâm *n.* sense of justice, impartiality

công thự *n.* government building

công thức *n.* formula

công tố viên *n.* prosecutor

công tơ *n.* meter [tool]

công tử *n.* mandarin's son; dude, dandy

công tước *n.* duke

công trái *n.* public debt; government bond

công trường *n.* square; construction site, building site

công trình *n.* undertaking, work; project; monument

công ty *n.* firm, company, corporation

công văn *n.* official letter, official document

công việc *n.* work, business, task

công viên *n.* public park

công voa *n.* convoy

công vụ *n.* civil service, official business

công xưởng *n.* workshop, shop; factory

cống 1 *n.* sewer 2 *v.* R to offer as a tribute

cống hiến *v.* to offer, to dedicate, to contribute

cổng *n.* gong

cổng kềnh *adj.* cumbersome

cổng *n.* gate, entrance; level crossing

cộng 1 *v.* to add: **tính cộng** sum; **tổng cộng** total 2 *adj.* common: **cộng sản** communist

cộng đồng *n., adj.* community; common, collective

cộng hoà *n., adj.* republic; republican

Cộng sản *n.* communist

cộng sự viên *n.* colleague

cộng tác *v.* to collaborate [**với** with], to cooperate; to contribute

cốt 1 *n.* (= **xương**) bones, skeleton; framework: **hài cốt** remains;

nòng cốt foundation 2 *adj., v.* to be essential to; to aim at

cốt cán *n.* loyal cadre, party veteran [communist]

cốt nhục *n.* blood relationship

cốt truyện *n.* plot, framework

cốt tuỷ *n.* marrow; essence, quintessence

cốt tử *adj.* most essential, most fundamental

cốt yếu *adj.* basic, essential, vital

cột 1 *n.* [SV **trụ**] pillar, column, pole, post, poster: **cột cờ** flagpole; **cột cây số** milestone 2 *v.* to tie up, to bind: **cột dây giày** to tie one's shoelaces

cơ 1 *n.* occasion; opportunity, circumstances: **cơ hội** opportunity; **thừa cơ** to seize an opportunity; **sa cơ (thất thế)** to fail; **nguy cơ** danger 2 *n.* R machine, machinery, mechanism; R airplane: **chiến đấu cơ** fighter; **oanh tạc cơ** bomber; **nông cơ** farm machinery; **hữu cơ** [chemistry] organic; **vô cơ** inorganic 3 *n.* muscle [anatomy]

cơ bản *n., adj.* fundamental, elementary, basic

cơ cấu *n.* structure

cơ chế *n.* mechanism, structure; organization

cơ cực *adj., n.* very poor and hard up; hard life

cơ đồ *n.* family estate, undertaking

Cơ Đốc giáo *n.* Christ, Christianity, Christian

cơ giới *n.* machine, mechanical implement

cơ hàn *n.* poverty, hunger and cold

cơ học *n.* mechanics

cơ hồ *adv.* very nearly, almost

cơ hội *n.* opportunity, chance: **lợi dụng cơ hội** to take advantage of, to avail oneself of

cơ khí *n.* mechanism, machinery

cơ man *adj.* innumerable, countless: **cơ man nào mà kể** enormous quantities, countless numbers

cơ mật *n.* secret

cơ mưu *n.* ruse, stratagem

cơ năng *n.* ability, function

cơ nghiệp *n.* assets, fortune

cơ quan *n.* organ, organism, agency, foundation: **Cơ quan Nguyên tử năng Quốc tế** International Atomic Energy Agency

cơ sở *n.* base, installation, organ, establishment: **hạ tầng cơ sở** infrastructure

cơ thể *n.* human body; organism

cơ thể học *n.* anatomy; **cơ thể học viện** Institute of Anatomy

cớ *n.* reason, excuse, pretext: **Cớ sao? Vì cớ gì?** Why? For what reason?; **chứng cớ** evidence

cờ 1 *n.* [SV **kỳ**] flag, banner: **hạ cờ** to lower the flag; **treo cờ** to display flags; **phất cờ/vẫy cờ** to wave the flag; **cột cờ** flagpole; **cờ rũ** flag at half mast; **cờ trắng** flag of truce 2 *n.* [SV **kỳ**] chess: **cờ tướng** Chinese chess; **đánh cờ** to play chess; **một nước cờ** a move [with **đi** to make]

cờ bạc *v., n.* to gamble; gambling

cời *v.* to get [something from a tree, etc.] by means of a stick

cởi *v.* to untie, to unfasten, to unbutton; to take off: **cởi quần áo** to take off clothes; **cởi truồng** to be naked

cõi See **cuõi**

cơm *n.* [SV **phạn**] cooked rice, food: **cơm tẻ** ordinary rice; **cơm nếp** glutinous rice; **nấu/thổi cơm** to cook rice; **làm cơm** to cook, to prepare a meal

cơm áo *n.* food and clothing; living supply

cơm nước *n.* food, meals: **Bạn đã cơm nước gì chưa?** Have you had a meal?

cơm toi *n.* wasted money

cơn *n.* outburst, fit: **cơn giận** a fit of anger; **cơn dông** storm; **cơn ho** an attack of coughing; **cơn gió** a gust [or blast] of wind

cỡn *n.* heat, rut: **động cỡn** bestrum

cợt *v.* to joke, to jest: **đùa cợt/riễu cợt** to joke

cu **1** *n.* cock, prick: **thằng cu Tí** little boy Ti **2** *n.* dove

cu li *n.* coolie

cú **1** *n.* owl: **con cú mèo** screeching owl; **hôi như cú** to stink **2** *n.* R sentence (= **câu**): **cú pháp** syntax **3** *n.* blow; [football, soccer] shot: **đá một cú banh** to kick a ball

cù *v.* to tickle (= **thọc lét**)

cù lao *n.* island

củ *n.* bulb, edible root, tuber: **một củ khoai lang** a sweet potato

củ soát *v.* to check, to verify

cũ *adj.* [SV **cựu**] old, used, secondhand, former [*opp.* **mới**]: **bạn cũ** old friend; **quần áo cũ** used clothes; **như cũ** as before, as previously

cũ kỹ *adj.* old, oldish

cũ rích *adj.* [of story] very old

cụ **1** *n.* very old person;

great-grand parents: **cụ ông** great-grandfather; **cụ bà** great-grandmother; **ông cụ già** old man **2** *n.* R all the whole; R implement, tool: **khí cụ** tool, implement; **nông cụ** farm tool, farm equipment

cụ thể *adj., adv.* concrete, tangible; concretely, real [*opp.* **trừu tượng**]

cua *n.* crab: **cua bể** sea crabs

của **1** *n.* belongings, possession, property, riches: **của công** public funds, state property **2** *prep.* **cuốn tiểu thuyết của ông ấy viết** the novel which he wrote

của bố thí *n.* alms, charities

của chìm *n.* hidden wealth/property

của đút lót *n.* bribe

của gia tài *n.* family heritage

của gia bảo *n.* heirloom

của hối lộ *n.* bribe

của nổi *n.* material wealth; real estate

của hồi môn *n.* dowry

của phi nghĩa *n.* ill-acquired wealth

cúc **1** *n.* daisy, chrysanthemum **2** *n.* (= **khuy**) button

cục **1** *n.* ball, piece, broken piece: **cục đá** a piece of stone; **cục máu** a clot of blood; **cục nước đá** ice cube; **đóng cục** to clot **2** *n.* R position, situation, circumstances; office, bureau, agency: **bưu cục** post office; **chi cục** branch office; **tổng cục** head office **3** *adj.* rude, vulgar; brutal: **cục cằn** rude, impolite

cục súc *adj.* brutish

cục tác v. [of hens] to cackle

cúi v. to bend over, to bow down

cùi 1 n. pulp, meat [of fruit, nut]: **cùi dừa** copra 2 n. leper (= **hủi**): **trại cùi** leper colony

củi 1 n. firewood, fuel: **kiếm củi** to gather twigs 2 n. cage, kennel: **củi chó** doghouse

cúm n. influenza, flu; gripe: **bị bệnh cúm** to have flu; **cúm gia cầm** bird-flu

cùm v. to shackle, to be in fetters, to chain

cụm n. cluster, clump, tuft, grove: **một cụm hoa** a cluster of flowers

cùn adj. dull, blunt; rusty

cũn côn adj. too short: **quần ngắn củn côn** very short pants

cung 1 n. bow; arc [math]: **bắn cung** to shoot arrows 2 n. declaration, testimonial, evidence: **khẩu cung** oral statement; **phản cung** to retract one's statement 3 n. palace, temple, dwelling: **hoàng cung** imperial palace; **thiên cung** the arch of Heaven; **tử cung** womb 4 v., n. R to supply; supply [opp. **cầu**]: **cung cấp thực phẩm** to supply food

cung cầu n. supply and demand: **luật cung cầu** the laws of supply and demand

cung chúc v. to express respectful wishes: **Cung chúc Tân Xuân** Happy New Year

cung dưỡng v. to feed, to take care, to support [parents]

cung điện n. palaces

cung hiến v. to offer, to donate

cung khai v. to declare, to admit, to confess

cung kính adj. respectful

cung nữ n. imperial maid

cung phi n. imperial concubine

cung ứng v. to provide, to answer, to supply: **cung ứng thực phẩm** to supply food

cúng v. to worship, to offer sacrifices, to make offerings: **đồ cúng** offerings

cùng 1 adj., v., conj. same; to follow; with, and: **cùng nhau** with one another, together; **cùng một lúc** at the same time, simultaneously; **tam cùng** [communist] the three "togethers" (eat together, live together, work together) 2 n. the end, limit, destitute, without resources: **cùng khổ/ cùng khốn** very poor; **vô cùng** limitless, extremely [precedes or follows adjective]; **kỳ cùng** until the end, to the last

cùng cực adj. utmost

cùng đường adj. deadlock, at the end of a road

cùng nhau adv. together

củng cố v. to strengthen, to consolidate

cũng adv. also, too [precedes main verb]; all right [optionally follows **kể**]; [should not be translated in inclusive statements having indefinites **ai**, **gì**, **nào**, **đâu**, **bao giờ**]: **Tôi cũng đi.** I'm going, too.; **Ai cũng thích.** Everybody likes it.; **Cái nào cũng được.** Any one will do.

cuốc 1 v. to dig out, to dig up 2 n. ride [in rickshaw, taxi]

cuốc bộ v. to walk, to take a walk

cuộc 1 n. for games, parties, meetings, actions, etc. (= **cục**): **công cuộc** job, work, undertaking **2** *v.* to bet, to wager (= **cá**): **Tôi cuộc với anh này** I bet you

cuối *n.* end; bottom [of list; last]: **cuối cùng** at last, finally; **đoạn cuối** the end [of story, book, film]; **từ đầu chí cuối** from beginning to end

cuội *adj.* nonsensical, lying

cuỗm *v.* to steal, to filch, to swipe

cuồn cuộn *v.* [of waters] to whirl

cuốn 1 *v., n.* [SV **quyển**] to roll, [of wind, water] to carry away; roll, volume **2** *v., n.* to roll; roll to wrap-up: **cuốn chả giò** spring roll

cuốn gói *v.* to pack off and to clear out

cuộn *v., n.* to roll up; roll [of paper **giấy**], spool [of thread **chỉ**]

cuống 1 *n.* stalk, stem; stub **2** *adj., v.* to be panic-stricken, to be nervous; to lose one's head; to be at a loss

cuống cuồng *adj.* utterly agitated, panicky

cuống họng *n.* throat, esophagus

cuống phổi *n.* bronchia

cuống quít *v.* to lose one's head

cuống ruột thừa *n.* appendix [anatomy]

cuồng *adj.* mad, crazy, insane

cuồng nhiệt *adj.* fanatic(al)

cuồng phong *n.* furious gale, tempest

cuồng tín *adj.* fanatic(al)

cuồng vọng *n.* crazy ambition

cúp 1 *v.* to cut, to reduce: **cúp lương** to cut salary **2** *n.* cup, trophy: **cúp Đa-vít** Davis Cup

cụp *v.* to close [umbrella **ô**]; [of tail, ears] to droop

cút *v.* to scram: **Cút đi!** Scram! Beat it! Get lost!

cụt *adj.* short; lame: **cụt chân** crippled; **cắt cụt** cut, chopped

cư *v.* R to dwell, to reside, to live (= **ở**): **di cư** to migrate, to move, to evacuate; **định cư** to settle [refugees]; **tản cư** to evacuate; **dân cư** inhabitant, population

cư dân *n.* inhabitant, population

cư ngụ *v.* to dwell, to reside, to live

cư sĩ *n.* retired scholar; retired official

cư trú *v.* to dwell, to reside, to live

cư xử *v.* to behave

cứ 1 *n.* R evidence, proof: **bằng cứ/ chứng cứ** evidence **2** *v., adv.* to continue to [precedes main verb], to act despite advice or warning: **Cứ nói đi!** Keep talking!

cứ điểm *n.* base, main point

cứ liệu *n.* data

cừ *adj.* smart, outstanding

cử 1 *v.* to appoint, to send [an official]; **được cử giữ chức** to be appointed **2** *v.* R to lift [weight **tạ**]; to begin; to move; to raise [army **binh**]: **cử tạ** to lift weight

cử chỉ *n.* gesture, attitude

cử động *v., n.* to move; motion, movement

cử hành *v.* to be held; to perform, to celebrate

cử nhân *n.* bachelor [degree]; bachelor's degree, licentiate

cử toạ *n.* audience

cử tri *n.* voter

cũ 1 *n.* cycle, epoch, period **2** *v.* to abstain from (= **kiêng**)

cự *v.* to resist, to scold

cự phách *adj.* outstanding, celebrity, prominent

cự tuyệt *v.* to refuse, to reject

cưa *v.* to saw, to amputate; [slang] to overcharge: **mạt cưa** sawdust; **xưởng cưa, máy cưa, cưa máy** power saw; **hình răng cưa** serrate, serrulate

cứa *v.* to cut, to saw off [with a dull knife]; to charge [high fees]

cửa *n.* [SV **môn**] door: **cửa lớn, cửa ra vào** main door; **cửa vào** entrance; **cửa ra** exit; **bậc cửa** threshold; **then cửa** door latch; **ngưỡng cửa** threshold

cửa bể *n.* seaport

cửa chớp *n.* shutters

cửa công *n.* government office/department; court, tribunal

cửa hàng *n.* store, shop

cửa nhà *n.* house, household; housing

cửa ô *n.* city gate

cửa Phật *n.* Buddhist temple

cửa sông *n.* estuary

cửa tiệm *n.* store, shop, department store

cựa **1** *n.* spur [of rooster] **2** *v.* to move, to stir: **cựa mình** to toss

cực **1** *n.* R pole [geography and physics], extreme; R extremely: **âm cực** cathode; **dương cực** anode; **điện cực** electric pole **2** *adj.* to be desperately in need, hard, suffering

cực chẳng đã *v.* to be against one's will

cực đại *n., adj.* maximum

cực điểm *n.* maximum, extreme, climax

cực đoan *adj.* extreme, extremist

cực độ *n.* extreme degree, limit

cực hữu *adj.* extreme right

cực khổ *adj.* poor; miserable

cực kỳ *adv.* extremely

cực lạc *n.* extreme happiness; paradise

cực lực *adv.* strongly, energetically, categorically

cực tả *adj.* extreme left

cực thịnh *adj.* prosperous, very rich

cực tiểu *n., adj.* minimum

cửi *n.* loom: **dệt cửi** to weave

cưng *v.* to cherish, to pamper

cứng cứng *adj.* a bit hard (= **cứng**)

cứng *adj.* hard; strong, stiff, tough, rigid [*opp.* **mềm**]

cứng cáp *adj.* robust, strong, tough

cứng cỏi *adj.* firm

cứng cổ *adj.* stubborn, headstrong, pigheaded

cứng đầu *adj.* stubborn, headstrong, pigheaded

cứng đờ *adj.* stiff

cứng họng *adj.* dumbfounded [at one's wit's end], speechless

cứng lưỡi *adj.* speechless, dumbfounded

cứng ngắc *adj.* rigid

cứng rắn *adj.* tough, firm, resolute

cước *n.* postage, transportation charges

cước chú *n.* footnote

cước phí *n.* postage, transportation charges

cưới *v.* [SV **hôn, thú**] to marry: **đám cưới** wedding procession; **ăn cưới** to attend a wedding [banquet]

cưới hỏi *n.* marriage, wedding

61

cưới xin

cưới xin n. (= **cưới hỏi**) marriage, wedding

cười v. [SV **tiếu**] to smile, to laugh; to laugh at, to ridicule, to mock: **mỉm cười** to smile; **bật cười** to burst out laughing; **trò cười** laughing stock; **cười chúm chím** to smile; **cười gượng** to smirk; **cười khúc khích** to giggle; **cười ầm**, **cười ồ**, **cười như nắc nẻ**, **cười rũ rượi** to roar with laughter

cười cợt v. to joke, to jest

cưỡi v. [SV **kỵ**] to ride

cườm n. glass bead

cương 1 n. reins: **cầm cương** to hold the reins 2 adj. R hard, inflexible, unyielding (= **cứng**; opp. **nhu**) 3 v. to improvise

cương lĩnh n. platform, principal guidelines

cương mục n. summary, outline

cương quyết adj. determined; strong-willed

cương thường n. constant obligations of morality

cương toả n. restrictions [to one's freedom]; shackles

cương trực adj. upright

cương vị n. position, status

cương yếu n. fundamentals, essentials

cường adj. R strong, powerful (= **mạnh**): **phú cường** to be prosperous [as a nation]; **liệt cường** the world powers

cường bạo adj. viciously cruel

cường dương adj. aphrodisiac

cường điệu v. to exaggerate, to magnify

cường độ n. intensity

cường hào n. village tyrant

cường lực n. force [as an instrument]

cường quốc n. powerful great nation

cường quyền n. brute force, cruel power

cường thịnh adj. prosperous, flourishing

cường tráng adj. vigorous, robust

cưỡng v. to compel, to force

cưỡng bách v. to make compulsory, to force, to coerce: **lao động cưỡng bách** forced labor

cưỡng dâm v. to rape

cưỡng ép v. to force, to coerce: **tự nguyện làm chứ không ai cưỡng ép** to do something of one's free will, not under coercion

cướp v. to rob, to loot, to ransack: **ăn cướp** to rob; **cướp ngôi** to usurp the throne; **cướp giật** to rob by snatching

cứt n. excrement, feces; dung (= **phân**): **cứt sắt** [iron] dross, slag, cinder

cưu mang v. to carry in one's womb; to support

cứu v. to save, to rescue: **cấp cứu** [to give] first aid, emergency aid

cứu cánh n. the end; the purpose [opp. **phương tiện** the means]

cứu giúp v. to help, to relieve

cứu hỏa v. to put out a fire: **đội cứu hoả** fire brigade

cứu quốc v. to save the country

cứu tế v., n. to give relief to; aid

cứu thế v. to save the world: **Chúa Cứu thế** the Savior

cứu thương v. to give first aid: **xe cứu thương** ambulance

cứu tinh *n.* the Savior

cứu vãn *v.* to save: **cứu vãn tình thế** to save the situation

cứu viện *v.* to aid, to assist, to reinforce

cứu vớt *v.* to rescue, to save

cứu xét *v.* to consider

cừu *n.* sheep: **cừu cái** ewe; **cừu non** lamb; **người chăn cừu** shepherd

cửu *num.* R nine (= **chín**): **đệ cửu chu niên** the ninth year

cửu chương *n.* multiplication table

Cửu Long Giang *n.* the Mekong River

cữu *n.* R coffin: **linh cữu** bier

cựu *adj.* R old, used (= **cũ**); R former [*opp.* **tân**]: **thủ cựu** conservative; **tay kỳ cựu** old timer, veteran

Cựu Kim Sơn *n.* San Francisco

cựu nho *n.* traditionally trained scholar

Cựu Thế Giới *n.* the Old World

cựu trào *n.* former dynasty

Cựu Ước *n.* Old Testament

D

da *n.* [SV **bì**] skin, hide, leather: **nước da** complexion; **lên da non** [of wound] to heal; **người/mọi da đỏ** Indian, Redskin; **nhà máy thuộc da** tannery; **da láng** patent leather

da dẻ *n.* complexion

da diết *adj.* gnawing, tormenting

da gà *n.* goose-flesh, the creeps

da liễu *n.* venereal diseases

da thịt *n.* skin and flesh

da thuộc *n.* leather: **giầy bằng da thuộc** leather shoes

da trời *n.* sky-blue

dã *v.* to neutralize the effect of [alcohol, liquor **rượu**, poison **độc**]: **dã rượu** to neutralize the effect of alcohol

dã ca *n.* pastoral song, folk song

dã cầm *n.* wild animals

dã chiến *n.* field combat, fighting in the countryside

dã man *adj.* savage, barbarian

dã nhân *n.* peasant, boor; orang utan

dã sử *n.* chronicle; unofficial history

dã tâm *n.* wild ambition, wicked intention

dã thú *n.* wild animals, wild beast

dã tràng *n.* little sand crab which carries sand on the beach

dạ 1 *intj.* [polite particle] Yes! [I'm here, I'm coming, I heard you]; (= **vâng**) Yes, you're right; Yes, I'll do that; No, it's not so [you're right]: **Ninh ơi! dạ; Ninh!** Yes! [mummy]; **dạ không; gọi dạ bảo vâng** to say **dạ** when summoned and **vâng** when told something; to be obedient, well-behaved **2** *n.* felt; wool **3** *n.* stomach, abdomen; heart, courage: **hả dạ** content, satisfied; **sáng dạ** intelligent; **gan dạ** courageous; **tối dạ** dull, slow-witted; **bụng mang dạ chửa** to be pregnant; **trẻ người non dạ** young and immature

dạ con *n.* uterus

dạ dày *n.* stomach (= **bao tử**)

dạ du *n.* sleep-walking at night

63

dạ đài *n.* hell

dạ hành *n.* night journey

dạ hội *n.* evening party

dạ khách *n.* night visitor, night guest

dạ khúc *n.* serenade

dạ quang *adj.* luminous

dạ vũ *n.* night-time dance party

dạ yến *n.* evening party, night feast

dạc *adj.* to be worn out, threadbare

dai *adj.* tough, leathery; solid, durable, resistant: **nhớ dai** to remember for a long time; **sống dai** to live long

dai dẳng *adj.* dragged out

dai nhách *adj.* very tough

dái *n.* genitals, penis

dài *adj.* long, lengthy: **kéo dài** to stretch, to drag on; **thở dài** to sigh, to have a sigh

dài giòng/dòng *adj.* [of speech, writing] long-winded, wordy

dài hạn *n.* long-term

dài lê thê *adj.* very very long; hanging, flowing

dài lưng *adj.* lazy, idle

dài lướt thướt *adj.* very long and trailing

dải *n.* belt, band, ribbon: **dải núi** range of mountain

dãi **1** *n.* saliva: **miệng đầy nước dãi** the mouth full of saliva **2** *v.* to be exposed, to lie with one's legs apart; to spread out

dãi dầu *v.* to be exposed [to the elements]

dại *adj.* stupid, imprudent, unwise [*opp.* **khôn**]; wild; berserk, insane [with **hóa** to become, to go]; numb: **khờ dại** dumb; **bệnh chó dại** rabies

dại dột *adj.* to be dumb, foolish

dại gái *v.* to fall for a skirt, to be manipulated by girls

dám *v.* to dare, to venture: **không dám** I dare not [accept your thanks, compliments or apologies], do not mention it; not at all, you're welcome

dạm *v.* to touch up; to request, to offer marriage; to offer [for sale]

dạm bán *v.* to offer for sale

dạm hỏi *v.* to propose marriage

dạm mua *v.* to offer to purchase

dạm vợ *v.* to propose marriage

dan díu *v.* to be in love with, to have an affair with

dán *v.* to stick, to paste, to glue

dàn *v.* to put in order, to display

dàn bài *n.* outline, sketch [a piece of writing]: **viết dàn bài bài luận** to write an outline of an essay

dàn binh *v.* to deploy troops

dàn cảnh *v.* to stage a play; to arrange a situation: **nhà dàn cảnh** stage manager, producer

dàn trận *v.* to deploy troops for a battle

dàn xếp *v.* to make arrangements; to arrange, to settle

dạn *adj.* to be accustomed to, hardened to; to be bold, brave

dạn dày *adj.* shameless, brazen

dạn mặt *adj.* shameless, brazen

dang *v.* to extend, to spread out, to hold out

dang dở *adj.* See **dở dang**

dáng *n.* air, attitude, appearance; posture, bearing, gait: **có dáng** to look well

dáng bộ *n.* air; look; conduct

dáng cách *n.* manner, way, behavior

dáng chừng *adv.* it seems that, it appears that, it looks as if

dáng dấp *n.* manner, air

dáng đi *n.* gait, bearing

dáng điệu *n.* gesture, gait

dạng *n.* form, air, shape: **giả dạng** to pretend

danh *n.* R name; reputation, fame: **danh giá/danh tiếng** reputation; **biệt danh** alias; **giả danh** to pretend to be [**làm** follows]; **ham/ hiếu danh** fame thirsty; **công danh** honors [of office]; **điểm danh** to call the roll

danh bạ *n.* roll, roster, registration

danh bút *n.* famous writer, well-known author

danh ca *n.* famous singer, well-known pop star

danh cầm *n.* famous musician

danh dự *n., adj.* honor; honorary

danh đô *n.* famous city

danh gia *n.* famous family

danh giá *n., adj.* reputation; honorable: **làm mất danh giá** to dishonor; to disagree

danh hiệu *n.* famous name/label, appellation

danh hoạ *n.* famous painting

danh lam *n.* famous scenery, well-known temple

danh lợi *n.* fame and wealth

danh nghĩa *n.* name, appellation

danh ngôn *n.* famous words, well-known saying

danh nhân *n.* famous man, celebrity

danh phẩm *n.* famous literary work

danh phận *n.* high position, reputation

danh sách *n.* name list, roster

danh sĩ *n.* famous scholar

danh sư *n.* famous teacher; famous doctor

danh tài *n.* person of talent, genius

danh thiếp *n.* business card

danh thơm *n.* good name, good reputation

danh tiết *n.* reputation, moral integrity

danh từ *n.* substantive, noun [in grammar]; vocabulary, terminology

danh tướng *n.* famous general

danh vị *n.* reputation, honor [in office]; dignity

danh vọng *n.* fame, renown [in office]; aspiration, ambition

danh xưng *n.* appellation, official name

danh y *n.* famous doctor

dành *v.* to set aside, to put aside

dành dụm *v.* to save

dao *n.* knife

dao cạo *n.* razor

dao cầu *n.* apothecary's chopper

dao díp *n.* pocket knife

dao động *v.* to oscillate, to swing

dao găm *n.* dagger

dao khúc *n.* popular ballad

dao mổ *n.* scalpel

dao phay *n.* kitchen knife; cleaver

dao rựa *n.* cleaver

dạo **1** *n.* times, period: **dạo ấy** at that time [past]; **dạo trước** before, previously; **dạo này** these days **2** *v.* to wander, to stroll, to take a walk **3** *v.* to try

dát v. to laminate, to make thinner, to roll

dạt dào v. to overflow

day v. to turn [one's back **lưng**]; to rub one's hands together

day dứt v. to harass

dày adj. thick [opp. **mỏng**]; to be thick, dense [opp. **thưa**]: **sương mù dày đặc** dense mist

dày dạn adj. inured to, familiar with

dày công n. much effort; with great efforts

dạy v. [SV **giáo**] to teach, to instruct, to train, to educate; to order: **dạy tiếng Anh** to teach English; **khó dạy** unruly, unmanageable

dạy bảo v. to educate, to teach, to instruct

dạy dỗ v. to teach, to bring up

dạy học v. to teach in a school

dạy kèm v. to tutor someone at home

dăm adj. a few, some

dằm splinter

dặm n. [SV **lý**] mile; road: **nghìn dặm** far away

dặm trường n. long way/journey

dằn v. to press; to contain [oneself]; to emphasize; to put down violently

dặn v. to enjoin, to instruct, to advise: **lời dặn** instruction [for use, in manual, etc.], advice

dăng v. (= **giăng**) to spread out, to stretch out

dằng v. to pull something with someone

dằng co v. to pull someone in a struggle

dằng dai v. to drag out

dằng dặc adj. interminable, endless

dắt v. to lead by the hand, to guide; to carry

dắt díu v. to go or come together

dâm adj. lustful, sexy, lewd: **khiêu dâm** sexy; **cưỡng dâm/hiếp dâm** to rape; **loạn dâm** incest; **thông dâm** to commit adultery

dâm bụt n. hibiscus

dâm dục n., adj. lust, lewdness; lustful

dâm đãng adj. lustful: **con người dâm đãng** a lustful person

dâm loạn adj. immoral, wanton, incestuous

dâm ô adj. obscene, lewd

dâm phụ n. adulteress

dâm thư n. pornographic book

dấm dúi v. to take secretly

dầm 1 v. to dip, to soak, to macerate: **đái dầm** to wet the bed 2 n. paddle, oar

dầm dề adj. soaked, drenched, soaking wet, overflowing

dầm mưa v. to work/walk or stay in the rain

dầm sương v. to work/walk/stay in the dew [or fog]

dẫm v. to step, to trample [**lên**, **vào** on]

dậm v. to pound the floor

dậm dật v. (= **giậm giật**) to be stirred, to be excited, to be stimulated

dân n. citizen, people: **công dân Việt Nam** Vietnamese citizen; **dân cư/cư dân** inhabitant, population; **công dân** nationality, citizenship; **bình dân** the masses, popular; **lương dân** law-abiding citizen; **muôn dân** the entire population; **thứ dân** the common people; **di dân** immigrant, migration; **thân dân** to be close to the people

dân biểu *n.* deputy, member of parliament

dân chài *n.* fisherman

dân chính *n.* civil administration

dân chủ *n., adj.* democracy; democrat(ic): **chế độ dân chủ** a democratic regime

dân chúng *n.* the people, the public, the masses

dân công *n.* conscripted laborer, slave laborer [communist]

dân cư *n.* population, inhabitants

dân cử *adj.* people-elected

dân dụng *adj.* civil: **hãng hàng không dân dụng** civil airline

dân đen *n.* commoner, common people

dân đinh *n.* village inhabitant

dân đức *n.* moral standing, public virtue

dân gian *n., adj.* broad mass, the people; popular, folk: **chuyện dân gian** folktales

dân khí *n.* the people's spirit

dân làng *n.* villager

dân luật *n.* civil law

dân lực *n.* the strength of the people

dân nguyện *n.* aspirations of the people

dân phòng *n.* civil defense

dân phu *n.* laborer, worker

dân quân *n.* militia(man)

dân quần *n.* the people, the public, the masses

dân quốc *n.* republic: **Đại Hàn**

Dân Quốc The Republic of Korea

dân quyền *n.* civic rights

dân sinh *n.* people's livelihood, welfare of the people

dân số *n.* population [of country, area]

dân sự *n., adj.* civilian [*opp.* **quân sự** military]; civil affairs

dân tâm *n.* people's will

dân thầy *n.* white-collar workers

dân thợ *n.* workmen, artisans, craftsmen

dân tình *n.* popular feeling

dân tộc *n.* people [as a nation]: **dân tộc thiểu số** ethnic minority

dân tộc tính *n.* national identity

dân trí *n.* intellectual standard of the people, people's educational standard

dân trị *adj.* by the people

dân tuyển *adj.* elected by the people

dân vận *v.* to carry out propaganda

dân vọng *n.* See **dân nguyện**

dân y *n.* civil medical service

dân ý *n.* popular opinion, people's will: **cuộc trưng cầu dân ý** referendum

dấn *v.* to push; to rush, to charge

dần 1 *adv.* gradually, little by little, by degrees [follows main verb] **2** *v.* to beat [precedes object]

dần dà *adv.* slowly, little by little, gradually [precedes or follows main verb]

dẫn *v.* to guide, to lead, to conduct; to cite, to quote: **chỉ dẫn** to show, to guide

dẫn bảo *v.* to advise

dẫn chứng *v.* to produce evidence

or proof; to cite, to quote

dẫn cưới *v.* to send wedding presents, to bring wedding offerings to the bride

dẫn dâu *v.* to accompany the bride

dẫn dụ *v.* to induce; to explain using examples

dẫn đạo *v.* to guide: **uỷ ban dẫn đạo** steering committee

dẫn đầu *v.* to lead [race, contest]

dẫn điện *v.* to conduct electricity

dẫn đường *v.* to show the way

dẫn giải *v.* to explain and comment

dẫn khởi *v.* to bring about

dẫn kiến *v.* to introduce [somebody to see somebody]

dẫn lực *n.* attraction

dẫn nhiệt *v.* to conduct heat

dẫn thủy *v.* (**nhập điền**) to irrigate [ricefields]

dẫn xác *v.* to come in person

dận *v.* to trample, to step on

dâng *v.* to offer [tribute, gift, petition]

dâng *v.* [of water] to rise

dập *v.* to put out [fire **lửa**]; to bury, to cover; to be broken; to hit, to knock; to stamp out

dấp *v.* to wet, to soak

dập dìu *adj.* bustling with people, getting in a great number

dập tắt *v.* to put out [fire]

dật sĩ *n.* retired scholar, retired official

dật sử *n.* a strange story, an unusual tale

dâu 1 *n.* daughter-in-law: **con dâu, nàng dâu** daughter-in-law; **cô dâu** bride 2 *n.* strawberry

dấu *n.* sign, mark, accent mark,

accent, tone mark; stamp, seal: **đóng dấu** to stamp, to affix the stamp or seal

dấu chấm *n.* period, full stop

dấu chấm phẩy *n.* semicolon

dấu hỏi *n.* question mark, mark for low rising tone

dấu huyền *n.* mark for falling tone; grave accent [`]

dấu mũ *n.* circumflex accent [^]; mark for secondary stress

dấu nặng *n.* mark for low constricted tone; dot

dấu ngã *n.* mark for creaky rising tone; tilde [~]

dấu ngoặc đơn *n.* parenthesis

dấu ngoặc kép *n.* inverted commas, quotation marks

dấu ngoặc vuông *n.* bracket

dấu phẩy *n.* comma

dấu sắc *n.* mark for high rising tone or primary stress; acute accent [´]

dấu than *n.* exclamation mark

dấu vết *n.* trace, vestige

dầu 1 *n.* oil, petroleum: **mỏ dầu/ giếng dầu** oil well; **nhà máy lọc dầu** oil refinery; **hãng dầu** oil company 2 *conj.* (= **dù**) though, although

dầu ăn *n.* salad oil, table oil

dầu bạc hà *n.* peppermint oil, tiger balm

dầu cá (thu) *n.* cod liver oil

dầu hắc *adj.* far

dầu hoả *n.* kerosene, petroleum

dầu hôi *n.* kerosene, oil, petroleum

dầu lòng *v.* to be kind enough to

dầu mà *conj.* although, though, even though

dầu rằng *conj.* although, though,

even though

dầu sao *conj.* (= **chăng nữa**) at any rate, anyway

dầu xăng *n.* petrol, gasoline

dầu *conj.* though, although, despite the fact that; cf. **tuy, dù, dẫu**

dầu mà *conj.* though, although, despite the fact that, in spite of the fact that

dẫu rằng *conj.* though, although, despite the fact that, in spite of the fact that

dây *n.* string, cord: **dật dây** to pull the strings; **nhẩy dây** to skip; **một sợi dây** a piece of string

dây chuyền *n.* necklace

dây cương *n.* bridle

dây dưa *v.* to drag, to get involved

dây điện *n.* electric wire

dây đồng *n.* brass wire

dây giầy *n.* shoe lace, shoe string

dây kẽm gai *n.* See **dây thép gai**

dây thép *n.* steel wire [clothes line]; electric wire; telegram

dây thép gai *n.* barbed wire

dây tơ hồng *n.* marriage bonds, matrimonial ties

dây xích *n.* chain

dây xích thẳng *n.* See **dây tơ hồng**

dấy *v.* to raise [troops **binh**; arm **quân**]; to cause: **dấy lên** to rise up, to rebel

dậy *v.* to wake up: **ngủ dậy/thức dậy** to get up; **đứng dậy** to stand up; **ngồi dậy** to sit up

dậy thì *adj.* pubescent, pubertal

dè 1 *adj.* to be moderate; reserved 2 *v.* to foresee, to expect: **kiêng dè** to have consideration for; **không dè** unexpectedly

dè bỉu *v.* to slight, to sneer at

dè chừng *v.* to foresee the eventuality of

dè dặt *v., adj.* to be reserved, be cautious, to be careful

dè xẻn *v.* to save here and there, to be parsimonious

dẻ *n.* hazel nut: **hạt dẻ** chestnut

dẹn dẹt *adj.* relatively flattened

deo dẻo *adj.* relatively pliable and soft

dẻo *adj.* pliable and soft

dẻo dai *adj.* enduring, resistant and supple

dẻo dang *adj.* lithesome, resistant

dẻo quẹo *v.* very lithely

dẻo sức *adj.* untiring, indefatigable

dẻo tay *adj.* agile

dép *n.* sandal, slipper

dẹp *v.* to put away, to arrange: **dẹp lại** to put in order; **dẹp loạn** to repress a rebellion

dẹt *adj.* flat or flattened

dê 1 *n.* [SV **dương**] goat 2 *adj.* oversexed, lustful: **có máu dê** to be oversexed in disposition

dế *n.* cricket

dể ngươi *v.* to despise; to scorn

dễ *adj.* [SV **dị**] easy, simple [*opp.* **khó**]

dễ bảo *adj.* docile, obedient

dễ chịu *adj.* pleasant, nice, comfortable

dễ có *adv.* [it wouldn't be] easy to have

dễ coi *adj.* attractive; nice, pretty

dễ dãi *adj.* easy, easy-going, tolerant, lenient, not strict

dễ dàng *adj.* easy

dễ dạy *adj.* docile

dễ nghe *adj.* pleasant to the ear; reasonable

dễ thương *adj.* lovely, charming

dễ thường *conj.* perhaps, maybe

dễ tính *adj.* See **dễ dãi**

dệt *v.* to weave: **thợ dệt** weaver

di *v.* to change position; to move

di bút *n.* posthumous writing

di cảo *n.* posthumous manuscript

di chỉ *n.* archeological site

di chiếu *n.* imperial will, testament left by a dead king

di chúc *n.* will

di chuyển *v.* to move, to transfer

di cư *v.* to migrate: **dân di cư** immigrant, refugee(s)

di dân *n., v.* immigrant; to migrate

di dịch *v.* to move, to change

di dưỡng *v.* to nourish, to entertain, to sustain

di động *v., adj.* to move; mobile

di hài *n.* remains [dead body], relics

di hại *n., v.* aftermaths; to leave aftermaths

di hoạ *n.* disastrous aftermaths

di huấn *n.* last teachings, sayings left by a deceased person

di ngôn *n.* last wishes, will

di sản *n.* inherited property; heritage

di táng *v.* to move a corpse to another tomb

di tản *v.* to evacuate

di tích *n.* vestiges, relics

di tinh *n.* nocturnal emissions

di trú *v.* to migrate

di truyền *v., adj.* to transmit to one's heir; hereditary, atavistic: **di truyền học** genetics

di tượng *n.* portrait [deceased person]

di vật *n.* relics, souvenir

dí *v.* to press on

dì *n.* mother's younger sister CL **bà, người** stepmother; **dì ghẻ** stepmother

dỉ 1 *v.* [of water] to leak, to ooze; to whisper **2** *adj.* [**han, sét**] to be or get rusty: **han dỉ** rusty

dĩ nhiên *adj.* natural, obvious

dĩ vãng *n.* the past; past (= **quá khứ**)

dị *adj.* R strange, odd (= **lạ**); different (= **khác**)

dị bào *n.* different mothers

dị chủng *n.* foreign race, alien race

dị dạng *n., adj.* strange species, deformity; deformed

dị đoan *n., adj.* superstition; superstitious

dị đồng *adj.* different

dị giáo *n.* heresy

dị hình *n., adj.* old shape; heteromorphic

dị kỳ *adj.* strange, extraordinary

dị loại *n.* different species/class

dị năng *n.* extraordinary talent

dị nghị *v.* to contest, to dispute; to comment, to criticize

dị nhân *n.* extraordinary man, outstanding man

dị tài *n.* extraordinary talent

dị thường *adj.* strange, uncommon, unusual, extraordinary

dị tộc *n.* different family, different ethnic group, alien race

dị tướng *n.* queer appearance

dĩa *n.* (= **đĩa**) plate, dish; disk, disc

dịch 1 *v.* to move over; to change: **dịch ra/sang một bên** to move to one side **2** *v.* to translate: **phiên dịch** translation; **thông dịch** interpreting; **người dịch** translator; **bản dịch tiếng Việt, bản dịch Việt văn** Vietnamese translation, Vietnamese version; **dịch từng chữ** to translate word for word, literally **3** *n.* epidemic: **dịch tả** cholera **4** *n.* R work, service (= **việc**): **hiện dịch** active service

dịch giả *n.* translator

dịch thể *n.* liquid, fluid

dịch thuật *v.* to translate

dịch vụ *n.* service

diêm *n.* match CL **cái, que** (= **quẹt**); R salt, saltpeter, sulfur: **đánh diêm** to strike a match

diêm dúa *adj.* to be dressed neatly and elegantly

diêm phủ *n.* hell

diêm sinh *n.* sulfur

diêm vương *n.* the ruler of hell; Hades, Pluto

diềm *n.* fringe

diễm *adj.* R glamorous, voluptuous: **kiều diễm** most beautiful, prettiest

diễm ca *n.* love song

diễm khúc *n.* love song

diễm lệ *adj.* glamorous, voluptuous, lovely, attractive

diễm phúc *n.* happiness, felicity

diễm sắc *n.* great beauty, rare beauty

diễm tình *n.* beautiful love

diễm tuyệt *n.* exceptional beauty

diễn *v.* to perform; to relate, to explicate: **trình diễn ca nhạc** to perform a concert

diễn âm *v.* to transliterate, to transcribe phonetically

diễn bày *v.* to present, to show

diễn binh *n.* military parade

diễn ca *v., n.* to put [story] into verse; plain verse

diễn dịch *v.* to translate and interpret; to deduct

diễn đài *n.* forum, tribune

diễn đàn *n.* platform, rostrum, forum

diễn đạt *v.* to express, to convey

diễn giả *n.* speaker, lecturer

diễn giải *v.* to present, to explain

diễn giảng *v.* to lecture

diễn kịch *v.* to present a play, to act in a play

diễn nghĩa *v.* to annotate

diễn tả *v.* to express, to describe, to depict

diễn tấu *v.* [of musician] to play, to perform

diễn thuyết *v.* to deliver a speech, to give a lecture, to speak to an audience

diễn tiến *v.* to progress, to evolve

diễn từ *n.* speech, address

diễn văn *n.* address, speech

diễn viên *n.* performer, actor

diễn võ *n.* military exercise

diễn xuất *v.* to perform, to act

diện 1 *n.* R face; surface (= **mặt**): **mất sĩ diện** to lose face; **đại diện** to represent **2** *v.* to be well-dressed, to be dressed with elegance and taste

diện bộ *n.* looks, appearance

diện đàm *v.* to interview, to talk

diện đồ *n.* view

diện kiến *v.* to see in person [interview, visit]

diện mạo *n.* face, appearance, aspect

diện tích *n.* area [extent]

diện tiền *n.* facade, front/in front of one's eyes

diện trình *n.* to report in person

diếp *n.* lettuce: **rau diếp** lettuce

diệp *n.* R leaf (= **lá**): **diệp lục chất** chlorophyll

diệt *v.* to destroy, to exterminate: **tiêu diệt/huỷ diệt** to destroy; **bất diệt** immortal, indestructible

diệt chủng *v.* to commit genocide

diệt cộng *v.* to exterminate communists

diệt trừ *v.* to exterminate, to root out

diệt vong *v.* to exterminate; to die out

diều *n.* kite [the toy]: **chơi thả diều** to fly kites

diệu *adj.* R marvelous, wonderful: **kỳ diệu** miraculous

diệu kế *n.* clever strategy, very effective trick

diệu kỳ *adj.* wonderful, marvelous

diệu vợi *adj.* far-fetched, difficult, complicated

diễu *v.* to march, to parade; to loaf

dím *n.* hedgehog

dìm *v.* to immerse, to plunge; to bury, to suppress

dinh *n.* palace; military camp (= **doanh**)

dinh cơ *n.* palaces; estate

dinh dưỡng *v., adj.* to nourish, nutritious

dinh thất *n.* building, palace; residence

dinh thự *n.* palace, building

dinh trại *n.* barracks

dính *v.* to stick; to be sticky

dính dáng *v.* to be implicated, to involve [**đến/tới** in], to relate to

dính dấp See **dính dáng**

dính líu See **dính dáng**

dính ngộ *adj.* intelligent, bright-looking

díp *n.* tweezers; spring [of carriage]

dịp *n.* opportunity, occasion: **nhân dịp/trong dịp/vào dịp** on the occasion of; **gặp dịp** to find the opportunity; **sẵn dịp/thừa dịp** to seize an opportunity

dìu *v.* to lead by the hand, to guide: **nhà dìu dắt** coach

dìu dắt *v.* to lead, to coach

dìu dịu *adj.* softened, calm

dịu *adj.* soft, sweet: **êm dịu** calm

dịu dàng *adj.* gentle, graceful

dịu giọng *v.* to lower the tone, to back down

do *n.* (= **tro**) ashes; **mầu tro** gray

do *v., conj.* to be due to; by, because of: **căn do/nguyên do** cause, origin; **tự do** freedom

do dự *v., adj.* to hesitate, to waver; hesitant, to be unable to make up one's mind

Do Thái *n.* Jew, Jewish

do thám *v.* to spy

dò *v.* to watch, to spy on, to seek information about; to fathom, to feel [one's way **đường**]

dò hỏi *v.* to seek information, to make an inquiry

dò la *v.* to get information; to spy on

dò lại *v.* to check, to read over

dò xét *v.* to investigate, to observe secretly

dọ See **dò**

doạ *v.* to threaten, to intimidate

doạ dẫm *v.* to threaten

doạ nạt *v.* to threaten

doãi *v.* to stretch out

doanh See **dinh**

doanh lợi *n.* profit, gain

doanh mãn *adj.* prosperous, abundant, plentiful

doanh nghiệp *n.* trade, business

doanh thu *n.* turnover

doanh thương *n.* trade, business

dóc *v.* to boast, to bluff: **nói dóc/ tán dóc** to draw the long bow

dọc *adj.* lengthwise [*opp.* **ngang**]: **theo dọc** along; **dọc sông** all along the river

dọc ngang *adj.* powerful or influential, to rule the roost

doi *n.* silt bank [of a river]

dõi *v.* to follow closely, to pursue

dọi *n.* plumb line

dom *n.* prolapse of the rectum

dóm *v.* to light [a small fire]: **dóm lửa dóm bếp** to light a stove

dòm *v.* to peer, to peep, to spy

dòm ngó *v.* to look [furtively], to spy

dón dén *v.* to proceed with circumspection; to walk on tiptoe

dòn *adj.* crispy, brittle, breakable; [of laughter] to be clear

dọn *v.* to arrange, to put in order: **dọn dẹp** to clear up [table]; **dọn cơm** to prepare a meal; **dọn nhà** to move; **thu dọn/xếp dọn** to arrange, to put in order

dọn dẹp *v.* to arrange, to set in order, to rearrange, to clean up

dọn đi *v.* to move [one's residence] to another place

dọn hàng *v.* to open a shop; to display one's goods; to remove one's goods

dọn nhà *v.* to clean up the house [and move the furniture around]; to move [one's residence]

dong *v.* to run away

dong dỏng *adj.* tall

dòng 1 *n.* course [of river **sông**], current, stream: **dòng điện** electric current; **dòng thời gian** the course of time 2 *n.* descent, parentage, lineage: **dòng dõi/ dòng giống** lineage, race

dòng dõi *n.* [noble] descent

dòng đạo *n.* religious order

dõng dạc *adj.* [of voice, gait] poised, sedate, solemn

dọng See **giọng**

dô *adj.* jutting out, protruding: **trán dô** a protruding forehead

dỗ *v.* to coax, to wheedle, to cajole [crying child into silence]; to flatter, to seduce, to inveigle [young girl]: **cám dỗ** to tempt, to seduce; **dạy dỗ** to instruct, to advise, to teach [morally]

dỗ dành *v.* to coax, to wheedle, to cajole

dốc 1 *n., adj.* hill, slope; sloping, steep, incline: **lên dốc** to go up a slope; **xuống/đổ dốc** to go down a slope 2 *v.* to empty; to devote entirely: **dốc bầu tâm sự** to pour one's heart out

dốc bụng *v.* to be determined to … with all one's heart

dốc chí *v.* to be determined to … with all of one's heart

dốc lòng *v.* to be determined to … with all one's heart, to do one's best

dốc ống *v.* to empty one's piggy bank; to empty one's purse

dôi *v., adj.* to be left over or beyond; to make more than needed [follows main verb, precedes **ra**]; to be excessive

dối *v., adj.* to be false, to be deceitful: **lừa dối** cheating; **dối trá** to do hastily, in a sloppy manner; **giả dối** to be a hypocrite

dối dá *adv.* hastily, in a sloppy manner

dối già *v.* to do as a joy in one's old age

dối trá *adj.* false, deceitful: **con người dối trá** liar

dồi 1 *v.* to stuff (= **nhồi**); **dồi lợn** pork sausage; **dồi tiết** blood sausage, blood pudding 2 *v.* to throw up; to flip, to toss [coin in game]

dồi dào *adj.* plentiful, abundant

dội *v.* to bound; to rebound, to bounce back; to resound

dồn *v.* to amass, to gather; to do repeatedly [follows main verb]: **bước dồn** to quicken one's step; **đánh dồn** to beat repeatedly; **dồ dồn** [of eyes] to turn, to focus [**vào** precedes object]

dồn dập *adj.* coming in great quantities, numbers; uninterrupted and fast

dông 1 *v.* to dash off, to sneak out, to go away 2 *n.* storm

dông dài *v., adv.* to babble, to chat; to loiter, lengthily

dộng *v.* to knock, to rap, to hit, to bang

dốt *adj.* illiterate, ignorant: **dốt nát** to be dull, slow-witted, stupid; **thằng dốt** ignoramus

dốt đặc *adj.* completely ignorant

dột *adj.* [of roof] leaking: **mái nhà dột** leaking roof

dơ *adj.* (= **nhơ**) dirty, unclean, soiled: **quần áo dơ** dirty clothes

dơ bẩn *adj.* dirty, unclean

dơ dáng *adj.* shameless

dơ dáy *adj.* dirty, filthy, disgusting

dơ mắt *adj.* unpleasant to the eye

dở 1 *v.* to open [book, pot], to turn [page]; to get out, to disclose, to resort to [trick] 2 *adj.* unfinished, half done; poor, awkward, unskilled: **dở người** to be a little mixed up; **bỏ dở** to leave unfinished

dở chừng *adj.* half done, unfinished

dở dang *adj.* left undone, unfinished

dở giời *v.* [of weather] to change; to be under the weather, to be unwell

dở hơi *adj.* mixed up, cracked

dở người *adj.* mixed up, cracked

dở tay *adj.* busy doing something

dở việc *adj.* busy doing something

dỡ *v.* to dish [rice **cơm** from the pot]; to dismantle, to tear down [house]; to unload [merchandise **hàng**]

dơi *n.* bat

dời *v.* [SV **di, thiên**] to leave: **đổi dời** to move, to transfer, to change

dời đổi *v.* to move, to change

dớn dác *adj.* bewildered, scared

dợn *v., n.* to be wary; to undulate; ripple

dớp *n.* bad luck, ill luck

du côn *n., adj.* scoundrel, ruffian, hoodlum, hooligan, rascal

du dân *n.* nomad

du dương *adj.* [of music, voice] melodious, lovely, enchanting

du đãng v. to be a vagabond, to roam

du hành v. to travel

du hí v. to indulge in amusement

du học v. to go abroad to study: **du học sinh** overseas student

du khách n. traveler, tourist

du kích n. guerrilla

du ký n. traveling notes

du lãm n. excursion, pleasure trip

du lịch v. to travel: **khách du lịch** traveler, tourist

du mục n. nomad

du ngoạn v. to travel for pleasure, sightseeing

du nhập v. to import

du thủ du thực adj. vagrant, idle, vagabond

du thuyết v. to be a moving ambassador

du thuyền n. pleasure boat, yacht

du xuân v. to take a spring walk; to enjoy the spring

dù 1 n. (= **ô**) umbrella; parachute: **nhảy dù** to parachute [**xuống** down]; to be an upstart, to get an important position through the back door 2 conj. though, although: **dù sao chẳng nữa** anyway, at any rate

dụ 1 n. edict, decree, notice, order [from above] CL **đạo** instruction: **khuyến dụ** to advise; **thí dụ/ví dụ** example; for example 2 v. to induce, to entice, to lure

dụ dỗ v. to seduce, to entice

dụ hoặc v. to seduce, to entice

dũ v. to shake off [dust **bụi**], to dust off [blanket **chăn**, mat **chiếu**, etc.]

dục n. R desire, want; lust: **tình dục** lust; **thị dục** desire, passion

dục v. to push, to ask someone to be quick

dục tình n. desire, passion, lust

dục vọng n. desire, lust, ambition

dúi v. to slip, to insert

dùi 1 n., v. awl; to punch: **dùi thủng** to pierce 2 n. cudgel, bludgeon, stick, club

dùi cui n. policeman's club

dùi lỗ v. to pierce, to perforate

dùi trống n. drumstick

dụi v. to rub [eyes], to rub out: **dụi tắt lửa** to crush out a fire

dúm v., n. to gather with one's fingers, to pinch; handful

dúm dó adj. battered, out of shape

dúm lại v. to assemble, to amass, to gather

dun v. to push, to shove; to urge, to cause to

dún dẩy v. to waddle, to slouch

dún vai v. to shrug one's shoulders

dung v. to tolerate, to leave unpunished

dung dị adj. easy and simple

dung dịch n. solution [of solid in liquid]

dung hoà v. to reconcile, to compromise

dung hợp v. to amalgamate

dung lượng n. content, volume, capacity

dung mạo n. face, physiognomy

dung nạp v. to accept, to admit, to tolerate

dung nhan n. look, countenance, beauty

dung tha v. to pardon, to forgive

dung thân v. to take shelter, to take refuge

dung thứ

dung thứ v. to tolerate, to pardon

dung tích n. capacity

dung túng v. to tolerate, to abet; to allow tacitly, to wink at

dúng v. (= **nhúng**) to dip [in liquid, dye]

dùng v. [SV **dụng**] to use, to employ; to resort to; to eat, to have: **cách dùng** instructions for use; **tin dùng** to have confidence in

dùng dằng v. to be reluctant, to be undecided, wavering

dũng n. (= **dõng**) R bravery, courage: **anh dũng** courageous

dũng cảm adj. bracing, courageous, valiant

dũng khí n. courage, ardor, bravery

dũng mãnh adj. courageous, valiant

dũng sĩ n. valiant man, knight-errant

dũng tâm n. courage, bravery

dụng v. R to use, to employ (= **dùng**): **hữu dụng** useful; **tác dụng** practical; use, application; **bổ dụng** to appoint; **lưu dụng** to retain [employee who has reached retirement age]; **lợi dụng** to take advantage of, to avail oneself of; **lạm dụng** to abuse; **vật dụng** things which are of general use

dụng công v. to try hard, to endeavor

dụng cụ n. instrument, tool, equipment

dụng phẩm n. instrument, tool, implement

dụng quyền v. to use one's authority

dụng tâm v., n. to intend; to do

purposely; intention

dụng võ v. to use force, to resort to force

dụng ý v. to have the intention of, to intend

duỗi v. [opp. co] to stretch, to spread out

duy adv. only; but

duy linh adj., n. spiritualistic; spiritualism

duy lý adj., n. rationalist; rationalism

duy mỹ adj., n. esthetic; estheticism, art for art's sake

duy ngã adj., n. egotistic; egotism

duy nhất adj. to be the only one, sole, unique

duy tâm n., adj. idealism; idealistic

duy tân v. to modernize, to reform

duy thần n. spiritualism

duy thực n. realism

duy trí n. intellectualism

duy trì v. to maintain, to preserve: **duy trì văn hoá** to preserve one's culture

duy vật adj., n. materialist; materialistic; materialism

duyên 1 n. predestined affinity; **có duyên** to be bound to meet as friends or husband and wife; to have both grace and graciousness; **kết duyên** to get married [với to]; **xe duyên** L to get married [với to] 2 n. charm: **vô duyên** not attractive, not charming

duyên cớ n. reason, cause

duyên dáng adj. graceful, charming

duyên do n. reason, cause, origin

duyên hải n. sea coast, coastline

76

duyên khởi *n.* origin, beginning

duyên kiếp *n.* predestined affinity

duyên nợ *n.* predestination, fate

duyên phận *n.* fate in marriage

duyên số *n.* predestined love; affinity

duyệt *v.* to examine, to inspect, to review, to censor

duyệt binh *v.* to review troops, to parade

duyệt y *v.* to approve: **duyệt y giấy phép** to approve a permit

dư *adj.* odd, surplus, extra

dư âm *n.* echo, resonance

dư ba *n.* ripple, repercussion

dư dả *adj.* having more than enough; plentiful

dư dật *adj.* having more than enough; plentiful

dư dụng *adj.* superfluous

dư đồ *n.* world map

dư khoản *n.* surplus, excess [of money]

dư luận *n.* public opinion

dư số *n.* remainder

dư thừa *adj.* superfluous, left over

dư vật *n.* remnants, surplus items

dừ *adj.* (= **nhừ**) very well cooked, tender

dử *v.* to lure [by means of bait **mồi**]

dữ *adj.* [SV **hung**] fierce, ferocious, wicked; [of date, omen] bad, unlucky [*opp.* **lành**]; awful, tremendously [follows main verb]: **tin dữ** bad news

dữ dội *adj.* [of fighting] violent; [of noise] tremendous, formidable

dữ kiện *n.* datum, data

dữ tợn *adj.* ferocious, cruel, wicked

dự *v.* to participate [in], to attend; to take part in: **dự tiệc** to attend a party; **can dự** to be involved in

dự án *n.* project, draft

dự bị *v., adj.* to prepare; preparatory

dự chiến *v.* to take part in the fighting

dự định *v.* to plan to, to expect

dự đoán *v.* to predict, to forecast

dự khuyết *adj.* the alternative [delegate, member, etc.]

dự kiến *v.* to anticipate; to have preconceived ideas, to prejudice; to foresee

dự liệu *v.* to predict, to forecast

dự luật *n.* draft law, draft bill

dự phòng *v.* to take preventive measures

dự thảo *v., n.* to draft; rough copy

dự thi *v.* to take an examination

dự thính *v.* to attend as an observer or guest

dự tính *v.* to estimate; to plan to

dự toán *v.* to estimate

dự trù *v.* to provide for

dự trữ *v.* to stock up, to reserve

dự ước *n.* preliminary agreement

dưa *n.* melon; salted vegetables, pickled mustard greens: **dưa giá** pickled bean sprouts; **dưa hành** pickled scallions; **dưa chuột/dưa leo** cucumber; **dưa hấu/dưa đỏ** watermelon; **dưa bở** meaty cantaloupe; **dưa gang** large cucumber; **dưa hồng** honeydew; **vỏ dưa** melon rind; **hạt dưa** melon seed

dứa *n.* (= **trái thơm**) pineapple: **nước dứa** pineapple juice; **lõi dứa** pineapple core

dừa *n.* coconut: **cây dừa** coconut

77

palm; **vỏ dừa** coconut husk; **nước dừa** coconut milk; **nạo dừa** to scrape the meat out; **gáo dừa** coconut shell dipper; **dầu dừa** coconut oil

dựa *v.* to lean [**vào** against], to rely on

dựa dẫm *v.* to lean on, to depend on; to loaf

dưng See **dâng**

dưng 1 *adj., adv.* strange; suddenly: **người dưng (nước lã)** a stranger not related to us **2** *adj.* idle: **ở dưng/ngồi dưng** to sit idle

dừng *v.* (= **ngừng**) to stop short: **dừng bút** to stop writing; **dừng chân** to stop walking

dửng dưng *v., adj.* to be indifferent

dửng mỡ *v.* to be wild, to be stirred up

dựng *v.* to erect, to raise [stele **bia**, statue **tượng**]: **xây dựng** to build, to construct; **tạo dựng** to establish, to create; **gây dựng sự nghiệp** to create one's career

dựng đứng *v.* to raise, to stand [something] up; to make up

dược *n.* medicine (= **thuốc**); R pharmacy; **độc dược** poison; **linh dược/thần dược** miracle cure

dược học *n.* pharmacy [as a subject of study]

dược khoa *n.* pharmacy, pharmaceutics [as branch of study]

dược liệu *n.* drugs, pharmaceutical products

dược phẩm *n.* drugs, pharmaceutical products

dược phòng *n.* apothecary's shop, pharmacy, drug store

dược sĩ *n.* pharmacist, druggist

dược sư *n.* pharmacist, druggist

dược thảo *n.* herbs

dược tính *n.* medicinal value, pharmaceutical characteristic

dược vật *n.* pharmaceutical product

dưới *adv.* below, under, beneath, underneath: **ở dưới** to be the lower, below, under, beneath, underneath; **dưới biển** on/in the sea; **dưới đáy biển** at the bottom of the sea; **dưới chân** at the foot of; **dưới nước** in/on the water; **dưới nhà** downstairs; **bụng dưới** abdomen; **người dưới, kẻ dưới** one's inferiors; **tầng dưới** ground floor, street level; **môi dưới** lower lip

dương 1 *n.* poplar **2** *n.* male principle, positive principle; plus [*opp.* **âm**]; solar **3** *v.* to make known, to show off **4** *v.* to open [umbrella **ô**]; to pull: **dương cung** to pull a bow

dương bản *n.* positive [of photograph]

dương cầm *n.* piano

dương cực *n.* positive pole, anode

dương gian *n.* this world as opposed to the world beyond

dương hải *n.* sea, ocean

dương lịch *n.* solar calendar

dương liễu *n.* willow, pine

dương mai *n.* syphilis

dương số *n.* positive number

dương thế See **dương gian**

dương tính *n.* male nature

dương vật *n.* penis

dường *n., v.* semblance, such a degree, manner (= **nhường**); to seem: **dường ấy** like that, that

degree, that much; **dường bao/
dường nào** how much, so much

dưỡng v. R to nourish; to support
[as dependents]

dưỡng bệnh v. to convalesce

dưỡng dục v. to bring up, to rear,
to foster and educate

dưỡng đường n. hospital, clinic

dưỡng già v. to spend one's
remaining days

dưỡng khí n. oxygen

dưỡng lão v. to spend one's
remaining days

dưỡng mẫu n. adoptive mother,
foster mother

dưỡng nữ n. adopted daughter,
foster daughter

dưỡng phụ n. adoptive father,
foster father

dưỡng sinh v. to nourish, to feed,
to bring up

dưỡng sức v. to conserve one's
energy by rest

dưỡng tử n. adopted son, foster
son; foster child

dượng n. stepfather; one's pater-
nal aunt's husband (= **chú**)

dượt v. to train, to practice, to
drill: **tập dượt** to practice

dứt v. to cease, to terminate; to
break off

dứt bệnh v. to be cured, to
recover

dứt khoát adj. clear-cut, definite,
precise: **kết luận dứt khoát** a
clear-cut conclusion

dứt lời v. to stop talking, to end
speech: **để dứt lời** in conclusion

dứt tình v. to break off [relation-
ship, friendship, love affair,
conjugal love]

Đ

đa n. banyan: **cây đa** banyan tree

đa n. rice pancake

đa adj. R much, many [= **nhiều**];
R poly [opp. **thiểu**]: **tối đa**
maximum; **quá đa** too, exces-
sively

đa cảm adj. sensitive, sentimental

đa dâm adj. lustful, lewd

đa dục adj. lustful, lewd

đa đoan adj. [of human affairs]
complicated, involved

đa giác adj. polygonal: **hình đa
giác** polygon

đa hôn n. polygamy

đa mang adj. pre-occupied with
many things at a time, to take
many jobs at the same time

đa mưu adj. wily, cunning

đa nghi adj. suspicious, distrust-
ful, mistrustful: **người đa nghi** a
suspicious person

đa ngôn adj. talkative

đa phu adj. polyandrous

đa phúc adj. fortunate, having
many blessings

đa sầu adj. melancholic; senti-
mental

đa số n. majority: **lãnh tụ đa số**
majority leader; **đại đa số** an
overwhelming/vast majority

đa sự adj. meddlesome, given to
meddling, officiously intrusive

đa tạ n. Many thanks.

đa tài adj. having many talents,
talented, versatile

đa thần giáo n. polytheism

đa thê adj., n. polygynous, poly-
gamous; polygamy, polygyny

đa tình

đa tình *adj.* sentimental; amorous; sensitive

đá 1 *n.* [SV **thạch**] stone: **lát đá** to pave; **rắn như đá** hard as stone; **hầm đá** quarry; **hang đá** cave, cavern; **mưa đá** hail; **nước đá** ice; **nhũ đá** stalactile, stalagmite; **than đá** coal 2 *v.* to kick [somebody/something]

đá bật lửa *n.* flint

đá bọt *n.* pumice stone

đá bồ tát *n.* feldspar

đá bùn *n.* schist

đá cẩm thạch *n.* marble

đá cuội *n.* gravel

đá dăm *n.* broken stones, pebble, gravel

đá hoa *n.* marble; tile [for floors and ornamental work]

đá mài *n.* whetstone, grindstone

đá nam châm *n.* magnet

đá nhám *n.* pumice stone

đá ong *n.* laterite

đá sỏi *n.* gravel

đá thử vàng *n.* touchstone

đá vàng *n.* oath of love: **nghĩa đá vàng** love, marriage

đá vân mẫu *n.* mica

đá vôi *n.* limestone

đà 1 *n.* spring, start, momentum: **lấy đà** to take a spring or flight 2 *adj.* brown

đà điểu *n.* ostrich

Đà giang *n.* Black River [in North Vietnam]

đả *v.* R to hit, to strike; to criticize, to beat (= **đánh**): **loạn đả** fight; **đả kích** to criticize

đả đảo *v.* to topple, to overthrow, to knock down

đả động *v.* to touch, to dwell

[**đến, tới** on], to mention

đả kích *v.* to attack, to criticize

đả phá *v.* to hit, to strike, to attack, to destroy, to demolish

đả thương *v.* to assault and cause battery; to wound

đã *adv.* already [done so and so] [precedes main verb, sentence ending optionally with **rồi**]; already, first [occurs at the end of sentence]; to satisfy, to satiate [thirst, anger]: **đã thế/vậy thì …** If it's so …; **đã thế/vậy mà lại …** despite all that …; **đã hay rằng …** granted that …; **cực chẳng đã** unwilling, reluctantly

đạc *v.* R to measure, to survey [land, estate]

đạc điền *v., n.* to measure land, to survey land; land survey

đai *n.* sash, belt; hoop, rim: **đai lưng** belt; **đai ngựa** belly band [on horse]; **đai nổi** life belt

đái *v.* to urinate, to make water: **đi đái** to have a pee; **nước đái** urine; **nước đái quỷ** ammonia [water]; **bọng đái** urinary bladder

đái dầm *v.* to wet the bed

đái đường *n.* diabetes

đái vãi *v.* to wet one's pants

đài 1 *n.* calyx, flower cup 2 *n., adj.* tower; monument; radio station; observatory; noble-mannered: **thiên văn đài** observatory

đài bá âm *n.* broadcasting station

đài các *n., adj.* nobility; noble-mannered, aristocratic

đài gương *n.* a beautiful woman

đài kỷ niệm *n.* memorial monument

đài kỷ niệm chiến sĩ trận vong *n.* War Memorial

Đài Loan *n.* Taiwan

đài phát thanh *n.* broadcasting station

đài tải *v.* to carry, to transport

đài thiên văn *n.* observatory

đài thọ *v.* to pay, to cover the cost

đài trang *n.* a beautiful woman

đài vô tuyến điện *n.* radio station

đãi 1 *v.* to blanch, to flay [soybeans **đậu**]; to wash out [sand **cát** for gold] 2 *v.* R to treat, to invite someone to have a meal/ drink

đãi bôi *v.* to invite because one has to

đãi công *v.* to offer a bonus

đãi đằng *v.* to treat

đãi ngộ *v.* to treat well

đại 1 *n.* frangipani, jasmine tree 2 *n.* R generation, time: **tứ đại đồng đường** four generations under the same roof 3 *adj., adv.* R big, great (= **to, lớn**); R very: **vĩ đại** great, grandiose; **phóng đại** to enlarge; **tự cao tự đại** conceited

đại ác *adj.* very cruel

đại ân *n.* great favor

đại bác *n.* cannon, artillery CL **khẩu**

đại bại *v.* to suffer great defeat, to be beaten

đại bản doanh *n.* headquarters

đại biến *n.* upheaval, big change, revolution

đại biện *n.* chargé d'affaires

đại biểu *v., n.* to represent [**cho** precedes object]; delegate, representative: **đại biểu quốc hội** members of parliament [MPs]

đại binh *n.* the main body of an army; a great army

đại châu *n.* continent

đại chiến *n.* world war CL **cuộc, trận**

đại chúng *n., adj.* the people, the masses; popular, universal

đại chúng hoá *v.* to popularize, to put within reach of the masses

đại công nghiệp *n.* large-scale industry

đại công trình *n.* great service; big project

đại cục *n., adj.* great task; very just

đại cuộc *n.* general situation, big state of things

đại cương *n., adj.* outline, fundamentals; general

đại danh *n.* [your] great name, great fame

đại danh từ *n.* pronoun

đại diện *v., n.* to substitute [**cho** for], to represent; representative, on behalf of

đại dinh *n.* See **đại bản doanh**

đại dương *n.* ocean

đại đa số *n.* vast majority, overwhelming majority

đại đao *n.* big saber, long-handle scimitar

đại đạo *n.* fundamental doctrine, a great religion

đại đăng khoa *n.* success in an examination

đại đế *n.* God

đại để *adv.* in general, briefly

đại điền chủ *n.* big landowner, big landlord

đại đô *n.* large city, metropolis

đại độ *adj.* tolerant, generous

đại đội *n.* battalion, company [of soldiers]

đại đồng *n.* universal concord, the

đại gia

world community, harmony

đại gia *n.* great family

đại gia đình *n.* extended family

đại gian ác *n.* a deceitful/cruel criminal

đại hàn *n.* great cold

Đại Hàn *n.* [Great] Korea

đại hạn *n.* drought

đại hình *n.* crime, criminal act: **toà án đại hình** criminal court

đại học *n.* higher education; university, college: **viện đại học** university, institute

đại học đường *n.* college, faculty, university

đại học hiệu *n.* college, faculty, university

đại hội *n.* festival; congress, general assembly

đại hội đồng *n.* general assembly

đại hồng thuỷ *n.* big flood, deluge

đại huynh *n.* you [my older brother]; you [my friend]

đại hỷ *n.* great rejoicing; marriage, wedding

đại khái *n.* general outline; roughly speaking, in the main

đại khoa *n.* civil service examination

đại lãn *adj.* very lazy

đại lễ *n.* big ceremony

đại loại *adv.* generally, in general

đại loạt *adv.* generally speaking, in general

đại lộ *n.* avenue, boulevard

đại luận *n.* great discourse

đại lục *n.* continent, mainland

đại lược *n.* summary, abstract

đại lượng *adj.* tolerant, generous

đại lý *n.* agent, dealer

đại nạn *n.* great misfortune

đại nghị *adj.* parliamentary

đại nghĩa *n.* great cause

đại nghịch *n.* high treason

đại nghiệp *n.* great enterprise

đại ngôn *n.* big talk

đại nhân *n.* high-ranking mandarin; Your Excellency

đại phản *n.* high treason

đại phong *n.* typhoon, hurricane

đại phu *n.* a great mandarin [in ancient China]

đại phú *n.* wealthy man

đại phúc *n.* great happiness

đại quân *n.* great army

đại qui mô *n.* large scale

đại số *n., adj.* algebra, algebraic

đại số học *n.* algebra

đại sư *n.* great master/priest

đại sứ *n.* ambassador

đại sứ quán *n.* embassy

đại sự *n.* big affair, big business, important matter

đại tá *n.* [army] colonel; [navy] captain

đại tài *n.* great talent

đại tang *n.* deep mourning

đại tật *n.* grave illness

Đại tây dương *n.* Atlantic Ocean

đại thánh *n.* great saint

đạt thắng *n.* great victory

đại thần *n.* high dignitary, high-ranking mandarin

đại thể *n.* general state of affairs

đại thừa *n.* Mahayana; form of Buddhism prevalent in China and Vietnam; cf. **tiểu thừa**

đại thương gia *n.* rich businessman, big trader

đại tiện *v.* to go to the bathroom, to have a bowel movement: cf. **tiểu tiện**

82

đại tràng *n.* large intestine

đại trí *n.* great mind

đại triều *n.* imperial court; audience

đại trượng phu *n.* great man

đại tu *n.* big renovation, big repair

đại từ *n.* pronoun

đại tự *n.* large characters

đại tướng *n.* lieutenant-general

đại úy *n.* [army] captain; [navy] lieutenant

đại văn hào *n.* great writer

đại vương *n.* emperor; Sire

đại xá *n.* amnesty

đại ý *n.* main point, gist

đam mê *v.* to have an intense desire for, to indulge in

đám *n.* crowd, throng; festival, fete, clouds, fields, etc.: **đám bạc** group of gamblers; **đám cỏ** lawn; **đám rước** procession, parade; **đám tiệc** dinner [party]

đàm 1 *n.* R spittle, sputum (= **đờm**) 2 *v.* R to talk, to converse: **khẩu đàm** to converse; **nhàn đàm** idle talk

đàm đạo *v.* to converse, to discuss

đàm luận *v.* to talk, to discuss

đàm phán *v.* to talk, to negotiate, to confer

đàm suyễn *n.* asthma

đàm thoại *v.* to converse

đàm tiếu *v.* to laugh at, to sneer at

đảm *adj.* to be capable, to be resourceful, to have ability, to be a good businesswoman

đảm bảo *v., n.* to guarantee; guarantee

đảm đang *adj.* thrifty, to be capable, to be resourceful

đảm nhận *v.* to assume [duty], to accept [responsibility]

đảm nhiệm *v.* to assume [duty]

đạm 1 *adj.* R weak, insipid, light (= **nhạt, lạt**): **lãnh đạm** cold, indifferent; **thanh đạm** simple, frugal 2 *n.* nitrogen, protein: **chất đạm** protein

đạm chất *n.* nitrogen

đạm tình *n.* indifference

đan *v.* to knit [sweater **áo len**]; to weave [mat **chiếu**; basket **rổ**; net **lưới**; cane chair **ghế mây**]

Đan Mạch *n.* Denmark, Danish

đan quế *n.* L the moon

đan tâm *n.* red ginseng

đan thanh *n.* a red and green painting; a beautiful painting

đán *n.* R dawn, morning: **Nguyên đán** New Year's day, New Year's festival [lunar calendar]

đàn 1 *n.* [SV **cầm**] (= **đờn**) musical instrument, stringed instrument [piano, guitar, mandolin, violin, etc.]: **kéo đàn vĩ cầm** to play the violin; **dạo đàn** to try out, to play a few bars 2 *n.* flock, herd, school, band: **một đàn gà mái** a flock of hens 3 *n.* altar; R rostrum, terrace: **diễn đàn** tribune

đàn anh *n.* elder [rank]

đàn áp *v.* to repress, to quell

đàn bà *n.* woman, women; female

đàn địch *v.* to play musical instruments

đàn em *n.* younger [rank]

đàn hạch *v.* to question severely, to impeach

đàn hồi *adj.* elastic, resilient

đàn hương *n.* sandal wood

đàn ông *n.* man, men; male

đản *n.* R holy birthday [of saints, gods]: **Gia tô Thánh đản** Christ-

đản nhật

mas; **Phật đản** Buddha's birthday

đản nhật *n.* birthday

đạn *n.* bullet, slug CL **hòn, viên**; **súng đạn** guns and bullet, warfare, hostilities

đạn dược *n.* ammunition

đạn đại bác *n.* cannon ball

đạn trái phá *n.* shell

đang *adv.* (= **đương**) to be engaged in [doing so and so], be in the midst of [doing something] [precedes main verbs]

đang khi *adv., conj.* while

đang lúc *adv., conj.* while

đang tay *v.* to have the heart to do something, to be ruthless to

đang tâm *v.* to be callous enough to

đang thì *v.* to be in the flush of youth

đáng *v., adj.* to deserve, to merit; to be worthy of; R suitable, proper, appropriate, adequate: **chính đáng** legitimate

đáng chê *adj.* to be blamed

đáng đời *adj.* well-deserved; worthy

đáng giá *adj.* worth the money paid for

đáng kể *adj.* noticeable, remarkable; worth mentioning

đáng khen *adj.* praiseworthy

đáng kiếp *adj.* deserving well

đáng lẽ *adv.* instead of; normally

đáng lý *adv.* instead of

đáng mặt *adj.* worthy of [being something]

đáng thương *adj.* pitiful, pitiable

đáng tiền *adj.* worth its price, worth the money

đáng tội *adj.* deserving punishment

đáng trách *adj.* to be blamed

đàng *n.* See **đường**

đảng *n.* gang, party, band: **đảng chính trị/chính đảng** political party; **chủ đảng/đầu đảng** gang leader, party head

đảng bộ *n.* committee of a party

đảng cương *n.* party policy/outline

đảng phái *n., adj.* parties and factions; to be partisan

đảng phí *n.* party dues/fee, membership fee

đảng trị *n.* one-party system/rule

đảng trưởng *n.* party head/leader

đảng viên *n.* party member/man

đảng uỷ *n.* committee of a party

đãng *adj.* absent-minded, forgetful; **đãng trí, đãng tính; lơ đãng** forgetful

đãng tính *adj., n.* absent-minded; absent-mindedness

đãng trí *adj.* absent-minded, forgetful

đãng tử *n.* vagabond; libertine

đanh *n.* [also **đinh**] nail, screw: **đóng đanh** to drive in; **đầu đanh** boil, pimple

đanh đá *adj.* sharp-tongued; resolute; impertinent

đanh ghim *n.* pin

đanh khuy *n.* nut

đanh ốc *n.* screw

đanh thép *adj.* [of voice, character] trenchant, steel-like, firm, energetic, forceful

đánh *v.* to hit, to strike, to combat, to fight, to polish; to play [cards, chess, etc.], to play [string instrument]; to levy [tax]; to eat, to sleep; to drive [a car]; to beat, to stir: **đánh bóng đôi giầy** to polish shoes

đánh bạc v. to gamble

đánh bài v. to play cards

đánh bại v. to defeat

đánh bạo v. to venture to

đánh bẫy v. to trap, to ensnare

đánh bể v. to break [glassware, chinaware]

đánh bi v. to shoot marbles

đánh bóng v. to polish; to stump, to shave off

đánh cá v. to fish; to wager

đánh chén v. to eat and drink

đánh chết v. to beat to death

đánh cờ v. to play chess

đánh cuộc v. to bet, to wager

đánh dấu v. to mark; to mark the accent or diacritic

đánh dẹp v. to put down, to suppress; to crush

đánh diêm v. to strike a match

đánh đắm v. to sink [transitive]

đánh đập v. to beat

đánh đĩ v. to be a prostitute, to act like a prostitute

đánh điện v. to send a telegram

đánh đòn v. to beat, to flog

đánh đố v. to bet, to wager

đánh đổ v. to spill

đánh đôi v. to team up, to play double

đánh đổi v. to swap, to trade in

đánh đu v. to swing; to join the company

đánh đùng adv. all of a sudden

đánh ghen v. to make a scene because one is jealous

đánh giá v. to evaluate, to appraise

đánh giặc v. to go to war, to fight the rebels

đánh giầy v. to polish shoes

đánh gió v. to rub a sore spot, to rub out a cold

đánh hơi v. to smell, to scent

đánh láng v. to polish

đánh liều v. to risk

đánh luống v. to furrow

đánh lưới v. to catch with a net

đánh má hồng v. to make up

đánh máy (chữ) v. to type

đánh mất v. to lose, to mislay

đánh móng tay v. to polish one's fingernails

đánh nhau v. to fight each other

đánh phấn v. to powder one's face, to make up

đánh quần vợt v. to play tennis

đánh rơi v. to drop

đánh số v. to number, to mark

đánh tháo v. to attack in order to set free a prisoner

đánh thuế v. to levy taxes, to tax

đánh thức v. to wake [somebody] up

đánh tráo v. to swap, to cheat

đánh trận v. to go to war

đánh trống lảng v. to evade the subject

đánh trống lấp v. to change the subject to avoid embarrassment

đánh vảy v. to scale a fish

đánh vần v. to spell [a word]

đánh vật v. to wrestle

đánh võ v. to box, to wrestle

đánh vỡ v. to break [chinaware, glassware]

đành v. to resign or to consent to [precedes main verb]

đành hanh adj. wicked; naughty

đành phận v. to be content with one's lot

đành rằng

đành rằng *conj.* though, although

đao *n.* R knife (= **dao**); scimitar

đao kiếm *n.* saber and sword, weapons

đao phủ *n.* executioner

đáo *n.* hopscotch [with **chơi**, **đánh** to play]

đáo để *adv.* extremely, excessively [follows verb]

đáo kỳ *v.* to meet the deadline

đáo lý *adj.* reasonable, logical

đáo nhiệm *v.* to resume one's duty, to take up one's reponsibility, to come back to one's office

đào 1 *n.* peach: **hoa đào** peach blossom; **hạnh đào** apricot **2** *n.* young girl; lover; boy/girl friend; actress: **đào hát** singer **3** *v.* to dig, to dig up; to excavate; to lift; to sink [well **giếng**]

đào binh *n.* deserter

đào chú *v.* to form, to create

đào hát *n.* actress; cf. **kép hát**

đào hoa *v.* to be lucky in love

đào kép *n.* actors and actresses, the cast

đào luyện *v.* to train

đào mỏ *v.* to be a gold digger, to mine

đào ngũ *v.* to desert

đào tạo *v.* to train, to form

đào tẩu *v.* to escape, to flee

đào thải *v.* to eliminate; to select

đào thoát *v.* to escape, to free

đào tơ *n.* young girl

đảo 1 *n.* island: **bán đảo** peninsula; **quần đảo** archipelago **2** *v.* R to turn over, to turn around, to turn upside down: **đả đảo** to topple, to overthrow, to knock down; **khuynh đảo** to overthrow

đảo chính *n.*, *v.* coup d'etat; to revolve

đảo điên *adj.* unhappy; mad; shifty, disloyal

đảo lộn *v.* to turn upside down, to upset

đảo nghịch *v.* to rebel

đảo ngược *v.* to turn upside down, to reverse; to upset

đạo 1 *n.* ethical way of acting; doctrine, religion; Taoism; Christianity; R road, way, route, guide: **đạo làm con** a child's duty, **đạo Khổng (tử)** Confucianism; **xích đạo** equator; Ecuador; **quỹ đạo** orbit; **đạo Gia tô** Catholicism; **đạo Hồi hồi** Islam; **đạo lão** Taoism; **đạo Phật** Buddhism; **đạo Thiên chúa** Christianity; **cố đạo** missionary; **nhân đạo** humanity **2** *n.* CL for armies, laws, decrees, edicts: **một đạo luật** a bill; **một đạo sắc lệnh** a degree

đạo cô *n.* Taoist priestess

đạo diễn *n.* producer, stage manager [radio, theater, TV]

đạo đức *n.* virtue, morality, goodness

đạo giáo *n.* Taoism

đạo hàm *n.* derivative

đạo hạnh *n.* virtue

đạo hữu *n.* religious follower, Buddhist

đạo lý *n.* doctrine, principle

đạo mạo *adj.* imposing, serious-looking, distinguished-looking

đạo sĩ *n.* Taoist priest

đạo sư *n.* Taoist priest

đạo tặc *n.* brigand, pirate, robbers

đạo văn *v.* to plagiarize

đáp 1 *v.* to answer, to reply: **đối**

đáp to answer questions; **thi vấn đáp** oral examination **2** v. to catch, to take a train/plane **3** v. to land, to touch down: **máy bay vừa đáp xuống** the plane has landed

đáp án n. answer, key of answer

đáp biện v. to reply

đáp lễ v. to return a call/visit

đáp từ v. to reply to speech

đáp ứng v. to satisfy

đạp v. to kick [with sole or heel], to step on, to cycle: **bàn đạp** pedal; **xe đạp** bicycle

đạp đổ v. to topple, to overthrow; to kick down, to push down

đạp mái v. [of cock] to copulate with a hen

đạp thanh v. to visit relatives' graves in spring

đạt v. to reach [aim **mục đích**], to realize, to achieve: **chuyển đạt** to transfer; **diễn đạt** to convey, to express

đạt nhân n. a sophisticated man; a successful man

đạt vận n. good fortune

đau n., adj. pain, aching, hurt; ailing, suffering: **làm đau** to hurt

đau bao tử adj. to have stomachache

đau bụng adj. to have a stomach upset

đau buồn adj. distressed, sorrowful

đau dạ dày adj. to have stomachache

đau đẻ adj. to have labor pains

đau đớn adj. to be painful, suffering, sorrowful

đau khổ adj. miserable; suffering [morally]

đau lòng v., adj. to feel deep grief; heart-rending

đau màng óc v. to have meningitis

đau mắt v. to have sore eyes

đau mắt hột adj. to have trachoma

đau ốm adj. sick, ill [frequently]

đau răng adj. having a toothache

đau ruột adj. having intestinal trouble

đau thương adj. sorrowful

đau tim adj. having heart trouble

đau yếu adj. [frequently] ill

đay n. jute

đay nghiến v. to reproach, to reprimand or to scold bitterly

đáy n. bottom, base: **không đáy** bottomless

đày v. to deport, to exile

đày ải v. to exile; to ill-treat

đày đoạ v. to ill-treat

đày tớ n. servant

đãy n. bag, sack

đắc v. R to obtain, to be elected (= **được**) [opp. **thất**]

đắc chí adj. self-satisfied, proud of oneself

đắc dụng adj. useful, usable

đắc đạo v. to reach enlightenment

đắc địa n. good spot, prospitous location

đắc kế v. to succeed in one's scheme

đắc lợi v., adj. to achieve a profit; to be profitable; advantageous

đắc lực adj. efficient; capable

đắc sách n. good/clever method

đắc thắng adj., v. victorious; to win a victory

đắc thế v. to be favored [by luck, success]

đắc thời v., adj. to have the

đắc tội

opportunity; lucky

đắc tội v. to be guilty

đắc ý v., adj. to be satisfied; contented

đặc adj. thick [opp. **lỏng**]; strong [opp. **loãng**]; condensed; massive, full, solid [opp. **rỗng**]; coagulated, solidified: **thể đặc** solid state; **dốt đặc** thick-headed; **tối đặc** pitch dark

đặc ân n. privilege, special favor

đặc biệt adj. special, characteristic, typical, particular

đặc cách n., adv. an exception; exceptionally

đặc cán mai adj. very stupid

đặc chất n. peculiar matter

đặc dị adj. to be distinctive

đặc điểm n. characteristic

đặc kịt adj. dense [of crowd]

đặc nhiệm n., adj. special mission; extraordinary

đặc phái v. to send on a special mission

đặc phái viên n. special correspondent

đặc quyền n. privilege

đặc san n. special magazine

đặc sản n. seafood; special food

đặc sắc n., adj. characteristic feature; to be brilliant, outstanding; special: **món ăn đặc sắc** special food

đặc sứ n. special envoy; ambassader extraordinary

đặc tài n. exceptional talent, special gift

đặc thù adj. special

đặc tính n. special character, peculiarity

đặc trưng n. specific trait

đặc ước n. special agreement

đặc viên n. special agent

đặc vụ n. special mission, intelligence service, secret agent

đặc xá v. to release prisoners early on a special occasion, to grant a special reprieve

đăm chiêu adj. [of look] absorbed, worried, anxious

đăm đăm v. to stare at, to look fixedly at

đắm adj., v. to be drowned; to sink: **bị đắm tàu** shipwrecked

đắm đuối adj. engulfing in [passion]; [of look] full of love

đằm adj. calm, equable

đằm thắm adj. fervid, profound, sweet

đẫm adj. wet, soaked: **ướt đẫm** wallowing in [water **nước**, mud **bùn**]

đắn đo v. to weigh the pros and cons, to hesitate

đẵn v. to chop, to fell [tree]/section, to piece

đăng 1 v. to insert, to publish, to print; R to register **2** n. R lamp, lantern, light (= **đèn**)

đăng bạ v. to register: **đăng bạ xe gắn máy** to register one's motorcycle

đăng cai v. to host

đăng đàn v. to go up to the rostrum

đăng khoa v. to pass the examination

đăng ký v. to register: **số đăng ký xe** the car's registration number

đăng lính v. to enlist in the army

đăng lục v. to register

đăng quang adj. to be crowned

đăng tải v. to carry, to publish

[news, story]

đăng ten n. [Fr. *dentelle*] lace

đăng tiên v. to go up to Fairyland, i.e. to die

đăng trình v. to set out, to go on a trip

đăng vị v. to ascend the throne

đắng v., adj. [SV khổ] bitter

đắng cay adj. bitter and hot, miserable, painful

đắng ngắt adj. very bitter

đằng n. side, direction, way: **Đằng nào?** Which way? Which direction?

đằng đẵng adv. for a long time

đằng hắng v. to clear one's throat

đằng la n. concubine

đằng thẳng adj. serious, correct

đẳng n. rank, grade, level: **bình đẳng** equal(ity); **sơ đẳng** elementary [level]; **đồng đẳng** similar; **đệ ngũ đẳng** the fifth class

đẳng cấp n. grade, level; class

đẳng thứ n. rank, order

đẳng thức n. equality

đẳng tích n. constant volume

đẳng tính n. homogeneity

đẳng trật n. rank, grade

đặng v. See được

đắp v. to pile up, to pack [earth **đất**, stone **đá**], to construct [mound **u**, dike **đê**, road **đường**]; to fill up [gap, lack]

đắp điếm v. to cover, to protect

đắp đổi v. to live from day to day, from hand to mouth

đắt adj. (= **mắc**) expensive, costly

đắt tiền adj. [*opp.* **rẻ**]; [of goods] in great demand [*opp.* **ế**]: **đắt khách** [of shop or shopkeeper] busy, having plenty of business

đắt chồng adj. [of young girl] having many suitors

đắt đỏ adj. [of living **đời sống**] dear, expensive: **đời sống đắt đỏ** very high cost of living

đắt vợ adj. [of young man] highly eligible

đặt v. to place, to put; to set up [rules, institutions]; to write, to construct [sentences]; to fabricate, to make up: **bày đặt/bịa đặt** to fabricate; **đặt mua hàng** to order goods; **xếp đặt** to arrange; **cách đặt câu** syntax

đặt bày v. to fabricate, to invent [stories]

đặt chuyện v. to fabricate

đặt cọc v. to give money earnestly, to make a deposit, to pay in advance

đặt để v. to fabricate, to invent [stories]; to arrange, to force

đặt điều v. to fabricate, to make up stories

đặt đít v. to sit down

đặt lưng v. to lie down

đặt mình v. to lie down

đặt tên v. to name, to give a name, to give a nickname

đâm v. to prick, to stab; to pound [rice]; to grow, to sprout, to issue; to hit, to collide [**vào** against]; to become, to turn into, to change suddenly: **đâm cuồng/ đâm khùng** to go crazy, to go berserk; **đâm liều** to become bold; **đâm lo** to become worried

đâm bị thóc, chọc bị gạo v. to play two adversaries against each other

đâm bổ v. to rush, to hurry

đâm bông v. to bloom, to blossom

đâm chồi v. to issue buds or shoots

đâm đầu v. to throw oneself [**vào, xuống** into]

đâm nụ v. to issue buds

đâm sầm v. to run into [suddenly]

đấm v. to punch, to hit with one's fist: **đấm một cái** to punch once

đấm bóp v. to massage

đấm đá v. to fight, to come to blows [and kicks]

đấm họng v. (= **đấm mõm**) to give a bribe to someone

đầm n. [Fr. dame] French lady, Western lady

đầm ấm adj. [of home atmosphere] cozy and nice, sweet, happy: **gia đình đầm ấm** happy family

đầm đài adj. wet, soaked

đầm v. to wallow in the water or in the mud

đậm adj. strong, not watery, [of color] dark

đậm đà adj. warm, friendly: **mối quan hệ thân hữu đậm đà** friendly relationship

đần adj. dull, simple, foolish, stupid, silly: **người ngu đần** a stupid person

đần độn adj. dull, simple, silly, slow-witted, thick-headed

đấng n. CL for gods, heroes: **đấng tạo hoá** God, the Creator; **đấng cứu thế** the Savior, Jesus Christ; **một đấng anh hùng** a hero

đập v. to smash, to pound, to break, to beat, to thresh; [of heart] to beat

đập nước n. dam

đất n. [SV địa, thổ] earth, soil; land; ground, floor; estate: **đất đai** landed property, territory; **ruộng đất** land, ricefield; **giời đất** sky and earth, the universe; **động đất** earthquake

đất bồi n. silt

đất cát n. sand, sandy land

đất đai n. territory, land, property

đất khách n. foreign land

đất liền n. mainland

đất nước n. country, land, nation

đất phù sa n. silt

đất sét n. clay

đất thánh n. holy land; graveyard, cemetery

đất thó n. clay

đâu 1 pron. Where?; somewhere, anywhere, everywhere; Nowhere/to be where?: **Anh đi đâu đấy?** Where are you going?; **đâu đâu** everywhere [**cũng** procedes verb]; **đâu đây** somewhere, some place around here; **đâu đấy, đâu đó** somewhere; **Đâu nào?** Where?; **đâu ra đấy** everything where it belongs, everything in order; **Biết đâu?** ... Who knows?..; **bỗng đâu, dè đâu, hay đâu, ngờ đâu** suddenly, who would expect 2 adv. [particle of negation] not, not at all: **Tôi đâu có no!** I'm not full yet!; **Tôi đâu có đi! Tôi có đi đâu!** I didn't go!

đấu 1 v. to fight, to compete: **trận đấu** fight, match; **bán đấu giá** to sell by auction 2 v. to mix, to join: **đấu hai đầu dây lại với nhau** to join two rolls of string 3 n. a quart

đấu dịu v. to back down, to give up one's previous tough position

đấu giá *v.* to auction: **đấu giá ngôi nhà** to auction a house

đấu gươm *v.* (= **đấu kiếm**) to fight using swords

đấu khẩu *v.* to quarrel, to argue

đấu lý *v.* to debate, to argue

đấu thầu *v.* to bid for a contract

đấu thủ *n.* fighter, boxer, wrestler; player

đấu tố *v.* [communist] to accuse [landlords, bourgeois elements, etc.] in a public trial; to denounce

đấu tranh *v.* to struggle

đấu trí *v.* to match wits

đấu trường *n.* field where public trials are held

đấu võ *v.* to box, to wrestle

đấu xảo *n.* exposition, fair

đầu *n.* head; beginning, start; front end, end: **bắt đầu** to begin, to start; **bạc đầu** to get old; **cắm đầu** to lead, to direct, to head; **chém đầu** to behead; **cốc đầu** to bump one's head [**vào** against]; **cứng đầu** stubborn; **gật đầu** to nod; **hói đầu, sói đầu** bald; **làm đầu** to have a perm, to have one's hair set; **lắc đầu** to shake one's head; **dẫn đầu** to lead [race]; **nhức đầu** to have a headache; **trọc đầu** with a shaven head

đầu bếp *n.* head cook, chef

đầu bò *adj.* stubborn, hard-headed

đầu cánh *n.* wing tip

đầu cầu *n.* bridgehead

đầu cơ *v.* to speculate

đầu đàn *n.* leader, chief

đầu đề *n.* title; examination question; topic

đầu độc *v.* to poison

đầu đuôi *n.* the beginning and the end, the long and short

đầu gió *n.* draft [strong wind]

đầu gối *n.* knee

đầu hàng *v.* to surrender

đầu lâu *n.* skull

đầu lòng *n.* firstborn child

đầu máy *n.* engine, locomotive

đầu mối *n.* clue

đầu mục *n.* leader

đầu não *n.* headquarter; nerve-center

đầu nậu *n.* business leader, business connection

đầu óc *n.* mind; knowledge

đầu phiếu *v.* to cast a vote, to vote: **miễn đầu phiếu** to abstain

đầu phục *v.* to surrender, to submit oneself to

đầu quân *v.* to enlist in the army

đầu sỏ *n.* chief, leader, ringleader, gang leader

đầu tắt mặt tối *v.* to toil hard, to be extremely busy

đầu têu *v.* to instigate, to promote

đầu thai *adj.* reincarnated [**làm into**]

đầu thú *v.* to surrender oneself

đầu thừa đuôi thẹo *n.* odds and ends

đầu tiên *adj.* first; at first

đầu tư *v.* to invest

đậu 1 *n.* bean, pea **2** *v.* (= **đỗ**) [of birds] to perch; [of vehicles] to stop, to park; [of candidate] to pass an examination **3** *v.* to pass an examination

đậu đũa *n.* string beans

đậu khấu *n.* nutmeg

đậu lào *n.* typhoid fever

đậu mùa *n.* small pox

đậu nành *n.* soybeans

đậu phộng *n.* (= **lạc**) peanuts

đậu tương *n.* soybeans

đậu xanh *n.* green beans

đây *n., pron., adv.* here, this place; this; now: **ở đây, tại đây** here, at this place

đấy **1** *n., pron.* there, that place; that: **Ai đấy?** Who's there? Who is it?; **ở đấy, tại đấy** there, at that place **2** *adv.* [final particle in questions containing **ai, gì, chi, nào, đâu, sao, bao giờ**]

đầy *v., adj.* [SV **mãn**] full, filled; to have fully: **đầy tuổi tôi** [of infant] to be fully one-year old

đầy ắp *adj.* full to the brim

đầy bụng *adj.* having indigestion

đầy dẫy *adj.* full to the brim, full of

đầy đặn *adj.* plump, shapely; [face] to be round

đầy đủ *adj.* enough, full, complete; well provided

đầy tớ *n.* servant

đầy tràn *v.* to overflow

đẩy *v.* to push, to shove

đẩy mạnh *v.* to push, to promote

đẫy *adj.* (= **béo**) fat; full

đẫy đà *adj.* big and fat, plump

đậy *v.* to cover [with a lid or stopper]

đe **1** *v.* to threaten: **mối đe doạ** danger, threat **2** *n.* anvil CL **cái**

đè *v.* to press down, to crush, to squeeze

đè bẹp *v.* to crush; to overwhelm

đẻ *v.* [SV **sinh, sản**] (= **sinh**) to be born; to bear [child **con**], to lay [eggs **trứng**], to give birth [**ra** to]; [of animals] to throw; [of bitch, she-wolf, she-bear] to whelp; mother; you [my mother]: **sinh đẻ** to have children; **đau đẻ** to be in labor; **đẻ non** to have a premature baby; **ngày sinh tháng đẻ** date of birth; **tiếng mẹ đẻ** mother tongue

đem *v.* to take or to bring along [RV **đến** to a place, **đi** away, **lại** forth, about, **lên** up, **về** back, **vào** in, **xuống** down]

đen *adj.* [SV **hắc**] black; unlucky; dark: **tối đen** pitch-dark; **số đen/vận đen** bad luck

đèn *n.* [SV **đăng**] lamp; light: **đèn điện** electric light; **đèn pha** searchlight, headlight [of a car]; **tắt đèn** to switch off the light; **chao đèn, chụp đèn** lamp shade

đeo *v.* to wear, to put on: **đeo nữ trang** to wear jewelry; **đeo kính** to wear glasses

đeo đuổi *v.* to pursue, to stick to [career]

đèo *n.* mountain pass

đèo *v.* to carry on one's vehicle or bicycle

đẽo *v.* to whittle, to trim, to square; to squeeze [money **tiền**]

đẹp *adj.* [SV **mỹ**] beautiful, pretty, attractive, handsome: **sắc đẹp/vẻ đẹp** beauty; **làm đẹp lòng** to please

đẹp duyên *v.* to marry [**với, cùng** precedes object]

đẹp đẽ *adj.* See **đẹp**

đẹp trai *adj.* [of man] handsome

đét **1** *adj.* dried up, withered, thin **2** *v.* to whip

đê *n.* dike

đê điều *n.* dikes, levees, dams

đê hèn *adj.* mean, base

đê mạt *adj.* vile, mean

đê mê *v.* to be drunk, to be under the spell of

đê tiện *adj.* coward, abject

đế 1 *n.* sole [of shoe], base, stand; root 2 *n.* R emperor, ruler; imperialism: **hoàng đế** emperor

đế chế *n.* monarchy

đế đô *n.* capital city

đế quốc *n.* empire, imperialist

Đế Thiên Đế Thích *n.* Angkor Wat

đế vương *n.* king, emperor, ruler

đề 1 *n.* fig tree; CL **cây** 2 *v.* to write, to inscribe, to address [a letter] 3 *n.* subject, title: **đầu đề** subject [of exam]; **nhan đề** title [of book]

đề án *n.* proposal project, program

đề biện *v.* to defend [thesis]

đề cao *v.* to uphold, to give prominence to: **đề cao cảnh giác** to enhance one's vigilance

đề cập *v.* to mention, to touch on, to bring up [a problem]

đề cử *v.* to nominate

đề huề *adj.* crowded; harmonious

đề khởi *v.* to put forth [proposal]

đề lao *n.* jail

đề mục *n.* title [of book, article, etc.], heading

đề nghị *v., n.* to suggest, to propose; move, suggestion, proposal, motion CL **lời**, **bản** [with **đưa ra** or **đệ trình** to submit; **ủng hộ** to support, to second]

đề phòng *v.* to take precautions; to prevent: **Đề phòng kẻ cắp!** Beware of pickpockets!

đề tài *n.* subject, topic

đề xuất *v.* to put forth, to propose

đề xướng *v.* to put forth, to raise, to advance [theory, etc.]

để 1 *v.* to place, to put; to let, to leave; to cede, to dispose of: **để chồng, để vợ** to divorce; **để dành** to put aside, to save; **để ra** to put aside, to save; **để ý** to be careful; to heed, to pay attention [with **đến** or **tới** to], to notice 2 *conj.* for, so that, in order to

để bụng *v.* to keep feeling, to have something on one's mind

để không *v.* to leave empty, to leave unused

để lộ *v.* to disclose, to release

để mặc *v.* to leave alone

để mắt *v.* to keep an eye on, to observe

để phần *v.* to spare, to save something for someone

để tang *v.* to be in mourning

đệ 1 *v.* to submit [resignation, petition]: **đệ kiến nghị lên ban giám đốc** to submit a petition to the management board 2 *n.* R [prefix for ordinal numbers equivalent to English suffix *-th*; the cardinal has to be Sino-Vietnamese and the construction is **đệ** numeral-noun]: **đệ nhất** first; **đệ nhị tham vụ** second secretary of the embassy; **đệ ngũ chu niên** fifth anniversary 3 *n.* R younger brother (= **em giai/ trai**); I [slang]: **tiểu đệ** little or stupid brother

đệ trình *v.* to submit [proposal, plan, etc.]

đệ tử *n.* disciple, student

đếch *v.* [slang] no, not (= **không**, **chẳng**, **chả**)

đêm *n.* [SV **dạ**] night: **ban đêm** at night; **nửa đêm** midnight

đêm hôm *adv.* during the night, late at night

đêm khuya *n.* late night

đếm *v.* to count: **đếm từ một đến mười** to count from 1 to 10

đếm xỉa *v.* to take into account

đệm *n.* mattress; cushion: **đệm lò xo** spring mattress

đến *v.* [SV **chí, đáo**] (= **tới**) to arrive [at], to come [to], to reach at; to, up to, down to, until: **đến nay** to date; **từ trước đến nay** thus far, so far; **nói đến** to speak or talk about; **to speak of; nghĩ đến** to think of; **đến giờ rồi** it's time, time's up; **đến nỗi** to such a degree that; **đến tuổi** to come of age

đền 1 *n.* Taoist temple, temple CL **ngôi** [with **lập** to build]; palace 2 *v.* to compensate for, to return: **đền tội** to pay for one's sin

đền bồi *v.* to pay back [moral debt]

đền bù *v.* to pay back, to make up for

đểnh đoảng *adj.* to be negligent, careless; indifferent

đều *adj.* to be equal, even, regular, both, all, in both or all cases: **chia đều** to divide equally; **đồng đều** equal, even

đều đặn *adj.* regular, well-proportioned, even

đểu *adj.* ill-bred, vulgar; obscene

đi 1 *v.* [SV **tẩu, hành**] to go, to depart, to walk away: **đi bộ** to walk; **đi chợ** to go to market; **đi tuần** to patrol; **đi đái/đi giải/đi tiểu/đi tiểu tiện** to pass water;

đi cầu/đi đồng/đi đại tiện/đi ỉa/đi ngoài to go to the bathroom 2 *adv.* [final particle] come on, [let us] be sure to: **Học đi!** Do your work!; **xoá đi** to cross off, to erase

đi buôn *v.* to do business

đi đời *adj.* lost, finished, done for

đi đứt *v.* to lose, to finish

đi ở *v.* to be a servant/maid

đi ra *v.* to go out, to discharge

đi thi *v.* to take an examination, to sit for an examination

đi tu *v.* to become a monk

đi vắng *adj.* absent, not at home

đì *v.* to punish, to dump

đì đùng *v.* [of large firecrackers] to crackle

đĩ *n.* prostitute, harlot, whore

đỉa *n.* leech CL **con**: **dai như đỉa** to be obstinate, persistent

đĩa *n.* saucer, plate, dish: **đĩa bay** flying saucer; **đĩa record**, disc

địa *n.* R earth, land (= **đất**); geography [*abbr.* of **địa dư, địa lý**]: **điền địa** lands, ricefields

địa bạ *n.* land register

địa bàn *n.* compass

địa cầu *n.* globe, earth [real size or miniature] CL **quả**

địa chấn *n.* earthquake

địa chấn học *n.* seismology

địa chấn ký *n.* seismograph

địa chất học *n.* geology

địa chỉ *n.* address

địa chính *n.* land registry

địa chủ *n.* landowner, landlord

địa danh *n.* place name

địa dư *n.* geography

địa điểm *n.* point, location, site, place

địa đồ *n.* map, plan

địa hạ *n.* underground [agent]

địa hạt *n.* district; field, domain, realm, sphere

địa hình *n.* topography, terrain

địa lôi *n.* underground mine

địa lợi *n.* geographical advantage; produce of the land

địa lý *n.* geography

địa ngục *n.* hell [*opp.* **thiên đường/đàng**]

địa ốc *n.* real estate

địa phận *n.* territory

địa phủ *n.* hell

địa phương *n.* locality, local

địa thế *n.* terrain

địa tô *n.* land rent

Địa Trung Hải *n.* the Mediterranean Sea

địa vị *n.* [social] position

đích *n.* bull's eye, target; goal, objective, aim, purpose

đích đáng *adj.* proper, appropriate, adequate

đích thân *adv., pron.* in person, personally; oneself, myself, yourself, etc

đích thị *adv.* exactly, precisely

đích tôn *n.* one's eldest son's eldest son

đích xác *adj.* to be exact, precise

địch 1 *n.* flute CL **ống 2** *v.* to compete, to be a match for, to oppose, to resist: **đối địch** to compete with; **vô địch** without equal, invincible

địch quân *n.* enemy troops

địch quốc *n.* enemy nation

địch thù *n.* enemy, foe

địch thủ *n.* opponent, rival, competitor

điếc *adj.* deaf: **vừa câm vừa điếc** deaf and dumb, deaf-mute

điếc đặc *adj.* deaf

điếm *n.* R inn, shop; watch tower: **lữ điếm** inn, hotel; **tửu điếm** wine shop; **gái điếm** prostitute

điếm đàng *v.* to be tricky

điếm nhục *v.* to smear the good name of, to defame: to shame

điềm *n.* omen, presage

điềm nhiên *adj.* be calm, keep calm, unruffled

điềm tĩnh *adj.* be calm, unruffled

điểm *n.* point, dot (= **chấm**); point [in discussion]; mark [in school]: **điểm số** to count; **kiểm điểm** to review; **nhược điểm** weakness, shortcoming; **quan điểm** viewpoint; **yếu điểm** essential point; **bảng điểm** freezing point; **địa điểm** position, location; **tô điểm** to adorn, to embellish; **trang điểm** to make up

điểm binh *v.* to review [of troops]

điểm chỉ *v., n.* to place one's fingerprint; informer

điểm danh *v.* to call the roll

điểm huyệt *v.* to hit a mortal point [Chinese boxing]; to choose a burial spot

điểm số *n.* mark, grade [of student]

điểm tâm *n.* breakfast: **ăn điểm tâm** to have breakfast

điểm trang *v.* to adorn oneself, to make up

điên *adj.* losing one's mind; mad, crazy, insane [with **hoá** or **phát** to become]: **Mày điên à?** Are you out of your mind?

điên cuồng *adj.* mad, insane

điên dại *adj.* foolish, stupid

điên đảo *adj.* upside down; shifty

điền 1 *n.* R ricefield (= **ruộng**): **chủ điền** land-owner; **dinh** [or **doanh**] **điền** land exploitation, agricultural development; **tư điền** privately-owned ricefield **2** *v.* to fill out [a blank], to fill [a vacancy]: **điền các từ thích hợp vào khoảng trống** to fill blanks with appropriate words

điền chủ *n.* landowner

điền địa *n.* land, ricefield: **cải cách điền địa** land reform

điền kinh *n.* athletics; sport track

điền sản *n.* landed property

điền thổ *n.* land, farmland

điền viên *n.* fields and gardens, country life

điển *n.* classical book, classical example, literary allusion; statute, code, compendium: **kinh điển** the classics; **tự điển** [or **từ điển**] dictionary

điển cố *n.* literary allusion

điển tích *n.* literary allusion

điện 1 *n.* palace, temple: **cung điện** imperial palace **2** *n.* electric(al), electricity, telegram, wire: **gởi điện thư** to send by fax; **xe điện** streetcar, tram; **đèn điện** electric light; **thợ điện** electrician; **bàn là điện** electric iron; **quạt điện** electric fan; **công điện** official telegram

điện ảnh *n.* movies, cinematography

điện áp *n.* tension, voltage

điện báo *n.* telegraphy

điện cực *n.* electrode

điện dung *n.* electric capacity

điện học *n.* electricity [as a subject of study]

điện khí *n.* electricity

điện lực *n.* electric power

điện năng *n.* electric power

điện thế *n.* voltage

điện thoại *n., v.* telephone; to telephone: **gọi điện thoại cho tôi** to telephone me, to ring me; **phòng điện thoại** telephone booth

điện tín *n.* telegram: **đánh điện tín** to send a telegram, to wire

điện trở *n.* [electrical] resistance

điện từ *n.* electromagnet(ic)

điện tử *n., adj.* electron; electronic: **kỹ sư điện tử** electronic engineer

điện văn *n.* telegram

điếng *adj.* [of pain] killing, [of news] shocking

điệp 1 n. R butterfly **hồ điệp** (= **bướm**) **2** *v.* to repeat

điệp điệp *adj.* heaped up

điệp khúc *n.* chorus [of a song], refrain

điệp văn *n.* dispatch

điệp vận *n.* repeated rhyme

điêu *adj.* lying, false, untrue

điêu ác *adj.* false, lying

điêu đứng *adj.* miserable

điêu khắc *v.* to carve, to sculpt: **nhà điêu khắc** sculptor

điêu linh *adj.* miserable, suffering

điêu luyện *adj.* accomplished, skillful

điêu ngoa *adj.* lying, false

điêu tàn *adj.* dilapidated, in ruins

điêu trá *adj.* lying, false

điếu 1 *n.* [smoking] pipe; CL for cigarettes, cigars, pipes **2** *v.* R to present condolences on somebody's death

điếu văn *n.* oration [at funeral]

điều 1 *adj.* bright red 2 *n.* word; circumstance, affair, etc.; article, clause, item, provision 3 *v.* R to arrange, to order, to direct

điều chỉnh *v.* to regularize, to set in order, to regulate, to adjust

điều dưỡng *v.* to get medical care, to give medical care

điều đình *v.* to arrange, to negotiate

điều động *v.* to mobilize, to activate, to control, to manipulate

điều giải *v.* to mediate

điều hoà *v.* to reconcile, to adjust, to regulate

điều khiển *v.* to manage, to control, to command, to conduct

điều khoản *n.* terms, conditions, stipulations

điều kiện *n.* condition [circumstance or requirement]: **với điều kiện là** on condition that; **vô điều kiện** unconditional; **điều kiện sinh hoạt** living conditions; **điều kiện tối thiểu** minimum requirements; **điều kiện cần và đủ** necessary and sufficient conditions

điều lệ *n.* rule, regulation, by law

điều tra *v.* to investigate

điều trần *v.* to petition; to report

điều trị *v.* to give or to receive medical treatment

điều ước *n.* treaty; cf. **hiệp ước**

điểu *n.* R bird (= **chim**): **đà điểu** ostrich

điệu 1 *n.* appearance, posture, attitude, manner; tune, song, aria 2 *v.* to take away [person], to march off

điệu bộ *n.* appearance, posture, manner, gesture

đinh 1 *n.* nail CL **cái**, **chiếc**: **đóng cái đinh vào tường** to drive a nail into the wall 2 *n.* village inhabitant, male individual: **bạch đinh** commoner

đinh hương *n.* clove

đinh hương hoa *n.* lilac

đinh ninh *adj.* sure, certain

đính *v.* to paste, to glue, to stick a pin, to join, to enclose

đính chính *v.* to rectify, to correct

đính hôn *v.* to be engaged

đính ước *v.* to promise

đình 1 *n.* communal house in the village containing a shrine of tutelary deity CL **ngôi**, **cái**; R hall, palace, courtyard: **gia đình** family 2 *v.* to stop, to delay, to postpone, to adjourn: **đình lại/ tạm đình** to suspend temporarily

đình bản *v.* to cease publication; to close [a newspaper]

đình chỉ *v.* to stop, to cease

đình chiến *v., n.* to stop fighting; armistice CL **cuộc**

đình công *v.* (= **bãi công**) to go on strike, to strike

đình đốn *v.* to come to a standstill, to stagnate

đình trệ *v.* to put off, to stop up, to slow down

đỉnh 1 *n.* top, summit, peak 2 *n.* incense burner, dynastic urn

đình chung *n.* luxurious life, high living

đĩnh *n.* R boat, ship (= **tàu**): **tiềm thuỷ đĩnh** submarine

định *v.* to fix, to determine, to decide, to plan [to]: **nhất định** to

định cư

make up one's mind

định cư v. to be settled; to settle [refugees]

định đề n. postulate

định đoạt v. to decide, to determine

định hạn v. to set a deadline

định hướng v. to set a direction, to be orientated

định kiến n. bias, fixed idea

định kỳ n. fixed time, agreed deadline

định liệu v. to make arrangements

định luật n. [scientific] law

định lượng v., adj. to decide an amount; quantitative

định lý n. theorem

định mệnh n. destiny, fate

định nghĩa v., n. to define; definition

định số n. fixed number

định sở n. fixed address, permanent dwelling place

định tâm v. to intend; to calm down

định thức n. formula, fixed pattern

định tinh n. fixed star

định tính adj. qualitative

định túc số n. quorum

đít n. buttock, bottom, rear end: **đá đít** a kick in the pants

đít cua n. [Fr. discours] speech [with **đọc** to deliver]

địt v. to break wind

đìu hiu adj. [of sight, landscape] desolate, gloomy

đo v. to measure, to gauge, to survey

đo lường v. to measure

đó 1 pron., adv. (= **đấy**) that, those: there, that place: **cái đó** that, that thing; **chỗ đó** that place, that spot, there 2 n. cylindrical

bamboo fish-pot

đò n. ferry, boat [with **chở** or **lái** to steer, **chèo** to row]

đỏ adj. [SV hồng] red; lucky [opp. đen, xui]: **đèn đỏ** red light; **cuộc đỏ đen** gambling

đọ v. to compare

đoá n. CL for flowers (= **bông**)

đoạ adj. decadent: **đày đoạ** ill-treated

đoái v. to have pity for: **đoái hoài, đoái thương** [with **đến** preceding object] to think of, to long for

đoái tưởng v. to reminisce

đoan 1 n. [Fr. douane] the customs: **thuế đoan** duties; **nhà đoan** customs [authorities] 2 v. to promise firmly

đoan chính adj. righteous, serious

đoan ngọ n. Double Five Festival [on the fifth day of the fifth lunar month]

đoan kết v. to promise

đoan trang adj. correct and decent, serious

đoán v. to guess, to predict: **đoán trước** to predict; **đoán sai/lầm** to guess wrongly; **đoán đúng/trúng** to guess right; **phỏng đoán** to guess, to predict

đoàn n. band, flock, detachment, body, train: **sư đoàn** division [army unit]; **công đoàn** trade union, labor union; **đại đoàn** brigade [U.S.]; **tiểu đoàn** battalion; **trung đoàn** regiment; **quân đoàn** army corps

đoàn kết v., n. to unite; unity, union

đoàn thể n. group, organization, body, community

đoàn tụ *v.* to be together, to re-unite

đoản *adj.* R to be short, brief (= **ngắn**) [*opp.* **trường**]

đoản mệnh *adj., n.* to be short-lived; short life

đoản số *adj., n.* to be short-lived; short life

đoản thiên tiểu thuyết *n.* short story, novelette

đoạn 1 *n.* section, part, passage, paragraph: **đoạn đầu** the opening paragraph; **tam đoạn luận** syllogism 2 *adv.* R finished; then (= **rồi**): **nói đoạn** so saying; **gián đoạn** to interrupt

đoạn đầu đài *n.* guillotine, scaffold

đoạn hậu *v.* to cut off the retreat

đoạn mại *n.* definitive sale

đoạn trường *adj., n.* painful; pains, misfortunes

đoạn tuyệt *v.* to break off

đoản *adj.* short

đoành *intj.* Bang!

đoạt *v.* to seize, to grab [power, money], to win [prize, title]

đọc *v.* to pronounce, to read [silently or aloud]: **bạn đọc** reader; **đọc kinh** to say a prayer

đói *v.* to be hungry: **đói bụng, đói lòng** to be hungry [*opp.* **no**]; **đói kém** famine

đói khổ *adj.* starving and poor, miserable

đói rách *adj.* poor

đòi 1 *v.* to demand [food, money, payment], to claim [damage, one's rights, etc.], to summon 2 *n.* maid, servant

đòi hỏi *v.* to request, to ask

đom đóm *n.* firefly, glow worm

đóm *n.* bamboo fragment, spill

đỏm *adj.* spruced, neatly dressed

đon đả *v.* to show willingness to help

đón *v.* (= **rước**) to go to greet or to meet, to welcome, to receive: **đón tiếp ai** to receive someone

đòn 1 *n.* lever; carrying pole: **đòn gánh** carrying pole, shoulder pole 2 *n.* whipping, thrashing: **phải đòn** to be slapped

đòn dong *n.* ridge-pole, ridge-beam

đòn bẩy *n.* motive force, leverage

đòn xóc *n.* sharp-ended carrying pole

đong *v.* to measure [capacity], to buy [cereals]: **đong gạo nấu ăn** to measure rice for cooking

đóng 1 *v.* to close, to shut: **đóng sách lại** to close the book 2 *v.* to drive in, to nail 3 *v.* to make, to build: **đóng giầy** to make shoes 4 *v.* to pay; to contribute: **đóng thuế** to pay taxes

đóng bộ *adj.* dressed up

đóng chai *v.* to bottle

đóng dấu *v.* to stamp, to put the seal on: **đã ký tên và đóng dấu** signed and sealed

đóng đai *v.* to girdle

đóng góp *v.* to contribute

đóng khung *v.* to frame; to dress up

đóng kịch *v.* to play a role, to act a part

đóng trò *v.* to act

đóng vai *v.* to play a part

đóng vẩy *v.* to heal, to skin over

đọng *v.* to accumulate, [of water] to stagnate, to be in abeyance

đọt *n.* browse, sprout: **đọt cây** the

sprout shoots of a plant

đô *n.* R metropolis, capital city: **thủ đô** capital; **cố đô** ancient capital; **đế đô** imperial city

đô đốc *n.* commander-in-chief, admiral: **phó đô đốc** vice-admiral

đô hộ *v.* to dominate, to have domination over

đô hội *n.* big metropolis, business city: **phồn hoa đô hội** big city, flesh pots and hubs of business

đô la *n.* dollar: **đồng đô la Mỹ** U.S. dollar

đô sảnh *n.* city hall

đô thành *n.* city

đô thị *n.* city, urban center

đô vật *n.* wrestler

đố *v.* to dare, to defy, to challenge: **thách đố** to challenge

đố kỵ *adj., v.* jealous, to envy

đồ 1 *n.* thing, object, baggage, material, furniture, utensil, tool; sort of, son of: **đồ ăn** food; **đồ dùng** tool; **đồ đạc** furniture; **đồ uống** drink, beverage; **đồ cổ** antiques; **đồ ngu** a stupid person **2** *n.* scholar, student in Sino-Vietnamese: **môn đồ** disciple **3** *v.* to trace, to calk: **đồ hình vẽ** to trace a picture

đồ án *n.* plan, design

đồ bản *n.* map, drawing

đồ biểu *n.* diagram

đồ đệ *n.* disciple, student

đồ hình *n.* solitary confinement

đồ lễ *n.* offerings

đồ mã *n.* brightly-colored joss papers [used to represent fake money, etc. to be burnt during Asian funerals or the Hungry Ghost festival]; gimcrack

đồ mừng *n.* presents

đồ sộ *adj.* imposing, impressive

đồ tể *n.* butcher

đồ thị *n.* graph

đổ *v.* to pour, to spill; to throw away; to be poured, to be spilled, to fall, to topple over, to turn over, to crash, to collapse; to impute, to shift [responsibility, fault, etc.], to lay [blame]: **đổ đi** to throw away; **đổ lỗi/đổ thừa** to shift fault to someone; **đổ máu** bloodshed; **đổ đồng** on the average; the total prize

đổ bộ *v.* [of troops] to land

đổ mồ hôi *v.* to perspire profusely

đổ xô *v.* to rush in

đỗ See **đậu**

độ *n., adv.* time, period; degree, measure; approximately: **độ nọ** before, during that period; **độ này** these days, lately; **trình độ** extent, degree, level; **điều độ** moderation, temperance

độ lượng *adj.* tolerant; generous

độ thế *v.* to help mankind

độ trì *v.* to help, to assist

đốc 1 *v.* to oversee, to supervise, to manage; to urge **2** *n.* headmaster, chief, doctor: **quản đốc** manager; **giám đốc** director

đốc thúc *v.* to encourage, to urge

đốc tờ *n.* [Fr. *docteur*] medical doctor

độc 1 *adj.* poisonous, venomous, malicious, harmful, cruel: **hơi độc** poisonous gas; **nước độc** deadly climate [of malaria-infested areas]; **nọc độc** venom **2** *adv.* only, alone

độc ác *adj.* cruel, wicked

độc bình *n.* flower vase

độc chất học *n.* toxicology

độc chiếc *adj.* single; alone

độc dược *n.* poison

độc đảng *n.* one party

độc đoán *adj.* to be arbitrary, dogmatic

độc giả *n.* reader

độc hại *adj.* poisonous; harmful

độc lập *adj., n.* to be independent; independence: **độc lập, tự do và hạnh phúc** independence, freedom and happiness

độc mộc *n.* dugout

độc ngữ *n.* monologue, soliloquy

độc nhất *adj.* only, sole, unique: **cơ hội độc nhất vô nhị** a unique opportunity

độc quyền *n., adj.* monopoly [with **giữ, nắm** to hold]

độc tài *adj., n.* dictatorial; dictatorship: **nhà/tay độc tài** dictator

độc tấu *v., n.* to play solo; solo

độc thạch *n., adj.* monolith, to be monolithic

độc thân *adj.* single, unmarried

độc tố *n.* toxin

độc xướng *v.* to sing a solo

đôi *n., adj.* [SV **song**] pair, couple; two times, twice: **chia đôi** to divide in two; **đẻ sinh đôi** to have twins; **tốt đôi** to make a well-matched couple; **tay đôi** by two; bilateral; **chơi/đi nước đôi** to play double

đôi ba *adj.* two or three, a few

đôi bạn *n.* husband and wife, couple

đôi bên *n.* the two parties, the two sides

đôi co *v.* to dispute, to contend

đôi hồi *v.* to explain oneself; to have a friendly talk with someone

đôi khi *adv.* occasionally, now and then, sometimes

đôi mách *v.* to gossip

đôi mươi *n.* twenty years old

đôi ta *n.* L the two of us [man and woman]

đôi tám *n.* sixteen years old

đối 1 *v.* to treat, to behave: **đối xử tử tế với ai** to treat someone kindly 2 *v., n.* to be parallel; couplet: **đối đáp** to reply; **phản đối** to oppose, be against; **tương đối** to be relative

đối chất *v.* to confront [witnesses]

đối chiếu *v.* to compare, to contrast [two entities]

đối chọi *v.* to confront; to face up, to be in contrast

đối diện *v., adj.* to face; face to face; in front of

đối đãi *v.* (= **đối xử**) to treat, to behave [towards **với**]

đối đáp *v.* to answer, to reply

đối địch *adj.* opposing, resisting

đối kháng *v.* to resist, to oppose

đối lập *adj., n.* standing in opposition; opposition

đối ngoại *adj.* [of policy] foreign

đối nội *adj.* [of policy] domestic, internal affairs

đối phó *v.* to face, to deal, to cope [với with]: **đối phó với tình hình kinh tế hiện nay** to cope with the present economic situation

đối phương *n.* the opposing party, the enemy, the adversary

đối thoại *n., v.* conversation, dialogue; to converse

đối thủ *n.* rival, opponent

đối tượng *n.* object, external thing

đối với *prep., adv.* towards, vis-a-vis; regarding

đối xứng *adj.* symmetrical

đồi *n.* hill

đồi bại *adj.* decadent, corrupt, depraved

đồi mồi *n.* sea turtle

đồi phong bại tục *adj., n.* immoral; depraved customs

đồi truỵ *adj.* depraved: **tác phẩm đồi truỵ** depraved works

đổi *v.* to change, to alter, to exchange, to barter, to switch, to trade in: **thay đổi** to change

đổi chác *v.* to barter, to trade, to exchange

đổi dời *v.* to change

đổi thay *v.* to change

đỗi *n.* measure, degree, extent

đội 1 *v.* to wear or carry on one's head: **đội mũ** to wear a hat 2 *n.* company [of soldiers], team, squad; sergeant (= **trung sĩ**): **đại đội** company; **trung đội** platoon; **tiểu đội** squad; **phân đội** section

đội hình *n.* formation, line-up

đội lốt *v.* to pretend to be, to pose as, to use as a cloak

đội ngũ *n.* army ranks, line-up

đội ơn *adj.* grateful

đội sổ *adj.* at the bottom of a list

đội trưởng *n.* sergeant, chief-sergeant, leader of a group

đội tuyển *n.* selected team

đội viên *n.* member of a group, member of an association

đội xếp *n.* policeman, constable CL **ông, thầy**

đôm đốp *n.* clapping of hands

đốm *n.* spot, speckle, dot

đôn đốc *v.* to urge, to stimulate

đốn 1 *adj.* lousy, wretched, miserable, badly behaved 2 *v.* to cut down, to fell [a tree]

đốn đời *adj.* degrading, miserable

đốn kiếp *adj.* degraded, miserable

đốn mạt *adj.* degraded, miserable

đồn 1 *n.* post, camp, fort, station 2 *v.* to spread a rumor: **đồn đại/ tin đồn** rumor

đồn điền *n.* plantation: **đồn điền cao su** rubber plantation

đồn trú *v.* to camp, to be stationed

độn 1 *v.* to stuff, to fill, to pack, to mix 2 *adj.* stupid, dull, witless: **người đần độn/ngu độn** stupid person

độn thổ *v.* to vanish underground

đông 1 *n.* east: **rạng đông** dawn; **Viễn Đông** Far East; **Trung Đông** Middle East; **Đông Á** East Asia 2 *n.* [SV **đông**] winter: **mùa đông** winter 3 *v.* to freeze, to congeal, to coagulate: **thịt đông** frozen cooked meat 4 *adj.* crowded [people/place]; **phần đông** the majority; **đám đông** crowd

Đông Âu *n.* East Europe

đông chí *n.* winter solstice

Đông Dương *n.* Indo-China: **người Đông Dương** Indo-Chinese

đông đảo *adj.* crowded: **đônh đảo dân chúng** crowds of people

đông đúc *adj.* [of crowd, population] to be dense, heavy

Đông Đức *n.* East Germany

Đông Kinh *n.* Tonkin [obs.], Tokyo

Đông Nam Á *n.* Southeast Asia, Southeast Asian: **Tổ chức Hiệp ước (Liên phòng) Đông Nam Á**

Southeast Asia Treaty Organization

đông phương *n.* the east, the Orient

đông tây *n.* east and west

đông y *n.* Oriental medicine, Sino-Vietnamese medicine

đống *n.* heap, pile, mass: **chất đống** to pile up, to heap up

đồng 1 *n.* field, ricefield, prairie: **ngoài đồng** in the ricefields 2 *n.* copper, bronze, brass 3 *n.* coin, piastre: **đồng xu** cent, penny; **đồng hào** dime; **đồng bạc** piastre [coin or bill] 4 *adj.* R to be of the same [thing]; to have the same; to do together (= **cùng**): **tương đồng** to be similar to each other; **hội đồng** meeting, council, assembly

đồng áng *n.* ricefields

đồng ấu *n.* child(ren): **lớp đồng ấu** first grade

đồng bang *n.* compatriot

đồng bào *n.* compatriot, countryman; blood brother

đồng bằng *n.* plains, delta

đồng bóng *adj.* fickle, inconstant, inconsistent

đồng chí *n.* [political] comrade

đồng chủng *n.* the same race, fellowman

đồng cỏ *n.* pasture, prairie

đồng dạng *adj.* identical, similar

đồng dao *n.* children's song

đồng đạo *n.* person of the same religion

đồng đều *adj.* same, uniform

đồng điệu *adj.* having the same interest

đồng đội *n.* companion-in-arms, team-mate

đồng hạng *n.* single-price tickets

đồng hành *v.* to go together

đồng hoá *v.* to assimilate [people, culture]

đồng học *n.* schoolmate, school fellow, fellow student

đồng hồ *n.* timepiece, watch, clock [with **để** to set, **lên giây** to wind]: **đồng hồ đeo tay** wrist watch

đồng hương *n.* fellow-villager, fellow countryman

đồng không nhà trống *n.* scorched earth, plain land

đồng liêu *n.* colleague

đồng loã *v.* to be an accomplice

đồng loại *n.* fellow, fellowman

đồng lòng *v., adj.* to be unanimous, to be of one mind

đồng minh *adj., n.* to be in alliance; allied; alliance, league

đồng môn *n.* fellow-disciple

đồng nát *n.* scrap iron

đồng nghĩa *adj., n.* synonymous [**với** with]; synonym

đồng nghiệp *n.* colleague, co-worker

đồng nhất *adj.* identical, the same

đồng phạm *v.* to be an accomplice

đồng phục *n.* uniform

đồng quê *n.* country, countryside

đồng song *n.* fellow student, school mate, classmate

đồng sự *n.* colleague, co-worker

đồng tâm *adj.* in agreement, of the same mind

đồng thanh *adv.* unanimously, in unison

đồng thời *adv., adj.* at the same time [**với** as], contemporary

đồng tình *adj., v.* unanimous,

agreeable; to agree

đồng tiền *n.* money

đồng tính *adj.* of the same sex

đồng trinh *n.* virgin

đồng tử *n.* pupil, apple [of one's eye]

đồng văn *v.* to share a language or a writing system

đồng ý *v.* to agree [**với** with]: **bất đồng ý** to disagree

đổng *adj.* [of speech] indirect, at random

động 1 *v.* to move, to agitate [*opp.* **tĩnh** static]: **hành động** to act, act; **bạo động** violence; **vụ động đất** earthquake 2 *v.* to touch, to collide 3 *adj., adv.* mutable, dynamic, stormy; as soon as 4 *n.* cave, hole

động binh *v., n.* to mobilize; mobilization

động cơ *n.* motor, engine; motive

động cỡn *v.* to rut

động đậy *v.* to move, to stir

động đĩ *n.* brothel

động học *n.* dynamics

động kinh *v.* to fall into an epileptic fit or convulsion

động lòng *v.* to be touched with pity, to be hurt

động lực *n.* moving force, driving force

động mạch *n.* artery

động phòng *n.* nuptial chamber

động sản *n.* personal estate, chattels

động tác *n.* movement, action, work, doing

động tâm *adj.* affected, touched by emotion

động tĩnh *v., n.* movement and

rest; development

động từ *n.* verb

động vật *n., adj.* animal, animate being; zoological

động vật học *n.* zoology

động viên *v., n.* to mobilize [soldiers, or civilians for a job]; mobilization

đốp *n.* clapping [of hands], pop, smack [of bullet]

độp *n.* sound of a heavy thing falling on the ground, thud

đốt 1 *n.* finger joint, toe joint, phalanx, section 2 *v.* to light, to burn, to fire, to set fire to 3 *v.* [of insects] to sting, to bite

đốt cháy *v.* to burn, to set blazing

đột *v.* R to act suddenly, abruptly, unexpectedly

đột biến *v.* to change suddenly

đột khởi *v.* to break out suddenly

đột kích *v., n.* to attack suddenly; surprise attack, rush attack, assault

đột ngột *adv.* suddenly, abruptly, unexpectedly, by surprise

đột nhập *v.* to break into, to burst into [**ai** precedes object]

đột nhiên *adv.* suddenly, unexpectedly

đột xuất *v.* to burst out of, to occur all of a sudden, to come out of the blue

đơ *adj.* stiff

đờ *adj.* dumbfounded, speechless

đờ *adj.* motionless, indolent, lazy: **cứng đờ** stiff

đờ đẫn *adj.* stupid, unintelligent

đờ người *adj.* stunned, dumb

đỡ 1 *v.* to ward off, to parry [a blow]; to shield [from a missile];

to help [by taking the burden onto one's own shoulders]; to prop, to catch [ball, object]; to deliver [child]: **cô đỡ/bà đỡ** midwife; **giúp đỡ** to help, to assist; **làm đỡ** to help [in work] **2** v. to decrease, to be better, to diminish; to improve in health

đỡ đần v. to help, to assist

đỡ đầu v. to sponsor

đỡ đẻ v. to assist in childbirth, to deliver a baby

đỡ lời v. to speak in reply to

đới n. R zone [of earth]: **nhiệt đới** torrid zone; **hàn đới** frigid zone

đời n. [SV **thế**] life, existence CL **cuộc**; [SV **đại**] generation, times; world; reign: **qua đời** to pass away

đời đời adv. eternally, perpetually

đời người n. human life

đời sống n. living, livelihood, life, existence

đời sống đắt đỏ n. high cost of living

đợi v. to wait for: **mong đợi/trông đợi** to expect, to hope for

đợi thời v. to bide one's time

đơm **1** v. to fill [dish with food] neatly **2** n. eel pot CL **cái**

đờm n. spittle, spit, sputum, phlegm: **khạc đờm** to spit

đởm See **đảm**

đơn **1** n. application: **làm đơn** to write an application; **đơn hàng/hoá đơn** invoice; **đơn thuốc** doctor's prescription [with **kê, cho** to write] **2** adj. R to be single, alone; [of clothing] to be unlined, be of one layer [opp. **kép**]; [of number] to be odd

đơn bạc n. ingratitude

đơn độc adj. alone, isolated, solitary: **sống đơn độc** to live alone

đơn giản adj. simple, uncomplicated

đơn số n. odd number

đơn sơ adj. simple, meager, modest

đơn thân adj. single, alone

đơn tính n. unisex, unisexual

đơn trị n. uniform

đơn từ n. application

đơn vị n. unit [of measurement]; administrative or military unit

đơn hèn adj. miserable, wretched

đờn See **đàn**

đớp v. [of animals, insects] to snap up, to snatch, to catch

đợt n. wave, stage: **đợt sóng** wave

đu v. to swing, to sway, to seesaw CL **cái, cây**: **đánh đu** to swing

đu đủ n. papaya CL **quả, trái**

đú v. to jest

đủ adj. sufficient; enough [object follows]; there is/are enough [opp. **thiếu**]: **đầy đủ** complete

đủ ăn adj. enough to eat, well-off

đủ dùng adj. sufficient, enough

đủ mặt n. all sorts [of], everyone

đua v. to compete, to race: **trường đua (ngựa)** race track

đua chen v. to compete

đua đòi v. to copy, to imitate

đùa v. to amuse oneself: **nô đùa/chơi đùa** to play, to joke

đùa bỡn v. to joke, to jest

đùa nghịch v. to play, to fool around

đũa n. chopstick CL **chiếc** for one, **đôi** for pair: **đũa ngà** ivory chopsticks

đúc v. to cast, to mold [metal]; to

VIETNAMESE—ENGLISH

đục

cast [statue]: **rèn đúc** to produce, to create

đục 1 *v.* to chisel, to drill, to perforate 2 *n.* chisel, carver 3 *adj.* turbid, muddy, troubled

đục chạm *v.* to carve

đục khoét *v.* to hollow out; to extort money

đục ngầu *adj.* cloudy, turbid, muddy, dirty [water]

đui *adj.* blind, sightless (= **mu**)

đùi *n.* thigh

đũi *n.* silk, shantung

đùm *v.* to wrap, to envelop, to cover

đùm bọc *v.* to protect, to help, to assist [one's kin]

đun 1 *v.* to cook, to boil, to heat 2 *v.* to push, to propel

đun bếp *v.* to light the kitchen stove, to cook

đun nấu *v.* to cook, to prepare meals

đùn *v.* to thrust, to push back, to reject, to shift [responsibility] onto somebody: **ỉa đùn** to open one's bowels in one's pants [said of a child]

đụn *n.* pile, heap

đúng *adj., adv.* right, exact, correct, precise; exactly, correctly, precisely

đúng đắn *adj.* right, correct, serious

đúng lúc *adv.* on time, in time: **đến đúng lúc** to arrive on time

đùng 1 *adv.* suddenly, unexpectedly 2 *ejac.* Boom! Bang!

đùng đùng *adv.* loudly, violently

đủng đỉnh *v.* to go slowly, leisurely

đũng *n.* crotch [of trousers]

đụng *v.* to collide with, to touch on, to knock against, to hurtle

đụng chạm *v.* to bump against each other, to harm, to touch

đụng đầu *v.* to run into

đụng độ *v.* to clash

đuốc *n.* torch CL **ngọn, bó**

đuôi *n.* tail; end: **đuôi sam** pigtail; **theo đuôi** to imitate, to follow

đuôi gà *n.* short pig-tail

đuôi nheo *n.* sheatfish's tail

đuối *adj.* tired, exhausted: **yếu đuối** weak, feeble; **cá đuối** rayfish

đuổi *v.* to run after; to drive away, to expel, to dismiss: **theo đuổi** to pursue

đúp *v.* [Fr *double*] to duplicate; to repeat [a grade in school]

đụp *v., adj.* to patch over again; triple, three times

đút *v.* to insert; to put into; to feed: **đút lót/đút tiền** to bribe

đụt 1 *n.* coward, yellow, chicken 2 *v.* to take shelter

đừ *adj.* immobile, immovable: **mệt đừ** exhausted, worn out

đưa *v.* to take, to give, to hand; to guide; to see [someone] off

đưa chân *v.* to direct one's steps towards, to venture into

đưa dâu *v.* to accompany the bride [to her husband's home]

đưa đà *v.* to push, to propel

đưa đám *v.* to follow the funeral procession

đưa đường *v.* to guide, to direct, to show the way to

đưa ma *v.* See **đưa đám**

đưa mắt *v.* to cast a glance at

đưa tình *v.* to ogle

đứa *n.* individual, CL for children

106

or low-status adults: **đứa bé**, **đứa trẻ** child

đứa ở *n.* house servant

đức *n.* virtue; [honorific prefix] His Majesty, Monsignor, His Holiness: **Đức Khổng Tử** Confucius; **đửa Phật** Buddha

Đức *n.* Germany, German

đức dục *n.* moral education, ethical instruction

đức độ *adj.* virtuous and tolerant

đức hạnh *n., adj.* virtue; virtuous

đức tính *n.* virtue, quality

đực *adj.* male [of all animals except chickens]

đứng *v.* to stand, to be standing; to stop: **dựng đứng** to erect

đứng đắn *adj.* serious, correct

đứng đầu *adv., n.* to be at the head of; a leader of, chief of

đứng giá *n.* stable price

đứng lại *intj.* Stop! Halt!

đứng tuổi *adj.* middle-aged, mature

đừng *v.* to restrain [emotion, tears], do not, let us not

dựng *v.* to contain, to hold

được *adj., v.* acceptable, correct, fine, O.K., all right; to obtain, to get [game, harvest **mùa**; permission **phép** from authority to do something]; to win [game **cuộc**, battle **trận**] [*opp.* **thua**]; to beat, to defeat [somebody]; to be, be allowed to [first verb in series]

được kiện *v.* to win one's case [in court]

được mùa *v.* to have a good harvest

đượm *adj.* to be imbibed with a scent

đương *v.* See **đang**

đương *v.* to face, to resist, to oppose

đương cục *n.* authorities CL **nhà**

đương nhiên *adj., adv.* evident; obviously, naturally

đương sự *n.* interested party, applicant

đương thì *adj.* in full youth

đương thời *adj.* [of] the time, [at] that time

đường 1 *n.* sugar: **nước đường** syrup 2 *n.* road, way, street, line: **dọc đường** on the way

đường cái *n.* highway, main road

đường chéo *n.* diagonal

đường cong *n.* curved line, curve

đường đột *adv.* abruptly, suddenly, unexpectedly

đường đời *n.* path of life

đường đường *adv.* stately, openly, significantly, magnificently

đường giây nói *n.* telephone line, cable

đường hẻm *n.* narrow street, back street, lane

đường hoàng *adj.* openly, publicly

đường kính *n.* diameter

đường nằm ngang *n.* horizontal

đường phèn *n.* sugar candy, rock sugar

đường sắt *n.* rail, railroad

đường tắt *n.* short cut

đường thẳng *n.* straight line

đường thẳng đứng *n.* vertical

đường thẳng góc *n.* perpendicular

đường tròn *n.* circumference, circle

đường xích đạo *n.* equator

đứt *v.* [of string, thread, wire, rope] to be broken, [of skin] to be cut: **cắt đứt** to cut or snap off

đứt hơi *adj.* out of breath, exhausted

đứt quãng *adj.* interruptive

đứt ruột *adj.* deeply pained

E

e *v.* to be afraid; to fear

e dè *adj.* circumspect, cautious

e lệ *adj.* shy

e ngại *v.* to hesitate

e rằng *v.* to fear

è cổ *v.* to bear a heavy load, to have to pay

éc éc *v.* [of pig] to squeal

em **1** *n.* younger sibling CL **thằng, cậu, người, ông**; **con, cô, người, bà** **2** *pron.* I, me [used by younger sibling to elder brother/sister, second person pronoun being **anh** or **chị** respectively]; you [used by elder brother/sister to younger sibling, first person pronoun being **anh**]; you [used by young man to his sweetheart or by husband to wife, first person pronoun being **anh**]; you [used to young child]

em dâu *n.* sister-in-law

em họ *n.* cousin [male or female]

em rể *n.* [one's younger sister's husband] brother-in-law

em út *n.* youngest brother/sister

ém *v.* to cover up, to hide

én *n.* swallow

eng éc *v., n.* [of pig] to squeal

eo *n.* waist

eo bể *n.* straits

eo đất *n.* isthmus

eo éo *v.* to scream

eo hẹp *adj.* [of financial situation] scanty, too tight

eo óc *n.* confused noise

eo ôi! *exclam.* [interjection showing disgust, surprise]

éo le *adj.* [of situation] tricky, full of surprises, awkward

ẻo lả *adj.* weak, thin, feeble

ẽo ợt *adj.* in an effected voice

ép *v.* to squeeze, to press, to extract [oil, wine, etc.]; to force: **ép cam** to squeeze an orange

ép duyên *v.* to force a woman to marry against her will

ép nài *v.* to insist, to urge someone to do something

ép uổng *v.* to force, to compel

ẹp *adj.* crushed, flattened

ét *n.* [Fr. *aide-chauffeur*] driver's assistant

ét xăng *n.* [Fr. *essence*] petrol, gasoline; **thùng ét xăng** jerry can; gasoline drum; gas tank [in car]

Ê

ê **1** *exclam.* Hey!: **Ê! đi đâu đấy?** Hey! Where are you going? **2** *adj.* numb, sore, aching **3** *v.* to be ashamed, to feel ashamed

ê a *v.* to make noises loudly and unceasingly [as a child studying a primer aloud]

ê ẩm *adj.* tired, exhausted

ê chề *adj.* [of pain] overwhelmed by anguish

ê hề *adj.* abundant, too much: **thức ăn ê hề** too much food

ế *adj.* to have no customer, in little demand, quiet: **ế hàng** could not sell; **ế vợ** [of man] to have trouble getting a wife

ếch *n.* frog

êm *adj.* [of music, voice] soft, [of weather] calm, [of seat, cushion] to be soft; **êm như ru** sweet

êm ả *adj.* quiet, peaceful, calm

êm ái *adj.* soft, tender, sweet; melodious

êm ấm *adj.* peaceful, tranquil, calm

êm dịu *adj.* sweet, gentle: **lời nói êm dịu** sweet words

êm đềm *adj.* quiet and gentle

êm giấc *v., adj.* to sleep soundly; sleeping well

êm ru *adj.* very mild, very soft; smooth-sailing, quiet

êm tai *adj.* pleasing to the ear, melodious: **tiếng nhạc nghe êm tai** a melodious song

êm thấm *adj., adv.* amicable, peaceful; amicably

ếm *v.* to bring bad luck by one's presence; to exorcize

êu *intj.* Bloody bad! Phew!

êu ôi *exclam.* Phew!

G

ga 1 *n.* [Fr. *gas*] accelerator: **dận ga** to step on the accelerator 2 *n.* [Fr. *gare*] railroad station, bus station: **nhà ga** railway station

ga ra *n.* garage

gá *v.* to harbor [gamblers]: **gá bạc** to run a gambling den

gà 1 *n.* [SV kê] chicken, fowl CL **con**: **trứng gà** egg; **cuộc chọi gà**

cock fight 2 *v.* to give advice on, to assist someone

gà chọi *n.* fighting cock

gà con *n.* chick

gà giò *n.* chicken

gà mái *n.* biddy, hen

gà mờ *adj.* dim, obscure

gà nòi *n.* pure bred cock

gà sống *n.* rooster

gà tây *n.* turkey

gà trống *n.* rooster

gả *v.* to give [one's daughter] in marriage

gã *n.* individual, block, chap, young man

gạ *v.* to court, to woo, to seduce [a young girl]; to coax, to wheedle, to cajole, to persuade

gạ chuyện *v.* to try to approach someone

gạ gẫm *v.* to make approaches to, to persuade someone

gác 1 *n.* upper floor: **thang gác** staircase 2 *v.* to put, to place, to set on 3 *v.* [Fr. *garde*] to keep, to guard: **lính gác** watchman; **gác cửa** to keep the door

gác bếp *n.* kitchen shelf

gác bỏ *v.* to set aside: **gác bỏ ngoài tai** to pay no attention to

gác bút *v.* to put away one's pen, to stop writing

gác chuông *n.* bell-tower, belfry

gác thượng *n.* upper story, top floor

gác xép *n.* garret, loft, small floor

gạc 1 *n.* antlers [of deer] 2 *v.* to cross out

gạch 1 *n.* brick: **lát gạch** to pave [with bricks or tiles] 2 *v.* to draw [a line]; to cross out: **gạch**

109

gạch cua

một đường to draw a line

gạch cua *n.* red-yellow fat inside the shell of a crab

gạch dưới *v.* to underline: **gạch dưới những từ quan trọng** to underline the important words

gạch men *n.* tile

gạch nối *n.* hyphen (-)

gai 1 *n.* thorn: **gai ốc** goose pimples **2** *n.* hemp: **dây gai** hemp string

gai gốc *adj., n.* difficult; obstacle, hurdle

gai mắt *adj.* bad-looking, shocking to the eyes

gái *n.* girl; female [as opp. to male **giai/trai**]: **mê gái** to be madly in love with a girl; **nhà gái** the bride's family; **em gái** younger sister; **con gái** daughter; younger girl

gái điếm *n.* prostitute, street walker

gái giang hồ *n.* prostitute, street walker, whore

gái goá *n.* widow

gái nhảy *n.* taxi-dancer, dancing girl

gài *v.* to bolt, to button, to pin, to fasten: **gài cúc/gài khuy/gài nút** to button up

gãi *v.* to scratch: **gãi vào chỗ ngứa** to touch the right chord

gam *n.* [Fr. *gramme*] gram

gan 1 *n.* [SV **can**] liver CL **buồng, lá 2** *v.* to be courageous, to be brave, to be tough: **nhát gan** timid, shy, cowardly; **cả gan** audacious, bold **3** *n.* sole [of foot], palm [of hand]: **gan bàn tay** palm of the hand

gan góc *adj.* fearless, intrepid

gan lì *adj.* calm and relaxed

gán *v.* to pawn, to attribute, to pledge

gán ghép *v.* to force to take, to allot arbitrarily

gàn 1 *v.* to dissuade; to block, to prevent **2** *adj.* crazy, cracked, dotty; silly, stupid

gạn *v.* to decant, to purify

gạn hỏi *v.* to press with questions, to interrogate thoroughly

gang 1 *n.* span [measure]: **gang tấc** short period **2** *n.* cast iron: **gang thép** iron

ganh *v.* to compete: **ganh nhau làm việc** to compete in work

ganh đua *v.* to vie, to compete

ganh tị *v.* to envy, to be jealous of

gánh *v., n.* to carry with a pole and tow containers; to shoulder, to take charge; pole load: **gánh vác** to shoulder a responsibility

gánh hát *n.* troupe, theatrical company

gánh nặng *n.* burden, load

gáo *n.* dipper: **gáo dừa** dipper made of coconut shell

gào *v.* to scream, to roar, to howl, to cry, to shout: **kêu gào hòa bình** to clamor for peace

gạo 1 *n.* raw rice [cf. **cơm, lúa, thóc**]: **giã gạo** to pound rice; **vo gạo** to wash rice; **kiếm gạo** to earn one's living **2** *n.* kapok, bombax **3** *v.* to grind; to learn by heart: **gạo bài để đi thi** to learn by heart for examinations

gạo tẻ *n.* ordinary, non-glutinous rice

gạt 1 *v.* to level off, to scrape off;

to reject, to brush aside; to ward off [blow] **2** *v.* to trick, to cheat, to deceive: **lường gạt** to deceive **3** *v.* to elbow, to push aside: **gạt đám đông để đi** to elbow one's way through a crowd

gạt bỏ *v.* to refuse, to eliminate

gạt lệ *v.* to brush away one's tears

gạt nợ *v.* to give something as payment of one's debt

gạt nước mắt *v.* See **gạt lệ**

gàu *n.* scoop, bailer, pail for drawing water

gàu dai *n.* bucket with long ropes, operated by two people

gàu sòng *n.* bucket with a long handle, hung from a tripod and operated by one person

gay *adj.* very red; tense: **tình hình gay lắm** a tense situation

gay cấn *adj.* knotty, thorny, dangerous

gay gắt *adj.* bad-tempered, complaining

gay go *adj.* [of situation] tense, hard, [of fight] fierce

gáy **1** *n.* nape; scruff of the neck; back [of book] **2** *v.* to crow: **lúc gà gáy** at cockcrow

gảy *v.* to pluck, to play

gãy *v.* to be broken; to break, to snap: **bẻ gãy** to break; **gãy chân** to break one's leg

gãy gọn *adj.* [of speech] concise, neat

găm *v., n.* to pin, to point; pin, prick: **găm mấy tờ giấy nầy lại** to pin these papers

găm *v.* to gnaw, to nibble

gắn *v.* to glue, to joint [broken pieces], to install, to fix: **gắn bó**

to be attached to

găng **1** *adj.* tense, tight, taut **2** *n.* [Fr. *gant*] glove, CL **chiếc** for one, **đôi** for a pair: **đeo găng tay** to wear gloves

gắng *v.* to make efforts

gắng công *v.* to do one's best

gắng gượng *v., adj.* to act unwillingly; against one's wishes

gắng sức *v.* to work hard, to do one's best

gắp **1** *v.* to pick up with chopsticks **2** *n.* skewer

gắp thăm *v.* to draw lots

gặp *v.* to meet, to encounter; to see, to run across

gặp dịp *v.* to have a favorable occasion, to be fortunate

gặp gỡ *n., v.* unexpected meeting; to meet, to encounter

gặp mặt *v.* to be reunited, to meet

gặp nhau *v.* to meet one another

gặp phải *v.* to meet with

gặp thời *v.* to have a good opportunity, to meet with good fortune

gắt *adj., v.* strong, violent, harsh; to grumble [at], to scold, to chide

gắt gao *adj.* keen, desperate, intense

gắt gỏng *adj., v.* grouchy; to be in a temper; to lose one's temper

gặt *v.* to reap, to harvest: **vụ gặt** harvest; **thợ gặt** reaper

gấm *n.* brocade and satin

gầm **1** *v.* to bow one's head in shame or anger **2** *n.* space underneath [table, bed]; underpass

gầm thét *v.* to bawl

gậm *v.* [of rodents] to gnaw

gân *n.* nerve; tendon; sinew; vein

[as seen from outside]: **lấy gân** to flex one's muscles

gân cổ v. to harden the neck

gân guốc adj. sinewy; rugged: **mặt gân guốc** rugged face

gần adj., adv. near, close; about to [precedes main verb]; nearly, almost: **họ gần** near relation, close relative; **gần đó** thereabouts

gần gũi adv. side by side, alongside

gần xa adv. everywhere, every place, far and wide: **gần xa đều biết tiếng** to be known everywhere

gấp 1 v. to fold, to close [a book] 2 adj. urgent; in a hurry: **gởi một lá thư gấp** to send an urgent letter

gấp bội adj. manifold, multiple

gấp đôi/hai adj. double

gấp rút adj. very urgent, pressing

gập v. See **gặp**

gập ghềnh adj. uneven, broken, rough, bumpy: **đường gập ghềnh** rough road

gật v. to nod: **ngủ gật** to fall asleep while sitting or standing

gật gà gật gù v. See **gật gù**

gật gù v. to nod repeatedly

gâu gâu n. the barking of a dog, bow-wow

gấu 1 n. bear: **ăn như gấu** to eat gluttonously 2 n. hem, fringe [of dress]: **gấu quần** cuffs of trousers

gẫu adj. idle, aimless: **nói chuyện gẫu** to chat idly

gây 1 v. to bring about, to cause, to provoke 2 v. to quarrel

gây chiến v. to provoke a war

gây chuyện v. to cause a quarrel

gây dựng v. to create, to constitute, to establish, to set up

gây gây v. to feel feverish

gây gỗ v. to pick a quarrel

gây hấn v. to incite wars, to provoke hostilities

gây loạn v. to incite a rebellion

gây oán v. to create enemies

gây sự v. to try to pick a quarrel

gây thù v. to create enemies

gầy adj. (= **ốm**) skinny, emaciated, gaunt [opp. **béo**, **mập**]

gầy còm adj. very thin

gầy gò adj. thin, skinny

gầy mòn v., adj. growing thinner, losing flesh, weakened

gầy nhom adj. skin and bones, gaunt, emaciated

gẫy v. See **gãy**

gãy v. See **gãy**

gậy n. stick, cane

gậy gộc n. sticks

ghe n. (= **thuyền**) junk, sampan, bark, craft, boat [CL **chiếc**]

ghe chài n. junk, fishing junk

ghé v. to stop at; to come close to, to call at, to drop in: **ghé thăm bạn** to call at a friend's place

ghé mắt v. to have a look at, to glue one's eyes to

ghé vai v. to share one's responsibility

ghè v. to break, to crush, to strike, to hit

ghẻ 1 n. itch, scabies 2 adj. to be cold, indifferent: **ghẻ lạnh** indifferent; **dì ghẻ**, **mẹ ghẻ** stepmother

ghẻ lạnh adj. indifferent

ghẻ lở n. itch, scabies

ghẹ *n., v.* at the expense of; to sponge something: **đi ghẹ xe** to get a ride with somebody

ghém *n.* salad, mixed [raw] vegetables

ghen *v., adj.* jealous; envious

ghen ghét *v.* to be jealous, to covet; to hate

ghen tuông *v.* to be jealous in love

ghẹo *v.* to tease; to bother

ghép *v.* to assemble, to join, to unite; to graft: **ghép các chữ cái để thành một từ** to join letters to make a word; **ghép hai cây hồng** to graft two roses

ghét 1 *n.* dirt, filth [rubbed off body/skin] 2 *v.* to detest, to hate: **yêu cho vọt, ghét cho chơi** to spare the rod and spoil the child

ghét bỏ *v.* to abandon because of hate

ghét cay ghét đắng *v.* to hate someone's guts

ghê *v., adv.* to be horrified [so as to tremble], to shiver, to shudder, to have one's teeth on edge, to be horrible, terrible; terribly

ghê gớm *adj.* frightful, awful, formidable

ghê người *adj.* frightful, awful

ghê răng *v.* to set the teeth on edge

ghê sợ *adj.* terrific, awful, terrible, horrible

ghê tởm *adj.* sickening, disgusting, nauseous, repulsive

ghế 1 *n.* chair, seat, bench 2 *v.* to stir [boiled rice in pot] with chopsticks before lowering the fire and putting the lid on

ghế dài *n.* bench, seat

ghế dựa *n.* chair with a back

ghế đẩu *n.* stool, high chair

ghế xích đu *n.* rocking chair, swing

ghếch *v.* to lean on, to lean against, to rest against

ghếch chân *v.* to set, to put one's feet up on an object

ghềnh *n.* fall, waterfall, cataract

ghi 1 *v.* to record, to note, to write down: **ghi tên** to register one's name, to enlist 2 *n.* [Fr. *aiguille*] switch on railroad: **phu bẻ ghi** pointsman

ghi chép *v.* to note, to make a note of something; to inscribe, to write down

ghi nhận *v.* to acknowledge [receipt of something]

ghi nhớ *v.* to remember: **ghi nhớ số điện thoại của ai** to remember someone's telephone number

ghi tên *v.* to put one's name down, to sign up, to register

ghì *v.* to hold tight, to tighten: **ôm ghì** to clasp, to embrace

ghim *n., v.* pin; to pin

ghim băng *n.* safety pin

gì *n., pron.* (= **chi**) What?; anything, everything, something: **Cái gì?, Những gì?** What?; **không cần gì?** it doesn't matter

gia 1 *n.* R house, household, home, family (= **nhà**): **quốc gia** state, nation; **nhạc gia** in-laws 2 *n.* R -ist, -er, -ian, as a suffix: **khoa học gia** scientist; **nông gia** farmer 3 *v.* R to increase (= **thêm**): **tăng gia** to increase

gia ân *v.* to grant a favor

gia bảo *n.* family treasure

gia biến *n.* family disaster

gia bộc *n.* servant

gia cảnh *n.* family situation

gia chánh *n.* home economics, cooking

gia chủ *n.* head of family

gia cư *n.* habitation, dwelling, abode

gia dĩ *adv.* moreover, besides, furthermore

gia đinh *n.* servant, attendant

gia đình *n.* family, home: **có gia đình** to have a family [wife and children]

gia giảm *v.* to increase and decrease, to make necessary adjustments

gia giáo *n.* family education

gia hạn *v.* to extend [a period], to renew: **gia hạn hợp đồng** to renew a contract

gia hương *n.* native village

gia lễ *n.* family rites

Gia Nã Đại *n.* Canada

gia nhân *n.* servants

gia nhập *v.* to enter, to participate in, to join: **gia nhập quân đội** to join the army

gia phả *n.* family register, family tree, family history

gia phong *n.* family tradition

gia quyến *n.* family, relatives, dependents

gia sản *n.* family inheritance

gia tài *n.* family inheritance, family property

gia tăng *v.* to increase

gia thanh *n.* the family reputation

gia thất *n.* family, household: **thành gia thất** to get married

gia thế *n.* genealogy, family situation

gia tiên *n.* ancestors, forefathers

gia tốc *v.* to speed up, to accelerate

gia tộc *n.* family, tribe, household

gia trọng *v.* to add weight [as evidence] [*opp.* **giảm khinh**]

gia truyền *adj.* hereditary

gia trưởng *n.* head, chief of the family

gia tư *n.* family property

gia vị *n.* seasoning, condiment

giá 1 *v., n.* to cost; cost, price, value: **bán đấu giá** auction; **tăng giá** to raise the price; **đánh giá** to value, to estimate; **danh giá** reputation, honor, fame **2** *n.* bean sprouts, green shoots from peas **3** *n.* shelf, easel, support **4** *conj.* if, suppose **5** *adj.* cold, freezing

giá bán *n.* selling price

giá biểu *n.* price list

giá buôn *n.* purchase price, wholesale price

giá buốt *adj.* bitter, biting cold

giá cả *n.* price, cost

giá dụ *v., adv.* to suppose, let's presume that; for example

giá lạnh *n.* a biting cold

giá mua *n.* purchase price

giá mục *n.* price list

giá sách *n.* bookshelves, bookcases

giá thể *adv.* if, for example

giá thú *n.* marriage certificate

giá thử *adv.* if, for example

giá tiền *n.* price, cost, value

giá trị *n.* value, worth

già *adj., v.* [SV **lão**] old, aged; to grow old, to age; to be skilled [*opp.* **trẻ**]; [of texture, food] tough [*opp.* **non**]

già cả *adj.* very old

già câng *adj.* very old

già giặn *adj.* experienced, skilled, mature

già nua *adj.* old, aged

già yếu *adj.* old and weak

giả 1 *adj.* fake, simulated, pretentious, sham; false, counterfeit: **bạc giả** [*opp.* **thật, thực**] counterfeit money 2 *n.* R he who, that which, a person, -er, or as suffix: **tác giả** author, writer; **sứ giả** envoy, ambassador; **diễn giả** speaker 3 *v.* (= **trả**) to give back, to pay [back]; (= **hoàn**) to return, to refund

giả bộ *v.* to sham, to pretend

giả cách *v.* to simulate, to sham

giả dạng *v.* to disguise oneself [**làm** as]

giả danh *v.* to pose as, to call oneself

giả dối *v., adj.* to be false, deceitful; fake, hypocritical

giả đò *v.* to pretend, to make believe

giả hiệu *adj.* feigned, false, sham

giả lại *v.* to answer, to return; to refund

giả mạo *v.* to forge, counterfeit

giả như *v.* to suppose that

giả sử *v.* See **giả như**

giả tảng *v.* to sham, to pretend

giả thiết *v.* to suppose

giả thuyết *n.* hypothesis

giả trang *v.* to disguise oneself

giả vờ *v.* to pretend, to make believe: **giả vờ đau** to pretend to be sick

giã 1 *v.* to pound [rice, etc.] with a pestle (= **đâm**); to beat [slang] 2 *v.* to neutralize: **thuốc giã độc**

antidote, counter poison

giã ơn *v.* to thank, to show one's gratitude

giã từ *v.* to say goodbye

giác 1 *n.* R horn (= **sừng**): **tê giác** rhinoceros 2 *n.* R angle (= **góc**): **lượng giác học** trigonometry 3 *n.* R dime (= **hào, cắc**) 4 *v.* to cup

giác mô *n.* cornea

giác ngộ *v.* to awaken, to realize

giác quan *n.* organ of sense: **năm giác quan** the five sense organs

giác thư *n.* memorandum, diplomatic note

giai *n.* (= **trai**) boy; male [as opp. to female **gái**]: **con giai** son, young boy; **em giai** younger brother; **đẹp giai** handsome

giai cấp *n.* [social] class, caste

giai điệu *n.* melody

giai đoạn *n.* period, phase, stage

giai lão *v.* to grow old together [as husband and wife]

giai nhân *n.* beautiful lady, exquisite woman

giai phẩm *n.* special literary magazine

giai tác *n.* elegant, fine literary composition

giai thanh *n.* distinguished young man, gentleman

giai thoại *n.* beautiful story, anecdote

giải 1 *v.* R to untie, to unfasten (= **cởi**); R to solve, to disentangle: **giải nghĩa** to explain 2 *v.* to deliver, to hand [a criminal, prisoner] over to officials; to transport [a criminal] under guard 3 *v.* to spread, to lay out 4 *n.* prize, award

giải binh *v.* to disarm, to demobilize

giải buồn *v.* to break the monotony

giải cứu *v.* to save, to rescue

giải đáp *v.* to answer, to solve: **giải đáp thắc mắc** to answer enquiries

giải độc *v.* to be antidotal

giải giáp *v.* to disarm

giải giới *v.* to disarm

giải hoà *v.* to make peace, to reconcile

giải khát *v.* to quench thirst

giải khuây *v.* to alleviate, to allay one's sorrow

giải lao *v.* to have a break, to take a rest: **giờ giải lao** break time

giải muộn *v.* See **giải buồn**

giải nghệ *v.* to retire, to leave one's profession

giải nghĩa *v.* to explain

giải ngũ *v.* to be discharged from the army

giải oan *v.* to clear [oneself or someone] of an unjust charge

giải pháp *n.* solution [to a problem]

giải phẫu *v., n.* to dissect; to have an operation; surgery

giải phóng *v.* to liberate

giải quán quân *n.* championship

giải quyết *v.* to solve [difficulty]

giải sầu *v.* See **giải buồn**

giải tán *v.* to dissolve [a body], to adjourn; to break up, to scatter

giải thích *v.* to explain, to interpret

giải thoát *v.* to rid oneself, to liberate, to release, to free

giải thuyết *v.* to explain, to interpret

giải tích *adj.* analyzing; analytic

giải trí *v.* to have a distraction, to relax, to entertain

giải vây *v.* to break a blockade, to raise a siege

giãi *v.* to manifest, to show, to expose

giãi bày *v.* to convey one's thought/feeling

giãi tỏ *v.* to manifest, to show

giam *v.* to detain, to confine, to imprison: **nhà giam** prison, jail

giam cầm *v.* to detain/imprison

giam hãm *v.* to detain, to restrain, to lock up, to confine

giam lỏng *v.* to put under house arrest, to prevent from going outside/over the limit

giám *v.* R to supervise, to directly examine, to control

giám định viên *n.* expert, inspector

giám đốc *n.* director, supervisor: **phó giám đốc** vice director

giám học *n.* vice principal [of high school], director of courses

giám hộ *n.* guardian

giám khảo *n.* examiner

giám mục *n.* bishop

giám sát *v.* to control, to inspect

giám thị *n.* overseer, proctor, invigilator

giảm *v.* to decrease, to reduce, to diminish [*opp.* **tăng**]

giảm bớt *v.* to reduce, to discount

giảm khinh *v.* to lighten [burden, punishment] [*opp.* **gia trọng**]

giảm thiểu *v.* to decrease, to reduce, to lessen

giảm thọ *v.* to shorten life

gian **1** *adj.* [*opp.* **ngay**] dishonest, deceitful, fraudulent, cheating, tricky, crooked: **bọn gian** villains; **ăn gian** to cheat **2** *n.*

apartment, compartment, room, house; R interval (= **khoảng**), space: **không gian** space

gian ác *adj.* dishonest and wicked

gian dâm *adj.* adulterous

gian dối *adj.* tricky, deceitful, false

gian giảo *adj.* cheating, shifty

gian hàng *n.* stall, stand

gian hiểm *adj.* crafty, artful, wily, sneaky, treacherous

gian hùng *n.* scoundrel

gian khổ *adj., n.* hard; hardship, adversity

gian lao *adj., n.* hard; hardship, adversity

gian lận *v.* to trick, to cheat [at an exam]

gian nan *adj.* difficult, laborious, troubled, hard

gian nguy *adj.* dangerous

gian nịnh *n.* wily flatterer

gian phi *n.* malefactor, evildoer

gian phu *n.* adulterer

gian phụ *n.* adulteress, loose woman

gian tặc *n.* brigand, bandit

gian tham *adj.* covetous, dishonest, greedy

gian thần *n.* traitor [among mandarins]

gian trá *adj.* cheating, false, crooked

gian truân *n.* adversity, trial

gián *n.* cockroach

gián điệp *n.* spy [CL **tên, tay**]; espionage

gián đoạn *v.* to interrupt

gián hoặc *adv.* in case

gián thu *adj.* [taxes] indirect [as opp. to **trực thu** direct]

gián tiếp *adv., adj.* indirectly; indirect: **thuế gián tiếp** indirect tax

giàn giụa *adj.* bathed in tears

giản dị *adj.* simple, easy

giản dị hóa *v.* to simplify

giản đồ *n.* diagram

giản đơn *adj.* simple, uncomplicated

giản lược *n.* summary, brief, abstract, synopsis

giản minh *v.* to be concise

giản tiện *adj.* practical, convenient

giản ước *v.* to be concise, simple, compact

giản yếu *adj.* essential, elementary, concise

giãn *v.* to slacken, to become distended, to stretch [*opp.* **co**]

giang 1 *n.* R [large] river (= **sông**); R in names of rivers: **Cửu long giang** the Mekong River **2** *n.* a kind of bamboo with tough fibers used to make ropes

giang biên *n.* river bank, riverside

giang hồ *adj., n.* errant; adventure: **khách giang hồ** adventurer

giang khẩu *n.* mouth of a river

giang sơn *n.* rivers and mountains; country, fatherland; burden of responsibility in family

giáng 1 *v.* R to demote, to lower; to descend **2** *v.* to give a hiding

giáng cấp *v.* to demote

giáng chức *v.* to demote

giáng hạ *v.* to descend

giáng sinh *v.* to be born: **lễ (Thiên Chúa) Giáng Sinh** Christmas

giáng thế *v.* to come into the world

giảng *v.* to explain, to teach, to preach: **giảng giải** to explain

giảng dạy *v.* to teach

giảng đạo *v.* to preach a religion

giảng đề *n.* topic, subject [of lecture]

giảng đường *n.* amphitheater, lecture room, auditorium

giảng giải *v.* to explain, to expound

giảng hoà *v.* to make peace

giảng khoa *n.* subject, course of study

giảng kinh *v.* to comment on the classics

giảng luận *v.* to dissert, to expound

giảng nghĩa *v.* to explain, to interpret

giảng nghiệm trưởng *n.* senior assistant [in laboratory, university]

giảng nghiệm viên *n.* assistant [in laboratory, university]

giảng sư *n.* assistant professor [in university] Cf. **giáo sư giảng viên**

giảng tập *v.* to teach, to drill

giảng viên *n.* lecturer

gianh *n.* (= **tranh**) thatch

giành 1 *v.* to secure, to win: **giành được giải nhất** to win the first prize 2 *n.* basket [for fruit]

giành giật *v.* to scramble for, to dispute

giao *v.* to entrust [**cho** to], to deliver [object, merchandise]; to assign

giao cấu *v.* to have sexual intercourse

giao chiến *v.* to be engaged in fighting

giao dịch *v.* to trade, to communicate

giao du *v.* to contact frequently with, to be friends with, to accompany

giao điểm *n.* point of intersection

giao hảo *v.* to have a good relation, to contact someone friendly; to have amicable relations with

giao hẹn *v.* to agree; to promise conditionally

giao hoán *v.* to exchange [culture, prisoners-of-war, etc.]

giao hoàn *v.* to return, to give back

giao hợp *v.* to have sexual intercourse

giao hưởng *n.* symphony

giao hữu *n.* friendship: **trận đấu giao hữu** friendship match

giao kèo *n.* contract: **ký/làm giao kèo** to sign a contract

giao kết *v.* to establish relations

giao lưu *v.* to exchange relations [trade, culture]

giao ngân *v.* to hand money to

giao phó *v.* to trust, to entrust, to assign

giao tế *n., v.* public relations; to receive/entertain guests

giao thiệp *v.* to deal with, to contact with, to socialize

giao thông *v., n.* to communicate; communication [roads, railroads]; transportation

giao thời *n.* transition period, turning point

giao thừa *n.* the transition hour between the old year and the new year; New Year's Eve

giao tiếp *v.* to be in contact, to have relations with, to communicate

giao ước *v.* to promise, to pledge oneself [to]

giáo 1 *n.* lance, long-handled spear CL **ngọn, cây** 2 *v., n.* R to teach, to instruct; R doctrine, religion, cult: **nhà gia giáo** good family; **ông giáo/thầy giáo** teacher; **Ấn độ giáo** Hinduism **Khổng giáo** Confucianism; **Phật giáo** Buddhism; **Thiên chúa giáo** Christianity, Catholicism; **nhà truyền giáo** missionary

giáo án *n.* teaching plan, syllabus

giáo chủ *n.* prelate, cardinal

giáo cụ *n.* teaching aids

giáo dân *n.* the Catholic followers/believers

giáo dục *n., v.* education; to educate: **có giáo dục** well-educated, well-bred; **Bộ Quốc gia Giáo dục** Ministry/Department of National Education; **giáo dục căn bản** fundamental education

giáo đầu *v., n.* to begin, to start; preliminary, preface, prologue

giáo điều *n.* dogma, commandment

giáo đồ *n.* disciple, believer

giáo đường *n.* place of worship; church

giáo giới *n.* educational world; teachers [as a group]

giáo hoá *v.* to educate, to civilize

Giáo hoàng *n.* Pope

giáo học *n.* teacher

giáo hội *n.* church, congregation

giáo huấn *v.* to teach, to educate, to re-educate: **trại giáo huấn** re-education camp

giáo hội *n.* church, denomination; congregation

giáo khoa *n.* subject [of study]

giáo lý *n.* religious doctrine, religious teaching

giáo sĩ *n.* missionary, priest

giáo sinh *n.* student teacher; student [of normal school]

giáo sư *n.* university professor

giáo trình *n.* teaching syllabus/ curriculum

giáo viên *n.* primary/secondary school teacher

giáo vụ *n.* teaching service, department of teaching

giảo hình *n.* hanging [as a punishment]

giảo quyệt *adj.* artful, crafty, cunning

giảo trá *adj.* hypocritical

giáp 1 *v., adj.* to be close up to; near, adjacent 2 *n.* armor 3 *n.* cycle of twelve years

giáp bào *n.* armor

giáp chiến *v.* to fight face to face

giáp giới *v.* to be near the border, to share the same border

giáp lá cà *v.* to fight face to face

giáp mặt *v.* to come face to face, to meet face to face

giáp năm *n.* last days of the year

giáp trận *v.* to join a battle

giạt *v.* to run around, to drift

giàu *adj.* rich, wealthy, well-off

giày *n.* (= **giầy**) shoe

giày dép *n.* foot-wear: **cửa hàng giày dép** footwear store

giày vò *v.* to torment, to nag

giày xéo *v.* to trample upon

giầy *v.* See **giầy**

giặc *n.* pirate, invader, aggressor, rebel, enemy: **đánh giặc** to fight the enemy

giặc biển *n.* sea pirates

giặc giã *n.* piracy; war, hostilities

giăm bông *n.* ham

giẩm v. to crush, to trample

giận v. to put down heavily, to stress [angrily]

giận vặt v. to nag at, to torment

giăng n. (= **trăng**) [SV **nguyệt**] moon: **gấu ăn giăng** eclipse of the moon

giăng v. to spread, to stretch [net **lưới**, sail **buồm**]

giằng v. to snatch, to pull towards oneself in a dispute

giằng co v. to pull about

giằng xé v. to snatch and tear something; to get at someone's throat

giặt v. to wash, to launder: **giặt quần áo** to wash clothes

giặt giũ v. to wash, to launder

giấc n. sleep, slumber; dream: **ngủ một giấc** to take a nap; **ngon giấc** to sleep soundly

giấc điệp n. beautiful dream

giấc mộng n. (= **giấc mơ**) dream

giấm n. vinegar: **ngâm giấm** to preserve in vinegar

giầm n. paddle

giậm v. to stamp one's foot

giậm doạ v. to frighten, to terrorize

giần n., v. winnowing basket; to sift

giận adj. angry: **nổi giận** to get angry; **tức giận** to be furious

giận dỗi v. to lose one's temper

giận dữ v. to be infuriated, to be enraged

giập v. to be cracked, to be bruised, to crush

giập mật adv. hard, soundly: **làm giập mật để kiếm tiền** to work hard to earn money

giật v. to pull forcibly, to jerk, to snatch; to steal loan money: **giật**

của ai to rob someone of his belongings

giật gân adj. [of music] hot, thrilling, sensational

giật giây v. to pull the strings, to control from behind the scene

giật mình v. to be startled

giật lùi v. to move back, to go backward

giấu v. to hide, to conceal

giấu giếm v. to hide

giầu n. betel (= **trầu**)

giầu không n. betel

giậu n. hedge

giây **1** v. to smear, to get involved in **2** n. second [of time]

giây lát n. (= **giây phút**) a moment, in a second

giấy n. paper CL **cái**, **tờ giấy**: **phòng giấy** office; **bạc giấy** paper money

giấy báo n. notice, card, notification: **giấy báo thi** notification for examination

giấy bóng n. cellophane

giấy chứng minh n. identity card: **giấy chứng minh nhân dân** identity card of a citizen

giấy chứng nhận n. certificate

giấy đi đường n. travel document

giấy giá thú n. marriage certificate

giấy khai sinh n. birth certificate

giấy kính n. cellophane

giấy lộn n. waste paper

giấy nhám n. sand paper

giấy nhật trình n. newsprint; old newspapers

giấy phép n. permit, license

giấy sáp n. wax paper, stencil

giấy thiếc n. tin foil

giấy thông hành n. passport

giấy vệ sinh *n.* toilet paper

giẫy 1 *v.* to clean [a field]: **giẫy cỏ** to weed **2** *v.* to wriggle, to strive, to struggle

giẫy giụa *v.* to struggle

giẫy nẩy *v.* to start up, jump, to surprise

gièm *v.* to berate, to slander

gièm pha *v.* to backbite, to vilify, to talk down

gieo *v.* to sow, to cast

gieo mạ *v.* to sow rice seeds

gieo mình *v.* to throw oneself

giẹp *adj.* flat, flattened, collapsed

giêng *n.* the first month of the lunar year, January: **ra giêng** next January, early next year

giếng *n.* well: **đào giếng** to drill a well

giếng mạch *n.* artesian well

giếng phun *n.* artesian well

giết *v.* [SV sát] to kill, to murder, to assassinate; to slaughter

giễu *v.* to tease, to kid, to jest

giễu cợt *v.* to tease, to joke

gìn giữ *v.* to keep, to preserve, to guard: **gìn giữ sạch sẽ** to keep clean

gió *n.* [SV phong] wind [CL cơn, trận]: **trời gió** to be windy

gió hanh *n.* dry and cold wind

gió lốc *n.* whirlwind

gió lùa *n.* draft

gió mùa *n.* monsoon

giò 1 *n.* meat paste [wrapped in banana leaf] **2** *n.* foot [of pig, chicken], leg

giò lụa *n.* lean pork ham

giò thủ *n.* pig's head ham

giỏ *n.* market basket, flower basket

giòi *n.* worm, maggot

giỏi *adj.* good, adept, skilled, clever, capable: **học giỏi** to be smart or to do well in school; **mạnh giỏi** well, in good health

giòn *adj.* crispy, brittle, [of laugh] hearty, tinkling

giòn tan *adj.* very crispy

giong 1 *v.* to go away, to travel **2** *n.* bamboo branch, bamboo twig

gióng 1 *n.* stump, section of bamboo tree or sugar cane: **gióng mía** sugar cane stick **2** *v.* to prod [goad, urge] with beatings

giòng 1 *n.* line **2** *n.* current, flow, stream: **giòng nước** water flow

giọng *n.* voice, tone; intonation; tone of Vietnamese word [SV thanh]; accent, voice pitch

giọng kim *n.* soprano

giọng lưỡi *n.* lingo, tongue

giọt *n.* drop: **giọt máu** blood drop; **từng giọt** drop by drop

giọt lệ *n.* tears

giỗ *n.* [SV kỵ] anniversary of death, memorial day: **giỗ chạp, giỗ tết** festivals

giỗ tết *n.* anniversaries and festivals

giối *v.* (= **trối**) to make the last recommendations; to write a will: **lời giối giăng** last will

giồi *n.* (= **nhồi**) blood pudding

giỗi *v.* to get angry, to get upset

giội *v.* to pour water on something/someone

giông *n.* storm, rainstorm: **giông bão** thunderstorm

giông giống *adv.* somewhat similar, alike

giông tố *n.* hurricane, storm, tempest (= **bão tố**)

giống 1 *n.* species, breed, strain, race; sex, gender: **hạt giống** seeds; **nòi giống** race 2 *v.* to resemble, to look like, to be similar

giống cái *n.* feminine

giống đực *n.* masculine

giống hệt *adj.* to be as alike as two peas

giống người *n.* mankind, human race

giống như *v.* to look like

giống nòi *n.* race

giống vật *n.* animal

giồng *v.* (= **trồng**) to plant, to cultivate, to grow

giộp *v.* to blister [because of burn, scalding, sunburn]

giơ *v.* to raise [hand, foot]; to show: **giơ mặt** to show oneself

giờ *n.* time; time of the clock; hour: **Bây giờ là mấy giờ?** What time is it now?; **bây giờ** now; **một giờ đồng hồ** one hour; **hai giờ rưỡi sáng** 2.30 a.m.; **ba giờ kém năm** five to three; **giờ ăn sáng** breakfast time

giờ đây *n.* at the present time

giờ giấc *n., v.* time; schedule; to stick to a schedule

giờ lâu *adj.* long, long time

giở 1 *v.* to alter, to change 2 *v.* to untie, to unwrap, to open

giở chứng *v.* to change one's conduct

giở dạ *v.* [of woman] to begin to have labor pains

giở giọng *v.* to change one's tune

giở giời *n.* change of weather

giở mặt *v.* to change one's line

of conduct, to overturn; to turn one's face

giở mình *v.* to turn over in bed

giở rét *v.* to become cold, to be cold again

giơi *n.* bat

giới *n.* sex; world, circles

giới hạn *n., v.* limit, limitation; to limit

giới nghiêm *n.* curfew, martial law: **ban hành lệnh giới nghiêm** to declare martial law/curfew

giới thiệu *v.* to introduce [socially]: **Tôi xin giới thiệu bạn tôi với ông.** May I introduce my friend to you.

giới tuyến *n.* demarcation line

giời (= **trời**) sky, heaven; weather, climate; God, Lord, Providence, Heavens; R long: **ba tháng giời** three long months; **trên giời** in the sky; **chầu giời** to die, to pass away; **Giời ơi!** Good heavens!; **Chúa Giời** God; **mặt giời** the sun

giời đánh *n.* God's punishment

giời đất *n.* nothing at all [in negative statements]: **Nó say, chẳng biết giời đất gì.** He was dead drunk and wasn't conscious of anything.

giời giáng *v.* to have a nasty fall

giờn *v.* to flit, to flitter about, to wander

giỡn *v.* to play, to romp

giợn *v.* to feel a thrill

giũ *v.* to shake the dust or water off

giũa *v.* to file; to smooth, to polish: **giũa móng tay** to file one's finger-nails

giục *v.* to urge on, to incite/motivate someone to do something

giúi 1 *v.* to push with force, to thrust **2** *v.* to slip in something secretly: **giúi tiền vào túi ai** to slip money into someone's pocket

giụi *v.* to rub, to stamp out: **giụi mắt** to rub one's eyes

giùm *v.* to aid, to help: **giùm một tay** to give help, to give a hand

giun *n.* worm, earthworm

giun dế *n., adj.* worms and crickets; feeble

giun sán *n.* worms and tapeworms

giúp *v.* to help, to aid: **giúp đỡ ai việc gì** to help someone do something

giúp ích to be of service to, to be useful

giúp sức *v.* to help, to back up

giúp việc *v.* to aid, to collaborate

giữ *v.* [SV **thủ**] to keep, to hold, to maintain; to protect, to guard, **gìn giữ** to maintain, to preserve; **canh giữ**, **phòng giữ** to guard; **giữ lời hứa** to keep one's promise; **giữ miệng** to hold one's tongue; **giữ mình** to be on one's guard; **giữ nhà** to guard the house; **giữ trật tự** to maintain order; **giữ việc** to assume work

giữ bo bo *v.* to guard jealously

giữ gìn *v.* to maintain, to preserve, to take care of

giữ khư khư *v.* to guard jealously

giữ trẻ *v.* to mind children

giữa *n., adv.* [SV **trung**] in the middle, in the center; amidst, between, among: **giữa trời** in the open air; **giữa trưa** midday, noon

giương *v.* to open one's eyes wide, to stare; to stretch some string

giường *n.* bed: **liệt giường** to be bedridden

giường chiếu *n.* bed and mat

giựt *v.* (= **giật**) to snatch; to win; to pull

gò 1 *n.* mound, knoll CL **cái 2** *v.* to tighten, to hammer into shape

gò bó *v.* to impose strict discipline; [of written style] to be affected

gò cương *v.* to draw in the rein, to pull in the reins, to rein

gò đống *n.* hillock

gò gẫm *v.* to forge [written style]

gò lưng *v.* to bend the back

gò má *n.* cheekbone

gõ *v.* to knock, to rap: **gõ cửa nhà ai** to knock on the door of someone's house; **chim gõ mõ** woodpecker

gõ lại *v.* to straighten [warped metal surface]

goá *adj.* widowed: **goá chồng** to be a widow

góc *n.* angle, corner; portion, fraction, piece [of a cake]

gói *v., n.* to wrap up; to pack; parcel, package, pack, bundle: **gói quà** to wrap up a present

gỏi *n.* special Vietnamese dish made of prawn, pork and vegetables, Vietnamese coleslaw

gọi *v.* (= **kêu**) to call, to hail, to summon; to name: **kêu gọi** to appeal to, to call upon

gọi cổ phần *v.* to call upon shareholders

gọi cửa *v.* to knock at the door

gom *v.* to gather together [money]

gòn *n.* cotton, wadding

gọn *v., adj.* to be neatly arranged,

123

to dress neatly; to be methodical, systematic, in order

gọng *n.* rim, frame, framework: **gọng ô** umbrella frame

gọng kìm *n.* prongs, tines [of pincers]; two pronged [attack]

goòng *n.* [Fr. *wagonnet*] tip cart, tip wagon

góp *v.* to contribute, to donate; to pay jointly with others or on installment: **góp phần** to contribute one's share [**vào** to]; **giả/ trả góp** to pay in installments

góp chuyện *v.* to take part in a conversation

góp nhặt *v.* to collect little by little, to accumulate

góp phần *v.* to take part in, to participate in

góp sức *v.* to focus one's energies on, to contribute

góp vốn *v.* to pool capital in a business

gót *n.* heel [of foot, shoe]: **theo gót** to follow; **quay gót** to turn around

gót sen *n.* L pretty girl

gọt *v.* to peel [fruit] with knife, to sharpen [pencil]

gô 1 *n.* partridge 2 *v.* to tie, to tie up, to bind [RV **lại**]

gồ *adj.* prominent, jutting out, protruding: **trán gồ** prominent forehead

gồ ghề *adv.* uneven, rough, broken, hilly, bumpy, unsmooth

gỗ *n.* [SV **mộc**] (= **cây**) wood, timber, lumber: **gỗ cứng** hardwood; **than gỗ** wood coal; **đống gỗ** wood pile; **mọt gỗ** woodeater; **bè gỗ** raft of timber; **bằng gỗ** wooden

gốc *n.* [SV **bản**] foot [of a tree]; root: **gốc cây** foot of a tree

gốc gác *n.* origin, descent

gốc lãi *n.* principal and interest

gốc ngọn *adv.* from the beginning to the end: **đầu đuôi gốc ngọn** thoroughly

gốc tích *n.* origin, descent

gộc *adj.* [slang] big, large, huge

gối 1 *n.* pillow, cushion, bolster [CL **cái**] to rest one's head [**đầu**] [**vào** on]: **áo gối** pillowcase 2 *n.* knee: **đầu gối** knee; **quì gối/ xuống gối** to kneel down

gội *v.* to wash one's hair: **tắm gội** to bathe, to wash up

gốm *n.* pottery: **đồ gốm** pottery

gồm *v.* to total up; to include, to comprise: **bao gồm** to include

gôn *n.* [Fr. *goal*] goal in soccer or football: **người giữ gôn** (= **thủ môn**) goalkeeper

gông *n.* cangue; stocks [used on criminals]

gông cùm *n.* yoke, slavery

gồng *v.* to try one's best

gồng gánh *v.* to carry with a pole

gộp *v.* to add up

gột *v.* to clean [with brush and water]; to wipe

gột rửa *v.* to clean and wash; to get rid of

gở *adj.* [of an omen **điềm**] ill [*opp.* **lành**]

gỡ *v.* to unravel, to extricate, to clear up [knot, embarrassing situation]; to recover [money lost at gambling]

gỡ đầu *v.* to comb out one's hair

gỡ gạc *v.* to profit, to take advantage of

124

gỡ nợ v. to pay off a debt

gỡ tội v. to clear oneself

gởi v. See **gửi**

gợi v. to arouse, to awaken, to revive [emotion, memories], to strike up [conversation], to whet [desires]: **gợi nhớ** to revive memories

gớm adj. horrified; horrible, dreadful, disgusting: **đau gớm** terrible pain

gờm v. to be scared/afraid of

gợn adj., n. [of water] rippled, wavy; flaw [in gem]

gợn sóng adj. undulating, wavy

gọt v. to scum, to skim

gù **1** v. to coo [of dove] **2** adj. hunch-backed

gụ n. a kind of tough wood used for furniture

gục v. to bend down [one's head **đầu**]: **ngã gục xuống** to slump down

guốc n. wooden shoe or clog [CL **chiếc** for one, **đôi** for a pair]

guồng n. spinning wheel; machine, machinery

gừ v. [of dog] to snarl, to growl

gửi v. to send, to forward, to remit, to dispatch; to entrust

gửi lại v. to commit, to entrust someone with something; to send back

gửi lời v. to send a message

gửi rể v. [of a son-in-law] to live with one's wife's family

gửi thân v. to die

gừng n. ginger CL **củ** for root, **nhát** for slices

gươm n. sword [CL **lưỡi, thanh**]: **mang, đeo gươm** to carry a

sword; **Hồ Gươm** the Sword Lake

gườm v. to scowl, to glower

gượm v. to hold back, to postpone: **Gượm đã!** Hold it!

gương n. [SV **kính**] mirror: **theo gương/noi** to follow the example of

gương mặt n. appearance, look

gương mẫu n. model, example

gương tốt n. good example

gượng v., adj. to do something reluctantly, to make efforts; unnatural: **gượng cười** to smile reluctantly

H

ha! intj. [exclamation of joy, surprise] Ah! Oh!

ha hả adv. loudly: **cười ha hả** to laugh loudly

há **1** v. to open wide [one's mouth]; to be opened: **giầy há miệng** torn shoes **2** adv. How?, Is it not obvious?

há dễ adj. not at all easy

há hốc v. to gape, to open one's mouth wide

hà **1** v. to breathe, to blow: **hà hơi** to breathe **2** n. oyster, teredo **3** n. R river (= **sông**): **sông Ngân Hà** the Milky Way river

hà chính n. tyranny

hà hiếp v. to oppress

hà khắc adj. tyrannical, very harsh

hà khốc adj. tyrannical

hà lạm adj. graft-ridden

Hà Lan n. Holland, Dutch

hà mã *n.* hippopotamus

Hà Nội *n.* Hanoi [capital of Vietnam]

hà tần hà tiện *adj.* miserly, stingy

hà tất *adv.* What is the use of?, Why?; no need

Hà thành *n.* Hanoi city

hà tiện *adj.* miserly, stingy

hả **1** *v.* to lose flavor or perfume, to taste flat **2** *adj., v.* to be satisfied, to be content; to vent one's anger **3** *adv.* [final particle denoting surprise]: **Thế hả?** Is that so?

hạ **1** *n.* (= **hè**) summer: **mùa hạ** summer season **2** *v.* to lower [price, flag, sail]; [of planes] to land; to issue [orders]; to beat, to defeat [opponent]; to bring down

hạ bệ *v.* to topple

hạ bộ *n.* man's sexual organs, man's private parts

hạ bút *v.* to begin to write

hạ cánh *v.* to land, to touch down

hạ cấp *n.* low level, lower rank, subordinate

hạ chí *n.* summer solstice

hạ cố *v.* to condescend

hạ cờ *v.* to lower the national flag

hạ du *n.* delta, lowland

hạ giá *v.* to lower/reduce the price

hạ giới *n.* this world [*opp.* **thiên đàng**]

hạ huyệt *v.* to lower the coffin into the grave

hạ lệnh *v.* to command, to order

hạ lưu *n.* downstream; low class

hạ mã *v.* to dismount, to get off one's horse

hạ màn *v.* to lower the curtain

hạ mình *v.* to stoop, to condescend

hạ nghị viện *n.* lower house, House of Representatives, House of Commons

hạ ngục *v.* to send to prison

hạ tầng **1** *n.* lower layer: **hạ tầng cơ sở** infrastructure **2** *v.* to reduce/demote to a lower rank

hạ thần *n.* I, me [your humble subject]

hạ thổ *v.* to bury, to inter

hạ thủ *v.* to kill someone

hạ thuỷ *v.* to launch [a ship]

hạ tuần *n.* last ten days of a month

Hạ Uy Di *n.* Hawaii, Hawaiian

hạc *n.* crane, flamingo [CL **con**]

hách *adj., v.* authoritative, unduly stern; to show off one's power

hách dịch *adj.* imperious

hạch *n.* R nucleus [of atom]

hạch **1** *n.* gland, ganglion: **bệnh dịch hạch** plague **2** *v.* to find faults with, to demand this and that

hạch toán *v.* to keep a business account

hạch xách *v.* to insult someone

hai *num.* [SV **nhị**] two, double: **mười hai** twelve; **một trăm hai** [**mười/chục**] one hundred and twenty

hai chấm *n.* colon (:)

hai lòng *adj., n.* double-faced, duplicitous, disloyal

hái *v.* to pick, to pluck [fruit, flower, vegetable]: **hái cam** to pick an orange

hài **1** *v.* R to laugh at, to harmonize, to be humorous: **hài lòng** to be happy, satisfied, content **2** *n.* slipper [CL **chiếc** for one, đôi for a pair]

hài cốt *n.* bones, remains

hài hước *adj.* comic, humorous

hài kịch *n.* comedy

hài nhi *n.* infant, baby

hải *n.* R sea, ocean (= **bể**): **hải cảng** seaport; **hải sản** seafood

hải cảng *n.* seaport

hải cẩu *n.* seal [CL **con**]

hải chiến *n.* naval battle

hải dương *n.* ocean

hải đảo *n.* island

hải đăng *n.* lighthouse

hải hà *adj.* immense, vast

hải khẩu *n.* sea port

hải lục không quân *n.* all three armed forces [navy, army and air force]

hải lý *n.* nautical mile

hải mã *n.* sea horse, hippocampus

Hải Nam *n.* Hainan Island

hải ngoại *adv.* overseas, foreign country: **đi ra hải ngoại** to go overseas

hải phận *n.* territorial waters

hải phòng *n.* coast guard

Hải Phòng *n.* Haiphong

hải quân *n.* navy: **hải quân lục chiến đội** marine corps

hải tặc *n.* pirate

hải triều *n.* tide

hải vận *n.* sea transport, maritime transport

hải vị *n.* seafood

hãi *adj.* afraid of

hãi hùng *adj.* fearful, frightening

hại *v.* to harm; to damage, to hurt: **có hại** harmful [**đến/tới** to]; **tai hại** disastrous

ham *v.* to be fond/mad about

ham chuộng *v.* to esteem

ham mê *v.* to be passionately fond of

ham muốn *v.* to desire

ham thích *v.* to desire, to love

hám *adj.* greedy for

hàm 1 *n.* jaw: **hàm trên** upper jaw; **hàm dưới** lower jaw; **quai hàm** jawbone 2 *n.* rank, grade, dignity: **phẩm hàm** honorary

hàm ân *v.* to be grateful

hàm hồ *adj.* ambiguous, aggressive, inconsiderate

hàm oan *v.* to suffer an injustice

hàm răng *n.* denture, set of teeth

hàm số *n.* function [algebra]

hàm súc *adj.* meaty, substantial

hàm thiếc *n.* bit [of horse]

hàm thụ *n.* correspondence course

hàm tiếu *v.* [of flower] to begin to open

hãm *v.* (= **phanh**, **thắng**) to stop [car, machine], to put the brakes on

hãm hại *v.* to assassinate, to murder, to harm

hãm hiếp *v.* to rape, to molest

hãm tài *adj.* [of face] unpleasant, ominous look

hạm đội *n.* fleet: **Đệ Thất Hạm Đội** the 7th Fleet

hạm trưởng *n.* warship's captain

han *v.* to get rusty

Hán *n.* Chinese: **chữ Hán** Chinese characters, Chinese script

Hán học *n.* Chinese studies, Sinology

Hán tự *n.* Chinese [written] characters, Chinese script

Hán văn *n.* Chinese language or literature

hàn 1 *v.* to weld, to solder; to heal

Hàn

[a wound]: **hàn xì** welding
2 *adj.* R to be cold (= **rét**); R
poor, needy: **thương hàn** typhoid
fever

Hàn *n.* Korea, Korean: **Đại Hàn Dân Quốc** the Republic of [Greater] Korea

hàn đới *n.* Arctic circle, frigid zone

hàn gắn *v.* to bandage, to heal

hàn huyên *v.* to chat

hàn lâm viện *n.* academy

hàn nhiệt *n.* fever

hàn thiếc *n.* fire soldering

hàn thử biểu *n.* thermometer

hàn vi *adj.* poor and humble

hãn hữu *adj.* R rare, scarce, exceptional: **cơ hội hãn hữu** a rare opportunity

hạn 1 *n.* limit, deadline; ill luck: **công ty hữu hạn** corporation/ company limited; **kỳ hạn** deadline; **quyền hạn** limit of authority 2 *n.* drought: **hạn hán** drought

hạn chế *v.* to limit, to restrict

hạn định *v.* to fix, to determine

hạn độ *n.* fixed limit, restriction

hạn giới *n.* limit

hạn kỳ *n.* term, limit

hạn vận *n.* ill luck

hang *n.* cave, den, cavern

hang hốc *n.* cavern, hole, hollow

hang hùm *n.* tiger's den

háng *n.* hip: **giạng háng** to spread one's legs out

hàng 1 *n.* row, line, ranks: **xếp hàng** to stand in line, to queue 2 *n.* [SV **hoá**] merchandise, wares: **hàng hoá** goods 3 *v.* to surrender [to]: **đầu hàng** to surrender

hàng ba *n.* veranda

hàng chữ *n.* line [of letters, types]

hàng cơm *n.* restaurant

hàng giải khát *n.* snackbar

hàng hải *v., n.* to navigate; navigation: **nhà hàng hải** navigator

hàng hoá *n.* goods, merchandise, commodity: **chuyên chở hàng hoá** to transport goods

hàng không *n.* aviation; aerial navigation, airline: **hàng không dân sự** civil aviation

hàng không mẫu hạm *n.* aircraft carrier

hàng năm *adj., adv.* yearly, year after year

hàng ngày *adj., adv.* daily, day after day

hàng ngũ *n.* [army] troops; ranks; community

hàng nước *n.* teahouse, teashop

hàng phố *n.* street dwellers; one's street

hàng phục *v.* to surrender

hàng quán *n.* inn, store, shop

hàng rào *n.* hedgerow, fence

hàng rong *n.* street vendor

hàng tạp hoá *n.* haberdashery, grocery, dime store

hàng thịt *n.* butcher's shop

hàng tỉnh *n., adj.* fellow citizens from the same province; provincial

hàng tổng *n.* fellow citizens from the same canton

hàng xách *n.* broker, comprador

hàng xã *n.* fellow villagers

hàng xáo *n.* rice dealer/hawker

hàng xén *n.* haberdashery, dime store, five and ten store

hàng xóm *n.* neighbor

hãng *n.* firm, company, agency

hạng *n.* category, kind, rank, class: **thượng hạng** first class; **nhất hạng** first of all; **hạng bét** tourist class, lowest class

hanh *adj.* [of weather] cold and dry

hanh thông *adj.* easy, flowing, going well

hành 1 *n.* scallion, onion 2 *v.* R to act, to execute: **thi hành** to execute [an order]; **cử hành** to perform, to celebrate; **thi hành** to practice; **quyền hành** power 3 *v.* to torment, to wreck 4 *v.* R to go, to travel (= **đi**): **bộ hành** to go on foot; **khởi hành** to start a trip; **song hành** parallel; **tuần hành** parade; **thông hành** passport

hành binh *n.* military operation

hành chính *n., adj.* administration; administrative: **công việc giấy tờ hành chính** administrative job

hành dinh *n.* headquarters

hành động *v., n.* to act; act, action, deed

hành hạ *v.* to ill-treat, to persecute

hành hình *v.* to execute [prisoner]

hành hung *v.* to act with violent assault and battery

hành hương *v.* to go on a pilgrimage

hành khách *n.* traveler, passenger

hành khất *v.* to beg: **người hành khất** beggar

hành kinh *v.* to menstruate

hành lạc *n.* amusement; debauchery

hành lang *n.* corridor, passageway, hall

hành lý *n.* luggage, baggage

hành pháp *n.* executive, government [as opp. to legislative **lập pháp**, and judiciary **tư pháp**]

hành phạt *v.* to punish

hành quân *n.* See **hành binh**

hành quyết *v.* to execute, to carry out a death sentence

hành thích *v.* to assassinate

hành tinh *n., adj.* planet [of system]; planetary

hành tội *v.* to mistreat, to persecute

hành trình *n.* trip, itinerary

hành trang *n.* luggage, baggage

hành tung *n.* track, trail, whereabouts

hành văn *v.* to compose, to style

hành vi *n.* behavior, action, gesture: **hành vi tử tế** good behavior

hãnh diện *adj.* to be proud

hạnh kiểm *n.* behavior, conduct

hạnh ngộ *n.* a happy meeting

hạnh phúc *n., adj.* happiness; happy

hạnh vận *n.* good luck, good fortune

hao *v., adj.* to be spent; consumed

hao hao *v.* to look alike

hao hụt *adj., v.* lessened, short; to undergo some loss

hao lỗ *v.* to lose

hao mòn *v., adj.* to weaken; worn out, flat

hao phí *v.* to waste

hao sức *v.* to wear out

hao tài *adj., v.* costly; to spend much money

hao tổn *v.* to waste, to cost

háo *v.* to be eager for, to feel a thirst for something

háo hức *adj.* enthusiastic

hào 1 *n.* (= **cắc, giác**) dime; one ten thousandth 2 *n.* trench, moat

hào hiệp *adj.* chivalrous, knightly

hào hoa *adj., n.* noble; person of notoriety

hào hùng *adj.* magnanimous, courageous, exciting

hào khí *n.* courage

hào kiệt *n.* hero

hào lũy *n.* fortifications

hào nhoáng *adj.* showy

hào phóng *adj.* generous

hào phú *n.* rich person

hào quang *n.* halo, glory

hảo *adj.* R good (= **tốt**)

hảo hán *n.* a courageous man, a decent guy

hảo hạng *n.* good quality, high class, high rate

hảo tâm *adj.* good-hearted, kind-hearted

hảo ý *n.* good intention; goodwill

hão *adj.* [of talk] empty, idle; [of promise] to be hollow; [of efforts] vain

hão huyền *adj.* impracticable, fantastic

hạp *v.* (= **hợp**) to agree, to go with, to match

hát *v.* [SV **ca**] to sing, to give theatrical performances: **bài/bản hát song; đĩa hát** record; **nhà hát/ rạp hát** theater [building]; **đào hát** actress; **kép hát** actor

hạt 1 *n.* grain, stone, seed, kernel, drop: **hạt thóc** rice grain; **hạt mưa** drop of rain; **chè hạt** tea buds; **tràng hạt** string of beads 2 *n.* province, jurisdiction: **địa hạt** area, jurisdiction, field

hạt giống *n.* seed

hạt ngọc *n.* precious stone

hạt trai *n.* pearl

hạt xoàn *n.* diamond

háu *v.* to long for, to desire

háu ăn *adj.* voracious, ravenous, to be always impatient to eat

háu đói *adj.* gluttonous

hay 1 *v.* (= **biết**) to know [because of information received], to learn, to hear 2 *adv.* [SV **năng**] R to have the habit of [doing so and so]: **thường hay** often, frequently 3 *conj.* or, whether 4 *adj.* good, interesting [*opp.* **dở**], well

hay biết *v.* to know

hay cáu *adj.* irascible, to be irritable, to be quick-tempered

hay chữ *v., adj.* to be educated; well read, learned

hay dở *adj.* good and bad

hay hay *adj.* good enough, fair, quite good, rather good [looking]

hay ho *adj.* interesting

hay hờn *adj.* [of baby] tearful, whining

hay là *adv.* or, or else

hay sao? Isn't it?

hãy 1 *adv.* still, yet 2 *adv.* imperative particle standing before a verb, let: **Hãy đi ngay!** Go straight away!

hãy còn *adv.* up to now, still, yet

hắc 1 *adj.* pungent, harsh, stern 2 *adj.* R black (= **đen**)

hắc ám *adj.* evil, shady

hắc bạch *adj.* black and white, clear-cut

Hắc Hải *n.* Black Sea

hắc vận *n., adj.* ill luck; unlucky

hăm v. to threaten, to menace, to intimidate

hăm doạ v. to threaten, to intimidate

hăm he v. to be ready to act, to be truculent

hăm hở v., adj. to show alacrity and zeal; to be zealous and enthusiastic

hằm hằm adj. very furious, angry

hằm hè v. to look aggressive

hằm hừ adj. furious

hắn pron. he, she, him, her

hằn học v. to bear a grudge, to be frustrated and angry in one's attitude

hẳn adv. thoroughly, completely; definitely, surely, certainly

hẳn hoi adv. correctly, properly

hăng 1 adj. [of smell] to be acrid; [of garlic, onion] to be strong-flavored 2 adj. to be ardent, eager

hăng hái adj., adv. to be enthusiastic, eager; eagerly, enthusiastically

hăng máu adj. furious

hăng say adj. engrossed in, utterly dedicated

hằng 1 adv. usually, ordinarily, often, always: **hằng ngày** every day 2 adj. every 3 n. the moon, goddess

hằng hà sa số adj. numerous

hằng năm adv. annual, every year

hằng ngày adv. every day

hằng số n. constant [number]

hằng tâm adj. kind-hearted, generous

hằng tháng adv. monthly, every month

hằng tuần adv. weekly, every week

hắt v. to push away, to throw, to sweep aside

hắt hiu v. [of wind] to blow lightly; to flicker

hắt hơi v. to sneeze

hắt hủi v. to neglect

hâm v. to warm up, to heat: **hâm cơm lại** to heat rice

hâm mộ v. to have admiration and respect for, to be a fan of

hầm 1 v. to braise, to simmer, to stew 2 n. trench, tunnel, cellar, basement, underground shelter

hầm trú ẩn n. air-raid shelter

hẩm hiu adj. unlucky, unfortunate

hậm hực v. to be displeased

hân hạnh adj., v. to be honored, happy, to have the honor

hân hoan adj., v. joyful, merry; to feel greatly pleased

hận n. resentment, hatred, rancor: **ân hận/hối hận** to regret, to be sorry

hấp v. to steam [food]; to dry-clean

hấp dẫn v. to attract

hấp háy v. [of eyes] to wink

hấp hối v. to be in agony

hấp hơi v. to be stuffy, not well ventilated

hấp lực n. attraction

hấp tấp v. to hurry, to rush, to be in a hurry

hấp thụ v. to absorb, to receive

hất v. to throw, to jerk, to push

hất cẳng v. to trip; to oust

hất hải v. to be bewildered, panic-stricken

hất hàm v. to raise one's chin as a signal

hầu 1 n. R monkey (= **khỉ**) 2 v. to wait upon, to serve: **quan hầu**

military aide; **chư hầu** satellite, vassal **3** *adv.* almost, nearly

hầu bao *n.* purse

hầu cận *n.* close aide, trusted servant, bodyguard

hầu chuyện *v.* to keep company with, to entertain

hầu hạ *v.* to serve

hầu hết *adv.* almost all, nearly all

hầu kiện *v.* to appear in court

hầu quốc *n.* vassal country, satellite, colony

hậu 1 *adv.* R after, behind, back; future (= **sau**) [*opp.* **tiền**] **2** *adj.* generous, liberal **3** *n.* queen, empress: **hoa hậu** beauty queen, Miss

hậu bị *n.* reserve army

hậu binh *n.* rearguard

hậu bổ *v.* [of official] to wait for an assignment, to stand in

hậu bối *n.* future generations, posterity; anthrax in the back

hậu cần *n.* army ordnance, logistics

hậu cung *n.* palace of the queen; inside of a temple

hậu cứu *v.* to be re-examined later

hậu duệ *n.* descendant, offspring

hậu đãi *v.* to treat generously

hậu đậu *n., adj.* stroke following smallpox; clumsy, awkward

hậu đội *n.* rearguard

hậu hĩnh *adj.* generous, liberal

hậu lai *n.* future, to come

hậu môn *n.* anus

hậu phương *n.* behind battle-field, war-supported region

hậu quả *n.* result, consequence

hậu sinh *n.* younger generations, posterity

hậu tạ *v.* to reward liberally, to show deep gratitude for

hậu thế *n.* future generations

hậu thuẫn *v.* to back up, to support

hậu tiến *adj.* backward

hậu tuyển *n.* candidate for an election

hậu vận *n.* future fate, prospects

hây hây *adj.* [of wind] blowing gently; [of cheeks] to be rosy/ruddy

hấy *v.* to push away, to throw away

hè 1 *n.* [SV **hạ**] summer **2** *n.* veranda, pavement, sidewalk **3** *v.* to shout together

hẻm *n.* narrow alley, lane

hen *n., v.* asthma; to cough

hèn *adj.* feeble, coward; lowly [*opp.* **sang**]; base, vile

hèn chi/gì *n.* no wonder

hèn hạ *adj.* base, vile, humiliating

hèn mạt *adj.* base, vile, low, humiliating

hèn mọn *adj.* lowly, small, humble

hèn nhát *adv.* cowardly

hẹn *v.* to promise, to agree; to give a deadline/an appointment/an ultimatum: **đúng hẹn** to keep one's word, an appointment, a promise

hẹn hò *v.* to make an appointment, to promise: **hẹn hò với ai** to make an appointment with someone

heo *n.* pig (= **lợn**): **thịt heo** pork

heo cái *n.* sow

heo nái *n.* sow

heo rừng *n.* wild boar

héo *v.* to wilt, to dry up, to wither

hẻo lánh *adj.* [of a place] deserted, remote

hẹp *adj.* narrow: **chật hẹp** narrow

hét *v.* to shriek, to scream, to roar, to yell, to shout: **hò hét** to shout

hề *n.* clown, buffoon, jester

hề *v.* to matter: **không/chẳng hề gì** it does not matter

hễ *adv.* as sure as, as soon as, if, each time, whenever

hể hả *adj.* to be satisfied

hệ 1 *n.* branch, generation: **thế hệ** generation **2** *n.* system: **thần kinh hệ** nervous system

hệ luận *n.* corollary, consequence

hệ luỵ *n.* social ties, consequence

hệ quả *n.* result, consequence

hệ số *n.* co-efficient, weight [of subject in examination]

hệ thống *n.* system

hệ thống hoá *v.* to systematize

hệ thức *n.* relation [in math]

hệ trọng *adj.* important, vital

hếch *v.* to raise, to lift up: **mũi hếch** upturned nose

hên *adj.* (= **may**) lucky, fortunate

hên xui *n.* luck and ill luck

hết 1 *v.* to finish, to complete; to end, to cease, to be finished, be completed **2** *adj., adv.* whole; all: **trước hết** first of all

hết cả *adv., adj.* all, whole

hết hồn *adv.* out of one's wits

hết hơi *v.* to be out of breath

hết lòng *adj.* wholehearted, with all one's heart

hết lời *v.* to finish speaking, to be unable to find any more arguments

hết nhẵn *v.* to finish all, to be clean out of

hết ráo *v.* to be completely out of

hết sạch *v.* to be clean out of, to finish all, to have no more left

hết sức *adj.* to be physically exhausted; to try one's best to

hết thảy *adj., adv.* whole; all

hết thời *adj.* out of date/fashion

hết trơn *v.* See **hết sạch**

hết ý *adj.* excellent, very good

hệt *adj.* to be identical [to], as alike as: **giống hệt** as alike as two peas, exactly the same

hí *v.* to neigh

hí hoáy *v.* to be busy with, to be absorbed in

hí hoạ *n.* caricature, cartoon, comics, funnies

hí hởn *v.* to leap with joy

hí hửng *v.* to leap with joy

hí kịch *n.* drama

hí trường *n.* stage, theater

hí viện *n.* theater, playhouse

hì hì *exclam.* ha, ha [laughter]

hỉ *v.* to blow one's nose

hỉ hả *v.* to be satisfied

hỉ sự *n.* happy occasion

hích *v.* to jostle, to push, to jolt

hịch *n.* edict, proclamation, order of the day

hiếm *adj.* rare, scarce: **hiếm con** to have few/no children

hiếm hoi *v.* to be rare; to have few or no children

hiềm *v.* to dislike, to hate, to resent: **tư hiềm** personal hatred

hiềm khích *v.* to detest

hiềm nghi *v.* to suspect

hiểm *adj.* dangerous, perilous: **nguy hiểm** dangerous; **nham hiểm/thâm hiểm** to be cunning, sly, wily

hiểm địa *n.* strategic area

hiểm độc *adj.* to be cunning, sly, wicked

hiểm hoạ *n.* danger, peril

hiểm hốc *adj.* dangerous, tricky

hiểm nghèo *adj.* dangerous, perilous, difficult

hiểm trở *adj.* [of road, place] dangerous, obstructive

hiểm yếu *adj.* strategically important

hiên *n.* veranda, porch

hiên ngang *adj.* haughty, proud

hiến *v.* to offer

hiến binh *n.* military police(man)

hiến chương *n.* constitution, charter: **bản Hiến Chương Liên Hợp Quốc** the United Nations Charter

hiến pháp *n.* constitution: **thay đổi hiến pháp** to amend the constitution

hiền *adj.* mild, sweet, meek, good-natured, gentle; R [of wife] virtuous, loyal, worthy

hiền đệ *n.* you, my brother

hiền hậu *adj.* mild, kind, benevolent

hiền huynh *n.* you, my brother

hiền lành *adj.* meek, good-natured

hiền nhân *n.* virtuous man

hiền sĩ *n.* virtuous man

hiền tài *adj.* virtuous and talented

hiền thần *n.* loyal subject

hiền triết *n.* sage, philosopher

hiền từ *adj.* kind, indulgent

hiển danh *v.* to become famous

hiển đạt *v.* to succeed [in one's career]

hiển hách *adj.* brilliant, illustrious, highly glorious

hiển hiện *v.* to appear clearly

hiển linh *v., adj.* to be miraculous;

to turn out to be powerful

hiển minh *v.* to be clearly demonstrated

hiển nhiên *v., adj.* to be evident; to be obvious manifest; evident

hiển vi *adj.* microscopic

hiển vinh *adj.* successful and honorable

hiện **1** *v.* to appear, to become visible **2** *adv.* now, at present

hiện dịch *n.* active service, permanent military service

hiện diện *v.* to be present

hiện đại *n., adj.* present times; contemporary, modern

hiện đại hoá *v.* to modernize

hiện giờ *adv.* at present

hiện hành *v.* [of law] to be in force or in effect

hiện hình *v.* to appear

hiện hữu *v., adj.* to exist at present; present, existing

hiện kim *n.* (= **tiền mặt**) actual cash

hiện nay *n.* nowadays, at the present time

hiện tại *n., adv.* present, at present

hiện thân *n.* personification, incarnation

hiện thời *n.* present, now

hiện thực *adj.* realistic

hiện tình *n.* the present situation, present conditions

hiện trạng *n.* present situation

hiện tượng *n.* phenomenon

hiện vật *n.* things in nature, object; payment in kind; material things

hiếng *adj.* squint-eyed, cross-eyed

hiếp *v.* to oppress, to bully: **ăn hiếp**, **ức hiếp** to oppress

hiếp dâm *v.* to assault, to rape

hiệp 1 *v.* (= **hợp**) to come together, to unite 2 *n.* round [in boxing]; half [of soccer]

hiệp định *n.* agreement, convention: **hiệp định thương mại** trade agreement

hiệp đồng *n.* contract

hiệp hội *n.* association

hiệp khách *n.* knight

hiệp lực *v.* to unite, to join forces

hiệp thương *v.* to confer, to negotiate

hiệp ước *n.* pact, treaty: **hiệp ước phòng thủ** defense treaty; **hiệp ước thân thiện** treaty of friendship

hiếu *adj., n.* dutiful, filial, pious; filial piety: **bất hiếu** to be impious

hiếu chiến *adj.* warlike, bellicose

hiếu danh *v.* to thirst for fame

hiếu dưỡng *v.* to nurse one's parents

hiếu để *adj.* dutiful toward one's parents

hiếu động *adj.* lively, active, dynamic, restless

hiếu hạnh *n., adj.* filial piety; dutiful

hiếu hoà *adj.* peace-loving

hiếu học *adj.* studious

hiếu kỳ *adj.* curious

hiếu nghĩa *n.* filial piety

hiếu sắc *adj.* lustful, lewd

hiếu thảo *adj.* pious

hiếu thắng *adj.* ambitious, aggressive

hiếu trung *n.* piety and loyalty

hiểu *v.* to understand, to grasp

hiểu biết *v., n., adj.* to understand; understanding

hiểu dụ *n.* notice, announcement

hiểu lầm *v.* to misunderstand

hiểu ngầm *v.* to understand through hints

hiệu 1 *n.* (= **tiệm**) shop, store, department store 2 *n.* pen name, pseudonym; nickname: **quốc hiệu** official name of a country 3 *n.* signal, sign: **nhãn hiệu** trade mark, label

hiệu chính *v.* to regulate, to check, to revise

hiệu đính *v.* to edit, to check

hiệu đoàn *n.* student council

hiệu lệnh *n.* order, command

hiệu lực *n., adj.* effect, validity; effective

hiệu năng *n.* efficacy, efficiency

hiệu nghiệm *adj.* effective, efficient

hiệu quả *n.* effect, result

hiệu số *n.* difference, remainder

hiệu suất *n.* efficiency, yield

hiệu triệu *v.* to appeal

hiệu trưởng *n.* high school principal, primary school principal, headmaster, university president

hình *n.* form, figure; appearance, image, photograph, picture, illustration (= **ảnh**): **máy hình** camera; **vô hình** invisible

hình ảnh *n.* image, picture

hình bát giác *n.* octogon(al)

hình bầu dục *n., adj.* oval; elliptical

hình bốn cạnh *n.* quadrilateral

hình cầu *n., adj.* sphere; spherical

hình chóp *n.* pyramid(al)

hình chữ nhật *n., adj.* rectangle; rectangular

hình dáng *n.* appearance, form, air, look

hình dạng

hình dạng *n.* appearance, bearing, carriage

hình dung *n., v.* appearance, form; to visualize, to imagine

hình hài *n.* skeleton

hình học *n.* geometry

hình khối chóp *n.* pyramid

hình lăng trụ *n.* prism(atic)

hình lập phương *n., adj.* cube; cubic

hình luật *n.* penal code, criminal law

hình lục giác *n.* hexagon(al)

hình lục lăng *n.* hexagon(al)

hình mạo *n.* face, physiognomy

hình nhân *n.* effigy

hình như *v.* to seem, to look like

hình ống *n., adj.* cylinder; cylindrical

hình phạt *n.* punishment, penalty

hình sắc *n.* See **hình mạo**

hình thái *n.* shape, form

hình thang *n.* trapezoid

hình thế *n.* position, situation

hình thể *n.* exterior, physical appearance, body

hình thoi *n.* lozenge; diamond-shape

hình thù *n.* shape, figure, form

hình thức *n.* form, formality

hình trạng *n.* exterior, aspect

hình tròn *n.* circle

hình trụ *n., adj.* cylinder; cylindrical

hình tượng *n.* image, likeness

hình vóc *n.* stature

hình vuông *n.* square

híp *adj.* [of eyes] swollen [because of sleep, fatness or bump]: **híp mắt** blinded

hít *v.* to breathe in, to sniff

hiu *adj.* melancholic, gloomy, sad

hiu hắt *v.* [of wind] to blow lightly

hiu hiu *v.* [of wind] to blow very lightly

hiu quạnh *adj.* deserted and melancholic

ho *v.* to cough: **cơn ho** fit of cough

ho gà *n.* whooping cough

ho he *v.* to speak up, to move, to stir

ho lao *n.* tuberculosis

hò *v.* to shout, to yell

hò hét *v.* to shout, to yell

hò khoan *intj.* Heave ho!

hò reo *v.* to acclaim

họ 1 *n.* extended family, clan; family name, last name **2** *pron.* they, them

họ hàng *n.* relation, relative, family to be related [**với** to]

hoa 1 *n.* (= **bông**) flower; blossom: **vườn hoa** flower garden, park; **cánh hoa** petal **2** *v.* to wave one's hands as in talking, to gesticulate

Hoa *n.* Chinese, Sino: **người Hoa** Chinese; **Trung Hoa** China

hoa cái *n.* cranium, skull

hoa đèn *n.* lamp wick

hoa hậu *n.* beauty queen, Miss

hoa hoè *adj.* loud, gaudy

hoa hồng *n.* commission; rose [flower]

hoa khôi *n.* beauty queen, Miss

Hoa kiều *n.* overseas Chinese resident

Hoa Kỳ *n.* America, the U.S.A

hoa lệ *adj.* glamorous, exquisite, resplendent

hoa liễu *adj.* venereal: **bệnh hoa liễu** venereal disease

hoa lợi *n.* income

hoa mắt *adj.* dazzled

hoa mầu *n.* crop, harvest

hoa nguyệt *n.* love, flirtation

hoa niên *n.* bloom of youth, prime youth

hoa quả *n.* fruits, various fruits

hoa râm *adj.* gray, gray-haired

hoa tai *n.* earring

hoa tay *n.* dexterity, skill in handwriting, drawing

Hoa Thịnh Đốn *n.* Washington

hoa tiêu *n.* pilot

hoa viên *n.* flower garden

hoá **1** *v.* to become, to get, to grow, to be transformed into: **hoá ra** to change; **hoá dại, hoá điên** to go berserk; **cải hoá** to change [conduct, person]; **đồng hoá** to assimilate; **phong hoá** customs and manners; **Tạo hoá** the Creator; **tiêu hoá** to digest; **văn hoá** culture; **dân chủ hoá** to democratize; **thần thánh hoá** to deify **2** *n.* merchandise, goods: **ngoại hoá** foreign goods; **nội hoá** native goods

hoá công *n.* the Creator

hoá đơn *n.* invoice, bill of sale

hoá giá *n.* price, cost: **hội đồng hoá giá** Price Control Commission

hoá học *n.* chemistry, chemical

hoá phẩm *n.* merchandise, goods

hoá trang *v.* to disguise oneself, to make up

hoà **1** *v.* to mix, to blend [**với** with] **2** *v.* to [come to a] draw, to tie [in game, sport or contest]; to be square; to break even **3** *n., adj., v.* peace, harmony, accord; peaceful, be harmonious; to harmonize: **điều hoà** regular; **giảng hoà** to mediate, **hiếu hoà** peace-loving; **khoan hoà** easy, nice

hoà âm *n.* chord; harmony

hoà bình *n., adj.* peace; to be peaceful

hoà giải *v.* to mediate, to conciliate, to reconcile

hoà hoãn *v.* to be at ease, to relax, to be moderate

hoà hội *n.* peace conference

hoà hợp *v.* to be in accord [with]

hoà khí *n.* harmony, concord

Hoà Lan *n.* (= **Ha Lan**) Holland/ the Netherlands; Dutch

hoà nhã *adj.* amiable, courteous

hoà nhạc *n.* concert: **đi nghe hoà nhạc** to go to a concert

hoà thuận *adj.* harmonious

hoà thượng *n.* Buddhist monk, the most venerable

hoà ước *n.* peace treaty

hoà vốn *v.* to recover capital [after a sale or a game]

hoả *n.* fire, flame: **lính cứu hoả** fireman; **bốc hoả/phát hoả** to catch fire; **phòng hoả** to prevent fires

hoả diệm sơn *n.* volcano

hoả đầu quân *n.* cook [in army mess]

hoả hoạn *n.* fire, blaze [the accident]

hoả lò *n.* charcoal stove, brazier

hoả lực *n.* fire power

hoả mai *n.* firelock, rifle

hoả pháo *n.* gun, cannon

hoả sơn *n.* volcano

hoả tai *n.* fire [the accident]

hoả táng *v.* to cremate

hoả tiễn *n.* rocket, flaming arrow

Hoả tinh *n.* Mars

hoả tốc *adj.* very urgent, pressing
hoả xa *n.* train; railway
hoạ 1 *adj., adv.* rare, unusual; perhaps, maybe: **năm thì mười hoạ** once in a blue moon 2 *n.* misfortune, catastrophe [*opp.* **phúc**]: **hoạ chiến tranh, chiến hoạ** the scourge of war, war 3 *v.* to draw, to paint (= **vẽ**): **hội hoạ** painting; **minh hoạ** to illustrate
hoạ chăng *adv.* perhaps, maybe, at most
hoạ đồ *n.* map, plan, blueprint
hoạ may *adv.* perhaps, maybe
hoạ mi *n.* nightingale
hoạ phẩm *n.* painting
hoạ sĩ *n.* painter, artist
hoác *adj.* to be wide open, gaping
hoạch *v.* R to stroke [of pen, brush] (= **nét**); R to paint, to draw [up]; **trù hoạch** to plan
hoạch *v.* R to earn, to reap
hoạch định *v.* to draw up, to define, to plan
hoài 1 *v.* to waste: **hoài của** to waste money 2 *adj., adv.* constantly, continuous, repeatedly
hoài bão *n.* ambition, dream, aspiration
hoài cảm *n.* memory, recollection
hoài cổ *v.* to think of the past, to miss the past
hoài của! *intj.* What a pity! What a shame!
hoài nghi *adj.* doubtful, skeptical
hoài niệm *v.* to long for
hoài vọng *v., n.* to hope; hope
hoại *adj.* spoiled, out of order, damaged: **phá hoại** to destroy
hoan *adj., n.* joyous; cheer, welcome: **liên hoan** festival

hoan hô *v., intj.* to shout hurrah, to applaud; Cheers! Long live!
hoan hỉ *v.* to be overjoyed
hoan lạc *v.* pleased, overjoyed
hoan nghênh *v.* to welcome
hoán *v.* to change, to exchange (= **đổi**): **giao hoán** to exchange
hoán cải *v.* to change
hoán dịch *v.* to change, to exchange
hoàn 1 *n.* sphere, pill, pellet 2 *adj.* completed, perfect: **hoàn toàn** perfect 3 *v.* to return, to refund (= **trả**): **cải tử hoàn sinh** to resuscitate, to bring back to life
hoàn bị *adj.* complete, perfect
hoàn cảnh *n.* environment, circumstances, situation, context
hoàn cầu *n.* the world, the earth
hoàn hảo *adj.* excellent, perfect
hoàn hồn *v.* to recover from shock, to regain consciousness
hoàn mỹ *adj.* perfectly beautiful, beautiful, perfect
hoàn tất *v.* to finish, to complete
hoàn thành *v.* to complete, to finish
hoàn thiện *adj.* perfect, excellent
hoàn toàn *adj., adv.* perfect, perfectly flawless; entirely, completely, fully
hoàn tục *v.* [of monk] to return to secular life
hoàn vũ *n.* the universe
hoãn *v.* to postpone, to defer
hoãn binh *v.* to postpone military action, to delay action
hoãn dịch *v., n.* to defer military service; deferment
hoạn 1 *n.* misfortune, accident: **hoạn nạn** bad luck/misfortune; **bệnh hoạn** sickness, illness 2 *v.* to castrate: **hoạn quan** eunuch

hoạn đồ *n.* official career, civil service career

hoạn lộ *n.* official career

hoạn nạn *n.* misfortune, adversity, distress

hoang 1 *v., adj.* spendthrift; extravagant: **ăn hoang mặc rộng** to live expensively 2 *adj.* [of house] abandoned; [of land] uncultivated; [of child] illegitimate; deserted: **chửa hoang** to bear an illegitimate child

hoang đại *adj.* wild

hoang dâm *adj.* lustful

hoang đãng *adj.* dissolute, debauched

hoang đảo *n.* unexplored island

hoang địa *n.* wasteland

hoang điền *n.* uncultivated field

hoang đường *adj.* fabulous, incredible, extraordinary, fantastic

hoang mang *adj.* undecided, confused

hoang phế *adj.* uncultivated

hoang phí *v.* to waste, to squander

hoang tàn *adj.* devastated, in ruins

hoang toàng *adj.* extravagant

hoang vắng *adj.* deserted

hoang vu *adj.* wild

hoàng 1 *adj.* yellow (= **vàng**) 2 *n.* phoenix 3 *n.* emperor; prince: **Nữ Hoàng Anh** the Queen of England

hoàng anh *n.* oriole

hoàng ân *n.* imperial favor

hoàng cung *n.* imperial palace

hoàng bào *n.* imperial robe

hoàng đạo *n.* zodiac: **ngày hoàng đạo** lucky day, auspicious day

hoàng đế *n.* emperor, king

hoàng gia *n.* royal family

hoàng giáp *n.* doctor's degree

Hoàng Hà *n.* the Yellow River

hoàng hậu *n.* queen, empress

hoàng hôn *n.* twilight, dusk, sunset

hoàng kim *n.* gold: **thời đại hoàng kim** the golden age

hoàng phái *n.* royal family

hoàng phụ *n.* the emperor's father

hoàng thái hậu *n.* the queen mother

hoàng thái tử *n.* the crown prince

hoàng thành *n.* imperial city

hoàng thân *n.* prince

hoàng thất *n.* imperial family

hoàng thiên *n.* Heaven

hoàng thượng *n.* Sire; His Majesty

hoàng tộc *n.* imperial family

hoàng triều *n.* the reigning dynasty

hoàng tử *n.* prince

hoàng yến *n.* canary [bird], serin

hoảng *v.* to be stupefied, to panic, to be awestruck: **hoảng sợ** to panic

hoành *n., adj.* width, breath; transversal, horizontal (= **ngang**) [*opp.* **tung**]

hoành cách mô *n.* diaphragm [in abdomen]

hoành đồ *n.* drawing, draft, [detailed] map [of building]

hoành hành *v.* to act in an overbearing manner, to be aggressively haughty or arrogant

hoành tài *n.* great talent

hoảnh *adj.* dry, tearless [of eyes]

hoạnh *v.* to scold, to criticize, to blame: **hoạnh họe** to find fault with someone's work

hoạnh tài *n.* windfall, ill-gotten money

hoạt *adj., n.* active, quick; living

hoạt ảnh *n.* moving pictures,

motion pictures, movies

hoạt bát *adj.* vivaciuos, eloquent, active, brisk

hoạt đầu *adj.* crooked

hoạt động *v., n.* to be active; activity: **hoạt động xã hội** social activities

hoạt hoạ *n.* animated cartoons

hoạt kê *n., adj.* humor; humorous

hoạt kế *n.* livelihood

hoắc *adv.* very: **thối hoắc** to smell very bad

hoặc *conj.* or, either (= **hay**): **hoặc đúng hoặc sai** right or wrong

hoặc giả *adv.* or, perhaps, if by any chance

hoắm *adv., adj.* very; sunken deep: **sâu hoắm** very deep

hoẵng *n.* deer

hoắt *adj.* very sharp

hóc *v.* to stick, to have [bone, etc.] stuck in one's throat

hóc búa *adj.* difficult, tough

hóc hiểm *adj.* dangerous, perilous

học 1 *v.* to study, to learn: **học tiếng Việt** to learn Vietnamese 2 *n.* study, subject: **khoa học** science; **trường học** school; **tự học** self-taught; **niên học** school year, academic year; **tiểu học** elementary [education], primary [education]

học bạ *n.* student file, school record, school report

học bổng *n.* scholarship

học chế *n.* educational system

học chính *n.* educational service

học cụ *n.* school equipment, teaching aid

học đòi *v.* to imitate, to follow, to copy

học đường *n.* school

học giả *n.* scholar, learned man

học giới *n.* educational circles

học hành *v.* to study [and to practice]

học hiệu *n.* school

học hỏi *v.* to study, to learn, to educate oneself

học kỳ *n.* term, semester, session

học lõm *v.* to learn merely by observing, to pick up something from someone

học mót *v.* to imitate, to copy

học lực *n.* capacity, ability [of a student]

học niên *n.* school year, academic year

học phái *n.* school of thought

học phí *n.* tuition fees, school fees

học sinh *n.* student, pupil [primary and high schools]

học tập *v.* to study, to learn: **học tập chính trị** to study politics

học thuật *n.* learning, education

học thuyết *n.* doctrine, theory

học thức *n.* knowledge, learning

học trò *n.* pupil, student, schoolboy, schoolgirl

học vấn *n.* instruction, education, learning

học vị *n.* academic title, degree

học viện *n.* institute [of learning]

học vụ *n.* educational matters, educational affairs: **bình dân học vụ** mass education

học xá *n.* student hostel, dormitory, residence hall

hoe *adj.* bright red, reddish

hoen *adj.* stained, spotted: **hoen ố** stained

hoi *adj.* [of mutton] smelly

140

hói *adj.* bald: **hói đầu** bald-head

hỏi *v.* [SV **vấn**] to ask, to question, to inquire: **câu hỏi** question; **hỏi cung** to interrogate [defendant]

hỏi han *v.* to ask, to inquire

hỏi mượn *v.* to borrow

hỏi nhỏ *v.* to whisper a question

hỏi thăm *v.* to inquire about someone's health, to send one's regards to

hỏi vay *v.* to borrow [money]

hỏi vợ *v.* to ask for a girl's hand in marriage

hom hem *adj.* skinny, thin, gaunt, emaciated

hóm *adj.* [of child] mischievous

hòm *n.* locker, trunk, coffer CL **cái, chiếc** (= **rương**) coffin; **hòm xe** luggage-boot

hõm *adj.* [of cheeks, eyes, etc.] hollow; deep

hòn *n.* ball, stone: **hòn bi** marble [children's]; **hòn đạn** bullet; **hòn đất** clod of earth

hong *v.* to dry [something]

hóng *v.* to get, to enjoy: **đi hóng mát** to get fresh air

hòng *v.* to expect, to hope, to intend

hỏng *v.* to break down, to fail: **hỏng bét** to be fouled up

họng *n.* throat, mouth

hóp *adj.* [of cheeks] hollow, sunken

họp *v.* to gather, to meet, to convene: **tụ họp** to hold a meeting

họp mặt *v.* to gather, to meet with others

họp sức *v.* to join forces, to unite

hót 1 *v.* [of birds] to sing, to twitter **2** *v.* to shovel

hô *v.* to cry out, to shout, to give military command: **hoan hô** to cheer, to acclaim

hô hào *v.* to call upon, to appeal to

hô hấp *v., n.* to breathe; respiration

hô hoán *v.* to yell, to shout

hố 1 *n.* big hole, foxhole, ditch: **sắp xuống hố** to have one foot in the grave **2** *v.* to be made a fool of; to overpay [price]

hồ 1 *n.* lake, pool: **bờ hồ** lakeshore **2** *n.* gum, glue, starch, mortar to starch [shirts, etc.]

hồ điệp *n.* R butterfly (= **bươm bướm**)

hồ đồ *adj.* blurred, muddled, vague

hồ hởi *adj.* cheerful, happy

hồ ly *n.* fox

hồ nghi *v.* to doubt, to suspect

hồ sơ *n.* file, docket, document: **lưu giữ hồ sơ** to keep the files

hồ tắm *n.* swimming pool

hồ thỉ *n.* a man's ambitions

hồ tiêu *n.* black pepper

hổ 1 *n.* tiger **2** *v.* to be ashamed, to feel shame: **xấu hổ/hổ thẹn** to be ashamed

hổ mang *n.* cobra: **rắn hổ mang** cobra

hổ phách *n., adj.* amber

hổ thẹn *adj.* to be ashamed, to feel embarrassed

hỗ trợ *v.* to help one another, to support

hỗ tương *adj.* mutual, reciprocal

hộ 1 *v.* to help, to assist, to aid in: **giám hộ** trusteeship; **phù hộ** [of deities] to assist, to protect **2** *n.* household **3** *adj.* civil: **luật hộ** civil law

hộ chiếu *n.* passport

hộ giá *v.* to escort a king

hộ khẩu *n.* number of inhabitants, family registration

hộ lại *n.* village or county clerk

hộ pháp *n.* guardian spirit [in Buddhism], [Caodaist] Pope; giant, colossus

hộ sản *n., adj.* maternity, pertaining to childbirth: **nghỉ hộ sản** maternity leave

hộ sinh *v.* to deliver a child: **nhà hộ sinh** maternity hospital

hộ tang *adj.* mourning, grieving

hộ thân *v.* to protect oneself

hộ tịch *n.* civil status, legal status

hộ tống *v.* to escort

hộ vệ *v.* to escort, to guard

hốc *n.* hole, cave, hollow: **hốc đá** a hollow in the rocks

hốc hác *adj.* gaunt, emaciated

học 1 *v.* to vomit 2 *n.* drawer

học tốc *adj.* very fast, breathless: **làm việc học tốc cho xong bản báo cáo** to work without stop in order to finish the report

hôi 1 *adj., v.* smelly; to smell bad, to stink: **hôi như cú** to smell like a skunk 2 *v.* to loot

hôi hám *v.* to stink

hối 1 *v.* to repent, to regret 2 *v.* to urge, to press, to push

hối cải *v.* to show repentance and the desire to change

hối đoái *n.* exchange: **sở hối đoái** exchange office

hối hả *v.* to urge, to press; to be in a hurry

hối hận *v.* to repent, to regret

hối lộ *v.* to bribe: **ăn hối lộ** to receive a bribe

hối thúc *v.* to urge, to push

hối xuất *n.* exchange rate

hồi 1 *n.* moment, time, period; act [of a play], chapter [of a novel **tiểu thuyết**]; round: **hồi ấy, hồi đó** at that time; **hồi này** these days 2 *v.* to return (= **về, trả lại**): **hồi âm** to reply

hồi âm *v.* to reply, to respond

hồi cư *v.* to come back to one's home after an evacuation

hồi đáp *v.* to answer, to reply

Hồi giáo *n.* Islam

hồi hộp *adj.* nervous, anxious

hồi hương *v.* to return from abroad

hồi hưu *v.* to retire [from work]

hồi kinh *v.* to come back to the capital

hồi môn *n.* dowry

hồi phục *v.* to recover

Hồi Quốc *n.* Pakistan

hồi sinh *v.* to restore to life: **cải tử hồi sinh** to resuscitate

hồi tâm *v.* to regret, to repent

hồi tỉnh *v.* to regain consciousness, to come to normal

hồi tưởng *v.* to recall, to reminisce [object preceded by **đến/tới**]

hội 1 *v.* to gather, to meet 2 *n.* assembly; association; society; fete: **ngày hội** festival day 3 *n.* opportunity, occasion, time

hội ái hữu *n.* friendship society

hội buôn *n.* commercial firm

hội chợ *n.* fair, show

hội đàm *v., n.* to negotiate; to confer; conference

hội đồng *n.* meeting, council: **Hội Đồng Đô thành** municipal council; **hội đồng gia tộc** family council

hội hè *n.* festivals, feasts

hội hoạ *n.* painting

hội họp *v.* to gather, to meet: **hội họp báo chí** press conference

hội kiến *v.* to see, to interview, to meet officially

hội kín *n.* secret society

hội nghị *n.* conference, convention, meeting

hội ngộ *v.* to meet, to re-unite

hội quán *n.* headquarters [of society], club

hội trường *n.* conference hall, lecture theater

hội trưởng *n.* president, chairman [of society]

hội tụ *v.* to converge

hội viên *n.* member of a society/ club: **hội viên hoạt động** active member

hội ý *v.* to have an exchange of ideas, to consult one's opinions

hôm *n.* day, afternoon, evening: **chiều hôm nay** this afternoon; **ngày hôm nay** today; **hôm nọ** the other day; **hôm kia** three days ago; **hôm sau** the next day

hôn *v.* to kiss

hôn lễ *n.* wedding ceremony

hôn mê *v.* to be unconscious, to be in a coma

hôn nhân *n.* marriage

hôn phối *n.* marriage

hôn phu *n.* fiance

hôn thú *n.* marriage certificate

hôn ước *n.* promise of marriage

hồn *n.* soul [of living or dead men] [as opp. to body **xác**]: **tâm hồn** soul [of living man]; **linh hồn** soul [of dead man]

hồn nhiên *adj.* natural, innocent, spontaneous

hổn hển *adj.* panting: **thở hổn hển** to be panting

hỗn *adj.* impolite, insolent, ill-mannered, rude

hỗn chiến *v.* to engage in a dog-fight brawl, to fight free for all

hỗn độn *adj.* disorderly, chaotic

hỗn hào *adj.* impolite, rude

hỗn hợp *v., adj.* [of committee or commission] to join, to mix; joint, mixed

hỗn láo *adj.* impolite, rude

hỗn loạn *adj.* disorderly, chaotic

hỗn mang *adj.* chaotic, misty

hỗn xược *adj.* impolite, rude

hông *n.* hip, haunch

hống hách *adj.* [of official] to show one's power; arrogant

hồng 1 *adj.* rose, pink, rosy **2** *n.* wild goose **3** *n.* persimmon CL **quả, trái**

Hồng Hải *n.* Red Sea

hồng hào *adj.* rosy, ruddy

hồng hộc *adj.* panting

Hồng Kông *n.* Hong Kong

hồng lâu *n.* house of prostitution

hồng ngoại *n.* infra-red

Hồng Mao *n.* English(man), British

hồng nhan *n.* beautiful woman

hồng phúc *n.* great happiness

Hồng quân *n.* Red Army

hồng quần *n.* woman

Hồng Thập Tự *n.* Red Cross

hồng thuỷ *n.* deluge, flood

hồng y *n.* red robe [cardinal's]

hổng *adj.* hollow, having gaps

hộp *n.* box, carton, case, can: **hộp nữ trang** jewelry case; **sữa hộp** canned milk

hộp đêm *n.* nightclub

hộp quẹt

hộp quẹt *n.* box of matches

hốt *v.* to gather, to rake in, to scoop up

hốt hoảng *v.* to get excited, to panic

hột *n.* (= **hạt**) grain; stone, seed; kernel; drop [of rain **mưa**]

hột xoàn *n.* diamond

hơ *v.* to dry over a fire, to heat over a fire

hơ hớ *adj.* [of girl] to be young, in the glow of juvenile beauty

hớ *v.* to pay too much for a piece of merchandise; to blunder

hớ hênh *adj.* careless, tactless

hờ *adj.* not close, not secure: **bạn hờ** no close friend

hờ hững *adj.* negligent, indifferent, half-hearted

hở *adj.* opened, uncovered, leaked: **áo hở vai** decollete

hở hang *adj.* scanty

hở môi *v.* to open one's mouth, to speak up

hở răng *v.* to open one's mouth, to speak up

hơi 1 *n.* [VS **khí**] steam; breath; vapor, gas, air; odor: **đánh hơi** to scent; **bốc hơi** to vaporize; **cầm hơi** to hold one's breath; **xe hơi** automobile 2 *adv.* slightly, somewhat, a little, a bit, rather [precedes verb]

hơi đâu (mà) *adv.* What is the use of?

hơi men *n.* [smell of] alcohol

hơi sức *n.* force, strength

hơi thở *n.* breath: **hơi thở cuối cùng** one's last breath

hời *adj.* inexpensive, cheap

hởi *adj.* satisfied

hỡi *intj.* [exclamation used in formal address before second person pronoun]

hỡi ôi! *intj.* Alas!

hợm *adj.* to be haughty, arrogant, conceited

hợm hĩnh *adj.* supercilious

hơn *adj.* [*opp.* **kém**] more, more advantageous than; surpassed, outdone; to have more than: **đẹp hơn** more beautiful than

hơn nữa *adv.* furthermore

hơn thiệt *n.* pros and cons, advantages and disadvantages

hớn hở *v.* to be cheerful, to be in a good mood/good spirits

hờn *v.* [of a child] to cry, to be fussy, to throw a tantrum; to hold a grudge, to complain

hờn giận *v.* to sulk, to be angry

hờn căm *v.* to hate

hớp *v.* to sip, to snap up

hợp *v.* [**hiệp**] to unite, to be united, [*opp.* **tan**]; to be suitable, to be conformable, to go together: **Liên hợp Quốc** the United Nations; **hỗ hợp** mixed, joint

hợp ca *v.* to sing together in a chorus: **đoàn hợp ca** choir

hợp cách *adj.* appropriate, adequate, right way

hợp cẩn *n.* wedding feast [the bride and bridegroom share the wine cup]

hợp chất *n.* compound

Hợp Chủng Quốc Hoa Kỳ *n.* the United States of America

hợp đồng *n.* contract

hợp kim *n.* alloy

hợp lẽ *adj.* reasonable, logical, sensible, rational

hợp lệ *adj.* orderly, regular

hợp lực v. to join forces

hợp lý adj. rational, reasonable, logical, sensible

hợp lý hoá v. to rationalize

hợp nhất v. to unify; to merge

hợp pháp adj. legal, lawful

hợp quần v. to unite

hợp tác v. to cooperate

hợp tác xã n. cooperative

hợp tấu n. chorus, concert

hợp thời adj. timely, fashionable

hợp thức adj. proper, appropriate, suitable

hợp tính adj. compatible

hớt v. to cut off small bits, to skim [scum]; to tattle

hớt tóc v. to have or give a hair cut

hớt ha hớt hải adj. in a hurry, panic-stricken

hớt lẻo adj. to be an informer

hu hu v. to cry or to weep noisily

hú v. to call out to

hú hí v. to enjoy oneself [with wife and children]

hú hoạ adv. by accident; haphazardly

hú hồn v. to call back a soul

hú tim n. hide and seek

hú vía! intj. Phew! a narrow escape

hủ adj. old-fashioned, outmoded

hủ bại adj. corrupt, degenerate

hủ lậu adj. old-fashioned, outmoded, backward

hủ tục n. outmoded traditions or customs

hũ n. jar: **hũ mứt** a jar of jam

hùa v. to follow, to go along

huân chương n. medal

huân công n. merit

huân tước n. title, honor

huấn v. to teach, to instruct

huấn dụ v. to teach, to advise

huấn đạo n. educational officer

huấn lệnh n. instructions, order

huấn luyện v. to train, to coach, to teach

huấn luyện viên n. training officer

huấn từ n. speech [President's or Secretary of State's]

húc v. to butt, to hit, to collide

hục hặc v. to quarrel, to nag

huê n. See **hoa**

huê lợi n. yield, income

Huế n. Hue city

huề v. See **hoà**

huếch hoác adj. wide, gaping

huênh hoang v., adj. to be showy, to brag; bombastic

húi v. to clip, to cut one's hair

hủi n. leprosy: **người hủi** a leper (= **cùi**); **bệnh hủi** leprosy

hụi n. See **hội**

hum húp adj. swollen

hùm n. tiger: **hang hùm** tiger's lair

hụm n. a gulp, a drink

hun v. See **hôn**

hun đúc v. to forge, to form, to train

hùn v. to contribute [money, share] in an investment

hung 1 adj. [of hair, etc.] reddish 2 adj. mad, furious, ferocious, violent

hung ác adj. cruel, wicked

hung bạo adj. cruel, wicked

hung dữ adj. to be fierce-looking

hung hãn adj. to be aggressive, violent

hung hăng adj. to be aggressive, violent, reckless; impetuous

Hung Gia Lợi n. Hungary, Hungarian

hung phạm *n.* murderer, assassin, killer, criminal

hung tàn *adj.* cruel, brutal

hung thần *n.* evil spirit

hung thủ *n.* murderer, assassin, killer, criminal

hung tín *n.* bad news

hung tợn *adj.* savage

hùng *adj.* brave, strong, powerful

hùng biện *adj.* eloquent

hùng cường *adj.* strong, powerful

hùng dũng *adj.* brave, martial

hùng hậu *adj.* [of forces] strong, powerful

hùng hổ *adj.* violent, vehement, aggressive

hùng hồn *adj.* eloquent, forceful

hùng tráng *adj.* strong, mighty, magnanimous, grand, grandiose

hùng vĩ *adj.* great, imposing

huống *adv.* all the more reason for, even more so

huống chi *adv.* let alone, not to mention, much less.

huống hồ *adv.* much less, let alone, not to mention

húp 1 *v.* to slurp, to suck in [soup, rice gruel] 2 *adj.* swollen

hụp *v.* to dive, to plunge, to disappear under the water

hút *v.* to suck, to inhale, to smoke, to vacuum: **Cấm hút thuốc!** No smoking!

hụt *adj.* to be lacking, short: **thiếu hụt** in deficit; **chết hụt** to escape death very narrowly

huy động *v.* to mobilize

huy hoàng *adj.* splendid, radiant, resplendent

huý *n.* tabooed name, forbidden name [to avoid mentioning names of elders, words similar to or homonymous with unlucky words]

huý nhật *n.* anniversary of death

huỷ *v.* to destroy, to cancel: **thiêu huỷ** to burn so as to destroy

huỷ bỏ *v.* to cancel, to abolish

huỷ hoại *v.* to destroy, to demolish

huých *v.* to push, to shove

huỵch *n.* thud, whack [noise of heavy thing falling down]

huyên náo *adj.* noisy, bustling, uproarious

huyên thiên *v.* to brag, to boast

huyền 1 *n.* mark or symbol for low falling tone: **dấu huyền** grave accent 2 *adj.* jet; black: **mắt huyền** black eyes 3 *n.* R string [of a musical instrument]: **đàn độc huyền** monochord, Vietnamese one-stringed instrument

huyền ảo *adj.* illusory, fanciful

huyền bí *adj.* mysterious, occult

huyền chức *v.* to suspend position [an official]

huyền diệu *adj.* abstruse, mysterious, marvelous, wonderful

huyền hoặc *adj.* fantastic, fabulous, legendary

huyền vi *adj.* mysterious, subtle, delicate

huyện *n.* (= **quận**) district

huyện lỵ *n.* district city, county capital

huyết *n.* blood (= **máu**): **hoại huyết** scurvy; **thổ huyết** to vomit blood; **nhiệt huyết** enthusiasm

huyết áp *n.* blood pressure

huyết cầu *n.* blood corpuscle, blood cell

huyết chiến *n.* bloody battle

huyết khí *n.* energy, constitution

huyết mạch *n.* pulse; vital thing

huyết quản *n.* blood vessel

huyết thanh *n.* serum

huyết thống *n.* blood, descent, parentage, kinship

huyệt 1 *n.* grave; cave, hole: **đào huyệt** to dig a grave; **hạ huyệt** to lower a coffin into a grave **2** *n.* vital point in the human body [Chinese boxing and medicine]

huynh *n.* elder brother (= **anh**): **phụ huynh** parents [of students]; **gia huynh** my elder brother

huynh trưởng *n.* eldest son

huýt *v.* to whistle: **huýt sáo** to whistle

hư *adj.* decayed, rotten, spoiled (= **hỏng**); out of order, damaged; [of children] naughty, spoiled, unruly, ill-bred; false [*opp.* **thực**]

hư danh *n.* vainglory, empty fame, vanity of fame

hư hoại *adj.* spoiled, injured, damaged

hư hỏng *v., adj.* to break down; to be out of order; damaged

hư không *adj.* vain, nil

hư vị *n.* nominal position

hư vô *adj.* nothing: **cõi hư vô** nothingness

hứ *intj.* Huh! Hum!

hứa *v.* to promise, to vow: **lời hứa** promise, vow

hứa hảo *n.* empty promise

hứa hẹn *v.* to promise

hứa hôn *v.* to betroth, to engage

hưng *adj.* R flourishing, thriving; prosperous [*opp.* **phế**]: **phục hưng** renaissance

hưng khởi *v.* to prosper, to thrive

hưng quốc *v.* to foster the country, to build the nation

hưng thịnh *n.* prosperity

hưng vong *n.* ups and downs

hứng 1 *v.* to catch [something falling] **2** *n.* interest, inspiration, enthusiasm: **làm việc tuỳ hứng** to work only when one has a feeling of enthusiasm

hứng thú *adj.* interested, interesting

hửng *v.* [of day] to break, [of sun] to be coming out: **trời hửng sáng** daylight breaks

hững hờ *adj.* cold and indifferent

hương *n.* perfume, fragrance, incense: **bình hương, lư hương** incense burner

hương án *n.* altar

Hương Cảng *n.* Hong Kong

hương hoa *n.* offerings [incense and flowers]

hương hoả *n.* inheritance

hương hồn *n.* soul [of dead person]

hương khói *n.* ancestral cult, ancestor worship

hương thí *n.* regional examination

hương thôn *n.* village, hamlet

hương vị *n.* taste, flavor

hướng *n., v.* direction; to face, to be directed: **phương hướng** directions

hướng dẫn *v.* to guide, to lead

hướng đạo *n.* guide; boy scout

hướng đạo sinh *n.* boy scout

hường *adj.* See **hồng**

hưởng *v.* to enjoy [a condition in life]; to receive

hưởng thọ *v.* to die at the age of

hưởng thụ *v.* to enjoy: **hưởng thụ đời sống** to enjoy life

hưởng ứng *v.* to respond [to], to answer, to support

hươu *n.* stag, roe deer

hươu vượn *n.* idle talk, humbug

hưu *v.* R to rest, to stop working, to retire

hưu bổng *n.* retirement pension

hưu chiến *n.* cessation of hostilities, truce, armistice

hưu trí *v.* to retire from employment

hữu 1 *v.* to have, to own; R there is/are (= **có**): **quyền tư hữu** private ownership; **quốc hữu hoá** to nationalize 2 *n.* friend (= **bạn**): **bạn hữu/bằng hữu** friend 3 *adj.* right, right hand side (= **phải**, **mặt**): **bên hữu** to the right; **tả hữu** left and right

hữu cơ *adj.* organic

hữu danh *adj.* famous, well-known

hữu dụng *adj.* useful

hữu duyên *adj.* lucky, compatible, favorable

hữu hạn *adj.* limited

hữu hiệu *adj.* efficient, effective

hữu hình *adj.* visible, concrete, tangible, material

hữu ích *adj.* useful

hữu nghị *adj., n.* friendly; friendship: **hiệp hội hữu nghị** friendship society

hữu sản *adj., v.* wealthy; to own property

hữu tình *adj.* lovely, charming

hữu ý *adj., adv.* intentional; intentionally [*opp.* **vô tình**]

hy hữu *adj.* rare

Hy Lạp *n.* Greece, Greek

hy sinh *v.* to sacrifice [oneself]

hy vọng *v.* to hope

hý hoạ *n.* cartoon, caricature

hý kịch *n.* comedy

hý trường *n.* theater

hý viện *n.* theater

hỷ *adj.* glad, happy

hỷ tín *n.* good news [about marriage or childbirth]

hýt rô *n.* [Fr. *hydrogene*] hydrogen

I

i tờ *v.* i and t; to have just begun to learn how to read and write

ì *v.* to be motionless; to be inert, to be stubborn, to be obstinate

ì à ì ạch *adv.* strenuously

ì ạch *adv.* strenuously

ỉa *v.* to go to the bathroom, to empty one's bowels

ỉa chảy *v.* to have diarrhea

ỉa đái *v.* to make a mess, to empty one's bowels

ỉa đùn *v.* [of child] to dirty one's diaper or pants

ích *v.* to be profitable, to be useful: **hữu ích/có ích** to be useful

ích kỷ *adj.* selfish

ích lợi *adj.* profitable, useful

im *adj.* silent, quiet, still, calm

im bặt *v.* to become completely silent

im lặng *adj.* silent, quiet: **Im lặng!** Silence please!

im lìm *adj.* quiet

im mồm *v.* to shut up, to shut one's mouth

im như tờ *adj.* very quiet

im phăng phắc *adv.* absolute noiselessly

in 1 *v.* [SV **ấn**] to print: **máy in** printing machine, press 2 *v.* to engrave 3 *adj.* to be as alike as two peas

in ít *adj.* little

inh *adj.* noisy, boisterous

inh ỏi *adj.* noisy, loud, strident

inh tai *adj.* deafening

ình *v.* to swell

ít *adj.* little, small quantity; to be or have little/few; there is little; there are few; to act to a small degree [second verb in series]; to act only rarely [first verb in series]: **ít nói** to be taciturn; **chút ít** a little, a few

ít khi *adj., adv.* rare; seldom

ít lâu *n.* a little while

ít nhất *adv.* at least

ít nhiều *adj.* a little, some, a few

ít nữa *adj.* at least; in a while; more

ít ỏi *adj.* in a small quantity

ít ra *adj.* at least, to say the least

ìu *adj.* doughy, soggy

ìu xìu *adj., n.* gloomy; dampened spirits

K

ka ki *n.* khaki, a type of fabric

ke 1 *n.* [Fr. *quai*] quay, dwarf, dock railroad tracks 2 *n.* [Fr. *eùquerre*] square ruler

ké 1 *v.* to put one's money with, to make a small side-bet [with a gambler] 2 *v.* to squeeze in

kè kè *adj.* close by, side by side

kè nhè *adj.* [of voice] insistent

kẻ 1 *n.* individual, person, man [cf. **người**] 2 *v.* to draw [a line]

kẻ cả *adj.* elder, senior

kẻ chợ *n.* city people; city [old term]

kẻ cướp *n.* robber

kẻ khó *n.* the poor

kẻ thù *n.* enemy, foe

kẻ trộm *n.* burglar

kẽ *n.* crack, gap, crevice

kéc *n.* parrot

kem *n.* [Fr. *creme*] ice cream; beauty cream: **kem đánh giầy** shoe polish; **kem cây** ice-cream on a stick

kém *adj.* [*opp.* **hơn**] less [advantageous, profitable, etc.]; weak, fewer, less than: **ba giờ kém năm** five to three [2:55]

kèm 1 *v.* to go along with, to guide and guard: **đi kèm** to send along 2 *v.* to enclose

kèm nhèm *adj.* bleary-eyed

kẽm *n.* zinc

kén 1 *n.* cocoon 2 *v.* to select, to choose (= **chọn**): **kén cá chọn canh** to pick and choose, choosy

kèn *n.* trumpet, bugle, clarinet, saxophone

kèn cựa *adj.* jealous, envious

kèn kẹt *v.* to creak

keng *n.* cling clang

kẻng 1 *adj.* smart, chic 2 *n.* makeshift gong

keo 1 *n.* gelatin, glue 2 *n.* round [fighting]: **vật nhau ba keo** to wrestle three rounds 3 *adj.* stingy, parsimonious

keo sơn *adj.* [of friendship] close, long-lasting: **tình bạn keo sơn** long-lasting friendship

kéo 1 *n.* pair of scissors 2 *v.* to pull, to drag: **kéo cờ** to hoist the flag

kéo bè v. to form a gang, to gang up, to form a party

kéo cánh v. to form a gang, to gang up, to gather into a faction

kéo co n. tug of war

kéo dài v. to stretch, to lengthen, to drag on/out

kéo lại v. to recover, to make up

kéo lê v. to trail, to drag

kẻo conj. or else, because, or otherwise, lest

kẹo 1 adj. stingy, tightfisted, close-fisted 2 n. candy

kẹo bông n. cotton candy

kẹo cao su n. chewing gum

kép 1 n. actor, comedian 2 adj. double, twofold; of two thicknesses: **áo kép** lined coat

kẹp v. to press, to squeeze

két n. [Fr. caisse] safe; cashier's desk; case, carton [of beer, etc.]: **két sắt** safe

kẹt v. to be caught, to be pinched; to stick

kê 1 n. millet 2 n. cock, chicken (= **gà**) 3 v. to list, to mention, to declare: **kê khai hàng hoá mang theo** to declare goods 4 v. to wedge up; to put, to arrange [furniture]: **kê bàn ghế trong nhà** to arrange furniture in the house

kê cứu v. to study, to examine [for reference]

kê gian v. to declare dishonestly

kê khai v. to declare, to list

kế 1 n. ruse, scheme, stratagem, trick: **con người nhiều mưu kế** to have many tricks up one's sleeve 2 conj. then, after that

kế cận adj. neighboring, next, adjacent: **kế cận nhà tôi** next to my house

kế chân v. to succeed, to replace somebody

kế hoạch n. plan, project, strategy

kế mẫu n. stepmother

kế nghiệp v. to take over [a business]

kế phụ n. stepfather

kế thất n. second wife

kế thừa v. to inherit

kế tiếp v. to continue, to succeed

kế toán n. accountant; bookkeeper

kế tục v. to continue, to follow

kế tự n. heir

kế vị v. to succeed

kề adj. next, close to

kể v. to relate, to narrate [a story], to mention, to enumerate, to cite [facts, figures]: **không kể** not to mention, not to speak of

kể lể v. to tell stories, to talk on and on

kệ 1 v. to leave alone, to pay no attention to: **kệ thây nó** to leave him alone 2 n. shelf: **kệ sách** bookshelf 3 n. Buddhist prayerbook

kếch xù adj. [of amount] huge, bulky, colossal

kệch v. to make sure not to do [something], to be afraid of [somebody]

kệch adj. coarse, rude: **quê kệch, thô kệch** boorish, unrefined

kền n. [Fr. nickel] nickel

kênh 1 n. (= **kinh**) canal: **kênh Suez** the Suez Canal 2 adj. warped, not level

kênh kiệu v. to put on airs, to give oneself airs, arrogant

kềnh v. to lie flat, to sprawl

kềnh càng adj. encumbering, cumbersome

kết 1 v. to tie in knots; to be bound together: **kết bạn** to make friends **2** v. to conclude, to wind up

kết án v. to condemn, to convict, to sentence

kết cấu n. structure, composition

kết cục n. conclusion, final outcome

kết duyên v. to get married [**với** to]

kết đôi v. to get married

kết hôn v. to get married, to marry

kết hợp v. to co-ordinate, to combine

kết liễu v. to come to an end, to finish

kết luận v., n. to conclude; conclusion

kết lực n. cohesion, force of cohesion

kết nạp v. to admit to

kết nghĩa v. to join a brotherhood; to get married

kết quả n. result, outcome

kết thúc v. to end, to conclude, to come to an end

kết tinh v. to crystallize

kết toán v. to draw up a final balance-sheet, to make up accounts

kết tội v. to accuse, to charge

kết tụ v. to conglomerate, to agglomerate

kết tủa v. to precipitate; to be precipitated [a substance]

kêu v. to shout; to call [for], to summon, to order [food]; to complain; to ring, to make noise

kêu ca v. to complain, to grumble

kêu cứu v. to cry for help

kêu gào v. to cry out for, to call upon

kêu gọi v. to appeal [to], to call [upon]

kêu la v. to shout, to yell, to scream

kêu nài v. to insist, to beseech

kêu oan v. to base one's case on unjust suffering, to protest one's innocence

kêu van v. to entreat, to implore

kha khá adj., adv. better; fairly, rather

khá adj. rather good, pretty good; be better; [in health] rather well

khá giả adj. well off, rich

khả ái adj. lovely, lovable

khả dĩ adj. able, possible

khả năng n. ability, capability: **khả năng làm việc** working ability

khả nghi adj. suspicious

khả ố adj. detestable

khả quan adj. good, favorable, satisfactory: **kết quả khả quan** a satisfactory result

khác adj., adv. other, different; else; unlike: **hai nước khác** two other countries; **một chỗ nào khác** somewhere else

khác biệt adj. different: **khác biệt quan điểm** different viewpoints

khác thường adj. unusual; extraordinary, exceptional

khác xa adj. completely different, quite different

khạc v. to spit: **khạc nhổ** to spit

khách n. guest, visitor: **khách nước ngoài** foreign visitor; **khách hàng** customer; **tiếp khách** to receive visitors; **ăn cơm khách** to be invited to dinner;

chính khách political figure

khách hàng *n.* customer

khách khứa *n.* guests, visitors

khách qua đường *n.* passerby, stranger

khách quan *adj.* objective: **nhận xét khách quan** objective observation

khách sạn *n.* hotel

khách sáo *adj.* formal

khách thể *n.* object: **chủ thể và khách thể** subject and object

khai 1 *v.* to declare, to state, to testify: **lời khai** declaration, statement, testimony **2** *adj.* [of urine] urine-smelling **3** *v.* to open (= **mở**), to dredge up: **khai trường** to re-open school

khai báo *v.* to declare, to inform the authorities

khai bút *v.* to write one's first essay [on New Year's day]

khai chiến *v.* to declare war

khai diễn *v.* to start the performance

khai giảng *v.* to begin a new academic year

khai hạ *v.* to start the celebrations

khai hấn *v.* to start the hostilities

khai hoa *v.* to bloom, to blossom

khai hoá *v.* to civilize

khai hoả *v.* to open fire

khai hoang *v.* to reclaim wasteland, to cultivate new land

khai hội *v.* to open a meeting/festival

khai huyệt *v.* to dig a grave

khai khẩn *v.* to clear land, to break new ground

khai mạc *v.* [of conference] to open

khai mỏ *v.* to mine

khai phá *v.* to clear land, to discover

khai quật *v.* to exhume, to disinter

khai quốc *v.* to found a nation, to build an empire

khai sáng *v.* to found

khai sinh *v.* to register a birth, to declare a childbirth

khai thác *v.* to exploit land/resources

khai thông *v.* to clear, to free something of obstruction

khai triển *v.* to develop

khai trừ *v.* to expel, to purge [a party member]

khai trương *v.* to open a business

khai trường *n.* first day of school

khai tử *v.* to declare a death

khái luận *n.* summary, outline

khái lược *n.* summary

khái niệm *n.* general idea, concept, notion

khái quát *adj.* general, generalized

khái quát hoá *v.* to generalize

kham *v.* to endure, to bear, to suffer: **bất kham** unendurable

kham khổ *adj.* [of life] hard, austere

khám 1 *v.* to search [man, pocket, house, etc.], to examine, to check [organ, patient]: **khám sức khoẻ, khám bệnh** to check one's health **2** *n.* jail, prison

khám đường *n.* prison, jail

khám nghiệm *v.* to examine, to investigate

khám phá *v.* to discover [secret, plot]

khám xét *v.* to examine, to investigate, to check

khảm *v.* to inlay [with metal or pearl shells]

khan *adj.* dry, scarce, rare

khan hiếm *n., adj.* shortage; rare

khán giả *n.* onlooker, spectator, audience [of play, show]

khán hộ *n.* male nurse, hospital aid: **nữ khán hộ** nurse

khàn *adj.* hoarse

khản *v.* to become hoarse: **khản tiếng** hoarse voice

khang an *adj.* healthy, safe and sound

khang cường *adj.* vigorously strong

khang ninh *adj.* healthy, safe

khang trang *adj.* spacious and beautiful

kháng án *v.* to appeal [a sentence]

kháng cáo *v.* to appeal

kháng chiến *v., n.* to resist; resistance

kháng cự *v.* to resist

kháng điệp *n.* [note of] protest message

kháng sinh *n.* antibiotic

khảng khái *adj.* indomitable, proud, chivalrous

khanh *n.* you [used by ruler to official]; high-ranking official

khanh khách *adj., n.* peeling; burst of laughter

khánh *n.* stone gong, silver/gold stone gong

khánh hạ *v.* to celebrate

khánh kiệt *v.* [of finances] to be all spent, to be completely lost

khánh thành *v.* to inaugurate [program, building]

khánh tiết *n.* festival, entertainment, protocol

khảnh *adj.* to be delicate, dainty

khảnh ăn *adj.* dainty, to eat little

khao *v.* to celebrate [victory, success in exam]; to treat someone with food

khao binh *v.* to give a banquet to soldiers under one's command

khao khát *v.* to thirst for

khao thưởng *v.* to reward [with victuals, bonus]

khao vọng *v.* to celebrate [promotion, success in exam], to give a feast

khảo 1 *v.* to torture to get information: **khảo tiền** to request for money **2** *v.* to do research; to examine, to test [students]: **giám khảo** examiner **3** *v.* to shop around in order to get an idea of prices

khảo cổ *v.* to study archeology

khảo cứu *v.* to study, to investigate, to do research

khảo hạch *v.* to test [for school, law court]

khảo sát *v.* to examine, to investigate, to do research

khảo thí *v.* to examine

khát *v.* to be thirsty: **giải khát** to quench one's thirst; **đồ giải khát** refreshments, drinks

khát máu *adj.* blood-thirsty

khát vọng *v.* to hope for, to yearn for, to thirst after

kháu *adj.* [of child] good-looking, pretty, cute

khay *n.* tray: **khay trà** tea tray

khắc 1 *v.* to carve, to engrave: **bản khắc** zinc plate **2** *n.* quarter of an hour; two-hour period

khắc cốt *v.* to remember for ever

khắc khoải *adj.* worried, anxious

khắc khổ *adj.* harsh, austere

khắc kỷ *v.* to be self-controlled

khắc nghiệt *adj.* severe, stern, strict: **khí hậu khắc nghiệt** severe climate

khắc phục *v.* to subdue, to overcome [difficulties]

khăm *adj.* nasty, fetid, smelling like rotten fish: **chơi khăm ai** to play a nasty trick on someone

khăn *n.* towel; napkin; handkerchief; turban

khăn áo *n.* clothes, clothing

khăn bàn *n.* table cloth

khăn chùi mồm *n.* napkin, handkerchief

khăn gói *n.* bundle, pack

khăn lau *n.* wash-cloth

khăn mặt *n.* towel

khăn quàng *n.* scarf, muffler

khăn tay *n.* handkerchief

khăn tắm *n.* bath towel

khăn trắng *n.* white mourning head-band

khăn vuông *n.* scarf

khăng khăng *adj.* persistent

khăng khít *adj.* attached, devoted

khẳng *adj.* thin, skinny: **gầy khẳng** thin; **khẳng kheo** skinny

khẳng định *v., adj.* to confirm; affirmative [as opp. to negative **phủ định**]

khắp *adv.* all over [places], every, everywhere

khắt khe *adj.* stern, austere, strict

khắc *n.* notch, nick

khâm liệm *v.* to dress a corpse

khâm mạng *n.* imperial order

khâm phục *v.* to admire [and respect]: **khâm phục ai** to admire

someone

khâm sai *n.* imperial envoy, viceroy

khấn *v.* to pray

khấn vái *v.* to kowtow and pray

khẩn *v., adv.* R to be earnest; earnestly: **khẩn khoản** to implore

khẩn *adj.* urgent, pressing: **khẩn báo** to inform urgently

khẩn cấp *adj.* urgent, pressing: **yêu cầu khẩn cấp** urgent request

khẩn cầu *v.* to beseech: **khẩn cầu sự trợ giúp** to beseech for urgent aid

khẩn hoang *v.* to open up wastelands, to cultivate new lands

khẩn khoản *v.* to insist [in inviting]

khẩn thiết *adj.* earnest

khẩn trương *adj.* tense, urgent, requiring immediate attention

khấp khểnh *adj.* [of road] uneven, bumpy, rugged

khấp khởi *v.* to exult, to rejoice, to feel elated

khập khiễng *adj.* limping

khất *v.* to ask for a delay, to postpone [payment]

khất nợ *v.* to ask for postponement in the payment of a loan

khất thực *v.* to beg for food

khâu **1** *v.* to sew, to stitch: **khâu quần áo** to sew clothes **2** *n.* stage, step [in a process]

khâu vá *v.* to sew, to do needlework

khấu *v.* to deduct: **khấu nợ** to postpone the payment of one's debt; **khấu trừ** to withhold

khấu biệt *v.* to bow and bid farewell

khấu đầu *v.* to kowtow, to bow one's head

khấu trừ *v.* to deduct

khẩu *n.* (= **miệng**) mouth: **hà khẩu** estuary; **nhân khẩu** ration; **nhập khẩu** import; **xuất khẩu** export

khẩu âm *n.* accent

khẩu cái *n.* [hard] palate

khẩu chiến *n.* quarrel, debate

khẩu cung *n.* oral statement [of defendant]

khẩu hiệu *n.* slogan, password: **hô to khẩu hiệu** to shout a slogan/ password

khẩu lệnh *n.* password: **cho biết khẩu lệnh** to give one's pass-word

khẩu phần *n.* ration: **khẩu phần hàng ngày của công nhân** daily ration of a worker

khẩu Phật tâm xà *adj.* hypercriti-cal

khẩu tài *n.* eloquence

khẩu thuyết *n.* summary given orally

khẩu truyền *v.* to transmit orally

khe *n.* slit, crack: **khe hở** slit, groove, channel

khe khẽ *adv.* gently, softy

khè *adj.* dirty yellow

khẽ *adj., adv.* gentle, soft; gently: **nói khẽ** to speak in a soft voice

khẹc *n.* (= **khỉ**) monkey

khem *v.* to abstain from: **kiêng khem, ăn khem** to be on a diet

khen *v.* to praise, to congratulate, to commend: **khen ngợi, ngợi khen** to praise [*opp.* **chê**]; **lời khen** praise, compliments

khen ngợi *v.* to praise: **khen ngợi sự thành công** to praise one's success

khen thưởng *v.* to reward

khéo *adj.* skillful, clever, dexter-ous; be cautious [or else]; Be careful, watch it.; What's the use of; how: **Khéo (không) (lại) ngã!** Watch it, you may fall down

khéo tay *adj.* clever, dexterous

khéo léo *adj.* skillful, clever

khéo nói *adj.* talkative

khéo tay *adj.* dexterous

khép *v.* to shut; to condemn

khép nép *adj.* shy and modest

khép tội *v.* to charge, to accuse

khét *adj., n.* [of burning thing] harsh smelling; burning smell

khét tiếng *adj.* very famous

khê *adj.* [of rice] burnt

khế ước *n.* contract

khế văn *n.* act, deed

khề khà *adj., v.* [of voice] drawling and hoarse; to talk over a drink

khệ nệ *v.* to carry [heavy things] with difficulty

khênh *v.* to carry with one's hands, to move by hand [heavy object]

khệnh khạng *v.* to be awarded; to walk slowly like an important person, to put on airs

khểnh *adj.* uneven, rough: **khấp khểnh** uneven

khêu *v.* to raise, to extract [with a pin]; to arouse [feeling, nostal-gia], to evoke

khêu gợi *v.* to attract, to stir up

khi 1 *n.* (= **lúc**) time, when some-thing, when: **khi nào, đến khi; sau khi** after something happens; **(một) đôi khi** once or twice, sometimes; **đang khi** while [something is taking place]; **có khi** sometimes **2** *v.* (= **khinh**) to berate, to despise, to hold in contempt

khi không *adv.* by chance, by accident

khi nào *adv.* when

khi quân *n., v.* high treason; to slight the king/majesty

khí *n.* air, gas, vapor, steam (= **hơi**): **dưỡng khí** oxygen

khí áp *n.* atmospheric pressure

khí cầu *n.* balloon, dirigible

khí cụ *n.* tool, implement

khí động học *n.* aerodynamics

khí giới *n.* arms, weapons

khí hậu *n.* climate, weather

khí huyết *n.* blood; energy, vigor

khí khái *adj.* proud, unwilling to accept a favor from someone

khí lực *n.* strength, energy, vigor

khí phách *n.* character, stamp

khí quản *n.* trachea, windpipe

khí quyển *n.* atmosphere

khí sắc *n.* complexion, look

khí thể *n.* gas

khí tiết *n.* pride, courage

khí tượng *n.* atmosphere, meteor: **sở khí tượng** weather bureau

khỉ *n.* [SV **hầu**] monkey

khía *v.* to notch, to cut a deep line in: **khía quả xoài** to cut deep into a mango

khía cạnh *n.* angle, aspect

khích *v.* to jeer; to provoke: **hiềm khích** hate, rancor; **khuyến khích** to encourage

khích bác *v.* to criticize

khích động *v.* to excite, to stir up

khích lệ *v.* to encourage

khiêm nhượng *adj.* unassuming, self-effacing

khiêm tốn *adj.* modest, humble

khiếm diện *v.* to be absent

khiếm khuyết *adj., n.* to be imperfect; shortcoming, defect

khiếm nhã *adj.* rude, impolite [of speech, behavior]: **hành động khiếm nhã** impolite behavior

khiên *n.* shield

khiên chương *n.* shoulder piece; hood [academic attire]

khiến 1 *v.* to direct, to command, to ask: **khiến ai làm việc gì** to order someone to do something 2 *conj.* so, that is why

khiển trách *v.* to reprimand, to blame

khiêng *v.* [of two or more persons] to carry a heavy thing by hand

khiếp *adj.* afraid, horrified

khiếp đảm *adj.* terrified, scared out of one's wits

khiếp nhược *adj.* weak, cowardly

khiếp sợ *adj.* terrified

khiêu *v.* to provoke, to stir up

khiêu chiến *v.* to challenge, to provoke a war

khiêu dâm *adj.* sexy; suggestive, obscene, pornographic

khiêu hấn *v.* to provoke hostilities

khiêu vũ *v.* to dance

khiếu *n.* natural gift/skill or endowment

khiếu nại *v.* to complain

khiếu oan *v.* to claim one's innocence, to complain about some injustice

khinh *adj., v.* contemptuous; to scorn, to despise: **khinh bỉ, khinh rẻ ai** to despise somebody

khinh bỉ *v.* to despise

khinh binh *n.* infantry soldier

khinh khi *v.* to scorn, to disdain

khinh khí *n.* hydrogen

khinh khí cầu *n.* balloon

khinh khỉnh *v., adj.* to disdain; disdainful

khinh miệt *v.* to scorn, to spurn

khinh rẻ *v.* to scorn, to disdain

khinh thị *v.* to defy

khinh suất *v.* to slight

khít *adj.* well-joined, flush; next to, close by

khịt mũi *v.* to sniff, to snuffle

kho 1 *n.* warehouse, store: **kho hàng** warehouse 2 *v.* to boil with fish sause, to cook in brine: **kho thịt** to cook meat in fish sauce

kho tàng *n.* treasure

khó *adj.* difficult, hard [*opp.* **dễ**]; bad: **kẻ khó** the poor; **nghèo khó** poor; needy; **khốn khó** in very reduced circumstances, very poor

khó bảo *adj.* disobedient, stubborn

khó chịu *adj.* unbearable; uncomfortable, unwell

khó chơi *adj.* hard to deal with, hard to make friends with

khó coi *adj.* shocking, unsightly

khó dễ *v.* to cause trouble, to make difficulties

khó khăn *adj.* difficult

khó nhọc *adj.* tiring, painful, strenuous, hard: **công việc khó nhọc** hard work

khó ở *adj.* difficult to live, to live uncomfortably

khó thở *adj.* oppressive

khó thương *adj.* detestable, unlovable: **con người khó thương** unlovable person

khó tính *adj.* fastidious, hard to please

khó xử *adj.* awkward

khoa 1 *v.* to gesticulate, to wave: **khoa chân khoa tay** to wave one's arms 2 *n.* a branch of science, specialty; college, faculty [within a university]: **phân khoa nhân văn** department of humanities; **nội khoa** internal medi-cine; **nha khoa** dentistry

khoa bảng *n.* system of degree, examination system

khoa cử *n.* examination

khoa học *n., adj.* science; scientific: **nhà khoa học** scientist

khoa học gia *n.* scientist

khoa trưởng *n.* dean [of college, faculty]

khoá 1 *n., v.* lock; to lock: **chìa khoá** key 2 *n.* school year, academic year: **học khoá, niên khoá** school year; **lễ mãn khoá** graduation ceremony; **thời khoá biểu** time-table [of classes]

khoá bóp *n.* padlock

khoá chữ *n.* combination lock

khoá sinh *n.* graduate, scholar [old system]

khoá tay *n.* handcuffs

khoá trình *n.* curriculum: **hoạt động ngoại khoá trình** extra-curricular activities

khoả thân *adj.* naked; nude: **vũ khoả thân** strip-tease show

khoác *v.* to wear over one's shoulders; to put over: **khoác tay nhau** to hold arm in arm

khoác lác *v.* to be bragging, to boast

khoai lang *n.* sweet potato

khoai sọ *n.* taro

khoai tây *n.* potato

khoái *adj., v.* to be pleased; to like, to feel good, happy

khoái lạc *n.* pleasure

khoái trá *adj.* contented, satisfied

khoan **1** *v.* to bore [a hole], to drill **2** *adj.* slow, poised, relaxed, take it easy

khoan dung *adj.* forgiving, tolerant: **thái độ khoan dung** tolerant attitude

khoan hậu *adj.* generous

khoan hồng *adj.* tolerant, clement, lenient

khoan khoái *v., adj.* elated, happy, stoked [slang]

khoan thai *adj.* deliberate, slow: **ăn nói khoan thai** to be deliberate in speaking

khoán *v.* to be granted a contract/testimony, to hire by the piece: **thầu khoán** contractor; **giá khoán** piece rate

khoản *n.* article, item, condition [of agreement], clause, provision: **điều khoản trong thoả ước** the clauses in the agreement

khoản đãi *v.* to entertain, to treat someone to something

khoang **1** *n.* hold [of boat] **2** *adj.* piebald

khoáng chất *n.* mineral

khoáng dã *n.* vast field

khoáng đãng *adj.* roomy; liberal-minded

khoáng đạt *adj.* broad-minded, liberal-minded

khoáng sản *n.* minerals

khoáng vật *n.* mineral

khoảng *n.* interval, length of time, period of time: **vào khoảng** about, approximately

khoảng cách *n.* space, distance

khoảng chừng *adv.* about, approximately

khoanh *n., v.* circle; slice, round piece; to circle; to roll, to coil: **khoanh tay** to fold one's arms

khoảnh *n.* an area equivalent to 100 *mau* (**mow**), or 360,000 square meters; a plot, lot

khoảnh khắc *n.* short moment, jiffy

khoát *v.* to wave, to beckon: **khoát tay từ giã mọi người** to wave goodbye to everyone

khóc *v.* to weep, to cry; to mourn for: **khóc như mưa** to cry bitterly; **than khóc** to mourn

khóc lóc *v.* to cry, to whimper

khóc nức nở *v.* to sob

khóc oà *v.* to burst into tears

khóc rưng rức *v.* to cry aloud

khóc sụt sịt *v.* to sob, to weep

khóc sướt mướt *v.* to cry bitterly

khóc than *v.* to wail

khóc thầm *v.* to cry or weep silently or inwardly

khoe *v.* to boast, to show off

khoe khoang *adj., v.* boastful; to show off

khoé *n.* corner [of eye **mắt**]; trick, ruse: **mánh khoé** trick

khoẻ *adj.* strong; healthy: **ăn khoẻ** to have a big appetite; **sức khoẻ** healthy; strength

khoẻ khoắn *adj.* healthy

khoẻ mạnh *adj.* strong; healthy

khoèo *adj.* bent, curved

khoét *v.* to bore, to dig a hole

khói *n.* smoke, fumigation: **hương khói** incense and smoke; ancestor worship

khói lửa *n.* war, warfare

khỏi *v.* to recover, to avoid, to escape, away from: **rời khỏi** to leave

khom *v.* to be bent, to be curved; to bend one's back

khóm *n.* clump, cluster

khọm *adj.* aged, decrepit

khô *adj.* dry [*opp.* **ướt**], withered [*opp.* **tươi**]: **phơi khô** to dry [in the sun]

khô cằn *adj.* arid, barren

khô dầu *n.* oil cake

khô đét *adj.* withered, shrivelled up

khô héo *adj.* wilted

khô khan *adj.* dry, arid; [of heart] indifferent

khô ráo *adj.* dry, arid

khố *n.* string; belt, loin-cloth: **đóng khố** to wear a loin-cloth

khổ 1 *adj.* unhappy, wretched, miserable: **cực khổ** suffering 2 *n.* width [of fabric]

khổ chủ *n.* host

khổ công *v.* to take great pains

khổ cực *adj.* suffering hardship

khổ hạnh *adj.* ascetic

khổ não *adj.* miserable, deplorable

khổ nhục *adj.* humiliating, disgraceful

khổ qua *n.* bitter melon (= **mướp đắng**)

khổ sai *n.* hard labor: **bị kết án mười năm tù khổ sai** to be sentenced to ten years of hard labor

khổ sở *adj.* wretched, miserable, agonizing

khổ tâm *adj.* painful

khổ thân *adj., v.* painful; to suffer

khốc hại *adj.* disastrous

khốc liệt *adj.* fierce, raging, highly devastating

khôi hài *adj.* humorous, joking

khôi ngô *adj.* good-looking, handsome; bright

khôi phục *v.* to recover [something lost], to restore, to establish

khối 1 *n.* mass, bloc, volume, bulk 2 *adj.* a lot, many, plenty of

khối lượng *n.* volume, amount

khôn *adj.* clever, wise, prudent shrewd, artful [*opp.* **dại**]

khôn hồn *exclam.* Be wise!

khôn khéo *adj.* clever, smart, artful, shrewd

khôn ngoan *adj.* clever, wise, prudent

khôn thiêng *adj.* [of spirits] powerful

khốn *adj.* to be in difficulty, in danger: **khốn nỗi** unfortunately

khốn cùng *n.* poverty, dire poverty, utter misery

khốn đốn *adj.* in a tough position

khốn khổ *adj.* miserable, suffering, wretched; pained, poor

không *adj.* not [precedes main verb] (= **chẳng, chả**); no; to be without: **ăn không** to eat without paying; **tay không** empty-headed

không có chi or **không có gì** *adj.* not at all, you're welcome

không đâu *adj.* unfounded

không gian *n.* space

không kể *adv.* not counting, not including, excluded

không khí *n.* air; atmosphere

không quân *n.* Air Force

không sao *adv.* it doesn't matter

không tiền (khoáng hậu) *adj.* unprecedented

không trung *n.* in the air; space

không tưởng *adj.* utopian: **kế**

hoạch không tưởng a utopian plan

không vận *n.* air transport

khống chế *v.* to control

Khổng *n.* Confucius

Khổng giáo *n.* Confucianism

khổng lồ *adj.* gigantic, colossal

khờ *adj.* credulous, dumb, gullible: **khù khờ, khờ dại** naive

khơi 1 *n.* open sea: **ngoài khơi** off the coast [of] 2 *v.* to dig [up]; to enlarge, to widen, to arouse

khơi mào *v.* to instigate, to promote, to introduce

khởi *v.* to begin, to start (= **bắt đầu**): **khởi sự, khởi đầu** to begin

khởi binh *v.* to raise troops

khởi chiến *v.* to start hostilities

khởi công *v.* to begin work

khởi đầu *v.* to begin, to start

khởi điểm *n.* starting point, departure

khởi hành *v.* to set out, to depart

khởi hấn *v.* to start hostilities

khởi loạn *v.* to rise up, to rebel

khởi nghĩa *v.* to lead a nationalist revolt

khởi nguyên *n.* original

khởi phát *v.* to begin, to start

khởi sắc *v.* to prosper, to thrive

khởi sự *v.* to begin [work]

khởi thảo *v.* to sketch, to outline, to draft [text]

khởi thuỷ *adv., adj.* beginning, starting; original

khởi tố *v.* to start a lawsuit

khởi xướng *v.* to instigate, to take the initiative

khớp *n.* articulation, joint

khớp xương *n.* joint

khu 1 *n.* area, district, section, sec-

tor: **đặc khu** district; **quân khu** military district; **phân khu** sub area 2 *n.* bottom, buttocks

khu biệt *v.* to distinguish, to discriminate

khu trừ *v.* to eradicate

khu vực *n.* area, zone

khú *v.* [of salted vegetables] to smell bad

khù khờ *adj.* slow-witted

khù khụ *adv.* [to cough] loudly

khụ *adj.* very old and bent

khua *v.* to stir up; to beat [drum, gong] noisily, thump: **khua tay** to throw arms up, to gesticulate

khuân *v.* to carry [a heavy thing]: **phu khuân vác** porter

khuất 1 *v., adj.* to hide; hidden: **Khuất mặt cách lòng.** Out of sight, out of mind. 2 *v.* to yield

khuất gió *adj.* sheltered from the wind

khuất nẻo *adj.* remote

khuất núi *adj.* deceased

khuất phục *v.* to submit oneself to, to surrender

khuất tất *v.* to kneel down, to bow; to humble oneself

khuây *v.* to become calm, to be relieved [from grief, nostalgia]

khuây khoả *adj.* to be relieved [from grief, nostalgia]

khuấy *v.* to stir up

khúc *n.* section, portion: **khúc nhạc** a section of songs

khúc chiết *adj.* coherent, precise

khúc khích *v.* to giggle

khúc khuỷu *adj.* [of a road] winding, tortuous

khuê nữ *n.* young feudal woman

khuếch *v.* R to enlarge, to amplify

khuếch đại *v.* to enlarge, to amplify

khuếch khoác *v.* to boast, to brag

khuếch tán *v.* to spread out, to scatter

khuếch trương *v.* to expand, to develop: **khuếch trương thương vụ** to expand one's business

khui *v.* to open, to unpack

khum khum *adj.* arched, bent

khúm núm *v.* to be too humble or ceremonious, to be obsequious

khung *n.* frame, framework: **đóng khung** to frame a picture

khung cảnh *n.* context, scenery

khung cửi *n.* loom

khùng *adj.* furious, mad, crazy: **phát/đâm khùng** to become/get mad or crazy

khủng bố *v.* to terrorize: **tên khủng bố** terrorist

khủng hoảng *n.* crisis: **kinh tế khủng hoảng** economic crisis

khủng khiếp *adj.* horrible, awful

khuôn *n.* mold, model, pattern

khuôn khổ *n.* shape and size; framework

khuôn mặt *n.* [shape of] face

khuôn mẫu *n.* model, example

khuôn phép *n.* discipline, regulation

khuy *n.* button: **cài khuy** to button

khuy bấm *n.* snap [button]

khuya *adj.* late [at night]

khuya khoắt *adj.* late [at night]

khuya sớm *n.* night and day, morning and evening

khuyên 1 *v.* to advise: **lời khuyên** advice 2 *n.* circle, earring

khuyên bảo *v.* to advise, to counsel

khuyên can *v.* to advise against something, to persuade someone

khuyên giải *v.* to comfort, to explain

khuyên ngăn *v.* to advise against something

khuyên nhủ *v.* to advise, to counsel

khuyên răn *v.* to admonish

khuyến học *v.* to encourage learning

khuyến khích *v.* to encourage, to stimulate

khuyến nông *v.* to encourage agriculture

khuyển *n.* dog (= **chó**)

khuyển mã *n.* beast

khuyển nho *adj.* cynical

khuyết 1 *n.* buttonhole, loop [used as a buttonhole] 2 *adj.* [of position] missing, vacant; [of moon] not full

khuyết điểm *n.* shortcoming, defect, error, negative points

khuyết tịch *adj.* absent

khuynh diệp *n.* eucalyptus

khuynh đảo *v.* to overthrow

khuynh gia bại sản *adj.* ruinous, bankrupted

khuynh hướng *n.* tendency

khuỳnh *v.* to spread out one's arms, to be akimbo

khuỳnh chân *v.* to straddle one's legs

khuỷu *n.* elbow: **khuỷu tay** elbow

khuỵu *v.* to collapse: **ngã khuỵu** to fall and collapse

khư khư *v.* to hold tight, to guard jealously, to retain stubbornly

khứ hồi *v., n.* to go and come back; round trip

khừ khừ *v.* to groan, to moan

khử *v.* to get rid of, to dispose of

khử trừ *v.* to eliminate, to eradicate

khứng *v.* to consent, to accept

khước *v.* to refuse, to decline

khước từ *v.* to decline

khứu giác *n.* sense of smell

khướt *adj.* tired, worn out

ki cóp *adj., v.* stingy; to only collect small things

ki-lô *n.* [Fr. *kilogram*] kilogram

ki-lô mét *n.* [Fr. *kilometre*] kilometer

kí *n.* [Fr. *kilogram*] kilogram

kì *v.* to rub [dirt] off

kì kèo *v.* to nag, to reproach; to argue about the cost

kia **1** *pron.* there, that **2** *adj., adv.* that, other; before: **hôm kia** day before yesterday; **trước kia** formerly; **một ngày kia** some day [in the future]

kia kìa *adv.* over there

kìa *adv.* over there, yonder [more distant than **kia**]: **năm kìa** three years ago; **hôm kìa** three days ago

kích **1** *n.* halberd **2** *n.* size, measurement, part of dress under the arm-holes **3** *v.* to jack

kích bác *v.* to disparage/criticize

kích động *v.* to arouse, to impact

kích thích *v.* to excite, to stimulate

kích thích tố *n.* hormone

kích thước *n.* size, measurements

kịch *n.* play, drama, theater: **diễn kịch** to perform; **đóng kịch** to have a part in a play; to fake, to pretend; **hài kịch** comedy

kịch bản *n.* play script, scenario

kịch chiến *n.* fierce fighting

kịch liệt *adj.* violent, fierce

kịch sĩ *n.* actor, actress

kịch trường *n.* the theater

kiêm *v.* to cumulate [functions]

kiêm toàn *v.* to complete

kiếm **1** *v.* [= **tìm**] to seek, to search for: **kiếm việc làm** to look for work **2** *n.* sword, foil

kiếm ăn *v.* to make one's living

kiếm cách *v.* to find out a way of doing something

kiếm chác *v.* to make profits

kiếm chuyện *v.* to make trouble, to pick a quarrel

kiếm cung *n.* sword and bow

kiếm thuật *n.* swordsmanship, fencing

kiềm *v.* to hold back, to restrain

kiềm chế *v.* to keep in check, to restrain, to control

kiềm tỏa *v.* to restrain, to bind

kiểm *v.* to verify, to control, to examine, to inspect [baggage, goods]; to check

kiểm duyệt *v., n.* to censor; censorship

kiểm điểm *v.* to review

kiểm đốc *v.* to manage, to supervise

kiểm giá *v.* to control prices

kiểm khảo *v.* to examine, to investigate

kiểm lâm *n.* forestry [service]

kiểm nhận *v.* to control, to stamp visas; **dấu kiểm nhận** visa stamp

kiểm sát *v.* to inspect, to check

kiểm soát *v.* to control, to examine, to check

kiểm thảo *v.* to review one's work, to criticize: **tự kiểm thảo** to be self-critical

kiểm tra *v.* to control, to inspect,

to examine, to take a census

kiên *adj.* strong, solid; patient

kiên chí *n.* determination, steadfastness

kiên cố *adj.* strong, well-built

kiên định *adj.* steadfast, firm: **lập trường kiên định** firm attitude

kiên gan *adj.* patient, persevering

kiên nhẫn *adj.* patient, long-suffering: **Hãy kiên nhẫn!** Be patient!

kiên quyết *adj., v.* determined; to be determined, with determination: **kiên quyết hành động** to be determined for action

kiên tâm *v., adj.* to be patient; patient, steadfast

kiên trì *v.* to hold fast, to keep firmly, to stick to

kiên trinh *adj., v.* [of woman] loyal, to be faithful

kiến *n.* ant: **con ong, cái kiến** small things, small people; **đông như kiến** crowded, numerous

kiến giải *n.* view, interpretation, insight

kiến hiệu *adj.* effective, efficacious

kiến lập *v.* to establish

kiến nghị *n.* motion, proposal, resolution

kiến quốc *v.* to build up the nation

kiến tạo *v.* to create, to establish

kiến thị *adj.* seen [and approved]

kiến thiết *v.* to build [up], to rebuild, to construct

kiến thức *n.* knowledge

kiến trúc sư *n.* architect

kiến văn *n.* knowledge, learning

kiện 1 *n.* bale, package: **bưu kiện** parcel post 2 *v.* to sue: **một vụ kiện** a lawsuit; **thầy kiện** lawyer;

thua kiện to lose one's case

kiện cáo *v.* to sue someone

kiện toàn *v.* to consolidate, to be complete, to strengthen

kiện tụng *v.* to take out a lawsuit, to sue someone

kiện tướng *n.* champion, star, ace

kiêng *v.* (= **cử**) to avoid, to abstain from: **kiêng làm việc nặng** to avoid heavy work

kiêng dè *v.* to economize, to save, to be cautious

kiêng nể *v.* to have regard and consideration for, to respect

kiểng 1 *n.* iron tripod used as stove 2 *n.* necklace, bracelet

kiểng *n.* gong

kiễng *v.* to stand on tiptoe

kiếp *n.* existence, life [as something inevitable, according to Buddhism]: **số kiếp** destiny

kiết 1 *n.* dysentery 2 *adj.* poor, penniless: **kiết cú/kiết xác** stingy, penniless

kiệt 1 *adj.* stingy, miserly, mean 2 *adj.* exhausted, worn out; no more

kiệt lực *adj.* to be physically exhausted

kiệt quệ *adj., v.* [of finances, economic situation] being at the lowest ebb; to be worn out

kiệt tác *n.* masterpiece

kiệt xuất *adj.* outstanding, pre-eminent

kiêu *adj.* arrogant, proud, vainglorious: **kiêu hãnh** to be proud of

kiêu ngạo *adj.* arrogant, haughty

kiếu *v.* to refuse, to decline

kiều *n.* R (= **cầu**) bridge

kiều bào *n.* compatriot [abroad],

overseas national

kiều dân *n.* immigrant, resident [alien]

kiều diễm *adj.* graceful, charming, attractive

kiều lộ *n.* bridges and roads

kiểu *n.* model; fashion, style

kiểu cách *adj.* affected, unnatural

kiểu mẫu *n.* model, example

kiệu 1 *n.* sedan chair, carriage 2 *n.* pickled scallion 3 *n.* trot

kim 1 *n.* needle, pin; [clock] hand: **xỏ kim** to thread a needle 2 *n.* R gold (= **vàng**); metal: **bạch kim** platinum; **hợp kim** alloy 3 *adj.* R present, modern; now (= **nay**) [*opp.* **cổ**]: **từ cổ chí kim** from ancient times up to now

kim băng *n.* safety pin

kim chỉ *n.* needlework, sewing

kim chỉ nam *n.* compass; guide, handbook, manual

kim cổ *n.* the past and the present

kim cương *n.* diamond

kim hoàn *n.* goldsmith, silversmith

kim khí *n.* metal

kim loại *n.* metal

kim ngạch *n.* turnover

kim tiền *n.* money

kim tinh *n.* Venus [the planet]

kim tự tháp *n.* pyramid

kim văn *n.* modern literature [as opp. to **cổ văn**]

kìm 1 *v.* to restrain, to rein 2 *n.* pincers, pliers

kín *adj.* tight, covered, secret: **đậy kín** to be covered [pot, container]; **hội kín** secret society

kín đáo *adj.* secretive, secret: **cất vào nơi kín đáo** to keep in a secret place

kín miệng *adj.* discreet, undisclosed: **giữa kín miệng không nói với ai** to keep secret

kinh 1 *adj.* terrified, frightened 2 *n.* capital city, metropolis 3 *n.* prayer-book, sacred book, the Bible 4 *n.* Viet nationality [as opp. to ethnic groups in Vietnam]

kinh bang tế thế *v.* to govern the state and help humanity

kinh doanh *v., n.* to carry on business; trade, commercial enterprise

kinh điển *n.* classics, canonical books

kinh đô *n.* capital city

kinh hãi *adj.* frightened

kinh hoàng *adj.* frightened, scared

kinh hoảng *adj.* frightened, scared

kinh hồn *adj.* frightened out of one's wits

kinh kệ *n.* Buddhist prayer books

kinh khủng *adj.* frightful, awful, horrible

kinh kỳ *n.* capital

kinh lịch *n.* experience

kinh luân *n.* supervision, administration; administrative skill

kinh lý *v., n.* to inspect; inspection

kinh ngạc *adj., v.* astounded; to be stupefied

kinh nghiệm *v., adj., n.* to experience; experienced; experience

kinh nguyệt *n.* menses

kinh niên *adj.* chronic: **bệnh kinh niên** chronic illness

kinh phí *n.* expenses: **kinh phí đi lại** traveling expenditures

kinh qua *v.* to undergo, to suffer

kinh sợ *adj.* afraid, frightened

kinh sử *n.* classics and history

kinh tế *n.* economy: **kinh tế học** economics

kinh thánh *n.* the Bible

kinh thành *n.* capital, metropolis

kinh tuyến *n.* longitude, meridian

kinh viện *n.* academic

kính **1** *n.* glass [the material]; eye glasses [CL **đôi, cặp**]; optical instrument: **đeo/mang kính** to wear glasses; **cửa kính** glass window **2** *v.* to respect, to honor: **tôn kính** to honor

kính ái *adj.* loving and respectful

kính bẩm *v.* to report respectfully [used in addressing superior]

kính cáo *n.* respectfully yours [at the end of leaflet]

kính cẩn *adj.* respectful, deferential

kính chúc *v., n.* to treat someone respectfully; respectful wishes

kính dâng *v.* to present offers respectfully

kính hiển vi *n.* microscope

kính mời *v.* to invite respectfully

kính nể *v.* to have regard and consideration for

kính phục *v.* to admire

kính râm *n.* sun-glasses

kính tặng *v.* to present respectfully

kính thiên lý *n.* telescope

kính thiên văn *n.* telescope

kính thỉnh *v.* to invite respectfully

kính thưa *v., n.* to report respectfully; particle of address to senior or elderly

kính trình *v.* to report respectfully

kính trọng *v.* to respect

kính viễn vọng *n.* telescope

kính viếng *v.* to pay one's last tribute/respects

kính yêu *adj.* revered and loved

kình **1** *n.* whale **2** *v.* to be in conflict, to be opposed

kình địch *v.* to be in opposition, to be at enmity with

kíp **1** *adj.* urgent, pressing, hurried **2** *n.* (= **ca**) shift: **kíp làm đêm** night shift

kịp *v.* to be or act in time, to be on schedule

kịp thời *adv.* in time, timely

kịt *adj.* dark, black, dense: **đen kịt** all black

ký *v.* to sign; to record: **chữ ký** signature; **nhật ký** diary

ký giả *n.* newsman, correspondent

ký hiệu *n.* symbol, sign; code

ký kết *v.* to sign, to conclude [agreement, pact]

ký nhận *v.* to make out receipt

ký quỹ *v.* to deposit [security money]

ký sinh trùng *n.* parasite

ký sự *n.* memoirs, essays

ký thác *v.* to entrust

ký túc xá *n.* boarding school, dormitory

ký ức *n.* memory

kỳ **1** *n.* R flag (= **cờ**): **quốc kỳ** national flag **2** *n.* fixed time or space of time, term: **học kỳ** term, session **3** *n.* administrative division of Vietnam [under French domination] **4** *adj.* strange, extraordinary (= **la**)

kỳ an *n.* praying for good health

kỳ ảo *adj.* miraculous

kỳ án *n.* strange case

kỳ công *n.* exploit, marvelous achievement

kỳ cục *adj.* strange, funny, odd

kỳ cùng *adv.* to the end

kỳ cựu *adj.* old, veteran, experienced: **cầu thủ kỳ cựu** very old experienced player

kỳ dị *adj.* strange, odd

kỳ diệu *adj.* marvelous, wonderful

kỳ duyên *n.* wonderful love

kỳ dư *n.* the rest: **kỳ dư không thay đổi** otherwise no change

kỳ đài *n.* platform for a ceremony

kỳ hạn *n.* date, term

kỳ hào *n.* village elder

kỳ hình *n.* odd appearance

kỳ khôi *adj.* unusual, very odd

kỳ lạ *adj.* strange, extraordinary

kỳ ngộ *n.* chance meeting, unexpected meeting

kỳ phùng địch thủ *n.* adversaries of equal talent

kỳ quái *adj.* strange, odd

kỳ quan *n.* wonder: **bảy kỳ quan thế giới** the seven wonders of the world

kỳ quặc *adj.* odd, funny

kỳ tài *n.* extraordinary talent

kỳ thật *adv.* actually, in reality

kỳ thị *v.* to discriminate: **kỳ thị chủng tộc** racial discrimination

kỳ thú *adj.* interesting

kỳ thuỷ *adv.* at the beginning

kỳ vọng *v.* to wish for, to pray for

kỷ luật *n.* discipline, codes of conduct: **có tinh thần kỷ luật** to follow the codes of conduct

kỷ lục *n.* record, best performance

kỷ nguyên *n.* era: **kỷ nguyên mạng vi tính toàn cầu** Internet era

kỷ niệm 1 *n.* to commemorate **2** *n.* souvenir: **cửa hàng bán đồ kỷ niệm** a souvenir shop

kỷ yếu *n.* proceedings, a summary

record of

kỹ *adj.* careful: **việc làm kỹ** careful work

kỹ càng *adj.* (= **kỹ lưỡng**) careful, thorough

kỹ năng *n.* skill

kỹ nghệ *n.* industry: **kỹ nghệ nhẹ** light industry

kỹ sư *n.* engineer: **kỹ sư cầu đường** a civil engineer

kỹ thuật *n.* technology; technique: **khoa học kỹ thuật tân tiến** modern science and technology

L

la 1 *n.* mule **2** *v.* to shout, to scream; to scold

la bàn *n.* compass

la cà *v.* to loiter, to hang around

la đà *v.* [of branches] to be swaying; to reel, to move unsteadily

la hét *v.* to roar, to scream

la làng *v.* to shout for help

la liệt *adv.* everywhere, all over

la lối *v.* to yell, to scold [to show one's authority]

la mắng *v.* to scold

La Mã *n.* Rome, Roman

la ó *v.* to protest noisily, to boo

lá 1 *n.* leaf: **lá chuối** banana leaf **2** *n.* classifier noun, card, form: **lá bài** playing card; **lá đơn** application form; **lá thư** letter

lá chắn *n.* shield, screen, shutter

lá thắm *n.* love message

là 1 *v.* to be, to be equal **2** *v.* to iron, to press (= **ủi**): **là quần áo** to iron clothes; **bàn là** an iron **3** *intj.* [final particle]; How!

4 *conj.* then

lả *adj., v.* exhausted; to be prone; to droop: **mệt lả** exhausted

lả lơi *adj., v.* lascivious; to indulge in, be familiar with

lả lướt *adj.* limp, listless

lả tả *v.* to be scattered

lã chã *v.* [of tears] to drip

lạ *adj.* [SV **kỳ**] strange, unusual, extraordinary, odd, foreign; not to be familiar with: **người lạ** stranger; **Lạ quá!** How strange!

lạ đời *adj.* strange, odd, queer, eccentric: **ăn nói lạ đời** to say something strange

lạ kỳ *adj.* strange: **ăn mặc quần áo lạ kỳ quá** to wear strange clothes

lạ lùng *adj.* strange, unknown, extraordinary, odd

lạ mặt *adj.* strange, unknown [face]: **kẻ lạ mặt** stranger

lạ miệng *adj.* strange-tasting, eaten for the first time

lạ tai *adj.* strange-sounding, heard for the first time

lạ thường *adj.* unusual, extraordinary

lác *adj.* squint-eyed, cross-eyed

lác đác *adj.* scattered

lạc **1** *v.* to be lost, to lose one's way: **lạc đường/lạc lối** to lose one's way **2** *n.* (= **đậu phụng**) peanut, shelled peanut, groundnut: **lạc rang** roasted peanuts; **dầu lạc** peanut oil; **bơ lạc** peanut butter

lạc bước *v.* to rove, to wander

lạc cảnh *n.* paradise

lạc đà *n.* camel

lạc đề *v.* to get off the subject, to be irrelevant to the subject

lạc điệu *adj.* tuneless: **hát lạc điệu** to sing out of tune

lạc giọng *adj.* off-key

lạc hậu *adj.* backward, under-developed

lạc loài *adj.* alone in a strange land

lạc lõng *adj.* alone, lost in a strange place

lạc nghiệp *v.* to enjoy one's work, to be content with one's lot

lạc quan *adj.* optimistic

lạc quyên *v.* to raise funds

lạc thú *n.* pleasure

lạc viên *n.* paradise

lách **1** *v.* to make one's way **2** *n.* spleen

lách cách *v.* to clink, to clatter, to clash, to rattle

lách tách *v.* to crackle, to crepitate

lạch *n.* canal, waterway

lạch bạch *v.* to waddle, to toddle

lạch cạch *v.* See **lách cách**

lạch đạch *v.* to waddle

lạch tạch *v.* See **lách tách**

lai **1** *adj.* half-breed, crossbreed, hybrid: **Tây lai** Eurasian [person of mixed French and Vietnamese blood]; **Tầu lai** person of mixed Chinese and Vietnamese blood **2** *n.* turn-up, hemline

lai căng *adj.* miscellaneous

lai giống *v.* to cross breed

lai láng *v.* [of feeling] to be over-flowing

lai lịch *n.* background, curriculum vitae, past record

lai rai *adj.* dragging on

lai tỉnh *v.* to regain consciousness

lai vãng *v.* to frequent [a place]

lái *v.* to steer, to drive [ship, automobile, plane]: **lái xe hơi** to drive a car; **tay lái** steering wheel

lái buôn *n.* merchant, dealer, trader: **lái lợn** pig seller

lái đò *n.* boatman, bargeman

lải nhải *v.* to mutter on and on

lãi *n.* profit, dividend, interest: **lãi ba phân** three percent interest

lại 1 *v.* to come, to arrive: **để lại** to leave [behind]; to resell; **tóm lại** to sum up; in short; **đi đi lại lại** to go back and forth **2** *adv.* again, back: **trả lại** to return; to give the change; **đem lại** to bring again; **qua lại** to go back and forth; to come and go, to frequent; **quay lại** to turn around; **đánh lại** to fight back, **trái lại** on the contrary; **ngược lại** conversely; **gói lại** to wrap up; **buộc lại** to tie [package] up; **trói lại** to tie [person] up; **hoàn lại** to return, to refund

lại sức *v.* to recover one's strength

lam lũ *adj.* ragged and dirty

lam nham *adj.* bungled

làm *v.* to do, to make; to work; (= **hành**) to act; to be done

làm ăn *v.* to earn one's living

làm bạn *v.* to be a friend to; to get married to

làm bằng *v.* to serve as evidence, to give evidence

làm bộ *v.* to be arrogant/haughty

làm cao *v.* to put on airs, to play hard to get

làm cỏ *v.* to weed; to massacre

làm công *v.* to work [for **cho**]

làm chứng *v.* to be the witness

làm dáng *v.* to give undue attention to dress

làm dịu *v.* to abate, to ease

làm duyên *v.* to mince; to attract

làm đỏm *v.* to be coquettish

làm giả *v.* to counterfeit, to fake

làm giàu *v.* to get rich, to enrich

làm gương *v.* to set an example: **làm gương cho trẻ con** to set an example for the children

làm hỏng *v.* to wreck, to foul up

làm khách *v.* to be formal, to stand on ceremony

làm lành *v.* to make it up with

làm lẽ *v.* to become someone's concubine

làm lễ *v.* to hold a ceremony

làm loạn *v.* to rebel, to riot; to raise hell

làm lông *v.* to pluck

làm lơ *v.* to ignore, to turn a blind eye to

làm lụng *v.* to work

làm ma *v.* to hold burial rites for

làm mai *v.* to act as a matchmaker

làm mẫu *v.* to serve as a model

làm ơn *v.* to do the favor

làm phách *v.* to put on airs

làm quen *v.* to make the acquaintance of

làm reo *v.* to go on strike

làm ruộng *v.* to do farming

làm sao *adv.* why, how

làm tàng *v.* to behave arrogantly

làm thinh *v.* to keep silent

làm thịt *v.* to kill for food

làm tiền *v.* to make money

làm tôi *v.* to serve as a servant

làm trai *v.* to behave like a man

làm trò *v.* to make fun, to perform funny antics, to clown

làm tròn *v.* to fulfill

làm việc *v.* to work, to be busy at work

lảm nhảm v. to mumble, to rave, to talk about trifles

lạm v. to abuse [power, etc.], to do something in excess

lạm dụng v. to abuse, to take advantage of, to misuse: **lạm dụng quyền hành** to abuse power

lạm phát v. to inflate, to issue too much [paper currency]

lạm quyền v. to abuse power

lan n. orchid, iris

lan v. [of water, fire, vegetation] to spread

lan can n. rail, parapet

lan tràn v. to spread all over, to overflow

làn 1 n. classifier for waves on water or hair etc.: **làn khói** trails of smoke 2 n. handbasket

lang 1 n. wolf: **lòng lang dạ thú** to have a wolf's heart and a beast's feelings 2 n. herb doctor, Vietnamese physician

lang bang v. to roam about, to be frivolous

lang bạt v. to roam around, to be an adventurer

lang băm adj. quack

lang chạ adj., v. mixed; lewd; to sleep around

lang quân n. [my] husband

lang thang v. to wander

lang vườn n. quack

lang y n. Vietnamese physician

láng adj. shiny, glossy (= **bóng**): **sàn nhà láng** shiny floor

láng giềng n. neighbor

làng n. village, commune; circles, world: **dân làng** villager

làng chơi n. playboys; prostitutes [collectively]

làng mạc n. village [inhabitants]

làng nước n. village [inhabitants]

làng xóm n. village [inhabitants], co-villagers, people, neighbors

làng văn n. writers [collectively]

lảng 1 v. to sneak away 2 adj. absent-minded: **lảng trí** absent-minded

lảng tai adj. hard of hearing

lảng vảng v. to hang around, to roam around, to loiter around

lãng du v. to roam around, to wander

lãng mạn adj. romantic

lãng phí v. to waste: **lãng phí thì giờ** to waste time

lãng quên v. to forget

lãng tử n. vagabond

lạng 1 n. a tael, *liang* [a measure of weight equivalent to 378 grams] 2 v. to slice [meat], to carve: **lạng mấy lát thịt nạc** to carve a few lean slices

lanh adj. (= **nhanh**) fast, quick; intelligent: **lanh trí** intelligent

lanh lảnh adj. [of voice] piercing

lanh lẹ adj. agile, fast

lanh lẹn adj. agile, active

lánh v. (= **tránh**) to avoid, to keep away, to escape

lành 1 adj. mild, kind, meek, gentle: **người lành** kind people 2 adj. good [of climate]; healthy; [of clothes], in good condition; [of food] good to eat, healthy [opp. **độc**]: **lành mạnh** healthy

lành lạnh adj. a little chilly

lành lặn adj. intact, unbroken, whole, safe and sound: **ăn mặc lành lặn** decently dressed

lành mạnh adj. healthy, strong

lãnh *adj.* shrill [of voice]

lãnh 1 *v.* (= **lĩnh**) to receive, to draw [salary, supplies] 2 *n.* glossy silk, taffeta

lãnh binh *n.* military commander

lãnh đạm *adj.* cold, indifferent

lãnh đạo *v.* to lead: **cấp lãnh đạo** leaders; **tài lãnh đạo** leadership

lãnh giao *v.* to receive instruction(s)

lãnh hải *n.* territorial waters

lãnh hoá giao ngân *n.* cash on delivery [C.O.D.]

lãnh hội *v.* to comprehend

lãnh không *n.* air space

lãnh sự *n.* consul

lãnh thổ *n.* territory

lãnh tụ *n.* leader: **lãnh tụ đối lập** opposition leader

lãnh vực *n.* aspect; field, domain

lạnh *adj.* cold: **tủ lạnh** fridge; **nóng lạnh** fever, malaria

lạnh buốt *adj.* icy cold

lạnh lẽo *adj.* cold, wintry; deserted, lonely and cold, indifferent

lạnh lùng *adj.* cold, indifferent

lạnh ngắt *adj.* very cold

lao 1 *v.* to throw: **lao mình xuống nước** to throw oneself into the water 2 *n.* javelin; pole 3 *n.* tuberculosis: **bị lao phổi** to have tuberculosis

lao công *n.* labor: **lao công cưỡng bách** forced labor

lao đao *adj.* unstable, unsteady

lao động *v., n.* to toil/labor; laborer, worker: **dân lao động** working people

lao khổ *n.* labor, hardship, hard work: **cuộc sống lao khổ** a life of hardship

lao lực *v.* to be physically exerting, to be over-exerting

lao tâm *n.* sorrow, worry, grief; mental work

lao tù *n.* prison, jail

lao tư *n.* labor and capital; workers and capitalists

láo *adj., v.* insolent, impertinent; to be false, nonsensical; to lie

láo lếu *adj.* insolent, impolite, impertinent; careless, unreliable

láo nháo *adj.* badly mixed

láo xược *adj.* insolent, impudent

Lào *n.* Laos, Laotian

lào xào *v.* to whisper; to rustle

lảo đảo *v.* to stagger, to totter

lão *adj.* old, aged, elderly (= **già**)

lão ấu *n.* old and young: **nam phụ lão ấu** men and women, young and old, everyone

lão bộc *n.* old servant

lão giáo *n.* Taoism

lão luyện *adj.* experienced, skilled

lão mẫu *n.* old mother

lão thành *adj.* old and experienced

Lão Tử *n.* Lao Tze

lạo xạo *adj.* scratching

lạp xường *n.* Chinese sausage

lát 1 *adj.* short, instant, moment (= **chốc**) 2 *v.* to pave, to cover [road, floor]

lạt 1 *n.* bamboo string 2 *adj.* (= **nhạt**) to be watery, insipid, flat, not sweet enough [*opp.* **ngọt**]; not salted [*opp.* **mặn**]: **Canh nhạt quá.** The soup is not salted.

lạt lẽo *adj.* (= **nhạt nhẽo**) watery, insipid, tasteless; light; cold, cool, indifferent

Lạt ma *n.* Lama

lau 1 *v.* to wipe, to clean, to mop: **giẻ lau** dust cloth, rag; **khăn lau** towel, rag 2 *n.* reed, *arundinaceous* cane

lau chùi *v.* to dust [with a cloth], to clean

lau dầu *v.* to lubricate, to clean

lau nhau *v.* [of children] to swarm

láu *adj.* [of child] smart, clever

láu lình *adj.* mischievous, roguish; sharp, smart, clever

láu táu *v.* to act or to talk fast and thoughtlessly

làu nhàu *v.* to grumble, to complain

lay *v.* to shake, to push: **lung lay** to move, to budge

láy *v.* to repeat

lạy *v.* to bow low; to kowtow, to prostrate oneself before; to pray; to greet with a kowtow

lắc *v.* to shake with side-to-side motions: **lúc lắc** to move, to sway

lắc chuông *v.* to ring a bell

lắc la lắc lư *v.* See **lắc lư**

lắc lư *v.* to swing, to sway, to rock

lăm *num.* five [when preceded by a numeral in the ten]: **hai mươi lăm** twenty five

lăm lăm *v.* to keep [weapon] ready

lăm le *v.* to be eager to, to want very much to [get something]

lắm *adj., adv.* much, many, plenty of; very much: **tốt lắm** very good

lắm điều *adj.* talkative, gossipy, quarrelsome

lắm kẻ *n.* many people

lắm khi *adj.* many times

lắm lúc *adj.* many times

lắm mồm *adj.* talkative, gossipy, quarrelsome

lắm phen *adj.* many times

lăn *v.* to roll

lăn chiêng *v.* to fall flat

lăn đùng *v.* to fall, to collapse; to drop dead

lăn kềnh *v.* to fall flat

lăn lóc *v.* to have/experience hardships; to lie around, to wallow

lăn long lóc *v.* to roll about

lăn lộn *v.* to have/experience hardships; to lie around

lăn tay *v.* to take fingerprints

lăn tăn *v.* to drizzle

lăn xả *v.* to hurl oneself at, to throw oneself into [vào]

lằn *n.* wale, streak

lặn *v.* to be under the water, to dive, to set: **thợ lặn** diver

lặn lội *v.* to go through a lot of trouble

lăng *n.* royal tomb

lăng kính *n.* prism

lăng loàn *adj.* [of woman] pert, saucy

lăng mạ *v.* to insult

lăng nhăng *adj.* purposeless, thoughtless; irresponsible; flirtatious

lăng nhục *v.* to insult

lăng quăng *v.* to run around

lăng tẩm *n.* imperial tomb

lăng trụ *n.* prism: **khối lăng trụ thẳng** right prism

lăng xăng *v.* to bustle, to act as a busybody, to be an eager beaver

lắng 1 *v.* to lend [an ear]; to try to listen 2 *v.* to settle, to abate

lằng nhằng *v.* to drag; to be confused

lẳng *adj.* flirtatious

lẳng lơ *adj.* flirtatious, sexy

lẳng lặng *v.* See **lặng**

lẵng *n.* a handled basket

lặng *adj.* silent, quiet: **im/yên lặng** quiet

lặng lẽ *adv.* silently, quietly

lắp *v.* (= **ráp**) to assemble, to join, to put together [*opp.* **tháo**]; to load [bullet **đạn**]: **lắp đạn vào súng** to load bullets into a gun

lắp bắp *v.* to stutter, to stammer

lắt léo *v., adj.* winding; to be delicate, involved

lắt nhắt *adj.* tiny, minute

lặt vặt *adj.* miscellaneous, sundry

lấc cấc *adj.* rude, impertinent

lâm *v.* to get into, to be hit by

lâm bệnh *v.* to fall sick, to be taken ill

lâm bồn *n.* childbirth

lâm chung *v.* to be about to die

lâm học *n.* forestry

lâm luỵ *adj.* involved, implicated

lâm ly *adj.* moving, doleful

lâm nguy *v.* to be in danger

lâm sản *n.* forest products

lâm thời *adj.* provisional, temporary, interim

lâm trận *v.* to be in action, to be in combat

lấm *v.* to be soiled, to stain with: **chân lấm tay bùn** to be dirty from farmwork, to soil

lấm la lấm lét *v.* See **lấm lét**

lấm lét *v.* to look furtively

lấm tấm *adj.* spotted, speckled

lầm *v.* (= **nhầm**) to be mistaken, to make a mistake; to confuse, to misunderstand: **sai lầm** to commit an error

lầm lầm *v.* to mumble, to grumble

lầm lẫn *v.* to be mistaken

lầm rầm *v.* to mutter, to murmur [as in praying]

lầm than *adj.* miserable, wretched

lầm bầm *v.* to mumble to oneself

lẩm cẩm *adj.* confused, crazy

lẩm nhẩm *v.* to mumble, to mutter

lẫm liệt *adj.* imposing, stately

lân **1** *n.* fabulous unicorn (= **sư tử**) **2** *n.* phosphorus **lân tinh**

lân bang *n.* neighboring country

lân cận *adj.* neighboring, adjoining

lân la *v.* to get near, to seek friendship

lân quốc *n.* neighboring country

lấn *v.* to infringe; to encroach upon: **xâm lấn** to invade

lần *n.* (= **bận, lượt**) time, turn, round: **hai lần** twice; **lần này** this time; **nhiều lần** several times, many times; **mỗi lần** each time

lần *v.* to search, to feel for; to grope one's way

lần bước *v.* to grope, to fumble along

lần hồi *adv.* from day to day

lần lượt *adv.* in turn, one after another in order

lần lữa *v.* to waver, to procrastinate; to postpone

lần mò *v.* to try cautiously; to look for [address]

lần thần *adj.* hesitant, wavering, slow in making up one's mind

lẩn *v.* to hide: **lẩn mặt** to hide

lẩn lút *v.* to hide, to conceal oneself

lẩn mẩn *adj.* frivolous

lẩn quất *v.* to hide or to be lurking around, to lurch

lẩn thẩn *adj.* dotty, cracked

lẫn *v., adj.* confused, mixed up, mistaken; each other, one another: **giúp đỡ lẫn nhau** to help one another

lẫn lộn *v.* to be mixed, to confuse

lận *v.* to cheat, to deceive: **cờ gian bạc lận** to cheat in games

lận đận *adj.* unsuccessful

lấp *v.* to fill in [hole, gap]; to cover: **che lấp** to cover, to hide

lấp lánh *v.* to shine, to sparkle

lấp ló *v.* to appear vaguely

lập *v.* to set up, to establish; **thành lập** to found, to establish, **sáng lập** to found; **tạo lập** to create; **thiết lập** to establish, to set up

lập cập *v.* to tremble, to shiver

lập công *v.* to do some meritorious work

lập dị *adj.* eccentric

lập hiến *adj.* [of monarchy] constitutional: **quân chủ lập hiến** constitutional monarchy

lập kế *v.* to draw up a scheme, to plan

lập loè *v.* [of light] to be off and on

lập luận *v.* to argue

lập pháp *adj.* [of power] legislative: **quyền lập pháp** legislative power

lập phương *n., adj.* cube; cubic

lập thân *v.* to establish oneself in life

lập thể *n.* solid [geometry]

lập trường *n.* position, viewpoint, standpoint, attitude

lập tức *adv.* right away, at once

lật *v.* to turn upside down, to turn over: **lật đổ** to overthrow

lật bật *v.* to shiver, to tremble

lật đật *v.* to hurry, to hasten

lật lẹo *v.* to cheat, to swindle

lật lọng *v.* to cheat, to swindle

lật tẩy *v.* to unmask, to call a bluff, to expose

lâu *v., adj.* to take a long time; to last; to last long: **Bao lâu?** How long? [of time]; **từ lâu** for a long time, long ago; **giờ lâu** during a long hour

lâu dài *adj.* lasting, durable

lâu đài *n.* palace, mansion

lâu đời *adj.* old, durable,

lâu la *n.* subordinates in gang of bandits

lâu lâu *adv.* occasionally

lầu *n.* story, upper floor (= **gác**); building with more than one floor, palace: **trên lầu** upstairs

lầu xanh *n.* brothel

lậu **1** *adj., v.* contraband; to dodge, to avoid paying [taxes, customs duties]: **buôn lậu** to smuggle; to engage in contraband traffic; **hàng lậu** smuggled goods, contraband **2** *n.* gonorrhoea

lây *v.* to be contagious; to be infected, to contaminate: **bệnh hay lây** contagious disease

lây nhây *v.* to drag, to leave unfinished

lấy **1** *v.* to take, to seize, to obtain, to receive, to accept **2** *v.* to wed, to marry [somebody] **3** *v.* to steal **4** *adv.* by oneself, for oneself: **đi lấy** to go alone

lấy chồng *v.* [of woman] to get married

lấy cớ *v.* to use as an excuse

lấy cung *v.* to question, to examine, to interrogate

lấy được *v.* to do something at all costs, for one's sake

lấy giống *v.* to crossbreed stock/plants, to breed a strain

lấy lẽ *v.* to marry as second wife [a married man]; to become a concubine of

lấy lệ *adv.* for the sake of formality

lấy lòng *v.* to try to please [somebody]

lấy nhau *v.* [of a couple] to be married

lấy tiếng *v.* to do something just for the sake of prestige

lấy vợ *v.* [of man] to get married

lấy vợ lẽ *v.* to take a second wife/concubine

lầy *adj.* miry, swampy, marshy: **sa lầy** caught in the swamp

lầy lội *adj.* muddy, miry

lầy nhầy *adj.* sticky

lẫy *v.* (= **dỗi**) to sulk

lẩy bẩy *v., adj.* to shake, to tremble; trembling: **sợ run lẩy bẩy** to tremble with fear

lẫy *v.* [of baby] to turn over

lẫy lừng *adj.* [of fame] most well-known

le *v.* to put out, to show off

le lói *adj., v.* bright; to glimmer

le te *adj.* short and small

lé *adj.* squinting, cross-eyed

lè *v.* to stick out [one's tongue]; to push [food] out with the tongue

lè nhè *v.* [of voice] to be drawling

lẻ *adj.* [of numbers] odd [*opp.* **chẵn**]; [of cash] to be small; [100, 1,000, etc.] to be followed by additional units (= **linh**): **số lẻ** odd number; decimal; **bạc lẻ**,

tiền lẻ small change

lẻ loi *adj.* alone, lonesome, all alone, isolated

lẻ tẻ *adj.* scattered, sporadic

lẽ *n.* reason, argument

lẽ dĩ nhiên *adv.* obviously, of course, naturally

lẽ mọn *adj.* concubine

lẽ phải *n.* reason, common sense, right thing

lẽ thường *n.* common sense: **có lẽ** perhaps; **không lẽ** it doesn't make sense if…

lẽ ra *adv.* actually

lẹ *adj.* (= **nhanh**) fast, speedy; agile: **Lẹ lên!** Hurry up!

lem *adj.* soiled, dirty; **lọ lem** dirty

lem lém *adj.* [to eat or to speak] fast

lem lèm *adj.* [to speak] fast

lem luốc *adj.* very dirty

lem nhem *v.* to soil; to blur, to smear

lém *adj.* talkative, loquacious, voluble

lèm nhèm *adj.* nearsighted

lẹm *adj.* notched

len 1 *v.* to make one's way [as in a crowd]; to interfere, to intrude **2** *n.* [Fr. *laine*] wool, woolen: **áo len** sweater, pullover

len lén *v., adj.* afraid; scared

len lỏi *v.* to make one's way [in crowd, difficulty], to intrude

lén *adj.* sneaky, furtive, stealthy

lén lút *adj.* secretive, on the sly, sneaky

lèn *v.* to stuff, to cram full; to wedge

lẻn *v.* to sneak or to steal [in, out]: **lẻn đi** to take off furtively

leo *v.* to climb, to creep

leo lẻo *adj.* [of water] very limpid; vigorous: **nước trong leo lẻo** very clear water; **chối leo lẻo** to deny vigorously

leo lét *v.* [of light] to flicker, to burn fitfully

leo trèo *v.* to climb

léo nhéo *v.* to nag noisily, to shout, to bawl

léo xéo *adj.* [of voice, crying] confused

lẻo *v.* to interrupt others

lẻo đẻo *v.* to follow closely, to stick to

lẹo *v.* [of dog, pig] to copulate

lép *adj.* empty, husky, ill-filling; [*opp.* **chắc**] flat: **ngực lép** flat chest/breast

lép bép *adj.* talkative, indiscreet

lép kẹp *adj.* deflated: **bụng lép kẹp** empty stomach

lép xép *v., adj.* to crackle continuously; shuffling on the ground

lẹt đẹt *v.* to fall behind, to drag behind

lê 1 *n.* pear (CL **quả, trái**) 2 *v.* to drag [oneself, one's feet or something]: **kéo lê** to drag

lê dân *n.* the common people

lê la *v.* [of children] to crawl about

lê thê *adj.* very long, trailing

lề 1 *n.* regulation, custom, habit, tradition, procedure 2 *n.* margin, edge: **bản lề** hinge

lề luật *n.* regulation, custom, habit

lề lối *n.* manner, procedure

lề thói *n.* custom, habit

lễ *n.* religious ceremony or festival, fete, rite, ritual, holiday, Catholic mass [to have **xem, làm**]: **nghỉ lễ** to have holidays; **nghi lễ** rites; protocol

lễ bái *v.* to worship

lễ độ *n.* politeness, courtesy

lễ giáo *n.* education, ethical behavior, ethics

lễ nghi *n.* rituals, ceremonies

lễ nghĩa *n.* rites, ceremonies

lễ phép *n.* politeness, courtesy

lễ phục *n.* formal dress, formal wear

lễ tế *n.* offerings, sacrifices

lễ vật *n.* offerings, gift, present

lệ 1 *n.* custom, rule, regulation: **điều lệ** by laws; **phàm lệ** general rule; **tục lệ** customs and manners 2 *n.* tear: **rơi lệ** to cry

lệ khê *adj.* awkward, clumsy

lệ phí *n.* fees

lệ thuộc *v.* to be [politically] dependent upon

lếch thếch *adj.* [of clothes] untidy, sloppy

lệch *adj.* tilted, slanting, awry: **thiên lệch** biased

lên 1 *v.* to go up, to come up, to rise: **mặt trời lên** the sun rises 2 *adv.* up, upward, up to; on: **đạp lên** to trample, to step on; **kéo lên** to pull up; **nói lên** to speak up; **tiến lên** to move forward, to step forward

lên án *v.* to condemn, to give a sentence

lên bổng xuống trầm *v.* to go up and down [of voice]

lên cân *v.* to put on weight

lên cơn *v.* to have a fit

lên dây *v.* to wind up, to tune [a string instrument]

lên đèn v. to light up

lên đồng v. to go into a trance

lên đường v. to set out [on a trip]; to start a journey

lên giọng v. to raise one's voice

lên lớp v. to take a class, to give a lesson, to attend a class

lên mặt v. to be haughty

lên men v. to undergo fermentation

lên nước v. [of stone, lacquerware, wood] to shine, to be glossy; to become arrogant

lên sởi v. to have the measles

lên thác xuống ghềnh v. to go up and down

lên tiếng v. to raise one's voice

lên voi xuống chó v. to go up and down [the social scale]

lên xe xuống ngựa adj., v. well-to-do; to live in luxury

lênh đênh v. to drift

lênh láng v. to run all over, to be spilled

lềnh kềnh v. to be cumbersome

lệnh n. (= **lịnh**) order, command: **hạ lệnh, ra lệnh** to issue an order; **huấn lệnh** directives; **tuân lệnh** to obey an order

lêu đêu adj. lanky

lêu lổng v. to loaf, to be unsettled and irresponsible

lều n. tent, hut, shed, cottage

li See **ly**

li n. millimeter; a tiny bit: **một li một tí** a little bit

li bì adj., adv. [of sleep] sound, soundly: **say li bì** dead drunk

li ti adj. very small

lí nhí v. to speak softly and indistinctly

lì 1 adj. stubborn, obstinate: **gan lì** unmoved **2** adj. very smooth

lì xì v. to give a New Year's present [in cash]

lia v. to throw fast, to sling

lìa v. to leave, to abandon; to separate, to part: **chia lìa** to be separated

lìa bỏ v. to leave

lìa khỏi v. to leave

lìa trần v. to die

lịch n. calendar

lịch duyệt adj. experienced

lịch sử n. history: **biến cố lịch sử** historical event

lịch sự adj. polite, courteous, well-mannered; well-dressed

lịch thiệp adj. experienced, courteous, well-mannered

lịch trình n. process, program, shedule

liếc 1 v. to cast a furtive look **2** v. to strop, to whet, to sharpen [knife, razor]

liêm adj. honest, incorruptible: **người thanh liêm** [of official] honest/uncorrupt person [not to take bribes]

liêm khiết adj. to be honest, incorruptible

liêm sỉ n. sense of decency: **có liêm sỉ** decent

liếm v. to lick

liềm n. sickle, scythe

liệm v. to prepare a body for the coffin, to shroud [corpse]

liên bang n. union, federation, federal: **chính phủ liên bang** federal government

liên bộ adj. interministerial, interdepartmental

liên can v. to be related, to be involved

liên danh n. joint list

liên đoàn n. labor union; federation, syndicate, league

liên đội n. regiment

liên đới adj. jointly responsible

liên hệ v. to be related, to be interested, to contact: **mối liên hệ** relationship

Liên Hiệp Quốc n. United Nations

liên hợp v. [in math] to be conjugate

liên kết v. to unite, to associate [**với** with]

liên khu n. interzone

liên lạc v. to have contact, to liaise

liên lạc viên n. liaison person

liên lụy v. to be involved, to be implicated

liên miên adj. continuous, unbroken, continuously

liên minh v., n. to unite, to ally; alliance

liên phòng n. mutual defense, common defense

liên quân n. allied troops; interservice

liên tịch adj. joint, in joint session

liên tiếp adj., adv. to be continuous; continuously, in succession

liên tỉnh adj. interprovincial

liên tục adj. continuous, continuing: **việc làm liên tục** continuing position

liên từ n. conjunction [grammar]

liên tưởng v. to remember by association

liến adj. fluent, voluble

liền 1 adj. contiguous, adjoining; [of wound] next to: **nối liền** to connect, to link, to join **2** adv. immediately

liễn 1 n. rice or soup container with a cover; porcelain jar **2** n. scroll

liểng xiểng v. to suffer complete defeat, to lose heavily [in gambling]

liệng v. to throw, to cast, to fling; [of bird, plane] to hover, to soar

liếp n. bamboo partition; bamboo lattice-work

liệt 1 adj. paralyzed **2** v. to arrange, to display; to rank

liệt anh n. hero

liệt chiếu adj. bedridden

liệt cường n. the world powers

liệt dương adj. sexually impotent

liệt giường adj. bedridden

liệt kê v. to list, to enumerate, to declare

liệt nữ n. heroine

liệt quốc n. all nations

liệt vị n. ladies and gentlemen

liều 1 v. to be reckless, to behave foolishly, to be bold enough; to risk: **làm liều** to act rashly; **liều mình/mạng**, **liều thân** to risk one's life **2** n. dose, dosage

liều lĩnh adj. foolhardy, rash, daring

liễu n. willow tree

liễu yếu đào tơ n. young girl

liệu v. to think about, to reflect on/ weigh on one's mind; to guess, to estimate: **định liệu** to decide; **tiên liệu** to foresee

liệu hồn v. Be careful! [or I'm going to punish you]

lim dim adj. [of eyes] half-closed

lịm v. to faint, to pass out; to lose consciousness

linh *adj.* supernaturally powerful: **anh linh, linh thiêng** soul spirit

linh cữu *n.* coffin

linh diệu *adj.* wonderful, wondrous, marvelous

linh dược *n.* effective drug

linh đình *adj.* lavish, formal [of banquet]

linh động *v.* to be flexible, to be lively

linh hiệu *adj.* effective, efficacious

linh hoạt *adj.* lively, vicacious, active

linh hồn *n.* soul

linh mục *n.* Catholic priest

linh nghiệm *adj.* efficacious

linh sàng *n.* altar, chariot of the soul

linh thiêng *v.* to have supernatural powers

linh tinh *adj.* miscellaneous

linh tính *n.* premonition, foreboding

linh ứng *v.* to have supernatural powers

linh xa *n.* hearse

lính *n.* [SV **binh**] soldier, private; policeman: **binh lính** soldier, the military; **gọi lính** to draft

lính bộ *n.* infantryman

lính cảnh sát *n.* policeman

lính hầu *n.* bodyguard

lính nhẩy dù *n.* paratrooper

lính thợ *n.* army engineer

lính thuỷ *n.* sailor [Navy]

lính tráng *n.* soldiers, the military

lính trừ bị *n.* reserve army

lình *v.* to slip away

lĩnh See **lãnh**

lịnh See **lệnh**

líp *adv.* [Fr. *libre*] freely

lít *n.* liter

líu lo *v.* [of birds] to twitter; [of babies] to speak indistinctly

líu lưỡi *adj.* tongue-tied

líu tíu *adj.* [of speech] indistinct, confused

lo *v., adj.* to worry, to be worried; anxious: **chăm lo** to look after

lo âu *v.* to be worried

lo buồn *v.* to be worried and sad

lo lắng *v.* to be worried

lo liệu *v.* to make arrangements for, to attend to [some business]

lo ngại *v.* to be worried about something

lo sợ *v.* to be worried and afraid

lo xa *adj.* foreseeing, far-sighted

ló *v.* to show up, to appear

lò 1 *n.* oven, kiln, stove, furnace 2 *v.* to stick out [head **đầu**]

lò bánh mì *n.* baker's oven, bakery

lò bánh tây *n.* bakery

lò cò *v.* to hop

lò dò *v.* to grope, to fumble one's way

lò đúc *n.* foundry, mint

lò heo *n.* slaughter-house

lò lợn *n.* slaughter-house

lò rèn *n.* blacksmith's

lò sát sinh *n.* slaughter-house

lò sưởi *n.* fireplace, radiator

lò vôi *n.* lime kiln

lò xo *n.* [Fr. *resort*] spring: **lò xo xoắn dài** coil spring

lõ *adj.* [of nose] aquiline

lọ *n.* vase, flask, bottle, jar

lọ là *adv., adj.* there; eccentric

loa *n.* megaphone, horn [of gramophone], loudspeaker: **hình loa** funnel-shaped

loá *v.* to dazzle, to blind

loà *v.* to have dim sight

loà xoà *adj.* [of dress] untidy

loã lồ *adj.* naked, nude: **hình ảnh loã lồ** nude photos

loã xoã *adj.* [of hair] flowing

loạc choạc *v., adv.* to act haphazardly; incoherently

loai nhoai *adj.* restless

loài 1 *n.* species, type, category, sort (= **loài**): **nhân loại** mankind; **chủng loại** species; **từ loại** parts of speech; **phân loại** to classify 2 *v.* to reject, to eliminate; to fail

loại trừ *v.* to exclude, to expel

loan báo *v.* to announce, to inform, to make known

loan phòng *n.* woman's apartment

loạn *n., adj.* disorder, rebellion, revolt, uprising: **phiến loạn** rebel; **chạy loạn** to be a refugee; **khởi loạn** to lead a rebellion; **làm loạn** to raise hell

loạn dâm *adj.* incestuous

loạn đả *v.* to fight freely

loạn đảng *n.* gang of rebels

loạn lạc *n.* trouble, hostilities, warfare

loạn luân *adj.* incestuous

loạn ly *n.* trouble, warfare, war

loạn óc *adj.* deranged, insane

loạn quân *n.* rebels, rebel troops

loạn sắc *n.* color blindness

loạn tặc *n.* rebel

loạn thần *n.* rebel, insurgent

loạn thị *n.* astigmatism

loạn xạ *adj.* confused, disorderly

loang *v.* to spread

loang lổ *adj.* speckled, spotted

loáng *v., adv.* to flash; quickly

loáng thoáng *adj.* scattered; to be seen or heard vaguely

loàng xoàng *adj.* mediocre, indifferent

loảng xoảng *n.* clink, clank [of dishes struck together]

loãng *adj.* watery, diluted, weak [*opp.* **đặc**]: **cà phê loãng** weak coffee

loạng choạng *v.* to stagger, to reel, to lurch, to totter

loanh quanh *v.* to go around [and around]; to be undecided

loạt *n.* series, salvo: **nhất loạt** uniform

loay hoay *v.* to be busy with something

loăng quăng *v.* to run about

loằng ngoằng *adj.* zig-zagging

loắt choắt *adj.* tiny, diminutive

lóc cóc *v.* to work hard, to toil

lóc ngóc *v.* to get up on one's feet, to try hard to sit up

lọc *v.* to filter; to screen, to choose, to select: **nước lọc** boiled and filtered water; **lừa lọc** to cheat, to dupe

loé *v.* to flash

loè *v.* to flare, to dazzle; to bluff: **lập loè** to flash, to flare, to twinkle

loè loẹt *adj.* showy, gaudy, flashy

loét *adj.* [of wound] gaping

loi choi *v.* to hop, to skip

lòi *v.* to protrude, to jut out

lòi đuôi *adj.* unmasked

lòi ruột *adj.* disemboweled

lòi tiền *v.* to disburse

lòi tói *n.* chain, rope

lõi 1 *n.* core: **lõi ngô** corn cob; **lõi dứa** pineapple core 2 *adj.* experienced: **lõi đời** experienced

lom khom *v.* to be bent down

lòm *adj.* very gaudy: **đỏ lòm** bright red, gaudy red

lỏm *v.* to overhear, to pick up: **học lỏm** to pick up without formal lessons

lõm *adj.* concave [*opp.* **lồi**]; [of cheeks] hollow; [of eyes] sunken

lõm bõm *adj., v.* splashing; to wade; to know or remember bits of something

lon *n.* jar [for rice, etc.], can

lon ton *v.* to run with short steps

long **1** *v.* to come off, to come apart [RV **ra**]: **long trời lở đất** earth-shaking **2** *n.* R dragon (= **rồng**)

long bào *n.* imperial robe

long đình *n.* imperial court, imperial palace

long đong *adj.* having a hard time

long lanh *v.* [eyes] to be shining

long mạch *n.* favorable geomantic features

long não *n.* camphor

long thịnh *adj.* prosperous, wealthy

long trọng *adj.* solemn, formal

long tu *n.* seaweed

long vân *n.* happy occasion

long vương *n.* River God

lóng **1** *n.* internode **2** *n.* slang: **tiếng lóng** slang

lóng cóng *adj.* clumsy, unhandy

lóng lánh *v.* to sparkle, to glitter

lóng ngóng *v.* to be waiting for

lòng **1** *n.* innards, bowels, entrails; heart; feeling: **làm mất lòng ai** to hurt someone's feelings; **an lòng** to have peace of mind; **bền lòng** to persevere; **con đầu lòng** first-born child; **đồng lòng** unanimously; **khó lòng** difficult;

phải lòng to fall in love with; **phiền lòng** worried, troubled; **sờn lòng** discouraged; **thuộc lòng** to know by heart, to learn by rote; **vui lòng** glad, happy **2** *n.* bed, bottom; palm: **lòng bàn tay** hand palm

lòng bàn chân *n.* sole of the foot

lòng dạ *n.* heart, the heart [to do something]

lòng son *n.* loyalty, faithfulness

lòng súng *n.* caliber [of gun]

lòng tham *n.* greediness

lòng thành *n.* sincerity, honesty

lòng thòng *v.* to be hanging down, trailing

lòng thương *n.* pity, compassion, mercy

lỏng *adj.* liquid, fluid, thin, watery [*opp.* **đặc**]; loose [*opp.* **chặt**]: **giam lỏng** to keep prisoner

lỏng lẻo *adj.* loose, not tight

lọng *n.* parasol

lóp ngóp *v.* to sit up or get up with difficulty

lót *v., n.* to line [a garment]; lining: **ăn lót dạ** to have breakfast; **đút lót** to bribe; **lo lót** to try to corrupt [officials]

lọt *v.* to slip into, to sneak into; to pass through, to fall into; [of news] to leak: **ra lọt cửa** to pass through the gate

lọt lòng *adj.* to be born

lọt tai *adj.* to reach the ear of; to be pleasant to hear

lô *n.* [Fr. *lot*] lot, series

lô cốt *n.* [Fr. *blockhaus*] blockhouse, watch tower

lô gich *adj.* logical: **đầu óc lô gích** logical mind

lổ nhổ *adj.* uneven, irregular, rugged

lố *n.* dozen

lố nhố *adj.* numerous but not in order

lỗ 1 *n.* hole, pit, opening, grave: **đục lỗ** to bore a hole 2 *v.* to lose [in business]; **lỗ vốn** to lose one's capital

lỗ chỗ *adj.* full of holes

lỗ chân lông *n.* pore [of skin]

lỗ đít *n.* anus

lỗ hổng *n.* gap, opening, vacuum

lỗ mũi *n.* nostril

lỗ mãng *adj.* blunt, coarse, rough-mannered

lỗ tai *n.* ear, ear hole

lộ 1 *n.* street, road (= **đường**): **kiều lộ** highways and bridges; **lục lộ** land route; public works; **xa lộ** freeway; **tiền mãi lộ** toll [on turnpike] 2 *v.* to appear; to reveal; to be revealed: **để lộ** to show, to betray; **tiết lộ** to leak [a secret]

lộ diện *v.* to show up

lộ hầu *v.* to have a prominent Adam's apple

lộ liễu *adj.* conspicuous, too obvious, without restraint

lộ phí *n.* traveling expenses, travel costs

lộ tẩy *v.* to show one's true colors

lộ thiên *adj., n.* in the open air; open-air

lộ trình *n.* itinerary

lộ trình thư *n.* record of official travel

lốc *n.* tornado, twister

lộc 1 *n.* official salary; good fortune, happiness, honors of office: **phúc, lộc, thọ** happiness, honors of office, and longevity 2 *n.* deer, stag, hart 3 *n.* bud, new leaf, shoot [with **đâm, nẩy, trổ** to grow]

lộc cộc *n.* the clump of wooden shoes

lôi *v.* to drag, to pull, to draw

lôi cuốn *v.* to attract, to draw: **lôi cuốn sự chú ý** to attract attention

lôi đình *n.* fit of anger, rage

lôi kéo *v.* to pull, to draw into

lôi thôi *adj.* complicated; to be troublesome, annoying; [of clothes] to be untidy, sloppily: **ăn mặc lôi thôi** to dress untidily

lối 1 *n.* path, way, footpath 2 *n.* manner, fashion, style: **lề lối** manner 3 *adv.* about, approximately

lối chừng *adv.* about, approximately

lối đi *n.* way, path

lồi *adj.* protruding, convex [*opp.* **lõm**]

lỗi *n.* mistake, fault: **bắt lỗi** to reproach; **tạ lỗi** to apologize; **tội lỗi** sin; **tha lỗi, thứ lỗi** to forgive

lỗi đạo *v.* to fail in one's [moral] duty

lỗi hẹn *v.* to fail to keep one's promise, to break an appointment

lỗi lạc *adj.* outstanding, eminent, distinguished

lỗi lầm *n.* mistake

lỗi thời *adj.* outdated, outmoded: **áo quần lỗi thời** outmoded clothes

lội 1 *v.* to wade, to ford 2 *v.* to swim: **bơi lội** swimming; **lụt lội** flood

lốm đốm *adj.* spotted, dotted, speckled, mottled

lổm cổm *v.* to crawl, to creep

lổm ngổm *v.* to crawl, to creep; to swarm

lộn *v.* to somersault; to turn over; to return; to be mistaken: **lộn về nhà** to turn around and go home; **đi lộn đường** to take the wrong road; **lẫn lộn** mixed up

lộn bậy *adj.* upside-down, topsy turvy

lộn giống *adj.* mixed with another strain

lộn lại *v.* to turn around, to return

lộn máu *adj.* furious

lộn mửa *adj.* nauseous

lộn nhào *v.* to overturn; to fall head first [in diving]

lộn ruột *adj.* furious

lộn sòng *v.* to swap, to switch; to get lost in a crowd

lộn tiết *adj.* furious

lộn xộn *adj.* disorderly, confused

lông *n.* [SV **mao**] hair [of human body]; fur; [SV **vũ**] feather: **lỗ chân lông** pore; **nhổ lông** to remove hairs, to depilate; **quạt lông** feather fan; **thay lông** to molt

lông bông *n.* vagabond

lông lá *adj.* hairy

lông mày *n.* eyebrows: **kẻ lông mày** to draw eyebrows

lông măng *n.* down [feathers]

lông mi *n.* eyelashes

lông ngông *adj.* tall, lanky

lông nhông *adj.* unruly

lổng *n.* coop, [bird] cage: **tháo cũi sổ lồng** to liberate someone

lồng ấp *n.* coal heater; incubator

lồng bàn *n.* mesh cover that is put over food to protect it against flies

lồng chim *n.* bird cage

lồng gà *n.* chicken coop

lồng lộn *v.* to get excited, to get upset [because of jealousy]

lồng ngực *n.* thorax

lộng lẫy *adj.* radiant, resplendent, magnificent

lộng ngôn *n.* profanity

lộng quyền *v.* to abuse power

lốp *n.* rubber tire

lốp đốp *v.* to crack

lộp cộp *n.* clump [of shoes]

lốt *n.* slough, appearance: **đổi lốt** to change appearance

lột *v.* to remove forcibly, to strip; [of crustaceans or cicadas] to change or to shed skin; [of crustaceans] to change shell: **lột mặt nạ** to unmask

lơ **1** *n.* [Fr. *chauffeur*] assistant driver [on public car] **2** *v.* to ignore, to pretend not to hear

lơ đãng *adj.* careless, negligent, absent-minded

lơ đễnh *adj.* careless, negligent

lơ là *v.* to be different, to show a lack of interest in

lơ lớ *v.* to speak with a slight accent

lơ lửng *v.* to be hanging in the air; to drift sluggishly

lơ mơ *adj.* vague

lơ thơ *adj.* [of hair, grass] sparse

lớ ngớ *adj.* lost, confused [in a new environment]

lờ *v.* to ignore, to pretend to forget

lờ đờ *adj.* sluggish, lazy; dull-witted, thick-headed

lờ mờ *adj., adv.* to be dim,

unclear, vague; vaguely

lở 1 v. [of cliff, dam, wall, etc.] to break off/away, to collapse, to crumble **2** v. to have a skin eruption; [of rash] to break out

lỡ 1 v. to miss: **lỡ tàu buổi sáng** to miss the morning train **2** v. to be clumsy with: **lỡ lời** to be clumsy with words

lỡ bước v. to slip; to fall

lỡ làng v. to be interrupted or to fail half-way

lỡ lầm v. to make a mistake

lỡ ra adv. if at all, in case

lỡ tay v. to be clumsy with one's hands

lỡ thì v. [of woman] to have passed the marriageable age

lời 1 n. spoken word(s); statements: **cạn lời** to use up all arguments; **nặng lời** to use unpleasant words or scolding tone; **vâng lời** to obey; **lắm lời** talkative **2** n. (= **lãi**) benefit, interest, profit: **buôn bán có lời nhiều** to do business that has high profits

lời hứa n. promise, vow: **giữ lời hứa** to keep a promise

lời lẽ n. words; reasoning

lời nguyền n. oath

lời nói n. words, statement

lợi adj. profitable, gainful, useful, advantageous [opp. **hại**]: **bất lợi** useless, harmful; **cầu lợi** to seek profit; **hám lợi** greedy; **ích lợi** useful; **trục lợi** to exploit; **vụ lợi** profit-seeking, mercenary

lợi dụng v. to take advantage of

lợi hại n. pros and cons

lợi ích n. use, advantage

lợi khí n. [sharp] instrument, tool

lợi lộc n. benefit, profit, gain; income

lợi quyền n. economic right, interests

lợi tức n. income, revenue: **thuế lợi tức** income tax

lởm chởm adj. uneven, rugged

lợm adj. nauseous

lớn adj. [SV **đại**] big, great, adult; grown up: **khôn lớn** grown up; **người lớn** adult; **to lớn** big

lớn con adj. tall

lớn lao adj. big, grandiose; large

lớn tiếng v. to speak loudly

lớn tuổi adj. elderly

lớn xác adj. big in body

lởn vởn v. to stick around, to loiter

lợn n. (= **heo**) pig, hog, swine: **chuồng lợn** pigpen, pigsty

lợn lòi n. wild boar

lợn rừng n. wild boar

lợn sữa n. suckling pig

lớp n. layer, stratum, bed; class, grade, rank: **tầng lớp** social classes; **thứ lớp** order, ranking

luận v. to discuss, to consider: **bàn luận, đàm luận** to discuss; **bình luận** to comment; **công luận** public opinion

luận án n. dissertation, thesis

luận đề n. subject, topic

luận điệu n. argument, line

luận giải v. to comment and explain

luận lý học n. logic [as a science]

luận ngữ n. the Analects of Confucius

luận thuyết n. theory, doctrine

luận văn n. essay, dissertation

luật n. law, rule, regulation: **tuân**

luật gia

theo luật to abide by the law; **dân luật** civil law; **dự luật** draft, bill; **hình luật** penal code; **đúng luật** legal, lawful; **trường luật** school of law

luật gia *n.* lawyer

luật học *n.* law studies

luật khoa *n.* law [subject of law]: **trường đại học luật khoa** school of law, faculty of law

luật lệ *n.* rules and regulations

luật pháp *n.* the law

luật sư *n.* lawyer

lúc *n.* moment, instant (= **khi**), time [when something happens]: **lúc ấy** a moment ago, at that time; **lúc đó** [at] that time

lúc la lúc lắc *v.* See **lúc lắc**

lúc lắc *v.* to swing

lúc nhúc *v.* to swarm, to teem

lục **1** *num.* six (= **sáu**): **đệ lục chu niên** sixth-year aniversary **2** *v.* to record, to copy: **kỷ lục** record; **sao lục** to make a copy **3** *v.* to search, to rummage

lục bát *n.* the six-eight meter [in Vietnamese poetry]

lục địa *n.* mainland, continent

lục đục *v.* to be in disagreement, to quarrel, to be in conflict

lục giác *n.* hexagon

lục lạo *v.* to search

lục lăng *n.* hexagon

lục lọi *v.* to search

lục phủ *n.* the six internal organs

lục quân *n.* army [as opp. to navy, air force]

lục soát *v.* to search

lục súc *n.* the six domestic animals [horse, ox, goat, pig, dog, and fowl]

lục tỉnh *n.* the six original provinces of South Vietnam; the southern provinces

Lục Xâm Bảo *n.* Luxembourg

lục xì *n.* medical examination of licensed prostitutes

lui *v.* (= **lùi**) [SV **thoái**] to withdraw, to recoil: **tháo lui, rút lui** to retreat

lui tới *v.* to frequent

lúi húi *adj.* bent over some work

lúi xùi *adj., v.* untidy, to be untidy; to live humbly

lùi **1** *v.* to step or move back(ward); to back up **2** *v.* to roast in ashes

lủi thủi *v.* to walk or work alone

lụi bại *adj.* ruined, destroyed

lum khum *adj.* to be curved, arched

lúm *adj.* dimpled

lùm *n.* cluster, grove

lún *v.* to sink, to sag, to cave in

lún phún *adj., v.* [of beard] scattered; to start to grow; [of rain] to drizzle

lùn *adj.* short [not tall] [opp. **cao**]: **người/thằng lùn** dwarf

lụn *v.* to finish, to end

lụn bại *adj.* ruined

lung *adj.* excessive; unsure

lung lạc *v.* to try to influence, to persuade someone

lung lay *v., adj.* to be shaking, unsteady; [of tooth] be loose

lung tung *adj.* confounded, embarrassed, overwhelmed, awkward, clumsy

lùng *v.* to hunt for, to look for

lủng *v.* to perforate, to have a hole

lủng ca lủng củng *v.* to clash

lủng lẳng *v.* to dangle

lũng đoạn *v.* to control [market],

to monopolize, to rig

lụng thà lụng thụng *adj.* [of clothes] too big

lụng thụng *adj.* [of clothes] too big

luộc *v.* to boil [food, but not water]; to sterilize: **luộc rau** to boil vegetables

luộm thuộm *adj.* careless, untidy

luôn 1 *adv.* [follows main verb] often, frequently; always, unceasingly 2 *adv.* to do all at once, at the same time

luôn luôn *adv.* very often, always

luôn miệng *v.* to talk incessantly

luôn mồm *v.* to talk incessantly

luôn tay *v.* to work all the time

luôn thể *adv.* at the same time

luồn *v.* to pass, to sneak [through], to slip underneath

luồn cúi *v.* to bow, to humiliate oneself

luồn lỏi *v.* to bow, to humiliate oneself; to get things done

luồn lụy *v.* to kowtow to [an official], to humiliate oneself

luống *n.* furrow, bed [in garden]

luống cuống *v.* to be bewildered, to be perplexed, to lose one's head

luồng *n.* current [of ideas **tư tưởng**], gust, draft [of wind **gió**]: **luồng điện** electrical current

lụp xụp *adj.* [of house] low and dark

lụt *v.* to flood, to inundate

lụt lội *n., adj.* flood, inundation; flooded, inundated

luỹ *n.* rampart, wall, hedge: **lũy tre** bamboo hedge

luỹ thừa *n.* power [of a number]

luỹ tiến *adj.* progressive

luỵ 1 *v.* to cause trouble, to annoy 2 *n.* (= **lệ**) tears

luyến *v.* to be fond of, to long for: **quyến luyến** to be attached to

luyến ái *v.* to love

luyến tiếc *v.* to feel a nostalgia for, to regret

luyện *v.* to refine [metals]; to train [people]: **tập luyện** to drill

luyện tập *v.* to drill, to practice, to exercise: **luyện tập nói tiếng Việt** to practice speaking Vietnamese

lư hương *n.* incense burner

lừ *v.* to glower, to stare angrily at

lừ đừ *adj.* indolent, lazy; slothful

lử *adj.* tired out, worn out: **mệt lử** very tired

lữ điểm *n.* inn, hotel

lữ đoàn *n.* brigade

lữ hành *v.* to travel

lữ khách *n.* traveler

lữ quán *n.* inn, hotel

lữ thứ *v.* to stop at a remote place during one's journey

lưa thưa *adj.* scattered, sparse, thin

lứa *n.* brood, litter; height, category, class: **đôi lứa** couple; **vừa đôi phải lứa** well matched

lừa 1 *n.* donkey, ass 2 *v.* to deceive, to trick, to cheat: **đánh lừa** to cheat

lừa dối *v., adj.* to deceive; deceitful

lừa đảo *v.* to swindle, to defraud

lừa gạt *v.* to dupe, to deceive

lửa *n.* [SV **hoả**] fire, flame: **chữa lửa** to stop a fire; **binh lửa, khói lửa** war, warfare; **xe lửa** train; **bật lửa** cigarette lighter; **đá lửa** flint; **núi lửa** volcano

lựa *v.* to select, to choose: **lựa**

chọn to choose

lực *n.* strength, ability, power (= **sức**): **sức lực** strength; **bất lực** incapable; **động lực** moving force; **binh lực** armed forces; **hợp lực** to unite; **năng lực** ability; **quyền lực** power, authority; **nguyên tử lực** atomic energy; **tận lực** with all of one's strength; **thực lực** real strength

lực điền *n.* farmer, farm hand

lực lưỡng *adj.* robust, husky

lực lượng *n.* strength, force(s)

lực sĩ *n.* athlete

lưng *n.* back [of body, furniture]: **gù lưng** hunch-backed; **đau lưng** backache; **ngả lưng** to lie down

lưng chừng *adj.* halfway, half-done

lưng lửng *adj.* [of stomach] almost full

lưng vốn *n.* capital

lừng *v.* to resound, to pervade

lừng danh *adj.* famous, well-known

lừng khừng *adj.* indifferent

lừng lẫy *adj.* very famous, renowned

lửng *adj.* half-finished, half-full; half-done; hanging in the air

lửng lơ *adj.* hanging in the air; half-done

lững chững *v.* to toddle

lững lờ *adj.* wavering, hesitant; indifferent

lững thững *v.* to walk slowly or leisurely

lược 1 *n.* comb **2** *v.* to baste, to tack, to sew loosely or with long stitches to hold the work temporarily

lược dịch *v.* to translate briefly

lược đồ *n.* sketch, diagram

lược sử *n.* summarized history

lược thuật *v.* to summarize, to give a short report

lưới *n.* net, web: **mạng lưới vi tính toàn cầu** Internet

lười *adj.* lazy

lười biếng *adj.* lazy

lưỡi *n.* tongue; blade [of knife]: **uốn lưỡi** to roll one's tongue [to produce a drill]; **chóp lưỡi, đầu lưỡi** tip of the tongue, apex

lưỡi cày *n.* plough share

lưỡi câu *n.* fish hook

lưỡi gà *n.* uvula; tongue [of shoe]; valve

lưỡi lê *n.* bayonet

lưỡi liềm *n.* sickle

lưỡi trai *n.* visor [on cap]

luồm *v.* to scowl at

lượm *v.* to pick up, to collect, to gather [news, etc.]

lượm lặt *v.* to gather, to accumulate

lươn *n.* eel: **mắt lươn** small-eyed

lươn lẹo *adj.* crooked, dishonest

lườn *n.* side

lượn *v.* to hover, to soar, to glide

lương *n.* salary, wages, pay: **tiền lương** salary; **sổ lương** payroll

lương bổng *n.* salary [and allowances]

lương dân *n.* law-abiding citizens

lương duyên *n.* happy marriage

lương hưởng *n.* pay, wages

lương khô *n.* dry provisions

lương lậu *n.* salary, wages

lương tâm *n.* conscience

lương thiện *adj.* honest, law-abiding: **sống lương thiện** to be law-abiding

lương thực *n.* food [supplies]

lương tri *n.* intuitive knowledge

lương y *n.* good physician/doctor

lường 1 *v.* to measure 2 *v.* to deceive, to cheat: **lường gạt khách hàng** to cheat customers

lưỡng lự *adj., v.* hesitant; unable to make up one's mind

lượng 1 *n.* capacity; quantity [as opp. to quality **phẩm**]: **phẩm chất và số lượng** quality and quantity 2 *v.* to measure, to gauge; to estimate

lượng thứ *v.* to pardon, to forgive

lượng tình *v.* to pardon out of sympathy

lượng xét *v.* to examine, to take into consideration

lướt *v.* to glide; to pass quickly; to glance through; to scamper

lướt mướt *adj.* soaking wet

lượt *n.* time, turn, round; layer, coat: **Đến lượt ai?** Whose turn?; **lần lượt** to take turns

lượt thượt *adj.* [of clothes] loosely hanging

lưu *v.* to stay, to stop, to detain, to keep: **lưu một bản cho tôi** to keep a copy in a file

lưu danh *v.* to leave a good reputation

lưu đày *v.* to exile, to banish

lưu động *adj.* roving, itinerant

lưu hành *v.* to circulate [currency]

lưu hoàng *n.* sulfur

lưu huyết *n.* bloodshed

lưu huỳnh *n.* sulfur

lưu lạc *v.* to be wandering

lưu loát *adj.* fluent

lưu luyến *v.* to be attached to, to be fond of

lưu ly *n.* parting, separation

lưu tâm *v.* to pay attention to, to concern oneself with

lưu thông *v.* to communicate, to circulate

lưu trú *v.* to reside, to live, to stay

lưu truyền *v.* to hand down, to pass tradition down

lưu trữ *v.* to conserve, to preserve

lưu vong *adj.* exiled: **chính phủ lưu vong** government in exile

lưu ý *v.* to pay attention [**đến** to]; to call [someone's] attention

lựu *n.* pomegranate

ly 1 *n.* glass, cup 2 *n.* millimeter; tiny bit

ly biệt *v.* to separate from, to part

ly dị *v.* to divorce: **xin ly dị** to apply for a divorce

ly hôn *v.* to divorce

ly hương *v.* to go abroad, to leave one's native land

ly khai *v.* to dissociate oneself from, to break away from

ly kỳ *v., adj.* acting strangely; marvelous, extraordinary: **câu chuyện ly kỳ** a strange story

ly tán *v.* [of a ground, family] to disperse, to be scattered

ly tâm *adj.* centrifugal [*opp.* **hướng tâm**]

lý *n.* reason, ground, common sense, argument: **lý do** reason; **chân lý** truth; **hữu lý** logical

lý do *n.* reason

lý hoá *n.* physics and chemistry

lý học *n.* physics

lý lẽ *n.* reason, argument

lý lịch *n.* personal history, curriculum vitae: **viết bản sơ yếu lý lịch kèm theo đơn xin việc** to enclose

lý luận

a curriculum vitae with one's application

lý luận *v., n.* to reason, to argue; argument

lý số *n.* fortune-telling

lý sự *adj., v.* reasonable; to reason, to argue

lý tài *n.* finance; money matter

lý thú *n., adj.* interest; interesting

lý thuyết *n., adj.* theory; theoretical: **học lý thuyết cũng như thực hành** to learn the theory as well as the practice

lý trí *n.* intellect, knowledge

lý tưởng *n., adj.* an ideal; ideal

lý tưởng hoá *v.* to idealize

ly *n.* dysentery

M

ma 1 *n.* ghost, phantom 2 *n.* funeral: **đưa đám ma** to attend a funeral [procession]

ma cà bông *n.* vagrant, tramp

Ma Cao *n.* Macao

ma dút *n.* [Fr. *mazout*] oil, fuel, diesel oil

ma giáo *adj., adv.* dishonest; cheatingly: **buôn bán ma giáo** dishonest business

ma men *n.* lure of drink

ma ni ven *n.* crank

ma quỉ *n.* ghosts and devils, evil spirits

Ma Rốc *n.* Morocco

ma sát *v.* to rub: **sức ma sát** friction

ma tuý *n.* narcotics, drug

ma vương *n.* Satan

má 1 *n.* cheek: **gò má** cheekbone 2 *n.* (= **mẹ**) mother, mummy

[used by child to mother]:

má đào *n.* pink cheek; woman: **phận má đào** woman's fate

má hồng *n.* rosy cheek; woman

má lúm đồng tiền *n.* dimpled cheeks

mà 1 *adv.* but, yet, and: **dẫu mà** even though; **để mà** in order to; **nhưng mà** but 2 *conj.* that, in which, at which, where-in, where-at 3 *intj.* final particle to emphasize the meaning of command

mà cả *v.* to bargain, to haggle

mà lại *conj.* but

mà thôi *adv.* no more and no less, only

mả *n.* grave, tomb: **mồ mả** graves and tombs

mã 1 *n.* effigy, paper article burned in ancestral rituals 2 *n.* appearance, plumage; caliber 3 *n.* yard [measure of length] 4 *n.* code: **mật mã** secret code 5 *n.* horse (= **ngựa**); **kỵ mã** cavalry; **song mã** two horses

mã binh *n.* cavalryman, horseman

mã hiệu *n.* code: **mã hiệu sản phẩm** product code

Mã Lai *n.* Malaysia, Malay

mã lực *n.* horse-power

mã tấu *n.* scimitar

mã thượng *adj.* generous

mạ 1 *n.* rice seedling: **gieo mạ** to sow rice seedlings 2 *v.* to plate [with gold **vàng**, silver **bạc**]: **mạ đồng** to copper-plate; **mạ vàng** to gold-plate

mác 1 *n.* knife, scimitar 2 *n.* [Fr. *marque*] make, brand

Mác-xít *n.* Marxist

Mạc Tư Khoa *n.* Moscow

mách *v.* to report; to recommend; to give information or clues in order to help

mách bảo *v.* to inform, to advise

mách lẻo *v.* to tell tales; to denounce

mách qué *v.* to lie, to bluff; use profanity

mạch *n.* pulse, vein, [blood] vessel [with **chẩn, bắt, coi, xem** to take]: **bắt mạch** to check one's pulse; **mạch máu** blood vessel

mạch điện *n.* electric circuit

mạch lạc *adj., n.* coherent; cohesion, coherence, clarity

mạch nha *n.* malt

mai 1 *n.* tomorrow: **sáng mai** tomorrow morning; **nay mai** soon **2** *n.* hoe, large-blade spade **3** *n.* matchmaker **4** *n.* shell [of turtle **rùa**, crab **cua**, squid **mực**]: **mai cua** crab's shell **5** *n.* R apricot, plum

mai danh ẩn tích *v.* to seclude oneself from the world

mai hậu *n.* future, posterity: **làm việc cực nhọc để mai hậu cho con cháu** to work hard for our children's future

mai kia *adv.* soon, later on

mai mốt *adv.* soon, in a few days' time

mai một *v.* to be lost, to disappear

mai phục *v.* to lie in ambush

mai sau *adv.* later, in the future

mai táng *v.* to bury a corpse, to arrange a funeral

mái 1 *n.* roof: **nhà mái ngói** a roof-tiled house **2** *n.* [of chicken, bird] female: **gà mái** hen

mái chèo *n.* oar, paddle

mái đầu *n.* one's hair

mái hiên *n.* porch roof; verandah

mái tóc *n.* one's hair

mài *v.* to file, to sharpen, to grind: **đá mài** whetstone

mài miệt *v.* to devote oneself to [work], to indulge in [pleasure]

mải *v.* to be absorbed [in a task]

mãi *adv.* continuously, unceasingly, forever, all the time

mãi dâm *n., v.* prostitution; to be a prostitute

mãi mãi *adv.* for ever, eternally

mại *v.* (= **bán**) to sell: **thương mại** trade, commerce

mại bản *n.* salesman, comprador

mại quốc *n.* traitor

man *adj.* false

man di *adj.* savage, barbarous

man mác *adj.* immense, limitless

man rợ *adj.* savage, barbarous

màn *n.* curtain, net; screen [with **bỏ, buông** to lower, **vắt** to pull up]: **kéo màn** to raise the curtain; **màn bạc** silver screen

mãn 1 *n.* (= **mèo**) cat **2** *v.* to end, to finish, to terminate

Mãn Châu *n.* Manchuria, Manchu

mãn cuộc *n.* the end of an affair or business

mãn đời *adj.* till the end of one's life

mãn hạn *v.* to complete, to finish, to be at the end of one's term

mãn khoá *v.* to graduate

mãn kiếp *adj.* till the end of one's life

mãn kỳ *v.* to expire

mãn nguyện *adj.* to be satisfied, content

mãn phần *v.* to die

mãn tang

mãn tang *v.* to end mourning for someone

mãn ý *adj.* satisfied, satisfactory

mạn *n.* area, region

mạn đàm *v.* to converse, to talk in a friendly way

mang 1 *n.* gill [of fish]: **mang cá** gills of fish 2 *v.* to bring or take with oneself, to carry; to wear: **mang giầy** to wear shoes

mang máng *adj.* vague: **nhớ mang máng** to remember vaguely

mang nợ *v.* to get into debts

mang ơn *v.* to be grateful to: **mang ơn ai đã giúp đỡ mình** to be grateful to someone who helped us

mang tai *n.* temples

mang tiếng *v.* to suffer discredit

máng 1 *n.* gutter, drain 2 *v.* to hang up [clothes]: **máng áo quần** to hang up clothes

máng cỏ *n.* manger

màng 1 *n.* membrane 2 *v.* to care for, to be concerned with: **không màng đến/tới danh lợi** not to be concerned with fame and profit

màng nhện *n.* cobweb

màng nhĩ *n.* ear-drum

màng trinh *n.* hymen

mảng 1 *n.* fishing bamboo raft 2 *adj.* to be busy, absorbed 3 *n.* big mass, big piece: **một mảng đất rộng** a big piece of land

mãng cầu *n.* (= **na**) custard-apple

mạng 1 *n.* web, net, network: **mạng lưới** network 2 *n.* veil 3 *n.* (= **mệnh**) life [as opp. to death]; fate, destiny: **sinh mạng** human life; **định mạng** destiny; **án mạng** murder 4 *v.* to darn: **mạng áo quần** to darn clothes

manh *n.* piece, rag

manh mối *n.* clue: **tìm cho ra manh mối** to find a clue

manh nha *v.* to bud, to begin

manh tâm *v.* to have a bad intention

mánh *n.* trick, dodge: **mánh lới, mánh khoé** tricks

mành *n.* blinds, shades

mành mành *n.* blinds, shades

mảnh 1 *n.* bit, fragment, shrapnel; broken piece 2 *adj.* thin, frail

mãnh liệt *adj.* strong, intense, violent, fierce: **đánh nhau mãnh liệt** fierce fighting

mãnh lực *n.* force, strength, power: **mãnh lực đồng tiền** power of money

mãnh tướng *n.* brave general

mạnh *adj.* strong, powerful; well

mạnh cánh *v.* to have connections

mạnh dạn *adj.* bold; brave

mạnh giỏi *adj.* healthy, well

mạnh khỏe *adj.* strong, healthy

mạnh mẽ *adj.* strong, vigorous

mao *n.* (= **lông**) hair, fur

mào *n.* cock's comb

mào *v.* to begin, to start: **khai mào** preamble; **mào đầu** to say a few introductory words

mạo 1 *v.* to forge, to fake, to falsify: **mạo chữ ký** to falsify one's signature 2 *n.* (= **mũ**) hat: **vương mạo** crown

mạo danh *v.* to assume another person's name

mạo hiểm *v., adj.* to take risks, to venture; adventurous

mạo muội *v.* to make oneself bold enough, to venture

mạo nhận *v.* to assume falsely

[ownership rights, etc.]; to claim wrongly

mát *adj.* [of air] fresh, cool; [of body] feel fresh, cool: **bóng mát** shade; **gió mát** breeze

mát mặt *adj.* contented; well-off, comfortable

mát mẻ *adj.* cool, fresh

mát ruột *v.* to be satisfied

mát tay *adj.* [of doctor] skillful

mát trời *n.* cool weather

mạt *adj.* base, mean, unlucky: **mạt số** mean/unlucky fate

mạt cưa *n.* sawdust

mạt đời *n.* the end of one's life

mạt hạng *n.* lowest class

mạt kiếp *n.* the end of one's life

mạt sát *v.* to insult, to abuse, to disparage

mạt vận *n.* ill-luck

mau *adj.* quick, rapid, fast: **mau chóng/mau lẹ** quick; **nói mau** to speak fast; **mau lên** hurry up

mau chân *adj.* agile

mau miệng *adj.* fair-spoken

mau tay *adj.* fast, quick

mau trí *adj.* quick-witted

máu *n.* [SV **huyết**] blood; temper, character: **chảy máu** to bleed; **cuộc đổ máu** bloodshed; **hăng máu** to get angry; **hộc máu** to vomit blood; **cho máu** to give blood

máu cam *n.* nose bleed

máu điên *n.* insanity, dementia

máu ghen *n.* jealousy

máu mủ *n.* blood ties, kinship

màu *n.* [SV **sắc**] color

màu da *n.* complexion

màu mè *adj.* showy; colorful: **áo quần màu mè** colorful clothes

màu mỡ *adj.* fat, fertile, rich: **vùng đất màu mỡ** rich land area

màu sắc *n.* color, hue

may **1** *n., adj.* [*opp.* **rủi**] luck; lucky, fortunate: **số may** good fortune **2** *v.* to sew, to stitch, to make clothes: **thợ may** tailor; **máy may** sewing machine

may đo *adj.* made-to-measure, custom-made, tailor-made

may mắn *adj.* lucky

may ô *n.* singlet

may ra *adv.* maybe, perhaps

may rủi *n.* chance, risk

may sẵn *adj.* ready-made

may vá *v.* to sew and mend, to do needlework

máy **1** *v.* to wink at: **máy mắt bạn đi nơi khác** to signal [by a wink] a friend to leave **2** *n.* [SV **cơ**] machine, motor, engine: **nhà máy, xưởng máy** factory, plant; **thợ máy** mechanic; **bộ máy hành chính** government machinery; **quạt máy** electric fan; **thang máy** elevator, lift; **bút máy** fountain pen

máy bay *n.* airplane: **đi bằng máy bay** to go by airplane

máy chữ *n.* typewriter

máy cưa *n.* power saw

máy điện *n.* dynamo, generator

máy điện thoại *n.* telephone

máy điện toán *n.* (= **máy vi tính**) computer

máy ép *n.* press

máy ghi âm *n.* tape recorder

máy hát *n.* gramophone

máy hơi nước *n.* steam engine

máy in *n.* printing machine

máy khâu *n.* sewing machine

máy khuếch đại *n.* amplifier, intensifier, enlarger

máy lạnh *n.* air-conditioner

máy lọc *n.* filter

máy may *n.* sewing machine

máy móc *n.* machinery: **thời đại máy móc** machinery age

máy nước *n.* hydrant

máy phát điện *n.* generator

máy quay phim *n.* movie camera

máy thu thanh *n.* radio receiver

máy tính *n.* calculator

máy vi âm *n.* microphone

máy vi tính *n.* computer

mày *pron.* you [used by a superior to a(an) subordinate/inferior, an elder to a child arrogantly, first person pronoun being **tao**]: **chúng mày** you (guys)

mày *n.* [SV **mi**] eyebrow: **kẻ lông mày** to pencil one's eyebrows

mày đay *n.* 1 nettle-rash 2 medal

mảy may *n.* a fleck

mắc 1 *adj.* (= **đắt**) expensive 2 *v.* (= **móc**) to hang onto a peg; to be caught in [net, trap, work, disease, debt]

mắc cỡ *v.* to be shy, to feel shame

mắc bận *v.* to be busy, to be occupied

mắc bẫy *v.* to be trapped, ensnared

mắc bệnh *v.* to be sick, to be ill

mắc cạn *v.* to run aground

mắc câu *v.* to be hooked

mắc cửi *v.* to be at a criss-cross

mắc kẹt *v.* to be caught in

mắc lừa *v.* to be duped/deceived

mắc mưu *v.* to be trapped [because of a ruse]

mắc nạn *v.* to run into an accident

mắc nghẽn *v.* to be blocked, to be stranded

mắc nợ *v.* to run into debt

mắc ơn *v.* to be indebted [morally] to

mắc việc *v.* to be busy

mặc 1 *v.* to wear, to put on [coat, trousers, skirt, blouse, shirt]: **ăn mặc** to dress 2 *adj.* leaving [someone, something] alone, not to care

mặc cả *v.* to bargain

mặc cảm *n.* complex

mặc dầu *conj.* although

mặc kệ *v.* to leave alone

mặc nhiên *adj.* calm, indifferent, obvious

mặc niệm *v.* to observe [a minute's] silence

mặc sức *adv.* without restraint, as much as one can

mặc thây *v.* to ignore

mắm *n.* salted fish, shrimp: **mắm tôm** shrimp paste

mắn *v., adj.* [of woman, animal] to be fertile, not barren

mặn *adj.* salty [*opp.* **nhạt, lạt**]; [of feeling] hearty; deepening; determined to [buy]: **nước mặn** salt water [as opp. to **nước ngọt** fresh water]

mặn mà *adj.* warm, cordial

măng *n.* bamboo sprout

măng đa *n.* [Fr. *mandat*] money order

măng sữa *n.* youth, infancy, babyhood

mắng *v.* to scold

mắng chửi *v.* to scold and curse

mắt *n.* [SV **mục, nhãn**] eye: **đau mắt** to have sore eyes; **đưa mắt**

to take a quick look; **liếc mắt**
to glance; **mù mắt** blind; **nước
mắt** tears

mắt kém *adj.* poor-sighted

mắt lác *adj.* squint-eyed, cross-eyed

mắt loà *adj.* dim-sighted

mắt lươn *n.* small eyes

mắt xếch *n.* to have slant eyes

mặt *n.* [SV **diện**] face; surface,
side: **chừa mặt** to avoid; **có mặt**
to be present; **họp mặt** to get
together; **lạ mặt** stranger; **thay
mặt cho** to represent for

mặt dày *adj.* shameless, brazen

mặt đất *n.* ground

mặt đồng hồ *n.* dial of a clock

mặt mẹt *adj.* shameless

mặt mo *adj.* shameless, brazen

mặt mũi *n.* face, countenance

mặt nạ *n.* mask

mặt ngoài *n.* outside [appearance]

mặt phải *n.* right side; truth

mặt phẳng *n.* plane: **mặt phẳng
nằm ngang** horizontal plane

mặt trái *n.* wrong side; tail

mặt trăng *n.* the moon

mặt trận *n.* battlefront; front

mặt trời *n.* the sun

mâm *n.* food tray

mầm *n.* sprout, shot, germ: **mọc
mầm, nẩy mầm** to sprout, to bud

mân *v.* to feel, to palpate: **mân mó**
to touch

mần *v.* (= **làm**) to work, to do

mần thinh *v.* to keep quiet

mẫn cán *adj.* diligent, quick-
minded

mận *n.* plum: **cây mận** plum tree

mấp máy *v.* [of lips] to move
gently

mấp mé *v.* to reach almost up to

mấp mô *adj.* [of ground] uneven

mập *adj.* (= **béo**) fat, portly

mập mạp *adj.* chubby, fat

mập mờ *adj.* dim, unclear,
ambiguous

mất *v.* [SV **thất**] to lose, to spend
[money, time]; to cost, to take;
to be lost, wasted; to die: **Làm
việc này mất mấy ngày?** How
many days does this job take?

mất công *v.* to labor in vain, to
waste labor

mất dạy *adj.* ill-bred

mất giá *adj.* depreciated

mất gốc *adj.* uprooted, to be torn
away from the original

mất lòng *v., adj.* to hurt; hurting,
be offended

mất mùa *v.* to have a bad harvest

mất ngủ *adj.* sleepless

mất tích *adj.* missing

mất trinh *v.* to be deflowered

mất vía *v.* to be scared out of
one's wits

mật 1 *n.* honey: **mật mía** molasses
2 *n.* bile, gall: **túi mật** gall blad-
der 3 *adj.* secret: **bí mật** secret,
mysterious

mật báo *v.* to report secretly

mật đàm *n.* confidential talks,
secret talks

mật lệnh *n.* secret order

mật mã *n.* secret code

mật thám *n.* police inspector,
investigator, spy, police(man),
detective; cf. **công an**

mật thiết *adj.* [relationship] close,
intimate

mật ước *n.* secret agreement or
treaty

mâu *n.* lance: **xà mâu** spear

mâu thuẫn *n., v.* contradiction; to contradict [**với**]

mấu *n.* knot, notch

mầu *n.* See **màu**

mầu *adj.* miraculous: **phép mầu** miracle

mầu nhiệm *adj.* miraculous, marvelous

mẩu *n.* piece: **một mẩu bánh mì** a piece of bread

mẫu 1 *n.* Vietnamese acre, *mow*: **mẫu tây** hectare 2 *n.* model, sample, pattern [tailor's]: **gương mẫu** model, example; **kiểu mẫu** model, sample 3 *n.* mother (= **mẹ**): **thân mẫu** mother

mẫu âm *n.* vowel: **bán mẫu âm** semi-vowel

mẫu giáo *n.* nursery, kindergarten

mẫu hạm *n.* aircraft carrier

mẫu hệ *n.* matriarchy

mẫu quốc *n.* mother country

mậu dịch *n.* trade: **quan hệ mậu dịch** trade relation

mây 1 *n.* [SV **vân**] cloud (CL **đám** or **áng**) 2 *n.* rattan, cane

mây mưa *n., v.* sexual intercourse, lovemaking; to have sex

mấy *adv.* How much? How many?; some, a few: **Mấy giờ?** When? What time is it?; **Em lên mấy?** How old are you?

mấy thuở *adv.* as only very occasionally, rarely: **mấy thuở gặp ai** to meet someone rarely

me 1 *n.* tamarind 2 *n.* (= **mẹ**) mother, you [used by mother to child]

me xừ *n.* [Fr. *monsieur*] Mr., Sir [so-and-so]

mé *n.* space, area [near the edge or demarcation]

mè *n.* (= **vừng**) sesame

mè nheo *v.* to bother [with requests]

mẻ 1 *n.* catch [of fish, shrimps]; beating, thrashing: **một mẻ cá** a catch of fish 2 *n.* rice ferment 3 *adj.* to be chipped, nicked, jagged

mẹ *n.* [SV **mẫu**] mother: **tiếng mẹ đẻ** mother tongue

mẹ chồng *n.* mother-in-law [of a woman]

mẹ đẻ *n.* mother

mẹ đĩ *n.* the mother of our little girl, my wife

mẹ ghẻ *n.* stepmother

mẹ vợ *n.* mother-in-law [of a man]

men 1 *n.* leaven, ferment, yeast 2 *n.* enamel, glaze 3 *v.* to go along the side/edge

méo *adj.* semi-round shape: **méo mó** deformed

méo mặt *v.* to worry oneself too much

mèo *n.* [SV **miêu**] cat

mẹo *n.* ruse, expedient, stratagem

mép *n.* corner of the mouth; edge, border: **bẻm mép, múa mép** to have a glib tongue

mét 1 *adj.* pale 2 *n.* meter

mẹt *n.* flat winnowing basket

mê *v.* to be unconscious; to sleep soundly; to be infatuated: **ngủ mê** to sleep soundly; **thuốc mê** anesthetic; **ham mê** to have a passion for; **hôn mê** unconscious, delirious

mê hoặc *v.* to deceive

mê hồn *adj.* fascinating

mê lộ *n.* maze

mê man *v.* to be unconscious, to be in a coma

mê mẩn *v.* to be bewitched

mê sảng *v.* to be delirious

mê tín *adj.* superstitious, to blindly believe in

mề *n.* gizzard: **mề gà** chicken gizzards

mề đay *n.* [Fr. *meùdaille*] medal

Mễ Tây Cơ *n.* Mexico, Mexican

mếch lòng *v.* to offend, to hurt someone

mềm *adj.* [SV **nhu**] soft, tender, flexible [*opp.* **cứng**]

mềm dẻo *adj.* pliable, supple

mềm lòng *adj.* discouraged

mềm mại *adj.* supple, very soft

mềm mỏng *adj.* compliant, yielding

mềm nhũn *adj.* soft, very soft

mềm yếu *adj.* weak

Mên *n.* Cambodia, Cambodian

mến *v.* to be fond of, to love: **kính mến, quí mến** to love and respect

mền *n.* (= **chăn**) blanket

mênh mông *adj.* immense, vast

mệnh *n.* (= **mạng**) life, fate, destiny: **sinh mệnh, tính mệnh** life

mệnh chung *v.* to pass away

mệnh danh *v.* to call, to name

mệnh đề *n.* clause, predicate

mệnh lệnh *n.* order: **ban mệnh lệnh** to give an order

mệnh một *v.* to happen to die

mệt *v., adj.* to be tired, exhausted

mệt dừ *adj.* exhausted

mệt lử *adj.* very tired

mệt mỏi *adj.* tired, worn out

mệt nhoài *v.* to be exhausted

mệt nhọc *v., adj.* tired, weary

mệt nhừ *v.* to be exhausted

mi *n.* (= **mày**) you [arrogant]

mi *n.* eyelid: **lông mi** eyelashes

mì 1 *n.* wheat, bread: **lúa mì** wheat 2 *n.* noodles, Chinese noodles

mị *v.* to flatter, to coax

mía *n.* sugarcane

mỉa *v.* to speak ironically, to be ironical: **không nên mỉa làm gì** shouldn't be ironical

mỉa mai *v., adj.* to ridicule; to be ironical, sarcastic

Miên *n.* Cambodia, Cambodian

miên man *adj.* never-ending

miên viễn *adj.* lasting, durable

miến *n.* vermicelli (= **bún tàu**)

Miến Điện *n., adj.* Burma, Burmese

miền *n.* region, area

miễn *v.* to be exempt, free [from taxes, labor]; to forgive

miễn chấp *v.* to forgive

miễn chức *v.* to be dismissed from office

miễn cưỡng *adj.* unwilling, reluctant

miễn dịch *v., adj.* to immunize; to be exempt from military service

miễn là *adv.* provided that, on condition that

miễn nghị *v.* to absolve, to dismiss

miễn phí *v.* to be free-of-charge

miễn thứ *v.* to forgive

miện *n.* hat, crown: **vương miện** crown; **lễ gia miện** coronation

miếng *n.* morsel, piece, slice, bite; plot [of land]

miệng *n.* [SV **khẩu**] mouth: **súc miệng** to rinse one's mouth

miệt *n.* region, area: **miệt vườn** garden area; **miệt dưới** down under

miệt mài *v.* to wallow, to be wrapped up in [passion, work, hobby]: **miệt mài làm việc** to be wrapped up in working

miệt thị *v.* to disdain, to defy

miêu tả *v.* to depict, to describe

miếu *n.* temple, shrine: **gia miếu** family shrine

miễu *n.* small shrine

mím *v.* to tighten [lips **môi**]

mỉm cười *v.* to smile

mìn *n.* [Fr. *mine*] mine [military]: **giật mìn** to dynamite, blow up

mịn *adj.* [of skin] smooth, silky

minh *adj.* bright, clear: **bình minh** dawn; **thông minh** intelligent

minh bạch *adj.* clear, explicit

minh chủ *n.* leader of alliance or revolution; oath-taker

minh hoạ *v.* to illustrate: **minh hoạ cho một cuốn sách** to illustrate a book

minh mẫn *adj.* clear-sighted, intelligent

minh oan *v.* to explain an injustice

minh tinh *n.* movie stars

minh ước *n.* pact, treaty: **Minh ước Bắc Đại Tây Dương** North Atlantic Treaty

mình *n.* body, you [between husband and wife]: **chúng mình** inclusive we [you and I]; **một mình** by oneself

mình mẩy *n.* body

mít *n.* jackfruit

mít đặc *adj.* thick-headed, completely dull

mịt mờ *adj.* very dark, pitch dark

mịt mù *adj.* dim and distant

mó *v.* to touch [object preceded by **đến/tới, vào**]: **sờ mó người nào** to touch somebody

mò *adj.* groping for [in water or in the dark]; hunting for [women]: **nói mò** speaking without knowledge

mò mẫm *v.* to grope; to feel one's way

mỏ **1** *n.* beak, bill **2** *n.* mine, quarry: **đào mỏ** to be a gold digger; **kỹ sư mỏ** mining engineer; **phu mỏ** miner

mỏ lẹt *n.* monkey wrench

mỏ neo *n.* anchor

mõ *n.* wooden fish [hollow wooden piece which a town crier beats while making his announcements or which a Buddhist monk beats while saying prayers]: **gõ mõ** to beat a wooden fish

móc *v.* to hook; to draw out with fingers, to pick [pocket]

mọc *v.* to rise; [of plant] to grow

moi *v.* to pull out, to dig up/out: **moi tiền** to extort money

mòi **1** *n.* herring **2** *n.* sign, omen

mỏi *adj.* weary, tired: **mỏi chân** tired legs

mọi *adj.* every, all [verb preceded by **đều**]: **mọi nơi** everywhere

móm *adj.* toothless

móm mém *v.* [of old toothless person] to chew

mõm *n.* muzzle, snout

mon men *v.* to try to get near, to approach gradually

món *n.* dish on the menu; course [dinner]; item; sum [of money], loan; subject [of study]

món bở *n.* interesting business

mòn *adj.* worn out or down [because of friction]

mọn *adj.* small, humble, trifling, insignificant: **hèn mọn** humble

mong *v.* to expect, to wait; to hope: **chờ mong** to wait

mong đợi *v.* to expect, to wait

mong manh *adj.* weak, thin, fragile, delicate

mong mỏi *v.* to expect or to desire impatiently

mong nhớ *v.* to think of, to miss: **mong nhớ người nào** to miss someone

mong ước *v.* to wish, to hope for

móng 1 *n.* nail [of finger or toe], hoof, claw 2 *n.* foundation [of building]: **xây móng nhà** to build the foundation of a house

móng chân *n.* toe nail

móng tay *n.* finger nail: **thuốc đánh móng tay** fingernail polish

mỏng *adj.* thin, frail, fragile, delicate [*opp.* **dầy**]

mỏng dính *adj.* very thin

mỏng manh *adj.* frail, fragile, delicate

mỏng mảnh *adj.* fragile, flimsy

mỏng môi *adj.* gossipy, loose-tongued

mỏng tanh *adj.* paper-thin

mọng *adj.* succulent: **một chùm nho chín mọng** a bunch of succulent grapes

móp *adj.* hollow, sunken, flattened

mót *v.* to glean: **mót lúa ngoài đồng** to glean rice in the fields

mót *v.* to desire [to urinate **đái** or to defecate **ỉa**]

mô *n.* mound

mô 1 *pron.* (= **gì, đâu**) What? Where? 2 *n.* tissue [biology]:

mô thần kinh nerve tissue

mô hình *n.* model [miniature]

mô phạm *n.* model, example, norm: **nhà mô phạm** educator

mô phỏng *v.* to imitate, to copy

mô tả *v.* to describe, to render

mô thức *n.* pattern

mồ *n.* [SV **mộ**] grave, tomb

mồ côi *adj.* orphaned: **mồ côi cha** fatherless; **mồ côi mẹ** motherless

mồ hóng *n.* soot

mồ hôi *n.* sweat, perspiration: **ra mồ hôi** to perspire

mồ mả *n.* graves, tombs

mổ 1 *v.* to peck 2 *v.* to kill [fowl, pig] for food; to operate on

mổ xẻ *v.* to dissect, to have an operation on: **khoa mổ xẻ** surgery

mộ 1 *v.* to recruit [soldiers, labor, followers]: **tuyển mộ lính** to recruit soldiers 2 *n.* grave, tomb (= **mồ, mả**)

mộ chí *n.* tombstone

mộ đạo *adj.* devout

mộ địa *n.* graveyard, cemetery

mộ phần *n.* tomb, grave

mốc 1 *adj., n.* musty, moldy; mildew, mold 2 *n.* landmark, boundary

mốc xì *adv.* nothing at all

mộc 1 *n.* shield (= **khiên**) 2 *n.* wood (= **gỗ**); tree, timber: **bàn gỗ mộc** a wooden table

mộc mạc *adj.* simple, unaffected

mộc tinh *n.* Jupiter

môi 1 *n.* lip [with **mím** to close]: **sáp/son môi** lipstick; **đánh môi son** to apply lipstick 2 *n.* go-between, intermediary 3 *n.* ladle CL **cái**

môi giới *n.* intermediary, match-maker

môi nhân *n.* matchmaker, go-between

môi trường *n.* environment: **bảo vệ môi trường thiên nhiên** to protect the natural environment

mối 1 *n.* termite, white ant, pest: **diệt mối** to control termites 2 *n.* end [of entangled thread or string] 3 *n.* a classifier noun prefix added to certain verbs in order to create a noun: **mối hy vọng** hope 4 *n.* liaison; marriage or business go-between

mối hàng *n.* customer

mối manh *n.* cause, origin

mối tình *n.* love

mồi *n.* prey, bait; charge: **mua mồi đi câu cá** to buy bait for fishing

mỗi *num.* each: **mỗi ngày** each day; **mỗi người** each person

mồm *n.* [SV khẩu] mouth (= **miệng**): **há mồm** to open one's mouth; **lắm mồm** to be talkative, gossipy

môn *n.* (= **cửa**) door; field or subject of study; specialty, game, sport: **môn tiếng Anh** English subject

môn bài *n.* commercial license

môn đệ *n.* disciple, follower

môn đồ *n.* disciple, follower

môn phái *n.* school of thought, sect

mồn một *adj.* clear, evident, manifest

mông *n.* buttock, bottom: **tiêm thuốc vào mông** to inject medicine into one's bottom

Mông Cổ *n.* Mongolia, Mongolian

mông quạnh *adj.* immense and deserted

mống 1 *n.* rainbow 2 *n.* body, person

mộng *n.* dream: **ác mộng** nightmare; **mơ mộng** daydreaming

mộng ảo *adj.* visionary; unreal

mộng tinh *n.* wet dream, nocturnal emission

mộng tưởng *n., v.* to dream, to be in a reverie; illusion, vision

mốt 1 *n.* (= **kia**) the day after tomorrow: **mai mốt** in a day or two 2 *num.* one [following a numeral after twenty, thirty ..., but not **mười** itself or a hundred, thousand]: **hai mươi mốt** 21; **hai trăm mốt** 210; **bốn vạn mốt** 41,000 3 *n., adj.* [Fr. *mode*] style, fashion; to be fashionable

một *num.* [SV nhất] one, a, an; each: **mỗi một** each; **vở kịch một hồi** one-act play; **con một** only child; **muôn một** one chance out of ten thousand; **mười một** eleven; **từng nhà một** one by one, each house; **từng người một** one person at a time

một lòng *adj.* loyal [với to]

một mình *adj.* by oneself, alone

một mực *adv.* invariably, stubbornly

một thể *adv.* at the same time

một vài *adj.* a few

mơ 1 *n.* apricot 2 *v.* to dream: **giấc mơ** a dream

mơ hồ *adj.* vague, indefinite

mơ màng *v.* to dream

mơ mộng *v., adj.* to dream, to be in a state of reverie; dreamy

mơ tưởng *v.* to dream of, to desire

mơ ước *v.* to dream of, to desire

mớ *n.* tray [of roasted sticky rice **cốm**], layer [of clothes **quần, áo**], bundle, mass [of materials **tài liệu**], a lot

mờ *adj.* dim, vague, unclear, blurred: **lờ mờ** unclear; **mập mờ** unclear, confused, ambiguous

mờ ám *adj.* suspicious, fishy

mờ mịt *adj.* obscure, somber, blank, dark: **một tương lai mờ mịt** a dark future

mở *v.* [SV **khai**] to be open; to open [*opp.* **đóng**]; to start; to hold [exam, contest]; to turn on: **mở đèn lên** to turn on the light

mở đầu *v.* to open, to begin

mở đường *v.* to make the way accessible

mở hàng *v.* to start a sale, to be the first customer in a shop

mở mang *v.* to develop: **mở mang đất nước** to develop the country

mở mặt *adj.* honored, successful

mỡ *n.* fat, grease [beef or mutton]: **béo mỡ** fat; **nực chảy mỡ** sweltering heat

mợ *n.* aunt [wife of one's uncle **cậu**], mother's younger brother's wife

mới 1 *adj.* [SV **tân**] new; just recently happened [*opp.* **cũ**] **2** *adv.* to be or to occur only then; truly

mới cưới *adj.* newly-wed

mới đầu *adv.* at first, at the beginning

mới đây *adv.* recently, lately

mới đẻ *adj.* newborn: **đứa bé mới đẻ** newborn baby

mới lạ *adj.* new, unusual

mới mẻ *adj.* new, recent, fresh: **tin tức mới mẻ** fresh news

mới nguyên *adj.* brand-new

mới rồi *adv.* recently, lately

mới tinh *adj.* brand-new

mời *v.* [SV **thỉnh**] to invite: **thư mời/giấy mời** letter of invitation

mời mọc *v.* to invite

mớm *v.* to feed from beak to beak or mouth to mouth; to prompt, to prime: **bú mớm** to be breast-fed

mớm lời *v.* to prompt, to prime

mơn *v.* to to smooth with one's fingers; to start: **mơn cho ai nói** to start someone talking

mơn mởn *adj.* very young; freshly tendered

mu *n.* shell, carapace [of turtle **rùa**], back [of human hand **bàn tay**]: **mu rùa** shell of turtle

mù *adj.* blind: **mù mắt** blinded

mù chữ *adj.* illiterate

mù loà *adj.* blind

mù mịt *adj.* somber, uncertain

mù quáng *v., adj.* to act blindly; blind

mù tịt *adj.* blind as a bat; ignorant

mủ *n.* pus; sap, latex: **mưng mủ** to become a pussy

mũ *n.* hat, cap [any kind but conical or flat ones]: **bỏ/cất mũ** to take off a hat; **đội mũ** to wear a hat

mũ lưỡi trai *n.* cap [with visor]

mụ 1 *n.* old woman, matron: **bà mụ** midwife **2** *v.* to become dull/torpid: **học quá mụ người** to become sluggish from too much study

mua *v.* [SV **mãi**] to purchase, to buy [*opp.* **bán**]

mua bán *v.* to shop; to trade

mua buôn *v.* to buy wholesale

mua chịu *v.* to buy on credit

mua chuộc *v.* to lure, to entice with money, to get into somebody's good graces

mua lại *v.* to buy secondhand

mua lẻ *v.* to buy at retail

mua sỉ *v.* to buy wholesale

mua việc *v.* to bring oneself trouble

mua vui *v.* to seek pleasure, to amuse oneself

múa *v.* [SV **vũ**] to dance [ritually, with fan **quạt** or sword **kiếm**]: **múa quạt** to dance with fans

múa mép *v.* to talk, to chatter

múa võ *v.* to do shadow-boxing

mùa *n., adj.* [SV **quí**] season; time, tide; harvest, crop: **trái mùa** unseasonable; **gió mùa** monsoon; **bốn mùa** the four seasons

mùa đông *n.* winter

mùa hạ *n.* (= **mùa hè**) summer

mùa màng *n.* harvest, crop

mùa thu *n.* autumn

mùa xuân *n.* spring

múc *v.* to scoop out [with spoon **thìa**, dipper **gáo**]: **múc canh vào bát** to ladle soup into a bowl

mục 1 *adj.* [of wood] to be rotten; decayed **2** *n.* section, column [in newspaper], item: **mục phụ nữ** the women's column

mục đích *n.* aim, purpose, objective, goal

mục đồng *n.* shepherd

mục kích *v.* be an eye witness of

mục lục *n.* table of contents

mục sư *n.* Protestant minister, pastor, clergyman

mục tiêu *n.* objective, target, purpose

mui *n.* roof, top [of car, rickshaw, boat]: **xe bỏ mui** convertible car

múi *n.* section [of orange **cam**, grapefruit **bưởi**, tangerine **quít**, jackfruit **mít**, mangosteen **măng cụt**]: **ăn mấy múi bưởi** to eat some slices of a grapefruit

mùi *n.* smell, odor, scent; color; taste, flavor: **nếm mùi** to taste; **có mùi** to smell [bad]; **nặng mùi** to smell bad

mùi vị *n.* taste

mủi lòng *v.* to be moved, to feel compassion

mũi *n.* nose; nasal mucus; point [of knife **dao**]; cape [point of land]: **mũi giày** heel of shoe; **mũi súng** muzzle of gun; **hỉ mũi** to blow one's nose; **lỗ mũi** nostril; **ngạt mũi** to have a stuffed nose; **chảy máu mũi** to have a nose bleed; **thính mũi** to have a sensitive nose; **nói giọng mũi** to speak through the nose

mủm mỉm *v.* to smile

mũm mĩm *adj.* plump, chubby

mun *n., adj.* ebony

mùn *n.* humus

mủn *adj.* disintegrated

mụn *n.* boil, pimple; piece, bit, odds and ends [of material]

mùng *n.* (= **màn**) mosquito-net

mủng *n.* small bamboo basket

muối *n., v.* salt; to salt: **trứng muối** salted egg; **muối cá** to salt fish

muối biển *n.* sea-salt

muối mỏ *n.* rock salt

muối tiêu *n.* salt and pepper

muỗi *n.* mosquito: **thuốc trừ muỗi** mosquito repellent; **vết muỗi đốt/cắn** mosquito bite

muôn *num.* [SV **vạn**] myriad, ten thousand: **muôn vạn người đói khổ** ten thousands of the poor

muôn dân *n.* the whole population

muôn đời *adv.* eternally, for ever

muôn phần *adv.* extremely: **muôn phần khó khăn** extreme difficulties

muôn thuở *adv.* for ever, eternally

muôn vàn *adv.* a great many, a myriad, an uncountable amount of, boundless

muốn *v.* to want, to desire: **ý muốn** will, desire; **ham muốn** to covet

muộn *adj.* to be late, tardy: **muộn con** to be late having children

muông *n.* [SV **thú**] quadruped: **chim muông** animals

muỗng *n.* spoon

muốt *adj.* very white: **nước da trắng muốt** very white skin

múp míp *adj.* chubby, plump

mút *v.* to suck

mưa *v., adj.* to rain; rainy: **giọt mưa/hạt mưa** raindrop; **nước mưa** rain water; **áo mưa** raincoat; **mùa mưa** rainy season

mưa bụi *n.* drizzle

mưa đá *n.* hail

mưa gió *n.* rain and wind, unfavorable weather

mưa nắng *n.* [weather] elements; rain or shine

mưa phùn *n.* drizzle

mưa rào *n.* shower, downpour

mửa *v.* to leave [food, one's own portion]: **bỏ mửa** unfinished

mửa *v.* (= **nôn**) to vomit

mức *n.* (= **mực**) level, demarcation, line, standard: **mức sống** living standard

mừng *adj., v.* pleased, glad; to congratulate: **ăn mừng** to celebrate; **chào mừng** to greet; **đồ mừng** [wedding] present

mừng quýnh *adj.* overjoyed

mừng rỡ *v.* to be very pleased

mừng thầm *v.* to rejoice inwardly

mừng tuổi *v.* to wish one "Happy New Year"

mươi *num.* ten [when numerated by a preceding unit numeral]; about ten: **chín mươi** ninety

mười *num.* [SV **thập**] ten [when not numerated by a proceding unit numeral]: **mười một** eleven; **thứ mười** tenth; **tháng mười** October; **gấp mười** tenfold

mười mươi *adv.* surely: **chắc mười mươi** 100 percent sure

mướn *v.* (= **thuê**) to hire, to rent: **mướn xe** to hire a car

mượn *v.* to borrow [money, tool], to hire: **cho mượn** to lend

mương *n.* gutter, ditch, canal

Mường *n.* Muong [tribal name]: **tiếng Mường** Muong language [considered as archaic form of Vietnamese]

mường tượng *v.* to remember vaguely

mướt *v.* to trickle: **mướt mồ hôi** to perspire profusely

mượt *adj.* to be smooth and shining

mứt *n.* preserved fruit, jam, marmalade: **mứt nho** raisins

mưu *n.* stratagem, ruse, trick: **nhiều mưu kế/đa mưu** a lot of stratagems, tricky

mưu cơ *n.* scheme, plot

mưu mẹo *n.* expedient, artifice, trick

mưu mô *n., v.* scheme, plot; to plot

mưu phản *n., v.* conspiracy; to plan to betray; to plot treason

mưu sát *v.* to plot murder, to attempt to assassinate

mưu sĩ *n.* strategist; adviser, mastermind

mưu sinh *v.* to make one's living

Mỹ *n.* America, American: **Bắc Mỹ** North America; **Nam Mỹ** South America

mỹ *adj.* (= **đẹp**) beautiful: **thẩm mỹ** esthetic

mỹ cảm *adj.* good feeling, good impression

mỹ hoá *v.* to Americanize

mỹ kim *n.* U.S. dollar

mỹ lệ *adj.* beautiful, lovely, attractive

mỹ mãn *adj.* [of results] satisfactory, perfect

mỹ miều *adj.* beautiful, good-looking

mỹ nhân *n.* beautiful lady

mỹ nữ *n.* pretty girl

mỹ quan *n.* beautiful looks

Mỹ quốc *n.* the United States of America

mỹ thuật *n.* fine arts, art, esthetics: **nhà mỹ thuật** artist

mỹ tục *n.* good customs [used with **thuần phong**]

mỹ vị *n.* delicacies, nice dish: **cao lương mỹ vị** luxury food

mỹ ý *n.* good intention

N

na 1 *n.* custard apple, sugar apple CL **quả, trái** (= **mãng cầu**) 2 *v.* to carry; to tote

na ná *adj.* analogous, similar

Na Uy *n.* Norway

nả *n.* duration, short time

nã 1 *v.* to seek, to hunt for [criminal]: **tầm nã, truy nã** to extort 2 *v.* to pour, to shower: **nã đạn vào vùng địch** to fire shells into an enemy area

nạc *adj.* [of meat] lean: **mua thịt nạc** to buy lean meat

nách 1 *n.* armpit: **tay xách nách mang** loaded with packages and bundles 2 *v.* to carry under one's arm

nai 1 *n.* deer 2 *v.* to stretch [one's back **lưng**]: **nai lưng** to toil

nai nịt *v.* to dress for battle or fighting

nái *adj.* female: **heo nái** sow

nài 1 *v.* to insist, to entreat: **nài nỉ** to entreat very insistingly 2 *n.* ostler, mahout, jockey 3 *v.* to mind, to flinch from: **không nài khó nhọc** not to mind hard work

nài xin *v.* to beseech; to entreat

nải *n.* hand/bunch [of bananas]

nam 1 *n.* south, southern: **miền Nam Việt Nam** the south of Vietnam 2 *n.* male; man [*opp.* **nữ**]: **phái nam** male 3 *n.* (= **trai**) son: **trưởng nam** eldest son

Nam Á châu *n.* South Asia

Nam Băng Dương *n.* Antarctic Ocean

Nam bộ *n.* South Vietnam; southern part

nam châm *n.* magnet

nam cực *n.* South Pole

Nam Dương *n.* Indonesia

nam giao *n.* ceremony in honor of the sky and the earth

Nam Hải *n.* South Sea

Nam Hàn *n.* South Korea

Nam Kỳ *n.* South Vietnam

Nam Mỹ *n.* South America

nam nhi *n.* man, men [as opp. to woman, women **phụ nữ**]

nam nữ *n.* male; female

nam phần *n.* South Vietnam; southern part

Nam Phi *n.* South Africa

nam sinh *n.* schoolboy

Nam Tư *n.* Yugoslavia, Yugoslav

Nam Vang *n.* Phnom Penh

Nam Việt *n.* South Vietnam

nạm 1 *n.* bunch, handful: **một nạm tóc** a handful of hair 2 *n.* beef flank

nan 1 *n.* bamboo slat [used for basket or fan]: **nan hoa** spoke 2 *adj.* difficult (= **khó**)

nan giải *adj.* [of problem] hard to solve

nán *v.* to wait a little longer, to stay on for a while

nản *v.* to be discouraged, to recoil from difficulties: **nản chí, nản lòng** to lose heart

nạn *n.* accident, danger, calamity, disaster, catastrophe, peril: **nạn lụt** flood; **hoạn nạn** unfortunate

nạn nhân *n.* victims, casualties

nang *n.* sack, bag, capsule

nàng *n.* lady, dame, young woman, she/her

nàng dâu *n.* daughter-in-law

nàng hầu *n.* concubine

nạng *n.* crutches: **chống nạng** to use crutches

nanh *n.* tusk, fang

nanh ác *adj.* wicked, cruel

nanh nọc *adj.* dangerous, cruel

nanh vuốt *n.* wickedness; clutches

nánh *v.* to lean, to tilt on one side

nao 1 *v.* to be stirred, to be perplexed: **nao lòng** to be perplexed 2 *adv.* which [see **nào**]: **Nơi nao?** Where? [which place]

nao nao *v., adj.* to be touched, upset, meandering

nao núng *v.* to flinch, to be upset

náo động *v.* to stir, to disturb, to get into a flurry

náo nhiệt *v., adj.* noisy, to be in an uproar; lively, bustling

náo nức *v.* to be excited

nào *adv.* Which …?, every, any; whichever; [in enumeration, precedes each item], Come on! [at beginning of a sentence]: **Khi nào?** When? when [something happens]; **Cái nào?** Which one?; **Chỗ nào?** Which place?

não *n.* (= **óc**) brain

nạo *v.* to grate; to squeeze: **nạo dừa** to grate a coconut

nạo óc *v.* to beat one's brains

nạo tiền *v.* to extort money

nạo thai *v.* to have an abortion

nạp 1 *v.* to charge [elect]; to load [gun]: **nạp súng** to load a gun (= **nộp**) 2 *v.* to submit, to pay: **nạp đơn xin việc** to submit an application for a job

nát *adj.* broken, crushed, rotten

Nát bàn *n.* Nirvana

nát bét *adj.* completely crushed, ruined

nát dừ *adj.* completely crushed, boiled to shreds

nát gan *adj.* worried, anxious

nát nhàu *adj.* crumpled

nát tươm *adj.* broken to pieces

nát vụn *adj.* smashed to bits

nạt *v.* to threaten: **nạt nộ ai** to threaten someone

náu *v.* to hide, to take refuge: **ẩn náu** to go into hiding

nay *adv., adj.* this, these [of day, year]; at this time, at present, now: **ngày nay** nowadays; **bấy nay, cho đến nay** up to now, until this day; **đời nay** in this world

nay kính *pron.* [convention] respectfully yours

nay mai *adv.* soon in a day or two, in the near future

nay thư *pron.* [convention] yours truly, faithfully yours, sincerely yours

này *adv., adj.* this, these, here: **này đây mai đó** to go here and there

nảy *v.* to grow, to sprout, to bud; to bounce, to come suddenly

nảy nở *v.* to open, to bloom, to develop, to thrive

nãy *adv.* [of moment] just past, recently: **ban/lúc, hồi nãy** a while ago, recently

nãy giờ *adv.* for a short while, a moment ago

nạy *v.* to pry something open

nặc danh *adj.* [of letter] anonymous

năm 1 *n.* [SV **niên**] year: **năm ngoái, năm rồi** last year; **quanh/**

suốt năm all though the year; **hàng năm** every year **2** *num.* [SV **ngũ**] five: **ba giờ năm** five minutes past three; **lên năm** to be five years old; **mồng/mùng năm** the fifth day [of the month]

nắm 1 *v.* to hold in one's fist, to clench, to close tightly, to grasp: **nắm tay lại** to clench one's fist **2** *n.* handful: **một nắm cơm** a handful of cooked rice

nắm chắc *v.* to have [something, success] secure in one's hand; to grasp something firmly

nắm cổ *v.* to nab, to grab

nắm giữ *v.* to seize, to hold

nắm tay *n.* fist

nắm xương *n.* bones, remains

nằm *v.* to lie down: **nằm ngửa** to lie on the back; **nằm sấp** to lie on the stomach

nằm bẹp *v.* to be bedridden

nằm bếp *v.* to be in childbirth

nằm co *v.* to lie curled up

nằm dài *v.* to lie [idle]

nằm mê *v.* to have a dream

nằm ngủ *v.* to sleep

nằm sóng sượt *v.* to be lying idle

nằm vạ *v.* to lie down to protest

năn nỉ *v.* to be insistent in making a request; to entreat

nắn *v.* to set back [something] into shape; to set [dislocated bone]; [of pickpocket] to feel with hands

nắn nót *v.* to write carefully

nằn nì *v.* See **năn nỉ**

nặn *v.* to model [clay, ceramics, statue]; to squeeze out [milk, pus]; to fabricate [stories]

năng *adv.* often, frequently [precedes main verb]

năng lực *n.* ability; power, energy

năng lượng *n.* energy, power

năng suất *n.* productivity; power, capacity: **tăng năng suất** to increase productivity

nắng *n.* sun, sunshine, sunlight: **cảm nắng** to get sunstroke; **tắm nắng** to sunbathe

nắng chang chang *adj.* bright and sunny; under a blazing sun

nắng hanh *adj.* dry and sunny

nằng nặc *v.* to stubbornly insist

nặng *adj.* heavy, weighty; [of illness] serious; [of smell, cigarette, liquor] strong [*opp. nhẹ*]: **bệnh nặng** seriously ill

nặng nề *adj.* heavy

nặng trình trịch *adj.* very heavy

nặng trĩu *adj.* overloaded

nắp *n.* cover, lid [of box]

nắp hơi *n.* valve: **nắp hơi an toàn** safety valve

nấc **1** *v.* to hiccup **2** *n.* degree, notch; step, grade

nấm *n.* mushroom

nấm mồ *n.* mound on a grave; grave, tomb

nậm *n.* decanter, wine bottle

nấn ná *v.* to procrastinate, to linger

nâng *v.* to pick up and support, to raise or lift

nâng đỡ *v.* to help, to support

nâng niu *v.* to fondle, to pamper

nâng *v.* to steal, to swipe

nấp *v.* to hide

nấp bóng *v.* to get under someone's protection

nâu *adj.* brown

nấu *v.* to cook

nấu nướng *v.* to do the cooking

nẫu *adj.* [of fruit] too ripe, rotten

nây *n.* flabby fat

nấy *adv.* [demonstrative, referring back to a previous definite **nào, gì, ai**]: **ai nấy** everyone [**đều** precedes verb]

nẩy *v.* to bounce; to sprout

né *v.* to dodge, to avoid

nẻ *v.* to be chapped, to crack

nem nép *adj.* to be shy, timid, fearful, respectful

ném *v.* to throw, to hurl, to cast: **ném đĩa** disc throwing

nén **1** *v.* to press down, to squeeze, to crush: **khí nén** pressed air **2** *n.* classifier for bars of gold **vàng**, joss sticks **hương**: **nén hương** a joss-stick

nén lòng *v.* to control oneself

neo **1** *adj.* short of [help] **2** *n., v.* anchor; to anchor: **bỏ/thả neo** to cast anchor; **nhổ neo** to heave, to weigh anchor

néo *v.* to tighten, to pull tight

nèo *n.* way, direction

nép *v.* to hide oneself: **khép nép** to stand aside deferentially

nẹp *n.* edge, rim, hem

nét *n.* stroke [of pen, brush], line: **nét mặt** countenance, facial feature

nê *n.* pretext, excuse [with **lấy** to use]

nề **1** *n.* to apply mortar, to plaster: **thợ nề** bricklayer **2** *v.* to mind: **không nề hà** never mind

nể *v.* to have respectful consideration for, to respect

nể mặt *v.* to have regard for: **nể mặt bạn bè** to have regard for friends

nể nang *v.* to have respectful consideration for

nể vì *v.* to have consideration for

nệ *v.* to persist

nêm *n., v.* wedge; to wedge, to pack in

nếm *v.* to taste [food]

nệm *n.* mattress: **nệm bông** a cotton-padded mattress

nên 1 *conj.* as a result, consequently; that is why; therefore 2 *v.* to be obliged [to do something], ought to, must, should

nến *n.* candle, taper CL **cây, ngọn** [with **thắp** to light, **đốt** to burn]

nền 1 *n.* foundation, basis: **xây nền nhà** to build the foundation of a house; **nền độc lập** independence 2 *n.* classifier noun: **nền trời** sky; **nền văn hóa** culture; **nền tự do** freedom; **nền dân chủ** democracy

nền móng *n.* foundation

nền nếp *n.* good family, good stock

nền tảng *n.* foundation, base

nện *v.* to trample [earth, dirt], to ram down; to strike, to beat

nếp 1 *n.* glutinous [rice] [*opp.* **tẻ**]: **cơm nếp** glutinous rice [cooked like ordinary rice] 2 *n.* crease, fold, habit

nếp sống *n.* life, way of life

nếp nhà *n.* family ways, family customs and practices

nếp tẻ *n.* glutinous rice and non-glutinous rice; truth and falsehood

nết *n.* [good] behavior, manners, morals: **tính nết** character

nết na *adj.* virtuous, well-behaved

nêu 1 *v.* to bring up; to set [example **gương**]: **nêu gương**

cho mọi người to set an example for everyone 2 *n.* Tet's bamboo stick, New Year's bamboo stick

nếu *conj.* if: **nếu không** if not, otherwise

nếu thế *adv.* if that's the case, if so

nếu vậy *adv.* if that's the case

Nga *n.* Russia, Russian

Nga Sô *n.* Soviet Russia

ngà *n.* elephant tusk: **ngà voi** ivory; **tháp ngà** ivory tower

ngà ngà *adj.* tipsy

ngả 1 *n.* direction along a road or path; way 2 *v.* to incline, to lean; to kill [animal for food]; to fell [tree]; to take off [hat]

ngả lưng *v.* to lie down; to rest for a short time

ngả nghiêng *v.* to be indecent, to waver

ngã *v.* to fall down, to tumble down

ngã ba *n.* crossroads, intersection; turning point

ngã chổng kềnh *v.* to fall backwards, to fall on one's back

ngã giá *v.* to agree on a price

ngã gục *v.* to collapse

ngã lòng *v.* to be discouraged

ngã ngũ *adj.* settled, concluded

ngã ngửa *v.* to fall on one's back; to be shocked

ngã nước *v.* to be affected with malaria

ngã sấp *v.* to fall flat on one's face

ngã tư *n.* crossroads, intersection

ngạc nhiên *v.* to be surprised

ngách *n.* branch, ramification, arm [of river]; back street, alley

ngạch 1 *n.* threshold 2 *n.* scale, roll of regular employees, payroll of status employees [with **nhập, vào** to enter, be admitted into]

ngai *n.* throne

ngái ngủ *adj.* not fully awake

ngài 1 *n.* silkworm butterfly **2** *n., pron.* you, Your Excellency [used of officials], he, she [used of deities and persons with high status]

ngãi *n.* (= **nghĩa**) righteousness, faithfulness: **nhân ngãi** lover

ngại *v.* to mind an inconvenience or difficulty, to be hesitant, to be worried, to be fearful: **e ngại** to be afraid; **lo ngại** to worry; **ngần ngại** to hesitate; **trở ngại** obstacle

ngại ngùng *v.* to hesitate, to waver

ngan *n.* swan, goose

ngán *v.* to be discouraged; to be tired of

ngàn 1 *num.* (= **nghìn**) thousand: **mười ngàn** ten thousand **2** *n.* mountains and forests

ngạn *n.* river bank: **tả ngạn** left bank; **hữu ngạn** right bank

ngạn ngữ *n.* folk saying

ngang 1 *adj.* horizontal, transversal; to be wide [as opp. to **dọc**]; to be level with; to cross: **ngang qua đường** to cross the road; **đường ngang** shortcut **2** *v.* to act rudely, arrogantly without fuss or consideration for other people: **rượu ngang** moonshine; illicitly distilled liquor

ngang bướng *adj.* stubborn, obstinate: **con người ngang bướng** a stubborn person

ngang dạ *v.* to lose one's appetite

because of eating between meals

ngang hàng *adj.* same; the same rank

ngang ngược *adj.* perverse

ngang nhiên *adv.* proudly, rudely

ngang tai *adj.* unpleasant, disagreeable [to the ear]

ngang tàng *adj.* rude, inconsiderate, arrogant, unruly

ngáng *v.* to strip [somebody]; to bar, to hinder

ngành *n.* branch [of river, family, study], level [of educational system]: **ngành đại học** higher education, tertiary education

ngành nghề *n.* trade, profession

ngành ngọn *adj.* all the details, all the ins and outs

ngảnh *v.* (= **ngoảnh**) to turn in another direction, to turn away [**cổ, đầu, mặt**]: **ngảnh đầu lại** to turn one's head

ngao *n.* oyster; shell

ngao du *v.* to travel, to roam, to wander about for pleasure

ngao ngán *v.* to be disappointed, to be disgusted

ngáo *n.* bugbear, bogey

ngào *v.* to cook in syrup, to coat with sugar by boiling slowly

ngào ngạt *adj.* pervasive, overwhelming [scent]: **mùi thơm ngào ngạt** a pervasive fragance

ngạo *v.* to mock, to be arrogant, to scoff at: **kiêu ngạo** haughty, arrogant

ngạo mạn *adj.* haughty, ridiculous, disrespectful towards one's superiors

ngạo ngược *adj.* insolent, impertinent

ngáp v. to yawn: **ngáp ngắn ngáp dài** to yawn repeatedly

ngát adj. very sweetly scented

ngạt v. to be choked, to be stifled, to breathe with difficulty: **ngạt thở** to breathe with difficulty; **ngạt mũi** to be stuffy; **chết ngạt** asphyxiated, suffocated

ngay adj. straight, erect; to be righteous, honest [opp. **gian**]: **làm ngay** to act right away, immediately [follows main verb]; **ngay bây giờ** right now

ngay cả adv. even, no exception

ngay đơ adj. stiff, stark

ngay lập tức adv. at once, right away, immediately

ngay lưng adj. lazy, slothful

ngay mặt adj. dumbfounded, speechless

ngay ngáy v. to be worried

ngay ngắn adj. straight, tidy, neat, upright: **ăn ở ngay ngắn** to behave in an upright manner

ngay thẳng adj. straightforward, honest, righteous

ngay thật adj. sincere, honest: **Ai cũng thích những người ngay thật.** Everyone likes honest people.

ngay xương adj. lazy, slothful

ngáy v. to snore

ngày n. [SV **nhật**] day, daytime: **ban ngày** in the daytime; **cả ngày** all day; **đêm ngày** night and day; **hàng ngày** every day, daily; **lâu ngày** long time ago; **mỗi ngày** each day; **nửa ngày** half a day; **suốt ngày** all day long; **tối ngày** throughout the day

ngày hội n. festive day, festival

ngày hôm kia n. day before yesterday

ngày hôm nay n. today

ngày hôm sau n. the next day, the following day

ngày kia n. day after tomorrow

ngày kìa n. in three days

ngày lễ n. holiday:

ngày mai n. tomorrow

ngày nay n. nowadays

ngày nghỉ n. holiday, day off

ngày rằm n. the fifteenth day of the lunar month

ngày sau adv. later on

ngày sinh n. date of birth

ngày Tết n. New Year festival, Tet holiday

ngày tháng n. date

ngày trước n. formerly, in the old days

ngày xưa n. the old days; once upon a time, in the past

ngắc ngoải v. to be in agony

ngăm adj. [of skin] tanned, dark

ngắm v. to take aim; to behold a view, to gaze at or upon [scenery, picture], to watch

ngắm nghía v. to look at, to gaze at many times

ngắm vuốt v. to spruce oneself up

ngăn 1 n. separation, partition, compartment, drawer 2 v. to prevent, to partition, to stop, to obstruct: **can ngăn** to dissuade; to advise against

ngăn cách v. to separate

ngăn cấm v. to prohibit

ngăn cản v. to prevent, to hinder

ngăn kéo n. drawer

ngăn nắp adj. orderly, tidy: **căn**

phòng ngăn nắp a tidy room

ngăn ngừa *v.* to prevent

ngăn trở *v.* to prevent, to hinder

ngắn *adj.* short [of length] [*opp.* **dài**]: **một chuyến đi ngắn** a short trip

ngắn ngủi *adj.* [of time] short, brief

ngắt 1 *v.* to pick, to plunk [flower, fruit]; to interrupt [speech], to punctuate [sentence]: **ngắt hoa** to pick flowers; **ngắt lời ai** to interrupt someone 2 *adv.* very, excessively: **xanh ngắt** very green; **lạnh ngắt** very cold; **lặng ngắt** completely silent

ngặt *adj.* strict, severe, stern: **lệnh nghiêm ngặt** strict orders

ngặt nghèo *adj.* difficult, hard, severe, serious

ngặt nghẽo *v., adj.* to split one's sides with laughter

ngặt vì *adv.* unfortunately

ngâm 1 *v.* to soak, to marinate: **ngâm giấm** to pickle 2 *v.* to recite [poetry] in a chanting voice: **ngâm thơ** to recite poems

ngấm *v.* to be soaked, to be impregnated; [of alcohol, medicine] to absorb; to start to be felt

ngấm ngầm *adv.* secretly

ngầm *adj.* secret [first or second verb in series]: **ngấm ngầm** to be secret; **hiểu ngầm** to understand, to read between the lines; **xe điện ngầm** subway

ngẫm *v.* to think over, to reflect upon: **suy ngẫm** to think over

ngẫm nghĩ *v.* to think over, to reflect upon

ngậm *v.* to hold something [candy, toothpick] in one's

mouth; to close the mouth: **ngậm miệng** to close one's mouth

ngậm ngùi *v.* to grieve for, to feel sorry for

ngậm vành *adj.* grateful

ngân 1 *v.* to vibrate, to shake, to resound 2 *n.* silver, money (= **bạc**): **phát ngân** to pay out

ngân bản vị *n.* gold/money standard

Ngân Hà *n.* the Milky Way

ngân hàng *n.* bank: **ngân hàng Quốc gia** the National Bank

ngân khố *n.* Treasury

ngân nga *v.* to trill

ngân phiếu *n.* check, money order: **trả bằng ngân phiếu** to pay by check

ngân quỹ *n.* fund, budget, treasury

ngân sách *n.* budget: **ngân sách quốc gia** national budget

ngấn *n.* wrinkle, line, fold

ngần *n.* quantity, number, measure, moderation, that much, this many: **vô ngần** innumerable

ngần ngại *v.* to hesitate, to be irresolute

ngần ngừ *v.* to hesitate

ngẩn *v.* to look dumbfounded, dumb; to be stunned

ngẩn ngơ *v.* to be stirred, to be stupefied, to be confused [because of melancholy]: **ngẩn ngơ vì tình** to be stupefied by love

ngẩng *v.* to raise, to lift [**cổ** neck, **đầu** head, **mặt** face]; to look up: **ngẩng đầu** to raise one's head

ngấp nghé *v., adj.* looking furtively; covert

ngập *v.* to be flooded, to be submerged: **tràn ngập** to overflow

ngập ngừng *adj., v.* hesitant; to hesitate, to halt, to stumble

ngất 1 *v.* to be unconscious, to swoon, to faint: **ngất đi vì bị ngã** to be unconscious after falling **2** *adj.* very high, very tall, up to the sky; dizzy: **những toà nhà cao ngất trời** high-rise buildings

ngất nga ngất nghểu *adj.* See **ngất nghểu**

ngất nga ngất ngưỡng *adj.* See **ngất ngưỡng**

ngất nghểu *adj.* very tall and tottering; perched

ngất ngưỡng *adj.* staggering, unsteady, swaying

ngất trời *adj.* sky-high

ngâu *adj.* sudden and brief shower [in seventh lunar month]: **mưa ngâu** shower in the seventh lunar month

ngâu ngấu *adj.* crunchy

ngấu nghiến *v.* to eat greedily, to devour

ngầu *adj.* turbid, muddy, bloodshot

ngẫu hứng *n.* sudden inspiration

ngẫu nhiên *adv.* to be accidental, by accident

ngây *v., adj.* naive, looking stupid; bewildered: **ngây ngô** naive

ngây ngất *adj.* delighted, thrilled, enraptured

ngây thơ *adj.* naive, innocent, artless, guileless

ngấy 1 *v.* to have had enough of, to be sick and tired of [**phát** to become] **2** *v.* to shiver with cold, to feel feverish

ngấy ngà *v.* to bother

nghe *v.* to listen to, to hear, to be heard

nghe chừng *v.* it seems

nghe đâu *v.* it is said that

nghe ngóng *v.* to be on the lookout for [news]

nghe như *conj.* it seems

nghe trộm *v.* to eavesdrop

nghé *n.* buffalo calf

nghé mắt *v.* to glance at, to peep at

nghè 1 *n.* holder of doctor's degree in Sino-Vietnamese classics **2** *n.* little temple, roadside shrine

nghén *v.* to be pregnant: **ốm nghén** to have morning sickness

nghẽn *adj.* [of road] blocked, obstructed

nghẹn *v.* to be choked

nghẹn lời *v.* to be speechless

nghẹn ngào *v.* to be choked with tears

nghèo *adj.* [SV **bần**] to be poor [*opp.* **giàu**]: **kẻ nghèo** the poor, the needy

nghèo đói *adj.* poor and starving

nghèo khó *adj.* needy, indigent

nghèo khổ *adj.* poor and wretched

nghèo nàn *adj.* poor, needy

ngheo *v.* to tilt [one's head] to one side

ngẹt *adj.* strangled, choked, suffocated, stopped up, obstructed

nghề *n.* [SV **nghệ**] profession, trade, craft, occupation

nghề nghiệp *n.* profession, trade, occupation

nghệ *n.* profession, trade (= **nghề**): **kỹ nghệ** industry; **công nghệ** crafts; industry

nghệ sĩ *n.* artist

nghệ thuật *n.* art: **nghệ thuật vì nghệ thuật** art for art's sake

nghếch *v.* to raise, to lift one's head

nghển v. to stretch, to crane one's neck

nghênh v. to welcome (= **đón**): **hoan nghênh** to welcome

nghênh đón v. to welcome: **nghênh đón ai** to welcome someone

nghênh ngang adj. to be cumbersome; swaggering, haughty, arrogant

nghênh tiếp v. to welcome

nghễnh ngãng adj. hard of hearing

nghêu ngao v. to sing to oneself

nghễu nghệnh adj. very tall, very high, perched, high up

nghi v. (= **ngờ**) to suspect: **đa nghi** suspicious, distrustful; **hồ nghi** to have doubts; **khả nghi** suspicious; **tình nghi** to suspect [in crime]

nghi hoặc v. to be suspicious, to be doubtful

nghi kỵ v. to be distrustful

nghi lễ n. rites, ceremonies; protocol: **nghi lễ đám cưới** wedding ceremony

nghi ngại v. to worry

nghi ngờ v. to suspect, to doubt, to be uncertain

nghi ngút adj. [of smoke] rising and thick

nghi thức n. ceremonies, rites

nghi vấn n. question [mark]; interrogative form

nghỉ v. to rest, to have a good vacation: **tạm nghỉ** intermission

nghỉ chân v. to stop walking, riding, etc.

nghỉ ngơi v. to rest, to take a rest

nghỉ tay v. to stop working

nghỉ việc v. to quit a job

nghĩ v. to think [**rằng** that, **đến/tới** of, about]: **ý nghĩ** idea, thought;

ngẫm nghĩ to think over; **suy nghĩ** to think, to ponder

nghĩ ngợi v. to think, to reflect

nghị v. to discuss, to deliberate: **đề nghị** to suggest; **quyết nghị** resolution, motion; **thương nghị** to negotiate

nghị định n. order, decree

nghị hoà v. to hold peace talks

nghị hội n. assembly, congress, parliament

nghị luận v. to discuss, to deliberate

nghị lực n. energy, perseverance, courage, fortitude

nghị quyết n. decision, resolution

nghị sĩ n. senator, congressman, deputy, member of parliament

nghị sự n. item of business

nghị viên n. congressman, councilor

nghị viện n. parliament, house of representative, House of Commons: **thượng nghị viên** Senate

nghĩa 1 n. meaning, sense: **ý nghĩa** meaning, significance; **chữ nghĩa** letters, literacy; **định nghĩa** to define; definition 2 n. the right, the right thing to do; justice, righteousness; devotedness, loyalty: **có nghĩa** devoted, loyal; **lễ nghĩa** rites; **phi nghĩa** ill-acquired; **tiết nghĩa** faithfulness, loyalty; **tín nghĩa** trustworthiness; **trung nghĩa** loyal; **vô nghĩa** ungrateful; **chính nghĩa** [righteous] cause

nghĩa binh n. volunteer soldier

nghĩa bộc n. loyal servant

nghĩa cử n. good deed

nghĩa đen n. literal meaning, word for word meaning

nghĩa địa *n.* cemetery
nghĩa hiệp *n.* knight
nghĩa khí *n.* righteousness, integrity
nghĩa là *v.* to mean that, that is to say: **có nghĩa là** to mean that
nghĩa lý *n.* meaning, good sense
nghĩa mẫu *n.* adoptive mother, foster mother
nghĩa phụ *n.* adoptive father, foster father
nghĩa sĩ *n.* righteous man
nghĩa trang *n.* cemetery
nghĩa tử *n.* adopted child
nghĩa vụ *n.* duty, obligation
nghịch *adj., v.* hostile, rebellious; contrary, reverse (= **ngược**); [of vote] negative: **bội nghịch, phản nghịch** traitor; **ngỗ nghịch** rebellious
nghịch cảnh *n.* adversity, hardship
nghịch đời *adj.* queer, eccentric
nghịch lý *adj.* illogical; paradoxical
nghịch mắt *adj.* shocking
nghịch ngợm *adj.* turbulent, restless, mischievous
nghịch quân *n.* rebel
nghiêm *adj.* stern, severe, strict: **oai nghiêm, uy nghiêm** imposing, impressive
nghiêm cách *adj.* strict, rigorous
nghiêm cấm *v.* to forbid, to strictly forbid
nghiêm khắc *adj.* stern, severe, strict, harsh
nghiêm ngặt *adj.* strict, stern; strict; vigilant
nghiêm nghị *adj.* austere, serious
nghiêm trang *adj.* solemn, serious: **thái độ nghiêm trang** a serious attitude

nghiêm trị *v.* to punish severely
nghiêm trọng *adj.* serious, critical
nghiêm nhiên *adj.* all of a sudden, without any fuss, imperturbable
nghiệm *v.* to consider
nghiên *n.* ink stone
nghiên cứu *v.* to do research, to study, to investigate
nghiến *v.* to grind [one's teeth **răng**], to crush to pulp; to hack off; to do something quickly
nghiền *v.* to grind: **nghiền nhỏ** to crush into pieces
nghiền ngẫm *v.* to reflect, to ponder
nghiện *v.* to be addicted to [opium **thuốc phiện**, alcohol **rượu**, smoking **hút thuốc**, coffee **cà-phe**, etc.]
nghiêng *v.* to lean, to incline, to tilt: **nằm nghiêng** to lie on one side
nghiêng mình *v.* to lean, to bend, to stoop; to bow one's head
nghiêng ngửa *adj.* unstable, full of ups and downs
nghiệp 1 *n.* trade, occupation, profession: **tốt nghiệp** to graduate; **nông nghiệp** agriculture; **chức nghiệp** profession; **sự nghiệp** career; **thương nghiệp** business 2 *n.* karma
nghiệp báo *n.* karma
nghiệp chướng *n.* karma
nghiệp dư *adj.* amateur, non-professional: **ca sĩ nghiệp dư** an amateur singer
nghiệp đoàn *n.* trade union
nghiệt *adj.* stern, strict; naughty, wicked: **cay nghiệt** cruel
nghiêu khê *adj.* difficult, inconvenient
nghìn *num.* [SV **thiên**] one thou-

sand (= **ngàn**): **hai nghìn rưỡi** 2,500; **năm hai nghìn lẻ sáu** the year 2006

nghìn nghịt *adj.* See **nghịt**

nghinh *v.* (= **nghênh**) to welcome

nghinh chiến *v.* to intercept [enemy]

nghinh tân *v.* to welcome something new, new boss [used with **tống cựu** to send off something old, former boss]

nghịt *adj.* thick, dense

ngo ngoe *v.* to squirm, to try to stir

ngò *n.* coriander

ngỏ *adj., v.* revealing; to be open or left open; to reveal: **bỏ ngỏ, để ngỏ** to leave open; **thư ngỏ** open letter

ngỏ lời *v.* to speak, to express, to say a few words: **ngỏ lời cảm tạ quan khách** to express one's thanks to guests

ngỏ ý *v.* to offer to do something, to make known one's intention

ngõ *n.* gate; small path, lane, dead end street, narrow alley

ngõ hầu *adv.* in order to

ngọ *n.* midday, noon: **đúng ngọ, chính ngọ** at 12 o'clock sharp

ngọ ngoạy *v.* to wriggle, to squirm

ngoa *adj.* sharp-tongued; exaggerated: **nói ngoa** to be false, deceitful; **điêu ngoa, chua ngoa** viperish

ngoạ bệnh *v.* to be sick

ngoái *v., adj.* turning [head] around; last: **năm ngoái** last year

ngoài *adv.* [SV **ngoại**] outside, out, over: **ngoài nhà** outside of the house; **ngoài ba mươi tuổi** over thirty years old; **ngoài đường, ngoài phố** in the street;

áo ngoài outer garment; **người ngoài** outsider, foreigner

ngoại *adj.* in-law; outside, on the mother's side: **ông bà ngoại** maternal grandparents; **xuất ngoại** to go abroad; **tại ngoại hầu tra** on bail; **họ ngoại** one's mother's family

ngoại bang *n.* foreign country

ngoại giả *adv.* besides, beside [all that], moreover, in addition

ngoại giao *n.* diplomacy, foreign affairs, external affairs: **chính sách ngoại giao** foreign policy; **nhà ngoại giao** diplomat

ngoại giao đoàn *n.* diplomatic corps

ngoại hạng *n.* extra-fine quality, superb quality

ngoại hình *n.* appearance, look

ngoại hoá *n.* foreign imported goods [*opp.* **nội hoá**]

ngoại khoa *n.* out-patient

ngoại kiều *n.* foreign resident, foreign national, foreigner

ngoại lai *adj.* foreign

ngoại loan *n.* foreign loan

ngoại ngữ *n.* foreign language

ngoại nhân *n.* foreigner; outsider

ngoại ô *n.* suburbs

ngoại quốc *n.* foreign country: **người ngoại quốc** foreigner

ngoại tệ *n.* foreign currency

ngoại thương *n.* foreign trade

ngoại tình *n., adj.* adultery; adulterous

ngoại trưởng *n.* Foreign Minister, Foreign Secretary, [U.S.] Secretary of State, Secretary of State for Foreign Affairs

ngoại viện *n.* foreign aid

ngoại vụ *n.* foreign service, foreign affairs

ngoạm

ngoạm *v.* to snap, to bite

ngoan *adj.* [of wife, child] well-behaved, submissive

ngoan cố *adj.* stubborn, obstinate

ngoan đạo *adj.* devout, pious

ngoan ngoãn *adj.* obedient, docile, well-behaved

ngoạn cảnh *v.* to enjoy scenery

ngoạn mục *adj.* [of landscape] beautiful, pretty, nice-looking

ngoảnh *v.* to turn back one's head

ngoáy 1 *v.* to scrape around inside hollow things, to winkle 2 *v.* to scribble, to scrawl: **viết ngoáy** to write quickly

ngoảy *v.* to wag, to turn away in anger

ngoặc *v., n.* to hook, to pull down; parenthesis, bracket, quotation marks

ngoặc đơn *n.* parenthesis, parentheses ( )

ngoặc kép *n.* inverted commas, quotation marks " "

ngoặc vuông *n.* brackets [ ]

ngoằn ngoèo *adj.* wiggly, meandering, winding

ngoắt ngoéo *adj.* complicated; tricky, crafty

ngoặt ngoẹo *adj.* limp, bent, not able to stand upright

ngóc *v.* to raise, to lift up

ngọc *n.* gem, precious stone: **bích ngọc** emerald

ngọc hành *n.* penis

Ngọc Hoàng *n.* the Jade Emperor; God; Heaven

ngọc thạch *n.* jade; precious stone; gem

ngọc trai *n.* pearl

ngoe ngoảy *v.* to wag [tail]

ngoẻo *v.* [slang] to die

ngoẹo *v.* to turn off, to branch off; to become wry

ngoi *v.* to rise above [the water, a mark]; to creep up

ngói *n.* tile: **mái ngói** tile roof

ngòi *n.* fuse [of fire cracker, musket]; nib pen: **ngòi pháo** fuse of fire cracker 2 *n.* sting 3 *n.* canal, arroyo

ngòm *adj.* very, extreme: **đen ngòm** very black/dark

ngon *adj.* [of food] tasty, delicious, good

ngon giấc *adj.* soundly asleep

ngon lành *adj.* tasty, delicious; easy

ngon miệng *adj.* tasty, delicious, appetizing

ngon ngọt *adj.* [of words] honeyed, sweet

ngon ơ *adj.* very easy, simple; just like that

ngón *n.* finger: **ngón tay** finger; **ngón chân** toe

ngọn *n.* peak, top [of mountain, tree, flame]: **ngọn lửa** flame; **ngọn nến** candles [CL for flags cờ, trees cây, lamp đèn, etc.]

ngọn ngành *n.* origin, cause

ngọn nguồn *n.* origin, foundation

ngóng *v.* to expect, to wait for

ngổng 1 *v.* to crane: **ngổng cổ lên nhìn** to crane one's neck to see 2 *v.* to have an erection

ngót *v., adv.* [of vegetables] to shrink after being cooked; almost, nearly, a little less than [a quantity, a period of time]

ngọt *adj.* sweet; [of blade] very sharp: **nước ngọt** fresh water;

bánh ngọt cake, sweets

ngọt lịm *adj.* very sweet

ngọt ngào *adj.* [of speech] sweet, suave

ngô *n.* (= **bắp**) corn, maize: **hạt ngô** corn kernel; **ngô rang** popcorn; **áo ngô** corn husk [or bract]; **tỉa ngô** to shell corn

ngô nghê *adj.* stupid, silly

ngố *adj.* to be an imbecile

ngổ *adj.* violent [in play]; reckless

ngỗ nghịch *adj.* unruly; undutiful

ngộ *adj.* strange, odd, curious; cute, pretty

ngộ cảm *v.* to catch cold

ngộ độc *v.* to be poisoned [because of food]

ngộ giải *v.* to misinterpret

ngộ nạn *v.* to have an accident

ngộ nghĩnh *adj.* cute, pretty; queer

ngộ nhận *v.* to confuse, to misunderstand, to mistake [something for something else]

ngộ sát *v.* to commit manslaughter [through negligence]

ngốc *adj.* stupid, naive, foolish: **thằng ngốc** the idiot

ngôi *n.* throne, kingship; status, rank, dignity; station, position; [grammar] person: **cướp ngôi** to usurp the throne; **nối ngôi** to succeed; **nhường ngôi** to abdicate, to yield; **một ngôi sao sáng** a rising star [of theater, movieland]

ngôi thứ *n.* rank, hierarchy

ngôi vua throne

ngồi *v.* [SV tọa] to sit: **ngồi xuống** to sit down; **chỗ ngồi** seat

ngồi dậy *v.* to sit up

ngồi ì *v.* to sit tight

ngồi rồi *v.* to stay idle

ngồi tù *v.* to stay in prison

ngồ xổm *v.* to squat

ngôn *n.* speech, word: **đa ngôn** talkative; **ngụ ngôn** fable; **thông ngôn** interpreter; **tuyên ngôn** declaration

ngôn luận *n.* speech: **tự do ngôn luận** freedom of speech

ngôn ngữ *n.* language

ngốn *v.* to eat gluttonously

ngổn ngang *adj.* cumbersome and disorderly

ngông *adj.* eccentric; extravagant

ngông cuồng *adj.* eccentric, crazy

ngỗng *n.* goose

ngỗng đực *n.* gander

ngỗng trời *n.* wild goose, brant

ngộp *adj.* stifled

ngớt *v.* to crave for

ngột ngạt *adj.* oppressive, stuffy

ngơ *v.* to ignore; to lose one's eyes to: **làm ngơ bạn bè** to ignore friends

ngơ ngác *adj.* haggard; stupefied

ngớ ngẩn *adj.* simple, foolish, empty-headed

ngờ *v.* [SV nghi] to suspect, to believe; to expect

ngờ vực *v.* to be doubtful, to suspect

ngỡ *v.* to think, to believe [wrongly]

ngơi *v.* to rest

ngời *adj.* radiant, resplendent: **sáng ngời** glowing

ngợi *v.* to praise: **khen ngợi, ca ngợi** to praise

ngơm ngớp *v.* to worry

ngợm *n.* idiot

ngớt *v.* [of illness, anger, weather] to abate, to calm down, [of rain] to subside, to stop

ngu *adj.* foolish, doltish, stupid

ngu dại *adj.* ignorant, foolish

ngu đần *adj.* dull-witted

ngu độn *adj.* dull-witted

ngu muội *adj.* ignorant

ngu ngốc *adj.* stupid, foolish

ngu xuẩn *adj.* slow-witted, stupid

ngu ý *n.* my humble opinion

ngù ngờ *adj.* simple-minded, naive

ngủ *v.* to sleep: **buồn ngủ** to be sleepy; **buồng/phòng ngủ** bedroom; **thuốc ngủ** sleeping pill; **một giấc ngủ** sleep, nap, slumber; **áo ngủ** pajamas; **bệnh ngủ** sleeping sickness; **ru ngủ** to lull to sleep

ngũ *num.* five (= **năm**): **đệ ngũ** fifth

ngũ cốc *n.* the five cereals; cereals

ngũ giác đài *n.* pentagon

ngũ giới *n.* the Five Commandments of Buddhism [against murder, theft, lust, lying, drunkenness]

ngũ hành *n.* the five elements [metal **kim**, wood **mộc**, water **thuỷ**, fire **hoả**, earth **thổ**]

ngũ kim *n.* the five metals [gold, silver, copper, iron and tin]

ngũ kinh *n.* the five Confucian classical books

ngũ luân *n.* the five moral obligations

ngũ quan *n.* the five senses [eye, ear, nose, tongue and hands]

ngũ sắc *n.* the five primary colors [blue **xanh**, yellow **vàng**, red **đỏ**, white **trắng** and black **đen**]

ngũ tạng *n.* the five viscera [heart **tâm**, liver **can**, stomach **tỳ**, lungs **phế**, kidneys **thận**]

ngũ thường *n.* the five cardinal virtues [benevolence **nhân**, righteousness **nghĩa**, propriety **lễ**, knowledge **trí**, sincerity **tín**]

ngũ vị *n.* the five tastes [salty, bitter, sour, peppery hot, sweet]

ngụ *v.* to live, to dwell, to reside

ngụ ngôn *n.* fable

ngụ ý *v.* to imply

ngục *n.* prison, jail: **cai ngục** jailer; **hạ ngục** to imprison

nguệch ngoạc *v.* to scribble, to scrawl

ngụm *n.* mouthful [of drink]

ngùn ngụt *v.* [of flames, smoke] to rise profusely

nguôi *v.* to subside, to calm down

nguội *v., adj.* to cool off; cool, cold; to be lost, gone: **chiến tranh nguội** cold war

nguồn *n.* spring, source; origin

nguồn cơn *n.* the ins and outs, head and tail, beginning and end

nguồn gốc *n.* origin, cause

ngụp *v.* to sink under the water

nguy *adj.* dangerous, perilous

nguy biến *n.* danger, emergency

nguy cấp *adj.* dangerous and pressing

nguy cơ *n.* danger, peril

nguy hại *adj.* dangerous, harmful

nguy hiểm *adj.* dangerous, perilous: **hành động nguy hiểm** a dangerous action

nguy kịch *adj.* dangerous, serious, critical

nguy nan *n.* danger, peril

nguy nga *adj.* sumptuous, imposing, magnificent

nguy ngập *adj.* dangerous, endangered

nguy *adj., n.* false, spurious; puppet; rebel; bogus

nguy trang *v.* to camouflage

nguyên **1** *adj.* intact, brand new: **để nguyên** to leave alone **2** *n.* plaintiff: **bên nguyên đơn** plaintiff **3** *adj.* former, ex

nguyên âm *n.* vowel sound

nguyên bản *n.* original, first draft; primeval, primitive

nguyên cáo *n.* accuser, plaintiff

nguyên chất *n.* [of alcohol] neat, real, unmixed; principal [element, constituent, ingredient]

nguyên do *n.* cause, origin

Nguyên đán *n.* Lunar New Year; New Year's Day

nguyên hàm *n.* primitive [of a function **hàm số**]

nguyên lý *n.* principle [fundamental truth]

nguyên nhân *n.* cause, factor

nguyên niên *n.* the first year of a reign

nguyên tắc *n.* principle [primary rule of cause]

nguyên thủ *n.* head of state, chief of state

nguyên thuỷ *adj.* original

nguyên tố *n.* element

nguyên trạng *n.* primitive state, status quo

nguyên tử *n.* atom: **bom nguyên tử** atomic bomb

nguyên tử lực *n.* atomic power, atomic bomb

nguyên tử năng *n.* atomic power, atomic energy

nguyên uỷ *n.* origin, root cause

nguyên văn *n.* original, verbatim

nguyên vẹn *adj.* intact, whole, untouched, undamaged, unbroken, complete

nguyền *v.* to swear, to vow: **nguyền rủa** to curse

nguyện *v.* to swear, to pledge; to pray, to make a vow: **cầu nguyện** to pray; **tình nguyện**, **chí nguyện** volunteer

nguyện vọng *n.* aspirations

nguyệt *n.* moon (= **trăng**); month (= **tháng**)

nguyệt bổng *n.* monthly salary

nguyệt cầu *n.* the moon [astronomy]

nguyệt kinh *n.* menstruation, menses

Nguyệt lão *n.* God of Marriages

nguyệt liễm *n.* monthly dues

nguyệt san *n.* monthly review

nguyệt thực *n.* lunar eclipse

nguýt *v.* to give a dirty look, to throw a quick glance

ngư *n.* fish (= **cá**)

ngư lôi *n.* torpedo

ngư ông *n.* fisherman

ngư phủ *n.* fisherman

ngữ *n.* (= **tiếng**) language: **quốc ngữ** national language; **Anh ngữ** English; **chuyển ngữ** medium of instruction; **ngạn ngữ** saying; **ngoại ngữ** foreign language; **Pháp ngữ** French; **sinh ngữ** living language, modern language; **cổ ngữ** ancient language; **thành ngữ** idiom, expression; **thổ ngữ** dialect; **thuật ngữ** jargon, technical language; **tục ngữ** proverb; **Việt ngữ** Vietnamese; **tiếp đầu ngữ** prefix; **tiếp vĩ ngữ** suffix; **biểu ngữ** banner

ngữ âm học *n.* phonetics

217

ngữ căn *n.* root, radical

ngữ điệu *n.* intonation

ngữ học *n.* linguistics

ngữ pháp *n.* grammar

ngữ thể *n.* linguistic form, discourse form, text type

ngữ vựng *n.* glossary, vocabulary

ngứa *adj., v.* to be itchy; to itch

ngứa mắt *v.* to be unable to stand something shocking, to shock the eyes

ngứa miệng *v.* to desire to speak up

ngứa nghề *v.* to be in heat, to feel a sexual urge

ngứa tai *v.* to be shocked in the ears [by gossip, etc.], to feel uncomfortable at hearing something shocking

ngứa tay *v.* to itch to strike somebody

ngừa *v.* to prevent: **ngăn ngừa tai nạn** to prevent any accident

ngửa *v.* to look upward; to lie on one's back: **ngã ngửa** to fall on one's back; **sấp ngửa** heads or tails

ngựa *n.* [SV **mã**] horse: **chuồng ngựa** stable; **vành móng ngựa** the witness stand

ngựa cái *n.* mare

ngựa vằn *n.* zebra

ngực *n.* chest: **đấm ngực** to beat one's chest; **phanh ngực** to bare one's chest; **thộp ngực** to grab [someone] by the coat's lapel; **trống ngực** heart beat/throb

ngửi *v.* to smell, to sniff

ngưng *v.* to stop short, to cease, to suspend

ngưng trệ *v.* to come to a standstill, to stagnate

ngừng *v.* (= **dừng**) to stop, to halt: **ngừng bắn** cease-fire

ngừng bước *v.* (= **ngừng chân**) to stop going

ngừng tay *v.* to knock off

ngừng trệ *v.* to come to a standstill, to stagnate

ngửng *v.* to raise one's head/face upward; to turn up

ngước *v.* to stretch [neck], to look up: **ngước nhìn cái tháp cao** to raise one's eyes to look at the tower

ngược *adj.* opposite; upstream; upside down, inside out [*opp.* **xuôi**]: **ngược lại** on the contrary, vice versa; **đảo ngược, lộn ngược** upside down, topsy turvy

ngược dòng *n.* upstream

ngược đãi *v.* to ill-treat, to maltreat

ngược đời *adj.* eccentric, absurd

ngươi *n.* you [used to "inferiors" by kings, officials]

người *n.* [SV **nhân**] man, person, individual, people; human beings; other people; body: **con người** man; **đời người** human life; **làm người** to be human beings; **loài người** mankind; **nên người** to become a man; **quê người** foreign land; **thương người** to love [and pity] others; **mỗi người** everybody

người dưng *n.* stranger

người đời *n.* people; the world at large

người làm *n.* employee; servant

người mình *n.* our people; we Vietnamese [as opp. to them]

người ở *n.* servant

người ta *n., pron.* people, one, they

người yêu *n.* lover

ngưỡng *n.* threshold: **ngưỡng cửa** threshold, doorstep

ngưỡng mộ *v.* to admire

ngượng *v., adj.* embarrassed, ashamed: **ngượng ngập, ngượng ngùng** to be awkward, clumsy

ngưu *n.* (= **trâu, bò**) buffalo, ox

Ngưu lang *n.* the Herd-boy [with **Chức nữ** the Weaver]

nha *n.* office, bureau, service, directorate

nha *n.* (= **răng**) tooth: **nha khoa** dentistry; **nha sĩ** dentist

nha khoa *n.* dentistry

nhan phiến *n.* opium

nha sĩ *n.* dentist, dental surgeon

nhá *v.* to chew carefully

nhá *adv.* See **nhé**.

nhá nhem *n.* twilight, dusk; poor eyesight

nhà 1 *n.* house, dwelling, abode, building 2 *n.* family, household, home: **ăn ở nhà** to eat at home; **người nhà** relative; someone in the family; **nhớ nhà** homesick 3 *n.* darling, spouse, lover

nhà bác học *n.* scientist

nhà báo *n.* journalist, newsman

nhà buôn *n.* merchant, trader, businessman

nhà chùa *n.* temple; Buddhist clergy

nhà chung *n.* Catholic clergy

nhà chứa *n.* brothel

nhà cửa *n.* house, housing

nhà đá *n.* prison, jail

nhà ga *n.* railway station

nhà gái *n.* the bride's family

nhà giáo *n.* teacher(s)

nhà hàng *n.* restaurant, shop

nhà hát *n.* theater

nhà hộ sinh *n.* maternity hospital

nhà khách *n.* guest house

nhà máy *n.* factory

nhà nghề *n.* professional [as opp. to amateur]

nhà nguyện *n.* chapel

nhà nho *n.* Confucian scholar

nhà nước *n.* the government, state: **công nhân viên nhà nước** government employees

nhà quê *adj., n.* boorish; countryside; native village, country people

nhà riêng *n.* private home

nhà sách *n.* bookstore, bookshop

nhà sư *n.* Buddhist monk

nhà táng *n.* catafalgue; funeral directory

nhà thổ *n.* brothel

nhà thờ *n.* church

nhà thương *n.* hospital

nhà tôi *n.* my wife, my husband

nhà trai *n.* the groom's family

nhà trẻ *n.* creche, kindergarten

nhà trọ *n.* boarding house

nhà trường *n.* the school

nhà tu *n.* convent

nhà văn *n.* writer

nhà vua *n.* the king

nhà xác *n.* morgue

nhà xí *n.* (= **nhà cầu**) toilet

nhà xuất bản *n.* publisher, publishing house

nhả 1 *adj.* too familiar, too friendly 2 *v.* to let fall from one's mouth, to spit out

nhã *adj.* refined, elegant, well-mannered: **phong nhã** elegant; **bất nhã** rude, tactless; **tao nhã** elegant, sophisticated

nhã nhặn *adj.* refined, polite, courteous

nhã ý *adj.* good idea, thoughtful idea

nhác **1** *adj.* negligent; neglectful; lazy **2** *v.* to catch a glimpse of

nhạc *n.* music: **âm nhạc** music; **hoà nhạc** concert; **ban quân nhạc** military band

nhạc công *n.* musician

nhạc đội *n.* orchestra; band

nhạc khí *n.* musical instrument

nhạc kịch *n.* musical play, opera

nhạc mẫu *n.* mother-in-law

nhạc phụ *n.* father-in-law

nhạc sĩ *n.* musician, song composer

nhạc sư *n.* music teacher

nhạc trưởng *n.* conductor, band master

nhạc viện *n.* conservatoire

nhạc vũ *n.* ballet

nhai *v.* to chew: **nhai lại** to ruminate, to chew the cud

nhãi *n.* brat, kid, urchin: **Nhãi con!** Little devil!

nhại *v.* to mimic, to imitate; to parody

nham hiểm *adj.* dangerous with an element of deception/trickery or wickedness

nham nhở *adj.* dirty, soiled, stained

nhám *adj.* rough, uneven

nhàm *adj.* trite, stale, boring: **nhắc lại mãi nhàm tai** to become trite with repetition

nhàm tai *adj.* made stale by repetition

nhảm *adj.* false; nonsense, unfounded: **tin nhảm** supersti-

tious; **nói nhảm** to talk nonsense

nhan *n.* title

nhan nhản *adj.* abundant; crowded all over, everywhere

nhan sắc *n.* beauty

nhàn *adj.* leisurely; idle, free

nhàn đàm *v.* to chat, to have a leisurely talk

nhàn hạ *adj.* free, unoccupied

nhàn lãm *v.* to read and see at leisure

nhàn rỗi *adj.* free, unoccupied

nhãn **1** *n.* longan **2** *n.* trade-mark, label

nhãn cầu *n.* eyeball

nhãn giới *n.* field of vision, eyeshot

nhãn hiệu *n.* label

nhãn khoa *n.* ophthalmology

nhãn kính *n.* eye-glasses

nhãn lực *n.* eyesight

nhãn quan *n.* point of view, range of knowledge:

nhạn *n.* swallow [bird]

nhang *n.* (= **hương**) incense: **đốt/ thắp nhang** to burn incense

nhãng *v.* to forget; to be absentminded

nhanh *adj.* fast, rapid, quick: **Nhanh lên!** Be quick!

nhanh chóng *adj.* prompt, quick

nhanh nhẩu *adj.* eager; vivacious, active

nhanh nhẹn *adj.* active, nimble, fast, lively: **dáng điệu nhanh nhẹn** to have a lively gait

nhánh *n.* branch: **chi nhánh** branch [of store, office]

nhành *n.* branch

nhao *v.* to be noisy, to be turbulent, to become uproarious

nháo *adj.* disorderly

nhào 1 v. to dive, to jump down 2 v. to knead: **nhào bột làm bánh** to knead flour to make a cake

nhào lộn v. to turn a somersault

nhào nặn v. to knead carefully

nhão adj. pasty, doughy; flabby; **cơm nhão** pasty rice

nhạo v. to laugh at, to mock, to sneer, to ridicule, to make fun of

nhạo báng v. to laugh at, to mock

nhát 1 n. cut, stab, slash [with knife]; stroke [with knife **dao**, a hammer **búa**]; slice 2 n. (= **lát**) short moment, short while 3 adj. to be cowardly, timid, shy, chicken-hearted: **nhát gan** chicken-hearted

nhạt adj. (= **lạt**) insipid, tasteless [lacking salt or sugar]; weak; [of color] light, pale: **trà nhạt** weak tea

nhạt phèo adj. very tasteless

nhau 1 adv. reciprocally, mutually, together, each other, one another: **cùng nhau** together; **giống nhau** similar 2 n. placenta: **nơi chôn nhau cắt rốn** birthplace

nhàu adj. wrinkled, rumpled, crumpled: **làm nhàu** to crumple

nháy v. to wink, to blink; to twinkle: **trong nháy mắt** in a twinkle

nhảy v. to jump, to leap, to dive, to hop; to dance: **nhảy đầm** to dance; **tiệm nhảy** dancing hall

nhảy dù v. to parachute

nhảy đầm v. to dance

nhảy múa v. to perform dances

nhảy mũi v. (= **hắt hơi**) to sneeze

nhảy nhót v. to hop, to jump around

nhạy adj. sensitive, quick, fast

nhắc 1 v. to lift, to raise; to promote: **cân nhắc** to weigh the pros and cons 2 v. to remind, to recall: **nhắc lại** to repeat

nhắc nhở v. to remember [something]

nhăm See **lăm**

nhắm 1 v. to close [eyes]; to aim [gun, arrow, target]: **nhắm mắt lại** to close one's eyes 2 v. to taste [appetizers, meat, etc.], to eat over sips of alcohol [at the beginning of the meal]

nhắm nghiền v. to close one's eyes tightly

nhắm nháp v. to peck at

nhắm rượu v. to eat over sips of alcohol

nhằm v. to aim at, to hit

nhăn v., adj. to wrinkle; wrinkled: **da nhăn** wrinkled skin; **nhăn mặt, nhăn nhó** to grimace

nhăn nheo adj. wrinkled, shriveled: **mặt nhăn nheo** wrinkled face

nhăn răng v. to grin

nhắn v. to relay a message, to send word to someone [through someone]

nhắn nhủ v. to advise, to recommend

nhằn v. to chew meat off [bone], to chew pulp off [seed]

nhẵn adj. smooth, finished, all gone: **hết nhẵn** all gone, all finished

nhẵn bóng adj. smooth and shining

nhẵn lì adj. polished

nhẵn nhụi adj. smooth; [of beard] well shaved

nhẵn thín adj. smooth; well shaved, hairless

nhăng

nhăng *adj.* careless, negligent; silly, not serious

nhăng nhẳng *adj.* stubborn

nhăng nhít *adj.* careless, perfunctory, by halves

nhắng *v.* to be impudent, to behave in a ridiculously domineering way

nhằng *adj.* tangled

nhắp *v.* to sip, to taste: **nhắp môi một tí rượu** to sip a bit of spirit

nhắt *adj.* too small; **chuột nhắt** mouse; **lắt nhắt** small, minute

nhặt **1** *v.* to pick up from the floor, to glean, to gather **2** *adj.* close, thick, dense [*opp.* **khoan**], quick

nhặt nhạnh *v.* to pick up, to glean

nhấc *v.* to lift, to raise: **nhấc chân lên** to lift up one's legs

nhẩm *v.* See **lẩm**

nhẩm *v.* to figure out silently, to revise silently, to try to memorize: **tính nhẩm** mental arithmetic

nhậm *v.* to assume [responsibility, duties]: **đảm nhậm chức vụ mới** to assume a new position

nhậm chức *v.* to assume [power, duties]

nhân **1** *v.* to multiply: **tính nhân** multiplication; **nhân bốn** to multiply by four **2** *n.* almond, kernel; filling [of cake]; nucleus [in physics] **3** *n.* (= **người**) man, person, individual: **cá nhân** individual; **yếu nhân** Very Important Person [VIP] **4** *n.* cause: **không có nhân sao có quả** no effect without cause **5** *n.* benevolence

nhân ái *adj.* kind, generous, benevolent

nhân cách *n.* dignity, personality

nhân cách hoá *v.* to personify

nhân chủng *n.* human race

nhân chứng *n.* witness

nhân công *n.* manpower, artifacts, human labor

nhân danh *n.* on behalf of: **nhân danh ban chấp hành** on behalf of the executive committee

nhân dân *n.* people [of a country], the masses

nhân dịp *adv.* on the occasion of

nhân duyên *n.* predestined affinity [between husband and wife]

nhân đạo *adj., n.* human, humane; humanity

nhân đức *adj.* humane, benevolent

nhân gian *n.* this world

nhân khẩu *n.* population, number of inhabitants

nhân loại *n.* mankind, humanity

nhân loại học *n.* anthropology

nhân lực *n.* manpower, human resources

nhân mãn *n.* overpopulation

nhân mạng *n.* human life

nhân ngãi *n.* lover

nhân nghĩa *n.* charity and justice, benevolence and righteousness

nhân nhượng *v., adj.* to make concessions; to be talented; talented

nhân phẩm *n.* human dignity

nhân quả *n.* cause and effect

nhân quần *n.* the public, the people, society, human society

nhân quyền *n.* human right: **ủy ban nhân quyền** human rights commision

nhân sinh *n.* human life

nhân số *n.* population: **tăng nhân**

số to increase population

nhân sự *n.* human affairs, human resource

nhân tài *n.* talent, talented people

nhân tạo *adj.* artificial

nhân thể *adv.* by the way, incidentally

nhân thọ *n.* life: **bảo hiểm nhân thọ** life insurance

nhân tiện *adv.* See **nhân thể**

nhân tính *n.* human nature

nhân tình *n.* lover, mistress

nhân từ *adj.* charitable, generous, kind

nhân vật *n.* figure, personage

nhân viên *n.* member; employee; human resource: **phòng nhân viên** personnel office

nhấn *v.* to press on; to emphasize

nhẫn 1 *n.* [finger] ring: **đeo nhẫn** to wear a ring 2 *v.* to endure, to contain oneself: **kiên nhẫn** to be patient; **tàn nhẫn** to be ruthless

nhẫn nại *v.* to be patient, to endure

nhẫn nhục *v.* to endure all indignities

nhẫn tâm *adj.* merciless, cruel

nhận *v.* to receive, to accept, to get; to acknowledge, to recognize, to confess, to admit: **công nhận** to recognize; **đảm nhận** to assume

nhận chân *v.* to realize

nhận diện *v.* to identify

nhận định *v.* to appraise, to assess, to comment

nhận lời *v.* to accept, to agree

nhận thấy *v.* to note, to understand

nhận thức *v.* to realize, to perceive

nhận thực *v.* to certify: **nhận thực chữ ký** to certify one's signature

nhận xét *v.* to observe, to comment, to judge: **nhận xét về ai** to judge someone

nhấp nháy *v.* to wink, to twinkle, to blink

nhấp nhoáng *v.* to glitter, to gleam

nhấp nhô *v.* to go up and down [especially on the water]

nhấp nhổm *v.* to be restless; to be anxious

nhập *v.* (= **vào**) to enter; to join: **sáp nhập** to emerge; **xâm nhập** to penetrate, to infiltrate

nhập cảng *v.* to import

nhập đề *v., n.* to begin to address the topic; introduction

nhập học *v.* to begin schooling: **thi nhập học** entrance examination

nhập khẩu *v.* See **nhập cảng**

nhập môn *n.* beginner course

nhập ngũ *v.* to join the army

nhập quan *v.* to put into a coffin [body]

nhập tâm *v.* to commit to memory, to remember

nhập tịch *v.* to be naturalized

nhất *num.* (= **một**) one; first: **thứ nhất** first; **đệ nhất** first grade, firstly; **nhất là** mostly, especially; **duy nhất** only, sole; **thống nhất** to unify; **khó nhất** the most difficult

nhất cử lưỡng tiện *v.* to kill two birds with one stone

nhất định *adj.* limited, fixed, definite: **giá nhất định** fixed price

nhất hạng *adv.* first class; especially

nhất lãm *n.* one glance

nhất loạt *adv.* uniformly, all together

nhất luật *adv.* all and sundry

nhất nhất *adv.* each and every one

nhất quán *adj.* consistent

nhất quyết *v.* to be resolved, to be determined

nhất tề *adv.* together, uniformly, alike

nhất thiết *adv.* altogether, absolutely

nhất thống *adj.* unity

nhất thời *adv.* temporary

nhất trí *v.* to be united, to be unanimous, to be of one mind

Nhật *n.* Japan

nhật *n.* (= **mặt trời**) sun; day (= **ngày**): **chủ nhật** Sunday; **sinh nhật** birthday

Nhật Bản *n.* Japan, Japanese

nhật báo *n.* daily newspaper

nhật dụng *n.* daily use

nhật ký *n.* diary; daily agenda

nhật thực *n.* solar eclipse

nhật trình *n.* daily newspaper

nhầu *adj.* See **nhàu**

nhậu *v.* to booze; to drink and eat

nhầy *adj.* sticky, viscous

nhầy nhụa *adj.* covered with something oily and sticky

nhậy *adj.* See **nhạy**

nhe *v.* to show [one's teeth]

nhé *adv.* [final particle] All right? O.K?

nhè **1** *v.* to choose [as target or attack] **2** *v.* to whine, to whimper

nhè nhẹ *adj.* gentle

nhẽ *adv.* See **lẽ**

nhẹ *adj.* [of weight, blows, knocks, footsteps, etc.] light [*opp.* **nặng**]; slight, soft, gentle

nhẹ bổng *adj.* very light

nhẹ dạ *adj.* credulous, gullible

nhẹ nhàng *adj.* light, gentle, agile, soft, nimble

nhẹ nhõm *adj.* nimble, brisk, active

nhem *adj.* See **lem**

nhèm *adj.* dirty, soiled

nheo nhéo *v.* to call stridently and insistently

nheo nhóc *v.* [of children] to be neglected, to be uncared for

nhẽo *adj.* mushy, flabby

nhét *v.* to stuff, to thrust in

nhễ nhại *v.* [of sweats, tears] to stream, to flow abundantly

nhếch *v.* to grin broadly; to open slightly [lips **môi**] as in smiling: **nhếch miệng cười** to slightly open one's mouth and smile

nhện *n.* spider

nhi *n.* child: **hài nhi** infant

nhi đồng *n.* young child, infant

nhí nha nhí nhảnh See **nhí nhảnh**

nhí nhảnh *v., adv.* to be lively, to be playful; sprightly, jovially

nhì *n.* second: **thứ nhì** second

nhì nhằng *adj.* mixed; average, passable

nhỉ *adv.* [final particle] as a tag question [Don't you think? Have you any idea? Oh yes?]: **Hôm nay giời đẹp quá nhỉ?** The weather is very nice today, don't you think?

nhĩ *n.* (= **tai**) ear: **nhĩ tai** eardrum

nhị **1** *n.* two-string Chinese violin **2** *num.* (= **hai**) two: **đệ nhị** the second; **nhị hỷ** two happy days **3** *n.* stamen, pistil [in flower]

Nhị Hà *n.* Red River [in North Vietnam]

nhích *v.* to shift, to inch, to move

slightly: **nhúc nhích** to budge, to move slightly

nhiếc v. to chide, to scold

nhiễm v. to catch, to contract: **nhiễm lạnh** to catch cold

nhiễm bệnh v. to contract a disease

nhiễm độc v. to be poisoned; to be intoxicated

nhiễm trùng v. to be infected

nhiệm chức v. to take up an appointment

nhiệm kỳ n. term of office

nhiệm vụ n. task, duty, function, responsibility:

nhiệm ý adj. according to one's wish; optional: **môn học nhiệm ý** optional subjects

nhiên liệu n. fuel; raw materials:

nhiễn adj. (= **nhuyễn**) well-kneaded: **bột gạo nhiễn** well-kneaded rice flour

nhiếp ảnh n. photography

nhiếp chính v. to act as a regent, to take up power

nhiệt n. (= **nóng**) heat, warmth: **nguồn phát nhiệt** a resource of heat

nhiệt biểu n. thermometer

nhiệt độ n. temperature

nhiệt đới n. tropical zone

nhiệt huyết n. enthusiasm, ardor, zeal

nhiệt kế n. thermometer

nhiệt liệt adj. [of welcome, ovation] warm: **hoan nghênh nhiệt liệt** to give a warm welcome to someone

nhiệt tâm n. zeal, enthusiasm

nhiệt thành adj. warm, sincere, enthusiastic, fervent

nhiều adj. much, many: **bao nhiêu (là)** so much, so many …!

nhiều adj. [SV **đa**] having much/many; there is much …, there are many; a great deal, a lot, lots of [with direct object]: **nhiều người** many people

nhiều ít adj. more or less

nhiễu 1 n. crepe [the fabric] 2 v. to annoy, to harass, to bother: **quấy nhiễu phụ nữ** to harass women

nhiễu hại v. to harm, to do damage to

nhiễu loạn v. to disturb, to make trouble

nhiễu nhương n. trouble, war

nhiễu sự adj. troublesome

nhìn v. to look (at), to stare: **nhìn một cái** to take a look; **nhìn đi nhìn lại** to look and look

nhìn chòng chọc v. to stare

nhìn nhận v. to admit, to confess; to recognize, to acknowledge

nhịn v. to abstain from, to endure, to suppress, to refrain from [doing something]; to hold [**thở** the breath, **cơm** rice]; **nhịn cười** to suppress laughter

nhịn đói v. to starve, to endure without food

nhịn nhục v. to bear, to endure, to resign oneself to

nhỉnh adj. slightly bigger

nhịp 1 n. rhythm, measure, cadence 2 n. span, bay [of bridge]

nhịp điệu n. rhythm

nhịp độ n. rate, speed

nhịp nhàng adj. rhythmical, well-balanced, harmonious

nho 1 n. grapes: **nho tươi** fresh

grapes; **mứt nho** raisins; **vườn nho** vineyard; **cây nho** vine; **rượu nho** wine **2** *n.* Confucian: **nhà nho** Confucian scholar [trained in Sino-Vietnamese classic]; **chữ Nho** Chinese characters

Nho gia *n.* Confucian scholar

nho nhã *adj.* refined, distinguished; well-educated

nho nhỏ *adj.* See **nhỏ**

nho nhoe *v.* to display, to show off

nho phong *n.* scholar's tradition

nhỏ 1 *adj.* small, little: **thằng nhỏ** little boy; **nho nhỏ** to be smallish **2** *v.* to drop

nhỏ bé *adj.* tiny, petite, small: **công việc nhỏ bé** a small job

nhỏ giọt *adv.* by drop, by installment

nhỏ mọn *adj.* small, humble; mean: **con người nhỏ mọn** a mean person

nhỏ nhắn *adj.* tiny, dainty, pretty

nhỏ nhặt *adj.* unimportant; mean, trifling

nhỏ nhẻ *adj.* [of voice] soft, gentle

nhỏ nhen *adj.* mean, petty, small-minded

nhỏ to *v.* to talk intimately, to coo

nhỏ xíu *adj.* very tiny, very small

nhọ *adj., n.* stained, sooty; soot

nhọ nhem *adj.* dirty, spotted

nhoà *v.* to be blurred, to be dimmed

nhoài *v.* to be exhausted: **mệt nhoài** to feel too tired

nhoáng *n.* flash, glossy: **bóng nhoáng** shiny; **chớp nhoáng** lightning

nhọc *adj.* (= **mệt**) weary, tired, worn out: **khó nhọc** painstaking, hard

nhọc lòng *v.* to take pains

nhọc nhằn *adj.* tired, tiresome

nhoè *v.* to be smeared, to blur, to be smudged

nhoẻn *v.* to smile slightly

nhoi nhói *adj.* [of pain] piercing, excruciating

nhom *adj.* skinny, like a lath

nhóm 1 *v.* to light, to kindle: **nhóm lửa** to kindle a fire **2** *n., v.* group; to gather, to meet, to unite; to hold [meeting]; [of meeting; conference] to be held: **phiên nhóm** meeting

nhòm *v.* See **dòm**

nhón *v.* to pinch

nhón chân *v.* to walk on tiptoe

nhón gót *v.* to stand or walk on tiptoe

nhọn *adj.* sharp, pointed

nhong nhong *v.* to tinkle [of bells]

nhong nhóng *v.* to wait for a long time

nhõng nhãnh *v.* to behave in a flirtatious manner

nhõng nhẽo *v.* to snivel

nhô *v.* to raise [head, etc.], to jut out; to project: **nhấp nhô** to bob up and down

nhổ 1 *v.* to spit: **ống nhổ** spittoon; **cấm nhổ bậy** No Spitting! **2** *v.* to pull out, to uproot; to pluck [hair, feather], to extract [tooth]: **nhổ răng** to extract a tooth

nhổ neo *v.* to weigh anchor

nhồi *v.* to stuff, to wad, to cram full: **bắp cải nhồi thịt** stuffed cabbage; **nhồi sọ** to cram; to indoctrinate

nhôm *n.* [Fr. *aluminium*] aluminium

nhổm *v.* to stand up, to get up

nhốn nháo *adj.* disorderly, riotous, noisy

nhộn *v.* to be troublesome, to bustle

nhộn nhịp *adj.* busy, lively, bustling

nhốt *v.* to lock up, to detain, to confine: **nhốt chim trong lồng** to confine a bird in a cage

nhơ *adj.* See **dơ**

nhớ *v.* to remember, to recall; to miss [family, etc.]: **ghi nhớ** to remember; **thương nhớ** to think of, to mourn for [deceased person]; **trí nhớ** memory

nhớ lại *v.* to recall, to reminisce

nhớ mong *v.* to long to see someone

nhớ nhà *v.* to be homesick

nhớ nhung *v.* to miss someone

nhớ ra *v.* to remember suddenly

nhớ thương *v.* to long to see; to grieve for: **nhớ thương gia đình** to long to see one's family

nhờ *v.* to rely on, to ask for, to depend on: **nhờ ai làm việc gì** to ask someone to do something

nhờ có *v.* to thank

nhờ cậy *v.* to depend on someone for something, to ask for

nhờ vả *v.* to depend on [for help, support]

nhỡ 1 *adj.* medium sized 2 *v.* (= **lỡ**) to miss

nhơn *n.* See **nhân**

nhơn nhơn *adj.* brazen faced, self-satisfied

nhớn *adj.* See **lớn**

nhớn nhác *v.* to look haggard/anxious; to look around in bewilderment

nhờn *adj.* oily, greasy; too familiar [to elder or superiors]

nhờn nhơ *v.* to look carefree; to be playful

nhôn *n.* See **nhân**

nhớp *adj.* dirty

nhớt 1 *adj.* viscous 2 *n.* motor oil

nhớt nhợt *adj.* very slimy, very viscous

nhợt *adj.* See **lợt**

nhợt nhạt *adj.* very pale: **nước da nhợt nhạt** pale complexion

nhu *adj.* (= **mềm**) to be soft [*opp.* **cương**], flexible

nhu cầu *n.* need, requirement

nhu đạo *n.* judo

nhu mì *adj.* gentle, sweet

nhu nhú *v.* to begin to sprout

nhu nhược *adj.* feeble, weakhearted

nhu thuật *n.* judo

nhu yếu *n.* need, prime necessity

nhủ *v.* to advise, to urge, to exhort: **khuyên nhủ bạn bè** to advise one's friends

nhuần nhuyễn *adj.* skillful, fluent

nhuận *adj.* [of month, year] leap, intercalary: **năm nhuận** leap year

nhuận bút *n.* royalty

nhuận sắc *v.* to embellish, to revise [a text]

nhúc nhích *v.* to stir, to budge, to move: **đứng yên không nhúc nhích** to stand firmly without moving

nhục *adj., v.* disgraced, dishonored [*opp.* **vinh**]; to shame, to disgrace, to feel humiliated: **làm nhục** to dishonor, to insult

nhục dục *n.* sexual desire, lust

nhục hình *n.* corporal punishment

nhục mạ

nhục mạ v. to insult, to curse

nhục nhã v., adj. shameful, disgraceful

nhuệ adj. pointed; sharp, acute: **tinh nhuệ** well-trained

nhuệ binh n. well-trained army

nhuệ khí n. ardor, enthusiasm, zeal

nhúm v., n. to pinch; pinch, bite

nhún v., adj. lowering oneself by bending one's legs; humble, modest

nhún vai v. to shrug one's shoulders

nhún mình adj. modest

nhún nhường adj. modest, self-effacing: **thái độ nhún nhường** a modest attitude

nhủn adj. very soft, pulpy, faint

nhũn v. to become soft [because of overcooking or overriping]; to be modest: **nhũn nhặn** modest and courteous

nhung 1 n. velvet 2 n. young antler

nhung nhúc v. to swarm, to teem

nhúng v. to dip [in water]; to interfere [vào in]: **nhúng chả giò vào nước chấm** to dip spring rolls into fish sauce

nhùng nhằng v. to hesitate, to procrastinate

những v., adj. disturbed; disorderly, superfluous

nhũng lại adj. corrupt

nhũng lạm v. [of official] to be corrupt, to take bribes

nhũng nhiễu v. to disturb, to harass

nhuốc adj. dirty, soiled; stained, shameful: **nhơ nhuốc** sallying

nhuốm v. to catch [disease]

nhuộm v. to dye: **thuốc nhuộm** dyestuffs, dyes

nhút nhát adj. timid, shy

nhụt adj., v. [of knife] dull, blunt; to get dumped

nhuy n. (= **nhị**) stamen, pistil

nhuyễn adj. soft and smooth, yielding, well-kneaded: **bột nhuyễn** well-kneaded dough

như 1 adj. like; as: **giống như** to look like; **y như** exactly alike, identical with 2 conj. if, in case

như ai adv. like/as any other

như cũ adv. as previously, as before

như hệt adv. exactly alike, as like as two peas

như không adv. as if nothing had happened

như là adv. as if: **làm việc như là chơi** to work as if one plays

như sau adv. as follows

như thế adv. thus, so; like that

như thể adv. as if, like, as though

như thường adj. as usual

như trước adv. as before, as previously

như tuồng adv. as if, as though

như vầy adv. like this; then

như vậy adv. thus, so; like that

như xưa adv. as formerly

như ý adj. as you like/wish

nhứ v. to entice, to lure [with a bait]

nhừ v., adj. softened; well-done/cooked, tender: **nát nhừ** completely smashed

nhừ đòn v. to get a sound beating

nhừ tử adj. half-dead

nhử v. to entice, to lure: **nhử mồi** to lure with a bait

nhựa n. sap, gum, tar, resin; asphalt; glue: **nhựa đường** asphalt

nhức v. to ache, to feel a stinging pain: **nhức răng** to have a toothache

nhưng conj. but, yet: **nhưng mà** but

những adv. [pluralizer] various, all, a certain number: **những ai** all those who, any one; **những gì** what [things]; **những lúc** whenever, every time

nhược adj. (= **yếu**) weak; worn out, exhausted: **suy nhược** deficient, decreasing

nhược bằng adv. if, in case

nhược điểm n. weakness, shortcoming [opp. **ưu điểm**]

nhược tiểu adj. underdeveloping

nhường v. to cede, to yield, to be self-denying, to give up what is one's due

nhường ấy n. that much/many

nhường bước v. to give way to somebody

nhường chỗ v. to give up one's seat

nhường lại v. to give up something to someone, to leave something to someone

nhường lời v. to leave the floor [or pass the microphone] to somebody

nhường ngôi v. to abdicate

nhường nhịn v. to show self-denial

nhượng v. See **nhường**

nhượng bộ v. to make concessions, to compromise, to yield, to give way

nhượng địa n. concession, leasehold

nhứt num. See **nhất**

nhựt n. See **nhật**

ni 1 n. Buddhist nun: **tăng ni** monks and nuns, the Buddhist

clergy **2** adj. (= **này**) this, these

nỉ n. wool, felt

nỉ non v. to complain; to moan, to groan; [of speech] to be sweet, or plaintive

nĩa n. fork: **muỗng nĩa** spoon and fork

ních v. to stuff, to fill: **ních cho đầy túi** to fill up one's pocket

nịch adj. sure, stable, firm: **chắc nịch** as iron

niêm 1 n. stamp, postage stamp **2** v. to seal: **niêm phong bì lại** to seal an envelope

niêm phong v. to close, to seal up [envelope, door]

niêm yết v. to stick, to post [bill, announcement]

niềm nở adj. [of welcome, reception] warm, cordial: **sự đón tiếp niềm nở** a warm welcome

niệm v. to pray under one's breath, to chant [prayer]

niên n. (= **năm**) year: **thường niên** annual; **tân niên** New Year; **chu niên** anniversary; **cao niên** old age

niên bổng n. yearly salary, annual pay

niên đại n. era, age, generation

niên giám n. year book, directory: **niên giám điện thoại** telephone directory

niên học n. school year, academic year

niên kỷ n. age, era

niên lịch n. almanac

niên thiếu n. youth, childhood

niên trưởng n. senior, oldest person

niên xỉ n. age

nín v. to stop: **nín cười** to stop laughing

nín bặt v. to stop suddenly [crying, talking]

nín thinh v. to keep silent

nín thở v. to hold one's breath

ninh v. to braise, to simmer

nịnh v. to flatter, to fawn on

nịt v., n. to tie, to belt; garter, belt

níu v. to cling, to grab; to hold back, to pull back

no v., adj. full [after eating], full, enough: **no bụng** to be full of stuff; **ăn cho no** to eat one's fill

no ấm adj. well-provided, well-off

no đủ v. to have all that one needs

no nê v. to be full

no say v. to have eaten well

nó pron. [arrogant] he, him, she, her, it [child, animal]

nõ n. core, slump; bowl [of pipe]

nọ adv. (= **kia**) other, that: **cái này cái nọ** this and that

nóc n. roof top, house top

nọc n. venom, sting; talon, stock [in card game]: **nọc rắn** a snake's venom

noi v. to follow [trail **chân**, example **gương**]

nói v. to talk, to speak; to tell, to say: **nói chuyện với ai** to talk to someone; **nói tiếng Việt giỏi** to speak Vietnamese very well

nói bóng v. to hint [with or without malice]

nói bỡn v. to crack jokes

nói càn v. to talk nonsense

nói cạnh v. to insinuate

nói chơi v. to kid, to joke

nói dóc v. to tell a lie, to boast

nói dối v. to lie

nói đùa v. to kid, to joke

nói khoác v. to boast

nói láo v. to talk nonsense; to tell lies

nói leo v. to interrupt adults or superiors

nói mát v. to insinuate

nói phét v. to boast

nói quanh v. to speak around

nói thẳng v. to speak openly

nói thầm v. to whisper

nói thật v. to speak the truth

nói tục v. to use obscene language

nói xấu v. to speak ill of

nói xỏ v. to utter ironical innuendoes against

nòi n. race: **nòi người** human race

nom v. to look, to see: **chăm nom** to look after; **thăm nom** to visit

non 1 adj. tender, young [opp. **già**]; to be unripe; weak, feeble; inexperienced, premature, a little less than: **da non** skin on a newly-healed wound; **hầu non** young concubine; **chết non** to die young 2 n. mountain: **núi non** mountains

non choẹt adj. very young

non gan adj. chicken-hearted

non nớt adj. inexperienced, new in one's field

non nước n. motherland, fatherland

non sông n. fatherland, motherland

nõn n., v. bud; to burgeon

nõn nà adj. white and soft: **trắng nõn nà** very white

nong 1 n. flat, large winnowing basket 2 v. to stretch; to exert oneself: **nong chiếc giày chật** to stretch a tight shoe

nóng adj. warm, hot [subject **trời** if weather is mentioned]; hot-tempered: **hơi nóng** hot air; **đốt**

nóng to warm up

nóng bức *adj., n.* sweltering; suffocating heat

nóng đầu *adj.* feverish

nóng giận *v.* to become angry, to get mad

nóng hổi *adj.* [of food] very hot

nóng lạnh *v.* to have fever

nóng lòng *adj.* impatient, anxious

nóng mặt *v.* to become furious

nóng nảy *v.* [of weather] to be hot; to be quick-tempered

nóng nực *adj.* hot, sweltering

nóng ruột *v.* to be impatient, anxious

nóng sốt *adj.* [of food] warm; impatient; [of news] fresh, hot: **tin tức nóng sốt** hot/fresh news

nóng tiết *adj.* furious

nóng tính *adj.* quick-tempered

nọng *n.* neck, throat [of animals]

nô 1 *v.* to amuse oneself, to engage in frolic **2** *n.* servant, slave: **nông nô** serf

nô bộc *n.* servant

nô đùa *v.* to amuse oneself, to play

nô lệ *n.* slave, slavery

nô lệ hóa *v.* to enslave

nô nức *v.* to emulate; to show up amidst excitement

nổ *v.* to explode, to go off: **chất nổ, thuốc nổ** explosive

nỗ lực *v.* to strive, to endeavor, to exert all one's strength

nộ *v.* to intimidate

nốc *v.* to drink in one gulp, to gulp

nôi *n.* cradle

nối *v.* to join, to connect [by sewing, tying, welding]: **nối liền** to connect; **gạch nối** hyphen

nối dõi *v.* to carry on the lineage

nối đuôi *v.* to form a queue, to be bumper to bumper

nối gót *v.* to follow the example of, to imitate: **nối gót bậc đàn anh** to follow the examples of seniors

nối khố *adj.* [of friends] bosom: **bạn nối khố** a bosom friend

nối nghiệp *v.* to continue someone's work

nối ngôi *v.* to succeed to the throne

nồi *n.* pot, cauldron: **nồi đất** an earthen pot

nổi 1 *v.* to rise to the surface, to emerge, to float; [of relief] high [*opp.* **chìm**]; to swell up, to appear; [of rebels] to rise up; [of storm] to come up: **nổi loạn** to riot, to revolt; **ba chìm bảy nổi** with many ups and downs **2** *v.* (= **được**) to have the strength, to be able to

nổi loạn *v.* to rebel

nổi nóng *v.* to lose one's temper

nỗi lòng *n.* feelings, sentiments

nỗi niềm *n.* feelings, sentiments

nội *adj.* (= **trong**) inside, inner, internal [*opp.* **ngoại**]; on the father's side [*opp.* **ngoại**], among, within: **ông bà nội** paternal grandparents; **nội nhật hôm nay** today; **bên nội** one's father's [lineage] side

nội bộ *n.* internal situation/affairs

nội các *n.* cabinet [in government]: **hội đồng nội các** cabinet council

nội chính *n.* domestic politics, internal affairs

nội công *n.* inner strength

nội dung *n.* contents [of speech, document]

nội địa *n.* inland

nội hoá

nội hoá *n.* local goods, domestic products

nội khoa *n.* internal medicine

nội loạn *n.* civil war; internal strife

Nội Mông *n.* Inner Mongolia

nội phản *n.* traitor

nội qui *n.* regulations, by-laws

nội tại *adj.* imminent

nội thận *n.* kidney

nội thương 1 *n.* internal disease 2 *n.* internal trade: **phát triển nội thương** to improve the internal trade

nội tịch *n.* registered on a village's roll [of names]

nội tình *n.* internal situation

nội trị *n.* internal affairs, internal administration

nội trợ *n.* housewife, housekeeper, housekeeping

nội tướng *n.* wife

nội vụ *n.* internal affairs

nôm *n.* demotic or vulgar script: **chữ nôm** demotic script [as opp. to **chữ Nho/Hán** Chinese script]

nồm *adj.* [of wind] southern

nộm 1 *n.* salad 2 *n.* effigy to be burnt in a religious ceremony

nôn 1 *v.* to throw up, to vomit: **buồn nôn** nauseous, nauseating 2 *v.* to be bursting to

nôn nao *adj.* nauseous, dizzy, anxious

nôn nóng *v.* to be eager to, to be bursting to

nông 1 *n.* agriculture, farming: **nhà nông** farmer; **nông trại** farm 2 *adj.* shallow

nông cạn *adj.* shallow, superficial

nông cụ *n.* farm implement, farm tools

nông gia *n.* farmer

nông học *n.* agriculture, agronomy

nông lâm *n.* agriculture and forestry

nông nghiệp *n.* agriculture

nông nổi *v.* to act without much thinking

nông nỗi *n.* an uncomfortable situation, plight

nông phu *n.* farmer

nông sản *n.* farm products

nông trường *n.* collective farm

nồng *adj.* [of scent] strong; [of feelings] warm, hot, ardent

nồng hậu *adj.* warm, intense, deep: **cảm tình nồng hậu** warm sympathy

nồng nàn *adj.* intense, profound, impetuous, passionate: **tình yêu nồng nàn** a passionate love

nồng nực *adj.* sweltering, sultry

nộp *v.* to deliver [criminal], to submit [application] to the authorities; to pay [taxes, fine], to hand in

nốt 1 *n.* spot, mark 2 *v.* to finish [doing something], to finish up [work] 3 *n.* [Fr. *note*] grade, mark [student's]; note [music]

nở *v.* [of flower, plant] to bloom, to open; [of eggs] to hatch: **gà nở** the chicken hatched

nở mày nở mặt *v.* to be happy, to be proud

nỡ *v.* to have the heart [to do something]: **chẳng nỡ, không nỡ** not to have the heart to

nợ *v.* to owe, to be in debt: **công nợ, món nợ** debt; **con nợ** debtor; **chủ nợ** creditor; **mang nợ, mắc nợ** to get into debt; **vỡ nợ** to be bankrupt

nợ đời *n.* debt owed for a lifetime

nợ máu *n.* blood debt

nợ miệng *n.* bread-and-butter debt: **trả nợ miệng** to return an invitation to dinner

nợ nần *n., v.* debts; to owe

nơi *n.* place, location: **nơi sinh** birthplace; **đến/tới nơi** to arrive at a place

nới *v.* to disrobe; to ease, to slacken; to loosen [knot, control]: **nới thắt lưng** to loosen one's belt

nới rộng *v.* to extend [authority], to relax [control]

nới tay *v.* to be lenient, to relax control

nơm nớp *adj.* fearful, nervous

nụ *n.* bud: **nụ hồng** a rose bud; **cười nụ** a smile

núc ních *adj.* fat and clumsy

núi *n.* [SV **sơn**] mountain

núi lửa *n.* volcano

nung *v.* to bake [brick, lime, iron]: **nung bánh mì** to bake bread

núm *n., v.* knob, button; handful; to seize, to catch; to grab: **núm lấy nó** to grab him

núm vú *n.* teat, nipple

núng *adj.* shaken, disturbed, weakened

nũng *adj.* wheedling [of child, wife]; to ask for/seek caress/ attention from

nuộc *n.* round, turn, knot [of string]

nuôi *v.* [SV **dưỡng**] to nourish, to feed, to breed, to rear; to support, to adopt; to grow [hair]: **con nuôi** adopted child; **nuôi con bằng sữa** to breastfeed

nuôi dưỡng *v.* to cultivate, to foster

nuôi nấng *v.* to bring up: **nuôi nấng con cái** to bring up children

nuông *v.* to indulge, to spoil [child]: **nuông chiều con** to indulge one's children

nuốt *v.* to swallow; to control [anger, hatred]; to suppress; to break [promise **lời** (**hứa**)]: **nuốt một viên thuốc** to swallow a medicinal pill

nuốt trửng *v.* to swallow without chewing

núp *v.* to hide, to take cover: **ẩn núp** to hide

nút *n.* cork, cap, stopper, knot: **gỡ nút giây** to undo knots of a string

nữ *n.* (= **gái**) woman, female: **nữ anh hùng** heroine; **cung nữ** imperial servant, imperial concubine

nữ công *n.* housework, sewing, cooking

nữ điều dưỡng *n.* nurse

nữ hoàng *n.* queen

nữ học sinh *n.* schoolgirl

nữ khán hộ *n.* female nurse

nữ lưu *n.* woman, girl; female

nữ ca sĩ *n.* female singer

nữ sinh *n.* schoolgirl

nữ sinh viên *n.* girl student

nữ thí sinh *n.* girl candidate [at exam], female examinee

nữ trang *n.* jewelry; female attire

nữ vương *n.* queen

nữ y tá *n.* female nurse

nửa *n., adj.* species of bamboo; slender, thornless

nửa *n.* [SV **bán**] a half; mid: **nửa tháng** half a month, fortnight; **già nửa, hơn nửa** more than a half; **quá nửa** a little more than

nửa chừng

fifty percent, over fifty percent; **bán nửa tiền** to sell at half price

nửa chừng *n.* half way [done]

nửa đêm *n.* midnight

nửa đời *n.* uncompleted life

nửa đường *n.* half way

nữa *adj.* additional, more, further: **lát nữa, chốc nữa** in a moment

nữa là *adv.* much less, let alone, even

nức *adj.* widespread; ardent, enthusiastic: **thơm nức** odorous, fragrant

nức danh *adj.* very famous

nức lòng *v.* to become enthusiastic

nức nở *v.* to cry, to sob

nức nở *v.* to sob: **khóc nức nở** to sob one's heart out

nức tiếng *v.* to become famous

nực *adj.* hot: **mùa nực** hot season, summer

nực cười *adj.* funny

nực nội *adj.* hot

nưng *v.* See **nâng**

nứng *v.* to be in the heat

nước **1** *n.* [SV **thuỷ**] water; liquid; fluid; juice [of fruit], milk [of coconut]: **tiền nước** water bill; **đun nước pha trà** to boil water to make tea **2** *n.* [SV **quốc**] country, nation, state: **nhà nước** government, state; **yêu nước** patriotic

nước ăn *n.* drinking water

nước bạn *n.* friendly nation, neighboring countries

nước bọt *n.* saliva

nước cam *n.* orange juice

nước canh *n.* soup

nước chanh *n.* lemon juice, lemonade

nước chấm *n.* sauce

nước chè *n.* tea [the drink]

nước da *n.* complexion

nước dãi *n.* saliva

nước đá *n.* ice

nước đái *n.* urine

nước độc *n.* unhealthy climate

nước hoa *n.* perfume

nước mắm *n.* fish sauce

nước mặn *n.* salt or sea water

nước mắt *n.* tears

nước miếng *n.* saliva

nước ngoài *n.* foreign country

nước ngọt *n.* fresh water

nước nhà *n.* home country

nước non *n.* nation

nước sơn *n.* coat of paint

nước thuỷ triều *n.* tide

nước tiểu *n.* urine

nương **1** *n.* terrace field, farm: **nương khoai** sweet potatoes field **2** *v.* to lean on, to depend on [for support and shelter]

nương náu *v.* to take refuge, to be in hiding

nương tay *v.* to be careful; to treat with consideration

nướng *v.* to roast [meat, corn], to grill, to toast: **nấu nướng** to cook; **nướng bánh** to grill cake

nứt *v.* to crack, to split

nứt mắt *adj.* newly-hatched, too young

Nữu Ước *n.* New York

O

o **1** *n.* paternal aunt [father's sister] **2** *n.* young girl **3** *v.* to coax, to seduce, to flirt

o bế *v.* to flatter; to pamper, to

234

spoil: **o bế ai** to flatter someone

o o *v.* to snore noisily

o oe *v.* [of infant] to cry

ó *n.* eagle

ó *v.* to shout, to boo, to scream

oa trữ *v.* to receive [stolen goods], to harbor [criminal]

oà *v.* to break into tears: **khóc oà** to burst into tears

oách *adj.* well-dressed

oạch *n.* thud: **rơi xuống một cái oạch** to fall down with a thud

oai *v., n.* to look stately, imposing; majesty, authority

oai hùng *adj.* formidable; prestigious

oai nghi *adj.* majestic; august

oai nghiêm *adj.* stately, imposing, august

oai oái *v.* to cry because of pain

oai quyền *n.* power, authority

oai vệ *adj.* stately, imposing

oái oăm *adj.* complicated, intricate; strange; cruel, awkward

oải *adj.* tired, worn out

oan *adj.* condemned or punished unjustly: **chết oan** to die unjustly; **đổ oan** to accuse falsely; **giải oan** to expiate; **vu oan** to libel; **minh oan** to bring injustice to light

oan gia *n.* misfortune, ruin

oan nghiệt *adj.* evil, wicked

oan uổng *adj.* unjust, unfortunate

oan ức *adj.* unfair, wrong: **một quyết định oan ức** an unfair decision

oán *v., n.* to resent, to bear a grudge against; resentment, hatred: **thù oán** to resent; **ân oán** ingratitude and rancor

oán thán *v.* to complain, to grumble

oán thù *v.* to resent, to hate

oán trách *v.* to complain, to grumble

oang *adj.* [of voice] resonant, resounding

oang oang *v.* to speak loudly

oanh kích *v.* to bomb, to attack with bombs

oanh liệt *adj.* glorious, famous, heroic, illustrious

oanh tạc *v.* to bomb: **máy bay oanh tạc** bomber

oành oạch *adj.* frequent, thudding: **ngã oành oạch** to fall frequently

oằn oại *v.* [of wounded or suffering person] to squirm, to writhe

oằn tù tì *n.* one two three [children's game]

oắt *adj.* [slang] little, small [brat], puny: **oắt con** thin and short, dwarfish

oặt *v.* to bend, to give away

óc *n.* [SV **não**] brain, mind: **loạn óc** to be mentally disturbed

óc ách *adj.* (= **ọc ạch**) flatulent

óc xýt *n.* oxide

ọc *v.* to vomit, to throw up; to flow

ọc ọc *v.* to gurgle, to bubble [of water]

oe oe *v.* [of baby] to cry, to wail

oẹ *v.* to vomit: **nôn oẹ** to retch

oi *adj.* sultry, hot and sticky

oi ả *adj.* hot and sticky

oi bức *adj.* hot and muggy

ói *v.* to have indigestion; to throw up, to vomit

om **1** *v.* to simmer [fish, shrimps, crab]; to drag out **2** *adv.* noisily **3** *adj.* very dark: **tối om** pitch dark **4** *n.* [Fr. *ohm*] ohm [in physics]

om sòm *adv.* noisily: **nói chuyện om sòm** to chat noisily

ỏm *adj.* noisy, fussy: **cãi nhau ỏm tỏi** to quarrel noisily

ỏn ẻn *adj.* [of voice] female-like, soft-spoken

ong *n.* bee: **tổ ong** beehive

ong bầu *n.* wasp

ong chúa *n.* queen bee

ong đất *n.* wasp

ong đực *n.* drone

ong mật *n.* honey bee

ong nghệ *n.* drone

ong thợ *n.* worker bee

óng *adj.* [of fabric] shining, glossy: **óng ả/óng ánh** smooth and shining, glittering

ỏng *v.* to be potbellied: **ỏng bụng** [of belly] protuberant

õng ẹo *v., adj.* to walk or behave flirtatiously; unusual and playful

óp *adj.* meager, not well-filled

ọp ẹp *adj.* [of box, package] flimsy, cranky

ót *n.* nape/scruff of the neck

Ô

ô **1** *n.* (= **dù**) umbrella: **xếp ô lại** to close an umbrella **2** *n.* compartment, box, case; drawer: **kéo ô tủ ra lấy hồ sơ** to pull out drawers to find files **3** *n.* black: **ngựa ô** black horse **4** *exclam.* Oh! Hey!

ô chữ *n.* crossword puzzle: **chơi ô chữ** to work on a crossword puzzle

ô danh *n.* bad reputation

ô hay *exclam.* Well, why!

ô hô *exclam.* Alas!

ô hợp *adj.* undisciplined, disorderly, unruly

ô kéo *n.* drawer

ô lại *n.* corrupt official

ô mai *n.* preserved apricots [or other small fruits]

ô nhục *adj.* dishonored, sullied, ignoble

ô ten *n.* [Fr. *hoâtel*] hotel

ô tô *n.* auto(mobile), vehicle

ô tô buýt *n.* bus

ô trọc *adj.* impure, filthy

ô uế *adj.* filthy, dirty

ố *adj.* spotted, stained, soiled: **áo quần hoen ố** stained clothes

ồ **1** *exclam.* Oh! **2** *v.* to dash: **cười ồ** to roar with laughter

ồ ạt *v.* [of a crowd] to move fast and impetuously

ổ *n.* nest, brood, litter, pallet, hole; loaf: **ổ chim** bird-nest; **một ổ bánh mì** a loaf of bread

ốc *n.* snail; nut, screw; shell-fish: **đinh ốc** screw; **ốc sên** snail

ốc nhồi *n.* large edible snail

ốc vặn *n.* helix, screw

ộc *v.* to spew, to gush out: **ộc máu ra** to spew blood out

ôi **1** *adj.* [of meat] spoiled, rotten, tainted **2** *exclam.* Alas! Oh!

ối **1** *exclam.* Oh! **2** *adj.* plenty of, many

ổi *n.* guava: **quả/trái ổi** guava fruit

ôm *v.* to embrace, to carry in both arms [with **chặt, ghì** tightly]

ôm ấp *v.* to hug; to cherish

ôm bụng *v.* to hold one's sides [with laughter]

ôm chầm *v.* to embrace, to hug tight

ốm *adj.* [SV **bệnh**] sick, ill (= **đau**): to be lean, skinny (= **gầy**): **cáo ốm** to feign illness

ốm liệt giường *v.* to be seriously ill

ốm nặng *v.* to be seriously ill

ốm nghén *v.* to have morning sickness

ốm tương tư *v.* to be lovesick

ốm yếu *adj.* thin, weak, feeble

ôn *v.* to review [lessons], to revise

ôn dịch *n.* epidemic; plague

ôn độ *n.* temperature

ôn đới *n.* temperate zone

ôn hoà *adj.* moderate, conciliating

ôn tập *v.* to review [lesson]

ôn tồn *adj.* [of voice, speech] calm, poised

ồn *adj.* noisy

ồn ào *adj.* noisy

ổn *adj.* settled, steady: **yên ổn** peaceful, safe

ổn định *adj.* stable, steady

ổn thoả *adj.* settled or arranged peacefully, satisfactory to all

ông 1 *n.* grandfather; you [used by grandchild to grandfather, first person pronoun being **cháu**]; I [used by grandfather to grandchild, second person pronoun being **cháu**] 2 *n.* gentleman, sir, Mr., you [used for men, first person pronoun being **tôi**]; he [of men over 30]

Ông bà 1 *n.* grandparents; Mr. and Mrs. [so and so] 2 *n.* ancestors, forefathers: **thờ cúng ông bà** to worship one's ancestors

ông bụt *n.* Buddha

ông cháu *n.* grandfather and

grandchild: **hai ông cháu ông Việt** Mr. Viet and his grandchild

ông công *n.* the kitchen god

ông cụ *n.* father; old gentleman

ông lão *n.* old man

ông ngoại *n.* maternal grandfather

ông nhạc *n.* father-in-law

ông nội *n.* paternal grandfather

ông tổ *n.* ancestor

ông trăng *n.* the moon

ông trời *n.* heavens

ống *n.* tube, pipe, canal; piggy bank: **ống dẫn nước** water pipe

ống cao su *n.* hose, rubber pipe

ống chân *n.* shin

ống chỉ *n.* spool, reel

ống điếu *n.* pipe [for smoking]

ống khói *n.* smokestack, chimney

ống kính *n.* lens [of a camera]

ống máng *n.* drain pipe, gutter [under the eaves]

ống nghe *n.* stethoscope; earphone

ống nhỏ giọt *n.* dropper

ống nhòm *n.* binoculars, field glasses, opera glasses

ống nhổ *n.* spittoon

ống sáo *n.* flute

ống tiêm *n.* syringe [for injections]

ổng *pron.* he, him (= **ông ấy**)

ốp 1 *v.* to prod, to goad 2 *v.* to press together: **ốp hai bàn tay lại** to press two hands together

Ơ

ơ *intj.* Hey!

ơ hờ *adj.* indifferent

ờ *intj.* Yes, Yea!

ở 1 *adv.* [SV **tại**] to be located, at, in, on 2 *v.* to live 3 *v.* to behave

237

ở cũ

ở cũ *v.* to bear a child; to be confined

ở đậu *v.* to stay temporarily

ở đợ *v.* to be a servant

ở không *adj.* idle

ở lại *v.* to stay, to remain

ở lỗ *v.* to be naked

ở riêng *v.* to make a separate home

ở trọ *v.* to board, to live in a boarding-house

ở truồng *v.* to be naked

ở vậy *v.* to stay single

ợ *v.* to burp, to belch

ơi *intj.* Hey! Hello!

ỡm ờ *adj.* pretending not to be serious; in a joking manner

ơn *n.* [SV ân] favor: **làm ơn cho ai** to do someone a favor; **chịu ơn** to be indebted to

ơn huệ *n.* favor

ơn nghĩa *n.* favor, benefit, blessing

ớn *v.* to be sick of

ớt *n.* chilli, red pepper

P

pha 1 *v.* to mix; to prepare, to make: **pha trà** to make tea 2 *adj.* all-purpose, miscellaneous 3 *n.* [Fr. *phare*] phase, stage: **dòng điện ba pha** three-phase electricity 4 *n.* [Fr. *phare*] headlight, searchlight

pha lê *n.* crystal

pha trò *v.* to clown, to joke

pha trộn *v.* to mix: **pha trộn xi-măng và cát** to mix cement and sand

phá *v.* to destroy, to demolish; to disturb, to bother

phá án *v.* to annul/void a verdict

phá bĩnh *v.* to play a dirty trick

phá đám *v.* to disturb, to be a joy killer, to sabotage

phá giá *v.* to set a price war; to devaluate: **phá giá đồng bạc Việt Nam** to devaluate the Vietnamese currency

phá giới *v.* to violate religious commandments

phá hoại *v.* to destroy, to sabotage: **công tác phá hoại** demolition operation

phá huỷ *v.* to destroy

phá kỷ lục *v.* to break a [previous] record

phá ngang *v.* to stop going to school, to abandon one's work

phá phách *v.* to devastate, to plunder

phá quấy *v.* to disturb the peace

phá sản *v.* to become bankrupt

phá thai *v.* to have an abortion

phá trinh *v.* to deflower

phá vỡ *v.* to break through

phà *n.* ferry: **đi phà** to take a ferry

phác 1 *v.* to reek, to breathe 2 *v.* to sketch; to outline

phác hoạ *v.* to sketch, to outline

phách 1 *adj.* bossy, boastful, haughty 2 *n.* manner, way 3 *n.* detachable section, upper part of examination paper bearing examinee's name

phạch *n.* whack [noise]

phai *v.* to fade; to fade away

phái 1 *n.* branch, faction, wing, party: **phe phái** faction; **đảng phái** parties, partisan 2 *v.* to delegate, to send someone to do something

phái bộ *n.* mission

phái đoàn *n.* mission, delegation: **trưởng phái đoàn** chief delegate

phái nữ *n.* female sex

phái viên *n.* envoy; correspondent: **đặc phái viên của ABC** special correspondent of ABC

phải 1 *v.* to have to; must, should, ought to 2 *adj.* right [*opp.* **trái**]: **tay phải** right hand; **làm điều phải** to do the right thing 3 *adj.* correct [*opp.* **sai**]; All right; Yes: **trả lời phải** correct answer

phải biết *adv.* extremely, truly

phải cách *adj.*, *n.* proper, decent; right way, correct method

phải chăng *adj.* reasonable

phải đạo *adj.* conformable doing a duty

phải đòn *v.* to get a spanking

phải gió *v.* to catch cold; to be naughty

phải không *adv.* [tag question words' ending equivalent to "is it?," "isn't it?," "are you?," "aren't you?," "does it?" etc.]

phải lòng *v.* to fall in love with

phải rồi *adj.* quite right, that is it

phải trái *adj.* right and wrong

phàm 1 *adv.* as, being, generally speaking 2 *adj.* to be coarse, rude

phàm lệ *n.* common sense; foreword

phàm phu *n.* ordinary man, philistine

phàm trần *n.* this world

phàm tục *n.* common custom

phạm 1 *v.* to violate, to break 2 *v.* to commit, to make: **phạm lỗi** to make a mistake

phạm nhân *n.* convict, prisoner

phạm pháp *v.* to break the law

phạm phòng *v.* to become sick after having sexual intercourse

phạm thượng *v.* to be impolite to superiors

phạm trù *n.* category, field

phạm vi *n.* sphere, domain, field, scope, competence

phán *v.* [of kings, superiors] to order, to command

phán đoán *v.* to judge

phán quyết *v.* to make a decision

phàn nàn *v.* to complain, to grumble

phản 1 *n.* wooden bed, camp bed 2 *v.* to be disloyal to; to betray

phản ánh *v.* to reflect; to inform, to report: **báo chí phản ánh đời sống hàng ngày** media report on daily living

phản bội *v.* to betray

phản chiếu *v.* to reflect: **sự phản chiếu toàn phần** total reflection

phản chứng *n.* counter-evidence

phản công *v.* to counter-attack, to engage in a counter-offensive

phản cung *v.* [of criminal or suspect] to contradict oneself, to retract one's statement

phản đề *n.* antithesis

phản đề nghị *n.* counter-proposal

phản đối *v.* to oppose, to object, to be against

phản động *adj.* reactionary

phản gián *v.* to carry out counter-intelligence

phản gián điệp *n.* counter-spy, counter-espionage

phản hồi *v.* to go back, to return to

phản kháng *v.* to oppose; to protest [against]

phản loạn

phản loạn *n., v.* rebellion; to rebel, to revolt

phản lực *n.* counter-reaction

phản nghịch *adj.* rebellious

phản phúc *adj.* treacherous

phản quốc *v.* to betray one's nation

phản tặc *n.* rebel

phản trắc *v.* to betray

phản ứng *v., n.* to react; reaction

phản xạ *v., n.* to reflect; reflection

Phạn 1 *n.* Sanskrit, Pali: **kinh chữ phạn** a Sanskrit book of prayers 2 *n.* cooked rice (= **cơm**)

phạn điếm *n.* inn, restaurant, eatery

Phạn ngữ *n.* Sanskrit, Pali

phang *v.* to hit hard with a long stick, to whack

phảng phất *v., adj.* [of thoughts, memories] to flit by, to linger, to waft; vague, dim

phanh 1 *v.* to open up, to dissect [corpse **thây**], to unbutton [shirt **áo**] 2 *v.* (= **thắng**) [Fr. *frein*] to brake: **phanh tay** hand brake

phanh phui *v.* to reveal, to expose

phanh thây *v.* to kill someone violently with a knife [criminal]

phao 1 *n.* life buoy; float 2 *n.* oil container in a lamp 3 *v.* to spread [news, rumor], to circulate: **phao tin nhảm** to circulate false rumors

phao khí *v.* to give up, to forgo, to relinquish

phao phí *v.* to waste, to squander

pháo 1 *n.* firecracker 2 *n.* artillery gun

pháo bông *n.* firework: **đi xem pháo bông** to watch the fireworks

pháo đài *n.* fort, fortress, stronghold, bulwark

pháo đội *n.* battery; squad

pháo hạm *n.* gunboat

pháp *n.* (= **phép**) rule, law: **hợp pháp** legal; **bất hợp pháp** illegal, unlawful; **công pháp** public law; **cú pháp** syntax; **hình pháp** criminal law; **hiến pháp** constitution; **lập pháp** legislative; **phạm pháp** to break the law; **phi pháp** illegal, unlawful; **hành pháp** executive; **tư pháp** judiciary

Pháp *n.* France

pháp chế *n.* legislation, legal system

pháp danh *n.* religious name of a Buddhist

pháp đình *n.* court, tribunal: **tối cao pháp đình** the Supreme Court

pháp định *v., adj.* to go by the law; legal: **cơ quan pháp định** a legal organization

pháp lệnh *n.* law and order

pháp luật *n.* laws, the law

pháp lý *n.* law, legal

Pháp ngữ *n.* French [language]

pháp nhân *n.* juror

Pháp quốc *n.* France

Pháp tịch *n.* French citizenship, French nationality

pháp trường *n.* execution ground

Pháp văn *n.* French [written language]

pháp viện *n.* court, tribunal

Pháp Việt *n.* Franco-Vietnamese

phát 1 *v.* to distribute; to emit, to utter 2 *v.* to start, to break out; to become: **phát cáu** to become angry 3 *n.* shot, injection: **một**

phát tiêm an injection, a shot **4** *v.* to slap, to spank: **phát vào mông ai** to spank someone's bottom **5** *v.* to cut/trim, to scythe

phát âm *n.* to pronounce: **phát âm tiếng Việt** to pronounce Vietnamese

phát biểu *v.* to express opinions; to make a speech

phát cáu *v.* to get angry

phát chẩn *v.* to give alms

phát đạt *v.* to prosper, to thrive

phát điện *v.* to generate electricity: **máy phát điện** generator

phát động *v.* to mobilize

phát giác *v.* to reveal, to disclose, to uncover [a plot, secret]

phát hành *v.* to publish, to issue, to distribute: **nhà phát hành** distributor

phát hiện *v.* to discover; to excavate

phát hoả *v.* to catch fire; to open fire

phát huy *v.* to develop; to manifest

phát khiếp *adj.* terrified

phát mại *v.* to put up for sale

phát minh *v., n.* to discover, to invent; invention

phát ngôn nhân *n.* (= **phát ngôn viên**) spokesman

phát nguyện *v.* to make a vow

phát phì *v.* to get fat

phát sinh *v.* to produce, to create; to be born

phát tài *v.* to get rich, to become wealthy, to prosper

phát thanh *v.* to broadcast: **đài phát thanh** broadcasting station

phát thệ *v.* to swear, to vow

phát tích *v.* to originate, to rise up

phát tiết *v.* to come out, to appear

phát triển *v.* to develop, to expand

phát xuất *v.* to originate, to spring, to start

phạt 1 *v.* to cut down, to prune **2** *v.* to punish; to penalize, to fine: **tiền phạt** fine; **trừng phạt** to punish

phạt vạ *v.* to punish by a fine

phau *adj.* very white, spotless

phắc tuya *n.* [Fr. *facture*] invoice, bill

phăng *adj.* immediately

phăng phắc *adj.* completely silent

phẳng *adj.* level, even; smooth, calm, quiet: **hình học phẳng** plane geometry; **mặt phẳng** plane; **sòng phẳng** square, honest [in transactions]

phẳng lặng *adj.* calm, quiet, peaceful

phẳng lì *adj.* very smooth, even, flat

phẳng phiu *adj.* even, level, smooth

phất *v., adv.* to act right away; immediately

phẩm *n.* dye; ink

phẩm bình *v.* to criticize; to comment

phẩm cách *n.* human dignity: **giữ gìn phẩm cách** to preserve one's dignity

phẩm chất *n.* quality

phẩm giá *n.* dignity

phẩm hàm *n.* grade, rank

phẩm hạnh *n.* good behavior

phẩm loại *n.* class, kind, type

phẩm vật *n.* articles, items, things

phân 1 *n.* a hundredth; centimeter,

centigram, percent [of interest]: **lãi năm phân** five percent interest; **thập phân** decimal **2** *n.* excrement, dung, night soil, manure: **dung bón** fertilizer; **bón phân** to use fertilizer on soil **3** *v.* (= **chia**) to divide

phân bày *v.* to explain

phân bì *v.* to compare enviously

phân biệt *v.* to distinguish, to discriminate

phân bố *v.* to distribute, to dispose

phân bua *v.* to justify oneself, to excuse oneself

phân cách *v.* to separate

phân cấp *v.* to decentralize, to delegate powers to lower levels

phân chia *v.* to divide up: **phân chia tài sản** to divide up one's property

phân công *v.* to divide up the work, to assign work

phân cực *v.* to polarize

phân định *v.* to classify

phân giải *v.* to mediate; to solve, to explain, to consolidate

phân giới *v., n.* to demarcate; demarcation

phân hạng *v.* to classify

phân hoá *v.* to split

phân hội *n.* association branch

phân khoa *n.* faculty, college, school [within a university]

phân loại *v.* to classify

phân ly *adj., v.* separated; to part

phân minh *adj.* clear, clear-cut, concise

phân nhiệm *v.* to divide responsibilities

phân nửa *num.* half

phân phát *v.* to distribute

phân phối *v.* to distribute, to allocate

phân quyền *v.* to decentralize

phân số *n.* fraction, rate [of interest, etc.]

phân suất *n.* percentage [of moisture, commission]; amount, percent, rate [of interest]

phân tách *v.* to analyze

phân tán *v.* to scatter, to disperse

phân tâm *adj.* undecided

phân tích *v.* to analyze

phân tranh *v.* to clash, to quarrel

phân trần *v.* to explain one's intentions

phân tử *n.* molecule

phân ưu *v.* to share sorrow, to convey one's sympathy

phân vân *v., adj.* to be undecided; perplexed

phân xử *v.* to arbitrate, to settle

phân xưởng *n.* workshop

phấn **1** *n.* powder [for face, body]: **trát phấn** to use too much make up; **đánh son phấn** to make up **2** *n.* pollen **3** *n.* chalk

phấn đấu *v.* to struggle with enthusiasm, to strive

phấn hoa *n.* pollen: **dị ứng phấn hoa** pollen allergy

phấn khởi *v.* to be encouraged; to feel enthusiastic

phấn sáp *n., v.* cosmetics; to make up

phần *n.* part, portion, share: **cổ phần** share, stock

phần đông *adv.* most, the majority of

Phần Lan *n.* Finland, Finnish

phần mộ *n.* tomb, grave

phần nhiều *adv., adj.* most, the

majority of; mostly, generally

phần thưởng *n.* prize, award

phần trăm *n.* percentage, commission

phần tử *n.* element

phẩn *n.* excrement, feces

phẫn chí *v.* to be bitterly disappointed

phẫn nộ *v.* to be angry, to be furious

phẫn uất *v.* to be angry at an injustice

phận *n.* condition, status, fate, lot, plight (= **phần**); **số phận** fate, destiny; **danh phận** fame, renown; **duyên phận** fate in marriage

phận sự *n.* duty, function

phận vị *n.* position, status

phấp phỏng *v.* to be flustered, to be restless because of worry

phấp phới *v.* [of flags **cờ**, banner **biểu ngữ**, sails **buồm**] to flutter, to wave

phập phồng *v.* to be worried; to throb

phất 1 *v.* to wave; to brush away 2 *v.* to prosper in business, to become rich

phất phơ *v.* to wander, to loiter about; to waver

phất trần *n.* feather duster

Phật *n.* Buddha: **đạo Phật** Buddhism; **niệm Phật** to pray to Buddha

Phật giáo *n.* Buddhism

Phật lăng *n.* [F. *franc*] French franc

Phật tổ *n.* Buddha

Phật tử *n.* Buddhist

phẫu thuật *n.* surgery: **giải phẫu**

to have an operation

phẩy 1 *v.* to brush lightly with one's finger; to fan off gently 2 *n.* comma: **dấu phẩy** comma

phe *n.* faction, side, sect: **phe cánh** faction; **phe đảng** partisan

phe phẩy *v.* to wave lightly

phè *v., adv.* to be satiated; excessively: **chán phè** to be excessively dull

phè phỡn *v.* to be satiated, to over-indulge

phen *n.* time, turn, chance, occasion: **đôi phen** sometimes, now and then; **nhiều phen/lắm phen** many times

phèn phẹt *adj.* flat and round [of face]

phèng la *n.* gong

phép *n.* [SV **pháp**] rule, custom, usage, method; permission, authorization; magical power: **xin phép** to ask permission; **cho phép** to permit, to allow

phép chia *n.* division

phép cộng *n.* addition

phép cưới *n.* civil marriage

phép lạ *n.* miracle

phép mầu *n.* miracle

phép nhà *n.* family's rule of conduct

phép nhân *n.* multiplication

phép rửa tội *n.* Christening

phép tắc *n.* rules, regulations; politeness, courtesy

phép trừ *n.* subtraction

phét *v.* to boast, to brag

phét lác *v.* to boast, to brag

phê *v.* to initial, to sign [to express, either approval or disapproval], to pass on, to mark

phê bình

[student papers]; to criticize, to comment

phê bình v. to criticize, to review

phê chuẩn v. to approve, to ratify, to accept [treaty]: **phê chuẩn dự án** to approve a project

phế v. to abandon; to remove from office

phế bỏ v. to abolish, to nullify

phế nhân n. invalid; disabled person

phế phẩm n. substandard products, second-hand products

phệ adj. fat, obese, pot-bellied

phếch adj. very white, bleached

phềnh v. to swell up, to be distended

phềnh bụng adj. full [from eating] or big with child

phết 1 n. comma: **dấu phết** comma [,] 2 v. to spread: **phết hồ** to spread glue

phệt v., adj. sitting on the ground; plump

phễu n. funnel

phi 1 v. to fry [onions], to brown: **phi hành** to fry onions 2 n. Africa: **châu Phi/Phi châu** Africa; **Bắc Phi** North Africa 3 v. to fly (= **bay**); to gallop 4 n. imperial concubine

phi cảng n. airport

phi chiến adj. demilitarized: **vùng phi chiến** demilitarized zone

phi công n. pilot

phi cơ n. airplane

phi đạn n. missile, rocket

phi đội n. squadron, flight, crew

phi hành n. flight, navigation

phi lộ n. foreword

Phi Luật Tân n. the Philippines

phi lý adj. illogical

phi nghĩa adj. dishonest, disloyal; ill-gotten, ill-acquired

phi phàm adj. uncommon, unusual

phi pháp adj. illegal, unlawful

phi tang v. to destroy the evidence

phi thường adj. unusual

phi trường n. airport

phí v. to waste, to squander: **hoang phí** to squander; **phung phí** to waste

phí phạm v. to be extravagant, to waste

phí tổn n. cost, expense, expenditure: **phí tổn ăn ở** accommodation expenditure

phì 1 adj. fat (= **béo**) 2 v. to puff, to go forth: **phì cười** to burst out laughing

phì nhiêu adj. [of land] fertile, rich: **ruộng phì nhiêu** fertile fields

phì nộn adj. corpulent, fat

phì phà phì phèo v. See **phì phèo**

phì phèo v. to huff and puff

phì phị adj. chubby, fat

phỉ 1 v. to slander, to defame: **phỉ nhổ** to insult 2 adj. satisfied; content 3 n. bandit

phỉ báng v. to slander, to defame

phỉ dạ v. to satisfy oneself

phỉ nguyền v. to fulfill one's wishes

phỉ nhổ v. to spit at

phỉ sức v. to come to one's full strength/capacity

phị adj. [of face, cheeks] chubby, bloated

phía n. direction, cardinal point, side: **bốn phía, tứ phía** all directions

phích n. [Fr. filtre] thermos bottle

phịch *adv.* thud

phiếm *adj.* [of talk] idle, aimless: **chuyện phiếm** gossips

phiếm luận *v.* to expatiate in a humorous way

phiên *n.* turn, time; session: **thay phiên nhau, luân phiên** to take turns, to rotate

phiên âm *v.* to transcribe phonetically: **dấu/ký hiệu phiên âm** phonetic symbol

phiên chợ *n.* market day

phiên dịch *v.* to translate

phiên dịch viên *n.* translator

phiến *n.* slab, block, sheet

phiến diện *adj.* unilateral, one-sided

phiến động *v.* to stir to violence; to rebel, to revolt

phiến loạn *v.* to rebel, to revolt

phiến quân *n.* rebels

phiền *v.* to annoy, to disturb, to trouble; to be sad, to be worried

phiền hà *v., n.* to bother, to disturb; trouble

phiền muộn *v.* to be sad, to be grieved

phiền não *v.* to be grieved, to be afflicted

phiền nhiễu *v.* to annoy, to bother

phiền phức *adj.* complicated, difficult, troublesome

phiền toái *adj.* complicated, troublesome

phiêu *v.* to drift, to float

phiêu bạt *v.* to drift away, to wander, to live a vagabond life

phiêu lưu *v.* to wander, to venture

phiếu **1** *n.* ballot, vote: **thùng phiếu** ballot-box **2** *n.* ticket, banknote, note, card, pass, order, coupon: **phiếu ăn trưa** a lunch voucher

phim *n.* [Fr. *film*] film, movie: **máy quay phim** a movie camera; **chiếu phim** to show a movie

phim chính *n.* main feature

phim tài liệu *n.* documentary film

phim thời sự *n.* newsreel

phím *n.* fret, key [on banjo, guitar, etc.]

phin *n.* coffee filter

phinh phính *adj.* See **phính**

phính *adj.* chubby, plump, fat [of cheeks]: **má phính** fat cheeks

phình *v.* to swell

phỉnh *v.* to coax; to cheat: **phỉnh ai làm việc gì** to coax someone to do something

phỉnh phờ *v.* to coax

pho *n.* set, unit, volumes [book]: **một pho tượng** a statue

pho mát *n.* cheese

phó **1** *n.* assistant, vice, deputy: **phó tổng thống** vice-president **2** *v.* to entrust

phó bản *n.* duplicate copy

phó bảng *n.* doctor's degree at second grade [a pass grade]

phó mát *n.* [Fr. *fromage*] cheese

phó thác *v.* to entrust

phó mặc *v.* to entrust completely, to leave someone alone

phó thủ tướng *n.* Deputy Prime Minister

phó tiến sĩ *n.* Master degree [of Arts, Sciences]

phò *v.* to escort, to assist, to support; to serve [king]

phò tá *v.* to support, to aid

phong **1** *v.* to bestow, to confer a title; to appoint **2** *n.* leprosy

3 *n.* wind (= **gió**): **cuồng phong** furious wind/gale

phong ba *n.* storm, vicissitudes

phong bì *n.* envelope

phong cách *n.* style; gait: **phong cách diễn đạt** a style of expression

phong cảnh *n.* landscape, scenery

phong cầm *n.* organ [musical instrument]

phong dao *n.* folk song

phong độ *n.* behavior, manners, attitude

phong hoá *n.* customs and morals

phong kiến *adj.* feudal

phong lan *n.* orchid

phong lưu *adj.* well-off financially; well-mannered

phong nhã *adj.* refined, distinguished, elegant

phong phanh *adj.* dressed scantily [clearly not enough]

phong phú *adj.* rich, abundant

phong sương *adj.* experienced hardship: **cuộc đời phong sương** an experienced and hard life

phong thấp *n.* rheumatism

phong thổ *n.* climate

phong thuỷ *n.* feng shui

phong tình *adj.* amorous; [of disease] venereal

phong toả *v.* to block, to sanction

phong trào *n.* movement [literary or social]

phong trần *n.* adversity, hardship

phong tục *n.* customs

phong vũ biểu *n.* barometer

phóng 1 *v.* to let go, to let out, to enlarge [picture, photo], to blow up, to free: **phóng chim** to free birds **2** *v.* to throw, to launch:

phóng hoả tiễn to launch a missile

phóng đại *v.* to enlarge; to exaggerate

phóng đăng *v., adj.* to have loose morals, dissolute

phóng hoả *v.* to set fire

phóng khoáng *adj.* liberal

phóng pháo *n.* to drop bombs

phóng sinh *v.* to set free animals; to abandon

phóng sự *n.* news report

phóng thanh *v.* to broadcast by loudspeaker

phóng thích *v.* to release, to free: **phóng thích tù nhân** to release prisoners

phóng túng *adj.* free, loose: **sống cuộc đời phóng túng** to live a free life

phóng uế *v.* to defecate

phóng viên *n.* newsman, correspondent, reporter

phóng xạ *adj.* radio-active

phòng 1 *n.* room, chamber; office, hall (= **buồng**); **văn phòng du lịch** tourism office **2** *v.* to ward off, to guard against, to prevent

phòng bị *v.* to prevent, to guard against, to be vigilant

phòng giấy *n.* office

phòng hoả *n.* fire prevention

phòng học *n.* classroom, study room

phòng ngự *v.* to defend

phòng ngừa *v.* to prevent

phòng thân *v.* to defend oneself, to protect oneself

phòng thí nghiệm *n.* laboratory

phòng thủ *v.* to defend: **phòng thủ chung** collective defense

phòng thương mại *n.* chamber of commerce

phòng tuyến *n.* defense line

phòng vệ *v.* to defend, to guard

phòng xa *adj., v.* farsighted; to prepare for all contingencies

phỏng 1 *v.* to estimate, to be about, to be approximate: **phỏng chừng bao nhiêu** to estimate the cost/quantity 2 *adj.* to be swollen; to be burned 3 *v.* to imitate, to follow, to adapt

phỏng dịch *v.* to translate roughly

phỏng đoán *v.* to guess, to conjecture

phỏng vấn *v.* to interview: **phỏng vấn ai** to interview someone

phọt *v.* to spurt out, to gush out, to squirt

phô *v.* to display, to show off

phô bầy *v.* to display, to show off

phô trương *v.* to display, to show off

phố *n.* street; house, apartment; **đường phố** the streets

phố xá *n.* shopping center

phổ *v.* to re-write: **phổ nhạc một bài thơ** to set/re-write a poem to music

phổ biến *v.* to popularize, to publicize

phổ cập *v.* to popularize, to make compulsory for everyone: **phổ cập giáo dục** to make education compulsory for everyone

phổ thông *adj.* common, popular, general, universal: **phổ thông đầu phiếu** general election

phôi *n.* embryo

phôi pha *v.* to fade, to lose freshness

phôi thai *adj.* embryonic, budding

phối hợp *v.* to combine; to co-ordinate

phối trí *v.* to co-ordinate, to organize

phổi *n.* [SV **phế**] lung

phồn hoa *adj.* bustling, lively

phồn thịnh *adj.* prosperous

phông *n.* [Fr. *fond*] background, setting [on the stage]; scenery

phồng *v.* to swell up, to puff up

phỗng 1 *n.* idol, statue, statuette, figurine 2 *v.* to swipe, to take over [slang]

phốp pháp *adj.* plump, burly

phốt *n.* [Fr. *faute*] mistake

phơ *adj.* [of hair] to be hoary, snow white

phờ *adj.* very tired, worn out, exhausted

phở *n.* noodle soup served with beef, chicken, etc.

phơi *v.* to dry in the sun or wind, to expose to the sun

phơi bày *v.* to expose, to display

phơi phới *adj.* slightly excited

phơn phớt *adj.* [of color] very light, pale

phớt 1 *n.* [Fr. *feutre*] felt [material] 2 *v.* to touch or stroke lightly

phu *n.* coolies, laborer: **phu mỏ** miner; **phu khuân vác** porter, dockworker; **sĩ phu** scholar

phu nhân *n.* husband (= **chồng**)

phu phen *n.* coolies, workers

phu thê *n.* wife and husband, couple

phú 1 *v.* to endow 2 *n.* poetic essay [with alliteration, assonance, symmetry, etc.] 3 *adj.*

phú quí

rich, wealthy (= **giàu**): **trù phú** prosperous and powerful

phú quí *n.* wealth and honors, riches and honors

Phú Sĩ *n.* Mount Fuji [in Japan]

phù **1** *v.* to blow hard, to puff **2** *v.* to be swollen, to swell like oedema: **phù thũng** to have beri-beri **3** *n.* written charm (= **bùa**)

phù dâu *n.* maid of honor, bridesmaid

phù du *adj.* ephemeral, fleeting

phù dung *n.* hibiscus

phù hiệu *n.* insignia, badge

phù hoa *adj.* transitory, short-lived, gaudy

phù hộ *v.* [of spirits] to protect, to assist

phù hợp *v.* to be in keeping [**với** with], to suit, to match with

phù phép *n.* magic, incantation

phù phiếm *adj.* excessive, useless, impractical, vain

phù rể *n.* best man [in wedding]

phù sinh *n.* short life

phù tá *v.* to second, to aid, to support

Phù Tang *n.* Japan

phù thuỷ *n.* sorcerer; witch

phù trì *v.* to guard, to protect

phủ **1** *n.* mansion, palace; office **2** *v.* to cover, to wrap up: **che phủ** to cover

phủ dụ *v.* to comfort [people], to placate

phủ đầu *v.* to be premonitory, to scold at the beginning [in order to show one's authority]

phủ định *v.* to deny, to be negative

phủ nhận *v.* to deny

phủ phục *v.* to prostrate oneself, to kowtow very low

phủ quyết *v.* to veto: **quyền phủ quyết** to veto power

phũ *adj.* brutish, rough, coarse

phũ phàng *adj.* cruel, ruthless, harsh: **sự thật phũ phàng** a harsh reality

phụ **1** *v., adj.* to help, to assist; minor, secondary [as opp. to principal **chính**]; to be attached, to form an adjunct **phụ thuộc** [**vào** to]: **vai phụ** minor part, minor role **2** *v.* to show no gratitude to, to turn one's back on; to break faith: **phụ bạc** disloyal **3** *n.* father (= **cha**): **quốc phụ** father of one's nation **4** *n.* wife (= **vợ**); lady, woman: **quả phụ** widow

phụ âm *n.* consonant sound [*opp.* **nguyên âm**]

phụ bạc *v.* to be ungrateful

phụ cận *adj.* neighboring, adjacent

phụ cấp *n.* allowance, subsidy: **phụ cấp gia đình** family allowance

phụ chính *n.* regent

phụ chú *n.* footnote, annotation

phụ đạo *v.* to give extra-class help, to do tutoring

phụ giáo *n.* assistant [in university], instructor

phụ hệ *n.* paternal line of descent

phụ hoạ *v.* to echo, to repeat [someone's opinion]

phụ huynh *n.* parents

phụ khảo *n.* assistant lecturer, tutor [in university]

phụ khoa *n.* gynecology

phụ khuyết *adj.* alternate, complementary

phụ lục *n.* appendix [in a book]

phụ lực *v.* to assist

phụ mẫu *n.* parents

phụ nữ *n.* woman, women

phụ tá *n.* assistant; assistance, aid

phụ thân *n.* father

phụ thu *n.* additional levy

phụ thuộc *v., adj.* to be dependent, secondary, auxiliary, adjunct

phụ trách *v.* to be in charge of

phụ trương *n.* supplement [to a newspaper]

phụ tùng *n.* accessories [with a machine]

phụ từ *n.* adverb

phụ ước *v.* to break an agreement

phúc *n.* (= **phước**) good luck, good fortune, happiness: **có phúc** to have good fortune

phúc Âm *n.* gospel

phúc đáp *v.* to reply, to answer, to respond

phúc đức *n., adj.* good fortune, good deeds; kind-hearted

phúc hậu *adj.* kind, benevolent, virtuous

phúc lợi *n.* welfare: **hưởng phúc lợi xã hội** to receive social welfare

phúc trình *v., n.* to report; report: **viết phúc trình** to write a report

phục 1 *v.* to admire: **kính phục** to respect **2** *v.* to be accustomed to, to bear, to adapt

phục binh *v.* to lie in ambush

phục chức *v.* to reinstate a position

phục dịch *v.* to serve; to do hard work for

phục hồi *v.* to restore

phục hưng *v.* to flourish again, to be revived; to restore, to rehabilitate

phục kích *v.* to ambush

phục phịch *adj.* fat and clumsy

phục quốc *v.* to restore national sovereignty, to regain national independence

phục sinh *v.* to be born again: **Lễ Phục Sinh** Easter holidays

phục sức *n.* clothing, dressing

phục thiện *v.* to yield to reason, to correct oneself

phục thù *v.* to avenge, to revenge

phục tòng *v.* to submit oneself to, to yield to, to comply with

phục tùng *v.* See **phục tòng**

phục vị *v.* to prostrate oneself

phục viên *v.* to demobilize

phục vụ *v.* to serve: **phục vụ khách hàng** to serve customers

phủi *v.* to dust, to brush off

phun *v.* to eject, to belch, to spout; [of volcano] to erupt; to spray: **phun thuốc trừ sâu** to spray insecticide

phùn *adj.* misty, drizzling: **mưa phùn** drizzle

phung phí *v.* to waste, to squander: **phung phí thì giờ** to waste time

phúng *v.* to offer [wreath, ritual objects] to a deceased person

phùng *v.* to swell, to bloat

phụng *v.* R to receive [from a superior]; to serve, to obey, to honor; **thờ phụng** to worship

phụng dưỡng *v.* to support [elders] with respect, to take care of parents

phụng phịu *v.* to sulk, to look unhappy

phụng sự *v.* to serve: **phụng sự quốc gia** to serve one's nation

phụng thờ *v.* to worship

phút

phút *n.* minute, instant, moment: **giờ phút này** at this moment

phút chốc *n.* a jiffy, a very short moment

phút đâu *adv.* suddenly

phụt **1** *v.* to eject, to gush out, to jet **2** *adv.* suddenly

phức *adj.* complex, complicated

phức tạp *adj.* complicated, complex

phước *adj.* See **phúc**

phưỡn *v.* to poke [one's belly] out

phương *n.* direction; side: **bốn phương** the four directions; **địa phương** area, local; **đối phương** the opposite side, the enemy

phương cách *n.* means, method

phương châm *n.* precept, formula, motto

phương danh *n.* famous name

phương diện *n.* aspect, respect, viewpoint

phương hại *v.* to be harmful to, to prejudice

phương hướng *n.* direction, cardinal point, orientation

phương kế *n.* expedient, scheme, method

phương ngôn *n.* proverb, saying

phương pháp *n.* method, way

phương sách *n.* process, ways, method [of working]

phương thức *n.* manner, determinant [math]

phương tiện *n.* means, method, ways [*opp.* **cứu cánh** purpose]

phương trình *n.* equation [math]

phường *n.* guild; a quarter of a town, district; **phố phường** shopping streets

phường tuồng *n.* opera singers

phượng *n.* (= **phụng**) phoenix

phượu *v.* to tell tall tales; [of talk, story] to fabricate

phứt **1** *v.* to pluck off **2** *adv.* pat, to act definitively, without hesitation: **làm phứt cho rồi** to do something without hesitation

phụt *adj.* resembling the noise of string or rope that snaps

pi *n.* [math] pi

pin *n.* [Fr. *pile*] battery: **đèn pin** flashlight

pi-ni-xi-lin *n.* penicillin

píp *n.* [Fr. *pipe*] pipe [tobacco]

pi-ra-ma *n.* [Fr. *pyjama*] pajamas

pô-mát *n.* ointment

pô *n.* shot

Q

qua **1** *v.* to pass, to go across, to go through, to go or come over, to cross: **trải qua nhiều kinh nghiệm** to go through many experiences **2** *adv.* past, across, through, under, over: **vượt qua** to take over **3** *adv.* sketchily, incompletely, not thoroughly, carelessly: **nói qua** to speak briefly **4** *v.* to stop over: **qua thăm thủ đô** to stop over in the capital **5** *adj.* last: **đêm qua** last night

qua chuyện *adv.* perfunctorily: **nói cho qua chuyện** to say something perfunctorily

qua đời *v.* to pass away

qua ngày *v.* to kill time

qua khỏi *v.* to escape [death]; to recover

qua lại 1 *v.* to come and go 2 *adj.* reciprocal, mutual

qua loa *adv.* negligently, incompletely: **làm việc qua loa** to work sloppily

qua quít *adv.* perfunctorily

quá *v., adv.* to go beyond; beyond, to exceed; over, past, too, very: **quá hẹn** past the deadline

quá bán *adj.* more than half; absolute majority

quá bộ *v.* to take some extra steps; to condescend [to come to my house]

quá cảnh *v.* to transit

quá chén *v.* to drink too much

quá chừng *adv.* excessively, extremely: **đẹp quá chừng** extremely beautiful

quá cố *adj., v.,* dead, passed away; dead [polite term]

quá đáng *adj.* excessive, exaggerated

quá độ *adv.* excessively

quá giang *v.* to cross a river; to get a ride, to give a lift

quá hạn *adj.* overdue; expired

quá khích *adj.* extremist

quá khứ *n.* the past

quá lời *adj.* excessive, superlative: **khen quá lời** superlative praise

quá quắt *adj.* exaggerated, excessive

quá sức *adv.* beyond one's strength, extremely

quá tải *adj.* overloaded

quá tay *adv.* over the limit [in beating somebody, adding spices etc.], excessively

quá thể *adv.* too, extremely

quá trình *n.* process

quá trớn *adv.* over the limit, excessively

quá ư *adv.* too, extremely

quà *n.* snacks; present, gift [with **làm** to make]: **ăn quà** to eat between meals, to have snacks

quà biếu *n.* present, gift

quà sáng *n.* breakfast

quả 1 *n.* fruit; classifier noun for fruits, mountains, fists, organs of body etc.: **ăn hai quả cam** to eat two oranges; **quả tim** heart; **quả đất** earth 2 *n.* blow, kick, shot: **đá một quả** to kick a shot 3 *n.* betel box; lacquered box [for fruit preserves, betel] 4 *adv.* indeed, really

quả báo *n.* consequences of one's previous life, karma

quả cảm *adj.* courageous

quả cân *n.* weight [on scales]

quả cật *n.* kidney

quả cầu *n.* shuttle cock

quả đấm *n.* fist, punch

quả đất *n.* the earth, globe

quả nhiên *adv.* sure enough, true enough, indeed, as expected

quả phụ *n.* widow

quả quyết *v., adj.* to be determined, determined

quả tạ *n.* dumbbell; weight

quả tang *adj.* redhanded: **bị bắt quả tang** to be caught redhanded

quả thật *adv.* (= **quả thực**) honestly, truly

quả tình *adv.* truly, really

quạ *n.* [SV ô] raven, crow

quách 1 *n.* outside wall [of site, used with **thành**], outside covering [of coffin, used with **quan**] 2 *adv.* to have an alternative;

completely, straightaway [follow main verb or end sentence]

quai *n.* handle, [of basket] strap

quai bị *n.* mumps

quái 1 *adj.* odd, queer, strange: **kỳ quái** strange, monstrous **2** *adv.* nothing at all: **chẳng hiểu quái gì** to understand nothing at all

quái ác *adj.* abominable, mischievous

quái dị *adj.* strange, very odd

quái đản *adj.* fantastic, incredible

quái gở *adj.* strange, fantastic; bad [of omen], unusual

quái lạ *adj.* strange

quái thai *n.* deformed or hideous infant, monster, monstrosity

quái vật *n.* monster

quan 1 *n.* string of cash [coins with square holes] **2** *n.* French franc (= **Phật lăng**) **3** *n.* mandarin, official **4** *n.* sense: **ngũ quan** the five senses **5** *n.* coffin: **nhập quan** to put into a coffin

quan ải *n.* frontier, pass

Quan Âm *n.* Goddess of Mercy [in Buddhism]

quan chức *n.* officials

quan điểm *n.* viewpoint, view

quan hệ 1 *n.* relation, relationship: **mối quan hệ ngoại giao** diplomatic relations **2** *adj.* important: **việc quan hệ** an important matter

quan khách *n.* guest, visitor

quan lại *n.* officials; officialdom

quan liêu *adj.* bureaucratic: **chế độ quan liêu** bureaucracy

quan niệm *n., v.* conception, concept; to view

quan sát *v.* to observe, to watch

quan sát viên *n.* observer

quan tài *n.* coffin

quan tâm *v.* to be concerned [**đến/ tới** with]

quan thoại *n.* Mandarin Chinese [language]

quan thuế *n.* duties, tariff; customs

quan toà *n.* judge, magistrate

quan trọng *adj.* important, vital: **một quyết định quan trọng** an important decision

quan trọng hoá *v.* to dramatize, to exaggerate the importance of

quan trường *n.* officialdom

quan viên *n.* official

quán 1 *n.* hut; inn, restaurant, store, office; shelter, kiosk: **tửu quán** wine shop, pub; **ấn quán** printing shop; **lữ quán** inn, hotel; **sử quán** embassy; **thư quán** bookstore; **phạn quán** restaurant **2** *n.* native place: **sinh quán, quê quán** native country

quán quân *n.* champion [sport]

quán thông *v.* to understand totally, to penetrate

quán triệt *v.* to possess totally, to grasp thoroughly

quán xuyến *v.* to know thoroughly; to be able to take care of

quàn *v.* to leave a corpse in a temporary shelter prior to burial: **nhà quàn** funeral director

quản 1 *v.* to mind [difficulty, hardship] **2** *n.* tube, pipe, duct (= **ống**): **thanh quản** larynx; **thực quản** esophagus **3** *v.* to manage, to control, to administer

quản đốc *n.* manager, director

quản gia *n.* steward [in household]

quản lý *v., n.* to manage; manager: **quản lý công trình** project manager

quần ngại *v.* to be concerned about difficulties, to be hesitant

quần thúc *v.* to put under surveillance, to put under house arrest

quần trị *v.* to administer

quang 1 *n.* rattan or bamboo frame [to hold loads at the ends of carrying pole] **2** *adj.* bright (= **sáng**), clear [of obstacles]: **phát quang** to clear an area

quang cảnh *n.* spectacle, situation, scene: **đi thăm quang cảnh đẹp** to visit a beautiful scene

quang đãng *adj.* [of weather] radiant, clear

quang minh *adj.* bright, glorious; righteous, magnanimous

quang phổ *n.* spectrum: **quang phổ mặt trời** solar spectrum

quang tuyến *n.* rays; X-ray

quang vinh *adj.* glorious

quáng *adj.* to be dazzled: **mù quáng** blind [with anger, passion]

quáng gà *n.* night blindness

quàng 1 *v.* to wrap around one's neck or shoulder, to throw over: **ôm quàng** to embrace **2** *adj.* wrong, negligent: **vơ quàng** to seize/take indiscriminately

quàng quạc *v.* [of duck] to quack; [of person] to talk pretentiously

quàng xiên *adj.* [of talk] foolish, rash, rude

quảng bá *v.* to broadcast, to spread, to telecast

quảng cáo *v., n.* to propagandize, to publicize; advertisement: **hãng quảng cáo** advertising agency

quảng đại *adj.* generous, magnanimous; wide

quảng giao *v.* to know a lot of people

quảng trường *n.* square: **quảng trường Ba Đình Hà Nội** the Hanoi Ba Dinh square

quãng *n.* space, distance, space of time, interval: **quãng cách** distance

quanh *adv., adj.* to be around something; tortuous, twisting: **chung/xung quanh** around; **bàn quanh** to discuss or talk in circles; **khúc quanh** elbow, bend; **loanh quanh** to turn around

quanh co *adj.* winding; tortuous: **đường đi quanh co** a winding road

quanh năm *adv.* throughout the year, all year round

quanh quẩn *v., adj.* to turn around, to go round in circles, hanging around; devious

quân quách *adv.* around here, around, about

quánh *adj.* [of paste, dough] thick, dense, firm

quạnh *adj.* isolated, deserted

quạnh hiu *adj.* deserted, forlorn; desolate, lonely

quào *v.* to claw, to scratch: **quào lưng** to scratch on the back

quát *v.* to shout, to storm: **quát ầm ỹ cả lên** to shout noisily

quát mắng *v.* to shout angrily at

quát tháo *v.* to shout blusteringly at someone

quạt *v., n.* to fan; fan

quạu *v., n., adj.* quarrelsome; ugly look; surly

quay

quay 1 *v.* to turn [an object or oneself], to twist, to spin; to turn around, to go back: **quay người lại** to turn around by oneself 2 *v., adj.* to grill, to roast; roasted: **chim quay** roasted squibs; **thịt quay** roasted pork

quay bước *v.* to turn on one's heel

quay cóp *v.* to copy

quay cuồng *v.* to whirl, to be frantic

quay gót *v.* to turn on one's heel

quay phim *v.* to make a film, to film, to shoot a film

quay quắt *adj.* deceitful, shrewd

quay tít *v.* to spin very fast

quảy *v.* to carry with a pole (= **gánh**): **quảy hàng đi chợ bán** to carry goods to the market on a shoulder pole

quắc *adj.* bright

quắc mắt *v.* to scowl, to glower

quắc thước *adj.* hale and hearty

quắm *adj.* hooked; crooked

quăm quặm *adj.* quarrelsome, surly, frowning

quặm *adj.* hooked: **mũi quặm** a hooked nose

quăn *adj., v.* [of hair] curly, wavy; [of paper] to be dog-eared: **uốn quăn** to curl; **tóc quăn** curly hair

quăn queo *adj.* twisted: **sợi giây quăn queo** a twisted wire

quắn *adj.* twisted

quằn *adj.* bent under pressure

quằn quại *v.* [of suffering man] to squirm, to writhe

quặn *v.* [of pain] to writhe in pain

quăng *v.* to throw [nets **lưới**, etc.], to toss, to fling, to hurl, to cast

quẳng *v.* to throw away

quặng *n.* ore: **quặng sắt** iron ore

quấp *v.* to curl [one's limbs as in a lying position]; to hold tightly in one's arms, legs, or talons

quặp *v.* to seize between one's legs, to bend down; to drop: **râu quặp** to be henpecked

quắt *v.* to shrivel, to shrink, to crinkle up, to be wizened

quắt quéo *adj.* dishonest, crafty, cunning

quặt *v.* to turn [right or left]: **quặt lại** to make a U-turn

quặt quẹo *adj.* sickly

quân 1 *n.* troops, army: **mộ quân** to recruit an army; **hậu quân** rear guard; **hải quân** navy 2 *n.* band, gang: **quân ăn cướp** a band of bandits 3 *n.* card, piece, man: **quân bài** card, game

quân bị *n.* armament

quân bình *n.* balance, evenness

quân ca *n.* military march, martial song

quân cách *n.* military protocol [**lễ nghi** ceremony]

quân cảng *n.* military port

quân cảnh *n.* military police

quân chủ *n., adj.* king, monarchy; monarchical: **quân chủ lập hiến** constitutional monarchy

quân công *n.* military achievement, meritorious service

quân cơ *n.* military secret

quân cụ *n.* ordnance

quân dịch *n.* military service

quân đoàn *n.* army corps

quân đội *n.* troops, the army

quân giai *n.* military hierarchy, chain of command

quân giới *n.* arms, weapons; military circles

quân huấn *n.* military training

quân khu *n.* military zone or district

quân lính *n.* soldiers, troops

quân luật *n.* martial law: **tuyên bố tình trạng thiết quân luật** to declare martial law or a curfew

quân lực *n.* armed forces

quân nhân *n.* army man, service man

quân nhu *n.* military supplies, provisions

quân pháp *n.* military code, martial law

quân phân *v.* to divide or distribute equally

quân phiệt *adj.* military

quân phục *n.* military uniform

quân quản *n.* military administration or supervision

quân sĩ *n.* soldiers, warriors

quân số *n.* serial number, soldier's number; numerical strength

quân sư *n.* military adviser

quân sự *n., adj.* military affairs; military: **toà án quân sự** military court, court martial

quân thù *n.* enemy

quân tử *n.* noble man, superior man [Confucianism]

quân vụ *n.* military affairs

quân vương *n.* king, ruler

quân y *n.* army medical corps

quân y sĩ *n.* medical officer, surgeon

quân y viện *n.* military hospital: **y sĩ trưởng quân y viện** senior surgeon of a military hospital

quấn *v.* to roll [turban, bandage, etc.] around; [of child] to hang on or around [elders]: **quấn lấy**

người em bé to wrap round a baby's body

quần 1 *n.* trousers, pants: **áo quần** clothes; **quần dài** trousers **2** *n.* small ball, tennis **3** *v.* to be tired out, to be exhausted

quần áo *n.* clothes, clothing

quần chúng *n.* the masses

quần cư *v.* to live in groups

quần đảo *n.* archipelago

quần đùi *n.* short pants, underpants

quần quật *v.* to work hard

quần tụ *v.* to live together, to get together

quần vợt *n.* tennis: **giải quần vợt Mỹ mở rộng** U.S. Open [tennis]

quẩn *v.* to stick around; to be in the way: **đứng ra một bên kẻo quẩn chân người ta** to stand aside, not to be in the way

quẫn *adj.* to be hard-up, muddled in the mind

quẫn bách *adj.* hard-up; poor

quẫn trí *v.* to become muddle-headed

quận *n.* country, district

quận trưởng *n.* district chief, country chief

quầng *n.* halo [around sun or moon], dark ring [around eyes]

quất *n.* kumquat

quật 1 *v.* to whip, to flog, to beat **2** *v.* to exhume [corpse so as to violate a grave]: **khai quật** to dig out, to excavate

quật cường *adj.* indomitable

quật khởi *v.* to rise up, to revolt

quây *v.* to enclose, to surround, to encircle

quây quần *v.* to live together, to

quấy

be united, to gather around

quậy 1 v. to stir, to tease, to cause trouble 2 v. to annoy, to bother 3 adj., adv. to be wrong [opp. **phải**]; recklessly, inconsiderately

quấy nhiễu v. to pester, to harass

quấy quá adj. negligent, careless, sloppy

quấy quả v. to trouble by borrowing things, to pester with requests, to ask for favors

quấy rầy v. to bother, to pester

quầy n. display counter, stall [in market], stand

quẩy v. See **quầy**

quẫy v. to frisk, to swish

quậy v. See **quấy**

que n. stick, twig

què adj. crippled, lame, disabled: **què chân** to be crippled in a leg

què quặt adj. lame

quen adj., v. to know, to be acquainted with, to be used to: **người quen** acquaintance; **làm quen với** to get acquainted with

quen biết v. to know, to be acquainted with [people]

quen mặt v. to look familiar

quen nết v. to have a bad habit

quen thân v. to acquire a habit

quen thói v. to have a habit of

quen thuộc adj. familiar or acquainted with

quen việc v. to have experience on a job

quèn adj. indifferent, poor, worthless: **có kiến thức quèn** to have poor knowledge

queo adj. tortuous, curved, twisted, bent: **bẻ queo** to twist

[words], to distort [facts]

quéo adj. curved, bent

quèo v. to trip up; to seize with a hook

quẹo v. (= **rẽ**) to turn [right or left], to be winding

quét v. to sweep [**sàn nhà** floor]; to apply [paint **sơn**, whitewash **vôi**]; to wipe out, to mop up

quét dọn v. to clean up [house, floor]: **quét dọn nhà cửa** to clean up one's house

quét trước v. to clean up

quét vôi v. to whitewash, to paint

quẹt v. to rub, to strike (= **diêm**): **quẹt diêm** to strike a match

quê n. native village, countryside: **quê quán, quê hương** native country; **quê kệch, quê mùa** boorish, coarse; **dân quê** peasant

quê mùa adj. boorish, rustic

quê ngoại n. mother's village

quê người n. foreign land/country

quê nội n. father's village

quế n. cinnamon

quệ adj. weakened, ruined: **kiệt quệ** exhausted; ruined

quên v. to forget [to do something]; to omit: **bỏ quên** to forget [something somewhere]

quên bẵng v. to forget completely

quên mình adj. self-sacrificing

quềnh quàng v. to do in a hurry, to be hasty

quết v. to smear, to coat, to plaster

quệt v. to smear, to coat

quều quào adj. [of legs and arms] lanky; awkward

qui 1 n. (= **rùa**) turtle 2 v. (= **về**) to return: **qui tiên** to pass away 3 v. to bring together

qui chế *n.* regulation, rule; civil service system, administrative system

qui củ *n.* standard, norm, order, method

qui định *v.* to define, to affirm, to fix

qui hàng *v.* to surrender

qui luật *n.* rules and regulations statute

qui mô *n.* standards, model, norm, pattern, scale

qui nạp *v.* to induce, to infer [conclusion]

qui phục *v.* to surrender [to], to yield, to submit

qui tắc *n.* rules, regulations, method

qui thuận *v.* to surrender [to]

qui tiên *v.* to die, to pass away

qui trình *n.* rules, regulations

qui tụ *v.* to gather, to converge

qui ước *n., v.* agreement, convention; to establish an agreement

quí 1 *adj.* noble (= **sang**) [*opp.* **hèn**]; valuable, precious: **để những vật quí vào tủ sắt** to leave valuable things in a safe 2 *n.* quarter, three months

quí báu *adj.* precious, valuable

quí giá *adj.* precious, valuable

quí hoá *adj.* [of things, feelings] good, very nice

quí hồ *adv.* provided that

quí hữu *n.* my good friends

quí khách *n.* distinguished guests, guests of honor

quí kim *n.* precious metal, gold

quí mến *v.* to love and esteem, to hold in esteem

quí phái *adj.* noble, aristocratic

quí tộc *n.* aristocracy

quí trọng *v.* to admire and respect

quì 1 *v.* to kneel down 2 *n.* species of lotus, sunflower

quì *n.* devil; monster

quì kế *n.* wicked device, stratagem

quì quái *adj.* cunning, diabolical

quì quyệt *adj.* shrewd, cunning, wily

quì thuật *n.* magic, magician

quĩ *n.* coffer, cash box, budget, funds: **công quĩ** public funds

quĩ tích *n.* locus, geometrical locus

quít *n.* mandarin, tangerine

quịt *v.* to refuse to pay a debt

quốc *n.* country (= **nước**): **cường quốc** power/great nation; **ái quốc** patriotic; **bản quốc** our country; **Liên Hợp Quốc** the United Nations; **Trung Quốc** China; **phản quốc** traitor

quốc âm *n.* national language

quốc biến *n.* revolution

quốc ca *n.* national anthem

quốc dân *n.* people

Quốc dân đảng *n.* Nationalist Party

quốc doanh *n.* nationalized business, state business

quốc gia *n.* nation, country: **Quốc gia Giáo dục** National Education

quốc giáo *n.* national religion

quốc hiệu *n.* official name of a country

quốc học *n.* national education system

quốc hội *n.* national assembly, congress, parliament

quốc hồn *n.* national soul, national spirit

quốc huy *n.* national emblem

quốc hữu hoá *v.* to nationalize

quốc khách *n.* state guest

quốc khánh *n.* national day

quốc kỳ *n.* national flag

quốc phong *n.* national customs and manners

quốc phòng *n.* national defense: **bộ quốc phòng** ministry of defense

quốc phụ *n.* father of the nation

quốc sử *n.* national history

quốc tang *n.* national mourning

quốc táng *n.* state funeral

quốc tế *adj., n.* international

quốc tế hoá *v.* to internationalize

quốc thể *n.* national prestige

quốc thiều *n.* national anthem

quốc tịch *n.* nationality, citizenship

quốc trái *n.* government bond

quốc tuý *n.* national characteristic or spirit

quốc văn *n.* national language; Vietnamese literature, national literature

quốc vương *n.* king

quơ *v.* to gather, to seize

quờ *v.* to grab, to grope for

quở *v.* to scold, to reprimand: **quở mắng người nào** to scold someone

quy *n.* See **qui**

quý *adj.* See **quí**

quỳ *v.* See **quì**

quỷ *n.* See **quỉ**

quỹ *n.* See **quĩ**

quyên *v.* to raise [funds]; to give money to charity: **cuộc lạc quyên** fund raising

quyên sinh *v.* to commit suicide

quyến *adj.* attached to: **gia quyến** wife and children, relatives

quyến dỗ *v.* to seduce, to entice

quyến luyến *v.* to be attached to: **quyến luyến gia đình** to be attached to family

quyến rũ *v.* to seduce, to attract

quyến thuộc *n.* parents; relatives

quyền 1 *n.* power, authority, right: **cầm quyền** to be in power; **chính quyền** the government; **binh quyền** military power; **nhân quyền** human rights; **có quyền** to have the right to, be entitled to; **uỷ quyền** proxy, delegation of power 2 *n.* acting: **quyền thủ tướng** acting premier 3 *n.* fist; boxing, pugilism

quyền Anh *n.* Western boxing [as opp. to Chinese or Vietnamese boxing]: **vô địch quyền Anh** boxing champion

quyền bính *n.* power, authority

quyền hạn *n.* power, authority

quyền hành *n.* power, authority

quyền lợi *n.* interests, benefit: **bênh vực quyền lợi cho mọi người** to protect everyone's interests

quyền lực *n.* power

quyền thế *n.* power and influence

quyền thuật *n.* art of fighting, boxing art

quyển *n.* a classifier noun for rolls, scrolls, volumes, books: **quyển thượng** volume 1 [of two]; **ba quyển sách** three books

quyết *v.* to decide, to make up one's mind [to], to be determined: **cương quyết** to be determined; **cả quyết** resolutely; **phán quyết** [of court] to decide; **phủ quyết** veto; **tự quyết** self-determination

quyết chí *v.* to be set in one's mind, to keep one's decision

quyết chiến *v.* to decide to fight, to fight until victory

quyết định *v., n.* to decide; to be decisive; decision

quyết đoán *v.* to determine, to appraise with certainty

quyết liệt *adj.* drastic, decisive: **giờ phút quyết liệt** a decisive moment

quyết nghị *v., n.* to resolve; resolution: **dự thảo bản quyết nghị** draft resolution

quyết tâm *v., n.* to be determined, to be resolved; determination, strong will

quyết thắng *v.* to be resolved to win

quyết toán *v.* to draw up the balance sheet

quyết tử *v.* to decide to die, to be ready to die

quyệt *adj.* shrewd, false, sly, wily: **quỉ quyệt, xảo quyệt** cunning

quýnh *adj.* nervous, shaken, excited, embarrassed: **mừng quýnh** to be excited with joy

quỳnh *n.* red stone, ruby

R

ra 1 *v.* [SV **xuất**] to exit, to go out, to come out; to go [out] into, to come [out] into; to look, to become; to issue [order **lệnh**], to give [signal **hiệu**, assignment **bài**]: **ra bể** to go to the sea 2 *adv.* out, outside, forth: **không**

ra gì, chẳng ra gì to amount to nothing; **bày ra** to display, to show off; **đỏ ra** to become red; **nói ra** to speak up; **nhớ ra** to remember, to call forth; **tìm ra, kiếm ra** to find out; **cửa ra vào** door; **hiện ra** to appear; **hoá ra** to become; it turns out that; **thành ra** to come out; **chia ra** to divide up, to divide into

ra đa *n.* radar

ra đi *v.* to depart, to leave

ra đi ô *n.* [Fr. *radio*] radio

ra điều *v.* to appear as: **ra điều là người có học** to appear as an educated person

ra đời *v.* to be born; to start in life

ra gì *adj.* worthless

ra giêng *adv.* early next year, after Tet, next January

ra hiệu *v.* to signal: **ra hiệu cho xe ngừng lại** to signal to traffic to stop

ra hồn *adj.* worth something, quite good

ra lệnh *v.* to order, to give an order, to command

ra mắt *v.* to appear before the public for the first time; to launch: **ra mắt sách mới** to launch a new book

ra mặt *v.* to show oneself: **không ra mặt** to act behind the scenes

ra miệng *v.* to express one's opinion

ra người *v.* to become a decent person, to be worthy of being a human being

ra oai *v.* to put on airs

ra phết *adv.* well, mighty, extremely

ra rả *adv.* incessantly, ceaselessly: **nói ra rả** to speak ceaselessly

ra ràng *adj.* fully-fledged

ra rìa *v.* to be discarded, to be neglected

ra sức *v.* to strive, to do one's best

ra tay *v.* to set out to do something; to show one's ability

ra toà *v.* to appear before a court

ra trận *v.* to go to the front

ra vẻ *v.* to seem to, to pretend

rá *n.* closely-woven basket [used for carrying/storing things and also for washing rice]

rà 1 *v.* to grope, to thrust oneself; to caulk: **rà vào đám đông** to thrust oneself into a crowd 2 *v.* to check

rả rích *adj.* continuous

rã *v.* to be dispersed, to break up; to fall off

rã đám *v.* to end a party, to close a festival, to separate

rã họng *adj.* exhausted, fainted

rã rời *adj.* very tired, worn out, exhausted

rã rượi *adj.* exhausted; depressed

rạ *n.* rice stubble

rác *n.* garbage, refuse, rubbish, litter: **thùng rác** garbage bin; **phu rác** garbage collector

rác rưởi *n.* rubbish; dregs

rạc *v.* to be exhausted; to become skinny

rách *adj.* torn; **xé rách** to tear [on purpose]; **giẻ rách** rag

rách bươm *adj.* torn to shreds

rách mướp *adj.* ragged, tattered

rách rưới *adj.* ragged

rạch 1 *n.* irrigation ditch, stream, small irrigation canal; arroyo

2 *v.* to slit, to slash; to divide

rạch ròi *adj., adv.* [to talk] clear; distinct

rái 1 *n.* otter 2 *v.* to fear; to dread

rải *v.* to spread, to sow, to lay down: **rải đá lót đường** to lay down stones on the road

rải rác *adj.* scattered

ram *n.* [Fr. *rame*] ream [of paper]

rám *v., adj.* to be sunburnt; sunburnt: **rám nắng** to have sunburn

ran *v.* to resound: **nổ ran** to crackle, to explode noisily

rán 1 *v.* (= **chiên**) to fry [meat, fish, chicken, eggs]: **rán gà** to fry chicken 2 *v., adv.* to try, to endeavor, to strive; some more, over, in: **rán sức** to try one's best

ràn rụa *adj.* overflowing

rạn *adj.* cracked

rang *v.* to fry, to roast [melon seeds **hạt dưa**, sesame **vừng**, coffee **cà phê**]; to pop [corn **ngô, bắp**]: **ngô rang, bắp rang** popcorn

ráng *n.* rainbow

ràng *v.* (= **gài**) to tie up, to fasten, to bind: **ràng dây thắt lưng** to fasten one's seat-belt

ràng buộc *v.* to attach firmly, to tie up, to bind: **mối ràng buộc gia đình** family ties

rạng *v., n.* to break, to become dawn; dawn

rạng danh *v.* to become famous

rạng đông *n.* daybreak, dawn

rạng ngời *adj.* resplendent, glittering

rạng rỡ *adj.* radiant, brilliant

ranh 1 *adj.* shrewd, hard to

deceive; mischievous, roguish: **chơi ranh** to play dirty tricks **2** n. demarcation, limit, boundary: **phân ranh** to fix the boundaries

ranh giới n. frontier, boundary

ranh mãnh adj. shrewd, smart; mischievous, naughty

rành v. to be clear; to know precisely, to master [a subject]

rành mạch adj. clear, intelligible, explicit, unambiguous

rành rành adj. obvious, evident, manifest

rành rọt adj. clear: **giải thích vấn đề rành rọt** to explain the issue clearly

rảnh v. to be free: **thì giờ rảnh** spare time

rảnh chân adj. free

rảnh mắt v. to get out of sight: **đi đi cho rảnh mắt** go away, get out of my sight

rảnh mình adj. free of care or responsibility

rảnh tay adj. having free moments

rảnh thân adj. free of care or responsibility

rảnh trí v. to have a free mind

rảnh việc v. to have leisure time, to have some spare time

rãnh n. stream, brook; gutter, drain; groove

rao v. to announce, to advertise, to cry out [news or merchandise **hàng**]

rao hàng v. to shout out one's wares

ráo 1 adj. dry **2** adv. entirely, utterly, totally: **ráo, nhẵn ráo** to run out, to be all gone

ráo hoảnh adj. [of eyes] dry, tearless

ráo riết adj. [of work] hard; [of contest, race] keen, hectic: **làm việc ráo riết** to work hard

rào v., n. to fence, to block; fence, hedge: **rào giậu** fence, hedge

rào đón v. to take all precautions, to talk around

rảo v. to accelerate, to quicken one's steps: **rảo bước** to walk faster

rạo rực v. to be nauseous

ráp 1 v. to assemble, to adjust, to join **2** adj. (= **nháp**) rough: **đá ráp** pumice stone

rạp 1 n. temporary shed; theater: **rạp hát** theater [building] **2** v. to bend [**cúi**] all the way down to the ground; to lie [**nằm**] flat on the ground; to bow very low

rát v. [of pain] to feel pain: **rát cổ họng** to feel pain in the throat

rát mặt v. to feel a burning sensation on one's face

rạt v. to stand all the way to the side

rau 1 n. vegetables, greens: **cơm rau** vegetable meal **2** n. (= **nhau**) umbilical cord

rau sống n. salad

ráy n. ear wax

rày adv. now, this time, today; **mấy ngày rày** these few days

rảy v. to sprinkle [with water]

rắc v. to sow, to sprinkle: **rắc hột giống** to sow seeds

rắc rối adj. complicated, intricate; troublesome: **công việc rắc rối** a complicated job

răm rắp adj. obeying as one body, all at the same time

rắm *n.* fart: **đánh rắm** to break wind

rằm *n.* full moon: **ngày rằm** fifteenth day of the lunar month

răn 1 *adj.* (= **nhăn**) wrinkled [of skin, clothes] 2 *v.* to advise, to warn, to instruct: **mười điều răn** the Ten Commandments

răn reo *adj.* wrinkled, wizened

rắn 1 *n.* [SV **xà**] snake: **nọc rắn** venom 2 *adj.* [SV **cương**] hard, rigid [*opp.* **mềm**]: **rắn lại** to harden

rắn đầu *adj.* stubborn, hard-headed

rắn mối *n.* lizard

rắn nước *n.* water-snake

rắn rỏi *adj.* strong, tough: **một con người rắn rỏi** a tough man

rặn *v.* to contract one's abdominal muscles [when defecating or lifting a heavy object]

răng 1 *n.* [SV **nha**] tooth: **đánh răng** to brush teeth; **răng giả** fake tooth; **nghiến răng** to grind one's teeth; **trồng răng** to grow a tooth; **xỉa răng** to pick one's teeth; **bàn chải răng** tooth-brush 2 *adv.* [Hue dialect] what, how, why

răng cưa *n., adj.* teeth of a saw; saw-toothed; serrated

răng sâu *n.* decayed tooth: **nhổ răng sâu** to extract a decayed tooth

răng sún *n.* decayed tooth

răng vẩu *n.* buck tooth

rằng 1 *v.* to say [as follows] that: **bảo/nói rằng** to say that; **chẳng nói chẳng rằng** to say nothing, without warning 2 *conj.* that

rằng rặc *adj.* too long, endless, interminable

rặng *n.* row [of trees], chain, range [of mountains]: **rặng núi** a range of mountains

rắp *v.* to be about to, to intend to: **rắp tâm làm việc gì** to intend to do something

rặt *adv.* entirely, altogether, nothing but; there are just

râm *adj.* shady: **kính râm** sunglasses

rầm 1 *adj.* loud, noisy 2 *n.* beam, rafter

rầm rầm *adv.* noisily, with a roar

rầm rập *adv.* noisily

rầm rì *v.* to whisper, to murmur

rầm rộ *adj., adv.* ebullient; noisily

rậm *adj.* [of hair, vegetation] thick, dense, bushy

rậm rạp *adj.* thick, dense, bushy

rận *n.* body louse [**chấy**, **chí**]

rấp *v.* to block, to close [road]; to cover up

rập *v.* to copy, to reproduce [model]

rập rình *v.* to be bouncing in rhythm, to resound low and high

rập rờn *v.* to float, to bob

rất *adv.* very [to precede verbs]

râu *n.* [SV **tu**] beard; mustache: **để râu** to grow a beard or mustache

râu cằm *n.* beard

râu mép *n.* mustache

râu quai nón *n.* whiskers

rầu *v., adj.* sorrowful, depressed

rầu rầu *adj.* melancholic

rây *v., n.* to strain, to sift, to sieve; strainer; **rây bột** to sift flour

rầy 1 *v.* to scold, to annoy, to bother, to pester 2 *n.* rail

rầy la *v.* to scold, to reprimand

rầy rà *adj.* troublesome, complicated

rẫy *v.* to clear land for cultivation

rè *v.* [of voice] cracked

rẻ *adj.* cheap, inexpensive: **hàng rẻ tiền** cheap goods [*opp.* **đắt**]

rẻ mạt *adj.* dirt cheap, cheap as chips

rẻ rúng *v.* to berate; to abandon

rẻ thối *adj.* dirt cheap

rẽ *v.* to turn [right or left]; to divide, to split: **chỗ rẽ** turning point; **rẽ phải** to turn right

rén *v.* to tiptoe, to walk gingerly: **đi rón rén** to walk gingerly

rèn *v.* to forge; to train, to form: **rèn luyện** to train; **lò rèn** furnace

rèn đúc *v.* to forge, to create

rèn luyện *v.* to forge, to train: **rèn luyện cơ thể** to train one's body

reo 1 *v.* to rustle, to hiss 2 *v.* to shout, to cheer, to yell

reo *v.* [Fr. grève] to strike; **làm reo** to go on strike

reo hò *v.* to shout, to cheer

réo *v.* to call loudly, to hail

réo rắt *adj.* [of voice] plaintive

rét *adj.* [SV **hàn**] cold: **bệnh sốt rét** malaria; **mùa rét** winter

rét buốt *adj.* cold, freezing

rét mướt *adj.* cold [of weather]

rề rà *adj.* dawdling; dragged out

rể *n.* son-in-law: **chàng/chú rể** bridegroom; **kén rể** to choose a son-in-law; **anh em rể** brothers-in-law [whose wives are sisters]

rễ *n.* [SV **căn**] root: **nhổ rễ** to uproot; **mọc rễ** to take root

rên *v.* to groan, to moan

rên rỉ *v.* to groan, to moan

rền *v.* to toll, to ring; to happen repeatedly

rêu *n.* moss: **mọc rêu** moss

growth; **xanh rêu** mossy green

rêu rao *v.* to spread, to divulge, to broadcast [rumor, news]

rì *adj.* dark green, lush

rì rào *v.* to whisper, to murmur

rì rầm *v.* to whisper

rỉ 1 *v., n.* to be rusty, to get rusty; rust 2 *v.* to act in small or gentle repetitions; to ooze out

rỉ rả *adv.* slowly and prolonged

rỉ tai *v.* to whisper into someone's ear

ria 1 *n.* edge, border, rim 2 *n.* mustache [with **để** to grow]

rìa *n.* fringe, edge, border

rỉa *v.* to peck, to nibble

rỉa rói *v.* to insult: **rỉa rói ai** to insult someone

rích *adj.* very old

riêng *adj.* [SV **tư**] special, particular, personal, private: **của riêng** personal property [of someone]; **ở riêng** to settle apart from relatives

riêng biệt *adj.* separate, apart

riêng tây *adj.* private, own

riêng tư *adj.* personal, private: **đời sống riêng tư** a private life

riết 1 *v.* to pull tight, to act unceasingly; to be stingy 2 *adj.* strict, severe

riết róng *adj.* miserly, closefisted

riêu *n.* fish or crab soup, chowder eaten with rice or rice spaghetti

riễu *v.* to banter, to make fun

rim *v.* to cook with fish sauce

rinh 1 *adj.* noisy 2 *v.* to carry with both hands

rình *v.* to spy, to lie in ambush, to watch

rình mò *v.* to spy on

rít v. to hiss, to whizz; to be shrill

rịt v. to tie, to dress: **rịt vết thương** to tie a wound

ríu rít v. [of birds, children] to chatter, to prattle

rìu n. ax

rò v. to leak

rỏ 1 v. to drip, to ooze; to give [eye lotion] in drops 2 n. basket

rõ adj., adv. clear, distinct; clearly, distinctly

rõ mồn một adj. absolutely clear, obvious

rõ ràng adj. clear, distinct, evident, obvious

rõ rệt adj. clear, distinct

róc v. to whittle the bark off

róc rách v. [of stream] to drip, to babble

rọc v. to cut [pages that are folded]

roi n. whip, rod, switch

roi vọt n. whipping

rọi v. to beam, to shine, to focus [light, searchlight]

rom n. [Fr. *rhum*] rum

róm n. caterpillar

rón rén v. to tiptoe

rong 1 v. to wander, to be itinerant: **hàng rong** street vendor, peddler, hawker 2 n. alga, seaweed

rong rỏng adj. slender

ròng 1 adj. pure: **vàng ròng** pure gold 2 adj. all through, whole

ròng rã adj., adv. uninterrupted; unceasingly, incessantly

ròng rọc n. pulley

rót v. to pour [from bottle, pot, etc.]

rô n. diamond [on cards]

rồ adj. mad, crazy: **hoá điên rồ** to become crazy

rồ dại adj. mad, crazy, insane

rỗ adj. [of face] pock-marked: **mặt rỗ** to have a pock-marked face

rộ adj. noisy, profuse: **rầm rộ** with a lot of noise and fuss

rối v. to be tangled, to tangle, to mix up: **tóc rối** tangled hair; **bối rối** uneasy, perplexed

rối beng adj. troubled: **tình hình rối beng** troubled situation

rối loạn adj., adv. troubled; disorderly, out of control

rối ren adj. disorder, confused

rối rít v. to be perplexed, to be nervous, to panic, to bustle

rối trí adj. nervous

rồi 1 adv., adj. already; finished, recent: **vừa rồi** to be recent; recently 2 conj. then

rồi đây adv. later, in the future

rồi ra adv. later on

rồi thì adv. and then

rỗi v., adj. free, unoccupied

rỗi rãi v. to have free time

rốn 1 n. nave 2 v. to extend [stay, visit, working period] in order to finish up; to exert oneself further, to make an extra effort

rộn v., adv. to be noisy, to raise a fuss; disorderly: **bận rộn** to be busy; **làm rộn** to raise a fuss

rộn rã adj. noisy, vehement

rộn rịp adj. (= **nhộn nhịp**) to be bustling

rống v. to trumpet; to roar

rồng n. [SV **long**] dragon

rỗng adj. empty; hollow: **túi rỗng** empty pocket

rỗng không adj. empty

rỗng tuếch adj. absolutely empty, meaningless

rộng *adj.* wide, spacious, big, broad [*opp.* **hẹp, chật**]: **mở rộng** to enlarge, to expand **2** *adj.* free, generous: **tiêu pha rộng rãi** to spend freely

rộng bụng *adj.* generous, broad-minded

rộng cẳng *adj.* free

rộng lượng *adj.* generous, tolerant

rộng rãi *adj.* wide, spacious; broad-minded; generous, liberal

rốt *adv.* to be the last

rốt cục *adv.* at the end, finally, ultimately

rờ *v.* to grope, to feel, to touch

rờ rẫm *v.* to grope, to touch

rỡ *adj.* to be radiant: **rạng rỡ** glorifying; **rực rỡ** radiant, resplendent

rõ ràng *adj.* radiant, shining

rợ *adj.* savage, barbarian; gaudy: **mọi rợ** barbarian

rơi *v.* to fall, to drop [**xuống** down, **ra** out, **vào** into]; to shed: **bỏ rơi** to abandon; **đánh rơi** to drop [accidentally]; **thư rơi** anonymous letter; **của rơi** an object that somebody has dropped

rơi lệ *v.* to shed tears, to cry

rời *v.* to be detached from, to separate from: **rời đi** to leave

rời rã *adj.* exhausted

rời rạc *adj.* dissimilar, incoherent, without coordination

rơm *n.* straw: **mũ rơm** straw hat

rơm rác *n.* trifle, junk

rơm rớm *adj.* [of eyes] wet with tears

rớm *v.* to ooze, to be wet [with blood **máu**, tears **nước mắt**]

rờn *adj.* quite green

rợn *v.* to shiver with fear: **làm rợn tóc gáy** to make one's hair stand on ends

rợp *v.* to be shady, to be in the shade: **ngồi nghỉ ở chỗ rợp** to take a rest in the shade

rớt **1** *v.* to fall, to drop, to fail [an exam] [*opp.* **đậu, đỗ**] **2** *adj.* to be left behind; to remain

rớt mồng tơi *adj.* as poor as a church mouse

ru *v.* to lull, to sing [to baby]: **ru con ngủ** to lull a baby to sleep

ru ngủ *v.* to rock, to lull to sleep

ru rú *v.* to stay home

rú **1** *n.* forest **2** *v.* to shout, to shriek, to scream [of joy or fear]

rù rờ *adj.* slow, indolent

rủ **1** *v.* to invite [to come along]; to urge, to ask: **rủ nhau đi ăn** to ask someone to go to a restaurant **2** *v.* to hang down

rủ rê *v.* to induce, to entice

rủ rỉ *v.* to whisper, to murmur softly

rũ **1** *v., adj.* to droop; drooping, hanging: **cờ rũ** flag at half mast; **mệt rũ** exhausted **2** *v.* to rinse [clothes]: **rũ hai nước** to rinse twice

rũ rượi *adj.* [of hair] drooping, hanging, disheveled: **cười rũ rượi** to laugh heartily

rùa *n.* [SV **qui**] turtle, tortoise: **chậm như rùa** snail-paced, as slow as a tortoise

rủa *v.* to curse: **chửi rủa** to scold

rữa *adj.* decayed, rotten

rúc *v.* to hoot; to creep, to crawl

rúc rích *v.* to giggle

rục *adj.* overcooked, stewed to shreds

rục rịch

rục rịch *v.* to prepare to: **rục rịch dọn nhà đi nơi khác** to get ready to move to another place

rủi *n., adj.* luck, bad luck; unfortunate [*opp.* **may**], unlucky

rủi ro *adj.* unlucky, unfortunate

rụi *adj.* ravaged completely

rum *n.* rum

rúm *adj.* distorted, contorted; crumpled

run *v.* to shake, to tremble, to quiver

run rẩy *v.* to tremble, to shiver

rủn *adj., v.* to be limp, to be faint

rủn chí *adj.* dejected, downcast, discouraged

rung *v.* to shake, to ring [bell]

rung cảm *v.* to throb with emotion

rung chuyển *v.* to shake violently; to make a strong impact on

rung động *v.* to vibrate; to quiver, to throb with motion

rung rinh *v.* to shake, to vibrate, to quiver

rùng *v.* to shudder, to shiver, to quiver

rùng mình *v.* to tremble with fear

rùng rợn *adj.* horrifying, ghastly: **tai nạn rùng rợn** a horrifying accident

rụng *v.* [of flower **hoa**, fruit **quả**, leaves **lá**, hair **tóc**, tooth **răng**] to fall: **lá rụng** leaves fell

rụng rời *adj., v.* faint with fright; to be panic-stricken, hysterical [because of fear, bad news]

ruồi *n.* housefly, fly

ruồng *v.* to abandon, to desert: **ruồng bỏ gia đình** to abandon one's family

ruộng *n.* [SV **điền**] rice field: **làm ruộng** to farm

ruộng đất *n.* land, rice fields

ruột **1** *n.* intestine, bowels, entrails, gut; heart; blood [relationship]: **đau ruột** intestinal pain **2** *adj.* related by blood: **cậu ruột** mother's younger brother

ruột gan *n.* heart

ruột già *n.* large intestine

ruột non *n.* small intestine

ruột thịt *adj.* of the same parents; related by blood [relative]

ruột thừa *n.* appendix

rút *v.* to pull; to pull back, to withdraw: **rút tiền ở nhà băng** to withdraw money from the bank

rút bớt *v.* to reduce, to cut [staff, expenses]: **rút bớt chi phí** to reduce expenses

rút gọn *v.* to reduce [a fraction]

rút lui *v.* to withdraw, to retreat

rút ngắn *v.* to shorten, to condense, to cut short: **rút ngắn kỳ nghỉ hè** to cut holidays short

rút thăm *v.* to draw lots

rụt *v.* to withdraw, to jerk back [neck, head, hand]

rụt rè *v.* to be shy, to be timid

rứa rứa *adj.* similar

rửa *v.* to wash, to clean [object, face, hands, etc. but not clothes, rice, or hair]; to develop, to print [film]: **rửa hình** to develop a roll of film

rửa ráy *v.* to wash: **rửa ráy chân tay** to wash one's hands

rửa tội *v.* to baptize

rữa *v.* to wither, to decay, to rot

rực *adj.* bright, glowing

rực rỡ *adj.* [of light, success, victory] brilliant, radiant; splendid:

trang hoàng rực rỡ a splendid decoration

rưng rức *adv.* [of pain] to be sharp, intense: **khóc rưng rức** to cry bitterly

rừng *n.* [SV lâm] forest, jungle: **người rừng** orang-utan; wild; **mèo rừng** wild cat; **lợn rừng** wild boar; **chở củi về rừng** to carry coals to Newcastle

rừng rú *n.* forests, woods

rước *v.* (= **đón**) to meet on arrival, to welcome: **tiếp rước** to receive; **rước đèn** lantern parade

rươi *n.* edible worms, clam worm

rưới *v.* to sprinkle: **rưới nước mắm vào canh** to sprinkle fish-sauce into soup

rười rượi *adj.* dismal, sad, gloomy

rưỡi *num.* a half [the preceding numeral is **trăm, nghìn/ngàn...**]: **nghìn rưỡi** one thousand five hundred

rưỡi *num.* a half: **ba đồng rưỡi** three and a half piastres; **một giờ rưỡi** half past one

rườm *adj.* superfluous, redundant, complicated

rườm rà *adj.* dense; [of style] superfluous, wordy: **cành cây rườm rà** dense branches

rương *n.* (= **hòm**) trunk, case, box: **khiêng rương quần áo lên xe** to load a trunk of clothes in the car

rường *n.* framework [of building]; beam

rường cột *n.* keystone, pivot, pillar

rượt *v.* to follow, to chase

rượu *n.* [SV tửu] alcohol, drink, wine, liquor, spirit: **lò rượu** distillery; **nghiện rượu** to be a drinker

rượu bia *n.* beer

rượu chát *n.* wine

rượu chè *v.* to drink heavily

rượu đế *n.* rice wine

rượu mạnh *n.* spirits, brandy

rượu mùi *n.* liquor

rượu nếp *n.* fermented sticky rice

rượu nho *n.* wine: **rượu nho đỏ** red wine; **rượu nho trắng** white wine

rượu sâm banh *n.* champagne

rượu vang *n.* wine

rứt *v.* to pull [hair, clothes]; to tear out; to be separated from

S

sa **1** *n.* gauze, silk cloth **2** *v.* to fall [especially from the sky]; to drop down, to prolapse: **sa xuống hố** to fall into a hole

sa chân *v.* to take a false step, to slip: **sa chân lỡ bước** to meet with misfortune

sa cơ *v.* to meet with an accident or misfortune

sa đà *v.* to over-indulge in sensual pleasures

sa đoạ *v.* to be utterly depraved

sa lầy *v.* to be bogged, to bog down

sa mạc *n.* desert

sa môn *n.* Buddhist priest

sa ngã *v.* to fall into, to be debauched

sa sầm *v.* to look angry

sa sút *v.* to decline [in wealth, status], to fall into poverty

sa thải *v.* to dismiss, to lay off

sa trường *n.* battlefield

sá chi *v.* to not mind

sà *v.* [of bird, plane] to swoop down: **bay sà trên mặt nước** to skim over the surface of the water

sà lan *n.* [Fr. *chaland*] lighter, barge

sả *v.* to cut to pieces

sách *n.* [SV **thư**] book: **hàng bán sách** bookshop, bookstore

sách vở *n.* books and exercise books

sạch *adj., adv.* clean; completely, entirely: **trong sạch** to be pure, honest; **hết sạch** all gone

sạch bong *adj.* very clean, spotless

sạch sẽ *adj.* clean, tidy, spotless: **sàn nhà sạch sẽ** a clean floor

sạch tội *adj.* clear of all sins

sạch trụi *adj.* nothing left: **của cải sạch trụi** to have no penny left

sai 1 *v.* to send [on an errand], to order, to command: **sai người đi mua thức ăn** to send somebody to buy food 2 *adj., n.* incorrect, wrong, false; error, mistake: **tin tức sai** incorrect information 3 *adj.* [of tree] to yield plenty of fruits

sai bảo *v.* to give orders, to order about

sai bét *adj.* completely wrong, all incorrect

sai biệt *adj.* different, divergent

sai hẹn *v.* to fail to keep an appointment

sai khiến *v.* to order, to command

sai lầm *adj., n.* to be mistaken, to make mistakes; wrong, mistake

sai lời *v.* to break one's promise

sai trái *adj.* wrong

sai ước *v.* to break a promise

sái *adj.* dislocated, out of joint; out of place, untimely; contrary to, opposed to

Sài Gòn *n.* Saigon

sải *n.* span [of human arms], width of outstretched arms

sải tay *n.* arm length; full span [of the arms]

sãi *n.* a caretaker in a Buddhist temple; Buddhist monk

sam *n.* king crab

sám hối *v.* to repent, to feel remorse

sàm *v.* to slander

san 1 *n.* review, journal: **bán nguyệt san** biweekly 2 *v.* to level, to grade [road], to smooth; to raze to the ground, to excavate

san bằng *v.* to excavate: **san bằng đất để làm nhà** to excavate the ground to build a house

san sẻ *v.* to share: **san sẻ chi phí** to share the cost

sán 1 *v.* to approach, to come very close to 2 *n.* tapeworm

sàn *n.* wooden or parquet floor

sàn sàn *adj.* nearly equal, about the same

sản *v.* to produce, to create, to generate

sản khoa *n.* obstetrics

sản lượng *n.* product, output, rate of production

sản nghiệp *n.* property, inheritance, possession

sản phẩm *n.* product, result, outcome: **sản phẩm nội địa**

domestic products

sản quyền *n.* manufacturing rights

sản vật *n.* product [of a country]

sản xuất *v.* to produce, to manufacture, to make

sạn *n.* grit; pebble

sang 1 *v.* to go over, to come over, to cross: **đem sang** to bring over; **sang qua đường** to go across the road 2 *v.* to transfer: **sang tên xe** to transfer a car registration 3 *adj.* [SV **quí**] to be noble [*opp.* **hèn**]; to be used to expensive living: **nhà giàu sang** rich and noble family

sang đoạt *v.* to misappropriate, to embezzle

sang độc *v.* to form an abscess

sang máu *v.* to give a blood transfusion

sang nhà *v.* to sublet for rental, to transfer a lease

sang sảng *adj.* [of voice] metallic, sonorous

sang số *v.* to shift gear

sang tay *v.* to change owner

sang tên *v.* to transfer [property]: **sang tên cơ sở thương mại cho ai** to transfer a business to someone

sang trọng *adj.* noble, luxury, distinguished: **nhà hàng sang trọng** a high-class restaurant

sáng *adj., n.* [SV **minh**] bright; to be bright, well lit; to be intelligent; dawn, morning: **ánh sáng mặt trời** sunlight; **tảng sáng** dawn; **soi sáng** to light; **bữa ăn sáng** breakfast; **sáng trăng** moonlight

sáng bóng *adj.* shining

sáng chế *v.* to invent, to create, to make

sáng choang *adj.* bright, dazzling

sáng dạ *adj.* intelligent

sáng kiến *n.* initiative

sáng lạn *adj.* glaring, bright..

sáng lập *v.* to found, to establish

sáng mai *n.* the next morning, tomorrow morning

sáng quắc *adj.* [of eyes] flashing: **mắt sáng quắc** to have blinking eyes

sáng rực *adj.* incandescent, glowing

sáng sớm *n.* early in the morning, in the early morning

sáng sủa *adj.* bright, well lighted; bright-looking, intelligent

sáng suốt *n.* to be clear-sighted, enlightened

sáng tác *v.* to create, to be creative, to compose: **sáng tác nhạc** to compose music/songs

sáng tạo *v.* to create, to invent

sáng trưng *adj.* bright, brilliant, dazzling

sáng ý *adj.* quick to understand, intelligent

sàng 1 *v., n.* to winnow, to sieve; flat winnowing basket 2 *n.* (= **giường**) bed

sảng *adj.* delirious

sảng khoái *v., adj.* cheery, in good spirits, brisk

sảng sốt *v.* to fall into a panic, to be frantic

sanh *v.* See **sinh**

sánh *v.* to compare: **không sánh kịp** cannot compare to

sánh duyên *v.* to get married

sánh đôi *v.* to be matched in marriage, to be a couple

sánh vai *v.* to go or walk side by side

sành **1** *n.* earthenware **2** *adj.* expert, skilled, experienced

sảnh *n.* hall

sao **1** *n.* star: **ngôi sao điện ảnh** movie star; **hình sao** star-shaped **2** *adv.* How? What matter? why: **Làm sao?** How?; **không sao** no trouble, it does not matter **3** *v.* to roast, to fry medicinal herbs **4** *v.* to copy, to transcribe

sao chổi *n.* comet

sao lục *v.* to copy, to make copies of: **sao lục giấy khai sinh** to make a copy of one's birth certificate

sáo **1** *n.* flute **2** *n.* magpie **3** *n.* bamboo blinds

sào **1** *n.* pole: **nhảy sào** the pole-vault **2** *num.* one tenth of an acre or 360 square meters

sào huyệt *n.* lair, den, nest [of beasts, pirates, rebels], haunt, hide-out

sáp *n.* wax; lipstick: **sáp ong** beeswax; **phấn sáp** to make up

sáp môi *n.* lipstick

sáp nhập *v.* to annex, to merge, to integrate

sát **1** *adj.* close to, closely attached to: **dịch sát** literally translating **2** *v.* (= **giết**) to kill: **ám sát** to assassinate

sát cánh *adj.* side by side

sát hạch *v.* to examine [students], to test

sát nhân *n.* homicide, murder: **kẻ sát nhân** an assassin, a murderer

sát sinh *v.* to kill animals: **lò sát sinh** slaughterhouse

sạt *adj.* broken, smashed

sạt nghiệp *v.* to be ruined financially, to become bankrupt

sau *adv.* [SV **hậu**] behind, after, back, following [*opp.* **trước**]: **phía sau** in the back; **đời sau** next life, next generation; **cửa sau** back door

sau cùng *adv.* last, last of all

sau đây *adv.* below, as follows

sau hết *adv.* finally, last of all

sau này *adv.* hereafter, later on

sau nữa *adv.* moreover; next

sau rốt *adv.* last, last of all

sáu *num.* [SV **lục**] six: **thứ sáu** the sixth, Friday

say *v., adj.* drunken, intoxicated: **say rượu** drunk [*opp.* **tỉnh**]

say đắm *v.* to be passionately in love with

say mê *v.* to be very fond of

say nắng *n.* sunstroke

say sóng *v.* to be seasick

say sưa *adj., v.* very drunk; to be absorbed in [reading, entertainment]

sảy **1** *n.* prickly heat **2** *v.* to winnow

sắc **1** *n.* (= **màu**) color, beauty; look, appearance; sex, women: **cảnh sắc** view, aspect; **thất sắc** to turn pale; **nhan sắc** beauty **2** *adj.* [of knife] sharp [*opp.* **cùn**] **3** *n.* royal edict, decree **4** *v.* to brew medicinal herbs until the liquid is reduced

sắc bén *adj.* sharp

sắc cạnh *adj.* sharp-edged; sharp, intelligent, clever

sắc dục *n.* sex, lust

sắc đẹp *n.* beauty

sắc lệnh *n.* decree

sắc luật *n.* decree order

sắc phục *n.* formal attire: **sắc phục đại học** academic attire, cap and gown

sắc sảo *adj.* smart, sharp-witted

sắc thái *n.* aspect, feature

sắc thuế *n.* tax category

sắc tố *n.* pigment

sặc 1 *v.* to choke because one has swallowed food the wrong way **2** *v.* to give forth a strong smell

sặc gạch *v.* to vomit blood

sặc sỡ *adj.* flashy, gaudy, colorful: **ăn mặc áo quần sặc sỡ** to dress in colorful clothes

sặc sụa *v.* to smell, to stink of, to reek of

sắm *v.* to buy, to go shopping [furniture, property, jewels]; to prepare: **đi sắm bàn ghế** to buy furniture

sắm sửa *v.* to get ready; to shop, to buy

săn *v.* to hunt: **chó săn** hunting dog, police dog

săn bắn *n.* hunting

săn bắt *v.* to pursue, to chase

săn đón *v.* to be attentive to

săn sóc *v.* to look after, to take care of

sắn *n.* (= **khoai mì**) cassava

sẵn *adj.* ready: **sẵn có** to have ready

sẵn lòng *v., adj.* to be disposed or willing to

sẵn sàng *v., adj.* to be ready to; to be prepared

săng *n.* coffin

sằng sặc *adj., v.* laughing heartily; to giggle

sắp 1 *v.* to be arranged; to arrange, to put in order; to set [types **chữ**] **2** *v.* to be about to: **sắp chết** to be about to die

sắp đặt *v.* to make arrangements

sắp đống *v.* to pile up, to head up

sắp hàng *v.* to file in, to queue up

sắp hạng *v.* to classify

sắp sẵn *v.* to prepare, to get ready

sắp sửa *v.* to get ready [to], to prepare [to]; to be about to

sắt *n.* iron: **bằng sắt** made of iron; **đường sắt** railroad; **tủ sắt** safe

sắt cầm *n.* marital union

sắt đá *adj.* tough, indifferent

sâm *n.* ginseng

sâm banh *n.* champagne

sâm sẩm *n.* dusk, twilight

sấm 1 *n.* thunder **2** *n.* prophecy: **lời sấm** prediction, prophecy

sầm 1 *v.* to crash, to clash **2** *v.* to become dark

sầm sập *adj.* beating, pelting

sầm uất *adj.* busy, bustling

sẫm *adj.* [of color] dark

sân *n.* court, yard; athletic field: **sân vận động** stadium

sân banh *n.* soccer field

sân bay *n.* airfield, airport

sân chơi *n.* playground

sân khấu *n.* stage [in theater]

sân máy bay *n.* airfield, airport

sân quần vợt *n.* tennis court

sấn *v.* to dash in, to rush headlong, to hurl

sấn sổ *v.* to act violently

sần sùi *adj.* rough [to feel], lumpy

sấp *adj.* lying on one's stomach, face down, prone [*opp.* **ngửa**]: **mặt sấp** reverse, tails [of coin]

sập 1 *n.* carved bed, platform **2** *v.* to collapse

sâu 1 *adj.* deep, profound; [of

eyes] sunken [*opp.* **nông**]: **đào sâu** to dig deep **2** *n.* [SV **trùng**] worm, insect, pest; decay

sâu bọ *n.* insect(s)

sâu cay *adj.* bitter, caustic

sâu hoắm *adj.* very deep

sâu sắc *adj.* profound

sâu xa *adj.* profound, deep [in meaning]

sấu *n.* crocodile

sầu *adj.* sorrowful, melancholic: **đa sầu** melancholic [by nature]; **ưu sầu** worry

sầu *n., adj.* grief; grief-stricken

sầu cảm *adj.* melancholic

sầu khổ *adj.* sorrowful, unhappy

sầu muộn *adj.* grieved

sầu não *adj.* very sad, deeply grieved

sầu oán *n.* sorrow and rancor

sầu thảm *adj.* dejected, mournful

sây *adj.* scratched

sấy *v.* to dry over a fire

sầy *adj.* scratched and bruised: **sầy da** to be scratched

sẩy *v.* to take a false step, to slip, to fail: **sẩy thai** to have a miscarriage

sẩy chân *v.* to slip, to take a false step, to stumble over

sẩy miệng *v.* to make a slip of the tongue

sẩy tay *v.* to be awkward with the hands, to drop something due to inattention

sậy *n.* reed

se *v.* to be almost dry; to shrivel

se sẽ *adj.* soft, gentle

sẻ **1** *v.* to share, to divide, to saw up **2** *n.* sparrow

sẽ **1** *adj.* [of voice, emotion] soft,

gentle, light **2** *modal v.* shall, will [precedes main verb]

sém *v., n.* to be burned; crust at the bottom of rice pot [with **đánh, cạo** to scrape]

sen *n.* lotus: **hạt sen** lotus seed; **hương sen** lotus fruit, shower head; **ngó sen** lotus rootstock

sẹo *n.* scar: **lên sẹo** to heal

sét **1** *adj., v.* (= **rỉ**) rusty; to rust: **con dao sét** a rusty knife **2** *n.* clay **3** *n.* thunderbolt

sề *adj.* having farrowed; female

sên *n.* snail: **ốc sên** snail

sền sệt *adj.* a little thick

sểnh *v.* to go far away; to be far from public attention

sệp *v.* to sit or lie flat on the ground

sệt *adj.* [of mixture, rice gruel] very thick

sêu *v.* [of future bridegroom] to present gifts to one's parents-in-law

sếu *n.* crane

si tình *v.* to be madly in love

sì *adj.* very black

sỉ *v.* to buy or sell wholesale: **mua giá sỉ** to buy at wholesale prices

sỉ nhục *adj.* dishonorable, shameful

sỉ vả *v.* to dishonor, to insult: **sỉ vả ai** to insult someone

sĩ *n.* scholar; warrior: **kẻ sĩ** scholar; **bác sĩ** doctor [medical]; **chí sĩ** revolutionary, scholar; **đạo sĩ** Taoist priest; **hoạ sĩ** painter; **lực sĩ** athlete; **nữ sĩ** woman writer; **thượng sĩ** warrant officer; **trung sĩ** sergeant, petty officer; **binh sĩ** soldiers, servicemen; **văn sĩ** writer

sĩ diện *n.* face, pride: **giữ sĩ diện** to save face

sĩ phu *n.* intellectual, scholar

sĩ quan *n.* officer: **hạ sĩ quan** non-commissioned officer; **sĩ quan an ninh** security officer; **sĩ quan cấp úy** company officer, junior officer; **sĩ quan hầu cận** aide, orderly officer; **sĩ quan liên lạc** liaison officer; **sĩ quan pháo binh** gunner officer; **sĩ quan phát ngân** paymaster, disbursing officer, agent officer; **sĩ quan tham mưu** staff officer; **sĩ quan trực nhật** officer of the day; **sĩ quan tuyển mộ** recruiting officer; **sĩ quan tình báo** intelligence officer; **sĩ quan trừ bị** reserve officer, range officer

sĩ số *n.* enrollment total, number of students: **sĩ số lớp học** the number of students in a class

sĩ tử *n.* scholars, candidates at civil service examinations

sị *v.* to frown, to scowl

sị mặt *v.* to look surly, to act sullen

sỉa *v.* to slip; to tumble: **sỉa chân xuống hố** to stumble into a hole

siêng *adj.* diligent, industrious, hardworking

siêng năng *adj.* diligent, studious, laborious

siết *v.* to draw tightly, to tighten, to close: **siết chặt** to hug tight

siêu 1 *n.* kettle, pot 2 *adj.* super, extra: **siêu thị** supermarket; **siêu nhân** superman

siêu âm thanh *n.* [of aircraft] supersonic, ultrasonic

siêu đẳng *adj.* super

siêu nhân *n.* superman

siêu nhiên *adj.* supernatural, transcendental

siêu phàm *adj.* outstanding, superhuman

siêu quần *adj.* outstanding, superhuman

siêu quốc gia *n.* superpower nation

siêu thoát *v.* to go beyond usual practices, to be enlightened

siêu việt *adj.* surpassing; transcendental

sinh 1 *v.* (= **đẻ**) to be born; to give birth to; to live: **nhà hộ sinh** maternity hospital; **phục sinh** rebirth, Easter; **sát sinh** to kill living beings; **trường sinh** long life; **vệ sinh** hygiene; **hậu sinh** younger people, younger generation 2 *n.* student, young man [used in names of occupations or stations of persons]: **thư sinh** student, scholar; **thí sinh** candidate [in exam]; **học sinh** student, pupil

sinh dục *v.* to reproduce, to procreate

sinh đẻ *v.* to give birth, to have children, to procreate

sinh hạ *v.* to give birth to

sinh hoá *n.* biochemistry

sinh hoạt 1 *v., n.* to live; life, existence: **giá sinh hoạt** cost of living 2 *n.* activity: **sinh hoạt cộng đồng** community activities

sinh học *n.* biology

sinh kế *n.* means of livelihood

sinh linh *n.* human beings, sacred life

sinh lực *n.* force, strength, energy

sinh lý hoá *n.* biology, physics and chemistry [in pre-medical curriculum]

sinh mạng *n.* human life

sinh mệnh *n.* human life

sinh ngữ *n.* modern language

sinh nhai *n.* to make a living: **kế sinh nhai** means of livelihood

sinh nhật *n.* birthday: **tổ chức tiệc sinh nhật** to organize a birthday party

sinh nở *v.* to have children, to give birth

sinh quán *n.* native place, place of birth

sinh sản *v.* to produce, to reproduce

sinh thời *n.* lifetime, life

sinh tố *n.* vitamin

sinh tồn *v.* to exist, to survive

sinh trưởng *v.* to grow up, to grow, to develop

sinh tử *n.* life and death

sinh vật *n.* living thing

sinh vật học *n.* biology

sinh viên *n.* [university] student

sính *v.* to like, to be fond of

sính lễ *n.* wedding presents from bridegroom to bride

sình 1 *adj.* marsh, swamp, muddy 2 *v.* to swell, to distend

sình sịch *v.* [of motor, train] to move suddenly; to throb continuously

sít *adj.* next to each other, very close

sịt *v.* to sniff, to snuffle: **sụt sịt mũi** to snuffle through one's nose

so 1 *v.* to compare 2 *adj.* [of child] first-born

so bì *v.* to compare

so le *adj.* uneven; [of angles] alternate

so sánh *v.* to compare

sò *n.* clam, oyster

sọ *n.* skull, brain, cranium: **sọ dừa** coconut shell

soàn soạt *v.* [of silk, paper] to rustle

soạn *v.* to sort out, to rearrange; to prepare, to compile, to write, to compose, to edit; **toà soạn** editor's office; **nhà soạn kịch** playwright; **soạn từ điển** to compile a dictionary

soạn giả *n.* author, writer, composer, compiler

soát *v.* to check, to verify: **kiểm soát** to check, to control

sóc *n.* squirrel

sọc *n.* stripe: **lá cờ sao sọc** the Stars and Stripes

soi *v.* to illuminate, to light up: **soi gương** to look at oneself in the mirror

soi xét *v.* to examine, to study, to investigate

sói *n.* wolf: **con chó sói** a wolf

sói *adj.* (= **hói**) bald

sỏi *n.* pebble, gravel, stone

sõi *adj.* [of children, non-native speaker]; clear and fluent: **nói sõi tiếng Anh** to speak English fluently

sõi đời *adj.* experienced

sọm *adj.* very old, decrepit

son 1 *adj.* red, ochre, vermilion: **sơn son** red lacquered 2 *adj.* [of young couple] still young and childless: **cặp vợ chồng son** a young and childless couple

son sắt *adj.* loyal, faithful

son trẻ *adj.* young and vigorous

són *v.* to trickle; to dole out, to deal out in small portions

sòn sòn *adj.* [of married woman] highly fertile

song 1 *adv.* (= **nhưng mà**) but, however **2** *n.* big rattan **3** *n.* window: **chấn song** bar, railing

song đường *n.* both parents

song hành *adj.* parallel

song le *conj.* but, however

song mã *n.* a pair of horses

song phương *adj.* bilateral

song song *adj.* parallel, side by side

song thân *n.* both parents

song thập *n.* Double Ten [Chinese national holiday, October 10]

song thất lục bát *n.* the double seven-six-eight (7-7-6-8) word meter of Vietnamese poetry

song toàn *adj.* both complete/ perfect

sóng *n.* [SV **ba**] wave: **làn sóng thu thanh** radio wave; **sóng ánh sáng** light wave; **sóng cực ngắn** ultra short waves; **sóng điện tử** electronic waves; **sóng ngắn** short waves; **sóng trung bình** medium frequency waves

sóng gió *adj.* ups and downs, adversity

sóng soài *v.* [to fall] full flat

sóng sượt *adj.* [to lie] full length: **nằm sóng sượt** to lie full length

sóng thần *n.* tidal wave, hurricane

sòng *n.* gambling den

sòng phẳng *adj.* honest, straight-forward

sòng sọc *adj.* striped; [of look] flashing glares

sổng *adj.* insolent, impolite

sót *v.* to omit, to leave out: **không bỏ sót một người nào** all of them, without exception

sọt *n.* bamboo basket for fruits, vegetables

sô-cô-la *n.* chocolate

số 1 *n.* figure, digit, number; sum, amount, quantity: **số tiền** a sum of money; **cây số** kilometer; **bội số** multiple; **đa số** majority; **dư số** remainder; **định túc số** quorum; **phân số** fraction; **điểm số** grade; **thiểu số** minority; **tỉ số** ratio; **hộp số** gear box; **sang số** to change speed, to shift gears; **vô số** countless; **xổ số** to draw a lottery; lottery **2** *n.* fate, destiny: **số mạng** fate; **thầy tướng số** fortune teller

số Ả rập *n.* Arabic numeral or figure

số chẵn *n.* even number

số chia *n.* divider

số dách *n.* number one, top notch

số đen *n.* bad luck, misfortune

số đỏ *n.* good luck, good fortune

số độc đắc *n.* first prize, jackpot [in lottery]

số đông *n.* majority

số học *n.* arithmetic

số ít *n.* singular; minority

số không *num.* zero

số kiếp *n.* fate, destiny

số La mã *n.* Roman numeral

số là *adv.* this is how it all started

số lẻ *n.* odd number

số lượng *n.* quantity, amount, number

số mệnh *n.* fate, destiny

số một *num.* number one, first speed

số mục *n.* number

số nhà *n.* address, house number

số nhiều *n.* plural: **danh từ số nhiều** plural nouns

số phận *n.* fate, destiny

số thập phân *n.* decimal number

số thuật *n.* astrology

sổ 1 *n.* notebook, register book: **sổ kế toán** account book; **ghi vào sổ** to write down in the register book **2** *v.* to slip away, to get undone; to escape from

sổ đen *n.* black list

sổ lòng *v.* to be just delivered

sổ lông *v.* to lose fluff

sổ mũi *v.* to have runny nose

sổ sách *n.* records, books: **giữ sổ sách cho ai** to keep records for someone

sổ sàng *adj.* rude, discourteous

sổ tay *n.* notebook

sôi *v.* to boil

sôi bụng *v.* to rumble, to have a rumbling belly

sôi nổi *adj.* lively, scandalous, sizzling, exciting

sồi *n.* oak: **cây sồi** oak tree

sồn sồn *adj.* middle-aged

sồn sột *adj.* [of things not well cooked] crunchy

sông *n.* [SV **giang, hà**] stream, river

sông đào *n.* canal

sống 1 *v., adj.* [SV **sinh**] to live; to be living, alive [*opp.* **chết**]: **còn sống** still living; **đời sống** life **2** *n.* central rib, ridge, spine **3** *adj.* to be raw, uncooked, rare [*opp.* **chín**]

sống chết *n.* [matter of] life and death

sống còn *v.* to survive, to be vital

sống lại *v.* to be relived, to come to life again

sống lưng *n.* backbone; back

sống sót *v.* to survive

sống sượng *adj.* rude, tactless

sống thác *n.* life and death

sốp phơ *n.* [Fr. *chauffeur*] driver, chauffeur

sộp *adj.* wealthy, rich

sốt *adj.* hot; feverish: **cặp sốt** to take the temperature

sốt cách nhật *n.* recurring fever

sốt dẻo *adj.* fresh from the oven; [of news] hot

sốt ruột *adj.* impatient, anxious

sốt sắng *adj.* eager, zealous

sột soạt *v.* to rustle

sơ *adj.* elementary, preliminary; distant [*opp.* **thân**]

sơ *n.* [Fr. *sœur*] Catholic sister

sơ cấp *adj.* elementary or primary

sơ đẳng *adj.* elementary or primary

sơ đồ *n.* outline, diagram, sketch

sơ học *n.* elementary education

sơ khai *adj.* early [times], beginning

sơ lược *v.* to outline, to sketch

sơ mi *n.* shirt

sơ qua *adj.* rough, quick

sơ sài *adj.* simple, modest

sơ sinh *adj.* newly-born

sơ sơ *adv.* carelessly, negligently

sơ thảo *v.* to draft roughly

sơ thẩm *v., n.* to hear and try cases first; first instance

sơ xuất *adj.* careless, lax

sơ ý *adj.* careless, negligent,

sớ *n.* request, petition to the king, memorial [with **dâng** to submit]

sờ sẫm *v.* to grope one's way, to touch

sờ soạng *v.* to feel, to grope, to touch

sờ sờ *adj.* obvious, evident: **sự thật sờ sờ** an obvious truth

sở *n.* place of work, office, bureau; place, premises, headquarters: **cơ sở** foundations; **công sở** government office; **xứ sở** native country

sở dĩ *conj.* if, that is why

sở đắc *n.* one's skill, one's knowledge

sở đoản *n.* weakness, shortcoming

sở hữu *v., n.* to own, to have; ownership, property

sở khanh *n.* Don Juan, unfaithful lover, lady killer [CL **gã**, **chàng**, **thằng**, **tên**]

sở nguyện *n.* wishes, desire

sở phí *n.* expenses, expenditures

sở quan *n.* department; organization: **bộ sở quan** the department concerned

sở tại *n.* [of people, authority] local, resident

sở thích *n.* hobby, interest

sở trường *n.* strong point, specialty, hobby

sợ *v.* to fear, be afraid [of]: **kinh sợ** to be frightened

sợ hãi *adj., v.* fearful, afraid, to be frightened; to scare

sợ sệt *adj.* afraid

sởi *n.* measles

sợi *n.* thread, fiber, filament, yarn: **sợi tóc** a hair

sớm *adv.* to be early, soon: **chết sớm** to die young; **đến sớm, tới sớm** to arrive early

sớm mai *n.* morning

sớm muộn *adv.* sooner or later

sớm sủa *adj.* early

sơn 1 *v., n.* to paint, be painted; paint, lacquer: **Sơn còn ướt!** Wet Paint! 2 *n.* mountain (= **núi**): **giang sơn** nation; **hoả sơn** volcano; **xuyên sơn** tunnel

sơn ca *n.* lark, nightingale

sơn cước *n.* [of area, tribe] mountain, high land: **miền sơn cước** mountain area

sơn hà *n.* fatherland, motherland

sơn lâm *n.* mountains and forest

sơn mài *n.* lacquer

sơn son *adj.* red lacquered

sơn thuỷ *adj.* depicting mountains and waters: **tranh sơn thuỷ** landscape, scenery painting

sớn sác *adj.* panicky

sờn 1 *adj.* frayed, worn out, threadbare 2 *v.* to lose heart, to be discouraged

sờn chí *adj.* discouraged, disheartened

sờn lòng *adj.* discouraged, disheartened

sởn *v.* to rise, to stand up

sởn gai ốc *v.* to have goose-bumps

sởn tóc gáy *v.* to cause the hair to stand on end

su hào *n.* turnip, cabbage

sù sì *adj.* rough

sù sụ *adv.* [to cough] repeatedly and loudly

sủa *v.* [of dog] to bark

suất *n.* (= **xuất**) portion, ration; amount, percentage; performance, run [at theater]: **hối suất** exchange rate; **suất thường lệ 9 giờ** regular performance at 9

súc 1 *n.* bale, bundle, billet, log, roll [of timber]: **một súc gỗ** a

súc sắc

log of timber **2** *v.* to rinse: **súc miệng** to rinse one's mouth

súc sắc *n.* dice

súc sinh *n.* beast, animals [as distinguished from man]

súc tích *adj.* concise, terse

sục *v.* to search [premises]

sục sạo *v.* to search

sui *adj.* (= **thông gia**) to be allied through marriage bonds

sùi *v.* to break out, to erupt [of rash]; to foam: **sần sùi** to be rough

sủi *v.* to bubble: **sủi bọt** to boil up, to seethe

sum họp *v.* [of family, couple] to gather, to be united

sún *adj.* [of tooth] decayed

sún răng *adj.* decaying teeth, toothless

sung chức *v.* to assume one's duties

sung công *v.* to confiscate, to seize

sung mãn *v., adj.* to be complete; abundant

sung sức *v.* to be in top shape, to be in full strength

sung sướng *adj.* happy

sung túc *adj.* well-off, wealthy, well supplied

súng *n.* gun, rifle, firearm: **cò súng** butt; **nòng súng** barrel; **miệng súng** muzzle; **nạp súng** to load a gun

súng đại bác *n.* cannon: **hai mươi mốt phát súng đại bác chào mừng** a 21-gun salute

súng đạn *n.* ammunition; warfare, war

súng liên thanh *n.* machine gun

súng săn *n.* shotgun, sporting gun

súng trường *n.* rifle

sùng *v.* to believe in; to be a devout follower [of a religion]

sùng bái *v.* to revere, to worship, to idolize

sủng ái *v.* to love; to confer favor on

sũng *adj.* soaked and wet

suối *n.* [SV **tuyền**] stream, spring, brook: **Chín suối** Hades; **nước suối** mineral water

suối nước nóng *n.* hot spring

suối vàng *n.* Hades

suông *adj.* plain, tasteless, empty, useless: **nói suông** empty words

suồng sã *v.* to be too familiar, to be rude/impolite

suốt **1** *n.* quill, spindle, bobbin [weaving] **2** *adv.* through, through out, all... long: **suốt ngày** all day long; **suốt năm** throughout the year

suốt đời *n.* a whole life

súp *n.* [Fr. *soupe*] soup

sụp *v.* to fall in, to collapse; to prostrate oneself

sụp đổ *v.* to fall, to collapse

sút **1** *v.* to diminish, to drop, to decrease, to get thinner; to decline, to lose: **sút cân** to lose weight **2** *v.* to slip, to split

sút kém *v.* to fail, to decline

sút người *v.* to lose strength, to lose weight

sụt *v.* [of price, temperature] to drop; [of ground] to cave in; to lower [value]

sụt giá *v.* to devaluate, to lower prices

suy **1** *v.* to think carefully, to consider, to deduce **2** *v.* to decline, to weaken [*opp.* **thịnh**]

suy bì *v., adj.* to compare with; jealous

suy chuyển *v.* to change, to move

suy diễn *v.* to deduce [result], to infer

suy đoán *v.* to guess, to deduce [result]

suy đồi *v.* to degenerate, to decline, to deteriorate

suy đốn *adj.* worse off

suy giảm *v.* to decline, to decrease, to reduce

suy loại *v.* to argue by analogy

suy luận *v.* to reason

suy nghĩ *v.* to think, to ponder, to reflect

suy nghiệm *v.* to experiment

suy nguyên *v.* to reconstruct; to trace origin of [something]

suy nhược *adj.* weakening, weak

suy rộng *v.* to generalize

suy suyển *v.* to be stolen, to be harmed: **không suy suyển** to be intact

suy tàn *v.* to decline, to fade out

suy tính *v.* to think, to calculate

suy tôn *v.* to honor, to proclaim

suy tưởng *v.* to think over, to ponder

suy vong *n., v.* decadence; to fall into decadence

suy xét *v.* to examine, to consider

suy yếu *v., adj.* to weaken; weak

suyễn *n., v.* asthma; to have asthma

sư 1 *n.* [SV **tăng**] Buddhist monk: **nhà sư** monk **2** *n.* (= **thầy**) teacher, master: **giáo sư** university professor; **mục sư** pastor, minister; **danh sư** famous teacher

3 *n.* division [in army]: **sư đoàn trưởng** chief division

sư đệ *n.* master and pupil, teacher and student [relationship]

sư đoàn *n.* [army] division, corps

sư huynh *n.* brother

sư phạm *n.* pedagogy: **Đại học Sư phạm** Faculty of Pedagogy, College of Education

sư phụ *n.* master, teacher

sư tử *n.* lion; unicorn: **sư tử cái** lioness; **sư tử con** lion cub

sư tử Hà đông *n.* a jealous wife

sứ 1 *n.* china, porcelain: **bát sứ** porcelain bowl **2** *n.* (= **đại**) frangipani **3** *n.* envoy, ambassador: **đại sứ** ambassador; **thiên sứ** angel; **quỷ sứ** devil

sứ bộ *n.* delegation, mission

sứ đồ *n.* apostle

sứ giả *n.* envoy, messenger, ambassador

sứ mạng *n.* mission, task

sứ mệnh *n.* mission, task

sứ quán *n.* embassy

sứ thần *n.* minister; envoy, ambassador

sử *n.* history: **lịch sử** history; **dã sử** historical novel

sử dụng *v.* to employ, to use

sử gia *n.* historian

sử học *n.* history [the study]

sử ký *n.* history

sử liệu *n.* historical documents

sử lược *n.* outline of history

sử xanh *n.* history book

sự *n.* affair, event, thing, business (= **việc**); CL for nouns denoting actions, events, state, etc.: **binh sự** military affairs; **đa sự** meddlesome; **đại sự** big thing, important matter; **hình sự** criminal affairs; **lịch sự** elegant, urbane; **phận sự** duty, function; **sinh sự** to provoke [quarrel]; **tâm sự** to confide in; **thời sự** current events; **vạn sự** everything; **vô sự** well, all right

sự kiện *n.* fact, event

sự nghiệp *n.* task, work, job, career

sự thật *n.* (= **sự thực**) truth: **nói lên sự thật** to tell the truth

sự thể *n.* matters, affairs

sự tích *n.* the facts, story

sự tình *n.* events, facts, circumstances, details

sự trạng *n.* state of affairs

sự vật *n.* things

sự vụ *n.* affairs: **Viễn Đông Sự Vụ** Far Eastern affairs

sửa *v.* [SV **tu**] to repair, to fix, to correct: **sửa lại** to mend, to change, to alter

sửa chữa *v.* to repair, to fix: **sửa chữa nhà cho ai** to repair one's house

sửa đổi *v.* to change, to amend, to modify

sửa lỗi *v.* to correct mistakes

sửa mình *v.* to mend one's ways; to correct oneself

sửa sang *v.* to alter, to improve, to renovate

sửa soạn *v.* to prepare, to get ready

sữa *n.* milk: **cà phê sữa** coffee with milk, white coffee; **răng sữa** milk teeth, first teeth; **vắt sữa** to milk; **bò sữa** milk-cow

sữa đặc *n.* condensed milk: **pha cà-phê sữa bằng sữa đặc** to add

condensed milk to coffee

sữa mẹ *n.* mother's milk

sữa tươi *n.* fresh milk

sức *n.* [SV **lực**] force, strength, power; **hết sức** to do one's best; **lại sức** to recover one's strength; **có sức** strong; **giúp sức** to help; **hết sức** exhausted; **ra sức** to exert one's strength

sức đẩy *n.* thrust [as of propeller **chân vịt**], pressure [as of wind **gió**]; buoyancy [as of water **nước**]: **sức đẩy của gió** wind pressure

sức học *n.* ability [of a student]; educational background

sức khỏe *n.* health

sức lực *n.* force, strength

sức mạnh *n.* strength; force, power

sức nặng *n.* weight

sức nén *n.* pressure

sức nóng *n.* heat

sực **1** *adv.* suddenly [precedes main verb] **2** *v.* [of smell] to spread, to penetrate

sưng *v.* to be swollen

sưng sỉa *v.* to pull a long face

sừng *n.* [SV **giác**] horn, antler

sừng sỏ *adj.* willful, truculent, reckless

sừng sộ *v.* to threaten [especially with strong voice]

sừng sững *adj.* standing motionless: **đứng sừng sững** to stand motionless

sửng *v.* to be astonished, to be stupefied

sửng sốt *v.* to be stupefied, to be stunned

sững *adj.* motionless with surprise

sưởi *v.* to warm oneself; to bask

oneself [in the sun **nắng**]

sườn *n.* rib; flank, side, slope: **xương sườn** rib; **cạnh sườn** flank

sương *n.* frost, dew

sương mai *n.* morning frost

sương móc *n.* dew

sương mù *n.* fog, mist

sướng *adj.* happy, elated, satisfied: **sung sướng** happy; **sướng mắt** to be pleasing to one's eyes

sượng 1 *adj.* [of rice, potatoes] half cooked 2 *adj.* embarrassed, ashamed: **sượng mặt, sượng sùng, sống sượng** to be crude, impudent

suốt *v.* to touch lightly; to scratch, to graze

suốt mướt *v.* to cry bitterly

sứt *v., adj.* to be broken, cracked, notched, chipped

sứt môi *v.* to have a harelip

sưu tầm *v.* to look for, to search for; to gather [documents, data]

sưu tập *v., n.* to gather, to collect; collection: **sưu tập tem** stamp collection

sưu thuế *n.* taxes

T

ta *n.* I [used by person talking or thinking to oneself]; I [arrogant, second person pronoun being **ngươi**]; we [including hearer]: **chúng ta** (= **chúng mình, mình**); **người ta** our people, they; **nước ta** our country; **tiếng ta** our language, Vietnamese [as opp. to French **tiếng Tây**]; **thuốc ta** Sino-Vietnamese medicine [as

opp. to Western medicine **thuốc Tây**]

ta thán *v.* to complain

tá 1 *n.* (= **lố**) dozen: **một tá trứng** a dozen eggs 2 *n.* field officer, senior officer: **đại tá** colonel; **tướng tá** high-ranking officers; **sĩ quan cấp tá** field officer; senior officer

tá điền *n.* tenant farmer

tá túc *v.* to stay at someone's house

tà 1 *n.* flap [of dress]: **tà áo dài** a flap of the long dress 2 *adj.* to be crooked; wicked, dishonest, unjust, heretical, evil [*opp.* **chính**]: **gian tà** treacherous; **trừ tà** to ward off evil spirits

tà dâm *adj.* lustful, lewd, obscene

tà dương *n.* sunset

tà ma *n.* evil spirits

tà tà *adv.* slowly and leisurely: **làm việc tà tà** to work slowly and leisurely

tà tâm *n.* evil mind

tà thần *n.* evil spirit

tà thuật *n.* witchcraft

tả 1 *v.* to describe, to depict: **mô tả phong cảnh** to describe a scene 2 *adj.* (= **trái**) left-hand side: **bên tả** on the left-hand side; **cực tả** extreme left 3 *adj.* [of clothes] to be ragged, torn

tả chân *n.* to be realistic; realist [in literature]

tả dực *adj.* left wing

tả khuynh *adj.* leftist

tả thực *adj.* See **tả chân**

tả tơi *adj.* to be ragged: **đánh tả tơi** to beat someone hollow

tã 1 *n.* diaper; rags, nappy: **thay**

tã to change nappy **2** *v.* to be worn out

tạ 1 *n.* picul [equivalent to 100 catties or 100 kilograms] **2** *n.* dumb-bell, weight, shot [athletics]: **ném tạ** shot-put **3** *v.* to thank someone or to excuse oneself: **cảm tạ** to thank

tạ dĩ *v.* to use as a pretext

tạ thế *v.* to die, to pass away

tác chiến *v.* to be in action against, to be in operation

tác động *v.* to act upon, to have effect on, to have influence on

tác dụng *n.* action; effect: **tác dụng của rượu** effect of alcohol

tác giả *n.* author, writer

tác hại *v.* to damage, to hurt

tác nhân *n.* agent

tác phẩm *n.* work: **tác phẩm văn chương** literary work

tác phong *n.* manners, conduct, behavior

tác quyền *n.* copyright, royalty

tác thành *v.* to help a young couple get married

tác văn *n.* essay writing

tác xạ *n.* fire: **nhiệm vụ tác xạ** fire mission

tạc *v.* to carve, to sculpt [statue **tượng**]: **tạc tượng** to carve a statue; **ghi tạc** to engrave, to remember

tạc dạ *v.* to engrave on one's mind

tạc đạn *n.* hand-grenade, explosive

tách 1 *n.* [Fr. *tasse*] cup **2** *v.* to split, to separate, to divide: **tách làm năm phần** to divide into five parts

tách bạch *adj.* clear-cut, distinct

tạch *n.* pow! [sound of firecracker]

tai 1 *n.* [SV **nhĩ**] ear: **rỉ tai** to whisper; **nặng tai** hard of hearing; **thính tai** to have sharp ears; **ngoáy tai** to clean or pick the ears; **đau tai** earache; **vành tai** external ear **2** *n.* calamity, catastrophe: **thiên tai** natural disaster; **hoả tai** fire; **thuỷ tai** flood

tai ác *adj.* mischievous; malicious

tai ách *n.* disaster

tai biến *n.* calamity, catastrophe

tai hại *adj.* damaging, disastrous

tai hoạ *n.* scourge, disaster

tai mắt *n.* notable figure, a very important person [VIP]

tai nạn *n.* accident, disaster, calamity: **tai nạn xe hơi** a car accident

tai ngược *adj.* perverse

tai quái *adj.* mischievously wicked

tai tiếng *n.* bad reputation

tai ương *n.* scourge, disaster

tai vạ *n.* disaster, plague

tái 1 *adj.* pale: **tái mặt** to have a pale face **2** *adj.* [of meat] rare, half-cooked, half-done: **phở bò tái** half-done beef soup

tái bản *v.* to republish, to reprint, to re-issue [new edition]

tái bút *n.* post script [PS] [at the end of letter]

tái cấp *v.* to renew [scholarship]

tái cử *v.* to re-elect, to return for another term

tái diễn *v.* to happen again, to perform again

tái đăng *v.* to re-enlist [army]

tái giá *v.* [of widow or divorcee] to re-marry

tái hồi *v.* to return, to go back

tái hợp *v.* to meet again, to re-unite

tái lai *v.* to return

tái lập *v.* to re-establish, to restore

tái ngũ *v.* to re-enlist

tái phạm *v.* to repeat an offense, to relapse into crime

tái phát *v.* to re-appear, to recur

tái sinh *v.* to be reborn, to regenerate

tái tạo *v.* to recreate, to restore, to establish again

tái thế *n.* second life, rebirth

tài 1 *n., adj.* talent, skill, genius, proficiency; gifted, to be talented: **người có tài** a gifted person; **bất tài** incapable; **kỳ tài** talent; **nhân tài** talent, talented person 2 *n.* driver, chauffeur

tài binh *v.* to reduce armaments, to disarm

tài bồi *v.* to care for, to foster

tài cán *n.* talent, ability

tài chính *n.* finances: **thiết lập công ty tài chính** to establish a finance company

tài công *n.* driver, chauffeur, steersman

tài đức *n.* talent and virtue

tài giảm *v.* to reduce, to cut down

tài hoa *n.* talent, ability

tài khoá *n.* fiscal year

tài liệu *n.* document, materials

tài lực *n.* finances, resources

tài mạo *n.* talent and personality

tài năng *n.* talent, ability

tài nghệ *n.* art, artistic talent

tài nguyên *n.* resources

tài sản *n.* property, estate

tài sắc *n.* talent and beauty

tài tình *adj.* clever, very skillful

tài tử *n.* actor, actress; amateur

tài xế *n.* driver, chauffeur

tải 1 *n.* bag 2 *v.* to carry, to transport: **vận tải** to transport

tải thương *v.* to transport the wounded: **máy bay trực thăng tải thương** casualty helicopter

tại 1 *prep.* (= **ở**) at, in: **hiện tại** at present 2 *conj.* because; because of

tại chức *v., adj.* to be in the office, in-service: **lớp học tại chức** in-service course

tại đào *v., adj.* to be in flight; escaping from

tại gia *adv.* at home: **tu tại gia** to practice Buddhism at home

tại ngoại *v.* to be on bail

tại ngũ *v.* to be in service [military]

tam *num.* (= **ba**) three: **đệ tam** the third grade

tam bành *n.* wrath, tantrum

tam cá nguyệt *n.* quarter, three terms

tam cương *n.* three fundamental bonds [prince and minister **quân thần**; father and son **phụ tử**; husband and wife **phu phụ**]

tam đại *n.* three generations

tam giác *n.* triangle

tam giáo *n.* the three traditional religions in Vietnam [Buddhism **Phật**, Taoism **Lão**, and Confucianism **Khổng**]

tam tài *adj.* tri-colored

tam thể *adj.* [of cat] tri-colored

tam tòng *n.* women's three obligations [Confucian virtues]

tám *num.* [SV **bát**] eight: **thứ tám** eighth; **tám mươi** eighty; **tháng tám** eighth lunar month, August

tàm tạm *adj.* reasonable

tạm *adj.* provisional, temporary [precedes or follows main verb]

tạm biệt *v.* to say goodbye to someone, to part temporarily with someone

tạm bợ *adj.* temporary, unsettled, by make-shift: **sống tạm bợ** to live by makeshift

tạm thời *adj., adv.* temporary, provisional; for the time being

tạm trú *v.* to stay provisionally

tạm ứng *v.* to pay in advance

tan *v.* to dissolve, to melt; to disperse, to disintegrate

tan hoang *v., adj.* to be completely destroyed; devastated

tan nát *adj.* smashed, destroyed, ruined completely

tan rã *v.* to disintegrate

tan tành *adj.* broken up, smashed to pieces

tan tầm *v.* to end a shift

tan vỡ *adj.* broken, smashed

tán 1 *v.* to flatter, to coax; to court; to praise: **tán gái** to court a girl 2 *v.* to grind, to crush: **tán gạo** to grind rice 3 *n.* parasol, sunshade

tán chuyện *v.* to chat, to talk idly

tán dóc *v.* to chat

tán dương *v.* to praise, to laud

tán đồng *v.* to approve, to agree

tán loạn *v.* to flee in confusion

tán mạn *adj.* scattered

tán thán *n.* exclamation

tán thành *v.* to approve [of], to be in favor of

tán tỉnh *v.* to coax, to wheedle

tán trợ *v.* to aid, to assist

tàn 1 *n.* ashes; remains, residue: **cái gạt tàn thuốc** ash tray 2 *v.* to crumble, to fade; to be dying; to decay

tàn ác *adj.* cruel

tàn bạo *adj.* cruel, tyrannical

tàn binh *n.* remnants [of an army]

tàn hại *v.* to cause damage/harm

tàn hương *n.* freckles

tàn khốc *adj.* cruel, devastating, highly destructive

tàn nhẫn *adj.* ruthless, atrocious, merciless, heartless: **những hành động tàn nhẫn** ruthless actions

tàn phá *v.* to destroy, to demolish

tàn phế *adj.* crippled, disabled

tàn sát *v.* to massacre, to slaughter, to murder

tàn tạ *v.* to fade, to wither

tàn tật *adj.* physically handicapped

tàn tích *n.* vestiges, traces

tản *v.* to be dispersed

tản bộ *v.* to stroll, to take a walk

tản cư *v.* to evacuate, to disperse

tản mát *v., adj.* to be scattered

tản văn *n.* prose

tang 1 *n.* booty, plunder, stolen goods; evidence, proof: **bị bắt quả tang** caught in the act 2 *n.* [SV **táng**] mourning: **để tang** to be in mourning; **đám tang** funeral

tang chứng *n.* evidence, proof

tang gia *n.* the bereaved family, family in mourning

tang lễ *n.* funeral

tang tảng *n., adv.* early in the morning

tang thương *adj.* wretched, miserable

tang tóc *n.* death and grief

tang vật *n.* piece of material, evidence

táng *v.* to bury: **mai táng** to bury;

hoả táng to cremate

táng tận *v.* to lose completely

tàng hình *adj.* invisible

tàng tàng *adj.* a little crazy

tàng trữ *v.* to hide, to conceal; to keep, to preserve

tảng 1 *n.* slab, block 2 *v.* to pretend, to feign

tảng lờ *v.* to pretend not to know

tảng sáng *n., adv.* early in the morning

tạng *n.* constitution; visera

tanh 1 *adj.* smelling like a fish 2 *adv.* absolutely, quite [used with **buồn** sad, dull; **nguội** cold; **vắng** desolate, deserted]: **cảnh buồn tanh** an absolutely sad scene

tanh bành *adj.* disastrous, disorderly

tanh hôi *adj.* stinking, smelly

tánh *n.* See **tính**

tạnh *v.* to stop raining

tao *pron.* I, me [arrogant or familiar, second person pronoun being **mày**]

tao khách *n.* poet, writer

tao loạn *n.* trouble, warfare

tao ngộ *v.* to meet by chance, to encounter

tao nhã *adj.* refined, cultured, elegant

tao nhân *n.* poet, writer

táo 1 *n.* apple: **rượu táo** apple cider 2 *v.* to be constipated: **táo bón** constipated

táo bạo *adj.* reckless, daring

táo quân *n.* Kitchen God

táo tợn *adj.* bold, daring

tảo *adj.* R early (= **sớm**)

tảo *v.* R to sweep (= **quét**)

tảo hôn *v.* to marry at a young age [as a teen]

tảo mộ *v.* to clean and decorate the ancestral graves

tảo thanh *v.* to mop up

tạo *v.* to create, to make: **ông Tạo, con Tạo** the creator; **cải tạo** to reform; **chế tạo** to make, to manufacture; **giả tạo** artificial; **ngụy tạo** to falsify; **thiên tạo** natural; **tu tạo** to rebuild

tạo hoá *n.* the creator, nature

tạo lập *v.* to create, to establish

tạo phản *v.* to rebel

tạo tác *n.* construction, public works

tạo thành *v.* to create

tạo vật *n.* nature, creator

táp *v.* to snatch, to snap at

táp nham *adj.* jumbled up

tạp *adj.* mixed, miscellaneous; poor quality

tạp chí *n.* review, magazine, journal: **tạp chí kinh tế** economic review

tạp dịch *n.* old jobs

tạp hoá *n.* sundry goods, grocery

tạp nhạp *adj.* mixed, trifling

tạp thu *n.* miscellaneous income

tạp vụ *n.* odd job/services

tát 1 *v., n.* to slap; slap: **tát một cái vào mặt** to give a slap on one's face 2 *v.* to irrigate, to scoop, to bail out [water]: **tát nước vào ruộng** to irrigate the fields

tát tai *v.* to slap

tát trái *v.* to slap with the back of one's hand

tạt 1 *v.* to stop at, to drop in 2 *v.* [of rain] to lash, to sting, to slap

tàu 1 *n.* ship, boat: **tàu thuỷ** ship; **tàu hoả** train; **bến tàu** seaport 2 *n.* stable: **tàu ngựa** horse stable 3 *n.* big long leaf

Tàu *n.* China, Chinese

tàu bay *n.* (= **máy bay**) airplane

tàu bè *n.* craft, vessels, ships

tàu bò *n.* tank

tàu chiến *n.* warship

tàu điện *n.* streetcar, tram

tàu ngầm *n.* submarine

tay *n.* [SV **thủ**] hand, arm; handle; sleeve: **chân tay** limbs; **bàn tay** hand; **cổ tay** wrist; **nắm tay** fist; **khăn tay** handkerchief; **sổ tay** notebook; **ví tay** handbag; **chắp tay** to join hands; **chỉ tay** to point; **khoanh tay** to fold one's arms; **mau tay, nhanh tay** nimble, agile; **vỗ tay** to clap hands, to applaud; **xoa tay** to rub one's hands

tay áo *n.* sleeve: **xắn tay áo lên** to roll up sleeves

tay hữu *n.* right hand

tay không *n.* empty hands

tay lái *n.* tiller, steering wheel, handlebar

tay mặt *n.* right hand

tay phải *n.* right hand

tay sai *n.* lackey, servant, puppet

tay tả *n.* left hand

tay trái *n.* left hand

tay trắng *adj.* empty handed, penniless

tay trong *n.* inside influence; inside information; fifth column

tay vịn *n.* handrail

táy máy *adj., v.* curious; to twiddle

tày *adj., v.* equal to; to compare

tày đình *adj.* [of crime] very big, very serious

tày trời *adj.* considerable, important

tắc 1 *v.* to cluck, to click: **tắc lưỡi** to click one's tongue 2 *n.* rule, principle, standard: **nguyên tắc** principle; **qui tắc** rule 3 *adj.* stopped up, obstructed; to be blocked up, deadlocked

tắc kè *n.* chameleon, gecko

tắc nghẽn *adj.* blocked up, obstructed

tắc xi *n.* [Fr. **taxi**] taxi cab

tặc *n.* (= **giặc**) rebel, enemy

tăm 1 *n.* air bubble, trace 2 *n.* toothpick

tăm hơi *n.* trace [of missing person], news

tắm *v.* to bathe: **đi tắm** to have a bath or shower

tắm giặt *v.* to have a bath and wash one's clothes too

tắm nắng *v.* to sunbathe

tắm rửa *v.* to wash oneself

tằm *n.* silkworm

tăng 1 *v.* to increase, to raise: **gia tăng** to increase [*opp.* **giảm**] 2 *n.* [Fr. *tank*] tank: **xe tăng** tank 3 *n.* Buddhist monk

tăng cường *v.* to strengthen, to reinforce

tăng đồ *n.* Buddhist clergy

tăng gia *v.* to cultivate, to raise

tăng giá *v.* to raise the prices

tăng lữ *n.* clergy

tăng tiến *v.* to progress, to make headway, to improve

tăng viện *v.* to increase reinforcements

tằng *n.* See **tầng**

tằng tịu *v.* to have a love affair

tằng tổ *n.* great-grandparent

tăng tôn *n.* great-grandchild

tặng *v.* to offer as a gift: **tặng quà cho ai** to offer someone a present

tặng phẩm *n.* gift, present

tặng thưởng *v.* to be awarded

tắp 1 *adj.* straight: **con đường thẳng tắp** a straight road **2** *v.* to be washed ashore

tắt 1 *v.* [of fire, lamp] to be extinguished; to extinguish, to turn off: **dập tắt lửa** to put a fire out **2** *adj.* to be shortened, abbreviated, brief: **đường tắt** short cut; **tóm tắt** to summarize; **viết tắt** to abbreviate

tắt kinh *v.* to stop bleeding

tắt mắt *adj.* kleptomaniac

tắc *n.* one tenth of a meter, decimeter; inch

tâm *n.* (= **tim**) heart; mind; center: **để tâm vào/đến/tới** to pay attention to, to concentrate on; **nhẫn tâm** unanimously; **đồng tâm** in agreement; **hảo tâm** kindness; **lương tâm** conscience; **nhất tâm** undivided heart; **vô tâm** heartless, careless; **trung tâm** center

tâm bệnh *n.* mental disorder, mental illness

tâm chí *n.* will, determination

tâm địa *n.* heart, mind, nature

tâm giao *n.* [of friend] close, intimate: **bạn tâm giao** a close friend

tâm hồn *n.* soul [of living person]: **tâm hồn trong trắng** innocent, pure soul

tâm huyết *adj.* heartfelt, intimate

tâm khảm *n.* the bottom of one's heart

tâm linh *n.* spirit

tâm lực *n.* energy, will

tâm lý *n., adj.* psychology; psychological: **chiến tranh tâm lý** psychological warfare

tâm lý học *n.* psychology [the science]

tâm ngầm *adj.* deceitful, underhanded, taciturn

tâm niệm *v.* to think of constantly, to ponder

tâm phúc *adj.* [of friend] intimate, trustworthy, reliable

tâm sự *n., v.* confidences; to confide: **giải bày tâm sự** to tell one's confidences

tâm thần *n.* soul, thought, mind

tâm tính *n.* character, disposition

tâm tình *n.* sentiments, feelings

tâm trạng *n.* state of mind, mood

tâm trí *n.* mind

tâm tư *n.* idea, thought, anxieties

tấm 1 *n.* broken grains of rice **2** *n.* classifier for bolts, pieces of cloth, boards, mirrors, tickets, photographs: **tấm gương** examples; **tấm lòng** hearts

tấm bé *n.* childhood

tấm tắc *v.* to lavish praise; to smack the tongue as a sign of admiration

tầm 1 *v.* (= **tìm**) to search for, to seek; to investigate: **sưu tầm** to do research **2** *n.* siren; shift **3** *n.* range, scope; degree, level: **tầm mắt** range of vision

tầm bậy *adv., adj.* wrongly, haphazardly; without training

tầm bậy tầm bạ *adj.* See **tầm bậy**

tầm nã *v.* to hunt for, to track down

tầm phào *adj.* idle, useless

tầm tã *adj.* pouring; melting in tears

tầm thước *adj.* average, medium high

tầm thường *adj.* ordinary, common, commonplace: **những con người tầm thường** ordinary people

tầm vóc *n.* stature, status

tẩm *v.* to soak, to marinate

tẩm bổ *v.* to strengthen; to eat nourishing food, to feed up

tân (= **mới**) 1 *adj.* virgin; new [*opp.* **cựu**]: **gái tân** virgin girl; **tối tân** modern, up to date 2 *n.* guest, visitor: **buổi tiếp tân** reception

tân binh *n.* recruit

Tân Đề Li *n.* New Delhi

Tân Gia Ba *n.* Singapore

tân gia nhân *n.* new bride [newly married]

tân học *n.* modern/western education [as opp. to traditional education **cựu học**]

tân hôn *adj.* newly-wed: **đêm tân hôn** wedding night

tân khách *n.* guest

tân khoa *n.* new graduate

tân khổ *n.* sorrow, grief, hardship, adversity; misfortune

tân kỷ nguyên *n.* new era

tân lang *n.* bridegroom

Tân Tây Lan *n.* New Zealand

Tân Thế Giới *n.* the new world

tân thời *adj.* modern, advanced, progressive

Tân Ước *n.* New Testament

tân văn *n.* prose; modern literature

tân xuân *n.* new spring, New Year: **Cung chúc Tân xuân!** Happy New Year!

tấn 1 *n.* metric ton 2 *v.* [Chinese boxing] to stand firm 3 *n.* classifier for plays: **tấn tuồng, tấn kịch** play, drama

tấn công *v.* to attack, to assault, to launch offensive attack

tấn phong *v.* to induct [new official], to swear in; to consecrate

tấn sĩ *n.* See **tiến sĩ**

tấn tới *v.* to make progress [in study, business]

tần 1 *v.* to simmer, to cook for a long period 2 *n.* frequency: **cao tần** high frequency

tần ngần *adj.* hesitant, wavering, irresolute

tần phiền *v.* to bother, to annoy

tần số *n.* frequency [electronics]; **tần số âm nhạc** musical frequency

tần tảo *adj.* thrifty, contriving, well

tần tiện *adj.* thrifty

tẩn mẩn *v., adj.* to waste one's time on trifles; patiently attentive

tận *v., adj.* to go all the way to; to go up to, down to; to end; to be exhausted: **đến tận nơi** to come to the very spot [to see for oneself]; **giao tận tay** to deliver in person; **vô tận** endless; **tường tận** clearly, thoroughly; **khánh tận** [of finances] exhausted

tận lực *v.* to exhaust one's strength; to do one's best

tận số *v.* to die; to end one's fortune

tận tâm *v. adj.* to be devoted, dedicated to; with all of one's heart

tận thế *n.* end of the world: **ngày tận thế** doomsday

tận tình *adj.* whole-hearted:

giúp đỡ bạn bè tận tình to help friends whole-heartedly

tận tuỵ *v.* to be devoted, to be dedicated to

tâng *v.* to raise [moral value]

tâng bốc *v.* to raise; to praise; to over-praise

tầng *n.* story, floor [of building], layer, stratum [in a structure]

tầng lớp *n.* social class, stratum

tấp nập *adj.* animated, bustling, busy

tấp tênh *v.* to prepare oneself, to have one's eyes on [position, etc.]

tập 1 *v.* to practice, to drill, to learn, to do exercise: **luyện tập** to drill; **ôn tập** review; **bài tập** exercise **2** *n.* pad, ream of paper; set, volume, collection [of prose **văn tập**, poetry **thi tập**]: **tuyển tập thơ văn, tập một** collection of prose and poems, volume 1

tập dượt *v.* to drill, to practice

tập đoàn *n.* community, group

tập hậu *v.* to attack the enemy from the rear

tập hợp *v.* to assemble, to gather

tập kết *v.* to assemble, to regroup

tập kích *v.* to attack suddenly, to ambush

tập luyện *v.* to train, to drill, to practice

tập quán *n.* habit

tập quyền *v.* to centralize power

tập sự *v., adj.* to be in training, on probation: **luật sư tập sự** apprentice lawyer

tập tành *v.* to exercise, to train, to learn: **tập tành lái xe** to learn to drive

tập trung *v.* to concentrate, to centralize: **trại tập trung** concentration camp

tập tục *n.* custom, tradition

tất 1 *n.* socks, stockings **2** *v.* to complete, to finish: **lễ tất** to end the ceremony **3** *adj.* all, whole

tất cả *adj.* all, the whole, in all

tất có *adj.* [of condition] necessary

tất nhiên *adj., adv.* natural; naturally, of course: **lẽ tất nhiên** of course

tất niên *n.* end of the year

tất ta tất tưởi *adj.* See **tất tưởi**

tất tả *v.* to hurry

tất tưởi *adj.* to be in a great hurry

tất yếu *adj.* essential, vital

tật *n.* physical defect; bad habit, infirmity: **bệnh tật** disease

tật nguyền *adj.* disabled, handicapped

tâu *v.* to report [to the king], to tell tales about someone

tấu 1 *v.* to report [to the king] **2** *v.* to perform [music **nhạc**]: **hoà tấu** concert, symphony

tẩu 1 *n.* opium pipe **2** *v.* to run away, to escape, to flee

tẩu tán *v.* to disperse, to scatter and hide

tẩu thoát *v.* to escape, to flee, to run away

tậu *v.* to purchase [property, car, livestock, thing of value]

tây *n.* west, western; French: **phương tây, tây phương** the west; **khoai tây** potatoes; **cần tây** celery; **cơm tây** French food; **bánh tây** French bread; **lịch tây** western calendar; **thuốc tây** Western medicine

Tây Bá Lợi Á *n.* Siberia, Siberian

Tây Ban Nha *n.* Spain, Spaniard

Tây Tạng *n.* Tibet, Tibetan

tây vị *adj.* partial, biased

tấy *v.* to swell up

tẩy *v.* to erase, to remove [with an eraser]; to bleach; to clean (= **rửa**): **cái tẩy** pencil eraser

tẩy chay *v.* to boycott

tẩy trừ *v.* to eradicate, to uproot, to wipe out

tây uế *v.* to clean; to purge

té **1** *v.* to dash, to splash [water] **2** *v.* [of person] to fall

té ra *adv.* in reality, actuality; it turned out that

té re *v.* to have diarrhea

té xỉu *v.* to faint

tè *v.* to wee, to urinate: **cho em bé tè** to make a baby wee-wee

tè he *v.* to sit on the floor with one's legs apart

tẻ **1** *n.* [of rice] ordinary, non-glutinous **2** *adj.* sad, to be sad, to be dull

tẽ *adj.* detached, separated

tem *n.* [Fr. *Timbre*] postage stamp: **chơi tem** stamp collector

tem phiếu *n.* coupons, voucher

tem tép *v.* to smack [of the lips]

tèm lem *adj.* smeared

ten *n.* rust

tên *v.* to be ashamed, to be embarrassed

teo **1** *v.* to shrink, to shrivel **2** *adv.* extremely [sad **buồn**, deserted **vắng**]

tẻo teo *adj.* smallest, very tiny

tẹo *n.* little bit, tiny bit: **bé tí tẹo** very tiny

tép **1** *n.* little shrimp, small prawn

2 *n.* citrus cell, succulent cell: **tép cam** juicy oranges

tẹp nhẹp *adj.* [of things] small, petty; [of character] mean, petty

tẹt *adj.* [of nose] pug-nosed; deflated

tê **1** *v.* to be numb; to have rheumatism **2** *adv.* (= **ấy**, **đó**) that, other

tê bại *v.* to be paralyzed

tê giác *n.* rhinoceros

tê liệt *v.* to be paralyzed

tê tái *adj., v.* [of pain] sharp, to be paralyzed with sadness or pain

tê thấp *n.* rheumatism

tế **1** *v.* to offer sacrifices to God, to worship with full rituals **2** *v.* [of horse] to gallop

tế bào *n.* cell [biology]

tế bần *v.* to help the poor, to give to charity: **viện tế bần** nursing home

tế độ *v.* to assist, to help, to relieve

tế lễ *v.* to worship, to offer

tế nhị *adj.* subtle, delicate; sensitive

tế thế *v.* to save the world [used with **an bang**]

tề gia *v.* to manage one's household affairs

tề tựu *v.* to all be present

tễ *n.* compound medicine: **thuốc tễ** pills [in Sino-Vietnamese medicine]

tệ **1** *adj.* bad; rotten, ragged, worn out **2** *n.* currency: **tiền tệ** currency

tệ đoan *n.* corrupt practice, social evil

tệ hại *adj.* bad, harm, ugly

tếch **1** *v.* to vanish, to disappear **2** *adj.* very light

têm *v.* to prepare a betel quid

tên *n.* [SV **danh**] name, personal name: **đặt tên** to give a name

tên lửa *n.* rocket, missile

tên thánh *n.* Christian name

tên tuổi *n.* name and age [on application, file]; fame: **có tên tuổi** famous names

tênh *adv.* very: **buồn tênh** very sad

Tết 1 *n.* [SV **tiết**] festival, New Year festival [lunar calendar]: **ăn tết** to celebrate the New Year 2 *v.* to give a present to [teacher, official]

Tết Nguyên Đán *n.* New Year festival [lunar calendar]

tết nhất *n.* festival(s), holidays

Tết Trung Thu *n.* mid-autumn festival [fifteenth day of eighth lunar month]

tếu *adj.* rash, hare-brained: **nói chuyện tếu** to talk in a rash way

tha 1 *v.* to forgive, to pardon; to set free, to release: **tha lỗi cho ai** to forgive someone's fault 2 *v.* [of animal] to carry in the mouth; [of bird] to carry in the beak

tha bổng *v.* to free, to acquit

tha hoá *v.* to deteriorate, to become depraved

tha hồ *adv.* freely, to one's heart's content

tha hương *n.* foreign country

tha lỗi *v.* to forgive, to pardon

tha ma *n.* cemetery, graveyard, burial ground

tha nhân *n.* another person, other persons

tha phương *n.* foreign land

tha thiết *adj.* insistent, earnest; concerned with

tha thứ *v.* to forgive, to pardon

tha thướt *adj.* graceful, elegant

tha tội *v.* to forgive, to pardon

thà *adv.* rather, better, would prefer: **chẳng thà** it is better [if…]

thả *v.* to release; to turn loose [fowl, cattle, prisoner]; to fly [kite **diều**], to drop [anchor **neo**, bomb **bom**]: **thả diều** to fly kites

thả cửa *adv.* freely, to one's heart's content

thả dù *v.* to parachute

thả lỏng *v.* to give a free hand, to set loose

thả rong *v.* to let wander, to leave unbridled

thả sức *v.* to act freely

thác 1 *n.* waterfalls 2 *v.* to die, to pass away: **sống thác có nhau** to be together now or even after death

thác loạn *adj.* to be troubled

thạc sĩ *n.* Master degree

thách *v.* to challenge, to defy; to demand a high price

thách cưới *v.* [of girl's family] to demand presents for a wedding [from future bridegroom]

thách đố *v.* to challenge: **thách đố ai làm việc gì** to challenge someone to do something

thách thức *v.* to challenge

thạch *n.* (= **đá**) stone, rock: **cẩm thạch** marble; **hoá thạch** fossil; **sa thạch** sandstone

thạch ấn *n.* lithography

thạch hoa *n.* agar-agar [jelly]

thạch nhũ *n.* stalactite, stalagmite

thạch sùng *n.* house lizard

thạch trụ *n.* stone pillar

thai *n.* embryo, fetus: **có thai** to

be pregnant; **đầu thai** to become incarnate; **phôi thai** embryonic; **quái thai** monster

thai bàn *n.* placenta

thai bào *n.* uterus

thai nghén *v.* to be pregnant

thai sinh *adj.* viviparous

thái *v.* to cut up [food]: **thái mỏng** to slice

thái bình *adj.* peaceful, peace-loving

Thái Bình Dương *n.* the Pacific Ocean

thái cổ *adj.* ancient

thái dương 1 *n.* temple [on either side of forehead] 2 *n.* the sun

thái dương hệ *n.* the solar system

thái độ *n.* attitude, air, manner

thái giám *n.* eunuch

thái hậu *n.* queen mother

Thái Lan *n.* Thailand

thái miếu *n.* imperial temple

thái quá *adj.* to be excessive

thái tử *n.* crown prince

thải *v.* to dismiss [official], to discard: **sa thải** to discharge

thải hồi *v.* to dismiss, to discharge

tham *v.* to be greedy, to be unscrupulous, to be ambitious

tham ăn *adj.* greedy for food

tham chiến *v.* to participate in the war

tham chính *v.* to enter politics, to take part in state affairs

tham chính viện *n.* state council

tham dự *v.* to take part in, to participate, to attend: **tham dự hội nghị** to attend a conference

tham khảo *v.* to do research, to consult [reference]: **sách tham khảo** reference book

tham lam *adj.* greedy, covetous

tham luận *v.* to discuss, to give a paper [at a conference]

tham muốn *v.* to desire, to covet

tham mưu *n.* staff, general staff: **tổng tham mưu** general staff

tham mưu trưởng *n.* chief of staff

tham nhũng *v., n.* to be corrupt; corruption: **viên chức tham nhũng** corrupt officials

tham ô *v.* [of official] to be corrupt

tham quan *v.* to go sightseeing

tham sự *n.* chief clerk

tham tá *n.* chief clerk

tham tàn *adj.* greedy and harsh

tham thiền *v.* to practice meditation

tham vấn *n.* consultant: **làm tham vấn cho ai** to be a consultant to someone

tham vọng *n.* ambition

tham vụ ngoại giao *n.* secretary of embassy

thám *v.* to explore, to spy: **do thám** to spy; **trinh thám** detective

thám hiểm *v.* to explore

thám sát *v.* to survey, to explore

thám thính *v.* to reconnoiter, to spy: **phi cơ thám thính** reconnaissance plane

thám tử *n.* detective

thảm *n.* carpet, rug

thảm *adj.* tragic: **sầu thảm, thê thảm** pitiful, lamentable

thảm cảnh *n.* pitiful sight or situation

thảm đạm *adj.* melancholy, desolate, gloomy

thảm hại *adj.* pitiful

thảm hoạ *n.* disaster, calamity, tragedy

thảm khốc *adj.* tragic, dreadful, awful, terrible

thảm kịch *n.* tragedy, pitiful situation

thảm sát *v.* to slaughter, to massacre

thảm sầu *adj.* sad, grieved

thảm thiết *adj.* heart-rending, tragic

thảm thương *adj.* pitiful, sorrowful

thảm trạng *n.* distressing sight, sad state

than 1 *n.* coal, charcoal: **bút chì than** charcoal [for drawing]; **bệnh than** anthrax 2 *v.* to lament, to complain, to moan: **Than ôi!** Alas!; **khóc than** to cry; **lời than, tiếng than** complaint

than bùn *n.* peat

than củi *n.* charcoal; fuel

than đá *n.* coal, anthracite

than hầm *n.* coal

than hồng *n.* live charcoal [glowing but not flaming]

than mỏ *n.* coal

than phiền *v.* to complain

than thân *v.* to complain about one's lot

than thở *v.* to lament, to moan

than tiếc *v.* to regret

than vãn *v.* to lament, to moan

thán khí *n.* carbon dioxide

thán phục *v.* to admire

thán từ *n.* interjection, exclamation

thản nhiên *adj.* poker-faced, indifferent, calm, unmoved

thang *n.* ladder; staircase: **cầu thang** staircase

thang gác *n.* staircase, stairs

thang máy *n.* elevator, lift

thang mây *n.* path of glory

tháng *n.* [SV **nguyệt**] month: **tháng này** this month; **tháng sau** next month

tháng ba *n.* third lunar month; March

tháng bảy *n.* seventh lunar month; July

tháng chạp *n.* twelfth lunar month; December

tháng chín *n.* ninth lunar month; September

tháng giêng *n.* first lunar month; January

tháng hai *n.* second lunar month; February

tháng mười *n.* tenth lunar month; October

tháng mười một *n.* eleventh lunar month; November

tháng năm *n.* fifth lunar month; May

tháng sáu *n.* sixth lunar month; June

tháng tám *n.* eighth lunar month; August

tháng tháng *n.* each month, every month

tháng tư *n.* fourth lunar month; April

thảng hoặc *adv.* occasionally, if by chance

thanh 1 *n.* sound; tone, voice, noise: **bình thanh** level tone; **phát thanh** to broadcast; **máy phóng thanh** microphone; **truyền thanh** to broadcast; **siêu thanh** supersonic 2 *adj.* (= **xanh**) green, blue; to be young: **tuổi thanh xuân** youth

thanh âm học *n.* phonetics

thanh bạch *adj.* poor but honest

293

thanh bần *adj.* poor but unsullied

thanh bình *adj.* peaceful

thanh cảnh *adj.* moderate, a light eater, delicate

thanh cao *adj.* noble, distinguished

thanh danh *n.* reputation, renown, good name

thanh đạm *adj.* [of meal] frugal

thanh điệu *n.* rhythm, cadence

thanh đồng *n.* bronze

thanh đới *n.* vocal bands, vocal lips, vocal cords

thanh học *n.* acoustics

thanh khiết *adj.* pure, clean, morally pure

thanh lâu *n.* brothel

thanh lịch *adj.* refined, elegant

thanh liêm *adj.* [of official] honest, having integrity

thanh mẫu *n.* initial [in phonetics]

thanh minh **1** *n.* grave-visiting festival [comparable to Memorial Day] **2** *v.* to state, to declare honestly; to clarify

thanh nhã *adj.* elegant, refined

thanh nhàn *adj.* leisurely

thanh niên *n.* youth, the youth: **thanh niên tiền phong** vanguard youth

thanh nữ *n.* young girl

thanh quản *n.* larynx

thanh tao *adj.* noble, elevated, exalted

thanh thế *n.* prestige, influence

thanh thiên bạch nhật *n.* in broad daylight

thanh tịnh *adj.* to be chaste, pure

thanh toán *v.* to settle; to clear up [accounts]; to liquidate

thanh tra *v., n.* to inspect; inspector

thanh vắng *adj.* quiet, deserted

thánh *n., adj.* saint, sage; holy, royal, sacred; good, talented; **Toà thánh** the Vatican; **Đức Thánh Cha** the Pope

thánh ca *n.* hymn

thánh chỉ *n.* imperial edict

thánh đản *n.* Buddha's birthday

thánh địa *n.* the Holy Land

thánh đường *n.* church

thánh giá *n.* crucifix, the Holy Cross

thánh hiền *n.* sages and saints; Confucian deities

thánh hoàng *n.* the Emperor

thánh kinh *n.* the Bible

thánh mẫu *n.* the Holy Mother

thánh nhân *n.* saint, sage

thánh thần *n.* saints and gods

thánh thể **1** *n.* Eucharist **2** *n.* the emperor's person

thánh thi *n.* psalm

thánh thót **1** *v.* [of rain] to drip, to fall drop by drop **2** *adj.* [of music] to be sweet and slow

thánh tích *n.* relics

thành **1** *v.* to succeed; to achieve one's aim; to turn into, to change into, to become: **thành công** to succeed [*opp.* **bại**]; **thành ra** to become as a result; **biến thành** to turn into; **làm thành** to make up **2** *n.* citadel, fortress, wall; walled city, city, metropolis; edge, wall [of well **giếng**, container]: **đô thành** prefecture, **kinh thành** capital city; **ngoại thành** the suburbs; **tử cấm thành** the Forbidden Purple City; **Vạn Lý Trường Thành** the Great Wall [of China] **3** *adj.* honest, sincere: **chân thành** honest, sincere

thành án *v.* to receive a sentence

thành bại *v.* to succeed or fail; to win or lose

Thành cát Tư hãn *n.* Gengis Khan

thành công *v., n.* to succeed; success: **chúc mừng sự thành công của bạn** to congratulate you on your success

thành danh *v.* to achieve fame

thành đạt *v.* to succeed

thành đinh *v.* to become of age

thành hình *v.* to take shape, to form

thành hôn *v.* to marry

thành khẩn *adj.* sincere, honest

thành kiến *n.* prejudice, bias

thành kính *adj.* devoted and respectful

thành lập *v.* to form, to set up, to establish

thành lũy *n.* walls and ramparts

thành ngữ *n.* idiom, expression; proverb

thành niên *v.* to come of age

thành phần *n.* component, constituent; composition; background: **thành phần của phái đoàn Việt Nam** the composition of the Vietnamese delegation

thành phố *n.* city, town

thành tật *v.* to become an invalid

thành thật *adj.* sincere, honest, genuine

thành thị *n.* city, town

thành thục *adj.* ripe, mature, experienced

thành thử *conj.* consequently, as a result

thành thực *adj.* sincere, honest, genuine

thành tích *n.* record, deed, performance, accomplishments

thành trì *n.* wall and moat

thành tựu *v., adj.* to succeed, to achieve; successful

thành văn *adj.* [of law, etc.] written: **luật thành văn** written law

thành viên *n.* member

thành ý *n.* sincere intention, good intention

thành thơi *adj.* to be free, relaxed

thạnh *n.* See **thịnh**

thao *n.* raw silk

thao diễn *v.* to exercise, to demonstrate; to maneuver

thao láo *adj.* [of eyes] wide open

thao luyện *v.* to drill, to train

thao lược *n.* tactics, strategy

thao thao *v.* to speak volubly, to speak interminably

thao túng *v.* to control [people, opinion]

tháo *v.* to dismantle, to untie, to undo, to unlace [shoes], to take apart, to drain away

tháo dạ *v.* to have diarrhea

tháo thân *v.* to escape

tháo vát *adj.* manage [by oneself], active, resourceful

thảo 1 *v.* to draft [text] 2 *adj.* to be pious, generous, devoted, virtuous 3 *n.* (= **cỏ**) grass: **vườn bách thảo** botanical garden

thảo ăn *adj.* generous

thảo bản *n.* rough copy

thảo cầm viên *n.* botanical gardens [with birds]

thảo dã *n.* country, countryside, rural

thảo luận *v.* to discuss, to debate

thảo mộc *n.* vegetation, plants

thảo nào! *exclam.* No wonder!

thạo *adj.* proficient, familiar with, skilled in

thạo đời *adj.* experienced

thạo nghề *adj.* experienced, skilled

thạo tin *adj.* well-informed

tháp *n.* tower, stupa: **bảo tháp** Buddhist stupa

tháp ngà *n.* ivory tower

thau *n.* brass

tháu *adj.* [SV **thảo**] scrawling: **viết tháu** scrawly writing

tháu cáy *v.* to bluff [in gambling]

thay 1 *v.* to change [clothes, etc]; to replace: **thay quần áo** to change clothes 2 *exclam.* How!

thay chân *v.* to replace one's role

thay đổi *v.* to change, to be changed

thay lòng *v.* to change, to switch one's allegiance

thay lông *v.* to molt

thay mặt 1 *v.* to represent [object preceded by **cho**] 2 *adv.* on behalf of

thay phiên *v.* to rotate, to take one's turn

thay thế *v.* to replace, to substitute [for **cho**]

thay vì *adv.* instead of, in lieu of

thắc mắc *adj., v.* worried, anxious; to query

thấp thỏm *v.* to be on tenterhooks

thăm 1 *v.* to go and see, to visit, to call in; to examine [patient] 2 *n.* ballot, lot, voting-paper: **rút thăm** to draw lots; **thùng thăm** ballot box

thăm bệnh *v.* to check one's health; to make a sick call

thăm dò *v.* to inquire, to investigate, to sound out

thăm hỏi *v.* to visit, to call on

thăm nom *v.* to visit, to take care of

thăm thẳm *adj.* very deep

thăm viếng *v.* to visit: **thăm viếng xã giao** to pay a courtesy visit

thẫm *adj.* [of color] deep, dark; [of love, feelings] ardent, intense: **đỏ thẫm** dark red

thẳm *adj.* very deep, very far

thằn lằn *n.* lizard

thăng *v.* to be promoted; to go up [*opp.* **giáng**]

thăng bằng *n.* balance, equilibrium

thăng chức *v.* to promote; to be promoted

thăng giáng *v.* to go up and down; to promote and demote

thăng hà *v.* [of king] to die

thăng hoa *v.* to sublimate

thăng thiên *v.* to ascend heaven: **lễ Thăng thiên** Ascension Day

thăng thưởng *v.* to be promoted; to promote, to reward

thăng tiến *v.* to promote [a force like labor **cần lao**] in status

thăng trầm *n.* ups and downs, vicissitudes, rise and fall

thăng trật *v.* to be promoted to a higher level

thắng 1 *v.* (= **được**) to win, to overcome, to vanquish, to defeat [*opp.* **bại**]: **đại thắng** great victory; **đắc thắng** to score a victory; **chiến thắng** victory 2 *v.* to saddle, to harness [a horse]; to be dressed up 3 *v., n.* to stop [vehicle], to brake; brake

thắng bại *v.* to win and lose, to have a victory or defeat

thắng lợi *v., n.* to win a victory, to succeed; success, victory

thắng thế *v.* to have an advantage

thắng trận *v.* to win the war, to have victory

thằng *n.* classifier noun for boys and inferiors or contemptible persons: **thằng bé** the boy

thằng chài *n.* kingfisher

thẳng *adj.* [SV **trực**] straight, direct, right [*opp.* **nghiêng**, **lệch** slanting, oblique]; righteous, fair, just, honest; straightforward: **đứng thẳng** to stand upright; **ngay thẳng** righteous, honest

thẳng cánh *adv.* without restraint

thẳng cẳng *adj.* stiff

thẳng đứng *adj.* vertical

thẳng giấc *adv.* soundly: **ngủ thẳng giấc** to sleep soundly

thẳng góc *adj.* perpendicular

thẳng hàng *adj.* in a straight line, aligned

thẳng một mạch *v.* to go or run straight to: **đi thẳng một mạch đến sở** to go straight to the office

thẳng tay *adj.* without mercy: **phạt thẳng tay** to punish without mercy

thẳng tắp *adj.* perfectly straight

thẳng thắn *adj.* straight, straightforward, righteous

thẳng thừng *adj.* without mercy or restraint

thặng *v.* to have a surplus

thặng dư *v.* to have a surplus: **ngân sách thặng dư** a surplus budget

thắp *v.* to light [lamp **đèn**, candle **nến**, incense sticks **hương**]

thắt *v.* to tie, to make a knot, to wear [a necktie]

thắt chặt *v.* to tighten

thắt cổ *v.* to hang oneself

thắt lưng *n.* belt; waist

thâm 1 *adj.* black; black and blue 2 *adj.* (= **sâu**) deep, profound [*opp.* **thiển**]; cunning, shrewd

thâm cảm *n.* deep gratitude

thâm căn cố đế *adj.* deep-rooted

thâm cứu *v.* to investigate thoroughly

thâm độc *adj.* shrewd and obnoxious, cunning, crafty

thâm giao *n.* close friendship

thâm hiểm *adj.* cunning, dangerous

thâm nhập *v.* to penetrate deeply, to infiltrate

thâm niên *adj.* tenured, senior [in employment]: **công nhân thâm niên** senior employees

thâm thiểm *adj.* cruel, wicked

thâm thù *v.* to nurture deep hatred for

thâm thuý *adj.* profound and subtle

thâm tím *adj.* to be bruised

thâm tình *n.* deep affection, deep attachment

thâm trầm *adj.* profound; undemonstrative

thâm u *adj.* deep and dark

thâm ý *n.* hidden motive/thought

thấm *v.* to soak, to absorb; to be penetrating; to be sufficient: **giấy thấm** blotter

thấm nhuần *v.* to be impregnated, to be saturated

thấm nước *v., adj.* to absorb water; absorbent: **không thấm nước** waterproof

thấm thía *adj.* [of pain, sorrow] piercing, penetrating

thấm thoát *adv.* [of time] quickly

thầm *adj.* secret: **âm thầm** quietly, secretly; **nói thầm** to whisper; **cười thầm** to laugh up one's sleeves; **thì thầm** to whisper

thẩm kín *adj.* secret, sneaking

thẩm lặng *adj.* mute, silent, quiet

thẩm lén *adj.* secret, sneaking

thẩm vụng *adj.* furtive, sneaking

thẩm *v.* to reconsider, to examine, to judge: **thượng thẩm, phúc thẩm** Court of Appeals

thẩm định *v.* to appreciate, to appraise, to judge

thẩm mỹ *n.* beauty, esthetics

thẩm phán *n.* judge [in court]

thẩm quyền *n.* competence, jurisdiction; authority

thẩm sát *v.* to investigate, to examine

thẩm vấn *v.* to interrogate; to interview: **thẩm vấn tội phạm** to interview prisoners

thẩm *adj.* [of color] dark

thậm *adv.* very; quite

thậm chí *adv.* even

thậm tệ *adv.* [to scold] mercilessly, vehemently, very bad

thậm thụt *v.* to sneak in and out

thậm từ *n.* excessive words, abuse

thân 1 *n.* (= **mình**) body; trunk [of tree], stem [of plant]; body [of dress]: **bán thân** bust; **độc thân** single, unmarried; **thuế thân** head tax; **phòng thân** for self defense; **tu thân** to improve oneself 2 *adj.* [of friend] to be close, intimate, dear [*opp.* **sơ**]: **bạn thân** close friend

thân ái *adj.* affectionate; **lời chào thân ái** affectionate greetings

thân cận *adj.* close, intimate

thân chinh *v.* [of king] to conduct a war himself; to go or act in person

thân cô *adj.* alone, lonely

thân danh *n.* reputation, fame

thân hành *v.* to act or go in person

thân hình *n.* body

thân hữu *n.* close friend: **duy trì tình thân hữu** to maintain one's friendship

thân mật *adj.* close, intimate, friendly

thân mẫu *n.* mother

thân mến *adj.* dear [beloved]: **bạn Nam thân mến** Dear Nam [beginning a letter]

thân mình *n.* body

thân người *n.* human body; a man

thân nhân *n.* kin, relative, next of kin

thân phận *n.* fate, destiny; condition, state, status

thân phụ *n.* father

thân quyến *n.* family

thân sinh *n.* parents

thân thế *n.* life/history [of well-known person]

thân thể *n.* body

thân thích *n.* relatives, offspring and kin

thân thiện *adj.* friendly, cordial

thân thiết *adj.* close, intimate

thân thuộc *n.* relatives

thân tín *adj.* trustworthy, dependable

thần 1 *n.* deity; divine being, tutelary god, spirit god [not Christian or Buddhist]: **vô thần** atheistic; **thổ thần** God of the Soil 2 *n.* spirit, mind; force, energy: **an thần** sedative; **tâm thần** mind; **thất thần** frightened out of one's wits; **tinh thần** spirit; morale 3 *n.* minister, mandarin, high officials [in a monarchy]; your minister [in addressing the king or emperor], I [used by subject to king]: **nịnh thần** flatterer; **quần thần, triều thần** all the mandarins; **trung thần** loyal minister; **sứ thần** envoy

thần bí *adj.* mystical

thần dân *n.* the people

thần diệu *adj.* miraculous, marvelous

thần dược *n.* miracle medicine

thần hiệu *adj.* [of drug] miraculous

thần hôn *n.* morn and eventide

thần hồn *n.* soul and spirit

thần kinh 1 *n.* nerve 2 *n.* capital city, metropolis

thần kinh hệ *n.* nervous system

thần kỳ *adj.* wonderful, marvelous

thần linh *n.* spirit, deity

thần phục *v.* to submit oneself

thần quyền *n.* spiritual power

thần thánh *n.* gods and saints

thần thánh hoá *v.* to deify

thần thế *n.* power and influence

thần thoại *n.* mythology

thần tiên *n., adj.* deities and immortals; wonderful, heavenly

thần tình *adj.* clever

thần thờ *v.* to look haggard

thận *n.* kidney

thận trọng *adj.* cautious

thấp *adj.* (= **lùn**) low; short [of height] [*opp.* **cao**]

thấp bé *adj.* short, tiny

thấp hèn *adj.* low, base

thấp kém *adj.* low, inferior

thấp thoáng *v.* to appear vaguely or intermittently

thấp thỏm *v.* to be anxious, to be restless

thập *num.* (= **mười**) ten: **Lễ Song Thập** Double Ten Festival

thập ác *n.* cross

thập bội *v.* to be tenfold

thập can *n.* the ten Heaven's Stems' cyclical terms (**giáp, ất, bính, đinh, mậu, kỹ, canh, tân, nhâm, quí**) used in numbering a series or reckoning years

thập cẩm *adj.* varied, miscellaneous, sundry

thập nhị chi *n.* the twelve Earth's Stems' cyclical terms (**tý, sửu, dần, mão, thìn, tỵ, ngọ, mùi, thân, dậu, tuất, hợi**) used in reckoning years, months, days and hours, and corresponding to the twelve zodiac signs

thập phân *adj.* decimal

thập phần *adj., adv.* one hundred percent, completely, perfectly

thập phương *n.* everywhere

thập thò *v.* to go in and out; to hesitate at the door

thập toàn *adj.* perfect, faultless

thập tự *n.* cross: **hội Hồng Thập Tự** the Red Cross

thất 1 *num.* (= **bảy**) seven: **ngày Song Thất** Double Seven Festival 2 *v.* (= **mất**) to lose

thất bại *v.* to fail, to lose

thất bát *adj.* irregular; inconsistent

thất cách *adj.* improper, awkward

thất chí *adj.* discontented, frustrated

thất cơ *v.* to miss the opportunity, to fail in business

thất đảm *adj.* frightened

thất điên bát đảo *adj.* upset, to be

turned upside down

thất đức *adj.* inhuman, cruel, wicked

thất học *adj.* illiterate

thất kinh *v.* to be terrified

thất lạc *v.* [of object] to be misplaced, to lose

thất lễ *adj., v.* impolite, to be rude; to have bad manners

thất lộc *v.* to pass away

thất luật *v.* to violate a rule about prosody

thất nghiệp *v.* to be unemployed, out of work: **nạn thất nghiệp** unemployment

thất phu *n.* boor, coarse person

thất sách *n., adj.* thwarted plan; improperly done

thất sắc *v.* to turn pale, to blanch, to turn white

thất thanh *v.* to lose one's voice [as in yelling for help]

thất thân *v.* to lose one's virginity

thất thế *v.* to lose one's position

thất thểu *v.* to stagger, to reel

thất thố *v.* to make a slip of the tongue

thất thủ *v.* [of military position] to be lost, to fall

thất thường *adv.* irregularly

thất tiết *adj.* disloyal [to one's king, one's husband]

thất tín *v.* to break one's promise

thất tình *n.* the seven passions [**hỉ** joy, **nộ** anger, **ai** sorrow, **cụ** fear, **ái** love, **ố** hate, **dục** lust]

thất trận *v.* to lose a battle; to be defeated

thất ước *v.* to break one's promise

thất vọng *adj.* disappointed

thật *adj.* [SV **chân**] real, true, genuine [*opp.* **giả**]: **nói thật** to tell the truth; **sự thật** the truth

thật bụng *adj.* sincere, honest

thật lòng *adj.* sincere, honest

thật ra *adv.* actually

thật tâm *adj.* sincere

thật thà *adj.* innocent, naive

thật tình *adj.* sincere

thật vậy *adv.* in fact, indeed

thâu See **thu**

thâu canh *n.* all night

thâu đêm *n.* all night: **thức thâu đêm** to sit up all night

thấu *v.* to penetrate, to understand thoroughly

thấu đáo *adj.* [of knowledge] thorough

thấu kính *n.* lens: **thấu kính ghép** coupled lenses; **thấu kính lõm** concave lens

thấu triệt *v.* to know thoroughly, to know the ins and outs of

thầu *v.* to contract; to award a contract: **gọi thầu, cho đấu thầu** to invite bids; **bỏ thầu** to bid

thầu khoán *n.* contractor, builder

thây *n.* corpse, dead body

thây kệ *v.* to leave alone

thây ma *n.* corpse

thấy *v.* [SV **kiến**] to see, to perceive, to feel

thầy *n.* [SV **sư**] master; teacher [with **trò** student]

thầy bói *n.* soothsayer, fortune-teller

thầy chùa *n.* Buddhist monk

thầy dòng *n.* friar, priest

thầy đẻ *n.* father and mother

thầy địa lý *n.* geomancer

thầy đồ *n.* traditional teacher, Confucian scholar

thầy giáo *n.* teacher, instructor

thầy kiện *n.* lawyer

thầy ký *n.* clerk

thầy lang *n.* medicine man, physician

thầy me *n.* father and mother

thầy số *n.* astrologer

thầy thông *n.* interpreter

thầy thuốc *n.* physician, doctor

thầy tớ *n.* boss and servant

thầy trò *n.* teacher and student

thầy tu *n.* Buddhist monk

thầy tuồng *n.* stage manager

thẩy *v.* to throw away

the *n.* silk, gauze

the thé *adj.* [of voice] shrill, shrieking, piercing

thè *v.* to stick out [one's tongue]

thẻ *n.* badge [of office], card, filing card, identity card

thẻ căn cước *n.* (= **thẻ chứng minh nhân dân**) identity card

thẻ kiểm tra *n.* identity card

thèm *v.* to thirst for, to desire

thèm khát *v.* to thirst for

thèm muốn *v.* to desire, to covet

thèm thuồng *v.* to desire very much

then *n.* door bar, bolt, latch [with **cài**, **gài** to lock]: **cửa đóng then gài** secluded, secure

then chốt *n.* door bar, door bolt; key [problem, position]

thèn thẹn *v.* See **thẹn**

thẹn *v.* to blush, to be shy

thẹn thò *v.* to be shy

thẹn thùng *v.* to be shy

theo **1** *v.* [SV **tuỳ**] to follow [religion **đạo**, method **phương pháp**, example **gương**], to accompany, to pursue; to be up to [someone]: **noi theo gương** to follow an example **2** *prep.* according to

theo chân *v.* to follow the steps of; to pursue; to follow [developments]

theo đòi *v.* to try to copy, to try to ape, to try to keep up with

theo đuôi *v.* to copy, to imitate

theo đuổi *v.* to pursue [happiness], to follow [one's career]: **theo đuổi hạnh phúc** to pursue one's happiness

theo gót *v.* to dog somebody's footsteps; to copy, to imitate

theo kịp *v.* to catch up with

theo sát *v.* to follow closely

theo trai *v.* to elope with a man

thẹo *n.* (= **sẹo**) scar, cicatrice

thép *n.* steel: **dây thép gai** barbed wire; **đanh thép** firm, strong

thép non *n.* mild steel, soft steel

thét *v.* to scream, to roar: **gầm thét** to roar

thê *n.* (= **vợ**) wife: **hiền thê** my good wife; **phu thê** husband and wife

thê lương *adj.* to be sad and lonely, desolate: **cuộc sống thê lương** a lonely and sad life

thê nhi *n.* wife and children

thê thảm *adj.* sorrowful, utterly tragic

thê tử *n.* wife and children

thế **1** *adv.* like that, thus, such way: **như thế** so, thus; **thế này** this way; **tuy thế** in spite of all that; **vì thế cho nên** that's why **2** *n.* power, influence; aspect, condition, vantage position: **thế công** offensive; **thế thủ**, **thủ thế** defensive; **đại thế** the general situation; **sự thế** course of events; **thừa thế** to take advantage of an opportunity; **túng thế** pushed against the wall **3** *n.* the world; life; age, generation (= **đời**): **hậu thế** future generations; **trần thế** this life; **thân thế** life **4** *v.* to replace: **tiền thế chân** deposit, security

thế chân   *v.* to make a deposit

thế chiến   *n.* world war: **thế chiến thứ hai** World War II

thế cô   *adj.* all alone

thế công   *n.* offensive

thế cục   *n.* world situation; life

thế đại   *n.* generation, age, era

thế gia   *n.* good family, good stock

thế gian   *n.* the world

thế giới   *n.* the world: **cả thế giới** the whole world; **thế giới chiến tranh** world war; **Thế giới đại chiến thứ hai** World War II

thế giới ngữ   *n.* Esperanto

thế hệ   *n.* generation

thế huynh   *n.* one's teacher's son; one's father's friend's son

thế kỷ   *n.* century [**tiền bán** first half, **hạ bán** second half]: **nửa thế kỷ** half a century

thế lực   *n.* influence and power

thế nhân   *n.* mankind

thế phiệt   *n.* nobility; blue blood

thế quyền   *n.* temporal powers

thế sự   *n.* the affairs of this world

thế tất   *adv.* surely, inevitably

thế thái   *n.* the ways of this world [used with **nhân tình**]

thế thủ   *n.* defensive

thế tổ   *n.* ancestor

thế tộc   *n.* nobility

thế tục   *adj., n.* temporal; daily life

thế vận hội   *n.* World Olympic Games

thề   *v.* [SV **the**] to swear, to pledge, to take oath: **lời thề** oath, vow; **chửi thề** to swear, to curse

thề bồi   *v.* to swear, to vow

thề nguyền   *v.* to swear

thề thốt   *v.* to swear, to take an oath

thể   **1** *v.* can, may, to be able to: **không có thể** to be unable to; **nếu có thể** if possible: **một thể** at the same time; **nhân thể, tiện thể** incidentally, by the way **2** *n.* form; genre, linguistic form: **ngữ thể** discourse form, text type

thể thụ động   *n.* the passive voice

thể cách   *n.* manner, way

thể chất   *n.* substance, matter

thể chế   *n.* system, regime

thể diện   *n.* honor, face: **giữ thể diện** to keep one's honor

thể dục   *n.* physical education

thể lệ   *n.* rules and regulations

thể lực   *n.* physical strength

thể nào   *adv.* no matter what, at any cost [**cũng** precedes verb]

thể nhiệt   *n.* body temperature

thể tài   *n.* genre; theme, topic

thể tất   *v.* to excuse, to forgive

thể thao   *n.* sports: **thể dục thể thao** sports and recreation

thể thống   *n.* dignity, decorum

thể thức   *n.* form, formality, ways

thể tích   *n.* volume

thệ ước   *v.* to swear, to vow

thếch   *adv.* very, extreme

thêm   *v.* [SV **gia**] to add, to increase; to do or have in addition: **thêm tiền lương** to increase one's salary

thêm bớt   *v.* to adjust: **thêm bớt**

cho đúng số lượng to adjust the weight for enough measure

thêm thắt *v.* to add or cut more details

thềm *n.* porch, veranda

thênh thang *adj.* spacious, roomy: **nhà rộng thênh thang** a spacious house

thênh thênh *adj.* wide and smooth

thếp 1 *n.* ream, quire 2 *v.* to coat with metal

thếp vàng *v.* to gild

thết *v.* to treat [somebody to food or drink]; to invite

thết đãi *v.* to entertain, to treat

thêu *v.* to embroider

thêu dệt *v.* to fabricate, to make up, to invent [story]

thêu thùa *v.* to embroider

thi *v.* [SV **thí**] to take an examination, to take a test, to participate in a contest or a race: **hỏng thi** to fail a test; **chấm thi** to mark examination papers; **hỏi thi** to give an oral examination; **bài thi** examination papers

thi *n.* (= **thơ**) poetry: **cổ thi** ancient poetry; **Kinh Thi** the Book of Poetry

thi bá *n.* great poet

thi ca *n.* poems and songs

thi cử *n.* examinations

thi đậu *v.* to pass an examination

thi đỗ *v.* to pass an examination

thi đua *v.* to emulate, to compete

thi hài *n.* corpse, dead body

thi hành *v.* to carry out [order, measure, mission], to enforce, to put into effect, to implement: **thi hành nhiệm vụ** to carry out one's duty

thi hào *n.* great poet

thi hoạ *n.* poetry and painting

thi hỏng *v.* to fail, to flunk

thi hội *n.* second degree examination [at the capital]

thi hứng *n.* inspiration

thi hương *n.* first degree examination [at provincial level]

thi lễ *adj.* noble, distinguished

thi lên lớp *v.* to do the final examination [at the end of a year of study]

thi ngựa *n.* horse race

thi nhân *n.* poet

thi nhập học *v.* to sit for an entrance examination

thi rớt *v.* to fail, to flunk

thi sĩ *n.* poet

thi tập *n.* collected poems

thi thể *n.* dead body, corpse

thi thố *v.* to show, to display [talent]

thi tốt nghiệp *v.* to sit for a final examination [for graduation]

thi trượt *v.* to fail, to flunk

thi văn *n.* literature

thi vấn đáp *n.* oral examination

thi viết *n.* written examination

thi xe đạp *n.* bicycle race

thi xe hơi *n.* car race

thí *v.* R to test (= **thi**); to compare; **ứng thí** to take an exam

thí *v.* to give away, to hand out; to begrudge; to sacrifice [chessman]: **thí cho ai cái gì** to begrudge someone something

thí dụ *n., conj.* example; for example: **cho một vài thí dụ** to give some examples

thí điểm *n.* pilot, experimental ground: **trường thí điểm** a pilot school

thí mạng v. to risk one's life

thí nghiệm v., n. to experiment, to test; experiment

thí sinh n. candidate [for an examination]

thí thân v. to sacrifice one's life

thì 1 n. (= **thời**) time: **phí thì giờ** to waste one's time 2 conj. then, but

thì thào v. to whisper

thì thầm v. to exchange confidences in whispers

thì thọt v. to dash in and out, to sneak in and out

thì thụp v. to make repeated obeisances

thị 1 n. yellow persimmon 2 n. (= **chợ**) market: **nhất cận thị** the convenience close to a market 3 n. to see: **cận thị** near-sighted; **viễn thị** far-sighted 4 n. middle name for women: **Nguyễn thị** the Nguyen clan

thị chính n. city affairs

thị chứng n. eyewitness

thị dân n. city dweller, urban population

thị dục n. desire, lust

thị độ n. power [of lens, magnifying glass]; visibility

thị giác n. eyesight, vision

thị hiếu n. hobby; liking, desire

thị lực n. power of vision

thị nữ n. maid

thị oai v. to display one's force, to demonstrate one's authority

thị phi adj. right or wrong; gossip; rumor

thị sảnh n. town hall

thị sát v. to inspect

thị thành n. city, urban center

thị thực v. to certify: **thị thực chữ ký** to certify a signature

thị tộc n. clan

thị trấn n. town, city

thị trường n. market [economics]

thị trưởng n. mayor [of city]

thị tứ n. store; business district

thị tỳ n. maid-servant

thị uy v. to show off one's strength or power

thị vệ n. imperial guard

thị xã n. city, town

thìa n. (= **muỗng**) spoon: **thìa súp** table spoon, soup spoon

thích 1 v. to like, to be fond of, to enjoy: **ưa thích** pleasure, enjoyment; **sở thích** one's interest; **tùy thích** as one pleases 2 v. to poke [elbow, arm, etc.] against [**vào**] 3 v. to tattoo; to engrave

Thích Ca n. Shakyamuni, Buddha

thích chí adj. pleased, contented

thích đáng adj. appropriate, suitable, fitting

thích hợp adj., v. appropriate; to suit, to fit [**với** precedes object]

thích nghi v. to adjust oneself, to adapt oneself, to suit

thích nghĩa v. to explain

thích thú adj. interested, interesting

thích ứng v. to cope with; to adapt oneself: **thích ứng với đời sống mới** to cope with a new life

thích ý adj. pleased, contented

thiếc n. tin: **mỏ thiếc** tin mine; **thợ thiếc** tinsmith; **hàng thiếc** tin shop; **giấy thiếc** tin foil

thiêm thiếp adj. sleeping

thiểm bộ n. our ministry, our department

thiểm độc *adj.* wicked, evil
thiểm nha *n.* our office, our department
thiểm toà *n.* our office, our Embassy, our Consulate
thiên 1 *n.* (= **trời**) sky, heaven; God, nature: **thiên thanh** blue sky 2 *num.* (= **nghìn**) thousand
Thiên Chúa *n.* God [Christian]: **Đạo Thiên chúa** Catholicism
thiên chức *n.* heaven's mandate
thiên cổ *n.* antiquity
thiên cơ *n.* fate, destiny
thiên đàng *n.* See **thiên đường**
thiên định *adj.* predestined, fated
thiên đường *n.* Paradise
thiên hạ *n.* the whole world, people
thiên hình vạn trạng *n.* multiform; variation
thiên kiến *n.* prejudice, bias
thiên kim *n.* very precious
thiên lôi *n.* God of Thunder
thiên lý *n.* highway
thiên mệnh *n.* destiny, fate
thiên nga *n.* swan
thiên nhiên *n., adj.* nature; to be natural
thiên phú *adj.* innate
thiên sứ *n.* angel
thiên tai *n.* natural disaster
thiên tài *n.* genius
thiên tạo *adj.* natural
thiên thai *n.* Paradise, Eden
thiên thần *n.* angel
thiên thể *n.* heavenly body
thiên thời *n.* clement weather
thiên thu *n.* eternity
thiên tính *n.* nature, innateness, trait, character
thiên tư *adj.* innate, gifted

thiên tử *n.* the Emperor, the Son of Heaven
thiên vị *adj.* partial, unjust, to be biased
thiến *v.* to geld, to castrate
thiền *n.* Zen Buddhism; contemplation, meditation: **tham thiền** to enter into meditation
thiền gia *n.* Buddhist monk
thiền môn *n.* Buddhist temple
thiền sư *n.* Zen monk
thiền tông *n.* Zen sect, Zen school
thiển *adj.* (= **nông**) shallow
thiển cận *adj.* shallow, superficial
thiển kiến *n.* shallow opinions
thiển nghĩ *v.* to think in a superficial manner: **tôi thiển nghĩ** in my humble opinion
thiển trí *n.* simple mind
thiển ý *n.* my humble opinion
thiện *adj.* good, virtuous [as opp. to **ác**]: **việc thiện** charity; **hoàn thiện** perfect; **từ thiện** philanthropic
thiện ác *n.* good and evil
thiện cảm *n.* sympathy: **bày tỏ thiện cảm với ai** to convey one's sympathy to someone
thiện chí *n.* goodwill
thiện chiến *adj.* [of troops] experienced, trained, seasoned: **đội quân thiện chiến** an experienced army
thiện nghệ *adj.* expert, skillful
thiện xạ *n.* marksman
thiêng *adj.* supernatural, sacred: **linh thiêng** propitious
thiêng liêng *adj.* sacred
thiếp 1 *n.* concubine: **tiểu thiếp/ tiện thiếp** I, me [used by woman] 2 *n.* card: **danh thiếp**

business card **3** *adj., v.* semi-conscious; to lose consciousness [in sleep or hypnosis]: **ngủ thiếp đi** to go into a deep sleep

thiệp *n.* See **thiếp**

thiết 1 *v.* to display, to arrange; to build: **trần thiết** to display, to arrange **2** *adj.* [of friend] close: **thân thiết, chí thiết** very close [friend] **3** *v.* to care for, to have an interest in [mostly used in the negative]

thiết bị *n.* equipment

thiết đồ *n.* cross section, exposed view

thiết giáp *n.* armor

thiết hài *n.* tap dance shoes: **khiêu vũ thiết hài** tap dance

thiết kế *v.* to plan: **thiết kế đô thị** town planning

thiết lập *v.* to set up, to establish, to found

thiết lộ *n.* railway, railroad

thiết nghĩ *v.* to think [used with first person]

thiết tha *adj.* ardent, passionate, dedicated to: **thiết tha với công việc** dedicated to one's work

thiết thực *adj.* realistic, practical

thiết tưởng *v.* to think [used with first person]

thiết yếu *adj.* essential, vital

thiệt *v.* to lose; to suffer loss, to damage: **thua thiệt** to lose

thiệt hại *v., n.* to lose; loss

thiệt mạng *v.* to die [in battle, accident]

thiệt thân *v.* to harm oneself, to hurt oneself

thiệt thòi *v.* to suffer losses

thiêu *v.* to burn: **hoả thiêu** to

cremate

thiêu đốt *v.* to burn

thiêu huỷ *v.* to burn down, to destroy

thiêu sống *v.* to burn alive

thiêu táng *v.* to cremate

thiếu *adj., v.* to be incomplete, to be insufficient; to lack, to be short of [object follows]; there is a lack or shortage of; to owe: **trả lại thiếu** to short change

thiếu ăn *adj., n.* underfed; malnutrition

thiếu gì *n., v.* there's no lack of; not to lack

thiếu hụt *adj.* deficit, short, inadequate: **thiếu hụt nhân lực** to be short of human resources

thiếu máu *adj.* to be anemic

thiếu mặt *adj.* to be absent

thiếu nhi *n.* young children

thiếu niên *n.* young man, youth

thiếu nữ *n.* young girl

thiếu phụ *n.* young woman

thiếu sót *v., n.* to commit a mistake, to have shortcomings

thiếu tá *n.* [army] major; [navy] lieutenant-commander

thiếu thốn *v.* to lack something [money/food]

thiếu thời *n.* youth

thiếu quang *n.* spring days

thiểu *adj.* little, small: **giảm thiểu** to reduce, to cut down

thiểu não *adj.* to look sad, to have a pitiful look

thiểu số *n.* minority [*opp.* **đa số**]: **dân tộc thiểu số** ethnic minorities

thím *n.* aunt, father's younger brother's wife: **chú thím tôi** my uncle and his wife

thin thít *adv.* silently

thinh *adj.* silent, quiet: **làm thinh** to keep quiet

thính 1 *n.* powdered grilled rice **2** *adj.* sensitive [of hearing or smelling]: **bàng thính** to audit [course]

thính giả *n.* listener

thính giác *n.* hearing [sense]

thính mũi *n.* sensitive nose

thính tai *adj.* sharp of hearing

thính thị *n.* audio visual

thình lình *adv.* unexpected, suddenly: **bất thình lình** suddenly

thình thình *v.* [of heart **ngực**] to beat madly

thỉnh 1 *v.* to strike a bell in a temple or before an altar **2** *v.* to request; to invite [**mời**]

thỉnh cầu *v.* to request, to entreat

thỉnh giáo *v.* to ask for advice

thỉnh nguyện *n.* petition

thỉnh thoảng *adv.* from time to time, now and then, sometime

thịnh *adj.* prosperous, flourishing [*opp.* **suy**]: **một đất nước cường thịnh** a prosperous country

thịnh hành *adj.* popular

thịnh nộ *n.* great anger, fury

thịnh soạn *adj.* [of meal] lavish, copious

thịnh suy *n.* rise and fall

thịnh tình *n.* kindness, thoughtfulness; solicitude

thịnh trị *n.* peace and prosperity

thịnh vượng *adj.* prosperous

thịt 1 *n.* flesh; meat; pulp [of fruit]: **thịt đông lạnh** frozen meat **2** *v.* to kill, to butcher, to murder: **thịt con heo** to kill a pig

thịt bò *n.* beef

thịt cừu *n.* lamb

thịt đông *n.* frozen meat

thịt gà *n.* chicken

thịt heo *n.* pork

thịt lợn *n.* pork

thịt mỡ *n.* fat meat

thịt nạc *n.* lean meat

thịt nai *n.* venison

thịt quay *n.* roast pork

thịt thà *n.* meat

thịt vịt *n.* duck

thiu *v., adj.* [of rice **cơm**] stale; **cơm thiu** tainted rice

thiu thối *adj.* rotten

thiu thiu *adj.* dozing

thò *v.* to stick out [neck **cổ**, head **đầu**, hand **tay**]: **thập thò** to hesitate at the door

thò lò *v.* to run: **thò lò mũi xanh** [of child] to have a runny nose

thỏ *n.* rabbit, hare

thỏ rừng *n.* hare

thỏ thẻ *v.* [of voice, words] to speak in a soft voice

thọ *v., n.* to live long; longevity: **giảm thọ, tổn thọ** to cut down one's life-span; **trường thọ** to live long

thọ *v.* See **thụ**

thoa 1 *v.* to rub, to anoint, to apply; to use [perfume, vaselin, pomade] **2** *n.* hairpin: **mua thoa cài đầu** to buy a hairpin

thoá mạ *v.* to insult, to abuse

thoả *v.* to be pleased, to satisfy

thoả chí *adj.* satisfied, contented

thoả dạ *adj.* satisfied, contented

thoả đáng *adj.* satisfactory; appropriate, proper, fitting

thoả hiệp *v., n.* to agree; to reach a compromise; agreement

thoả lòng

thoả lòng *adj.* satisfied, content

thoả mãn *adj., v.* satisfied; to satisfy: **làm thoả mãn** to satisfy; **thoả mãn nhu cầu** to meet one's needs

thoả thích *v.* to satisfy one's heart's content

thoả thuận *v.* to agree, to come to an agreement

thoả ước *n.* treaty, pact

thoai thoải *adj.* sloping gently

thoái *v.* (= **lui**) to withdraw [*opp.* **tiến**]: **tiến thoái lưỡng nan** to be caught in a dilemma; **triệt thoái** to withdraw

thoái bộ *v.* to regress

thoái chí *adj.* discouraged

thoái hoá *v.* to degenerate, to deteriorate

thoái lui *v.* to withdraw, to go back, to draw back

thoái ngũ *v.* to be demobilized: **quân nhân thoái ngũ** veteran

thoái nhượng *v.* to yield, to concede

thoái thác *v.* to use a pretext

thoái vị *v.* to abdicate

thoải mái *v.* to feel relaxed, to feel well, to feel comfortable

thoán vị *v.* to usurp the throne

thoang thoáng *adv.* summarily, sketchily, hurriedly

thoang thoảng *adj.* [of odor] vague, lingering, faint

thoáng 1 *adj.* well-ventilated, well-aired 2 *v.* to see or recognize vaguely: **thấp thoáng** to appear and disappear; to be fleeting

thoảng *v.* [of wind, odor] to waft by faintly, to whiff softly

thoát *v.* to escape from: **giải thoát** to liberate, to free; **lối thoát** outlet, way out, exit

thoát hiểm *v.* to get out of danger

thoát khỏi *v.* to escape from

thoát ly *v.* to be emancipated from

thoát thai *v.* to be born from, to originate from

thoát thân *v.* to escape from danger

thoát y vũ *v.* to do a strip-tease

thoạt *adv.* as soon as, first: **thoạt mới vào** as soon as we came in

thoạt đầu *adv.* at the beginning

thoạt kỳ thuỷ *adv.* at the beginning

thoạt tiên *adv.* at the beginning, at first, first of all

thoăn thoắt *v.* to walk briskly; to happen in a flash

thoắng *adj.* glib: **nói liến thoắng** to talk or speak rapidly/glibly

thoắt *v.* to occur quickly, to be in a flash

thóc *n.* paddy, unhusked rice: **phơi thóc** to dry unhusked rice

thóc lúa *n.* rice

thóc mách *v.* to gossip, to be a tale bearer

thọc *v.* to thrust, to poke; to put: **thọc gậy bánh xe** to put grit in the bearings

thọc lét *v.* to tickle

thoi 1 *v.* to hit with the fist, to punch 2 *n.* shuttle, stick: **ngày tháng thoi đưa** time flies 3 *n.* ingot [of gold **vàng**, silver **bạc**]: **một thoi vàng** an ingot of gold

thoi thóp *v.* to breathe very lightly

thoi vàng *n.* imitation ingots made of gild paper for offerings to spirits

thói *n.* habit, manners: **xấu thói** ill-mannered

thói đời *n.* the ways of this world

thói phép *n.* ways, manners, rules

thói quen *n.* habit, practice

thói thường *adv.* generally

thói tục *n.* customs and manners

thói xấu *n.* bad habit, vice

thòi *v.* to project, to jut out; to get out [money **tiền**]

thỏi *n.* stick, piece, bar

thom thóp *adj.* worried

thòm thèm *v.* to be still hungry or thirsty because one hasn't had enough

thon *adj.* thin, tapering; slim, slender

thon lỏn *adj.* brief, concise; neatly arranged: **gọn thon lỏn** neatly packed

thon thót *adj.* jumpy

thong dong *adv.* leisurely: **đi thong dong** to walk leisurely

thong manh *adj.* cataract

thong thả *adv.* leisurely, disengaged or free: **ra vô thong thả** free admission

thòng *v.* to drop [rope]; [of rope] to hang: **thòng sợi dây thừng xuống** to drop down a rope

thòng lọng *n.* slip-knot, noose, lasso, running knot

thõng *v.* to drop [one's arms on the side]; to dangle

thóp 1 *n.* the soft spot on a baby's heart or head 2 *n.* weak point, central point, key: **biết thóp** to stumble on

thót 1 *v.* to pull in [one's stomach **bụng**]; to become narrower; to be hollow 2 *v.* to jump

thọt *adj.* club-footed, lame: **thọt một chân** to be lame in one leg

thô *adj.* coarse, rough; boorish, rude; crude [in workmanship]

thô bỉ *adj.* boorish, rude

thô kệch *adj.* grotesque

thô lậu *adj.* boorish

thô lỗ *adj.* boorish, rude, coarse: **ăn nói thô lỗ** to use coarse language

thô sơ *adj.* rudimentary, primitive

thô tục *adj.* obscene, crude, vulgar

thô thiển *adj.* awkward and superficial

thồ 1 *n.* pack saddle 2 *v.* to transport on the back of a bicycle/motorcycle

Thổ *n.* Turkey

thổ 1 *n.* earth, land, ground: **lãnh thổ** territory; **điền thổ** land property 2 *n.* prostitute: **nhà thổ** brothel 3 *v.* to spit, to vomit [blood]

thổ âm *n.* dialect

thổ công *n.* Kitchen God

thổ dân *n.* aborigine

thổ địa *n.* ground, earth; God of the soil

thổ huyết *v.* to vomit blood

thổ lộ *v.* to reveal [personal problems]; to unburden, to open up [**can tràng, tâm tình** heart]

thổ ngơi *n.* habitat

thổ ngữ *n.* dialect

Thổ Nhĩ Kỳ *n.* Turkey

thổ phỉ *n.* bandit, gang; looter

thổ sản *n.* local produce or product

thổ tả *n.* cholera

thổ thần *n.* God of the soil

Thổ tinh *n.* Saturn

thổ trạch *n.* land, property, estate

thốc *v.* [of wind] to blow violently; to run at one stretch, to run all the way to

thôi *v.* to stop, to cease, to quit [doing something]: **thôi học** to quit school

thôi miên *v.* to hypnotize

thôi thúc *v.* to urge, to push

thối 1 *adj.* stinking; bad smelling; [of fruit, meat] rotten: **hôi thối** to stink 2 *v.* (= **thoái**) to withdraw, to recede 3 *v.* to give back change; to refund

thối hoắc *adj.* fetid

thối lui *v.* to go back, to step back

thối mồm *v.* to have bad breath

thối nát *adj.* rotten, corrupt: **cán bộ thối nát** corrupt cadres

thối tha *adj.* stinking, fetid

thối thây *adj.* lazy

thổi *n.* dinner table [of food in banquet]

thổi *v.* [of wind] to blow; to blow [fire **lửa**, whistle **còi**]; to play [a wind instrument]; to cook [rice **cơm**]

thổi nấu *v.* to cook

thổi sáo *v.* to whistle

thôn *n.* (= **xóm**) hamlet, small village: **nông thôn** countryside

thôn dã *n.* countryside: **nơi thôn dã vắng vẻ** in the quiet of the countryside

thôn tính *v.* to swallow, to engulf, to annex

thôn trại *n.* farm

thôn trang *n.* farm

thộn *adj.* dull, stupid: **thộm mặt ra** a dull face

thổn thức *v.* [of heart] to palpitate, to throb; to sob

thổn thển *adj.* bare and loose

thông 1 *n.* [SV **tùng**] pine tree: **lá thông** pine needle; **trái thông** pine cone 2 *adj., v.* to be intelligible; to communicate, to transmit; to ream out [tube **ống**, pipe **điếu**]: **giao thông** transportation; **đi thông qua** to go through; **lưu thông** to circulate; traffic; **truyền thông** to communicate 3 *adj.* to be intelligent, to be fluent or conversant

thông báo 1 *v.* to warn, to advise, to inform 2 *n.* announcement, notice

thông cảm *v.* to sympathize with, to understand

thông cáo *n.* communique

thông dâm *v.* to have a love affair [with **với**]

thông dịch *v.* to translate, to interpret: **thông dịch ra tiếng Anh** to translate into English

thông dịch viên *n.* interpreter

thông dụng *adj.* commonly used, popular, practical

thông đạt *v.* to inform [official memorandum, etc.]

thông điệp *n.* message; speech; diplomatic note: **bức thông điệp của thủ tướng** the prime minister's message

thông đồng *v.* to be in cahoots [**với** with], to connive with

thông gia *n.* ally by marriage

thông gian *v.* to commit adultery

thông hành *n. laissez passer*, passport

thông hiểu *v.* to understand

thông hơi *adj.* aerated, well-aired

thông khí *adj.* See **thông hơi**

thông lệ *n.* general rule, common practice

thông lưng *v.* to be in cahoots [**với** with], to connive with

thông minh *adj.* intelligent

thông ngôn *v.* to interpret

thông qua *v.* to pass, to approve [motion, proposal]

thông suốt *v.* to grasp fully, to understand fully

thông tấn xã *n.* news agency

thông thái *adj.* well-educated, scholarly

thông thạo *adj.* expert, proficient in: **thông thạo tiếng Việt** to be proficient in Vietnamese

thông thương *v.* to trade with one another

thông thường *adj.* general, universal, common, usual

thông tin *v., n.* to inform; information

thông tín viên *n.* correspondent

thông tri *v., n.* to inform, to advise, to notify; notification

thông tục *adj.* colloquial, popular

thông tư *n.* notice, announcement

thống *n.* large porcelain vase

thống chế *n.* marshal

thống đốc *n.* pre-war French governor in South Vietnam; governor

thống kê *n.* statistics

thống khổ *adj.* suffering, unhappy

thống lãnh *v.* commander-in-chief

thống nhất *v., n.* to unify; unification, unity

thống suất *v.* to control, to lead

thống thiết *adj.* touching, doleful

thống thuộc *v.* to depend on

thống trị *v.* to rule, to dominate

thộp *v.* to nab, to catch: **thộp cổ kẻ móc túi** to nab a pickpocket

thốt *v.* to utter; to speak, to tell: **thưa thốt** to answer

thốt nhiên *adv.* suddenly

thơ 1 *n.* [SV **thi**] poetry, poem: **làm thơ** to write poetry, to compose a poem; **ngâm thơ** to chant or recite a poem; **câu thơ** verse, line of poetry 2 *adj.* young, tender: **ngây thơ** naive, childlike, innocent; **trẻ thơ** young child; **con thơ** young child [son or daughter]; **tuổi thơ** childhood

thơ ấu *adj.* young

thơ dại *adj.* naive, innocent

thơ ngây *adj.* childlike, naïve: **cô bé thơ ngây** a naive girl

thơ thẩn *adj.* dreamy, wandering

thơ thớt *adj.* scattered

thơ yếu *adj.* young and weak, young and helpless

thớ *n.* fiber [in muscle], grain

thớ lợ *n., adj.* [superficial] courtesy; smooth-spoken

thờ *v.* to worship; to take care of: **thờ tổ tiên** to worship ancestors; **nhà thờ** shrine; church

thờ ơ *adj.* indifferent

thờ phụng *v.* to worship

thờ phượng *v.* See **thờ phụng**

thờ thẫn *adj.* dazed, stunned

thở *v.* to breathe: **tắt thở** to die; **than thở** to complain, to lament

thở hổn hển *v.* to pant

thở ra *v.* to exhale

thở than *v.* to complain, to lament, to sigh

thở vào *v.* to inhale

thợ

thợ *n.* workman, worker, artisan, craftsman

thợ bạc *n.* goldsmith, silversmith, jeweler

thợ bạn *n.* fellow worker

thợ cả *n.* foreman

thợ cạo *n.* barber, hairdresser

thợ điện *n.* electrician

thợ giày *n.* shoemaker, cobbler

thợ giặt *n.* laundryman

thợ hồ *n.* bricklayer

thợ may *n.* tailor

thợ máy *n.* mechanic

thợ mộc *n.* carpenter

thợ nề *n.* bricklayer

thợ nguội *n.* fitter, plumber

thợ rèn *n.* blacksmith

thợ sơn *n.* painter

thợ thiếc *n.* tinsmith

thợ thuyền *n.* worker(s)

thợ vẽ *n.* draftsman

thời *n.* (= **thì**) time, moment, period, season; opportunity: chance: **tứ thời** the four seasons; **cổ thời** ancient times; **hết thời** outdated; **đồng thời** at the same time; **hiện thời** at present, now; **lỡ thời** to miss the opportunity; **lâm thời** provisional; **tức thời** right away; **thiếu thời** youth

thời bệnh *n.* epidemic; evils of the time

thời bình *n.* peacetime

thời buổi *n.* times: **thời buổi này** these days

thời cơ *n.* opportunity, occasion

thời cục *n.* present situation, current affairs

thời cuộc *n.* See **thời cục**

thời dụng biểu *n.* class schedule, work schedule, timetable

thời đại *n.* times, age, era

thời đàm *n.* conversation

thời gian *n.* time [as opp. to space **không gian**]; period of time

thời hạn *n.* limited period, time limit

thời khắc *n.* time

thời khí *n.* climate, temperature: **bệnh thời khí** epidemic

thời khoá biểu *n.* class schedule, timetable

thời kỳ *n.* period of time

thời loạn *n.* war time

thời sự *n.* current events, current affairs: **phim thời sự** newsreel

thời thế *n.* circumstances, conditions

thời tiết *n.* weather, climate

thời trang *n.* fashion, style

thời vận *n.* luck, fortune

thời vụ *n.* crop season

thơm 1 *adj.* fragrant, good-smelling [with intensifiers **lừng, ngát, phức, tho**], fragrant; [of reputation **tiếng, danh**], good perfume, scent: **rau thơm** dill, coriander; **mùi thơm** fragrance, perfume, scent 2 *v.* to kiss [a baby], to nuzzle

thơn thớt *v.* to have a honey tongue

thớt *n.* chopping board

thu 1 *n.* fall, autumn: **mùa thu** fall; **ngàn thu** a thousand years 2 *v.* (= **thâu**) to collect, to gather; to reduce the size: **tịch thu** to seize, to confiscate

thu bé *v.* to reduce

thu dụng *v.* to gather; to employ

thu gọn *v.* to abridge, to digest; to put in order

thu hẹp *v.* to narrow

thu hình *v.* to record pictures: **thu hình đám cưới** to record a wedding ceremony

thu hoạch *v.* to harvest; to obtain [results]

thu hồi *v.* to recover, to claim back

thu lôi *n.* lightning rod

thu lượm *v.* to reap, to pick up, to collect

thu nạp *v.* to receive, to admit

thu nhặt *v.* to pick up, to gather

thu nhỏ *v.* to reduce to a small size

thu phục *v.* to win

thu thanh *v.* to record sound or voice: **máy thu thanh** radio receiver, radio set, tape recorder

thu vén *v.* to arrange, to tidy up, to put in order

thu xếp *v.* to arrange, to put in order, to settle [problem]

thú 1 *n.* (= **muông**) beast, mammal, animal: **vườn bách thú** zoo 2 *n.* interest, pleasure, delight: **vui thú** pleasure; to have fun 3 *v.* to confess, to admit, to surrender, to give oneself up

thú nhận *v.* to confess

thú tính *n.* bestiality

thú vật *n.* animal, beast

thú vị *adj.* pleasant, interesting, interested, delightful

thú y *n.* veterinarian

thù *v.* to resent, to be hostile to, to hate: **kẻ thù** enemy; **báo thù, trả thù, phục thù** to revenge

thù ân *v.* to reciprocate a favor

thù đáp *v.* to pay in return, to reciprocate

thù địch *n.* enemy, foe, hostility

thù ghét *v.* to hate and resent

thù hằn *adj.* resentful, hostile

thù hiểm *adj., v.* resentful; to hate

thù lao *n.* payment, fees, royalties

thù lù *adj.* huge, big

thù oán *adj.* resentful, vindictive

thù tạc *v.* to exchange toasts; to offer drinks

thù tiếp *v.* to entertain, to treat

thủ 1 *v.* to guard, to defend; to watch, to keep watch; to observe: **phòng thủ** to defend, to guard 2 *n.* (= **đầu**) head: **nguyên thủ** head, leader

thủ ấn *n.* fingerprints, hand print, print stamp

thủ bản *n.* manuscript

thủ bút *n.* autograph

thủ cấp *n.* head [of decapitated man]

thủ công *n.* handicraft

thủ cựu *adj.* conservative

thủ dâm *v.* to masturbate

thủ đoạn *n.* trick, dirty method

thủ đô *n.* capital city

thủ hạ *n.* follower, henchman, underling

thủ hiến *n.* governor, premier

thủ khoa *n.* valedictorian, the first on a list of graduates

thủ lãnh *n.* leader, chief: **hội nghị thủ lãnh quốc gia** summit conference of leaders

thủ môn *n.* goalkeeper

thủ mưu *n.* instigator

thủ ngục *n.* jailkeeper, warden

thủ ngữ *n.* sign language

thủ phạm *n.* principal culprit or defendant

thủ phận *adj.* content with one's lot

thủ phủ *n.* capital city, metropolis

thủ quĩ

thủ quĩ *n.* cashier, treasurer

thủ thành *n.* goalkeeper

thủ thế *v.* to defend, to be on one's guard

thủ thỉ *v.* to whisper, to talk confidentially

thủ thuật *n.* lab work; dexterity; surgery: **làm thủ thuật** to do lab work

thủ thư *n.* librarian

thủ tiết *adj.* [of widow] loyal to the memory of one's husband

thủ tiêu *v.* to destroy, to dispose of, to exterminate

thủ trưởng *n.* leader, head of a department

thủ tục *n.* procedure

thủ tướng *n.* prime minister: **tân thủ tướng** the new premier

thủ xướng *v.* to instigate

thụ 1 *v.* (= **nhận**) to receive; to bear, to endure, to suffer 2 *n.* (= **cây**) tree, plant: **cổ thụ** an old tree

thụ bệnh *v.* to fall sick, to contract a disease

thụ động *adj.* passive: **phòng thủ thụ động** civil defense

thụ giáo *v.* to receive instructions, to be taught

thụ hình *v.* to undergo punishment

thụ phấn *v.* to pollinate

thụ thai *v.* [of woman] to conceive, to be pregnant

thụ tinh *v.* to inseminate: **thụ tinh nhân tạo** in-vitro fertilization [IVF]

thua *v.* [SV **bại**] to lose [game **cuộc**, lawsuit **kiện**, war **trận**], be defeated [by] [*opp.* **ăn, được**]: **chịu thua** to concede, to give up the fight

thua kém *adj.* inferior

thua thiệt *v.* to suffer losses

thua xa *v.* to be far inferior to

thùa *v.* to sew [buttonholes **khuyết**]: **thêu thùa** needlework

thuần 1 *adj.* pure; experienced 2 *adj.* kind-hearted, meek, simple-hearted

thuần khiết *adj.* pure, unadulterated

thuần kim *n.* pure gold

thuần lý *adj.* rational

thuần nhất *adj.* pure, unmixed

thuần phong *n.* good morals, fine custom [used with **mỹ tục**]

thuần thục *adj.* talented, accomplished, skilled

thuần tuý *adj.* pure, unadulterated

thuẫn *n.* shield: **mâu thuẫn** to contradict; contradiction

thuận *v.* to consent, to agree; R to go along with (= **xuôi**) [*opp.* **ngược, nghịch**]; [of wind] to be favorable: **phiếu thuận** yes vote; **thoả thuận, ưng thuận** to agree, to consent, to approve

thuận cảnh *n.* favorable circumstances

thuận hoà *n.* concord, harmony

thuận lợi *adj.* favorable, advantageous

thuận tiện *adj.* convenient, favorable

thuật 1 *v.* to relate, to narrate, to report: **dịch thuật** to translate; **trần thuật** to report, to testify 2 *n.* art, method, science: **chiến thuật** tactics; **học thuật** learning; **kỹ thuật** technique; technical; **mỹ thuật** arts; **nghệ thuật** art

thuật ngữ *n.* technical jargon

thuật sĩ *n.* magician

thuật số *n.* divination; fortune-telling

thúc *v.* to push, to goad, to urge, to spur: **hối thúc** to push, to ask

thúc bá *n.* [of cousins] uncle

thúc đẩy *v.* to push [a program **chương trình**]; to urge someone to do something

thúc giục *v.* to push, to urge

thúc thủ *v.* to remain helpless, to fold one's arms

thục **1** *v.* to put, to poke, to thrust **2** *v.* to redeem, to ransom (= **chuộc**): **tiền thục** ransom **3** *adj.* ripe, cooked (= **chín**); treated, tanned; experienced

thục mạng *n.* the risk of one's life

thục nữ *n.* virtuous woman

thuê *v.* to rent, to charter; to hire: **nhà cho thuê** house for rent

thuế *n.* taxes, duties: **thu thuế** to collect tax; **quan thuế** customs duties; **sưu thuế** taxes

thuế biểu *n.* tax schedule

thuế gián thu *n.* indirect taxes

thuế lợi tức *n.* income tax

thuế má *n.* taxes

thuế quan *n.* customs

thuế suất *n.* tax schedule, tax rates

thuế truy thu *n.* direct taxes

thuế trước bạ *n.* registration fees

thuế vụ *n.* taxes; tax bureau/office

thui *v.* to barbecue [a whole animal]: **bê thui** roast beef

thui thủi *adj.* lonely

thúi *adj.* See **thối**

thụi *v.* to hit with the fist, to punch

thum thủm *adj.* smelling bad

thùm thụp *v.* to punch repeatedly

thun lủn *adj.* too short

thung dung *v., adj.* to act or walk leisurely; unhurried

thúng *n.* bamboo basket [carried on the head or at the end of a pole]

thùng *n.* large container, box, bucket, can, barrel, cask: **thùng rượu** cask; **thùng xe** car boot

thùng thình *adj.* [of coat] too big, loose: **áo quần rộng thùng thình** baggy clothes

thủng *v.* to be perforated, to have a hole: **lỗ thủng** hole

thủng thẳng *adv.* slowly, leisurely

thủng thỉnh *v.* to walk or to speak slowly

thũng *n.* swelling [of cheek, limb, etc.]: **phù thũng** edema, dropsy

thụng *adj.* [of clothes] roomy, too big: **lụng thụng** roomy, wide

thuốc *n.* medicine, drug, medication: **thuốc phiện** opium; **đơn thuốc** prescription; **hút thuốc** to smoke; **hiệu thuốc** pharmacy, drugstore; **làm thuốc** to practice medicine; **uống thuốc** to take medicine

thuốc bắc *n.* Chinese medicinal herbs

thuốc bổ *n.* tonic, vitamin

thuốc bột *n.* medicinal powder

thuốc cao *n.* medicinal plaster

thuốc đánh răng *n.* toothpaste

thuốc điếu *n.* cigarette

thuốc độc *n.* poison: **đánh thuốc độc** to poison

thuốc kháng sinh *n.* antibiotics

thuốc lá *n.* cigarette

thuốc men *n.* medicine, medication

thuốc mê *n.* anesthetic

thuốc nam *n.* Vietnamese medicinal herbs

thuốc nhuộm *n.* dye

thuốc pháo *n.* powder for firecrackers

thuốc phiện *n.* opium

thuốc súng *n.* gunpowder

thuốc tẩy *n.* laxative; bleach

thuốc tễ *n.* pills

thuốc thang *n.* medication

thuốc tiêm *n.* medicine for injection

thuốc trường sinh *n.* elixir of life

thuốc viên *n.* pill, tablet, capsule

thuốc xổ *n.* laxative, purgative

thuộc 1 *v.* to belong to; to be responsible to **2** *v.* to know by heart: **quen thuộc** to be acquainted **3** *v.* to tan [hide]: **thuộc da súc vật** to tan animals' skins

thuộc địa *n.* colony

thuộc hạ *n.* subordinate, underling, inferior

thuôn *adj.* tapering

thuôn *v.* to cook soup with

thuổng *n.* spade

thuở *n.* long time past, time: **thuở xưa** ancient time

thuở ấy *n.* at that time, in those days

thuở bé *n.* childhood

thuở nay *n.* up to now, nowadays

thuở nhỏ *n.* childhood

thuở trước *adv.* before, formerly

thuở xưa *adv.* previous time, formerly

thụp *v.* to squat rapidly; to prostrate oneself

thút thít *v.* to sob, to cry and sniffle

thụt *v.* to pump, to pull back, to recede: **ống thụt** pump

thụt két *v.* to embezzle, to misuse [funds]

thụt lùi *v.* to go backward

thuỳ *n.* lobe: **tiểu thuỳ** small lobe

thuỳ dương *n.* weeping willow

thuỳ liễu *n.* weeping willow

thuỳ mị *adj.* sweet, gentle

thuỷ 1 *n.* (= **nước**) water; hydro: **tàu thuỷ** steamboat; **lính thuỷ** sailor; **hạ thuỷ** to launch a boat; **dẫn thuỷ nhập điền** irrigation **2** *n.* beginning: **chung thuỷ** loyal; **khởi thuỷ** beginning

thuỷ binh *n.* navy man, sailor, seaman

thuỷ bình *n.* water level

thuỷ chiến *n.* naval battle

thuỷ chung *adj.* consistent, loyal

thuỷ cục *n.* water supply office

thuỷ đạo *n.* waterway; seaway

thuỷ đậu *n.* chicken pox

thuỷ điện *n.* hydro-electricity

thuỷ điện lực *n.* hydro-electric power

thuỷ lộ *n.* waterway

thuỷ lôi *n.* torpedo

thuỷ lục không quân *n.* army, navy and air forces

thuỷ mặc *n.* water color [using Chinese ink]

thuỷ ngân *n.* mercury

thuỷ phi cơ *n.* seaplane

thuỷ phủ *n.* palace of the River God

thuỷ quân *n.* navy man; the Navy

thuỷ sản *n.* marine products

thuỷ sư *n.* squadron

thuỷ tai *n.* flood disaster

thuỷ tặc *n.* sea pirate

thuỷ thể *n.* liquid

thuỷ thổ *n.* climate

thuỷ thủ *n.* sailor

thuỷ tinh *n.* glass, crystal

Thuỷ tinh *n.* Mercury [planet]

thuỷ tổ *n.* first ancestor

thuỷ triều *n.* tide

Thụy Điển *n.* Sweden

Thụy Sĩ *n.* Switzerland, Swiss

thuyên 1 *v.* to move, to transfer **2** *v.* to recover [from illness], to get better

thuyên chuyển *v.* to transfer, to reshuffle [officials]

thuyên giảm *v.* [of illness] to decrease, to abate, to get better

thuyền *n.* boat, sampan, junk [with **đi, chơi** to ride, **chèo** to row]; ship: **chiến thuyền** warship; **pháo thuyền** gunboat

thuyền bè *n.* boats and rafts, craft

thuyền buồm *n.* sailboat

thuyền chài *n.* fishing boat; fisherman

thuyền mành *n.* junk

thuyền rồng *n.* imperial boat

thuyền trưởng *n.* captain [of a boat], skipper

thuyết 1 *v.* to persuade [influence by talk, esp. politically]; to speak, to tell; to explain: **thuyết cho ai nghe mình** to persuade someone **2** *n.* doctrine, ideology, -ism: **giả thuyết** hypothesis; **học thuyết** theory; **biện thuyết** to argue; **tiểu thuyết** novel; **xã thuyết** editorial; **thương thuyết** to negotiate

thuyết giáo *v.* to preach

thuyết khách *n.* diplomat, envoy

thuyết minh *v.* to explain, to give a commentary

thuyết pháp *v.* to preach

thuyết phục *v.* to convince, to persuade

thuyết trình *v.* to give a paper, to give a talk, to give a lecture: **thuyết trình viên** speaker

thư 1 *n.* (= **sách**) book: **dâm thư** pornography; **chứng thư** deed, certificate; **thủ thư** librarian **2** *n.* letter: **bao thư** envelope; **thư mật** confidential letter **3** *v.* to defer; to be free, to be at ease, to be slow

thư cục *n.* bookstore

thư hùng *n.* female and male; [of battle] fighting to win or lose

thư khố *n.* library

thư ký *n.* secretary, clerk: **tổng thư ký** secretary-general

thư pháp *n.* calligraphy

thư quán *n.* bookstore

thư sinh *n.* student

thư thả *v.* to have leisure

thư thái *v.* to feel fine, to feel wonderful, to feel rested

thư tịch *n.* books; bibliography

thư tín *n.* letters, correspondence

thư trang *n.* book club; library

thư từ *n., v.* correspondences, letters; to correspond: **thư từ qua lại** to exchange letters

thư viện học *n.* library science

thư viện trưởng *n.* head librarian

thư xã *n.* book club; library; publishing house

thứ 1 *n.* order, rank, sort, type, kind, category: **ngồi hàng thứ nhất** to sit the first row **2** *adj.* inferior in quality; second, second vice, under: **bình thứ** pretty good; [in grading] **thứ** pass **3** *v.* to pardon, to forgive: **tha thứ lỗi lầm** to forgive one's mistake

thứ ba *num.* third; Tuesday

thứ bậc *n.* rank, status

thứ bảy *num.* seventh; Saturday

thứ bét *n.* lowest category

thứ dân *n.* common people, the masses

thứ hai *num.* second; Monday

thứ hạng *n.* rank, hierarchy

thứ mẫu *n.* stepmother

thứ nam *n.* second son

thứ năm *num.* fifth; Thursday

thứ nhất *num.* first

thứ nhì *num.* second

thứ nữ *n.* second daughter

thứ sáu *num.* sixth; Friday

thứ thất *n.* concubine, second wife

thứ trưởng *n.* under-secretary, vice-minister

thứ tư *num.* fourth; Wednesday

thứ tự *n.* order: **có thứ tự** orderly, neat; **thứ tự ngày tháng, thứ tự thời gian** chronological order

thừ *adj.* dumbfounded, faint with exhaustion

thử 1 *v.* to try, to test, to prove: **thử máu** to test blood **2** *n.* (= **chuột**) mouse, rat: **địa thử** mole

thử thách *v.* to challenge; to give a trial

thưa 1 *v.* to reply or speak politely; to report to authorities; to sue **2** *adj.* [of hair, vegetation] to be thin, sparse, thinly scattered; [of comb] to be large-toothed: **mái tóc thưa** thin hairs

thưa gửi *v.* to talk [to a superior] in a respectful way

thưa kiện *v.* to sue

thưa thốt *v.* to speak up, to put forth

thưa thớt *adj.* thinly populated, scattered

thừa 1 *adj.* left over, superfluous, more than enough, in excess; there is/are leftover(s): **đầu thừa đuôi thẹo** odds and ends; **bằng thừa** to be a waste [of time, effort]: **đồ thừa** leftovers **2** *v.* to avail oneself of, to make use of, to take advantage of **3** *v.* to inherit; to receive, to comply with: **thừa lệnh cấp trên** to comply with a superior's orders

thừa cơ *v.* to take advantage of the opportunity

thừa dịp *v.* See **thừa cơ**

thừa hành *v.* to execute, to carry out, to comply with

thừa hưởng *v.* to inherit, to enjoy

thừa kế *v.* to inherit

thừa lương *v.* to go out for fresh air

thừa nhận *v.* to recognize; to acknowledge

thừa phát lại *n.* process server

thừa số *n.* factor

thừa sức *v.* to have sufficient strength or capability

thừa thãi *adj.* super-abundant, plenty, more than enough

thừa tiếp *v.* to receive, to welcome

thừa trừ *n.* compensation

thừa tự *v.* to be heir to

thửa *v.* (= **đặt**) to order [merchandise but not food], to have something made

thức 1 *v.* to stay awake, to be awake, to stay up: **đánh thức** to wake up [somebody] **2** *n.* classifier noun for an item, a thing: **thức ăn** food **3** *n.* manner, form, fashion, style: **chính thức** official; **hình thức** form, shape

thức dạng *n.* form

thức đêm *v.* to stay up late

thức giả *n.* learned people, intellectuals

thức giấc *v.* to wake up

thức khuya *v.* to stay up late

thức thời *v.* to be abreast of the times; to take an opportunity

thức tỉnh *v.* to wake up [to a fact]

thực 1 *adv., adj.* in fact, actually, in reality; true, real: **nói thực** to tell true things **2** *v.* (= **ăn**) to eat: **ẩm thực** eating and drinking

thực bụng *adj.* sincere, honest

thực chất *n.* essence, substance

thực chi *n.* actual expenditure: **duyệt khoản thực chi** to approve one's actual expenditure

thực dân *v.* to colonize

thực dụng *adj.* practical; pragmatic

thực đơn *n.* menu

thực hành *v., adj.* to practice; practical [as opp. to theory **lý thuyết**]

thực hiện *v.* to realize, to fulfill; to implement, to carry out

thực lực *n.* real strength, real talent, real ability

thực nghiệm *v.* to be experimental

thực nghiệp *n.* vital industry

thực phẩm *n.* food, foodstuffs, provisions: **thực phẩm đóng hộp** preserved rations

thực quyền *n.* real power

thực sự *n.* reality, truth

thực tài *n.* real talent

thực tại *n.* reality

thực tâm *adj.* honest

thực tập *v.* to practice, to carry out practical training; **thực tập giảng dạy** practice teaching

thực tế *adj., n.* realistic, practical; reality, truth, real life

thực thà *adj.* honest, sincere, frank; naive

thực thể *n.* reality; entity

thực thi *v.* to execute, to carry out: **thực thi quyền hạn của mình** to execute one's power

thực thu *n.* real income

thực thụ *adj.* permanent, tenure: **công việc thực thụ** permanent position

thực tiễn *n.* practice, reality

thực trạng *n.* real situation

thực vật *n.* vegetation, plant

thực vật học *n.* biology; botany: **nhà thực vật học** botanist

thưng *n.* unit of measurement [for cereals]

thừng *n.* rope, cord

thước *n.* meter, ruler

thước nách *n.* T-square, bevel

thước thợ *n.* square angle

thuôn *adj.* [of lip] protruding: **bụng thuôn** protruding paunch

thược dược *n.* dahlia

thuồn thuột *adj.* [of face, etc.] very long

thương *v.* to feel sorry for; to love, be fond of: **lòng thương** compassion; **tình thương** love

thương 1 *adj.* wounded; injured: **vết thương** wounded; **xe cứu thương** ambulance **2** *n.* trade, commerce: **Hoa thương** Chinese merchant; **ngoại thương** foreign trade; **nội thương** domestic trade

thương cảng *n.* commercial seaport

thương chính *n.* customs service

thương cục *n.* commercial firm

thương điếm *n.* commercial firm

thương gia *n.* businessman, trader

thương giới *n.* business world

thương hại *v.* to feel sorry for

thương hàn *n.* typhoid fever

thương hội *n.* chamber of commerce

thương khẩu *n.* commercial port

thương lượng *v.* to negotiate

thương mãi *n.* See **thương mại**

thương mại *v., n.* to carry on trade, to trade, to do business; business, commerce

thương nghị *v.* to negotiate

thương nghiệp *n.* business, trade

thương nhớ *v.* to miss, to mourn over

thương tâm *adj.* sorrowful, pitiful, heart-rending

thương thuyết *v.* to negotiate

thương tích *n.* wound

thương tiếc *v.* to regret, to mourn over

thương tổn *v.* to harm, to damage

thương trường *n.* business world, market

thương ước *n.* trade agreement

thương vụ *n.* commercial affairs

thương xót *n.* compassion

thương yêu *v.* to love

thường 1 *adj., adv.* ordinary, customary, usual, habitual; usually, ordinarily, as a rule, generally: **bất thường** extraordinary; **khác thường** unusual; **thất thường** irregular; **như thường** as usual **2** *v.* (= **đền**) to compensate: **bồi thường cho ai** to compensate someone

thường dân *n.* common people; civilian

thường dùng *adj.* currently used, of daily use

thường lệ *n.* common rule, habit

thường ngày *adj.* everyday, day after day

thường niên *adj.* annual, yearly: **viết báo cáo thường niên** to write an annual report

thường phục *n.* everyday clothes, casual clothes, business suit

thường thức *n.* general knowledge

thường thường *adv.* ordinarily, usually, generally

thường tình *n.* common feeling, common sense

thường trực *adj.* permanent, on duty

thường vụ *n.* routine business, day-to-day business

thường xuyên *adj.* permanent, regular

thưởng *v.* to reward, to be awarded; to tip; to give [as a tip]; to enjoy [flowers **hoa**, springtime **xuân**]: **phần thưởng** reward, award, prize; **tiền thưởng** cash reward; **thăng thưởng** to promote

thưởng lãm *v.* to enjoy

thưởng ngoạn *v.* to enjoy, to admire

thưởng tưởng *v.* to reward

thưởng thức *v.* to enjoy, to appreciate

thượng *prep., adj.* (= **trên**) on, above; upper, top, highest, supreme: **đồng bào thượng** tribal people, highland people

thượng cổ *n.* antiquity

thượng du *n.* highlands, mountain areas

thượng đẳng *n.* top rank, top class

Thượng Đế *n.* God

Thượng Hải *n.* Shanghai

thượng hạng *n.* first class, grade A

thượng hảo hạng *n.* first class, top quality

thượng khách *n.* guest of honor, distinguished guest

thượng lộ bình an! *n.* Bon voyage! Have a nice trip!

thượng nghị viện *n.* Senate, upper chamber, house of lords

thượng sách *n.* the best way, the best policy

thượng sĩ *n.* warrant officer

thượng tá *n.* senior lieutenant-colonel

thượng tầng *n.* upper stratum, higher layer

thượng thẩm *n.* Supreme Court

thượng thọ *n.* age of seventy upwards: **ăn mừng thượng thọ** to celebrate one's seventieth year of age

thượng tuần *n.* first ten days of a month

thượng tướng *n.* [army and air force] lieutenant-general

thượng võ *adj.* martial: **tinh thần thượng võ** martial spirit

thướt tha *adj.* graceful, lithe, lissome

thượt *adj.* long, trailing, dragging

ti *n.* silk chord, thread

ti tỉ *v.* to whimper, to whine: **khóc ti tỉ hơn cả giờ** to whimper for more than one hour

ti tiện *adj.* mean, base

tí *adj.* tiny, bit: **một tí** a little bit

tí chút *adj.* a little bit

tí đỉnh *adj.* a little bit

tí hon *adj.* tiny, pea-sized, little: **thằng bé tí hon** a little boy

tí nhau *n.* kid, child

tí nữa *adv.* in a short while

tí tẹo *adj.* tiny, very little

tí ti *adj.* See **tí**

tí tị *adj.* See **tí**

tí toét *v.* to laugh often

tì 1 *v.* to lean [**vào** on], to rest 2 *n.* flaw, spot, soil; mistake

tì ố *adj.* soiled, smeared

tì tì *v.* to go on eating and drinking

tỉ *n.* billion

tỉ dụ *n.* analogy, example: **tỉ dụ như** for example

tỉ lệ *n.* proportion, ratio: **tỉ lệ nghịch** inverse ratio

tỉ mỉ *adj.* meticulous, minute, detailed: **kế hoạch tỉ mỉ** a detailed plan

tỉ như *adv.* for instance

tỉ số *n.* ratio, proportion

tỉ tê *v.* to weep or talk incessantly

tị 1 *adj.* tiny, bit-sized: **động một tị là** at the slightest provocation 2 *adj.* jealous

tị nạn *v.* to flee from danger: **người tị nạn** a refugee

tị nạnh *v.* to envy, to be jealous of

tia *n.* jet [of water **nước**], beam [of light **sáng**], capillary [**máu**], ray, spark, gleam

tia máu *n.* capillary: **mắt có tia máu** blood-shot eyes

tia X *n.* X-rays

tía 1 *adj.* purple red 2 *n.* father: **tía má nó** his father and mother

tỉa *v.* to trim, to prune [hair, hedge]; to beat [or kill] one by one: **trồng tỉa** to cultivate

tỉa gọt *v.* to polish [one's styles]

tích 1 *v.* to accumulate, to hoard, to store up: **tích vốn** to accumulate capital; **diện tích** area; **dung tích** volume, capacity; **súc tích** to amass; to include, **thể tích** volume 2 *n.* footprint; vestige, trace, mark, remnant; story, allusion: **biệt tích** to disappear, to vanish; **cổ tích** historical monument; **di tích** trace, mark; **sự tích** story; **thương tích** wound; **tàn tích** vestige, remnants 3 *n.* merit, exploit: **thành tích** record, accomplishments, performance

tích cực *adj.* active, positive, zealous, initiative [*opp.* **tiêu cực**]

tích luỹ *v.* to accumulate, to store

tích số *n.* product [of multiplication]

tích sự *n.* result, effective outcome: **chẳng được tích sự gì cả** to be ineffective

tích tiểu thành đại *idiom* Many drops make an ocean.

tích trữ *v.* to hoard

tích tụ *v.* to agglomerate, to concentrate

tịch 1 *v.* to confiscate, to seize: **tịch biên, tịch thu của cải ai** to seize one's property 2 *n.* [of Buddhist clergy] to die, to pass away 3 *n.* register, roll; citizenship: **hộ tịch** vital statistic, census; **Việt tịch** Vietnamese nationality, Vietnamese citizenship

tịch biên *v.* to confiscate, to seize: **tịch biên tài sản của ai** to confiscate one's property

tịch mịch *adj.* lonesome, quiet, tranquil

tịch thu *v.* to confiscate, to seize [also **tịch thâu**]

tiếc *adj., v.* regretful, to be sorry: **đáng tiếc** regrettable; **mến tiếc** to regret the departure of

tiếc công *v.* to regret a wasted effort

tiếc rẻ *v.* to regret [a lost chance]

tiệc *n.* banquet, dinner party: **đi dự tiệc** to attend a party

tiệc trà *n.* tea party, reception

tiệc tùng *n.* banquet, party

tiêm *v.* to inject; to give an injection: **ống tiêm** syringe

tiêm la *n.* syphilis

tiêm nhiễm *v.* to imbue, to impregnate; to contract [habit]

tiêm tất *adj.* meticulous

tiếm *v.* to usurp [throne **ngôi, vị**, power **quyền**]: **tiếm quyền** to usurp power

tiếm đoạt *v.* to usurp: **tiếm đoạt ngôi vị** to usurp the throne

tiềm lực *n.* hidden force, potential, latent power

tiềm tàng *adj.* hidden, latent, concealed

tiềm thuỷ đĩnh *n.* submarine

tiềm thức *n.* subconsciousness

tiềm tiệm *adj.* all right, acceptable

tiệm *n.* store, shop

tiệm ăn *n.* restaurant

tiệm cầm đồ *n.* pawnshop

tiệm tiến *adj.* progressive

tiên 1 *n.* fairy: **chuyện thần tiên** fairy tales; **thuỷ tiên** narcissus 2 *adj.* first: **đầu tiên, trước tiên** to be the first, at first; **tổ tiên** ancestor; **thoạt tiên** at first

tiên chỉ *n.* first notable in villages, head of a village

tiên dược *n.* miracle drug

tiên đoán *v.* to predict, to foresee

tiên lệ *n.* precedent

tiên liệt *n.* deceased heroes

tiên mẫu *n.* late mother

tiên nhân *n.* ancestors, forefathers

tiên nữ *n.* fairy

tiên phong *n.* vanguard, shock troops; pioneer

tiên phụ *n.* late father

tiên quyết *n.* [of condition] pre-requisite

Tiên Rồng *n.* the fairy and the dragon ancestors of the Vietnamese race

tiên sinh *n.* honorable gentlemen, Sir [literary, formal]

tiên tri *n., v.* prophet; to foresee

tiên vương *n.* the late king

tiến *v.* (= **tấn**) to move forward, to advance, to progress [*opp.* **lui, lùi, thoái**]: **tiến đến, tiến lại** to move in, to come, to approach; **cấp tiến** progressive; **xúc tiến** to promote

tiến bộ *v.* to improve, to make progress

tiến cử *v.* to recommend, to nominate, to propose

tiến hành *v.* to carry out [duties, work]; to implement: **tiến hành công tác** to carry out one's duty

tiến hoá *v.* to develop gradually, to undergo evolution

tiến sĩ *n.* Doctor of Philosophy [Ph.D.]: **tiến sĩ văn chương** Doctor of Letters

tiến thoái *v.* to advance and then to retreat: **tiến thoái lưỡng nan** caught in a dilemma

tiến triển *v.* to progress

tiền 1 *n.* money, currency, coin, cash: **túng tiền** hard-pressed for money; **tiền phạt** fine; **nhiều tiền, lắm tiền** wealthy; **ăn tiền** OK, all right; **giá tiền** price, cost; **trả tiền** to pay; **không tiền** penniless; **không mất tiền** free, gratis; **phí tiền** to waste money 2 *adj.* (= **trước**) before, front [*opp.* **hậu**]: **mặt tiền** facade, front of a house; **nhãn tiền** in front of one's eyes

tiền án *n.* previous criminal record, previous sentence

tiền bạc *n.* money, wealth, riches: **làm ra tiền bạc** to make money

tiền bối *n.* elders, predecessor

tiền bồi thường *n.* compensation

tiền cọc *n.* deposit

tiền công *n.* salary, pay, wages

tiền của *n.* wealth

tiền đặt cọc *n.* deposit

tiền đề *n.* preamble, premise

tiền định *adj.* predestined

tiền đồ *n.* future, the road ahead

tiền giấy *n.* paper money

tiền lãi *n.* profit, interest, dividend

tiền lệ *n.* precedent

tiền lời *n.* profit, interest, dividend

tiền mặt *n.* ready money, cash

tiền nhân *n.* forefathers

tiền phạt *n.* fine: **trả tiền phạt** to pay a fine

tiền phí *n.* premium [of insurance **bảo hiểm**]

tiền phụ cấp *n.* allowance: **tiền phụ cấp di chuyển** traveling allowance

tiền sử *n.* prehistory; background

tiền tài *n.* riches, money, wealth

tiền tệ *n.* currency, money: **giá trị**

tiền tệ value of currency

tiền thưởng *n.* bonus, reward

tiền tiến *adj.* advanced, progressive

tiền tiêu *n.* expense; pocket money

tiền trợ cấp *n.* subsidy, award, allowance

tiền vạ *n.* fine

tiền vốn *n.* capital, principal, assets

tiễn *v.* to see [someone] off

tiễn biệt *v.* to say goodbye

tiễn hành *v.* to send off

tiện 1 *adj.* convenient, handy: **phương tiện** means; **thuận tiện** favorable; **tuỳ tiện** at one's convenience, as one sees fit; **tự tiện** without authorization; **đại tiện** to defecate, to have a bowel movement **2** *v.* to lathe, to turn, to shape: **thợ tiện** turner

tiện dân *n.* the lower classes

tiện lợi *adj.* convenient, serviceable, profitable

tiện nghi *n.* facilities

tiện thể *adv.* for convenience's sake; on the occasion of, at the same time

tiếng *n.* noise; sound, voice: **tiếng nói** spoken tongue/language; **lên tiếng** to speak up; **tiếng Việt** Vietnamese language; **tiếng Anh** English language; **danh tiếng** famous; fame; **mất tiếng** to lose one's reputation

tiếng cười *n.* laughter

tiếng đồn *n.* rumor

tiếng đồng hồ *n.* hour

tiếng động *n.* noise, din

tiếng kêu *n.* cry, scream, shriek

tiếng mẹ đẻ *n.* mother tongue

tiếng một *n.* vocabulary: **học tiếng một** to learn vocabulary

tiếng nói *n.* language, tongue; voice: **đài tiếng nói Hoa kỳ** the Voice of America

tiếng súng *n.* gunshot

tiếng tăm *n.* reputation

tiếng vang *n.* echo

tiếp 1 *v.* to receive [visitors **khách**]: **đón tiếp** to welcome **2** *v.* to continue [follows main verb]: **kế tiếp, liên tiếp** successively, one after another

tiếp cận *adj.* adjoining, contiguous, adjacent

tiếp cứu *v.* to rescue, to assist

tiếp diễn *v.* to go on, to continue

tiếp đãi *v.* to receive, to welcome, to treat: **tiếp đãi quan khách** to receive guests

tiếp đầu ngữ *n.* prefix

tiếp đón *v.* to greet, to welcome

tiếp giáp *adj.* adjoining, contiguous

tiếp kiến *v.* [of high official] to receive

tiếp liệu *n.* supplies

tiếp nhận *v.* to receive, to accept

tiếp quản *v.* to take over

tiếp rước *v.* to welcome, to receive

tiếp tân *n.* reception [party]

tiếp tế *v.* to supply [food, munitions]: **sĩ quan tiếp tế** supply officer

tiếp thu *v.* to receive, to take over

tiếp tục *v.* to continue, to go on

tiếp tuyến *n.* tangent

tiếp vĩ ngữ *n.* suffix

tiếp viện *v.* to reinforce, to rescue [troops]

tiếp xúc *v.* to contact [followed by **với**], to get in touch

Tiệp Khắc *n.* Czechoslovakia, Czech

tiết **1** *n.* (= **máu**, **huyết**) blood of slaughtered animal **2** *n.* bile, anger: **lộn tiết**, **cáu tiết**, **điên tiết** to get mad **3** *n.* period: **dạy ba tiết một ngày** to teach three periods a day **4** *n.* chastity, virtue: **trinh tiết** virgin; **thất tiết** [of married woman] to commit adultery **5** *n.* season; festival; detail; section [of book]

tiết canh *n.* blood pudding

tiết chế *adj., v.* temperate; to restrain, to limit

tiết diện *n.* section [geometry]

tiết dục *v.* to restrain one's passions and desires

tiết độ *n.* moderation

tiết hạnh *n.* faithfulness virtue [of woman]

tiết kiệm *adj., v.* thrifty; to economize, to save

tiết lậu/lộ *v.* to leak [secret]; to disclose, to reveal

tiết mục *n.* section, item

tiết tấu *n.* rhythm

tiết tháo *n.* moral integrity

tiệt *v.* to destroy, to exterminate

tiêu **1** *v.* to spend [money]; to digest [food]; [of food] to be digestible **2** *n.* flute with six effective holes, blown from one end: **hắc tiêu** clarinet **3** *n.* black pepper: **muối tiêu** salt and pepper

tiêu biểu *v.* to symbolize, to represent

tiêu chí *n.* criterion

tiêu chuẩn *n.* standard, norm, model, criterion

tiêu chuẩn hoá *v.* to standardize

tiêu cực *adj., v.* negative, passive; to lack zeal, to lack initiative [*opp.* **tích cực**]

tiêu dao *v.* to stroll, to wander

tiêu diệt *v.* to destroy, to exterminate

tiêu dùng *v.* to spend, to consume

tiêu đề *n.* theme, heading

tiêu điểm *n.* focus

tiêu điều *adj.* desolate

tiêu độc *adj.* antiseptic

tiêu hao *adj., v.* wasteful; expendable, worn out

tiêu hoá *v.* to digest

tiêu huỷ *v.* to destroy, to raze

tiêu khiển *v.* to entertain oneself

tiêu ma *v.* to be gone, to melt away

tiêu pha *v.* to spend

tiêu sơ *adj.* desolate

tiêu tan *v.* to melt away; to disintegrate, to be gone

tiêu tán *v.* to be gone, to be scattered, to be lost

tiêu thụ *v.* to consume: **sức tiêu thụ** consumption

tiêu trừ *v.* to eliminate, to abolish

tiêu xài *v.* to spend

tiếu lâm *n.* funny stories, dirty jokes

tiều *n.* woodcutter

tiều tụy *adj.* sad, dilapidated, withered, pining, emaciated, haggard, shabby

tiểu **1** *adj.* (= **bé**, **nhỏ**) small [*opp.* **đại**]: **cực tiểu** minimum **2** *n.* Buddhist novice **3** *v.* to urinate: **nước tiểu** urine

tiểu bang *n.* state [in federation]

tiểu chú *adv., n.* in brief; footnote

tiểu công nghệ *n.* small industry, handicrafts

tiểu dẫn *n.* notice, foreword

tiểu đăng khoa *n.* marriage [as opp. to **đại đăng khoa** graduation at imperial examination]

tiểu đoàn *n.* battalion

tiểu gia đình *n.* small family [composed of husband, wife and children] [as opp. to extended family **đại gia đình**]

tiểu học *n.* primary education, elementary education

tiểu kỹ nghệ *n.* small industry

tiểu lục địa *n.* sub-continent

tiểu luận *n.* essay

tiểu nhân *n.* mean person [Confucianist sense] [*opp.* **quân tử**]

tiểu nhi *n.* infant

tiểu sản *v.* to have a miscarriage

tiểu sử *n.* biography

tiểu tâm *adj.* narrow-minded, mean

tiểu thuyết *n.* novel

tiểu thừa *n.* Hinayana [Buddhism]

tiểu tiện *v.* to urinate

tiểu tổ *n.* [communist] cell

tiểu truyện *n.* biography

tiểu *v.* to put down, to quell

tiểu phi *v.* to put down rebels or bandits

tiểu trừ *v.* wipe out, to exterminate

tim *n.* [SV **tâm**] heart [the organ]: **bệnh đau tim** heart disease

tim la *n.* syphilis

tim tím *adj.* purple

tím *adj.* purple, violet

tím bầm *adj.* black and blue

tím gan *adj.* suppressed with anger

tím ruột *adj.* suppressed with anger

tìm *v.* [SV **tâm**] to seek, to look for, to search for (= **kiếm**)

tìm cách *v.* to find out the way

tìm kiếm *v.* to search, to look for

tìm ra *v.* to find out: **tìm ra câu trả lời** to find out the answer

tìm thấy *v.* to find

tìm tòi *v.* to search, to do research

tin **1** *n., v.* news, tidings, information; to inform: **loan tin** to announce; **thông tin** information; **nguồn tin đáng tin cậy** reliable sources **2** *v.* [SV **tín**] to trust, to believe, to have confidence in: **lòng tin** confidence, trust

tin cẩn *v.* to trust, to rely on

tin cậy *v.* to trust, to depend on

tin đồn *n.* rumor

tin mừng *n.* good news [marriage, childbirth]

tin nhảm *adj.* superstitious

tin tức *n.* news

tin tưởng *v.* to trust, to believe, to have confidence in

tin vịt *n.* false report, hoax

tín *adj., n.* trustworthy; trust, faith, reliability: **bội tín** a breach of trust; **trung tín** loyalty

tín chỉ *n.* unit [of study]: **một tín chỉ văn hoá Việt Nam** one unit of Vietnamese culture

tín dụng *n.* [economics] credit

tín đồ *n.* follower [of a religion], believer

tín hiệu *n.* signal

tín nghĩa *n.* loyalty

tín ngưỡng *n.* religious beliefs, creed, faith

tín nhiệm *v.* to have confidence in, to trust

tín phiếu *n.* letter of credit

tín phục *v.* to trust

tín vật *n.* security, pledge

tinh **1** *adj.* intelligent, clever, shrewd **2** *adj.* refined, pure:

trắng tinh pure white **3** *adv.* nothing but, only **4** *n.* (= **sao**) star: **cứu tinh** savior; **minh tinh** movie star; **hành tinh** planet

tinh bột *n.* starch

tinh cầu *n.* star [astronomy]

tinh chất *n.* essence

tinh chế *v.* to refine [sugar, petrol]; **sở tinh chế** [sugar] refinery, oil distillery

tinh dịch *n.* semen, sperm

tinh hảo *adj.* exquisite

tinh hoa *n.* essence, quintessence; cream; genius

tinh khí *n.* semen, sperm

tinh khiết *adj.* clean, pure

tinh lực *n.* energy

tinh ma *adj.* cunning, crafty, wily

tinh nghịch *adj.* mischievous, roguish

tinh nhanh *adj.* quick, alert

tinh nhuệ *adj.* [of troops] well-trained

tinh quái *adj.* foxy, artful, cunning

tinh ranh *adj.* cunning, crafty, wily

tinh sương *adj.* early in the morning

tinh tế *adj.* keen, subtle, discerning

tinh thần *n.* spirit [as opp. to body], mind

tinh thông *adj.* well versed in

tinh tú *n.* the stars [astronomy]

tinh tuý *n.* See **tinh hoa**

tinh tường *adj.* clear, proficient, distinct

tinh vi *adj.* fine, meticulous, subtle

tinh xảo *adj.* ingenious

tinh ý *adj.* intelligent, sharp, quick-minded, perspicacious

tính 1 *n.* personal character, temperament, disposition, nature;

sex: **cá tính** personality; **thiên tính** natural disposition; **vui tính** jovial, happy; **đặc tính** characteristics **2** *v.* [SV **toán**] to calculate, to compute, to reckon, to figure out; to plan to: **bài tính** problem [in math]; **suy tính** to think over; **ước tính** to estimate

tính cách *n.* character, nature

tính chất *n.* nature, characteristic

tính hạnh *n.* behavior, conduct

tính khí *n.* character, nature

tính mạng *n.* life

tính mệnh *n.* life

tính nết *n.* disposition, nature, behavior

tính nhẩm *v.* to figure out silently

tính phỏng *v.* to estimate

tính tình *n.* feelings, sentiments, disposition

tình 1 *n.* feeling, sentiment; love, affection: **ái tình** love; **nhân tình** lover; **chân tình** true love **2** *n.* condition, state: **nội tình** home situation; **hiện tình** present conditions; **thực tình** honesty

tình ái *n.* love, romance

tình báo *n.* intelligence

tình cảm *n.* sentiment, feeling: **tình cảm chân thật** true sentiment

tình cảnh *n.* situation, plight, condition

tình cờ *adj., adv.* incidental, accidental; coincidentally, accidentally, by chance

tình dục *n.* sexual desire

tình duyên *n.* marriage [bonds]

tình hình *n.* situation

tình nghi *v.* to suspect

tình nguyện *v., n., adj.* to volunteer to, to be willing to; volun-

tình nhân

teer; voluntary

tình nhân *n.* lover, mistress, sweetheart

tình thế *n.* See **tình hình**

tình thực *adv.* sincere, genuine, real

tình thương *n.* compassion, pity, mercy

tình trạng *n.* situation, condition, state of affairs

tình tự *v.* to flirt

tình ý *n.* aim, purpose, intention

tình yêu *n.* love: **một tình yêu chân thật** a true love

tỉnh **1** *v.* to regain consciousness, to wake up [from sleep] **2** *n.* province [as administrative unit]; town, city

tỉnh giảm *v.* to reduce, to cut down

tỉnh lỵ *n.* provincial capital, town

tỉnh ngộ *v.* to awake [to reality], to have one's eyes opened; to realize one's mistake

tỉnh ngủ *v.* to wake up; to be a light sleeper

tỉnh táo *v.* to be wide awake, to be alert

tỉnh thành *n.* city, town

tỉnh trưởng *n.* chief of province, commissioner

tĩnh *adj.* quiet, calm, tranquil, peaceful; static: **bình tĩnh** calm

tĩnh *n.* altar

tĩnh dưỡng *v.* [of convalescent] to get rest, to recover one's health

tĩnh mạch *n.* vein [biology]

tĩnh tâm *v.* to have an untroubled mind, to be in a peaceful mood

tĩnh toạ *v.* to meditate

tĩnh trí *v.* to keep one's mind at peace

tịnh *adv.* absolutely, certainly

tít **1** *n.* title, theme, headline **2** *adj.* almost invisible [because of distance or rapid motion]: **xa tít** to be very far away

tịt *adj.* plugged up, [firecracker **pháo**, shell **đạn**] to be a dud; quiet

tịt mít *v.* to remain silent, to shut up

tiu *n.* cymbal

tiu nghỉu *adj., v.* embarrassed, to be shamed

tíu tít *v.* to chatter, to bustle noisily

to *adj.* large, big, bulky, husky, stout; [cloth] coarse [*opp.* **nhỏ, bé**]: **to đầu** to be a big shot; **bụng to** to have a big belly; [of woman] to be pregnant

to gan *adj.* bold, daring

to kếch sù *adj.* huge, enormous

to lớn *adj.* big and tall

to tát *adj.* big, grand

to tướng *adj.* huge, enormous, tremendous

tò mò *n.* curious, inquisitive

tò vò *n.* wasp: **cửa tò vò** arch

tỏ **1** *v.* to express, to reveal, to declare, to communicate clearly; to demonstrate, to prove **2** *adj.* clear, luminous, shiny, bright: **trăng tỏ** bright moon

tỏ tường *v.* to understand clearly

tỏ vẻ *v.* to appear, to seem, to look

toa **1** *n.* car [in a train]: **toa chở khách** passenger car **2** *n.* (= **đơn**) prescription

toà *n.* official or ceremonial seat, government palace, bureau, court of law; classifier noun for temples, buildings: **đưa ra toà** to bring to court or to sue; **mỗ toà**

328

usher; **quan toà** judge; **trình toà** to register

toà án *n.* court of law, tribunal: **toà án tối cao** supreme court

toà báo *n.* newspaper office

toà đại hình *n.* criminal court

toà phá án *n.* Supreme Court of Appeal

toà thánh *n.* Holy See, the Vatican

toà thượng thẩm *n.* Court of Appeal

toả *v.* [of smoke, odor] to spread, to emanate

toả cảng *v.* to lock up the harbor: **chính sách bế quan tỏa cảng** the closed door policy

toạ *v.* (= **ngồi**) to sit: **chủ toạ** to preside over [meeting]; **cử toạ** the audience; **an toạ** to be seated

toạ hưởng *v.* to enjoy without any effort

toạ lạc *v.* [of property] to be located

toác *adj.* wide open

toạc *adj., adv.* ripped, torn up; [to speak] openly, frankly, bluntly

toại *adj.* satisfied

toại chí *v.* to be satisfied with one's will

toại nguyện *v.* to have fulfilled one's ambitions

toan *v.* to intend to, to be about to

toan *n., adj.* R acid; sour, **nước cường toan** acid; **vị toan** gastric juice

toán 1 *n.* group, band, army 2 *n.* mathematics: **kế toán** accounting; **tính toán** to calculate

toán học *n.* mathematics: **toán học sơ cấp** elementary mathematics; **toán học đại cương**

general mathematics; **toán học thuần túy** pure mathematics

toán pháp *n.* mathematics, arithmetic

toàn 1 *adj.* to be or have or do nothing but, there is nothing but 2 *adj.* entire, whole, total, complete; perfect: **hoàn toàn** perfect; **đại toàn** complete

toàn bị *adj.* complete, total

toàn bộ *n.* the whole

toàn cầu *n.* the whole world

toàn dân *n.* the whole population, the whole race

toàn diện *n., adj.* total, all; global, comprehensive, perfect

toàn gia *n.* the whole family

toàn lực *n.* all of one's strength

toàn năng *adj.* all powerful, omnipotent, almighty

toàn phần *adj.* [of baccalaureate] complete, whole

toàn quân *n.* the whole army

toàn quốc *n.* the whole nation, all of Vietnam

toàn quyền *n.* full powers, plenipotentiary, Governor General: **được toàn quyền hành động** to have carte blanche

toàn tài *adj.* accomplished, talented, perfect

toàn thắng *n.* total victory

toàn thể *n.* the whole, all

toàn thiện *adj.* perfect, flawless

toàn thịnh *n.* full prosperity, zenith, peak

toàn thời gian *n.* full time

toàn thực *n.* total eclipse

toàn trí *adj.* omniscient

toàn vẹn *adj.* whole, intact, complete

toang *adj.* wide open

toang hoác *adj.* wide open

toang hoang *adj.* all broken, destroyed, demolished

toang toang *v.* to speak loudly

toát 1 *adv.* all over, very: **trắng toát** very white 2 *v.* to exude, to diffuse: **sợ toát mồ hôi** to break out in sweat out of fear

toát yếu *n.* summary, resume; abstract, synopsis

tóc *n.* hair [of head]: **sợi tóc** a single hair; **tiệm hớt tóc** barber shop; **nhuộm tóc** to dye one's hair; **để tóc** to grow one's hair; **búi tóc** to gather one's hair in a chignon

tóc bạc *n.* white hair, gray hair [of old person]

tóc mây *n.* beautiful hair [of woman]

tóc sâu *n.* gray hair [on young person]

tọc mạch *v.* to be curious

toe toét *adj.* showing one's teeth [when grinning **cười**; talking **nói chuyện**; chewing betel **nhai trầu**]

toé *v.* to splash, to splatter

toè *v.* to stretch out, to spread out

toét *adj.* [of eyes] swollen and red, be rheumy because of conjunctivitis or trachoma; spreading [lips **miệng**] when grinning

toẹt *adv.* bluntly, squarely: **sổ toẹt** to cross out indiscriminately

toi *v.* [of efforts, money] to be lost, useless; [of chicken, cattle] to die: **chết toi** to die in an epidemic; **cơm toi** wasted food

tòi *v.* to poke out, to stick out; [of

undergarment] to be showing

tỏi *n.* garlic: **củ tỏi** garlic head

tóm *v.* to nab, to seize: **tóm được, tóm lấy** to sum up; **(nói) tóm lại** to summarize, in a nutshell

tóm cổ *v.* to nab

tóm tắt *v.* to sum up, to summarize

tóm thâu *v.* to gather, to unite

tòm *exclam.* Splash!

tòm tem *v.* to long for, to yearn for

tõm *v.* to plop

ton hót *v.* to flatter, to fawn on

tòn ten *v.* to dangle, to hang loose

tong *v.* to be lost, to lose

tòng *v.* See **tùng**

tọng *v.* to stuff, to cram

tóp *v.* to shrink, to shrivel up

tóp tép *v.* to chew noisily

tọp *v.* to lose weight, to become dwarfed

tót *v.* to hurry ahead

tọt *v.* to spring, to leap, to bounce: **chạy tọt lên** to run to, to dash to

tô 1 *n.* large bowl 2 *v.* to draw, to color: **tô màu hình vẽ nầy** to color this picture 3 *n.* rent: **địa tô, điền tô** land rent

Tô Cách Lan *n.* Scotland, Scottish, Scot

tô điểm *v.* to embellish, to adorn, to decorate

tô giới *n.* concession [in foreign city, eg. British concession in pre-war Shanghai]

tô hô *adj.* stark naked

tố *v.* to denounce, to sue: **đấu tố địa chủ** to denounce landlords

tố cáo *v.* to denounce, to accuse

tố giác *v.* to denounce, to inform against/on someone

tố khổ *v.* [communist] to

denounce landlord/employer before the people's court as having done some injustice

tố tụng *v.* to instigate a lawsuit, to take a legal case, to sue

tổ 1 *n.* nest [of bird **chim**], hive [of bees **ong**], anthill **2** *n.* cell, group: **tiểu tổ** cell **3** *adv.* only **4** *n.* ancestor, forefather; patron saint, founder: **thủy tổ** ancestor

tổ ấm 1 *n.* forebears, ancestors **2** *n.* love nest, happy home

tổ chức *v., n.* to organize, to set up; organization

tổ đỉa *n.* leech's nest

tổ hợp *n.* union, trust, co-op team

tổ mẫu *n.* grandmother

tổ ong *n.* beehive

tổ phụ *n.* grandfather

tổ quốc *n.* fatherland, motherland

tổ sư *n.* patron saint, founder, creator

tổ tiên *n.* ancestors, forefathers

tổ tông *n.* ancestors, forefathers

tổ truyền *adj.* hereditary

tổ trưởng *n.* cell head, team leader, group leader

tốc 1 *v.* [of garment] to be blown up [by the wind], to lift up **2** *adj.* to be speedy, fast: **cấp tốc** urgent, pressing; **dục tốc bất đạt** haste is of the devil

tốc độ *n.* speed, velocity, rate: **tốc độ di chuyển** rate of marching; flight speed; **tốc độ tối đa** maximum speed; **tốc độ tối thiểu** minimum speed

tốc độ kế *n.* speedometer

tốc hành *adj.* [of train] express, fast: **chuyến tàu tốc hành** an express train

tốc ký *n.* shorthand; stenography, stenographer

tốc lực *n.* speed, velocity: **chạy hết tốc lực** to run at full speed

tộc *n.* (= **họ**) family, clan: **gia tộc** family; **đồng tộc** of the same family; **trưởng tộc** clan head; **quý tộc** aristocracy; **hoàng tộc** royal family; **chủng tộc** race

tộc trưởng *n.* clan head, patriarch

tôi 1 *pron.* [used for non-relatives] I, me **2** *n.* servant, slave, subject [of king]: **làm tôi** to be a servant **3** *v.* to mix, to slake [lime], to temper

tôi đòi *n.* servant(s)

tôi mọi *n.* slave

tôi tớ *n.* servant, subject

tối 1 *adj.* dark, obscure; slow-witted: **trời tối** it's dark; **buồng tối** dark room **2** *n.* night, evening: **tối đến** at nightfall, in the evening **3** *adv.* very, extremely, most

tối cao *adj.* high, supreme

tối cần *adj.* essential, urgent, needy

tối dạ *adj.* thick-headed

tối đa *n., adj.* maximum

tối hậu *adj.* last of all, ultimate, final

tối hậu thư *n.* ultimatum

tối huệ quốc *n.* most-favored nation

tối kỵ *adj.* avoided

tối mắt *v.* to be blinded [by profit, etc.]

tối mật *adj.* top secret

tối mịt *adj.* pitch-dark

tối mò *adj.* pitch-dark

tối mù *adj.* pitch-dark

tối ngày *n.* day and night, all day long

tối om *adj.* pitch-dark

tối tăm *adj., v.* very dark, gloomy; to be dark; to faint

tối tân *adj.* ultra-modern, most up to date

tối thiểu *n., adj.* minimum

tối ưu *adj.* excellent, super, top-priority, top rank

tồi *adj.* bad, mean, mediocre

tồi bại *adj.* bad, shameful, depraved

tồi tàn *adj.* bad-looking, very poor

tồi tệ *adj.* miserable, mean, wicked

tội *n.* crime, offense, sin, guilt: **có tội** criminal; guilty; **vô tội** innocent; **rửa tội** to baptize; **thú tội** to confess; **xá tội** to give amnesty; **can tội** guilty of; **khinh tội** offense; **trọng tội** crime

tội ác *n.* crime

tội đồ *n.* exile

tội lỗi *n.* sin, guilt

tội nghiệp *adj., v.* pitiful; to feel sorry for

tội nhân *n.* defendant, culprit, offender, criminal

tội phạm *n.* offender, criminal

tội tình *n.* misfortune

tội vạ *n.* fault

tôm *n.* shrimp, prawn: **mắm tôm** shrimp paste, bagong; **bánh phồng tôm** deep fried shrimp cakes [for cocktails]

tôm he *n.* See **tôm**

tôn 1 *n.* (= **cháu**) grandchild: **tằng tôn** great-grandchild 2 *v.* to honor, to admire, to venerate: **tôn kính** to honor, to respect

tôn chỉ *n.* guiding principle, policy [of newspaper]

tôn giáo *n.* religion, faith

tôn kính *v.* to respect, to honor, to venerate

tôn nghiêm *adj.* solemn

tôn phục *v.* to honor, to respect

tôn sùng *v.* to honor

tôn sư *n.* master, the most venerable teacher

tôn thất *n.* royal family

tôn tộc *n.* relative, kinsman

tôn trọng *v.* to respect, to honor [treaty, etc.]

tôn ty *n.* hierarchy

tốn *v., adj.* to cost [money, time, efforts]; to be costly, expensive

tốn của *adj.* costly

tốn kém *adj.* expensive, costly

tốn tiền *adj.* expensive

tồn *v.* to exist, to remain, to preserve: **bảo tồn văn hoá** to preserve one's culture

tồn căn *n.* stub, counterfoil

tồn cổ *adj.* conservative

tồn kho *v.* to be in stock

tồn khoản *n.* account balance [in bank]

tồn tại *v.* to exist, to survive

tồn trữ *v.* to keep, to conserve

tồn vong *v.* to exist and to disappear

tổn *adj.* (= **tốn**) costly: **phí tổn** expensive

tổn hại *adj.* harmful

tổn phí *n.* expenses, expenditures

tổn thất *v., n.* to lose; loss, damage, casualty

tổn thương *v.* to hurt [pride], to wound

tông *n.* family; ancestor

tông đồ *n.* apostle

tông tích *n.* origin

tống 1 *v.* to expel, to kick out:

tống ra khỏi nhà to be kicked out of one's house; **tống tiền** to blackmail **2** *v.* to hit, to strike

tống biệt *v.* to see [someone] off

tống cổ *v.* to throw out, to kick out

tống đạt *v.* to transmit [memorandum]

tống giam *v.* to arrest, to take into custody

tống khứ *v.* to expel, to kick out

tống ngục *v.* to throw into jail

tống táng *v.* to organize a funeral, to bury [someone]

tống thư văn *v.* to send a messenger

tổng chủ giáo *n.* archbishop

tổng cộng *n.* grand total

tổng cục *n.* general department

tổng đài *n.* switchboard/telephone operator

tổng đình công *n.* general strike

tổng động binh *n.* general mobilization

tổng động viên *n.* general mobilization

tổng giám đốc *n.* director-general

tổng giám mục *n.* archbishop

tổng hành dinh *n.* general headquarters

tổng hội *n.* general association

tổng hợp *n., adj., v.* synthesis; synthetic, general; to combine

tổng kết *v.* to sum up; to conclude, to add up grand total

tổng khởi nghĩa *n.* general uprising

tổng lãnh sự *n.* consul-general

tổng luận *n.* general conclusion

tổng nha *n.* general office/department

tổng phản công *n.* general counter-offensive

tổng quát *n., adj.* general view; in general

tổng sản lượng *n.* total products: **tổng sản lượng quốc gia** gross national product [GNP]

tổng tấn công *n.* general offensive

tổng thống *n.* President [of a republic]: **phó tổng thống** vice-president [of a republic]

tổng thống phủ *n.* the Presidency

tổng trưởng *n.* minister, secretary: **tổng trưởng ngoại giao** secretary of state [U.S.]

tổng tuyển cử *n.* general elections

tổng uỷ viên *n.* general commissioner

tốp *n.* group, bare squad

tốt *adj.* good; [of weather] fine; [of day] auspicious, lucky [*opp.* **xấu**]: **thời tiết tốt** fine weather

tốt bụng *adj.* kind-hearted

tốt duyên *n.* happy marriage

tốt đẹp *adj.* fine, good

tốt đôi *adj.* well-matched

tốt lành *adj.* good, fine; auspicious

tốt mã *adj.* good-looking

tốt mái *adj.* prolific [of childbearing]

tốt nghiệp *v.* to graduate

tốt số *adj.* lucky

tốt tươi *adj.* beautiful

tột *n.* highest degree, top, summit

tột bậc *n.* top level, top notch

tột đỉnh *n.* summit, peak

tột độ *n.* highest degree

tột phẩm *n.* top quality

tơ **1** *n.* silk, thread: **ông Tơ** God of Marriages **2** *adj.* young, tender [of chicken, girl]: **trai tơ** young man

tơ duyên *n.* marriage bonds

tơ hào

tơ hào *adv.* not in the least, not at all

tơ lòng *n.* ties of affection, attachment

tơ mành *n.* fine silk

tơ tưởng *v.* to dream

tớ 1 *n.* servant 2 *pron.* I, me [friendly first person]

tờ *n.* sheet of paper; classifier for papers, newspapers (= **tờ báo**)

tờ khai *n.* declaration, statement

tờ mờ *adj.* dark, somber, dim

tơi 1 *adj.* torn 2 *n.* palm-leaf raincoat

tơi bời *adj.* ragged, in disorder

tơi tả *adj.* in rags, in tatters

tới *v.* (= **đến**) to come, to arrive: **lui tới** to frequent; **tấn tới** to progress; **đi tới** to move forward

tới tấp *adj.* repeatedly beaten; to rain hard

tởm *v., adj.* to loathe so much as to become nauseous; to be nauseating

tớn *adj.* curled up; excited, stirred

tợn *adj.* daring, bold; naughty: **dữ tợn, hung tợn** very tough

tợp *adj. v.* sip, mouthful; to gulp

tra 1 *v.* to put in or fit in [a part such as a tenon into a mortise]: **tháo ra tra vào** to take apart, then put together 2 *v.* to investigate; to examine, to inspect: **thanh tra, kiểm tra** to inspect

tra hỏi *v.* to interrogate, to question: **tra khảo** to examine, to investigate

tra tấn *v.* to interrogate; to beat up, to torture

tra vấn *v.* to interrogate, to question

trá *adj.* false, deceitful: **dối trá** to tell a lie; **gian trá** to cheat

trá hình *v.* to disguise oneself

trá hàng *v.* to pretend to surrender

trá hôn *v.* to substitute another girl for the bride

trà *n.* tea [both the leaves and the beverage]. See **che**; **tiệc trà** tea party; **pha trà** to make tea; **uống trà** to drink tea

trà hoa nữ *n.* camellia

trà thất *n.* teahouse

trà trộn *v.* to mingle [in a crowd]

trả *v.* to pay, to return, to give back: **trả tiền thuê nhà** to pay rent

trả đũa *v.* to retaliate

trả lễ *v.* to convey one's thanks with presents

trả lời *v.* to answer, to reply: **trả lời thư của bạn** to reply to a letter

trả ơn *v.* to reciprocate someone's favor/help

trả thù *v.* to avenge oneself, to take revenge on

trác *v.* to cheat

trác táng *adj.* debauched, depraved

trác tuyệt *adj.* outstanding

trạc *adv.* about, approximately: **trạc ba mươi** about thirty years old

trách *v.* to take to task, to blame, to complain: **quở trách** to scold

trách cứ *v.* to hold someone responsible; to blame

trách mắng *v.* to reprimand, to scold

trách móc *v.* to reproach with, to reprove, to reprimand

trách nhiệm *n.* responsibility: **chịu trách nhiệm** to be responsible

trai **1** *n.* son, boy, young man **2** *n.* oyster: **hạt trai, ngọc trai** pearl; **mũ lưỡi trai** cap [with visor]

trai tráng *adj.* young and strong

trai trẻ *adj.* young

trái **1** *n.* (= **quả**): **hái trái** to pick fruits; **lên trái** to have smallpox; **trồng trái** to vaccinate against smallpox **2** *adj.* [opp. **phải**] to act contrary to, be contrary to, wrong; [of garment] to be inside out; left [as opp. to right **mặt**, **phải**]: **phải trái** right and wrong; **mặt trái** reverse side

trái cây *n.* fruit

trái chủ *n.* creditor

trái chứng *n.* illness, sickness

trái đất *n.* the earth

trái khoản *n.* debt

trái khoáy *n.* contradiction

trái lại *adv.* on the contrary; on the other hand

trái mắt *adj.* shocking to the eyes

trái mùa *adj.* out of season, out of fashion

trái ngược *v., adj.* to contradict; to be contradictory, opposite

trái phá *n.* artillery shell

trái phép *adj.* unlawful, illegal

trái tai *adj.* shocking to the ears

trái thơm *n.* pineapple (= **dứa**)

trái tim *n.* heart

trải **1** *v.* to spread [mat **chiếu**, rug **thảm,** etc.] **2** *v.* to experience, to go through: **trải qua** to come through

trại *n.* farm, plantation: **nông trại** farm; **cắm trại** to camp; **trang trại** farm, villa

trại giam *n.* concentration camp

trại giáo hoá *n.* re-education center

trại hủi *n.* leper colony

trại tập trung *n.* concentration camp

trám **1** *n.* olive: **hình quả trám** diamond-shaped **2** *v.* to stop up, to caulk

trảm *v.* (= **chém**) to behead, to execute: **xử trảm** to behead

trạm *n.* station, stop, resting place for mailmen: **phu trạm** mailman, postman

trạm cấp cứu *n.* first-aid station, first-aid post

trạm xăng *n.* gas/petrol station

trán *n.* forehead, brow: **chạm trán** to confront, to face [với with]

tràn *v.* to overflow; to spread [đến, tới, sang, vào into]: **đầy tràn** overflowing

tràn ngập *v.* to submerge, to flood, to overflow

tràn trề *v.* to be overflowing

trang *n.* page [of book]

trang bị *v.* to equip

trang điểm *v.* to adorn oneself, to make up

trang hoàng *v.* to decorate

trang nghiêm *adj.* serious, solemn: **không khí trang nghiêm** solemn atmosphere

trang nhã *adj.* refined, elegant: **ăn mặc trang nhã** to dress elegantly

trang sức *v.* to adorn, to embellish

trang trải *v.* to pay back, to settle [debts]

trang trí *v., adj.* to decorate; ornamental: **trang trí nội thất** to decorate the interior

tráng **1** *v.* to rinse [dishes, glasses]; to apply a coat of enamel or paint; to spread thin [dough,

tráng kiện

etc.] so as to make pancakes, omelets, etc.: **trứng tráng** omelet 2 *adj.* to be strong, brave: **cường tráng, hùng tráng** virile, strong; **lính tráng** soldiers

tráng kiện *adj.* strong and healthy, hale and hearty

tráng lệ *adj.* stately, imposing

tràng 1 *n.* bowels, intestine: **nhuận tràng** laxative 2 *n.* chain, string [of beads, flowers, fire-crackers, etc.]; salve

tràng hạt *n.* rosary, beads: **lần tràng hạt** to count one's beads

tràng mạng *n.* veil

tràng pháo *n.* string of firecrackers

trạng ăn *n.* big eater

trạng huống *n.* situation

trạng nguyên *n.* first doctoral candidate [under old system]

trạng rượu *n.* great drinker

trạng sư *n.* lawyer

trạng thái *n.* state, condition, situation

trạng từ *n.* adverb

tranh 1 *n.* straw, grass used for thatching 2 *n.* picture, painting

tranh ảnh *n.* pictures, illustrations

tranh biện *v.* to debate, to discuss, to argue

tranh cãi *v.* to debate, to discuss

tranh chấp *v.* to fight for, to dispute

tranh đấu *v.* to struggle, to fight for

tranh đoạt *v.* to seize, to usurp

tranh giành *v.* to dispute, to compete

tranh hùng *v.* to fight for suprem-acy

tranh khôn *v.* to match wits

tranh quyền *v.* to fight for power

tranh thủ *v.* to fight for [independence **độc lập**]; to save [time **thời gian**]; to make use of, to take advantage of

tranh tụng *v.* to sue one another

tránh *v.* to avoid, to dodge; to stand aside, to make way: **không tránh được** inevitable, unavoidable

tránh mặt *v.* to avoid meeting someone

tránh tiếng *v.* to avoid becoming the topic of gossip, to keep one's good name safe

trành *v.* to lean, to bend

trao *v.* See **giao**

trao đổi *v.* to exchange

tráo *v.* to substitute or to switch a faked article for an authentic one

tráo trở *adj.* dishonest, crooked, devious

trào *v.* to overflow

trào bọt *v.* to foam

trào bọt mép *v.* to drivel, to slob-ber

trào lộng *v.* to mock, to ridicule, to satirize

trào lưu *n.* trend, movement: **trào lưu văn hoá mới** new cultural movement

trào máu *v.* to vomit blood

trào phúng *n., adj.* satire; satirical

tráp *n.* wooden container, box

trát 1 *v.* to coat, to plaster; to smear 2 *n.* warrant, order, sum-mons: **trát đòi ra toà** court order

trau *v.* to polish, to adorn

trau giồi *v.* to cultivate [virtue **đức hạnh**]; to improve [knowledge **học thức, kiến thức**]

trảy *v.* to pick [fruit]

rắc ẩn *n.* pity, compassion

rắc địa *v.* to survey land

rắc lượng *v.* to measure land, to survey

rắc nghiệm *v., n.* to test; test, experiment: **trắc nghiệm khả năng tiếng Anh** to test one's English

rắc trở *adj.* difficult

rặc *v.* to be dislocated, to be out of joint, to sprain: **trặc tay** to sprain one's arm

răm *num.* [SV **bách**] hundred: **một trăm hai mươi/chục** 120; **hàng trăm** hundreds of

răm họ *n.* the people, everyone

răm năm *n.* a man's life; for ever

răn *n.* python

rằn *v.* to roll, to toss

rằn trọc *v.* to toss in bed, to have insomnia

răng *n.* the moon

răng gió *v.* to flirt

răng hoa *v., adj.* to flirt; flirtatious

răng mật *n.* honeymoon

răng trắng *adj.* whitish

rắng *adj., adv.* [SV **bạch**] white; [of hands **hai bàn tay**] to be empty; blank; [to speak] frankly: **lòng trắng trứng** egg white; **bỏ trắng** to leave blank; **kính trắng** eyeglasses, reading glasses

rắng án *v.* to be acquitted, to get cleared by the court

rắng bạch *adj.* very white, pale

rắng dã *adj.* [of eyes] white

rắng hếu *adj.* [of skin] light white

rắng mắt *adj., v.* disillusioned; to realize one's mistake

rắng ngà *adj.* ivory white

rắng nhợt *adj.* very pale

trắng nõn *adj.* [of complexion] soft and very white

trắng phau *adj.* very white

trắng tinh *adj.* immaculate, spotless white

trắng toát *adj.* immaculate, spotless white

trắng trẻo *adj.* light white

trắng trợn *adj.* blunt; cynical; rude

trắng xoá *adj.* dazzling white

trâm *n.* hairpin

trâm anh thế phiệt *n.* nobility

trầm *v.* R to sink (= **chìm**); R heavy, serious: **trầm trọng, trầm mình** to drown oneself

trầm 1 *n.* aquilaria **2** *adj.* [of voice] to be deep, low: **trầm hùng** to be moving; **trầm hương** aquilaria; **trầm lặng** to be quiet, taciturn

trầm mặc *adj.* quiet, taciturn

trầm ngâm *adj.* pensive, meditative, thoughtful

trầm tĩnh *adj.* quiet, calm, taciturn

trầm trệ *adj., v.* heavy, slow, stagnant; to stagnate

trầm trọng *adj.* [of illness] serious

trầm trồ *v., adj.* to praise; to be full of admiration, admirable

trầm tư mặc tưởng *adj.* meek; to be lost in meditation

trẫm *v.* to suppress, to hush up

trẫm 1 *v.* to drown oneself: **trẫm mình xuống nước** to throw oneself into the water **2** *pron.* I, me [used by king]

trân *v.* to be lost to shame, to remain brazen-faced

trân châu *n.* pearl

Trân Châu Cảng *n.* Pearl Harbor

trân trọng *adv.* respectfully, solemnly

trấn

trấn *n.* market town, town: **thị trấn** town center

trấn *v.* to repress, to block the way, to stand in the way: **đứng trấn cửa ra vào** to stand in the way of the front door

trấn áp *v.* to repress, to overwhelm

trấn định *v.* to appease, to soothe

trấn giữ *v.* to guard, to defend, to protect

trấn thủ *v.* to guard, to defend [a place]

trấn tĩnh *v.* to control oneself, to keep calm

trần 1 *adj.* semi-naked: **cởi trần, ở trần** half naked; **lột trần** to strip, to unmask 2 *n.* ceiling: **trần nhà** ceiling; **quạt trần** ceiling fan

trần ai *n.* this world

trần duyên *n.* lot, destiny, fate

trần gian *n.* the world, this world

trần hoàn *n.* this world

trần lụy *n.* pains of life, worries of life

trần tấu *v.* to report to the king

trần thế *n.* this world

trần thiết *v.* to arrange, to display; to decorate

trần thuật *v.* to explain, to testify

trần thuyết *v.* to explain, to set forth

trần tình *v.* to set forth, to make clear

trần trụi *adj.* stark naked

trần truồng *adj.* naked

trần tục *n.* human life

trận *n.* combat, battle; classifier for wars, matches, rain, storms, etc.: **mặt trận** front; **tử trận** to die in action; **ra trận** to go into battle; **thắng trận** victorious

trận địa *n.* battlefield, battleground

trận đồ *n.* strategy, plan

trận giặc *n.* war

trận mạc *n.* battle, fight, combat

trận tuyến *n.* battle line, front

trận vong *v.* to die in battle

trâng tráo *v.* to be brazen-faced

trập trùng *v.* to accumulate [of waves, mountains]

trật 1 *n.* level, grade, rank: **thăng trật** to promote 2 *adj.* erroneous, wrong; off course

trật bánh *v.* to be derailed

trật đường *v.* to take the wrong road

trật trưỡng *v.* to be staggering, to be unstable, to be reeling

trật tự *n.* order: **giữ trật tự** to maintain order; **vô trật tự** disorderly; **tôn ti trật tự** hierarchy; **trật tự công cộng** public order

trâu *n.* water buffalo, carabao

trâu bò *n.* livestock, cattle

trâu mộng *n.* gelded buffalo

trâu ngựa *n.* slaves

trấu *n.* rice husk: **như trấu** [of mosquitoes **muỗi**] to be abundant

trầu cau *n.* betel and areca-nut

trây 1 *v.* to smear, to soil, to tarnish 2 *adj.* to be lazy, negligent

trây lười *adj.* lazy

trầy *v.* to be scratched, to scrape off, to abrade

trầy trật *v.* to have great difficulties

trầy trụa *v.* to be all scratched up

trẩy *v.* to travel, to go sightseeing

trẩy hội *v.* to make a pilgrimage, to go on a pilgrimage

tre *n.* [SV **trúc**] bamboo: **khóm tre** a clump of bamboo; **lá tre**

bamboo leaves; **đũa tre** bamboo chopsticks

trẻ *adj.* young, young child [*opp.* **già**]: **lớn bé già trẻ** old and young, everyone; **tuổi trẻ** youth

trẻ con *n.* child, kid, youngster

trẻ em *n.* child, kid

trẻ già *n.* young and old

trẻ lại *v.* to be rejuvenated

trẻ măng *adj.* very young

trẻ nhỏ *n.* children, kids

trẻ thơ *n.* a very young child

treo *v.* to hang, to suspend; to display [flag]; to offer [prize **giải**]

treo bảng *v.* to publish the list of successful candidates [in examination]

treo cổ *v.* to hang [criminal]

treo cờ *v.* to display flags

treo giải *v.* to offer a prize

treo giò *v.* to suspend [a soccer player], to penalize

treo gương *v.* to hang a mirror; to set an example

treo mõm *v.* to be starved

tréo *v.* to be at an angle, to cross: **tréo chân** to cross one's legs

trèo *v.* to climb: **leo trèo** to climb

trèo đèo lặn suối *v.* to climb up hill and go down dale

trèo leo *v.* to climb

trèo non vượt biển *v.* to be up hill and down dale

trẹo *adj.* to be out of joint, be dislocated; [of neck] stiff; [of ankle] sprained

trẹo cổ *v.* to have a stiff neck

trẹo họng *v.* to lie, to slander

trét *v.* to smear; to calk

trề *v.* to purse, to pout [one's lips **mỏ, môi**]

trễ **1** *adj.* late: **trễ mười phút** ten minutes late; **bê trễ** tardy **2** *adj.* hanging, drooping

trễ giờ *adj.* late

trễ nải *adj.* tardy; lazy

trệ **1** *adj.* stopped; late: **đình trệ** held up, delayed **2** *v.* to sag

trệch *v.* to veer off, to miss [target]

trên *prep., adv.* above, on, upon, over, upper: **ở trên đầu** over, on one's head: **trên gác, trên lầu** upstairs; **trên trời** in the sky; **người trên** superior; **tầng trên** upper floor; **trên không** in the air; **trên bộ** on land, ashore

trệt *adj.* flattened: **nhà trệt** one-storied house

trêu *v.* to tease, to pester, to plague; to flirt; to provoke

trêu chọc *v.* to tease

trêu gan *v.* to irritate, to provoke

trêu ghẹo *v.* to tease, to pester, to plague

trêu ngươi *v.* to irritate, to provoke

trểu tráo *v.* to chew briefly

trều trào *v.* to be overflowing

tri *v.* (= **biết**) to know: **vô tri** inanimate; **tiên tri** prophet; **cố tri** old friend; **thông tri** to inform

tri âm *n., v.* close friend; to fully understand one another

tri ân *v.* to be grateful

tri giác *n.* perception

tri giao *v.* to have a friendly relationship

tri hành *n.* theory and practice

tri hô *v.* to shout for help

tri kỷ *n.* close friend

tri năng *n.* knowledge and ability

tri ngộ *n.* friendship at first sight

tri thức *n.* knowledge

trí *n.* mind, spirit, wit, intelligence; knowledge, wisdom: **tài trí** ability and intelligence

trí dục *n.* intellectual education

trí dũng *n.* wisdom and courage

trí khôn *n.* intelligence

trí lực *n.* mental power, intellect, mind

trí não *n.* brain, mind

trí nhớ *n.* memory

trí sĩ *n.* retired official

trí thức *n.* intellect, intellectual, intelligentsia

trí trá *adj.* crafty, wily

trí tri *v.* to deepen knowledge

trí tuệ *n.* intelligence

trí tưởng tượng *n.* imagination

trí xảo *adj.* astute, cunning

trì *v.* to hold; to support, to help: **duy trì** to preserve, to maintain; **kiên trì** patient

trì chí *adj.* patient

trì độn *adj.* dull, apathetic, lazy

trì hoãn *v.* to delay, to postpone

trị *v.* to administer, to govern, to rule; to cure: **thống trị** to rule; **điều trị, trị liệu** to cure diseases; **trừng trị** to punish

trị an *v.* to pacify, to maintain order

trị giá *v.* to be worth [so much], to value

trị liệu *v.* to cure, to treat

trị số *n.* value

trị sự *v.* to manage

trị thuỷ *v.* to control floods

trị tội *v.* to punish

trị vì *v.* [of king] to reign, to rule

trích *v.* to extract, to excerpt, to take out; to set aside [a certain amount]: **trích một số tiền** to set aside a sum of money

trích dẫn *v.* to quote

trích dịch *v.* to translate excerpts

trích diễn *n.* excerpts [from literary works]

trích đăng *v.* to print, to publish parts of

trích lục *v.* to duplicate, to copy

trích yếu *n.* summary, outline, abstract, synopsis

trịch *adj.* very heavy; **nặng trình trịch** very heavy

trịch thượng 1 *v.* to hold a superior rank; to be lofty 2 *adj.* condescending: **giọng trịch thượng** condescending tone

triền *n.* [mountain] slope; [river] basin

triền miên *adj.* tangled up, interminable

triển hạn *v.* to extend a deadline

triển khai *v.* to develop, to expand

triển lãm *v., n.* to exhibit; exhibition: **cuộc triển lãm hội họa** painting exhibition

triển vọng *n.* prospect, expectation, outlook

triện *n.* seal, stamp

triết *n.* philosophy

triết gia *n.* philosopher

triết học *n.* philosophy [the study]

triết lý *n.* philosophy [of a man or religion]

triết nhân *n.* philosopher

triệt *v.* to suppress, to remove, to exterminate; to withdraw [troops **binh**]: **triệt thoái quân đội** to withdraw troops

triệt để *adj., adv.* radical, thorough, systematic; thoroughly, completely

triệt hạ *v.* to quell; to raze, to put down

triệt hồi *v.* to dismiss, to recall [official]

triệt tiêu *v.* to cancel, to destroy

triệt thoái *v.* to withdraw

triệt thối *v.* to withdraw

triều **1** *n.* royal court **2** *n.* (= **trào**) tide: **thuỷ triều đang lên** rising tide

triều chính *n.* court affairs, state affairs

triều cống *v.* to bring a tribute to the emperor

triều đại *n.* dynasty

triều đình *n.* the imperial Court

triều thần *n.* court officials

Triều Tiên *n.* (= **Cao Ly**) Korea

triệu **1** *num.* million: **hai triệu rưỡi** 2,500,000 **2** *v.* to summon; to call: **triệu đại sứ về nước** to recall the ambassador home

triệu chứng *n.* symptom; omen

triệu hồi *v.* to recall [an official]

triệu phú *n.* millionaire

triệu tập *v.* to call a meeting, to convene, to convoke [assembly]

trinh *adj.* virgin, chaste; right-eous: **mất trinh** to lose virginity

trinh bạch *adj.* chaste, pure

trinh nữ *n.* virgin

trinh phụ *n.* loyal wife

trinh sát *v.* to spy, to scout around

trinh tiết *n.* virginity

trinh thám *adj.* detective

trình *v.* to report: **trình hộ chiếu** to show one's passport; **tờ trình** report; **phúc trình** to report [again]

trình bày *v.* to present, to display: **trình bày kế hoạch làm việc** to present an action plan

trình diện *v.* to report oneself

trình độ *n.* degree, extent, level, standard

trình toà *v.* to register [model, patent]

trình trịch *adj.* weighty

trình tự *n.* sequence, order; process

trình trọng *adj.* formal, solemn

trìu mến *v., adj.* to be fond of, to love; affectionate

trĩu *v.* to be weighted down, to be bent: **nặng trĩu** very heavy

tro *n.* cinders, ashes

trò **1** *n.* young student: **học trò** student, schoolboy, pupil; **vẽ trò** to complicate things; **vai trò** role, part; **pha trò** to kid, to joke, to be a comedian **2** *n.* game, trick, feat

trò chơi *n.* game: **chơi trò chơi điện tử** to play computer games

trò chuyện *v.* to talk

trò cười *n.* laughing-stock

trò đời *n.* human comedy

trò đùa *n.* joke, trick, prank

trò nhỏ *n.* schoolboy

trò quỉ thuật *n.* magician's trick

trò trẻ con *n.* children's stuff

trò trống *n.* nothing

trỏ *v.* to point, to show: **ngón tay trỏ** index finger

trọ *v.* to stay overnight; to board: **ăn trọ, ở trọ** to stay at; **quán trọ** inn

trọ trẹ *v.* to speak with a heavy accent

tróc *v.* [of skin **da**] to peel off; to scale off; [of bark **vỏ**, scale **vảy**, paint **sơn**] to fall off

tróc nã *v.* to hunt for

trọc *adj.* [of head] shaven; [of mountain] bare

trọc lóc *adj.* completely shaven; hairless

trọc phú *n.* lonely rich

trói *v.* to bind, to tie up [a person]: **trói người nầy lại** to tie up this person

trọi *adj.* emptied, cleaned out

trõm *n.* [of cheeks **má**] hollow, [of eyes **mắt**] sunken

tròn *adj.* round, spherical, [of moon] full: **vòng tròn** circle; **quả tròn** sphere; **hình tròn** round, spherical; circle, sphere

tròn trặn *adj.* perfectly round

tròn trĩnh *adj.* plump, roundish

tròn xoe *adj.* perfectly round

trọn *adj., adv.* entire, whole; entirely, completely

trọn đời *n.* during one's entire life

trọn vẹn *adj.* complete, whole, integral

trong 1 *adj.* [SV **thanh**] pure, clear, transparent [*opp.* **đục**] 2 *prep.* [SV **nội**] in, inside, inner; among: **trong số** among; **ở trong, bên trong** inside

trong khi *adv.* while, during

trong khi ấy *adv.* meanwhile, in the meantime

trong sạch *adj.* pure, clean

trong suốt *adj.* transparent, clear

trong trắng *adj.* pure, clean

trong trẻo *adj.* clear, unclouded

trong vắt *adj.* very clear, limpid, transparent

tróng vòng *adv.* within [a period of time]

tròng 1 *n.* noose, lasso; trap, snare 2 *n.* pupil of the eye

tròng lọng *n.* slip knot, noose

tròng trành *v., adj.* to rock; unstable

trọng *adj.* heavy (= **nặng**); important [*opp.* **khinh**]; to respect, to honor [person, treaty]: **nghiêm trọng** grave, serious; **quan trọng** important; **tự trọng** self-respect; **hệ trọng** vital, crucial; **quí trọng** to esteem and respect; **trầm trọng** grave, serious [of crisis]

trọng bệnh *n.* serious illness

trọng dụng *v.* to use at an important function

trọng đãi *v.* to treat well

trọng đại *adj.* very important

trọng hậu *adj.* generous, liberal

trọng lực *n.* weight, gravity

trọng lượng *n.* weight

trọng lượng riêng *n.* specific weight

trọng lượng nguyên *n.* gross weight

trọng lượng ròng *n.* net weight

trọng tài *n.* umpire

trọng tải *v., n.* [of vessel] to have a tonnage of; carrying capacity, weight load

trọng tâm *n.* center of gravity, hub; important point, center of importance

trọng thể *adj.* solemn

trọng thương *adj.* heavily wounded, severely wounded

trọng thưởng *v.* to reward generously

trọng tội *n.* serious offense, crime

trọng trách *n.* heavy responsibility

trọng vọng *v.* to honor, to respect

trọng yếu *adj.* important, vital, essential

trót 1 *adv.* to act completely; entirely, full 2 *v.* to have committed already [an error, a crime]

trô trố v. to stare at, to goggle

trố v. to have eyes wide open

trố mắt v. to goggle

trổ 1 v. to shoot forth, to put forth, to sprout 2 v. to show off, to display: **trổ tài** to display talent

trổ bông v. to bloom [flowers]

trổ hoa v. to bloom

trốc v. to upturn

trôi v. to drift; [of time] to pass: **chết trôi** to be drowned

trôi chảy adj. going well, running smoothly; easy, flowing [style]

trôi giạt v. to be stranded; to drift, to roam

trôi nổi v. to be drifting

trôi sông v. to drown [as a punishment] in a river, to drift on the river

trối 1 v. to leave one's last will 2 adj. exhausted, overwhelmed

trối chết adv. beyond endurance, intolerably

trồi v. to emerge, to jut out; [of price] to go up: **trồi lên khỏi mặt nước** to emerge from the water

trội v. to excel, to surpass, to dominate

trội khoản n. over limit credit

trộm v. to steal; to venture to [think **nghĩ**]: **kẻ trộm, thằng ăn trộm** burglar; **vụ trộm** burglary

trộm cắp n. robbers, thieves

trộm cướp n. burglars, bandits

trộm nghĩ v. to venture to think

trộm nhớ v. to miss [someone/ something] in secret

trộm phép v. to take the liberty of

trôn n. bottom, eye [of needle]; behind: **xoáy trôn ốc** spiral

trốn v. [SV đào] to flee, to escape: **chạy trốn** to run away; **lẩn trốn** to escape

trốn học v. to play truant

trốn lính v. to dodge the draft

trốn mặt v. to hide, to avoid [somebody]

trốn thoát v. to flee, to escape from

trốn thuế v. to dodge taxes

trốn tránh v. to evade, to dodge; to avoid

trộn v. to mix; to stir, to blend, to mingle: **trộn muối với tiêu** to mix salt with pepper

trông v. to look; to have the appearance of; to wait for

trông cậy v. to rely on, to depend on

trông chờ v. to wait for

trông chừng v. to watch out; it seems that

trông coi v. to watch over, to guard, to take care of

trông đợi v. to expect, to hope

trông mong v. to expect, to hope

trông nom v. to look after; to take care of, to supervise

trông thấy v. to see

trống 1 n. drum: **đánh trống** to beat a drum; **mặt trống** drum-head; **dùi trống** drumstick [musical instrument]; **không kèn không trống** without fanfare 2 adj. [of chicken] male: **gà trống** rooster, cock 3 adj. [of place] to be empty, vacant, unprotected: **chỗ trống** blank

trống không adj. empty

trống mái n. male and female; showdown

trống ngực n. heart beat

343

trống trải *adj.* exposed, empty

trống rỗng *adj.* empty

trồng *v.* to grow, to plant

trồng đậu *v.* to vaccinate against smallpox

trồng tỉa *v.* to plant, to grow

trồng trái *v.* to vaccinate against smallpox

trồng trọt *v.* to cultivate, to grow trees and plants

trơ *adj.* motionless; alone; brazen-faced; to be indifferent, shameless: **trơ trọi** to be alone

trơ mắt *v.* to stand and look; to be powerless, to be helpless

trơ tráo *adj.* shameless, brazen

trơ trẽn *adj.* ashamed; shameless, impudent

trơ trọi *adj.* all alone

trơ trơ *adj.* motionless, still; unmoved, indifferent

trơ trụi *adj.* stripped, leafless: **cành cây trơ trụi** leafless branch

trớ trêu *v.* to dupe, to deceive; to be ironical

trở *v.* to return [to a place], to change

trở chứng *v.* to change one's conduct

trở cờ *v.* to be a turncoat

trở dạ *v.* to begin to go into labor

trở đi *adv.* from now on

trở giọng *v.* to change one's tune

trở lại *v.* to return

trở lực *n.* obstacle [with **vượt** to overcome]

trở mặt *v.* to betray

trở mình *v.* to turn over [in bed]

trở nên *v.* to become

trở ngại *v., n.* to have an obstacle/ a problem; obstacle, hurdle

trở thành *v.* to become

trở xuống *v.* to go downward

trợ *v.* to help; to support: **bảo trợ** to assist; to sponsor; **tương trợ** mutual aid; **nội trợ** housewife

trợ bút *n.* assistant editor

trợ cấp *v.* to give aid or grant to, to subsidize, to give relief to

trợ lý *n.* assistant

trợ động từ *n.* auxiliary verb

trợ giáo *n.* teaching aide

trợ tá *n.* assistant

trợ lực *v.* to assist, to aid

trợ thì *adj.* temporary, makeshift

trợ từ *n.* particle

trời *n.* sky, heaven, air; weather

trời ơi! *intj.* Heaven!; My God!

tròm *v.* to overlap, to flow over

trơn *adj.* smooth, slippery; fluent; [of silk, material] solid, plain, without design

trơn tru *adv.* smoothly, without a hitch

trơn tuột *adj.* very slippery

trớn **1** *n.* impetus, momentum, elan **2** *v.* to have eyes wide open [because of anger or agony]

trợn *v.* to glower, to scowl

trợn trừng *v.* to glower

tru **1** *v.* to execute, to condemn to death **2** *v.* to howl, to yell

tru di *v.* to execute, to kill

tru tréo *v.* to howl, to yell

trú *v.* to take shelter; to dwell, to live, to stop, to reside: **lưu trú** to stay, to reside; **đồn trú** [of troops] to be stationed

trú ẩn *v.* to take shelter: **hầm trú ẩn** air raid shelters

trú chân *v.* to stop off at; to stay, to take shelter

trú dân *n.* resident

trú ngụ *v.* to reside, to live

trú nhân *n.* refugee

trú quán *n.* place of residence, permanent address

trú sở *n.* dwelling, residence, domicile

trù **1** *v.* to manage, to plan, to estimate beforehand **2** *v.* to curse, to cast a spell; [slang] to be after, to be implacable toward [student, one's child]; to be bent on harming

trù bị *v.* to prepare, to get ready

trù dập *v.* to clip someone's wings

trù định *v.* to plan to

trù liệu *v.* to plan

trù mật *adj.* densely populated and prosperous; [of population] to be dense

trù phú *adj.* prosperous

trù tính *v.* to plan to

trù trừ *v.* to hesitate, to falter

trụ *n.* (= **cột**) pillar, pole: **trụ đèn** light pillar

trụ sinh *n.* antibiotic

trụ sở *n.* headquarters, main office

trụ trì *n.* head monk, resident monk [in Buddhist temple]

truân chiên *adj., n.* hard, difficult; ups and downs

truất *v.* to dismiss, to remove

truất hữu *v.* to expropriate

truất ngôi *v.* to dethrone

truất phế *v.* to dethrone

truất vị *v.* to dethrone

trúc **1** *n.* small bamboo; flute **2** *v.* to fall, to topple

trúc mai *n.* bamboo and plum tree, friendship; conjugal love

trúc trắc *adj.* [of style] awkward, clumsy; [of undertaking] difficult

trục **1** *v.* to jack up: **cần trục** jack, crane **2** *n.* axle, axis: **trục xe đạp** a bicycle axle **3** *v.* to expel, to drive out

trục kéo *n.* crane

trục lợi *v.* to be mercantile, to seek self-profit

trục trặc *v.* to run into difficulties; to go awry; [of machine] to run with difficulty

trục xuất *v.* to expel, to deport

trụi *adj., v.* stripped bare, leafless; to lose one's hair, to be denuded of: **cây trụi lá** leafless trees

trùm **1** *v.* to cover **2** *n.* hamlet chief; [of gang] leader

trùm chăn *v.* to keep out of any involvement, to remain in a neutral position

trun *adj.* elastic

trùn **1** *v.* to retract **2** *n.* earthworm

trung **1** *adj.* loyal, faithful [*opp.* **gian, nịnh**]: **trung với nước hiếu với dân** to be loyal to one's country and dedicated to one's people **2** *adj.* (= **giữa**) center, middle, medium, interior: **cỡ trung** medium size

trung bình *adj.* average: **tốc độ trung bình** average speed

trung bộ *n.* central part; central Vietnam

trung cấp *adj.* middle: **cán bộ trung cấp** middle-ranking cadres

trung chính *adj.* impartial, unbiased, neutral

Trung Cổ *n., adj.* Middle Ages; medieval

Trung Cộng *n.* Communist China, Chinese communists

trung du *n.* midland

trung đẳng *n.* intermediate grade

trung đoàn *n.* regiment

trung đoàn trưởng *n.* colonel

trung độ *n.* medium, intermediate degree

trung đội *n.* section, platoon

trung đội trưởng *n.* platoon leader

Trung Đông *n.* Middle East

trung gian *n.* intermediary, middleman, go-between [with **làm** to be, act as]

trung hậu *adj.* upright and kind-hearted

trung hiếu *adj.* loyal to the king and dutiful to parents

Trung Hoa *n.* China: **Trung Hoa Quốc gia** Nationalist China

trung hoà *adj., v.* neutral; [physics, chemistry] to neutralize

trung học *n.* secondary education: **trường trung học** high school, secondary school

trung kiên *adj.* faithful, loyal

trung lão *adj.* middle-aged

trung lập *adj.* neutral: **thái độ trung lập** neutral attitude

trung lập hoá *v.* to neutralize

trung liệt *adj.* loyal and virtuous

trung lưu *n.* middle class

trung nghĩa *adj.* loyal

trung phần *n.* central part; central Vietnam

trung quân *v.* to be loyal to the king

Trung Quốc *n.* China

trung sĩ *n.* sergeant: **trung sĩ nhất** master sergeant, first sergeant

trung tá *n.* lieutenant-colonel

trung tâm *n.* center: **trung tâm huấn luyện** training center

trung thành *v.* to be loyal

trung thần *n.* loyal subject

trung thiên *n.* zenith

trung thu *n.* mid autumn

trung tín *adj.* loyal, faithful

trung trinh *adj.* loyal and straight-forward

trung trực *adj.* loyal, upright

trung tuyến *n.* median

trung uý *n.* first lieutenant; [navy] lieutenant junior grade

trung ương *adj., n.* central; headquarters: **chính phủ trung ương** central government

Trung Việt *n.* central Vietnam

trúng **1** *v.* to hit [target, jackpot]; to be hit [by arrow **tên**, bullet **đạn**] **2** *v.* to win, to be right: **đoán trúng** to guess right

trúng cách *v.* to fulfill the requirements

trúng cử *v.* to be elected

trúng độc *v.* to be intoxicated; to be poisoned

trúng gió *v.* to be caught in a draft [air current]

trúng kế *v.* to fall into a trap

trúng phong *v.* to be caught in a draft [air current]

trúng số *v.* to win a lottery prize

trúng thử *v.* to get sunstroke

trúng thực *v.* to have indigestion

trúng tủ *v.* [of examinee, student] to hit one's knowledge, to be asked the only question one has studied for

trúng tuyển *v.* to pass the examination

trùng **1** *adj.* [of string] slack [*opp.*

căng]; [of trousers] to be hang-
ing **2** *v.* to coincide, to be the
same [**với** with] **3** *adj.* duplicate,
repeated **4** *n.* insect, worm: **côn
trùng** insects

trùng dương *n.* oceans

trùng điệp *adj.* rolling; repetitious,
duplicating; reduplicative

trùng phùng *v.* to meet again

trùng tên *v.* to have the same name

trùng trình *v.* to linger, to loiter;
to waver; to procrastinate

trùng trùng điệp điệp *adj.*
numerous, indefinite

trùng tu *v.* to reconstruct, to reha-
bilitate, to restore

truồng *adj.* naked: **cởi truồng, ở
truồng** stark naked

trút 1 *n.* anteater, pangolin **2** *v.*
to pour; to leave [load]; to cast
aside [**linh hồn** soul]

trút sạch *v.* to clean [dishes]; to
get rid of completely

trụt *v.* to slide down, to slip off

truy *v.* to quiz; to chase, to pursue
[case, problem]

truy cản *v.* to intercept

truy cấp *v.* to backpay

truy cứu *v.* to investigate, to
search for

truy điệu *v.* to commemorate
[dead heroes]

truy hoan *v.* to indulge in plea-
sure-seeking

truy kích *v.* to pursue and attack

truy lĩnh *v.* to receive arrears of

truy nã *v.* to hunt for, to track
down [suspect, criminal]

truy nguyên *v.* to identify the
source; to trace back

truy niệm *v.* to commemorate

truy phong *v.* to hit and run away

truy tặng *v.* to bestow [title] post-
humously

truy tầm *v.* to hunt, to look for
[suspect, criminal]

truy thu *v.* to collect arrears

truy tố *v.* to sue, to prosecute

truy vấn *v.* to interrogate, to ques-
tion

truỵ lạc *adj.* degenerated,
depraved, debauched

truỵ thai *v.* to miscarry; to have an
abortion

truyền 1 *v.* to communicate; to
transmit [inheritance, tradition];
to transmit; to teach, to hand
over: **truyền bệnh** to transmit a
disease; **gia truyền** family tradi-
tion; **lưu truyền** to hand down;
thất truyền to be lost because
something is no longer taught
2 *v.* to order

truyền bá *v.* to spread, to popular-
ize, to disseminate

truyền đạo *v.* to preach a religion

truyền đạt *v.* to communicate

truyền giáo *v.* to preach a religion

truyền hình *v.* to transmit an
image: **vô tuyến truyền hình**
television [TV]

truyền huyết *v.* to transfer blood

truyền khẩu *v.* to transmit orally:
văn học truyền khẩu oral or folk
literature

truyền nhiễm *adj.* [of disease]
communicable, contagious

truyền nhiệt *v.* to conduct heat

truyền thanh *v.* to broadcast

truyền thần *v.* to draw a life
portrait

truyền thông *v., n.* to communicate [ideas]; communication

truyền thống *adj., n.* traditional; tradition

truyền thụ *v.* to teach, to impart

truyền thuyết *n.* legend

truyền tin *n.* communication

truyền tụng *v.* to pass down something from generation to generation

truyện *n.* story, novel, fiction, tale: **kể truyện** to tell a story; **truyện ngắn** short story

truyện gẫu *v.* to chat

truyện ký *n.* biography

truyện phiếm *n.* humorous story, idle talk

trứ danh *adj.* famous, prominent, well-known, famed

trứ tác *v.* to write, to compose

trứ thuật *v.* to write, to compose

trừ 1 *v.* to subtract, to deduct; to exclude, to suppress, to eliminate **2** *adv.* except

trừ bị *v.* to keep aside, to reserve: **sĩ quan trừ bị** reserve officer

trừ khử *v.* to wipe out, to quell, to exterminate

trừ phi *conj.* unless

trừ tịch *n.* New Year's eve

trữ *v.* to save, to keep aside, to store

trữ kim *n.* gold reserve

trữ lượng *n.* reserve

trữ tình *adj.* lyric

trưa 1 *adj.* late [in the morning]: **ngủ dậy trưa** to get up late **2** *n.* noontime, midday: **ngủ trưa** to get up late; to take a siesta

trực *adj.* (= **thẳng**) straight, honest, righteous: **túc trực** to be on hand

trực ban *v.* to be on duty

trực giác *n.* intuition

trực hệ *n.* direct lineage

trực ngôn *n.* honest language, sincere words

trực thăng *v.* to rise up straight

trực thu *v.* [of taxes] to tax directly, to levy directly [*opp.* **gián thu**]: **thuế trực thu** direct taxes

trực thuộc *v.* to be directly dependent on

trực tiếp *adj.* direct, immediate [*opp.* **gián tiếp**]: **tiếp xúc trực tiếp** to contact directly with

trực tính *adj.* outspoken

trực tràng *n.* rectum

trưng *v.* to display: **trưng bày sản phẩm** to display products

trưng bày *v.* to display, to exhibit

trưng binh *v.* to recruit soldiers, to raise troops, to conscript

trưng cầu *v.* to request someone's opinion, to seek a consensus

trưng dụng *v.* to requisition [for government use]

trưng tập *v.* to requisition

trưng thu *v.* to confiscate

trứng *n.* egg: **để trứng** to lay eggs; **rán trứng** to fry an egg; **vỏ trứng** eggshell; **buồng trứng** ovary; **lòng trắng trứng** egg white; **lòng đỏ trứng** egg yolk; **trứng gà** chicken egg

trứng nước *adj.* in infancy, young

trừng *v.* to stare at, to glower: **trừng mắt nhìn họ** to glower at them

trừng giới *v.* to correct, to punish: **nhà trừng giới** reformatory

trừng phạt *v.* to punish

trừng trị *v.* to punish: **trừng trị kẻ phạm tội** to punish criminals

trừng trừng *v.* to be staring

trước *adj., adv.* [SV tiên, tiền] before, last, in front of [*opp.* sau], before; in advance: **đến trước** to arrive ahead of time; **trước mắt** in front of someone's eyes; **cửa trước** front door, front gate; **khi trước** before

trước bạ *v.* to register: **trước bạ xe của bạn** to register your car

trước đây *adv.* before

trước hết *adv.* first of all, in the first place, above all

trước kia *adv.* before, formerly, previously

trước nhất *adv.* first of all, in the first place

trước sau *adv.* before and after, always

trước tiên *adv.* first of all, firstly

trườn *v.* to creep, to crawl

trương *n.* See **trang**

trương **1** *v.* to swell up, to extend, to expand, to open up **2** *v.* to display, to exhibit; to boast **3** *v.* to fly, to unfurl: **trương cờ** to fly one's flag

trương mục *n.* account

trướng **1** *v.* to swell, to distend: **trướng bụng** to have a distended stomach **2** *n.* (= **màn**) curtain, tapestry, hangings; laudatory writing [in praise of a promotion, wedding, etc.]

trường **1** *n.* (= **tràng**) bowels, intestine **2** *n.* school, field: **trường trung học** secondary school; **hí trường** theater; **kịch trường** theater; **nhạc trường** auditorium, music hall; **pháp trường** execution ground; **trường tư** private school; **công trường**

square **3** *adj.* (= **dài**) long [*opp.* đoản]: **sở trường** specialty; **suốt đêm trường** all night long

trường bay *n.* airfield

trường ca *n.* long poem, long song

trường chinh *n.* the long march

trường cửu *adj.* lasting, long term

trường đua *n.* race track, race course

trường hợp *n.* circumstances; case

trường kỳ *n., adj.* long term; long, prolonged

trường kỷ *n.* sofa

trường mệnh *n.* longevity

trường qui *n.* examination rules; school regulations

trường sinh *n.* immortality, long life: **thuốc trường sinh** an elixir of life

trường thành *n.* long wall: **Vạn Lý Trường Thành** the Great Wall [of China]

trường thi *n.* examination compound

trường thiên tiểu thuyết *n.* long novel

trường thọ *v.* longevity

trường tiền *n.* the mint

trường tồn *v.* to last, to endure

trưởng *adj.* the eldest in the family; head, chief: **thuyền trưởng** captain [of a ship]; **cảnh sát trưởng** police chief, sheriff; **khoa trưởng** dean [of a faculty **khoa**]; **quận trưởng** district chief; **tiểu đội trưởng** squad leader; **hội trưởng** president [of society]; **gia trưởng** family head

trưởng ban *n.* section chief, department chairman, committee head

trưởng lão *n.* elderly; presbyterian

trưởng nam *n.* eldest son

trưởng nữ *n.* eldest daughter

trưởng phố *n.* precinct head

trưởng thành *v.* to grow up into manhood, to be matured

trưởng tộc *n.* head of a clan, patriarch

trưởng ty *n.* service chief

trượng **1** *n.* unit of ten; [Vietnamese] feet **2** *n.* cane, stick, rod

trượng phu *n.* husband; noble man, hero

trượt *v.* to slip, to skid; to fail [examination] [*opp.* **đỗ, đậu**]: **thi trượt** to fail an examination

trượt bánh *v.* to skid: **xe trượt bánh** the car skidded

trượt chân *v.* to slip

trượt tuyết *v.* to ski: **giày trượt tuyết** skates

trừu *n.* (= **cừu**) sheep: **thịt trừu** lamb

trừu tượng *adj.* abstract [*opp.* **cụ thể**]

trừu tượng hóa *v.* to abstract

tu **1** *v.* to drink straight out of a bottle or teapot **2** *v.* to enter religion, to become a Buddhist monk

tu bổ *v.* to repair [building, historical site]; to improve: **tu bổ nhà cửa** to repair one's house

tu chính *v.* to amend, to correct, to revise: **tu chính hiến pháp** to amend the constitution

tu chính án *n.* amendment

tu chỉnh *v.* to decorate, to improve: **tu chỉnh hệ thống đường sá** to improve a transport system

tu dưỡng *v.* to nurture, to strive for self-improvement

tu hành *v.* to lead a religious life

tu huýt *n.* whistle

tu luyện *v.* to practice, to train

tu mi **1** *n.* beard [**râu**] and eyebrows [**mày**] **2** *n.* man [as opp. to woman]

tu nghiệp *v.* to attend a refresher course

tu sĩ *n.* monk, priest

tu thân *v.* to improve oneself

tu thư *v.* to write books

tu tỉnh *v.* to improve, to mend one's ways

tu viện *n.* monastery, convent

tú bà *n.* mistress of a whorehouse

tú tài *n.* baccalaureate, high school certificate

tù *n.* jail, prison: **cầm tù** to hold prisoner; **án tù** prison sentence; **ở tù, bị tù, ngồi tù** to be in jail

tù binh *n.* prisoner of war [P.O.W.]

tù đày *n.* prisoner, exiled

tù hãm *adj.* cooped up

tù nhân *n.* prisoner

tù phạm *n.* prisoner

tù tội *n.* imprisonment

tù và *n.* horn

tủ *n.* cupboard, cabinet, wardrobe: **đóng tủ** to build a wardrobe; **tủ trưng bày** display cupboard

tủ áo *n.* closet, wardrobe

tủ két *n.* [Fr. *caisse*] safe

tủ sách *n.* bookcase; library

tủ sắt *n.* safe

tụ *v.* to gather, to assemble, to unite

tụ điện *v.* to condense electricity

tụ họp *v.* to meet, to gather together, to assemble

tụ hội *v.* to converge

tụ tập *v.* to meet, to gather, to assemble

tua 1 *n.* tassel; stamen 2 *n.* [Fr. *tour*] turn; ride

tua tủa *v.* to bristle out, to fly about: **râu tua tủa** bristling beard

túa *v.* to flow or run out

tủa *v.* to bristle; [of sparks] to fly

tuân *v.* to obey, to follow, to comply [rule, order]: **tuân theo pháp luật** to obey the law

tuân hành *v.* to carry out, to execute

tuân lệnh *v.* to comply with orders

tuân thủ *v.* to obey, to abide by

tuấn tú *adj.* refined, elegant

tuần 1 *n.* week, decade [ten days, ten years]: **tuần lễ** week; **độ tứ tuần** about forty years old 2 *n.* round, turn

tuần báo *n.* weekly

tuần chiến *n.* combat patrol

tuần dương hạm *n.* cruiser: **tuần dương hạm thiết giáp** armored cruiser

tuần dương hàng không mẫu hạm *n.* aircraft cruiser

tuần hành *v., n.* to march, to parade; march, parade

tuần hoàn *v., adj., n.* to circulate; be recurring; circulation [of blood]: **bộ máy tuần hoàn** the circulatory system

tuần phiên *n.* village nightwatchman

tuần phòng *n.* patrol

tuần san *adj.* weekly

tuần thám *n.* reconnaissance patrol

tuần tiễu *v.* to patrol

tuần tự *adv., n.* in order; step by step

tuẫn đạo *v.* to be a manor

tuẫn giáo *v.* to be a martyr

tuẫn nạn *v.* to die a martyr

tuẫn tiết *v.* to sacrifice one's life for a good cause

túc cầu *n.* football, soccer

túc số *n.* quorum

túc trí đa mưu *adj.* shrewd, clever, resourceful

túc trực *v.* to keep watch, to be on duty

tục *n.* custom, usage, habit: **phong tục** customs; **Nhập gia tuỳ tục.** When in Rome, do as the Romans do.

tục bản *v.* to reprint, to re-publish

tục danh *n.* first name, nickname

tục huyền *v.* to remarry

tục lệ *n.* customs, traditions

tục ngữ *n.* proverb, saying

tục tằn *adj.* vulgar, coarse

tục tĩu *adj.* vulgar, obscene, smutty

tục truyền *n., adv.* tradition; according to a legend

tục tử *n.* lout, boor

tuế *n.* year of age: **Vạn tuế!** Live long!

tuyếch *adj.* empty

tuệch toạc *adj.* indiscreet, thoughtless

tui *n.* See **tôi**

túi *n.* pocket, purse, pouch, small bag, sac: **Coi chừng móc túi!** Beware of pickpockets!

túi bụi *adv.* busily; repeatedly: **đánh túi bụi** to beat repeatedly

túi cơm *n.* rice bag: **giá áo túi cơm** fashion plate, worthless person

túi dết *n.* knapsack

túi tham *n.* greediness

tủi *v.* to lament [one's lot **thân,**

phận etc.]; to be ashamed, to feel hurt: **buồn tủi** grieved

tủi nhục v. to feel ashamed

tủi thân v. to feel self-pity

tụi n. group, band

túm v. to snatch, to grab

tùm lum adj. messy, thick foliaged

tủm tỉm v. to smile with rounded lips

tụm v. to unite, to gather: **xúm năm tụm ba** to gather in groups of three or five

tủn mủn adj. small, mean

tung v. to throw into the air, to fling; to spread [news]: **tung tin nhảm** to spread a rumor

tung hoành v. to act freely, to rove freely

tung hô v. to cheer, to acclaim

tung tăng v. to run here and there, to romp

tung tích n. traces, whereabouts, footprints

tung tóe v. to be spilled all over, to splash about

túng v. to be hard-up: **lúng túng** not to know what to do, to be at a loss

túng v. to be in straitened circumstances, to be short of: **túng tiền** to be short of money

túng bấn v. to be hard-pressed for money; to be needy

túng thế v. to be at the end of one's rope

túng tiền v. to be hard-pressed for money

tùng **1** v. to follow (= **theo**): **tuỳ tùng, tháp tùng** to accompany [president, high-ranking official] **2** n. pine tree (= **thông**)

tùng chinh v. to enlist in the army; to go to war

tùng học v. to study

tùng phạm n. accomplice

tùng phục v. to submit oneself to

tùng quân v. to enlist

tùng sự v. to serve, to work

tùng thư n. collection, series [of books]

tùng tiệm adj. thrifty

tùng xẻo v. to cut [criminal, adulteress] to pieces

tụng **1** v. to praise, to eulogize **2** v. to read aloud, to chant

tụng đình n. court of law

tụng niệm v. to pray and meditate [of Buddhists]

tuổi n. year of age; title [of gold, silver]: **có tuổi** to be elderly; **đứng tuổi** mature; **ít tuổi** young

tuổi cao adj. elderly

tuổi già n. old age

tuổi tác n. old age

tuổi thơ n. young age, childhood

tuổi trẻ n. youth

tuổi xanh n. tender age, youth

tuôn v. to flow, to spill out, to come out

tuồn tuột adj. slippery

tuồng n. play; film; role; sort, kind, type: **vai tuồng** role, part

tuồng cải lương n. modern theater, modern play

tuồng cổ n. traditional theater, opera

tuồng tàu n. Chinese opera

tuồng tây n. modern play

tuốt **1** v. to pluck off; to pull off; to rub in one's fingers; to draw [sword **gươm**] **2** adv. all: **ăn tuốt** to eat all/everything

tuốt cả *adv.* all

tuốt tuột *adv.* all, everything

tuột *v.* to slide down; to slip; to act in a flash [follows verb of motion]: **nói tuột móng heo** to speak frankly; **trơn tuột** slippery

túp *n.* hut: **túp lều tranh** straw hut

tụt *v.* to slide down; to drop or fall behind

tuy *conj.* though, although, in spite of/despite the fact that

tuy là *conj.* though, although

tuy nhiên *adv.* however, but

tuy rằng *adv.* though, although, despite/in spite of the fact that

tuy thế *adv.* however, but

tuy vậy *adv.* however

túy lúy *adj.* dead drunk

tuỳ *v.* (= **theo**) to follow; to be up to: **cái đó cũng tuỳ** it all depends

tuỳ bút *n.* essay

tuỳ cơ ứng biến *v.* to act according to the circumstances

tuỳ nghi *v.* to use appropriate action

tuỳ phái *n.* messenger

tuỳ tâm *v.* to do as one wishes

tuỳ theo *adv.* according to

tuỳ thích *adv.* as one wishes, at one's discretion, to one's liking

tuỳ thuộc *v.* to depend on

tuỳ tiện *v.* to do at one's convenience, as you see fit

tuỳ tùng *v.* to accompany, to escort

tuỳ viên *n.* attaché: **tuỳ viên thương mại** commercial attaché

tuỳ ý *v.* to act as one wishes, to be free

tuỵ *n.* pancreas

tuỵ đạo *n.* tunnel

tuỵ tạng *n.* pancreas; sweetbread

tuyên *v.* to declare, to proclaim

tuyên án *v.* to declare a sentence

tuyên bố *v., n.* to declare, to state, to announce; announcement, declaration, statement

tuyên cáo *v.* to proclaim, to declare

tuyên chiến *v.* to declare war

tuyên dương *v.* to praise, to commend, to cite

tuyên ngôn *n.* declaration, manifesto

tuyên thệ *v.* to swear [allegiance, etc.], to take an oath, to be sworn in

tuyên truyền *n.* propaganda

tuyên úy *n.* chaplain

tuyến *n.* wire, ray, line: **vô tuyến điện** radio; **giới tuyến** boundary

tuyến đài *n.* hades, hell

tuyển *v.* to recruit; to select, to choose: **trúng tuyển** to pass an examination; to be selected

tuyển cử *v., n.* to elect; election

tuyển dụng *v.* to select, to recruit [civil servants], to employ

tuyển lựa *v.* to select

tuyển thủ *n.* selected player [selected for game]

tuyển trạch *v.* to select

tuyết *n.* snow: **bão tuyết** snow storm; **giày tuyết** snow shoes

tuyệt *adv.* excellently, extremely, perfectly: **tuyệt đẹp** extremely beautiful

tuyệt bút *n.* masterpiece

tuyệt chủng *v.* to stamp out a race, to become extinct

tuyệt diệu *adj.* admirable, terrific, marvelous, wonderful

tuyệt đích *n.* perfection

tuyệt đối *adj.* absolute [*opp.* **tương đối**]

tuyệt giao *v.* to break off relations

tuyệt không *adv.* not at all, by no means

tuyệt luân *adj.* unequalled

tuyệt mạng *v.* to die, to pass away

tuyệt mệnh *v.* to die

tuyệt nhiên *adv.* absolutely

tuyệt sắc *adj.* extremely beautiful

tuyệt tác *n.* masterpiece

tuyệt thực *v.* to go on a hunger strike

tuyệt trần *adj.* unsurpassable

tuyệt tự *adj.* without offspring, heirless

tuyệt vọng *v.* to be desperate, to be disappointed

tuyệt vời *adj.* excellent

tư 1 *num.* four [following a numeral in the order of ten, but not **mười** itself]; fourth: **thứ tư** fourth, Wednesday; **ba phần tư** three quarters **2** *adj.* private: **nhà tư** private house; **gia tư** private property; **đời tư** private life

tư bản *n.* capital

tư cách *n.* aptitude, status, qualification; personality, dignity: **tư cách kém** poor personality

tư cấp *v.* to give financial assistance

tư chất *n.* basic character

tư doanh *n.* private business, private enterprise

tư gia *n.* private home

tư hiềm *n.* personal resentment

tư hữu *adj.* private ownership

tư hữu hóa *v.* to privatize

tư lệnh *n.* commander

tư liệu *n.* materials

tư lợi *n.* personal interests

tư lự *adj.* pensive, worried

tư nhân *n.* private, individual

tư pháp *n.* justice: **Bộ trưởng Tư pháp** Minister of Justice, Attorney-General

tư sản *n.* private property; **giai cấp tư sản** bourgeoisie

tư sinh *n.* [of child] illegitimate

tư thất *n.* private house, private residence

tư thông *v.* to commit adultery; to act in collusion

tư thù *n.* personal rancor, feud

tư tình *n.* personal relationships; love affair

tư trang *n.* jewelry, property

tư trào *n.* current thought

tư tưởng *n.* thought, ideology

tư vấn *adj.* consultative, advisory

tư vị *adj.* impartial

tứ 1 *n.* idea, thought [in literature]: **ý tứ** thoughtful; ideas **2** *num.* (= **bốn**) four: **tứ đại đồng đường** four generations living together

tứ bể *adv.* all four sides

tứ chi *n.* the four limbs

tứ chiếng *adv.* everywhere

tứ cố vô thân *adj.* all alone, without any friends

tứ dân *n.* the four social classes [scholars **sĩ**, farmers **nông**, craftsmen **công**, merchants **thương**]

tứ đức *n.* the four virtues in a woman [proper employment **công**, proper demeanor **dung**, proper speech **ngôn**, proper behavior **hạnh**]

tứ hải *n.* the four oceans

tứ linh *n.* the four supernatural creatures [dragon **long**, unicorn **ly**, tortoise **qui**, phoenix **phượng**]

tứ phía *adv.* on all sides

tứ quí *n.* the four seasons

tứ tán *adj.* scattered around

tứ thời *n.* the four seasons

tứ thư *n.* the Four Books

tứ tuần *n.* the age of forty

tứ tung *adj.* all over the place

tứ xứ *adv.* everywhere

từ 1 *prep.* from; since: **từ lúc, từ khi** since; **từ nay, từ bây giờ** from now on 2 *n.* word, expression, part of speech: **danh từ** noun; **động từ** verb; **tính từ** adjective; **phụ từ** adverb; **liên từ** conjunction; **giới từ** preposition; **thư từ** correspondence; **diễn từ** speech; **chủ từ** subject 3 *v.* to renounce, to abandon, to disown [child]

từ bi *adj.* compassionate, benevolent, merciful

từ biệt *v.* to say goodbye to; to leave

từ bỏ *v.* to renounce, to abandon

từ cảm *n.* interjection, exclamation

từ chối *v.* to refuse, to decline

từ chức *v.* to resign

từ cú *n.* sentence

từ điển *n.* dictionary [of words and expressions]: **từ điển Việt-Anh** Vietnamese-English dictionary

từ độ *n.* magnetism

từ đường *n.* ancestral temple

từ giã *v.* to say goodbye to, to leave, to take leave of [a person]

từ hoá *v.* to magnetize

từ hôn *v.* to cancel a marriage

từ khước *v.* to refuse, to decline

từ lực *n.* magnetic force

từ mẫu *n.* my mother

từ nan *v.* to be hesitant because of difficulty

từ ngữ *n.* term, expression, idiom

từ phụ *n.* my father

từ quan *v.* [of official] to resign

từ tại *adj.* mild, kind

từ thạch *n.* magnet

từ thiện *adj.* benevolent, philanthropic, charitable

từ tính *n.* magnetism

từ tốn *adj.* gentle, sweet

từ trần *v.* to die, to pass away

từ từ *adv.* gently, slowly: **Đi từ từ đợi tôi nhé!** Please go slowly and wait for me!

tử 1 *n.* (= **con**) child, son: **nghĩa tử** adopted child; **quân tử** the superior man; **sĩ tử** student, scholar 2 *v.* (= **chết**) to die: **tự tử** to commit suicide; **vấn đề sinh tử** matter of life and death

tử âm *n.* consonant (sound)

tử chiến *n.* deadly fight

tử cung *n.* uterus

tử đạo *n.* martyr

tử địa *n.* deadly ground

tử hình *n.* death penalty

tử nạn *v.* to die in an accident

tử ngoại *n.* ultraviolet [color]

tử ngữ *n.* dead language [*opp.* **sinh ngữ**]

tử phần *n.* native land

tử tế *adj., adv.* kind, nice, well, decent; carefully

tử thần *n.* death

tử thi *n.* dead body, corpse

tử thương *v.* to die of a serious wound

tử tội *n.* capital punishment, death penalty

tử tôn *n.* children and grandchildren, offspring

tử trận *v.* to die in battle

tử vi *n.* name of a star; astrology

tự 1 *n.* (= **chữ**) Chinese character, letter; courtesy name: **Hán tự** Chinese character; **văn tự** writing, written language 2 *pron.* self, oneself: **tự làm lấy** do it yourself 3 *adv.* (= **từ**) from, because

tự ái *v.* to have a complex, to be self-loving

tự ải *v.* to hang oneself

tự cao *v.* to be conceited

tự chủ *v.* to be self-governing, to be autonomous, to be independent

tự dạng *n.* handwriting

tự do *adj., n.* free, liberal; freedom, liberty

tự dưng *adv.* all of a sudden, without reason

tự đại *adj.* haughty

tự đắc *adj.* proud, conceited

tự động *adj.* automatic: **cửa ra vào tự động** automatic door

tự giác *adj.* self-imposed, voluntary

tự hào *v.* to be proud

tự hệ *n.* writing system

tự học *v.* to study by oneself; to be self-taught, to teach oneself

tự hồ *adv.* as if, as though

tự khắc *adv.* automatically

tự kiêu *v.* to be proud

tự kỷ *adj., adv.* self; by oneself

tự lập *adj.* independent

tự liệu *v.* to manage by oneself

tự luận *n.* foreword

tự lực *v.* self-reliant

tự mãn *adj.* contented with oneself

tự mẫu *n.* alphabet

tự nghĩa *n.* meaning, sense

tự nguyện *v.* to volunteer

tự nhiên *adj.* natural,

tự phụ *adj.* pretentious

tự quyết *adj.* self-determining

tự sát *v.* to commit suicide

tự sinh *n.* [of reaction] spontaneous

tự tại *v.* satisfied, content

tự tận *v.* to commit suicide

tự thừa *v.* to raise [a number] to a certain power, square, cube

tự tích *n.* handwriting, written evidence

tự tiện *v.* to do something without asking for permission

tự tin *v.* to have self-confidence

tự tín *adj.* self-confident

tự tôn *v.* to have a superiority complex; to have a sense of self-respect

tự trị *adj.* autonomous, self-governing

tự trọng *v.* to respect oneself

tự túc *adj.* self-sufficient

tự tử *v.* to commit suicide

tự vẫn *v.* to commit suicide

tự vận *v.* to commit suicide

tự vệ *v.* to defend oneself

tự vị *n.* dictionary

tự vựng *n.* vocabulary, glossary, lexicon

tự xưng *v.* to proclaim oneself

tự ý *adv.* voluntarily

tựa 1 *n.* preface, foreword 2 *v.* to lean: **nương tựa** to rely on

tựa hồ *adv.* it seems that, as if, as though

tức 1 *v., adj.* to be stifled; to be angry, furious [at] 2 *conj.* that is: **tức là** that is

tức bực *adj.* annoyed, irritated

tức cười *adj.* cannot help laughing, funny

tức giận *v.* to be angry; to be furious

tức khắc *adv.* right away, at once, immediately, instantly

tức là *adv.* that is to say; to mean

tức mình *adj.* annoyed, irritated

tức thì *adv.* right away

tức thị *adv.* that is to say

tức thời *adv.* right away, at once

tức tốc *adv.* at once, most urgent

tức tối *v.* to be furious

tưng bừng *adj.* bright, radiant, busy, bustling, jubilant

tưng hửng *adj.* dumbfounded, struck with disappointment

từng 1 *n.* story, stratum, floor; one by one, two by two, etc. [the noun optionally followed by **một**]; **từng bước một** step by step, gradually; **từng người một** one by one; **dịch từng chữ** to translate word for word 2 *v.* to have experience [doing something]

từng trải *adj.* experienced

tước 1 *n.* title of nobility: **ngũ tước** the five titles of nobility 2 *n.* small bird, sparrow: **khổng tước** peacock; **linh tước** lark; **ô tước** swallow 3 *v.* to skin, to peel; to strip, to take away

tước binh *v.* to disarm

tước bỏ *v.* to take off

tước chức *v.* to dismiss

tước đoạt *v.* to seize

tước giới khí *v.* to disarm

tước lộc *n.* title and honors

tước quyền *v.* to take away the power [of someone]

tước vị *n.* title, dignity

tươi *adj.* [of food, drink] fresh; [of vegetable] green; [of color] bright; [of person] immediately:

thức ăn tươi fresh food; **màu đỏ tươi** bright red

tươi cười *adj.* happy and smiling

tươi tắn *adj.* cheerful

tươi tỉnh *adj.* merry, pleasant

tươi tốt *adj.* fresh, fine

tưới *v.* to water [plants **cây**, lawn **cỏ**]; to sprinkle [street **đường** in hot weather]; to irrigate [rice-field **ruộng**]

tươm 1 *adj.* neat, neatly dressed; decent, correct 2 *adj.* in rags

tươm tất *adj.* correct, decent, tidy

tương 1 *n.* thick soy sauce, soy-bean jam 2 *adj.* mutual, each other, one another: **hỗ tương** mutual, reciprocal

tương ái *v.* to love each other

tương can *v.* to be interrelated

tương đắc *v., adj.* to be in agreement; harmonious

tương đối *adj.* corresponding to each other; [*opp.* **tuyệt đối**] to be relative to

tương đồng *v., adj.* to resemble each other, similar

tương đương *v., adj.* to be equivalent, corresponding [**với** to]

tương hỗ *adj.* mutual, reciprocal

tương hợp *adj.* compatible

tương khắc *v., adj.* to be incompatible

tương kính *n.* mutual respect

tương lai *n.* future

tương ngộ *v.* to meet, to encounter

tương phản *v.* to contradict each other, to be contrary

tương phùng *v.* to meet, to encounter

tương quan *v., n.* to interrelate; relationship

tương tàn v. to destroy each other

tương tế v. to help each other

tương thân v. to help one another, to have mutual affection

tương trợ v. to help each other, to have mutual aid

tương truyền v. to transmit by oral tradition

tương tư v. to be lovesick

tương tự adj. similar to [each other]

tương ứng v. to respond to each other

tương xứng v. to match each other

tướng 1 n. general; rebel leader; chessman corresponding to the King: **đại tướng** air marshal; lieutenant-general; **sĩ quan cấp tướng** general officer 2 adj. really big: **to tướng** really big, enormous, huge 3 n. appearance, physiognomy: **thủ tướng** prime minister; **thầy tướng** phrenologist, physiognomist

tướng lãnh n. commander, general

tướng mạo n. countenance

tướng sĩ n. officers

tướng soái n. general

tướng tá n. generals and high-ranking officers

tướng tay n. palm reading

tường n. wall [of brick or stone]: **tường gạch** brick wall

tường tận adj. clear and thorough, deep: **hiểu tường tận** deep understanding

tường thuật v. to report

tường trình v. to report

tưởng v. to believe, to think [**rằng**, **là** that]: **mộng tưởng** dream, illusion; **mơ tưởng** to dream

tưởng lệ v. to encourage, to reward

tưởng lục n. certificate of recognition

tưởng nhớ v. to remember

tưởng niệm v. to think or meditate over

tưởng thưởng v. to reward

tưởng tượng v. to imagine

tưởng vọng v. to hope, to desire

tượng n. statue, bust, image, figurine: **đúc tượng** to cast a statue

tượng bán thân n. bust

tượng hình adj. [of writing system] pictographic

tượng trưng v. to stand for, to symbolize

tướt n. children's diarrhea

tượt v. to skid, to skate

tườu n. monkey

tửu n. (= **rượu**) wine, alcohol, liquor

tửu điếm n. bar, restaurant, inn, tavern

tửu gia n. restaurant, wine shop

tửu lầu n. restaurant

tửu lượng n. drinking power, drinking capacity

tửu quán n. bar, restaurant

tửu sắc n. wine and women

tựu chức v. to assume one's duties, to undertake a duty

tựu trung n. in sum, the gist of it

tựu trường v. to start the first day of school, to begin the first day of the school year

ty n. bureau, office, division, service: **công ty** company

ty tiện adj. lowly, base, vile

tỳ 1 n. stain, spot; blemish, flaw 2 n. spleen

tỳ nữ n. servant

tỳ ố n. stain, spot, blot, blemish

U

tỳ tạng *n.* spleen

tỳ thiếp *n.* harem servant, concubine

tỳ vị *n.* spleen and stomach

tỷ *num.* billion

tỷ dụ *n., adv.* example; for example, for instance

tỷ giá *n.* rate of exchange

tỷ lệ *n.* proportion scale, ratio

tỷ như *v.* to take an instance

tỷ số *n.* proportion

tỷ trọng *n.* density [of matter]

ty hiềm *v.* to avoid suspicion

u 1 *n.* nurse, wet nurse; mother [rural]; **thầy u** father and mother 2 *v.* to swell [on body], to get lumpy 3 *n.* tumor: **cái u ở cổ** a tumor under the neck

u ám *adj.* overcast, dark, cloudy

u ẩn *adj.* secret, hidden: **mối tình u ẩn** a secret love

u em *n.* wet nurse

u già *n.* old maidservant

u hồn *n.* soul, spirit of a dead person

u huyền *adj.* obscure, abstruse

u mê *adj.* dull, dense

u ran *n.* uranium

u sầu *adj.* sad, melancholy

u tịch *adj.* lonely, remote

u uất *adj.* full of spleen

ú a ú ớ *v.* See **ú ớ**

ú ớ *v.* to speak incoherently [as in sleep], to mutter

ù 1 *v.* to buzz, to be noisy 2 *adj.* hurried, fast: **chạy ù ra chợ** to run quickly to the market 3 *v.* to

win [in certain card games]

ù ù cạc cạc *adj.* ignorant

ù tai *adj.* nearly deafened, to have ringing in one's ears

ủ *v.* to cover [food] with cloth

ủ ấp *v.* to cherish [ambitions]

ủ dột *adj.* sorrowful, doleful: **bộ mặt ủ dột** a sorrowful face

ủ rũ *adj.* wilted, sad looking

ụ *n., adv.* mound, tumulus; excessively: **giàu ụ** excessively wealthy

úa *v.* to be wilted, to turn yellow

ùa *v.* [of crowd, water] to rush, to dash

ủa *exclam.* What? How come? Oh!

uẩn *adj.* confused

uẩn khúc *n.* secret, mystery

uẩn súc *adj.* profound

uất *v.* to be angry, to choke, to be indignant: **phẫn uất** indignant

uất hận *n.* rancor, deep resentment

uất ức *v.* to be indignant [because of injustice]

Uc *n.* Australia

Uc châu *n.* Australia

Uc Đại Lợi *n.* Australia

ục *v.* to hit with the fist; to fetch

ục ịch *adj.* heavy, clumsy

uế *n.* dirt, garbage

uế tạp *adj.* dirty

uế vật *n.* dirt, filth, garbage

uể oải *adj.* lazy, sluggish, slack

úi chà! *exclam.* Hey! Well!

ủi *v.* (= **là**) to iron, to press [linen]; to push: **bàn ủi** iron

um *adj.* [of smoke] thick; [to scold] vehement

um tùm *adj.* [of vegetation] thick, luxurious, dense

ùm *v.* to jump [into the water]

ùn *v.* to accumulate, to pile up

ủn ỉn *adj.* slow and awkward because of weight [fat]

ung 1 *n.* ulcer, boil, abscess **2** *adj.* [of egg] rotten; poised; addled

ung thư *n.* cancer

úng *adj.* [of fruit] rotten, spoiled

úng thuỷ *adj.* spoiled because of excess water

ủng *adj.* See **úng**

ủng *n.* boots

ủng hộ *v.* to support, to back up [a man, a cause]

uốn *v.* to bend, to curl: **uốn tóc** to curl one's hair

uốn éo *v.* to wriggle, to swing one's hips; to fondle [in courting]

uốn lưng *v.* to humiliate someone

uốn lưỡi *v.* to curl one's tongue [to produce a trill]

uốn nắn *v.* to shape [character]

uốn quanh *v.* to wind around, to meander

uốn thẳng *v.* to straighten out [a bent stick]

uốn tóc *v.* to have or give a permanent wave [hair style]

uống *v.* [SV ẩm] to drink; to take [medicine]

uổng *v.* to waste: **oan uổng** to be the victim of an injustice

uổng công *v.* to waste

uổng mạng *v.* to waste one's life

uổng phí *v.* to waste, to squander: **uổng phí thì giờ** to waste one's time

uổng tiền *v.* to waste money

úp *v.* to turn [lid, cover] into a normal position; to turn [cup, bowl, hand]: **lật úp** to overthrow

úp mở *adj.* equivocal, unclear

ụp *v.* to fall in, to collapse

út *adj.* [of child] the youngest, [of finger] the smallest; **con út** youngest child

ụt ịt *adj.* fat, stocky

uy *n.* (= **oai**) authority, prestige

uy danh *n.* prestige, fame

uy hiếp *v.* to oppress

uy lực *n.* authority

uy nghi *adj.* majestic

uy quyền *n.* authority, power

uy thế *n.* power and influence

uy tín *n.* prestige

uý *n.* officer: **đại uý** [army, air force] captain; [navy] lieutenant; **chuẩn uý** [army] student officer, candidate officer; [navy] midshipman

uỷ *v., n.* to entrust, to appoint; deputy, commissioner, commissar; **Cao uỷ** High Commissioner

uỷ ban *n.* committee, commission: **uỷ ban chấp hành** executive committee

uỷ hội *n.* commission: **uỷ hội Kiểm soát Quốc tế** International Control Commission

uỷ mị *adj.* maudlin, lacking in determination: **tâm hồn uỷ mị** a maudlin mind

uỷ nhiệm *v.* to delegate, to assign someone to do something

uỷ nhiệm thư *n.* credentials [of envoy]

uỷ quyền *v.* to give power of attorney, to act as proxy

uỷ thác *v.* to entrust, to invest with power

uỷ viên *n.* commissioner, commissar, member of a committee

uyên bác *adj.* [of learning] profound, vast, well-educated

uyên thâm *adj.* [of learning] profound

uyên ương *n.* lovers, inseparable couple

uyển *n.* garden: **thượng uyển** heavenly garden

uyển chuyển *adj.* [of movements] supple; [of style] flowing; [of singing voice] melodious, lithe, flexible: **dáng đi uyển chuyển** to have a lithe gait

Ư

ư *adj.* [final particle] Really?

ứ *v.* to stagnate, to accumulate

ứ đọng *v.* to stagnate

ứ huyết *v.* to coagulate blood

ứ tắc *v.* to be in a jam, to congest

ừ *v.* (= **dạ**) yes [not used on superiors or elders]; All right, O.K

ừ hữ *v.* to say "yes" and not mean it

ưa *v.* to like, to be fond of

ưa ngọt *v.* to like flattery

ưa nịnh *v.* to like flattery

ưa thích *v.* to like, to be fond of

ứa *v.* [of tears **nước mắt,** sweat **mồ hôi**] to ooze, to flow gently, to exude

ức **1** *num.* one hundred thousand [**mười vạn, một trăm ngàn**] **2** *adj.* indignant [because of injustice or oppression]: **uất ức** to oppress; **ức hiếp** to bully

ức chế *v.* to oppress

ức đoán *v.* to estimate

ức thuyết *n.* hypothesis

ực *v.* to swallow loudly, to gulp

ưng **1** *n.* hawk, falcon **2** *v.* to consent, to agree: **ưng ý** to like

ưng chuẩn *v.* to approve, to pass

ưng thuận *v.* to consent, to agree

ứng *v.* to advance money to someone

ứng biến *v.* to cope with a new situation

ứng cử *v.* to be a candidate [in an election], to run for, to stand for

ứng cử viên *n.* candidate [in an election]

ứng dụng *v., adj.* to apply; [subject of study] applied: **ngữ học ứng dụng** applied linguistics

ứng đáp *v.* to answer, to reply

ứng đối *v.* to reply, to answer

ứng khẩu *v.* to speak impromptu, to improvise

ứng thí *v.* to be a candidate in an examination

ứng viên *n.* applicant

ửng *v.* to dawn; to blush: **mặt ửng đỏ** to have a blushing face

ước **1** *v.* to desire, to wish for, to hope for: **mơ ước** to dream **2** *v.* to estimate, to guess

ước chừng *v.* to estimate, to be about, to guess

ước ao *v.* to wish for, to long for

ước định *v.* to plan; to estimate

ước độ *adv.* about, approximately

ước hẹn *v.* to promise

ước lược *v.* to reduce, to summarize

ước lượng *v.* to estimate

ước mong *v.* to wish, to desire, to expect

ước mơ *v., n.* to wish, to dream; dream

ước tính *v.* to estimate

361

ước vọng

ước vọng *n.* aspiration: **bày tỏ ước vọng của mình** to convey one's aspiration

ươm *v.* to sow seedlings

ướm *v.* to try on [garment]; to put out feelers, to sound out someone

ướm hỏi *v.* to sound out with a question

ướm lòng *v.* to sound out intentions

ướm lời *v.* to put out feelers

ươn *adj.* stale [of meat, fish], spoiled, not fresh: **cá ươn** stale fish

ươn hèn *adj.* coward; incapable

ươn mình *adj.* unwell

ươn ướt *adj.* damp, moist, wet

ườn *v.* to sprawl, to be lazy

ưỡn *v.* to stick out, to swell [chest **ngực**, belly **bụng**, etc.]

ưỡn ẹo *v.* to have a rolling gait, to swing one's hips, to wriggle

ưỡn ngực *v.* to jut out one's chest

ương 1 *adj.* stubborn, hard-headed 2 *v.* to plant seedlings

ương gàn *adj.* stubborn and eccentric

ương ngạnh *adj.* stubborn

ướp *v.* to preserve [meat **thịt**, fish **cá**, etc.] with: **ướp muối cá** to preserve fish with salt

ướt *adj.* wet: **ướt như chuột lột** to be soaked to the skin, drenched

ướt sũng *adj.* soaked and wet

ưu *adj.* very well done, very good, excellent, A [school grade]. Cf. **bình, thứ**

ưu ái *n.* affection, solicitude

ưu đãi *v.* to favor, to treat with special attention

ưu đẳng *adj.* best, super

ưu điểm *n.* good point, strength, negative point [*opp.* **nhược điểm**]

ưu hạng *n.* best, high distinction grade

ưu phiền *v., adj.* to worry; to be sad, mournful, distressed

ưu sầu *adj.* sad, sorrowful

ưu thắng *adj.* prevailing, predominant

ưu thế *n.* preponderance, stronger position

ưu tiên *n.* priority

ưu tú *adj.* brilliant, outstanding, best, eminent: **những sinh viên ưu tú** best students

ưu tư *v., adj.* worried, apprehensive

ưu việt *adj.* outstanding, preeminent: **đặc tính ưu việt** outstanding characters

V

va 1 *pron.* he, she; him, her 2 *v.* to bump into, to collide against

va chạm *v.* to be in conflict with

va li *n.* [Fr. *valise*] suitcase

va ni *n.* [Fr. *vanille*] vanilla

vá 1 *v.* to mend, to patch [clothes, road, etc.]; [of dog, cat] to be spotted, brindled: **chắp vá** to patch 2 *n.* shovel, ladle: **vá múc canh** a soup ladle

vá víu *adj., v.* patchy; to do things in a sloppy fashion

và *conj.* and, together with

vả 1 *v.* to slap: **vả vào mặt ai** to slap someone's face 2 *adv.* moreover, however, besides, at any rate, anyhow

vả chăng *adv.* moreover, besides

vả lại *adv.* moreover, besides

vã **1** *v.* to throw in one's face **2** *v.* to strike lightly, to dab

vạ **1** *n.* misfortune: **tai vạ** calamity; **ăn vạ, bắt vạ** to claim damages **2** *n.* fine: **trả tiền phạt vạ** to pay fine

vạ vịt *n.* unexpected misfortune; stray bullet

vác *v.* to carry [farm tool, lance, rifle, box, bag, etc.] on the shoulder: **khiêng vác, khuân vác** to carry heavy things

vác mặt *v.* to be haughty, to show one's face

vạc **1** *n.* range boiler **2** *n.* bittern, night heron **3** *v.* to whittle, to cut, to carve

vách *n.* partition, wall

vạch **1** *v., n.* to make a line, to mark; tailor's marker **2** *v.* to uncover, to expose [a part of the body]: **vạch áo cho người xem lưng** to expose one's faults

vạch đường *v.* to show the way; to plan

vạch mặt *v.* to unmask, to expose

vạch rõ *v.* to point out

vạch trần *v.* to lay bare, to expose, to unveil

vai *n.* shoulder; rank, status; part, role: **vai trò, vai tuồng** role; **vác lên vai** to carry something on one's shoulder

vai vế *n.* status: **vai vế xã hội** social status

vái *v.* to greet or pay respect by shaking joined hands: **vái một cái** to kowtow once

vài *adj.* a few, some: **vài ba người** a few people

vải **1** *n.* cloth, material, fabric, cotton cloth **2** *n.* litchi

vải màn *n.* gauze, tulle [used to make mosquito nets]

vãi **1** *n.* Buddhist nun **2** *v.* to spill, to scatter

vại *n.* cylindrical earthenware jar [for rice, water]

vạm vỡ *adj.* muscular, sturdy, athletic

van *v.* to implore, to entreat, to beseech

van lạy *v.* to entreat, to beseech

van lơn *v.* to implore, to entreat, to beseech

van nài *v.* to beseech, to insist

van xin *v.* to beseech, to entreat, to beg

ván **1** *n.* plank, board **2** *n.* game [for chess **cờ** or card **bài** games]: **một ván cờ** a chess game

vàn *num.* (= **vạn**): **muôn vàn** many, countless

vãn **1** *v.* to end **2** *v.* to visit [scenery **cảnh**, temple **chùa**]

vãn hồi *v.* to return, to restore [order], to save [a situation]: **vãn hồi an ninh trật tự** to restore order and security

vạn *num.* ten thousand: **một vạn mốt** 11,000; **ba vạn rưỡi** 35,000

vạn an *n.* peace; good health

vạn bất đắc dĩ *adv.* quite unwillingly, very reluctantly

vạn cổ *adv.* eternally

vạn đại *adv.* eternally, forever

vạn kiếp *adv.* eternally; forever

Vạn Lý Trường Thành *n.* the Great Wall [of China]

vạn năng *adj.* almighty, all powerful

vạn nhất *adv.* in case, if ever, if by any chance

vạn quốc *n.* all the nations

vạn sự như ý *n.* Everything is as you wish it to be.

vạn toàn *adj.* perfectly safe, perfect

vạn trạng *n.* multiform [used with **thiên hình**]

vạn tuế *exclam.* Live long!

Vạn Tượng *n.* Vientiane

vạn vật *n.* nature, all living beings

vang 1 *v.* to echo, to resound: **âm vang** sonorant 2 *n.* [Fr. **vin**] European wine: **vang đỏ** red wine

vang dậy *v.* to resound

vang dội *v.* to resound, to ring

vang động *v.* to resound, to ring

vang lừng *adj.* [of fame] widespread

vang tai *adj.* deafening

váng 1 *n.* film, skim [on boiled milk] 2 *adj.* slightly dizzy

váng tai *adj.* deafening, earsplitting

vàng 1 *adj.* [SV **hoàng**] yellow: **nhuộm vàng** to dye yellow 2 *n.* [SV **kim**] gold; false gold in pot or paper offered in ceremonies: **cá vàng** goldfish; **mạ vàng** to gild; **ngai vàng** throne

vàng bạc *n.* gold and silver

vàng cốm *n.* gold nuggets

vàng diệp *n.* gold foil, gold leaf

vàng khè *adj.* very yellow

vàng lá *n.* gold leaf, gold foil

vàng mã *n.* votive paper: **đốt vàng mã** to burn votive papers

vàng mười *n.* pure gold

vàng nén *n.* ingot gold

vàng ngọc *n.* valuable things

vàng ròng *n.* pure gold

vàng thoi *n.* gold in bars

vàng vàng *adj.* yellowish

vàng y *n.* pure gold

vãng *v.* to go, to pass: **lai vãng** to frequent; **dĩ vãng** the past

vãng lai *v.* to move back and forth, to move around

vanh vách *v..* to know by heart

vành *n.* fringe, edge, border, ring, rim [of wheel]

vành móng ngựa *n.* horseshoe; bar [in tribunal], witness stand

vành ngoài *n.* outer circle

vành trong *n.* inner circle

vành vạnh *adj.* perfectly round

vào *v.* [SV **nhập**] (= **vô**) to go or come in, to enter; to join; to move from north to south [in Vietnam]; in, into: **lối vào** entrance; **cửa ra vào** door; **đóng cửa vào** to close a window; **thêm vào** to add to; **đem vào** to bring in; **kéo vào** to drag in

vạt 1 *n.* flap [of Vietnamese dress] 2 *v.* to bevel

vạt áo *n.* skirt, flap

vay 1 *v.* to borrow [money, food] 2 *v.* to lend, to loan [money, food]

vay mượn *v.* to borrow, to loan: **từ vay mượn** a loanword

vay lãi *v.* to borrow [money] with interest

váy *n.* skirt

vảy 1 *n.* scale [of fish, etc.]; scab 2 *v.* to sprinkle: **vảy nước vào rau** to sprinkle water on vegetables

vẫy *v.* to wave [hand, flag]; to wag [tail]: **vẫy tay chào tạm biệt** to wave farewell with one's hands

vạy *adj.* crooked, bent, curved: **tà vạy** dishonest, crooked

vằm *v.* to chop, to mince

văn *n.* literature, letters; culture, civilization, [of official] civilian [as opp. to military **võ**]: **Việt văn** Vietnamese literature; **nhà văn** writer; **cổ văn** classical language or literature; **kim văn** modern language or literature

văn bài *n.* composition, writing

văn bằng *n.* diploma, degree

văn bút *n.* letters

văn chỉ *n.* Temple of Literature, shrine dedicated to Confucius [in each village]

văn chương *n.* literature

văn đàn *n.* literary club, literary group

văn gia *n.* writer

văn giai *n.* civil service hierarchy

văn hào *n.* great writer, man of letters

văn hiến *n.* civilization

văn hoa *n.* writing style

văn hoá *n.* culture: **một nền văn hoá cực thịnh** a highly-developed culture; **Tổ chức Giáo dục, Khoa học và Văn hoá Liên hợp quốc** United Nations Educational, Scientific and Cultural Organization [UNESCO]

văn hoá vụ *n.* cultural affairs

văn học *n.* literature

văn học sử *n.* literary history

văn khoa *n.* faculty of letters

văn khố *n.* literary treasure

văn kiện *n.* documents

văn liệu *n.* literary materials

Văn Miếu *n.* Temple of Literature [in Hanoi city]

văn minh *adj., n.* civilized; civilization

văn nghệ *n.* arts and letters: **chương trình văn nghệ** musical program

văn nghiệp *n.* literary career

văn nhân *n.* man of letters, writer

văn phái *n.* literary school

văn phạm *n.* (= **ngữ pháp**) grammar

văn pháp *n.* syntax

văn phòng *n.* study room, office, secretariat; cabinet [in ministry or department]: **Chánh văn phòng** Chief of Cabinet

văn phòng phẩm *n.* stationery

văn sĩ *n.* writer, man of letters

văn tập *n.* anthology

văn thể *n.* literary form, genre, text-type

văn thư *n.* writings, papers; document, letter

văn tuyển *n.* anthology, selected works

văn từ *n.* writings; literature, style

văn tự *n.* writing system, written language; contract

văn uyển *n.* literary corner [in magazine, newspaper]

văn vần *n.* poetry, verse

văn vật *adj.* civilized, cultured, sophisticated

văn vẻ *n.* literary style

văn võ *n.* civil and military

văn xuôi *n.* prose

vắn *adj.* short, brief [*opp.* **dài**]: **đọc tin vắn** to read the news brief

vắn tắt *adj.* brief, concise

vằn *adj.* striped: **ngựa vằn** zebra

vằn vèo *adj.* winding, tortuous

vặn *v.* to wring [neck **cổ**, hand **tay**], to turn [key **chìa khoá**], to twist, to screw: to wind or set [watch or clock **đồng hồ**]; to turn, to switch [light **đèn**] on

vặn vẹo *v.* See **vằn vèo**

văng *v.* to be thrown, to be hurled, to fling, to throw; to spit out: **văng ra những lời thô tục** to spit out vulgarities

văng vẳng *v.* to hear or be heard vaguely from a distance

vắng *adj.* [of place] to be deserted, [of person] to be absent

vắng bóng *v., adj.* to be without anybody, absent

vắng khách *v.* to have few customers

vắng mặt *adj.* absent: **án vắng mặt** judgment in absentia

vắng ngắt *adj.* completely deserted

vắng nhà *v.* not to be in, not to be home, to be out, to be absent

vắng tanh *adj.* quite deserted

vắng teo *adj.* deserted

vắng tin *v.* to receive no news from, not to hear from

vắng vẻ *adj.* deserted, quiet

vằng vặc *adj.* [of moonlight] clear, bright

vẳng *v.* to be heard vaguely from a distance

vắt 1 *v.* to wring, to squeeze [citrus fruit], to milk [cow]: **vắt hết nước đi** wring it well; **nước cam vắt** orange juice **2** *n.* jungle leech

vắt *v.* to throw [garment] over one's shoulder (**vắt vai**); to throw [linen on clothes line]: **vắt tay lên trán** to put a hand over one's forehead

vắt vẻo *adj.* swinging high, perched up high

vặt 1 *adj.* [of items] miscellaneous; [of expenses, theft] petty, trifling; [of jobs] odd, insignificant: **lặt vặt** miscellaneous; **vụn vặt** minute, trifling; **việc vặt** odd jobs; **tiền tiêu vặt** pocket money; **ăn cắp vặt** petty theft **2** *v.* to pluck [hair, feathers, vegetables], to gather [vegetables]

vặt vãnh *adj.* miscellaneous, small

vâm *n.* big elephant

vân 1 *n.* grain, vein [in marble, wood] **2** *n.* silk cloth with woven design [of clouds] **3** *n.* (= **mây**) cloud

vân mòng *n.* news about someone

Vân Nam *n.* Yunnan

vân vân *adv.* and so on, and so forth, etc.

vấn 1 *v.* to roll [turban or one's hair] around [head] **2** *v.* (= **hỏi**) to ask: **chất vấn** to question; **thẩm vấn** to investigate

vấn an *v.* to inquire about someone's health

vấn danh *n.* pre-betrothal ceremony [where names and ages of prospective bride and bridegroom are exchanged]

vấn đáp *v.* to question and answer: **thi vấn đáp** oral examination

vấn đề *n.* problem, topic, question, matter: **nêu vấn đề** to raise a question

vấn tâm *v.* to ask oneself

vấn tội *v.* to question a suspect

vấn vít *v.* to be involved in

vấn vương *v., adj.* to be involved in, preoccupied with; to be in love

vần *n.* [SV vận] rhyme; syllable; alphabet: **vần quốc ngữ** Vietnamese alphabet

vẩn *adj.* [of liquid] turbid, cloudy, muddy; [of sky] murky, overcast

vẩn đục *adj.* turbid, muddy

vẩn vơ *adj.* vague, undecided, wavering

vẫn *adv.* still, just the same, always

vẫn còn *adv.* to have been doing something, still

vận **1** *v.* to dress: **vận Âu phục** to wear Western clothes **2** *v.* to move about, to transport; **không vận** air transportation **3** *n.* luck [with **gặp** to meet with]; destiny, fate: **vận đen** bad luck; **vận may** good luck; **lỡ vận** to miss a chance **4** *n.* (= **vần**) rhyme

vận chuyển *v.* to transport: **vận chuyển hàng hoá** to transport goods

vận dụng *v.* to apply: **vận dụng khoa học kỹ thuật** to apply science and technology

vận đỏ *n.* good luck

vận động *v.* to exercise, to move, to campaign: **vận động tuyển cử** electoral campaign

vận động trường *n.* stadium

vận hạn *n.* bad luck, misfortune

vận hành *v.* to move, to revolve

vận hội *n.* opportunity, chance

vận mạng *n.* destiny, fate, lot

vận mệnh *n.* destiny, fate, lot

vận phí *n.* freight, transportation costs

vận số *n.* lot, destiny, fate

vận tải *v.* to transport, to ship: **xe vận tải** truck

vận văn *n.* poetry, rhythmic prose [as opp. to prose **tản văn**]

vâng *v., n.* to obey, yes; a polite particle

vâng lệnh *v.* to obey an order

vâng lời *v.* to obey, to comply with

vâng mệnh *v.* to obey an order

vâng theo *v.* to obey, to comply with

vấp *v.* to trip, to stumble: **vấp phải hòn đá** to trip over a stone

vấp váp *v.* to hesitate in speech; to flounder, to make mistakes

vất *v.* See **vứt**

vất vả *adj., v.* hard; to toil; [of work] to be laborious, hard: **làm việc vất vả** to work hard

vất vưởng *adj.* uncertain, undecided, unstable

vật **1** *n.* thing, object, creature, being; animal: **động vật** animate being; **loài vật** animals; **vạn vật** nature **2** *v.* to slam [an adversary in wrestling, a child in playing]; to wrestle [**nhau** together]; to toss [in bed]: **đô vật** wrestler

vật chất *n.* matter, material: **xã hội vật chất** material society

vật dục *n.* sexual desire

vật dụng *n.* materials [that one uses]; necessity

vật giá *n.* price of goods

vật liệu *n.* materials [building, etc., but not referring to materials]: **mua vật liệu xây dựng** to buy building materials

vật lộn *v.* to struggle, to fight

vật lực *n.* material resources

vật lý *n.* physics

vật nài v. to insist, to entreat

vật tư n. materials and means

vật vã v. to throw oneself on the ground; to writhe in bed [with pain, sorrow]

vật vờ adj. faltering, irresolute

vấu v. to scratch, to pinch

vẩu adj. [of teeth] bucked, projecting

vây 1 n. (= **vi**) fin [of fish], paddle, flapper [of whale, etc.]: **xúp vây/vi cá** shark's fin soup 2 v. to encircle, to surround: **vây bắt** to besiege, to blockade

vây cánh n. follower, fraction, supporter

vấy adj. stained

vấy máu adj. blood-stained

vầy adv. (= **vậy**) this, this way, so: **làm như vầy** do it this way

vẫy v. to wave: **vẫy cờ** to wave a flag

vẫy vùng v. to be agitated, to struggle, to bestir oneself; to be free

vẩy v. See **vảy**

vậy 1 adv. this, that, thus, so: **bởi vậy** that's why; **như vậy** thus; **vì vậy** that's why [**mà**, **cho nên** introduces main clause] 2 adv. reluctantly, because one has no choice

vậy nên adv. that's why

vậy thì adv. then

ve 1 n. cicada: **ve sầu** cicada 2 n. flash 3 v. to court, to flirt, to woo 4 n. [Fr. *revers*] lapel

ve vãn v. to court, to woo

vé n. ticket, coupon: **lấy vé**, **mua vé** to buy tickets; **chỗ bán vé** ticket office

vè 1 n. mudguard, fender 2 n. satirical folk song

vẻ n. appearance, air, mien; look, countenance: **làm ra vẻ** to put on airs

vẻ ngoài n. appearance

vẻ người n. appearance, look

vẻ vang adj. glorious, proud: **làm vẻ vang gia đình** to do honor for the family

vẽ v. [SV **hoạ**] to draw, to paint [picture], to sketch; to pencil; to lead, to show, to indicate; to invent: **bày vẽ** to invent; **tranh vẽ** drawing; **thợ vẽ** artist

vẽ mặt v. [of actor, actress] to make up

vẽ phác v. to sketch, to outline

vẽ vời v. to invent unnecessary things, to create unnecessary issues

ven n. edge, fringe, side: **đi theo ven đường** to go along the side of a road

vén v. to raise [curtain **màn**], to pull up, to draw up, to lift, to roll up [sleeve **tay áo**]

vẻn vẹn adv. only, just [a certain number]

vẹn adj. perfect, complete: **trọn vẹn** perfect; **nguyên vẹn** intact

vẹn lời v. to keep one's promise

vẹn mười adj. perfect

vẹn toàn adj. perfect

veo 1 v. to run or sell quickly 2 adj. very limpid, clean

veo veo adv. speedily, swiftly

véo v. to pinch: **cấu véo ai** to pinch someone

véo von adj. [of singing voice] high pitched and melodious: **tiếng hát véo von** a melodious singing voice

vèo *adj.* very fast, rapid, quick as lightning: **đánh vèo một cái** to hit quickly as lightning

vẹo *v.* to twist, to be distorted

vẹo vọ *adj.* twisted, crooked

vét *v.* to clean up, to dredge; to steal: **vơ vét** to make a clean sweep; to clean up; to steal

vẹt 1 *n.* parrot, parakeet **2** *v.* to level, to scrape

vẹt ni *n.* [Fr. *vernis*] varnish, shellac

vê *v.* to roll [tobacco] between two fingers or into a ball

vế *n.* thigh; member [of equation, of couplet, of pair of parallel sentences]; authority, influence; rank, status: **vai vế lép** to lack influence

về *v., prep.* [SV **hồi, qui**] to return; to, towards, in, at, about, concerning: **giỏi về khoa học** good at sciences; **lui về** to retreat to; **trở về** to go back [to]

về già *v.* to become old

về hưu *v.* to retire

về nước *v.* to return to one's country, to return home from overseas

về phần *adv.* as for, as to

về sau *adv.* later on, in the future

vệ *n.* edge, side [of road, etc.]: **vệ đường** roadside, kerb

vệ binh *n.* bodyguard, guard

vệ sĩ *n.* bodyguard

vệ sinh *n., adj.* hygiene, sanitation; to be hygienic, sanitary: **hố vệ sinh** septic tank

vệ tinh *n.* satellite [astronomy]

vện *adj.* [of dog] spotted

vênh *v.* to warp, to buckle: **vênh mặt** to hold up one's face in conceit

vênh vang *v.* to look proud, to be arrogant

vênh váo *adj.* haughty, arrogant

vểnh *v.* to hold up: **vểnh tai** to prick up one's ears

vết *n.* spot, stain, blot; trace, track; scab: **dấu vết** trace

vết bẩn *n.* spot, stain

vết chân *n.* footprint

vết nhăn *n.* wrinkle

vết thương *n.* wound: **băng bó vết thương** to dress wounds

vết tích *n.* traces, vestiges

vệt *n.* mark, long trace, streak

vêu *v.* to sit idle, to pull a long face

vếu *adj.* swollen

vều *v.* to purse [lips **môi**]; to swell

vi *n.* (= **vây**) [shark's] fin

vi âm *n.* microphone

vi bằng *n.* evidence; certificate

vi cảnh *n.* petty offense, minor infraction of the law: **phạt vi cảnh** to fine for a petty offense

vi hành *v.* [of king] to travel incognito

vi khuẩn *n.* bacteria, germ

vi ô lông *n.* violin

vi phạm *v.* to violate, to break [agreement, etc.]

vi phim *n.* microfilm

vi ta min *n.* vitamin

vi tế *adj.* small, fine

vi trùng *n.* microbe, germ

vi vu *v.* [of wind] to whistle

ví 1 *v.* to compare [với with]; to suppose **2** *n.* wallet, purse, billfold

ví bằng *adv.* if, in case

ví dầu *adv.* if, in case

ví dù *adv.* if, in case

ví dụ *n.* example, for example

ví như *adv.* if, in case

ví phỏng *adv.* if, in case

ví thử *adv.* if, in case

ví tiền *n.* purse, wallet

ví von *v.* to compare

vì *conj.* because; due to, in view of: **vì sao** for what reason

vì chưng *adv.* because, for, since

vì nể *v.* to have regard for

vì rằng *adv.* because, for, since

vĩ *n.* (= **đuôi**) tail

vĩ cầm *n.* violin

vĩ đại *adj.* too big, great, imposing

vĩ độ *n.* latitude

vĩ nhân *n.* great man

vĩ tuyến *n.* latitude, parallel: **bên kia vĩ tuyến** across the parallel

vị 1 *n.* taste [good or bad], flavor: **vô vị** tasteless, insipid; tedious, dull; **thú vị** delight, pleasure; **đồ gia vị** spices; **hương vị** flavor 2 *n.* seat, condition, rank, position, unit; CL for duties or persons of some status: **quí vị thính giả** dear listeners; **đơn vị** unit; **tước vị** rank, title; **chức vị** position; **an vị** to be seated

vị chi *adv.* that is equal to, that comes to

vị giác *n.* sense of taste

vị hôn thê *n.* fiancé

vị kỉ *adj.* selfish

vị lai *n.* future: **thể vị lai** future tense

vị lợi *adj.* advantage-seeking, for profit, with one's own interests

vị ngã *adj.* selfish, egoistic

vị tạng *n.* stomach

vị tất *adv.* not necessarily

vị tha *adj.* altruistic

vị thành niên *n.* minor [of age], teenage

vị thứ *n.* rank, status: **vị thứ trong chính phủ** rank in the government

vị trí *n.* [military] position, status

via *adj.* [Fr. *vieux*] old, [slang] the old man: **ông via tôi** my father

vía *n.* life principle, vital spirit: **Hú vía!** Phew! What a narrow escape!; **ngày vía** birthday

vỉa *n.* border, edge, rim, side

việc *n.* [SV sự] work, task, job, business; thing, matter, affair: **làm việc** to work

việc chi *n.* See **việc gì**

việc gì *n., v.* what's the use of; to concern [**đến** precedes object]: **Có việc gì không?** What's the matter?

việc làm *n.* job, work, task: **xin việc làm** to apply for a job

việc vặt *n.* odd jobs, small chores

viêm *n.* inflammation: **phế viêm** pneumonia

viêm nhiệt *adj.* [of season] hot, sultry

viên 1 *n.* classifier noun for things of regular shape, such as pills, bullets, bricks, tiles, etc.: **một viên thuốc nhức đầu** an aspirin tablet; **một viên gạch** a brick 2 *n.* classifier noun for officials, officers, etc.: **viên thủ quỹ** treasurer; **viên đại tá** colonel; **tuỳ viên** attaché; **chuyên viên** expert; **liên lạc viên** liaison officer; **sinh viên** university student; **cộng sự viên** collaborator, co-worker

3 *n.* (= **vườn**) garden: **công viên** park; **lạc viên** paradise

viên chức *n.* official

viên mãn *adj.* perfect, satisfied

viên tịch *v.* [of Buddhist priest] to die, to pass away

viền *v.* to hem, to bind: **đường viền** edge, binding, hem

viển vông *adj.* impractical, unrealistic

viễn *adj.* (= **xa**) long-sighted [*opp.* **cận**]: **vĩnh viễn** permanent

viễn ảnh *n.* perspective, outlook

viễn cảnh *n.* perspective

viễn chinh *adj., n.* expeditionary; expedition

viễn du *v.* to have a long trip, to travel very far

viễn đông *n.* the Far East

viễn khách *n.* stranger, traveler from a distant country

viễn kính *n.* telescope

viễn phương *n.* remote place, faraway place

Viễn Tây *n.* Far West

viễn thị *adj.* long-sighted, farsighted

viễn thông *n.* telecommunications

viễn vọng kính *n.* telescope

viện 1 *n.* institute, court, chamber: **viện đại học** university; **viện khảo cứu** research institute **2** *v.* to invoke, to produce [reason **lẽ**, pretext **cớ**]: **viện cớ** to produce evidence

viện binh *n.* reinforcements [military]

viện dẫn *v.* to cite, to quote

viện quân *n.* reinforcements

viện trợ *v.* to assist, to aid: **viện trợ kinh tế** economic aid

viện trưởng *n.* House Speaker; rector, president [of university]; director [of institute]

viếng *v.* to pay a visit; to visit

viết *v.* to write: **viết một lá thư** to write a letter

viết chì *n.* pencil

viết lách *v.* to write

viết máy *n.* fountain pen

viết tắt *v.* to abbreviate

Việt *n.* Vietnam; Vietnamese: **tiếng Việt** Vietnamese; **Hội Việt Mỹ** Vietnamese-American Association; **Bắc Việt** North Vietnam

Việt Cộng *n.* Vietnamese communists

Việt gian *n.* traitor, quisling

Việt Kiều *n.* overseas Vietnamese [national or resident in a foreign country]

Việt Nam *n.* Vietnam: **nước Việt Nam** the country Vietnam

Việt ngữ *n.* Vietnamese language: **học Việt ngữ** to study the Vietnamese language

Việt sử *n.* Vietnamese history

Việt văn *n.* Vietnamese language/literature

vin *v.* to pull down [tree branch]; to rely on [**vào** precedes object]: **vin cành cây xuống** to pull down a branch of a tree

vịn *v.* to lean on, to rest on [**vào** precedes object]: **vịn tay thành ghế** to lean on the arm of a chair

vinh dự *n., adj.* honor; honored

vinh hạnh *n., adj.* honor; honored

vinh hiển *adj.* successful, honored

vinh hoa *n.* honors, fortune

vinh nhục *n.* honor and dishonor

vinh quang *adj., n.* glorious; glory:

mang vinh quang về cho đội họ to bring glory to one's team

vinh qui *n.* [of successful examinee] to return to one's village

vinh thăng *v.* to be promoted

vinh thân *adj.* honored, famous

vĩnh *adj.* eternal, perpetual: **vĩnh cửu, vĩnh viễn** perpetually, eternally, forever

vĩnh biệt *v.* to part for ever, to say farewell for ever

vĩnh cửu *adj.* everlasting, permanent, eternal

vĩnh viễn *adj.* everlasting, eternal: **tù vĩnh viễn** life imprisonment

vịnh 1 *n.* bay, gulf: **vịnh Hạ Long** Ha Long bay [in the north of Vietnam] 2 *v.* to chant [poetry]: **ngâm vịnh** to chant a poem

vít 1 *v.* to pull down [something flexible] 2 *n.* [Fr. *vis*] screw: **con vít** screw bolt

vịt *n.* duck, drake: **mỏ vịt** duck's bill; **vịt quay** roasted duck

vịt bầu *n.* fat duck

vịt cái *n.* duck

vịt con *n.* duckling

vịt đực *n.* drake

vịt trời *n.* wild duck

víu *v.* to cling

vo *v.* to roll into balls; to wash [rice **gạo**]

vo vo *v.* to buzz

vó 1 *n.* hoof; foot, leg: **bốn vó** four legs 2 *n.* square dipping net

vò 1 *n.* jar: **vò rượu** a jar of rice wine 2 *v.* to crumple, to crush; to rub [hair **đầu** while washing]: **vò quần áo** to scrub one's clothes

vò võ *adj.* lonely

vỏ *n.* shell [of egg **trứng**, snail **ốc**, oyster **trai**, etc.]; bark [of tree **cây**]; skin [of fruit]; tire: **vỏ xe** tire [as opp. to inner tube **ruột**]; **vỏ trứng** egg shells; **bóc vỏ, lột vỏ** to peel

vỏ bào *n.* wood shavings

vỏ chai *n.* empty bottle

vỏ chuối *n.* banana skin: **bóc vỏ chuối** to peel off banana skin

vỏ quýt *n.* tangerine skin

võ *n.* military service [as opp. to civilian **văn**]; art of fighting, wrestling, judo: **đánh võ, đấu võ** to fight, to wrestle

võ bị *n.* military training

võ biền *n.* military

võ công *n.* exploit, feat [of arms]

võ đài *n.* ring [in boxing]

võ đoán *v.* to decide arbitrarily, to be arbitrary

võ khí *n.* weapon, arms

võ khoa *n.* military science

võ lực *n.* force, violence

võ nghệ *n.* the art of fighting for self defense

võ phu *adj.* brutal

võ sĩ *n.* boxer, pugilist; warrior

võ sĩ đạo *n.* Bushido, moral code of chivalry in feudal Japan

võ thuật *n.* martial arts

võ trang *v.* to arm, to supply armaments

võ tướng *n.* general, military leader

võ vẽ *v.* to know sketchily [how to do something], to be uncertain

vóc *n.* height, stature [of a person]: **vóc dáng** stature

vọc *v.* to stir, to play with

vọc vạch *v.* to know partially

voi *n.* [SV **tượng**] elephant

vòi **1** *n.* spout [of teapot, kettle **ấm**], tap, faucet; trunk [of elephant **voi**] **2** *v.* [of children] to clamor for

vòi vọi *adj.* sky-high, very tall

vọi *adj.* very far, very high

vòm *n.* vault, dome, watch tower

vòm canh *n.* watch tower

vòm trời *n.* vault of the sky

von vót *adj.* sky-high, very high

vỏn vẹn *adv.* only

vong ân *v.* to be ungrateful

vong bản *v.* to be uprooted

vong mạng *adj.* careless, reckless, rash

vong nhân *n.* dead person

vong quốc *v.* to lose one's country to invaders

vòng *n.* circle, necklace, ring, bracelet: **đứng thành vòng** to stand in a circle

vòng cung *n.* arc

vòng hoa *n.* wreath: **đặt vòng hoa** to lay a wreath

vòng luẩn quẩn *n.* vicious circle

vòng quanh *adv.* around: **đi vòng quanh thế giới** to travel around the world

vòng tròn *n.* circle

vòng vây *n.* siege

võng *n.* hammock

võng mạc *n.* retina [of the eye]

vọng *v.* to echo, to resound; to look towards, to hope: **hy vọng** to hope; **cuồng vọng** crazy ambition; **dục vọng** lust; **hoài vọng** to yearn, to desire; **trọng vọng** to respect

Vọng các *n.* Bangkok

vọng tưởng *v.* to be utopian; to be fantastic

vót *v., adj.* to whittle [pencil]; [of trees, mountains] very tall

vọt **1** *n.* whip, rod [used for punishment]: **Yêu cho vọt ghét cho ăn.** Spare the rod and spoil the child. **2** *v.* to gush forth, to spurt

vô *v.* See **vào**

vô ân *v.* to be ungrateful

vô biên *v.* to be limitless

vô bổ *adj.* useless

vô can *adj.* having nothing to do with; not to be involved

vô căn cứ *adj.* groundless; without any foundation

vô chính phủ *adj., n.* anarchic; anarchy

vô chủ *adj.* abandoned

vô cớ *adj.* unprovoked, without reason

vô cơ *adj.* [matter] inorganic

vô cớ *adj.* without reason, no evidence

vô cùng *adj.* endless, quite, extreme

vô cùng tận *adj.* infinite

vô cực *n.* infinity

vô danh *adj.* unknown

vô dụng *adj.* useless, worthless, good for nothing

vô duyên *adj.* lacking charm, charmless, ungraceful

vô đạo *adj.* immoral

vô địch *n.* champion

vô định *adj.* undetermined, unsettled, unidentified

vô định hình *n.* amorphous

vô độ *adj.* excessive, immoderate

vô gia cư *adj.* homeless

vô giá *adj.* priceless, invaluable

vô giáo dục *adj.* ill-bred

vô hại *adj.* harmless

vô hạn *adj.* unlimited, boundless

vô hạnh *v.* to lack virtue

vô hậu *adj.* heirless

vô hệ thống *adj.* unsystematic

vô hiệu *adj.* ineffective

vô hình *adj.* invisible

vô học *adj.* ill-bred, uneducated

vô ích *adj.* useless

vô kế *adj.* without a solution, helpless

vô kể *adj.* innumerable, numberless

vô lại *adj.* idle, good for nothing

vô lăng *n.* [Fr. *volant*] steering wheel

vô lễ *adj.* impolite

vô liêm sỉ *adj.* shameless

vô luận *adv.* regardless of

vô lý *adj.* illogical, nonsensical, absurd, impossible

vô mục đích *adj.* purposeless

vô nghĩa *adj.* ungrateful, nonsense

vô nghĩa lý *adj.* meaningless, nonsensical, absurd

vô nhân đạo *adj.* to be inhuman

vô ơn *adj.* ungrateful

vô phép *adj.* impolite

vô phúc *adj.* unfortunate: **đứa con vô phúc** an unfortunate child

vô sỉ *adj.* shameless

vô song *adj.* unparalleled

vô số *adj.* innumerable, lots of

vô sự *adj.* alright, unharmed

vô tang *adj.* without evidence

vô tâm *adj.* absent-minded

vô tận *adj.* inexhaustible, endless

vô thần *adj.* atheistic

vô thừa nhận *adj.* forsaken, derelict; [of child] abandoned

vô tình *adj.* indifferent; unintentional

vô tội *adj.* innocent, not guilty

vô tri giác *adj.* inanimate

vô tuyến *n.* wireless

vô tuyến điện *n.* wireless telegraphy, radio: **liên lạc vô tuyến điện** radio communication

vô tuyến điện báo *n.* wireless telegraphy, radio telegraphy

vô tuyến điện thoại *n.* radio telephone, wireless telephone

vô tuyến truyền hình *n.* television

vô tuyến truyền thanh *n.* radio broadcast

vô tư *adj.* impartial

vô tư lự *adj.* carefree

vô vàn *adj.* innumerable

vô vi *n.* inaction [Taoism]

vô vị *adj.* tasteless, insipid; dull, uninteresting

vô ý *adj.* careless, negligent

vô ý thức *adj.* unconscious; absurd

vố *n.* blow, stroke, nasty trick

vồ **1** *v.* to snap at, to pounce on [object preceded by **lấy**] **2** *n.* mallet, club

vồ ếch *v.* to fall down

vồ vập *v.* to warmly receive [customers]

vỗ *v.* to clap [hands **tay**], to flap [wings **cánh**], to tap [shoulder **vai**, table **bàn**]

vỗ về *v.* to comfort, to console

vôi *n.* lime: **đá vôi** limestone

vôi sống *n.* quick lime, burnt lime, caustic lime

vôi tôi *n.* slaked lime, hydrated lime

vội *v., adj.* hurried; hasty, urgent

vội vã *v.* to hurry

vội vàng *v.* to act or be done in a hurry

vốn *n.* capital, principal; origin: **giá vốn** original price

vốn liếng *n.* capital, funds

vốn lời *n.* capital and interest

vốn vã *v.* to be eager, to be attentive

vồng *adj.* arched, curved: **cầu vồng** rainbow

vơ *v.* to act wrongly, to sweep off, to pick up: **vơ đũa cả nắm** to generalize

vơ vẩn *v., adj.* to act aimlessly; idle and impractical

vơ vét *v.* to clean up, to collect everything

vớ 1 *v.* to grab, to snatch, to take something 2 *n.* sock, stocking

vớ vẩn *adj.* foolish, stupid

vờ *v.* to pretend to: **giả vờ ngủ** to pretend to sleep

vờ vĩnh to pretend, to feign

vở 1 *n.* notebook, exercise book 2 *n.* classifier noun for plays: **vở kịch** a play; **vở tuồng** a drama

vỡ *v., adj.* [of china, glass ware] broken, smashed

vỡ bụng *v.* to split one's sides laughing

vỡ lòng *v.* to initiate [child] to learning: **lớp vỡ lòng** a kindergarten, beginner's course

vỡ lở *v.* [of plot] to leak out, to unmask, to reveal

vỡ nợ *v.* to be bankrupt

vỡ tan *v.* to be broken to pieces

vợ *n.* [SV **phụ, thê**] wife: **lấy vợ** [of man] to get married; **bỏ vợ** to divorce; **cưới vợ** to get married; **vợ chưa cưới** fiancée

vợ bé *n.* concubine

vợ cả *n.* first wife

vợ chồng *n.* husband and wife, a couple

vợ con *n.* wife and children

vợ lẽ *n.* concubine

vơi *adj., v.* not to be full; [of water mark, etc.] to decrease

với 1 *conj.* with, together with, and, to: **quen biết với nhau** to know each other 2 *v.* to reach out for [something], to call out to someone who has just left the place

với lại *adv.* moreover, on the other hand

với nhau *adv.* together, one another, each other

vợi 1 *adj.* far away, distant 2 *v.* to decrease, to lessen, to abase

vớt *v.* to skim; to fish out, to pick up; to rescue: **cứu vớt** to save, to rescue

vớt vát *v.* to scrape together: **làm vớt vát vài việc** to scrape some works together

vợt *n.* spoon net, scoop net; racquet: **vợt bóng bàn** ping pong racquet

vu *v.* to slander, to libel

vu cáo *v.* to accuse falsely

vu hoặc *v.* to slander, to libel

vu khống *v.* to fabricate

vu oan *v.* to slander

vu qui *n.* bride's wedding ceremony

vu vạ *v.* to slander, to accuse falsely

vu vơ *adj.* vague, uncertain, groundless

vú 1 *n.* breast, udder 2 *n.* wet nurse, old maid servant

vú em *n.* wet nurse

vú già *n.* old maid-servant

vú giả *n.* falsies

vú sữa *n.* star apple; milk fruit

vú vê *n.* breast

vù *v.* to buzz, to whiz: **chạy vù** to run very fast

vù vù *v.* to whirl

vũ 1 *n.* feather 2 *v.* to dance (= **múa**): **khiêu vũ** to dance

vũ công *n.* dancer

vũ bão *n.* violence, vehemence; typhoon

vũ điệu *n.* dance

vũ khí *n.* weapon, armament

vũ khúc *n.* ballet, dance

vũ lực *n.* force, armed force

vũ lượng *n.* rainfall

vũ nữ *n.* female dancer, ballet dancer

vũ trang *v.* to arm, to equip with weapons

vũ trụ *n.* the universe

vũ trụ quan *n.* world view

vũ trường *n.* dance hall

vụ 1 *n.* season, period; harvest, crop; business, duty, affairs: **sự vụ** affairs; **chức vụ** position, job; **nghĩa vụ** duty; **trách vụ** responsibilities 2 *n.* classifier noun for accidents, calamities, disasters etc.: **một vụ lụt** a flood; **vụ trộm** burglary; **vụ ám sát** an assassination; **một vụ kiện** a lawsuit 3 *n.* spinning top 4 *n.* department: **vụ tổ chức cán bộ** personnel department

vụ lợi *adj.* commercial, mercantile

vụ phó *n.* deputy chief of department

vụ thực *v.* to strive for reality

vụ trưởng *n.* chief of department

vua *n.* [SV **vương**] king: **vua dầu hỏa** oil magnate; **vợ vua** queen

vua chúa *n.* princes, lords, kings, rulers

vua tôi *n.* king and subject [relationship]

vục *v.* to dip into the water

vui *adj.* joyful, amused, happy, merry; [*opp.* **buồn**] amusing

vui chơi *v.* to have a good time

vui đùa *v.* to play, to amuse oneself

vui lòng *v.* to be pleased

vui miệng *v.* to talk happily

vui mừng *v.* to be glad

vui sướng *v., adj.* to be happy; happy

vui tai *adj.* pleasant to hear

vui thích *v., adj.* glad, happy

vui thú *v., adj.* pleased, delighted

vui tính *adj.* genial, jovial

vui tươi *adj.* happy and cheerful

vui vầy *adj.* happily reunited

vui vẻ *adj.* joyful, glad, pleasant

vùi *v.* (= **chôn**) to bury

vùi dập *v.* to ill-treat, to handle roughly

vùi đầu *v.* to be wrapped up

vun *v.* to heap earth around [a tree being planted], to heap earth up, to gather in a mound

vun bón *v.* to fertilize [earth]

vun đắp *v.* to heap earth up; to foster

vun trồng *v.* to cultivate

vun tưới *v.* to take care [of trees], to water

vun vút *v.* to rise high

vùn vụt *v.* to move fast

vụn *adj., n.* crushed, broken, fragmented, powdery, dusty, pulverulent; scrap, crumbs: **bẻ vụn** to break into pieces; **đập vụn** to smash to pieces; **giấy vụn** waste paper

vụn vặt *adj.* fragmentary, miscellaneous

vung 1 *n.* lid [on cooking pot] **2** *v.* to throw up, to swing [arms]; to throw away [money]

vung vãi *v.* to be spilled, to scatter

vung vẩy *v.* to swing one's arms

vùng 1 *n.* region, area: **vùng an toàn** safety zone; **vùng cấm** prohibited area, restricted area; **vùng phi quân sự** demilitarized zone; **vùng tập hợp** collecting zone **2** *v.* to shake oneself loose

vùng dậy *v.* to rise up

vùng vằng *v.* to speak angrily

vung vẩy *v.* to move about freely; to struggle

vũng *n.* hole, puddle; roadstead

vụng 1 *adj.* sneaky, stealthy, sly: **ăn vụng** to eat on the sly **2** *adj.* unskillful, clumsy, awkward: **thợ vụng** unskilled worker

vụng dại *adj.* silly, foolish

vụng ở *v.* to behave awkwardly

vụng tính *v.* to miscalculate

vụng về *adj.* awkward, unskillful, clumsy

vuông *adj., n.* square; right square piece [of fabric]: **vuông vải** a square of cloth; **thước vuông** square meter; **mẹ tròn con vuông** mother and child doing well

vuông tròn *adj.* perfectly arranged

vuông vắn *adj.* perfectly square shape, regularly shaped

vuốt 1 *v.* to smooth [hair tóc, mustache râu, clothes quần áo, etc.] with the hand; to caress: **vuốt tóc** to smooth hair **2** *n.* claw [of tiger, etc.], talon [of hawk, etc.]

vuốt ve *v.* to stroke, to fondle

vút *adj.* very tall

vụt *v.* to lash with a whip: **bay vụt qua đầu** to fly rapidly overhead

vừa 1 *adj.* reasonable; just right, moderate, so so, fair **2** *v.* to fit, to suit, to satisfy, to please **3** *adv.* just this moment; just, recently, lately: **mới vừa, vừa mới** recently; **vừa kịp** just in time

vừa chừng *adj.* moderate, just right

vừa đôi phải lứa *adj.* well-matched

vừa đủ *adj.* sufficient, enough

vừa khít *adj.* of a good fit

vừa lòng *v.* to be pleased

vừa lúc *adv.* just at the moment, just on time

vừa lứa *adj.* well-matched [used with **xứng đôi**]

vừa mắt *adj.* pleasant to the eyes

vừa miệng *adj.* tasty

vừa mồm *v.* to use cautious words/language, to control one's language

vừa mới *adv.* just, recently, lately

vừa phải *adj.* just right; reasonable

vừa rồi *adv.* lately, recently

vừa vặn *adj.* in time, fitting or suitable

vừa vừa *adj.* average, reasonable

vữa *n., v.* mortar [construction]; to be stale

vựa lúa *n.* rice bowl [area]

vựa thóc *n.* rice bowl [area]

vực 1 *n.* gulf, pit, chasm **2** *v.* to help [sick person, etc.] to stand up; to defend

vừng *n.* (= **mè**) sesame

vững *adj.* stable, firm; steady, secure

vững bền *adj.* stable, durable

vững bụng *v., adj.* to be sure, confident

vững chãi *adj.* stable, firm

vững chắc *adj.* stable, firm, solid

vững dạ *v., adj.* reassured, confident

vững lòng *v., adj.* to be reassured, confident

vững tâm *v., adj.* to be reassured, confident

vững vàng *v., adj.* to be stable, steady

vươn *v.* to stretch oneself

vườn *n.* [SV **viên**] garden

vườn bách thảo *n.* botanical gardens

vườn bách thú *n.* zoo

vườn hoa *n.* flower garden; park

vườn rau *n.* vegetable garden

vườn tược *n.* gardens

vườn ương cây *n.* nursery

vượn *n.* gibbon

vương 1 *n.* (= **vua**) king: **đế vương** monarch; **nữ vương** queen 2 *v.* to be seized by, to be involved: **vương nợ** to be involved in a debt

vương đạo *n.* the right way

vương giả *n.* prince, wealth

vương mạo *n.* crown

vương phi *n.* imperial concubine

vương quốc *n.* kingdom

vương vãi *adj.* scattered, dropped

vương vấn *v.* to be preoccupied with

vương vít *v., adj.* to be involved, tangled in

vướng *v.* to be caught in, to entangle in, to stick in

vướng víu *v.* to be entangled in, to be involved in

vượng *adj.* prosperous, flourishing: **thịnh vượng** to be thriving, prosperous

vượt *v.* to exceed, to cross [mark, limit]; to overtake; to overcome [difficulty **khó khăn**, obstacle **trở lực**], to escape from prison

vượt bể *v.* to cross the ocean

vượt mức *v.* to exceed the target, to pass the limit

vượt ngục *v.* to escape from prison

vượt tuyến *v.* to escape across the parallel: **sinh viên vượt tuyến** refugee student

vứt *v.* (= **vất**) to discard

vưu *adj.* extraordinary, unusual, rare

vỹ *adj.* See **vĩ**

X

xa 1 *adj.* [SV **viễn**] far, far away [*opp.* **gần**]; **gần xa** far and near; **lo xa** far-sighted 2 *n.* (= **xe**) vehicle, car: **công xa** government car

xa cách *adj.* separated, far away from: **xa cách gia đình lâu ngày** to be separated from one's family for a long time

xa gần *adv.* far and near, everywhere

xa hoa *adj.* extravagant, luxurious, lavish

xa lạ *adj.* [of a place] foreign, unfamiliar; strange: **nơi xa lạ** strange place

xa lánh *v.* to keep away from, to shun: **xa lánh những nơi ồn ào** to keep away from noisy places

xa lắc *adj.* far away

xa lộ *n.* highway, freeway

xa lông *n.* lounge suite

xa phu *n.* driver, rickshawman

xa tắp *adj.* very far, far away

xa thẳm *adj.* far away, far off

xa tít *adj.* too far away

xa vời *adj.* far away, distant, remote

xa xăm *adj.* far off, remote, distant

xa xỉ *adj.* luxurious, lavish: **cuộc sống xa xỉ** a luxurious life

xa xỉ phẩm *n.* luxury goods

xa xôi *adj.* far away, distant

xá **1** *v.* to bow deeply with joined hands **2** *n.* R house, dwelling: **cư xá** quarters [students, staff, officers], billet; **phố xá** shopping complex; **ký túc xá** boarding house **3** *v.* to forgive, to pardon: **ân xá** amnesty

Xá lợi *n.* Buddha's relics

xá tội *v.* to forgive, to pardon

xà **1** *n.* beam, girder, main beam [of a roof] **2** *n.* (= **rắn**) snake

xà beng *n.* lever

xà bông *n.* [Fr. *savon*] soap

xà cừ *n.* oyster shell; pearl

xà lách *n.* [Fr. *salade*] lettuce, salad

xà lan *n.* [Fr. *chalande*] lighter, barge, scow

xà lim *n.* [Fr. *cattle*] prison cell

xà lỏn *n.* [Fr. *sarong*] shorts: **mặc quần xà lỏn** to wear shorts

xà phòng *n.* [Fr. *savon*] soap: **một bánh xà phòng** a cake of soap

xả **1** *v.* to sacrifice: **xả mình** to sacrifice oneself **2** *v.* to rinse

xả kỷ *v.* to sacrifice one's life for others

xả thân *v.* to sacrifice one's life

xã *n.* soil; commune, village, community: **làng xã** the village community; **hội đồng hàng xã** village council; **hợp tác xã** cooperative

xã đoàn *n.* group, society, association

xã giao *n.* social relations, public relations, social etiquette

xã hội *n.* society: **phục vụ xã hội** to serve a society

xã hội chủ nghĩa *n., adj.* socialism; socialist

xã hội hoá *v.* to socialize

xã hội học *n.* sociology

xã luận *n.* editorial

xã tắc *n.* land, state: **sơn hà xã tắc** the country, the nation

xã thôn *n.* commune, hamlet, village

xã thuyết *n.* editorial

xã viên *n.* member of a cooperative

xạ *n.* musk: **xạ hương** musk

xạ biểu *n.* ballistic range, firing table, range table

xạ hương *n.* musk

xạ kích *v.* to shell, to fire

xạ thủ *n.* automatic rifleman, gunner

xác **1** *n.* corpse, dead body: **nhà xác** morgue **2** *adj.* to be exact, precise, true, authenticated: **xác thực** true; **chính xác** to be precise, accurate

xác chết *n.* dead body, corpse

xác đáng *adj.* exact, accurate, appropriate

xác định *v.* to fix, to define, to affirm

xác nhận *v.* to acknowledge, to affirm, to confirm

xác suất *n.* probability [math]

xác thịt

xác thịt *n.* flesh, body [as opp. to spirit]

xác thực *adj.* true, genuine

xác xơ *adj.* ragged, tattered; very poor

xách *v.* to carry [briefcase, suit-case]; to hang from the hand by means of a handle

xách mé *v.* to address somebody rudely; to call somebody by his name, not to use the appropriate status indicator

xách nách *v.* to drag someone by an arm

xái *n.* dregs of opium

xài *v.* to spend, to consume: **tiêu xài tiền** to spend money

xài lớn *v.* to spend recklessly

xài phí *v.* to spend extravagantly

xam xám *adj.* grayish, pale gray

xám *adj.* gray

xám mặt *v.* to grow pale

xám ngắt *adj.* very pale

xám xanh *adj.* livid, pale

xám xì *adj.* dark gray

xám xịt *adj.* dark gray

xầm *v.* to calk

xạm mặt *adj.* ashamed

xanh *adj.* [SV **lam**] blue; [SV **thanh**] green; unripe [*opp.* **chín**]; young: **đầu xanh** young children

xanh biếc *adj.* deep sky blue

xanh da trời *adj.* sky blue

xanh dờn *adj.* very green, verdant

xanh lá cây *adj.* green

xanh lè *adj.* green, unripe

xanh mét *adj.* pale

xanh ngắt *adj.* very green, deep blue

xanh rì *adj.* dark green [of grass]

xanh xao *adj.* very pale, livid

xao động *v.* to be agitated, to be excited

xao lãng *v.* to neglect

xao nhãng *v.* to forget or to neglect [duties, etc.]

xao xuyến *v.* to be aroused

xáo **1** *v.* to turn upside down, to upset, to mix **2** *v.* to cook [meat] with bamboo shoots [**măng**] and spices

xáo trộn *v.* to mix, to mix up; to put upside down, to upset [hier-archy, etc.]

xào *v.* to stir-fry [sliced meat] with onions, vegetables and a small amount of sauce

xào nấu *v.* to do cooking

xào xạc *v.* to be noisy

xảo *adj.* skillful: **tinh xảo** clever, ingenuous; **tuyệt xảo** very clever

xảo quyệt *v., adj.* to be shrewd; cunning, artful

xảo thủ *n.* skilled worker, skillful craftsman

xảo trá *adj.* cheating, two-faced, shrewd, treacherous

xạo *v.* to be a jerk: **ba xạo** jerk

xáp *v.* to get near, to approach

xáp mặt *v.* to meet face to face

xát *v.* to rub

xay *v.* to grind in a mill [in order to remove rice husk, make flour, etc.]: **nhà máy xay lúa** rice mill

xắn **1** *v.* to roll up [one's sleeves] **2** *v.* to carve, to cut: **xắn bánh thành lát nhỏ** to cut a cake into pieces

xăng *n.* petrol, gasoline: **đổ xăng** to fill up petrol for the car

xằng *adj.* wrong, nonsensical

xẳng *adj.* curt: **ăn nói xẳng** to

speak curtly

xắt *v.* to cut up, to slice

xấc *adj.* impolite, ill-mannered, disrespectful

xấc láo *adj.* impertinent, insolent

xấc xược *adj.* pert, impolite

xâm **1** *v.* to feel giddy, dizzy **2** *v.* to usurp, to invade

xâm chiếm *v.* to invade, to occupy, to seize

xâm đoạt *v.* to usurp, to seize

xâm lăng *v., n.* to invade; invasion, aggression

xâm lấn *v.* to intrude on [territory, rights], to encroach

xâm lược *v., n.* invade; invasion, aggression

xâm nhập *v.* to enter, to trespass, to infiltrate: **Cấm xâm nhập.** No Trespassing.

xâm phạm *v.* to intrude upon, to violate [object optionally preceded by đến/tới]

xâm thực *v.* to erode

xẩm *adj.* twilight; blind

xấp *n.* package, quire, wad [of paper money]: **một xấp tiền giấy** a wad of bank notes

xấp xỉ *adv.* to be approximately the same, roughly, about

xâu **1** *v.* to thread [needle], to string **2** *n.* string, bunch

xấu *adj.* bad [of quality] [*opp.* tốt]; bad-looking, ugly, homely [*opp.* đẹp]: **xấu như ma** as ugly as sin; **bêu xấu** to speak evil of; to put to shame, to disgrace

xấu bụng *v., adj.* to be wicked, bad, naughty

xấu hổ *v.* to be ashamed

xấu mã *v.* to have an ugly physical appearance

xấu máu *v.* to have weak body resistance

xấu mặt *v.* to lose face

xấu nết *v., adj.* to have a bad character, perverse

xấu người *v.* to have an ugly appearance

xấu số *adj.* unfortunate, ill-fated, unlucky

xấu tiếng *adj.* having a bad name

xấu tính *adj.* having a bad character

xấu xa *adj.* shameful; bad, wicked, evil

xấu xí *adj.* homely, bad-looking, unattractive

xây **1** *v.* to build, to construct **2** *v.* (= **xoay**) to turn: **xây lưng lại** to turn one's back

xây dựng *v.* to build, to construct, to reconstruct: **xây xựng đất nước** to build one's country

xây đắp *v.* to build, to build up

xây xẩm *v.* to feel dizzy

xe *n.* [SV **xa**] vehicle, cart, carriage, car: **đệm xe** car seat

xe ba bánh *n.* tricycle

xe bò *n.* ox cart

xe buýt *n.* [Fr. *autobus*] bus: **đi xe buýt** to go by bus

xe ca *n.* highway bus, coach

xe cộ *n.* vehicles, cars; traffic

xe cút kít *n.* wheelbarrow

xe cứu hoả *n.* fire truck

xe cứu thương *n.* ambulance

xe đám ma *n.* hearse

xe đạp *n.* [with **đi, cưỡi, đạp** to ride] bicycle: **đi xe đạp** to ride a bicycle

xe đạp ba bánh *n.* tricycle

xe điện *n.* tram, streetcar

xe điện ngầm

xe điện ngầm *n.* underground train, subway: **ga xe điện ngầm** subway station

xe đò *n.* bus, coach

xe gắn máy *n.* motorcycle

xe hàng *n.* bus, coach

xe hoa *n.* wedding car

xe hoả *n.* train

xe hơi *n.* automobile, car

xe kéo *n.* rickshaw

xe lôi *n.* pedicab [with driver in front pulling]

xe lửa *n.* (= **xe hoả**) train

xe máy *n.* (= **xe gắn máy**) motorcycle

xe máy dầu *n.* motorcycle

xe mô tô *n.* [Fr. *motocyclette*] motorcycle, motorbike

xe ô tô *n.* (= **xe hơi**) [Fr. *auto*] automobile, car

xe pháo *n.* cars, means of conveyance; traffic

xe tang *n.* hearse

xe tay *n.* rickshaw

xe tăng *n.* [Fr. *tank*] tank

xe thổ mộ *n.* horse carriage

xe thơ *n.* mail truck

xe trượt tuyết *n.* sleigh

xe vét pa *n.* [from trademark Vespa] motor-scooter

xe vòi rồng *n.* fire truck

xe xích lô *n.* [Fr. *cyclo pousse*] pedicab

xe xích lô máy *n.* motorized pedicab

xé *v.* to tear, to tear up, to rend

xé nát *v.* to tear to pieces

xé nhỏ *v.* to tear to pieces

xé rách *v.* to tear

xé tan *v.* to tear to pieces

xé toạc *v.* to tear off

xé vụn *v.* to tear to pieces

xẻ *v.* to split up, to cut off, to saw up; to dig [canal **rãnh**, **mương**, etc.]: **xẻ trái dưa** to cut open a watermelon

xem *v.* [SV **khán**] to look at, to watch, to see [performance, show]; to consider, to examine

xem bệnh *v.* to examine a patient, to check up one's health

xem bói *v.* to consult a fortune teller

xem chừng *v.* it seems that

xem hát *v.* to go to the theater, to see a play

xem mạch *v.* to feel someone's pulse

xem mặt *v.* to see a potential bride before deciding on marriage

xem như *v.* it seems that

xem qua *v.* to take a quick look at

xem ra *v.* it seems that

xem số *v.* to read the horoscope

xem tuổi *v.* to study the horoscope of a boy and a girl prior to a marriage

xem tướng *v.* to read someone's physiognomy

xem xét *v.* to examine, to consider, to inspect

xen *v.* to insert; to edge one's way [**vào** into], to interfere

xén *v.* to cut, to trim around the edge: **xén giấy** to cut paper

xéo **1** *v.* to step on, to tramp **2** *v.* to scram: **Xéo đi.** Scram!

xẻo *v.* to cut off; to cut up

xẹo *adj.* slanting, oblique

xẹo xọ *adj.* slanting, aslant

xếp **1** *adj.* small, supplementary: **gác xếp** attic **2** *adj.* flat: **lốp xếp**

flat tire; **bụng xẹp** flat belly

xẹp *v., adj.* to become flat; flattened, deflated

xét *v.* to examine, to consider; to search: **xét nhà ai** to search one's house

xét đoán *v.* to judge

xét hỏi *v.* to question

xét nét *v.* to find fault with, to examine closely

xẹt *v.* to whiz, to flash

xê *v.* to move aside: **xê một bên cho người khác đi** to move aside for other people

xê dịch *v.* to change places

xê ra *v.* to move over

xê xích *v.* to inch; to differ only; to shift back and forth

xế *adj.* slanted; [of sun, moon] sinking

xế bóng *v.* to decline by days; to become older

xệ *adj.* drooping, flowing, baggy, flabby

xếch *adj.* raised, turned up; [of eyes] slant

xệch *adj.* aslant, awry

xếp *v.* to fold; to put in order; to put away; to set [**chữ** types]

xếp bằng tròn *v.* to sit flat on the floor, cross-legged

xếp đặt *v.* to arrange, to put in order, to organize

xếp đống *v.* to pile up

xếp hàng *v.* to stay in line, to stand in line, to queue up

xếp xó *v.* to put aside, to neglect

xi 1 *n.* [Fr. *cire*] wax, sealing wax, polish 2 *v.* to make hissing noises to urge an infant to urinate (**đái**) or defecate (**ỉa**)

xi măng *n.* [Fr. *ciment*] cement

xí 1 *n.* toilet, latrine, restroom 2 *v.* to deserve for oneself

xí nghiệp *n.* enterprise, firm, company

xí phần *v.* to claim a share

xí xoá *v.* to forget debts, to forget about who owes whom what; to forget about something

xì *v.* [of gas] to escape, to leak out; [of firecracker] to be dead, to be a dud; to let the air out of [tire]

xì xà xì xụp *v.* See **xì xụp**

xì xào *v.* to whisper, to buzz

xì xằng *adj.* arrogant

xì xụp *v.* to gibble, to sip noisily; to prostrate oneself repeatedly

xì xụt *v.* to sniff, to snuffle, to weep and sniff for a long time

xía *v.* to cut in; to edge in

xỉa 1 *v.* to pick [one's teeth]; to brush [one's teeth] with medicinal powder, charcoal powder, using toothpick or using areca husk; to jab [with hand or knife] 2 *v.* to count out [coins, bills]

xích 1 *n., v.* chain: **xích xe đạp** bicycle chain 2 *v.* to move away, to shift: **Xích ra!** Move over!

xích tay *v.* to handcuff, to manacle

xích đạo *n.* the equator

xích hoá *v.* to communize

xích lô *n.* pedicab

xích mích *v.* to disagree, to have a conflict with

xích thằng *n.* the bond of marriage

xiếc *n.* (= **xiệc**) [Fr. *cirque*] circus: **trò xiếc** trick, fear

xiêm *n.* skirt

Xiêm La *n.* Thailand, Thai

xiêm áo *n.* clothes, garments

xiên 1 *v.* to stab or pierce **2** *adj.* oblique, slanting

xiên xéo *adj.* oblique, slanting

xiên xẹo *adj.* crooked; shifty

xiểng 1 *n.* chains, fetters, shackles **2** *v.* to chain

xiêu *adj.* slope, bent, awry

xiêu lòng *v.* to yield: **nghe lời quyến rũ mà xiêu lòng** to yield by seduction

xiêu vẹo *adj.* tottering

xin *v.* to ask for; to beg: **xin ăn** to beg for food

xin lỗi *v.* to apologize, to excuse oneself, to beg one's pardon

xin việc *v.* to apply for a job

xin xỏ *v.* to beg for, to ask for

xinh *adj.* pretty, attractive

xinh xắn *adj.* attractive, nice-looking

xịt *v.* to hose, to spray

xìu *v.* to be faint, to be limp

xo ro *adj.* huddling up: **ngồi xo ro một xó** to sit huddled in a corner

xó *n.* corner

xỏ *v.* to thread, to slip: **xỏ kim may** to thread a needle

xỏ lá *adj.* roguish

xỏ mũi *v.* to thread a rope through the nose; to lead by the nose, to control

xỏ tai *v.* to pierce one's ears

xỏ xiên *v.* to play a nasty trick

xoa *v.* to rub: **xoa tay** to rub one's hands

xoa bóp *v.* to massage

xoa dịu *v.* to calm down, to soothe

xoá *v.* to cross out, to eliminate

xoá bỏ *v.* to cross out, to wipe out

xoá nhoà *v.* to blur, to fade away, to dim out

xoà 1 *v.* to spread out, to hang down **2** *v.* to laugh [**cười**] at something aside

xõa *v.* [of hair] to be flowing, to hang down

xoạc *v.* to spread wide apart: **xoạc hai chân** to spread one's legs

xoài 1 *n.* mango **2** *adj.* to be out-stretched, at full length

xoàn *n.* diamond: **nhẫn hột xoàn/ hạt xoàn** a diamond ring

xoang *n.* tune, melody, aria

xoàng *adj.* tolerably good, so-so, simple, weak, normal: **bữa cơm loàng xoàng** simple meal

xoàng xĩnh *adj.* mediocre

xoay *v.* to turn [on axis], to change direction; to manage to get [money **tiền**, job **việc**]; to be resourceful

xoay chiều *v.* to change direction, to reverse

xoay quanh *v.* to focus; to revolve

xoay tít *v.* to rotate at full speed

xoay trần *v.* to be stripped to the waist [while working in the heat]

xoay vần *v.* to turn around; to revolve

xoay xở *v.* to manage, to be resourceful

xoáy 1 *adj., v.* swirling, eddying **2** *v.* to swipe

xoáy trôn ốc *n.* spiral

xoăn *adj.* [of hair] curly, wavy

xoắn *v.* to twist, to be twisted; to cling to

xoắn ốc *n.* spiral

xoắn xít *v.* to cling to one another

xóc 1 *v.* to shake, to stir **2** *v.* to lift with a sharp-ended pole **3** *adj.* [of road] bumpy; [of car] jolting, jerky: **đường xóc** bumpy road

xóc xách v. to clink

xọc v. to break into

xoe adj. perfectly round

xoè v. to spread, to stretch, to open [wings **cánh**, tail **đuôi**, fingers **tay**]

xoẹt v. [of knife, clap of thunder] to cut fast, to be quick as lightning

xoi v. to clear [pipe], to bore through, to drill, to groove

xoi bói v. to find fault

xoi móc v. to find someone's faults

xóm n. hamlet, subdivision of a village: **làng xóm** hamlet, village; **bà con lối xóm** neighbors

xóm giềng n. neighborhood

xóm làng n. hamlet, village

xong v. to finish; to finish doing something

xong chuyện adj. all over: **làm cho xong chuyện** to do hurriedly

xong đời v. to be done with life

xong hẳn v. to finish completely

xong nợ v. to clear all debts

xong xuôi adj. to be finished or completed

xoong n. [Fr. casserole] saucepan

xọp v. to lose weight, to get smaller, to get flat

xót v. [of pain] to be smarting, to sting; to feel sorry for: **thương xót đau xót** to be grieved

xót dạ v. to suffer, to feel a burning sensation in one's stomach

xót ruột v. to suffer [because of loss, waste]

xót thương v. to feel sorry for; to mourn over

xót xa v. to feel pain, to feel sorry for

xô v. to give a push, to shove: **đẩy xô đến** [of crowd] to rush in

xô bồ adj. complicated; miscellaneous

xô đẩy v. to push, to jostle

xô xát v. to scuffle, to brawl, to quarrel

xổ v. [of hair, thread, seam] to become untied, to be undone; to escape, to break, to loose: **xổ lồng** to set free, to discharge

xốc v. to raise up, to lift up [patient, drunkard]

xốc vác v. to be able, to work hard

xốc xếch adj. [of person, clothes] untidy, disarrayed, slovenly

xộc v. to dash, to rush in

xộc xệch v. See **xốc xếch**

xôi lúa n. steamed sticky rice and maize

xối v. to flush water: **xối nước rửa sàn nhà** to pour water onto a floor for cleaning

xối xả adj. very quick, with a free hand

xổi adv. quickly or temporarily: **ăn xổi ở thì** to live from day to day, to live from hand to mouth

xồm adj. hairy, [of beard **râu**] thick: **râu xồm** thick beard

xồm xoàm adj. shaggy, hairy

xổm adj. squatting, on the heels: **ngồi xổm** to sit on one's heels

xôn xao v. to be lively, to be bustling; to be in an uproar

xốn v. to sting

xốn xang v. to feel perplexed

xông 1 v. to rush, to charge; to pounce upon 2 v. [of smell] to exhale; to have a steam bath

xông đất v. to be the first caller

on New Year's day

xông khói *v.* to smoke [room, objects]

xông nhà *v.* to be the first caller on New Year's day

xông pha *v.* to be brave; to go to the front

xốp *adj.* [of soil] spongy, crispy

xốt *n.* [Fr. *sauce*] sauce, gravy

xơ 1 *adj.* fiber, filament, threadbare, tattered, ragged, very poor: **xơ dừa** coconut fiber **2** *n.* [Fr. *soeur*] sister, Catholic nun

xơ múi *n.* profit, gain

xơ rơ *adj.* denuded

xơ xác *adj.* ragged, very poor: **gia đình xơ xác** a very poor family

xớ rớ *v.* to wander about dumbly

xơi *v.* to eat or drink [polite verb used only of other people]

xới *v.* to turn up [earth **đất**], to dig, to scoop [cooked rice **cơm** from pot]

xu *n.* [Fr. *soul*] cent, penny; money: **không một xu dín túi** penniless

xu hướng *n.* tendency, inclination

xu lợi *v.* to be mercantile, to run after money

xu mị *v.* to flatter

xu nịnh *v.* to flatter

xu phụ *v.* to be attached to

xu thế *n.* tendency, trend

xu thời *v.* to be an opportunist

xú *adj.* ugly; stinking, smelly

xú danh *n.* bad name

xú uế *v.* to stink, to stench

xù *adj.* hairy, [of hair] bushy

xù xì *adj.* rough [to the touch]

xũ *v.* to droop

xua *v.* to drive away by waving one's hand: **xua ruồi** to shoo

away flies by waving one's hand

xua đuổi *v.* to drive away; to chase

xua tay *v.* to brush aside; to make a gesture with the hand

xuân *n.* spring [the season]: **mùa xuân** spring season; **còn xuân** to be still young; **tân xuân** new year

xuân lan *n.* spring orchid

xuân xanh *n.* young age, youth

xuẩn *adj.* dull-witted, stupid: **con người ngu xuẩn** a stupid person

xuất *v.* to advance [money **tiền**, capital **vốn**]; R to exit, to go out, to come out (= **ra**) [*opp.* **nhập**]: **xuất khẩu** to export

xuất bản *v.* to publish: **nhà xuất bản** publisher

xuất binh *v.* to go to battle

xuất cảng *v.* to export

xuất cảnh *v.* to go overseas, to leave the country: **giấy thị thực xuất cảnh** an exit visa

xuất chi *v.* to authorize an expenditure

xuất chinh *v.* to go to the front

xuất chính *v.* to enter politics, to begin a public career

xuất chúng *adj.* outstanding

xuất dương *v.* to go abroad, to go overseas

xuất đầu lộ diện *v.* to show up, to appear in public

xuất gia *v.* to leave one's home to become a Buddhist monk or nun

xuất giá *v.* [of girl] to get married

xuất hành *v.* to go out of the house [on New Year's day]

xuất hiện *v.* to appear

xuất lệnh *v.* to issue an order

xuất lực *v.* to exert oneself, to strive to, to endeavor to

xuất nạp *n.* expenditures and receipts

xuất ngoại *v.* to go abroad

xuất ngũ *v.* to be demobilized

xuất nhập *v.* to go in and out [correspondence, people, entries in books]

xuất nhập cảng *n.* import and export

xuất quân *v.* to give marching orders to a troop

xuất quỹ *v.* to pay out from the budget

xuất phát *v.* to emit, to start, to send forth

xuất phẩm *n.* product, production

xuất sắc *adj.* outstanding, remarkable, notable

xuất thân *v.* to come from [a certain social class]

xuất thế *v.* to be born; to enter monkhood

xuất tinh *v.* to ejaculate

xuất trận *v.* to go to war

xuất trình *v.* to produce, to show

xuất viện *v.* to be discharged from hospital

xuất vốn *v.* to invest

xuất xứ *n.* origin, source

xúc *v.* to scoop up; to shovel

xúc cảm *v., adj.* to feel moved, emotional

xúc cảnh *v.* to be moved by the scenery

xúc động *v., adj.* to feel moved, emotional

xúc giác *n.* touch [the sense]; feelers [of insects]

xúc phạm *v.* to offend, to hurt: **xúc phạm đến ai** to hurt somebody

xúc quan *n.* organ of touch

xúc tiến *v.* to promote, to push forward: **xúc tiến công tác** to speed up one's business

xúc tiếp *v.* to contact [object preceded by **với**]

xúc xích *n.* [Fr. *saucisse*] sausage; chain

xúc xiểm *v.* to incite, to instigate

xuề xoà *adj.* simple, easy to get along with

xuể *adj.* capable of [doing something]

xuềnh xoàng *adj.* simple, plain

xui **1** *v.* to incite, to urge, to prompt, to instigate, to induce **2** *adj.* unlucky

xui bảo *v.* to prompt, to advise

xui bẩy *v.* to induce, to urge

xui giục *v.* to induce, to urge, to incite

xui nên *v.* to cause, to bring about

xui khiến *v.* to cause [something to happen]; to incite [someone to do something]

xui xiểm *v.* to urge, to incite someone to do bad things

xúi *adj.* See **xui**

xúi quẩy *adj.* unlucky

xum xoe *v.* to be busy; to be very showy

xúm *v.* [of a crowd] to gather; to gather around

xúm đến *v.* to arrive in a mass

xúm xít *v.* to get together in great numbers

xung *v.* to dash; to be furious; to conflict with, to be inauspicious

xung bệnh *v.* to fall ill

xung đột *v.* to clash, to conflict

xung khắc *adj., v.* incompatible [**với** with]; to disagree

xung kích *v.* to attack, to assault, to fight

xung phong *v.* to assault, to fight hand to hand

xung quanh *adv.* around, round

xung trận *v.* to rush into a battle-field

xung yếu *adj.* strategic, important

xuôi *adj.* [SV **thuận**] downstream [*opp.* **ngược**]; along; favorable, fluent, successful: **thuận buồm xuôi gió** good trip; "Bon Voyage"; **mạn xuôi** down the river

xuôi lòng *adj.* consensual, agreeable

xuôi tai *adj.* pleasant to the ear

xuống 1 *v.* [SV **hạ**] to go down, to come down, to get off/down: **xuống xe** to get off a car 2 *adv.* down, lower: **ngồi xuống** to sit down; **cúi xuống** to bend down; **nằm xuống** to lie down

xuống giá *v.* to drop in prices

xuống giọng *v.* to lower one's tone

xuống giốc *v.* to decline; to go downhill

xuống lệnh *v.* to give an order

xuống lỗ *v.* to die, to pass away

xuồng *n.* speedboat, motorboat

xuổng *n.* spade

xúp *n.* [Fr. *soupe*] soup

xụp *v.* to fall down, to collapse

xụt xịt *v.* to whine, to whimper

xụt xùi *v.* to whine, to whimper

xuý xoá *v.* to forget about, to wipe off

xuyên *v.* to go through, to cross

xuyên lục địa *n.* [of missile] inter-continental

xuyên phá *v.* to perforate

xuyên qua *v.* to go through, to pierce

xuyên sơn *v.* to go through a mountain: **đường xuyên sơn** tunnel [through a mountain]

xuyên tạc *v.* to distort [facts, etc.]; to make up, to fabricate

xuyên tâm *adj.* diametrical, central, radial

xuyến *n.* bracelet

xuýt *v., adv.* to be all but [precedes main verb], a little more, almost

xuýt chết *v.* to narrowly escape death

xuýt nữa *adj.* a little more and [may precede or follow subject]

xuýt xoa *v.* to wail, to whimper from pain

xuýt xoát *adv.* approximately [the same]; almost, nearly

xứ *n.* region, district, state; country, nation: **bản xứ** local region; **người bản xứ** native people

xứ sở *n.* native country

xử *v.* to decide, to regulate, to judge: **phân xử** to judge

xử án *v.* to give judgment

xử bắn *v.* to execute [criminal] by firing squad

xử dụng *v.* to use, to put to use

xử giảo *v.* to hang criminals

xử hoà *v.* to settle a difference out of court; to reconcile

xử kiện *v.* to judge a case in court

xử lý *v.* to be in charge of

xử sự *v.* to behave, to act

xử tử *v.* to sentence to death; to execute

xử thế *v.* to behave in life, to deal with the situation

xử trảm *v.* to behead

xử trí *v.* to act, to deal with

xử xét *v.* to judge, to consider

xưa *adj.* old, past, ancient: **ngày xưa** formerly, in the old days; **ngay xửa ngày xưa** once upon a time

xưa kia *adv.* formerly, once upon a time

xưa nay *adv.* before and now, always, up to now

xúc *v.* to put or use [perfume, oil]

xưng *v.* to announce [one's name **tên**]; to confess [crime **sin tội**]: **xưng tội** to confess one's sin

xưng danh *v.* to introduce oneself

xưng đế *v.* to proclaim oneself emperor

xung hô *v.* to address [one another]

xưng hùng xưng bá *v.* to proclaim oneself a suzerain

xưng tội *v.* to confess to a priest

xưng vương *v.* to proclaim oneself emperor

xứng *adj.* worthy, to be a good match

xứng đáng *adj.* worthy, deserving

xứng đôi *adj.* well matched

xứng hợp *adj.* appropriate, suitable, fitting

xứng vai *adj.* equal in ranking

xước *v.* to be grazed

xược *adj.* ill-mannered, impolite, rude, insolent: **hỗn xược** to be insolent

xương *n.* [SV **cốt**] bone: **gỡ xương** to debone [before cooking]

xương bả vai *n.* shoulder blade

xương bánh chè *n.* kneecap

xương đòn gánh *n.* collarbone

xương hông *n.* hip bone

xương mỏ ác *n.* shin

xương quai xanh *n.* collarbone

xương sọ *n.* skull

xương sống *n.* backbone, spine

xương sườn *n.* rib

xương xấu *adj.* bony, skinny

xương xương *adj.* thin, skinny, lanky

xướng *v.* to initiate; to be the first to put forward

xướng ca *v.* to sing; to act

xướng danh *v.* to call the roll

xướng hoạ *v.* to sing back and forth; to compose twin poems

xướng xuất *v.* to instigate, to take an initiative in

xưởng *n.* workshop, plant, factory, mill, yard

xưởng thợ *n.* workshop

Y

y **1** *pron.* he/him **2** *n.* medicine; medical doctor, physician: **y sĩ** medicial doctor; **thú y** veterinarian; **đông y** Sino-Vietnamese medicine

y án *v.* to approve a verdict, to uphold a sentence

y bạ *n.* health records

y chuẩn *v.* to approve: **y chuẩn một dự án** to approve a project

y dược *n.* medicine and pharmacy: **trường Đại học y dược** Faculty of Medicine and Pharmacy

y hẹn *v.* to keep an appointment

y học *n.* medicine

y khoa *n.* **bác sĩ y khoa** medical doctor [MD]

y lời *v.* to keep one's promise

y nguyên *adj.* intact

y như *adv.* it seems, exactly like

y phục *n.* clothing, garments: **y**

y sinh

  phục phụ nữ women's clothes

y sinh *n.* medical student, physician

y tá *n.* nurse: **nữ y tá** female nurse

y tế *n.* public health; medicine

y thuật *n.* the art of healing, medicine

y viện *n.* hospital

ý *n.* thought, idea, intention, opinion, attention: **để ý** to pay attention; **đắc ý** gratified

Ý *n.* Italy: **người/tiếng Ý** Italian

ý chí *n.* will

ý chỉ *n.* intention, purpose, will

ý chừng *adv.* maybe, perhaps

Ý Đại Lợi *n.* Italy

ý định *n.* idea, thought, intention

ý hướng *n.* intention

ý kiến *n.* opinion, viewpoint, view

ý muốn *n.* desire, wish

ý nghĩ *n.* thought, idea

ý nghĩa *n.* meaning, significance: **có ý nghĩa** to be significant

ý nguyện *n.* aspiration, wish

ý nhị *n., adj.* significance, charm; meaningful, subtle

ý niệm *n.* concept, notion

ý thức *n., v.* consciousness, conscience; to have an idea of, to conceive of, to be conscious of

ý thức hệ *n.* ideology

ý tứ *adj., n.* considerate, thoughtful; attentiveness, consideration

ý tưởng *n.* thought, idea

ý vị *n., adj.* interest; interesting, meaningful

ỷ *v.* to stay firmly

ỷ *v.* to rely on [as an asset]; to lean on: **ỷ quyền** to lean on power

ỷ lại *v.* to depend [on **vào**]

yếm *n.* Vietnamese bra

yếm thế *adj.* pessimistic, misanthropic

yểm *v.* to exorcize [by means of amulet **bùa**]; to cast a spell

yểm hộ *v.* to cover, to protect and support: **yểm hộ gián tiếp** indirect support; **yểm hộ tức thì** direct support

yểm tàng *v.* to conceal, to hide

yểm trợ *v.* to support

yểm trừ *v.* to exorcize

yên 1 *adj.* calm, peaceful, quiet, still: **bình yên** to be well, safe 2 *n.* saddle: **yên ngựa** horse saddle

yên hàn *adj.* quiet, tranquil

yên hoa *n.* opium and women, prostitution

yên lặng *adj.* silent, quiet

yên lòng *v., adj.* to be assured, unworried

yên nghỉ *v.* to rest

yên ổn *adj.* safe, peaceful, secure: **cuộc sống yên ổn** a peaceful life

yên tâm *v.* to have peace of mind, to feel assured

yên trí *v.* to feel assured [**rằng** that], to be convinced

yên vui *adj.* pleasant, peaceful and cheerful

yến 1 *n.* salangane 2 *n.* banquet, dinner 3 *n.* (= **én**) swallow: **tổ yến** swallow's nest [as a delicacy]

yến oanh *n.* lovers

yến sào *n.* bird's nest

yến tiệc *n.* banquets, dinner party

yết *v.* to display announcement/notice/list

yết bảng *v.* to display the notice [giving names of successful candidates in an examination]

yết hầu *n.* throat, pharynx

yết kiến *v.* to see or visit high officials

yết thị *v.* to post, to display, to publicize, to advertise, to give notice or announcement

yêu *v.* [SV **ái**] to love, to be in love with: **tình yêu** love, passion

yêu cầu *v.* to ask, to request, to suggest: **lời yêu cầu** a request

yêu chuộng *v.* to love, to be fond of: **yêu chuộng thời trang** to love fashion

yêu dấu *v., adj.* to love dearly; dear, beloved

yêu đời *adj.* optimistic:

yêu đương *v.* to love, to be affectionate: **chuyện yêu đương** love affairs

yêu kiều *adj.* graceful, charming

yêu ma *n.* demon, evil spirit, ghost

yêu mến *v.* to love, to cherish

yêu nước *v.* to be a patriot

yêu quái *n.* ghost, evil spirit

yêu sách *v., n.* to demand, to request; demand, request

yêu tà *n.* demons, evil spirits

yêu thuật *n.* witchcraft, sorcery

yêu tinh *n.* phantom, monster

yêu thương *v.* to love

yếu *adj.* [SV **nhược**] weak, feeble [*opp.* **khỏe**, **mạnh**]: **yếu ớt** weak, defenseless; **đau yếu** ill, sick

yếu đau *v., adj.* sick; sickly

yếu đạo *n.* strategic road

yếu địa *n.* strategic ground or position

yếu điểm *n.* essential point; negative point

yếu đuối *adj.* weak, feeble

yếu hèn *adj.* feeble and cowardly

yếu lược *n.* outline, summary, main elements

yếu nhân *n.* important person, Very Important Person [VIP]

yếu ớt *adj.* weak, feeble

yếu sức *adj.* weak, debilitated

yếu thế *v.* to be in a bad position, to have no influence

yếu tố *n.* factor, element

yểu *adj., v.* still young, premature; to die young: **chết yểu** to die young

yểu điệu *adj.* graceful and pretty

yểu tướng *n.* sickly look, appearance showing a premature death

ENGLISH-VIETNAMESE

ENGLISH-VIETNAMESE

A

a, A *n.* chữ cái A: **from ~ to Z** từ A đến Z, từ đầu đến cuối

a, an *ind. art.* một, cái, con, chiếc, người

abandon *v.* bỏ đi, bỏ rơi

abashed *adj.* Cảm thấy xấu hổ, cảm thấy lung túng

abate *v.* hạ bớt, giảm bớt, chấm dứt, huỷ bỏ

abbey *v.* tu viện, đạo viện

abbreviate *v.* viết tắt, tóm tắt, tóm lược

abdomen *n.* bụng, phần bụng

abduct *v.* bắt cóc, lừa đem đi, cuỗm đi

abet *v.* xúi giục, xúi bẩy, tiếp tay

abhor *v.* căm ghét, ghớm mặt, kinh tởm

abide *v.* [**abided**] **to ~ by** giữ, (tuân) theo

abject *adj.* hèn hạ, đê tiện; (nghèo) xác xơ

able *adj.* có khả năng, có tài, có thể …

aboard *adv., prep.* trên tàu/ thuyền/xe/máy bay

abolish *v.* bãi bỏ, huỷ bỏ, thủ tiêu

a-bomb *n.* bom nguyên tử

abominable *adj.* ghê tởm, kinh tởm, tồi, dở

aborigines *n.* thổ dân ở Úc

abort *v.* sẩy thai, đẻ non

abortion *n.* sự phá thai, sự nạo thai

abound *v.* có rất nhiều, có thừa, nhan nhản

about **1** *adv.* xung quanh, quanh quẩn, vào khoảng, độ, chừng **2** *prep.* (nói) về

above *adv.* trên đầu, ở trên, trên

abridge *v.* tóm tắt, rút ngắn lại

abroad *adv.* ở nước ngoài, ra ngoại quốc

abrupt **1** *adj.* bất ngờ, đột ngột **2** *adj.* thô lỗ, cộc lốc

absence *n.* sự vắng mặt, thời gian vắng mặt

absent *adj.* vắng mặt, đi vắng, khiếm diện, nghỉ

absolute **1** *adj.* tuyệt đối, hoàn toàn **2** *adj.* chuyên chế, độc đoán

absolve *v.* tha/xá tội, miễn trách

absorb **1** *v.* hút, thấm, hấp thụ **2** *v.* mê mải, miệt mài

abstain *v.* nhịn, kiêng, cữ, miễn/ bỏ/đầu phiếu

abstract **1** *n.* bảng tóm tắt **2** *adj.* trừu tượng, khó hiểu

absurd *adj.* vô lý, ngu xuẩn, ngớ ngẩn, buồn cười

abundance *n.* sự dư dật, sự phong phú

abundant *adj.* nhiều, dư dật; phong phú

abuse **1** *n.* sự lạm dụng, lời chửi rủa **2** *v.* lạm dụng **3** *v.* chửi rủa, lăng mạ, sỉ nhục

abuzz *adj.* đầy tiếng đồn đãi/ thì thầm

academic *adj.* khoa bảng, việc học: **~ year** năm học

accede v. làm hài lòng, đồng ý, tán thành nhậm chức, lên ngôi, tựu chức

accelerate v. làm nhanh thêm, gia tốc

accent n. giọng, dấu [sắc, huyền] trọng âm

accept v. (chấp) nhận, thừa nhận

acceptable adj. có thể nhận, vừa ý, thoả đáng

access n. lối/đường/cửa vào; có quyền sử dụng

accident n. tai nạn, tai biến, sự cố

acclaim 1 n. tiếng hoan hô 2 v. hoan hô, tôn vinh

accommodate 1 v. cung cấp, cung ứng 2 v. làm cho thích nghi

accompany v. đi theo/kèm, hộ tống

accomplice n. tòng phạm, tên đồng loã

accomplish v. làm tròn/trọn, hoàn thành thực hiện, đạt tới

accord 1 n. sự đồng lòng, sự nhất trí, hoà ước, sự phù hợp ý chí 2 v. đi đôi với, ban cho

accost v. đến gần bắt chuyện

account 1 n. trương mục, công 2 n. bài tường thuật, báo cáo, lí do, có lợi ích

accredit v. chuẩn nhận, công nhận; làm cho người ta tin

accrue v. dồn dồn, dồn lại, tích luỹ; sinh ra

accumulate v. chồng chất, tích luỹ

accurate adj. đúng, chính xác, chuẩn xác

accuse v. kết/buộc tội, tố cáo; đổ lỗi

accustom v. làm/tập cho quen

ache 1 n. sự đau/nhức 2 v. đau, nhức, đau nhức

achieve v. đạt/giành được, thực hiện, hoàn thành

acknowledge v. nhận, công nhận, báo cho biết là đã nhận; tỏ lòng biết ơn

acquaintance n. sự hiểu biết, người quen

acquisition n. sự thu được sách/báo/đồ mua vào

acquit v. [acquitted] trả hết(nợ); tha bổng, làm tròn [bổn phận]

acre n. mẫu Anh (đơn vị)

acrid adj. cay, hăng gay gắt, khắc độc

across 1 prep. ngang, qua 2 adv. ngang qua, chéo nhau, bắt chéo

act 1 n. hàng động, việc làm; hồi, màn kịch; tiết mục; đạo luật 2 v. hành động, tác động, đóng vai, đóng kịch [quyền chủ nhiệm/chủ tịch]

action n. hành động, hành vi, tác chiến, sự kiện tụng

active adj. sinh/hoạt động, tích cực, tại ngũ, hiện dịch, chủ động

activity n. hoạt động, tính hoạt động

actor n. kép (hát), nam tài tử, diễn viên

actual adj. thật, có thật, thật sự, thực tế

acute adj. buốt, sắc bén, sắc sảo; cấp tính, [góc] nhọn

AD n., abbr. (= anno domini) công nguyên

adapt v. (làm) thích ứng/thích nghi; sửa lại, viết lại, cải biên

add 1 v. cộng 2 v. thêm, cho thêm, nói thêm, tính gộp

addict *n.* người nghiện

address 1 *n.* địa chỉ 2 *n.* bài nói chuyện, diễn văn 3 *v.* xưng hô

adequate *adj.* đủ, đầy đủ xứng đáng, thoả đáng

adhere *v.* dính/bám vào, theo đúng, tôn trọng

adjacent *adj.* kề liền, kề sát, sát ngay

adjective *n.* tính từ

adjoin *v.* nối liền, ở sát bên cạnh

adjourn *v.* hoãn ngừng họp, dời chỗ (họp)

adjust *v.* điều chỉnh, làm cho thích ứng, sửa lại cho đúng

administer *v.* trông nom, quản lý, cai trị: **to ~ a government department** quản lý một bộ của chính phủ

admiral *n.* đô đốc, thượng tướng hải quân

admire *v.* khâm phục, thán phục, khen ngợi, ca tụng; chiêm ngưỡng

admit *v.* nhận vào, cho vào, kết nạp, thú nhận

adolescent *n., adj.* (đang tuổi) thanh niên

adopt *v.* áp dụng, theo (phương pháp); nhận làm con nuôi, nhận làm bố mẹ nuôi, thông qua

adore *v.* kính yêu, quí mến, yêu chuộng, tôn sùng

adorn *v.* tô điểm, trang điểm, trang hoàng

adrift *adj., adv.* lênh đênh, phiêu bạt

adult 1 *n.* người lớn 2 *adj.* trưởng thành, lớn tuổi

adultery *n.* tội ngoại tình/thông dâm

advance *v.* tiến lên, tiến bộ, tăng, đưa ra, ứng trước

advantage *n.* sự thuận lợi, mối/ thế lợi: **to take ~ of** lợi dụng

adventure *n.* sự mạo hiểm, cuộc phiêu lưu

adverb *n.* phụ từ (ngữ pháp)

adverse *adj.* ngược lại, chống lại, bất lợi

advertise *v.* quảng cáo, đăng báo mua bán gì

advertisement *n.* quảng cáo, yết thị, mục rao vặt

advice *n.* lời khuyên, lời chỉ bảo

advise *v.* khuyên (bảo), khuyên răn, thông báo

advocate 1 *n.* người chủ trương, luật sư 2 *v.* chủ trương, đề xướng

aerial 1 *n.* dây trời, ăng ten 2 *adj.* trên không

afar *adv.* xa, ở (đằng) xa, cách xa

affair 1 *n.* việc, việc làm, công việc, sự vụ 2 *n.* vụ gian díu, chuyện tình

affect 1 *v.* ảnh hưởng đến, làm tác động đến 2 *v.* giả vờ/bộ; ưa dùng

affection *n.* lòng thương yêu, sự yêu mến; sự tác động

affirm *v.* xác định, xác nhận, khẳng định

affix 1 *n.* tiền tố, tiếp đầu ngữ 2 *v.* gắn/dính vào, dán

afflict *v.* làm đau buồn, làm đau khổ

affluence *n.* sự giàu có, sự sung túc/phong phú

afford *v.* có đủ tiền/sức cho, cung cấp

affront *n.* sự lăng mạ/lăng nhục

aflame

aflame *adj., adv.* rực lửa, bốc lửa

afloat *adj, adv.* nổi lênh đênh, lơ lửng ở trên; đủ tiền để tiếp tục điều hành

afraid *adj.* sợ, sợ hãi, hoảng sợ, lấy làm tiếc

after 1 *prep.* sau, sau khi, ở đằng sau 2 *adv.* sau (đó) 3 *conj.* sau khi

afternoon *n.* buổi chiều

afterward(s) *adv.* sau này, sau đó, rồi thì, về sau

again *adv.* lại, (lần) nữa

against *prep.* chống/ngược lại, phản đối, so với, đập/dựa vào

age 1 *n.* tuổi, tuổi già, tuổi tác 2 *n.* tuổi trưởng thành, thời đại, thời kỳ

agency *n.* cơ quan, sở, hãng, xã, đại lý, chi cục

aggravate *v.* làm nặng thêm, làm cho thêm trầm trọng, chọc tức, làm bực mình

aggressive *adj.* xâm lược, xâm lăng, gây gổ; hỗ đồ (nói)

agile *adj.* nhanh nhẹn, lẹ làng, lanh lẹn

ago *adv.* về trước, cách đây, trước đây

agony *n.* sự đau đớn quần quại, cơn hấp hối

agree *v.* bằng lòng, đồng ý, tán thành, hợp với

agriculture *n.* nông nghiệp, canh nông, nông học

ahead 1 *adj.* hơn, vượt 2 *adv.* ở phía trước

aid 1 *n.* sự giúp đỡ, sự cứu trợ/ viện trợ; người phụ tá 2 *v.* giúp đỡ, cứu trợ, viện trợ

AIDS *n., abbr.* (= **Acquired**

Immune Deficiency Syndrome) bệnh liệt kháng

aim 1 *n.* đích, mục đích, mục tiêu, ý định 2 *v.* nhắm, nhằm, chĩa

air *n.* không khí, không trung, không gian; vẻ, dáng (điệu), điệu hát, điệu nhạc

aircraft *n.* máy bay, phi cơ, phi thuyền

airfield *n.* sân/trường bay, phi trường

airline *n.* đường hàng không, hãng hàng không

airmail *n.* thư từ/bưu phẩm gửi bằng máy bay

airport *n.* sân bay, phi trường (dân dụng)

airy *adj.* thoáng khí, nhẹ nhàng thoải mái

aisle *n.* gian/chái nhà, lối đi ở giữ phòng

ajar *adj.* [cửa] mở hé, khép hở

akin *adj.* có họ, thân thuộc, bà con, đồng tộc

alarm 1 *n.* sự/còi báo động, sự lo âu, sự cảnh báo 2 *v.* làm lo sợ, báo cho biết trước

album *n.* an-bom, tập ảnh, tập đĩa nhạc

alcoholic 1 *n.* người nghiện rượu 2 *adj.* có rượu

alert 1 *n.* sự báo động (phòng không), sự cảnh giác/cảnh báo 2 *adj.* đề phòng, cảnh giác, tỉnh táo lanh lẹn

alias *n.* tên hiệu, biệt hiệu, bí danh

alien 1 *n.* ngoại kiều 2 *adj.* thuộc nước ngoài, xa lạ, khác biệt

alight *v.* xuống [ngựa, xe] [chim] đậu xuống

align v. sắp thành cùng hàng, ăn khớp, liên kết

alike adj., adv. giống nhau, đều nhau

alive adj. còn sống, chưa chết, sinh động

all 1 adj. tất cả, hết thảy, toàn thể, toàn bộ, trọn, suốt 2 adv. tất cả, trọn vẹn, hoàn toàn

allay v. làm giảm bớt, làm nguôi

allergy n. dị ứng, sự ác cảm

alleviate v. làm nhẹ bớt, làm dịu, làm khuây

alligator n. cá sấu

allocate v. cấp cho, phân phối, phân phát, sắp xếp

allot v. chia phần, phân phối, chuẩn chi

allow v. cho phép, công nhận, thừa nhận

allure v. lôi cuốn, quyến rũ

ally 1 n. đồng minh, liên minh 2 v. liên kết/minh

almanac n. sách lịch, niên lịch, niên giám

almighty adj. toàn năng, vạn năng

almost adv. hầu/gần như, hầu hết

alms n. của bố thí

alone adj., adv. riêng, một mình, trơ trọi, cô độc

along 1 prep. dọc theo 2 adv. theo chiều dài, về phía trước, tiến lên: **all ~** ngay từ đầu

aloof adj., adv. tách rời, lánh xa, lãnh đạm

alphabet n. bảng chữ cái, bảng mẫu tự

already adv. đã rồi

also adv. cũng, hơn nữa

altar n. bàn thờ

alter v. thay đổi, sửa đổi, sửa (quần áo)

alternate 1 adj. xen kẽ, (thành viên) dự khuyết 2 v. xen nhau, thay phiên, luân phiên

although conj. mặc dù, mặc dầu, dẫu cho, tuy là

always adv. bao giờ cũng, luôn luôn, mãi, hoài

am xem **be**

a.m. n. sáng, trước ngọ

amateur n., adj. tay tài tử, nghiệp dư

amaze v. làm ngạc nhiên, sửng sốt

ambassador n. đại sứ

ambience n. môi trường, xung quanh

ambiguous adj. tối nghĩa, mơ hồ, hàm hồ

ambition n. hoài bão, tham vọng

amble v. đi nước kiệu, bước nhẹ nhàng

ambulance n. xe cứu thương

ambush v. chặn đánh, phục kích, mai phục

amend v. sửa đổi, thay đổi, bổ sung, tu chỉnh

amenity n. tính hoà nhã, sự dễ chịu, sự tiện nghi

American n., adj. người Mỹ; thuộc nước Mỹ

amiable adj. tử tế, nhã nhặn, hoà nhã

amicable adj. thân ái, thoả thuận, hoà giải

amid(st) prep. ở giữa, giữa lúc

amnesia n. chứng quên

among(st) prep. giữa, ở giữa, trong số

amount n. số lượng, tổng số

ample adj. rộng lụng thụng, dư dật

amplify *v.* mở rộng, bàn/tán rộng, khuyếch đại

amputate *v.* cắt, cưa cụt

amuse *v.* làm vui/thích, giải trí, tiêu khiển

an xem **a**: **~ hour** một giờ

analyze *v.* phân tích, giải thích

anatomy *n.* khoa giải phẫu, thuật mổ xẻ

ancestor *n.* ông bà (ông vải), tổ tiên

ancient *adj.* xưa, cổ già cả, tuổi tác, cũ kỹ

and *conj.* và, với, cùng: **one hundred ~ seventy** 170 một trăm bảy mươi

anecdote *n.* chuyện vặt, giai thoại

anesthesia *n.* sự gây tê/mê

angel *n.* thiên thần, thiên sứ

angle *n.* góc xó, khía cạnh, góc độ

angry *adj.* cáu, giận, tức giận

animal *n.* động vật, thú vật, con vật

animosity *n.* sự thù oán, tình trạng thù địch

ankle *n.* mắt cá chân

annex **1** *n.* phần thêm, nhà phụ **2** *v.* sáp nhập

anniversary *n.* ngày kỷ niệm, kỷ niệm ngày cưới

annotate *v.* chú thích/chú giải

announce **1** *v.* báo, loan báo, thông tri, công bố, tuyên bố **2** *v.* xướng ngôn, đọc tin tức

annoy *v.* làm phiền, làm bực mình, làm khó chịu

annual *adj.* hàng năm, từng năm, năm một

annul *v.* bãi/huỷ bỏ, thủ tiêu

anonymous *adj.* giấu tên, vô danh, nặc dan danh

another *pron.* cái khác/kia, người khác/kia

answer **1** *n.* câu/thư trả lời phép/ lời giải **2** *v.* trả lời, đáp lại, thưa, xứng với

ant *n.* con kiến: **red ~** kiến lửa

antagonize *v.* phản đối, gây thù hằn

Antarctic *n., adj.* (thuộc) nam cực, ở về phía nam cực

antenna *n.* dây trời, ăng ten; râu [sâu bọ]

anterior *adj.* ở/đằng/phía trước

anthem *n.* bài ca

anticipate *v.* đoán/thấy trước, liệu/chặn trước mong đợi, chờ đợi

antidote *n.* thuốc giải độc

antique **1** *n.* đồ cổ **2** *adj.* theo lối/kiểu cổ

antler *n.* sừng/gạc [hươu, nai]

antonym *n.* từ trái/phản nghĩa

anxious *adj.* lo lắng, lo âu, áy náy, băn khoăn

any **1** *adj.* một (người/vật) nào đó **2** *pron.* người/vật nào, bất cứ ai **3** *adv.* dù sao chăng nữa, bằng bất cứ cách gì

anyone *pron.* người nào, bất cứ ai

anything *pron.* vật/việc gì, bất cứ vật/việc gì

anywhere *adv.* bắc cứ ở đâu, bất luận chỗ nào

apart *adv.* riêng ra, xa ra

apartment *n.* [*Br.* **flat**] căn phòng/ buồng/hộ [ở cao ốc]

apathetic *adj.* lãnh đạm, hờ hững, thờ ơ

ape **1** *n.* khỉ không đuôi, khỉ hình người **2** *v.* nhại, bắt chước, mô phỏng

apex *n.* đỉnh, ngọn, chỏm

apology *n.* sự xin lỗi, lời biện giải

apostle *n.* tông đồ, người đề xướng

app (for smartphones, etc.) *n.* chương trình ứng dụng

appall *v.* làm kinh sợ, làm thất kinh

apparel *n.* quần áo, y phục

apparent *adj.* rõ ràng, rõ rành rành, hiển nhiên

appeal 1 *n.* lời kêu gọi, lời hịch, sự cầu khẩn, sự chống án, sự kháng án 2 *v.* kêu gọi, chống án, lôi cuốn, hấp dẫn

appear *v.* hiện ra, xuất hiện, ra mắt, trình diện, được xuất bản, dường như, có vẻ …

appease *v.* làm nguôi/khuây, nhân nhượng

appetite *n.* sự ngon miệng, sự thèm ăn

applause *n.* tiếng vỗ tay, tràng pháo tay

apple *n.* quả táo

appliance *n.* dụng cụ, đồ thiết bị, máy móc

apply *v.* gắn/đắp/áp vào dùng, áp dụng, ứng dụng, nộp đơn xin, thỉnh cầu

appoint *v.* cử, bổ, bổ nhiệm, chỉ định, chọn, định [ngày giờ]

appraise *v.* đánh giá, định giá, khen ngợi

appreciate *v.* hiểu rõ giá trị, thấy rõ, biết thưởng thức, cảm kích

apprehend *v.* bắt, tóm được;e sợ

apprentice *n.* người học việc/ học nghề

approach 1 *n.* lối vào, đường đi đến 2 *v.* đến/tới/lại gần

appropriate *adj.* thích đáng/hợp

approve *v.* tán thành, đồng ý, chấp thuận, chuẩn y

approximate 1 *adj.* gần đúng, xấp xỉ 2 *v.* gần đúng, gần giống

April *n.* tháng tư

apt *adj.* thích hợp, đúng, dễ hay

aptitude *n.* năng khiếu, tài năng, khả năng

aquarium *n.* bể nuôi cá, chậu cá vàng

arable *adj.* [đất] trồng trọt được

arbitrary *adj.* độc đoán, chuyên đoán

arc *n.* hình cung, cung hồ quang, cung lửa

arch 1 *n.* cửa tò vò, vòm nhịp cuốn 2 *v.* cong lên

archbishop *n.* tổng giám mục

architect *n.* kiến trúc sư

archives *n.* văn thư lưu trữ, văn khố

Arctic *n., adj.* (thuộc) bắc cực, ở về phía bắc

ardent *adj.* nồng nàn, nồng nhiệt, hăng hái, sôi nổi, có nhiệt tâm, đầy nhiệt tình

are xem động từ **be**

area *n.* bề mặt, diện tích, vùng, khu vực

aren't *abbr.* (= **are not**)

argument *n.* sự cãi nhau, sự tranh luận lý lẽ, luận điểm, luận cứ

arid *adj.* khô cằn, khô khan, khô vị

arise *v.* [arose; arisen] xuất hiện, nảy sinh, phát sinh

aristocrat *n.* người quí tộc, tay quí phái

arithmetic *n.* số học

arm 1 *n.* cánh tay, tay áo, nhánh sông, tay ghế 2 *n.* binh chủng,

phù hiệu, huy hiệu **3** *v.* vũ
trang, trang bị

armor *n.* áo giáp, xe bọc sắt,
thiết giáp

army *n.* quân đội, đám đông,
đoàn, đội ngũ lục quân

aroma *n.* mùi/hương thơm,
hương vị

around *prep.* xung quanh, vòng
quanh khắp, đó đây, khoảng
chừng, vào khoảng, độ

arouse *v.* gợi, khuấy động, phát
động

arrange *v.* sắp đặt/xếp, sửa soạn,
thu xếp, dàn xếp, hoà giải,
soạn lại, cải biên

arrest **1** *n.* sự bắt giữ: **under ~** bị
bắt **2** *v.* bắt giữ chặn lại, ngăn
chặn, làm ngừng lại

arrive *v.* đến/tới nơi, xảy đến/ra,
đi đến/tới, đạt tới, thành đạt

arrogant *adj.* kiêu ngạo, kiêu
căng, ngạo mạn

arrow *n.* mũi tên

art *n.* nghệ thuật, mỹ thuật, tài
khéo, thuật

artery *n.* động mạch, con đường
chính/lớn

article **1** *n.* thức, đồ, vật phẩm,
hàng **2** *n.* mục, khoản bài báo
3 [*grammar*] mạo từ

artificial *adj.* nhân tạo, giả (tạo)

artist *n.* nghệ sĩ, hoạ sĩ

as **1** *adv.* như, với tư cách là,
cũng bằng: **as well ~ usual** mạnh
khoẻ như thường **2** *conj.* bởi vì
(trong) khi tuy rằng: **~ we cross
the bridge** khi chúng ta qua cầu
3 *pron.* người/cái/điều mà

ascend *v.* lên, trèo lên thang,
dốc lên cao

ascertain *v.* biết chắc, xác định,
xác minh

ash *n.* tro tàn, tro hoả táng, di
cốt: **~ tray** cái gạt tàn thuốc lá

aside **1** *n.* lời nói riêng **2** *adv.*
sang/về một bên

ask *v.* hỏi, xin, yêu cầu, thỉnh
cầu, mời, đòi

asleep *adj., adv.* đang ngủ

aspect *n.* vẻ, diện mạo, khía
cạnh, lãnh vực

aspire *v.* khao khát, thiết tha,
mong mỏi

ass *n.* con lừa, người ngu, thằng
đần

assail *v.* tấn công, (hỏi, chửi) túi
bụi/dồn dập

assassinate *v.* ám sát

assault **1** *n.* trận tấn công, sự
công kích **2** *v.* tấn công, đột
kích hành hung

assemble *v.* tập hợp, tụ tập,
nhóm họp, lắp ráp

assembly *n.* hội đồng, hội nghị,
quốc hội, sự lắp ráp

assent *n., v.* (sự) đồng ý/tán
thành/ưng thuận

assert *v.* xác nhận, khẳng định,
đòi (quyền lợi)

assess *v.* đánh giá, định giá,
thẩm lượng, đánh thuế (theo
định mức)

asset *n.* người/vật quý, của cải,
tài nguyên sở hữu

assign *v.* cắt đặt, phân công,
chia phần ra, làm bài

assimilate *v.* đồng hóa, tiêu hoá

assist *v.* giúp, giúp đỡ, đỡ đần

associate **1** *n.* đồng sự, đồng liêu,
đồng minh **2** *adj.* phó, phụ
3 *v.* kết giao, kết bạn, giao thiệp

assuage v. làm dịu bớt, làm khuây khoả

assume v. cứ cho rằng (là đúng), thừa nhận, nắm lấy, nhận lấy, chiếm lấy, làm ra vẻ

assure v. cam đoan, quả quyết, đảm bảo

asthma n. bệnh hen/suyễn, bệnh nghẹt thở

astonish v. làm ngạc nhiên

astonishment n. sự ngạc nhiên

astound v. làm sững sốt/kinh ngạc

astray adv. lạc đường/lối, lầm lạc

astringent adj. chặt chẽ, nghiêm khắc; hạn chế

astronaut n. nhà du hành vũ trụ

astute adj. láu, tinh ranh, tinh khôn, sắc sảo

asylum n. viện cứu tế, nhà thương điên, viện dưỡng trí, nơi ẩn náu, cảnh tị nạn

at prep. ở, tại vào lúc/hồi đang, đang lúc (nhằm) vào, về phía … lúc/khi,về theo: ~ **noon** lúc 12 g trưa; ~ **work** đang làm việc; **to look** ~ nhìn vào

athletics n. điền kinh, thể thao

Atlantic n., adj. (thuộc) Đại Tây Dương

atlas n. tập bản đồ

atmosphere n. không khí, khí quyển at-môt-fe

atom n. nguyên tử, mảnh nhỏ

atrocious adj. tàn ác, tàn bạo, hung bạo

attach v. dán, gắn, trói, buộc, gắn bó, kèm theo

attaché n. tùy viên sứ quán

attack 1 n. sự tấn công/công kích: **heart** ~ cơn đau tim 2 v. tấn công, tập kích, công kích, ăn mòn, bắt tay vào, lao vào

attain v. đến, tới, đạt tới

attempt 1 n. sự cố gắng, sự mưu hại 2 v. cố gắng, thử, toan mưu hại, xâm phạm

attend v. dự, chăm sóc, kèm theo, chăm lo

attention n. sự chú ý

attic n. gác xép dưới mái nhà

attire 1 n. quần áo, y phục 2 v. mặc quần áo

attitude n. thái độ, dáng, tư thế

attorney n. luật sư, người đại diện

attract v. thu hút, hấp dẫn, lôi cuốn

attribute 1 n. thuộc tính thuộc ngữ, định ngữ 2 v. quy cho, cho là

atypical adj. không đúng kiểu, không điển hình

auburn adj. [tóc] màu nâu vàng

auction 1 n. cuộc bán đấu giá 2 v. bán đấu giá

audacious adj. gan, táo bạo, đại đởm, liều lĩnh, trơ tráo, mặt dạn mày dày, cả gan

audience n. thính giả, khán giả, việc yết kiến/tiếp kiến, hội kiến

audit 1 n. sự kiểm tra 2 v. kiểm tra [sổ sách] kế toán, bàng thính [lớp học]

auditorium n. giảng đường, thính đường, lễ đường

August n. tháng tám

aunt n. cô, già, dì, bác gái, thím, mợ

auspicious adj. có điềm lành, cát tường

austere adj. nghiêm khắc, khắc khe, khắc khổ

Australia *n.* nước Úc

authentic *adj.* thật, xác thực, đáng tin

author *n.* tác gia, tác giả, người sáng tác

authority *n.* quyền lực, giới thẩm quyền, chuyên gia

autocratic *adj.* độc tài, chuyên quyền/chế

autograph 1 *n.* chữ ký riêng 2 *v.* đề ký tặng

automatic *adj.* tự động, vô ý thức, máy móc

automobile *n.* ô tô, xe hơi

autopsy *n.* sự mổ xác để khám nghiệm, sự phân tích

autumn *n.* mùa thu

available *adj.* sẵn có, có thể mua/kiếm được, có thể rỗi được

avenge *v.* trả/báo thù

avenue *n.* đại lộ, đường lớn; phương pháp

average 1 *n.* số/mức trung bình 2 *adj.* trung bình

avert *v.* tránh, ngăn chặn, ngăn ngừa, ngoảnh đi

avian flu *n.* (= **bird flu**) dịch cúm gia cầm trong trại lớn

aviation *n.* (thuật) hàng không/phi hành

avoid *v.* tránh, tránh xa, tránh né

awake 1 *adj.* thức, thức dậy, thức giấc tỉnh táo, cảnh giác 2 *v.* [**awoke**; **awoken**] (đánh) thức dậy, (làm) thức tỉnh

award 1 *n.* phần thưởng/tặng khoản, giải thưởng 2 *v.* tặng, cấp, trao tặng

aware *adj.* biết, nhận thấy, nhận thức: **to be ~ of something** biết việc gì

away 1 *adv.* xa, xa cách, xa ra, rời xa, đi hết đi, mất đi, biến đi 2 *adv.* ngay tức thì: **right ~** ngay lập tức

awe 1 *n.* nỗi kinh sợ/kinh dị 2 *v.* làm sợ hãi

awkward *adj.* vụng về lúng túng, ngượng nghịu khó xử, bất tiện, rầy rà, rắc rối

awry *adj., adv.* lệch, xiên, méo mó thất bại

ax *n.* cái rìu

axis *n.* trục [quả đất, hình học] phe trục

axle *n.* trục xe

B

BA *abbr.* (= **Bachelor of Arts**) viết tắt chữ cử nhân văn khoa

babble *n., v.* (tiếng) bi bô/bập bẹ, (sự) nói bép xép, (tiếng) róc rách, (tiếng) rì rào

baby *n.* em bé, trẻ thơ, trẻ sơ sinh, người tính trẻ con

bachelor *n.* người chưa vợ, đàn ông độc thân

back 1 *n.* lưng (người, thú vật), lưng ghế; phía sau, đằng sau, mặt sau/trái 2 *adj.* sau, hậu, ngược 3 *adv.* lùi lại, về, ngược, trở lại, trả lại, trước, đã qua 4 *v.* lùi lại, ủng hộ, làm hậu thuẫn cho; **to ~ down** bỏ, chùn lại

backbone *n.* xương sống, cột trụ, nghị lực

backfire *v.* đốt lửa chặn

background *n.* phía sau, nền, bối cảnh, quá trình học hành, kinh nghiệm

backward 1 *adj.* về phía sau, giật lùi, chậm tiến, lạc hậu **2** *adv.* về phía sau, lùi, ngược

bacteria *n.* vi khuẩn

bad 1 *adj.* [**worse; worst**] xấu, dở, tồi **2** *adj.* ác, xấu, bất lương **3** *adj.* nặng, trầm trọng, thiu, ươn, hỏng **4** *adj.* khó chịu

badge *n.* huy hiệu, phù hiệu, lon, quân hàm

badminton *n.* môn cầu lông, vũ cầu

bag 1 *n.* bao, bị, túi, xắc, bọc, chỗ phồng ra **2** *v.* bỏ vào bị, cho vào bao, săn/bắn được, [quần] phồng ra

baggage *n.* hành lý, hành trang: **~ tag** bảng tên gắn theo hành lý

bail 1 *n.* tiền bảo lãnh cho tự do tạm **2** *v.* đóng bảo lãnh cho ai được tự do tạm: **to ~ someone out** cho ai tạm tại ngoại

bail 1 *v.* dùng gàu tát nước trong thuyền **2** *v.* nhảy ra khỏi: **to ~ out** nhảy dù khỏi máy bay

bait 1 *n.* mồi, bã **2** *v.* bẫy, mắc mồi; đánh lừa

bake *v.* nướng bằng lò, bỏ lò, nung

balance 1 *n.* cái cân, sự thăng bằng, cán cân **2** *n.* số còn lại, số dư **3** *v.* làm cho thăng bằng, quyết toán các khoản chi thu

balcony *n.* bao lơn, ban công

bald *adj.* hói đầu, trọc, trụi

bale 1 *n.* kiện (hàng) **2** *v.* đóng thành kiện

balk, baulk *v.* chùn bước, ngần ngại, [ngựa] dở chứng

ball 1 *n.* quả bóng/ban, trái banh, quả cầu, hình cầu, cuộn, búi

(len, chỉ), hòn bi **2** *v.* cuộn lại

ball *n.* buổi khiêu vũ, tiệc nhảy, ban, bum

ballet *n.* kịch/múa ba lê

balloon *n.* khí cầu, quả bóng, bóng trẻ con chơi

ballot *n.* lá phiếu, sự bỏ phiếu, vòng phiếu: **~ box** thùng phiếu

bamboo *n.* cây tre

ban 1 *n.* sự cấm **2** *v.* cấm chỉ

banana *n.* quả chuối

band 1 *n.* dải, đai, nẹp, băng **2** *n.* đoàn, toán, bọn, lũ, ban nhạc **3** *v.* buộc dải **4** *v.* họp lại thành đoàn/bọn

bandage 1 *n.* băng **2** *v.* băng bó

bandit *n.* kẻ cướp, thổ phỉ

bang 1 *n.* tiếng đập mạnh **2** *v.* đập mạnh, nổ vang

banish *v.* đày đi, trục xuất, xua đuổi, tiêu trừ

banister *n.* lan can, thành cầu thang

bank 1 *n.* bờ sông/hồ, ụ, đê, gờ **2** *v.* chất đống, làm cao bờ sông: **to ~ up** làm cao bờ sông

bank 1 *n.* nhà băng, ngân hàng: **~book** sổ băng, sổ ngân hàng; **~ balance** số tiền trong ngân hàng **2** *v.* gửi tiền ở nhà băng

bankrupt *v.* tuyên bố phá sản

banner *n.* ngọn cờ, biểu ngữ, băng khẩu hiệu

banquet *n.* tiệc lớn, đại tiệc; bữa ăn chọn sẵn

baptize *v.* rửa tội, đặt tên

bar 1 *n.* thanh, thỏi, miếng **2** *n.* chấn song, then cửa, cồn cát ngầm, vạch ngang, đường kẻ, xà **3** *n.* vành móng ngựa, nghề luật sư, quầy bán rượu, tửu quán **4** *v.* cài then cửa

barb *n.* ngạnh, gai, lời nói châm chọc

barbecue *v., n.* nướng/quay cả con, nướng thịt trên lò ngoài trời

barber *n.* thợ cạo, thợ cắt/hớt tóc

bare 1 *adj.* trần, trần truồng, trọc **2** *adj.* trống không, trống rỗng: **to lay ~** vạch trần **3** *v.* lột, bóc trần, để lộ ra, thổ lộ, bộc lộ

bargain 1 *n.* sự mặc cả, sự thỏa thuận mua bán **2** *v.* mặc cả, trả giá, thương lượng mua bán

barge *n.* sà lan, thuyền mui

bark 1 *n.* tiếng sủa, tiếng quát tháo, tiếng ho **2** *v.* sủa, quát tháo, ho

bark 1 *n.* vỏ cây **2** *v.* lột vỏ, bóc vỏ, sầy da

barn *n.* kho thóc, vựa lúa, chuồng bò/ngựa

barracks *n.* trại lính, doanh trại

barrel *n.* thùng tròn, thùng rượu, thùng, nòng súng, ống bơm nước

barren *adj.* [đất] cằn cỗi, [cây] không có quả, [đàn bà] không sinh đẻ, hiếm hoi

barricade *v.* chặn [đường] bằng vật chướng ngại

barrier *n.* cái chắn đường, vật/sự cản trở/trở ngại

barrister *n.* luật sư

barrow *n.* xe cút kít

barter *n., v.* (sự) đổi chác

base 1 *n.* nền (móng), nền tảng, cơ sở, chân, đế, đáy, căn cứ, đường/mặt đáy **2** *v.* dựa vào, đặt vào, căn cứ vào **3** *adj.* hèn hạ, đê tiện, [kim loại] thường

basic *adj.* cơ bản, cơ sở

basin *n.* chậu, lưu vực

basis *n.* (*pl.* **bases**) cơ sở, căn cứ

basket *n.* giỏ, rổ, thúng, nong, nia, sọt

baste 1 *v.* phết mỡ lên thịch **2** *v.* khâu, khâu lược **3** *v.* đánh bằng

bat 1 *n.* chày vụt bóng, vợt bóng bàn **2** *n.* con dơi **3** *v.* vụt

batch *n.* mẻ đánh, đợt, chuyến, lứa

bath *n.* sự tắm, chậu/bồn tắm, nhà tắm

bathe *v.* tắm (sông, hồ, bể), đầm mình, rửa [vết thương], làm ngập trong [ánh sáng]

baton *n.* đũa nhạc trưởng, gậy chỉ huy

batter 1 *n.* bột nhào trứng và sữa **2** *n.* người vụt bóng chày

battery *n.* pin, ắc quy, bình điện, khẩu đội pháo, bộ [đồ dùng, bài thi]

battle 1 *n.* trận đánh, cuộc chiến đấu **2** *v.* vật lộn

bawdy *adj.* tục tĩu dâm ô

bawl *v.* nói oang oang, chửi mắng

bay *n.* vịnh

bay 1 *n.* tiếng chó sủa **2** *v.* sủa

bazaar *n.* chợ, hiệu tạp hoá, cửa hàng bách hoá, chợ phiên từ thiện

BC *abbr.* (= **Before Christ**) trước công nguyên

be *v.* [hiện tại: **I am, you/we/ they are, he/she/it is**; quá khứ: **I/he/ she/it was, you/we/they were, been**] là, có, tồn tại, ở: **It isn't hot today.** Hôm nay trời không nóng.; **My car is out of order.** Xe tôi hỏng.; **Have you**

ever been in that city? Anh đã bao giờ đến chơi thành phố đó chưa?

beach *n.* bãi biển

beacon *n.* đèn hiệu, đèn biển

bead *n.* hạt/hột trong chuỗi, giọt [sương, mồ hôi]

beak *n.* mỏ chim, mũi khoằm, đầu nhọn, vòi

beam *n.* xà, rầm, cán/đòn cân, tia, chùm, vẻ vui tươi

bean *n.* đậu, đỗ, hột cà phê: **soy ~, soya ~** đậu tương

bear **1** *n.* con gấu: **~ hug** ôm chặt **2** *v.* [**bore; born/borne**] mang, cầm, vác v.v. chịu đựng, sinh (sản), sinh lợi; **to ~ interest** sinh lãi

beard *n.* râu, bộ râu, gai, ngạnh

bearing *n.* sự mang, sự sinh nở, thái độ, bộ dạng, sự liên quan, vị trí, phương hướng

beat **1** *n.* tiếng đập, nhịp, khu vực đi tuần **2** *v.* [**beat; beaten**] đánh, đập, vỗ, gõ, đánh bại, thắng, đánh trống ra lệnh: **to ~ about the bush** nói quanh

beauty *n.* vẻ/sắc đẹp, nhan sắc, cái đẹp, cái hay: **~ queen** cuộc thi hoa hậu

because *conj.* vì, bởi vì: **~ of** vì

beckon *v.* gật đầu vẫy tay ra hiệu

become *v.* [**became; become**] trở nên, trở thành, vừa, hợp, xứng

bed *n.* cái giường, nền, lớp, lòng sông, luống: **to go to ~** đi ngủ

bee *n.* con ong, buổi lao động vui chơi tập thể

beef **1** *n.* thịt bò **2** *v.* **to ~ up** tăng cường

beer *n.* rượu bia

before **1** *prep.* trước, trước mặt, trước mắt, hơn **2** *adv.* đằng trước, ngày trước, trước đây **3** *conj.* trước khi, thà … chứ không

beg *v.* ăn xin, xin, cầu xin, khẩn cầu

beggar *n.* người ăn mày, kẻ ăn xin

begin *v.* [**began; begun**] bắt đầu, mở đầu, khởi sự: **to ~ with** trước hết

beguile *v.* đánh lừa, làm khuây, tiêu khiển

behalf *n.* **on ~ of** thay mặt cho, nhân danh

behave *v.* ăn ở, cư xử, đối xử

behavior *n.* cách ăn ở cư xử, cách đối xử, cử chỉ, thái độ, hành vi, tư cách đạo đức

behead *v.* chém đầu, chặt đầu, xử trảm

behind **1** *n.* [tục] mông đít **2** *prep.* sau, đằng sau, kém [ai] **3** *adv.* sau, ở đằng sau, chậm trễ: **~ the times** cũ rích, cổ lỗ

being **1** *n.* sinh vật, con người: **human ~** sự sống, sự tồn tại **2** *n.* **the Supreme ~** g thượng đế **3** *n.* hiện hữu, ra đời: **to come into ~** ra đời, được thành lập

belch *v.* phun [khói, lửa, đạn v.v. ...], ợ

believe *v.* tin, tin tưởng, cho rằng, nghĩ rằng: **to ~ in** tin ở, tín nhiệm; **to make ~** giả vờ

belittle *v.* làm bé đi, thu nhỏ lại; làm giảm giá trị

bell *n.* cái/quả chuông, nhạc, tiếng chuông

bellow *n., v.* (tiếng) kêu rống, (tiếng) gầm vang

belly *n.* bụng, dạ dày

belong *v.* thuộc về, của, thuộc quyền sở hữu

below 1 *prep.* dưới, ở dưới, thấp hơn, không xứng đáng 2 *adv.* ở (bên) dưới, ở dưới đây

belt 1 *n.* dây lưng, thắt lưng, vành đai 2 *v.* thắt dây lọng

bench *n.* ghế dài, bàn thợ mộc, chức quan tòa

bend 1 *n.* chỗ cong, chỗ rẽ, khuỷu 2 *v.* [**bent**] cúi xuống, cong xuống, uốn cong, hướng về, rẽ, bắt phải theo

beneath *prep., adv.* ở dưới, kém, thấp kém, không đáng, không xứng

beneficial *adj.* tốt, có ích, có lợi

benefit 1 *n.* lợi, lợi ích 2 *n.* tiền trợ cấp 3 *v.* giúp ích cho, làm lợi cho, được lợi

benevolent *adj.* nhân từ, từ thiện, nhân đức

bent 1 *n.* khuynh hướng. sở thích, khiếu 2 *adj.* bị cong; không thành thật

bereavement *n.* sự mất mát, tan vong

berry *n.* quả mọng

berserk *adj.* hoang dã

berth *n.* giường ngủ [trên xe lửa, tàu thuỷ, máy bay], chỗ tàu thuỷ đậu

beside *prep.* bên cạnh, đứng cạnh, so với: ~ **the point** lạc đề

besides *prep,. adv.* vả lại, vả chăng, hơn nữa, ngoài ra

best 1 *n.* cái tốt/hay/đẹp nhất, cố gắng lớn nhất 2 *adj.* [xem **good**] tốt/giỏi/hay nhất 3 *adv.* [xem **well**] tốt/giỏi/hay/đẹp nhất

bestow *v.* cho, tặng, ban cho, dành cho

bet 1 *n.* sự đánh cuộc, tiền đánh cuộc 2 *v.* đánh cuộc/cược/cá

betray *v.* phản, phản bội, phụ bạc, để lộ, tiết lộ

better 1 *adj.* [xem **good**] hơn, tốt/khá/hay/đẹp hơn, khỏe hơn, dễ chịu hơn, đã đỡ 2 *adv.* tốt/ giỏi/hay hơn: ~ **late than never** muộn còn hơn là không 3 *v.* cải thiện, cải tiến 4 *n.* người trên/ hơn, thế lợi hơn

between *prep.* giữa, ở giữa, trong khoảng: ~ **you and me** giữa chúng mình với nhau thôi

beverage *n.* đồ uống

beware *v.* cẩn thận, chú y

bewilder *v.* làm bối rối/hoang mang/ngơ ngác

bewitch *v.* bỏ bùa, làm say mê, làm say đắm

beyond 1 *prep.* ở bên kia, quá, vượt xa, hơn 2 *adv.* ở xa, tít đằng kia 3 *n.* kiếp sau, thế giới bên kia

bias 1 *n.* sự thiên về, thiên kiến, thành kiến, độ xiên, đường chéo 2 *v.* gây thành kiến

bib *n.* yếm dãi (trẻ con)

bible *n.* kinh thánh, thánh kinh

bicycle *n.* xe đạp

bid 1 *n.* sự đặt/trả giá, sự bỏ/đấu thầu, sự mời chào 2 *v.* [**bid/ bade**] đặt giá, trả, thầu làm …, mời, chào, xướng bài, ra lệnh, bảo

big 1 *adj.* to, lớn, quan trọng, rộng lượng, hào hiệp, huyênh hoang, khoác lác 2 *adv.* đặc tính to lớn; nhiều tham vọng

to think ~ suy nghĩ lớn lao

bigotry *n.* sự tin mù quáng

bike **1** *n.* xe đạp **2** *v.* đi xe đạp

bilateral *adj.* tay đôi, hai bên, song phương

bile *n.* mật, tính cáu gắt

bill **1** *n.* phiếu trả tiền, hoá đơn, đơn hàng, giấy bạc, đạo/dự luật, tờ quảng cáo, yết thị: **to foot a ~** thanh toán hoá đơn; **~ of exchange** hối phiếu **2** *v.* làm hoá đơn đòi tiền

billiards *n.* trò chơi bi da

billionaire *n.* nhà tỉ phú

billow **1** *n.* sóng lớn/cồn, biển cả **2** *v.* cuồn cuộn

bin *n.* thùng (than, rác)

bind **1** *n.* sự trói buộc, tình thế khó khăn **2** *v.* [**bound**] buộc, bó, trói, bắt buộc, ràng buộc, đóng [sách], băng bó [vết thương], gây táo bón

binge **1** *n.* cuộc chè chén say sưa **2** *v.* ăn uống quá trớn

binoculars *n.* ống nhòm

biography *n.* tiểu sử, lý lịch

biological *adj.* thuộc sinh vật học

biology *n.* sinh vật học

bird *n.* chim, gã, thằng cha

birth *n.* sự sinh đẻ, sự ra đời, ngày thành lập, dòng dõi, huyết thống: **~ control** hạn chế sinh đẻ

biscuit *n.* bánh quy, bánh (bích) quy ngọt

bisect *v.* chia đôi, cắt đôi

bit *n.* miếng, mẩu, mảnh, một chút, một tí: **a ~ tired** hơi mệt một chút; **do one's ~** đóng góp phần mình

bit *n.* hàm thiếc ngựa, mũi, mũi khoan

bite **1** *v.* [**bit; bitten**] cắn, ngoạm, đốt, châm, làm cay tê, ăn mòn, cắn câu, ăn sâu, bắt vào **2** *n.* miếng cắn, vết cắn, miếng ăn

bitter *adj.* đắng, cay đắng, chua xót, đau đớn, chua cay, gay gắt, ác liệt

bizarre *adj.* kỳ quái, kỳ lạ

black **1** *adj.* đen, tối tăm, da đen, đen tối, ảm đạm, buồn rầu, xấu xa, độc ác, ghê tởm **2** *n.* màu/sơn đen, quần áo đen, áo tang, người da đen **3** *v.* làm đen, bôi đen: **to ~ out** bôi, xoá đi, không có điện, ngất xỉu đi

blackmail *n., v.* (sự) hăm doạ, tống tiền

blacksmith *n.* thợ rèn

bladder *n.* bọng đái, bàng quang, bong bóng, ruột

blade *n.* lưỡi [dao, gươm, kiếm], ngọn [cỏ], cánh [chong chóng]

blame **1** *n.* lời trách móc/khiển trách, trách nhiệm, lỗi: **to lay the ~ on** đổ lỗi cho **2** *v.* trách mắng, khiển trách, đổ lỗi/tội cho

bland *adj.* dịu dàng, lễ phép, ôn hòa, dịu, nhạt

blank **1** *n.* khoảng trống, mẫu đơn hay tờ khai in sẵn, sự trống rỗng **2** *adj.* để trống, để trắng, trống rỗng; [thơ] không vần

blanket *n.* chăn, mền, lớp

blare **1** *n.* tiếng (kèn) ầm ĩ **2** *v.* kêu to, vặn to

blast *v.* làm nổ tung, làm tan vỡ, làm chết, làm chột

blaze **1** *n.* ngọn lửa, ánh sáng hay màu sắc rực rỡ, sự bộc phát **2** *v.* cháy rực, rực sáng,

sáng chói, bừng bừng nổi giận

bleach *n.* thuốc tẩy trắng

bleak *adj.* lạnh lẽo, trống trải, hoang vắng, ảm đạm, thê lương

bleat 1 *n.* tiếng be be 2 *v.* [dê, cừu] kêu be be

bleed *v.* [**bled**] chảy máu, mất máu, lấy máu để thử, hút máu hút mủ, bòn rút

blemish *n.* thiếu sót, khuyết điểm, nhược điểm, tì vết, vết nhơ

blend 1 *n.* thứ thuốc lá pha trộn, thứ trà pha trộn 2 *v.* [**blended**] trộn lẫn, pha trộn, hợp với

bless *v.* [**blessed**] giáng phúc, ban phước lành, phù hộ cho, làm hạnh phúc, may mắn

blight *n.* bệnh tàn lụi (của cây cối), tai họa

blind 1 *adj.* đui mù, mù quáng, không thấy được, cụt, không có lối ra 2 *v.* làm mù quáng 3 *n.* những người mù 4 *n.* mành mành, rèm

blink 1 *v.* nháy mắt, chớp mắt, [ánh sáng] nhấp nháy, chập chờn, lung linh, bật đèn nhấp nháy, nhắm mắt làm ngơ 2 *n.* cái nháy mắt, sự nhấp nháy: **in the ~ of an eye** nhấp nháy con mắt

bliss *n.* hạnh phúc, niềm sung sướng nhất

blister 1 *n.* vết rộp, chỗ rộp da 2 *v.* (làm) rộp lên

blizzard *n.* trận bão tuyết

bloated *adj.* phồng lên, sưng lên

block 1 *n.* khối/tảng [đá], súc [gỗ], cái thớt, khu nhà, khu phố, sự chặn/cản đối phương: **~ letters** chữ in viết hoa; **a ~ of**

buildings một khu nhà cao ốc 2 *v.* làm tắc nghẽn, chặn, cản, phản đối [dự luật], phong tỏa [tiền]

blockage *n.* sự tắc nghẽn

blog *n.* mạng truyền thông cá nhân

blonde *n., adj.* cô gái tóc vàng hoe

blood *n.* máu, huyết, dòng dõi, giống nòi, họ hàng, huyết thống: **~ pressure** huyết áp

bloom 1 *n.* hoa, thời kỳ rực rỡ tươi đẹp, tuổi xuân 2 *v.* ra/nở hoa, đang ở trong thời kỳ tươi đẹp nhất

blossom 1 *n.* hoa [của cây ăn quả] 2 *v.* ra/trổ hoa

blot 1 *n.* dấu/vết mực 2 *v.* làm bôi/bẩn

blouse *n.* áo cánh nữ, áo bờ lu

blow 1 *n.* cú đánh, đòn, tai họa, điều đau 2 *v.* [**blew; blown**] [gió] thổi, thổi [kèn, còi, lửa, v.v. …], hà hơi vào, hỉ [mũi], (bị) cuốn đi, [cầu chì] nổ, phung phí [tiền]: **to ~ out** thổi tắt; **to ~ up** nổ, phá nổ

blue 1 *adj.* xanh, lam, buồn chán, thất vọng 2 *n.* màu xanh: **out of the ~** bất ngờ

blunder 1 *n.* điều sai lầm ngớ ngẩn 2 *v.* sai phạm lầm lớn, làm hỏng việc

blunt 1 *adj.* (dao/kéo) cùn, nhụt, lỗ mãng, thiếu ý tứ, thẳng thừng, toạc móng heo 2 *v.* làm cùn

blur 1 *n.* sự mờ, vết bẩn/ổ/nhơ 2 *v.* làm mờ đi, che mờ, làm nhoè/bẩn

blurt *v.* nói buột ra, thốt ra

blush *v.* thẹn đỏ mặt, ửng đỏ/hồng

bluster 1 *n.* tiếng ào ào/ầm ầm, tiếng quát tháo ầm ĩ 2 *v.* (gió) thổi ào ào, (sóng) ầm ầm, quát tháo ầm ĩ

boar *n.* lợn/heo đực, lợn/heo rừng

board 1 *n.* tấm ván, bảng 2 *n.* cơm trọ, tiền cơm tháng 3 *n.* ban, ủy ban, ty, bộ: **the executive ~** ban điều hành 4 *v.* lát ván, bít bằng ván, ăn cơm trọ/tháng, ở trọ, lên xe, đáp tàu, lên máy bay

boast *v.* khoác lác, khoe khoang, lấy làm tự hào về

boat *n.* thuyền, tàu thủy

bob 1 *n.* sự nhấp nhô/bập bềnh, kiểu tóc cắt ngắn, đuôi cộc 2 *v.* nhấp nhô, bập bềnh, nhảy nhót

body 1 *n.* thân thể, thể xác, mình, xác chết, thi thể, thi hài: **to bury a ~** chôn thi hài 2 *n.* thân máy/xe, v.v. **a ~ repair shop** tiệm làm đồng xe hơi 3 *n.* đội, đoàn, ban, hội đồng, đoàn thể 4 *n.* khối, số lượng nhiều, vật thể

boggle *v.* giật mình kinh sợ; do dự, lưỡng lự

bogus *adj.* hư, giả, không có thật: **a ~ company** công ty giả

boil *n.* nhọt, đầu đinh

boil 1 *n.* sự sôi, điểm sôi 2 *v.* sôi, đun/nấu sôi, luộc, sôi sục, phẫn nộ

boisterous *adj.* nghịch, phá, dữ, làm ầm ĩ

bold *adj.* cả gan, (táo) bạo, dũng cảm, liều lĩnh, rõ nét

bolster *n.* gối dài, gối ống

bolt 1 *n.* then, chốt, bù loong, súc (vải), bó (mây), chớp, tiếng sét 2 *v.* cài then/chốt, ngốn, nuốt, chạy lao đi (ngựa) lồng lên

bomb 1 *n.* bom: **time ~** nổ chậm 2 *v.* ném bom, oanh tạc

bombard *v.* ném bom, oanh tạc, tấn công rồn rập

bond 1 *n.* giao kèo, khế ước, hợp đồng, dây buộc, mối ràng buộc, quan hệ, phiếu nợ, bông, phiếu quốc trái, xiềng xích, gông cùm: **in ~s** bị tù tội 2 *v.* tạm giữ hàng vào kho

bondage *n.* sự bó buộc, cảnh nô lệ/nô dịch

bone 1 *n.* cái xương, xương, hài cốt: **frozen to the ~s** rét thấu xương 2 *v.* rút xương, gỡ xương

bonus *n.* tiền thưởng, lợi tức chia thêm

bony *adj.* nhiều xương, to xương, gầy còm

book 1 *n.* sách, tập, quyển, cuốn, sổ sách kế toán 2 *v.* ghi vào sổ, ghi tên giữ chỗ, mua vé: **to ~ a train ticket** ghi tên giữ vé xe lửa

boom *n.* tiếng đùng đùng/oang oang, sự phát triển nhanh

boost *v.* nâng lên, làm tăng lên, tăng giá

boot 1 *n.* giày ống, ủng; hộc đựng đồ trong xe hơi 2 *v.* đá mạnh, nạy mạnh ai

booth *n.* quán, rạp, lều, phòng điện thoại, phòng bỏ phiếu, chỗ ngồi riêng ở tiệm ăn

border *n.* bờ, vỉa, lề, biên giới, biên thùy, biên cảnh, biên cương

bore 1 *n.* lỗ khoan, nòng 2 *v.* khoan, đào, xới

bore 1 *n.* việc chán, việc buồn, người dở dẫn 2 *v.* làm buồn, làm chán

born 1 *v.* [xem **bear**] sinh, đẻ 2 *adj.* đẻ ra, trời sinh, bẩm sinh: ~ **lucky** có số may

borrow *v.* vay, mượn

bosom *n.* ngực, ngực áo, lòng, trái tim, thâm tâm

boss *n.* ông/bà chủ, thủ trưởng, ông trùm, tay cừ

botanical *adj.* thuộc thực vật học

botch 1 *v.* làm hỏng việc, làm vụng về 2 *n.* việc hỏng

both 1 *adj.* cả hai 2 *pron.* **They ~ are poets. Both of them are poets.** cả hai đều là thi sĩ 3 *adv.* ~ **tired and thirsty** vừa mệt vừa khát nước

bother 1 *n.* điều phiền muộn, chuyện bực mình 2 *v.* làm phiền, quấy rầy

bottle *n.* chai, lọ, bầu sữa, rượu

bottom 1 *n.* đáy. cuốn, mặt ghế, mông đít, cơ sở, ngọn nguồn, căn nguyên 2 *adj.* thấp nhất

boulder *n.* tảng đá lớn, tảng lăn

bounce *v.* nảy lên, nhảy vụt ra

bound 1 *n.* biên giới, giới hạn, hạn độ, phạm vi 2 *v.* vạch biên giới, hạn chế

bound 1 *n.* động tác nhảy vọt: **in leaps and ~s** nhảy vọt 2 *v.* nhảy lên, nảy bật lên

bound *adj.* sắp đi tới

bouquet *n.* vòng hoa, lẵng hoa

bout *n.* lần, lược, đợt, cơn, chầu, cuộc đấu

bow *n.* cái cung/vĩ vi-ô-lôn, nơ bướm

bow 1 *n.* sự cúi đầu chào 2 *v.* cúi

đầu/mình, khom lưng, cúi chào, chịu khuất phục, đầu hàng

bowel *n.* ruột, lòng

bowl 1 *n.* cái bát, bát đầy 2 *v.* đôi bóng, thẩy bóng

bowl 1 *n.* quả bóng gỗ 2 *v.* lăn bóng gỗ

box 1 *n.* hộp, tráp, thùng, bao, lô rạp hát, chòi/điểm canh 2 *v.* bỏ vào hộp/thùng

box 1 *n.* cái tát, cái bạt tai: **a ~ on the ear** một cái bạt tai 2 *v.* tát, bạt tai, đánh quyền anh

boy 1 *n.* con trai, thiếu niên, con trai/giai 2 *n.* học trò con trai, nam học sinh 3 *n.* bạn thân

boycott 1 *n.* sự tẩy chay 2 *v.* tẩy chay

brace 1 *n.* vật để nối, trụ chống, cốt sắt [tường], thanh ngang, một đôi [chim], cái khoan quay tay, dấu ngoặc ôm 2 *v.* chằng, móc, nối cho vững, làm cho chắc thêm, chống bằng trụ, cố gắng

bracket 1 *n.* kệ đỡ giá, rầm chìa, dấu ngoặc đơn, dấu móc, dấu ngoặc 2 *v.* đặt trong dấu ngoặc

brain *n.* óc, não, não đầu, đầu óc, trí óc, trí tuệ, trí lực, óc thông minh

brake 1 *n.* phanh, cái hãm/thắng 2 *v.* hãm, thắng

bramble *n.* bụi gai

branch 1 *n.* cành cây, nhánh sông, chi, chi nhánh, chi điểm, chi cuộc, ngành, phân bộ: **to go to the local ~ of a bank** đến một chi nhánh nhân hàng 2 *v.* đâm cành/nhánh, phân nhánh, chia ngả, mở rộng ra

brand *n.* nhãn hiệu, loại hàng, hiệu, dấu sắt nung

brandy *n.* rượu mạnh brandi

brass *n.* đồng thau, đồ vật làm bằng đồng thau, sự trơ tráo, sự vô liêm sỉ: **top ~** sĩ quan cao cấp

brassiere *n.* cái nịt vú, cái yếm

brat *n.* thằng ranh, thằng nhóc: **spoilt ~** đứa bé hư đốn

brave *adj.* gan dạ, can đảm, dũng cảm

brawl *n., v.* (sự/vụ) cãi nhau ầm ĩ

Brazil *n.* nước Ba Tây

breach *n.* lỗ thủng/hổng, sự vi phạm: **~ of security** vi phạm an ninh

bread **1** *n.* bánh mì, miếng ăn, kế sinh nhai, tiền: **to take the ~ out of someone's mouth** móc họng người ta **2** *v.* lăn/bao vụn bánh (trước khi nướng)

break **1** *n.* sự/chỗ vỡ/gãy/đứt, sự nghỉ, sự gián đoạn, giờ nghỉ/ ra chơi/giải lao, sự thay đổi, cơ hội: **coffee ~** nghỉ uống cà phê **2** *v.* [**broke, broken**] đánh/đập/ làm vỡ, bể, cắt/làm đứt, ngừng cúp, làm gián đoạn, làm nhụt/ suy sụp, bắt đầu, đột biến: **to ~ a promise** không giữ lời hứa; **to ~ off** long ra, cắt đứt; **to ~ out** bùng nổ; **to ~ up** đập vụn, giải tán

breast *n.* vú, ngực, lòng, tâm tình, tâm

breath *n.* hơi thở, cơn gió nhẹ, làn hương thoảng: **out of ~** hết hơi, đứt hơi; **to hold one's ~** nín hơi/thở; **to waste one's ~** hoài hơi, phí lời

breathe *v.* hít, thở, nói lộ ra, nói nhỏ, truyền cho: **to ~ one's last (breath)** trút hơi thở cuối cùng

breed **1** *n.* giống, nòi, dòng dõi **2** *v.* [**bred**] sinh đẻ, sinh sản, gây giống, chăn nuôi, nuôi dưỡng, dạy dỗ, giáo dục, gây ra, phát sinh ra

breeze *n., v.* gió nhẹ/mát, vui vẻ, phơi phới, hồ hởi

brew **1** *n.* rượu (bia) **2** *v.* chế, ủ (bia), pha (trà), bày mưu, trù tính, đang được chuẩn bị

briar (*also* **brier**) *n* cây gai, cây tầm xuân/thạch nham

bribe *n.* của đút lót, tiền hối lộ

brick *n.* (viên) gạch, bánh [chè], thỏi, cục

bride *n.* cô dâu, tân nương

bridegroom *n.* chú rể, tân lang

bridge **1** *n.* cái cầu, sống mũi, cái ngựa đàn **2** *v.* xây cầu qua, vắt ngang, lấp [hố ngăn cách]

bridle **1** *n.* cương ngựa, sự kiềm chế **2** *v.* thắng cương cho ngựa, kiềm chế

brief **1** *n.* bảng tóm tắt, trích yếu, đại cương **2** *adj.* ngắn, gọn, vắn tắt **3** *v.* chỉ dẫn, thuyết trình

brigade *n.* lữ đoàn, đội

bright *adj.* sáng (chói), tươi, rực rỡ, rạng rỡ; thông minh: **a ~ man** con người thông minh

brilliant *adj.* chói lọi, rực rỡ, tài giỏi, lỗi lạc

brim *n.* miệng chén, bát, vành mũ: **full to the ~** đầy ắp

brine *n.* nước biển, nước mặn

bring *v.* [**brought**] đem/mang/ đưa/cầm lại, gây/làm cho: **to ~ about** đem lại, gây ra; **to ~**

back mang trả lại, gợi lại; **to ~ forward** nêu ra; **to ~ in** đưa/đem vào, đem/mang lại; **to ~ up** đưa/đem lên, nuôi nắng dạy dỗ

brink *n.* bờ/miệng vực

brisk *adj.* nhanh nhảu, nhanh nhẹn, phát đạt

bristle 1 *n.* lông cứng 2 *v.* [lông] dựng đứng lên, đầy dẫy, tua tủa

British *n.* thuộc Anh: **the ~ Isles** quần đảo Anh; **the ~** người Anh

brittle *adj.* giòn, dễ gãy/vỡ

broach *v.* mở, khui, bắt đầu thảo luận, đề cập

broad 1 *adj.* rộng, mênh mông, bao la, rộng rãi, phóng khoáng, rõ, rõ ràng, khái quát, đại cương 2 *n.* [*slang*] đàn bà, con đĩ

broadcast 1 *n.* buổi/chương trình phát thanh 2 *v.* [**broadcast**] gieo rắc [hạt giống] truyền đi, quảng bá, phát thanh

Broadway *n.* lối đi rộng

brochure *n.* sách mỏng, tài liệu quảng cáo, tập sách chỉ dẫn

broil *v.* nướng thịt, nóng như thiêu đốt

bronze *n.* đồng thiếc, thanh đồng, cổ đồng, màu đồng thiếc, đồ đồng thiếc

brood 1 *n.* lứa, ổ [chim/gà non], bầy/lũ con 2 *v.* ấp [trứng], tư lự, nghiền ngẫm

brook *n.* con suối nhỏ

broom *n.* cái chổi

broth *n.* nước luộc thịt, nước xúp

brother *n.* anh trai, em trai

brow *n.* trán, mày, lông mày

brown *adj.* nâu, [da] rám nắng

browse *v.* đọc/xem lướt qua; tìm kiếm hồ sơ trên máy vi tính: **to**

~ through one's files tìm hồ sơ của bạn (trên máy vi tính)

bruise 1 *n.* vết thâm tím 2 *v.* làm thâm tím

brunt *n.* sức mạnh chính, mũi giùi (trận đánh): **to take the ~ of someone's anger** chịu đựng sự tức giận của ai

brush 1 *n.* bàn chải, bút lông, sự chải, cuộc chạm trán/đụng độ chớp nhoáng 2 *v.* chải, cọ, lướt qua, chạm nhe

brutal *adj.* tàn nhẫn, cục súc, đầy thú tính

BSE *n.* bệnh bò điên

bubble *n.* bong bóng, bọt, tăm, ảo tưởng

buck 1 *n.* hươu/dê/thỏ đực, đồng đô la: **to pass the ~ to someone** bắt người nào chịu trách nhiệm 2 *v.* [ngựa] nhảy cong người lên

bucket *n.* thùng, xô, gầu

buckle *n.* khoá/móc thắt lưng

bud 1 *n.* chồi, nụ, lộc 2 *v.* nảy mầm, ra nụ/lộc, manh nha, [hoa] hé nở

Buddhism *n.* đạo Phật

budge *v.* chuyển, nhúc nhích, động đậy

budget 1 *n.* ngân sách/quỹ: **to release the annual government ~** phổ biến ngân sách hàng năm của chính phủ 2 *v.* dự thảo ngân sách

buff *n.* da trâu/bò, màu vàng sẫm, màu da bò

buffalo *n.* (*pl.* **buffaloes**) con trâu: **water ~** con trâu nước

buffer *n.* vật đệm, cái giảm xóc: **~ zone** vùng trái độn

buffet *n.* tủ đựng bát đĩa cốc

tách, bữa cơm tự chọn: **~ dinner** bữa tiệc/cơm tự chọn m ón ăn

bug *n.* con rệp; sâu bọ, côn trùng, máy ghi âm nhỏ để nghe trộm

bugle *n., v.* (thổi) kèn, (thổi) tù và

build 1 *n.* kiểu kiến trúc, khổ người, tầm vóc 2 *v.* [**built**] xây, xây cất, xây dựng, dựng/lập nên

bulb *n.* củ [hành/tỏi]

bulge 1 *n.* chỗ phồng 2 *v.* phồng/ phình ra/lên

bulk *n.* số lượng/khối lượng/tầm vóc lớn, phần lớn, số đông hơn: **to sell in ~** bán buôn

bull *n.* bò đực, con đực: **~ elephant** voi đực

bullet *n.* đạn

bully 1 *n.* kẻ bắt nạt, du côn, ác ôn 2 *v.* bắt nạt, hăm dọa

bulwark *n.* tường luỹ, sự phòng ngự/bảo vệ

bump 1 *n.* sự va đụng, chỗ sưng u lên 2 *v.* đâm vào, va mạnh, đụng mạnh, xóc nảy lên

bumper *n.* cái hãm xung, cái đỡ va (xe hơi), vụ mùa bội thu

bun *n.* bánh bao nhỏ, bánh sữa nhỏ, búi tóc nhỏ

bunch *n.* chùm, bó, buồng, cụm, bọn, lũ, toán

bundle *n.* bó, bọc

bungalow *n.* nhà gỗ phụ, băng-ga-lô

bungle *n.* việc làm vụng

bunk *n.* giường ngủ [trên tàu/xe], giường hai tầng

bunny *n.* con thỏ

buoy *n.* phao (cứu đắm): **life ~** phao cứu đắm

burden *n.* gánh nặng: **beast of ~** súc vật tải đồ

bureau *n.* phòng, cục, nha, vụ, tủ com mốt

burglar *n.* kẻ trộm

burn 1 *n.* vết bỏng, vết cháy 2 *v.* [**burnt/burned**] đốt, đốt cháy, bừng bừng: **to ~ out** đốt hết/ sạch, cháy hết

burst 1 *n.* tiếng/sự nổ, sự bộc phát: **a ~ of gunfire** một loạt đạn nổ 2 *v.* [**burst**] (làm) nổ/vỡ tung, xông, xộc: **to ~ into tears** khóc oà lên

bury *v.* chôn, chôn cất, mai táng, chôn vùi

bus *n.* (*pl.* **buses**) xe buýt [**get on** lên, **get off** xuống]: **~ stop** chỗ xe buýt đậu

bush *n.* bụi cây, bụi rậm

business *n.* việc buôn bán/kinh doanh, việc, công việc, nhiệm vụ: **to go into ~** ra buôn bán

bust *n.* tượng nửa người, tượng bán thân, ngực

bustle 1 *n.* sự hối hả rộn ràng, tiếng ồn ào 2 *v.* rối rít lăng xăng, bận rộn hối hả, giục giã

busy *adj.* bận, bận rộn, đông đúc, sầm uất, náo nhiệt, [dây nói] đang bận

but 1 *conj.* nhưng (mà), song: **not only… ~ also…** không những … mà còn … 2 *adv.* chỉ là, chỉ mới 3 *prep.* trừ, ngoài: **any day ~ Tuesday** bất cứ ngày nào trừ thứ ba

butcher 1 *n.* người hàng thịt, đồ tể 2 *v.* giết, mổ

butter 1 *n.* bơ 2 *v.* phết bơ, xào bơ

butterfly *n.* con bướm bướm: **~ nut** tai hồng

buttocks *n.* mông đít

button 1 *n.* cái khuy/cúc, nút bấm 2 *v.* cài khuy, đơm khuy

buy 1 *v.* [**bought**] mua, mua chuộc, đút lót: **to ~ back** mua lại 2 *n.* việc/vật mua bán: **best ~s** việc mua tốt nhất

buzz 1 *n.* tiếng vo vo/vù vù 2 *v.* kêu vo vo/vù vù

by 1 *prep.* gần, cạnh, bên, kề, qua, ngang/xuyên qua, vào lúc,vào quãng, bằng, do, bởi, theo từng: **~ the window** gần bên cửa sổ, bên song; **~ two o'clock** vào khoảng hai giờ; **to learn ~ doing** học bằng cách làm 2 *adv.* ở gần, đi qua

bye *n.* cái phụ, cái thứ yếu

bypass 1 *n.* đường vòng: **heart ~** cho máu không qua tim 2 *v.* đi vòng (để tránh)

byte *n.* đơn vị trử lượng trong máy vi tính

C

cab *n.* xe tắc xi, xe ngựa thuê, buồng lái

cabbage *n.* cải bắp

cabin *n.* túp lều, nhà gỗ, ca-bin, buồng ngủ

cabinet 1 *n.* tủ 2 *n.* nội các, chính phủ: **~ meeting** họp hội đồng nội các/chính phủ

cable *n.* dây nhợ/chão, dây cáp, cáp xuyên đại dương, điện tín cablegram: **~ TV** dây nối máy truyền hình (TV)

cackle *v.* [gà mới đẻ] cục tác, nói cười quang quác

cactus *n.* cây xương rồng

cadet *n.* sinh viên trường sĩ quan/ võ bị, lính tập sự

cadre *n.* cán bộ, lực lượng nòng cốt

café *n.* quán ăn, tiệm cà phê: **Internet ~** tiệm cà-phê có cho thuê mạng vi tính toàn cầu (internet)

caffeine *n.* chất cà-phê-in trong cà-phê hay trà

cage 1 *n.* lồng, chuồng, cũi, buồng thang máy 2 *n.* hòm đạn dược, thùng lặn [của công nhân xây cầu]

cake *n.* bánh ngọt, miếng, bánh

calamity *n.* tai hoạ, tai ương, cơn hoạn nạn

calculate *v.* tính, tính toán, tính trước, dự tính, suy tính

calculator *n.* máy tính

calendar *n.* lịch, lịch công tác: **lunar ~** âm lịch, nông lịch

calf *n.* (*pl.* **calves**) con bê, da bê

calf *n.* (*pl.* **calves**) bắp chân

calk *v.* trám (thuyền), trét, bít

call 1 *n.* tiếng gọi/kêu, lời kêu gọi, tiếng gọi, việc gọi dây nói, cú điện thoại, cuộc điện đàm, cuộc thăm viếng 2 *v.* gọi, kêu, gọi lại, mời, gọi/kêu dây nói, gọi là, tên là 3 *v.* đến thăm: **to ~ off** gọi ra chỗ khác, hoãn lại; **to ~ up** gọi điện thoại, gọi dậy, đánh thức, gợi lại

callous *adj.* thành chai, co chai, chai đá, vô tình, lãnh đạm, nhẫn tâm

callus *n.* cục chai trên da

calm 1 *n.* sự yên lặng/êm ả, sự bình tĩnh/điềm tĩnh 2 *adj.* (trời) lặng gió, êm đềm, (biển) lặng, bình tĩnh, điềm tĩnh **3** *v.* (làm) dịu/êm, trấn tĩnh.

calorie *n.* chất calo, nhiệt lượng

Cambodia *n.* nước Cambốt

camel *n.* lạc đà

camera *n.* máy ảnh/hình, máy quay phim

camouflage *n., v.* (sự/vật) ngụy trang

camp 1 *n.* trại, chỗ cắm trại, chỗ đóng quân, phe: **~fire** đám cháy do người ngủ lều gây ra **2** *v.* cắm trại, đóng trại, hạ trại

campaign *n.* chiến dịch, cuộc vận động

campus *n.* khu sân bãi/khuôn viên trường đại học

can *n.* bi đông, ca, bình, hộp đồ hộp

can *modal v.* [**could**] có thể, có sức, có khả năng, biết, có thể, được phép

Canada *n.* nước Gia-Nã Đại

canal *n.* kênh, sông đào, mương, ống

cancel *v.* bỏ, hủy bỏ, bãi bỏ, đóng dấu (tem)

cancer *n.* bệnh ung thư, bệnh căng xe

candid *adj.* thật thà, bộc trực, tự nhiên

candidate *n.* người ứng cử, ứng cử viên, người dự thi, thí sinh, người dự tuyển

candle *n.* cây nến, đèn cầy

candy *n.* kẹo, đường phèn

cane 1 *n.* cây/sợi mây, gậy, ba toong, can **2** *n.* cây **3** *v.* đan mây, vụt/quất roi

cannon *n.* súng đại bác, pháo

cannot *v.* không có thể

canoe *n.* thuyền độc mộc, xuồng

canon *n.* luật lệ, quy tắc, phép tắc, tiêu chuẩn

canopy *n.* màn, trướng, long đình, vòm, tán dù

canteen *n.* căn tin, quán bán thức ăn (nội bộ cơ quan hay trường học)

canvas *n.* vải bạc, buồm/lều vải bạc, bức vẽ

canyon *n.* hẻm núi

cap 1 *n.* mũ lưỡi trai, mũ vải, mũ (công nhân, quan toà, giáo sư) **2** *n.* nắp chai, tháp bút, đầu đạn **3** *v.* đội mũ cho, đậy/bịt nắp

capacity *n.* sức chứa/đựng, dung lượng/tích, tư cách, cương vị; khả năng: **in my ~ as ...** với tư cách là ...

cape 1 *n.* áo choàng không có tay **2** *n.* mũi đất

capital 1 *n.* thủ đô, thủ phủ: **~ city** thủ đô; **~ punishment** sự trừng phạt bằng khai tử **2** *n.* chữ hoa: **to write in ~ letters** viết bằng chữ hoa **3** *n.* tiền vốn, tư bản **4** *adj.* chủ yếu, cốt yếu, thủ yếu, tử hình

capricious *adj.* thất thường, đồng bóng

capsize *v.* (thuyền) lật úp

capsule *n.* bao thuốc con nhộng, quả nang, đầu mang khí cụ khoa học (của hỏa tiễn vũ trụ)

captain *n.* đại úy, đại tá hải quân, thuyền trưởng, thủ lĩnh, đội trưởng, thủ quân: **a ship's ~** hạm trưởng, thuyền trưởng

captivate *v.* làm say đắm, quyến rũ, mê hoặc

capture *v.* bắt giữ, bắt, hiểu

car *n.* xe ôtô, xe hơi, xe, toa

carat *n.* đơn vị trọng lượng của kim cương, ca-ra

caravan *n.* đoàn lữ hành, đoàn người đi buôn, nhà lưu động; xe làm nhà ở kéo theo

carbon *n.* cac-bon, giấy than: ~ **dating** phương pháp tính tuổi cổ vật bằng chất than của chúng

carburet(t)or *n.* bộ chế hoà khí, cac-bua-ra-tơ

card *n.* thiếp, thẻ, các, bài, quân/ cây/lá/bài: **identity** ~ thẻ chứng minh nhân dân/kiểm tra

cardiac *adj.* liên quan đến tim: ~ **surgery** giải phẫu bệnh tim

cardinal 1 *n.* giáo chủ áo đỏ, hồng y giáo chủ, màu đỏ thắm 2 *adj.* chính, chủ yếu: ~ **sin** lỗi lầm lớn khó chấp nhận

care 1 *n.* sự chăm sóc, sự chăm nom, sự chú ý/cẩn thận, sự lo âu 2 *v.* chăm nom, chăm sóc, nuôi nấng, để ý đến, quan tâm đến, thích, muốn

career *n.* nghề nghiệp, sự nghiệp

caress 1 *n.* sự vuốt ve 2 *v.* vuốt ve, âu yếm

cargo *n.* hàng hoá, tàu chở hàng hoá

caricature 1 *n.* tranh biếm hoạ 2 *v.* vẽ biếm hoạ

carnage *n.* sự chém giết, sự tàn sát

carnival 1 *n.* khu giải trí, chợ phiên, các trò giải trí lưu động, hội hè: **spring** ~ hội mùa xuân

carol *n.* bài hát mừng (dịp giáng sinh)

carousel *n.* thang giây chuyển hành lý ở phi trường

carp *n.* cá chép

carp *v.* xoi mói, bới lông tìm vết, bắt bẻ

carpenter *n.* thợ mộc

carpet 1 *n.* tấm thảm, thảm cỏ/ hoa/rêu 2 *v.* trải thảm

carrier *n.* người giao hàng, người chuyên chở, hãng vận tải, cái đèo hàng, người mang mầm bệnh, tàu chuyên chở, hành không mẫu hạm, tàu sân bay

carrot *n.* củ cà rốt

carry *v.* ẵm, vác, đội, bưng, khuân, khiêng, mang, chở, gánh, xách, cắp, cõng, bế, ôm, v.v., đem mang/mang theo người, dẫn, đưa, đặt (ống), (báo) đăng, đăng tải, chiếm được (vị trí địch): **to ~ forward** đưa lên phía trước, mang sang; **to ~ out** thi hành, thực thi/hiện; **to ~ through** hoàn thành

cart 1 *n.* xe bò/ngựa, xe đẩy 2 *v.* chở bằng xe bò

carton *n.* hộp, thùng/bìa cứng

cartoon *n.* tranh vui/biếm hoạ, tranh đả kích, phim hoạt hoạ

cartridge *n.* đạn, vỏ đạn, đầu máy quay đĩa hát, cuộn phim chụp ảnh

carve *v.* chạm, khắc, đúc, tạc (tượng), cắt, lạng, xẻo (thịt), tạo (nên)

case 1 *n.* hộp, ngăn, tủ, hòm, túi, vỏ, bao, v.v. 2 *n.* trường hợp, hoàn cảnh, cảnh ngộ, ca, vụ kiện, vụ án, cách: **in any** ~ bất luận ra sao; **... in** ~ **of fire** trong trường hợp cháy nhà

cash 1 *n.* tiền mặt, hiện kim:
~**-and-carry** tiệm bán hàng với
số lượng lớn; ~**back** trả lại tiền
mặt 2 *v.* lĩnh (séc, chi phiếu)

cashmere *n.* len ca-sơ-mia

casino *n.* sòng bài, nơi đánh bài

casket *n.* hộp (nữ trang), quan tài

cassette *n.* cát xét để thu băng

cast 1 *n.* sự quăng/ném/thả, bản
phân phối các vai kịch, khuông
đúc, vật/bản đúc, đồ loại ra,
xác ve 2 *v.* ném, liệng, quăng
(lưới), thả (neo), lột, vứt bỏ,
tuột, loại ra, phân phối ai đóng
vai nào, đúc khuôn: **to be ~
down** chán nản; **to ~ off** loại/
vứt bỏ

castle *n.* lâu đài, thành trì

casual *adj.* (quần áo) thường, tự
nhiên, không trịnh trọng, tình
cờ, ngẫu nhiên, vô ý, cẩu thả,
thất thường, không đều

cat *n.* mèo, thú vật thuộc họ
mèo, hổ, báo

catalog(ue) 1 *n.* mục lục (sách,
hàng hoá) 2 *v.* ghi vào mục lục

catalyst *n.* chất/vật xúc tác

catastrophe *n.* tai hoạ, tai ương,
tai biến

catch 1 *n.* sự nắm lấy, sự bắt/
chộp/vồ, mẻ (cá) bắt được,
then/chốt cửa 2 *v.* [**caught**]
bắt, chộp, nắm lấy, câu/đánh
được, đuổi kịp, theo kịp, mắc,
nhiễm, vướng, kẹt, hiểu được,
thu hút: **to ~ cold** bị cảm; **to ~
up with** theo kịp; **caught in the
act** bắt quả tang

category *n.* phạm trù, hạn, loại,
chủng loại

cater *v.* cung cấp thức ăn cho

bữa tiệc, phục vụ cho ăn uống

cathedral *n.* nhà thờ

Catholic *n.* người theo đạo Thiên
Chúa, tín đồ công giáo

cattle *n.* trâu bò, gia súc, thú nuôi:
~ **market** chợ mua bán trâu bò

cauliflower *n.* cải hoa, xúp lơ

cause 1 *n.* nguyên nhân/do, căn
nguyên, lý do, lẽ, cớ 2 *n.* chính
nghĩa, sự nghiệp 3 *v.* gây ra/
nên ..., làm cho, khiến cho

caustic *adj.* ăn da, cay độc,
châm biếm, khắc bạc

caution *n.* sự cẩn thận/thận trọng,
lời cảnh cáo

cave 1 *n.* hang, động 2 *v.* đào
thành hang: **to ~ in** sụp, sập,
lún lở

cavern *n.* hang lớn, động

cavity *n.* lỗ hổng, ổ, khoang, lỗ
(răng sâu)

cc 1 *abbr.* (= **cubic centimeters**)
phân khối, kích thước của máy
xe hơi 2 *n.* bản sao gởi cho
người khác (dùng trong thư từ)

cease 1 *n.* sự dừng/ngừng:
without ~ không ngớt 2 *v.* thôi,
dừng, ngừng, ngớt, (mưa) tạnh

ceiling *n.* trần nhà, mức cao
nhất, độ cao tối đa

celebrate *v.* ăn mừng, ăn khao,
kỷ niệm, ca tụng

celestial *adj.* thuộc trời/vũ trụ,
thuộc thiên đường

celibate *n., adj.* (người) sống
độc thân

cell *n.* xà lim, pin, tế bào, chi bộ,
tiểu tổ, lỗ tổ ong, phòng nhỏ,
lều nhỏ

cellar *n.* hầm chứa

cello *n.* đàn viô-lông-xen, xe lô

cell phone

cell phone *n.* điện thoại di động

Celsius *adj.* (*abbr.* **°C**) hệ thống nhiệt độ bách phân

cement *n.* xi măng, chất gắn, bột hàn răng, keo: ~ **sheet** tấm lót tường bằng xi măng

cemetery *n.* nghĩa trang, nghĩa địa, mộ địa

cenotaph *n.* đài tưởng niệm chiến sĩ vô danh

censure *v.* phê bình, chỉ trích, khiển trách

census *n.* cuộc điều tra số dân/ kiểm tra nhân khẩu

cent *n.* đồng xu, phân

center *n.* điểm giữa, trung tâm, tâm, trung khu, trung ương, nhân vật trung tâm, trung phong (bóng đá), phái giữa

Centigrade *adj.* bách phân, chia trăm độ

centimeter *n.* xen-ti-met, phân

centipede *n.* con rết

central *adj.* ở giữa, ở trung tâm, chính, (thuộc) trung ương, chính, chủ yếu, trung tâm

century *n.* thế kỷ, trăm năm

cereal *n.* ngũ cốc, lúa gạo, mễ cốc, bỏng (lúa/gạo) rang để buổi sáng ăn với sữa

ceremony *n.* buổi lễ, nghi thức, nghi lễ, sự kiểu cách, sự khách sáo

certain *adj.* chắc, chắc chắn, nào đó, đôi chút

certificate *n.* giấy chứng nhận: **birth** ~ giấy khai sinh

certify *v.* chứng nhận, nhận thực, thị thực: **to** ~ **one's signature** nhận thực chữ ký

chafe *v.* xoa, chà xát, (làm) trầy/

phồng: ~ **at/under** cảm thấy bị quấy rầy

chain **1** *n.* dây, xích, dãy (núi), loạt, dây chuyền [làm việc]: ~ **gang** nhóm tù bị xích tay lại với nhau; ~ **reaction** phản ứng dây chuyền; **bicycle** ~ xích xe đạp **2** *v.* xích, trói buộc

chair *n.* ghế, ghế giáo sư, ghế chủ toạ, chủ tịch

chalk *n.* phấn viết, đá vôi

challenge **1** *n.* sự thách thức, tiếng hô "đứng lại" **2** *v.* thách, thách thức, khiêu chiến, hô "đứng lại"

chamber *n.* nghị viện, phòng, ổ đạn, khoang, hốc

champion **1** *n.* nhà vô địch/quán quân, người bênh vực **2** *v.* bênh vực, ủng hộ, bảo vệ, đấu tranh cho

chance **1** *n.* sự may rủi/hên xui/ đỏ đen, sự tình cờ, ngẫu nhiên **2** *n.* số phận, khả năng, sự có thể, cơ hội

chancellor *n.* viện trưởng/hiệu trưởng danh dự, thủ tướng, đại pháp quan, bộ trưởng (tài chính)

change **1** *n.* sự thay đổi, bộ quần áo sạch **2** *n.* tiền lẻ, tiền trả lại, tiền thối lại **3** *v.* đổi [chỗ ngồi, ý kiến], thay [quần áo], đổi [giấy lớn], thay đổi, biến đổi, thay quần áo, đổi tàu/xe/ máy bay

channel *n.* eo biển, lòng sông/ suối, kênh, mương, ống dẫn, nguồn tin, đường dây, kênh, đài TV

chant **1** *n.* thánh ca **2** *v.* hát đều

đều, ngâm, tụng

chaos *n.* sự lộn xộn/hỗn độn/hỗn loạn, hỗn mang

chap 1 *n.* gã, anh chàng, thằng cha 2 *n.* chỗ nẻ

chapter *n.* chương, mục, chi hội

character 1 *n.* chí khí, cốt cách, ý chí, bản lĩnh, tính nết, đặc tính, đặc điểm 2 *n.* nhân vật 3 *n.* chữ, từ

charcoal *n.* than củi/tàu, bút chì than để vẽ

charge 1 *n.* tiền phải trả, giá tiền, tiền thù lao: **free of ~** không trả tiền, miễn phí 2 *n.* trách nhiệm, bổn phận, nhiệm vụ 3 *n.* lời buộc tội, cuộc tấn công, trận xung kích 4 *n.* gánh nặng, sự nạp điện, điện tích 5 *v.* tính giá, đòi, lấy 6 *v.* giao nhiệm vụ 7 *v.* buộc tội, tấn công, đột kích, nạp đạn, nạp thuốc súng, nạp điện: **~d with murder** bị buộc tội giết người

charity *n.* lòng/hội từ thiện, của bố thí/cứu tế

charm 1 *n.* duyên, nhan sắc quyến rũ 2 *n.* bùa mê/phép

chart *n.* bản đồ đi biển, hải đồ, đồ thị, biểu đồ

charter 1 *n.* hiến chương, sự thuê bao (tàu/xe) 2 *v.* thuê bao

chase 1 *n.* sự đuổi theo, sự săn đuổi 2 *v.* (xua) đuổi

chaste *adj.* trinh bạch, trong trắng, mộc mạc

chat 1 *n.* chuyện phiếm/gẫu 2 *v.* tán gẫu: **to ~ with someone online** tán chuyện gẫu với ai

chatter *n., v.* (tiếng) líu lo/ríu rít/ róc rách, (tiếng) nói huyên

thiên, (tiếng) lập cập/lọc cọc

chauffeur 1 *n.* tài xế, người lái xe 2 *v.* lái xe

cheap *adj.* rẻ (tiền), rẻ mạt, xấu

cheat 1 *n.* trò/người lừa đảo/gian lận 2 *v.* lừa, lừa đảo, lường gạt, gian lận, ăn gian, bịp

check 1 *n.* [*Br.* **cheque**] séc, chi phiếu, ngân phiếu: **to cash a ~** lĩnh ngân phiếu 2 *n.* sự soát lại, sự kiểm soát, sự kìm hãm/ cản trở, giấy ghi tiền, bông, hoá đơn, thẻ gửi đồ/hành lý, kiểu carô 3 *v.* soát lại, kiểm soát/tra, đánh dấu, kìm lại, ngăn chặn, nén, kiềm chế, ký gửi [hành lý]

cheek *n.* má, sự táo tợn/trơ tráo/ hỗn xược

cheer 1 *n.* tiếng hoan hô, sự cổ vũ/khuyến khích 2 *v.* hoan hô, tung hô, cổ vũ, khích lệ, (làm) vui lên, (làm) phấn khởi/hăng hái lên

cheese *n.* phó mát

chef *n.* đầu bếp

chemical 1 *n.* chất hoá học, hoá chất 2 *adj.* thuộc hoá học

cherish *v.* yêu mến, thương yêu, nuôi, ấp ủ

cherry *n.* (quả) anh đào

chess *n.* cờ (tướng)

chest 1 *n.* ngực 2 *n.* tủ, hòm, rương: **~ of drawers** tủ áo

chew 1 *n.* sự nhai 2 *v.* nhai, ngẫm nghĩ, nghiền ngẫm

chicken *n.* con gà, thịt gà, người nhút nhát

chide *v.* mắng mỏ, quở mắng, rầy la

chief 1 *n.* người đứng đầu, thủ

child

lĩnh/trưởng, lãnh tụ, trưởng, sếp **2** *adj.* chính, chủ yếu, đứng đầu: ~ **delegate** trưởng đoàn đại biểu

child *n.* (*pl.* **children**) đứa bé/trẻ, đứa con

chili, chilli *n.* quả ớt

chill *n.* sự giá lạnh, sự lạnh lẽo, sự ớn lạnh, sự lạnh nhạt/lạnh lùng, gáo nước lạnh

chime 1 *n.* chuông chùm, tiếng chuông hoà âm **2** *v.* đánh/rung [chuông], [chuông] kêu, rung, điểm, xen vào, phụ hoạ vào, ăn khớp, phù hợp

chimney *n.* ống khói, lò sưởi, thông phong đèn

China *n.* nước Trung Hoa, nước Tàu: **Chinatown** Khu phố người Tàu

china(ware) *n.* đồ sứ

chink *n.* tiếng loảng xoảng

chip 1 *n.* chỗ sứt/mẻ **2** *n.* khoang/ lát mỏng **3** *n.* đồng giơ tông để đánh bạc **4** *n.* vỏ bào/tiện, mạt giũa, mảnh vỡ **5** *v.* làm sứt/mẻ, bào, đẽo, đập vỡ/bể

chisel 1 *n.* cái đục/chàng **2** *v.* đục, chạm, lừa đảo

chocolate *n.* sô-cô-la, súc cù là, nước sô cô la

choice 1 *n.* sự lựa chọn, quyền/ khả năng lực chọn, người/vật được lựa chọn, tinh hoa **2** *adj.* hảo hạng

choir *n.* đội hợp xướng/hợp ca

choke 1 *v.* sự làm nghẹt/tắc thở, chỗ thắt/bóp lại **2** *v.* làm nghẹt, làm tắc thở, bóp cổ, làm tắc: **to ~ with anger** tức uất lên

cholera *n.* bệnh dịch tả, bệnh tả

choose *v.* [**chose**; **chosen**] chọn, lựa chọn, kén chọn, thích, muốn

chop *v.* chặt, bổ, đốn, chẻ, chặt/ băm nhỏ

chopstick *n.* đũa

chord *n.* dây đàn, dây cung, dây, hợp âm: **vocal ~s** dây thanh âm, thanh huyền/đới

chore *n.* việc vặt trong nhà

chorus *n.* đội/bài hợp xướng, điệp khúc, tiếng nói đồng thanh

chowder *n.* súp đặc nấu bằng trai, cua, tôm, cá, v.v.

Christ *n.* chúa Giê Su, Chúa cứu thế

Christianity *n.* đạo Cơ đốc/Thiên Chúa

Christmas *n.* lễ Nô-en/Giáng sinh

chronic *adj.* mạn tính, kinh niên, ăn sâu, bám chặt

chrysanthemum *n.* cây/hoa cúc

chuck *n., v.* (sự) vỗ/lắc nhẹ, (sự) ném/liệng/quảng

chuckle *n., v.* (tiếng) cười một mình, cười thầm

chunk *n.* khúc, khoanh, miếng, cục

church *n.* nhà thờ, giáo đường, giáo hội, giáo phái

CIA *abbr.* (= **Central Intelligence Agency**) cơ quan tình báo trung ương Mỹ

cider *n.* rượu táo

cigarette *n.* (điếu) thuốc lá

cinema *n.* (rạp) xi-nê/chiếu bóng; điện ảnh

cipher (*also* **cypher**) *n.* số không, số xê rô, người/vật vô giá trị, ám hiệu, mật mã

circle 1 *n.* hình/đường tròn, vòng (tròn), hệ phái, tập đoàn, giới **2** *v.* đi vòng quanh, lượn

circuit *n.* chu vi, sự đi vòng quanh, mạch điện

circulate *v.* lưu thông/hành, (lan) truyền, phân phát

circumference *n.* đường tròn, chu vi

circumstance *n.* hoàn cảnh, tình hình/huống, trường hợp

circus *n.* (gánh/đoàn) xiếc, rạp xiếc

cistern *n.* thùng/bể chứa nước, tháp nước

citadel *n.* thành luỹ, thành trì

cite *v.* trích dẫn, đòi ra toà, tuyên dương

citizen *n.* công dân, thị dân, dân thành thị

citrus *n.* cây/quả loại chanh, cam quít bưởi

city *n.* thành phố, thành thị, đô thị

civic *adj.* thuộc thị dân/công dân: **~ duty** thuế tuỳ thân; **~ leaders** người lãnh đạo thành phố

civil *adj.* thuộc thị dân/công dân, thuộc thường dân, thuộc dân sự, hộ, thuộc bên đời, lễ độ: **~ law** dân luật, luật hộ; **~ rights** quyền công dân; **~ war** nội chiến; **~ servant** công chức

civilization *n.* nền văn minh, nền văn hoá

claim 1 *n.* sự/quyền đòi, vật/điều yêu sách, khiếu nại 2 *v.* đòi hỏi, yêu sách, nhận/khai/cho là của mình, xác nhận

clam *n.* con trai/nghêu

clamor *n.* tiếng la hét, tiếng ầm ĩ

clamp 1 *n.* cái kẹp 2 *v.* cặp/kẹp lại, kiểm soát kỹ

clan *n.* thị tộc, họ, phe cánh, bè phái

clang 1 *n.* tiếng kim loại vang rền 2 *v.* (làm) kêu

clap 1 *n.* tiếng vỗ tay, tiếng sét đánh 2 *v.* đập, vỗ [cánh, tay], vỗ tay, đánh, tống

clash 1 *n.* tiếng va chạm, sự xung đột 2 *v.* va chạm, đụng chạm, đụng độ, xung đột, mâu thuẫn

clasp 1 *n.* cái móc/gài, cái bắt tay chặt 2 *v.* móc, cài, gài, siết/nắm/ôm chặt

class 1 *n.* giai cấp, đẳng cấp, loại, hạng: **economy ~** hạng nhì (máy bay) 2 *n.* lớp học, giờ/ buổi học, khoá

classic *adj.* ưu tú, kinh/cổ điển

classify *v.* phân loại

clause *n.* mệnh đề, điều khoản [hiệp ước, v.v.]

claw *n.* móng, vuốt, chân có vuốt, càng cua/tôm, vật hình móc

clay *n.* đất sét

clean 1 *adj.* sạch, sạch sẽ, trong sạch, không tội lỗi, đã sửa hết lỗi 2 *v.* lau chùi, cọ/cạo/đánh/ rửa/quét sạch, tẩy [quần áo], nhặt [rau], đánh vẩy moi ruột [cá], đánh/chải/cọ [răng], vét [giếng]

clear 1 *adj.* trong, trong trẻo, trong sạch, trong sáng, sáng sủa, dễ hiểu, thông suốt, thoát khỏi 2 *v.* làm trong sạch/sáng tỏ, dọn, dọn sạch, dọn dẹp, vượt/nhảy qua, trả hết, thanh toán: **to ~ up** [trời] sáng sủa ra, [mây] tan đi, [mặt] tươi lên; **to ~ out** dọn/quét sạch, bán sạch

cleave *v.* [**cleaved**] dính/bám vào, trung thành với

clench v. nắm [tay], nghiến [răng], mím [môi]

clergy n. giới thầy tu, giới tăng lữ

clerk n. thư ký, lục sự toà án, người bán hàng

clever adj. thông minh, lanh lợi, khéo léo, giỏi, tài giỏi, lành nghề, hay, tài tình, thần tình

cliché n. lời nói sáo, thành ngữ

click 1 n. tiếng lách cách, tiếng tắc lưỡi 2 v. kêu lách cách, ăn ý nhau, bấm vào: **to ~ onto a file to open documents** bấm vào "file" để mở hồ sơ.

client n. khách hàng, khách hàng/thân chủ

cliff n. vách đá, mỏm đá

climate n. khí hậu, thời tiết, miền khí hậu, phong thổ, không khí, hoàn cảnh, xu hướng/thế

climb 1 n. sự leo trèo, cuộc leo núi 2 v. leo, trèo, leo trèo, lên cao.

clinch 1 v. thành công việc gì 2 n. sự xiết chặt tay nhau

cling v. [**clung**] bám vào, dính vào, níu lấy, bám lấy, giữ mãi, giữ khư khư [thói quen, ý kiến].

clinic n. bệnh viện (thực hành), phòng mạch bác sĩ, lâm sàng học

clip 1 n. cái ghim/kẹp giấy 2 n. sự cắt xén, bước đi nhanh 3 v. ghim/kẹp lại 4 v. cắt, xén, hớt [lông, tóc], cắt [bài báo]

clique n. bọn, tụi, bè lũ, phái hệ, tập đoàn

cloak 1 n. áo choàng/khoác, nơi gởi đồ 2 v. mặc áo choàng, che, đậy, đội lốt

clock 1 n. đồng hồ, giờ **o'~: five**

o'~ năm giờ 2 v. bấm giờ, ghi giờ, đi/chạy mất …

clone 1 n. phôi bào tạo người/vật 2 v. cấy phôi bào thành giống người/vật gốc

close 1 n. sự kết thúc, phần cuối/chót 2 v. đóng, khép, dồn lại, siết chặt [hàng ngũ], kết thúc, chấm dứt, đóng cửa: **to ~ down** đóng hẳn; **to ~ in** tới gần; **to ~ up** đóng kín, bít lại 3 adj. gần: ~ **to** [bạn] thân, [bản dịch] sát, kín bít, bí hơi, ngột ngạt, chặt chẽ, kỹ lưỡng, tỉ mỉ

closet n. tủ đóng vào trong tường, tủ kho

closure n. sự đóng cửa; việc giải thể: **factory ~** nhà máy đã đóng cửa

clot n. cục, khối, hòn, cục nghẽn

cloth n. vải, hàng vải, khăn, khăn lau: **table ~** khăn trải bàn

clothes n. quần áo, y phục, quần áo bỏ giặt

cloud 1 n. mây, đám [bụi/khói], đàn [ruồi/muỗi], bầy, đoàn, bóng đen, bóng mây buồn 2 v. che phủ, làm buồn phiền, làm vẩn đục

clout n. cái tát, cái đấm, ảnh hưởng: **political ~** ảnh hưởng chính trị

clown n. anh hề, thằng hề

club 1 n. gậy tày, dùi cui, hội, câu lạc bộ 2 v. vụt, đánh

clue 1 n. manh mối, đầu mối 2 v. mách, nhắc, gà

clump n. lùm/bụi cây, cục/hòn đất, khúc gỗ

clumsy adj. vụng, vụng về, lóng ngóng, nghều ngào

cluster *n.* bó, chùm, cụm, đám, đàn, bầy

clutch *n.* sự nắm chặt, khớp ly hợp, côn

clutch 1 *n.* nanh vuốt; sự chộp lấy/dành lấy 2 *v.* giật lấy, nắm chặt, giữ chặt

clutter *v.* làm bừa bộn, bừa bãi

coach 1 *n.* xe ngựa bốn bánh 2 *n.* huấn luyện viên (của đội bóng) 3 *n.* toa hành khách, xe chở hành khách 4 *v.* huấn luyện

coal 1 *n.* than đá, viên/hòn than đá 2 *n.* ăn than

coarse *adj.* thô, to sợi, không mịn, lỗ mãng

coast *n.* bờ biển

coat 1 *n.* áo choàng ngoài, áo măng tô, bộ lông thú 2 *n.* lớp [sơn], nước [vôi] 3 *v.* phủ, bọc, tẩm, tráng: **to ~ fish with batter before frying** tẩm bột cá trước khi chiên

coax *v.* nói/dỗ ngọt, tán tỉnh, nịnh nọt

cob *n.* lõi ngô/bắp

cobra *n.* rắn mang bành

cock 1 *n.* gà trống/sống, con trống/đực 2 *n.* vòi nước, nắp đậy chai 3 *v.* lên cò súng, vểnh [tai], hếch [mũi], đội [mũ] lệch, đánh đống [rơm, cỏ khô]

cockroach *n.* con gián

cocoa *n.* nước ca-cao, bột ca-cao

coconut *n.* quả dừa

cod *n.* cá tuyết, cá thu, cá mo-ruy: **~ liver oil** dầu gan cá thu

coddle *v.* chiều chuộng, nâng niu, tần, hầm

code *n.* mật mã, ma số, lễ giáo, luật lệ, điều lệ, luật, bộ luật, pháp điển

coerce *v.* ép, buộc, ép buộc, cưỡng ép

coffee *n.* cà phê, bữa ăn nhẹ có cà phê (và thức uống khác): **~ break** giờ nghỉ giải khát

coffer *n.* két bạc

coffin *n.* áo quan, quan tài

cog *n.* răng, vấu: **a ~ in the wheel** răng bánh xe

cohabit *v.* ăn ở với nhau, sống chung với nhau

coherent *adj.* có mạch lạc, dễ hiểu

cohesion *n.* sự/lực cố kết, sự dính liền/liên hệ

coil 1 *n.* cuộn (thừng, dây), cuộn ống, bôbin 2 *v.* cuộn, cuốn, quấn, nằm cuộn tròn

coin *n.* đồng tiền

coincide *v.* trùng khớp, trùng hợp, xảy ra cùng một lúc, trùng với, hợp nhau, phù hợp, đồng ý

coke *n.* than cốc

Coke *n.* (= **Coca Cola**) nước ngọt cô-ca cô-la

cold 1 *n.* cái lạnh/rét, sự lạnh lẽo, chứng cảm lạnh: **to catch (a) ~** bị cảm lạnh, cảm mạo 2 *adj.* lạnh, lạnh lẽo, nguội, lạnh lùng, nhạt, lãnh đạm, hờ hững, vô tình

coliseum *n.* (*also* **colosseum**) toà nhà thể dục thể thao

collapse 1 *n.* sự đổ nát, sự sụp đổ, sự suy sụp, sự suy nhược 2 *v.* sập, đổ, gẫy tan, suy sụp, sụp đổ, gập lại, xếp lại, gấp lại

collar 1 *n.* cổ áo, vòng cổ [chó, ngựa]: **white-~ jobs** công việc bàn giấy 2 *v.* tóm cổ

collate

collate *v.* đối chiếu, góp, xếp lại [từng bộ]

colleague *n.* đồng nghiệp, đồng sự, đồng liêu

collect 1 *v.* góp nhặt, thu lượm, thu thập, sưu 2 *adj.* **call** gọi điện thoại đầu kia trả tiền

collectible *adj.* (*also* **collectable**) có thể sưu tầm được vì có giá trị

collector *n.* người thu (tiền, thuế, v.v.), người sưu tầm: **debt ~** người đi thâu tiền nợ

college *n.* trường đại học/cao đẳng chuyên nghiệp, khoa, phân khoa, đoàn thể, tập đoàn

collide *v.* va, đụng, đậm, va chạm, xung đột

colloquial *adj.* [lời nói] thông tục, thông dụng

colon 1 *n.* dấu hai chấm (:) 2 *n.* ruột kết, kết tràng

colonel *n.* đại tá

colony *n.* thuộc địa, đoàn thể kiều dân, bầy, đàn

color 1 *n.* màu, sắc, màu sắc, sắc/nước da, màu vẻ, màu sắc 2 *n.* cờ, quốc kỳ, quân kỳ

colt *n.* ngựa con, ngựa non, ngựa câu

column *n.* cột, trụ, đội hình hàng dọc, mục báo: **spinal ~** cột sống

coma *n.* sự hôn mê

comb 1 *n.* cái lược, bàn chải len 2 *v.* chải, gỡ, lùng, sục, sục tìm

combat *v.* chốn, chiến đấu

combine 1 *n.* máy gặt đập, máy liên hợp, công bin, tổ hợp 2 *v.* kết hợp, hoá hợp, tổ hợp

combustion *n.* sự (đốt) cháy

come *v.* [**came**; **come**] đến, tới, đi đến/tới/lại, xảy ra/đến, xuất hiện, trở nên, hoá ra: **to ~ across** tình cờ thấy/gặp; **to ~ back** quay/trở lại; **to ~ by** đi qua; **to ~ out** ra, đi ra, lộ ra, [sách, báo] ra, xuất bản, ra lò; **to ~ around/round** [người bệnh] khỏi, hồi phục, thay đổi hẳn quan điểm; **to ~ through** có được, thành công; **to ~ to** [bệnh nhân] hồi tỉnh, [số tiền] lên tới ...; **to ~ up** được nêu lên, lên tới

comedy *n.* kịch vui, hài kịch, tấn hài kịch

comet *n.* sao chổi

comfort 1 *n.* lời/nguồn an ủi, sự an nhàn sung túc, tiện nghi, sự ấm cúng dễ chịu: **of little ~** hơi dễ chịu 2 *v.* dỗ dành, an ủi, uỷ lạo, khuyên giải, làm khuây khoả

comic 1 *n.* diễn viên khôi hài 2 *adj.* hài hước, khôi hài: **~ strip** trang tranh truyện vui (ở báo chí)

command 1 *n.* lệnh, mệnh lệnh, quyền chỉ huy 2 *v.* ra lệnh/hạ lệnh; chỉ huy, điều khiển

commander *n.* sĩ quan chỉ huy, tư lệnh, trung tá hải quân

commemoration *n.* lễ kỷ niệm

commence *v.* bắt đầu, khởi đầu

commend *v.* khen ngợi, ca ngợi, tán dương, tuyên dương, giao phó, phó thác, ký thác, gửi gấm

commensurate *adj.* xứng với, tương xứng, tương đương

comment 1 *n.* lời bàn, lời bình luận/phê bình, lời chú giải/dẫn giải 2 *v.* bình luận, phê bình, chỉ trích, chú thích, dẫn giải, thuyết minh

commentary *n.* bài bình luận,

lời bình chú, lời dẫn giải, bài tường thuật: **running** ~ bài tường thuật tại chỗ

commerce *n.* việc buôn bán, thương mại/nghiệp

commercial 1 *n.* tiết mục quảng cáo **2** *adj.* (thuộc) thương mại/thương nghiệp/thương vụ

commission 1 *n.* tiền hoa hồng, sự uỷ nhiệm/thác: **on a ~ basis** trên căn bản ăn tiền hoa hồng; **to sell goods on ~** bán hàng ăn hoa hồng **2** *n.* hội đồng, uỷ hội, uỷ ban: **public relations ~** ủy ban giao tế **3** *v.* uỷ nhiệm, uỷ thác

commit *v.* phạm [tội], làm [lỗi], giao phó, uỷ nhiệm/thác, hứa, cam kết: **to ~ suicide** tự sát, tự tử; nhớ nằm lòng; **to ~ money for ...** dành tiền cho ...

committee *n.* uỷ ban: **central executive ~** uỷ ban chấp hành trung ương; **joint ~** uỷ ban hỗn hợp

commodity *n.* hàng hoá, mặt hàng, thương phẩm

common 1 *n.* đất công, bãi cỏ giữa làng/xóm, sự/của chung **2** *adj.* chung, công (cộng), thường, thông thường, bình thường, phổ biến: **~ property** tài sản công cộng; **~ knowledge** điều ai cũng biết

Commonwealth *n.* khối thịnh vượng chung, khối cộng đồng, nước cộng hoà, liên bang

commotion *n.* sự rung động/chấn động/rối loạn

communal *adj.* chung, công, công cộng, thuộc công xã: **~ land** đất

công, công điền, công thổ

communicate *v.* truyền [tin, bệnh], truyền đạt, thông tri, liên lạc, [phòng] thông nhau: **to ~ with someone by SMS** liên lạc với ai bằng SMS

communist *n., adj.* (người/đảng viên) cộng sản

community *n.* dân chúng, công chúng, phường, đoàn thể, cộng đồng, sở hữu chung

commuter *n.* người đi làm bằng tàu/xe

compact *n.* giao kèo, khế ước, hợp đồng, hiệp ước

compact 1 *n.* hộp phấn bỏ túi, xe ô tô cỡ nhỏ gọn **2** *adj.* rắn chắc, chật ních; cô đọng, súc tích, [xe hơi] kiểu nhỏ gọn **3** *v.* làm đầy/chặt

companion *n.* bạn, bầu bạn, bạn bè, chiếc/vật cùng đôi, sách hướng dẫn, chỉ nam

company 1 *n.* sự cùng đi/ở, bạn, bạn bè, giao du, khách, khách khứa **2** *n.* hội buôn, công ty, đoàn, gánh, đại hội

comparative 1 *n.* cấp so sánh **2** *adj.* so sánh, tỉ hiệu, tương đối

compare *v.* so, so sánh, đối chiếu

compartment *n.* gian, ngăn [nhà, toa xe lửa]

compass *n.* la bàn, địa bàn, vòng, phạm vi

compasses *n., pl.* dụng cụ vẽ/com pa

compassionate *adj.* động lòng thương, thương hại

compatible *adj.* hợp, tương hợp/dung, hài hoà

compel *v.* bắt, bắt buộc, buộc

compensate

phải, cưỡng bách

compensate *v.* bù, đền bù, bồi thường

compete *v.* cạnh tranh, ganh đua, đua tranh

competitive *adj.* có tính cách cạnh tranh, khó

compile *v.* biên soạn, sưu tập

complacent *adj.* tự mãn, đắc ý

complain *v.* kêu, kêu ca, phàn nàn, than phiền, thưa (kiện), kêu nài, khiếu nại

complaint *n.* lời phàn nàn, đơn kiện, bệnh tật

complement 1 *n.* phần bù, phần bổ sung, bổ ngữ 2 *v.* bù cho đầy đủ, bổ túc, bổ sung

complete 1 *adj.* trọn vẹn, đầy đủ, hoàn toàn, xong, hoàn thành, hoàn tất 2 *v.* hoàn thành, làm xong, làm cho đầy đủ

complex 1 *n.* khu nhà, khu nhà máy, khu công nghiệp 2 *n.* mặc cảm, phức cảm: **inferiority ~** mặc cảm tự ti 3 *adj.* rắc rối, phức tạp, [câu] phức hợp

complicate *v.* làm rắc rối, phức tạp

compliment 1 *n.* lời khen, lời ca tụng: **with ~s** tác giả kính tặng 2 *v.* khen ngợi, ca ngợi, ca tụng

comply *v.* chiều theo, đồng ý làm theo, tuân theo

component 1 *n.* thành phần 2 *adj.* hợp/cấu thành

compose *v.* làm, soạn, sáng tác, bình tĩnh lại

composer *n.* nhà soạn nhạc, người soạn, soạn giả

composition 1 *n.* bài viết, bài luận, tác phẩm, nhạc khúc 2 *n.* sự cấu tạo/hợp thành, thành

phần, cách bố cục 3 *n.* sự sắp chữ, cách cấu tạo từ ghép

compost *n.* phân trộn với lá khô

compound 1 *n.* khuôn viên, khu đất rào, hợp chất 2 *n.* từ ghép, từ phức hợp 3 *adj.* (từ ghép), (câu) kép, phức hợp, đa hợp, (lãi) chồng

comprehend *v.* hiểu, lĩnh hội, lý giải, bao gồm

compress 1 *n.* gạc 2 *v.* ép, nén, đè, cô lại

comprise *v.* gồm có, bao gồm

compromise 1 *n.* sự thoả hiệp (sau khi mỗi bên nhượng bộ một chút) 2 *v.* dàn xếp, thoả hiệp, làm lại

compulsory *adj.* bắt buộc, cưỡng bách

computation *n.* sự tính toán/ước tính

compute *v.* tính toán, ước tính

computer *n.* máy vi tính, máy điện toán

comrade *n.* đồng chí, bạn

con 1 *n.* (lý do) chống lại: **the pros and ~s** lý lẽ nên chăng/khả phủ 2 *v.* nghiên cứu, nghiền ngẫm 3 *v.* lừa gạt, lừa bịp

concave *adj.* lõm, hình lòng chảo

conceal *v.* giấu giếm, che đậy

concede *v.* nhận, thừa nhận, nhường cho, chịu thua

conceit *n.* tính tự phụ, tính tự cao tự đại

conceive *v.* nghĩ, hiểu, quan niệm được, nhận thức, tưởng tượng, thụ thai, có mang

concentrate *v.* tập trung

concept *n.* khái niệm, ý niệm, quan niệm

concern 1 *n.* việc/chuyện phải lo, sự lo ngại, sự quan tâm, cổ phần, lợi lộc, hãng buôn, xí nghiệp 2 *v.* liên quan, dính líu tới, lo âu, quan tâm

concert *n.* buổi hoà nhạc, buổi trình diễn ca nhạc, sự phối hợp

concession 1 *n.* sự nhượng, sự nhượng bộ, tô giới 2 *n.* sự giảm/bớt tiền (cho người già hay hưởng trợ cấp xã hội)

concise *adj.* ngắn gọn, súc tích, giản yếu/minh

conclude *v.* kết luận, ký kết (hiệp ước), bế mạc, chấm dứt, kết thúc

concoct *v.* pha, chế, chế biến, bịa đặt, hư cấu

concord *n.* sự hoà thuận, hoà âm, sự hợp

concrete 1 *n.* bê tông, vật cụ thể 2 *adj.* cụ thể 3 *v.* rải/đổ/đúc bê tông

concur *v.* đồng ý, nhất trí, tán thành, xảy ra cùng một lúc, trùng nhau, hợp lại, hùa vào

concussion *n.* sự chấn động, sự choáng váng

condemn *v.* lên án, chỉ trích, kết án, kết tội, xử, cấm không được sử dụng.

condense *v.* (làm) ngưng tụ, (làm) cô đọng, viết/nói cho gọn lại: **~d milk** sữa đặc

condescend *v.* hạ mình, hạ cố, chiếu cố

condition *n.* điều kiện, tình trạng, hoàn cảnh, tình cảnh, tình thế, địa vị, thân phận

condolence *n.* lời chia buồn, lời phân ưu

condone *v.* bỏ qua, tha, tha thứ, khoan thứ

conduct 1 *n.* hạnh kiểm, tư cách, sự điều khiển, sự quản lý 2 *v.* chỉ đạo, hướng dẫn, chỉ huy, điều khiển, quản lý

conductor 1 *n.* nhạc trưởng, người chỉ huy, người điều khiển/hướng dẫn 2 *n.* người bán vé (xe điện, xe buýt), người phục vụ hành khách trên xe lửa 3 *n.* dây dẫn điện, chất dẫn (điện/nhiệt)

cone *n.* hình nón, vật hình nón, quả cây thông, nón thông

confectionery *n.* (cửa hàng) mứt kẹo, (tiệm) mứt

confederate *n.* nước liên minh, người đồng mưu

confer *v.* ban, phong, cấp, tặng, bàn bạc, hội ý, tham khảo, hỏi ý kiến

confess *v.* thú tội, thú nhận, xưng tội

confide *v.* giãi bày tâm sự, giao phó, tin cậy ở

confidence *n.* sự tin, sự tin cậy/tin tưởng, sự tin chắc, chuyện riêng, chuyện tâm sự/bí mật: **to speak with ~** nói quả quyết

confidential *adj.* kín, bí mật, mật, thân tín.

confine *v.* nhốt, giam hãm, giam cầm, hạn chế

confirm *v.* xác nhận, phê chuẩn, chuẩn y (hiệp ước, việc bổ nhiệm)

confiscate *v.* tịch thu, sung công, trưng dụng

conflict *n., v.* (cuộc) xung đột, (sự) mâu thuẫn

conform v. tuân theo, tuân thủ, làm cho phù hợp

confound v. làm bối rối/ngạc nhiên, làm xáo trộn/đảo lộn, làm hỏng, làm thất bại/tiêu tan, lầm lẫn

confront v. đối diện, chạm trán, đương đầu, đối chất, đối chiếu

Confucianism n. đạo Khổng, Khổng giáo, Nho giáo

confuse v. làm lộn xộn/lung tung, làm rối rắm, lẫn lộn, nhầm lẫn

congenital adj. bẩm sinh

congestion n. sự tắc nghẽn, sự sung huyết

congratulate v. mừng, chúc mừng, khen ngợi

congregate v. tụ họp, hội họp, thu góp, thu thập

congress n. hội nghị, đại hội, quốc hội

conical adj. hình nón

conjecture n., v. (sự) phỏng đoán/ước đoán

conjugate v. chia [động từ], kết hợp

conjunction n. liên từ, từ nối, sự liên kết/kết hợp

connect v. (nối) nhau, nối lại, chắp nối, liên hệ, làm cho mạch lạc

connive v. thông đồng, đồng lõa, nhắm mắt làm ngơ, bao che ngầm

connote v. bao hàm, ngụ (ý là)

conquer v. chinh phục, đoạt, xâm chiếm, chiến thắng, chế ngự, khắc phục [thói xấu, sự sợ hãi]

conquest n. sự chinh phục/xâm chiếm, đất đai xâm chiếm được, người bị chinh phục

conscience n. lương tâm

conscious adj. biết/thấy rõ, có ý thức, tỉnh táo, tỉnh/hồi lại

conscript n. người đến tuổi đi lính

consecutive adj. liền, tiếp liền, liên tiếp

consensus n. sự đồng tâm nhất trí

consent 1 n. sự ưng thuận/đồng ý 2 v. chịu, ưng, ưng thuận, bằng lòng, đồng ý, thoả thuận, tán thành

consequence n. kết quả, hậu quả, tầm quan trọng

conservative adj. bảo thủ, thủ cựu, dè dặt

conserve v. giữ gìn, duy trì, bảo tồn, bảo toàn

consider v. xem coi như, coi là: suy xét, cứu xét, cân nhắc, xem xét, để ý đến, quan tâm đến

consignment n. sự gửi (bán), hàng gửi bán, bỏ mối

consist v. gồm có (~ **of**), cốt ở chỗ, cốt tại (~ **in**)

consistent adj. niềm/điều an ủi

consolation n. an ủi, giải khuây, khuyên giải: ~ **prize** giải an ủi

console v. an ủi, giải khuây

consolidate v. làm chắc, củng cố, tăng cường, hợp nhất, thống nhất

consort 1 n. chồng, vợ (của vua chúa) 2 v. đi lại, giao thiệp/du

conspicuous adj. rõ ràng, dễ thấy, đập ngay vào mắt, lồ lộ, lộ liễu quá, đáng chú ý

conspire v. âm mưu, mưu hại, chung sức, hiệp lực

constable n. cảnh sát, công an, sen đầm

constant adj. không thay đổi, bất biến, bền lòng, kiên trì, liên miên, không dứt

constipation n. chứng táo bón

constitute v. cấu tạo, hợp thành, thiết/thành lập

constitution n. hiến pháp, chương trình, đảng chương, thể trạng/chất/cách, tính tình, tính khí, sự thiết lập

construct v. làm, xây dựng, kiến thiết, đặt (câu), dựng (vở kịch), vẽ (hình), làm (bài văn)

consult v. hỏi ý kiến (nhà chuyên môn), tra cứu (từ điển), tham khảo

consume v. dùng, tiêu dùng, tiêu thụ

consumer n. người tiêu dùng, người tiêu thụ: ~ **goods** hàng tiêu thụ/tiêu dùng

consummate 1 adj. tài, giỏi, tột bực, tuyệt vời 2 v. làm trọn, hoàn thành

contact 1 n. sự đụng chạm, sự tiếp xúc, sự gặp gỡ/giao dịch/ giao thiệp 2 v. liên lạc/tiếp xúc với

contagious adj. (hay) lây, truyền nhiễm

contain v. đựng, chứa, chứa đựng, gồm có, bao gồm, bao hàm, nén lại, dằn lại

container n. cái đựng, hộp/thùng đựng, bình chứa, thùng lớn đựng hàng, công-ten-nơ

contaminate v. làm bẩn, làm ô uế, làm nhiễm bệnh, làm hư hỏng [vì ảnh hưởng xấu]

contemplate v. ngắm, thưởng ngoạn [cảnh đẹp], dự tính, dự

định, nghĩ/tính đến, trầm ngâm

contemporary adj. cùng thời, cùng tuổi, đương thời, hiện đại

contempt n. sự coi thường, sự khinh bỉ, sự xúc phạm

contend v. tranh giành, đấu tranh, vật lộn [với **with**], tranh cãi, dám chắc [rằng **that** ...]

content n. sức chứa/đựng, dung tích/lượng, thể tích, diện tích, lượng, phân lượng

content 1 n. sự hài lòng, sự vừa ý 2 adj. bằng/hài lòng, vừa ý/ lòng, toại/mãn nguyện, thỏa mãn 3 v. làm bằng/vừa/đẹp/ vui lòng

contest 1 n. cuộc chiến đấu/ tranh đấu, cuộc thi, cuộc đấu 2 v. tranh, tranh giành, tranh đoạt, tranh cãi, tranh luận, phủ nhận [quyền của ai], vặn hỏi, nghi ngờ

context n. ngữ cảnh, văn cảnh, văn diện, phạm vi

contiguous adj. kề nhau, giáp bên (nhau)

continent n. lục địa, đại lục, đất liền: **the Asian** ~ lục địa Á châu

contingency n. sự bất ngờ, việc bất trắc

contingent 1 n. đạo quân, nhóm nhỏ 2 adj. bất ngờ

continue v. tiếp tục, tiếp diễn, làm tiếp, nói tiếp, đi tiếp

continuous adj. liên tục, liên tiếp, không ngừng, không dứt

contort v. vặn, xoắn, vặn vẹo, làm méo mó

contour n. đường quanh, đường nét uốn lượn

contraceptive 1 n. thuốc tránh

thụ thai, dụng cụ ngừa thai
2 *adj.* để tránh thụ thai

contract 1 *n.* giao kèo, hợp đồng, khế ước 2 *v.* co lại, rút lại, thu nhỏ lại, rút gọn, viết tắt, nói tắt, mắc [nợ, bệnh], nhiễm, tiêm nhiễm, giao ước, đính ước, ký giao kèo, thầu

contradictory *adj.* trái ngược/ mâu thuẫn

contrary 1 *n.* điều ngược lại 2 *adj.* ngược, nghịch, trái

contrast 1 *n.* sự tương phản 2 *v.* đối chiếu, trái ngược [với **with**], tương phản nhau

contravene *v.* mâu thuẫn với, trái ngược với; vi phạm

contribute *v.* đóng góp [tiền, công sức, ý kiến], góp phần, viết bài cho tạp chí

contrite *adj.* ăn năn, hối hận, hối lỗi

contrive *v.* bày đặt, sắp đặt, trù tính, trù liệu, xoay xở, lo liệu, nghĩ ra, sáng chế ra

control 1 *n.* sự kiểm soát/kiểm tra, sự kiềm chế, sự nén xuống 2 *n.* sự điều khiển, sự lái, sự chỉ huy, quyền kiểm soát/chỉ huy, quyền lực, quyền hành: **out of one's ~** không kiểm soát được 3 *v.* kiểm soát, kiểm tra, thử lại, kiềm chế, nén lại, kìm lại, làm chủ, điều khiển, chỉ huy, điều chỉnh

controversy *n.* cuộc tranh luận, cuộc luận chiến/bút chiến

convalescence *n.* thời kỳ dưỡng bệnh

convene *v.* họp, triệu tập, hội họp

convenient *adj.* tiện lợi, thuận tiện, thuận lợi, thích hợp, tiện dụng, tiện

convent *n.* nhà tu kín, nữ tu viện

convention 1 *n.* quy ước, sự thỏa thuận, lệ thường, tục lệ 2 *n.* hội nghị, đại hội, hiệp định, hiệp ước

converge *v.* hội tụ, cùng đổ về, cùng dồn về

converse *v.* nói chuyện, chuyện trò

convert 1 *n.* người cải đạo, người thay đổi tín ngưỡng/chính kiến 2 *v.* đổi, biến, biến đổi, làm cho ai đổi tôn giáo

convertible 1 *n.* ô tô mui trần 2 *adj.* có thể hoán cải, có thể đổi thành vàng, [xe hơi] có thể bỏ mui xuống

convex *adj.* lồi

convey *v.* chở, chuyên chở, mang, vận chuyển [hàng điện, v.v.], chuyển, truyền đạt, bày tỏ

convict 1 *n.* người tù, tù khổ sai 2 *v.* kết án/tội

convince *v.* làm cho tin chắc, thuyết phục

convoy *n.* đoàn hộ tống/hộ vệ, đoàn được hộ tống

convulse *v.* làm co giật, làm rối loạn/rung chuyển

cook 1 *n.* người làm bếp, ông/ anh/bà/chị bếp, người phụ trách nấu ăn 2 *v.* nấu, nấu chín, thổi [cơm], nấp bếp/ăn, [thức ăn] nấu nhừ, chín

cool 1 *n.* sự bình tĩnh, sự không nóng nảy 2 *adj.* mát, mát mẻ, [thức ăn] nguội, trở nên mát, nguội đi, làm nguội/giảm, nguội đi 3 *v.* làm nguội đi;

bình tĩnh: **to ~ down** nguôi đi, bình tĩnh lại

coop *n.* lồng/bu gà, chuồng gà

cooperate *v.* hợp tác, cộng tác, chung sức

cooperative *n.* hợp tác xã

coordinate 1 *n.* tọa độ 2 *v.* phối hợp, phối trí, sắp xếp

cop *n.* cảnh sát, mật thám, đội xếp, cớm

cope *v.* đối phó, đương đầu [với **with**]

copper *n.* đồng đỏ, đồng xu đồng

copy 1 *n.* bản chép lại, bản sao, phó bản, bản (in), cuốn sách, số báo: **xerox ~** bản phóng ảnh 2 *v.* sao/chép lại, bắt chước, phỏng theo, mô phỏng, cóp bài

copyright *n.* bản quyền, quyền tác giả

coral *n.* san hô

cord 1 *n.* dây thừng nhỏ, dây, vải: **vocal ~s** dây thanh quản, thanh huyền/đới 2 *v.* buộc/ chằng bằng dây

cordial *adj.* thân mật, thân ái, chân thành

core *n.* lõi, ruột, hột, nhân, điểm trung tâm, nòng cốt, hạt nhân: **apple ~** lõi quả táo

cork *n.* bần, nút bần, phao bần

corn 1 *n.* ngô, bắp (= **maize**), lúa mì, lúa mạch, (hạt) ngũ cốc 2 *v.* nuôi bằng ngô, muối: **~ed beef** thịt bò muối

corner 1 *n.* góc tường/nhà/phố, số sinh, nơi kín đáo, nơi, phương 2 *v.* dồn vào thế bí, lũng đoạn

coronation *n.* lễ gia miện/đăng quang, lễ lên ngôi

coroner *n.* nhân viên điều tra

khám nghiệm tử thi

corporal *adj.* thuộc thân thể/thể xác: **~ punishment** hình phạt hành xác

corporate *adj.* thuộc đoàn thể, hợp thành đoàn thể: **~ membership** hội viên tương trợ

corps *n.* quân đoàn, đoàn

corpse *n.* xác chết, thi hài, thi thể

correct 1 *adj.* đúng, chính xác, đúng đắn, được, hợp, đàng hoàng 2 *v.* sửa, chữa, sửa chữa, sửa đúng, sửa trị

correlate 1 *n.* yếu tố tương liên 2 *v.* có tương quan với nhau

correspond *v.* trao đổi thư từ, phù hợp, xứng, hợp, tương ứng, tương đương

corridor *n.* hành lang, đường hành lang

corroborate *v.* làm chứng, chứng thực

corrode *v.* gặm mòn, mòn dần

corrugated *adj.* gấp nếp, làm nhăn: **~-iron** tôn

corrupt 1 *adj.* bị đút lót/mua chuộc, tham nhũng, mục nát, thối nát, đồi bại, bị sửa đổi sai hẳn: **a ~ government** một chính phủ thối nát 2 *v.* đút lót/mua chuộc, hối lộ, (làm) hư hỏng, (làm) thối nát, (làm) đồi bại, sửa đổi làm sai đi

cosmetic 1 *n.* phấn sáp, thuốc mỹ dung/hoá trang 2 *adj.* làm cho đẹp người, [giải phẫu] thẩm mỹ, để trang hoàng bên ngoài thôi: **~ surgery** giải phẫu thẩm mỹ

cosmos *n.* vũ trụ

cost 1 *n.* giá (tiền). phí tổn, chi

costume

phí: **~ of living** giá sinh hoạt
2 v. trị giá, phải trả, đòi hỏi,
làm mất

costume n. quần áo, y phục

cot n. ghế bố, giường gập,
giường nhỏ

cottage n. nhà tranh nhà lá, nhà
nhỏ

cotton n. bông, cây bông, chỉ,
sợi, vải bông

couch n. trường kỷ, đi văng

cough **1** n. tiếng/sự ho, chứng/
bệnh ho **2** v. ho: **to ~ up blood**
ho ra máu

could quá khứ của **can**: **He ~ eat
yesterday.** Hôm qua anh ấy ăn
được.

council n. hội đồng: **city ~** hội
đồng thành phố; **Security ~ of
the U.N.** Hội đồng Bảo an LHQ

councilor, councillor n. nghị/hội
viên hội đồng thành phố

counsel **1** n. lời khuyên, luật sư
2 v. khuyên răn, khuyên bảo,
chỉ bảo

count **1** n. việc đếm/tính, tổng số
đếm được: **to lose ~** không nhớ
đã đếm được bao nhiêu **2** v.
đếm, tính, kể cả, coi là

countenance **1** n. vẻ mặt, sắc
mặt, vẻ nghiêm trang, vẻ bình
tĩnh **2** v. ưng thuận, tán thành

counter n. quầy hàng, ghi sê,
bàn tính, máy tính

counterfeit **1** n. (vật) giả mạo:
~ money tiền giả, bạc giả **2** v.
làm giả, giả mạo

counterpart n. người giống hệt,
người tương ứng, người giữ
chức vụ tương đương ở phía kia

country n. nước, quốc gia, quê

hương, xứ sở, đất nước, tổ quốc,
vùng, miền, địa hạt, lĩnh vực

county n. quận, hạt, vùng, miền

coup n. việc làm táo bạo đột nhiên

couple **1** n. đôi, cặp nam nữ, cặp
vợ chồng: **married ~** đôi vợ
chồng; **a ~ of days** hai ba ngày
2 v. buộc/ghép thành cặp, nối/
ghép lại, cho cưới, cho lấy
nhau, cưới/lấy nhau, [loài vật]
giao cấu

coupon n. vé, cuống vé, phiếu,
phiếu mua giá rẻ

courage n. sự can đảm/dũngcảm,
lòng can đảm, dũng khí

courier n., v. người đưa thư,
người đưa tin tức

course **1** n. tiến trình, quá trình
diễn biến: **in the ~ of** trong
quá trình, trong khi **2** n. dòng
[sông], hướng, chiều hướng,
đường đi, lộ tuyến **3** n. lớp,
cua, giảng khoa, đợt, loạt, con
đường, đường lối: **refresher ~**
lớp bồi dưỡng/tu nghiệp **4** n.
trường đua ngựa, sân gon **5** n.
món ăn [trong bữa tiệc]: **a
matter of ~** một vấn đề dĩ nhiên

court **1** n. sân (quần vợt) **2** n. toà
án: **~ of Justice, Supreme ~** toà
án tối cao, tối cao pháp viện
3 n. cung điện nhà vua, triều
đình, buổi chầu, triều yết **4** n.
sự tán tỉnh/ve văn/cầu ái **5** v.
tán tỉnh, ve văn, cầu ái, cầu
hôn, cua

courtesy n. sự ưu đãi, sự cho
phép; sự lịch sự/nhã nhặn/lễ
phép: **~ call** gọi nhờ

cousin n. anh/em họ, anh/em
con chú con bác, anh/em con

cô con cậu, anh/em con dì, đường huynh đệ

cove *n.* vũng, vịnh nhỏ

cover 1 *n.* vỏ, cái bọc ngoài, bìa sách, vung, nắp, chỗ núp, chỗ trốn, lốt, mặt nạ: **to take ~** ẩn núp 2 *v.* che, đậy, bao phủ, bao trùm, bao bọc, mặc quần áo, đội mũ, che giấu, che đậy, yểm hộ, khống chế

coverage *n.* phạm vi quan sát/ tường thuật (của nhà báo), phạm vi bảo hiểm

covert *adj.* ngầm, che đậy, vụng trộm, giấu giếm

covet *v.* thèm muốn, thèm thuồng

cow 1 *n.* bò cái, bò sữa 2 *n.* voi cái

coward *n., adj.* (người) nhút nhát/hèn nhát

coy *adj.* rụt rè, e lệ, làm điệu e thẹn

cozy, cosy 1 *n.* ấm cúng, thân mật 2 *adj.* ấm cúng, thoải má

CPU *abbr.* (= **Central Processing Unit**) đơn vị điều hành toàn hệ thống máy vi tính

crab 1 *n.* con cua 2 *n.* quả táo dại

crack 1 *n.* vết nứt/rạn/nẻ, tiếng kêu đen đét/răng rắc 2 *v.* quất [roi] đen đét, làm nứt/rạn, kẹp vỡ [quả hạch **nut**], đập vỡ [quả trứng], mở trộm [tủ két **safe**], kêu đen đét/răng rắc, nổ giòn, rạn nứt, [tiếng] vỡ 3 *adj.* cừ, xuất sắc

crackle *n., v.* (tiếng) kêu tanh tách/răng rắc/lốp bốp

cradle 1 *n.* cái nôi, nguồn gốc, nơi phát tích 2 *v.* nâng niu bế [em bé]

craft *n.* nghề (thủ công), mưu mẹo, mánh khóe/lới, tàu

cram *v.* [**crammed**] nhồi, nhét, tọng, tống, học gạo/rút

cramp *n.* chứng chuột rút

crane *n.* con sếu, cần trục

crank *v.* quay [máy] bằng maniven

crash 1 *n.* tiếng nổ, tiếng đổ sầm, tiếng đổ vỡ loảng xoảng, vụ đâm ô tô, vụ đổ/rớt máy bay, sự phá sản 2 *v.* phá tan/ vụn, lẻn, chuồn (không có vé, không được mời), rơi vỡ loảng xoảng, đổ ầm xuống, đâm sầm vào/xuống, phá sản

crate *n.* thùng thưa, sọt, xe hơi cũ, máy bay cũ

crave *v.* thèm muốn, khao khát, ao ước, van nài, cầu xin

crawl 1 *n.* sự bò/trườn, kiểu bơi trườn/crôn 2 *v.* bò, trườn, lê bước/chân, bò lê, luồn cúi, quỵ lụy, sởn gai ốc

crayon *n.* bút chì màu, than/ phấn vẽ

craze *n.* sự say mê, mốt

creak *n.* tiếng cót két/cọt kẹt/ kèo kẹt

cream *n.* kem [làm từ sữa, cà lem, bôi mặt, cạo râu], tinh hoa

crease *n.* nếp gấp [ở quần], nếp nhăn

create *v.* tạo ra/nên/thành, sáng tạo, gây ra/nên

creator *n.* người sáng tạo/vẽ kiểu

creature *n.* sinh vật, loài vật, người, kẻ

credentials *n.* giấy uỷ nhiệm, uỷ nhiệm thư, quốc thư, giấy chứng minh tư cách/năng lực, bằng cấp

credible *adj.* đáng tin, tin được

credit 1 *n.* sự/lòng tin, danh tiếng, danh vọng, uy tín, nguồn vẻ vang, công trạng **2** *n.* sự cho nợ/chịu, tín dụng: **to buy on ~** mua chịu **3** *v.* tin, công nhận công trạng/công lao, ghi vào ở cột người ta nợ mình

creditor *n.* người cho vay, người chủ nợ

creed *n.* tín điều, tín ngưỡng

creek *n.* sông con, nhánh sông, lạch, vũng

creel *n.* giỏ đựng cá, giỏ câu

creep *v.* [**crept**] bò, trườn, đi rón rén, lẻn, [cây leo **vine**], bò, leo, sởn gai ốc, luồn cúi

cremate *v.* thiêu [xác], hoả táng

crepe *n.* hàng nhiễu/kếp; loại bánh bột mì mỏng

crescent *n.* trăng lưỡi liềm, hình lưỡi liềm

crest *n.* mào [gà], bờm [ngựa], chòm lông [ở mũ sắt], ngọn, đỉnh chỏm

crevice *n.* đường nứt, kẽ hở

crew *n.* toàn bộ thuỷ thủ, toàn bộ đoàn phi hành, đội, nhóm, ban

crib *n.* giường cũi (trẻ con), máng ăn, lều nhỏ để chứa ngô, sự ăn cắp văn, sự đạo văn

crime *n.* tội ác [**to commit** phạm], tội lỗi: **to commit a ~** phạm tội ác

criminal 1 *n.* kẻ phạm tội ác, tội phạm **2** *adj.* có tội, phạm tội, tội ác: **~ law** luật hình, hình luật

crimson *n., adj.* (màu) đỏ thẫm/thắm

cringe *v.* núp xuống, co rúm lại, khúm núm

cripple 1 *n.* người què, người tàn tật **2** *v.* làm què, làm tàn phế, làm hỏng, làm tê liệt [cố gắng]

crisis *n.* (*pl.* **crises**) cuộc khủng hoảng, cơn bệnh: **energy ~** khủng hoảng năng lượng

crisp *adj.* giòn, nhanh nhẹn, hoạt bát, [không khí] mát lành

criterion *n.* (*pl.* **criteria**) tiêu chuẩn

critic *n.* nhà phê bình, người chỉ trích

criticize *v.* phê bình, phê phán, chỉ trích

crockery *n.* bát đĩa bằng sành

crocodile *n.* cá sấu

crop 1 *n.* vụ, mùa, thu hoạch của một vụ, cây trồng: **rice ~** vụ lúa **2** *n.* sự cắt tóc ngắn: **to have a close ~** cắt tóc ngắn

cross 1 *n.* dấu chữ X **2** *n.* cây thánh giá, đài thập ác, dấu chữ + [ra dấu bằng tay phải], dấu/ hình chữ thập, thập tự, dấu gạch ngang ở chữ cái [như đ, t], bội tinh, vật lai giống: **the Red ~** Hội chữ thập đỏ, Hội hồng thập tự **3** *v.* qua [đường, sông, cầu], vượt qua, đi ngang qua, gạch ngang, gạch chéo, xoá, đặt/xếp chéo nhau, vượt qua, đi qua, gặp nhau, giao nhau, chéo nhau; **to ~ out** xoá đi

crossing *n.* sự vượt qua, ngã tư, lối đi bộ qua đường

crouch *n., v.* (sự) thu mình lấy đà, (sự) né/cúi

crow *n.* con quạ, xà beng, đòn bẩy

crow 1 *n.* tiếng gà gáy **2** *v.* [gà] gáy, khoe, tự đắc

crowd 1 *n.* đám đông, đống, vô số, bọn, lũ, tụi: ~ **puller** người luôn hấp dẫn khán giả 2 *v.* xúm lại, bu lại, tụ tập, đổ xô đến, chen chúc, làm chật ních, nhét đầy, nhồi nhét

crowdfunding *n.* trợ cấp lớn

crown 1 *n.* mũ miện, mũ vua, ngôi vua, vòng hoa lá đội đầu, đỉnh, ngọn, chóp, thân răng: **Crown Prince** Thái tử 2 *v.* đội mũ miện cho, tôn lên làm vua, bao quanh ở đỉnh, ban thưởng, tặng thưởng, bịt [răng]

crude *adj.* thô, sống, nguyên, thô lỗ, thô bỉ, lỗ mãng, thô bạo, [phương pháp] thô thiển

cruel *adj.* độc ác, hung ác, tàn ác, tàn bạo, tàn nhẫn, phũ phàng, hiểm nghèo, tàn khốc

cruise *n.* cuộc đi chơi/du lịch bằng tàu trên biển/sông

crumble *v.* vỡ vụn, đổ nát, [cơ sở] sụp đổ

crunch 1 *n.* tiếng nhai gặm, tiếng răng rắc/dòn 2 *v.* gặm, nhai, (nghiền) kêu răng rắc, (làm) kêu lạo xạo

crush 1 *n.* sự ép/vắt, sự nghiền nát, sự đè bẹp, sự vò nhàu/nát, đám đông chen lấn 2 *v.* ép, vắt, nghiền nát, đè bẹp, vò nhàu/nát, dẹp tan, nhét/tống/ấn vào, chen chúc xô đẩy

crust *n.* cùi/vỏ bánh, vỏ cứng, vảy cứng

crutch *n.* cái nạng, vật chống/đỡ, cái chống

crux *n.* điểm then chốt, cái nút

cry 1 *n.* tiếng kêu, tiếng hò reo, sự/tiếng khóc lóc 2 *v.* kêu, la,

reo hò, rao, khóc, khóc lóc, kêu khóc

cryptic *adj.* bí mật, khó hiểu

crystal *n.* tinh thể, pha lê, mặt kính đồng hồ

cub *n.* hổ con, sư tử con, gấu con, sói con, v.v.

cube 1 *n.* hình lập phương, hình khối, luỹ thừa ba 2 *v.* lên tam thừa, thái hạt lựu

cubic *adj.* có hình khối, [phương trình] bậc ba: ~ **meter** mét khối

cubicle *n.* gian phòng nhỏ

cuckoo *n.* chim cu cu

cuddle *v.* ôm ấp, nâng niu, cuộn mình, thu mình

cuff 1 *n.* cổ tay [áo sơ mi], gấu lơ vê [quần] 2 *n.* cái tát, cái bạt tai 3 *v.* tát, bạt tai

cuisine *n.* cách nấu nướng; thức ăn

cull 1 *n.* việc giết nhiều gia súc lựa chọn 2 *v.* giết nhiều gia súc để khỏi bi lây bệnh

culprit *n.* kẻ có tội, thủ phạm, bị cáo

cult 1 *n.* sự sùng bái/tôn thờ, giáo phái, sự thờ cúng, sự cúng bái 2 *adj.* rất phổ thông đối với một nhóm người: ~ **figure** đặc điểm phổ quát

cultivate *v.* trồng trọt, cày cấy, mở mang, trau dồi, tu dưỡng, nuôi dưỡng [tình cảm người nào]

cultivation *n.* sự trồng trọt/cày cấy/canh tác, sự dạy dỗ/giáo dưỡng/giáo hoá, sự tu dưỡng

culture 1 *n.* văn hoá 2 *n.* việc trồng trọt, việc nuôi, nghề nuôi [ong, tằm, cá, v.v.]

cumulative *adj.* dồn lại, tích luỹ

cunning *n., adj.* (sự) xảo trá, xảo quyệt, láu cá

cup *n.* chén, tách, cúp, giải, ống giác: **a ~ of coffee** một tách cà phê; **the Davis Cup** giải Đa vít (quần vợt); **the World Cup** giải bóng đá thế giới

cupboard *n.* tủ (có ngăn), tủ đựng ly tách

curator *n.* quản thủ [bảo tàng]

curb 1 *n.* lề đường, thành giếng, dây cằm (ngựa) 2 *n.* sự kìm lại, sự kiềm chế/hạn chế 3 *v.* kiềm chế

cure 1 *n.* (phương) thuốc, cách điều trị 2 *v.* chữa

curfew *n.* lệnh giới nghiêm

curious *adj.* tò mò, hiếu kỳ, thọc mạch, ham biết, lạ lùng, kỳ dị, cổ quái, li kỳ

curl 1 *n.* món tóc quăn, sự quăn, làn (khói), cuộn 2 *v.* (uốn) quăn, (làm) xoắn, cuộn lại

currency *n.* tiền, tiền tệ, sự lưu hành/phổ biến: **foreign ~** ngoại tệ; **to gain ~** trở nên phổ biến

current 1 *n.* dòng (nước), luồng (gió, không khí), dòng điện, chiều, hướng, khuynh hướng 2 *adj.* hiện thời, hiện nay, hiện hành, đang lưu hành, thịnh hành, phổ biến: **~ affairs** thời sự

curriculum *n.* chương trình học

curry *n.* (bột) cà ri

curse 1 *n.* lời nguyền rủa/chửi rủa, tai hoạ, hoạ căn 2 *v.* chửi rủa, nguyền rủa, làm đau đớn, giáng họ

curt *adj.* cụt ngủn, cộc lốc

curtail *v.* cắt bớt, rút ngắn, tước bớt, tước mất

curtain *n.* màn cửa, màn (trên sân khấu)

curve 1 *n.* đường cong, đường vòng 2 *v.* (uốn) cong

cushion 1 *n.* cái đệm, cái nệm/ gối 2 *v.* kê/lót đệm

custody *n.* sự trông nom, sự canh giữ, sự bắt giam

custom *n.* tục lệ, phong tục, tập tục

customer *n.* khách hàng, thực khách, thân chủ

customs *n.* thuế quan, quan thuế, hải quan: **~ duties** thuế đoan

cut 1 *n.* sự cắt, việc thái/chặt/ đốn, vết cắt/đứt, vật cắt, đoạn cắt, miếng (thịt), sự cắt giảm, kiểu cắt/may (áo quần), sự phớt lờ, đường tắt 2 *v.* [cut] cắt, thái, chặt, xén, xẻo, hớt, xẻ, chém, đào, khắc, cắt bớt, giảm, hạ, đi tắt: **to ~ down** đẵn, đốn, chặt, cắt bớt, giảm bớt; **to ~ off/out/up** cắt đứt, chặt phăng, chặt/thái nhỏ; **to ~ short** cắt gọn, cắt ngắn, rút ngắn

cute *adj.* xinh, xinh xắn, đáng yêu, dí dỏm

cutlery *n.* dao kéo nói chung

cuttlefish *n.* con (cá) mực

cybercafé *n.* (*also* Internet café) quán cà-phê có cho thuê internet

cyberspace *n.* khoảng không chứa các hình ảnh trử liệu gởi đi giữa các máy vi tính

cycle *n.* chu kỳ, chu trình, vòng, xe đạp

cyclone *n.* gió cuộn mạnh, khí xoáy mạnh

cylinder *n.* trụ, hình trụ, xylanh

D

d, D *n.* chữ số La mã có nghĩa là 500

dab 1 *n.* cái đánh/vỗ/xoa nhẹ; sự chấm nhẹ; miếng **2** *v.* đánh/ vỗ/ xoa/chấm nhẹ: **to ~ with one's finger** gõ nhẹ bằng ngón tay

dad, daddy *n.* bố, cha, thầy, ba

dagger *n.* dao găm

dainty 1 *n.* miếng ngon **2** *adj.* [món ăn] ngon, chọn lọc; khảnh ăn, thanh cảnh; xinh xắn, thanh nhã

dairy *n.* bơ sữa: **~ cattle** bò sữa

dam 1 *n.* đập nước: **a hydro-electric ~** đập thủy điện **2** *v.* ngăn bằng đập; kiềm chế

damage 1 *n.* sự thiệt hại; tiền bồi **2** *v.* làm hỏng, làm hại, làm tổn thương [danh dự . . .]: **to ~ someone's reputation** làm thương tổn đến danh tiếng người khác

damned 1 *adj.* bị đầy đọa; đáng ghét, đáng rủa; ghê tởm, kinh khủng **2** *adv.* quá lắm, quá xá

damp *n., adj., v.* (sự) ẩm thấp, ẩm ướt: **to ~ down one's sorrow** làm giảm bớt cơn buồn phiền của ai

dance 1 *n.* điệu nhảy, sự khiêu vũ; tiệc nhảy, dạ vũ, liên hoan có khiêu vũ: **~ hall** phòng nhảy, vũ sảnh; **~ floor** sàn nhảy **2** *v.* nhảy múa, khiêu vũ; nhảy lên

dandruff *n.* gàu

danger *n.* sự/mối nguy hiểm; nguy cơ, mối đe dọa

dangle *v.* lủng lẳng, đu đưa, lúc lắc; nhử

dappled *adj.* chấm lốm đốm: **~ deer** hươu sao

dare *v.* dám; thách: **How ~ you?** Sao mày dám làm thế?

dark 1 *n.* bóng/chỗ tối; lúc tối trời: **before ~** trước lúc tối trời **2** *adj.* tối, tối tăm; u ám: **~ color** màu sẫm

dart 1 *n.* phi tiêu, mũi tên, cái lao: **~s** trò ném phi tiêu **2** *v.* ném, phóng; lao mình vào/tới

dash 1 *n.* cái gạch ngang dài; sự lao/xông tới **2** *v.* va mạnh, đụng mạnh; lao/xông tới; làm tiêu tan

data *n.* dữ kiện, số liệu, cứ liệu, tài liệu: **~bank** kho trữ liệu

date 1 *n.* quả chà là **2** *n.* ngày tháng; kỳ hạn; sự hẹn gặp; người đi chơi với mình: **~ of birth, birth~** ngày sinh **3** *v.* đề ngày tháng; xác định thời đại; hẹn đi chơi với [bạn]; có tư

daub *v.* trát/phết lên; vẽ bôi bác

daughter *n.* con gái, ái nữ

dawdle *v.* la cà, lãng phí thời gian

dawn 1 *n.* bình minh, lúc tảng sáng, lúc rạng đông: **at ~** lúc rạng đông **2** *v.* ló rạng, hé rạng; hiện/lóe ra trong trí

day *n.* ngày: **twice a ~** mỗi ngày hai lần; **~ and night** suốt ngày đêm; **all ~ long** suốt ngày

daycare *n.* nơi điều trị trong ngày cho bệnh nhân

daylight *n.* ánh sáng ban ngày: **in broad ~** giữa ban ngày ban mặt, lúc thanh thiên bạch nhật; **~ robbery** cướp ban ngày; **~ saving** đổi giờ mùa hè

439

ENGLISH–VIETNAMESE

daze

daze *n., v.* (sự) choáng váng/ bàng hoàng

dazzle 1 *n.* sự chói mắt 2 *v.* làm chói/hoa/lóa mắt

dead 1 *adj.* chết; tắt ngấm; tê cóng; [tiếng] đục: ~ **language** tử ngữ; ~ **silence** sự im phăng phắc 2 *n.* xác chết; người chết: **in the ~ of night** lúc đêm hôm khuya khoắt 3 *adv.* ~ **drunk** say bí tỉ; ~ **tired** mệt rã rời, mệt đứt hơi, mệt lả

deadline *n.* hạng cuối cùng, hạn chót

deadlock *n.* chỗ/sự bế tắc: **to come to a ~** đi đến chỗ bế tắc

deaf *adj.* điếc: ~ **and dumb** điếc và câm; **to fall on ~ ears** không quan tâm đến ai

deal 1 *n.* số lượng; sự giao dịch, sự thông đồng; cách đối xử: **to close a ~** thoả thuận mua bán hoặc điều đình 2 *v.* [**dealt**] chia [bài]; phân phát, ban, giáng [đòn]; giao thiệp, giao dịch buôn bán; buôn bán [thứ hàng gì]; **to ~ in** đối phó, giải quyết

dealer *n.* người chia bài; người buôn bán

dean *n.* chủ nhiệm khoa, khoa trưởng; niên trưởng

dear 1 *adj.* thân, thân yêu, yêu quí, thân mến 2 *intj.* Trời ơi! Than ôi! **Dear sir!** Thưa ông!

dearth *n.* sự thiếu, sự khan hiếm, sự đói kém

death *n.* sự/cái chết

debate 1 *n.* cuộc tranh luận/tranh cãi 2 *v.* tranh/thảo luận

debauched *adj.* làm trụy lạc/sa đọa/đồi bại

debit 1 *n.* bên nợ (người ta), tá phương; món nợ, khoản nợ: **to put to your ~** thêm vào sổ nợ của bạn 2 *v.* ghi vào sổ nợ

debris *n.* mảnh vụn, vôi gạch nát vỡ

debt *n.* món nợ

debtor *n.* con nợ, người mắc nợ

debug *v.* trừ sâu, trừ mối; loại trừ những lầm lẫn của máy tính; vứt bỏ máy ghi âm nghe trộm

debunk *v.* vạch trần, lật tẩy

decade *n.* thời kỳ mười năm; một thập niên

decaffeinated *adj.* đã làm giảm bớt chất cà-phê-in

decanter *n.* bình thon cổ

decay 1 *n.* sự sâu (răng); sự thối rữa: **to prevent tooth ~** phòng ngừa bệnh sâu răng 2 *v.* (làm) sâu, (làm) mục nát; sa sút, suy sụp, suy tàn

deceased *n., adj.* (người) đã chết/mất

deceit *n.* sự lừa dối; mưu mẹo, mánh lới, mánh khóe

deceive *v.* lừa dối, đánh lừa

December *n.* tháng Mười hai, tháng Chạp âm lịch

decent *adj.* đứng đắn, trang trọng, chỉnh tề; tử tế, tươm tất, kha khá

decentralize *v.* phân quyền, tản quyền

decide *v.* quyết định; lựa chọn; giải quyết, phán xử

decimal *adj.* thập phân

decipher *v.* đọc/giải [mật mã]; đọc ra, giải đoán

deck 1 *n.* boong tàu; tầng trên 2 *v.* tô điểm, trang hoàng

declaration n. lời khai, tờ khai; bản tuyên bố; tuyên ngôn: **the ~ of human rights** bản tuyên ngôn nhân quyền

declare v. tuyên bố; bày tỏ, biểu thị; khai [hàng]: **to ~ the results of an election** tuyên bố kết quả bầu cử

decline v. cúi, nghiêng đi, xế; suy sụp, suy tàn; từ chối, từ khước

decompose v. phân tích, phân ly; làm thối rữa

décor n. sự trang trí/trang hoàng (nhà cửa)

decorate v. trang hoàng, trang trí; gắn huy chương

decoy n. cò mồi, bẫy, mồi

decrease 1 n. sự giảm 2 v. giảm đi/bớt, giảm thiểu

decree 1 n. sắc lệnh, sắc luật; chiếu chỉ 2 v. ra sắc lệnh; ra nghị định

decrepit adj. hom hem, già yếu

decry v. làm giảm giá trị, chê bai, gièm pha: **to ~ the values of products** làm giảm giá trị sản phẩm

dedicate v. khánh thành, khai mạc; đề tặng [sách, vở, bài]; hiến dâng, cống hiến

deduce v. suy diễn, suy luận, suy/luận ra

deduct v. trừ đi, khấu đi

deed 1 n. việc làm, hành động, hành vi 2 n. chiến công; chứng từ, chứng thư, bằng khoán, khế ước: **to do a good ~** làm việc thiện

deem v. cho rằng, thấy rằng, nghĩ rằng

deep adj. [sông, giếng, vết thương] sâu; [màu] sẫm, thẫm; [đề tài] sâu sắc, thâm hậu; ngập sâu, mải mê, miệt mài

deer n. (pl. **deer**) hươu, nai

deface v. làm xấu đi, xoá đi

defame v. nói xấu, phỉ báng

default n., v. (sự) không trả nợ được; (sự) vắng mặt, (sự) khuyết tịch [ở toà án]; (sự) bỏ cuộc; làm sai

defeat v. đánh bại, chiến thắng; làm thất bại

defecate v. ỉa, đại tiện

defect 1 n. thiếu sót, nhược điểm, khuyết điểm 2 v. đào ngũ, bỏ đảng; bỏ đạo, bội giáo

defend v. che chở, chống giữ, bảo vệ, phòng vệ; [luật sự] cãi cho, bào chữa

defense n. [Br. **defence**] sự phòng thủ/bảo vệ; công sự phòng ngự, thành luỹ sự bào chữa/biện hộ: **national ~** quốc phòng

defer 1 v. hoãn; hoãn quân dịch: **to ~ payment** hoãn trả tiền 2 v. chiều theo, làm theo

defiance n. sự coi thường, bất chấp

deficiency n. số tiền thiếu hụt [trong ngân sách]

deficit n. số tiền thiếu hụt

defile v. làm mất tính chất thiêng liêng [của nơi tôn kính]; cưỡng dâm, hãm hiếp; làm nhơ bẩn/ô uế

define v. định nghĩa; qui định, minh xác, định rõ

definite adj. xác định, rõ ràng; [mạo từ] hạn định

deflate v. tháo hơi (bong bóng,

ruột bánh xe); giải lạm phát; giảm [tự ái]

deform *v.* làm méo mó, làm xấu đi

defraud *v.* ăn gian, lừa gạt/dối

defray *v.* trả, thanh toán

defrost *v.* làm tan đá tuyết, tắt/tháo [tủ lạnh]

deft *adj.* khéo tay, khéo léo

defuse *v.* làm mất tác dụng, làm cho vật gì trở nên vô dụng

defy *v.* bất chấp, coi thường; thách thức, thách đố

degenerate *adj., v.* thoái hoá, suy đồi

degrade *v.* (làm) suy biến/thoái hóa; giáng chức, giáng cấp, lột lon, cho hạ tầng công tác; làm giảm giá trị, làm mất thanh thế

degree 1 *n.* độ, bậc; trình độ, mức độ: **by ~s** dần dần, từ từ; **to a certain ~** tới mức độ nào đó 2 *n.* bằng cấp, học vị: **honorary ~** bằng danh dự, học vị danh dự

dehydrate *v.* loại nước ra, khử nước

deign *v.* thèm, hạ cố, đoái đến

dejected *adj.* buồn nản, chán nản, thất vọng

delay 1 *n.* sự chậm trễ/trì hoãn 2 *v.* hoãn lại; làm chậm trễ, làm trở ngại

delegate 1 *n.* đại biểu, đại diện 2 *v.* uỷ quyền, uỷ thác, giao phó: **to ~ a task to someone** giao nhiệm vụ cho ai

delete *v.* xoá/gạch đi, bỏ đi

deliberate *adj.* cố ý; có suy nghĩ, cân nhắc

delicate *adj.* ngon, thanh cảnh; tinh vi, khéo léo; tế nhị; mỏng

mảnh, dễ vỡ; thanh tú

delicious *adj.* ngon, ngon lành, thơm ngon

delight 1 *n.* sự vui thích; điều thích thú 2 *v.* làm vui thích, làm vui sướng; thích, ham, khoái: **to be ~ed** vui sướng

delinquency *n.* sự phạm tội: **juvenile ~** sự phạm pháp của thiếu niên

delirious *adj.* hôn mê, mê sảng

deliver 1 *v.* phát [thư]; giao [hàng] 2 *v.* đọc [diễn văn]; đỡ đẻ [thai nhi]

delta *n.* châu thổ

deluge 1 *n.* trận lụt lớn, đại hồng thuỷ; sự tới tấp 2 *v.* tới tấp

delusion *n.* sự lừa dối; ảo/vọng tưởng, ảo giác

delve *v.* đào sâu; bới ra, moi móc

demand 1 *n.* sự đòi hỏi, sự yêu cầu, cầu: **in great ~** được nhiều người yêu cầu/chuộng; **supply and ~** cung và cầu 2 *v.* đòi, đòi hỏi, cần phải

demarcation *n.* sự phân ranh giới; giới tuyến

demeaning *adj.* giảm giá trị

demeanor *n.* cử chỉ, thái độ, cách ăn ở

demerit *n.* sự cắt bớt, việc trừ bớt: **~ points** điểm bị trừ

demilitarize *v.* phi quân sự hoá

demise *n.* sự kết thúc, kết liễu (cuộc đời)

demobilize *v.* giải ngũ, cho phục viên

democracy *n.* nền/chế độ dân chủ; nước dân chủ

demolish *v.* phá hủy; đánh đổ [thuyết, huyền thoại]

demon *n.* quỷ, ma quỷ, yêu ma, yêu quái

demonstrate *v.* chứng minh; bày tỏ; biểu tình

demoralize *v.* làm mất tinh thần; làm đồi bại

demote *v.* giáng cấp, giáng chức

demure *adj.* từ tốn, nghiêm trang, nghiêm chỉnh

den *n.* hang [gấu, sư tử]; sào huyệt; phòng nhỏ

denial *n.* sự phủ nhận; sự từ chối

denim *n.* vải xanh dày để may quần áo jean

denote *v.* có nghĩa là; biểu hiện, chứng tỏ

denounce *v.* tố cáo/giác, cáo phát, vạch mặt; tuyên bố bãi bỏ [hiệp ước]

dense *adj.* dày đặc; rậm rạp; đông đúc, trù mật; đần, đần độn

dent 1 *n.* vết mẻ/sứt 2 *v.* làm mẻ

dentist *n.* nha sĩ, bác sĩ răng

dentistry *n.* khoa răng, nha khoa

denude *v.* lột trần, lột vỏ, làm rụng lá; tước

deny *v.* chối [lỗi]; phủ nhận; từ chối không cho

depart 1 *v.* ra đi, rời khỏi, khởi hành 2 *v.* từ trần, chết; đi trệch, lạc đề: **to ~ from a subject** lạc đề

department *n.* ban, khoa; ty, sở, nha, vụ, cục; gian hàng; bộ [trong chính phủ]

departure *n.* sự ra đi, sự khởi hành; lúc đi; sự đổi hướng

depend *v.* tuỳ theo, phụ thuộc [**on/upon** vào]; dựa, ỷ, tin, trông mong, trông cậy [**on/upon** vào]

dependent *n.* người sống lệ thuộc, vợ con, người nhà

depict *v.* vẽ, tả, miêu tả

deplete *v.* tháo/rút/dùng hết

deplore *v.* thương, xót xa; lấy làm tiếc, phàn nàn

deploy *v.* điều quân, chuyển quân

deport *v.* trục xuất; đày, phát vãng

depose *v.* phế truất [vua]; cung khai

deposit 1 *n.* chất lắng; tiền đặt cọc, tiền ký quỹ; tiền/vật gửi: **to leave some cash as ~** để một ít tiền đặt cọc 2 *v.* đặt, để; gửi, đặt [tiền]

depot *n.* trạm đậu xe, nhà ga

depraved *adj.* sa đọa, trụy lạc, đồi trụy, hư

depreciation *n.* sự sụt giá, sự giảm giá

depression *n.* sự chán nản, sự ngã lòng, sự sầu não; tình trạng đình trệ; chỗ lõm, chỗ lún

deprive *v.* lấy đi, cướp đi, tước đoạt

depth *n.* chiều/bề/độ sâu, độ dày; sự sâu xa; chỗ sâu kín nhất, đáy

deputy *n.* người được uỷ quyền; dân biểu, đại biểu, nghị sĩ; phó

derail *v.* [xe lửa] trật bánh

deregulate *v.* giảm bớt qui tắc/luật lệ

derelict *adj.* chểnh mảng, lơ là; [tàu] vô chủ

deride *v.* cười, chế giễu, chế nhạo, nhạo báng

derive *v.* lấy/thu được; bắt nguồn, chuyển hóa

derogatory *adj.* có ý khinh/chê

desalination *n.* việc làm mất

descend

chất muối trong nước biển

descend *v.* xuống; tụt/rơi/lặn xuống; tấn công; tự hạ mình

descendant *n.* con cháu, người nối dõi

describe *v.* tả, diễn tả, mô tả, miêu tả

desert **1** *n.* sa mạc, hoang mạc; nơi hoang vắng **2** *v.* bỏ đi, bỏ trốn, đào ngũ; ruồng bỏ

deserve *v.* đáng, xứng đáng (được ...)

design **1** *n.* kiểu, mẫu, loại, dạng; đồ án, đề cương, bản phác thảo; cách trình bày/trang trí; ý định, ý đồ, mưu đồ **2** *v.* vẽ kiểu, thiết kế, làm đồ án

desire **1** *n.* sự thèm muốn; dục vọng **2** *v.* thèm muốn, mong muốn, ao ước, mơ ước, khát khao

desist *v.* thôi, ngừng, nghỉ, chừa

desk *n.* bàn học, bàn viết, bàn làm việc, bàn giấy

desolate *adj.* hoang vắng, hoang vu, tiêu điều; sầu não, thê lương

despair *n., v.* (sự) tuyệt vọng/ thất vọng

desperate *adj.* tuyệt vọng; liều lĩnh, liều mạng

despicable *adj.* đáng khinh, hèn hạ, đê tiện

despise *v.* khinh, khinh bỉ, khinh miệt

despite *prep.* mặc dầu, không kể, bất chấp: **~ initial failure** dù/tuy lúc đầu bị thất bại

despondent *adj.* nản lòng, ngã lòng, thoái chí; thất vọng, chán nản

dessert *n.* món/đồ tráng miệng, đồ ngọt

destination *n.* đích, nơi đi tới; nơi gởi tới

destiny *n.* số, vận, vận mệnh, định mạng, số phận

destitute *adj.* nghèo túng, cơ cực; không có ...

destroy *v.* tàn phá, phá huỷ, phá hoại, huỷ diệt, tiêu diệt

detach *v.* gỡ ra, tháo ra, tách ra; biệt phái

detachable *adj.* có thể tháo/gỡ/ tách ra

detail *n.* chi tiết, tiểu tiết; phân đội, chi độ

detain *v.* giữ, lưu; giam giữ, bắt giữ, cầm tù

detect *v.* dò ra, tìm ra, khám phá/ phát hiện ra

detective *n.* thám tử, trinh thám

deter *v.* ngăn cản, ngăn chặn, cản trở

detergent *n.* xà phòng nước, thuốc nước tẩy

deterioration *n.* sự trở nên tồi tệ hơn trước

determine *v.* quyết định, định đoạt; làm cho quyết định

deterrent *n., adj.* (cái/điều) ngăn cản, ngăn chặn

detest *v.* ghét, ghét cay ghét đắng, ghê tởm

dethrone *v.* truất ngôi, phế truất, hạ bệ

detonate *v.* làm nổ

detour *n.* đường vòng tạm thời

detriment *n.* sự thiệt hại

devaluation *n.* sự phá giá, sự mất giá

develop **1** *v.* mở mang, phát triển **2** *v.* rửa [phim ảnh] **3** *v.* khai thác [tài nguyên]; tự nhiên có [bệnh tật]; trình bày, triển khai [đề tài]

deviate v. đi trệch/lệch, đi sai đường

device n. máy móc, dụng cụ, thiết bị; phương sách, phương kế, mưu chước; thủ đoạn

devise v. nghĩ ra, đặt [kế hoạch], bày [mưu]

devoid adj. không có [~ of] …

devote v. dành hết cho; hiến dâng

devour v. ăn ngấu nghiến; đọc ngấu nghiến; [đám cháy] thiêu hủy

devout adj. sùng đạo, mộ đạo; chân thành

dew n. móc, sương

dexterous adj. khéo tay, khéo léo, giỏi

diabetes n. bệnh đái đường, bệnh đường niệu

diagnosis n. phép/sự chẩn đóan

diagonal n., adj. (đường) chéo

diagram n. biểu đồ

dial **1** n. mặt [đồng hồ, công tơ, máy thu thanh]; đĩa số [máy điện thoại] **2** v. quay số, bấm số [dây nói]

dialect n. tiếng địa phương, phương ngôn/ngữ, thổ ngữ

dialog(ue) n. cuộc đối thoại; bài đàm thoại

dial tone n. tiếng reo trong máy điện thoại cho biết có thể gọi được

diameter n. đường kính

diamond n. kim cương, hột xòan, hình thoi; cây bài rô

diaper n. tã lót

diaphragm n. cơ hoành; vòng ngăn thụ thai

diarrhea n. [Br. **diarrhoea**] bệnh ỉa chảy, chứng tháo dạ

diary n. nhật ký

dice n. (pl. **die**) những con súc sắc

dictate v. đọc cho viết, đọc ám tả, đọc chính tả

dictionary n. từ điển, tự điển

die v. chết; thèm muốn chết đi được: **to ~ in action/battle** tử trận, chết trận; **to ~ down** chết dần chết mòn, tàn lụi, bặt đi, nguôi đi; **to ~ out** mai một; [lửa] tắt ngấm

diesel n. động cơ điê-zen/dầu cặn

diet **1** n. chế độ ăn kiêng **2** n. nghị viện, quốc hội [Nhật Bản]

dietician, dietitian n. chuyên viên cố vấn về thực phẩm ăn uống

differ v. không đồng ý/tán thành; khác [**from** với]

difference n. sự khác nhau, sự khác biệt, sự chênh lệch, điểm dị biệt/dị đồng; sự bất đồng; mối bất hoà, điểm tranh chấp

difficult adj. khó, khó khăn, gay go; khó tính

diffuse **1** adj. khuếch tán; rườm rà **2** v. truyền, đồn, truyền bá; lan tràn

dig **1** n. sự đào bới; cái hích/thúc; sự khai quật **2** v. [**dug**] đào, bới, cuốc, xới; hích, thúc: **to ~ out** đào ra, moi ra, tìm ra; **to ~ up** đào lên, bới lên

digest v. tiêu hoá [đồ ăn]; hiểu, tiêu, lĩnh hội

digit n. con số; ngón tay, ngón chân

digital adj. thuộc con số điện tử, thuộc ngón tay, ngón chân: ~ **camera** máy chụp hình điện tử

dignity *n.* phẩm giá, phẩm cách; vẻ trang nghiêm, vẻ đàng hoàng; chức vị/chức tước cao: **beneath one's ~** dưới sự thẩm định của ai

digress *v.* ra ngoài đề, lạc đề

dike *n.* con đê; bờ ruộng đắp cao

dilapidated *adj.* đổ nát, hư nát, xiêu vẹo, ọp ẹp

dilate *v.* (làm) nở/giãn ra, (làm) trương lên

dilemma *n.* tình trạng khó xử (tiến thoái lưỡng nan, tiến lui đều khó)

diligent *adj.* siêng năng, chuyên cần, cần cù

dilute *v., adj.* pha loãng, pha thêm nước cho đỡ đặc; loãng

dim **1** *adj.* mờ, lờ mờ; không rõ ràng/rõ rệt **2** *v.* (làm) mờ

dime *n.* một hào, một cắc

dimension *n.* chiều, kích thước, cỡ, kho

diminish *v.* bớt, giảm, hạ, giảm bớt/thiểu

dimple *n., v.* lúm đồng tiền: **~ on the cheeks** má lúm đồng tiền

din *n.* tiếng ầm ĩ, tiếng inh tai nhức óc

dine *v.* ăn cơm (tối); thết cơm [ai]: **to ~ out** ăn cơm khách, ăn hiệu, ăn ngoài

dingy *adj.* xỉn, xám xịt; dơ dáy, cáu bẩn, dơ bẩn

dining room *n.* phòng ăn [ở nhà tư, nhà trọ]

dinner *n.* bữa cơm tối (hàng ngày); bữa tiệc tối: **to invite someone for ~** mời ai ăn cơm tối; **~ time** giờ ăn cơm tối

dinosaur *n.* khủng long

dint *n.* vết đòn, vết đánh

dip **1** *n.* sự nhúng; sự tắm biển; chỗ trũng/lún: **to take a ~** tắm một cái [biển, hồ bơi] **2** *v.* nhúng, ngâm, nhận vào, múc; hạ [cờ] xuống rồi kéo lên ngay

diploma *n.* bằng, văn bằng, bằng cấp, chứng chỉ

diplomatic *adj.* ngoại giao: **~ corps** ngoại giao đoàn, đoàn ngoại giao; **~ immunity** quyền bất khả xâm phạm dành cho nhân viên ngoại giao

dire *adj.* kinh khủng, tàn khốc, thảm khốc: **in ~ straits** trong hoàn cảnh rất khó khăn

direct **1** *adj.* thẳng, ngay, trực tiếp: **~ access** việc có thể lấy ngay trữ liệu trong máy vi tính **2** *adj.* thẳng thắn, rõ ràng, rành mạchl [bổ ngữ **object**] trực tiếp: **to be in ~ communication with** liên lạc trực tiếp với **3** *v.* cai quản, chỉ huy, điều khiển; chỉ đường, chỉ dẫn, hướng dẫn, chi phối, chỉ đạo; bảo, ra lệnh, chỉ thị; gửi cho, nói với

direction *n.* phương hướng, chiều, phía, ngả, mặt; sự chỉ huy/điều khiển; ban giám đốc/ giám hiệu

directory *n.* sách chỉ dẫn; niêm giám (điện thoại)

dirt *n.* đất, ghét, bùn nhão; vật rác rưởi, vật vô giá trị; lời nói tục tĩu: **~ cheap** rẻ như bùn

dirty **1** *adj.* bẩn thỉu, dơ bẩn, dơ dáy; cáu ghét; tục tĩu; đê tiện, hèn hạ; [của **money**] phi nghĩa: **~ trick** mánh khoé bẩn thỉu **2** *v.* làm vẩn/dơ, làm ô [danh] 0

disabled *adj.* tàn tật, không có khả năng làm việc: ~ **veteran** thương binh

disadvantage *n.* thế bất lợi; sự thiệt hại

disagree *v.* không đồng ý, bất đồng; không hợp; không giống, không khớp (nhau)

disappear *v.* biến đi/mất

disappoint *v.* làm thất vọng; làm hỏng/thất bại

disapprove *v.* không tán thành, phản đối, chê

disarm *v.* tước vũ khí/khí giới; làm hết giận; tài giảm binh bị, giải trừ quân bị

disarray *n.* sự lộn xộn/hỗn loạn, sự xáo trộn

disaster *n.* tai hoạ, tai ách, thảm hoạ, tai ương

disband *v.* giải tán [đám đông]; chạy tán loạn

disbelief *n.* sự không tin

disburse *v.* xuất tiền, trả tiền, chi tiền

discard *v.* bỏ, vứt bỏ, loại

discern *v.* thấy rõ, nhận thức rõ ràng

discharge *v.* nổ, phóng, bắn; đuổi, thải hồi; thả, buông tha, giải ngũ; dỡ hàng; làm xong, hoàn thành [nhiệm vụ **responsibility**]

disciple *n.* học trò, môn đồ/đệ/ sinh; tông đồ

discipline 1 *n.* kỷ luật 2 *n.* môn học, bộ môn

disclaimer *n.* lời từ chối trách nhiệm

disclose *v.* vạch ra, tiết lộ, thấu lộ, để lộ ra

discomfort *n.* sự khó chịu; sự băn khoăn/bứt rứt

disconnect *v.* tháo rời ra, phân cách ra; ngắt

discontented *adj.* không hài lòng, bất mãn

discontinue *v.* bỏ, thôi, ngừng, đình chỉ

discord *n.* mối bất hoà, sự xích mích

discount 1 *n.* sự giảm/bớt; tiền bớt/trừ/chiết khấu 2 *v.* giảm bớt, giảm giá

discover *v.* tìm ra, khám phá ra, phát hiện ra

discredit 1 *n.* sự mang tai tiếng; sự nghi ngờ 2 *v.* làm mang tai tiếng; làm mất tín nhiệm

discreet *adj.* kín đáo, dè dặt, thận trọng

discrepancy *n.* sự không nhất trí, sự trái ngược

discriminate *v.* phân biệt, tách bạch; đối xử phân biệt, kỳ thị

discus *n.* đĩa

discuss *v.* bàn, bàn cãi, thảo luận, tranh luận

disdain *n.* sự khinh; thái độ khinh người; thái độ làm cao

disease *n.* bệnh, bệnh tật; tệ nạn, tệ đoan

disembark *v.* (cho) lên bờ/bộ

disengage *v.* tháo ra, thả ra, buông ra, thoát

disfigure *v.* làm xấu xí mặt mày, làm méo mó

disgrace 1 *n.* sự nhục nhã/hổ thẹn; sự thất sủng 2 *v.* ruồng bỏ/ghét bỏ; giáng chức/cách chức; làm nhục nhã

disguise 1 *n.* sự cải trang/trá hình; sự che đậy 2 *v.* cải trang, trá hình; che đậy, che giấu

disgust 1 *n.* sự ghê tởm/chán ghét 2 *v.* làm ghê tởm.

dish 1 *n.* đĩa; món ăn 2 *v.* dọn thức ăn vào đĩa; đánh bại được

disharmony *n.* sự không hoà hợp

disheveled *adj.* đầu bù tóc rối

dishonest *adj.* không lương thiện, bất lương, không thành thật, không tin cậy, không bảo chứng

dishonor 1 *n.* sự mất danh dự 2 *v.* làm nhục, hổ thẹn

disillusioned *adj.* vỡ mộng, tan ảo tưởng

disinfect *v.* tẩy uế

disinherit *v.* tước quyền thừa kế/ hưởng gia tài

disinterested *adj.* không vụ lợi, vô tư; hờ hững

disk, disc *n.* đĩa (ném); đĩa hát; vật hình đĩa

dislike 1 *n.* sự ghét 2 *v.* không ưa/thích, ghét

dislocate *v.* làm trật khớp; đổi chỗ, dời chỗ

dislodge *v.* đuổi ra khỏi; đánh bật ra

dismal *adj.* buồn thảm, u sầu, ảm đạm, tối tăm

dismantle *v.* tháo dỡ; phá hủy

dismay *n., v.* sự/làm mất tinh thần/can đảm

dismiss *v.* giải tán, cho đi; đuổi, sa thải, thải hồi; gạt bỏ, xua đuổi [ý nghĩ]

dismount *v.* xuống ngựa/xe; tháo dỡ

disobey *v.* không vâng lời, không tuân lệnh

disorder *n.* sự mất trật tự, sự bừa bãi; sự hỗn/rối loạn

disorderly *adj.* bừa bãi, lộn xộn; hỗn loạn, rối loạn

disown *v.* không công nhận/thừa nhận; từ (bỏ)

disparity *n.* sự chênh lệch/cách biệt

dispatch 1 *n.* bản thông báo, bản tin; sự làm gấp, sự giải quyết nhanh 2 *v.* gửi/sai đi; giải quyết nhanh gọn

dispel *v.* xua đuổi, xua tan

dispense *v.* phát, phân phát/phối; miễn trừ

disperse *v.* giải tán, phân tán; xua tan

displace *v.* đổi chỗ, dời chỗ

display 1 *n.* sự phô bày; đồ triển lãm 2 *v.* bày ra, trưng bày; bày tỏ, biểu lộ

displeasure *n.* sự tức giận; điều bất mãn

dispose *v.* dùng, tuỳ ý sử dụng

disposition *n.* tính tình, tâm tính, tính khí; sự sắp đặt/sắp xếp/bố trí; khuynh hướng, thiên hướng

disproportionate *adj.* thiếu cân đối

disprove *v.* bác bỏ, chứng minh là sai

dispute 1 *n.* cuộc bàn cãi/tranh luận; sự tranh chấp 2 *v.* bàn cãi, tranh luận; tranh nhau, tranh chấp

disqualify *v.* loại ra không cho thi/ tham dự, không đủ tiêu chuẩn

disregard *n., v.* (sự) không để ý, (sự) coi thường

disrepute *n.* tiếng xấu, sự mang tai tiếng

disrespectful *adj.* vô lễ, thiếu tôn kính

disrupt v. đập/phá vỡ; gây rối, phá đám

dissatisfied adj. không vừa lòng, bất mãn

dissect v. mổ xẻ, giải phẫu; mổ xẻ, phân tích

disseminate v. phổ biến, quảng bá, truyền bá: **to ~ information** phổ biến tin tức

dissension n. sự chia rẽ, mối bất đồng

dissipate v. xua tan, làm tiêu tan; phung phí; uổng phí, chơi bời phóng đãng

dissolute adj. chơi bời phóng đãng: **a ~ lifestyle** một cuộc sống chơi bời phóng đãng

dissolve 1 v. hoà tan, làm tan ra 2 v. giải tán/thể; hủy bỏ

distance n. khoảng cách, tầm xa; quãng đường

distasteful adj. đáng ghét, ghê tởm

distend v. làm sưng to; làm căng phồng

distillation n. sự chưng cất; sản phẩm cất được

distinct adj. riêng biệt, khác biệt rõ ràng, rõ rệt; dứt khoát

distinction n. sự/điều phân biệt; sự lỗi lạc/ưu tú

distinguish v. phân biệt, biện biệt; nhận ra

distort v. bóp méo, xuyên tạc

distraction n. sự không hấp dẫn/ hứng thú

distraught adj. quẫn trí, mất trí, điên cuồng

distress n. nỗi đau buồn; cảnh khốn cùng; cơn hiểm nghèo

distribute v. phân phát, phân phối, phân bố; rắc, rải; sắp

xếp, phân loại; phát hành

district n. huyện, quận, khu, khu vực, địa hạt; vùng, miền; khu vực bầu cử

distrust v. nghi ngờ, ngờ vực, không tin (cậy)

disturb v. làm náo động, làm rối, quấy quá, làm xáo trộn, phá rối; làm lo âu/lo ngại

disuse 1 n. sự không dùng đến 2 v. bỏ, không dùng đến

ditch 1 n. hố, hào, rãnh, mương 2 v. bỏ rơi; [máy bay] phải hạ cánh xuống biển

ditto n. cái như trên, cái giống như thế: **~ marks** dấu " " [nghĩa là như trên]

divan n. đi văng, trường kỷ

dive 1 n. sự nhảy lao đầu, sự lặn, sự bổ nhào 2 v. nhảy lao đầu xuống [nước], lặn; [máy bay] bổ nhào xuống; [tàu ngầm] lặn, ngụp

diverge v. rẽ ra; khác nhau, bất đồng; trệch đi

diverse adj. linh tinh, gồm nhiều thể loại khác nhau

divert v. hướng sang phía khác; giải trí, làm vui

divide 1 n. đường chia, sự chia rẽ, sự cách biệt: **a great ~ between the poor and the rich** sự cách biệt lớn giữa người giàu và nghèo 2 v. chia, chia ra, chia cắt, phân ra; chia rẽ, ly gián

dividend n. số bị chia; tiền lãi cổ phần

divine adj. thần thánh, thiêng liêng; tuyệt diệu

division n. sự chia, sự phân chia; phép/tính chia; sự chia rẽ, sự

divorce

ly gián; phân khu, khu vực; bộ ban; sự đoàn: **~ of labor** sự phân công

divorce *n., v.* (sự) ly dị/ly hôn; (sự) tách rời

divulge *v.* để lộ ra, tiết lộ

DIY *adj., abbr.* (= **do it yourself**) tự làm lấy

dizzy *adj.* (làm) chóng mặt, (làm choáng váng)

do 1 *v.* [**did**; **done**] làm, thực hiện; làm xong, hoàn thành, hoàn tất; sửa sang, sắp đặt, dọn dẹp, bày biện; nấu chín, nướng, rán, chiên, quay, v.v.; đi được [quãng đường], đi thăm; được, ổn; làm hành động, hoạt động; làm ăn, tiến bộ: **to ~ one's best** làm hết sức mình; **well done** [thịt] nướng kỹ, không tái; nấu như; **How ~ you ~?** Hân hạnh được gặp ông/bà/cô. 2 *aux. v.* **Do/did** Dùng như một trợ động từ.: **Do come in!** Xin mời ông (bà) cứ vào ạ. (Sao lại đứng thế!); **He likes classical music, (and) so ~ I.** Anh ấy thích nhạc cổ điển và tôi cũng vậy.

docile *adj.* dễ bảo, dễ dạy, dễ sai khiến

dock 1 *n.* bến tàu; xưởng đóng/ chữa tàu; ghế bị cáo 2 *v.* vào bến, cặp bến

doctor 1 *n.* tiến sĩ; bác sĩ y khoa, thầy thuốc, y sĩ: **a medical ~** bác sĩ y khoa 2 *v.* chữa trị; cải biên, cạo tẩy [văn kiện]: **to ~ a play** cải biên một vở kịch

doctrine *n.* học thuyết, chủ nghĩa

document *n.* tài liệu, văn kiện

dodge *n., v.* (sự) tránh né/lẩn

tránh

doe *n.* hươu/nai cái

dog 1 *n.* chó; chó săn; đồ chó má; thằng cha: **to lead a ~'s life** sống một cuộc đời khổ như chó 2 *v.* bám sát

dogmatic *adj.* giáo điều, võ đoán

dole 1 *n.* của bố thí: **to go on the ~** lĩnh trợ cấp mất việc 2 *v.* phát nhỏ giọt

doll 1 *n.* con búp bê 2 *v.* diện, mặc áo quần đẹp

dollar *n.* đồng đô la, Mỹ kim; đo

dolphin *n.* cá heo, cá lợn

domain *n* . dinh cơ; phạm vi, lĩnh vực

dome *n.* vòm, mái vòm

domestic 1 *n.* người làm/nhà, đày tới 2 *adj.* trong nhà, trong nước: **~ violence** bạo hành trong nhà

domicile *n.* chỗ ở, trú sở

dominate *v.* chế ngự, thống trị: **to ~ a people** thống trị một dân tộc

domineering *adj.* hách dịch, hống hách

don *n.* giáo sư, hiệu trưởng, khoa trưởng

donate *v.* cho, biếu, tặng; tặng dữ, quyên tặng: **to ~ money to a charity** tặng tiền cho quỹ từ thiện

dongle *n.* phần mềm giữ an toàn trong máy vi tính

donkey *n.* con lừa

donor *n.* người tặng/quyên: **blood ~** người cho máu

doom 1 *n.* số phận, số mệnh (không may); sự sụp đổ, sự diệt vong; sự phán quyết cuối cùng 2 *v.* kết án/tội; đoạ đày:

~ed to failure ắt phải thất bại
door *n.* cửa (ra vào)
dope *n.* chất ma tuý; tin riêng; người đần độn
dormant *adj.* nằm ngủ; âm ỉ, tiềm tàng, ngấm ngầm
dormitory *n.* phòng/nhà ngủ tập thể, ký túc xá
dosage *n.* liều lượng
dose **1** *n.* liều lượng, liều thuốc **2** *v.* cho uống thuốc theo liều lượng
dossier *n.* tài liệu hay hồ sơ về người nào
dot **1** *n.* chấm nhỏ, điểm; dấu chấm [trên chữ i] **2** *v.* đánh dấu chấm; rải rác lấm chấm
dote *v.* lẫn, lẩm cẩm [lúc già]
double **1** *adj.* gấp đôi; đôi, hai, kép: **~ pay** tiền lương gấp đôi **2** *n.* số gấp đôi; người giống hệt; người đóng thay vai khác **3** *v.* tăng gấp đôi; gập người lại
doubt **1** *n.* sự nghi ngờ/ngờ vực; sự do dự/nghi ngại: **in ~** còn nghi ngờ/nghi ngại **2** *v.* không tin, nghi ngờ, ngờ vực; nghi ngại, do dự, lưỡng lự
dough *n.* bột nhào; *sl.* tiền, xìn
dour *adj.* không thích thú; không có cảm tình
douse *v.* giội nước lên; tắt [đèn]: **to ~ out the fire** dội nước cho tắt lửa
dove *n.* chim bồ câu; người chủ trương hoà bình
down **1** *n.* cảnh sa sút: **the ups and ~s** sự lên xuống, những thăng trầm; **~payment** tiền mặt trả trước [còn bao nhiêu trả góp] **2** *adv.* xuống; lăn/buông

xuống; hạ, giảm; ở miền xuôi, ở vùng dưới: **to get ~ to work** bắt tay vào làm việc **3** *adj.* hạ giá; buồn bã: **Prices are ~.** Giá cả đã xuống. **4** *prep.* xuống, xuôi; ở phía dưới/thấp, ở đầu kia: **~ the street** ở dưới đầu phố kia
download **1** *n.* việc chuyển hồ sơ vào máy **2** *v.* chuyển/trữ hồ sơ vào máy vi tính
downpour *n.* trận mưa như trút nước
Down's syndrome *n.* tình trạng khủng hoảng, sa sút
downtown *n.* khu buôn bán/thị tứ dưới phố
dowry *n.* của hồi môn
doyen *n.* người có kinh nghiệm và được quí trọng nhất trong nhóm
doze *v.* ngủ gà ngủ gật, ngủ lơ mơ
dozen *n.* tá, lô, chục [12 đơn vị]: **half a ~** nửa tá
Dr *abbr.* **1** (= **Doctor**) bác sĩ, tiến sĩ **2** (= **Drive**) con đường
drab *adj.* xám xịt, buồn tẻ
draft **1** *n.* đồ án, sơ đồ, bản dự thảo, bản nháp; gió lùa; chế độ quân dịch; hối phiếu **2** *v.* phác thảo, dự thảo; bắt quân dịch
draftsman, draughtsman *n.* người vẽ đồ án, hoạ viên
drag *v.* kéo lê: **to ~ on** kéo dài quá; vét/mò đáy
dragon *n.* con rồng
drain **1** *n.* ống dẫn nước, cống, rãnh, máng, mương; sự tiêu hao **2** *v.* rút/tháo (nước); làm ráo nước; bòn rút [của cải]
drake *n.* vịt đực
drama *n.* kịch, tuồng

drape 1 *n.* màn/rèm cửa, trướng 2 *v.* che màn/rèm

drastic *adj.* mạnh mẽ, quyết liệt

draw 1 *n.* sự mở số, sự rút thăm; trận đấu hoà; động tác rút súng lục 2 *v.* [**drew; drawn**] kéo; kéo/lấy/rút ra; lôi kéo, lôi cuốn, thu hút; hít vào; rút [kinh nghiệm]; mở số, rút thăm; lĩnh [lương], tìm thấy; vẽ, vạch, thảo; hoà, huề: **to ~ to a close** sắp kết thúc

drawl *n.* giọng nói lè nhè kéo dài

dread 1 *n.* sự kinh sợ 2 *v.* sợ, khiếp sợ

dream *n.* giấc mơ/mộng; sự mơ mộng, điều mơ ước

dredge *n.* lưới vét; tàu vét bùn

dregs *n., pl.* cặn bã [trà, cà phê]

drench *v.* làm ướt sũng

dress 1 *n.* quần áo, y phục; áo dài phụ nữ 2 *v.* mặc, ăn mặc: **to ~ up** ăn mặc diện; băng bó [vết thương]; bày biện, trang hoàng; nấu, thêm đồ gia vị

dressing *n.* sự băng bó, đồ băng bó; nước xốt, dầu giấm để trộn nộm/xà lách; đồ nhồi (gà vịt) để quay hoặc hầm

dribble *v.* chảy nhỏ giọt; nhỏ dãi, chảy nước miếng [cầu thủ bóng rổ] đập bóng xuống sàn liên tiếp

drift 1 *n.* đống cát/tuyết; ý nghĩa, nội dung 2 *v.* trôi giạt; chất đống lên, buông trôi

drill 1 *n.* mũi/máy khoan, sự luyện tập 2 *v.* khoan, luyện tập

drink 1 *n.* đồ uống, thức uống, ẩm liệu; rượu mạnh 2 *v.* [**drank; drunk**] uống; uống cạn, nốc; uống rượu, nghiện rượu; tận

hưởng, chịu đựng

drip 1 *n.* sự nhỏ giọt 2 *v.* chảy nhỏ giọt

drive 1 *n.* cuộc đi xe, cuốc xe; đường cho xe chạy, đường phố [thường ngoằn ngoèo]; nghị lực; cuộc vận động, cuộc lạc quyên 2 *v.* [**drove; driven**] lái, vặn lái [xe], cầm cương [ngựa], cho [máy] chạy; dồn, lùa, xua, đuổi; làm khiến cho

drizzle *n., v.* mưa phùn, mưa bụi, mưa bay

drone *n.* ong đực; tiếng o o

drool *v.* nhỏ dãi

droop *v.* rủ xuống, rũ xuống, gục xuống; ủ rũ

drop 1 *n.* giọt; hớp nhỏ, cốc nhỏ, chút xíu rượu; sự hạ/giảm/sút 2 *v.* chảy nhỏ giọt; (để/làm) rơi; gục xuống, ném xuống, thả xuống; bỏ, ngừng, thôi; nói ra: **Drop it!** Thôi đi!; **to ~ in** tạt vào, ghé vào; **to ~ out** bỏ cuộc, rút ra

dross *n.* cứt sắt; rác rưởi, cặn bã

drought *n.* hạn hán

drove *n.* đàn, bầy, đám đông

drown *v.* chết đuối; làm chết đuối; làm át/lấp

drowsy *adj.* (làm) buồn ngủ

drudgery *n.* công việc vất vả, lao dịch, khổ dịch

drug 1 *n.* thuốc, dược phẩm; thuốc mê, ma tuý: **miracle ~** thần dược 2 *v.* cho uống thuốc ngủ/mê/độc, cho uống/hít/tiêm ma tuý

drugstore *n.* hiệu thuốc, dược phòng, cửa hàng dược phẩm [bán như hiệu tạp hóa, có cả quán ăn]

drum 1 *n.* cái trống; thùng hình ống [đựng xăng, dầu]: **ear~** mạng nhĩ 2 *v.* đập, gõ, đánh

drunkard *n.* người say nghiện rượu

dry 1 *adj.* khô, cạn, ráo; [rượu] nguyên chất; khô cổ, khá, khô khan, vô vị 2 *v.* phơi/sấy/lau khô, hong

dual *adj.* hai, đôi, kép, lưỡng; gấp đôi, tay đôi

dubious *adj.* đáng ngờ, không đáng tin cậy, ngờ vực

duck 1 *n.* vịt, vịt cái; thịt vịt 2 *v.* lặn, ngụp; cúi nhanh [để né tránh]

duct *n.* ống dẫn

due 1 *n.* cái đáng được hưởng; món nợ, tiền phải trả; lệ phí, hội phí, đảng phí: **annual ~s** niên liễm 2 *adj.* đến hạn phải trả/nộp; thích đáng, đích đáng, phải đến [ngày giờ nào]: **after ~ consideration** sau khi xem xét kỹ; **~ any minute** một vài phút nữa là đến 3 *adv.* đúng: **~ east** đi đúng hướng đông

dull *adj.* [dao/kéo] cùn; tối dạ, chậm hiểu, ngu; buồn tẻ, chán ngắt; mờ, đục, xỉn, âm u, ảm đạm

dumb *adj.* câm, không kêu; ngu ngốc, ngu xuẩn

dummy *n.* người giả, hình nhân; người nộm/rơm; vật giả

dump 1 *n.* chỗ đổ rác; kho đạn 2 *v.* đổ đi; vứt bỏ, gác bỏ; bán hạ giá [hàng ế]

dune *n.* cồn/đụn cát

dung *n.* phân thú vật

dungeon *n.* ngục tối, hầm tù

dunk *v.* nhận chìm/nhúng thức ăn vào chất lỏng (như sữa) trước khi ăn

dupe 1 *n.* người nhẹ dạ, người dễ bị bịp 2 *v.* lừa

duplicate 1 *n.* bản sao, vật giống hệt 2 *adj.* giống hệt: **~ key** chìa khóa giống hệt 3 *v.* sao lại; in ra nhiều bản; trùng lặp

durable *adj.* bền, lâu bền; vĩnh cửu

duration *n.* thời gian [của một việc], trong lúc

durian *n.* cây/trái sầu riêng

during *prep.* trong khi, trong lúc

dusk *n.* lúc nhá nhem tối; bóng tối

dust 1 *n.* bụi, cát bụi; rác; phấn hoa; đất đen 2 *v.* quét/phủi/lau/chùi bụi; rắc [bụi, phấn]

Dutch *n., adj.* (người/dân/tiếng) Hà lan: **to go ~** rủ nhau ăn uống hoặc xem hát mà người nào trả phần người ấy

duty 1 *n.* bổn phận, trách nhiệm, nhiệm vụ; phần việc, công việc, phận sự, chức vụ; phiên trực: **on ~** đang làm việc, đang trực 2 *n.* thuế đoan, thuế hải quan: **import ~** thuế nhập khẩu

DVD *n., abbr.* (= **Digital Video Disk**) đĩa nhựa chứa rất nhiều hình ảnh, tài liệu, nhạc

dwarf 1 *n.* người lùn; chú lùn 2 *v.* làm còi cọc; có vẻ nhỏ lại

dwell *v.* [dwelt/dwelled] ở, ngụ ở, cư ngụ; nhấn mạnh vào

dwindle *v.* nhỏ lại, co lại, teo đi; hao mòn

dye 1 *n.* thuốc nhuộm 2 *v.* nhuộm: **to ~ red** nhuộm đỏ

dyke xem **dike**

dynamic *adj.* thuộc động lực; năng động, sôi nổi

dynasty *n.* triều vua, triều đại

dysentery *n.* bệnh lỵ

dysfunctional *adj.* không dùng được, trở ngại khó khăn

E

each 1 *adj.* mỗi: ~ **person** mỗi người; ~ **week** mỗi tuần 2 *pron.* mỗi người/cái: **to help ~ other** giúp đỡ lẫn nhau

eager *adj.* thiết tha, ham muốn, háo hức, hăm hở

eagle *n.* chim đại bàng

ear *n.* tai; bắp (ngô)

earl *n.* bá tước

early 1 *adj.* [**earlier; earliest**] sớm, đầu mùa: **at your earliest convenience** vào lúc tiện nhất cho ông 2 *adv.* sớm, lúc ban đầu

earn *v.* kiếm được; giành được: **to ~ a living** kiếm ăn/sống

earnest 1 *adj.* đứng đắn, nghiêm chỉnh 2 *adj.* sốt sắng: **to be ~** có lòng sốt sắng

earring *n.* hoa tai, bông tai

earth *n.* đất, đất liền, mặt đất, quả/trái đất: **on ~** trên đời

earthquake *n.* trận/vụ/nạn động đất, địa chấn

ease 1 *n.* sự thoải mái/thanh thoát; sự dễ dàng; sự thanh nhàn/nhàn hạ 2 *v.* làm nhẹ/bớt; làm yên tâm

easel *n.* giá bảng đen; giá vẽ

east 1 *n.* hướng/phía/phương đông; miền đông: **the Far ~** Viễn đông 2 *adj.* về phía đông 3 *adv.* hướng đông, hướng về phía đông

Easter *n.* lễ Phục sinh

eastern *adj.* (thuộc) hướng đông, đông phương

eastwards *adj., adv.* về phía đông

easy 1 *adj.* dễ, dễ dàng; thoải mái, thanh nhàn, thanh thản, không lo lắng 2 *adv.* nhẹ nhàng, từ từ; thanh thản, thoải mái: **Take it ~!** Cứ từ từ! nhẹ thôi! Đừng cuống! Đừng làm việc quá sức nhé!

eat *v.* [**ate**; **eaten**] ăn, xơi, dùng, thời; ăn mòn, ăn thủng, làm hỏng

eavesdrop *v.* nghe trộm, nghe lén

ebb 1 *n.* triều xuống; thời kỳ tàn tạ: ~ **and flow** nước triều lên xuống 2 *v.* [triều] xuống; suy sụp, tàn tạ

ebony *n., adj.* gỗ mun; làm bằng gỗ mun, đen như gỗ mun

ebook *n.* sách điện tử

eccentric *adj.* lập dị, kỳ cục; lệch tâm

ECG *abbr.* (= **electrocardiogram**) máy theo dõi bệnh nhân bằng điện sóng

echo 1 *n.* tiếng vang, tiếng dội 2 *v.* vang lại; nhắc lại, lặp lại

eclipse 1 *n.* sự che khuất, thiên thực 2 *v.* làm lu mờ, át hẳn đi

ecology *n.* sinh thái học

economic *adj.* kinh tế

economics *n.* kinh tế học

economy *n.* nền kinh tế; sự tiết kiệm

ecstatic *adj.* sướng mê, ngây ngất, xuất thần

eddy *n., v.* xoáy nước; gió lốc; khói cuộn

edge 1 *n.* lưỡi, cạnh sắc [dao]; cạnh, bờ, rìa, lề, mép 2 *v.* viền, làm bờ/gờ; xen, len, dịch dần

edible *adj.* có thể ăn được

edict *n.* chỉ dụ, sắc lệnh

edifice *n.* toà nhà, công trình xây dựng, lâu đài

edit *v.* biên tập, chú giải, hiệu đính, chỉnh lý, cắt xén, thêm bớt, sửa lại

editor *n.* người biên tập, biên tập viên; chủ bút

educate *v.* giáo dục, dạy dỗ; rèn luyện: **to ~ one's children** giáo dục con cái

education *n.* sự/nền giáo dục; vốn học, căn bản

eel *n.* con lươn

eerie *adj.* kỳ lạ, kỳ quái, kỳ dị, kỳ quặc

effect 1 *n.* kết quả; hiệu lực, hiệu quả; tác động, tác dụng, ảnh hưởng: **in ~** thực thể; **cause and ~** nguyên nhân và kết quả, nhân và quả 2 *v.* đem lại, thực hiện

effective *adj.* có hiệu lực/hiệu quả, hữu hiệu; có tác động/ảnh hưởng, gây ấn tượng

effervescent *adj.* sủi (bong bóng); sôi sục, sôi nổi

efficient *adj.* có hiệu quả/hiệu lực; có năng suất/hiệu suất/ công suất cao; có khả năng/ năng lực

effluent *n.* chất lỏng phế thải (từ nhà máy)

effort *n.* cố gắng, nỗ lực: **to make an ~ to do something** nỗ lực làm việc gì

effusive *adj.* [tình cảm] dạt dào

EFL *abbr.* (= **English as a Foreign Language**) tiếng Anh như một ngoại ngữ

egg *n.* trứng: **to lay ~s** đẻ trứng, trứng gà/vịt; **hard boiled ~** trứng luộc thật chín; **soft boiled ~** luộc lòng đào; **fried ~** trứng rán/ chiên; **~ cup** ly để trứng

ego *n.* cái tôi, cá nhân, tự ngã: **~ trip** việc làm cảm thấy tốt

Egypt *n.* nước Ả rập

eight 1 *num.* số tám, nhóm tám người 2 *adj.* tám, số tám: **~ years old** lên tám

eighteen *num.* số mười tám

eighty *num., adj.* tám mươi; số tám mươi: **in the eighties** trong những năm 80

either 1 *adj.* hoặc cái nầy hoặc cái khác: **~ one** cái nào cũng được; **on ~ side** ở mỗi bên, cả hai bên 2 *pron.* hoặc cái nầy 3 *conj.* hoặc ... hoặc: **Either red or black will do.** Đỏ hay đen cũng được cả. 4 *adv.* **If you are not going, I'm not going ~.** Nếu anh không đi thì tôi cũng chẳng đi.

eject *v.* tống ra, phụt ra

eke *v.* kiếm ăn thêm, thêm vào, bù vào

elaborate *adj.* tỉ mỉ, kỹ lưỡng, công phu

elapse *v.* [thời gian] trôi qua

elastic 1 *n.* dây chun, dây cao su 2 *adj.* co giãn, đàn hồi, mềm dẻo: **~ band** băng dây hun

elated *adj.* phấn khởi, hân hoan, vui vẻ

elbow 1 *n.* khuỷu tay; khuỷu tay áo; góc 2 *v.* hích, thúc khuỷu tay

elder

elder 1 *n.* người nhiều tuổi, huynh trưởng, bậc trưởng thượng 2 *adj.* nhiều tuổi hơn, lớn hơn

elderly *adj.* tuổi tác, già nua; đứng tuổi

eldest *adj.* nhiều tuổi nhất; cả, trưởng

elect 1 *v.* bầu; chọn 2 *adj.* được bầu/lựa chọn

election *n.* cuộc bầu cử/tuyển cử; sự lựa chọn: **general ~s** cuộc tổng tuyển cử

electric *adj.* điện: **~ shock** bị điện giật: **~ chair** ghế điện

electricity *n.* điện, điện lực, điện khí

electrocute *v.* (điện) giật chết

electromagnetism *n.* sự sản xuất điện từ bằng dòng điện

electron *n.* e-lec-tron, điện tử

electronic *adj.* (thuộc) điện tử

elegant *adj.* vẻ lịch sự, tính thanh lịch, tao nhã

element *n.* nguyên tố, yếu tố; hiện tượng khí tượng, mưa gió bão táp; cơ sở, nguyên lý cơ bản, đại cương

elementary *adj.* cơ bản, sơ yếu, sơ đẳng, sơ cấp: **~ school** trường sơ học/tiểu học, trường phổ thông cấp một

elephant *n.* con voi; khổ giấy

elevator *n.* [*Br.* **lift**] thang máy

eleven *num.* (số) mười một

elf *n.* (*pl.* **elves**) yêu tinh, đứa bé tinh nghịch

elicit *v.* gợi/mời khêu ra

eligible *adj.* đủ tư cách

eliminate *v.* loại bỏ, trừ ra, xoá bỏ; khử

elite 1 *n.* phái thượng lưu; phần

tinh hoa/tốt nhất 2 *adj.* xuất sắc, hoàn hảo

elocution *n.* cách nói (trước công chúng)

elongate *v.* làm/kéo dài ra

elope *v.* trốn đi (theo trai)

eloquence *n.* tài hùng biện

else 1 *adv.* khác: **What ~ did she say?** Cô ta còn nói gì nữa? 2 *conj.* khác nữa: **Hurry up, (or) ~ you'll miss the plane.** Lẹ lên, không lỡ máy bay bây giờ.

elsewhere *adv.* ở một nơi khác, chỗ khác

ELT *abbr.* (= **English Language Teaching**) giảng dạy tiếng Anh

elusive *adj.* hay lẩn tránh; (câu trả lời) thoái thác; (ý nghĩa) khó nắm

email *n., v.* điện thư, gởi điện thư

emanate *v.* bắt nguồn, phát ra

emancipate *v.* giải phóng, giải thoát

embalm *v.* ướp (xác chết)

embankment *n.* đê, đường đắp cao

embargo *n., v.* (lệnh) cấm vận: **to lift a trade ~** bỏ lệnh cấm vận

embark *v.* (cho) lên tàu; lao vào: **to ~ upon** bắt tay vào

embarrass *v.* làm ngượng, làm lúng túng/bối rối/khó chịu

embassy *n.* toà đại sứ, đại sứ quán

embed *v.* gắn/đóng/cấm vào; (câu) lồng vào

embers *n.* than hồng; đám tro tàn

embezzle *v.* biển thủ, thụt két

embrace 1 *n.* sự ôm 2 *v.* ôm, ôm chặt, ghì chặt; đi theo (đường lối, nghề nghiệp): **to ~ someone** ôm ai

embroidery *n.* đồ thêu; việc/ nghề thêu

embryo *n.* phôi

emerge *n.* nổi lên; hiện ra, nảy ra, lòi ra

emergency *n.* tình trạng khẩn cấp; trường hợp cấp cứu: **in case of ~** trong trường hợp khẩn cấp; **~ brake** thắng khẩn cấp; **~ door/exit** cửa an toàn/thoát hiểm

emigrate *v.* di cư, đổi chỗ ở

eminent *adj.* nổi tiếng, xuất sắc, kiệt xuất, lỗi

emission *n.* nguồn cung cấp điện, khí điện

emit *v.* phát/bốc/tỏa ra

emolument *n.* tiền thù lao; tiền trà nước

emotion *n.* sự cảm động/xúc động/xúc cảm

empathize *v.* thông cảm với người khác

emperor *n.* hoàng đế

emphasize *v.* nhấn mạnh: **I would like to ~ that …** Tôi muốn nhấn mạnh là …

empire *n.* đế quốc, đế chế: **the ~ building** toà nhà lớn

employ *v.* dùng, thuê (người giúp việc); sử dụng

employment *n.* sự dùng/thuê người; việc làm

empower *v.* cho/trao quyền; khiến cho có the

empty 1 *adj.* trống, rỗng, trống/ rỗng không; rỗng tuếch; bụng rỗng, đói; (lời nói) hão, suông: **~ promise** lời hứa suông, hứa hão 2 *v.* đổ/dốc/làm/uống cạn, trút sạch; (sông) đổ ra

emulation *n.* sự thi đua, sự ganh đua

enable *v.* làm/khiến cho có thể, cho phép

enact *v.* ban hành (luật); đóng/ diễn (vai)

enchant *v.* làm say mê; mê hoặc bằng yêu thuật

encircle *v.* bao quanh, bao vây; đi vòng quanh

enclose *v.* gửi kèm, đính kèm; rào quanh: **I ~ a cheque.** Tôi xin kèm đây một chi phiếu.

encode *v.* cho ám số/mật mã; thay đổi thông tin cho vào máy vi tính

encore 1 *n.* bài hát lại, điệu múa lại (theo lời yêu cầu của khán giả) 2 *intj.* Nữa! Hoan hô! Nữa!

encounter 1 *n.* sự gặp gỡ; cuộc chạm trán, cuộc đụng đo 2 *v.* gặp thình lình, bắt gặp; gặp (khó khăn)

encourage *v.* khuyến khích, cổ vũ, động viên: **to ~ someone to do something** khuyến khích ai làm việc gì

encroach *v.* xâm phạm, lấn (**on** vào)

encyclopedia *n.* bộ bách khoa từ điển

end 1 *n.* đầu mối (dây); đuôi, đoạn cuối, phần chót; mẫu thừa; giới hạn; sự kết thúc/kết liễu, sự chết; mục đích, cứu cánh: **to bring to an ~** chấm dứt 2 *v.* chấm dứt, kết thúc, tận cùng

endanger *v.* làm nguy hiểm, làm nguy hại

endeavor *n., v.* cố gắng, nổ lực

endorse *v.* ký, bối thự (séc, chi phiếu); tán thành

endow

endow v. quyên trợ tiền (vào trường, tổ chức văn hoá); (trời) phú cho

endure v. chịu đựng, cam chịu; kéo dài, tồn tại

enemy 1 n. kẻ thù, địch thủ, quân địch: **to be one's own ~** tự mình hại mình 2 adj. của địch, thù địch

energize v. làm cho ai có thiện cảm với việc gì, làm cho ai phấn khởi

energy n. sinh lực, nghị lực; năng lượng: **atomic ~** nguyên tử; **solar ~** năng lượng mặt trời

enforce v. thi hành, thực thi (luật); bắt theo

engage 1 v. hẹn, hứa hẹn, cam kết: **to ~ oneself in doing something** hứa hẹn làm việc gì 2 v. đính hôn, hứa hôn: **to be ~d to ... (for marriage)** ... đính hôn với ... 3 v. mắc bận

engine n. máy, động cơ; đầu máy xe lửa: **to start the ~ of the car** cho nổ máy

engineering n. nghề kỹ sư/công trình kỹ sư; kỹ thuật: **civil ~** kỹ thuật xây dựng; **military ~** kỹ thuật công binh; **mechanical ~** kỹ thuật cơ khí

England n. nước Anh, Anh quốc

English 1 n. tiếng Anh; người dân Anh: **modern ~** tiếng Anh hiện đại 2 adj. (thuộc/của) Anh: **~ dictionary** từ điển tiếng Anh

engrave v. khắc, chạm, trổ; in sâu, khắc sâu

engross v. làm mê mải, thu hút; chiếm (thì giờ)

engulf v. nhậm chìm/sâu, cuốn đi

enhance v. làm tăng, nổi bật, nâng cao, đề cao

enjoy v. thích thú, khoái; có được, hưởng (thụ)

enlarge v. mở rộng, tăng lên, khuếch trương; phóng đại/lớn, rửa lớn (ảnh)

enlighten v. làm sáng tỏ, mở mắt cho; làm cho đỡ ngu muội/mê tín, giải thoát

enlist v. tòng quân, đăng lính, đi làm nghĩa vụ quân sự; tuyển (quân); tranh thủ, giành được

enliven v. làm sống động, làm hoạt động/sôi nổi; làm phấn chấn/hưng thịnh, làm cho có khởi sắc

enmesh v. tham gia với ai trong hoàn cảnh xấu nhưng khó thoát ra được

enmity n. sự thù hằn/thù địch

enormous adj. to tướng, to lớn, khổng lồ, quá nhiều

enough 1 pron. lượng đủ dùng: **more than ~** quá đủ 2 adj. đủ, khá: **~ money** đủ tiền 3 adv. đầy đủ, khá: **warm ~** đủ ấm

enrage v. làm giận điên, làm điên tiết

enrich v. làm giàu thêm, làm phong phú/màu mỡ

enroll v. ghi tên [đi học, đi lính]; kết nạp

en route adv. đang trên đường đi

ensemble n. đoàn kịch, đoàn văn công/hợp xướng, ban nhạc; toàn bộ, chỉnh thể

enshrine v. để vào đền miếu để tôn thờ

ensnare v. làm cho ai khó thoát khỏi tình trạng khó khăn

ensue v. xảy ra; sinh ra [**from/ on** từ]

ensure v. bảo đảm

entail v. đòi hỏi; đưa đến, dẫn khởi, gây ra

entangle v. làm vướng víu, cuốn vào

enter v. vào, đâm vào; ghi [tên, khoản chi thu]

enterprise n. hãng, cơ sở kinh doanh, xí nghiệp

entertain v. tiếp đãi, chiêu đãi, thết đãi; giải trí, tiêu khiển, giải buồn; nuôi dưỡng, ấp ủ, hoài bão [hy vọng, mộng, v.v.]

enthrall v. hấp dẫn, làm mê hoặc/mê mệt

enthrone n. đưa lên ngôi, tôn lên (làm vua)

enthusiasm n. sự hăng hái, nhiệt tình, nhiệt tâm

entice v. dụ, dụ dỗ, cám dỗ, lôi kéo, nhử

entire adj. toàn bộ/thể; toàn vẹn, hoàn toàn: **the ~ country** toàn quốc; **the ~ people** toàn dân

entitle v. cho tên [sách, bài]; cho quyền: **to be ~d to freedom** được hưởng quyền tự do; **The poem is ~d ...** Bài thơ ấy nhan đề ...

entity n. thực thể

entourage n. đoàn tuỳ tùng, những người tháp tùng; vùng lân cận

entrails n. ruột, lòng

entrance 1 n. lối vào; quyền gia nhập: **~ examination** thi vào, thi nhập học 2 n. lối vào, lối đi vào

entrap v. bị vào lưới, sa vào bẫy

entreat v. van xin/nài, khẩn nài,

khẩn khoản: **to ~ someone for something** van xin ai việc gì

entrench v. đào hào, cố thủ

entrepot n. trung tâm xuất nhập khẩu; nhà kho tạm trữ hàng

entrepreneur n. người kiếm tiền bằng kinh doanh

entrust v. giao, gửi, giao phó: **to ~ a task to someone** giao phó một việc cho ai

entry n. sự đi vào; lối/cổng vào; sự ghi vào sổ; khoản/mục được ghi; mục từ [trong từ điển]

entwine v. quấn, bện, tết

envelop v. bọc, bao, bao phủ

envelope n. phong bì, bì thư

environment n. hoàn cảnh, môi trường: **to protect natural ~s** bảo vệ môi trường thiên nhiên

envious adj. thèm muốn, ghen ti, đố kỵ

envisage v. dự tính, nhìn trước, nghĩ rằng sẽ có

envoy n. phát viên, đại diện; đặc sứ, công sứ

envy 1 n. sự thèm muốn/ghen tị/ đố kỵ; điều làm người ta ghen tị 2 v. thèm muốn, ghen tị

epic n., adj. (có tính chất) sử thi/ anh hùng ca

epidemic n., adj. (bệnh) dịch

episode n. đoạn, hồi, tình tiết

equal 1 n. người ngang hàng/sức, vật bằng nhau 2 adj. ngang, bằng; đủ sức, đủ khả năng (đáp ứng): **~ opportunity** cơ hội đồng đều

equation n. phương trình

equator n. xích đạo

equilateral adj. [tam giác] đều cạnh

equilibrium *n.* sự thăng bằng, sự cân bằng

equipment *n.* sự trang bị; đồ trang bị, thiết bị, dụng cụ, đồ dùng, máy móc: **educational ~** đồ trang bị dạy học

equivalent *n., adj.* (vật/từ) tương đương

equivocal *adj.* không rõ rệt, mập mờ, nước đôi

era *n.* thời đại, kỷ nguyên

eradicate *v.* trừ tiệt, nhổ rễ, xoá bỏ, diệt trừ

erase *v.* xoá, xoá bỏ, gạch bỏ, tẩy đi: **to ~ mistakes** xoá bỏ lỗi đi

erect 1 *adj.* đứng thẳng, dựng đứng 2 *v.* xây dựng, lắp ráp

erode *v.* xói mòn; ăn mòn

erotic *adj.* thuộc tình dục; gợi tình, khiêu dâm

err *v.* sai lầm, lầm lỗi

errand *n.* việc vặt: **to run ~s** chạy việc vặt

errata *n.* (*sing.* **erratum**) bản đính chính lỗi in

error *n.* sự sai lầm, lỗi: **typographical ~s** lỗi nhà in, lỗi tấn công, lỗi người đánh máy

erupt *v.* [núi lửa] phun; [vụ cãi cọ, chiến tranh] nổ ra, bùng nổ, bạo phát; [da] phát ban, mọc mụn

escalate *v.* leo thang [chiến tranh]

escalator *n.* cầu thang tự động/ máy: **to take an ~ up to the meeting place** dùng thang máy đi lên phòng họp

escape 1 *n.* sự trốn thoát, lối thoát; sự thoát hơi 2 *v.* trốn thoát, thoát; thoát ra: **to ~ punishment** thoát khỏi sự trừng phạt

escort 1 *n.* đội/đoàn hộ tống; người bảo vệ/hướng dẫn; người cùng đi 2 *v.* hộ tống, đi theo

Eskimo *n.* áo dài phụ nữ Nhật, áo et-ki-mô

especially *adv.* nhất là đặc biệt

espionage *n.* hoạt động gián điệp

esplanade *n.* khu đất trống dành cho người đi bộ

essay *n.* bài tiểu luận/đoản luận, bài luận: **to write an ~** làm luận văn

essential 1 *n.* yếu tố, cần thiết 2 *adj.* thuộc bản chất; cần thiết, thiết/chủ/cốt/tất yếu

establish *v.* lập, thành lập, thiết lập; chứng minh, xác định; đặt [vào một địa vị]

estate 1 *n.* ruộng đất, cơ ngơi, địa sản, bất động sản: **real ~** bất động sản, tài sản, di sản 2 *n.* người mua bán nhà cửa đất đai, công ty địa ốc

esteem 1 *n.* lòng quý mến 2 *v.* kính mến, quí trọng

estimate 1 *n.* số lượng ước tính; bản khai giá 2 *v.* ước lượng, đánh giá: **to ~ one's monthly expenditure** ước tính chi tiêu hàng tháng của ai

estranged *adj.* ly gián, làm xa rời/xa lạ

estuary *n.* cửa sông

eternal *adj.* vĩnh viễn/cửu, bất diệt, đời đời; không ngừng, liên miên: **~ life** cuộc sống vĩnh cửu

ethical *adj.* thuộc đạo đức, thuộc luân lý; đúng luân thường đạo lý, đúng luân lý chức nghiệp

ethics *n.* đạo đức, nguyên tắc xử thế; đạo đức học

Ethiopia *n.* nước Ê-ti-ô-pi

ethnic *adj.* thuộc dân tộc/chủng tộc/nhân chủng

etiquette *n.* phép xã giao

EU *abbr.* (= **European Union**) liên hiệp các nước Âu châu

euphoria *n.* cảm giác tốt lành

euro *n.* đơn vị tiền tệ các nước liên hiệp Âu châu

Europe *n.* châu Âu

evacuate *v.* rút quân; sơ tán, tản cư, bài tiết

evade *v.* tránh, né, lẩn tránh, lẩn trốn, lảng

evaluate *v.* đánh giá, định giá, lượng định

evaporate *v.* (làm) bay hơi; tan biến, biến mất

evasion *n.* sự lẩn tránh, sự lẩn tránh

eve *n.* đêm trước, ngày hôm trước: **New Year's ~** đêm giao thừa

even **1** *adj.* bằng, phẳng; đều, đều đặn; ngang nhau; [số] chẵn: **to get ~ with someone** trả thù ai; **to break ~** hoà vốn **2** *v.* san bằng, làm phẳng; làm cho bằng **3** *adv.* ngay cả đến; lại còn: **~ if, ~ though** dù là ... đi chăng nữa; **~ so** dù có thế đi nữa

evening *n., adj.* buổi tối, tối, đêm: **this ~** tối nay; **~ paper** báo buổi chiều; **~ school** lớp học buổi tối

event *n.* sự việc, biến cố (quan trọng); trường hợp: **current ~s** thời sự, thời cuộc

ever *adv.* bao giờ, từ trước đến nay, từng, hằng; mãi mãi, luôn

luôn; nhỉ!: **more than ~** hơn bao giờ hết; **for ~ and ~** mãi mãi

every *adj.* mọi, tất cả mọi: **~ now and then** thỉnh thoảng

everybody *pron.* (tất cả) mọi người, ai nấy: **to say hello to ~** chào tất cả mọi người

everyone *pron.* (= **everybody**) mọi người, ai nấy

everything *pron.* tất cả, mọi thứ/vật

everywhere *adv.* khắp mọi nơi, ở mọi nơi:

evict *v.* đuổi [người thuê nhà/đất], trục xuất

evidence *n.* chứng cớ, bằng chứng

evident *adj.* rõ ràng, hiển nhiên

evil **1** *n.* điều ác/xấu **2** *adj.* xấu, ác; có hại

evoke *v.* gợi lên

evolution *n.* sự tiến triển/diễn tiến/tiến hoá

evolve *v.* tiến diễn, tiến triển; tiến hoá

ewe *n.* cừu cái

exact **1** *adj.* đúng, chính xác **2** *v.* tống tiền, bắt đóng, bóp nặn [thuế]

exaggerate *v.* thổi phồng, phóng đại, cường điệu

exalt *v.* đề cao, tâng bốc; tán dương, tán tụng

examination *n.* sự khám xét, sự khảo sát; kỳ thi: **to pass the ~** đỗ; **physical/medical ~** sự khám bệnh, sự khám sức khoẻ

examine *v.* xem xét, cứu xét, khám xét; nghiên cứu, khảo sát; hỏi thi, sát hạch; thẩm vấn: **to ~ the situation** xem xét tình huống

example *n.* ví dụ, thí dụ; gương, mẫu, gương mẫu

exasperate *v.* làm bực tức thêm, chọc tức

excavate *v.* đào; khai quật

exceed *v.* vượt quá/hơn

excel *v.* hơn, trội hơn; trội về, xuất sắc [về **in**]

Excellency *n.* Ngài (xưng hô)

excellent *adj.* rất tốt, ưu, rất hay, ưu tú, trội

except **1** *prep.* trừ, ngoại trừ: **We work every day ~ Sunday.** Chúng tôi làm việc hàng ngày trừ ngày Chủ nhật. **2** *conj.* mà rằng, ngoại trừ: **He did not tell me anything ~ that he wanted to borrow money.** Ông ấy không nói với tôi điều gì ngoại trừ ông ấy muốn mượn tiền. **3** *v.* không kể

excerpt *n.* đoạn/phần trích trích, trích dẫn

excess *n., adj.* sự quá mức; số hơn/thừa/dôi/dư; sự ăn uống/chơi bời quá độ

exchange **1** *n.* sự trao đổi; hối đoái; tổng đài điện thoại: **foreign ~** đổi ngoại tệ **2** *v.* đổi, đổi chác, trao đổi; đổi được

excise *n.* thuế hàng hóa: **~ tax** thuế tiêu thụ

excite *v.* kích thích/động, làm hưng phấn

exclamation *n.* sự kêu la, lời than: **~ mark** [!] dấu than, dấu cảm thán

exclude *v.* không cho vào, bỏ ra ngoài; không cho hưởng; đuổi/loại ra, loại trừ, không kể

excrete *v.* thải ra, bài tiết

excursion *n.* cuộc du ngoạn/tham quan

excuse **1** *n.* lời xin lỗi; lý do bào chữa; sự tha lỗi **2** *v.* tha lỗi, thứ lỗi, miễn thứ, lượng thứ, bỏ qua đi cho; bào chữa; miễn/tha cho: **Excuse me!** Xin lỗi!; **to ~ oneself** cáo lỗi

execute *v.* chấp hành, thi hành, thừa hành; hành hình, xử tử; biểu diễn [bản nhạc], thực hiện

executive **1** *n.* quyền/ngành hành pháp; chủ hãng, uỷ viên quản trị [một công ty] **2** *adj.* hành pháp, hành chính: **~ position** chức vụ hành chánh

exempt *v., adj.* miễn [thuế, lệ phí, v.v.] cho

exercise **1** *n.* bài tập; sự sử dụng [quyền]; thể dục: **military ~s** cuộc thao diễn quân sự; **to do ~s** tập thể dục **2** *v.* tập luyện, rèn luyện; tập thể dục; sử dụng

exert *v.* dùng, sử dụng: **to ~ oneself** cố gắng

ex-gratia *adj.* cho/hiến tặng

exhale *v.* thở ra; trút; thốt ra

exhaust **1** *n.* sự thoát/rút khí **2** *v.* hút, rút; dùng hết, dốc hết; làm cạn, làm kiệt quệ; làm mệt lử

exhibit **1** *n.* vật triển lãm; tang vật **2** *v.* phô bày, trưng bày; bày tỏ, biểu lộ

exhilarate *v.* làm vui vẻ/sung sướng/hồ hởi

exhort *v.* hô hào, cổ vũ, thúc đẩy, cổ xuý

exhume *v.* khám nghiệm tử thi

exile **1** *n.* sự đày ải; sự ly hương, cảnh tha hương **2** *v.* đày ải, lưu đày, lưu vong

exist *v.* sống, tồn tại; vẫn còn, hiện vẫn còn có

exit 1 *n.* lối/cửa ra; sự đi ra; sự đi vào 2 *v.* [diễn viên] đi vào

exodus *n.* sự ra đi, cuộc di cư

exorbitant *adj.* [giá] quá cao, quá đắt, cắt cổ

exorcize *v.* xua đuổi tà ma

exotic *adj.* lạ, ngoại lai, từ nước ngoài đem vào

expand *v.* trải ra, mở rộng; mở ra, phồng ra; phát triển, phát huy

expatriate *n., v.* (người) bỏ xứ sở mà đi, người đi làm việc nước ngoài

expect *v.* chờ đợi, ngóng/mong/ trông chờ; chắc là, cho rằng

expectation *n.* sự trông mong/ mong đợi; sự dự tính

expedite *v.* xúc tiến, giải quyết/ thanh toán mau

expedition *n.* cuộc viễn chinh/ thám hiểm; cuộc đi, cuộc hành trình; tính chóng vánh

expel *v.* đuổi, trục xuất; làm bật ra, tống ta

expend *v.* tiêu, tiêu dùng; dùng hết/cạn

expense *n.* sự tiêu; phí tổn

expensive *adj.* đắt tiền, mắc

experience 1 *n.* kinh nghiệm 2 *v.* trải qua, nếm mùi: **to ~ defeat** nếm mùi thất bại

experiment *n., v.* (cuộc/sự) thử, thí nghiệm

expert 1 *n.* nhà chuyên môn, chuyên viên/gia, viên giám định 2 *adj.* chuyên môn, thạo, lão luyện, tinh thông

expertise *n.* tài chuyên môn; sự tinh thông

expire *v.* thở (hắt) ra; mãn/hết hạn, hết hiệu lực

explain *v.* cắt/giải/giảng nghĩa; giải thích

explicit *adj.* rõ ràng, dứt khoát

explode *v.* (làm) nổ, làm tiêu tan; nổ bùng

exploit 1 *n.* thành tích, kỳ công, huân công 2 *v.* bóc lột, lợi dụng; khai thác/khẩn

exploration *n.* sự thám hiểm/ thăm dò/khảo sát

explore *v.* thăm dò, thám hiểm; thông dò; khảo sát tỉ mỉ, thâm cứu

export 1 *n.* hàng xuất khẩu 2 *v.* xuất khẩu/cảng

expose *v.* phơi bày; vạch trần; trưng bày; phơi sáng, chụp [ảnh]; đặt vào [chỗ nguy hiểm]

exposure *n.* sự trưng bày; sự vạch trần; sự phơi sáng; sự đưa ra nơi nguy hiểm; hình, ảnh

expound *v.* dẫn giải, trình bày chi tiết

express 1 *n.* xe lửa tốc hành 2 *v.* bày tỏ, diễn đạt, biểu lộ, phát biểu 3 *adj.* rõ ràng, minh bạch; nhanh, hoả tốc, tốc hành: ~ **service** dịch vụ hoả tốc 4 *adv.* hoả tốc, tốc hành: **to send it ~** gởi tốc hành

expulsion *n.* sự đuổi, sự trục xuất/khai trừ

exquisite *adj.* thanh, thanh tú; sắc, tinh, nhạy, thính, tế nhị; hay tuyệt, ngon tuyệt

extend *v.* mở rộng, kéo dài; đưa ra, giơ ra; gửi [lời chào mừng **greetings**], dành cho [sự giúp đỡ]: **to ~ best wishes to …** gởi

extent

lời chúc tốt đẹp đến …

extent *n.* khoảng rộng; phạm vi, chừng mực

exterior **1** *n.* bề/bên/mặt ngoài **2** *adj.* ở/từ ngoài

exterminate *v.* diệt trừ, tiêu/huỷ diệt

external *adj.* bên ngoài; dùng bên ngoài; từ ngoài vào; với bên ngoài

extinct *adj.* tắt; đã mai một; tuyệt chủng

extinguish *v.* dập tắt; làm tiêu tan [hy vọng]

extinguisher *n.* máy dập lửa

extol *v.* ca tụng, tán dương

extort *v.* tống tiền, bóp nặn; moi

extra **1** *n.* cái phụ, phần thêm; vai phụ **2** *adj.* thêm, phụ, ngoại; đặc biệt: **to need ~ time to finish the work** cần thêm thì giờ mới xong việc **3** *adv.* thêm ngoài

extract **1** *n.* đoạn trích; phần chiết, tinh, nước cốt **2** *v.* lấy ra, nặn ra, hút ra; nhổ [răng]; moi; trích

extradition *n.* sự/quyền dẫn độ

extramarital *adj.* xảy ra ngoài hôn nhân, ngoại hôn

extraordinary *adj.* lạ thường, khác thường, dị thường; đặc biệt, đặc mệnh

extravagant *adj.* phung phí, lãng phí; quá quắt, quá đáng; ngông cuồng vô lý

extreme **1** *n.* thái cực, mức độ/ tình cảnh cùng cực; hành động/ biện pháp cực đoan **2** *adj.* ở tột/ngoài cùng; cùng cực, cực độ, tột bực, vô cùng; cực đoan, quá khích

extricate *v.* gỡ ra, tách ra, thoát ra

extrinsic *adj.* không tuỳ thuộc về ai/vật gì

extrovert *n.* người tự tin trong giao tiếp với người khác

exuberant *adj.* [cây cỏ] um tùm, sum sê; [tình cảm] chứa chan, dào dạt; dồi dào, phong phú; hồ hởi

eye **1** *n.* mắt, con mắt; lỗ [kim, xâu dây giày]; thị giác, thị lực: **in the ~s of the world** theo con mắt của thế giới; **to lay ~s on …** nhìn …; **to make ~s at** nhìn đắm đuối **2** *v.* nhìn, quan sát

eyesight *n.* sức nhìn, thị lực

eyesore *n.* vật chướng mắt, điều gai mắt

eyewitness *n.* người được mục kích, nhân chứng

F

fable **1** *n.* truyện ngụ ngôn, truyện thần kỳ, truyện luân lý đạo đức **2** *n.* lời lừa dối, chuyện ngồi lê đôi mách

fabric **1** *n.* vải, hàng vải **2** *n.* cơ cấu, kết cấu

fabulous *adj.* bịa đặt, hoang đường; quá xá, khó tưởng tượng được, khó tin

facade *n.* mặt tiền, mặt chính; bề ngoài

face **1** *n.* mặt, vẻ mặt; bộ mặt **2** *n.* bề mặt; thể diện, sĩ diện: **to lose ~** mất mặt **3** *v.* hướng/ quay về; đối diện, đường đầu, đối phó

Facebook *n.* mạng truyền thông xã hội

facilitate v. làm cho dễ dàng, thuận tiện

facility n. sự dễ dàng; tiện nghi, phương tiện

facsimile n. (usu. abbr. **fax**) bản sao, bản chép

fact n. sự thật, thực tế; sự việc, sự kiện: **in ~** thực ra

faction n. bè phái, bè cánh, phe

factor n. nhân tố, yếu tố; thừa số

factory n. xưởng, nhà máy, xí nghiệp

faculty 1 n. khả năng, tính năng, năng lực 2 n. khoa, phân khoa; ban giáo sư/giảng huấn, tòan bộ cán bộ giảng dạy: **~ of business** khoa thương mại

fad n. mốt nhất thời, thời trang

fade v. héo/úa đi; nhạt/phai đi, mờ dần, mất dần

Fahrenheit adj. (abbr. °**F**) đơn vị đo nhiệt độ, độ nóng lạnh

fail v. thất bại; trượt, rớt, hỏng thi; không làm tròn, không giữ trọn; đánh trượt/hỏng; thiếu

faint 1 adj. uể oải, yếu ớt, mờ nhạt 2 v. ngất đi, xỉu đi

fair 1 n. hội chợ, chợ phiên 2 adj. công bằng; ngay thẳng 3 adj. đẹp; tóc vàng: **the ~ sex** phái đẹp, phụ nữ

fairy n. nàng/cô tiên

faith n. sự tin tưởng; niềm tin, lòng tin

fake 1 n. đồ giả 2 adj. giả, không thật: **~ money** tiền giả 3 v. làm giả, giả mạo; vờ

fall 1 n. sự rơi/ngã/rụng; sự hạ/sụt; sự suy sụp, sự sụp đổ: **the ~ season** mùa thu 2 n. thác nước 3 v. [**fell**; **fallen**] rơi (xuống/vào); rủ/xõa (xuống), rụng; xuống thấp, hạ thấp; xịu xuống; [gió] dịu đi, đỡ, bớt; đổ nát, sụp đổ; xuống dốc, sa sút; bị rơi vào, lâm vào: **to ~ asleep** ngủ thiếp đi; **to ~ in love with** phải lòng yêu ...; **to ~ short** thiếu, không đủ; không tới đích; **to ~ out** cãi nhau; giải tán

fallacy n. ý kiến/tư tưởng sai lầm

fallow adj. [đất] bỏ hoang, không trồng trọt

false adj. giả, không thật; giả dối, dối trá; sai, lầm

falter v. đi loạng choạng, vấp ngã; trù trừ; ấp úng, ngập ngừng

fame n. tiếng tăm, danh tiếng, tên tuổi

familiar adj. quen thuộc; thông thạo; thông thường; suồng sả, lả lơi, nhờn

family n. gia đình, gia quyến; chủng tộc; họ: **your ~** bảo quyền, quý quyến; **~ name** họ; **~ planning** kế hoạch hoá sinh đẻ

famine n. nạn đói kém

famous adj. có tiếng, nổi tiếng, nổi danh, trứ danh, hữu danh; cừ, chiến, oai, lừng danh

fan 1 n. cái quạt: **electric ~** quạt máy/điện; **ceiling ~** quạt trần 2 n. người hâm mộ/say mê: **soccer ~** người mê bóng đá 3 v. quạt, thổi bùng: **to ~ the flame** thổi lên ngọn lửa

fanatic n. người cuồng tín

fancy 1 n. trí/sự tưởng tượng; ý thích, thị hiếu; tính đồng bóng 2 adj. tưởng tượng; có trang trí 3 v. tưởng tượng, cho rằng, nghĩ rằng

fang

fang *n.* răng nanh [chó]; răng nọc [rắn]

fantastic *adj.* tuyệt vời; to lớn kinh khủng, hay quá

far 1 *adj.* xa, xa xôi, xa xăm: **as ~ as Danang** vào/ra mãi tận Đà Nẵng; **as ~ as I know** theo chỗ tôi được biết; **~ and wide** khắp mọi nơi; **How ~?** Bao xa? 2 *adv.* xa; nhiều: **~ better** tốt hơn nhiều

farce *n.* kịch vui nhộn; trò khôi hài, trò hề

fare 1 *n.* tiền xe/đò/phà/tàu, tiền vé; khác đi xe; đồ/thức ăn: **air~** tiền vé máy bay 2 *v.* ăn uống, bồi dưỡng; làm ăn

farewell *intj., n.* (lời chào) tạm biệt: **~ dinner** bữa tiệc tiễn đưa

farm 1 *n.* trại, trang trại; nông trường: **collective ~** nông trường tập thể 2 *v.* cày cấy, trồng trọt, làm ruộng

farmer *n.* nhà nông, người nông dân, bác nông phu

farther *adj., adv.* xa hơn

farthest *adj., adv.* xa nhất

fascinate *v.* làm mê hồn, thôi miên, làm mê mẩn

fashion 1 *n.* mốt, thời trang; kiểu, cách, hình dáng: **out of ~** không hợp thời trang nữa; **the latest ~** mốt mới nhất 2 *v.* tạo nên, làm thành, chế tác

fast 1 *n.* sự ăn chay, mùa chay 2 *v.* nhịn đói 3 *adj.* nhanh, mau; chặt, chắc chắn, bền vững: **10 minutes ~** nhanh 10 phút 4 *adv.* mau, nhanh: **~ asleep** ngủ say

fastener *n.* cái bấm, cái khóa

fastidious *adj.* tỉ mỉ, khó tính, khó chiều

fat 1 *n.* mỡ, chất béo: **trans ~s** quá nhiều chất béo 2 *adj.* béo, mập, phị; mỡ

fatal *adj.* chết người, chí tử, tai hại

fate *n.* số phận, số mệnh, định mệnh, thiên mệnh

father 1 *n.* bố, cha, thầy, thân phục; cha đẻ, ông tổ; cha, cố, linh mục: **the ~ of the country** quốc phụ; **like ~ like son** cha nào con nấy; rau nào sâu nấy 2 *v.* đẻ ra, sinh ra

fatigue *n.* sự mệt nhọc

faucet *n.* vòi ở thùng rượu/nước

fault *n.* thiếu sót, khuyết điểm; lầm lỗi, sai lầm; tội, lỗi; đường nứt: **to find ~ with** chê trách

fauna *n.* hệ động vật, các động vật, chim muông, cầm thú; động vật chí

favor 1 *n.* ân huệ, đặc ân 2 *n.* ý tốt, thiện ý, sự quý mến/sủng ái, sự tán thành/ủng hộ: **out of ~** không được yêu thích 3 *v.* biệt đãi, ưu đãi; giúp đỡ, ủng hộ, tán thành; làm thuận lợi cho: **to ~ someone** ưu đãi ai

favorite *n., adj.* (người) được mến chuộng, (vật/người) được ưa thích

fawn 1 *n.* hươu/nai con 2 *v.* [nai] đẻ 3 *v.* [chó] vẫy đuôi mừng; nịnh hót, bợ đỡ

fax *n., v.* bản điện thư, chuyển điện thư

FBI *abbr.* (= **Federal Bureau of Investigation**) cơ quan tình báo liên bang Mỹ

fear 1 *n.* sự sợ hãi, sự lo sợ, sự kinh sợ 2 *v.* sợ, lo ngại

feasible *adj.* làm được, có thể thực hiện được

feast *n.* bữa tiệc, yến tiệc; ngày lễ, ngày hội hè

feat *n.* kỳ công; chiến công, võ công

feather *n.* lông chim, lông vũ; bộ lông, bộ cánh

feature 1 *n.* nét mặt; nét đặc thù; bài/tranh đặc biệt 2 *v.* đăng [bài], chiếu [phim]; đóng vai chính

February *n.* tháng Hai

feces *n.* [*Br.* **faeces**] cặn, chất lắng

federal *adj.* thuộc liên bang: ~ **government** chính phủ liên bang

federation *n.* liên đoàn; liên bang

fee *n.* tiền thù lao, tiền thưởng; niêm liễm, lệ phí: **tuition ~s** học phí

feeble *adj.* yếu, yếu đuối, hư nhược, suy nhược

feed *n.* thức ăn cho súc vật, cỏ, rơm, cám, bèo; bữa ăn/chén; chất liệu đưa vào máy 2 *v.* [**fed**] cho ăn, cho bú; nuôi nấng, bồi dưỡng; ăn (cơm); ăn cỗ; đưa [chất liệu] vào máy

feel 1 *n.* sự sờ mó; xúc giác; cảm giác khi sờ mó 2 *v.* [**felt**] sờ, mó, thấy, cảm thấy, có cảm giác/cảm tưởng; sờ soạng, dò tìm

feeler *n.* râu mè; râu sờ, xúc tu, sừng; tua; lời thăm dò, lời ướm hỏi: **to put out ~s** thăm dò ý kiến người khác trước khi làm gì

feet xem **foot**

feign *v.* giả vờ, giả đò; bịa đặt; giả mạo

fell *v.* chặt, đẵn, phạt [cây], hạ [thú săn]

fellow *n.* bạn, đồng chí; người, bạn, gã, anh chàng, thằng cha; nghiên cứu sinh; hội viên [học hội], viện sĩ: ~ **countryman** đồng bào, đồng hương; ~ **worker** bạn cùng sở/nghề, đồng nghiệp; ~ **citizen** đồng bào

fellowship 1 *n.* tình bạn bè/anh em; hội, phường 2 *n.* học bổng, học kim [sinh viên cao học]

felony *n.* hành động phạm tội nghiêm trọng

female 1 *n.* con cái/mái 2 *adj.* cái, mái, đàn bà, nữ

feminine *adj.* đàn bà, như đàn bà, yểu điệu; [danh từ] giống cái

fen *n.* miền đầm lầy

fence 1 *n.* hàng rào; thuật đánh kiếm 2 *v.* rào lại; buôn bán đồ ăn cắp; đấu kiếm

fend *v.* đánh lui, đẩy lui, tránh né: **to ~ off a blow** tránh né đòn; **to ~ for oneself** tự đẩy lui

fender *n.* cái chắn bùn; cái cản sốc

ferment *v.* (làm) lên/dậy men; (làm) sôi sục/náo động

fern *n.* cây dương xỉ

ferocious *adj.* dữ tợn, hung ác; tàn bạo, dã man

ferret *v.* tìm kiếm, truy tầm, khám phá

ferry 1 *n.* phà: ~ **boat** tàu pha 2 *v.* (chở) qua sông: **to ~ children to and from school** đưa đón trẻ con đi học

fertile *adj.* [đất] màu mỡ, tốt; có thể sinh sản

fertilizer *n.* phân bón, đồ bón

fervent *adj.* nóng bỏng; nồng

nhiệt, nồng nàn, tha thiết

fester *v.* (làm) mưng mủ; day dứt

festival *n.* ngày hội, liên hoan

festive *adj.* thuộc ngày hội, vui (như hội)

fetal *adj.* thuộc bào thai

fetch *v.* tìm, kiếm, đi lấy; bán được …

fête *n.* ngày lễ/hội

fetter **1** *n.* cái cùm: ~s gông cùm, xiềng xích **2** *v.* cùm, trói buộc

fetus *n.* [*Br.* **foetus**] thai, bào thai

feud **1** *n.* mối thù **2** *v.* mang mối hận thù

fever *n.* cơn sốt, bệnh sốt; sự bồn chồn

few **1** *n.* một số ít: **the chosen ~** vài người/cái chọn lọc; **quite a ~** khá nhiều **2** *adj.* ít, không nhiều: **a ~** một vài, một ít

fiancé *n., m.* chồng chưa cưới, vị hôn phu, phi-ăng-xê

fiancée *n., f.* vợ chưa cưới, vị hôn thê, phiăngxê

fiber *n.* sợi, thớ, xơ, phíp; tính tình

fickle *adj.* hay thay đổi; không kiên định/thuỷ chung

fiction *n.* tiểu thuyết; chuyện hư cấu/tưởng tượng

fiddle *n.* đàn violông; **fit as a ~** sung sức

fidget *n., v.* (sự) bồn chồn, sốt ruột

field **1** *n.* cánh đồng, ruộng, đồng; sân, bãi; bãi chiến trường; khu, khu vực (khai thác); phạm vi, lĩnh vực; trường: **soccer ~** sân bóng đá; **battle ~** chiến trường, chiến địa; **coal ~** khu mỏ than; **~ officer** sĩ quan cấp tá **2** *v.* chọn sân; đề cử người đại diện

fieldwork *n.* công tác điền dã/

thực địa, việc làm để lấy kinh nghiệm

fiend *n.* ma quỷ; người nghiện; người giỏi

fierce *adj.* dữ tợn, hung dữ, hung tợn; dữ dội, mãnh liệt, ác liệt

fifteen **1** *num.* con số 15, ngày 15, một phần 15 **2** *adj.* mười lăm

fifty *num., adj.* (số) năm mươi

fig *n.* quả sung/vả; một ít, một tí, một chút síu

fight **1** *n.* trận đánh, cuộc chiến đấu; vụ cãi nhau, vụ đánh lộn, sự lục đục, trận ẩu đả **2** *v.* [**fought**] đánh, chống, chiến đấu, đấu tranh: **to ~ corruption** chống tham nhũng

figurative *adj.* [nghĩa] bóng

figure *n.* con số; hình, hình ảnh, hình vẽ; hình người, hình dáng; nhân vật; sơ đồ: **good at ~s** giỏi tính; **to have a good ~** dáng người thon; **political ~** nhân vật chính trị

filament *n.* sợi dây nhỏ, dây, tơ; dây tóc bóng đèn

filch *v.* xoáy, ăn cắp

file **1** *n.* hồ sơ **2** *n.* hàng, dãy [người, vật]: **in single ~** đi/xếp hàng một **3** *v.* xếp vào hồ sơ; nộp/đưa đơn khiếu nại

filial *adj.* thuộc đạo làm con: **~ piety** đạo hiếu

fill **1** *n.* sự đầy; sự no nê/no say **2** *v.* làm/đổ/rót/đắp đầy; nhồi; lắm kín; hàn [răng]; điền, bổ khuyết [chức vụ]; hội đủ, đáp ứng [điều kiện, nhu cầu]; bán hàng, bốc thuốc [theo đơn đặt hàng hay toa thuốc]: **to ~ up** đổ đầy [bình xăng]

fillet 1 *n.* thịt nạc thăn, cá không xương 2 *v.* lấy xương khỏi cá/thịt

film 1 *n.* lớp mỏng, màn mỏng; phim, phim ảnh, phim xinê: **color ~** phim màu 2 *v.* quay thành phim

filter 1 *n.* cái/máy/bộ lọc 2 *v.* lọc; thấm qua/vào

filth *n.* rác rưởi, rác bẩn; lời nói tục tĩu

fin *n.* vây cá

final 1 *n.* chung kết; kỳ thi cuối khoá 2 *adj.* cuối cùng, tối hậu; dứt khoát, quyết định

finale *n.* chương cuối, màn chót, phần kết

finance 1 *n.* tài chính; tài chính học: **~s** tiền của; tài chính, tài nguyên 2 *v.* cấp tiền cho, bỏ vốn cho, tài trợ cho

financial *adj.* thuộc tài chính: **~ year** ngân sách hàng năm

find 1 *n.* sự/vật tìm được 2 *v.* [**found**] thấy, tìm thấy/ra/được; thấy, nhận thấy, xét thấy: **to ~ out** tìm ra, khám phá ra

fine 1 *n.* tiền phạt 2 *v.* [**fined**] bắt phạt, phạt vạ 3 *adj.* đẹp, xinh, bảnh, kháu; [trời] đẹp; tốt, hay, giỏi; nhỏ, mịn, thanh, mỏng mảnh; tinh vi, tế nhị: **~ print** bản in đẹp 4 *adv.* tốt, giỏi: **working ~** làm việc giỏi

finger 1 *n.* ngón tay: **little ~** ngón tay út 2 *v.* sờ, mó; bấm

fingerprint 1 *n.* dấu ngón tay, dấu điểm chỉ 2 *v.* lăn tay, lấy dấu ngón tay

finish 1 *n.* đoạn/phần cuối; véc-ni, lớp sơn đầu, nước bóng: **to fight to the ~** chiến đấu đến cùng; **glossy ~** nước quang đầu 2 *v.* làm xong, hoàn thành/tất, kết thúc; dùng/ăn/uống hết sạch; xong, hết; đánh véc-ni, đánh bóng: **to ~ off** ăn cho hết, trút sạch [đồ ăn]; giết cho chết hẳn, kết liễu; **to ~ up** làm xong hết

fir *n.* cây linh sam, cây tùng

fire 1 *n.* lửa; đám cháy, vụ hoả hoạn; sự bắn, hoả lực: **to catch ~** bắt lửa, cháy; **to set ~ to** đốt; **under ~** bị bắn, bị pháo kích; bị chỉ trích; **pour oil on ~** lửa cháy tưới dầu thêm; **~-alarm** máy/sự báo động cháy; **~ fighter** lính chữa cháy 2 *v.* đốt cháy; bắn, làm nổ; nung, sấy; đuổi, (sa) thải; (bốc) cháy; nổ súng, bắn; (súng) nổ

fireman *n.* lính cứu hoả, đội viên chữa cháy

firewall *n.* bức tường lửa (máy vi tính), hệ thống trong máy vi tính ngăn chận ai lấy thông tin

firework *n.* pháo bông; cuộc đốt pháo bông

firm 1 *n.* hãng, công ty 2 *adj.* chắc, rắn chắc; vững chắc, bền vững; vững vàng, mạnh mẽ, kiên định, kiên/cương quyết: **a ~ promise** sự xác nhận chắc chắn 3 *adv.* vững/vững vàng 4 *v.* làm cho vật gì chắc chắn hơn

first 1 *n.* người/vật đầu tiên, người/vật đầu nhất; ngày mồng một; ban/lúc đầu: **the ~ of January** mồng một tháng Giêng 2 *adj.* thứ nhất, (đầu tiên): **~ quality** hạng tốt nhất, thượng hảo hạng; **at ~ hand** trực tiếp;

~-born (con) đầu lòng, (con) cả 3 *adv.* trước tiên/hết, đầu tiên, lần đầu: **to go** ~ đi trước, đi đầu; ~ **of all** trước hết mọi việc

fiscal *adj.* thuộc tài chính

fish 1 *n.* cá; món cá: **freshwater** ~ cá nước ngọt 2 *v.* câu/đánh/bắt; tìm, mò, moi, câu; kéo, vớt (từ dưới nước lên)

fisherman *n.* người câu/đánh cá, thuyền chài, ngư phủ, ngư ông

fist *n.* nắm tay, quả đấm

fit 1 *n.* cơn [đau, ho, cười, giận] 2 *n.* cái gì vừa vặn 3 *adj.* vừa hợp, thích hợp, xứng, dùng được; đúng, phải: ~ **to eat** ăn được 4 *v.* vừa, hợp; làm cho hợp/vừa; ăn khớp với, lắp

fitness *n.* sự thích hợp; sự cân đối/thẩm mỹ; tình trạng sung sức: ~ **test** cuộc thử nghiệm sự cân đối

fitting *n.* sự thử quần áo; sự lắp ráp: **gas** ~ sự lắp ráp khí đốt

five *num.* số 5, con số 5

fix 1 *n.* tình thế khó khăn, tình trạng khó xử; sự chích ma túy: **a** ~ **of heroin** mũi bạch phiến 2 *v.* sửa chữa; định, ấn định, quy định; gắn, lắp, đóng; thu xếp trả tiền

fixture *n.* đồ đạc cố định [đi theo ngôi nhà]; người ở lì mãi một chỗ/việc

fizzle 1 *n.* (tiếng) xì, sự thất bại 2 *v.* xì, xì xì; thất bại

flag 1 *n.* cờ: **to salute the** ~ chào cờ 2 *v.* treo cờ: **to** ~ **down** ra hiệu bằng cờ (cho dừng lại)

flail 1 *n.* cái đập lúa 2 *v.* đập [lúa]; quật, vụt

flair *n.* khả năng làm tốt, phẩm chất tốt

flake *n.* bông [tuyết]; vảy, mảnh dẹt: **snow** ~ bông tuyết

flamboyant *adj.* sặc sỡ, lòe loẹt; khoa trương

flame 1 *n.* ngọn lửa, cơn; người tình 2 *v.* cháy, bốc cháy, cháy bùng; bùng/bừng lên

flank 1 *n.* sườn, hông; sườn núi; sườn, cánh (quân) 2 *v.* tấn công bên sườn; nằm/đóng bên sườn

flap 1 *n.* nắp, mép, vạt, sành; sự vỗ/đập 2 *v.* vỗ, vỗ nhẹ; vỗ phần phật; đập đen đét: **to** ~ **one's hands** vỗ tay

flare 1 *n.* ánh sánh lóe, pháo sáng, hoả châu; chỗ xoè/loe [ở quần, váy] 2 *v.* sáng lóe lên, cháy bùng lên; ra hiệu bằng hoả châu; loe ra, xoè ra: **to** ~ **up** lóe lửa; nổi nóng, nổi cáu; bùng nổ

flash 1 *n.* ánh sáng lóe lên, tia lóe; tia ngắn/vắn, điện ngắn: **a** ~ **of lightning** tia chớp 2 *v.* làm lóe sáng; truyền đi nhanh; phát [tin] nhanh; thò ra khoe [của]; lóe sáng, vụt sáng; chợt hiện ra, lóe lên; chạy vụt

flask *n.* chai bẹt, lọ bẹt; hũ rượu, bình thót cổ

flat 1 *n.* căn phòng/buồng; mặt phẳng; miền đất phẳng; lòng (bàn tay); sự bẹp lốp 2 *adj.* bằng, phẳng, bẹt, tẹt, dẹt; sóng sượt, sóng soài; nông; [lốp] bẹp, xì hơi; thẳng thừng: **a** ~ **tire** lốp xe bẹp; ~ **rate** tiền lời cố định 3 *adv.* bằng phẳng; thẳng thừng, dứt khoát: **to lie** ~

nói dối ngon lành

flatten v. (làm) phẳng/bẹt ra, dát mỏng

flatter v. nịnh, xu nịnh, tâng bốc; làm cho hãnh diện; làm tôn vẻ đẹp cho

flaunt v. khoe khoang, phô trương, chưng diện

flavor n. (vị) ngọt, mùi thơm, mùi vị; hương vị: **ice-cream in different ~s** kem với nhiều mùi vị khác nhau

flaw n. vết nứt/rạn; vết [đá quý]; chỗ hỏng; tì vết, vết nhơ; thiếu sót, sai lầm

flay v. lột da; đánh đập; phê bình, chỉ trích

flea n. con bọ chét

flee v. [fled] chạy trốn, bỏ/lẩn trốn; trôi qua (nhanh)

fleece 1 n. bộ/mớ lông cừu; cụm xốp nhẹ, bông 2 v. xén, cắt [lông cừu]; lừa đảo [khách hàng]

fleet n. đội tàu, hạm đội; đội máy bay, phi đội

flesh 1 n. thịt (sống); cùi [quả]; xác thịt: **in the ~** bằng xương bằng thịt 2 v. cho thêm chi tiết/thông tin vào bài nói/viết

flex 1 v. di động giãn tay chân 2 n. dây bọc nhựa nối điện

flick 1 n. cái gõ, cái giật, cái bật, cái búng; phim chiếu bóng 2 v. vụt, gõ nhẹ, búng, phủi

flicker 1 n. ánh lửa bập bùng: **a ~ of interest** niềm vui thích chốc lát 2 v. bập bùng, lập loè; rung rinh, mỏng manh

Flickr n. mạng truyền thông giao tiếp xã hội Flickr

flier, flyer 1 n. phi công; xe tốc hành 2 n. tờ quảng cáo; bản tin

flight 1 n. sự bỏ chạy, sự rút chạy, sự bỏ trốn 2 n. sự bay; chuyến bay; đàn [chim bay]; sự trôi mau [thời gian]

flimsy adj. mỏng manh, [lý do] không vững: **a ~ explanation** sự giải thích không vững

flinch v. chùn bước, nao núng; rụt lại [vì đau]

fling v. [flung] quăng, ném, vứt, thảy; liệng, lao, gieo [quân súc sắc]; chạy vụt, lao nhanh

flint n. đá lửa

flip 1 n. cái búng, sự tung đồng tiền; sự lật trang sách 2 v. búng, tung [đồng tiền coin] xem ngửa hay sấp; lật [trang sách]

flirt 1 n. người (thích được) ve vãn tán tỉnh 2 v. tán tỉnh, ve vãn; đùa cợt [**with** với]

flit v. bay nhẹ nhàng; (bay) vụt qua

float 1 n. cái phao, phai cứu đắm; xe hoa, xe rước 2 v. nổi, trôi lềnh bềnh; lơ lửng; thả cho trôi; truyền, tung ra [tin đồn **rumor**]

flock 1 n. đàn, bầy, đám đông 2 v. tụ họp, tụ tập, quây quần, lũ lượt kéo đến/đi, đổ xô đến/đi

flog v. quất, quật, đánh bằng roi, vụt: **to ~ a dead horse** đánh cho chết

flood 1 n. lũ, lụt, thuỷ tai; sự tuôn ra cuồn cuộn; nước triều lên: **a ~ of tears** nước mắt ròng ròng 2 v. làm ngập lụt, làm ngập nước; tràn ngập

floor n. sàn nhà/gác/cầu; tầng (nhà); đáy (biển): **ground ~** tầng dưới cùng

flooring *n.* vật liệu/gạch/ván để làm sàn, sự lát sàn

flop **1** *n.* tiếng rơi tõm; sự thất bại **2** *v.* kêu tõm; rơi/ngồi/nằm phịch; ném/quăng phịch; thất bại

flora *n.* hệ thực vật, các thực vật, cây cỏ

floss **1** *n.* tơ sồi/thô/đũi **2** *v.* xỉa răng với dây tơ

flounder *v.* lúng túng, nhầm lẫn; loạng choạng

flour *n.* bột, bột mì

flourish *v.* vung, múa [gươm, tay]; viết [chữ đẹp]; thịnh vượng, hưng thịnh, phồn vinh, phồn thịnh, phát đạt

flout *v.* xem/coi thường, miệt thị, chế nhạo

flow **1** *n.* sự chảy; luồng chảy, lưu lượng; luồng [nước, điện]; nước triều lên; dòng, luồng **2** *v.* chảy, trào ra, tuôn ra; bắt nguồn, tràn đến, đến tới tấp; [tóc] rủ xuống

flower **1** *n.* hoa, bông hoa, đá hoa; tinh hoa/túy; tuổi thanh xuân, hoa niên **2** *v.* nở/ra/khai hoa; nở rộ

flu *n., abbr.* (= **influenza**) bệnh cúm: **bird ~** dịch cúm gia cầm

fluctuate *v.* lên xuống, thay đổi không chừng

fluent *adj.* sự (nói/viết) trôi chảy, lưu loát

fluff **1** *n.* nạn/nùi bông, lông vải, lông tơ **2** *v.* làm việc gì xấu

fluid **1** *n.* chất lỏng, lưu thể **2** *adj.* lỏng, hay thay đổi

flunk *v., coll.* thi trượt/rớt, hỏng thi; đánh hỏng

flurry *n.* cơn gió mạnh; cơn mưa, trận bão tuyết nhỏ; sự bối rối xôn xao

flush **1** *n.* sự chảy mạnh/xiết; sự đỏ bừng, sự ửng hồng; niềm hân hoan **2** *v.* giội/xối nước; làm đỏ bừng, làm hừng sáng; làm phấn khởi/hân hoan; toé ra, phun ra; đỏ bừng, ửng hồng; hừng sáng

flute *n.* ống sáo, địch, tiêu

flutter *n.* sự vỗ cánh; sự xao xuyến

flux *n.* sự tuôn trào, sự chảy ra liên tục, sự thay đổi liên tục

fly **1** *n.* con ruồi; ruồi giả dùng làm mồi câu **2** *v.* [**flew**, **flown**] bay; đáp/lái máy bay; tung bay, bay phấp phới; chạy như bay; làm tung bay, kéo [cờ]; thả [diều]: **to ~ into a rage** nổi xung

flyover *n.* cầu nằm trên một con đường khác

foal *n.* ngựa con, lừa con

foam **1** *n.* bọt nước, rượu; nước dãi; **~ rubber** cao su bọt, cao su mút **2** *v.* sủi bọt

fob **1** *n.* dây đeo đồng hồ, túi nhỏ đựng đồng hồ **2** *v.* dối trá trong việc nhận một vật gì

focal *adj.* tiêu; trung tâm: **~ point** trung tâm điểm

focus **1** *n.* tiêu điểm; trung tâm: **out of ~** không rõ nét **2** *v.* điều chỉnh tiêu điểm [máy ảnh]; tập trung [sự chú ý]

fodder *n.* cỏ/rơm khô cho súc vật ăn

foe *n.* kẻ thù, kẻ địch, địch thủ

fog **1** *n.* sương mù **2** *v.* phủ sương mù; che mờ

foil **1** *n.* lá (kim loại): **gold ~** vàng

lá **2** *v.* làm thất bại [kế hoạch, âm mưu]

foist *v.* nhét thêm; ghép, gán

fold 1 *n.* nếp gấp: **to make two ~s** gấp hai lần **2** *v.* gấp, gập, xắn, vén; khoang [tay]; ôm, ẩm vào lòng; gập lại, gấp lại: **to ~ up** gập lại, gói lại; thôi, dẹp, giải tán

folder *n.* bìa đựng hồ sơ; hồ sơ

folk 1 *n.* floks người; người thân thuộc: **the old ~s** những người già; **my ~s** cha mẹ tôi, gia đình tôi **2** *adj.* dân tộc, dân gian: **~ literature** văn học dân gian; **~ music** dân nhạc; **~ song** dân ca

follow *v.* theo, đi theo, theo sau, tiếp theo; làm theo, theo lời; theo đuổi [chính sách]; nghe kịp: **to ~ in someone's footsteps** theo bước chân người nào; **to ~ through** theo cho đến cùng; **to ~ up** tiếp theo, theo đuổi; khai triển

folly *n.* sự điên rồ; hành động/lời nói dại dột

fond *adj.* mềm, ưa, thích, khoái; yêu dấu, trìu mến

fondle *v.* vuốt ve, mơn trớn

food *n.* đồ/thức/món ăn, thực phẩm

fool 1 *n.* người ngu, thằng khờ; anh hề: **to make a ~ of oneself** hành động/xử sự một cách xuẩn động **2** *v.* đánh lừa, lừa phỉnh, lừa gạt; làm cuyện ngớ ngẩn, vớ vẩn

foot 1 *n.* (*pl.* **feet**) chân, bàn chân; chân [tường, đồi, núi], phía dưới, cuối [trang giấy]: **to go on ~** đi bộ; **to stand on one's feet** đứng dậy một chân **2** *n.* đơn vị đo lường **1 foot = 12 inches = 30.48 cm** một foot bằng **12 inch = 0m 3048 3** *v.* trả, thanh toán, đi bộ

football *n.* quả bóng đá, banh (tròn, bầu dục); môn bóng đá, môn bóng bầu dục, túc cầu

footnote 1 *n.* cước chú **2** *v.* chú thích ở cuối trang

footpath *n.* đường nhỏ, lối đi; vỉa hè

footprint *n.* dấu/vết chân

footwear *n.* giày dép nói chung

for *prep.* cho; thay/thế cho, đại diện cho; đã, vì, mục đích là; về phe/phía, ủng hộ; đến, đi đến; vì, bởi vì; đối với, về phần; trong khoảng; mặc dầu; so với, đối với: **to stand ~** thay cho; **to look ~** tìm, kiếm; **the train ~ Hai Phong** chuyến xe lửa đi Hải Phòng; **~ two hours** trong hai tiếng đồng hồ

forage *v.* lục lọi, tìm tòi [thức ăn]

foray *n.* sự cướp phá, sự đốt phá

forbear 1 *n.* (*also* **forebear**) tổ tiên ông bà, các bậc tiền bối **2** *v.* [**forbore; forborne**] nhịn, đừng; kiên nhẫn chịu đựng

forbid *v.* [**forbade; forbidden**] cấm, ngăn cấm

force 1 *n.* sức lực, sức mạnh; vũ lực, quyền lực, sự bắt buộc; lực lượng; hiệu lực; ảnh hưởng, tác dụng, sức thuyết phục: **by ~** bằng vũ lực **2** *v.* bắt buộc, ép buộc, cưỡng ép; cưỡng bách: **to ~ open** đẩy/phá tung [cửa]

forceps *n.* cái kềm/gấp dùng để mổ

ford

ford 1 *n.* chỗ cạn [ở suối, sông]
2 *v.* lội qua

fore 1 *n.* phần/phía trước; mũi
tàu 2 *adj.* trước, ở phía trước,
đằng trước; ở mũi tàu; **~ and
aft** từ đằng mũi đến lái, từ đầu
đến cuối

forecast 1 *n.* dự báo 2 *v.* đoán
trước, dự đoán/báo

forefather *n.* ông cha, tổ tiên

foregone *adj.* đã định trước, tất
nhiên, tất yếu

foreground *n.* cận cảnh, tiền
cảnh, cảnh gần; địa vị nổi bật
(được mọi người chú ý)

forehead *n.* trán

foreign *adj.* thuộc nước ngoài,
ngoại quốc, ngoại, ngoại lai;
xa lạ, ngoài, không thuộc về;
lạ: **~ languages** tiếng nước
ngoài, ngoại ngữ; **~ trade** ngoại
thương; **~ policy** chính sách đối
ngoại; **~ minister** ngoại trưởng;
ministry of ~ affairs bộ ngoại
giao; **~ exchange** đổi ngoại tệ

foreman *n.* cai, đốc công, quản
đốc; chủ tịch ban hội thẩm

foremost 1 *adj.* trước nhất, đầu
tiên; đứng đầu, cao nhất, trên
hết, lỗi lạc nhất, kiệt xuất
2 *adv.* trước hết/nhất/tiên

forensic *adj., n.* liên hệ đến luật,
toà án

foresee *v.* thấy trước, đoán trước,
dự kiến

foresight *n.* sự nhìn xa thấy
trước, sự lo xa

forest *n.* rừng: **a ~ of flags** một
rừng cờ

foretaste *n., v.* (sự) nếm trước,
dự thưởng

foretell *v.* nói trước, đoán trước

forever *adv.* mãi mãi, vĩnh viễn

forewarn *v.* báo trước, cảnh báo
trước

foreword *n.* lời nói đầu, tiền
ngôn, lời tựa

forfeit 1 *n.* vật bị mất/thiệt; tiền
phạt 2 *v.* để mất, mất quyền; bị
tước, bị thiệt, bị tịch thu

forge 1 *n.* lò/xưởng rèn; lò/xưởng
luyện kim 2 *v.* rèn; giả mạo
(chữ ký, v.v.), nguỵ tạo 3 *v.* nỗ
lực tiến lên (phía trước **ahead**)

forgery *n.* sự/tội giả mạo; đồ giả
mạo

forget *v.* [**forgot**; **forgotten**]
quên, không nhớ đến; bỏ qua

forgive *v.* [**forgave**; **forgiven**]
tha, tha thứ, thứ lỗi, khoan thứ,
lượng thứ

forgo *v.* [**forwent**; **forgone**] thôi,
bỏ, kiêng, chừa, cai

fork 1 *n.* đĩa, nĩa (ở bàn ăn): **to
use knives and ~s** dùng dao và
nĩa 2 *n.* nạng, chĩa (gẩy rơm);
chạc cây; chỗ ngã ba

forlorn *adj.* đau khổ, tuyệt vọng;
trơ trọi, cô độc; hoang vắng,
hoang vu, đìu hiu, hiu quạnh

form 1 *n.* hình, hình thể/dáng/
dạng; bóng người; thể, dạng,
hình thức/thái; lễ nghi; nghi
thức, lễ thói, thủ tục; mẫu đơn;
tình trạng sức khoẻ; lớp học:
application ~ mẫu đơn (xin
việc, xin học) 2 *v.* làm thành
tạo thành/hình thành; rèn
luyện, đào tạo; tổ chức, thiết
lập, thành lập: **to ~ a group** làm
thành một nhóm

formal *adj.* về/thuộc hình thức;

theo nghi thức, theo thủ tục, chính thức, trang trọng: **to write a ~ letter** viết một lá thư chính thức

format **1** *n.* khuôn khổ (sách, giấy); cách thu xếp tiết mục **2** *v.* sắp xếp, thiếp lập cho đĩa vi tính

former **1** *n.* cái/người/vấn đề trước [**latter**] **2** *adj.* trước, cũ, xưa, nguyên: **the ~ director** nguyên giám đốc/chủ nhiệm; **in ~ times** trước đây, hồi trước, thuở xưa

formidable *adj.* dữ dội, dễ sợ, ghê gớm, kinh khủng

formula *n.* (*pl.* **formulae**) công thức; thể thức, cách thức

forsake *v.* [**forsook; forsaken**] bỏ, từ bỏ; bỏ rơi

fort *n.* đồn, pháo đài; vị trí phòng thủ; trại

forth *adv.* về/ra phía trước; lộ ra: **to move back and ~** đi đi lại lại, chạy tới chạy lui; **to bring ~, to set ~** đưa ra, đề ra

fortify *v.* lành mạnh thêm, làm cho vững chắc, củng cố; xây công sự cho (vị trí)

fortnight *n.* hai tuần lễ, nửa tháng, mười lăm ngày

fortress *n.* căn cứ quân sự

fortune *n.* của cải, cơ đồ, sự giàu có; vận (mệnh); vận may

forty *num., adj.* (số) bốn mươi

forum *n.* hội thảo; diễn đàn; quảng trường, chợ

forward **1** *n.* tiền đạo (bóng đá) **2** *adj.* ở trước, phía trước, tiến lên trước; tiến bộ, tiên tiến; chín sớm, đến sớm, khôn sớm;

sốt sắng **3** *adv.* (*also* **forwards**) về phía trước, lên đằng trước: **Forward!** Tiến lên! Xung phong! **4** *v.* đẩy mạnh, xúc tiến; gửi [hàng]; chuyển [thư từ]

fossil *n., adj.* (vật) hoá đá, hoá thạch: **~ fuel** nhiên liệu cứng

foster **1** *v.* nuôi [trẻ con, hy vọng] ấp ủ, khuyến khích, cổ vũ; bồi thường **2** *adj* nuôi, trông giữ: **~ parents** cha mẹ nuôi

foul **1** *adj.* [mùi] hôi hám, hôi thối; bẩn thỉu; xấu, tồi, đáng ghét; thô tục, tục tĩu; gian lận, trái luật lệ: **~ play** chơi xấu (trong các môn thể thao) **2** *adv.* gian lận, xỏ lá, xấu **3** *v.* làm bẩn, làm ô nhiễm, làm nhơ nhuốc: **to ~ up** làm rối tung, làm hỏng bét; **to run ~ of the law** gặp khó khăn với ai vì làm điều bất hợp pháp

found *v.* lập, thành lập, sáng lập, kiến lập, tạo dựng, xây dựng, thiết lập, đặt nền móng; căn cứ: **to ~ a party** thành lập một đảng

foundation *n.* việc thành lập/ sáng lập/thiết lập; nền móng, nền tảng, cơ sở; căn cứ; cơ kim, sáng hội, cơ quan tư [tài trợ cho trường học, v.v.]

fountain *n.* máy nước; vòi nước, vòi phun; nguồn

four *num.* số bốn; bộ bốn; mặt bốn; con bốn: **to go on all ~s** bò (bàn tay và đầu gối)

fourteen *num., adj.* (số) mười bốn

fowl *n.* gà vịt, chim, gia cầm

fox *n.* cáo, chồn; cáo già, tay xảo quyệt

fraction

fraction *n.* phân số; phần nhỏ; sự chia rẽ

fracture 1 *n.* sự gãy; chỗ gãy 2 *v.* làm gãy, bị gãy

fragile *adj.* dễ vỡ/gãy; mỏng mảnh, mỏng manh; yếu ớt, mảnh dẻ, ẻo lả

fragment *n., v.* mảnh (vỡ); đoạn, khúc, mẩu

fragrance *n.* mùi thơm phức, hương thơm ngát

frail *adj.* mỏng mảnh; yếu đuối, ẻo lả; mỏng manh

frame 1 *n.* khung [ảnh, cửa, xe]: to **make a ~ for the painting** làm khung cho bức tranh 2 *n.* sườn [tàu, nhà]; thân hình, tầm vóc; cơ cấu, cấu trúc 3 *n.* trạng thái: ~ **of mind** tâm trạng 4 *v.* đóng/lồng/lên khung; dựng lên, bố trí

France *n.* nước Pháp

frank 1 *adj.* thẳng thắn, ngay thật, bộc trực 2 *v.* đóng dấu/tem cơ quan trên thư

frantic *adj.* cuống cuồng, điên cuồng, cuồng loạn

fraternity *n.* hội sinh viên đại học Mỹ; hội huynh đệ, hội liên nghị

fraud *n.* sự gian lận, trò gian trá, tội lừa gạt

fraught *adj.* đầy nguy hiểm: ~ **with danger** đầy nguy hiểm

fray 1 *n.* cuộc ẩu đả, vụ đánh nhau, vụ đánh lộn 2 *v.* [mét vải] cọ sờn ra, cọ xơ ra

freak 1 *n.* tính đồng bóng; sự bất bình thường 2 *adj.* bất thường

freckle 1 *n.* đốm tàn nhang 2 *v.* [da] có tàn nhang

free 1 *adj.* tự do; rãnh rang, được tự do, không bị ràng buộc; khỏi

phải, thoát khỏi: ~ **of charge** miễn phí; **to set ~** tha, thả, thả tự do, phóng thích; ~ **admission** vào cửa tự do, ra vô thong thả 2 *v.* thả, phóng thích, trả tự do, giải thoát/phóng 3 *adv.* tự do, không bị ràng buộc, không trả tiền: **to eat ~** ăn khỏi trả tiền; **to travel ~** đi du lịch không mất tiền

freedom *n.* quyền tự do; (nền) tự do; sự miễn: ~ **of speech** quyền tự do ngôn luận; **to fight for ~** chiến đấu cho tự do

freehold *n.* quyền sở hữu một cơ sở/nhà không hạn định thời gian

freelance *adj.* ký giả, nghệ sĩ, văn sĩ tự do không có khế ước riêng

freeware *n.* phần mềm miễn phí cho máy vi tính

freeze 1 *n.* tiết đông giá; sự đông lạnh; việc kiểm soát giá cả hay đồng lương 2 *v.* [froze; frozen] đóng băng; đong lại, lạnh cứng, rét cóng; làm đóng băng; làm đông lại; ướp lạnh; **to ~ to death** chết rét

freezer *n.* máy ướp lạnh

freight *n.* tiền cước chuyên chở; hàng hoá chuyên chở: ~ **train/car** (toa) xe lửa chở hàng

French 1 *n.* tiếng Pháp; người Pháp 2 *adj.* thuộc Pháp

frenzy *n.* sự điên cuồng/bấn loạn

frequent 1 *adj.* hay có, có luôn, hay xảy ra 2 *v.* hay lui tới, hay lai vãng: **to ~ cinemas** hay đi xem xi-ne

fresh *adj.* [rau, hoa, thịt, cá, trứng sữa] tươi; [không khí] tươi mát, mát mẻ, trong sạch; [tin] mới, sốt dẻo; tươi tấn, mơn mởn; khoẻ khoắn, sảng khoái; [nước] ngọt [chứ không mặn]; non nớt, ít kinh nghiệm; [giấy, quần áo] mới thay; [sơn] ướt

fret *n., v.* (sự) bực dọc, cáu kỉnh, khó chịu

friar *n.* thầy tu hành khất

friction *n.* sự cọ xát/ma xát; sự chà xát; sự va chạm/xích mích/ xung đột/huých tường

Friday *n.* Thứ Sáu

friend *n.* bạn, bạn hữu: **close ~s** bạn thân; **a ~ in need is a ~ indeed** bạn lúc cần mới là bạn thật

fright *n.* sự hoảng sợ; người xấu xí; quái vật

frighten *v.* làm sợ: **to ~ off/away** làm cho sợ phải bỏ đi

frightful *adj.* ghê sợ, dễ sợ, kinh khủng

frigid *adj.* lạnh lẽo, băng giá; lạnh nhạt, nhạt nhẽo, vô tình; [đàn bà] không nứng được, lãnh đạm nữ dục

frill *n.* điểm: **~s** những cái tô điểm thêm

fringe **1** *n.* tua [khăn, thảm]; mép, ven, rìa **2** *v.* chạy đường viền

fritter **1** *n.* bánh be nhê nhân thịt hoặc trái cây **2** *v.* phung phí, lãng phí

frivolous *adj.* không đáng kể, nhỏ mọn, tầm phào, bá láp; nhẹ dạ, nông nổi, lông bông, hão huyền

fro *adv.* lập lại: **to and ~** đi đi lại lại, chạy đi chạy lại

frog *n.* con ếch; đờm làm khản cổ: **~ in the throat** đờm trong cổ

from *prep.* từ cách, khỏi: **~ beginning to end** từ đầu đến cuối, từ đầu chí cuối; **an e-mail ~ my father** một bức điện thư của ba tôi; **to recover ~ an illness** khỏi ốm

front **1** *n.* đằng/mặt/phía trước; mặt trận: **the ~ of the library** trước cửa thư viện **2** *adj.* phía trước: **~ yard** vườn đằng trước **3** *v.* quay mặt về

frontier *n.* biên giới/cương/thùy, quốc cảnh

frost **1** *n.* sương giá; sự đông giá; sự thất bại **2** *v.* phủ sương giá; rắc đường lên; làm lấm tấm

froth **1** *n.* bọt; chuyện vô ích, chuyện phiếm **2** *v.* làm nổi bọt, sùi bọt

frown *n., v.* (sự) cau mày, (sự) nhăn mặt, (vẻ) không tán thành

frozen *adj.* **~ orange** juice nước nước cam đông lạnh; **~ assets** tài sản không lấy ra được vì bị phong toả

frugal *adj.* đạm bạc, thanh đạm, căn cơ, tiết kiệm

fruit *n.* quả, trái cây; thành/kết quả

frustrate *v.* làm hỏng, làm thất bại; làm vỡ mộng, làm thất vọng

fry **1** *n.* cá mới nở **2** *v.* rán, chiên: **to deep-~** rán nhiều mỡ

fuel **1** *n.* chất đốt, nhiên liệu **2** *v.* cung cấp chất đốt; lấy nhiên liệu, lấy xăng

fugitive **1** *n.* kẻ trốn tránh, người lánh nạn **2** *adj.* nhất thời; không bền, chóng tàn

fulfill *v.* làm tròn/trọn, thực hiện, hoàn thành; hội đủ [điều kiện]

full **1** *n.* toàn bộ: **to write your**

name in ~ viết tên bạn đầy đủ **2** *adj.* đầy, đầy đủ, nhiều, chan chứa, đầy dẫy, tràn trề, tràn ngập; đông, chật, hết chỗ ngồi; no, no nê; tròn, đầy đặn, nở nang; hết sức, hoàn toàn, trọn vẹn: **the ~ text** toàn văn **3** *adv.* rất; đầy đủ, hoàn toàn đúng

fumble *v.* dò dẫm, sờ soạng; lóng ngóng, vụng về

fumes *n.* khói, hơi khói

fumigate *v.* phun/hun/xông/khói để tẩy uế

fun 1 *n.* sự/trò vui đùa; sự vui thích **2** *adj.* vui đùa, làm cho vui

function 1 *n.* chức năng, chức vụ; nhiệm vụ, trách nhiệm; công năng; hàm, hàm số; nghi thức, nghi lễ **2** *v.* [máy] chạy, hoạt động, vận hành; thực hiện chức năng

fund 1 *n.* quỹ, ngân khoảng, cơ kim, tư kim; tài nguyên **2** *v.* cung cấp ngân khoảng, tài trợ cho

fundamental 1 *n.* nguyên tắc căn bản, chủ yếu **2** *adj.* cơ bản, cơ sở, căn bản, chủ yếu: **to base on ~ rules** dựa trên những luật căn bản

funeral 1 *n.* đám ma, đám tang, lễ tang, tang lễ **2** *adj.* thuộc đám tang: **a ~ oration** bài điếu văn

fungus *n.* (*pl.* **fungi**) nấm, nốt sùi

funnel *n.* cái phễu; ống khói [tàu thuỷ, xe lửa]

fur *n.* bộ lông thú; áo lông, da lông; cắn, cặn, cáu

furbish *v.* đánh bóng; làm mới lại, phục hồi

furious *adj.* giận dữ, điên tiết; mạnh liệt

furl *v.* cuộn, cụp, xếp [cờ, buồm, ô] lại

furlough *n.* phép nghỉ

furnace *n.* lò; lò sưởi

furnish *v.* trang bị đồ đạc; cung cấp: **to ~ a house** trang bị sẵn đồ đạc cho một nhà

furniture *n.* đồ đạc [bàn ghế, giường tủ]

furrow *n., v.* luống cày; nếp nhăn

furry *adj.* có lót da lông thú; giống da lông thú

further 1 *adj.* hơn nữa nữa: **to provide ~ evidence for the accident case** cho thêm chứng cứ tai nạn **2** *adv.* xa hơn nữa; thêm nữa, hơn nữa **3** *v.* đẩy mạnh, xúc tiến

furtive *adj.* nhìn trộm, lén lút

fury *n.* sự giận dữ, cơn thịnh nộ; tính kịch liệt/ác liệt

fuse 1 *n.* cầu chì; ngòi, kíp, mồi nổ **2** *v.* lắp ngòi; (làm/nấu) chảy; hỗn hợp lại; hợp vào nhua, liên hiệp

fuss 1 *n.* sự rối rít/nhắng nhít **2** *v.* nhặng xị

futile *adj.* vô ích, vô hiệu, vô dụng

future 1 *n.* tương lai, hậu vận, tiền đồ: **to look to the ~** nhìn về tương lai **2** *adj.* về sau, tương lai, vị lai: **~ tense** thời tương lai

fuzz 1 *n.* tóc xoắn/xù **2** *n.* cảnh sát **3** *v.* làm cho xù/quăn

FYI *abbr.* (= **For Your Information**) xin được thông báo (dùng trong thư từ)

G

gab 1 *n.* lời nói lém; tài bẻm mép 2 *v.* bẻm mép

gable *n.* đầu hồi nhà, cột chống

gadget *n.* đồ dùng, máy móc trong nhà/bếp

gag 1 *n.* đồ bịt/khoá miệng; cái banh miệng; câu/trò khôi hài 2 *v.* nhét giẻ vào miệng, bịt mồm, khoá miệng; oẹ, nôn khan; nghẹn; pha trò, nói giỡn

gain 1 *n.* sự tăng thêm; lời, lợi, lợi lộc, lợi ích; tiền lãi, lợi nhuận, tiền thu vào 2 *v.* kiếm/ thu/lấy/giành được; lên [cân], tăng [tốc độ]: **to ~ experience** thu lấy kinh nghiệm

gait *n.* dáng đi

gala *n.* hội, hội hè, buổi lễ: **a folk song ~** hội diễn dân ca

galaxy *n.* Ngân hà, Thiên hà; nhóm [danh nhân]

gale *n.* cơn gió mạnh

gall 1 *n.* mật; túi mật; mối cay đắng; sự trơ tráo; sự hằn học/ thù oán: **~ bladder** túi mật 2 *n.* chỗ chầy/trượt da 3 *v.* xúc phạm tự ái

gallant *adj.* anh dũng, hào hiệp; tráng lệ, lộng lẫy; bảnh bao; nịnh đầm

gallery *n.* phòng tranh, phòng triển lãm mỹ thuật, hành lang; ban công; đường hầm mỏ

gallon *n.* đơn vị đong xăng dầu, galông [= 3,78 lít hoặc **4 quarts** ở Mỹ, hay = 4,54 lít ở Anh]

gallop 1 *n.* nước phi ngựa 2 *v.* phi ngựa nước đại

gallows *n.* giá treo cổ, giảo đài; tội xử giảo

gamble 1 *n.* cuộc đánh bạc, cuộc may rủi, việc liều 2 *v.* đánh bạc; đầu cơ; làm liều

game *n., adj.* trò chơi; cuộc thi điền kinh; ván bài, ván cờ, bàn, cuộc thi đấu; thú săn: **Asian ~s** Á vận hội; **Olympic ~s** Thế vận hội.; **to play silly ~s** chơi trò đểu cáng

gamelan *n.* nhạc hoà tấu (thịnh hành ở Đông Nam Á, như ở Nam Dương)

gamut *n.* gam; âm giai; cả loạt, toàn bộ: **to experience the whole ~ of suffering** trải qua mọi nỗi đau khổ

gander *n.* con ngỗng đực

gang 1 *n.* đám, đoàn, tốp, lũ, toán, kíp; bọn; lũ: **the whole ~** cả bọn/lũ 2 *v.* kéo bè kéo đảng; lập băng đảng: **to ~ up** lập nhóm để chống ai

gantry *n.* giàn gỗ kê thùng; giàn cần trục

gaol *n.* (= **jail**) nhà tù

gap *n.* lỗ hổng, kẽ hở; chỗ trống, chỗ gián đoạn/thiếu sót: **to fill the ~s** lấp/điền vào khoảng trống; **generation ~** khoảng cách giữa các thế hệ

gape *n.* cái ngáp; sự há hốc miệng

garage *n.* ga ra, nhà xe; sửa chữa ô tô/xe hơi

garb 1 *n.* quần áo, trang phục 2 *v.* ăn mặc

garbage *n.* rác (nhà bếp); đồ rơm rác/rác rưởi: **~ disposal** máy nghiền rác [ở chỗ rửa bát]

garbled *adj.* bóp méo, xuyên tạc

(vô tình hay cố ý)

garden *n.* vườn: **botanical ~s** vườn bách thảo

gargle 1 *n.* thuốc súc miệng 2 *v.* súc miệng/họng

garland 1 *n.* tràng/vòng hoa 2 *v.* quàng vòng hoa

garlic *n.* tỏi

garment *n.* cái áo/quần, một món y phục

garner 1 *n.* vựa/kho lúa 2 *v.* thu/trữ vào kho

garnish 1 *n.* hoa lá 2 *v.* bày hoa lá lên món ăn

garter *n.* nịt bít tất

gas *n.* khí, khí thể; khí đốt/thắp, hơi đốt; dầu xăng, ét xăng, xăng; hơi độc/ngạt

gash 1 *n.* vết dài và sâu 2 *v.* rạch vết dài, sâu

gasoline *n.* dầu xăng, ét xăng, xăng

gasp *n., v.* (sự) thở hổn hển

gastric *adj.* thuộc dạ dày, (thuộc con) vị

gate *n.* cổng, cửa lớn; cửa đập/cống; hàng rào chắn [để xe lửa qua, để thu thuế]; cửa ô; cửa lên máy bay

gather *v.* tập họp, tụ tập; hái, lượm, thu thập; lấy (lại) sức, hơi; hiểu, nắm được, suy ra

gauge 1 *n.* khoảng cách đường rầy; tiêu chuẩn đánh giá: **rain ~** máy đo lượng nước mưa, vũ lượng kế; **gasoline ~** máy đo xăng 2 *v.* đo; đo/định cỡ; đánh giá

gaunt *adj.* gầy ốm, hốc hác; buồn thảm, thê lương

gauntlet *n.* bao tay sắt, găng sắt

[của hiệp sĩ Trung cổ]

gauze *n.* sa, lượt; gạc [để buộc vết thương]

gawk 1 *v.* nhìn chòng chọc một cách ngu si 2 *n.* người nhược tiểu, người hung bạo

gay 1 *adj.* vui vẻ, vui tươi, hớn hở 2 *adj.* phóng đãng, trụy lạc: **to lead a ~ life** sống đời trụy lạc 3 *adj.* đồng tính luyến ái: **~ community** cộng đồng những người đồng tính luyến ái 4 *n.* (*pl.* **gays**) người đồng tính luyến ái nam

gaze *n., v.* cái nhìn chằm chằm

gazette *n.* công báo

GB *abbr.* 1 *n.* (= **Great Britain**) nước Anh 2 *n.* (= **gigabyte**) một tỉ bai

GDP *abbr.* (= **Gross Domestic Product**) mức sản xuất nội địa

gear 1 *n.* bánh răng cưa 2 *n.* số [tốc độ ô tô]: **~ box** hộp số; **~ shift** sự sang số xe hơi; **out of ~** không gài số 3 *v.* sang số; lắp bánh răng cưa; liên kết, hướng [cơ sở, ngành nghề]

geek *n.* cái nhìn; người ủ e; người giỏi máy vi tính

gem *n.* ngọc, đá quý; viên ngọc, vật quý nhất

gender *n.* giống (ngữ pháp); phái tính: **masculine ~** giống đực; **feminine ~** giống cái

gene *n.* tế bào di truyền

general 1 *n.* cái chung, cái tổng quát; viên tướng 2 *adj.* chung, chung chung; tổng; thông thường: **~ knowledge** kiến thức phổ thông; **~ practitioner** [**GP**] bác sĩ toàn khoa

generalize v. tổng quát/khái quát hóa; phổ biến: **Don't ~.** Đừng nên quơ đũa cả nắm.

generate v. sinh, để ra, dẫn khởi; phát ra [điện, ánh sáng, nhiệt]

generation n. đời, thế hệ; sự phát sinh ra

generic adj. cùng chung một nhóm; không dùng tên cùng một nhãn hiệu

generous adj. rộng rãi, hào phóng; thịnh soạn, phong phú, màu mỡ

genesis n. nguồn gốc, căn nguyên, khởi nguyên; cuốn sáng chế trong Kinh Thánh

genetics n. di truyền học

genial adj. ân cần, vui tính; ôn hoà, ấm áp

genitals n. cơ quan sinh dục

genius n. thiên tài, thiên tư; bất kỳ tài; tinh thần, đặc tính

genocide n. tội diệt chủng, cuộc tàn sát tập thể

gentle adj. dịu dàng, hiền lành, hòa nhã; [gió] nhẹ: **~ slope** dốc thoai thoải; đàn ông; **Ladies and ~men.** Thưa quý bà và quý ông.

genuine adj. thật, xác thực; thành thật, chân chính

geography n. khoa địa lý, địa lý học: **history and ~** sử địa

geology n. khoa địa chất, địa chất học

geomancy n. thuật bói đất, thuật phong thủy

geometry n. hình học

germ n. mầm, mộng, phôi, thai; mầm bệnh, vi trùng; mầm móng

Germany n. nước Đức

germinate v. nảy mầm; nảy ra, sinh ra, manh nha

gesticulate v. khoa tay múa chân

gesture 1 n. cử chỉ, điệu bộ, bộ tịch, động tác: **a ~ of friendship** một biểu hiện của tình bằng hữu **2** v. làm điệu bộ, ra hiệu bằng tay

get v. [**got; got/gotten**] được, có/ lấy/kiếm được; hiểu/nắm/ lĩnh hội được; bị mắc phải; đưa, mang, đem, chuyển; làm cho, khiến cho; đến, tới, đạt; trở nên, thành ra; có; phải: **to ~ across** qua, vượt qua; **to ~ ahead** tiến bộ, tiến; **to ~ along** làm ăn, xoay xở; tiến bộ; hợp nhau, hoà thuận với nhau; **to ~ away** đi khỏi, đi xa, đi mất; **to ~ in** vào; mang về, thu về; đến/tới nơi; **to ~ into** vào, đi vào; lâm vào; **to ~ off** xuống xe; thoát; bỏ, cởi bỏ, vứt bỏ; **to ~ on** trèo lên; mặc/đội/đi vào; làm ăn, xoay xở; tiến bộ; hòa thuận, ăn ý/cánh; **to ~ out** đi ra ngoài; lấy/kéo/rút ra; xuống [xe, tàu]; lộ ra; thoát khỏi; **to ~ over** làm xong; vượt qua; **to ~ through** đi qua, lọt qua; làm xong, hoàn tất; **to ~ up** đứng dậy; ngồi dậy

geyser n. mạch nước phun, suối nước nóng

ghetto n. khu người da đen; khu người nghèo; khu người biệt lập

ghost n. con ma; nét thoáng: **~ town** thành phố ma, tỉnh chết

giant 1 n. người khổng lồ; người phi thường **2** adj. khổng lồ

gibbon n. con vượn

giddy *adj.* chóng mặt, choáng váng; nhẹ dạ

gift *n.* quà/tặng biếu; thiên tài, thiên phú, tài: **a ~ shop** tiệm bán quà tặng

gig *n.* xe độc mã hai bánh; xuồng nhỏ

gigantic *adj.* khổng lồ, kết xù, cự đại

giggle *n., v.* (tiếng) cười khúc khích

gild *v.* mạ vàng; tô điểm cho hào nhoáng

gill **1** *n.* đơn vị đo lường gin **2** *n.* (*pl.* **gills**) mang [cá]

gilt **1** *n.* sự mạ vàng **2** *adj.* mạ vàng, thiếp vàng

gimmick *n.* mánh lới, tuyên truyền

gin **1** *n.* rượu gin **2** *n.* máy tỉa hột bông, trục nâng

ginger *n.* (cây/củ) gừng; sự hăng hái, dũng khí

ginseng *n.* sâm, nhân sâm

giraffe *n.* hươu cao cổ

gird *v.* buộc, quấn quanh (mình); bao bọc, vây: **to ~ one's clothes** buộc áo vào

girdle **1** *n.* thắt lưng, đai; vòng đai **2** *v.* vây, bao

girl *n.* con gái, thiếu nữ; cô bán hàng, cô giúp việc; người yêu, người tình, bạn gái: **school ~** nữ sinh

girth *n.* đường vòng quanh, chu vi

gist *n.* ý chí, đại ý, yếu điểm

give *v.* [**gave**; **given**] cho, biếu, tặng; cho, đem lại, sinh ra; đưa/ đem/trao/chuyển cho; gây cho; hiến dâng; cống hiến; mở, thết, tổ chức [tiệc]: **to ~ away** cho đi, phát ra; **to ~ out** chia, phân phối; toả ra, bốc lên; **to ~ up**

bỏ, từ bỏ

gizmo *n.* (*also* **gismo**) bộ phận cải tiến, đồ dùng cải tiến

gizzard *n.* mề

glacier *n.* sông băng, băng hà

glad *adj.* vui mừng, vui vẻ, vui lòng, bằng lòng, sung sướng, hân hoan, hồ hởi

glamor *n.* vẻ đẹp quyến rũ/ huyền ảo

glance **1** *n.* cái nhìn thoáng, liếc qua: **to take a ~** liếc nhìn qua tờ **2** *v.* nhìn qua, liếc thoáng qua

gland *n.* tuyến

glare **1** *n.* ánh sáng chói; cái nhìn trừng trừng **2** *v.* chói loà; nhìn trừng trừng/giận gữ

glass *n.* kính, thuỷ tinh, đồ thuỷ tinh; cái cốc/ly; gương soi; **~es** kính đeo mắt; **a ~ of milk** một cốc/ly sữa; **a pair of ~es** kính dâm, kính đen

glaze **1** *n.* nước láng/bóng; men đồ sứ; lớp nước đá **2** *v.* làm láng, đánh bóng, tráng men; làm mờ [mắt]; tráng lớp nước đường [lên bánh rán]; lắp kính

gleam **1** *n.* tia sáng yếu ớt, ánh sáng lập loè; tia **2** *v.* phát ra tia sáng yếu ớt

glee *n.* niềm vui sướng/niềm hân hoan/hoan lạc; bài hát ba bốn bè

glen *n.* thung lũng hẹp

glib *adj.* liến thoắng, mồm miệng nhanh nhảu

glide **1** *n.* sự lướt/trượt đi; dự lược; âm lướt **2** *v.* lướt qua, lướt/trượt nhẹ; bay lặng; trôi đi

glimmer **1** *n.* ánh sáng lờ mờ, tia sáng le lói, ngọn lửa chập chờn: **a ~ of hope** tia hy vọng (yếu ớt) **2** *v.* le lói, chập chờn

glimpse *n.* cái nhìn lướt/thoáng qua

glisten *v.* long lanh, lấp lánh, sáng ngời

glister *v., n.* sáng long lanh, lấp lánh

glitch *n.* việc hư máy móc bất ngờ

glitter **1** *n.* ánh lấp lánh; vẻ lộng lẫy/rực rỡ **2** *v.* lấp lánh, rực rỡ, chói lọi

gloat *v.* nhìn một cách thèm thuồng, nhìn thèm muốn

global *adj.* thuộc toàn cầu: ~ **village** ngôi làng quốc tế, nhiều người trên thế giới được xem như một cộng đồng vì qua liên lạc mạng vi tính; ~ **warming** sự cảnh báo toàn cầu

globe *n.* địa cầu, trái/quả đất, thế giới; quả cầu

gloom *n.* bóng tối; sự tối tăm; cảnh ảm đạm thê lương, sự buồn rầu/chán nản

glory **1** *n.* danh tiếng, vinh dự, sự vẻ vang, niềm vinh quang; vẻ rực rỡ/huy hoàng **2** *v.* tự hào: **to ~ in something** tự hào việc gì

gloss **1** *n.* nước bóng/láng; vẻ hào nhoáng bên ngoài **2** *v.* làm bóng/láng: **to ~ over** che đậy giả dối

glossary *n.* bảng chú giải; từ điển thuật ngữ

glove *n.* bao tay, găng, tất tay: **to fit like a ~** vừa như in

glow **1** *n.* ánh sáng rực; sức nóng rực; nét ửng đỏ; sự sôi nổi, nhiệt tình: ~ **worm** con đom đóm **2** *v.* rực sáng; nóng rực; bừng bừng, bừng cháy, rực lên

glower *v.* quắc/trừng mắt nhìn

glue **1** *n.* hồ, keo: **to buy a tube of** ~ mua một hộp hồ **2** *v.* dán hồ, gắn lại; dán mắt

glum *adj.* nhăn nhó, cau có; buồn bã, rầu rĩ

glut *n.* sự tràn ngập hàng hóa

glutinous *adj.* dính: ~ **rice** gạo/cơm nếp, xôi

glutton *n.* người tham ăn, người ham việc

GMT *abbr.* (= **Greenwich Mean Time**) giờ chuẩn ở Anh dùng để tính giờ trên thế giới

gnash *v.* nghiến [răng **teeth**]

gnaw *v.* gặm, ăn mòn; giày vò, day dứt

GNP *abbr.* (= **Gross National Product**) giá trị sảm phẩm quốc gia trong một năm

go *v.* [**went; gone**] đi, đi đến/tới; trở nên, trở thành, hoá/biến thành; trôi qua, mất đi, tiêu tan; [máy móc] chạy; diễn/xảy ra, tiến hành, diễn biến; hợp với, vừa với: **to ~ for a walk** đi dạo; **to ~ on foot** đi bộ; **to ~ by bicycle** đi xe đạp; **to ~ by air/plane** đi máy bay; **to ~ to sleep** (đi) ngủ; **to ~ crazy** phát điên; **to ~ abroad** đi ngoại quốc; **to ~ after** chạy theo, tranh thủ; **to ~ ahead** thẳng tiến, cứ tiến lên, làm đi; **to ~ by ...** trôi qua, theo, căn cứ vào; **to ~ on** đi tiếp, làm tiếp, tiếp tục; xảy ra; **to ~ out** ra, đi ra; [đèn, lửa] tắt; **to ~ over** đi qua, vượt; xem kỹ, ôn lại, soát lại; bỏ sang [phía khác]; **to ~ around** đi vòng quanh; **to ~ through** đi qua, xuyên qua; chịu đựng; xem kỹ; **to ~ up** đi lên; tăng; được xây lên

goal 1 *n.* đích, mục đích 2 *n.* (cửa) gôn, thành, bàn thắng [bóng đá **soccer**]

goat *n.* dê

gobble *v.* nuốt ực, nuốt vội, ăn ngấu nghiến

god *n.* thần: God Chúa, Trời, Thượng đế, Chúa Trời, Thiên Chúa: **God bless you!** Xin trời phù hộ cho anh! xin Thượng Đế ban phúc lành cho bạn!; **~child** con đỡ đầu; **~parents** cha mẹ đỡ đầu; **~send** của trời cho, chuyện may bất ngờ

goggles 1 *n.* kính mát, kính bảo hộ [của thợ] 2 **goggle** *v.* trợn tròn mắt, giương mắt nhìn

gold *n.* vàng, hoàng kim; tiền vàng; số tiền lớn, sự giàu có; màu vàng: **a heart of ~** tấm lòng vàng; **~smith** thợ vàng

golden *adj.* bằng vàng; màu vàng; như vàng; quý như vàng: **~ wedding** kỷ niệm cưới 50 năm

golf *n.* môn đánh gôn

good 1 *adj.* [**better**; **best**] tốt, hay, ngoan, hiền, có ích; giỏi, tài; vui vẻ, tốt lành: **to have a ~ time** hưởng thời gian vui thích; **as ~ as …** tốt bằng; **a ~ deal** thương lượng giỏi 2 *n.* điều/ chuyện tốt, điều lành, điều thiện, điều lợi: **to return ~ for evil** lấy ân báo oán

goose *n.* (*pl.* **geese**) ngỗng; ngỗng cái; thịt ngỗng

gore *v.* đèo, hẻm núi

gorge *v.* ngốn, tọng, nhồi nhét

gorgeous *adj.* đẹp lộng lẫy, tuyệt đẹp; rực rỡ

gorilla *n.* khỉ đột, đười ươi, đại tinh tinh

gory *adj.* vây đầy máu, vấy/đẫm máu

gossamer *n.* the, sa, vải mỏng; tơ nhện

gossip 1 *n.* chuyện ngồi lê đôi mách; người hay nói chuyện tầm phào 2 *v.* ngồi lê đôi mách, kháo chuyện người khác, thà la mách lẻo

gouge *v.* đục máng; khoét ra, moi/móc ra; lừa đảo, lừa

gourd *n.* quả bầu, quả bí

gourmet *n.* người sành ăn

govern *v.* cai trị, thống trị; quản trị, quản lý, cai quản; kiềm chế, đè nén; chi phối

government *n.* chính phủ, nội các; chính quyền; chính thể

gown *n.* áo dài (phụ nữ); áo choàng/thụng của quan tòa hay giáo sư đại học

GP *n., abbr.* (= **General Practitioner**) bác sĩ tổng quát

GPS *abbr., n.* (= **Global Positioning System**) hệ thống định vị toàn cầu

grab 1 *n.* sự chộp/vồ lấy 2 *v.* chụp lấy, vồ lấy; tước, đoạt, chiếm đoạt

grace 1 *n.* duyên, vẻ duyên dáng/ yêu kiều; ơn huệ, sự gia ơn, sự chiếu cố/trọng đãi; sự cho hoãn, sự khoan dung; ơn Trời, ơn Chúa; lời cầu nguyện trước bữa ăn 2 *v.* làm vinh dự

grade *n.* cấp, bậc, mức, độ, hạng,

loại, tầng lớp; lớp học; điểm, điểm số; dốc, độ dốc

gradual *adj.* dần dần, từ từ, từng bước một

graduate 1 *n.* người tốt nghiệp đại học, người học xong một khoá/bậc học: **high school ~** người tốt nghiệp phổ thông trung học 2 *v.* (được) cấp bằng tốt nghiệp

graduation *n.* sự tốt nghiệp; lễ phát bằng tốt nghiệp

graffiti *n.* chữ viết nhảm trên tường (nhà)

graft 1 *n.* sự ghép; cành ghép; mô ghép 2 *n.* sự ăn hối lộ, sự ăn bớt ăn xén 3 *v.* ghép [cành, mô]

grain *n.* thóc lúa, mễ cốc, cốc loại, lương thực, hạt, hột; một chút, mảy may; thớ [gỗ]

gram(me) *n.* đơn vị đo trọng lượng gam

grammar *n.* ngữ pháp, văn pháp, văn phạm

granary *n.* vựa lúa/thóc, kho lúa/thóc

grand 1 *adj.* hay, tuyệt, đẹp; chính, lớn, tổng quát; rất lớn, vĩ đại; cao quý; trọng yếu, chủ yếu: **~ jury** ban hồi thẩm đoàn lớn [từ 12 đến 23 bồi thẩm] 2 *n.* **~child** cháu [gọi bằng ông/bà]; **~father** (= **~pa**) ông (nội/ngoại), tổ phụ; **~mother** (= **~ma**) bà (nội/ngoại), tổ mẫu

grandeur *n.* vẻ hùng vĩ; sự vĩ đại; quyền thế/uy

grange *n.* hiệp hội nhà nông; ấp, trại

granite *n.* đá gra-nit, đá hoa cương

granny *n., coll.* (= **grandmother**) bà (nội/ngoại)

grant 1 *n.* tiền trợ cấp; sự ban/cấp cho 2 *v.* cho, ban, cấp; cho là, công nhận: **to take for ~ed** cho là dĩ nhiên

granulated *adj.* nghiền thành hột nhỏ; kết hột

granule *n.* hột nhỏ

grape *n.* quả/trái nho

graph *n.* đồ thị

graphic *adj.* thuộc đồ thị; sinh động; tạo hình: **~ arts** nghệ thuật tạo hình

grapple 1 *n.* sự túm/níu lấy 2 *v.* túm lấy; vật lộn

grasp *v.* nắm chặt, túm chặt, ôm chặt; nắm vững, hiểu được; nắm lấy, chộp lấy [cơ hội]

grass *n.* cỏ; bãi cỏ; cần sa

grasshopper *n.* châu chấu, cào cào

grate *n.* vỉ lò; lò sưởi

grate *v.* mài, xát, cạo, nạo; kêu ken két

grateful *adj.* biết ơn, tri ân: **to be ~ to someone** biết ơn người nào

gratify *v.* làm vừa/hài lòng, làm thỏa mãn

gratitude *n.* làm biết ơn, sự tri ân

gratuity *n.* tiền chè lá, tiền típ, tiền thưởng

grave 1 *n.* mả, mồ, mộ, phần mộ, mộ phần: **~stone** bia, mộ chí, mộ bia, mộ thạch 2 *adj.* trang nghiêm, nghiêm nghị; nghiêm trọng, trầm trọng; [trách nhiệm] nặng nề

gravel 1 *n.* sỏi; bệnh sỏi thận 2 *v.* rải sỏi

gravity *n.* sự sút, sự hấp dẫn; trọng lực/lượng; vẻ trang nghiêm/nghiêm nghị; tính nghiêm trọng

gravy *n.* nước thịt; nước cốt

gray [*Br.* **grey**] **1** *n.* màu xám; quần áo màu xám **2** *adj.* xám; (tóc) hoa râm, bạc, sâu; (trời) u ám: **~hound** chó săn thỏ; nhãn hiệu xe buýt/đò

graze 1 *v.* (cho) ăn cỏ **2** *v.* lướt qua; làm trầy

grease 1 *n.* mỡ; dầu mỡ, dầu nhờn **2** *v.* bôi/tra mỡ

great *adj.* lớn, to lớn, vĩ đại; rất, hết sức; cừ, giỏi, thạo; cao cả, cao thượng, cao quý: **with ~ care** hết sức cẩn thận; **~ grandfather** cụ ông; **~grandmother** cụ bà

greed *n.* lòng tham, tính tham lam; thói háu ăn

Greek *n.* người/tiếng Hy Lạp

green 1 *n.* màu xanh lá cây, màu lục; cây/vỏ xanh: **~back** giấy bạc, đô-la xanh **2** *adj.* xanh lá cây, màu lục; xanh, tươi; tươi xanh, thanh xuân, tráng kiệt; non nớt, thiếu kinh nghiệm

greet *v.* chào, chào hỏi, chào mừng, đón chào

greeting *n.* lời chào (hỏi/mừng): **Season's ~s** lời chúc mừng mùa giáng sinh/dịp cuối năm

grenade *n.* lựu đạn

grid *n.* đường kẻ ô; vỉ nướng chả

grief *n.* sự buồn rầu, nỗi đau buồn

grill 1 *n.* vỉ nướng chả; món thịt nướng, chả; quán thịt nướng; lò nướng **2** *v.* nướng; thiêu đốt; tra hỏi

grim *adj.* dữ tợn, hung dữ; dữ dội, ghê gớm; ác liệt, quyết liệt, không lay chuyển được

grimace *n.* sự nhăn/cau mặt, vẻ nhăn nhó

grime *n.* bụi than, bụi bẩn, ghét

grin 1 *n.* cái cười toe toét **2** *v.* cười toe toét, cười nhe răng, toét miệng cười

grind 1 *v.* [**ground**] xay, nghiền, tán; mài, giũa; nghiến [răng] **2** *n.* công việc cực nhọc, việc xay tán: **~stone** đá cối xay, đá mài

grip 1 *n.* sự nắm chặt; sự nắm vững [vấn đề]; cán, chuôi; vai li nhỏ: **to come to ~s with** đánh giáp lá cà; đương đầu, đối phó **2** *v.* nắm/ôm chặt, kẹp chặt; nắm vững

gripe *v.* kêu ca, phàn nàn; đau quặn ruột

grist *n.* lúa đem xay; số lớn, lô, đàn, bầy, lũ

grit 1 *n.* hạt sạn/cát (trong máy); tính bạo dạn/gan góc/can đảm **2** *v.* kêu ken két; nghiến [răng]: **to ~ one's teeth** nghiến răng

groan 1 *n.* tiếng rên rỉ **2** *v.* than van, rên siết; lầm bầm

grocery *n.* cửa hàng tạp hóa/thực phẩm phụ, chợ [bán chè, đường, cà phê, rau quả, đồ hộp]

groggy *adj.* say lảo đảo; chệnh choạng

groom 1 *n.* người giữ ngựa, mã phu; chú rể, tân lang: **bride and ~** cô dâu và chú rể **2** *v.* săn sóc, chải lông [ngựa]; ăn mặc chỉnh tề; chuẩn bị …

groove 1 *n.* đường rãnh, khía; đường mòn, thói cũ **2** *v.* khía, rạch, xoi rãnh

grope *v.* sờ soạng, dò dẫm, mò mẫm

gross 1 *n.* mười hai tá; số tổng

quát/tổng cộng **2** *adj.* thô bỉ, thô tục, thô lỗ; trắng trợn, thô bạo; to béo, phì nộn; tổng cộng: **~ income** tổng số thu nhập **3** *v.* thu nhập tất cả là …

grotesque *adj.* kỳ cục, lố bịch, kỳ quái

grouchy *adj.* cáu kỉnh, gắt gỏng, quàu quạu

ground 1 *n.* mặt đất, đất, sàn; bãi đất, khu đất; đất đai vườn tược; nền, đáy; vị trí; bã, cặn; lý do, căn cứ **2** *v.* dựa, căn cứ (vào); không cho [máy bay] cất cánh; (làm cho) mắc cạn

group 1 *n.* nhóm, đám, tốp, đoàn, tổ **2** *v.* họp lại, hợp lại, tập hợp lại; phân loại

grouse 1 *n.* gà gô trắng; lời cầu nhàu **2** *v.* cầu nhàu

grove *n.* khu rừng nhỏ

grovel *v.* nằm bò xuống đất; khom lưng uốn gối

grow *v.* [**grew; grown**] trồng [cây]; để [râu]; mọc lên, mọc; lớn lên, lớn; tăng lên, tăng gia, bành trướng, phát triển; trở nên: **to ~ up** lớn lên, trưởng thành

growl 1 *n.* tiếng gầm gừ, tiếng làu bàu **2** *v.* gầm gừ, gầm; làu bàu, lầm bầm, cầu nhàu

growth *n.* sự lớn mạnh, sự phát triển/tăng trưởng; sự trồng trọt, mùa màng; cây/râu đã mọc; khối u

grub 1 *n.* con giòi, ấu trùng; đồ ăn, món nhậu **2** *v.* bới, xới [khoai]; nhổ [cỏ]

grudge 1 *n.* mối thù hằn, mối hận thù: **to bear a ~ against someone**

oán giận người nào **2** *v.* làm hay cho vật gì không muốn

gruesome *adj.* rất đau khổ (vì ai chết hay bị thương)

grumble 1 *n.* tiếng cầu nhàu/lầm bầm **2** *v.* cầu nhàu, cằn nhằn; lầm bẩm, lầm bầm; [sấm] rền

grumpy *adj.* tính tình xấu, xấu nết

grunt *n., v.* (tiếng) ủn ỉn; (tiếng) cầu nhàu

guarantee 1 *n.* sự cam đoan/bảo đảm; vật bảo đảm/bảo lãnh, vật cầm/thế: **to give a ~ for** đứng bảo lãnh cho **2** *v.* cam đoan, bảo đảm, đứng bảo lãnh

guard 1 *n.* việc canh phòng/canh gác; sự đề phòng; người gác, lính gác; vệ binh; cái chắn: **body ~** người bảo vệ cá nhân **2** *v.* canh phòng, canh giữ, gác, bảo vệ; đề phòng; che, chắn: **to ~ the company** canh giữ công ty

guerrilla *n.* du kích: **~ warfare** chiến tranh du kích

guess 1 *n.* sự phỏng đoán **2** *v.* đoán, phỏng đoán, ước chừng [**right** đúng/trúng, **wrong** sai]

guest *n.* khách, tân khách; khách trọ, lữ khách: **Distinguished ~s!** Thưa quý vị quan khách!

guidance *n.* sự dìu dắt/chỉ dẫn/ hướng dẫn/chỉ đạo

guide 1 *n.* người chỉ đường, người hướng dẫn; lời chỉ dẫn, sách chỉ dẫn/chỉ nam/nhập môn: **~line** nguyên tắc chỉ đạo **2** *v.* chỉ đường, dẫn đường, dẫn lộ; dắt, dẫn, hướng dẫn; chỉ đạo, lãnh đạo

guild *n.* phường hội

guile *n.* sự lừa đảo/lừa gạt, mưu mẹo

guilt

guilt *n.* sự có tội, sự phạm tội; tội, tội lỗi

guinea *n.* đồng (tiền vàng) ghi nê của Anh

guise *n.* lốt, vỏ, bề ngoài, mặt nạ, chiêu bài

guitar *n.* đàn ghi-ta, đàn sáu dây, đàn tây ban cầm

gulf *n.* vũng, vịnh; vực thẳm, hố sâu

gull *n.* chim âu, hải âu, mòng (biển); người ngờ nghệch cả tin

gullible *adj.* khờ dại, cả tin, dễ bị lừa

gully *n.* rãnh, máng, mương

gulp *v.* nuốt chửng, nốc

gum 1 *n.* lợi, nớu; keo, hồ, nhựa dán; gôm, cao su; chất gôm 2 *v.* làm chặt bằng keo; nghiến răng

gun 1 *n.* súng, đại bác, pháo; phát súng (đại bác): **machine ~** súng máy; **~fire** tiếng súng; hỏa lực; **~shot** phát súng; tầm súng 2 *v.* bắn phá, nã pháo; lùng, truy nã

gurgle *n., v.* (tiếng) ùng ục, róc rách, ọc ọc

gush 1 *n.* sự phun/vọt ra 2 *v.* phun ra, vọt ra; bộc lộ/thổ lộ tràn trề

gust *n.* cơn gió mạnh; cơn mưa rào

gut 1 *n.* ruột 2 *v.* moi ruột [cá, v.v.]

gutter *n.* ống máng, máng xối; rãnh nước; khu bùn lầy nước đọng

guy *n.* anh chàng, gã, thằng cha; dây xích, dây cáp

gymnasium *n.* (*abbr.* **gym**) phòng tập thể dục; trường trung học thể dục

gymnastics *n.* thể dục

gynecology *n.* [*Br.* **gynaecology**] phụ khoa, khoa bệnh đàn bà

H

ha *intj.* **A! Ha! Ha!** tiếng kêu ngạc nhiên, vui mừng hay sung sướng

habit *n.* thói quen, tập quán, y phục riêng (để cưới ngựa)

habitual *adj.* thường, quen, thường lệ/thường: **~ drunkard** người thường xuyên say rượu

hack 1 *n.* búa, rìu, cuốc chim (của thợ mỏ) 2 *v.* chặt, đốn, đẽo; ho khan

hack 1 *n.* ngựa cho thuê; ngựa xấu; người làm việc nặng nhọc 2 *v.* đánh xe ngựa thuê; lái xe tắc xi; viết thuê, dùng máy vi tính lấy trộm thông tin

hackles *n.* chùm lông dài ở cổ chim hay gà; người hay nóng giận

haggard *adj.* hốc hác, phờ phạc, tiều tụy, gầy gò

haggle *v.* mặc cả, trả giá, cò ke

hail 1 *n.* mưa đá; loạt, trận, tràng (đạn, câu hỏi) 2 *n.* lời gọi/réo 3 *v.* mưa đá; kêu, gọi, réo, hò; hoan hô; sinh ra và lớn lên 4 *v.* mưa đá; trút/giáng xuống (như mưa)

hailstorm *n.* trận mưa đá

hair *n.* tóc; lông (người, thú, cây): **body ~** bộ lông thú; **pubic ~** âm mao; **to lose by a ~'s breadth** chỉ thua một li, thua suýt soát; **to comb one's ~** chải đầu/tóc; **to**

part one's ~ rẽ đường ngôi; **to wash one's ~** gội đầu; **~cut** sự cắt tóc; **to have one's ~ cut** đi cắt tóc; **~ dresser** thợ uốn tóc/ làm đầu cho đàn bà; **~pin** cái kim cặp tóc; **~ brush** bàn chải tóc; **~ dryer** máy xấy tóc; **~ spray** thuốc xịt tóc cho cứng; **~ style** kiểu tóc

hale *adj.* khỏe mạnh, tráng kiệt: **to be ~ and hearty** còn khoẻ mạnh tráng kiện

half 1 *n.* (*pl.* **halves**) một nửa, phần chia đôi; nửa giờ, 30 phút: **~ an hour** nửa giờ; **~ past four** 4 giờ rưỡi; **to cut into halves** cắt/bổ làm đôi **2** *adj.* nửa: **~ brother** anh/em trai cùng cha mẹ (hoặc cùng mẹ khác cha) **3** *adv.* nửa chừng, nửa vời; **~ cooked** nửa sống nửa chín; **~ empty** vơi còn có một nửa; **~ dead** gần chết; **~ mast** cờ treo rũ giữa cột; **~ price** nửa giá; **~ time** nửa công, nửa lương, nửa ngày; lúc nghỉ giữa trận đấu hoặc sau hiệp nhất

hall *n.* phòng lớn, đại sảnh; toà nhà lớn; phòng đợi, hành lang; nhà ở, ký túc xá: **music ~** phòng hoà nhạc; **city ~** toà thị chính/ thị sảnh; **~way** phòng trước, hành lang

hallmark *n.* đặc điểm một vật; nhãn hiệu trên trang sức bằng vàng

hallucinate *v.* thấy không thật do bệnh hay thuốc

halo *n.* quầng (mặt trăng/trời); vầng hào quang

halt 1 *n.* sự tạm nghỉ/dừng, sự đình chỉ **2** *v.* ngập ngừng, lưỡng lự, do dự, ngừng lại

ham *n.* giăm bông; tài tử, người không chuyên môn: **radio ~, ~ radio operator** người sử dụng máy vô tuyến điện nghiệp dư

hamburger *n.* thịt băm viên kẹp bánh mì, bánh mì hăm-bơ-gơ

hamlet *n.* xóm, thôn

hammer 1 *n.* búa; cò súng **2** *v.* nện, đóng, đập (bằng búa): **to ~ out** đập bẹt, đập mỏng; nghĩ ra, tìm ra được

hammock *n.* cái võng

hamper 1 *n.* giỏ mây, bồ mây **2** *v.* làm vướng, cản trở, ngăn trở

hamstring *n.* gân đầu gối

hand 1 *n.* (bàn) tay; kim (đồng hồ); nải (chuối); sắp (bài); thuỷ thủ, công nhân; người làm, tay (thợ, nghề, v.v.); sự khéo tay; nét chữ viết: **at ~** gần ngay bên cạnh, với được; sắp đến: **~ in ~ tay** nắm tay, song song với; **Hands off!** Không được mó vào! cấm can thiệp; **Hands up!** Giơ tay lên!; **to lend a ~** giúp đỡ; **to have one's ~s full** bận bịu; **on the one ~... on the other ~...** một mặt ... một mặt ... **2** *v.* đưa, trao tay, truyền cho, chuyển giao: **to ~ over, to ~ in** nộp (bài, đơn); **to ~ out** đưa/ phát ra **3** *v.* gây bất lợi, cản trở; **to change ~s** chuyển giao chủ quyền

handbook *n.* sổ tay hướng dẫn, sách chỉ nam

handcuff *n.* khoá/còng tay

handicap *n.* điều bất lợi, sự tàn tật: **physical ~** tàn tật (về thân thể)

handicraft *n.* nghề thủ công; đồ thủ công

handkerchief *n.* khăn tay, khăn mùi soa

handle 1 *n.* tay cầm, cán, chuôi, quai, móc: **to fly off the ~** mất bình tĩnh 2 *v.* cầm, sờ, rờ, mó; điều khiển; đối xử với; buôn bán (mặt hàng)

handmade *adj.* làm bằng tay, sản xuất bằng tay, khâu tay, dệt tay

handover *n.* sự trao quyền, sự chuyển quyền hành

handsome *adj.* đẹp trai; (số tiền) lớn, đáng kể

hand-to-mouth *adj.* cuộc sống qua ngày, cuộc sống tay làm hàm nhai

handwriting *n.* viết bằng tay

handy *adj.* có sẵn, tiện tay/lợi; (người) khéo tay

hang 1 *n.* áo quần hay vải rơi: **to get the ~ of something** học làm việc gì 2 *v.* [**hung/hanged; hanged**] treo, mắc; được/bị treo cổ: **to ~ on** bám chặt lấy; giữ máy (dây nói); **to ~ up** treo lên; gác tê-lê-phôn, cúp điện thoại

hangar *n.* nhà để máy bay

hanger *n.* giá áo/mũ

hangover *n.* dư vị khó chịu, cảm giác buồn nản

hank *n.* nùi, con (sợi, len)

hanker *v.* thèm muốn, khao khát: **to ~ after something** ao ước cái gì

haphazard *adj., adv.* tình cờ, may rủi, ngẫu nhiên

hapless *adj.* không may, rủi ro

happen *v.* xảy ra/đến, tình cờ, ngẫu nhiên: **as it ~s** tình cờ mà

happy *adj.* sung sướng, hạnh phúc; may mắn; vui lòng, vui sướng: **~-go-lucky** vô tư lự

harangue *n., v.* kêu gọi, hô hào; diễn thuyết

harassed *adj.* mệt mỏi lo lắng vì quá nhiều việc

harbor 1 *n.* bến tàu, cảng; nơi ẩn náu: **Pearl ~** trân châu cảng 2 *v.* chứa chấp; nuôi dưỡng

hard 1 *adj.* cứng, rắn; khó khăn, gay go, gian khổ, hóc búa; cứng rắn, vô tình, không thương xót, hà khắc, nghiêm khắc, khắc nghiệt; nặng, nặng nề 2 *adv.* hết sức (cố gắng), nỗ lực, chăm chỉ, cần cù; mạnh, nhiều, to; khó khăn, chật vật; nghiêm khắc: **~ hit** bị đòn mạnh; lâm vào thế khó khăn

hard-core 1 *n.* nhóm người ương ngạnh/cứng đầu cứng cổ 2 *adj.* khó thay đổi lòng tin; bày tỏ dục tính chi tiết

hard disk *n.* kho trử liệu trong máy vi tính/điện toán

harden *v.* làm cho cứng/rắn; tôi thép; dày dặn

hardship *n.* sự gian khổ/khó nhọc/thử thách gay go

hardware *n.* đồ sắt thép, đồ ngũ kim; vũ khí; bộ phận trong máy vi tính/điện toán

hardy *adj.* khoẻ mạnh, dày dạn, cứng cáp; gan dạ

hare *n.* thỏ rừng

harm 1 *n.* điều tai hại/tổn hại, chuyện thiệt hại (**to do** làm) 2 *v.* làm hại

harmony *n.* sự hoà thuận/hoà hợp; sự cân đối/hài hoà; hoà

âm: to live in ~ with someone sống hoà thuận với ai

harness 1 *n.* yên cương; trang bị 2 *v.* thắng yên cương; dùng, khai thác (sức nước) để lấy điện: **to ~ one's potential** ngăn cản bước tiến của ai

harpoon 1 *n.* lao móc 2 *v.* đâm bằng lao móc

harsh *adj.* gay gắt, khe khắt, khắc nghiệt, tàn nhẫn; chói mắt, chói tai, khó nghe; ráp, xù xì

harvest 1 *n.* mùa gặt, vụ thu hoạch; thu hoạch, kết quả gặt hái được 2 *v.* gặt hái, thu hoạch

harvester *n.* người gặt; máy gặt

hash 1 *n.* món thịt băm 2 *v.* băm, làm hỏng

hashtag *n.* từ đứng sau # (hash sign)

hassle 1 *n.* tình trạng bị quấy rầy 2 *v.* quấy rầy ai, làm cho ai khó chịu

hassock *n.* gối quỳ, ghế đẩu nhỏ để gác chân

haste *n.* sự vội vàng/vội vã/hấp tấp

hat *n.* mũ (có vành), nón

hatch 1 *n.* sự nở/ấp trứng; ổ trứng, ổ chim non 2 *n.* cửa sập, cửa hầm; cửa sau (ô-tô) 3 *v.* (làm) nở (trứng, gà con) mưu toan

hatchet *n.* cái rìu nhỏ

hate 1 *n.* sự thù ghét, lòng căm thù, nỗi căm hờn 2 *v.* căm thù/ hờn/ghét; ghét, không thích/ muốn

hatred *n.* lòng căm thù; sự căm hờn

haughty *adj.* kiêu ngạo/căng; kiêu kỳ, ngạo mạn

haul 1 *n.* sự kéo mạnh; đoạn đường kéo; sự chuyên chở; mẻ lưới; mẻ vớ được 2 *v.* kéo mạnh, lôi (vật nặng); chuyên chở

haunch *n.* hông, háng, mông; đùi thịt (nai)

haunt 1 *n.* chỗ lui tới, chỗ lai vãng; chỗ thú kiếm mồi; sào huyệt 2 *v.* hay lui tới, năng lai vãng; (ý nghĩ) ám ảnh, quấy rối

have 1 *v.* [had] có; nhận được; ăn, uống, hút, xơi; được, được hưởng, bị; (bắt buộc) phải ...; bảo, bắt, nhờ, sai, khiến, thuê (làm việc gì): **Please let us ~ the money next week.** Xin ông tuần sau gửi/giao tiền cho chúng tôi nhé. 2 *aux. v.* vừa, mới: **They ~ left.** Họ vừa mới đi (khỏi sở/ nhà).; **You should ~ listened to me.** Đáng lẽ anh phải nghe lời tôi.

haven *n.* nơi trú ẩn, nơi ẩn nấu; bến tàu, cảng

havoc *n.* sự tàn phá dữ dội (dùng với *play*): **to play ~ with** tàn phá

hawk *n.* chim ưng, diều hâu; kẻ hiếu chiến, diều hâu

hay 1 *n.* cỏ khô: **~ fever** bệnh dị ứng với phấn hoa; **~loft** vựa cỏ khô 2 *v.* phơi khô (cỏ); cho ăn cỏ khô

hazard 1 *n.* sự may rủi; mối nguy hiểm 2 *v.* liều

haze *n.* mù, hơi, sương mù, khói mù; sự lờ mờ, mơ hồ

h-bomb *n., abbr.* (= **hydrogen bomb**) bom hi-drô, bom khinh khí

he *pron.* anh/ông ấy, nó, hắn, thằng ấy: **He is my friend.** Ông ấy là bạn tôi.

head 1 *n.* đầu; (đầu) người; con; đầu óc, trí óc, năng khiếu: **from the ~ to the feet** từ đầu đến chân 2 *n.* người đứng đầu, thủ trưởng, trưởng, chủ, chủ nhiệm, chủ tịch; đầu mũi, chóp, chỏm, ngọn, đỉnh; phần đầu, đoạn đầu: **the ~ of a family** chủ gia đình; **~ or tail** sấp hay ngửa 3 *v.* đứng đầu, đi đầu, dẫn đầu, chỉ huy, lãnh đạo: **to ~ a list of ...** đứng đầu danh sách

headache *n.* chứng nhức đầu; vấn đề khó khăn

heading *n.* đề mục, tiêu đề, đầu đề: **to choose an appropriate ~** chọn một đầu đề thích hợp

headlight *n.* đèn pha (ô-tô, xe lửa, v.v.)

headline 1 *n.* hàng/dòng đầu trang báo; đề mục, đầu đề: **~s** tin tóm tắt 2 *v.* cho đầu đề, chạy tựa bài báo

headquarters *n.* tổng hành dinh; trụ sở

headway *n.* sự tiến bộ/tiến triển

headword *n.* từ chính trong từ điển

heady *adj.* nóng nảy, hung hăng

heal *v.* chữa khỏi, làm lành; hàn gắn; lành lại

health *n.* sức khỏe, sự khỏe mạnh, sự lành mạnh: **ministry of (public) ~** bộ y tế

healthy *adj.* khoẻ mạnh; lành mạnh; lành, tốt cho sức khoẻ: **~ food** thức ăn bổ dưỡng

heap 1 *n.* đống: **~s of ...** rất nhiều 2 *v.* chất đống

hear *v.* [**heard**] nghe; nghe nói, nghe tin tức, được tin: **to ~ from**

someone nhận được tin của ai

hearing *n.* thính giác; tầm nghe; sự lấy cung; sự trần thuật/thính thẩm: **hard of ~** nặng tai, hơi nghễnh ngãng; **~ aid** máy nghe của người điếc

hearsay *n.* tin đồn, lời đồn đại

hearse *n.* xe tang

heart *n.* quả/trái tim, lòng; trái tim, tình (yêu), cảm tình; lòng can đảm, sự hăng hái, nhiệt tâm; trung tâm, khoảng giữa, lõi, ruột: **with all my ~** hết lòng, hết sức thiết tha, tận tình; **~ attack** cơn liệt/đau tim đột trụy

hearth *n.* lòng/nền lò sưởi; gia đình, tổ ấm

hearty *adj.* vui vẻ, thân mật, nồng nhiệt; thật lòng/bụng/tâm, thành thật, chân thành; khoẻ mạnh, tráng kiệt; (bữa ăn) hậu hĩ, thịnh soạn

heat 1 *n.* hơi/sức nóng; nhiệt, nhiệt lượng/độ; sự nóng nảy/giận dữ; sự hăng hái/nồng nhiệt/sôi nổi 2 *v.* đốt/đun nóng: **to ~ up** hâm nóng

heater *n.* bếp sưởi

heathen *n.* (người) ngoại đạo/dị giáo

heating *n.* sự sưởi nóng: **central ~** sự sưởi nóng từ trung tâm; sưởi ấm cả nhà

heave 1 *v.* nhấc/nâng lên; thốt ra; tiếng thở dài; kéo lên; nhấp nhô; thở hổn hển; chạy 2 *n.* nhấc lên; thở ra; ra sức kéo: **to ~ a sigh** thở dài

heaven *n.* thiên đường; ngọc hoàng, trời, thượng đế

heavy *adj.* nặng, nặng nề; to lớn,

dữ dội, kịch liệt; nhiều, rậm rạp, xồm: ~ **sleep** giấc ngủ say; ~ **drinker** người nghiện rượu nặng; ~ **artillery** trọng pháo; ~ **rain** mưa to/lớn

heavyweight *n.* võ sĩ hạng nặng; người nặng ký, nhân vật quan trọng

Hebrew *n., adj.* người/tiếng Do Thái

heckler *n.* người chất vấn, người hỏi vặn

hectare *n.* (*abbr.* **ha**) mẫu tây, hec-ta

hectic *adj.* cuồng nhiệt, sôi nổi, hưng phấn; bận rộn, cuống cuồng, rối rít

hedge *n.* hàng rào, bờ giậu

heed **1** *n.* sự lưu ý: **to pay/give** ~ **to** chú ý đến **2** *v.* để ý, chú ý, lưu tâm đến

heel **1** *n.* gót chân/mỏng; gót giày/bít tất: **to take to one's** ~**s** bỏ chạy **2** *v.* [tàu thủy] nghiêng đi

hefty *adj.* lực lưỡng, vạm vỡ

heifer *n.* bê cái

height *n.* bề/chiều cao; độ cao; điểm cao, chỗ cao; điểm cao nhất, tột đỉnh

heinous *adj.* [tội ác] rất tàn ác, ghê tởm

heir *n.* con thừa tự, người thừa kế, người kế thừa/tục, người thừa hưởng: **without an** ~ không người thừa kế; ~**loom** đồ gia bảo, của/vật gia truyền

heist *n.* việc ăn cắp, ăn trộm: **a bank** ~ ăn trộm nhà băng

helicopter *n.* máy bay lên thẳng/ trực thăng

hell *n.* địa ngục, âm phủ/ti; cảnh khổ: ~ **on earth** địa ngục trần gian; **to give someone** ~ đày đọa, làm điêu đứng; xỉ vả thậm tệ; **Go to** ~! Quỷ tha ma bắt mày!

hello *intj.* Chào anh! Alo! [ở đây nói]

helm *n.* bánh lái; sự điều khiển: **at the** ~ đứng mũi chịu sào, cầm lái, ở cương vị chỉ huy

helmet *n.* mũ cát; mũ trắng

help **1** *n.* sự giúp đỡ/cứu giúp, giúp ích; người làm, người giúp việc trong nhà; phương cứu chữa: **to cry for** ~ kêu cứu **2** *v.* giúp đỡ, cứu giúp; nhịn/đừng/ tránh được; đưa mời: **I couldn't** ~ **laughing.** Tôi không nhịn cười được.

helper *n.* người giúp đỡ, người phụ tá

helter-skelter *adj.* hỗn loạn, tán loạn, lộn xộn, lung tung: **a** ~ **runaway** cuộc bỏ chạy tán loạn

hem **1** *n.* đường viền **2** *v.* viền: **to** ~ **in** bao vây

hemisphere *n.* bán cầu: **western** ~ tây bán cầu

hemorrhage *n.* [*Br.* **haemorrhage**] sự chảy máu, bệnh xuất/ băng huyết

hemorrhoids *n.* [*Br.* **haemorrhoids**] bệnh trĩ

hemp *n.* cây/sợi gai dầu

hen *n.* gà mái, gà mẹ; con mái

hence *adv.* kể từ giờ/đây, từ nay trở đi; vì thế

henchman *n.* tay sai, tay chân, thủ túc, bộ hạ

hepatitis *n.* bệnh viêm gan

her **1** *pron.* bà ấy, cô ấy, chị ấy,

herald

nó [tân cách của **she**] **2** *adj.* của bà/cô/chị ấy

herald 1 *n.* người đưa tin, điểm **2** *v.* báo trước

herb *n.* cỏ, cây thảo

herd 1 *n.* bầy, đàn; bọn, bè lũ **2** *v.* lùa, dồn; chăn dữ; đàn đúm với nhau

here *adv.* đây, ở đây: **~ and there** chỗ này chỗ kia; **~ is/are …** đây là …

hereby *adv.* bằng cách này; do đó, nhờ đó, như thế: **I ~ certify that** … Nay chứng nhận rằng …

hereditary *adj.* cha truyền con nối, di truyền

heredity *n.* sự/tính di truyền

heritage *n.* di sản, tài sản kế thừa, gia tài

hermit *n.* người ẩn dật, ẩn sĩ, người ở ẩn

hero *n.* (người/bậc/đấng) anh hùng; nhân vật chính, vai chính [nam] [trong truyện]

heroin *n.* chất he-ro-in, bạch phiến, thuốc phiện trắng

heroine *n.* (bậc/đứng) nữ anh hùng, anh thư; nhân vật chính, vai chính [nữ] [trong truyện]

heron *n.* con diệc

herring *n.* cá trích

hers *pron.* cái của bà/cô/chị ấy, cái của nó: **This is not your book, it's ~.** Cuốn sách này không phải của anh, nó là sách của cô ấy.

herself *pron.* tự mình, tự bà/cô/chị ta, tự nó; chính bà/cô/chị ấy: **She went by ~.** Bà ấy đi một mình.

hesitate *v.* do dự, ngập ngừng, ngần ngại, trù trừ

heterogeneous *adj.* không đồng nhất, dị thể/loại, phức tạp, hỗn tạp

hew *v.* [**hewed**; **hewn**] chặt, đốn; bổ, đẽo

hexagon *n.* hình sáu cạnh/góc, hình lục lăng

hey *intj.* Ô hay! Ơ hay chửa!

hi *intj.* chào anh/chị/cô, v.v: **Hi guys!** Chào các bạn!

hibiscus *n.* cây/hoa dâm bụt

hiccup 1 *n.* cái nấc **2** *v.* nấc cụt

hick *n.* dân nhà quê, dân tỉnh nhỏ

hide 1 *n.* da sống [của động vật; chưa thuộc]; da người, mạng người **2** *v.* [**hid**; **hidden**] giấu, che giấu, che đậy, che lấp, giữ kín; trốn, trốn tránh, ẩn, nấp, náu, lánh mặt

hideous *adj.* xấu xa, ghê tởm, gớm guốc

hierarchy *n.* hệ thống cấp bậc/ quân giai, tôn ti, quan liêu

hi-fi xem độ trung thực cao [lúc thu/phát]

high 1 *n.* mức cao, độ cao **2** *adj.* cao; cao cấp, tối cao; cao thượng/cả/quý; mạnh, mãnh liệt, dữ dội; sang trọng; vui vẻ, hăng hái: **~ court** toà án tối cao; **~ school** trường trung học; **~-pitched** [giọng] cao, the thé; **~-ranking** cấp cao, cao cấp; **~ seas** biển động, biển cả **3** *adv.* cao; mạnh mẽ, dữ dội, mãnh liệt; sang trọng, xa hoa

highland *n.* cao nguyên

highlight 1 *n.* nét/điểm nổi bật nhất **2** *v.* nêu bật nét/điểm

highlighter *n.* viết để làm dấu hay đánh dấu trong sách

highly *adv.* rất, hết sức; tốt: to **speak ~ of someone** nói tốt về ai, ca ngợi ai

high-rise *adj.* nhiều tầng, cao tầng/ốc: **a ~ building** nhà lầu nhiều tầng, nhà cao ốc

high-tech *adj.* kỹ thuật cao cấp, công nghệ cao cấp

highway *n.* đường cái, đường lớn, quốc lộ, xa lộ: **~ code** sách luật đi đường cho người lái xe

hijack *v.* chặn cướp hàng hoá; cưỡng đoạt [máy bay]

hike *n., v.* (cuộc) đi bộ đường dài

hilarious *adj.* vui vẻ, vui nhộn, buồn cười quá

hill *n.* đồi, núi nhỏ; gò, đống, cồn, mô đất, ổ [kiến, mối]: **up ~ and down dale** lên dốc xuống đèo

hillock *n.* đồi nhỏ; gò, đống, cồn, mô đất

hilt *n.* cán, chuôi [dao, kiếm, gươm]

him *pron.* ông ấy, anh ấy, nó [tân cách của **he**]

himself *pron.* tự mình, tự ông/ anh ta, tự nó; chính ông/anh ấy: **My uncle ~ told me that …** Chính chú tôi bảo thế.

hind 1 *adj.* (ở đằng) sau: **~ legs** chân sau 2 *n.* con nai cái

hinder *v.* gây trở ngại, cản trở, ngăn trở

Hindu *n., adj.* (thuộc) Hindu, Ấn Độ

hinge 1 *n.* bản lề 2 *v.* xoay to **~ on** xoay quanh …

hint 1 *n.* lời gợi ý, lời nói bóng gió, lời ám chỉ: **a slight ~ of garlic** hơi một chút mùi tỏi 2 *v.* gợi ý, nói bóng gió, nói ám chỉ [at đến]

hinterland *n.* vùng nội địa; vùng đồng quê

hip 1 *n.* hông: **to carry on one's ~** ẵm nách 2 *adj.* theo thời trang áo quần, âm nhạc … 3 *intj.* Tiếng hoan hô đồng ý việc gì: **Hip, hip, hooray!** Hoan hô, hoan hô!

hire *v.* thuê, cho thuê; mướn, thuê

hire purchase *n.* việc mua trả góp: **a ~ agreement** bản hợp đồng mua trả góp

his 1 *adj.* của ông/anh ấy, của nó 2 *pron.* cái của của công/anh ấy, cái của nó: **This book is ~.** Cuốn sách này (là sách) của nó.

hiss *v.* huýt gió; xuyt, kêu xì; huýt sáo chê [diễn viên]

historical *adj.* (thuộc) lịch sử: **an important ~ event** một biến cố lịch sử quan trọng

history *n.* sử, sử học; lịch sử

hit 1 *n.* đòn trúng, cú đánh, việc thành công 2 *v.* [**hit**] đánh, đấm/ném/bắn trúng; va/đụng/ vấp phải; xúc phạm

hitch 1 *n.* cái giật mạnh; sự vướng mắc: **without a ~** trôi chảy 2 *v.* giật/kéo mạnh; buộc vào; đi nhờ [**a ride** cuốc xe]

HIV *abbr.* (= **Human Immuno-deficiency Virus**) bệnh liệt kháng

hive 1 *n.* tổ ong: **bee~** tổ ong 2 *n.* đám đông, chỗ đông

hoard 1 *n.* kho tích trữ 2 *v.* tích trữ, dự trữ

hoarse *adj.* [giọng] khản, khàn khàn

hoax *n., v.* trò đánh lừa; trò chơi xỏ

hobble *n., v.* (dáng) đi khập khiễng/cà nhắc

hobby *n.* thú riêng, sở thích, thị hiếu, thú tiêu khiển riêng

hockey *n.* môn bóng gậy cong, khúc cung cầu

hoe 1 *n.* cái cuốc 2 *v.* cuốc, xới, giẫy [cỏ]

hog *n.* lợn (thiến); người tham ăn hay thô tục

hoist 1 *n.* cần trục, tời 2 *v.* kéo lên; nhấc lên

hold 1 *n.* hầm tàu thuỷ (để chứa hàng) 2 *n.* sự nắm giữ; ảnh hưởng; sự giam cầm 3 *v.* [held] cầm, nắm, giữ, giữ vững; chứa, đựng; giam giữ; coi là, cho rằng; tổ chức [cuộc họp]: **to ~ your breath** anh hãy nín thở; **to ~ back** giữ lại, kiềm lại, cầm; **to ~ on** nắm/giữ chặt, không buông ra; giữ máy (dây nói); **to ~ out** đưa/giơ ra; chịu đựng, kiên trì; **to ~ up** đưa/giơ lên; chặn đường để ăn cướp

hole *n.* lỗ, lỗ thủng; hang, ổ, căn nhà tồi tàn

holiday *n., v.* ngày lễ, ngày nghỉ; nghỉ lễ

holler *v.* la lớn: **Don't ~ at me** [*American saying*] Đừng la nguýt tôi.

hollow 1 *n.* chỗ rỗng, chỗ trũng, lòng chảo rỗng (không); hõm, lõm, trũng; [lời nói, lời hứa] rỗng tuếch, suông, hão 2 *v.* khoét, đục rỗng 3 *adj.* trũng, lõm: **~ eyes** đôi mắt lõm

holly *n.* cây ô rô

holocaust *n.* sự thiêu huỷ, vật tế thần; sự huỷ diệt/tiêu diệt;

cuộc tàn sát

holster *n.* bao súng

holy *adj.* thần thánh, thiêng liêng; thánh thiện, trong sạch; sùng đạo: **the ~ Land** thánh địa

home 1 *n.* nhà ở, chỗ ở; nhà, gia đình, quê hương, nước nhà; viện [dưỡng lão, mồ côi, v.v.]; sinh quán, quê: **nursing ~** nhà dưỡng lão 2 *adv.* nhà, thuộc về nhà: **back ~** ở nhà mình; bên nhà, bên chúng tôi 3 *adj.* như ở nhà, thuộc về nhà: **for ~ use** để dùng trong nhà, gia dụng; **~ economics** môn kinh tế gia đình, gia chánh; **~made** nhà làm/may lấy, chế tạo lấy; sản xuất trong nước/nội địa

home page *n.* trang nhà [trên **internet**], trang nói về chủ của mạng vi tính

homestead *n.* nhà cửa vườn tược; ấp, trại di cư, ruộng đất được cấp để cày cấy

homeward 1 *adj.* trở về nhà, trở về nước 2 *adv.* trên đường về nhà/nước

homicide *n.* kẻ/tội giết người, tên/tội sát nhân

homogeneous *adj.* đồng chất, đồng đều, thuần nhất

Homo sapiens *n.* nhân tính gốc của con người

homosexual *n., adj.* (người) tình dục đồng giới, đồng tính luyến ái

hone *n., v.* đá mài, mài

honest *adj.* thật thà, chân thật, lương thiện

honesty *n.* tính thật thà/chân thật/lương thiện

hose

honey 1 *n.* mật ong, mật **2** *n.* sự ngọt ngào/dịu dàng; mình, em yêu, anh yêu, con yêu quý: **Honey! That's a good idea.** Em/anh yêu có ý kiến hay đấy.

honeymoon *n.* tuần trăng mật

honk *n., v.* tiếng kêu của ngỗng; tiếng bóp còi inh ỏi; bóp còi inh ỏi

honor 1 *n.* danh dự, vinh dự, danh giá, thanh danh; niềm vinh dự, người làm vẻ vang; sự tôn kính; địa vị cao sang; chức tước cao; nghi lễ trọng thể **2** *v.* kính trọng, tôn kính, tôn vinh; ban vinh dự, tuyên dương; thực hiện (lời cam kết)

honorary *adj.* danh dự (học vị, chức vị): **~ degree** học vị danh dự; **~ chairperson** chủ tịch danh dự

hood 1 *n.* mũ trùm đầu; ca pô xe hơi; huy hiệu học vị (quàng cổ, khoác sau lưng áo thụng đại học) **2** *suffix* tiếp vĩ ngữ để tạo thành danh từ với nghĩa cùng chung hay tình cảm giống nhau: **neighbour~** tình hàng xóm

hoodwink *v.* đánh lừa, lừa dối, bịp, lừa gạt

hoof 1 *n.* móng guốc (của bò, ngựa) **2** *v.* cuốc bộ

hook 1 *n.* cái móc, cái mắc: **fish ~** lưỡi câu **2** *v.* móc, mắc, treo: **to ~ up** mắc điện; móc nối; cùng phát thanh trên một hệ thống

hoop 1 *n.* vòng (để trẻ con đánh **to trundle**); vành, đai (thùng) **2** *v.* đóng/đánh đai

hoot *v.* (cú) kêu; rúc lên; la hét, huýt còi phản đối

hop 1 *n.* cây hub-lông (để làm rượu bia) **2** *n.* bước nhảy lò cò; chặng bay; cuộc khiêu vũ **3** *v.* nhảy lò cò; nhảy nhót; bay đi một chuyến; nhảy lên (buýt taxi)

hope 1 *n.* niềm hy vọng; nguồn hy vọng: **beyond ~** không còn hy vọng gì nữa **2** *v.* hy vọng, mong

horde *n.* bầy người; bầy, lũ, đám đông

horizon *n.* chân trời; tầm nhìn, tầm hiểu biết

horizontal *adj.* ở chân trời; ngang, nằm ngang

hormone *n.* hoocmon, kích thích tố

horn *n.* sừng (trâu, bò, hươu), gạc (hươu, nai); chất sừng; đồ sừng; râu, ăng ten (sâu bọ); màu lông; tù và; còi, kèn (ôtô); sừng, mỏm: **to sound the ~** bóp còi

horoscope *n.* lá số tử vi (**to cast** lấy/đoán)

horrible *adj.* ghê tởm, kinh khủng, khủng khiếp; kinh tởm; khó chịu, chán, đáng ghét, te

horror *n.* sự/điều ghê tởm/ghê tởm/kinh khủng, cảnh hãi hùng khủng khiếp; sự ghê sợ/gớm guốc

horse *n.* ngựa; kỵ binh; giá (có chân): **~ racing** ngựa đua

horsepower *n.* mã lực, ngựa

horticulture *n.* nghề làm vườn

hose 1 *n.* bít tất dài; ống, vòi **2** *v.* lắp ống/vòi; tưới nước bằng vòi hosiery

hosiery *n.* hàng dệt kim

hospital *n.* bệnh viện, nhà thương: **to visit someone in** ~ thăm ai ở bệnh viện

hospitality *n.* tính hiếu khách; sự tiếp đãi; ngành học nhà hàng và du lịch

host **1** *n.* chủ nhà, chủ bữa tiệc; chủ trọ, chủ ôten, chủ khách sạn, chủ quán **2** *v.* đứng làm chủ (bữa tiệc, cuộc họp)

hostage *n.* con tin

hostel *n.* khu nhà tập thể; nhà trọ, quán trọ

hostess *n.* bà chủ nhà, bà chủ tiệc; bà chủ trọ, bà chủ tiệm, bà chủ khách sạn, bà chủ quán; cô phục vụ trên máy bay, chiêu đãi viên máy bay

hostile *adj.* thù địch, cừu thị, không thân thiện, chống đối, phản đối, nghịch

hot *adj.* Nóng: ~ **temper** tính nóng nảy

hotel *n.* khách sạn, lữ quán, nhà trọ, ô-ten

hound **1** *n.* chó săn **2** *v.* săn bằng chó, truy tầm

hour *n.* giờ, tiếng đồng hồ; giờ phút, lúc; giờ làm việc, giờ quy định: **half an** ~ nửa giờ, nửa tiếng đồng hồ; **in the** ~ **of danger** trong giờ phút hiểm nghèo; **office** ~**s** giờ làm việc, giờ tiếp khách

hourglass *n.* bình chứa cát chảy để tính giờ

house **1** *n.* nhà, nhà ở, chỗ ở; nhà, trường; quán, tiệm; viện (trong quốc hội); rạp/nhà hát; dòng họ, nhà, triều đại: **the** ~ **of**

Lords, the Upper ~ thượng viện Anh; **to keep** ~ trông nom việc tề gia nội trợ **2** *v.* chứa, cho ở, cho trọ; cung cấp chỗ ơ

housebreaking *n.* việc đập phá vào nhà để ăn cấp ăn trộm

household *n.* gia đình, hộ; tất cả người nhà: ~ **appliances** đồ dùng/máy móc trong nhà

housekeeper *n.* người nội trợ; quản gia

housewarming *n.* tiệc liên hoan ăn mừng nhà mới, tiệc ăn tân gia

housing **1** *n.* nhà cửa chính phủ **2** *adj.* thuộc về nhà cửa: ~ **development** khu nhà ở tập thể mới xây và rẻ tiền

hovel *n.* túp lều, căn nhà tồi tàn lụp xụp

hover *v.* bay lượn, bay liệng; (mây) trôi lờ lững; (nụ cười) thoáng; lảng vảng, lởn vởn, quanh quẩn; do dự, phân vân

how *adv.* (như) thế nào, (ra/làm) sao, cách nào; bao nhiêu; biết bao, sao mà … thế

however **1** *adv.* dù thế nào, bất luận ra sao: **However true that may be!** Dầu điều đó thật chăng nữa thì! **2** *conj.* tuy nhiên, tuy vậy, có lẽ: ~ **we would like to remind you that** tuy nhiên, chúng tôi xin nhắc ông rằng

howl **1** *n.* tiếng húgào/ú/rít/gầm **2** *v.* hú; rú; rít; gầm; gào thét, la hét; gào khóc

hub *n.* trục bánh xe; trung tâm, rốn

huddle **1** *n.* sự họp nhau để bày

mưu tính kế; mở lộn xộn **2** *v.* túm tụm với nhau; hội ý; bàn kế hoạch

hue *n.* màu sắc: **the ~s of the rainbow** màu sắc cầu vòng

hug 1 *n.* sự ôm chặt **2** *v.* ôm chặt, ghì chặt; ôm ấp, bám chặt, không bỏ

huge *adj.* to lớn, khổng lồ, đồ sộ, to tướng

hulk *n.* tàu thuỷ cũ; người to lớn nặng nề

hull *n.* vỏ đậu, vỏ trái cây

hum 1 *n.* tiếng o o/vo ve; tiếng rồ, tiếng kêu rền; tiếng hát nho nhỏ, ngân nga **2** *v.* kêu o o, kêu vo ve, kêu rền; ầm ừ, ấm ứ, ngân nga, hát nhỏ

human 1 *n.* con người **2** *adj.* thuộc con/loài người, có tính chất người, có nhân tính: **~ nature** bản chất con người

humane *adj.* nhân đạo, nhân đức, nhân từ, từ bi; nhân văn: **a ~ society** hội bảo vệ súc vật

humanitarian *n., adj.* (người) theo chủ nghĩa nhân đạo: **to receive ~ aid** nhận viện trợ có tính cánh nhân đạo

humble 1 *adj.* nhún nhường, khiêm tốn; khúm núm; hèn mọn, thấp kém; tầm thường, xoàng xĩnh, nhỏ bé **2** *v.* hạ thấp: **to ~ oneself** tự hạ mình

humid *adj.* ẩm, ẩm ướt

humidity *n.* sự ẩm ướt; độ ẩm

humiliate *v.* làm nhục, sỉ nhục, lăng nhục, nhục mạ, làm bẽ mặt

humility *n.* sự nhún nhường/ khiêm tốn/khiêm nhường

humor *n.* sự hài hước, sự hóm hỉnh

hump *n.* bướu [lạc đà, người gù]; gò, mô

hunch 1 *n.* cái bướu; linh cảm **2** *v.* khom xuống, gập cong xuống

hunchback, humpback *n.* lưng gù; người gù lưng

hundred 1 *num.* trăm; hàng trăm: **~s of books** hàng trăm cuốn sách **2** *adj.* trăm **one ~ percent** 100 phần trăm, hoàn toàn

Hungary *n.* nước Hung gia lợi

hunger 1 *n.* sự đói, nạn đói; sự ham muốn/khát khao/ước mong tha thiết **2** *v.* khát khao, ao ước: **to ~ for adventure** khao khát thám hiểm

hungry *adj.* đói (bụng); thèm khát, khao khát, ham muốn: **a ~ look** vẻ đói ăn; **to be ~** đói

hunk *n.* miếng/khúc/khoanh to

hunt 1 *n.* cuộc đi săn; sự tìm kiếm/lùng bắt **2** *v.* săn bắt; lùng, tìm kiếm: **to ~ down** lùng/ sục bắt

hunter *n.* người đi săn

hurdle 1 *n.* rào [phải vượt khi chạy]; vật chướng ngại **2** *v.* vượt qua, khắc phục [khó khăn]

hurl *v.* ném mạnh, phóng, lao; lật đổ, lật nhào

hurrah *intj.* hoan hô!

hurricane *n.* bão; cơn bão tố: **~ lamp** đèn bão

hurry 1 *n.* sự vội vàng/hấp tấp/ hối hả/gấp rút; sự sốt/nóng ruột **2** *v.* [**hurried**] giục làm nhanh, bắt làm gấp, thúc giục; làm gấp, làm mau; đi gấp, hành động vội vàng hấp tấp

hurt 1 *n.* chỗ đau **2** *v.* làm đau, làm bị thương; làm hại/hư, gây thiệt hại; chạm, xúc phạm, làm phật ý; đau

hurtle *n., v.* (sự) va mạnh; (tiếng) đổ sầm

husband *n.* người chồng: **~ and wife** hai vợ chồng

hush 1 *n.* sự im lặng 2 *v.* dỗ [trẻ] cho nín, ỉm đi, bưng bít: **to ~ a baby to sleep** dỗ trẻ em ngủ

husk 1 *n.* trấu; vỏ; vỏ khô; áo [ngô] 2 *v.* bóc vỏ, xay

hustle 1 *n.* sự xô đẩy; sự chạy đua bon chen 2 *v.* xô đẩy, chen lấn; ép buộc; hối hả, bon chen, xoay xở, tất bật, tất tả ngược xuôi

hut *n.* túp lều, chòi

hutch *n.* lều, chòi, quán; chuồng thỏ

hydrant *n.* vòi nước máy

hydraulics *n.* thuỷ lực học

hydroelectric *adj.* thuỷ điện: **to build a ~ dam** xây đập thuỷ điện

hydrogen *n.* hy-đro, khinh khí

hygiene *n.* phép vệ sinh

hygienic *adj.* hợp vệ sinh: **to keep a toilet clean and ~** giữ nhà cầu sạch sẽ và vệ sinh

hymn *n.* bài thánh ca

hyphen *n.* dấu nối, gạch nối

hypnotize *v.* thôi miên

hypocrite *n.* người đạo đức giả

hypodermic *n., adj.* (mũi tiêm) dưới da

hysterics *n.* cơn ictêri; cơn cuồng loạn

I

I *pron.* tôi (bố, mẹ, con, anh, chị, em, ông, bà, cháu, bác, chú, thím, cô, cậu, mợ, dì; ta, tao, tớ dùng cho ngôi thứ nhất làm chủ ngữ)

ice 1 *n.* nước đá, băng; kem; thái độ lạnh lùng: **to break the ~** phá bỏ không khí dè dặt lúc đầu; **~ hockey** môn bóng gậy cong trên băng 2 *v.* ướp nước đá; phủ một lượt đường cô

icing *n.* kem hay đường cô [phủ trên mặt bánh ngọt]

icon *n.* hình tượng, biểu tượng; hình trên máy vi tính chỉ chức năng trong máy

icy *adj.* có/phủ băng; băng giá, lạnh lẽo; lãnh đạm

idea *n.* ý nghĩ, ý tưởng, ý kiến, quan niệm, ý niệm, khái niệm; điều tưởng tượng, sự hình dung; ý định, ý đồ: **to have a new ~** có tư tưởng mới

ideal 1 *n.* lý tưởng 2 *adj.* có lý tưởng

identical *adj.* giống hệt (nhau); đồng nhất: **~ twin** cặp song sinh giống hệt nhau

identify *v.* nhận biết; nhận diện, nhận dạng

identity *n.* sự đồng nhất, sự giống hệt nhau

ideology *n.* (hệ) tư tưởng, hệ ý thức, ý thức hệ

idiocy *n.* tính/hành động ngu si; lời nói ngu ngốc

idiom *n.* thành ngữ, quán ngữ, đặc ngữ

idiotic *adj.* ngu ngốc, ngu xuẩn, khờ dại

idle 1 *adj.* ngồi rồi, ngồi không, ở không; ăn không ngồi rồi; biếng nhác; [máy] không chạy; không đâu, vu vơ, vẩn vơ **2** *v.* ngồi không để lãng phí: **to ~ away one's time** ăn không ngồi rồi

idol *n.* tượng thần, thần tượng, ngẫu tượng

idyllic *adj.* đồng quê, thôn dã, điền viên

if *conj.* nếu (như), giá, giả sử; có … không, có … chăng, không biết … có không; dù là, cho là … đi chăng nữa: **~ I were him** nếu tôi là ông ấy, nếu tôi ở vào địa vị ông ta; **even ~ it isn't true** dù điều ấy không đúng đi chăng nữa

ignite *v.* nhóm lửa, đốt cháy; kích động/thích

ignorance *n.* sự ngu dốt; sự không biết/hay

ignore *v.* làm như không biết, lờ đi, phớt đi

ill 1 *n.* điều xấu, điều hại, việc ác, sự đau ốm **2** *adj.* ốm, đau yếu; kém, xấu, tồi; ác; rủi, không may: **~-advised** nhẹ dạ, nghe theo người ta, quá tin người **3** *adv.* khó chịu; khó ma

illegal *adj.* bất hợp pháp, không hợp pháp, trái luật

illegible *adj.* [chữ viết/ký] không đọc được

illegitimate *adj.* bất hợp pháp, không chính đáng; [con] đẻ hoang, tư sinh

illiteracy *n.* sự thất học, nạn mù chữ

illness *n.* sự ốm, sự đau yếu

illogical *adj.* phi lý, không lô-gic, không hợp lý: **an ~ analysis** sự phân tích không hợp lý

illuminate *v.* chiếu/rọi sáng; chiếu đèn, treo đèn; làm sáng tỏ; làm rạng rỡ: **to ~ the city for the New Year festival** treo đèn chiếu sáng để mừng lễ hội năm mới

illusion *n.* ảo tưởng; ảo giác/ảnh: **optical ~** ảo thị

illustrate *v.* minh họa, làm rõ ý; thêm hình ảnh

ILO *abbr.* (= **International Labor Organization**) tổ chức quốc tế (thuộc Liên Hiệp quốc) quan tâm đến việc làm và điều kiện làm việc

image 1 *n.* hình, ảnh, hình ảnh; hình tượng **2** *n.* người giống hệt, vật giống hệt **3** *n.* điển hình, hiện thân **4** *v.* vẽ hình, hình dung, tưởng tượng ra

imagine *v.* tưởng tượng, hình dung; tưởng, nghĩ

imbalance *n.* sự không quân bình, sự không đồng nhất

imbecile *n., adj.* (người) khờ dại, (người) đần

imbibe *v.* hút, hấp thụ; hít, uống, nốc

imbue *v.* thấm nhuần, nhiễm đầy

IMF *abbr.* (= **International Monetary Fund**) quỹ tiền tệ quốc tế

imitate *v.* bắt chước, mô phỏng; theo gương

immaterial *adj.* vô hình, phi vật chất; vụn vặt

immature *adj.* non nớt, chưa chín chắn/chín muồi

immediate *adj.* trực tiếp; lập tức; sát cạnh/bên

immense *adj.* rộng lớn, bao la, mênh mông

immerse *v.* nhúng, nhận chìm, ngâm; đắm chìm vào

immigrant *n.* dân nhập cư, dân di cư nhập cảnh

immigrate *v.* di dân, nhập cư, đến định cư ở một nước khác

imminent *adj.* sắp xảy ra (đến nơi)

immobilize *v.* giữ cố định, không cho di động; làm không cho di chuyển được

immodest *adj.* khiếm nhã, bất lịch sự; không đứng đắn

immoral *adj.* trái luân lý/đạo đức, đồi bại, xấu xa

immovable *adj.* không di chuyển được, bất động

immune *adj.* được miễn khỏi; miễn dịch: **the ~ system** hệ thống miễn dịch

immunity *n.* sự miễn (dịch): **diplomatic ~** quyền miễn tố ngoại giao

impact *n.* sức va chạm; tác động, ảnh hưởng

impair *v.* làm suy yếu; làm hư hại: **to ~ one's health by heavy drinking** say sưa nhiều làm suy yếu sức khỏe

impart *v.* truyền đạt, phổ biến, truyền thụ: **to ~ information to someone** phổ biến tin tức cho ai

impartial *adj.* vô tư, không thiên vị

impatient *adj.* nôn nóng, nóng vội, sốt ruột, bồn chồn, thiếu kiên nhẫn/nhẫn nại

impede *v.* cản trở, ngăn cản, ngăn chặn

impel *v.* bắt buộc, ép buộc, cưỡng bách

impending *adj.* sắp xảy đến; đang đe dọa

imperative 1 *n.* lối mệnh lệnh; nhu cầu **2** *adj.* cấp bách, khẩn thiết; có tính chất bắt buộc

imperceptible *adj.* tinh tế, không thể nhận thấy

imperfect 1 *n.* thời quá khứ chưa hoàn thành **2** *adj.* không hoàn toàn, chưa hoàn hảo; còn dở dang

imperial *adj.* thuộc hoàng đế; thuộc đế quốc

imperil *v.* làm nguy hiểm

imperishable *adj.* bất hủ, bất tử; không thể tiêu diệt được

impersonal *adj.* khách quan, nói trống, không nói riêng đến ai, bâng quơ: **to keep an ~ attitude** giữ thái độ khách quan

impersonate *v.* mạo nhận là …; nhại; là hiện thân của …

impertinence *n.* sự xấc láo/láo xược

impetus *n.* sức đẩy tới, đà

impinge *v.* chạm tới, vi phạm đến: **to ~ on/upon something** đụng phải vật gì

implant 1 *n.* cấy mô: **eye ~** sửa mắt; **egg ~** cấy trứng **2** *v.* in sâu, khắc, ghi; cấy [dưới da]: **to ~ ideas in the mind** in sâu vào trí óc

implement 1 *n.* đồ dùng, dụng cụ, công vụ **2** *v.* thi hành, thực hiện

implicate *v.* lôi vào, kéo vào, làm dính líu vào

implicit *adj.* ngầm, ngấm ngầm; ẩn tàng; ẩn

implore *v.* van xin, cầu khẩn, khẩn nài

imply *v.* ý nói, ngụ ý

impolite *adj.* vô lễ

import 1 *n.* sự nhập cảng/khẩu; hàng nhập khẩu; ý nghĩa, nội dung; tầm quan trọng **2** *v.* nhập khẩu

important *adj.* quan trọng, hệ trọng, trọng yếu

impose *v.* đánh [thuế]; bắt chịu; lợi dụng

impossible *adj.* không thể làm được; không thể có được; quá quắt, quá đáng

impostor *n.* kẻ mạo danh; tên lừa đảo

impotent *adj.* liệt dương; bất lực, yếu đuối

impound *v.* nhốt, cất [xe trái luật]; sung công

impoverish *v.* làm cho nghèo túng, bần cùng hoá

impractical *adj.* không thực tế, không thực hiện được

impress 1 *n.* sự đóng dấu, dấu ấn: **to recognize the ~ of government seals** nhận ra con dấu của chính phủ **2** *v.* gây ấn tượng, làm cảm kích; ghi sâu

impression *n.* ấn tượng; cảm tưởng, cảm giác; dấu

imprint 1 *n.* dấu in, vết in, nét hằn; ảnh hưởng sâu sắc **2** *v.* đóng dấu, in dấu; ghi khắc, ghi nhớ

imprison *v.* bỏ tù, tống giam, giam cầm; giam hãm

impromptu *adj.* [bài] ứng khẩu, không sửa soạn: **an ~ speech** một bài nói chuyện ứng khẩu

improper *adj.* không thích đáng/ thích hợp; không đúng, sai; không hoàn chỉnh, không phải lễ

improve *v.* (làm) tốt hơn, cải thiện/ tiến/tạo; mở mang, trau dồi

improvise *v.* ứng khẩu, cương; ứng biến mà làm

imprudent *adj.* khinh xuất, thiếu thận trọng, dại

impudent *adj.* hỗn láo; trơ tráo, trơ trẽn, mặt dày

impulsive *adj.* bốc đồng, theo cảm xúc nhất thời

impure *adj.* không trong sạch, dơ bẩn, ô uế

in 1 *n.* chi tiết, chỗ lồi ra lõm vào: **the ~s and outs** đảng đang cầm quyền và đảng không cầm quyền **2** *prep.* trong, ở tại; về, vào lúc, trong lúc; ở vào, trong khi/lúc; vào, vào trong theo; thành; bằng; vì; để; về: **~ England** ở bên Anh; **~ the sky** trên trời, trong bầu trời; **~ 1924** vào năm 1924; **~ an hour** trong một tiếng đồng hồ; một giờ nữa; **~ any case** trong bất cứ trường hợp nào; **~ debt** mắc nợ; **~ tears** đang khóc; **~ my opinion** theo ý tôi, theo thiển ý **3** *adv.* vào, trong, ở trong, bên trong: **to fall ~ love** yêu ai

inaccessible *adj.* không tới gần được, không vào được; không kiếm ra được

inaccurate *adj.* không đúng, sai, trật

inactive *adj.* không/thiếu hoạt động, ì

inadequate *adj.* không thoả

503

inadmissible

đáng; không đầy đủ, thiếu, kém, không đủ sức

inadmissible *adj.* không thể thu nhận được, không thể chấp nhận

inadvertent *adj.* vô ý, sơ ý, vô tình

inanimate *adj.* vô tri giác, vô sinh

inappropriate *adj.* không thích đáng/thích hợp

inasmuch *adv.* bởi vì: ~ **as that program has failed** bởi vì chương trình đó đã thất bại

inattentive *adj.* vô ý, không lưu tâm

inaudible *adj.* không nghe thấy được

inaugural **1** *n.* lễ nhậm chức **2** *adj.* khai mạc, khai trương, khánh thành

inborn *adj.* bẩm sinh

inbound *adj.* đi hướng về

incapable *adj.* không đủ khả năng, bất lực, bất tài

incapacitate *v.* làm mất khả năng/tư cách

incense *n.* hương, nhang, trầm: ~ **stick** nén hương

incentive *n.* sự khuyến khích/ khích lệ; động cơ

incessant *adj.* liên miên, không thôi/dứt/ngừng

incest *n.* tội loạn luân

inch **1** *n.* insơ (= **2.54 cm**); một chút xíu; một tấc: **Give him an ~ and he'll take a mile.** Được đằng chân lân đằng đầu. **2** *v.* di chuyển vật gì một cách thận trọng chậm chạp

incident **1** *n.* việc xảy ra; chuyện rắc rối; đoạn, tình tiết, vụ **2** *adj.* có thể xấy ra, có thể rắc rối.

incinerator *n.* lò đốt rác, lò thiêu; người hoả táng

incision *n.* vết rạch, đường rạch; vết khắc

incite *v.* xúi giục, kích động

incline *n.* chỗ dốc; mặt nghiêng

include *v.* gồm có, bao gồm; kể luôn cả: *v.* gồm có, bao gồm; kể luôn ca

incoherent *adj.* thiếu mạch lạc, rời rạc

income *n.* thu nhập, lợi tức, doanh thu: ~ **tax** thuế lợi tức

incoming *adj.* [thư từ **mail**] mới đến; vào; mới dọn vào; mới nhậm chức

incompatible *adj.* không hợp, xung khắc, kỵ nhau

incompetent *adj.* kém, bất tài, thiếu khả năng, không đủ sức, không đủ tư cách

incomplete *adj.* thiếu, không đủ, chưa đầy đủ; dở dang, chưa xong, chưa hoàn thành, chưa hoàn tất

inconceivable *adj.* không thể tưởng tượng được

inconsequential *adj.* không hợp lý, rời rạc; không quan trọng, vụn vặt

inconsiderate *adj.* không nghĩ đến người khác

inconsistent *adj.* bất nhất, thiếu nhất quán; trái với, mâu thuẫn với [**with**]

inconstant *adj.* không bền lòng, không kiên nhẫn; không thường xuyên, hay thay đổi

inconvenience **1** *n.* sự bất tiện **2** *v.* làm phiền

incorporate *v.* sát nhập, hợp

nhất, kết hợp; hợp tác

incorrect *adj.* sai, không đúng; không chỉnh, không đứng đắn

incorrigible *adj.* không thể sửa được

increase **1** *n.* sự tăng thêm; số lượng tăng thêm **2** *v.* tăng lên, tăng thêm, tăng gia, gia tăng

incredible *adj.* khó tin, không thể tin được: **an ~ story** câu chuyện khó tin

incriminate *v.* buộc tội, đổ tội/ trách nhiệm cho ai

inculcate *v.* ghi nhớ, khắc sâu

incur *v.* mắc, bị, chịu, gánh [nợ, phạt]

incurable *adj.* không chữa được, nan y

indebted *adj.* mắc nợ; mang/đội/ chịu/hàm ơn

indecent *adj.* tục tĩu, nhảm; không đứng đắn: **~ behavior** hành vi không đứng đắn

indeed *adv.* thực vậy, quả thực, quả nhiên

indefatigable *adj.* không biết mệt

indefinite **1** *n.* từ phiếm chỉ **2** *adj.* không rõ ràng, không dứt khoát; [mạo từ **article**] bất định

indelible *adj.* không tẩy/rửa được, còn vết mãi

indemnify *v.* bồi thường, đền

indent *n., v.* viết/in [chữ] thụt vào

independent *adj.* độc lập, không lệ thuộc/tuỳ thuộc; [lợi tức] đủ sung túc

indestructible *adj.* không thể phá huỷ được, không thể huỷ diệt được

index **1** *n.* (*pl.* **indices**) bảng sách dẫn, mục lục cuối sách; bảng

liệt kê; chỉ số: **~ finger** ngón tay trở **2** *v.* làm mục lục, lập bảng sách dẫn

India *n.* nước Ấn Độ

indicate *v.* chỉ, trở; tỏ ra, cho thấy, biểu thị

indicator *n.* kim chỉ, dụng cụ chỉ [độ cao, v.v.]; bảng chỉ dẫn

indict *v.* buộc tội, truy tố

indifferent *adj.* dửng dưng, lãnh đạm, thờ ơ, hững hờ, không quan tâm; không thiên vị, trung lập

indigenous *adj.* bản xứ, bản địa, thổ dân

indignant *adj.* tức giận, căm phẫn, phẫn uất/nộ

indirect *adj.* gián tiếp, không trực tiếp; quanh co: **~ tax** thuế gián thâu

indiscreet *adj.* không thận trọng, thiếu ý tứ, vô ý, hở hênh, không kín đáo

indiscriminate *adj.* bừa bãi, không phân biệt

indispensable *adj.* rất cần thiết, không bỏ được, không thể thiếu được, tối cần

indistinct *adj.* không rõ ràng, lờ mờ, mơ hồ

individual **1** *n.* cá nhân, người cá thể **2** *adj.* cá nhân, riêng (lẻ); đặc biệt, độc đáo

indivisible *adj.* không thể phân chia ra được

indoctrinate *v.* truyền giáo; truyền bá/thụ, nhồi sọ

indolent *adj.* lười biếng, biếng nhác, làm biếng

indomitable *adj.* bất khuất, không chế ngự được

indoor

indoor *adj.* trong nhà

induce *v.* xui, xui khiến; gây, làm cho, khiến

indulge *v.* nuông chiều, chiều theo: **to ~ oneself in** ham mê

industrial *adj.* thuộc công nghiệp/ kỹ nghệ: **to build an ~ zone** xây dựng khu công nghiệp; **~ arts** kỹ thuật công nghiệp

industry *n.* công nghiệp, kỹ nghệ: **heavy ~** kỹ nghệ/công nghiệp nặng; **light ~** kỹ nghe/ công nghiệp nhẹ

inedible *adj.* không ăn được

ineffective *adj.* không có hiệu quả, vô tích sự

inefficient *adj.* thiếu khả năng, bất tài; vô hiệu

ineligible *adj.* không đủ tư cách/ tiêu chuẩn

inequality *n.* sự không đều nhau, bất bình đẳng

inertia *n.* tính ì, quán tính; tính lười/chậm

inevitable *adj.* không thể tránh được, quen thuộc

inexorable *adj.* không lay chuyển, vô tình, không động tâm

inexpensive *adj.* rẻ, hạ, không đắt

inexperienced *adj.* thiếu kinh nghiệm, không có kinh nghiệm

inexplicable *adj.* không thể giải thích được

infallible *adj.* không thể sai/hỏng được

infamous *adj.* xấu xa, nhục nhã, ô nhục, bỉ ổi

infant *n.* đứa bé (còn ẵm ngửa), hài nhi

infatuation *n.* sự say mê, sự say đắm

infectious *adj.* lây, nhiễm trùng; dễ lây: **~ diseases** bệnh hay lây

inference *n.* sự suy luận, kết luận

inferior *adj.* dưới; thấp, kém, tồi, xấu

infernal *adj.* thuộc địa ngục/âm phủ; ghê gớm

infest *v.* tràn vào phá hoại, tàn phá

infidelity *v.* sự không trung thành, sự thiếu thủy chung, sự thất tiết, sự bội tín, tội ngoại tình

infiltrate *v.* ngấm vào; xâm nhập, trà trộn vào

infinite *adj.* vô tận, không bờ bến, vô biên/hạn

infirmity *n.* tính chất yếu đuối, nhu nhược

inflame *v.* châm lửa; kích thích; làm sưng tấy

inflammable *adj.* dễ cháy, nhạy lửa; dễ khích động

inflate *v.* bơm/thổi phồng; tăng [giá], lạm phát

inflation *n.* sự thổi phồng; nạn lạm phát

inflexible *adj.* cứng; cứng rắn; không nhân nhượng; bất di bất dịch; thiếu mềm dẻo/uyển chuyển

inflict *v.* nện [đòn]; giáng [trận, đòn]; gây; bắt phải chịu [hình phạt]

inflow *n.* sự chảy vào trong; dòng vào

influence **1** *n.* ảnh hưởng; thế lực, uy thế **2** *v.* có ảnh hưởng đến có tác dụng đối với

influenza *n.* (*abbr.* **flu**) bệnh cúm

influx *n.* sự chảy/tràn vào; dòng [người] đổ vào

inform *v.* báo tin, cho biết/hay,

thông báo; cho tin tức, cung cấp tài liệu: **I would like to ~ you that …** Tôi xin báo tin bạn biết là …

informal *adj.* không chính thức; tự nhiên, thân mật, không kiểu cách/khách sáo/nghi thức: **an ~ dinner** một bữa tiệc thân mật

information *n.* sự thông tin; tin tức, tài liệu; dữ kiện, kiến thức: **~ desk** bàn chỉ dẫn; **~ technology** công nghệ thông tin

infrequent *adj.* hiếm, ít xảy ra

infringe *v.* phạm, xâm/vi phạm, bội, lấn

infuse *v.* rót trút, đổ pha [trà]; truyền

ingenious *adj.* khéo léo; tài tình, mưu trí

ingot *n.* thỏi, nén, khối [vàng, bạc, v.v.]: **an ~ of gold** một thỏi vàng

ingrained *adj.* ăn sâu vào, thâm căn cố đế

ingredient *n.* món, vị; nguyên tố thành phần [của hợp chất]; vật liệu để nấu ăn

inhabit *v.* ở, sống ở, cư trú, cư ngụ

inhale *v.* hít vào; nuốt [khói thuốc lá]

inherent *adj.* vốn có, cố hữu, tự nhiên

inheritance *n.* gia tài, di sản, tài sản kế thừa

inhibit *v.* ngăn chặn, ngăn cấm, cấm đoán; ức chế

inhospitable *adj.* không hiếu khách; không ở được

inhuman *adj.* vô nhân đạo, tàn ác, dã man

inhumane *adj.* không có lòng nhân đạo, độc ác

inimical *adj.* thù địch, thù nghịch, không thân thiện

initial **1** *n.* chữ đầu trong một từ; tên họ viết tắt **2** *adj.* đầu, ban đầu; [âm, chữ] ở đầu **3** *v.* ký tắt

initiate *v.* bắt đầu, để khởi/xướng; làm lễ kết nạp

initiative *n.* bước đầu; (óc) sáng kiến; thế chủ động

inject *v.* tiêm, chích, bơm, thụt, xen vào

injure *v.* làm bị thương, làm hại, làm tổn thương

injury *n.* vết thương; mối hại; sự tổn hại/bất lợi

injustice *n.* sự bất công; chuyện không công bằng

ink **1** *n.* mực; dấu mực **2** *v.* bôi mực, đánh dấu bằng mực

inkling *n.* sự nghi hoặc; ý niệm lờ mờ, cảm giác

inland **1** *n.* vùng nội địa **2** *adj.* ở sâu trong nước

in-law *n.* bố chồng/vợ; nhạc phụ, mẹ chồng/vợ, nhạc mẫu; ông nhạc, bà nhạc

inlay *n., v.* khảm, cẩn, dát: **to ~ seashells into a picture** cẩn xà cừ bức tranh

inlet *n.* vũng, vịnh nhỏ; lạch giữa đảo

inmate *n.* người bệnh [nhà thương điên]; người ở tù chung, bạn tù

innate *adj.* bẩm sinh, thiên phú, thiên bẩm

inner *adj.* ở trong: **~ circle** nhóm thân cận tin nhau

innocent *adj.* vô tội, không có tội; ngây thơ

innovation *n.* sự đổi mới/làm mới, sự canh tân, sáng kiến

innuendo *n.* lời nói cạnh, lời nói bóng gió, ám chỉ

innumerable *adj.* không đếm được, rất nhiều, vô số

inoculation *n.* sự tiêm chủng, sự chích ngừa

inorganic *adj.* vô cơ

input 1 *n.* lối vào, đóng góp vào; khối vào, lực truyền vào, dòng điện truyền vào; tài liệu bằng ký hiệu **2** *v.* cung cấp tài liệu [cho máy tính điện tử]

inquire *v.* hỏi tin tức; hỏi thăm

inquisitive *adj.* tò mò, hay hỏi, tọc mạch; tìm tòi

insane *adj.* điên, mất trí khôn, điên cuồng

insanitary *adj.* không vệ sinh, bẩn thỉu

insatiable *adj.* không đã thèm, không thoả mãn được, tham lam vô độ

inscribe *v.* viết, khắc, ghi; đề tặng; ghi/khắc sâu; vẽ nội tiếp

inscrutable *adj.* khó hiểu, bí hiểm, không dò được

insect *n.* sâu bọ, côn trùng

insecticide *n., adj.* (thuốc) trừ sâu/sát trùng

insecure *adj.* bấp bênh, không vững chắc; thiếu an toàn/an ninh, nguy hiểm

insemination *n.* sự thụ tinh: **artificial ~** sự thụ tinh nhân tạo

insensitive *adj.* không cảm giác; không nhạy (cảm)

inseparable *adj.* không thể chia lìa/tách rời được

insert 1 *n.* tờ thêm, đoạn thêm **2** *v.* thêm vào, gài vào; đăng vào (báo); cho/đặt/đút vào; xen vào

inset *n.* ảnh [hoặc bản đồ] nhỏ bên trong ảnh lớn

inside 1 *n.* bên/mặt/phía trong; lòng, ruột **2** *prep.* ở trong, từ trong **3** *adv.* ở trong, trong: **to move ~** tiến vào phía trong **4** *adj.* bên trong, nội bộ

insight *n.* sự hiểu biết sâu sắc, kiến giải

insignificant *adj.* tầm thường, không quan trọng, không nghĩa lý gì

insincere *adj.* không thành thực, giả dối

insinuate *v.* nói ý, nói bóng gió, nói xa gần; ám chỉ; khéo luồn lọt vào

insipid *adj.* vô vị, nhạt nhẽo, nhạt phèo, lạt lẽo

insist *v.* cố nài, năn nỉ, vật nài, cứ nhất định: **to ~ on having your own way** năn nỉ ai làm theo bạn

insolence *n.* xấc láo, vô lễ, láo xược

insoluble *adj.* không tan được; không giải quyết được

insomnia *n.* chứng mất ngủ

inspect *v.* xem xét, kiểm tra, thanh tra; khám xét

inspire *v.* truyền cảm hứng cho; gây ra, xui khiến

instability *n.* tính không ổn định/vững chắc

install *v.* lắp, đặt, thiết bị, trang bị; đặt vào

installment *n.* số tiền trả góp mỗi lần; phần đăng báo dần: **~ plan** lối mua chịu trả dần từng kỳ

instance *n.* ví dụ, thí dụ; trường hợp cá biệt: **for ~** ví dụ, chẳng hạn

instant 1 *n.* lúc, chốc lác 2 *adj.* ngay lập tức, ngay tức khắc; pha/nấu ngay, ăn/uống ngay được

instantaneous *adj.* tức thời, ngay lập tức

instead *adv.* để thay vào, đáng lẽ là, đáng lý ra, thay vì

instigate *v.* xui, xúi giục, xúi bẩy; thủ mưu

instill *v.* truyền [ý nghĩ, tình cảm]

instinct *n.* bản năng, bản tính, thiên tính; năng khiếu, khiếu, thiên hướng, thiên bẩm

institute *n.* viện, học viện, hội, viện nghiên cứu

instruct *v.* chỉ dẫn, chỉ thị; dạy, đào tạo

instruction *n.* sự dạy; kiến thức; **medium of ~** học lại, chuyển ngữ

instrument *n.* đồ dùng, dụng cụ; nhạc khí/cụ, đàn, sáo, kèn, v.v.; văn kiện; công cụ, phương tiện

insubordinate *adj.* không vâng lời, không phục tùng

insufferable *adj.* không thể chịu đựng được

insufficient *adj.* không đủ, thiếu, kém, sút

insulate *v.* để riêng; làm cách điện, cách ly/nhiệt: **to ~ the roof of a house** để lớp cách nhiệt trần nhà

insult 1 *n.* lời/điều chửi bới lăng mạ/sỉ nhục 2 *v.* sỉ nhục, làm nhục, lăng mạ, chửi bới, xúc phạm

insurance *n.* sự bảo hiểm/bảo kê: **life ~** bảo hiểm nhân thọ

insure *v.* bảo hiểm; đảm bảo, cam đoan; đề phòng

intact *adj.* còn nguyên (vẹn), trọn vẹn, không bị sứt mẻ, nguyên si; không bị thay đổi/ ảnh hưởng

intake *n.* điểm lấy nước; hầm thông hơi; đầu vào; lượng lấy vào; công suất tiêu thụ

intangible *adj.* không thể rờ đến; mơ hồ

integrate *v.* hoà đồng, họp lại thành một hệ thống nhất mở rộng [trường học, v.v.]

integrity *n.* tính trong sạch, tính liêm khiết/liêm chính: **moral ~** sự vẹn toàn đạo đức

intellectual 1 *n.* người trí thức, nhà trí thức 2 *adj.* thuộc trí óc, thuộc lý trí/trí năng, tinh thần, tri thức: **~ property** tài sản trí tuệ; sở hữu trí tuệ

intelligence *n.* trí óc, trí thông minh; tin tức, tình báo: **~ quotient [IQ]** hệ số thông minh

intelligent *adj.* thông minh, sáng dạ/trí, linh lợi

intend *v.* định, tính, toan, có ý định; ý muốn nói

intense *adj.* mạnh gắt, chói; dữ dội, mãnh/kịch liệt; nồng nhiệt, nhiệt liệt

intensive *adj.* mạnh; [lớp học **course**] tập trung, cấp tốc, ráo riết: **an ~ English course** lớp tiếng Anh cấp tốc

intention *n.* ý, ý định, ý chí, chủ ý/tâm, mục đích

inter *v.* chôn, chôn cất, mai táng

interaction *n.* ảnh hưởng qua lại, tác động qua lại

intercede

intercede *v.* can thiệp, nói giùm, xin giùm

intercept *v.* chắn, chặn, chặn đứng; chặn đánh

interchange 1 *n.* sự trao đổi; ngã tư xa lộ 2 *v.* trao đổi/thay thế lẫn nhau

interconnect *v.* liên kết với nhau, nối lại với nhau

intercontinental *adj.* xuyên lục địa/đại châu: ~ **ballistic missile** [**ICBM**] hoả tiễn/tên lửa xuyên lục địa

intercourse *n.* sự giao thiệp/dịch/ lưu; việc mậu dịch

interdepartmental *adj.* thuộc liên bộ, thuộc liên ngành

interdependent *adj.* phụ thuộc lẫn nhau

interest 1 *n.* sự chú ý; điều thích thú; quyền lợi; lợi ích; tiền lãi/ lời, lợi tức: **a matter of great** ~ một vấn đề quan trọng 2 *v.* làm chú ý, làm thích thú/quan tâm; dính dáng/liên quan đến

interface 1 *n.* bề mặt chung, liên hợp chung; việc nối hai vật liệu (trong máy vi tính) 2 *v.* nối với nhau

interfere *v.* can thiệp, xen/dính vào; gây trở ngại; giao thoa; nhiễu

interim 1 *n.* thời gian chờ đợi 2 *adj.* tạm quyền, tạm thời, lâm thời

interior 1 *n.* phía/bên trong; nội địa 2 *adj.* ở bên trong; ở nội địa: ~ **decoration** nghệ thuật trang trí trong nhà/nội thất

interjection *n.* thán từ, sự ngạc nhiên

interloper *n.* người xâm phạm

vào quyền lợi của người khác, người dính mũi vào chuyện người khác

interlude *n.* quãng giữa; lúc tạm nghĩ; màn chen

intermediary 1 *n.* người, vật trung gian: **through the** ~ **of …** qua sự môi giới của … 2 *adj.* giữa, trung gian

intermediate *adj.* ở khoảng giữa; cấp trung

intermingle *v.* trộn lẫn; trà trộn

intermittent *adj.* lúc có lúc không: ~ **fever** cơn sốt từng cơn

intern 1 *n.* sinh viên y khoa nội trú, bác sĩ nội trú; giáo sinh, người thực tập/tập sự 2 *v.* làm nội trú

internal *adj.* ở trong, nội bộ; trong nước; nội tâm; nội tại; [thuốc] dùng trong: ~ **medicine** khoa nội, nội khoa, ~ **revenue service** sở thuế

international 1 *n.* quốc tế 2 *adj.* quốc tế: **to depart from the** ~ **airport** khởi hành ở sân bay quốc tế

Internet *n.* mạng lưới toàn cầu

interpersonal *adj.* giữa cá nhân với nhau: ~ **relationships** mối quan hệ giữa cá nhân với nhau

interpretation *n.* sự giải thích; cách hiểu; sự thể hiện/diễn xuất; sự thông dịch/phiên dịch: **simultaneous** ~ việc dịch liền/ ngay

interrogate *v.* tra hỏi, chất vấn, thẩm vấn

interrupt *v.* ngắt, làm đứt quãng, làm gián đoạn; ngắt lời; ngắt điện

intersection *n.* sự cắt ngang; chỗ giao nhau, giao điểm; ngã ba, ngã tư

interstate *adj.* giữa các nước, giữa các tiểu bang: **~ highway** xa lộ liên tiểu bang

intertwine *v.* quấn/kết/bện vào nhau

interval *n.* khoảng (cách); cự ly; quãng

intervene *v.* can, xen vào, can thiệp; xảy ra

interview **1** *n.* cuộc phỏng vấn, bài phỏng vấn; sự gặp mặt riêng để hỏi về người xin việc **2** *v.* phỏng vấn; nói chuyện riêng với

interweave *v.* dệt lẫn; xen lẫn, trộn lẫn

intestine *n.* ruột

intimate **1** *n.* người thân mật/ thiết/tình **2** *adj.* thông dâm **3** *v.* cho biết, gợi ý

intimidate *v.* doạ nạt/dẫm, đe doạ, hăm doạ

into *prep.* vào (trong); thành, ra, hoá ra; với: **to translate the following passage ~ Vietnamese** dịch đoạn sau đây ra tiếng Việt

intolerant *adj.* không dung thứ/ khoan dung

intonation *n.* ngữ điệu; âm điệu

intoxicate *v.* làm say; làm nhiễm độc

intractable *adj.* cứng đầu, khó uốn nắn

intransitive *adj.* nội động: **~ verb** động từ nội động (ngữ pháp)

intrepid *adj.* gan, gan dạ, bạo dạn, dũng cảm

intricate *adj.* rắc rối, phức tạp khó hiểu

intrigue *n.* âm mưu, mưu mô/đồ, vận động ngầm; cốt truyện, tình tiết

intrinsic *adj.* bên trong, thực chất, về bản chất

introduce *v.* giới thiệu; đưa vào, dẫn nhập; đưa ra, đệ trình [cho nghị viện xét]; mở đầu

introvert *n.* hướng nội; tụt vào trong

intrude *v.* vào bừa, xông bừa; xâm phạm: **to ~ one's opinion on somebody** bắt ai theo ý kiến của mình

intuition *n.* trực giác, trực quan

invade *v.* xâm chiếm, xâm lấn, xâm lăng/lược; toả khắp, lan tràn

invalid *n., adj.* (người) tàn tật/tàn phế; hết hiệu lực, vô giá trị

invalidate *v.* làm cho có hiệu lực, đóng dấu ngày tháng vé đi xe lửa/buýt: **to ~ one's ticket by accident** đóng dấu vé để có hiệu lực

invaluable *adj.* vô giá, quý giá, quý báu

invent *v.* sáng chế, phát minh; bày đặt, hư cấu

inventory **1** *n.* (bảng kê) hàng hóa tồn kho; bảng tóm tắt **2** *v.* kiểm kê, làm bản kê

invert *v.* lộn/đảo/xoay ngược, nghịch đảo/chuyển

invertebrate *n., adj.* (loài) không xương sống

invest *v.* đầu tư, bỏ/xuất vốn; bổ nhiệm, uỷ thác: **to ~ capital into one's business** đầu tư tiền vào việc kinh doanh

investigate *v.* xem xét, nghiên cứu, điều tra

inveterate *adj.* ăn sâu, lâu năm, kinh niên, thành cố tật, thâm căn cố đế

invigilation *n.* việc coi thi, giám thị cuộc thi

invigorate *v.* làm mạnh thêm, làm hăng hái thêm

invincible *adj.* vô địch, vạn thắng, không ai đánh bại được, trăm trận trăm thắng

invisible *adj.* không thể trông thấy, vô hình, tàng hình: ~ **ink** mực hoá học

invite **1** *v.* mời; lôi cuốn, hấp dẫn; gây ra **2** *n.* lời mời

invoice **1** *n.* danh đơn hàng, hoá đơn **2** *v.* làm hoá đơn, ghi hoá đơn

invoke *v.* cầu khấn, gọi hồn; viện, dẫn chứng

involuntary *adj.* không cố ý, vô tình

involve *v.* làm mắc míu; làm dính líu; đòi hỏi: **to be ~d in black market activities** dính vào vụ chợ đen; **to ~ in deep thinking** để hết tâm trí suy nghĩ

inward *adj.* bên trong, hướng vào trong; nội tâm

Iran *n.* nước I-ran

Iraq *n.* nước I-rac

Ireland *n.* nước I-rờ-lan

irk *v.* ngứa ngáy; chán

iron **1** *n.* sắt; chất sắt; đồ sắt; bàn là/ủi: ~**s** xiềng, cùm, còng; ~ **hand** bàn tay sắt **2** *v.* bọc/bịt sắt; là, ủi; còng, cùm xiền xích

irony *n.* sự mỉa mai/châm biếm; điều trớ trêu, các cớ

irreconcilable *adj.* không thể xử hoà/hoà giải

irrecoverable *adj.* không thể lấy lại được, không thể cứu chữa được

irregular *adj.* không đều; [hàng hoá] không đúng quy cách; [quân đội] không phải chính quy; [động từ] không theo quy tắc

irrelevant *adj.* không thích hợp, không ăn nhằm

irresistible *adj.* không cưỡng lại được, hấp dẫn

irresponsible *adj.* vô trách nhiệm, thiếu tinh thần trách nhiệm, khinh suất, ẩu, lếu láo

irreverent *adj.* bất kính, vô lễ, thiếu lễ độ

irrigate *v.* tưới [ruộng], dẫn thủy nhập điền, đem nước vào ruộng

irritate *v.* làm phát cáu, chọc tức; kích thích

Islam *n.* đạo Hồi, Hồi giáo

island *n.* hòn đảo, cù lao; khoảng tách riêng

isle *n.* đảo nhỏ

isolate *v.* cô lập, cách ly; cách điện, tách ra: **No one lives totally alone, ~d from society.** Không ai sống đơn độc và biệt lập với xã hội.

Israel *n.* nhân dân Do Thái

issue **1** *n.* sự phát; sự phun; số báo; vấn đề; dòng dõi; lối ra/thoát: **to discuss some ~s** thảo luận một vài vấn đề **2** *v.* đưa ra, phát hành, in ra; chảy/bốc/toát ra; thuộc dòng dõi

isthmus *n.* eo đất

IT *n., abbr.* (= **Information Technology**) tin học: **to study ~** học môn tin học

it *pron.* cái đó, điều đó, con vật ấy; thời tiết, trời

itch **1** *n.* bệnh ngứa, sự ngứa **2** *v.* ngứa, rất muốn

item *n.* khoản, món; đoạn, mẩu, tiết mục

itinerary *n.* hành trình, lộ trình

its *pron.* của nó [vật, động vật]; của cái đo

itself *pron.* bản thân cái/điều/con đó

ivory *n., adj.* ngà voi; màu ngà; đồ ngà voi: **~ tower** tháp ngà

J

jab **1** *n.* nhát đâm mạnh, cái thọc mạnh; trận đánh thọc sâu **2** *v.* đâm mạnh, thọc mạnh; đánh thọc

jack **1** *n.* lá cờ: **Union ~** quốc kỳ Anh **2** *n.* người con trai, gã, chàng; bồi, cây bài j; cái kích, đòn bẩy **3** *v.* kích [xe ô tô]: **to ~ the car up and put on a spare tire** kích xe lên và bỏ bánh dự phòng vào

jackal *n.* chó rừng

jacket *n.* áo vét tông, áo vét; bìa bọc sách: **life ~** áo cứu đắm; phao cấp cứu

jackpot *n.* số tiền lớn/độc đắc do xổ số hay đánh bạc (bằng máy) được

jacuzzi *n.* bồn tắm hình tròn

jade *n.* ngọc bích; màu ngọc bích: **~ pot** bình ngọc bích

jaguar *n.* báo/beo đốm

jail **1** *n.* nhà tù, ngục thất, khám đường **2** *v.* bỏ tù, tống/hạ ngục

jam **1** *n.* mứt **2** *n.* sự kẹp; sự ấn/ tọng/nhét; vụ xe kẹt, vụ xe cộ tắc nghẽn: **traffic ~** xe bị tắc nghẽn **3** *v.* kẹp; ấn, nhét, tọng vào; làm kẹt xe, làm nghẽn đường; làm kẹt máy; phá, làm nhiễu [sóng điện]

jamb *n.* thanh dọc khung cửa, mặt bên lò sưởi

jamboree *n.* đại hội hướng đạo

janitor *n.* người coi sóc lau chùi toà nhà lớn

January *n.* tháng một/giêng dương lịch

Japan *n.* nước Nhật

jar **1** *n.* hũ, vại, lọ, bình **2** *n.* tiếng động chói tai; sự rung chuyển mạnh; sự choáng óc; sự va chạm **3** *v.* kêu chói tai; rung động mạnh; làm choáng óc; [quyền lợi] xung đột

jargon *n.* tiếng lóng nghề nghiệp; thuật ngữ, biệt ngữ

jasmine *n.* hoa nhài/lài

jaundiced *adj.* ghen tức, hằn học

jaunt *n., v.* (cuộc) đi chơi/dạo

javelin *n.* cái lao

jaw **1** *n.* hàm; mồm miệng; má kìm, hàm ê tô: **upper ~** hàm trên; **lower ~** hàm dưới **2** *v.* nói lải nhải dài dòng, răn dạy ai

jazz *n.* nhạc ja; điệu nhảy ja

jealous *adj.* ghen, ghen tuông/tị/ ghét, đố kị, tật đố; hay ghen

jeans *n.* quần jean/bằng vải dày màu xanh

jeep *n.* xe jíp

jeer *n., v.* (lời) chế nhạo, (lời) chế giễu

jellyfish *n.* con sứa

jeopardize *v.* làm hại, làm

nguy: **to ~ one's life by doing something dangerous** liều mạng làm những điều nguy hiểm

jerk *n., v.* (sự) giật mạnh thình lình, (sự) xóc: **What a ~!** Cái thằng mới ngu xuẩn làm sao!

jersey *n.* áo len nịt sát mình

jest 1 *n.* lời nói đùa, lời bông đùa 2 *v.* nói đùa, bông đùa

jet 1 *n.* chất huyền; màu đen hạt huyền 2 *n.* tia [nước, hơi, máu]; vòi [nước]; vòi phun, phản lực 3 *v.* đáp máy bay phản lực

jetsam *n.* vật phế bỏ trôi vào bờ

jetty *n.* đê, đập chắn sóng, cầu lòi ra ngoài nước để tàu nghé

Jew *n.* người Do thái

jewel *n.* đồ nữ trang/châu báu; chân kính đồng hồ; vật quý/báu, người quý

jewelry *n.* đồ châu báu/nữ trang/kim hoàn: **costume ~** đồ nữ trang giả

jibe *n., v.* đi đôi, phù hợp [với **with**]

jig 1 *n.* điệu khiêu vũ jic 2 *v.* nhảy tung tăng

jiggle *v.* di chuyển vật gì lên xuống hay qua lại nhanh

jigsaw *n.* cưa xoi, hình lưỡi cưa

jihad *n.* chiến tranh Hồi giáo, chiến tranh giữa những người theo đại Hồi và những người không theo đạo Hồi

jilt *v., n.* bỏ rơi, tình phụ [người yêu]

jingle 1 *n.* tiếng kêu leng keng/loảng xoảng; câu thơ nhiều âm/vườn điệp 2 *v.* kêu leng keng

jinx *n.* người hãm tài, người mang lại nỗi điều rủi

jitters *n.* sự hoảng hốt bồn chồn, sự lo sợ

jive 1 *n.* điệu nhảy với nhạc giật gân 2 *v.* nhảy với nhạc giật gân; làm cho người khác không tin là thật

job *n.* việc, công việc, việc làm; công ăn việc làm, chức vụ, chức nghiệp

jobber *n.* người làm khoán; người bán buôn

jockey 1 *n.* dô kề, người cưỡi ngựa đua 2 *v.* cưỡi ngựa đua; lừa bịp, dùng mẹo xoay xở: **to ~ someone into doing something** lừa ai làm việc gì

jog 1 *n.* cái đẩy/thúc/hích; bước chạy chậm 2 *v.* đẩy, thúc, hích; xóc, lắc; chạy chầm chậm, chạy nước kiệu

join *v.* nối, chắp, ghép, buộc vào với nhau; nối liền, hợp sức/lực; vào, gia nhập [tổ chức]; đến với/gặp

joint 1 *n.* chỗ nối, chỗ tiếp hợp; khớp xương; mọng, mối hàn, khớp nối, bản lề; quán ăn hay hộp đêm bất hảo: **out of ~** sai khớp, không ăn khớp, trật 2 *adj.* nối, cùng chung: **~ effort** cố gắng; **~ venture** hợp tác kinh doanh; hợp doanh 3 *v.* nối lại bằng các đoạn nối, ghép lại từng đoạn nối

joke 1 *n.* câu nói đùa, lời nói rỡn; chuyện buồn cười; trò cười 2 *v.* nói đùa; đùa bỡn, giễu cợt

jolly *adj.* vui vẻ, vui nhộn; thú vị, dễ chịu

jolt 1 *n.* sự lắc/xóc nảy lên; cú điếng người 2 *v.* [xe] chạy xóc nảy lên

jostle *n., v.* (sự) xô đẩy, (sự) chen lấn

jot 1 *n.* chút, tí, tẹo 2 *v.* ghi nhanh, ghi vội

journal *n.* tập san, tạp chí; nhật ký; nhật báo

journalism *n.* nghề làm báo; ngành/môn báo chí

journey 1 *n.* cuộc hành trình/du hành, chuyến đi 2 *v.* đi chơi, du hành, đi một chuyến

jovial *adj.* vui vẻ, vui tính, tươi tỉnh

jowl *n.* xương hàm, hàm; má, cằm xị, yếm bò

joy *n.* sự vui mừng, sự hân hoan; niềm vui

jubilant *adj.* vui mừng, vui thích, mừng rỡ hớn hở

jubilee *n.* lễ kỉ niệm (50 năm); lễ đại xá

judge 1 *n.* quan tòa, thẩm phán; trọng tài 2 *v.* xét xử, phân xử, xét đoán, phán đoán, xét, phán quyết

judiciary *n.* ngành tư pháp; các quan toà

judo *n.* nhu đạo

jug *n.* bình [có quai và vòi]; nhà tù

juggle *v.* tung hứng, múa rối; cạo tẩy, sửa [sổ sách, v.v.] để ăn gian

juice *n.* nước ép [quả, rau, thịt]; dịch; điện

July *n.* tháng bảy

jumble 1 *n.* đống lộn xộn, mớ bòng bong; chảnh hỗn loạn 2 *v.* làm lẫn lộn lung tung

jumbo *n., adj.* (người/vật) rất lớn, quá khổ, khổng lồ

jump 1 *n.* sự/bước nhảy; sự tăng đột ngột, sự ăn quân cờ: **to give a ~** nhảy 2 *v.* nhảy; giật nảy người; tăng đột ngột, tăng vọt, nhảy vọt; vội đi đến; bỏ [cách quãng]; ăn, chặt [quân cờ]: **to ~ bail** được tại ngoại mà trốn không trình diện

jumper *n.* áo ngoài mặc chui đầu, áo len mặc chui đầu

junction *n.* sự nối; chỗ nối; ga (xe lửa) đầu mối

juncture *n.* tình hình sự việc, thời cơ: **at this ~** vào lúc này

June *n.* tháng sáu

jungle *n.* rừng rậm, rừng nhiệt đới; khu đất hoang đầy bụi rậm; mớ hỗn độn/hỗn tạp; khu khó sống (vì bạo động hay cạnh tranh gắt)

junior *n., adj.* (người) trẻ tuổi hơn, cấp dưới; sinh viên năm thứ nhất đại học, học sinh cấp hai bậc trung học: **~ college** đại học cộng đồng (hai năm); **~ high school** trường trung học cấp hai (từ lớp 7, lớp 8 và lớp 9)

junk 1 *n.* thuyền/ghe mành 2 *n.* đồ đồng nát; đồ cũ, đồ vô dụng; đồ bỏ đi; ma túy, thuốc phiện trắng, bạch phiến

jurisdiction *n.* hạt, quyền tài phán, thẩm quyền

jury *n.* ban bồi thẩm/hội thẩm; ban giám khảo: **~ duty** nhiệm vụ bồi thẩm

just 1 *adj.* công bằng; xứng đáng, đích đáng; đúng, đúng đắn, đúng lý, phải lẽ, có căn cứ; chính đáng: **to be ~ to someone** công bằng với ai 2 *adv.* đúng, chính; vừa đúng, vừa vặn; vừa mới; chỉ, thật đúng là, hoàn toàn: **Just a moment, please!** Khoan đã! xin đợi cho một lát!

justice *n.* sự công bằng; công lý, tư pháp; quan toà, thẩm phán (toà án tối cao): **to bring to ~** đem ra toà, truy tố

justify *v.* cãi, bào chữa, biện hộ, chứng minh là đúng

jut *v.* thò/lồi/nhô ra: **to ~ out** lòi ra

jute *n.* cây đay, sợi đay

juvenile *adj.* thuộc thanh/thiếu niên: **~ delinquency** sự đập phá do đám thanh thiếu niên

K

kaftan *n.* (*also* **caftan**) áo dài thắt lưng của người Thổ Nhĩ kỳ

kangaroo *n.* đại thử châu Úc, con can-gu-ru

karaoke *n.* hát nhạc bằng máy ở nhà/tiệm

karate *n.* món võ tự vệ của Nhật, ca-rat-tê

keel **1** *n.* sống thuyền, sống tàu thuỷ: **on an even ~** không nghiêng ngã, vững chắc **2** *v.* **to ~ over** lật

keen *adj.* sắc, bén, nhọn; buốt thấu xương; chói; [nỗi sầu] chua xót, thấm thía; sắc sảo; ham mê: **~ eyes** mắt tinh; **~ ears** tai thính; **~ competition** cuộc cạnh tranh ráo riết; **to be ~ on…** ham mê, ham thích …

keep **1** *n.* sự nuôi; cái để nuôi nắng, sinh kế: **for ~s** mãi mãi, vĩnh viễn **2** *v.* [**kept**] giữ, canh

phòng, bảo vệ; cất giữ, giữ gìn, giấu; nuôi, nuôi nắng, bao; chăm sóc, trông nom, quản lý; giữ lấy, giữ lại; tuân theo; giam giữ: **to ~ back** giữ lại; giấu; **to ~ up** tiếp tục; giữ cẩn thận

keg *n.* thùng (chứa từ 20 đến 40 lít)

ken *n., v.* tầm trí thức, phạm vi hiểu biết

kennel *n.* cũi chó; nhà nuôi/dạy chó

Kenya *n.* nước Ken-ni-a ở Phi châu

kerb *n.* lề đường

kernel *n.* hột/hạt [ngô, lúa, thóc]; nhân, trọng điểm

kerosene *n.* dầu lửa, dầu tây, dầu hôi

kettle *n.* ấm đun nước: **a pretty ~ of fish** tình thế khó xử

key **1** *n.* hòn đảo nhỏ; đá ngầm **2** *n.* chìa khoá; khoá, điệu [nhạc]; phím đàn, nút máy chữ; chìa khoá, manh mối, bí quyết, giải pháp; lời giải đáp [bài tập]; lời chú thích [về ký hiệu, chữ viết tắt]; giọng nói, lối diễn tả: **a spare ~** chìa khoá phòng hờ **3** *v.* lên dây: **to ~ in** cho trữ liệu vào máy vi tính **4** *adj.* rất quan trọng, rất cần thiết; **~ position** vị trí then chốt

keyboard *n.* bàn phím dương cầm/piano; bảng chữ trên bàn máy đánh chữ/vi tính: **computer ~** bảng chữ máy vi tính

khaki *n., adj.* vải/quần áo màu ca ki; màu cứt ngựa

khan **1** *n.* chức tước bộ lạc ở trung Á như A-phú-hãn **2** *n.* khách sạn cho du khách ở các xứ Trung đông

Khmer *n., adj.* (người/tiếng) Cam pu chia, Căm bốt, Khơ me

kick **1** *n.* cái đá, cái đạp; sự giật; cái khoái/thú: **to have no ~ left** không còn hơi sức **2** *v.* đá; [súng] giật: **to ~ out** tống cổ; **to ~ the habit** cai [thuốc, rượu]; **to ~ up** gây nên [chuyện ầm]; **to ~ off** quả banh đá mở đầu; sự bắt đầu

kid **1** *n.* dê non; da dê non; đứa bé, con: **a family with nine ~s** một gia đình chín đứa con **2** *v.* nói đùa, nói bỡn, nói rỡn, nói chơi **3** *adj.* trẻ hơn

kidnap *v.* bắt cóc (để lấy tiền chuộc): **to ~ children** bắt cóc trẻ con

kidney *n.* thận; cật, bầu dục: **~ bean** đậu tây, đậu ngự; **~ machine** thận nhân tạo

kill **1** *n.* sự giết; thú giết được **2** *v.* giết, giết chết, làm chết, hạ sát, ám sát; ngả, giết, chết, giết thịt, làm thịt; tắt [máy]; làm tiêu tan [hy vọng]; giết [thì giờ]; bác [đạo luật]; ngừng đăng [bài]: **to ~ two birds with one stone** một công đôi ba việc

kiln *n.* lò: **brick ~** lò gạch

kilobyte *n.* (*abbr.* **kB**) đơn vị đo sức chứa máy vi tính

kilogram *n.* (*abbr.* **kg**) ki-lo-gam

kilohertz *n.* (*abbr.* **kHz**) ki-lô-hớc

kilometer *n.* (*abbr.* **km**) ki-lô-mét

kilowatt *n.* ki-lô-oat: **~-hour** ki-lô-oat giờ (**kWh**)

kilt *n.* váy của người Tô Cách Lan

kin *n.* dòng dõi, dòng họ, gia đình, huyết thống; bà con, họ hàng

kind **1** *n.* loài, loại, chủng loại; thứ, hạng; bản tính; tính chất: **books of all ~s** sách đủ mọi loại **2** *adj.* tử tế, có lòng tốt, nhân từ, ân cần

kindergarten *n.* lớp mẫu giáo; nhà trẻ

kindle *v.* đốt, nhen, nhóm; gợi, khơi, gây; làm sáng ngời lên

kindred *n.* họ hàng bà con, thân thích; quan hệ họ hàng

king *n.* vua, quốc vương; vua; chúa tể; quân chúa, quân tướng [cờ]; lá bài K; loại to/lớn

kingdom *n.* vương quốc; giới

kingfisher *n.* chim bói cá

kink *n., v.* nút, chỗ thắt nút; thắt nút

kinship *n.* quan hệ bà con/thân tộc: **~ term** từ chỉ người trong gia đình

kiosk *n.* quán, sạp [bán báo]; buồng điện thoại công cộng: **newspaper ~** sạp báo

kiss **1** *n.* cái hôn **2** *v.* hôn, chạm nhẹ

kit *n.* bộ đồ nghề; đồ nghề: **a first-aid ~** tủ thuốc cấp cứu

kitchen *n.* nhà bếp, phòng bếp: **~ cabinet** tủ bếp

kite *n., v.* cái diều; con diều hâu; hối phiếu giả, kẻ bịp bợm

kitten *n.* mèo con

kiwi *n.* chim kiwi; người Tân Tây Lan; trái kiwi

kleptomaniac *n., adj.* người ăn cắp vặt, táy máy lấy của người khác

knack *n.* sự khéo tay, tài riêng, sở trường; mẹo

knapsack *n.* túi dết, ba lô

knead *v.* nhào trộn [bột]; luyện [đất sét]; xoa bóp, đấm bóp, tẩm quất

knee

knee 1 *n.* đầu gối (quần); khuỷu, khớp xoay: **on hands and ~s** bò **2** *v.* nay/thúc ai bằng đầu gối

kneel *v.* [**knelt**] quỳ, quỳ xuống: **to ~ down** quỳ xuống

knell *n., v.* hồi chuông báo tử, điểm tận số

knife *n.* (*pl.* **knives**) con dao: **to buy a sharp ~** mua một con dao sắc

knight 1 *n.* hiệp sĩ; kỵ sĩ; tước sĩ, người được nữ hoàng Anh phong tước **2** *v.* phong tước hầu

knit *n., v.* [**knitted**] đan bằng len/ sợi; nối, hàn, gắn, kết chặt

knitwear *n.* đồ đan, áo quần đan; hàng dệt kim

knob *n.* quả nắm cửa: **to turn the door ~** quay quả nắm cửa

knock 1 *n.* cú đánh; tiếng gõ; lời chỉ trích gắt gao **2** *v.* gõ, đập, đánh, va, đụng; chỉ trích kịch liệt: **to ~ down** hạ, bắn rơi; dỡ/ tháo ra; hạ [giá]; **to ~ off** nghỉ tay; làm mau; bớt đi; ăn cướp; giết chết; **to ~ out** hạ đo ván; **to ~ up** đánh bay lên; gõ cửa đánh thức ai dậy

knoll *n.* gò, đồi nhỏ

knot 1 *n.* nút, nơ; đầu mấu, mắt gỗ; mối ràng buộc; đầu mối, điểm nút [câu chuyện]; tốp, nhóm, cụm; hải lý: **to make a ~** thắt nơ **2** *v.* thắt nút/nơ; kết chặt; làm rối beng

know 1 *v.* [**knew; known**] biết, hiểu biết, quen biết; nhận biết, phân biệt: **to get to ~ somebody** được làm quen với ai **2** *n.* biết rõ vấn đề, biết rõ việc: **to be in the ~** biết điều mà nhiều người chưa biết

knowledge *n.* sự biết, sự hiểu/ nhận biết; tri thức, kiến thức: **not to my ~ (= not that I know of)** theo tôi rõ thì không có thể; **~ explosion** sự bộc phát kiến thức

knuckle 1 *n.* khớp đốt ngón tay; đốt khuỷu chân giò **2** *v.* cốc, củng

koala *n.* gấu túi, con cù lần (Úc)

koi *n.* đồ trang điểm của người Nhật

Koran *n.* (*also* **Qur'an**) kinh Co-ran của đạo Hồi

Korea *n.* nước Triều Tiên/Đại Hàn

kowtow *n., v.* quỳ lạy, cúi lạy, khấu đầu

kph *abbr.* (= **kilometers per hour**) một giờ chạy bao nhiêu ki-lô mét

Kremlin *n.* điện Cẩm-linh

kudos *n.* sự rực rỡ; sự khen ngợi

kumquat *n.* quả quất; mứt quất

kungfu *n.* môn võ Tàu kung-fu

Kuwait *n.* nước Ku-wet (ở Trung Đông)

L

lab *n., abbr.* (= **laboratory**) phòng thí nghiệm

label 1 *n.* nhãn, nhãn hiệu; chiêu bài **2** *v.* dán/ghi nhãn; gán cho là, chụp mũ lạ

labor 1 *n.* lao động; công việc nặng nhọc; đau đẻ: **manual ~** lao động chân tay; **~ Day** Ngày Lễ Lao Động Mỹ [thứ hai trong tuần lễ đầu tháng 9]; **union** công đoàn, nghiệp đoàn;

~ **pains** cơn đau đẻ 2 *v.* gắng sức/công, nỗ lực, dốc sức; bị giày vò

laboratory *n.* phòng thí nghiệm: **language** ~ phòng nghe băng để học ngoại ngữ, phòng thính thị

Labor Party *n.* đảng lao động

labyrinth *n.* cung mê, mê cung; đường rối

lace 1 *n.* dây, dải; đăng ten, ren 2 *v.* buộc, thắt; viền đăng ten: **to ~ (up) one's shoes** thắt dây giày

lacerate *v.* xé rách, làm tan nát: **to ~ an arm (injury)** làm đau tay

lack 1 *n.* sự thiếu: **no ~ of water** thiếu gì nước 2 *v.* thiếu, không co

lackey *n.* đầy tớ, tay sai

laconic *adj.* vắn tắt, gọn gàng, súc tích

lacquer 1 *n.* sơn, sơn mài: ~ **painting** tranh sơn mài 2 *v.* quét sơn

ladder *n.* thang

laden *adj.* chất nặng/đầy, nặng trĩu: **to be ~ with sorrow** nặng trĩu đau buồn

lading *n.* sự chất hàng: **bill of ~** tải hoá đơn

ladle 1 *n.* cái môi, cái vá 2 *v.* múc bằng môi: **to ~ out soup** múc xúp bằng môi/vá

lady *n.* (*pl.* **ladies**) đàn bà, bà, phụ nữ; bà chủ; phu nhân; vợ

lag 1 *n.* sự chậm/trễ 2 *v.* tụt lại sau, chậm trễ: **to ~ behind** tụt lại đằng sau

lagoon *n.* vũng nước mặn, hồ nước mặn (ở giữa đảo)

lair *n.* hang, ổ (thú dữ); sào huyệt: **a fox's ~** hang chồn

laissez-faire *n.* chính sách để tư nhân tự do kinh doanh

lake *n.* hồ

Lama *n.* thầy tu ở Tây Tạng, vị Lạt Ma; **Dalai Lama** vị Đạt Lai Lạt Ma

lamb *n.* cừu non/con; thịt cừu non

lame *adj.* què, khập khiễng; không vững/chỉnh: **to be ~ in one leg** bị què một chân

lament 1 *n.* lời than van; ngâm khúc 2 *v.* than van, than khóc, rên rỉ, ta thán; thương tiếc

laminate *v., n.* bọc nhựa, việc bao plastic: **to ~ one's photo** bọc nhựa tấm hình

lamp *n.* đèn: **table ~** đèn để bàn

land 1 *n.* đất liền, lục địa; đất, đất đai (để trồng trọt); vùng, xứ sở, địa phương, lãnh thổ; ruộng đất, điền sản 2 *v.* đổ bộ; đưa đến, đẩy vào; được, bắt được; giáng (đòn); (máy bay) hạ cánh; cập bến

landing 1 *n.* sự hạ cánh, sự ghé bờ, vụ đổ bộ; bến chỗ đỗ; đầu cầu thang 2 *adj.* dùng để hạ cánh: ~ **gear** bộ phận hạ cánh

landlord *n.* ông chủ nhà; ông chủ trọ; chủ đất, địa chủ

landmark *n.* mốc bờ; ranh giới, địa giới; cây, nhà, nơi đặc biệt; sự kiện đáng để ý

landmine *n.* bãi mình

landowner *n.* địa chủ, người sở hữu đất

landscape 1 *n.* phong cảnh: ~ **gardening** nghệ thuật thiết kế vườn tược 2 *v.* vẽ/thiết kế vườn cảnh

landslide *n.* sự lở đất; sự thắng

lane

phiếu lớn

lane *n.* đường làng, đường nhỏ; (đường) hẻm, ngỏ hẻm; hàng, đường (vạch rõ cho xe hơi trên xa lộ)

language *n.* tiếng, ngôn ngữ; lời (ăn tiếng) nói: **native ~** tiếng bản ngữ; **foreign ~** tiếng nước ngoài, tiếng ngoại quốc, ngoại ngữ; **the Vietnamese ~** tiếng Việt, Việt ngữ; **the ~ of diplomacy** ngôn ngữ ngoại giao; **to watch your ~** nên cẩn thận cách ăn nói; **to speak the same ~** nói cùng một thứ tiếng

languish *v.* mỏi mòn chờ đợi, tiều tụy

lanky *adj.* gầy gò, cao lêu đêu

lantern *n.* đèn lồng

Laos *n.* nước/người Lào

lap 1 *n.* vạt áo; lòng: **a baby boy on his mother's ~** đứa hài nhi ngồi trog lòng mẹ 2 *n.* vòng chạy, vòng đua 3 *v.* phủ/chụp lên; bọc; mài

lapel *n.* ve áo

lapse 1 *n.* sự sai lầm; sự sa ngã; khoảng, quãng; sự mất quyền lợi: **a ~ of memory** sự nhớ lầm 2 *v.* sa ngã; mất hiệu lực

larceny *n.* tội ăn cắp

lard *n.* mỡ lợn/heo

larder *n.* chạn, tủ đựng thức ăn

large 1 *adj.* lớn, to, rộng; rộng rãi; rộng lượng: **a ~ sum** một món tiền lớn; **~ intestine** ruột già 2 *n.* sự rộng rãi, chung: **at ~** tự do 3 *adv.* **by and ~** nói chung, đại để, đại khái

lark *n., v.* chim chiền chiện; chơi gian

larva *n.* (*pl.* **larvae**) ấu trùng, giòi

larynx *n.* (*pl.* **larynges**) thanh quản

lasagne, lasagna *n.* món ăn lạc xá

lascivious *adj.* dâm đãng, dâm dục, đa dâm

laser *n.* tia hồng tuyến, tia la-ze

lash 1 *n.* roi; sự quất; lông mi 2 *v.* quất, đánh; đập vào; kích động; xỉ vả

lasso *n., v.* dây thòng lọng; bắt con vật bằng dây thòng lọng

last 1 *n.* người sau cùng; (khúc cuối) cùng: **to fight to the ~** chiến đấu đến hơi thở cuối cùng 2 *adj.* cuối cùng (sau) chót, sau rốt; trước; vừa qua: **the ~ page** trang cuối; **~ night** đêm qua 3 *adv.* lần cuối/sau cùng: **when I ~ saw him** khi tôi gặp anh ấy lần sau cùng 4 *v.* kéo dài; bền, để được lâu

latch 1 *n.* chốt/then cửa 2 *v.* khoá chốt, gài then; **to ~ on** muốn lưu giữ lại

latchkey *n.* chìa khoá rập ngoài: **a ~ child** đứa bé ở nhà một mình sau giờ học trong khi cha mẹ vẫn còn làm việc

late 1 *adj.* muộn, chậm, trễ; vào khoản cuối; cố: **in the ~ 13th century** cuối thế kỷ 13 2 *adv.* muộn, chậm, trễ: **better ~ than never** muộn còn hơn chẳng bao giờ/còn hơn không

latent *adj.* ngầm, âm ỉ, ẩn, tiềm tàng

lateral *n., adj.* (âm) bên; ở một bên

latex *n.* nhựa mủ

lathe *n.* máy tiện

lather 1 *n.* bọt xà phòng 2 *v.* xoa xà phòng; có bọt

Latin *n., adj.* người/tiếng La Tinh; thuộc văn hoá La Tinh

latitude *n.* độ vĩ, vĩ độ; đường vĩ, vĩ tuyến; bề rộng; quyền (hành động) rộng rãi

latrine *n.* nhà xí, chuồng xí, cầu tiêu [đằng sau]

latter *adj.* gần đây, mới đây; cái/người sau

lattice *n.* rèm/rào/lưới mắt cáo

laugh 1 *n.* tiếng/trận cười: **to burst into a ~** bật cười 2 *v.* cười cười vui, cười cợt: **to ~ at** chê cười, coi thường; **to ~ off** cười xòa

launch 1 *n.* sự hạ thủy; sự khởi đầu/khai trương, sự ra mắt (sách hay dự án) 2 *v.* hạ thủy [tàu]; ném, quăng, liệng, phóng [tên lửa, hoả tiễn]; mở [trận tấn công]; phát động [phong trào]: **to ~ a rocket** phóng hoả tiễn

laundry *n.* hiệu/tiệm giặt; quần áo giặt: **~man** thợ giặt

laurels *n.* cây nguyệt quế; vòng nguyệt quế: **to rest on your ~** cảm thấy thoả mãn với những gì bạn đạt được

lava *n.* dung nham, phún thạch

lavatory *n.* phòng rửa mặt; nhà xí/tiêu

lavish 1 *adj.* phí, lãng phí, hoang tàn 2 *v.* tiêu hoang, lãng phí; cho nhiều

law *n.* phép, phép tắc, luật; điều lệ, định luật, quy luật; pháp luật, luật pháp; luật học/khoa, nghề luật sư; toà án, việc kiện tụng: **~ and order** trật tự và an ninh; **to break the ~** phạm luật; **international ~** luật quốc tế; **court of ~** tòa án

lawn *n.* bãi cỏ, thảm cỏ, sân cỏ: **~ tennis** sân quần vợt bằng cỏ

lawyer *n.* luật sư, luật gia

lax *adj.* lỏng, không căng, chùng; lỏng lẻo, không nghiêm; sao lãng

laxative *n., adj.* (thuốc) nhuận tràng

lay 1 *adj.* thế tục; không chuyên môn 2 *v.* [**laid**] để, đặt, xếp, để nằm; sắp đặt, bố trí; bày [bàn ăn]; trình bày, phơi bày; [gà] đẻ; đổ, quy [lỗi]; trải, phủ lên: **to ~ aside/away/by** gạt sang một bên; bỏ đi; để dành; **to ~ off** đuổi, thải, giãn [công nhân]; **to ~ out** sắp đặt, bố trí; trình bày; **to ~ up** trữ; cho nằm liệt giường

layer *n.* người đặt/gài; lớp, tầng, nền: **a ~ of concrete** nền bê tông

lazy *adj.* lười biếng, làm biếng, biếng nhác

leach *v.* cho lọc qua, lọc lấy nước

lead 1 *n.* chì; than chì; dây dọi; đạn chì: **~ poisoning** sự nhiễm độc chì 2 *n.* sự lãnh đạo, sự hướng dẫn: **to take the ~** giữ vai trò lãnh đạo 3 *n.* đồ chì, bọc chì, lợp chì; cho chì vào: **unleaded gasoline** xăng không pha chì 4 *v.* [**led**] dẫn, dắt, dẫn đường, dẫn đạo, chỉ dẫn; chỉ đạo, lãnh đạo, chỉ huy, điều khiển; đưa tới, dẫn đến: **to ~ the way** dẫn đường, mở đường; **to ~ off** bắt đầu; **to ~ up to** chuẩn bị cho; nói rào đón trước

leader *n.* người chỉ huy/lãnh đạo, lãnh tu

leaf 1 *n.* (*pl.* **leaves**) lá cây; lá; tờ; tấm dôi [lắp vào cho bàn

league

thêm dài] **2** v. [**leafed**] ra lá,
trổ lá: **to ~ through a book** dở
đọc qua một quyển sách

league 1 n. dặm, hải lý [= **3 miles**
tức 4.8 km] **2** n. đồng minh,
liên minh; hội, liên đoàn: **~ of**
nations hội quốc liên

leak 1 n. lỗ thủng/rò, khe hở,
chỗ dột; sự tiết lộ **2** v. rỉ/rò ra;
thoát ra, lọt ra; (để) lộ, tiết lo

lean 1 n. thịt/chỗ nạc **2** adj. [thịt]
nạc; gầy còm; đói kém, mất
mùa; [than] gầy **3** v. nghiêng,
xiên; cúi, ngã người; dựa, tựa:
to ~ against chống vào; **to ~**
backwards ngả người ra đằng
sau

leap 1 n. sự nhảy vọt: **by ~s and**
bounds tiến bộ nhanh **2** v.
[**leaped, leapt**] nhảy qua, vượt
qua; nhảy vọt; nhảy lên

learn v. [**learned, learnt**] học,
học tập, nghiên cứu; được biết,
nghe nói: **to ~ by heart** học
thuộc lòng

lease 1 n. giao kèo cho thuê: **to**
sign a ~ for the shop ký giao kèo
thuê tiệm **2** v. cho thuê, thue

leash n. dây/xích chó

least 1 adj. ít nhất, tối thiểu
2 adv. tối thiểu, ít nhất: **~ of all**
ít hơn cả **3** n. cái nhỏ nhất, tối
thiểu: **at the very ~** ít nhất thì

leather n. da thuộc rồi: **genuine**
~ da thật

leave 1 n. sự cho phép (nghỉ); sự
cáo biệt/từ: **~ of absence** thời
gian nghỉ phép; **sick ~** nghỉ
bệnh **2** v. [**left**] để lại, bỏ lại/
quên; bỏ đi, rời khỏi; lúc chết
để lại, di tặng; bỏ mặc: **to ~**

someone alone để mặc kệ ai; **to**
~ behind để lại; bỏ quên; **to ~**
out bỏ quên, để sót; xoá đi

lecherous adj. phóng đãng, dâm
đãng

lecture 1 n. bài nói chuyện, bài
thuyết trình/diễn thuyết, diễn
văn; lời quở trách: **to attend a ~**
dự buổi nói chuyện; **to give a ~**
trình bày bài giảng **2** v. giảng,
giảng bài; diễn thuyết, thuyết
trình

ledge n. gờ, rìa, mép

leer n. cái liếc mắt

leeway n. sự trôi giạt; tiền hoặc
thời gian trôi đi; phạm vi tự do
hoạt động

left 1 n. phía/bên trái/tả; phái tả,
tả phái: **on/to the ~** bên trái
2 adj. bên trái: **to make a ~ turn**
rẽ bên trái **3** adv. bên tay trái,
về phía tả, tả: **to turn ~** quẹo
trái

leg n. chân, cẳng; chân [bàn];
ống [quần, giày]: **to give**
someone a ~ up đỡ ai leo lên

legacy n. gia tài, di sản

legal adj. hợp pháp, theo pháp
luật; do luật định: **~ tender** tiền
tệ chính thức

legalize v. hợp pháp hoá, hợp thức
hoá: **to ~ de facto** hợp thức hoá
việc sống chung như vợ chồng

legend n. truyền thuyết; truyện
cổ tích, truyện hoang đường;
lời chú giải

legible adj. (chữ viết/in/ký) dễ
đọc, rõ ràng

legion n. đạo quân (La Mã);
nhiều, vô số: **a ~ of difficulties**
biết bao nhiêu là khó khăn

legislative *n., adj.* (ngành) lập pháp: ~ **council** thượng viện

legitimate *adj.* hợp pháp, chính đáng, chính thống: ~ **purpose** mục đích chính đáng

legitimize *v.* hợp pháp hoá, chính thống hoá

leisure *n.* lúc rỗi rãnh/thư nhàn: ~ **hours** thì giờ rỗi

lemon *n., adj.* quả chanh (màu vàng); vật vô dụng, đồ xấu: ~ **tree** cây chanh

lemonade *n.* nước chanh

lend *v.* [**lent**] cho vay, cho mượn; cho thêm [vẻ]

lender *n.* người cho vay/mượn: **money** ~ người cho vay tiền

length *n.* bề/chiều dài; độ dài; mẩu [dây]; khúc: **at** ~ đầy đủ chi tiết; trong thời gian dài; **to go to any** ~ **to ...** làm bất cứ cái gì có thể để ...

lenient *adj.* dễ dãi, khoan dung, hiền hậu/lành

lens *n.* thấu kính; ống kính máy ảnh; kính lúp: **contact** ~ kính đeo tròng mắt

leopard *n.* con báo, con gấu, con beo

leprosy *n.* bệnh hủi/cùi/phong

less 1 *pron.* số ít hơn 2 *adv.* ít hơn, kém hơn,bé hơn: ~ **pay** ít lương hơn; **of** ~ **importance** không quan trọng bằng; ~ **expensive** than rẻ hơn, không đắt bằng; **to speak** ~ **and listen more** hãy nói ít nghe nhiều; ~ **and** ~ càng ngày càng ít 3 *prep.* trừ đi: **the total price** ~ **ten percent discount** giá tổng cộng trừ đi 10 phần trăm

lesson *n.* bài học; lời dạy bảo

lest *conj.* e rằng, sợ rằng; để khỏi

let *v.* [**let**] để cho, cho phép; cho thuê: **to** ~ **down** hạ xuống' tháo [tóc] ra; xuống gấu; làm thất vọng, bỏ rơi; **to** ~ **off** làm bay mất; tha thứ; **to** ~ **out** thốt ra, kêu lên; nới rộng [quần áo]; để cho lọt; tiết lộ

lethal *adj.* [thuốc, vũ khí] giết người

lethargy *n.* trạng thái hôn mê; tính thờ ơ/thẫn thờ

letter *n.* chữ cái; thư, thư tín, thư từ; huy hiệu: **to write a** ~ viết một lá thư; ~ **box** hộp thư; ~ **drop** khe cửa để bỏ thư; ~ **of credit** thư tín dụng; **registered** ~ thư bảo đảm

letterhead *n.* giấy viết thư có in tên ở đầu

lettuce *n.* rau diếp, xà lách

leukemia *n.* [*Br.* **leukaemia**] bệnh bạch cầu

levee *n.* con đê, đê con trạch

level 1 *n.* mặt (bằng), mực, mức; cấp, trình độ: **ministerial** ~ cấp bậc bộ trưởng; **sea** ~ mặt biển 2 *adj.* phẳng, bằng; ngang: **to have a** ~ **head** bình tỉnh, điềm đạm 3 *v.* san bằng, san phẳng: **to** ~ **the ground** san bằng mặt đất

lever *n.* đòn bẩy

levy 1 *n.* tiền thuế; sự tuyển quân: ~ **in mass** tuyển quân tập thể 2 *v.* thu, đánh [thuế]; tuyển [quân]: **to** ~ **a tax on** đánh thuế vào

lewd *adj.* dâm dục/đãng, đa dâm, hiếu sắc

523

lexical *adj.* thuộc từ vựng/từ vựng học: ~ **meaning** nghĩa từ vựng

liability *n.* trách nhiệm/nghĩa vụ pháp lý: ~ **to debts** có trách nhiệm trả nợ; ~ **insurance** bảo hiểm đủ mọi tai nạn

liable *adj.* có bổn phận: **to be** ~ **for a debt** có bổn phận phải trả nợ

liaise *v.* giữ liên lạc, bắt liên lạc: **to** ~ **with the community** liên lạc với cộng đồng

liar *n.* người nói dối; kẻ (hay) nói láo/điêu/dóc

libel *n., v.* tội phỉ báng; bài báo phỉ báng

liberal *adj., n.* tự do; rộng rãi, hào phóng; rộng rãi, thịnh soạn: ~ **arts** khoa học nhân văn xã hội

liberate *v.* tha, thả, phóng thích, giải phóng

liberation *n.* sự giải phóng: **women's** ~ sự giải phóng phụ nữ

liberty *n.* tự do, quyền tự do: **to be at** ~ **to do something** tự do, rảnh rang làm việc gì

library *n.* thư viện: **public** ~ thư viện công cộng; **reference** ~ thư viện tra cứu/tham khảo

lice *n.* (*sing.* **louse**) rận, chấy

license 1 *n.* [*Br.* **licence**] giấy phép, giấy đăng ký; chứng chỉ, bằng: **driver's** ~ bằng lái xe; ~ **number** số bằng lái xe; ~ **plate** bảng số xe hơi 2 *v.* cấp giấy phép, cấp môn bài

lick 1 *n.* cái liếm; cú đấm 2 *v.* liếm; đánh, oánh; được, thắng: **to** ~ **someone's boots** liếm gót giày cho ai, bợ đỡ ai

lid *n.* nắp, vung: **eye** ~ mi mắt

lie 1 *n.* lời nói dối/láo/điêu: **to**

tell ~**s** nói dóc/dối 2 *v.* [**lied**] nói dối: **to** ~ **to someone** nói dối ai 3 *v.* [**lay; lain**] nằm, nằm nghỉ; ở, nằm ở: **to** ~ **down** nằm xuống, nằm nghỉ

lieu *n.* thay cho: **in** ~ **of** thay cho, thay vì

lieutenant *n.* trung úy, đại úy hải quân

life *n.* (*pl.* **lives**) đời sống, sự/cuộc sống, cuộc đời; mạng sống, sinh/tính mệnh; sinh khí, sinh lực; nhân sinh: **for** ~ suốt đời, chung thân; **to bring to** ~ làm cho hồi tỉnh; ~ **annuity** tiền trợ cấp suốt đời; ~ **insurance** bảo hiểm nhân thọ; ~ **line** đường dây điện thoại cấp cứu; dây cứu đắm; đường số mệnh; ~ **sentence** án tù chung thân

lifeguard *n.* người cứu đắm

lift 1 *n.* sự nhấc lên; sự nhấc; thang máy; cuốc xe đi nhờ; sự nâng đỡ: **air** ~ cầu hàng không, cầu không vận 2 *v.* nâng/nhấc/cất/đỡ lên; ăn trộm, ăn cắp [văn]; bãi bỏ [lệnh cấm]: **to** ~ **up** giơ [tay] lên; ngóc [đầu] dậy; cất [tiền]

ligament *n.* dây chằng

light 1 *n.* ánh sáng; đèn, đuốc, nến; lửa; sự hiểu biết: **traffic** ~**s** đèn xanh đèn đỏ, đèn giao thông; **to come to** ~ lộ ra 2 *adj.* sáng, sáng sủa; [màu] nhạt, lạt nhẹ; nhẹ nhàng, thanh thoát, thư thái: ~ **build** bóng đèn điện nhẹ 3 *v.* [**lighted/lit**] nhóm, thắp, châm đốt (làm) sáng ngời lên 4 *adv.* nhẹ nhàng, gọn: **to travel** ~ đi du lịch nhẹ gọn

lighting *n.* sự thắp sáng; cách bố trí ánh sáng

lightning *n.* (tia) chớp: ~ **rod** cột thu lôi; **as quick as** ~ nhanh như chớp

like **1** *n.* người/vật giống, người/vật thuộc loại như: **to return** ~ **for** ~ lấy ơn trả ơn, lấy oán trả oán **2** *n.* cái thích, sở thích, thị hiếu: **my ~s and dislikes** những điều tôi thích và những điều tôi ghét **3** *conj.* giống, giống như, cùng loại, tương tự; đúng, đặc biệt; có vẻ như; sẵn sàng: **to do** ~ **I do** cứ làm như tôi đây **4** *prep.* như: ~ **that** như thế/vậy **5** *v.* thích, ưa, chuộng, yêu, khoái; muốn, thích, ước mong: **as you** ~ tùy ý anh; **if you** ~ nếu bạn muốn

likewise *adv.* cũng thế/vậy, giống như vậy

liking *n.* sự thích, yêu mến

lilt *n.* bài ca du dương; nhịp điệu nhịp nhàng

limb *n.* chân, tay, chi; cành cây to: **out on a** ~ chơ vơ, không bấu víu vào đâu

lime **1** *n.* quả chanh (vỏ xanh) [**lemon**]: ~ **juice** nước chanh **2** *n.* vôi: ~ **kiln** lò vôi

limelight *n.* đèn sân khấu: **in the** ~ được chú ý

limestone *n.* đá vôi

limit **1** *n.* giới hạn; hạn độ; địa giới, biên giới **2** *v.* giới hạn, hạn chế.

limousine *n.* xe du lịch sang trọng; xe thuê riêng nhiều chỗ ngồi

limp **1** *n.* tập đi khập khiễng **2** *v.* đi khập khiễng; chạy ì ạch, bay rề rề: **to** ~ **along** đi cà nhắc, lê **3** *adj.* mềm rũ; yếu ớt, ẻo lả

limpid *adj.* trong, sáng sủa

line **1** *n.* đường, đường kẻ; tuyến; hàng, dòng, câu; dây, dây thép; hàng, dãy; ranh giới; dòng dõi; ngành chuyên môn: **curved** ~ đường cong; **broken** ~ đường gãy khúc; **dotted** ~ đường chấm chấm; **Hold the** ~! Xin giữ máy! **2** *v.* vạch, kẻ dòng; làm nhăn; dàn hàng, sắp thành hàng; sắp hàng để đợi, nối đuôi: **to** ~ **new streets** kẻ đường cho những con đường mới **3** *v.* nhồi nhét: **to** ~ **one's purse** nhét đầy túi

linear *adj.* thuộc đường kẻ; nét dài; tuyến

linen *n.* vải lanh; đồ vải lanh [sơ mi, khăn bàn, khăn giường]

linger *v.* kéo dài, nấn ná, chần chừ, lần lữa; la cà

lingerie *n.* quần áo lót đàn bà

liniment *n.* thuốc xoa/thoa

link **1** *n.* mắt xích, khâu xích; mắt lưới/dệt/đan; sự mốc nối, mối liên lạc: **cuff** ~s khuy cửa tây, khuy măng sét **2** *v.* nối, liên kết, gắn

linkage *n.* sự liên kết, sự kết hợp

links *n.* sân gôn, bãi đánh gôn: **golf** ~ sân đánh gôn

linoleum *n.* vải sơn [lót sàn nhà], tấm bần để lót

linseed *n.* hạt lanh

lint *n.* xơ vải để buộc vết thương

lion *n.* sư tử

lip *n.* môi; miệng, mép, thành; sự hỗn láo: **upper** ~ môi trên; **to smack one's** ~ bữu môi

liquefy

liquefy *v.* nấu chảy, cho hoá lỏng

liquid 1 *n.* chất lỏng/nước **2** *adj.* lỏng; trong sáng; dịu dàng: ~ **assets** vốn luân chuyển, có thể đổi ngay thành tiền mặt

liquor *n.* rượu: ~ **store** tiệm rượu

lisp *n., v.* (sự) nói nhịu, nói đớt, nói ngọng

lissome, lissom *adj.* mềm mại, uyển chuyển, thướt tha

list 1 *n.* bảng kê khai, sổ, danh sách: **to draw up a ~ of** lập danh sách; **to strike off the ~** xoá tên trong danh sách **2** *v.* ghi, liệt kê, kê khai, kể ra

listen *v.* nghe, lắng nghe; nghe theo: **to ~ to the radio** nghe đài phát thanh

listing *n.* việc lập danh sách, việc cho vào danh sách

litchi *n.* (= **lychee, lichee**) quả/ trái vải

lite *adj.* nhẹ, không nặng: ~ **Coke** nước cô ca cô la nhẹ (không nhiều đường)

liter *n.* [*Br.* **litre**] lít

literary *adj.* (thuộc) văn học, văn chương: ~ **history** lịch sử văn học, văn học sử

literature *n.* (nền) văn học, văn chương: **folk ~** văn chương bình dân

lithe *adj.* mềm mại; yểu điệu, uyển chuyển

litigation *n.* sự tranh chấp, vụ kiện tụng

litter 1 *n.* rác rưởi bừa bãi; ổ rơm; kiệu, cán; lứa; **No Littering!** Xin đừng xả rác! **2** *v.* vứt bừa, làm bừa

little 1 *n.* ít, một ít; thời gian ngắn

2 *adj.* nhỏ, bé; ngắn ngủi; ít ỏi; nhỏ nhen, nhỏ mọn, hẹp hòi; tầm thường: **a ~ while** một lúc; **very ~ time** rất ít thì giờ **3** *adv.* một chút: ~ **known** ít ai biết đến

live *adj.* (còn) sống, (có) thực; truyền thanh tại chỗ, trực tiếp; [vấn đề] nóng hổi: ~ **music** nhạc sống; ~ **coal** than còn đang cháy; ~ **wire** dây có điện chạy qua; tay năng động hăng hái

live *v.* sống; ở, cư trú, trú ngụ: **to ~ from hand to mouth** sống lần hồi qua ngày

liver *n.* lá gan; gan [món ăn]

livestock *n.* thú nuôi, trâu bò, lợn gà, súc vật

livid *adj.* tái mét, xanh mét; tím bầm

living 1 *n.* cuộc sống, sinh hoạt; cánh sinh nhai, sinh kế: **the ~ and the dead** kẻ mất người còn; **cost of ~** giá sinh hoạt; **standard of ~, ~ standard** mức sống, tiêu chuẩn sinh hoạt **2** *adj.* (còn) sống; sinh động, sống động; [tranh, hình ảnh] giống như hệt: ~ **conditions** điều kiện sinh sống

lizard *n.* con thần lằn

load 1 *n.* gánh nặng, vật chở; trách nhiệm (nặng nề); thuốc nạp, đạn nạp: **to carry a heavy ~** mang một gánh nặng **2** *v.* chất, chở; nạp đạn; lắp phim: **to ~ somebody with work** đổ dồn công việc cho ai

loaf 1 *n.* (*pl.* **loaves**) ổ bánh mì: **a ~ of bread** một ổ bánh mì **2** *v.* đi vơ vẩn, đi tha thẩn, ở không, lười

loam *n.* đất tốt, đất phì nhiêu

loan 1 *n.* sự (cho) vay/mượn; tiền cho vay, vật cho mượn: **to get a ~ from the bank** mượn tiền ở ngân hàng 2 *v.* cho vay, cho mượn

loathe *v.* ghét, gớm, ghê tởm, kinh tởm, tởm

lobby *n.* hành lang; nhóm hoạt động ở hành lang quốc hội

lobe *n.* thuỳ [lá, phổi, não]; dái [tai]

lobster *n.* tôm hùm

local 1 *n.* tàu vét, xe (lửa) chạy chậm lấy khách; dân địa phương; trụ sở chi hội, chi đoàn, hội quán 2 *adj.* địa phương; [đau] một chỗ thôi; [tàu xe] đỗ nhiều ga; bộ phận, cục bộ: **~ time** giờ địa phương; **~ train** tàu chợ/địa phương

locate *v.* chỉ rõ vị trí, xác định đúng chỗ; ở, định cư; đặt vị trí

location *n.* vị trí; nơi, chỗ, chốn

loch *n.* hồ, vũng nước

lock 1 *n.* khoá; khoá nòng súng; cửa cống; miếng vỏ khoá tay 2 *v.* khoá lại; nhốt: **to ~ up** giam

locker *n.* tủ có khoá

locksmith *n.* thợ khoá

locomotive *n.* đầu máy xe lửa

locust *n.* châu chấu

lode *n.* mạch mỏ, rạch nhỏ

lodge 1 *n.* nhà nghỉ [ở rừng]; nhà người gác cổng; hang thú; chi nhánh hội kín 2 *v.* ở, trọ, tạm trú; cho ở, cho trọ; trao, nộp đơn: **to ~ an application** nộp đơn

loft *n.* gác thấp để đồ; tầng trần (trên kho hàng)

lofty *adj.* cao ngất; cao thượng/ quý

log 1 *n.* khúc gỗ; nhật ký: **to fall like a ~** ngã vật xuống; **to sleep like a ~** ngủ say như chết 2 *v.* chặt (thành từng) khúc; ghi sổ nhật ký; đi ngược [bao nhiêu cây số]: **to ~ off ...** đăng xuất máy vi tính; **to ~ on ...** đăng nhập máy vi tính

logbook *n.* sổ lộ trình xe/tàu/ máy bay

loggerheads *n.* người ngu xuẩn, người ngu đần; dụng cụ làm chảy nhựa đường: **to be at ~s with ...** cãi nhau với ai, bất hòa với ai

logical *adj.* hợp với logic, hợp lý

login *v.* mở chương trình, mở khoá vào mạng internet

logistics *n.* ngành hậu cần; việc lo ăn ở cho người đến dự hội

logo *n.* bảng/huy hiệu của công ty, trường học

logout *v.* đóng chương trình, đóng khoá mạng internet

loin *n.* miếng thịt lưng

loiter *v.* đi la cà, đi chơi rong, đi cà nhổng

lollipop *n.* cái kẹo, que kẹo

lonely *adj.* lẻ loi, cô đơn/độc; vắng vẻ, hiu quạnh

long 1 *n.* thời gian lâu 2 *adj.* dài, xa, lâu; dài dòng; chậm, lâu: **I won't be ~.** Tôi sẽ không lâu, quay về ngay.; **How ~ may I stay?** Tôi có thể ở bao lâu ạ? 3 *adv.* lâu, đã/từ lâu: **~ ago** đã từ lâu rồi 4 *v.* ao ước, ước mong, khao khát, mong mỏi

longan *n.* quả nhãn

longevity *n.* sự sống lâu, thọ,

longitudinal

trường thọ

longitudinal *adj.* theo chiều dọc

loo *n.* bài lu; nơi vệ sinh

look 1 *n.* cái nhìn; vẻ: **good ~s** vẻ đẹp, sắc đẹp 2 *v.* nhìn, xem, coi, ngó; để ý, lưu ý; hướng về; có vẻ, hình như; tìm kiếm: **to ~ after** trông nom; **to ~ down on/ upon** khinh, coi thường; **to ~ for** kiếm, tìm; **to ~ into** xem xét, nghiên cứu; **to ~ on** đứng bên cạnh nhìn; coi như là; **to ~ out** coi chừng, cẩn thận; **to ~ over** xem xét; **to ~ up to** tra, tìm; đến tìm 3 *excl.* Coi chừng! Hãy nhìn đây!

loom 1 *n.* khung cửi, máy dệt 2 *v.* hiện ra lờ mờ; hiện ra

loop 1 *n.* vòng, thòng lọng; móc, khuyết áo; đường vòng 2 *v.* thắt vòng; gài móc; làm thành vòng

loose 1 *adj.* lỏng, không chặt, long; chùng, không căng; [giấy] rời; [răng] lung lay; [đất] tơi 2 *v.* cởi/tháo ra, buông ra, thả ra; bắn, phóng [tên, đạn] 3 *n.* sự buông lỏng, buông thả: **to be on the ~** ăn chơi buông thả, rượu chè trai gái

loot 1 *n.* của cướp được, của hôi, của thổ phỉ được; chiến lợi phẩm; tiền, xìn 2 *v.* cướp được; thổ phỉ được

lop 1 *n.* cành cây tỉa, cành cây cắt xuống 2 *v.* cắt cành, tỉa cành; vỗ bập bềnh; thòng xuống

lord 1 *n.* chúa, chúa tể; vua: **House of ~s** Thượng nghị viện của Anh 2 *v.* phong tước, cho vào hàng quí tộc

lore *n.* tất cả kiến thức

lorry *n.* [*U.S.* **truck**] toa chở hàng không có thành; xe chở hàng

lose *v.* [**lost**] mất, không còn, thua, thua lỗ, thất bại; làm cho mất: **to ~ a great opportunity** để lỡ cơ hội lớn

loss *n.* sự mất; sự thua; sự thiệt hại/tổn thất/tổn hại; sự uổng phí: **a great ~ to us** một sự mất mát lớn đối với chúng ta; **at a ~** lúng túng, bối rối

lot 1 *n.* mớ, lô [hàng]; lô, thửa, mảnh [đất]; số, số phận, số mệnh; sự rút thăm: **to draw ~s** rút thăm 2 *adv.* (**a lot**) nhiều, quá nhiều: **Thanks a ~ for your help.** Cảm ơn bạn rất nhiều đã giúp tôi. 3 *pron.* (**lots**) nhiều, có nhiều; đồ thừa

lotion *n.* dầu thơm; thuốc bôi

lottery *n.* cuộc xổ số: **to win a ~** trúng xổ số

loud 1 *adj.* [tiếng] to, lớn, ồn, ầm; kịch liệt; loè loẹt, sặc sỡ: **to be ~ in praising someone** nhiệt liệt ca ngợi ai 2 *adv.* [nói, đọc] to, lớn

lounge 1 *n.* phòng ngồi chơi, buồng khách, buồng đợi; ghế tựa, đi văng 2 *v.* đứng, ngồi, nằm một cách uể oải lười biếng; đi dạo, đi thơ thẩn

louse *n.* (*pl.* **lice**) rận; chấy

lousy *adj.* có rận/chấy; bẩn, ghê tởm; tồi, tệ

lout *n.* người vụng về, người thô lỗ

love 1 *n.* tình yêu, ái tình, mối tình; lòng yêu, tình thương; người yêu, người tình, tình nhân: **first ~** mối tình đầu 2 *v.*

yêu, thương, yêu mến; thích, ưa thích, khoái: **to ~ one another** yêu nhau

lovely *adj.* đẹp, xinh, đáng yêu, dễ thương, yêu kiều; hay, thú vị, tuyệt

low 1 *n.* mức thấp, con số thấp; số thấp/chậm nhất [khi lái ô tô] **2** *adj.* thấp, bé, lùn; cạn, hạ, kém, chậm; nhỏ, khẽ; hèn, tầm thường, đê hèn; buồn: **in ~ spirits** buồn rầu, chán nản **3** *adv.* thấp: **to lie ~** nằm yên đợi thời

lower 1 *v.* hạ, kéo xuống; giảm, hạ [giá]; làm giảm đi: **to ~ oneself** tự hạ mình **2** *adj.* thấp, ở dưới, bậc thấp: **~ case** chữ thường

loyal *adj.* trung thành, trung nghĩa, trung kiên, tâm phúc

lubricate *v.* cho/tra/vô dầu mỡ, bôi trơn

lucid *adj.* sáng sủa, minh bạch, rõ ràng, dễ hiểu; sáng suốt, minh mẫn, tỉnh táo; sáng trong

luck *n.* sự/vận may rủi, sự hên xui; vận may/đỏ

lucky *adj.* đỏ, may mắn, gặp may: **Lucky dog!** Thằng cha đỏ quá!

lucrative *adj.* sinh lợi, có lợi, có lời

ludicrous *adj.* buồn cười, tức cười, lố lăng/bịch

lug *v., n.* lôi, kéo lê; sự kéo lê

luggage *n.* hành lý, hành trang, va li

lukewarm *adj.* ấm, âm ấm; hờ hững, nhạt nhẽo, lãnh đạm, thờ ơ, thiếu sốt sắng

lull 1 *n.* lúc tạm lắng dịu; bài hát ru con **2** *v.* ru ngủ; tạm lắng

lullaby *n.* bài hát ru con

lumber 1 *n.* gỗ xẻ, gỗ cất nhà; đồ tập tàng **2** *v.* kéo lê kéo lết ầm ỹ

luminous *adj.* sáng, sáng chói, chói lọi, sáng ngời

lump 1 *n.* cục, miếng, thỏi; chỗ sưng/u: **to receive a ~ sum** nhận được số tiền trả một lúc **2** *v.* xếp đống; gộp lại; chịu đựng

lunar *adj.* theo âm lịch: **~ New Year** Tết Âm lịch, Tết nguyên đán

lunatic *n., adj.* (người) điên: **~ asylum** nhà thương điên, bệnh viện thần kinh

lunch 1 *n.* bữa ăn trưa **2** *v.* ăn trưa, dọn bữa ăn trưa

lung *n.* phổi: **to have to check up one's ~s** phải đi khám phổi

lunge *n., v.* (sự) nhào tới, lao tới, xông vào

lurch *n., v.* (sự) đi lảo đảo loạng choạng: **to leave someone in the ~** bỏ mặc ai trong cơn rối loạn

lure *v.* nhử, quyến rũ

lurid *adj.* tái mét; khủng khiếp

lurk 1 *n.* sự rình mò **2** *v.* ẩn núp, trốn

luscious *adj.* ngon ngọt, ngon lành; du dương

lush *n., adj.* đầy nhựa, tươi tốt, sum sê

lust *n., v.* tính ham nhục dục, tính đa dâm; dục vọng, lòng tham muốn

luster *n.* nước bóng; sự vẻ vang

lute *n.* đàn luýt, đàn tì bà

luxurious *adj.* sang trọng; xa hoa, xa xỉ

luxury *n.* sự xa xỉ/xa hoa

lychee *n.* (= **lichee, litchi**) trái vải

lying *n.* sự nói dối, thói nói dối; nơi nằm, chỗ nằm

lymphatic

lymphatic *adj.* thuộc về bạch huyết cầu: ~ **system** hệ bạch huyết cầu

lynchpin *n.* (*also* **linchpin**) người hay việc quan trọng

lyric *adj., n.* trữ tình: ~s lời bài hát trữ tình

M

MA *n., abbr.* (= **Master of Arts**) Phó Tiến sĩ Văn khoa

macabre *adj.* rùng rợn, khủng khiếp

macaroni *n.* mì ống

mace *n.* cái chuỳ; gậy quyền; gậy chơi bi-da

machine 1 *n.* máy, máy móc, cơ giới; bộ máy chỉ đạo: **sewing** ~ máy khâu/may; ~ **gun** súng máy, súng liên thanh **2** *v.* làm bằng máy, dùng máy

mackerel *n.* cá thu

mad *adj.* điên, cuồng, mất trí; bực tức; tức giận, nổi giận, giận dữ; say mê: **to get** ~ nổi điên lên; **like** ~ như điên

madam *n.* (*abbr.* **ma'am**) bà, cô; phu nhân; mụ tú bà, mụ chủ chứa, mụ trùm nhà thổ

madcap *adj.* lỗ mãng, liều lĩnh

made *adj.* thực hiện, hoàn thành: **Vietnamese-**~ làm ở Việt Nam

madness *n.* sự điên rồ, chứng điên; sự giận dữ

maelstrom *n.* vũng nước xoáy

Mafia *n.* tổ chức băng đảng Ma-phi-a

magazine *n.* tạp chí; kho súng; ổ đạn

maggot *n.* con giòi; ý nghĩ ngông cuồng

magic *n.* ma/ảo/yêu/pháp thuật; ma lực, sức lôi cuố

magistrate *n.* quan toà, thẩm phán

magnanimous *adj.* cao thượng, đại lượng, hào hiệp

magnate *n.* trùm tư bản, người có quyền thế lớn

magnet *n.* nam châm, sức lôi cuốn, ma nhê

magnetic *adj.* từ tính, có từ tính: ~ **compass** địa bàn nam châm

magnificent *adj.* nguy nga tráng lệ, lộng lẫy

magnify *v.* làm to ra, phóng đại; thổi phồng

magnitude *n.* độ lớn, lượng; tầm quan trọng

mahjong *n.* mạt chược

mahogany *n.* cây dái ngựa; gỗ dái ngựa, gỗ đào hoa tâm; màu nâu thẫm

maid *n.* con gái, thiếu nữ, gái đồng trinh

maiden 1 *n.* thiếu nữ, trinh nữ **2** *adj.* thời con gái; đầu tiên: ~ **name** tên con gái, nhũ danh

mail 1 *n.* thư từ, bưu phẩm; bưu điện, bưu chính: ~ **order catalog** sách liệt kê hàng hoá bán qua bưu điện **2** *v.* gửi, bỏ [thư, gói

maim *v.* làm tàn tật, đánh què

main 1 *n.* phần cốt yếu; ống dẫn nước chính, dây điện chính; cuộc chọi gà: **in the** ~ đại để, đại khái, nói chung **2** *adj.* chính, lớn nhất, chủ yếu, quan trọng nhất: ~ **clause** mệnh đề chính

mainland *n.* đất liền, nội địa

maintain *v.* giữ, giữ vững, duy trì; nuôi, cưu mang; bảo quản, bảo trì

maintenance *n.* sự duy trì; sự cưu mang; sự bảo trì, tu bổ, sửa sang [xe cộ, máy móc, đường xá]

maisonette *n.* nhà nhỏ sát nhau; một căn hộ

maize *n.* ngô, bắp

majestic *adj.* oai vệ, oai nghiêm, uy nghi

majesty *n.* vẻ oai nghiêm/uy nghi

major **1** *n.* thiếu tá (lục quân); con trai thành niên; chuyên đề, môn học chính: **~ subject** môn học chính **2** *adj.* lớn hơn, quan trọng, trọng đại; thuộc chuyên đề: **a ~ problem** một vấn đề quan trọng

majority *n.* phần lớn, đa số, phần đông

make **1** *n.* cách cấu tạo, kiểu, hiệu (xe); dáng, tầm vóc **2** *v.* [**made**] làm, chế tạo, may [áo]; làm thành, gây nên; trở nên; dọn, sửa soạn; thu được, kiếm; cộng thành: **to ~ out** viết ra; chứng minh; hiểu; nhận ra/ biết; làm được, lo được: **to ~ over** sửa lại; **to ~ up** làm thành; bịa ra; bù vào; làm lành; đánh phấn, hoá trang

malady *n.* bệnh tật; bệnh hoạn, tệ nạn, tệ đoan

malaise *n.* tình trạng khó chịu, nỗi phiền muộn

malaria *n.* bệnh sốt rét

Malay *n., adj.* tiếng/người Mã Lai

Malaysia *n.* nước Mã Lai

malcontent *n., adj.* người không

hài lòng; kẻ phản loạn; không hài lòng

male **1** *n.* con trai, đàn ông; con đực/trống **2** *adj.* giống đực, trai, nam, trống

malevolent *adj.* xấu bụng, ác, hiểm, có ác tâm/ý

malfunction *n.* sự trục trặc, sự sai chức năng

malice *n.* ác tâm, ác ý

malign *v.* nói xấu, vu khống, phỉ báng

malignant *adj.* ác tính, độc, nguy

malinger *v.* giả vờ ốm để trốn việc

mall *n.* lối đi có bóng cây (ở trung tâm buôn bán)

mallet *n.* cái vồ

malnutrition *n.* sự thiếu ăn, thiếu dinh dưỡng

malpractice *n.* sự sơ xuất, cho thuốc sai

malt **1** *n.* mạch nha **2** *v.* gây mạch nha, ủ mạch nha

maltreat *v.* hành hạ, ngược đãi

mamma, mama *n.* mẹ, má

mammal *n.* động vật có vú

man **1** *n.* (*pl.* **men**) người, con người ta; đàn ông; nam nhi; người, người hầu: **to behave like a ~** cư xử như đàn ông; **a ~ in a thousand** người hiếm có; ngàn người mới có một người **2** *v.* cung cấp người/nhân viên; lo, phụ trách: **to ~ a train** cung cấp người cho xe lửa **3** *exclam.* diễn cảm ngạc nhiên nay nóng giận: **Man, that was great!** Ô, hay quá!

manacle *n., v.* khoá tay, xiềng, còng tay

manage v. trông nom, quản lý/trị; dạy, trị, chế ngự; xoay xở: **She ~s well.** Bà ấy đảm đang lắm.

management n. sự/tài quản lý; ban quản lý/trị

mandarin 1 n. quan, quan lại; tiếng phổ thông, tiếng Quan thoại của người Trung quốc 2 n. quả quýt, rượu quýt

mandate 1 n. sự uỷ nhiệm/thác; chế độ uỷ trị 2 v. được uỷ thác, được tính nhiệm

mane n. bờm [ngựa, sư tử]

maneuver 1 n. [Br. **manoeuvre**] cuộc thao diễn; thủ đoạn, mưu mẹo 2 v. điều động, điều khiển cử động

manger n. máng ăn, máng cỏ

mangle n., v. xé, cắt; làm thương tật; làm hỏng cả

mango n. quả xoài; cây xoài

mania n. chứng điên/cuồng; tính gàn/nghiện/ham

manicure n., v. (sự) cắt sửa móng tay

manifest 1 n. bảng kê khai hành khách hay hàng hoá 2 adj. rõ ràng, hiển nhiên 3 v. bày tỏ, biểu lộ

manipulative adj. thuộc vận dụng bằng tay, có tính lôi kéo

mankind n. loài người, nhân loại; nam giới

manner n. cách, lối, kiểu, thói; thái độ, cử chỉ

manor n. thái ấp, trang viên, lãnh địa

manpower n. sức người, nhân lực, người giúp việc

mansion n. nhà lớn, lâu đài, dinh thự

manslaughter n. tội ngộ-sát

mantel n. kệ/bệ trên lò sưởi, mặt lò sưởi

mantle 1 n. áo khoác/choàng; cái măng sông đèn, vật để che phủ 2 v. khoác áo ngoài; che phủ

manual 1 n. sách học, sổ tay 2 adj. chân tay: **~ labor** lao động chân tay

manufacture 1 n. sự chế tạo/sản xuất 2 v. chế tạo, sản xuất; bịa đặt, nguy tạo

manure n. phân bón

manuscript n., adj. bản viết tay, thủ bản; bản thảo

many 1 n. nhiều (cái/người) 2 adj. nhiều, lắm: **~ times** nhiều lần; **~-sided** nhiều mặt, nhiều phía

map 1 n. bản đồ 2 v. vẽ bản đồ; vạch ra, sắp xếp: **to ~ out one's time** sắp xếp thời gian

maple n. cây phong, cây thích

mar v. làm hư/hỏng/hại

marathon n. cuộc chạy đua đường trường

marble n., v. đá hoa, cẩm thạch; hòn bi: **to play ~s** bắn/chơi bi

March n. tháng Ba

march 1 n. hành khúc; bước đi (hành quân); cuộc diễn/diễu hành: **the ~ of events** sự tiến triển của thời cuộc 2 v. đi, bước đều, diễu hành đưa đi, bắt đi

mare n. ngựa cái

margarine n. mác-gơ-rin, bơ thực vật

margin n. lề, bờ, mép, bìa, rìa; số dư để phòng: **to escape death by a narrow ~** suýt chết, thoát chết trong tấc gang

marijuana *n.* cây/thuốc cần sa

marina *n.* bến cho thuyền đậu

marinate *v.* ngâm, giầm

marine 1 *n.* đội tàu buôn; lính thuỷ đánh bộ, thuỷ quân lục chiến: **the ~ corps** đội thuỷ quân lục chiến 2 *adj.* thuộc về biển; thuộc ngành hàng hải, thuộc hải quân

marital *adj.* thuộc hôn nhân, thuộc người chồng

maritime *adj.* thuộc biển, thuộc ngành hàng hải ở gần biển, ở miền duyên hải

mark 1 *n.* dấu, nhãn hiệu; chứng cớ; mục đích: **trade ~** nhãn hiệu thương mại 2 *n.* điểm, điểm số: **to get a good ~** được điểm tốt 3 *v.* đánh dấu, ghi, cho điểm, đáng giá; biểu lộ/thị, để ý, chú ý đến: **to ~ time** giậm chân tại chỗ, không tiến được

marker *n.* người ghi, người cho điểm

market 1 *n.* chợ, thị trường: **common ~** thị trường chung; **stock ~** thị trường chứng khoán; **~ value** giá thị trường; **~place** nơi họp chợ 2 *v.* mua bán ở chợ; bán ở chợ, đem ra chợ bán, tung ra thị trường

markup *n.* sự đánh giá lên sản phẩm

maroon 1 *n.* màu nâu sẫm, màu hạt dẻ 2 *n.* người bị bỏ mặc trên hoang đảo 3 *adj.* nâu sẫm, màu hạt dẻ 4 *v.* bỏ mặc ai trên hoang đảo, lởn vởn, thơ thẩn

marquee *n.* mái hiên rạp hát hay rạp chiếu bóng

marriage *n.* sự cưới vợ, sự lấy chồng; sự kết hôn, việc hôn nhân, lễ cưới, hôn lễ: **to sign the ~ certificate** ký giấy giấy giá thú

marrow *n.* tuỷ, phần chính, phần cốt tuỷ

marry *v.* cưới (vợ), lấy (chồng); lấy vợ cho, gả chồng cho; lấy vợ/chồng, kết hôn, thành gia thất

Mars *n.* sao hoả, hoả tinh; thần chiến tranh

marsh *n.* đầm lầy, bãi sình lầy

marshal *n., v.* thống chế, nguyên soái; nhân vật hoặc giáo giáo sư phụ trách nghi lễ; cảnh sát trưởng

marsupial *n., adj.* động vật có túi

mart *n.* chợ, thị trường, trung tâm thương mại

martial *adj.* thuộc chiến tranh; võ dũng/biền, hùng dũng, thượng võ: **~ law** thiết quân luật

martyr *n., v.* kẻ tử đạo, chết vì nghĩa lớn, liệt sĩ

marvel 1 *n.* chuyện kỳ diệu/tuyệt diệu, kỳ công 2 *v.* lấy làm lạ, ngạc nhiên, kinh ngạc, trầm trồ

marvelous *adj.* kỳ lạ tuyệt diệu, tuyệt/hiền diệu

mascot *n.* vật lấy khước, vật/bùa hộ mạng

masculine *n., adj.* (thuộc) giống đực; có vẻ đàn ông (có) nam/hùng tính

mash 1 *n.* lúa trộn cám cho súc vật ăn; chất trộn với nước; mớ hỗn độn 2 *v.* nghiền, tán, bóp nát: **to ~ potatoes** tán khoai tây

mask 1 *n.* mặt nạ, tấm che an toàn

2 *v.* đeo mặt nạ cho; che giấu

mason *n.* thợ nề

masquerade 1 *n.* dạ hội giả trang; trò giả dối, trò lừa bịp 2 *v.* giả trang, giả dạng

mass 1 *n., adj.* khối, đống, cục; số đông, khối lớn, đa số, số lớn/nhiều; khối lượng: **~ media** truyền thông đại chúng 2 *n.* lễ mi sa 3 *v.* hợp lại, tập hợp/ trung

massacre 1 *n.* sự chết chóc, cuộc tàn sát 2 *v.* giết chóc, tàn sát (những người yếu thế)

massage *n., v.* (sự) xoa bóp, tẩm quất; **~ parlor** nhà xoa bóp

massive *adj.* to lớn, đồ sộ; ồ ạt

mast *n.* cột buồm

master 1 *n.* chủ, chủ nhân; chủ gia đình; thuyền trưởng; thầy, thầy giáo; người giỏi thạo, nghệ sĩ bậc thầy; bức tranh của bậc danh họa: **~ of ceremonies** [**MC**] người điều khiển chương trình 2 *v.* làm chủ, cai quản, chỉ huy, điều khiển; nén, kiềm/ khống chế, khắc phục; nắm vững, thạo về: **to ~ one's difficulties** khắc phục được những khó khăn 3 *adj.* am hiểu thấu đáo

mastery *n.* sự nắm vững, sự thành thạo; thắng thế, ưu thế, quyền làm chủ

masthead *n.* đỉnh cột buồm; nhan đề bài báo ở đầu trang

masticate *v.* nhai

masturbate *v.* thủ dâm

mat 1 *n.* chiếu, nệm: **door ~** thảm chùi chân ở cửa 2 *n.* tấm lót bát đĩa (ở bàn ăn)

match 1 *n.* que diêm 2 *n.* cuộc thi đấu, trận đấu; đối/địch thủ; người/cái xứng đôi; việc hôn nhân: **a soccer ~** một trận bóng đa 3 *v.* bằng, có/sức tài ngang; xứng, hợp; làm cho phù hợp; đối chọi, đối/sánh được; sắp thành cặp/đôi/bộ: **to ~ words with deeds** lời nói phải đi đôi với việc làm

mate 1 *n.* vợ, chồng; con đực, con cái; phó thuyền trưởng; người phụ; bạn: **class ~** bạn học cùng lớp 2 *v.* lấy nhau, kết đôi, kết bạn; phủ, rập

material 1 *n.* vật liệu, chất liệu, tài liệu; vải, đồ dùng: **building ~s** vật liệu xây dựng; **raw ~s** nguyên liệu 2 *adj.* vật chất; thuộc xác thịt; thuộc thân thể; cần thiết, quan trọng, trọng yếu

materialize *v.* vật chất hoá, thành sự thật, thực hiện được

maternal *adj.* thuộc về mẹ, của mẹ; bên ngoại: **~ love** tình mẹ, tình mẫu tử; **~ uncle** cậu

mathematics *n.* (*abbr.* **math**, **maths**) toán học, môn toán: **pure ~** toán học thuần tuý; **applied ~** toán học ứng dụng

matinée *n.* buổi diễn ban chiều, xuất chiều

matriarch *n.* nữ tộc trưởng, nữ gia trưởng, bà chúa

matriculation *n.* cuộc thi tuyển vào đại học: **to sit for the ~** dự thi tuyển vào đại học

matrimony *n.* hôn nhân, đời sống vợ chồng

matrix *n.* tử cung, dạ con; ma trận

matron *n.* đàn bà lớn tuổi (có chồng); bà quản lý, quản gia [nhà thương]; nữ cảnh sát [nhà tù]

matt (*also* **mat**) *adj.* không bóng, xỉn mặt: **to paint ~ white** sơn màu trắng không bóng

matter **1** *n.* chất, vật chất, thể; đề, chủ đề; vật, phẩm; chuyện, việc, điều, vụ; cớ, lý do: **printed ~** ấn phẩm; **as a ~ of fact** thật ra, thực tế **2** *v.* quan trọng: **it doesn't ~** không sao

mattress *n.* nệm, đệm: **inner-spring ~** đệm lò xo

mature **1** *adj.* chín, chín chắn, thành thục; kỹ càng, cẩn thận, đắn đo; đến kỳ hạn phải trả, đáo hạn **2** *v.* chín, trở nên chín chắn; đến kỳ hạn phải trả

maudlin *adj.* uỷ mị, hay khóc lóc sướt mướt

maul *v.* đánh, cấu xé, phá phách; hành hạ; phê bình tơi bời

mauve *adj.* màu hoa cà

maverick *n.* con bê chưa đánh dấu; người không theo khuôn phép; người hoạt động chính trị độc lập

maxim *n.* cách ngôn, châm ngôn

maximum *n., adj.* (số) tối đa, tối cao, cực độ

may *modal v.* có thể, có lẽ; được phép, có thể; cầu chúc, cầu mong; có thể

May *n.* tháng Năm

maybe *adv.* có lẽ, có thể

mayor *n.* thị trưởng

maze *n.* đường rối, mê lộ, cung mê, mê đồ

MB *abbr.* **1** *n.* (= **Bachelor of Medicine**) bằng cử nhân y khoa **2** *n.* (= **Megabyte**) bộ nhớ 1 triệu bai

MBA *n., abbr.* (= **Master of Business Administration**) thạc sĩ/ phó tiến sĩ quản trị thương mãi

MD *n., abbr.* (= **Doctor of Medicine**) bác sĩ y khoa

me *pron.* tôi, tao, tớ: **as for ~** còn (về phần) tôi thì

meadow *n.* cánh đồng cỏ

meager *adj.* gầy, còm; [tiền] ít; [bữa ăn] sơ sài

meal **1** *n.* bữa ăn, bữa cơm: **~ time** giờ ăn **2** *n.* bột [lúa, ngô, v.v.]: **~ on wheels** cơm do thành phố địa phương mang đến nhà cho những người già cả hoặc đau ốm không nấu ăn được

mean **1** *v.* [**meant**] có nghĩa là; muốn/định nói; có ý: **What does this word ~?** Từ/chữ này có nghĩa là gì? **2** *adj.* thấp ké, tầm thường; tồi, tồi tàn, tiểu tụy; hèn, bần tiện; nhỏ nhen, tiểu nhân, ác: **the ~ annual temperature** nhiệt độ trung bình hằng năm

meander *v.* uốn khúc, quanh co, ngoằn nghoèo, khúc khuỷu

means *n.* phương tiện, cách kế: **by all ~** bằng mọi cách; khoảng giữa; số trung bình; cách, kế phương tiện; của, của cải, phương tiện tài chính: **by ~s of ...** bằng cách; **a man of ~s** người có của

meanwhile *n., adv.* trong khi ấy.

measles *n.* bệnh sởi

measure **1** *n.* sự đo (lường); đơn vị đo (lường); giới hạn, chừng mực; biện pháp; nhịp (điệu): **~ for ~** ăn miếng trả miếng;

meat

beyond ~ quá độ, quá chừng, quá đỗi **2** v. đo, đo lường; đo được; so/đo [**with** với]

meat n. thịt, cơm [trái cây]; đồ ăn

Mecca n. thành phố ở Saudi Arabia, thánh địa của người Hồi giáo

mechanic n. thợ máy

mechanical adj. thuộc cơ khí; máy móc quá: **~ engineering** ngành kỹ sư máy móc

medal n. mề đay, huy chương

medallion n. huy chương; quả tim đeo cổ

meddle v. xem/dính/xía vào

media n. (xem **medium**) các phương tiện truyền thông

median adj. ở giữa

mediate v. làm trung gian, hoá giải

medical adj., n. y, y học, y khoa; **~ officer** nhân viên y tế

medicine n. thuốc; y học, y khoa: **to take ~** dùng thuốc, uống thuốc; **to give someone a dose of his/her own ~** lấy gậy ông đập lưng ông

medieval adj. [Br. **mediaeval**] thuộc thời trung cổ

mediocre adj. thường, xoàng, vừa, tồi, tầm thường

meditate v. suy nghĩ, ngẫm nghĩ, trầm ngâm

Mediterranean adj. thuộc Địa Trung Hải

medium 1 n. vật môi giới; trung dung; bà đồng, môi trường; phương tiện [**media**]: **through the ~ of ...** qua sự trung gian của **2** adj. trung bình, trung, vừa: **~ size** cỡ trung bình

medley n., adj. mớ hỗn tạp; bản nhạc hỗn hợp; sặc sở nhiều màu

meek adj. ngoan, hiền lành, dễ

bảo, nhu mì: **as ~ as a lamb** hiền lành như cừu

meet 1 n. cuộc gặp gỡ để tranh tài **2** v. [**met**] gặp (mặt), gặp gỡ; đón, rước; được làm quen với; đáp ứng [nhu cầu], trả, thanh toán; gặp nhau, họp nhau: **to ~ someone at the airport** gặp ai ở sân bay; **to ~ a demand** thỏa mãn yêu cầu

megalopolis n. thành phố thật lớn

megaphone n. cái loa

megastore n. tiệm lớn bán đủ loại hàng hoá

melancholy n., adj. (sự/nỗi) ưu sầu, sầu muộn

meld 1 n. sự hợp nhất, sự kết hợp **2** v. kết hợp, hợp nhất

melee n. cuộc loạn đả

mellow 1 adj. ngọt dịu/lịm; dịu dàng, êm dịu; rượu ngọt giọng **2** v. trở nên già giặn/chín chắn hơn

melodious adj. êm tai, du dương, thánh thót

melody n. điệu hát/ca; âm điệu/ nhạc khúc du dương

melon n. dưa (tây)

melt v. tan/chảy ra; làm tan ra; động/mủi lòng; làm động/mủi lòng: **to ~ away** tan biến đi

member n. hội/thành/đảng/đoàn viên; chân, tay, bộ phận: **~ state** nước hội viên/thành viên

membrane n. màng

memento n. vật kỷ niệm

memoirs n. hồi ký; tiểu luận: **to write one's ~s** viết hồi ký, viết ký yếu

memorable adj. đáng ghi nhớ; không quên được

memorandum n. (abbr. **memo**) bản ghi nhớ; thư ngắn (cho khỏi quên); giác thư

memorial 1 n. sở, kiến nghị; đài kỷ niệm: **war ~** đài liệt sĩ 2 adj. để kỷ niệm: **~ service** lễ truy điệu

memory 1 n. trí nhớ, ký ức; kỷ niệm, sự tưởng nhớ 2 n. (**computer**) bộ nhớ của máy vi tính

men n., (sing. **man**) số nhiều của: **"Men's Room"** phòng vệ sinh nam

menace n., v. mối đe dọa, đe dọa, hăm dọa

menagerie n. nơi giữ và huấn luyện động vật để làm xiếc; một lô

mend 1 n. chỗ vá, chỗ sửa chữa; sự phục hồi sức khỏe 2 v. vá, chữa, mạng, sửa chữa, sửa sang, tu bổ; sửa đổi: **to ~ one's ways** sửa đổi tính nết 3 v. bình phục, hồi phục

menial n., adj. [công việc] của đầy tớ

meniscus n. mặt khum, mặt kính lồi: **convex ~** mặt khum lồi

menopause n. sự mãn/tắt kinh

menstruation n. (abbr. **menses**) kinh nguyệt

mental adj. thuộc trí tuệ; thuộc tâm thần, tinh thần: **~ illness** bệnh tâm thần

mentality n. trạng thái tâm lý, tâm lý

mention 1 n. sự nói đến, sự đề cập 2 v. kể ra/đến, nói đến: **Don't ~ it.** Không dám, không có chi.

mentor n. ông thầy dìu dắt, người cố vấn

menu n. thực đơn

mercenary 1 n. lính đánh thuê; tay sai 2 adj. làm thuê, làm công; hám/vụ lợi

merchandise n., v. hàng hoá, hoá phẩm, hoá vật; bán hàng hoá theo quảng cáo

mercury n. thuỷ ngân: **Mercury** sao Thuỷ, Thuỷ tinh

mercy n. lòng thương, từ bi, lòng trắc ẩn: **at the ~ of** trong tay, dưới quyền của; **for ~'s sake** vì lòng thương; **~ killing** sự giết người bị bệnh nan y [cho đỡ đau đớn]

mere adj. chỉ là: **at the ~ thought of it** chỉ mới nghĩ đến điều đó

merge v. lẫn vào, hợp vào; hợp nhất, kết hợp

meridian n. kinh tuyến, đường kính

merit 1 n. giá trị, tài cán; công, công lao/trạng: **to decide a case on its ~s** dựa trên lẽ phải trái mà quyết định sự việc 2 v. đáng (được), xứng đáng

mermaid n. mỹ nhân ngư; kiện tướng bơi lội [nữ]

merry adj. vui, vui vẻ, hớn hở: **~ maker** người tham dự cuộc vui;

mesh 1 n. mắt lưới: **the ~ of a spider's web** lưới mạng nhện 2 v. bắt vào lưới; ăn khớp nhau

mesmerize v. thôi miên; mê hoặc, quyến rũ

mess 1 n. tình trạng hỗn độn/bừa bãi bẩn thỉu; bữa ăn chung, tốp người ăn chung: **to go to the ~** đi ăn 2 v. làm lộn xộn/lung tung, làm bẩn/hỏng: **to ~ up a plan** làm hỏng kế hoạch

message

message 1 *n.* thư, thư tín, lời nhắn, điện, điện văn, thông điệp/báo; lời truyền: **to leave a ~ for someone** để lại lời nhắn cho ai 2 *v.* gởi lời nhắn

Messiah *n.* Chúa cứu thế, vị cứu tinh dân tộc

messy *adj.* lung tung, hỗn độn, bừa bãi, bẩn thỉu

metabolism *n.* sự trao đổi chất; (tân trần) đại tạ

metal *n.* loài kim, kim loại/khí

metalwork *n.* công việc luyện kim

metamorphosis *n.* sự biến hình/ hoá, hoá thân

metaphor *n.* phép ẩn dụ

mete *v.* cho, chia, phân phát [sự thưởng phạt]

meteor *n.* sao sa/băng, lưu tinh; người/vật nổi tiếng như cồn

meter 1 *n.* (= metre) mét; vận luật: **square ~** mét vuông 2 *n.* cái đo, đồng hồ đo 3 *v.* đo đạc

method *n.* cách thức, phương pháp; thứ tự, ngăn nắp: **teaching ~** phương pháp giảng dạy

Methodist *n.* người theo giáo phái Giám lý

meticulous *adj.* kỹ, quá kỹ càng, tỉ mỉ

metric *adj.* thuộc mét: **~ system** hệ thống mét

metro *n.* xe điện ngầm

metropolitan *adj.* thuộc thủ đô; thuộc mẫu quốc, thuộc thành phố

mettle *n.* khí khái/phách; nhuệ khí, nhiệt tình: **to put somebody on his/her ~** thúc đẩy ai làm hết sức mình

mew 1 *n.* tiếng mèo kêu 2 *v.* [mèo, mãn] kêu meo meo

Mexico *n.* nước Mễ Tây Cơ

mg *n., abbr.* (= milligram) mi-li gam

microbe *n.* vật vi sinh, vi trùng, vi khuẩn

microbiology *n.* vi trùng học

microchip *n.* chip nhỏ nhất

microcomputer *n.* máy vi tính nhỏ nhất

microgram *n.* một phần triệu gam

microorganism *n.* vi sinh vật, cơ quan nhỏ nhất trong cơ thể con người

microphone *n.* mi-crô, máy ghi âm

microprocessor *n.* phần chính nhỏ nhất dùng lưu trữ giữ liệu trong máy vi tính

microscopic *adj.* rất nhỏ, li ti

microsurgery *n.* cuộc giải phẫu tế vi, giải phẫu bộ phận rất nhỏ trong cơ thể

microwave *n., v.* lò nấu bằng sóng điện cực ngắn, lò nấu vi ba/siêu tần ; nấu bằng lò điện siêu tần

mid *adj.* giữa

middle 1 *n.* (khoảng) giữa; chỗ thắt lưng: **in the ~ of the house** ở giữa nhà 2 *adj.* giữa, trung: **~ class** giai cấp trung lưu; **the ~ East** Trung Đông

midget *n., adj.* người rất nhỏ; con vật nhỏ; vật nhỏ

midnight *n.* nửa đêm, 12 giờ đêm

midst *n., prep.* ở giữa

midway *adv.* nửa đường, giữa đường, nửa chừng

midwife *n.* bà/cô đỡ, bà mụ

miff *n., v.* sự/làm mất lòng, phật ý

might *n.* sức mạnh, lực, vũ lực, cường quyền

mighty *adj.* mạnh, hùng cường; to lớn; phi thường: **a ~ nation** một quốc gia hùng cường

migraine *n.* chứng nhức một bên đầu

migrate *v.* [chim, người] di trú; ra ngoại quốc

migration *n.* sự/cuộc di trú, di cư

milch *adj.* thuộc bò sữa

mild *adj.* êm dịu, ôn hoà; dịu dàng, hoà nhã; nhẹ, dịu, không cay, không nặng, nhẹ

mildew 1 *n.* bệnh mốc; nấm mốc 2 *v.* làm cho mốc

mile *n.* dặm, lý [= **1,609 m**]

mileage *n.* khoảng đường tính bằng dặm; cước phí đi đường

milestone *n.* cột cây số, cột ki lô mét, cọc, mốc

milieu *n.* những người quen thuộc

military 1 *n.* quân sự, quân đội, nhà binh 2 *adj.* thuộc quân đội, thuộc quân sự/nhà binh: **~ band** ban nhạc quân đội; **~ base** căn cứ quân sự; **~ intelligence** tình báo quân đội; **~ police** quân cảnh; **~ service** quân vụ, quân dịch

milk 1 *n.* sữa [người, bò, dê, v.v.]: **~ bar** tiệm bán sữa và các thứ hàng thông dụng; **~ powder** sữa bột 2 *v.* vắt sữa; bóc lột, bòn rút vắt sữa ở trại

mill 1 *n.* cối xay; (nhà) máy xay; máy nghiền/cán; xưởng: **cotton ~** nhà máy dệt 2 *v.* xay, nghiền, cán, tán, giã

millennium *n.* nghìn năm, thiên niên kỷ

millet *n.* hạt kê; cây kê

milligram *n.* mi li gam

milliliter *n.* mi-li lít, bằng 0,001 lít

millimeter *n.* mi li mét, bằng 0,001 mét

million *n.* một triệu

millionaire *n.* nhà triệu phú

millipede *n.* động vật nhiều chân

mime 1 *n.* kịch/tuồng câm; anh hề 2 *v.* bắt chước

mimic *v., n.* bắt chước, nhại; sự bắt chước

mince 1 *n.* thịt vụn 2 *v.* băm vụn, thái nhỏ/vụn; nói ỏng ẹo

mind 1 *n.* tâm, tâm trí, tinh thần; đầu óc, trí óc, trí tuệ; ý kiến, ý nghĩ, ý định; sự chú ý/tâm; trí nhớ, kí ức: **I made up my ~ to ...** Tôi đã quyết định 2 *v.* để ý, lưu/chú ý; trông nom, chăm sóc; phiền lòng, bận tâm, quan tâm: **Never ~.** Không hề gì, đừng bận tâm, kệ nó.

mine 1 *pron.* (những) cái của tôi: **This book is ~.** Quyển sách này là của tôi. 2 *n.* mỏ; nguồn, kho; mìn, địa/thuỷ lôi 3 *v.* đào, khai [mỏ]; đặt mìn, đặt địa lôi/ thuỷ lôi; giật mìn

minefield *n.* bãi mìn

miner *n.* công nhân mỏ, thợ/khu mỏ

mineral 1 *n.* khoáng chất/sản 2 *adj.* khoáng, vô cơ: **~ water** nước khoáng/suối

mingle *v.* trộn lẫn, lẫn vào

miniature *n., adj.* tiểu họa, hình nhỏ: **in ~** thu nhỏ lại

minibus *n.* xe buýt nhỏ

minicab *n.* xe tắc xi loại nhỏ chỉ gọi bằng điện thoại vì không ngừng đọc đường đón khách

minicomputer *n.* máy vi tính nhỏ

minimize *v.* giảm đến mức tối thiểu

minimum *n., adj.* số lượng tối thiểu, mức tối thiểu; tối thiểu, nhỏ nhất

minister 1 *n.* bộ trưởng, tổng trưởng; công sứ, sứ thần; mục sư: **prime ~** thủ tướng 2 *v.* chăm sóc (chu đáo) [**to** cho]

ministry *n.* bộ; chức vụ/nhiệm kỳ bộ trưởng; đoàn mục sư

mink *n.* chồn vi zon [lông mượt làm áo đắt tiền]

minor 1 *n.* người vị thành niên; điệu thứ 2 *adj.* nhỏ hơn, thứ yếu, không quan trọng; [quản nhạc] thứ

minority *n.* số ít, thiểu số (thiểu): **~ people** dân tộc ít người, dân tộc thiểu số

mint 1 *n.* cây bạc hà: **~ leaves** lá bạc hà 2 *n.* nhà, sở đúc tiền, món tiền lớn 3 *adj.* mới, chưa dùng: **in ~ condition** còn mới toanh 4 *v.* đúc [tiền]; đặt ra [từ/chữ mới]

minus 1 *n.* số âm; dấu trừ 2 *adj.* dưới, trừ

minuscule *adj.* rất nhỏ, bé tí ti

minute 1 *n.* phút; một lúc/lát: **Please wait a ~.** Làm ơn đợi một phút. 2 *n.* biên bản: **the ~s of a meeting** biên bản buổi họp 3 *adj.* rất nhỏ, vụn vặt, tinh tế; tỉ mỉ, kỹ lưỡng, cặn kẽ 4 *v.* tính từng phút

minx *n.* người đàn bà lăng loàn, người đàn bà lẳng lơ

miracle *n.* phép màu, phép thần diệu; kỳ công: **~ drug** thuốc

tiên, tiên dược, thần dược

mire *n.* vũng/vấy bùn, bãi lầy

mirror 1 *n.* gương soi 2 *v.* phản chiếu, phản ánh

mirth *n.* sự vui vẻ, sự cười đùa

misappropriate *v.* lạm tiêu, biển thủ, thục két

misbehave *v.* ăn ở cư xử không đứng đắn, bậy bạ

miscalculate *v.* tính sai, tính lầm

miscarriage *n.* sự sẩy thai: **~ of justice** vụ xử án sai, vụ xử án oan

miscellaneous *adj.* linh tinh, hỗn/pha tạp: **~ expenditure** những chi tiêu lặt vặt

mischief *n.* trò tinh nghịch; sự ranh mãnh, sự hóm hỉnh; điều ác, sự nguy hại: **~-maker** người gieo bất hoà

misconception *n.* sự quan niệm/sự nhận thức sai

misconduct 1 *n.* hạnh kiểm xấu, phẩm hạnh bất chính 2 *v.* cư xử xấu, ngoại tình với, quản lý kém

miscount *n., v.* việc/đếm sai

misdeed *n.* hành động xấu

misdemeanor *n.* hạnh kiểm xấu, cách cư xử không tốt; hành động phi pháp

miser *n.* người hà tiện/bủn xỉn/keo kiệt

misery *n.* cảnh nghèo khổ; sự đau đớn khổ sở

misfire *v.* bắn súng không nổ

misfit *n.* (người) không xứng; (áo) không vừa

misfortune *n.* điều không may; sự rủi ro/bất hạnh

misguided *adj.* hướng dẫn sai; xui làm bậy

misinterpret *v.* giải thích sai, dịch sai

misjudge *v.* xét đoán sai

mislay *v.* để lẫn đâu mất, để thất lạc

mislead *v.* làm cho lạc đường; đánh lạc hướng

mismatch *n., v.* sự/không xứng đáng, không hợp

misplace *v.* để không đúng chỗ/lúc

misprint *n.* lỗi in, chữ in lầm

mispronounce *v.* đọc sai, phát âm sai

misrepresent *v.* trình bày sai, xuyên tạc

miss **1** *n.* cô; cô gái, thiếu nữ; hoa khôi, hoa hậu: ~ **Universe** hoa hậu thế giới **2** *n.* sự trượt, cú đánh trận; sự thất bại: **nine hits and one ~** 9 được 1 hỏng **3** *v.* không trúng, trượt, trệch, trật, hỏng; lỡ/nhỡ [xe, tàu, máy bay]; bỏ lỡ; bỏ sót/quên; nhớ (nhung); không gặp được; không hiểu được: **to ~ an opportunity** bỏ lỡ cơ hội

misshapen *adj.* méo mó, xấu xí, dị hình

missile *n.* vật phóng ra; tên lửa, hoả tiễn: **to conduct guided ~ tests** thực hiện thử vũ khí điều khiển hoả tiễn hạt nhân

mission *n.* sứ mệnh, nhiệm vụ; công cán, công tác; phái đoàn, sứ đoàn; toà đại sứ, nhiệm sở [ngoại giao]; hội truyền giáo: **to go on a ~** được phái đi công tác

missionary *n.* nhà truyền giáo, giáo sĩ

misspell *v.* viết sai chính tả, đánh vần sai

mist *n.* sương mù

mistake **1** *n.* lỗi, lỗi lầm, sai lầm: **to make a ~** phạm lỗi **2** *v.* [mistook; mistaken] lầm lẫn

mister *n.* (*abbr.* **Mr.**) ông, thưa ông: **Mister Nam** ông Nam

mistreat *v.* ngược đãi

mistress *n.* bà chủ (nhà); cô/bà giáo; tình nhân, nhân tình, mèo

mistrial *n.* vụ xử án sai

mistrust *n., v.* sự/nghi ngờ/ngờ vực

misunderstanding *n.* hiểu lầm, hiểu sai

misuse *n., v.* (sự) dùng sai, (sự) lạm dụng: **to ~ medicine** dùng sai thuốc

mite *n.* con bét, con ve, con bọ; phần nhỏ; vật nhỏ bé

mitigating *adj.* giảm nhẹ, dịu bớt: ~ **circumstances** tình trạng dịu bớt

mitten *n.* găng tay đeo bốn ngón và cho ngón cái riêng

mix **1** *v.* trộn, pha trộn; hoà với nhau; giao thiệp: **to ~ red and blue together** trộn pha trộn màu đỏ với màu xanh **2** *n.* sự pha trộn, sự hoà chung

mnemonic *adj., n.* thuộc trí nhớ, giúp trí nhớ

moan *n., v.* tiếng/kêu van, than van, rền rĩ

moat *n.* hào [quanh thành]

mob **1** *n.* đám đông (hỗn tạp); quần chúng; bọn du côn du lại **2** *v.* kéo ồ đến, bao vây; tấn công

mobile **1** *n.* tác phẩm điêu khắc treo dây và chuyển động được **2** *adj.* chuyển/lưu/di động: ~

mock

phone điện thoại di động

mock 1 *n.* sự chế nhạo, khinh, coi thường **2** *adj.* giả, bắt chước: **to join a ~ battle** tham dự một trận giả **3** *v.* chế nhạo, chế giễu, nhạo báng

mockery *n.* lời/điều chế nhạo; trò đùa, trò hề: **to make a ~ of someone** chế nhạo ai

mode *n.* kiểu, mẫu, kiểu mẫu, mô hình; mẫu vật; người gương mẫu; đàn bà mặc kiểu áo mẫu; người mẫu để vẽ hay chụp ảnh

model 1 *n.* kiểu mẫu, mô hình: **car ~** kiểu xe **2** *n.* người mẫu **3** *adj.* gương mẫu, kiểu mẫu **4** *v.* làm mẫu, làm mô hình: **to ~ oneself after someone** làm theo ai, bắt chước ai

modem *n.* bộ phận hay máy phụ gắn vào đường dây điện thoại

moderate 1 *adj.* phải chăng, vừa phải; điều độ, tiết độ; ôn hoà, không dữ dội/quá khích **2** *v.* làm bớt đi, tiết chế; điều hợp/ hoà giải [cuộc bàn cãi] **3** *n.* sự điều hợp, sự làm cho hoà đồng

modern *adj.* hiện đại, mới, tân thời; cận đại

modest *adj.* nhún nhường, nhũn nhặn, khiêm nhượng/tốn; [đàn bà] thùy mị, nhu mì, e lệ, nết na; có mức độ, vừa phải, phải chăng, không thái quá

modification *n.* sự thay đổi, sự cải biến

modify *v.* làm giảm, làm khác đi, làm thay đổi

module *n.* đơn vị, một loạt bài học có chủ đề

mogul *n.* người có vai vế, người

có thế lực

moist *adj.* ẩm, ẩm ướt

moisture *n.* hơi ẩm, hơi nước

molar *n., adj.* (răng) hàm

molasses *n.* mật mía, nước đường

mold, mould 1 *n.* khuôn, mẫu; hình dáng, tính tình: **cast in the same ~** cùng một loại, giống nhau như đúc **2** *n.* mốc, meo **3** *v.* đúc khuông, đúc, nặn

mole 1 *n.* nốt ruồi **2** *n.* phân tử gam **3** *n.* chuột chũi

molecule *n.* phân tử

molehill *n.* đất chuột chũi đùn thành đống nhỏ: **to make a mountain out of a ~** chuyện bé xé ra to

molest *v.* quấy nhiễu, phá phách; gạ gẫm chuyện dâm dục

mollify *v.* làm nhẹ/nguôi, làm dịu đi, xoa dịu

mollusk, mollusc *n.* động vật thân mềm, loài nhuyễn thể

molt, moult *v.* rụng lông, thay lông

molten *adj.* [xem **melt**] [kim loại] nấu chảy

mom *n.* mẹ, má

moment *n.* lúc, chốc, lát; tầm quan trọng: **at the ~** lúc này, bây giờ

momentum *n.* đà; xung lượng, động lượng: **to grow in ~** được tăng cường

monarchy *n.* nước/chế độ quân chủ

monastery *n.* tu viện, tự viện, tịnh xá

Monday *n.* thứ hai

monetary *adj.* thuộc tiền tệ: **~ unit** đơn vị tiền tệ

money *n.* tiền bạc; tiền của, của

cải, tài sản; những món tiền, tiền nong: **counterfeit ~** tiền/ bạc giả; **paper ~** tiền giấy; **~ bag** túi đựng tiền; **~ changer** người đổi tiền; **~ market** thị trường chứng khoán

Mongolia n. nước Mông cổ

mongolism xem **Down's syndrome**

mongoose n. (pl. **mongooses**) chó Mông Cổ

monitor 1 n. người nghe, hiệu thính viên; người theo dõi [công việc, thí nghiệm]; cố vấn, người răn bảo 2 v. nghe [chương trình phát thanh], theo dõi

monk n. thầy chùa, thầy tu, nhà sư: **Buddhist ~** tu sĩ Phật giáo

monkey 1 n. con khỉ 2 v. làm trò khỉ/nỡm

monochrome n. bức hoạ một màu

monocle n. kính một mắt

monogamy n. chế độ một vợ một chồng, độc thê/phu

monogram n. chữ viết lồng nhau

monopoly n. độc quyền

monorail n. xe lửa/điện chạy trên đường sắt nhỏ

monosyllabic adj. một âm tiết, đơn âm

monotonous adj. đều đều, đơn điệu; buồn tẻ: **to speak in a ~ voice** nói giọng đều đều

monsoon n. gió mùa; mùa mưa

monster n.. adj. quái vật; người khổng lồ; người tàn ác; quái thai

monstrous adj. kỳ quái, quái dị; to lớn lạ thường, khổng lồ; ghê tởm, tàn ác; vô lý, hoàn toàn láo

month n. tháng: **every two ~s** cứ cách một tháng một lần; **next ~** tháng sau, tháng tới

monument n. bia/đài kỷ niệm, tượng đài; vật kỷ niệm; công trình lớn

moo n., v. (tiếng bò) rống

mood 1 n. tâm trạng; tính khí/tình, khí sắc: **to be in a merry ~** trong tâm trạng vui vẻ 2 n. lối, thức

moon n. mặt trăng; nguyệt cầu; ông trăng: **full ~** trăng rằm

moor 1 n. đồng/bãi hoang, truông 2 v. buộc, cột [thuyền, tàu]; bỏ neo

moose n. hươu lớn, nai sừng tấm

moot 1 adj. có thể bàn/thảo luận: **~ points** những điểm thảo luận 2 v. nêu lên để thảo luận

mop 1 n. vải lau sàn có cán 2 v. lau, chùi [sàn nhà]: **to ~ up** dọn sạch; càn quét, tảo thanh

mope v. rầu rĩ, ủ rũ

moral 1 n. bài học, lời căn dạy, luân lý; đức/phẩm hạnh, nhân cách 2 adj. thuộc đạo đức/luân lý/đạo lý; có/hợp đạo đức; tinh thần: **~ principles** nguyên lý đạo đức; **~ support** ủng hộ tinh thần

morale n. tinh thần, nhuệ khí: **low ~** tinh thần thấp

morbid adj. ốm yếu, bệnh hoạn, không lành mạnh

more 1 adj. nhiều hơn, đông hơn; hơn nữa, thêm nữa: **one ~ beer** một cốc bia nữa 2 adv. hơn, nhiều hơn: **the ~ the better** càng nhiều càng tốt; **once ~** một lần nữa

moreover adv. hơn nữa, vả lại/ chăng, ngoài ra

mores *n.* nơi/người đặc biệt có phong tục riêng của họ

morgue *n.* nhà xác

morning *n.* buổi sáng; buổi bình minh: **Good ~!** Lời chào buổi sáng!; **~ sickness** ốm nghén

moron *n.* người trẻ nít; người khờ khạo

morose *adj.* buồn rầu, rầu rĩ

morphine *n.* chất moc-fin; chất làm giảm đau

morsel *n.* miếng, mẩu

mortal 1 *n.* con người; vật chết **2** *adj.* phải chết, không bất tử; làm cho chết; lớn; trọng đại: **~ sin** tội lớn, đại tội

mortality *n.* tính phải chết; số người chết, tỷ lệ người chết: **~ rate** tử suất

mortar *n., v.* vữa, hồ; cối giã; súng cối, súng móc chia; trộn vữa/hồ

mortgage 1 *n.* sự cầm cố; văn tự vay tiền để mua nhà [bao giờ trả góp hết nợ thì nhà mới về tay mình] **2** *v.* đem cầm cố [nhà đất]: **to ~ a house** cầm căn nhà

mortify *v.* hành xác; làm nhục, làm mất thể diện

mortise *n., v.* lỗ mộng, đục lỗ mộng

mortuary 1 *n.* nhà xác **2** *adj.* thuộc viện tang

mosaic *n.* đồ khảm/cẩn (đá, thuỷ tinh, v.v.), bức hoạ ghép; hợp tuyến, hợp thái

Moslem *n., adj.* xem **Muslim**

mosque *n.* nhà thờ Hồi giáo

mosquito *n.* (*pl.* **mosquitoes**) con muỗi

most 1 *n.* phần nhiều/lớn, đa số: **at (the very) ~** nhiều nhất, tối đa; **to make the ~ of** tận dụng **2** *adj.* nhiều nhất; hầu hết **3** *adv.* hơn cả/hết, nhất; lắm, vô cùng: **~ likely to succeed** chắc chắn làm sẽ thành công

motel *n.* quán trọ, khách sạn bên đường cho khách có xe hơi

moth *n.* con nhậy; sâu bướm: **~ ball** (viên) băng phiến

mother 1 *n.* mẹ, mẹ đẻ, má; mẹ, nguồn gốc: **step-~** mẹ/dì ghẻ: **~ country** tổ quốc; nước mẹ, mẫu quốc; **~land** tổ quốc, quê hương; **~'s Day** ngày của mẹ; **~ tongue** tiếng mẹ **2** *v.* sinh ra

motif *n.* kiểu trang trí; chủ đề, nhạc tố

motion 1 *n.* sự chuyển/vận động; cử động/chỉ, dáng; đề nghị, kiến nghị: **~ picture** phim điện ảnh **2** *v.* ra hiệu: **to ~ somebody to go out** ra dấu cho ai đi ra ngoài

motivate *v.* thúc đẩy

motive 1 *n.* cớ, lý do **2** *adj.* vận động, vận chuyển

motley *n., adj.* (mớ) hỗn tạp, sặc sỡ

motor 1 *n.* máy; mô tơ, động cơ: **~bike** xe mô tô, xe máy; **~boat** xuồng máy; **~car** xe ô tô, xe hơi; **~cycle** xe mô tô, xa máy **2** *adj.* vận động, di động **3** *v.* đi bằng ô tô, đưa đi bằng ô tô: **to ~ a friend home** đưa bạn về nhà bằng ô tô

motto *n.* khẩu hiệu, châm ngôn

mound *n.* mô, ụ, gò, đống; đồi nhỏ

mount 1 *n.* (*abbr.* **Mt.**) núi 2 *n.* bìa để bồi tranh; gọng, khung, giá; ngựa cưỡi 3 *v.* lên, trèo, leo; đóng khung, gắn, lắp; dựng [vở]; tăng lên

mountain *n.* núi: ~ **range** dãy núi, rặng núi; **a ~ of rubbish** một đống rác lớn

mourn *v.* khóc, thương tiếc; than khóc, để tang: **to ~ the death of someone** thương tiếc người đã chết

mouse 1 *n.* (*pl.* **mice**) chuột nhắt 2 *n.* [of computer] con chuột máy vi tính

mousetrap *n., v.* cái bẫy chuột, bẫy chuột

mouth 1 *n.* mồm, miệng, mõm; miệng ăn; cửa [sông, hang, lò]: **to keep one's ~ shut** giữ mồm giữ miệng 2 *v.* ăn, đớp; nói trịnh trọng, thốt ra

move 1 *n.* sự di chuyển; nước cờ; bước, biện pháp: **to make a ~** di chuyển; **on the ~** đang diễn tiến 2 *v.* cử động, nhắc [tay], mấp máy [môi]; kích động; làm cảm động/xúc động; chuyển, di chuyển [quân]; đề nghị; động đậy

movement *n.* cử động, động tác; sự di chuyển; hoạt động; phong trào, cuộc vận động; phần [bản nhạc]: **to lie without a ~** nằm bất động; **to watch someone's ~s** theo dõi hoạt động của ai

mover *n.* động cơ, động lực; người đưa ra ý kiến

movie *n.* phim xi nê; phim ảnh, ngành điện ảnh: ~ **camera** máy quay phim; **to go to the ~s** đi

xem phim/xi-nê

mow *v.* cắt, gặt [cỏ, lúa]

MP *n., abbr.* (= **Member of Parliament**) dân biểu, đại biểu quốc hội

mph *n., abbr.* (= **miles per hour**) bao nhiêu dặm một giờ

much 1 *n.* nhiều, lắm, phần lớn: **I have done that ~ so far.** Tôi vừa làm được chừng ấy. 2 *pron.* nhiều: **Don't drink too ~.** Đừng uống nhiều quá. 3 *adj.* nhiều 4 *adv.* nhiều: ~ **better** khá hơn nhiều

muck 1 *n.* phân chuồng; rác rưởi, đồ bẩn thỉu 2 *v.* làm bẩn, làm dơ: **to ~ one's computer up** làm dơ máy vi tính

mucus *n.* nước nhầy; mũi

mud *n.* bùn, lầy: **a stick in the ~** bảo thủ, chậm tiến; ~ **bath** tắm bùn

muddle 1 *n.* tình trạng lộn xộn/rối reng 2 *v.* làm lộn xộn/lung tung; lúng túng: **to ~ up a job** làm hỏng việc

mudslide *n.* tảng bùn lớn đổ xuống từ trên núi cao

muff 1 *n.* bao tay đàn bà 2 *v.* để lỡ cơ hội làm việc gì

muffin *n.* bánh xốp, bánh mấp phin

muffle *v.* làm cho bớt kêu, bóp nghẹt; bọc, u

mug 1 *n.* chén vại, cốc vại, cốc: ~ **beer** cốc/ly uống bia 2 *v.* chẹt cổ hay, khoá tay đằng sau

mugging *n.* sự cướp giật bạo hành

mulch *n., v.* vỏ cây xắt nhỏ dùng để phủ giữ nước

mule 1 *n.* con la 2 *n.* người

bướng, người ương bướng **3** *n.* dép đế mỏng

mull *v.* làm cẩu thả, làm ẩu; nghĩ đi nghĩ lại, nghiền ngẫm

multicolor *n.* nhiều màu, sặc sỡ

multicultural *adj.* đa văn hóa

multilingual *adj.* nói nhiều thứ tiếng, đa ngôn ngữ

multimedia *adj.* dùng hình ảnh, âm thanh cùng với văn bản

multiple **1** *n.* bội số: **least common ~** bội số chung nhỏ nhất **2** *adj.* nhiều, nhiều mối

multiplex *n.* khu chiếu bóng có nhiều rạp

multiply *v.* nhân lên; tăng, sinh sôi nảy nở

multi-purpose *adj.* dùng cho nhiều mục đích, đa năng

multiracial *adj.* đa chủng tộc

multitude *n.* đám đông; vô số

multi-user *n.* người dùng nhiều, nhiều người sử dụng

mum **1** *n.* (= **mother**) mẹ **2** *adj.* lặng thinh: **to be ~** im lặng, không nói gì

mumble *v.* nói lầm bầm, lẩm bẩm

mummy **1** *n.* mẹ, má **2** *n.* xác ướp lâu đời ở Ả−rập: **an Egyptian ~** xác ướp người Ả−rập

mumps *n.* bệnh quai bị: **to have ~** lên quai bị

munch *v.* nhai tóp tép

muncipality *n.* thành phố/đô thị tự trị

mundane *adj.* trần tục, thế tục

munitions *n., v.* đạn dược, cung cấp đạn dược

mural *n.* bức tranh tường, bích họa

murder **1** *n.* vụ/tội giết người, vụ ám sát, vụ sát nhân **2** *v.* giết,

ám sát, hãm hại; nói sai

murky *adj.* tối tăm, âm u

murmur *n., v.* (tiếng) rì rầm, rì rào, róc rách; (tiếng) thì thầm

muscle *n.* bắp thịt, cơ; sức mạnh, sức lực

muse **1** *n.* sự suy nghĩ kỹ về việc gì **2** *v.* nghĩ ngợi, suy nghĩ: **to ~ over a beautiful scene** nghĩ tới một cảnh đẹp

museum *n.* viện/nhà bảo tàng, bảo tàng viện

mush *n.* cháo ngô; chất đặc sệt

mushroom *n.* nấm

music *n.* nhạc, âm nhạc; tiếng nhạc, khúc nhạc: **~ hall** rạp hát lớn (ca vũ nhạc)

musk *n.* xạ hương

Muslim *n., adj.* người/thuộc Hồi giáo

muslin *n.* vải mỏng mu-xơ-lin

muss *n., v.* tình trạng hỗn độn, bừa bộn

mussel *n.* con sò/trai

must **1** *n.* sự cần thiết, chuyện bắt buộc **2** *modal v.* phải, cần phải, nên; chắc hẳn là: **He ~ work hard if he wants to succeed.** Anh ta phải làm việc chăm chỉ nếu anh ta muốn thành công.

mustache *n.* [*Br.* **moustache**] râu mép, ria mép

mustard *n.* cây/tương mù tạc

muster *n., v.* (sự) tập hợp, tập trung, thu hết

mutant *adj., n.* khác nhau vì giống; sự khác từ gốc vì đã thay đổi

mute **1** *n.* người câm **2** *adj.* câm, ngầm, lặng thinh **3** *v.* làm cho câm đi/im lặng đi

mutilate *v.* cắt, xẻo; cắt bớt, cắt xém

mutiny *n., v.* (cuộc) nổi loạn, nổi dậy, binh biến

mutter *n., v.* (tiếng) lầm bầm, càu nhàu, cằn nhằn

mutton *n.* thịt cừu/trừu

mutual *adj.* lẫn nhau, qua lại, hỗ tương; chung

muzzle **1** *n.* mõm [chó]; miệng, họng [súng]; rọ bịt mõm [chó, ngựa] **2** *v.* bịt/khoá mõm; bịt miệng

my **1** *adj.* của tôi: **~ parents** cha mẹ tôi **2** *intj.* Úi chà! Chao ôi!

myopic *adj.* cận thị

myriad *n., adj.* số lớn, vô số

myself *pron.* tự tôi; chính tôi: **I ~ handed the cheque to him.** Chính tôi đưa tấm ngân phiếu tận tay cho anh ấy.

mysterious *adj.* bí mật/ẩn, huyền/thần bí: **a ~ story** tiểu thuyết trinh thám

mystery *n.* điều huyền bí, điều bí mật

mystic *n., adj.* (người) thần bí, huyền bí

myth *n.* thần thoại; chuyện hoang đường)

N

nab *v.* tóm, bắt được quả tang

nag **1** *v.* mè nheo, nói mãi làm khó chịu **2** *n.* người mè nheo, hay nói khó chịu

nail **1** *n.* móng, móng tay: **finger ~** móng tay; **~ polish** thuốc đánh móng tay **2** *n.* cái đinh: **to drive**

a ~ đóng đinh **3** *v.* đóng đinh: **to ~ up a window** đóng đinh chặt cửa sổ lại

naive *adj.* ngây thơ, chất phác; ngờ nghệch

naked *adj.* trần, trần truồng, lõa lồ, khoả thân, loã thể; trụi, rỗng không; hiển nhiên: **stark ~** trần như nhộng

name **1** *n.* tên, danh, danh xưng/hiệu; tiếng (tăm), danh tiếng: **in the ~ of the law** nhân danh luật pháp; **to have a good ~** có tiếng tốt; **to give it a ~** muốn gì thì nói ra; **family ~, last ~** họ; **in ~ only** chỉ có tên mà thôi, chỉ có danh nghĩa mà thôi chứ khôngcó thực chất; **~-label/tag** bảng tên may/đeo trên áo **2** *v.* đặt tên, gọi tên; định rõ; chỉ định, bổ nhiệm; gọi đích danh: **to ~ the day** định rõ ngày tháng

namesake *n.* vật/người trùng tên

nanny *n.* u già, vú, người giúp việc nhà

nap **1** *n.* giấc ngủ ngắn/trưa: **to take a ~** đánh một giấc ngủ trưa **2** *v.* ngủ chợp/trưa: **to catch someone ~ping** bất chợt thấy ai đang ngủ trưa, bắt được ai đang làm gì

nape *n.* gáy, ót

napkin *n.* khăn ăn, tả lót: **paper ~** khăn ăn bằng giấy; **table-~** khăn trải bàn ăn

nappy *n.* [*U.S.* diaper] tả làm sẵn bằng bông vải mềm cho trẻ con

narcotic *n., adj.* (thuốc) gây mê, gây ngủ; chất ma túy: **~ squad** biệt đội cảnh sát chống ma tuý

narrative **1** *n.* bài tường thuật,

chuyện kể: **He begins his ~ with a joke.** Anh tabất đầu chuyện kể bằng một chuyện cười.
2 *adj.* có tính chất tường thuật

narrow 1 *adj.* hẹp, chật hẹp; hẹp hòi, nhỏ nhen: **~-minded** hẹp hòi; **to have a ~ escape** thoát được **2** *v.* thu hẹp lại, rút lại

nasal 1 *n.* âm mũi **2** *adj.* thuộc mũi: **~ spray** thuốc xịt mũi

nasty *adj.* bẩn thỉu, dơ dáy, kinh tởm; [thời tiết] khó chịu; [tính] xấu, cáu kỉnh, ác, hiểm: **to play a ~ trick** chơi trò chơi độc ác

nation *n.* dân tộc; nước, quốc gia: **the United ~s [UN]** Liên Hiệp Quốc; **Law of ~s** luật quốc tế

national 1 *n.* kiều dân, công dân **2** *adj.* dân tộc; quốc gia: **~ anthem** quốc ca, quốc thiều; **~ flag** quốc kỳ; **~ guards** đội quân an ninh quốc gia; **~ Health Scheme** hệ thống y-tế toàn quốc; **~ holidays** những ngày nghỉ lễ toàn quốc; **~ park** công viên quốc gia; **~ service** dịch vụ toàn quốc

nationalism *n.* chủ nghĩa dân tộc/ quốc gia

nationality *n.* quốc tịch; dân tộc, quốc gia

native 1 *n.* người sinh ở, người địa phương, thổ dân: **a ~ of Hanoi** người quê ở Hà Nội **2** *adj.* thuộc nơi sinh: **~ language** tiếng mẹ đẻ; **a ~ speaker** người nói tiếng bản ngữ

nativity *n.* sự sinh đẻ; lễ Thánh đản/Giáng sinh

natural 1 *adj.* tự nhiên, thuộc thiên nhiên; thuộc thiên tính; tất nhiên, dĩ nhiên; tự nhiên, không màu mè: **~-born** năng khiếu bẩm sinh, năng khiếu trời cho; **~ childbirth** sinh con theo phương pháp tự nhiên, không dùng thuốc; **~ gas** khí đốt thiên nhiên; **~ selection** sự lựa chọn tự nhiên **2** *n.* người có năng khiếu tự nhiên, người có kỹ năng bẩm sinh; điều tự nhiên, điều chắc chắn

nature *n.* tính, bản chất, bản tính; thiên nhiên, tự nhiên, tạo hoá, tạo vật, vạn vật: **human ~** bản chất con người; **the law of ~** qui luật tự nhiên; **~ reserve** khu vực cây và loài vật được bảo vệ; **~ study** khoa nghiên cứu thiên nhiên; **contrary to ~** siêu phàm, kỳ diệu; **back to ~** trở về đời sống thiên nhiên; **in the ~ of ...** có phẩm chất ...

naught *n.* số không

naughty *adj.* hư, đốn, láo; nhảm nhí, tục tĩu: **He is a ~ boy.** Cậu ấy là một đứa bé hư.

nausea *n.* sự buồn nôn, sự lộn mửa; sự say sóng; sự kinh tởm

nautical *adj.* thuộc biển; hàng hải

naval *adj.* thuộc hải quân/thuỷ quân: **~ academy** trường hải quân

nave *n.* gian giữa giáo đường

navel *n.* rốn; trung tâm: **~ orange** cam na-val

navigate *v.* lái [tàu, máy bay]; đi biển; bay

navigation *n.* nghề hàng hà/hải/ không; **inland ~** sự đi lại trên sông rạch

navvy *n.* thợ làm đất, máy nạo

vét sông: **to work like a ~** làm việc vất vả và cực nhọc

navy *n.* hải quân: **~ blue** màu tím than, xanh nước biển

Nazi *n., adj.* (đảng viên) Quốc xã Đức

NBA *abbr.* (= National Basketball Association) hiệp hội bóng rổ quốc gia

neap **1** *n.* tuần nước xuống, tuần triều xuống **2** *adj.* (nước triều) xuống thấp **3** *v.* mắc cạn, xuống thấp

near **1** *adj.* gần, cận; thân; giống, sát: **in the ~ future** trong tương lai gần đây **2** *adv.* gần, ở gần: **~ at hand** gần ngay bên; **far and ~** khắp xa gần **3** *prep.* gần: **Don't come ~ him.** Đừng đến gần hắn.; **~ the equator** ở gần xích đạo **4** *v.* tới gần, xích lại gần

nearby *adj., adv.* gần bên, ngay bên cạnh

neat *adj.* gọn, ngăn nắp, thứ tự; rõ ràng; khéo: **a nice, ~ house** ngôi nhà ngăn nắp và đẹp

necessary **1** *n.* những thứ cần thiết: **the ~ things of life** những thứ cần dùng cho đời sống **2** *adj.* cần, cấn thiết, thiết yếu; tất nhiên

necessity *n.* sự cần thiết; điều cần thiết: **in case of ~** trong trường hợp cần thiết; **the necessities of life** tiện nghi đời sống

neck *n.* cổ; cổ áo; chỗ thắt lại, chỗ hẹp lại: **to break the ~ of something** khắc phục được những khó khăn; **to risk one's ~** liều mạng; **up to one's ~** ổn

đến tận cổ

neckline *n.* đường viền ở cổ áo

necktie *n.* cà vạt

necrosis *n.* sự chết hoại

nectar *n.* mật hoa; rượu thần/ tiên; rượu ngon

need **1** *n.* sự cần; cảnh túng bấn; nhu cầu: **a friend in ~** người bạn lúc hoạn nạn; **to fulfill a ~** thoả mãn một nhu cầu **2** *v.* cần, đòi hỏi; cần phải

needle *n.* kim; lá kim [thông, tùng]; tháp nhọn; kim tiên: **to thread a ~** xâu kim

needlework *n.* việc vá may

nefarious *adj.* hung ác, bất chính

negative **1** *n.* lời từ chối; từ/ thể phủ định; bản âm, phim/ kính (ảnh); cực âm, âm cực; số âm **2** *adj.* không, phủ định, phủ nhận, từ chối; tiêu cực: **~ feedback** ý kiến đóng góp không thuận lợi; **~ sign** dấu hiện không tốt, không hay

neglect **1** *n.* sự sao nhãng/chểnh mảng;sự thờ ơ, sự hờ hững: **to be in a state of ~** trong tình trạng bị bỏ quên **2** *v.* sao nhãng, bỏ mặc, bỏ dễ, không nhìn ngó đến; bỏ quên: **to ~ one's duty** sao lãng bổn phận

negligence *n.* tính cẩu thả/lơ đểnh, tính lơ là

negotiable *adj.* có thể thương lượng được, có thể lấy tiền ra được, có thể trả tiền

negotiate *v.* điều đình, đàm phán, thương lượng, thương thuyết, dàn xếp; đổi thành tiền; vượt qua: **to ~ a treaty** đàm phán một hiệp ước

neigh *n., v.* (tiếng) hí

neighbor *n.* người láng giềng/
hàng xóm, bà con lối xóm: **our
next door ~s** ông bà láng giềng
ở sát vách chúng tôi

neither 1 *pron.* (trong hai cái/
người) không cái/người nào:
Neither of these men is rich.
Trong hai anh, chả anh nào
giàu cả.; không cái/người nầy
mà cũng không cái/người kia
2 *adv.* không ... mà cũng không:
~ easy nor difficult không dễ
mà cũng không khó 3 *conj.*
không ... mà cũng không: **My
wife cannot speak Lao, ~ can I.**
Nhà tôi không biết nói tiếng
Lào; mà tôi cũng không.

neon *n.* đèn nê ông

Nepal *n.* nước Nê-pan

nephew *n.* cháu trai [con của
anh, chị, em mình]

nepotism *n.* thói kéo người nhà
vào làm, thói bao che họ hàng,
gia đình trị

nerve *n.* dây thần kinh; khí lực,
khí phách, can đảm, nghị lực,
sự táo tợn, sự trơ tráo; gân [lá
cây, cánh côn trùng]: **~ gas**
khí độc như vũ khí dùng trong
chiến tranh; **to get on one's ~s**
chọc tức ai, làm cho ai phát
cáu; **to lose one's ~** mất tinh
thần

nervous *adj.* thuộc thần kinh;
lo, cuống, lo lắng, bồn chồn,
hoảng sợ, nôn nóng, nóng nảy,
bực dọc: **~ breakdown** sự suy
nhược thần kinh; **~ wreck** người
hồi hộp tột độ, người lo lắng
hết sức

nest *n.* tổ [chim, ong], ổ; chỗ ẩn
náu, sào huyệt; bộ [bàn con;
hộp] lồng vào nhau: **bird's ~** tổ
chim yến; **~ egg** trứng lót ổ, số
tiền để gây vốn

nestle *v.* làm tổ; nằm nép mình,
nằm co, rúc

net 1 *n.* lưới, mạng; cạm, bẫy;
mạng lưới: **to fall into a ~** rơi
vào cạm bẫy; **mosquito ~** màn,
mùng muỗi 2 *v.* đánh lưới, bẫy
bằng lưới: **to ~ fish** đánh cá
bằng lưới 3 *adj.* thực: **~ price**
thực giá; **~ weight** trọng lượng
thực [trừ bì]

Netherlands *n.* nước Hà Lan

nettle 1 *n.* cây tầm ma: **~-rash**
chứng mày đay 2 *v.* ngứa;
quấy rầy

network 1 *n.* lưới; mạng lưới,
hệ thống: **communication ~**
mạng lưới truyền thông; **a ~ of
railways** mạng lưới đường xe
lửa 2 *v.* thiết kế mạng vi tính;
thiết lập mạng vi tính

neurology *n.* khoa thần kinh,
thần kinh học

neurotic *n., adj.* (người) loạn
thần kinh chức năng

neuter 1 *adj.* trung tính, ở giữa: **~
gender** giống trung tính; vô tính
2 *n.* từ trung tính, hoa/ động vật
vô tính; người trung lập 3 *v.*
thiến, cắt bộ phận sinh dục

neutral 1 *adj.* trung lập, trung
tính; vô tính; [màu] không rõ
rệt: **~ nations** những nước trung
lập 2 *n.* số không [máy ô tô]:
to put into ~ trở về số không
(xe hơi)

neutron *n.* chất nơ-tron

never *adv.* không/chẳng bao giờ: **Better late than ~.** Muộn còn tốt hơn chẳng bao giờ có.

nevertheless *adv.* tuy nhiên, tuy thế/vậy

new *adj.* mới, mới mẻ, mới lạ; khác hẳn, tối tân: **~ Year** năm mới, Tết (Nguyên đán): **New Year's eve** 30 Tết, giao thừa; **Lunar/Chinese ~ Year** Tết ta, Tết âm lịch; **as good as ~** gần như mới

news *n.* tin, tin tức, tiêu tức: **a piece of ~** một tin; **No ~ is good ~.** Không có tin gì tức là bình yên cả.; **~ agency** hãng thông tấn; **~ bulletin** bản tin; **~ conference** cuộc họp báo; **~letter** thư cho tin tức, thông thư

newspaper *n.* báo: **to read the daily ~** đọc báo hằng ngày

newsroom *n.* phòng tin tức [ở toà báo; đài]

newsworthy *adj.* đáng đưa lên báo, quan trọng

next **1** *adj.* sát, gần, ngay bên cạnh; sau: **~ week** tuần sau; **~ year** sang năm; **the girl from ~ door** cô gái nhà bên cạnh, cô hàng xóm **2** *adv.* ngay sau; lần sau **3** *prep.* bên cạnh, sát nách **4** *n.* người tiếp sau, cái tiếp theo sau

nexus *n.* trọng điểm; sự liên hệ cùng một nhóm

nib *n.* ngòi bút sắt; mũi nhọn

nibble *n., v.* (sự) gặm, nhấm; (sự) rỉa, đớp

nice *adj.* tử tế, dễ thương, đáng yêu; ngoan, tốt; dễ chịu, thú vị; [trời] đẹp; tinh vi, tinh tế, tế nhị, sành sỏi

niche *n.* hốc tường để đặt tượng hoặc bày lọ

nick **1** *n.* nấc, khía, khắc: **in the ~ of time** đúng lúc **2** *v.* khía, làm mẻ; chộp

nickel *n.* kền; đồng năm xu Mỹ: **~ silver** mạ bạc; **~-steel** mạ thiếc

nickname *n., v.* (đặt) tên hiệu/riêng, biệt hiệu

nicotine *n.* nhựa thuốc lá, ni-cô-tin

niece *n.* cháu gái [con của anh, chị, em mình]

night *n.* đêm, tối; cảnh tối tăm: **last ~** tối hôm qua, đêm hôm qua; **the ~ before last** tối/đêm hôm kia; **at ~** ban đêm; **by ~** về đêm; **~ and day** suốt ngày đêm; **all ~ long** suốt/thâu đêm; **good ~** chúc ông/bà/cô/anh ngủ ngon; **~ lamp** đèn ngủ; **~ shift** ca đêm; **~-school** trường học ban đêm, lớp học ban đêm; **~ watchman** người gác đêm

nightingale *n.* chim hoạ mi, chim sơn ca

nightmare *n.* mộng dữ, cơn ác mộng

nihilism *n.* thuyết hư vô; chủ nghĩa vô chính phủ

nil *n.* không, số không, hư không

nimble *adj.* nhanh nhẹn, nhanh nhẩu, lanh lẹ; linh lợi, nhanh trí, minh mẫn

nine *num., adj.* (số) chín: **~ times out of ten** cứ 10 trường hợp thì có đến 9 trường hợp; **~-day wonder** cái kỳ lạ nhất thời

nineteen *num., adj.* mười chín; **talking ~ to a dozen** nói rất nhanh

ninety *num., adj.* (số) 90: **the nineties** những năm 90; những năm tuổi trên 90

ninja *n.* người giỏi võ Nhật

nip **1** *n.* cái cấu/véo/kẹp; sự tê cóng: **to give somebody a ~** cấu véo ai **2** *v.* cấu/véo/bấm, kẹp, cắn; ngắt: **to ~ in the bud** bóp chết ngay từ trong trứng; **to ~ on ahead** chạy lên trước

nipple *n.* núm vú; đầu vú; mô, chỏm

nirvana *n.* niết bàn

nitwit *n.* người ngu đần, thằng ngu

no **1** *n.* lời từ chối/từ khước; phiếu chống/nghịch **2** *adj.* không (hề), không chút nào: **by ~ means** không có cách gì hơn; **"No Smoking"** CẤM HÚT THUỐC; **~ doubt** không nghi ngờ gì cả; **~-frills** không nếp gấp

noble *n., adj.* (người) quý tộc, quý phái; cao quý, cao thượng, cao nhã

nobody **1** *n.* người tầm thường (vô dụng), kẻ bất tài **2** *pron.* không ai, không người nào: **~ else** chẳng có ai khác

nocturnal *adj.* thuộc đêm, về đêm

nod **1** *n.* sự cúi đầu; cái gật đầu; sự ra hiệu: **to give a ~** gật đầu; **to get something on the ~** mua chịu **2** *v.* cúi đầu (chào); gật đầu, ra hiệu; gật gà gật gù: **to ~ approval** gật đầu đồng ý

node *n.* mấu, đốt, mắt; nút; cục

nodule *n.* cục u nhỏ, bướu nhỏ; mấu/mắt/hòn nhỏ

noise *n.* tiếng động, tiếng ầm ĩ/ồn ào/om sòm

nomad *n., adj.* (dân) du cư, nay đây mai đó

nominal *adj.* danh nghĩa; thuộc về tên/danh từ; chỉ có tên, hữu danh vô thực; [số tiền, giá tiền] không đáng kể, tượng trưng: **~ head of state** quốc trưởng hữu danh vô thực; **~ authority** hư quyền

nominate *v.* giới thiệu, đề cử, tiến cử; bổ nhiệm: **to ~ someone to a post** chỉ định ai giữ một chức vụ

non-acceptance *n.* sự không chấp thuận

non-addictive *adj.* không nghiện ngập

non-alcoholic *adj.* [đồ uống] không có rượu

non-appearance *n.* không xuất hiện, vắng mặt ở toà án

non-attendance *n.* không tham dự họp hay hội nghị, vắng mặt

non-availability *n.* không rỗi, không thuận tiện hay thích hợp

non-believer *n.* người không theo đạo nào cả, người vô tín ngưỡng

non-breakable *adj.* không gãy/ bể được

nonchalant *adj.* lãnh đạm, thờ ơ, vô tình, hờ hững, không sốt sắng; sơ suất, trễ nải

non-classified *adj.* không xếp loại, không quảng cáo

non-clerical *adj.* không có giáo chủ

noncommittal *n., adj.* không hứa hẹn/cam kết, lơ lửng, chưa nhận lời hẳn

nonconformist n. người không theo lề thói, người lập dị [trong cách ăn mặc, trong lối sống]

nondescript adj. khó tả, khó xếp lại

none 1 pron. không một ai, không người/cái nào: ~ **of them** chẳng người nào trong bọn họ; ~ **other than** không ai khác, chính là **2** adv. chẳng một chút nào

non-effective adj. không hiệu nghiệm

nonetheless adv. tuy nhiên, tuy thế mà

non-existent adj. không có, không tồn tại

non-flammable adj. không cháy, không bắt lửa

non-governmental adj. không thuộc chính phủ

non-infectious adj. không bị lây nhiễm

non-negotiable adj. không thương lượng được, không thể trả tiền ngay cho ngân phiếu được

non-productive adj. không hiệu năng, không kết quả

non-profit adj. không mưu lợi, bất vụ lợi

non-refundable adj. không thể trả lại tiền được

non-renewable adj. không thể đăng ký/mua lại được

nonsense n. lời/chuyện láo/vô lý/bậy bạ: **to talk** ~ nói chuyện vô lý

non-slip adj. không trượt, không trơn

non-standard adj. không tiêu chuẩn

non-stop 1 adj. không ngừng, không dừng lại **2** adv. chạy suốt/thẳng một mạch

non-toxic adj. không độc

non-transferable adj. không chuyển nhượng được, không thể dời đi được

non-uniform n., adj. không đồng phục

non-verbal adj. thuộc lời nói thông thường không nhất thiết theo đúng cấu trúc ngữ pháp: ~ **communication** giao tiếp thông thường

noodle n. mì dẹt, mì sợi, bún, miến, bánh phở

nook n. xó, góc, xó xỉnh; chỗ hẻo lánh

noon n. (buổi) trưa, (giờ) ngọ, 12 giờ trưa

no one pron. (= **none**) không một ai, không ai

noose n. thòng lọng; dây treo cổ; sự ràng buộc

nope adv. không

nor conj., adv. mà ... cũng không, mà ...chẳng: **neither fish** ~ **fowl** chẳng ra môn ra khoai gì; dơi không ra dơi, chuột không ra chuột

norm n. tiêu chuẩn, chuẩn, qui tắc; chỉ tiêu

normal 1 n. mức bình thường **2** adj. (thông) thường, bình thường: ~ **distribution** sự phân phối bình thường; ~ **temperature** nhiệt độ bình thường

north 1 n. hướng/phương/phía Bắc; miền Bắc: **to move to the** ~ đi/tiến về phía bắc, lên miền bắc, ra bắc **2** adj. hướng bắc, phương bắc: ~ **Korea** Bắc Triều Tiên; **the ~ Pole** Bắc cực **3** *adv.* thuộc về phía bắc

northern *adj.* phương bắc: ~ **hemisphere** bắc bán cầu

northward(s) *adj., adv., n.* về phía bắc

Norway *n.* nước Na-uy

nose 1 *n.* mũi; mõm; đầu, mũi; sự đánh hơi, khứu giác: **the bridge of the ~** sống mũi; **~-bleed** chảy máu mũi, chảy máu cam; **to bite someone's ~ off** trả lời ai một cách sỗ sàng; **to keep one's ~ clean** tránh làm điều gì sai, phi pháp; **to keep one's ~ to the grindstone** làm việc liên tục không nghỉ; **to put someone's ~ out of joint** choán chỗ ai, hất cẳng ai **2** *v.* ngửi, đánh hơi; chõ/xen/dính/xía vào: **to ~ one's way into** lần đường

nostalgic *adj.* nhớ nhà, nhớ quê hương, luyến tiếc quá khứ

nostril *n.* lỗ mũi

nosy, nosey *adj.* tò mò, tọc mạch, thóc mách, sục sạo

not *adv.* không, chẳng, chả: **whe-ther you like it or ~** dù anh có thích hay không; **~ that I don't like him** không phải là tôi không thích ông ta; **~ at all** không có chi, không sao; **~ least** không phải hết; **~ much** không nhiều lắm

notable 1 *n.* người có danh vọng, nhân sĩ, thân hào, thân sĩ **2** *adj.* có tiếng, danh tiếng, trứ danh; đáng chú ý

notary *n.* công chứng viên, chưởng khế

notation *n.* lời chú thích/chú giải; ký hiệu

notch *n., v.* khía hình, đánh dấu để ghi nhớ

note 1 *n.* thư ngắn, công hàm; lời ghi chép; lời chú giải, lời dặn; tiền giấy, phiếu; sự lưu ý/chú ý; nốt nhạc: **diplomatic ~s** công hàm ngoại giao; **lecture ~s** lời ghi chép bài giảng; **to take ~s** ghi chép; **worthy of ~** đáng lưu y **2** *v.* ghi chép, ghi nhớ

notebook 1 *n.* (*also* **laptop computer**) máy vi tính xách tay: **to buy a new ~** mua một máy vi tính xách tay mới **2** *n.* sổ tay, sổ ghi chép, quyển vở

noteworthy *adj.* đáng chú ý; đáng ghi nhớ/nhận

nothing 1 *n.* sự không có, cái không có, chuyện lặt vặt, chuyện tầm thường: **to have ~ to do with** không có quan hệ gì với **2** *pron.* không (cái gì): **I have done ~ much since coffee break.** Tôi không làm được gì nhiều từ khi nghỉ giải lao.; **to come to ~** không đi đến đâu; **~ but trouble** chỉ toàn chuyện lôi thôi **3** *adv.* tuyệt không: **~ like so good** không thể nào tốt được như thế

notice 1 *n.* thông cáo, yết thị, cáo thị; sự chú ý; lời báo trước: **at a moment's ~** ngay lập tức **2** *v.* để ý, nhận thấy: **to ~ someone in a crowd** nhận ra ai trong đám đông

notify *v.* cho hay, báo, thông báo; khai báo.

notion *n.* ý niệm, khái niệm; ý định: **to have no ~ of ...** chẳng có ý niệm gì về ...

notorious *adj.* ai cũng biết, nổi/khét tiếng (xấu)

notwithstanding 1 *prep.* bất kể, mặc dầu: ~ **any other agreements** bất kể hiệp định nào trước đây 2 *adv.* tuy thế mà, tuy nhiên, ấy thế mà, cũng vẫn cứ 3 *conj.* mặc dầu

nought *n.* số không: **to bring to ~** làm thất bại, làm tiêu tan

noun *n.* danh từ

nourish *v.* nuôi, nuôi nấng, nuôi dưỡng; nuôi, ôm, ấp ủ, hoài bão [mộng, hy vọng, hoài bão]

novel 1 *n.* tiểu thuyết, truyện 2 *adj.* mới, mới lạ, độc đáo, tân kỳ

novelty *n., adj.* sự/tính mới la

November *n.* tháng mười một

novice *n.* chú tiểu, sa di (nữ); người học việc

now 1 *n.* hiện tại, bây giờ, lúc này, nay: **from ~ on** từ nay trở đi, từ rày về sau 2 *adv.* bây giờ, lúc này, (hiện) nay, ngày nay, giờ đây; ~ **and then** thỉnh thoảng, đôi lúc; ~ **or never** bây giờ hoặc không bao giờ nữa 3 *conj.* khi mà, một khi mà

nowadays *adv.* ngày nay, đời nay, thời buổi này

nowhere *adv.* không đâu, chẳng nơi nào: ~ **else** không có chỗ nào khác;

nozzle *n.* miệng, vòi [ống nước, bễ]; mũi, mõm

nuance *n.* sắc thái: ~ **of emotion** sắc thái cảm xúc

nubile *adj.* rất khêu gợi/hấp dẫn (đàn bà)

nuclear *adj.* hạt nhân: ~ **bomb** bom nguyên tử; ~ **disarmament** giải giới vũ khí nguyên tử; ~ **energy** năng lượng; ~ **family** tiểu gia đình; ~ **test ban** sự cấm thử nguyên tử; ~ **physics** môn vật lý hạt nhân; ~ **weapons** vũ khí hạt nhân, vũ khí nguyên tử

nucleus *n.* (*pl.* **nucleii**) nhân; hạch; hạt nhân; (trung) tâm

nude 1 *n.* người khoả thân; sự trần truồng; tranh/tượng khoả thân 2 *adj.* trần, trần truồng, khoả thân, loã thể; trụi lông/lá

nudge 1 *n.* cú hích/thúc bằng khuỷu tay 2 *v.* đánh bằng khuỷu tay, húc bằng khuỷu tay: **to ~ someone to do something** xúi dục ai làm việc gì

nugget *n.* cục vàng, quặng vàng

nuisance *n.* sự phiền phức/rầy rà; người khó chịu: **What a ~!** Thật là khó chịu, thật phiền hà!

null *adj.* không; không có hiệu lực, vô hiệu: ~ **and void** hết giá trị, mất hết hiệu lực; ~ **hypothesis** không dự tính trước được, không dự đoán trước được

nullify *v.* huỷ bỏ, thủ tiêu, triệt tiêu

numb 1 *adj.* tê, tê cóng: **to grow ~** bị tê cóng 2 *v.* bị tê, tê cóng

number 1 *n.* số, con số: **even ~** số chẵn; **odd ~** số lẻ 2 *v.* đánh số, ghi số; kể vào, tính vào, liệt vào; lên tới, gồm có: **to ~ these limbs** ghi số những cuốn sách nầy

numeral 1 *n.* số, chữ số; số từ 2 *adj.* thuộc về số

numerical *adj.* thuộc số; bằng số: ~ **analysis** phân tích số lượng

numerous *adj.* đông, đông đảo, nhiều

nun *n.* ni cô, sư cô; nữ tu (sĩ), bà xơ/phước

nuptial *adj.* thuộc lễ cưới, thuộc hôn nhân

nurse **1** *n.* y tá, khán hộ, điều dưỡng; u/vú em, cô giữ trẻ, bảo mẫu **2** *v.* cho bú, nuôi; trông nom săn sóc, nuôi, chữa; chăm chút, nâng niu; ấp ủ: **to ~ a grudge** nuôi dưỡng mối hận thù

nursery **1** *n.* nhà trẻ: **~ rhyme** bài thơ lớp mẫu giáo **2** *adj.* vườn ương; ao nuôi cá; nơi nuôi dưỡng/đào tạo: **~ garden** vườn ương cây

nurture *n., v.* nuôi nấng, dưỡng dục; dạy dỗ, giáo dục

nut *n.* quả hạch; hạt, hột; đai ốc; người ham thích [món gì, cái gì]; anh chàng gàn: **cashew ~** hạt điều; **hazel~** hạt dẻ; **to be off one's ~** gàn dở, mất trí; **~s and bolts** chi tiết cụ thể

nutrient *n., adj.* (chất) bổ, dinh dưỡng

nutrition *n.* sự nuôi dưỡng; khoa dinh dưỡng

nuzzle *v.* hít, ngửi; đánh hơi, dúi mõm vào

nylon *n.* ni lông, nhựa

nymph *n.* nữ thần [núi, sông], nàng tiên, tiên nữ

O

O *intj.* (= **oh**) chà, chao, ôi chao, ối, ồ, à

o' *prep., abbr.* (= **of**) của: **9 ~clock** chín giờ

oaf *n.* đứa bé sài đẹn, đứa bé bụng to đít nhỏ

oak *n.* cây sồi; gỗ sồi

oar *n.* mái chèo; tay chèo: **~-lock** cọc chèo

oasis *n.* (*pl.* **oases**) ốc đảo, chỗ có cây có nước giữa sa mạc

oat *n.* lúa mạch [kiều mạch, yến mạch]: **to sow one's wild ~s** chơi bời trác táng

oath *n.* (*pl.* **oaths**) lời thề, lời tuyên thệ; lời rủa: **~ of office** lễ tuyên thệ nhậm chức; **to take an ~** tuyên thệ; **to put someone on ~** bắt ai thề

obedience *n.* sự vâng lời; sự tuân lệnh; sự cúi đầu chào, sự cung kính, tôn sùng

obeisance *n.* sự cúi đầu để tỏ lòng tôn kính, lòng tôn kính

obelisk *n.* đài kỷ niệm, tháp; cây hình tháp

obesity *n.* sự béo phệ

obey *v.* vâng lời, nghe lời, tuân theo

obituary *n.* lời cáo phó, ai tín; tiểu sử người chết

object **1** *n.* đồ vật, vật, vật thể; đối tượng; mục đích/tiêu; bổ ngữ: **direct ~** bổ ngữ trực tiếp; **indirect ~** bổ ngữ gián tiếp; **~ lesson** bài học có đồ dạy trực quan, bài học trong môi trường thực tế **2** *v.* phản đối, chống đối; ghét, không thích

objection *n.* sự phản đối/chống đối; sự bất bình, sự không thích

objective 1 *n.* mục tiêu, mục đích; tân cách, cách mục đích **2** *adj.* khách quan; thuộc mục đích; thuộc tân cách

obligation *n.* nghĩa vụ, bổn phận; ơn, sự hàm ơn

oblige *v.* bắt buộc; làm ơn, giúp đỡ, gia ơn: **I am much ~d to you.** Tôi hết lòng biết ơn ông bà.

oblique 1 *adj.* chéo, xiên, chếch, tà; quanh co, cạnh khoé, bất chính; [thanh điệu, vần] trắc: **by ~ means** thủ đoạn quanh co **2** *n.* sự quanh co; việc bất chính

obliterate *v.* bôi, xoá, cạo, tẩy; đóng dấu [tem]

oblivion *n.* sự lãng quên, không nhớ: **to fall into ~** bị lãng quên, bị bỏ quên

oblong *adj.* hình thuôn, hình chữ nhật

obnoxious *adj.* khó chịu, đáng ghét, khả ố: **an ~ person** người có mùi khó chịu

oboe *n.* kèn ô-boa

obscene *adj.* tục tĩu, bẩn thỉu, tà dâm

obscure 1 *adj.* tối tăm, mờ mịt; tối nghĩa; không có tiếng tăm gì, ít người biết đến **2** *v.* làm tối, làm mờ; làm không ro

obsequious *adj.* khúm núm, quá lễ phép

observation *n.* sự quan sát; sự theo dõi; lời phê bình/bình phẩm, nhận định: **to keep someone under ~** theo dõi ai

observatory *n.* đài thiên văn; đài khí tượng

observe *v.* quan sát, nhận xét, theo dõi; cử hành, làm [lễ]; giữ, tuân theo, tuân thủ, tôn trọng

obsession *n.* sự ám ảnh; điều ám ảnh

obsolete *adj.* cũ, cổ, xưa, không dùng nữa, lỗi thời

obstacle *n.* vật chướng ngại, trở lực, trở ngại

obstetrics *n.* khoa sản, sản khoa

obstinate *adj.* bướng bỉnh, khó bảo, cứng đầu, đầu cứng cổ; ngoan cố, ương ngạnh

obstruct *v.* làm (bế) tắc, làm nghẽn; che khuất: **to ~ traffic** làm nghẽn giao thông

obtain *v.* thu/đạt/giành được; đang tồn tại

obtainable *adj.* có thể đạt/thu được

obtrusive *adj.* để ép buộc; làm phiền, quấy rầy

obtuse *adj.* [góc] tù; cùn, nhụt, chậm hiểu, đần: **an ~ knife** dao cùn

obverse *n.* vật/sự đối nghịch

obvious *adj.* rõ ràng, hiển nhiên, dễ thấy

occasion 1 *n.* dịp, cơ hội: **on the ~ of** nhân dịp; **to take an ~ to do something** nhân cơ hội làm một việc gì **2** *n.* duyên cớ, lý do **3** *v.* gây nên/ra, sinh ra; xui khiến

Occident *n.* phương Tây, Tây phương; Âu Tây

occlusion *n.* sự đút nút, tình trạng bị bít

occult *adj.* sâu kín, bí ẩn, huyền bí

occupation

occupation 1 *n.* sự chiếm đóng; sự ơ **2** *n.* công việc làm, nghề, nghề nghiệp

occupational *adj.* thuộc nghề nghiệp: **~ therapy** phép chữa bệnh bằng xoa bóp

occupy *v.* chiếm, chiếm giữ, chiếm đóng; giữ (địa vị, chức vụ); ở; choán, chiếm cứ; làm bận rộn: **to ~ an important position in the company** giữ chức vụ quan trọng trong công ty

occur *v.* xảy ra/đến: **it ~s to me that** … tôi bỗng chợt nghĩ rằng …

ocean *n.* đại dương: **~ liner** tàu chở khách; **~ lane** đường tàu biển

Oceania *n.* châu Đại dương

o'clock *adv.* giờ: **it's one ~** một giờ rồi

octagon *n.* hình tám cạnh, hình bát giác

octave *n.* quãng tám; tổ quãng tám (âm giai); đoạn thơ tám câu

October *n.* tháng Mười

octopus *n.* con bạch tuộc, con mực

ocular *adj.* thuộc về mắt

odd *adj.* [số] lẻ; cọc cạch; thừa, trên; lặt vặt; kỳ cục, kỳ quặc: **3 is an ~ number.** Số 3 là số lẻ.; **~ jobs** những việc lặt vặt

oddity *n.* sự kỳ quặc, sự kỳ dị; người kỳ dị, vật kỳ dị; trường hợp kỳ quặc

odds *n., pl.* sự chênh lệch/so le; sự bất hoà; sự lợi thế; sự chấp (trong ván cờ): **to be at ~ with someone** bất hoà với ai; **~ and ends** đầu thừa đuôi theo, những thứ linh tinh lặt vặt

odious *adj.* ghê tởm

odor *n.* mùi, hơi, hương; mùi/ hương thơm

OECD *n., abbr.* (= **Organization for Economic Cooperation and Development**) tổ chức hợp tác kinh tế và phát triển

of *prep.* của, thuộc: **two ~ them** hai người trong bọn họ; **made ~ wood** làm bằng gỗ; **the seventeenth day ~ January** ngày 17 tháng 1; **to die ~ old age** chết già; **a cup ~ coffee** một tách cà phê

off 1 *adj.* [ngày] nghỉ, nhàn rỗi; [tính] sai, không đúng; [thịt] ôi, ươn; [điện, đèn, vòi nước] tắt; [phố] hẻm, phụ; xa, ngoài: **to be on the ~-side of the wall** ở phía bên kia tường **2** *adv.* xa; đi rồi; bỏ ra, cởi ra, buông ra; hẳn, hết: **they are ~** họ đi rồi; **not far ~** gần đến nơi rồi; **to set ~** làm nổi bật; **to show ~** khoe …; **on and ~** lúc có lúc không **3** *prep.* xa, cách, khỏi: **to be ~ liquor** nhịn rượu, bỏ rượu; **~-stage** đằng sau sân khấu, hậu trường; **~-guard** không còn canh giữ nữa; **~ time** thời gian giữa hai chu kỳ, thời gian máy chạy không

offal *n.* đồ bỏ đi; phần hàng thịt loại bỏ; rác rưởi

offend *v.* làm mếch lòng, chạm tự ái, xúc phạm; vi phạm, xúc phạm: **to ~ someone** xúc phạm đến ai; **to ~ against the law** vi phạm pháp luật

offense *n.* [Br. **offence**] sự xúc phạm, sự phạm tội, tội, lỗi: **to**

take ~ bị mất lòng, chạm tự ái

offensive 1 *n.* sự/cuộc tấn công; thế công: **to take** ~ **action** tấn công 2 *adj.* làm mếch lòng, sỉ nhục; hôi hám, khó chịu, chướng, tấn công: **an** ~ **campaign** chiến dịch tấn công

offer 1 *n.* lời đề nghị, sự dạm hỏi; sự ngỏ ý; sự chào hàng; sự trả giá 2 *v.* biếu, tặng, cúng; dạm hỏi, ướm, tỏ ý muốn; giơ/ chìa ra, đưa ra, mời; đưa ra, nêu (đề nghị, ý kiến); dâng, cúng hiến

office *n.* chức vụ, sở văn phòng, phòng giấy/văn; cơ quan, chi nhánh, nha, vụ, bộ; phòng mạch; sự giúp đỡ: **to take** ~ nhận chức, nhậm chức; **~-holder** công chức, viên chức; ~ **hours** giờ làm việc, giờ mở cửa, giờ khám bệnh, giờ tiếp sinh viên; ~ **supplies** dụng cụ văn phòng, văn phòng phẩm; ~ **work** công việc bàn giấy

officer *n.* sĩ quan, cảnh sát, nhân viên, nhân viên chấp hành một hội/một hãng: **staff** ~ sĩ quan tham mưu; **~-in-charge** nhân viên phụ trách; **returning** ~ sĩ quan tuyển quân

official 1 *n.* viên chức, công chức, nhân viên: **high-ranking UN** ~ viên chức cao cấp của liên hợp quốc 2 *adj.* chính thức: ~ **holidays** những ngày nghỉ lễ chính thức

officiate *v.* làm nhiệm vụ/bổn phận; hành/cử lễ

offset *n., v.* (sự) bù đắp, đền bù, bản/thuật in màu ốp-xét

offspring *n.* con, con cái, con cháu

often *adv.* hay, thường, năng, luôn

ogle *n., v.* liếc mắt đưa tình

ogre *n.* quỷ, yêu tinh, ông kẹ, bà chằng

oh *intj.* ô, ôi chao, ồ, chà, này: **Oh! It's beautiful!** Ô! đẹp quá!

oil 1 *n.* dầu, tranh sơn dầu: ~ **burner** bếp dầu; ~ **drum** thùng dầu; ~ **field** mỏ dầu; ~ **lamp** đèn dầu; ~ **painting** tranh sơn dầu; ~ **rig** giàn khoan dầu; ~ **tanker** tàu chở dầu, bình chứa dầu; **to pour** ~ **on the flames** đổ thêm dầu vào lửa 2 *v.* lau/bôi/ tra dầu; đút lót, hối lộ: **to** ~ **one's palm** mua chuộc ai, hối lộ ai; **to** ~ **the wheels** cho dầu vào bánh xe

ointment *n.* thuốc mỡ

ok 1 *adj., abbr.* (= **okay**) được, tốt lắm: **Will it be** ~ **if I come by myself?** Nếu tôi đến một mình tôi được chứ? 2 *n.* sự đồng ý, sự tán thành 3 *adv.* tốt lắm, được đấy, cũng khá 4 *v.* bằng lòng, chấp thuận, tán thành, đồng ý 5 *intj.* Diễn cảm đồng ý hay chấp thuận: **OK! I'll send this letter.** Đồng ý, tôi sẽ gởi lá thư nầy.

okra *n.* đậu bắp, cây mướp tây

old 1 *adj.* già; cũ, cổ, xưa; lão luyện già giặn, có kinh nghiệm: **~-fashioned** không hợp thời trang; cổ hủ; ~ **people's home** nhà dưỡng lão 2 *n.* xưa, ngày xưa: **the** ~ những người già, các cụ có tuổi; **of** ~ ngày/thuở/thời xa; ~ **English** tiếng Anh cổ; ~ **school** trường cũ; người lỗi thời

olive

olive 1 *n.* cây/quả ô-liu: **to hold out the ~ branch** để nghị hoà bình; **~ oil** dầu ô-liu **2** *adj.* màu ô-liu

Olympic Games *n.* thế vận hội, đại hội thể thao toàn thế giới

omelette, omelet *n.* trứng tráng/ chiên

omen *n.* điềm, triệu chứng

omission *n.* sự bỏ sót/quên; điều/ chữ bỏ sót

omit *v.* bỏ sót, quên; quên không

omnibus 1 *n.* xe buýt; chương trình truyền thanh truyền hình bao gồm những chương trình cũ; tuyển tập: **a half hour ~ edition** chương trình tổng hợp nửa giờ **2** *adj.* bao gồm nhiều thứ; nhiều mục đích, tổng hợp: **a ~ law** luật tổng hợp

omnipotent *adj.* có quyền vô hạn, có quyền tuyệt đối

omnipresent *adj.* chỗ nào cũng có mặt

omniscient *adj.* thông hiểu mọi sự, toàn trí toàn năng

on 1 *prep.* [đèn, đài, vòi nước] mở, vặn lên; [động cơ]đang chạy, cắm rồi; [phanh] bóp, kéo; [thịt] đang nấu/rán; [trò chơi, chương trình] bắt đầu **2** *prep.* trên, vào: **~ returning home** khi tôi về đến nhà; **~ fire** đang bị cháy; **~ strike** đang đình công; **~ foot** đi bộ; **~ page 35** ở trang 35; **~ a trip** đang đi du lịch; **~ sale** đang bán hạ giá; **~ or before May 29** trước hay sau ngày 29 tháng 5; **~ the spot** ngay tại chỗ; **~ and ~** liên miên **3** *adv.* tiếp tục, tiếp diễn: **and**

so ~ và vân vân; **later ~** về sau; sau này; **to stay ~** ở lại; **to go talking** cứ nói tiếp

once 1 *n.* một lần: **Once is enough for me.** Đối với tôi, một lần là đủ. **2** *adv.* một lần: **~ more** một lần nữa; **~ or twice** một hai lần; **all at ~** tất cả cùng một lúc; **~ in a while** thỉnh thoảng, lâu lâu, năm thì mười hoạ **3** *conj.* một khi, khi mà, ngay khi: **~ you have signed the contract** một khi anh đã ký vào giao kèo

one 1 *adj.* một; một tuổi: **only ~ son** chỉ có mỗi một cậu con trai; **with ~ voice** đồng thanh, nhất trí; **my ~ and only raincoat** cái áo mưa duy nhất của tôi; **~ track** cứ một đường, thiển cận; **~-way ticket** vé một lượt: **~-piece** chia thành từng miếng; **~-sided** có một bên, về một bên **2** *pron.* cái, người/ông/bà **3** *n.* số một: **to come by ~s and twos** đến từng một hay hai người

one another *adv.* với nhau: **They love ~.** Họ yêu nhau.

oneself *pron.* tự/chính mình, bản thân mình: **to speak of ~** tự nói về bản thân mình

onion *n.* củ/cây hành tây: **green ~** hành ta/lá; **to know one's ~s** thông thạo công việc của mình

online *adj., adv.* đường dây nối mạng vi tính, được nối mạng **internet**

onlooker *n.* người xem, người thưởng ngoạn

only 1 *adj.* chỉ có một, duy nhất, độc nhất: **the ~ child** con một

2 *adv.* chỉ, mới: **I have ~ two.** Tôi chỉ có 2 cái.; **if ~ I had known** giá mà tôi biết thế!; **not ~ … but also …** không những/ chỉ … mà cũng còn **3** *conj.* nhưng

onomatopoeia *n.* từ tượng thanh, sự dùng từ tượng thanh

onscreen *adj.* xuất hiện trên màn hình; đóng vai trên màn hình

onset *n.* sự tấn công, sự công kích: **at the first ~** từ lúc đầu

onslaught *n.* sự tấn công dữ dội/ kịch liệt

onto *prep.* về phía trên, lên trên: **to get ~ a horse** nhảy lên mình ngựa

onus *n.* nhiệm vụ, trách nhiệm

onward 1 *adj.* về phía trước; tiến lên **2** *adv.* về phía trước, phía trước: **to move ~** tiến về phía trước

ooh *intj.* Ô! tiếng nói ngạc nhiên: **Ooh! How nice it is!** Ô! Nó dễ thương quá!

oops *intj.* Rất tiếc! Tiếc quá!

ooze 1 *n.* bùn sông, bùn cửa biển; sự rỉ nước **2** *v.* (nước) rỉ ra: **to ~ out** tiêu tan mất

opacity *n.* tính không rõ ràng, độ chắn sáng; sự tối nghĩa

opaque *adj.* mờ đục; chắn sáng; [văn] tối nghĩa

OPEC *n., abbr.* (= **Organization of Petroleum-Exporting Countries**) tổ chức các nước xuất khẩu xăng dầu/dầu hỏa

open 1 *n.* chỗ ngoài trời, chỗ lộ thiên; biển khơi, mở rộng: **in the ~** ngoài trời; **Australian ~** giải quần vợt Úc mở rộng

2 *adj.* mở; [cửa] ngỏ; [thư] ngỏ; [tính] cởi mở, thật thà; [việc, chức vụ] còn trống; [ô tô] trần; [thị trường, phiên xử] công khai; [vấn đề] chưa dứt khoát; [vết thương] hoác, toác ra; [đầu óc] rộng rãi: **an ~ letter** thư ngỏ; **~ questions** những vấn đề còn chưa giải quyết, câu hỏi mở (trả lời tuỳ cá nhân); **to keep ~ house** ai đến cũng tiếp đãi, hiếu khách **3** *v.* mở, mở cửa; bắt đầu, khai mạc: **to ~ a business** bắt đầu kinh doanh, khai trương cửa hàng; **to ~ fire** bắt đầu bắn, nổ súng, khai hoả

open platform *n.* sân mở

opera *n.* sự hát giọng mũi cao, hát ô-pê-ra, tuồng, ca kịch: **~ house** nhà hát lớn, hí viện; **~ glasses** ống nhòm để xem kịch

operate *v.* (cho) chạy, điều khiển, quản lý; hoạt động; có hiệu quả/tác dụng; mổ, giải phẫu: **to ~ on a patient** mổ một bệnh nhân

operating system *n.* (*abbr.* **OS**) hệ thống vận hành, hệ thống điều khiển (vi tính)

operation 1 *n.* sự điều khiển/ điều động/hoạt động; sự quản lý; thao tác; dịch vụ tài chính: **to come into ~** bắt đầu vào hoạt động **2** *n.* sự mổ xẻ, giải phẫu, ca mổ; cuộc hành quân

ophthalmologist *n.* bác sĩ chữa mắt

opinion *n.* ý kiến, quan điểm; dư luận: **in my ~** theo ý tôi, theo thiển ý; **public ~** công luận; **a matter of ~** một vấn đề có thể

opium

tranh cãi; **~ poll** cuộc thăm dò ý kiến

opium *n.* thuốc phiện, nha phiến: **~ addict** người nghiện thuốc phiện

opponent *n.* đối thủ, địch thủ, người chống đối

opportunity *n.* dịp, cơ hội, thời cơ: **to seize an ~ to do something** nắm lấy cơ hội để làm việc gì; **to miss an ~** bỏ lỡ cơ hội; **~ cost** giá nhất thời

oppose *v.* chống lại, chống đối, phản đối; đối lại, đối kháng/chọi/lập

opposite 1 *n.* điều ngược lại; điều trái lại 2 *adj.* [chiều hướng] ngược nhau: **to go in ~ directions** đi theo những hướng ngược nhau 3 *adv.* trước mặt, đối diện 4 *prep.* trước mặt: **You can park your car ~ the station.** Bạn có thể đậu xe trước mặt nhà ga.

oppress *v.* đàn áp, áp bức, áp chế; đè ép, đè nén

opt *v.* chọn, chọn lựa

optical *adj.* thuộc thị giác, thuộc quang học

optician *n.* người chế tạo/bán đồ quang học, người bán kính

optimistic *adj.* lạc quan (chủ nghĩa)

option *n.* sự/quyền lựa chọn; điều được chọn giữa hai giải pháp; quyền mua bán

optometrist *n.* người đo mắt, người đo thị lực

opulent *adj.* giàu có, phong phú

or *conj.* hoặc, hay, hay là; tức là; nếu không: **either success**

~ failure thành công hay thất bại; **~ rather** hoặc hơn thế; **~ so** khoảng chừng, hoặc như thế

oracle *n.* lời sấm, lời tiên tri; người chỉ đường vạch lối, người có uy tín

oral 1 *n.* thi vấn đáp 2 *adj.* nói miệng, bằng lời nói: **~ history** khẩu ký sử

orange 1 *n.* quả/cây cam; màu cam: **to squeeze an ~** vắt hết nước 2 *adj.* da cam: **~ juice** nước cam vắt, nước cam tươi; **~ peel** vỏ cam, trần bì

orang utan *n.* con đười ươi

oration *n.* bài diễn văn, bài diễn thuyết: **funeral ~** điếu văn, văn tế

orb *n.* quả cầu, bầu tròn; cầu (mắt); thiên thể

orbit 1 *n.* quỹ đạo, ổ mắt 2 *v.* đi/đưa vào quỹ đạo

orchard *n.* vườn cây ăn quả, nông trại trồng cây ăn quả: **apple ~** vườn trồng táo

orchestra *n.* ban nhạc, dàn nhạc; khoang nhạc; khu ghế ngồi ngay trước sân khấu

orchid *n.* hoa lan, phong lan: **spring ~** xuân lan

ordain *v.* phong chức; sắp xếp

ordeal *n.* sự thử thách (gay go)

order 1 *n.* ngôi, thứ, bậc, cấp; thứ tự: **alphabetical ~** theo thứ tự abc 2 *n.* trật tự, sự ngăn nắp/gọn gàng: **to restore law and ~** tái lập an ninh trật tự; **not in ~** không theo thứ tự gì cả 3 *n.* mệnh lệnh; nghị định; huân chương: **to give an ~ to someone** ra lệnh cho ai; **to be in holy**

~s trở thành linh mục 4 *n.* sự/
đơn đặt hàng: **on** ~ đã đặt mua;
~ **form** mẫu đặt hàng; **money/
postal** ~ phiếu chuyển tiền/
ngân phiếu 5 *v.* ra lệnh, hạ
lệnh; gọi, kêu (món ăn)

ordinance *n.* lệnh, sắc lệnh, quy
định

ordinary *n., adj.* (điều/chuyện)
thông thường, tầm thường,
bình thường: **out of the** ~ khác
thường

ordinate *n.* tung độ, đường tung
độ (toán)

ore *n.* quặng; kim loại

organ 1 *n.* đàn ống (ở nhà thờ);
đàn hộp 2 *n.* cơ quan; cơ quan
ngôn luận; tạp chí; tập san

organic *adj.* hữu cơ: ~ **fruits** trái
cây không bón hoá chất

organism *n.* cơ thể; sinh vật; tổ
chức, cơ quan

organization *n.* sự tổ chức/cấu
tạo; tổ chức

organize *v.* tổ chức, đưa vào tập
đoàn: **to** ~ **a wedding ceremony**
tổ chứ lễ cưới

orgasm *n.* điểm/lúc cực khoái
(khi giao hợp)

orgy *n.* cuộc truy hoan/cuồng
loạn; sự lu bu chè chén

orient 1 *n.* phương Đông, Đông
phương; Á đông 2 *v.* định
hướng, định vị trí; quay về
phương Đông

orientation *n.* sự định hướng; sự
chỉ dẫn (học sinh mới cần học
đường đi nước bước)

orifice *n.* lỗ; miệng [bình, lọ]

origami *n.* giấy gấp thủ công
hình vật hay người

origin *n.* gốc, nguồn gốc, cội rễ,
căn nguyên, khởi nguyên; dòng
dõi, gốc, gốc gác; xuất xứ

original 1 *n.* nguyên bản/tác
2 *adj.* nguyên, đầu tiên, khởi
đầu, chính, gốc, nguyên thuỷ;
độc đáo

ornament *n., v.* đồ trang hoàng;
nét nhạc hoa mỹ; trang trí/điểm

ornate *adj.* trang trí công phu;
[văn] hoa mỹ, bay bướm

orphan 1 *n.* đứa trẻ mồ côi, cô
nhi 2 *v.* mồ côi

orphanage *n.* trại/viện/trường mồ
côi, cô nhi viện

orthodox *adj.* thuộc chính thống:
the ~ **Church** Chánh thống giáo

orthography *n.* chính tả, chữ viết,
văn tự

Oscar *n.* giải thưởng điện ảnh,
phim ảnh

oscillate *v.* lung lay, lúc lắc, đu
đưa, dao động

ostentatious *adj.* khoe khoang,
phô trương, làm cho người ta
để ý

osteoporosis *n.* chứng loãng
xương

ostracize *v.* đày, phát võng; tẩy
chay, khai trừ

other 1 *pron.* người/vật/khác
2 *adj.* khác; kia: **the** ~ **four** bốn
cái khác, bốn người kia; **two** ~
weeks thêm hai tuần nữa; **every**
~ **week** cách một tuần một lần;
on the ~ **hand** mặt khác

otherwise 1 *adv.* cách khác 2 *conj.*
nếu không, bằng không thì

ouch *intj.* Úi chào (đau quá)!
Đau!

ought *modal v.* phải

ounce *n.* đơn vị đo trọng lượng ao-xơ [= **28.35g**]

our *pron.* của chúng ta/mình; của chúng tôi; của trẫm: **~ country** quê hương chúng tôi; **~ Father** thượng đế; **~ Lord** Chúa tôi; **~ Savior** Đứng cứu thế chúng ta

ours *pron.* cái của chúng ta/mình; cái của chúng tôi

ourselves *pron.* bản thân chúng ta/mình; bản thân chúng tôi

oust *v.* đuổi, trục xuất, hất cẳng, tống khứ

out 1 *adj.* đi vắng, không có nhà; [lửa] tắt; [bí mật] tiết lộ; [hoa] nở; [báo] ra rồi; [giao kèo] hết hạn; [võ sĩ] bị đo ván: **~ of date** không đúng mốt, lỗi thời: **~-of-print** không xuất bản nữa, hết in rồi: **~ of work** không có việc làm, thất nghiệp 2 *adv.* ngoài, ở ngoài, ra ngoài: **to speak ~** nói thẳng ra; **made ~ of rubber** làm bằng cao su; **nine times ~ of ten** cứ mười lần thì 9 lần 3 *prep.* ngoài, ở ngoài, hết: **to look ~ the window** nhìn ra ngoài cửa sổ

outbid *v.* trả nhiều tiền

outbound *adj.* đi đến một hải cảng nước ngoài, đi nước ngoài

outbreak *n.* cơn/sự bùng nổ, sự bột phát; sự nổi dậy, sự bạo động

outburst *n.* sự bùng nổ, sự bột phát; cơn giận

outcome *n.* kết quả, hậu quả, hệ quả

outdated *adj.* cổ, lỗi thời, xưa

outdo *v.* làm giỏi hơn, vượt hơn hẳn, trội hơn

outdoor *adj.* ngoài trời: **~ grill** bếp ngoài trời; **an ~ class** lớp học ngoài trời

outdoors *n., adv.* ngoài trời

outer *adj.* (ở phía) ngoài; ở ngoài xa hơn: **~ garments** áo khoác ngoài

outermost *adj.* ở phía ngoài cùng, ở ngoài xa nhất

outfit 1 *n.* đồ trang bị; quần áo, trang phục; bộ đồ nghề; tổ, đội, đơn vị; hãng: **camping ~** đồ trang bị để đi cắm trại 2 *v.* trang bị, cung cấp

outgrow *v.* lớn/mọc mau hơn; bỏ được [tật xấu]

outing *n.* cuộc đi chơi xa, cuộc đi nghỉ hè xa nhà

outlast *v.* dùng lâu hơn; sống lâu hơn

outlaw 1 *n.* kẻ cướp, gian phi 2 *v.* đặt ra ngoài vòng pháp luật; cấm, cấm chỉ

outlay *n., v.* (tiền) bỏ ra, (tiền) phải xuất ra

outlet *n.* lối ra, chỗ thoát; chỗ tiêu thụ

outline 1 *n.* nét ngoài, ngoại diện; hình bóng; đề cương, dàn bài: **the course ~** đề cương khoá học 2 *v.* vẽ phác, phác thảo, thảo những nét chính

outlook *n.* cách nhìn, quan điểm, quang cảnh, viễn cảnh, triển vọng

outnumber *v.* đông hơn

outpatient *n.* bệnh nhân ngoại trú, khu bệnh nhân ngoại chẩn

outpouring *n.* sự đổ ra, sự chảy ràn ra; sự thổ lộ tâm tình

output *n., v.* sự sản xuất, sản

phẩm; sản lượng; hiệu suất, kết quả, thành qua

outrage *n.* sự vi phạm trắng trợn; sự xúc phạm

outreach *v., n.* vượt hơn, với xa hơn

outright *adj., adv.* hoàn toàn; thẳng; toạc móng heo; ngay, liền, lập tức

outside 1 *n.* bề ngoài, bên ngoài 2 *adj.* ở ngoài; của bên ngoài; của người ngoài: **~ opinion** ý kiến của người ngoài 3 *adv.* ra ngoài: **to come ~** đi ra ngoài 4 *prep.* ngoài, ra ngoài, trừ

outsized *adj.* quá khổ, cỡ quá lớn

outskirts *v.* ngoại ô, vùng ngoại thành, mép, rìa

outsourcing *n.* sự sắp xếp người làm ngoài công ty

outspoken *adj.* nói thẳng, trực tính, bộc trực

outspread 1 *adj.* căng rộng ra, trải rộng ra 2 *n.* sự căng rộng ra, sự trải rộng ra,sự lan tràn, sự phổ biến rộng rãi 3 *v.* căng rộng ra, phổ biến rộng rãi, làm lan tràn

outstanding 1 *adj.* nổi bật, kiệt xuất, xuất chúng, siêu quần 2 *adj.* (món nợ) chưa trả

outstretched *adj.* duỗi ra, căng ra, mở rộng ra, kéo dài ra

outward 1 *adj.* bề ngoài, bên ngoài 2 *adv.* (= **outwards**) ra phía ngoài, hướng ra ngoài 3 *n.* bề ngoài, thế giới bên ngoài

outweigh *v.* nặng (ký) hơn, có nhiều ảnh hưởng hơn

oval *n., adj.* (có) hình trái xoan, sân vận động hình trái xoan

ovary *n.* buồng trứng, bầu nhuy hoa

ovation *n.* sự reo mừng, sự hoan hô/tung hô: **standing ~** sự đứng dậy vỗ tay hoan hô

oven *n.* lò bếp, lò nướng

over 1 *adv.* bên trên; qua (sang bên kia); lại, lần nữa; bên trang sau; xong, hoàn tất: **to think it ~** anh hãy nghĩ kỹ đi; **~ and ~ again** nhiều lần, mãi, lập đi lập lại; **to hand ~** giao/trao lại cho 2 *prep.* ở trên, qua (rãnh, rào, v.v.); trong [một thời gian]; hơn, hơn nhiều nữa: **~ the radio** trên đài phát thanh; **all ~ the world** khắp thế giới; **~ one's head** trên đầu người nào

overall 1 *adj.* toàn bộ; đại để, đại khái: **an ~ solution** giải pháp toàn bộ 2 *adv.* tất cả, toàn bộ

overalls *n.* quần yếm

overbearing *adj.* hách dịch, hống hách

overblown *adj.* thổi quá mạnh, quan trọng hóa quá đáng; thổi phồng quá mức

overboard *adv.* qua mạn tàu (xuống biển)

overbook *v.* giữ chỗ hết rồi, hết vé rồi, không còn chỗ trống nữa

overburden *v.* chất quá nặng, bắt làm quá sức

overcast *adj.* có mây che, u ám

overcharge *n., v.* (sự) tính trội nhiều quá; bán quá gia

overcoat *n.* áo khoác ngoài, ba đờ xuy

overcome *v.* thắng, vượt qua, khắc phục [trở ngại]

overcrowded *adj.* đông quá, chật quá

overdo

overdo v. làm quá trớn; nấu nhừ quá

overdose n., v. dùng quá mức; sự quá liều lượng: **to die from an ~** chết vì dùng quá liều lượng

overdraft n. số tiền tiêu quá nhiều hơn có trong trương mục ngân hàng

overdraw v. rút tiền ra hay tiêu tiền nhiều hơn tiền có trong ngân hàng

overdue adj. [tàu, xe] quá chậm; [nợ] quá hạn

overestimate v. đánh giá quá cao

overextended adj. quá trớn, quá sức

overgrown adj. lớn mau quá, mọc đầy

overhaul n., v. (sự) kiểm tra, đại tu (máy móc)

overhead n., adj., adv. tổng phí; ở trên đầu: **~ costs** tổng phí tổn

overhear v. chợt nghe, nghe lỏm/ trộm

overjoyed adj. vui mừng khôn xiết

overland adj., adv. qua đất liền, bằng đường bộ

overlap n., v. (sự/phần) trùng, đè/ gối/lấn/lên

overlay n., v. (vật) che, phủ, trải

overload **1** n. lượng quá nặng **2** v. chất nặng thêm

overlook v. nhìn từ trên cao, giám sát; không chú ý đến; bỏ qua, tha thứ, lờ đi; coi nhẹ

overnight adj., adv. qua đêm, ở lại một mình, ngủ đêm; ngày một ngày hai, một sớm một chiều

overpay v. trả quá nhiều, trả quá cao

overpopulation n. nạn nhân mãn, nạn đông dân quá

overpriced adj. giá quá cao, giá quá đắt

overprint v., n. in quá nhiều, nhiều bản in

overproduction n. sự sản xuất thừa/quá nhiều

overprotective adj. che chở quá đang, che chở không hợp lý

override v., n. chà đạp, giày xéo; không đếm xỉa đến: **~ someone's pleas** không chịu nghe lời biện hộ của ai

overrule v. cai trị, thống trị, gạt bỏ, bác bỏ

overrun v., n. chạy vượt quá, lan tràn, tràn ngập

overseas adj., adv. hải ngoại: **~ Chinese** Hoa kiều hải ngoại

oversee v. trông nom, coi sóc, giám thị

oversight n. sự quên sót, lầm lỗi; sự giám thị

oversimplify v. quá đơn giản, đơn giản hoá quá

oversized adj. cỡ lớn quá, quá cỡ

oversleep v. ngủ quá giấc, ngủ quên

overstaffed adj. quá nhiều nhân viên, nhiều nhân viên thừa

overstretch v. kéo quá căng, dương quá mức

oversupply n., v. (sự) cung cấp quá nhiều/quá mức

overtake v. bắt kịp, vượt; xảy đến cho: **"No Overtaking"** cấm qua mặt, cấm vượt

overthrow v., n. phá/đạp đổ, lật đổ [chính phủ]; sự lật đổ/đập phá

overtime 1 *n.* giờ làm thêm, thêm giờ 2 *adj.* ngoài giờ, làm thêm: **~ payment** tiền trả làm thêm ngoài giờ 3 *adv.* làm thêm, phụ trội: **to work ~** làm thêm ngoài giờ, làm giờ phụ trội

overturn *v., n.* (làm) lật đổ, lật nhào; đảo lộn

overuse *n.* sự dùng quá nhiều, sự quá lạm dụng, sự dùng quá lâu

overvalue *v.* đánh giá quá cao, đề cao quá đáng

overweight *n., adj.* trọng lượng trội, số cân thừa; béo, mập quá

overwhelming *adj.* tràn ngập, đa số, khống chế: **~ majority** đại đa số

overwork *n., v.* (sự) làm việc quá sức

overwrite *v.* viết chồng lên; bỏ hồ sơ thêm (trong máy vi tính)

ovulate *v.* sản xuất trứng

ow *intj.* Ối, đau

owe *v.* nợ, thiếu; mang/hàm ơn

owl *n.* con cú: **~ light** chạng vạng

own 1 *adj., pron.* riêng, của riêng mình: **to hold one's ~** giữ vững vị trí, giữ vững lập trường 2 *v.* có, là chủ của; thú nhận, thừa nhận

ox *n. (pl.* **oxen**) con bò; con bò đực thiến

oxygen *n.* khí o-xy, dưỡng khí

oyster *n.* con sò: **~ bar** quầy bán sò; **~ bed** bãi nuôi sò; **~ sauce** dầu hào; **~ shell** vỏ sò

oz *n., abbr.* (= **ounce**) đơn vị đo trọng lượng oăn-xờ [**1 oz = 25 g**]

ozone *n.* khí o-zon; không khí trong mát

P

pa *n.* ba, bố

p.a. *n., abbr.* (= **per annum**) hàng năm

pace 1 *n.* bước đi; dáng/cách đi; tốc độ, nhịp độ: **to keep ~ with** theo/sánh kịp; **to set the ~** nêu gương; **to go at a walking ~** đi từng bước; **to go the ~** đi nhanh; ăn chơi phóng đãng; **to put someone through his/her ~s** thử tài ai, thử sức ai; cho ai thi thố tài năng 2 *v.* đi từng bước, bước từng bước: **to ~ up and down the corridors** đi đi lại lại dọc theo hành lang

Pacific *adj.* hoà bình, thái bình, hiếu hoà: **the ~ Ocean** Thái Bình dương

pacify *v.* dẹp yên; bình định; phủ dụ; làm nguôi

pack 1 *n.* bó, gói; ba lô; cỗ (bài); bó (len); đàn, bầy, lũ, lô; gói (thuốc lá); kiện/gói hàng: **a ~ of fools** một lũ ngu ngốc; **~ animal** súc vật dùng chuyên chở 2 *v.* gói, bọc/buộc lại; đóng gói; xếp vào va li; chất hàng lên xe (ngựa); cho vào va li: **to ~ it in** làm xong, hoàn thành; **to ~ it up** thôi, ngừng; **to ~ off** tống tiễn ai, khăn gói ra đi

package 1 *n.* gói đồ, gói hàng, kiện hàng; trọn bộ, trọn gói, bao gồm tất cả; **~ deal** sự thoả thuận bán nguyên lô/mở (phải thoả thuận tất cả các điều kiện) 2 *v.* đóng gói, vào bao bì

packet *n.* gói nhỏ: **a ~ of**

cigarettes một gói thuốc; **small ~** gói nhỏ gởi qua bưu điện

pact *n.* hiệp ước, công ước

pad **1** *n.* đệm, lót, cái đệm; tập giấy viết; lõi mực hộp mực đóng dấu; bệ phóng **2** *v.* đệm, lót, đệm; đi chân, cuốc bộ

paddle **1** *n.* mái guồng, vợt (bóng bàn); cánh (guồng nước): **~ wheel** guồng tàu thuỷ **2** *v.* chèo/ bơi xuồng; bơi chèo thuyền nhỏ bằng giầm: **to ~ one's own canoe** đi bằng tàu nhỏ/ca-nô

paddock *n.* bãi để nuôi ngựa; bãi cỏ

paddy *n.* thóc, lúa; ruộng lúa

padlock **1** *n.* cái khoá móc **2** *v.* khoá móc

page **1** *n.* trang sách, trang báo **2** *n.* tiểu đồng; thiếu niên phục vụ [ở quốc hội, khách sạn] **3** *v.* gọi tìm (bằng loa ở chỗ đông)

pageant *n.* đám rước lộng lẫy; cuộc thi sắc đẹp: **a beauty ~** cuộc thi hoa hậu

pager *n.* máy nhỏ đeo theo người để nhận tin

pagoda *n.* tháp; chùa

pail *n.* cái thùng, cái xô

pain **1** *n.* sự đau đớn; công sức khó nhọc; hình phạt: **to be a ~ in the neck** quấy rầy ai, chọc tức ai **2** *v.* làm đau đớn, làm đau khổ

painkiller *n.* thuốc giảm đau

pains *n.* nhiều nỗ lực: **to take ~ at doing something** chịu khó làm việc gì

paint **1** *n.* sơn; thuốc màu: **as pretty as ~** đẹp như vẽ; **two coats of ~** hai lớp sơn **2** *v.* sơn, quét sơn; vẽ (tranh), tô vẽ, mô

tả, miêu tả: **to ~ someone black** bôi nhọ ai

painting *n.* bức vẽ, bức tranh; ngành hội hoạ

pair **1** *n.* đôi, cặp; cặp vợ chồng, đôi trống mái: **a ~ of blue jeans** một cái quần gin; **a ~ of scissors** một cái kéo; **in ~s** từng đôi từng cặp **2** *v.* kết đôi, ghép đôi: **to ~ off** ghép từng đôi một

pajamas *n.* [*Br.* **pyjamas**] quần áo ngủ, pi-ja-ma

Pakistan *n.* nước Pa-kis-tan

palace *n.* lâu đài, cung, điện, dinh thự:

palatable *adj.* ngon miệng; chấp nhận được

palate *n.* vòm miệng, khẩu cái; khẩu vị

pale *n.* cọc rào; giới hạn

pale *adj., v.* xanh, tái, tái mét, xanh xám: **to be ~ with fear** sợ tái xanh mặt

Palestine *n.* nước Pa-les-tin

palette *n.* bảng màu: **~-knife** dao trộn màu

palimony *n.* tiền trả cho người hôn phối cũ

pall **1** *n.* vải phủ quan tài; màn phủ **2** *v.* trở nên chán

pallet *n.* ổ rơm; cái giường gỗ nhỏ; khung gỗ để chất hàng

palliative *n.* thuốc hay cách làm giảm đau, cách làm giảm nhẹ

palm **1** *n.* cây cọ, cây cau; chiến thắng: **~ sugar** đường thốt nốt; **Palm Sunday** ngày Chủ nhật trước lễ Phục sinh **2** *n.* gan/ lòng bàn tay; sự đút lót **3** *v.* giấu trong bàn tay, hối lộ, đút lót; đánh lừa: **to ~ off something**

onto somebody đánh lừa cho ai cái gì

palpitate *v.* [tim, mạch] đập mau; hồi hộp, run sợ: **to ~ with fear** run sợ

paltry *adj.* nhỏ mọn, tầm thường, không đáng kể; đáng khinh: **a ~ excuse** lý do vớ vẩn

pamper *v.* nuông chiều, cưng (đến nỗi làm hư)

pamphlet *n.* sách nhỏ bìa mềm

pan 1 *n.* xoong, chảo; đất lòng chảo: **frying ~** chảo 2 *v.* đãi (vàng); chỉ trích nghiêm khắc

panacea *n.* thuốc trị bách bệnh

panache *n.* chùm lông ở trên mũ; sự phô trương, sự huyênh hoang

Panama *n.* nước Pa-na-ma

pancake *n.* bánh kếp (làm bằng bột mì, sữa, trứng, và ăn với nước đường lấy ở cây phong): **flat as a ~** xẹp lép như bánh kếp

pancreas *n.* tụy, tuyến tụy, tụy tạng, lá lách

panda *n.* con gấu trúc ở trong rừng trúc/tre bên Trung hoa

pandemic *n.* bệnh truyền nhiễm khắp nơi

pandemonium *n.* địa ngục, xứ quỷ; nơi hỗn loạn

pander *n., v.* ma cô, kẻ dắt gái, kẻ làm mai mối cho những mối tình bất chính

pane *n.* ô cửa kính, ô vuông

panel *n., v.* ván ô; uỷ ban; nhóm hội thảo; bảng: **control ~** bảng điều khiển; **distribution ~** bảng phân phối; **~ game** trò chơi đố vui gồm nhiều người

pang *n.* sự đau nhói; sự day dứt

panic 1 *n.* sự hoảng hốt, hoảng sợ, hoang mang 2 *v.* hoảng sợ, hoang mang lo lắng

panorama *n.* toàn cảnh; cảnh quay lia; bức tranh cuộn tròn mở dần dần

pant *n., v.* (sự) thở hổn hển, nói hổn hển

panther *n.* con báo

panties *n.* xì líp đàn bà

pantomime *n.* kịch câm

pantry *n.* chạn bát đĩa; tủ đựng thức ăn

pants *n.* quần lót dài, quần: **a pair of ~** một cái quần; **~ off** người làm buồn chán ai; **with one's ~ down** trong tình trạng khó chịu không ngờ

pantyhose *n.* (*also* **tights**) vớ/tất dài mỏng dín của phụ nữ

pap *n.* thức ăn lỏng cho trẻ em hay người già; đầu vú, những quả đồi tròn nằm gần nhau

papa *n.* ba, bố, cha

paparazzo *n.* (*pl.* **paparazzi**) những người chụp hình chuyên theo những nhân vật nổi tiếng để chụp hình bán cho báo chí

papaya *n.* trái đu đủ

paper 1 *n.* giấy; báo; giấy tờ, giấy má; bài luận văn/thuyết trình: **a piece of ~** một mẩu/ mảnh giấy con; **on ~** trên giấy tờ; **~ boy** trẻ bán báo; **~chase** chạy đuổi theo người xé vứt giấy; **~-knife** dao rọc giấy; **~-mill** nhà máy giấy; **~ money** tiền giấy; **~ profits** tiền lời trên giấy tờ; **~ tiger** cọp giấy, không có thực chất; **wall~** giấy dán tường; **writing ~** giấy viết thư; **to put pen to ~** bắt đầu viết; **to**

paperweight

show one's ~s trình giấy tờ **2** *v.*
dán giấy (hoa) lên tường; bọc
giấy

paperweight *n.* cái chặn giấy

paperwork *n.* công việc giấy tờ

papier maché *n.* giấy bồi

papyrus *n.* cây cỏ chỉ, cây thuỷ
trúc

par *n.* sự ngang hàng; giá/mức
trung bình: **above/below** ~ trên/
dưới mức trung bình, trên/dưới
mức qui định; **at** ~ giá hiện thời

parable *n.* truyện ngụ ngôn; lời
nói bí ẩn

parachute 1 *n.* cái dù: ~ **troops**
quân nhảy dù; ~ **jump** sự nhảy
dù **2** *v.* nhảy dù, thả bằng dù

parade 1 *n.* cuộc diễn hành; cuộc
duyệt binh/diễn binh; sự phô
trương: ~ **ground** nơi duyệt
binh; **military** ~ cuộc diễn hành
quân lực **2** *v.* diễn hành, tuần
hành, phô trương

paradigm *n.* mẫu, căn bản; hệ
biến hóa

paradise *n.* thiên đường, nơi cực
lạc, lạc viên

paradox *n.* ý kiến ngược đời;
nghịch biện/lý

paragon *n.* mẫu mực, kiểu mẫu

paragraph *n., v.* đoạn, tiết, phần
[văn]: **to write a** ~ **on your
experience** viết một đoạn nói
về kinh nghiệm của bạn

parakeet *n.* vẹt đuôi dài

parallel 1 *n.* vĩ tuyến, đường vĩ;
người/vật tương đương; sự so
sánh: **the 16th** ~ vĩ tuyến 16;
without ~ không ai bì/sánh kịp,
vô song **2** *adj.* song song, song
hành; tương đương, tương tự:

~ **bar** xà kép; ~ **imports** hàng
nhập khẩu không giấy phép nên
bán rẻ **3** *v.* (đặt) song song với

parallelogram *n.* hình bình hành

paralysis *n.* (*pl.* **paralyses**) chứng
tê liệt, tình trạng tê liệt

paralytic *adj., n.* bị tê liệt; người
bị liệt

paralyze *v.* làm liệt; làm tê liệt

parameter *n.* thông số, tham số

paramount *adj.* tối cao, tối
thượng, tột bậc: **of** ~ **import-
ance** hết sức quan trọng

parapet *n.* lan can; tường phòng
hộ

paraphernalia *n.* đồ dùng linh
tinh cá nhân, phụ tùng linh tinh
riêng của ai

paraphrase *n., v.* ngữ giải thích
v. chú giải, nói/viết lại một
cách khác (dài dòng hơn): **I** ~**d
what he said.** Tôi viết lại những
gì ông ấy đã nói.

parasite *n.* vật ký sinh; kẻ ăn bám

parasol *n.* cái lọng, cái dù che nắng

paratrooper *n.* lính nhảy dù

parboil *v.* đun sôi nửa chừng,
luộc qua

parcel 1 *n.* gói, bưu; kiện; phần,
mảnh: **part and** ~ **of** bộ phận
khắng khít của **2** *v.* chia ra
thành từng phần: **to** ~ **out** chia
thành từng phần

parch *v.* làm khô nẻ; rang

parchment *n.* giấy da

pardon 1 *n.* sự tha lỗi; sự ân xá:
I beg your ~**.** Xin lỗi ông, tôi
chưa nghe rõ ông nói gì. **2** *v.*
tha thứ, xá lỗi: **Pardon me, can
I say something?** Xin lỗi! Cho
tôi nói đôi điều?

pare v. gọt vỏ, cắt, đẽo; cắt xén, giảm bớt: **to ~ away** cắt đi, xén đi; **to ~ to the bone** đẽo đến tận xương

parent n. cha, mẹ; nguồn gốc; tổ tiên: **Ignorance is the ~ of many evils.** Dốt nát là nguồn gốc của nhiều tội lỗi.; **~-Teacher Association** Hội Phụ Huynh Học sinh; **~hood** tư cách làm cha mẹ

parentheses n. dấu ngoặc đơn: **to put this word in ~** để trong dấu ngoặc đơn

pariah n. người bần cùng khổ sở; người cầu bơ cầu bất

parish n. xứ đạo, giáo khu, giáo xứ; **~ council** hội đồng giáo phẩm

parity n. sự ngang giá; sự tương đương

park 1 n. vườn hoa, công viên: **car ~** bãi đậu xe; **industrial ~** khu công nghiệp; **wildlife ~** công viên bách thảo 2 v. đỗ xe, đậu xe

parka n. áo khoác da có mũ trùm đầu

Parkinson's disease n. bệnh mất trí nhớ

parkway n. đại lộ; xa lộ có cây cối bên đường

parlay v. đánh cá, đánh cuộc

parley n., v. cuộc đàm phán/ thương nghị

parliament n. nghị viện, nghị trường, quốc hội: **to summon ~** triệu tập quốc hội

parlor n. phòng khách (riêng); hiệu, tiệm, viện: **beauty ~** mỹ viện, hiệu uốn tóc đàn bà;

massage ~ tiệm đấm bóp; nhà thổ; **~ car** toa xe lửa sang (có ghế bành cá nhân)

parody 1 n. văn/thơ nhại lại, đạo văn 2 v. nhại lại: **to ~ a poem** nhại lại một bài thơ

parole 1 n. lời hứa danh dự: **to break one's ~** nuốt lời hứa danh dự 2 v. tha theo lời hứa danh dự, tha tạm (theo lời hứa danh dự); tha có điều kiện; cho vào nước với quy chế tạm dung, cho nhập tạm

paroxysm n. cực điểm, cơn kịch phát của bệnh

parquet n. sàn gỗ

parrot 1 n. con vẹt 2 v. nhắc lại như vẹt

parry v. đỡ, gạt (cú đánh); lẩn tránh

parsley n. rau mùi tây

part 1 n. phần, bộ phận; phần việc; vai trò, vai tuồng; bè (nhạc): **for the most ~** phần lớn/ nhiều; **to do one's ~** làm đủ bổn phận của mình; **to take ~ in** tham gia vào; **spare ~s of a car** phụ tùng xe hơi; **~-time** một phần thời gian, nửa ngày/ buổi, bán thời gian 2 adv. một phần: **It is ~ timber and ~ iron.** Cái đó làm một phần bằng gỗ và một phần bằng sắt. 3 v. chia từng phần, chia ra; rẽ ra, tách ra, chia tay: **to ~ with one's property** bỏ của cải đi; **to ~ from somebody** chia tay ai

partial adj. một phần, cục bộ; thiên vị, tư vị, không công bằng; mê thích: **~ eclipse** nhật/ nguyệt thực một phần

participate v. tham dự, tham gia, dự vào

participle n. động tính từ, phân từ: **present** ~ hiện tại phân từ; **past** ~ quá khứ phân từ

particle n. tí chút, tiểu từ

particular 1 n. chi tiết, tiểu tiết, đặc biệt, cá biệt, riêng biệt: **to go into** ~s đi vào chi tiết đặc biệt 2 adj. cá biệt, riêng biệt, đặc biệt, tỉ mỉ, chi tiết; kỹ lưỡng, cặn kẽ: **for no** ~ **reason** không vì lý do đặc biệt nào

parting n. sự chia tay; sự biệt ly; đường ngôi; chỗ rẽ

partition 1 n. vách, liếp, tường ngăn; sự chia cắt 2 v. chia cắt, ngăn cách

partner 1 n. người chung vốn, người công ty; hội viên; bạn cùng phe; bạn khiêu vũ; vợ, chồng, người phối ngẫ 2 v. chung phần với, kết ai với ai thành một phe, cho ai nhập hội 3 v. kết bạn, chung việc với nhau

partnership n. sự hùn vốn, sự chung phần; công ty, cổ phần

party 1 n. tiệc, bữa liên hoan: **to go to the dinner** ~ đi dự tiệc tối, dạ tiệc; **New Year's** ~ tiệc Tết, hội Tết 2 n. toán, tốp, đội, đoàn, nhóm; đảng, phái; bên, phía, phe; người tham gia: **the Communist** ~ đảng Cộng sản; **to join a political** ~ tham gia một đảng phái chính trị 3 v. vui chơi nhảy nhót tiệc tùng với người khác

pass 1 n. sự thi đỗ, sự trúng tuyển; xếp hạng kết quả trong các kỳ thi 2 n. vé vào cửa không mất tiền; giấy phép; sự đưa/giao banh: **to bring to** ~ thực hiện 3 n. đèo 4 v. qua, đi (ngang) qua, vượt; vượt quá: **to** ~ **over a bridge** đi qua cầu 5 v. chạy ẩu qua; trải qua; [tin tức] truyền: **to** ~ **a red light** vượt qua đèn đỏ; **to** ~ **from mouth to mouth** truyền từ miệng người nầy qua người khác 6 v. [passed] trôi qua, qua đi; mất đi, chết; thi đỗ; được thông qua: **Time** ~es **quickly.** Thời gian trôi nhanh.; **to** ~ **around** phát, luân chuyển; **to** ~ **away** qua đời, chết; **to** ~ **over** đưa, chuyển; lờ đi; băng qua; **to** ~ **by** đi ngang qua; **to** ~ **on** chuyển tiếp; **to** ~ **out** trở nên bất tỉnh, qua đời

passage n. lối đi, hành lang; sự trôi qua; chuyến đi; sự thông qua; đoạn văn

passenger n. hành khách

passion n. sự say mê; tình yêu, tình dục; tình cảm nồng nàn tha thiết; cơn giận; cơn phẫn nộ: ~ **Week** tuần lễ thánh

passive n., adj. (dạng) bị động; thụ động; tiêu cực: **the** ~ **voice** thể thụ động; ~ **smoker** người bỏ hút thuốc tự nguyện

Passover n. lễ Quá hải (của người Do Thái)

passport n. thông hành, hộ chiếu

password n. khẩu lệnh; khẩu hiệu; ám hiệu, ám số: **Do you remember your** ~? Bạn có nhớ ám số của bạn không?

past 1 n. dĩ vãng, quá khứ, thời

quá khứ **2** *adj.* thuộc dĩ vãng/
quá khứ; đã qua **3** *prep.* quá,
vượt quá, hơn: **during the ~ few
weeks** mấy tuần qua **4** *adv.*
ngoài, hơn: **~ forty (of age)** ngoài
40, hơn bốn chục tuổi, ngoài tứ
tuần; **~ all understanding** không
thể chịu nổi **5** *adv.* qua, trôi
qua: **to walk ~** đi qua

pasta *n.* món mì ống hay sợi với
đủ loại rau thịt của Ý

paste 1 *n.* bột nhồi; hồ, keo;
mắm, ruốc **2** *v.* dán hồ

pastel *n.* màu phấn; tranh màu
phấn; màu nhạt

pastime *n.* trò chơi, trò tiêu
khiển; sự giải trí

pastor *n.* mục sư

pastry *n.* bánh ngọt: **~ shop** tiệm
bánh ngọt

pasture 1 *n.* bãi/đồng cỏ **2** *v.* thả
cho ăn cỏ; ăn cỏ

pat 1 *n.* cái vỗ nhẹ; cục bơ nhỏ
2 *v.* vỗ nhẹ, vỗ về: **to ~ someone
on the back** vỗ nhẹ vào lưng ai,
khen, khuyến khích **3** *adj.* [câu
nói] đúng lúc: **The answer came
~.** Câu trả lời đến đúng lúc.
4 *adv.* nhẹ nhàng

patch 1 *n.* miếng vá; miếng
bông/băng; nốt ruồi giả; mảnh
đất/vườn: **a ~ of sweet potatoes**
một mảnh khoai lang; **to strike
a bad ~** gặp lúc không may,
gặp rủi ro **2** *v.* vá; ráp nối: **to ~
up** vá víu, chắp nối

patent 1 *adj.* có bằng sáng chế,
có bằng công nhận được quyền
chế tạo; rõ ràng rành mạch
2 *n.* giấy môn bài, giấy đăng
ký; bằng sáng chế: **~ leather** da

láng **3** *v.* lấy bằng sáng chế,
được cấp bằng sáng chế: **to ~ a
new invention** được nhận bằng
phát minh mới

paternal *adj.* của/thuộc người cha;
về đằng nội: **~ grandmother** bà
nội; **~ love** tình cha con

path *n.* đường nhỏ/mòn; lối đi;
đường (đạn) đi: **a village ~** một
con đường làng

pathetic *adj.* cảm động, động
tâm, lâm ly, thống thiết

pathology *n.* bệnh học, bệnh lý

patience *n.* sự kiên nhẫn, tính
nhẫn nại, sự bền bền chí:
to have no ~ with không thể
rộng lượng được, không thể
chịu đựng được

patient 1 *n.* người bệnh, bệnh
nhân **2** *adj.* bền chí, kiên nhẫn,
nhẫn nại, kiên tâm

patio *n.* sân trong, sân giữa

patriarch *n.* tộc trưởng, gia
trưởng; giáo trưởng: **In many
societies, the male is the ~ of
the family.** Trong nhiều xã hội,
người đàn ông là gia trưởng.

patriotism *n.* lòng/tinh thần yêu
nước/ái quốc

patrol 1 *n.* đội tuần tra; việc tuần
tra: **to go on ~** đi tuần tra **2** *v.*
đi tuần tra

patter *n., v.* (tiếng) lộp độp, lộp
cộp

pattern 1 *n.* khuôn, mẫu, mô
hình, kiểu, khuôn mẫu, mô
thức: **~-maker** thợ làm mẫu, thợ
làm mô hình **2** *v.* rập khuôn,
rập kiểu, làm theo kiểu: **to ~
after** làm theo kiểu

patty *n.* miếng chả, miếng thịt viên

paucity

paucity *n.* sự ít ỏi, sự khan hiếm; sự thiếu thốn

paunch *n.* dạ dày, bụng; bụng phệ

pauper *n.* người nghèo

pause **1** *n.* sự tạm nghỉ; chỗ ngắt; sự ngập ngừng **2** *v.* tạm ngừng

pave *v.* lát [đường, sàn]: **to ~ the way for** dọn đường cho

pavilion *n.* đình, tạ; lều, rạp

paw **1** *n.* chân có vuốt; bàn tay; nét chữ **2** *v.* đánh bằng chân/tay

pawn **1** *n.* đồ cầm, vật đem cầm; sự cầm đồ; con tốt [trong ván cờ]; tốt đen, đồ chơi, con rối: **~-shop** hiệu cầm đồ, nhà vạn bảo; **to take something out of ~** chuộc lại vật đã cầm **2** *v.* cầm, đem cầm (lấy tiền): **to ~ one's honor** đem danh dự ra bảo đảm; **to ~ one's life** lấy tính mệnh ra bảo đảm

pay **1** *n.* tiền lương; sự trả tiền: **in the ~ of** ăn lương của, nhận tiền của; **minimum ~** lương tối thiểu; **~-day** ngày trả lương; **~-desk** nơi trả lương; **~ master** người trả tiền lương; **~ phone/station** điện thoại công cộng; **~ office** phòng trả lương; **~-roll, ~ sheet** bảng trả tiền lương **2** *v.* [paid] trả, nộp, thanh toán; thưởng, đền đáp: **to ~ a visit** to đến thăm; **to ~ one's respects** to đến chào ai; **to ~ attention** to chú ý tới; **to ~ back** trả lại; **to ~ down** trả ngay (bằng tiền mặt); **to ~ off** trả hết, thanh toán

payback *v.* trả lùi lại, trả lại còn thiếu

payout *n.* số tiền trả đền bù cho ai

pay TV *n.* đài truyền hình phải trả tiền, những chương trình truyền hình phải trả tiền

PC *n., abbr.* (= **personal computer**) máy vi tính/điện toán cá nhân

PE *n., abbr.* (= **Physical Education**) môn giáo dục thể thao

pea *n.* đậu hột: **green ~s** đậu còn non, đậu xanh; **as like as two ~s** giống nhau như đúc

peace **1** *n.* hoà bình; sự thái bình; sự yên tĩnh; trật tự an ninh: **world ~** hoà bình thế giới; **the Nobel ~ Prize** giải thưởng hoà bình Nô-ben **2** *n.* sự an tâm, sự hoà dịu: **~ Corps** phái bộ hoà bình, đội quân canh giữ hoà bình; **~keeper** lực lượng gìn giữ hoà bình; **~ of mind** sự an tâm, sự yên trí

peach *n., adj.* quả đào; cây đào, màu hồng đào

peacock *n.* con công

peak **1** *n.* chỏm, đỉnh (núi); đỉnh, cao điểm; đầu nhọn; lưỡi trai (mũ); ngọn núi đứng một mình **2** *adj.* cao điểm, tột đỉnh: **~ hours** giờ cao điểm **3** *v.* đạt tới đỉnh cao nhất; dựng đứng, dựng ngược

peal *n., v.* hồi chuông; chuỗi (cười), tràng (sấm)

peanut *n.* cây lạc, củ lạc, hột lạc; hột đậu phộng

pear *n.* quả lê; cây lê

pearl *n.* hạt trai, ngọc trai; ngọc quý, hạt/viên ngọc; giọt sương/lệ long lanh: **~ barley** lúa mạch xay thành hạt nhỏ; **~ diver** người mò ngọc trai

peasant *n.* người nhà quê, nông dân

peat *n.* than bùn

pebble *n.* sỏi, đá cuội

peck 1 *n.* đấu, thùng [hoa quả]; vô khối **2** *n.* cái/củ mổ; cái hôn vội **3** *v.* [chim] mổ; khoét, đục; hôn vội, ăn ít, ăn thanh thản

peculiar *adj.* riêng biệt, đặc biệt; kỳ cục, khác thường

pedagogy *n.* khoa sư phạm, giáo dục học

pedal 1 *n.* bàn đạp **2** *v.* đạp (xe đạp): **~ cycle** đạp xe đạp

peddle *v.* bán rong, bán rao, bán dạo

pedestal *n., v.* bệ, đôn: **to put on a ~** rất kính phục, rất quan trọng

pedestrian 1 *n.* người đi bộ, khách bộ hành **2** *adj.* thuộc đi bộ, bằng chân; nôm na, tẻ ngắt: **~ crossing** lối qua đường dành cho người đi bộ

pediatrics *n.* khoa trẻ em, khoa nhi, nhi khoa

pedicure *n.* thuật chữa bệnh chân

pedigree *n., adj.* nòi giống, giòng dõi, huyết thống phả hệ; gốc, từ nguyên

pee *n.,v.* sự đi giải/tiểu; đi tiểu, tiểu tiện

peek *v., n.* nhìn trộm, nhìn lén, lé/hé nhìn

peel 1 *n.* vỏ [cam, v.v.] **2** *v.* bóc vỏ; gọt vỏ; lột (da); tróc (vỏ); tróc từng mảnh

peep 1 *n.* cái nhìn trộm, sự hé rạng: **~-hole** lỗ nhỏ ở cửa để nhìn ra ngoài **2** *n.* tiếng kêu chiêm chiếp, chít chít **3** *v.* liếc, nhìn trộm/lén; hé rạng, ló ra, hiện ra **4** *v.* kêu chiêm chiếp, chít chít

peer 1 *n.* người ngang hàng, người cùng địa vị xã hội, người cùng nhóm; người quý tộc: **~ group** nhóm người tương đương **2** *v.* nhìn kỹ, nhòm, ngó, nhìn chăm chú

peeve *v., n.* cáu kỉnh, phát cáu; hay càu nhàu

peg 1 *n.* cái móc/mắc; cái cọc; núm vặn dây đàn: **a ~ to hang on** cớ để vin vào, cơ hội để bám vào; **a round ~ in a square hole** không hợp vừa, không hợp; **to take someone down a ~ or two** làm nhục ai, làm cho ai hết hách dịch **2** *v.* móc; gài chốt, đóng cọc (để đánh dấu): **to ~ out** chết

pejorative *adj., n.* [từ] có nghĩa xấu

Peking *n.* (= **Beijing**) thành phố Bắc kinh; **~ duck** vịt Bắc kinh

pellet *n., v.* viên nhỏ, viên thuốc; đạn bắn chim

pelmet *n.* đường viền

pelt 1 *n.* tấm da sống **2** *n.* sự ném loạn xạ, sự bắn lung tung: **at full ~** vắt chân lên cổ mà chạy **3** *v.* ném/bắn loạn xạ; đập mạnh

pelvis *n.* chậu; khung chậu

pen 1 *n.* bút, ngòi bút; nghề cầm bút: **ballpoint ~** bút bi, bút nguyên tử; **fountain ~** bút máy; **~ name** bút danh; **~ pal** bạn trao đổi thư từ; **~ pusher** người làm việc văn phòng **2** *n.* chuồng, bãi rào; nhà tu: **a holding ~ for sheep** bãi rào dành để giữ cừu **3** *v.* viết, sáng tác **4** *v.* nhốt lại

penal *adj.* thuộc hình phạt, thuộc hình sự

penalty *n.* hình phạt, tiền phạt,

penance

quả bóng phạt đền: **death ~** án tử hình; **~ kick** cú đá phạt đền

penance *n.* sự ăn năn, sự hối cải

pencil *n.* bút chì; hình chùm nhọn

pendant *n.* hoa tai; tua, hình dây chuyền; đèn treo; dây móc thòng lọng

pending 1 *prep.* còn để treo đó, còn để chờ; chưa giải quyết, chưa ngã ngũ; chưa xử: **~ notification of the next of kin** còn đợi thông báo cho gia đình **2** *adj.* hoãn lại: **a ~ case** một vụ chưa xử

pendulum *n.* quả/con lắc

penetrate *v.* thấm vào/qua; lọt vào; xuyên qua; nhìn thấu, hiểu thấu, thấu suốt; thâm nhập: **to ~ the inner sanctum** hiểu thấu sự thật

penguin *n.* chim cụt dưới biển

penicillin *n.* thuốc kháng sinh pê-ni-xi-lin

peninsula *n.* bán đảo

penis *n.* dương vật, ngọc hành

penitent *adj., n.* hối hận; ăn năn; sám hối

penknife *n.* (*pl.* **penknives**) dao nhíp, dao nhỏ

pennant *n.* cờ hiệu, cờ đuôi nheo [trên tàu]; cờ tặng người/đội thắng

penny 1 *n.* (*pl.* **pennies, pence**) đồng xu, đồng pen-ni: **A ~ for your thoughts.** Lời yêu cầu bày tỏ suy nghĩ của mình.; **A ~ saved is a ~ gained.** Tiết kiệm được đồng nào hay đồng nấy. **2** *adj.* hà tiện: **~ pinching** tiêu hà tiện; **~ wise but pound foolish** khôn từng xu nhưng ngu bạc vạn

pension 1 *n.* lương hưu, hưu bổng/liễm; tiền trợ cấp; nhà trọ: **old-age ~** tiền trợ cấp cho người già; **~ plan** kế hoạch hưu liễm **2** *v.* trả lương hưu, trợ cấp hưu

pensive *adj.* suy nghĩ, trầm ngâm, trầm tư mặc tưởng

pentagon *n.* hình năm cạnh/góc: **the ~** lầu năm góc, ngũ giác đài, nơi làm việc của bộ quốc phòng Mỹ

penultimate *adj.* áp chót, giáp cuối

penury *n.* cảnh thiếu thốn; sự túng thiếu

peony *n.* hoa mẫu đơn

people 1 *n.* người; người ta, thiên hạ; gia đình, bà con, họ hàng; đoàn tùy tùng; dân tộc; dân chúng, quần chúng, nhân dân: **the common ~** người dân bình thường; **a government of the ~, by the ~ and for the ~** một chính phủ của dân, do dân và vì dân, một chính phủ dân hữu, dân trị và dân hưởng **2** *v.* di dân; ở cư trú

pep 1 *n.* sự hăng hái, khí lực, sự kích thích: **full of ~** đầy hăng hái, đầy dũng khí; **~ talk** lời động viên, lời cổ vũ **2** *v.* làm cho hăng hái, kích thích, cổ vũ, động viên

pepper 1 *n.* hạt tiêu, hồ tiêu: **black ~** tiêu đen; **chili ~, red ~** ớt; **~ mill** cối xay tiêu; **~corn** hạt tiêu **2** *v.* cho hạt tiêu, rắc tiêu; rắc/rải lên; hỏi dồn: **to ~ someone with questions** hỏi dồn dập ai

peptic *adj.* (tuyến) tiêu hóa: **~**

glands tuyến nước bọt; **~ ulcer** bệnh lở loát đường tiêu hoá

per *prep.* từng, mỗi: **~ annum** mỗi năm; **~ capita** mỗi đầu người; **~ hour** mỗi giờ

perambulator *n.* (*abbr.* **pram**) xe đẩy trẻ con

perceive *adj.* cảm giác, cảm thấy; trông/nghe/ngửi thấy; hiểu, nhận thức, lĩnh hội

percentage *n.* tỉ lệ (phần trăm)

perception *n.* tri giác, sự nhận thức

perch 1 *n.* cành/sào cho chim đậu: **to knock someone off his ~** đánh gục ai, tiêu diệt người nào 2 *v.* [chim] đậu; ngồi trên cao; xây/đặt trên cao

percolator *n.* bình lọc, bình cà phê fin

percussion *n.* sự đánh/gõ: **~ instrument** nhạc khí gõ

perdition *n.* sự diệt vong, cái chết vĩnh viễn; kiếp trầm luân

peremptory *adj.* quả quyết, kiên quyết, dứt khoát; tối cần; tuyệt đối: **~ challenge** sự phủ nhận của người bị buộc tội

perennial 1 *n.* cây sống lâu năm 2 *adj.* sống lâu năm; có quanh năm; mãi mãi, vĩnh viễn

perfect 1 *n.* thời hoàn thành 2 *adj.* hoàn toàn/hảo/bị: **a ~ stranger** một kẻ hoàn toàn xa lạ; **~ nonsense** hoàn toàn vô lý; **~ tense** thì tiền quá khứ; **~ weather** thời tuyệt đẹp 3 *v.* hoàn thành, hoàn tất; làm cho hoàn hảo: **to ~ oneself in English** tự trau dồi thật giỏi tiếng Anh

perfidy *n.* tính xảo trá; tính phản bội

perforate *v.* đục thủng, khoan, khoét, xoi

perform *v.* làm; hoàn thành [nhiệm vụ]; thi hành [lệnh]; cử hành [lễ]; đóng, biểu diễn, diễn xuất, trình diễn; [máy] chạy: **to ~ a part in a play** đóng một vai trong một vở kịch

perfume 1 *n.* hương/mùi thơm; nước hoa, dầu thơm 2 *v.* xức nước hoa; vẩy nước hoa; ướp (trà)

perfunctory *adj.* chiếu lệ, đại khái, qua loa: **a ~ inquiry** cuộc điều tra đại khái; **in a ~ manner** qua loa đại khái

perfuse *v.* vẩy lên, rắc lên; làm tràn ngập

perhaps *adv.* có lẽ, có thể

peril *n.* sự nguy hiểm, hiểm họa, nguy cơ: **at the ~ of one's life** nguy hiểm đến tính mạng; **at one's ~** liều mạng; **in ~ of** trong tình trạng đầy nguy hiểm

perimeter *n.* chu vi; vòng xoay

period *n.* kỳ, thời kỳ, thời gian, giai đoạn; thời nay, thời đại; kỳ hành kinh, kinh nguyệt; dấu chấm câu; tiết (học); chu kỳ: **of the ~** thuộc về lịch sử; **the ~s of history** những giai đoạn lịch sử 2 *adj.* thuộc thời đại, mang tính chất thời kỳ: **~ costume** phong tục theo thời 3 *adv.* chấm hết: **The answer is no, ~!** Câu trả lời là không, chấm hết!

periodical *n., adj.* tạp chí xuất bản định kỳ

peripheral *adj., n.* chu vi; thuộc ngoại vi/ngoại biên

periscope *n.* kính tiềm vọng

perish

perish v. chết, bỏ mình, diệt vong; hư/hỏng đi

perishable adj. dễ thối, dễ hư; có thể chết; có thể bị tiêu diệt

perjury n. lời thề ẩu; lời khai man, tội ngụy chứng; tội phản bội lời thề trước toà án

perk v. làm phấn khởi; vênh mặt lên: **to ~ up** phấn khởi, vênh lên, vểnh lên

permanent adj. lâu dài, lâu bền, vĩnh cửu, cố định; thường trực, thường xuyên: **~ address** địa chỉ vĩnh viễn; **~ job** công việc vững bền mãi; **~ resident** ngoại kiều thường trú; **~ set** sự không thay đổi được; **~ wave** làn tóc giả, làn tóc tạm thời

permeable adj. thấm qua được, đi qua được (chất lỏng/khí)

permeate v. thấm vào/qua; toả ra, lan khắp

permission n. sự cho phép, sự chấp thuận; phép, giấy phép

permit **1** n. giấy phép, sự cho phép: **to grant a ~** cấp giấy phép **2** v. cho phép

permutate v. đổi trật tự, hoán vị

pernicious adj. độc, hại, nguy hiểm, tai hại

perpendicular n., adj. (đường) thẳng đứng, vuông góc, trực giao, thẳng góc

perpetrate v. phạm, gây, làm [tội, lỗi]: **to ~ hostility between two countries** gây ra sự thù địch giữa hai nước

perpetual adj. mãi mãi, vô cùng, bất diệt, vĩnh cửu/viễn; đời đời, suốt đời, chung thân; không ngừng: **~ complaint** phàn nàn

kỳ kèo mãi

perpetuate v. làm sống mãi; ghi nhớ mãi

perplexed adj. lúng túng, bối rối

perquisite n. bổng lộc, tiền bổng, tiền hưởng thêm

persecute v. làm khổ, hành, hành hạ, khủng bố, ngược đãi

persevere v. bền gan/chí; kiên nhẫn/trì, nhẫn nại: **to ~ in one's work** kiên nhẫn trong công việc

Persian adj. thuộc Ba Tư

persimmon n. quả hồng (đỏ)

persist v. dai, dai dẳng; cố chấp, khăng khăng; bền gan, kiên nhẫn

persistent adj. dai, bền chí; dai dẳng; không rụng: **a ~ cough** cơn ho dai dẳng

person n. người, con người; gã, anh chàng, thằng cha, cô ả, mụ; bản thân; ngôi: **in ~** bản thân, đích thân; **~ to ~** giữa từng cá nhân với nhau, cú điện thoại gọi đích danh người nào ra máy nói chuyện

personal adj. riêng, tư, cá nhân; nói đến cá nhân; đích thân; bản thân; [đại từ] chỉ ngôi: **in my ~ opinion** theo thiển ý, theo ý kiến cá nhân tôi; **~ identification card** thẻ chứng minh nhân dân, thẻ căn cước; **~ property** tài sản cá nhân; **~ question** câu hỏi về đời tư

personality n. cá tính, nhân cách, nhân phẩm; cá nhân, người, nhân vật: **a television ~** nhân vật có tiếng trong giới truyền hình

personally *adv.* bản thân, đích thân: **Don't take it ~.** Đừng coi là họ nói đến cá nhân cô.

personnel *n.* nhân viên, nhân sự, cán bộ

perspective *n., adj.* (sự) viễn cảnh, phối cảnh; triển vọng, tiền đồ, tương lai: **a fresh ~ on an old issue** triển vọng mới về một vấn đề đã cũ

perspiration *n.* sự đổ mồ hôi, mồ hôi: **to break into ~** toát mồ hôi

perspire *v.* ra/đổ mồ hôi, toát mồ hôi

persuade *v.* làm cho tin, thuyết, thuyết phục

pert *adj.* sổ sàng, thiếu lịch sự: **a ~ answer** câu trả lời thiếu lịch sự

pertain *v.* thuộc về, gắn liền với

pertinent *adj.* đúng chỗ, thích hợp, thích đáng

perturb *v.* gây xáo trộn/lộn xộn; làm lo lắng

peruse *v.* chăm chú đọc, đọc kỹ, nghiên cứu kỹ: **to ~ someone's face** nhìn kỹ nét mặt ai

pervade *v.* tràn ngập, thâm nhập, lan tràn khắp

pervert 1 *n.* người hư hỏng, kẻ lầm đường, kẻ trái thói về tình dục 2 *v.* làm hư hỏng; dùng sai, xuyên tạc: **to ~ the law by doing something illegal** xuyên tạc luật pháp bằng những hành động phi pháp

peso *n.* đồng pe-so, đồng tiền của xứ Nam Mỹ

pessimistic *adj.* bi quan, yếm thế

pest *n.* vật làm hại, sâu chuột; người quấy rầy

pesticide *n.* thuốc trừ sâu chuột gián

pestilence *n.* bệnh dịch, bệnh dịch hạch

pestle *n.* cái chày

pet 1 *n.* vật cưng, chó/mèo cưng: **my ~ project** chương trình tôi thích nhất 2 *v.* [trai gái] ôm, hôn hít, sờ mó, mùi mẫn

petal *n.* cánh hoa

petite *adj.* nhỏ con, trẻ con

petition 1 *n.* đơn xin, đơn thỉnh nguyện, kiến nghị 2 *v.* làm đơn xin, thỉnh cầu/nguyện, kiến nghị: **to ~ for something** kiến nghị việc gì, thỉnh cầu điều gì

petrified *adj.* chết điếng, tê liệt

petrol *n.* xăng, dầu

petroleum *n.* dầu lửa, dầu hoả, dầu mỏ

petty *adj.* vặt vãnh, lặt vặt, nhỏ mọn, tầm thường; nhỏ, hạ, tiểu, nhỏ nhen, đê tiện, vụn vặt: **~ cash** tiền lẻ có thể ứng ngay; **~ larceny** tội ăn cắp vặt

petulant *adj.* nóng nảy, hay hờn, hay giận

pew *n.* ghế dài trong nhà thờ, chỗ ngồi

pewter *n.* (hợp kim) thiếc; cốc thiếc, thùng thiếc

phallus *n.* tượng dương vật để thờ

phantom 1 *n.* ma, bóng ma; ảo ảnh, ảo tưởng/tượng 2 *adj.* không có thực, có tính ảo tưởng: **~ limb** chân giả giống như thật

Pharaoh *n.* vua xứ Ai-cập

pharmacy *n.* dược khoa; khoa bào chế; hiệu/nhà/trạm thuốc, phòng bào chế, dược phòng

pharynx *n.* (*pl.* **pharynges**) yết hầu, họng

phase **1** *n.* giai đoạn, thời kỳ, cục diện; tuần (trăng) **2** *v.* giảm/ thôi dần dần: **to ~ out something** thôi dần dần không thực hiên nữa

Ph.D. *n.* (*abbr.* **Doctor of Philosophy**) bằng tiến sĩ

phenomenon *n.* (*pl.* **phenomena**) hiện tượng; người kỳ lạ/phi thường, vật/việc phi thường

philanthropist *n.* nhà từ thiện, người nhân đức, kẻ thương người;

philatelist *n.* người chơi tem, người sưu tầm tem

philharmonic *adj.* yêu nhạc, thích nhạc, mê nhạc

philosopher *n.* nhà triết học, triết gia/nhân

phlegm *n.* đờm dãi, tính phớt tỉnh, tính lạnh lùng

phobia *n.* ám ảnh sợ

phoenix *n.* chim phượng hoàng

phone **1** *n.* dây nói, điện thoại; âm, âm tố: **~ book** niêm giám điện thoại; **~ call** một cú điện thoại **2** *v.* gọi dây nói, kêu điện thoại: **to ~ in** gọi vào đài phát thanh hay truyền hình để cho ý kiến

phonetic *adj.* thuộc ngữ âm, thuộc ngữ âm học

phony, phoney **1** *n.* tên bịp bợm giả mạo **2** *adj.* giả, giả dối

photo *n.* (= **photograph**) hình, ảnh: **~ call** các diễn viên ngừng lại để chụp hình; **~ finish** chụp hình khi về đích

photocopy *n., v.* (chụp) phóng ảnh, bản chụp lại

photogenic *adj.* ăn ảnh; tạo ánh sáng

photograph **1** *n.* ảnh, hình **2** *v.* chụp ảnh: **I always ~ well.** Tôi chụp hình bao giờ cũng đẹp.

phrase **1** *n.* nhóm/cụm từ; thành ngữ; tiết nhạc: **~ book** từ điển câu và thành ngữ; **noun ~** cụm/ ngữ danh từ, danh ngữ **2** *v.* diễn đạt/tả

physical **1** *adj.* thuộc cơ thể/thân thể; thuộc vật lý; thuộc vật chất **2** *n.* thể chất, tự nhiên, vật chất: **~ chemistry** hoá học ứng dụng vật lý; **~ examination** cuộc khám nghiệm thể chất; **~ training** huấn luyện thể thao

physician *n.* thầy thuốc, y sĩ, y sư, ông lang

physics *n.* vật lý học

physiology *n.* sinh lý học

physiotherapy *n.* phép chữa vật lý, vật lý trị liệu

physique *n.* cơ thể, vóc người, thân thể

pi *n.* ám số pi (= 3.14159), ám hiệu chỉ độ bách phân của vòng tròn

piano *n., adj.* đàn pia-nô, đàn dương cầm, thuộc dương cầm

piaster *n.* đồng bạc Đông Dương/ Việt Nam

pick **1** *n.* sự chọn lọc; phần chọn lọc/tinh hoa: **to take your ~** đấy, tha hồ cho anh chọn đi; **the ~ of this basket** những quả ngon nhất trong rổ này **2** *n.* cái cuốc chim; dụng cụ nhọn: **ice ~** cái đập nước đá **3** *v.* chọn, chọn lọc, chọn lựa kỹ càng: **to ~ out**

lựa chọn; nhận ra được; hiểu ra; đánh thử (một điệu nhạc) **4** *v.* cuốc (đất); xỉa (răng); ngoáy (mũi, tai); hái (hoa, lá, quả); mổ, nhặt (thóc, gạo); ăn nhỏ nhẻ; móc (túi); cạy (khóa); nhổ lông (gà, vịt); gảy, búng (đàn); gây/kiếm chuyện: **to ~ a lock** mở ổ khóa bằng giây kẽm; **to ~ one's way along** đi rón rén từng bước, đi nhẹ nhàng từng bước; **to ~ a quarrel with somebody** gây cãi nhau với người nào; **to ~ at** la rầy, mắng mỏ; **to ~ off** tước đi, nhổ đi

picket 1 *n.* cọc, hàng rào; người biểu tình ủng hộ cuộc bãi công: **~ line** hàng rào ngăn không cho ai vào làm việc trong giờ đình công **2** *v.* rào bằng cọc; đứng gác không cho ai vào làm trong khi đình công

pickle 1 *n.* nước giấm, giấm, nước mắm; dưa/rau muối, hoa quả giầm; dưa chuột ngâm giấm **2** *v.* giầm, muối

pickpocket *n.* tên móc túi

pickup *n.* bồ lạc, đàn bà ngẫu nhiên gặp; sự tăng tốc độ; sự buôn bán khá hơn; cái pic-cơp; xe cam nhông nhỏ, xe chở hàng, xe vận tải hạng nhẹ

picnic 1 *n.* cuộc đi chơi và ăn ngoài trời **2** *v.* đi chơi và ăn ngoài trời

pictorial 1 *n.* báo ảnh, họa báo **2** *adj.* bằng tranh ảnh, dùng tranh ảnh, có nhiều hình ảnh

picture 1 *n.* bức tranh, bức ảnh, bức vẽ; chân dung; người giống hệt; hiện thân, điển hình:

motion ~s, moving ~s phim xi-nê; **the present political ~** cục diện chính trị hiện thời; **to get the ~** nắm lấy cơ hội **2** *v.* vẽ người, vật; mô tả, miêu tả; hình dung, tưởng tượng được: **to ~ something to oneself** hình dung một việc gì, tưởng tượng ra một việc gì

pie *n.* bánh nướng nhân thịt; bánh pa tê: **as easy as ~** rất dễ dàng; **to have a finger in the ~** có dính dáng, có chấm mút

piece 1 *n.* mẩu, mảnh, khúc, viên, cục, miếng; mảnh rời, bộ phận; đơn vị, mộtcái/chiếc/ tấm/bản, v.v.; việc chuyện, sự, đồng tiền; nhạc khí: **a ~ of advice** một lời khuyên; **a ~ of cake** một miếng bánh; **a ~ of land** một thửa đất; **a ~ of news** một tin; **to break into ~s** bẻ ra thành từng miếng nhỏ; **to go to ~s** bị ngã quỵ vì xúc động **2** *v.* chắp lại, ráp nối: **to ~ together** ghép lại với nhau, chắp nối từng miếng lại với nhau

pier *n.* bến tàu, cầu tàu

pierce *v.* đâm/xuyên/chọc thủng; xỏ lỗ [tai]

piety *n.* lòng mộ đạo; lòng hiếu thảo: **filial ~** đạo hiếu

pig *n.* lợn, heo; thịt lợn/heo; người phàm ăn; kẻ ở bẩn; cảnh sát, cớm: **roast ~** thịt heo quay; **to raise ~s** nuôi lợn; **the year of the ~** năm Hợi; **~ in the middle** người ở trong tình trạng khó xử; **pigs might fly** sự bày tỏ không tin tưởng; **to bleed like a ~** chảy máu liên tục; **to buy**

pigeon

a ~ **in a poke** mua vật gì mà không trông thấy; **to make a ~ of oneself** tham ăn tham uống, ăn uống thô tục như heo

pigeon *n.* chim bồ câu

piglet *n.* lợn/heo con

pigment *n., v.* chất màu; chất sắc, sắc tố

pike 1 *n.* giáo, mác; mỏm đồi 2 *n.* chỗ chắn để thu thuế đường, nơi nộp thuế đường 3 *v.* đâm bằng giáo mác; hạ ai xuống: **to ~ out on one's bargain** giảm giá mặc cả xuống

pile 1 *n.* tấm xi-măng hay nhựa dùng chắn; đường cổng chắn để thu thuế xa lộ 2 *n.* cọc, cừ; cột nhà sàn: ~ **driver** máy khoan để đặt cọc 3 *n.* đống, chồng; lò phản ứng (nguyên tử): **a ~ of books** một chồng sách, một đống sách; **nuclear ~** lò phản ứng nguyên tử 4 *v.* chồng chất, chất đống, tích lũy; để đầy: **to ~ on the agony** làm ra vẻ đau đớn bi thảm; **to ~ up** chất đống, xếp thành đống

piles *n.* (= **hemorrhoids**) bệnh trĩ

pilfer *v.* ăn cắp vặt

pilgrim *n.* người hành hương, khách hành hương, người đi viếng các chùa, nhà thờ

pill *n.* viên thuốc; thuốc chống thụ thai; điều cay đắng, điều sĩ nhục: **to sweeten the ~** làm thuốc độc bọc đường, chấp nhận việc làm không thích

pillar *n.* cột, trụ; cột trụ, rường cốt, lương đồng

pillion *n.* nệm lót sau yên ngựa, nệm lót yên xe

pillow *n.* gối; đệm, tấm lót: ~ **case** áo gối; ~ **fight** cuộc ném nhau bằng gối

pilot 1 *n.* phi công, người lái máy bay; hoa tiêu; cái đầu mồi ở bếp ga hay điện: **inshore ~** hoa tiêu ven biển; ~ **chute** cái dù nhảy nhỏ 2 *v.* lái, kéo (máy bay); dẫn (tàu); dìu dắt: **to ~ an aircraft out of the gate** kéo máy bay ra khỏi cổng đậu 3 *adj.* tiên phong, mũi nhọn

pimp 1 *n.* kẻ mối lái, người dẫn gái làng chơi, ma cô 2 *v.* làm ma cô, làm mối lái

pimple *n.* mụn nhọt (ở mặt)

pin 1 *n.* ghim, đanh ghim; cái cặp/kẹp; chốt, trục: **to be on ~s and needles** bứt rứt khó chịu như ngồi trên gai; ~ **money** tiền cho phụ nữ may quần áo; **safety ~** kim băng 2 *v.* ghim, găm, cặp, kẹp; buộc chặt, ghì chặt: **to ~ up one's hair** kẹp tóc lại; **to ~ down to** buộc người nào phải giữ lời hứa; **to ~ one's hopes on** tin tưởng vào ai

pincers *n.* cái kìm; càng cua, càng tôm

pinch 1 *n.* cái cấu/véo; một nhúm (muối, đường, v.v.): **in a ~** vào lúc khó khăn/gay go; **to feel the ~** hiểu thấu sự đói khổ 2 *v.* cấu, véo; bó chặt, làm tức (chân): **to be ~ed with cold** rét tê cóng, rét lạnh thấu xương

pine 1 *n.* cây thông; gỗ thông: ~ **wood** gỗ thông 2 *v.* gầy mòn, tiều tụy, héo hon: **to ~ for** mong muốn thiết tha, mòn mỏi mong chờ

pineapple *n.* quả dứa, quả thơm, quả khóm

pinion 1 *n.* đầu cánh 2 *v.* chặt cánh; trói cánh tay

pink 1 *n.* màu hồng; hoa cẩm chướng: **in the ~ of health** tình trạng sung sức nhất 2 *adj.* hồng, thân cộng: **~ collar** giới hồng lâu

pinnacle *n.* tháp nhọn; đỉnh núi; đỉnh cao nhất

pint *n.* đơn vị đo lường panh ở Mỹ (= 0,47 lít)

pinwheel *n.* (*also* **windmill**) *n., v.* vòng pháo hoa, quay tròn như vòng pháo hoa

Pinyin *n.* hệ thống chữ viết dùng mẫu tự La Tinh của người Trung Hoa

pioneer 1 *n.* người đi đầu, tiên phong 2 *v.* đi đầu, mở đường

pious *adj.* ngoan đạo, mộ đạo; có hiếu, hiếu thảo

pip 1 *n.* hột táo, hột cam, hột lê 2 *n.* bệnh ứ đờm; cơn buồn rầu 3 *n.* tiếng kêu pip pip báo hiệu ở đài phát thanh

pipe 1 *n.* ống dẫn (nước, dầu); điếu, tẩu thuốc lá; ống sáo/ tiêu; ống, quản: **tobacco~** ống điếu hút thuốc 2 *v.* đặt ống, dẫn bằng ống; thổi sáo/tiêu; thổi còi; (chim) hót: **to ~ down** thổi còi ra lệnh nghỉ, làm bớt ồn ào; **to ~ up** bắt đầu hát, nói to lên

piping *n.* sự đặt đường ống, hệ thống đường ống; sự thổi sáo, tiếng sáo

pique *n., v.* sự giận dỗi, sự hờn giận, sự chạm tự ái: **to ~ someone** oán giận ai

piracy *n.* nghề/vụ cướp biển; sự vi phạm tác quyền, sự in sách/ băng/đĩa trái phép

piranha *n.* các loại cá sông

pirate 1 *n.* kẻ cướp, hải tặc; người vi phạm tác quyền, người in lại sách/băng/đĩa mà không xin phép tác gia 2 *v.* in lại sách bất hợp pháp, sang lại băng đĩa không có giấp phép của tác giả

pirouette *n., v.* thế/điệu xoay tròn trên đầu ngón chân

pistil *n.* nhụy hoa

pistol *n.* súng lục, súng sáu, súng ngắn

piston *n.* bộ phận đẩy khí nén trong máy, cái pit-tông: **~ rod** cái pittông

pit 1 *n.* hố, hầm; hố/hầm bẫy; hột quả: **orchestra ~** chỗ ban nhạc ngồi; **~ of the stomach** lõm thượng vị; phần trên dạ dày; **to dig a ~ for someone** đưa ai vào bẫy, đặt bẫy ai; **a ~ of hell** địa ngục 2 *v.* bỏ hột (anh đào **cherries**); làm lỗ rỗ; thả (gà) cho chọi nhau; đưa (hai lực lượng **forces**) chống chọi nhau: **to ~ someone against another** đưa ai ra đọ sức với nhau

pitch 1 *n.* hắc ín, nhựa trải đường 2 *n.* sự ném/tung/liệng; độ cao; sự chòng chành: **~-and-toss** trò chơi bài bạc bằng cách thẩy đồng tiền 3 *v.* ném, tung, liệng; cắm, dựng (lều, trại); lao xuống; chòng chành, chồm lên chồm xuống: **to ~ tents** cắm trại, cắm lều; **to ~ in** hăng hái bắt tay vào việc

piteous

piteous *adj.* đáng thương hại, thảm hại

pith *n., v.* cùi [bưởi/cam]; ruột/ bấc cây; tuỷ sống; sức mạnh, khí lực, nghị lực; phần cốt yếu

pittance *n.* lương rẻ mạt; trợ cấp ít quá

pity **1** *n.* lòng thương hại, lòng từ bi/trắc ẩn: **What a ~!** Thật đáng tiếc!; **to feel ~ for someone** thương xót ai, thương hại ai **2** *v.* thương hại, thương xót: **to take ~ on** cảm thấy thương tâm về việc gì

pivot **1** *n.* trục, chốt, trụ, ngõng; điểm mấu chốt **2** *v.* xoay quanh trụ, đặt lên trụ, đóng trụ vào, đóng chốt vào

pixie *n.* tiên

pizza *n.* bánh nướng với phô mát và các loại thịt đồ biển của Ý, bánh pi-za của Ý

placard *n.* biển, bảng, áp phích, cáo thị

placate *v.* xoa dịu, làm dịu/nguôi

place **1** *n.* chỗ, nơi, chốn, địa điểm, địa phương, vùng; nhà, chỗ ở; chỗ làm, địa vị; vị trí, cương vị, nhiệm vụ; hạng, cấp bậc, thứ bậc, thứ tự: **~ card** thiệp ghi chỗ ngồi; **in the first ~** trước hết; **not quite in ~** không đúng chỗ, không đúng lúc; **to put someone in her/his ~** làm nhục ai; **to take ~** xảy ra/ đến; [lễ] được tổ chức/cử hành **2** *v.* để, đặt, sắp, xếp; đặt vào [chức vụ]; đầu tư [vốn]; đưa/ giao cho, đặt hàng; xếp hạng: **to ~ a matter in someone's hands** trao việc cho ai giải quyết

placebo *n.* thuốc trấn an người bệnh

placid *adj.* yên lặng, trầm lặng; êm đềm, tĩnh

plagiarize *v.* ăn cắp văn, đạo văn

plague **1** *n.* bệnh dịch: **bubonic ~** bệnh dịch hạch **2** *n.* người/vật gây tai nạn **3** *v.* gây tệ hại; làm khổ, quấy rầy

plaid *n., adj.* (vải) sọc vuông

plain **1** *n.* đồng bằng **2** *adj.* rõ ràng, rõ rệt; dễ hiểu, đơn giản; giản dị, đơn sơ, không rườm rà/ phiền phức; chất phác, thẳng thắn; [vải] trơn, không kẻ, không có hoa, [đàn bà] xấu, thô: **as ~ as daylight** rõ ràng như ban ngày; **~ answer** câu trả lời thẳng thắng; **~ sailing** sự thuận buồm xuôi gió **3** *adv.* rõ ràng: **to make something ~ to someone** làm cho ai hiểu rõ việc gì

plaintiff *n.* người đứng kiện, nguyên đơn/cáo

plait **1** *n.* đường xếp, đường gấp, bím tóc, đuôi sam **2** *v.* cột tóc đuôi sam, bận

plan **1** *n.* sơ đồ, đồ án; bản đồ; kế hoạch, dự định, dự kiến: **to formulate a ~** phác thảo kế hoạch; **floor ~** sơ đồ căn nhà [cho thấy kích thước, đồ đạc kê ra sao] **2** *v.* vẽ sơ đồ; làm dàn bài, soạn khung bài; đặt kế hoạch, trù tính/hoạch/liệu, trù định, tính: **to ~ ahead** định từ lâu/trước

plane **1** *n.* mặt bằng, mặt phẳng, mặt; bình diện, mức, trình độ; máy bay: **air~** máy bay; **~ geometry** hình học phẳng **2** *n.*

cây ngô đồng: ~ **tree** cây ngô đồng **3** *n.* cái bào: ~ **iron** lưỡi bào **4** *v.* bào nhẵn: **to** ~ **down** bào nhẵn

planet *n.* hành tinh

planetarium *n.* cung/nhà thiên văn

plank 1 *n.* tấm ván; điều, mục [trong cương lĩnh của chính đảng] **2** *v.* lát ván

plant 1 *n.* cây (nhỏ), thực vật; người được gài vào làm nội ứng: **indoor** ~ cây trồng trong nhà **2** *n.* nhà máy, máy móc, thiết bị: **chemical** ~ nhà máy hoá chất **3** *v.* trồng, gieo cắm, đóng [cọc]

plantation *n.* đồn điền, vườn ươm: **rubber** ~ đồn điền cao su

plasma *n.* huyết tương: **blood** ~ máu nhân tạo

plaster 1 *n.* vữa; vôi cao/dán; thạch cao: ~ **of Paris** thạch cao; ~ **cast** băng bột; ~ **saint** người không phạm tội đạo đức **2** *v.* trát vữa; phết/dán đầy, đóng thạch

plastic 1 *n.* chất dẻo, chất nhựa plat-tic **2** *adj.* dẻo, dễ nặn; [nghệ thuật] tạo hình: ~ **art** nghệ thuật tạo hình bằng thạch cao; ~ **surgery** giải phẫu thẩm mỹ, phẫu thuật tạo hình

plasticine *n.* chất dẻo thạch cao

plate 1 *n.* đĩa [đựng thức ăn]; đĩa thức ăn; bản, tấm, lá, phiến; biển, bảng; bản kẽm, bản/ khuôn in; kính ảnh: **dental** ~ hàm giả [để căm răng giả]; **dinner** ~ đĩa ăn cơm; **door** ~ bảng tên treo ở cửa; **registration** ~ bảng số xe hơi **2** *v.* mạ (vàng/

bạc); bọc sắt: **to** ~ **something with gold** mạ vàng

plateau *n.*, *v.* (*pl.* **plateaux**) cao nguyên; giai đoạn đứng nguyên sau khi tăng giá

platform *n.* bục, bệ, nền; sân ga; cương lĩnh [của một chính đảng]

platinum *n.* bạch kim, chất platin: ~ **ring** chất bạch kim bột đen

platonic *adj.* thuộc triết học Platon; lý tưởng thuần khiết: ~ **love** tình yêu lý tưởng thuần khiết

platoon *n.* trung đội

platter *n.* đĩa lớn [để mời thức ăn]; đĩa hát

platypus *n.* thú vật mỏ vịt

plausible *adj.* có vẻ hợp lý; có vẻ tin được

play 1 *n.* sự chơi đùa, sự nô đùa, sự vui chơi; trò chơi/đùa; trận đấu; cách chơi, lối chơi; vở kịch, vở tuồng; sự hoạt động; chỗ xộc xệch: **a** ~ **on words** cách chơi chữ; **fair** ~ lối chơi thẳng thắn; cách đối xử công bằng; **to go to the** ~ đi xem kịch; **to present a** ~ trình bày một vở kịch **2** *v.* chơi, đánh, đá, đấu; chơi/đánh (đàn), kéo (viôlông), thổi (sáo, kèn); đóng, đóng vai, giả làm; chơi, chơi xỏ, nô đùa; đánh bạc; đóng kịch/tuồng/phim: **to** ~ **basketball** chơi bóng rổ; **to** ~ **a trick on somebody** chơi xỏ ai một vố; **to** ~ **along** giả tính hợp tác; **to** ~ **by ear** trình tấu nhạc không cần điểm tựa; **to** ~ **into the hands of somebody** làm lợi cho ai, làm cho ai hưởng; **to** ~ **on** lợi dụng; **to** ~ **one's cards**

right nắm lấy cơ hội; **to ~ one's hand for all it's worth** triệt để lợi dụng cơ hội; **to ~ up** cư xử có hại cho ai; **to ~ with fire** lao vào nguy hiểm

player *n.* cầu thủ, đấu thủ, máy hát: **cassette ~** máy ca-set; **DVD ~** máy nghe nhạc DVD

playwright *n.* nhà soạn kịch

plaza *n.* quảng trường; nơi phố chợ, trung tâm thương mại

plea *n.* lời tự bào chữa; sự cầu xin; cớ: **a ~ for mercy** sự xin khoan hồng

plead *v.* [**pleaded/pled**] cãi, bào chữa, biện hộ; cầu xin, nài xin; bênh vực, lấy cớ: **to ~ guilty** thú nhận là có tội; **to ~ ignorance** lấy cớ là không biết; **to ~ for someone** biện hộ cho ai

pleasant *adj.* dễ chịu; thú vị; đẹp, hay, vui, dịu dàng, êm ái; [người] vui vẻ, vui tính, dễ thương

please 1 *intj.* vui lòng, làm ơn: **Sit down, ~!** Làm ơn ngồi xuống! 2 *v.* làm vui/vừa lòng, làm vừa ý, làm thích; thích, muốn: **if you ~** xin vui lòng

pleasure *n.* niềm vui thích, điều thú vị/thích thú, sự khoái lạc/ hoan lạc, sự ăn chơi trụy lạc; ý muốn, ý thích: **to take ~ in doing something** lấy làm hài lòng làm việc gì

pleat 1 *n.* nếp gấp 2 *v.* xếp nếp, khâu gấp

pledge 1 *n.* của tin, vật thế nợ, vật cầm cố; vật bảo đảm; lời hứa, lời cam kết, lời thề: **deposited as a ~** để làm của tin

2 *v.* cầm cố, đợ, thế; hứa, cam kết, thề, nguyện

plenary *n., adj.* [phiên họp] toàn thể; đầy đủ: **~ session** phiên họp khoáng đại

plenty *n., adj., adv.* sự dồi dào/ sung túc/phong phú: **in a time of ~** thời kỳ thừa mứa/sung túc

pliant *adj.* dễ uốn nắn, mềm dẻo

pliers *n., pl.* cái kìm

plight 1 *n.* tình cảnh, hoàn cảnh, cảnh ngộ; lời hứa, lời cam kết: **to be in a sad ~** ở trong hoàn cảnh đáng buồn 2 *v.* hứa hẹn, cam kết, thề nguyền: **to ~ one's faith** hứa hẹn trung thành

plod *v., n.* đi nặng nề, lê bước; làm việc cần mẫn

plot 1 *n.* miếng đất, mảnh đất nhỏ: **a ~ of flowers** một mảnh đất nhỏ trồng hoa 2 *n.* tình tiết, cốt truyện [tiểu thuyết, kịch]; âm mưu, bày mưu, mưu toan; vẽ đồ án/sơ đồ: **to hatch a ~** âm thầm bày mưu lập kế 3 *v.* vẽ sơ đồ, vẽ biểu đồ; âm mưu tính toán, bày mưu

plow 1 *n.* [*Br.* **plough**] cái cày; đất đã cày: **snow ~** xe ủi tuyết; **to put one's hand to the ~** bắt tay vào việc 2 *v.* cày; xới; rẽ, vạch [sóng]; cày, lặn lội: **to ~ back into** cày lấp, tái đầu tư

ploy *n.* chuyến đi; trò giải trí; mánh khoé, thủ đoạn

pluck 1 *n.* sự nhổ; sự hái; sự búng/gẩy; can đảm: **to have plenty of ~** rất gan dạ, rất can trường 2 *v.* nhổ [lông, tóc, râu]; hái, bứt [hoa, quả]; gẩy [đàn]; kéo, giật: **to ~ up one's courage**

lấy hết can đảm

plug 1 *n.* nút (chậu, bể nước); phít điện; bu-ji xe hơi; vòi máy nước: **fire ~** vòi nước chữa lửa **2** *v.* bít lại; cắm vào: **to ~ a hole** bít cái lỗ lại

plum *n.* quả mận; cây mận

plumb 1 *n.* quả dọi; dây dọi; độ ngay: **~ line** dây dọi **2** *adv.* hoàn toàn, đúng là: **to be ~ crazy** thật đúng là điên **3** *v.* đo/dò bằng dây dọi; thăm dò, dò xét: **to ~ a mystery** dò xét một điều bí ẩn

plume *n., v.* lông chim, lông vũ; chùm lông

plummet 1 *n.* quả dọi, hòn chì dây câu; sức nặng **2** *v.* lao thẳng xuống, rơi thẳng xuống

plump 1 *adj.* mũm mĩm, tròn trĩnh, phúng phính **2** *n.* ngồi/rơi phịch một cái, cái ngã ùm xuống **3** *v.* làm tròn trĩnh, làm phúng phính ra; rơi phịch xuống, ngồi phịch xuống: **to ~ down on the bench** ngồi phịch xuống ghế

plunder 1 *n.* sự cướp bóc; của ăn cắp, của phi nghĩa **2** *v.* cướp bóc, cường đoạt, tước đoạt; ăn cắp

plunge 1 *n.* sự lao mình; bước liều lĩnh: **to take the ~** liều mạng **2** *v.* thọc, nhúng; đâm [dao] ngập vào; xô đẩy

plural 1 *n.* số nhiều, dạng số nhiều **2** *adj.* ở/thuộc số nhiều: **~ society** xã hội đa dạng

plus 1 *n.* dấu cộng (+), số dương, số thêm vào; điểm son **2** *adj.* dương: **on the ~ side of the account** ở phía có tài khoản **3** *prep.* cộng với: **3 ~ 3** ba cộng với ba; **~ the fact that** đó là chưa kể

plush 1 *adj.* sang trọng, lộng lẫy, xa hoa **2** *n.* vải lông, vải nhung lông

ply 1 *n.* lớp [vải, ván ép]; sợi, tao [thừng, len]: **to take a ~** tạo thành nề nếp, tạo thành thói quen **2** *v.* ra sức làm, miệt mài: **to ~ someone with food** tiếp thức ăn cho ai

plywood *n.* ván ép, gỗ dán

p.m. *adv., abbr.* (= **post meridiem**) thời gian từ 12 giờ trưa đến 12 giờ đêm

pneumonia *n.* viêm phổi, phế viêm

poach 1 *v.* chần nước sôi quả trứng đã bóc vỏ, luộc trứng đã bóc vỏ: **to ~ chicken eggs** chần nước sôi trứng gà đã bóc vỏ **2** *v.* săn trộm, câu trộm; thọc, đâm gậy vào: **to ~ on a neighbor's land** xâm phạm đất người bên cạnh

pocket 1 *n.* túi; bao; túi tiền, tiền; lỗ hổng không khí; ổ kháng chiến: **hip ~** túi quần sau; **~ book** sổ tay, ví, bóp; **~ camera** máy hình bỏ túi; **~ dictionary** từ điển bỏ túi; **~ money** tiền túi, tiền tiêu vặt; **~ size** cỡ nhỏ bỏ túi; **~ watch** đồng hồ bỏ túi; **to burn a hole in one's ~** ăn tiêu hoang phí; **to have someone in one's ~** khống chế ai, dắt mũi ai **2** *v.* bỏ túi; đút túi, ăn cắp, xoáy nén/nuốt/[giận]: **to ~ one's pride** dẹp tự ái

pockmarked *adj.* [mặt] rỗ, rỗ hoa

pod

pod *n.* vỏ quả đậu

podium *n.* bục nhạc trưởng, bục diễn giả

poem *n.* bài thơ, thi phẩm: **to compose a ~** sáng tác thơ

poetic *adj.* thuộc thơ (ca); nên thơ, có chất thơ, đầy thi vị: **~ justice** sự khen thưởng việc tốt và trừng phạt việc xấu, khen thưởng công bằng

poignant *adj.* sâu sắc, thấm thía; thương tâm; chua cay

point 1 *n.* chấm, dấu chấm; điểm, điểm số; mũi (kim), đầu nhọn điểm, mặt, phương diện, vấn đề; hướng, phương, địa điểm, chỗ: **a case in ~** trường hợp đúng như thế; **decimal ~** dấu thập phân; **~ of honor** hành động ảnh hưởng thanh danh của người khác; **~ of sale** điểm bán hàng; **to make a ~** nêu rõ một điểm/vấn đề 2 *v.* chỉ, trỏ, nhằm, chĩa; hướng về: **to ~ off** tách ra bằng dấu phẩy; **to ~ to(ward)** hướng về, chỉ cho thấy; **to ~ out** vạch ra, chỉ ra

poise 1 *n.* thế cân bằng; tư thế đĩnh đạc: **to hang at ~** chưa ngã ngũ, chưa quyết định 2 *v.* làm thăng bằng, làm cân bằng; treo lơ lửng

poison 1 *n.* thuốc độc, chất độc, độc dược: **to hate each other like ~** ghét nhau như chó với mèo 2 *v.* bỏ thuốc độc, tẩm/ đánh thuốc độc, giết chết bằng đầu độc

poke 1 *n.* cú hích/thúc/chọc 2 *v.* hích, thúc, chọc, ấn, ấy; gạt, cời [lửa, than]; chõ mũi vào:

to ~ fun at somebody chế giễu người nào

poker *n.* que cời; bài pôke, bài xì

Poland *n.* nước Ba-Lan

polar *adj.* thuộc địa cực; cực: **~ bear** gấu trắng; **~ coordinates** hệ thống giao điểm cho cả hai góc cạnh; **~ star** sao Bắc đẩu

Polaroid *n.* máy chụp hình có hình liền

pole 1 *n.* cực, cực điểm: **North ~** Bắc cực 2 *n.* cây sào, cây cọc, gậy: **~ jump** nhảy sào

police 1 *n.* cảnh sát, công an: **~ court** toà án vi cảnh; **~ precinct** quận cảnh sát; **~ state** quốc gia cai trị bằng công an/cảnh sát 2 *v.* kiểm soát; giữ trật tự; khống chế bằng cảnh sát

policy *n.* chính sách; giao kèo, khế ước, hợp đồng [bảo hiểm]: **foreign ~** chính sách đối ngoại/ ngoại giao; **insurance ~** hợp đồng bảo hiểm; **~ holder** người đã mua hợp đồng bảo hiểm

polio(myelitis) *n.* bệnh tê bại ở trẻ con

polish 1 *n.* nước bóng/láng; xi 2 *v.* đánh bóng; làm cho tao nhã, lịch sự: **to ~ up** làm bóng bẩy, chuốt lại; **to ~ off** làm xong gấp [việc]; ăn vội [bữa cơm]

polite *adj.* lễ phép, có lễ độ, lịch sự nhã nhặn

political *adj.* chính trị; thuộc chính quyền: **~ organization** một tổ chức chính trị; **~ party** một đảng phái chính trị; **~ prisoner** một tù nhân chính trị; **~ asylum** tỵ nạn chính trị

politics *n., pl.* chính trị, hoạt động

chính trị; quan điểm chính trị, chính kiến; chính trường: **to talk ~** nói chuyện chính trị

poll 1 *n.* cuộc thăm dò ý kiến; sự bầu cử, phòng bỏ phiếu: **to go to the ~s** đi bầu cử **2** *v.* thăm dò, ý kiến; [ứng cử viên] thu được [phiếu]: **to ~ a large majority** thu được đại đa số phiếu

pollen *n.* phấn hoa

pollinate *v.* rắc phấn hoa, cho thụ phấn hoa

pollution *n.* ô nhiễm, sự làm ô ue

polyclinic *n.* phòng mạch bác sĩ đa khoa

polygamy *n.* chế độ đa thê/phu

polygon *n.* hình nhiều cạnh, đa giác

polygraph *n.* máy ghi nhận sự thay đổi tâm lý, máy kiểm chứng nói dối

Polynesian *n., adj.* thuộc quần đảo Pô-li-nê-di

polytechnic *n., adj.* trường bách khoa

pomegranate *n.* quả lựu

pomp *n.* vẻ long trọng; vẻ lộng lẫy/hoa lệ/tráng lệ

pompous *adj.* hoa lệ, hoa mỹ; phô trương, rực rỡ, làm long trọng, vênh vang

pond *n.* ao, vũng nước

ponder *v.* cân nhắc, suy nghĩ

pontiff *n.* giáo hoàng; giáo chủ, giám mục

pony *n.* ngựa con, ngựa nhỏ, cốc nhỏ

poodle *n.* chó xù

pool 1 *n.* vũng (**of blood** máu); bể bơi: **swimming ~** hồ bơi

2 *n.* tiền góp; vốn chung/góp; tổ hợp: **~ table** trò pun, trò chơi bi a, bàn bi-da **3** *v.* góp vốn chung, hùn vốn

poor *n., adj.* nghèo, bần cùng; tồi, kém, yếu, xấu, dở; đáng thương, tội nghiệp: **~ health** sức khỏe kém; **~ house** nhà tế bần

pop 1 *n.* ba, bố **2** *n.* tiếng nổ bốp; tiếng lốp bốp; nước ngọt **3** *n.* nhạc bình dân; bài/đĩa hát bình dân **4** *v.* nổ bốp; tạt/ghé vào thình lình: **to ~ in** thụt vào, ghé vào; **to ~ off** bỏ đi bất thình lình; **to ~ the question** dạm hỏi, gạ hỏi **5** *adv.* bốp, đánh bốp một cái: **to go ~** bật ra đánh bốp một cái **6** *adj.* thuộc thời trang: **a ~ song** bản nhạc thời trang

pope *n.* đức giáo hoàng

poppet *n.* người nhỏ bé

poppy *n.* cây thuốc phiện

popsicle *n.* kem que

populace *n.* dân chúng, quần chúng

popular *adj.* được lòng dân; được nhiều người ưa thích, nổi tiếng, phổ biến; bình dân; nhân dân: **~ music** nhạc bình dân

populate *v.* cư trú, đưa dân đến ở

porcelain *n.* đồ sứ, gạch bằng sứ

porch *n.* hiên trước/sau nhà hình vòng cung; cổng (vòm)

porcupine *n.* con nhím

pore 1 *n.* lỗ chân lông **2** *v.* đọc kỹ, mãi mê, nghiền ngẫm: **to ~ over a problem** nghiền ngẫm một vấn đề

pork *n.* thịt lợn/heo

pornography *n.* sách báo khiêu dâm, dâm thư

porous

porous *adj.* có lỗ, rỗ; xốp

porpoise *n.* cá heo

porridge *n.* cháo kiểu mạch bỏ sữa

port 1 *n.* cảng, bến, hải cảng: **sea~** bến tàu; **air~** sân bay, phi trường 2 *n.* lỗ cửa sổ tàu; mạn trái tàu: **~ of call** bến cho tàu dừng tạm 3 *n.* rượu vang đỏ ngọt, rượu poc-tô 4 *v.* gắn vào nút/phít (máy vi tính)

portal *n.* cửa/cổng chính

portent *n.* điềm (xấu/gở); triệu chứng bất thường

porter *n.* công nhân khuân vác, người hầu trên xe lửa; người gác cửa

portfolio *n.* (*pl.* **portfolios**) cặp hồ sơ; hồ sơ đầu tư; bộ trong chính phủ: **minister without ~** bộ trưởng không giữ bộ nào

portion 1 *n.* phần, đoạn, khúc; phần thức ăn; của hồi môn 2 *v.* chia ra: **to ~ something to some-body** chia phần vật gì cho ai

portrait *n.* ảnh, chân dung, hình chụp/vẽ

portray *v.* vẽ chân dung; miêu tả khéo; đóng vai

Portugal *n.* nước Bồ-Đào Nha

pose 1 *n.* kiểu, tư thế [chụp ảnh]; bộ tịch, điệu bộ 2 *v.* đứng, ngồi [cho người ta vẽ hay chụp ảnh]; làm điệu bộ, màu mè; tự cho mình là; đặt [câu hỏi, vấn đề]

posh *adj.* diện, sang trọng; cừ, chiến

position 1 *n.* chỗ, vị trí; thế, tư thế; địa vị, chức vụ; lập trường, thái độ, quan điểm; luận điểm 2 *v.* để vào chỗ, đặt vào vị trí:

to ~ something somewhere để một vật gì ở đâu

positive 1 *n.* điều có thực, điều xác thực; bản dương, dương bản; tích cực; (tính từ/phó từ) ở cấp nguyên 2 *adj.* rõ ràng, xác thực; chắc chắn, quả quyết, khẳng định; tích cực; [cực] dương; tuyệt đối, hết sức: **~ evidence** chứng cớ rõ ràng; **~ feedback** phản ánh không tốt; **~ sign** dấu dươngcực

posse *n.* đội cảnh sát [đi lùng bắt tội phạm]

possess *v.* có, được, sở hữu, chiếm hữu, giữ, chứa; [ma, quỷ] ám ảnh: **to ~ good qualities** có những đức tính tốt

possession *n.* quyền sở hữu, sự chiếm hữu, vật sở hữu, của cải, tài sản; thuộc địa: **to take ~ of** chiếm lấy, chiếm hữu

possible 1 *adj.* có thể có được, có thể làm được, có thể xảy ra: **as early/soon as ~** sớm chừng nào hay chừng ấy 2 *n.* sự có thể; ứng viên có thể đưa ra: **to do one's ~** làm hết sức mình

possum *n., v.* con pos-sum, ăn mặc diêm dúa: **to play ~** giả vờ nằm im, giả chết

post 1 *n.* cột, trụ: **light ~** cột đèn; **as deaf as a ~** điếc như gì 2 *n.* chức vụ, nhiệm vụ; đồn, bóp, bốt, vị trí; trạm; bưu điện: **~card** bưu thiếp; **~ mark** dấu bưu điện; **~ room** phòng phát/nhận thư; **to send by ~** gởi qua bưu điện 3 *v.* dán (yết thị); niêm yết, công bố tên: **"Post No Bill"** cấm dán giấy 4 *v.* bổ nhiệm; đặt, bố trí; gửi [thư], bỏ [thư]: **~-haste** hỏa tốc, cấp tốc; **~-paid** đã trả cước phí/bưu phí

postage *n.* tiền tem/cò, bưu phí: **~ meter** máy đóng tem; **~ stamp** tem thư, cò

postal *adj.* thuộc bưu chính/bưu điện: **~ clerk** thư ký nhà dây thép; **~ code** bưu số khu vực/địa phương

poster *n.* áp phích, bích chương; quảng cáo

posterior *adj.* sau, ở sau, đến sau

posterity *n.* con cháu, đời sau, hậu thế: **to look back at ~** nhìn trở lại thế hệ con cháu đời sau

postgraduate *n., adj.* hậu đại học, thuộc các khóa học sau đại học: **~ diploma** chứng chỉ cao học

posthumous *adj.* xuất bản sau khi chết; truy tặng: **~ works** tác phẩm xuất bản sau khi chết

post mortem *n., adj.* (sự khám nghiệm) sau khi chết: **~ review** khám nghiệm tử thi

postpone *v.* hoãn lại, đình lại, dời lại: **to ~ a meeting** hoãn cuộc họp lại

postscript *n.* (*abbr.* **ps**) tái bút

posture 1 *n.* dáng điệu, tư thế 2 *v.* lấy tư thế, đặt trong tư thế

posy *n.* bó hoa, chữ khắc vào nhẫn

pot 1 *n.* ấm, bình, lọ, hũ, vại; nồi; chậu hoa; cần xa: **tea ~** ấm/bình trà; **a ~ of tea** một ấm trà (đầy); **~s and pans** nồi niêu soong chảo 2 *v.* bỏ vào hủ; trồng cây vào chậu; nắm giữ, chiếm lấy: **~-bellied** phệ bụng

potato *n.* khoai tây: **~ chips** khoai

tây chiên; **sweet ~es** khoai lang

potent *adj.* mạnh; có quyền thế; hiệu nghiệm

potential 1 *n.* tiềm lực, khả năng; điện thế, thế: **nuclear ~** tiềm năng hạt nhân 2 *adj.* ngấm ngầm, ẩn, tiềm tàng/phục; điện thế

potion *n.* liều thuốc nước

potpourri *n.* cánh hoa khô ướp với hương liệu; câu chuyện tạp nhạp

potter 1 *n.* thợ đồ gốm: **~'s clay** đất sét làm đồ gốm; **~'s kiln** lò gốm 2 *v.* làm chiếu lệ, làm qua loa; lãng phí: **to ~ away one's time** lãng phí thì giờ

pottery *n.* đồ gốm; nghề gốm; xưởng đồ gốm

pouch *n.* túi nhỏ; túi căn-gu-ru/ đại thử: **tobacco ~** túi đựng thuốc lào/lá

poultice *n., v.* thuốc đắp, đắp thuốc vào chỗ đau

poultry *n.* gà vịt, gia cầm; thịt gà, thịt vịt: **~ yard** sân nuôi gà vịt

pounce *v., n.* vồ, chụp lấy; chộp lấy; xông/đâm bổ vào

pound 1 *n.* đơn vị đo trọng lượng Anh, pao, [= **450 g**]; đồng bảng Anh: **~ sterling** đồng bạc Anh 2 *n.* phú de, bãi rào nhốt súc vật, bãi giữ xe ô tô bị phạt 3 *v.* nhốt lại, giữ/giam lại: **to ~ the field** làm chướng ngại vật không thể vượt qua được 4 *v.* nghiền, tán, giã, đâm; đánh, đập, thoi, thụi; đập thình thình: **to ~ someone into jelly** đánh cho ai nhừ tử

pour *v.* rót, đổ, trút, giội; thổ lộ

[tâm tình]: **to ~ cold water on** làm cho nguội; **to ~ oil on the waters** làm nguôi cơn giận; **to ~ out one's sorrows to someone** thổ lộ hết nỗi buồn cùng ai

pout *n., v.* cái bĩu môi, trề môi

poverty 1 *n.* sự nghèo, cái nghèo, cảnh nghèo nàn, tình trạng nghèo nàn thiếu thốn 2 *adj.* nghèo nàn, túng bần, cùng túng: **~ line** mức lợi tức tối thiểu để sống; **~ stricken** nghèo nàn khốn khổ

powder 1 *n.* bột, bụi; thuốc bột, phấn: **face ~** phấn bôi mặt; **gun ~** thuốc súng; **to put more ~ into it** hãy hăng hái lên một chút nào 2 *v.* rắc lên; đánh/ thoa phấn: **to ~ one's nose** tán/ nghiền thành bột

power 1 *n.* khả năng, năng lực; sức, sức mạnh; lực, năng lượng; quyền, chính quyền; quyền lực/thế, thế lực, quyền hạn, uy quyền; cường quốc; lũy thừa: **legislative ~** quyền lập pháp; **~ behind the throne** người có quyền nhưng không có chức tước; **~ block** khu vực phát điện; **~ of attorney** quyền uỷ nhiệm, giấy uỷ quyền; **electric ~** điện năng; **~ play** chiến thuật của các cầu thủ hay các chính trị gia; **~ station** nhà máy phát điện; **to seize ~** cướp chính quyền; **to come into ~** nắm chính quyền 2 *v.* cung cấp năng lực cho máy, cho sức

practical *adj., n.* thực hành; thực tế, thực tiễn, thực dụng; thiết thực: **a ~ joke** trò đùa ác ý; **a ~**

mind một đầu óc thực tế

practice 1 *n.* sự thực hành/thực tập; sự tập làm; sự luyện tập/ rèn luyện; thực tiễn; lệ thường, thói quen, tục, lối; công việc, nghề nghiệp, sự hành nghề; khách hàng (của bác sĩ, nha sĩ, v.v.): **out of ~** bỏ tập, lâu không tập luyện; **~ teaching, teaching ~** giáo sinh tập dạy, thực tập 2 *v.* [*Br.* **practise**] thực hành; làm nghề, hành nghề; tập, tập luyện, rèn luyện: **to ~ medicine** hành nghề y khoa

practitioner *n.* người thực hành/ hành nghề: **general ~** [**GP**] bác sĩ toàn khoa, bác sĩ gia đình

pragmatic *adj.* thuộc ngữ dụng học; hay dính vào chuyện người khác

prairie *n.* đồng cỏ lớn

praise 1 *n.* lời khen, sự khen ngợi, sự ca tụng: **to win ~s** được ca ngợi; **to sing someone's ~s** ca ngợi ai, tán dương ai 2 *v.* khen ngợi, ca tụng, tán dương, ca ngợi

prance *v.* (ngựa) nhảy dựng lên; đi nghênh ngang

prank *n.* trò chơi ác/khăm, trò đùa nhả: **to play a ~ on somebody** chơi ác ai

prawn *n., v.* tôm

pray 1 *v.* cầu, cầu nguyện; cầu xin, khẩn cầu: **to ~ to God** cầu trời 2 *adv.* vui lòng

preach *v.* thuyết pháp/giáo; giảng, thuyết, răn

preamble *n.* lời nói đầu

pre-arrange *v.* sắp xếp trước, tính toán trước, bố trí trước, thu xếp trước

precarious *adj.* tạm, không chắc chắn/ổn định, bấp bênh, mong manh: **a ~ living** cuộc sống bấp bênh

precaution *n.* sự đề phòng/dự phòng/phòng ngừa; sự giữ gìn/ thận trọng: **to take ~s against** phòng ngừa

precedent *n.* tiền lệ, (câu, đoạn) trên, trước

precept *n.* lời dạy, châm ngôn; giới luật

precinct *n.* khoảng đất có tường bao quanh; quận cảnh sát; khu vực tuyển cử

precious *adj.* quý, quý báu, quý giá; tuyệt đẹp: **~ stones** đá quý

precipitate **1** *n.* chất lắng, chất kết tủa **2** *adj.* vội vàng, hấp tấp **3** *v.* lao xuống, ném xuống; làm cho mau đến; làm lắng, làm kết tủa: **to ~ into war** lao vào cuộc chiến

precise *adj.* đúng, chính xác; tỉ mỉ, kỹ tính: **~ explanation** sự giải thích chính xác, tỉ mỹ

preclude *v.* ngăn ngừa, loại trừ

precocious *adj.* ra hoa sớm, có quả sớm; khôn sớm: **a ~ child** một đứa trẻ khôn sớm

preconceived *adj.* nhận thức trước, tưởng tượng trước

predate *v.* đề lùi ngày tháng lại

predatory *adj.* (thú) ăn thịt, ăn mồi sống; ăn trộm, ăn cướp

predecessor *n.* người phụ trách trước, người tiền nhiệm; ông cha, tổ tiên, bậc tiền bối

predetermine *v.* định trước, quyết định trước, giải quyết trước

predicament *n.* điều đã được xác

nhận, điều đã được công nhận

predicate **1** *n.* vị ngữ, phần thêm nghĩa cho chủ ngữ: **subject-~ construction** kết cấu chủ vị [chủ ngữ + vị ngữ] **2** *v.* xác nhận; dựa vào: **to ~ upon** dựa vào, căn cứ vào

predict *v.* nói trước, đoán trước, dự/tiên đoán

predispose *v.* đưa đến, dẫn đến, khiến cho

predominant *adj.* trội hẳn hơn, chiếm ưu thế

pre-empt *n.* được ưu tiên mua cái gì; được chiếm hữu đất đai nhờ quyền ưu tiên

preen *v.* rỉa lông

prefabricated *adj.* làm/đúc sẵn, tiền chế: **~ houses** nhà làm sẵn

preface **1** *n.* lời tựa, lời nói đầu, tự ngôn: **to write a ~ for a book** viết lời tựa cho một cuốn sách **2** *v.* viết tựa, tựa đề; mở đầu

prefect *n.* quận trưởng; đô trưởng

preference *n.* sự thích/ưa hơn; vật/cái được thích hơn; quyền ưu tiên; sự ưu đãi

prefix *n.* tiền tố, đầu tố, tiếp đầu ngữ

pregnant *adj.* thai/mang/chửa; đầy, dồi dào

preheat *v.* đung nóng trước

prehistoric *adj.* thuộc tiền sử

prejudice **1** *n.* thành kiến, định kiến, thiên kiến; mối hại, sự thiệt hại, sự bất lợi cho ai: **to have a ~ against someone** có thành kiến đối với ai **2** *v.* làm cho có định kiến; làm hại/ thiệt cho: **to ~ someone in favor of someone else** làm cho ai có thiên kiến về người nào

preliminary 1 *n.* công việc mở đầu, sự sắp xếp bước đầu; điều khoản sơ bộ, cuộc đàm phán sơ bộ **2** *adj.* mở đầu, sơ bộ, dự bị, trừ bị

prelude *n.* khúc dạo; đoạn mở đầu; màn giáo đầu

premarital *adj.* sống chung với nhau trước khi cưới hỏi

premature *adj.* sớm, yểu, non; đẻ non; hấp tấp: **a ~ baby** trẻ con đẻ non, hài nhi sinh thiếu tháng

premeditated *adj.* có mưu tính/ suy tính trước: **~ murder** tội cố sát, giết người có suy tính trước

premier *n., adj.* thủ hiến; đầu tiên: **deputy ~ of state** phó thủ hiến tiểu bang

premiere 1 *n.* buổi diễn đầu tiên, buổi trình diễn ra mắt **2** *v.* cho ra mắt; diễn/chiếu lần đầu

premises *n.* tiền đề; nhà cửa, dinh cơ vườn tược

premium *n.* tiền thưởng; tiền đóng bảo hiểm: **insurance ~** bảo hiểm phí

premonition *n.* sự cảm thấy trước, linh cảm

preoccupied *adj.* bận tâm, lo lắng, thắc mắc

prepaid *adj.* đã trả (cước phí) trước: **~ envelope** phong bì đã trả tiền tem rồi

preparatory *adj.* để sửa soạn, dự bị, chuẩn bị: **~ school** trường mẫu giáo

prepare *v.* sửa soạn, sắm sửa, chuẩn bị, dự bị; pha chế, nấu nướng: **to ~ meals** nấu ăn

preposition *n.* giới từ

preposterous *adj.* vô lý, phi lý, trái; ngớ ngẩn, lố bịch

prerequisite *n., adj.* (điều) phải có trước đã, điều kiện tiên quyết

prerogative *n.* đặc quyền

Presbyterian *n., adj.* thuộc giáo hội trưởng lão

preschool *n.* nhà trẻ, mẫu giáo

prescription *n.* đơn thuốc, toa thuốc; thời hiệu; sự ra/truyền lệnh

presence *n.* sự có mặt, sự hiện diện: **~ of mind** sự nhanh trí

present 1 *n.* hiện tại, hiện thời; thời hiện đại; văn kiện này: **for the ~** trong lúc nầy, trong hiện thời **2** *n.* quà, quà biếu, đồ tặng, tặng phẩm: **birthday ~** quà sinh nhật **3** *adj.* có mặt, hiện diện; nay, này, hiện có, hiện hữu: **to be ~** at có mặt ở; **at the ~ time** hiện nay/thời; **~ company excepted** công ty hiện thời chấp nhận được **4** *v.* biếu, tặng; đưa ra, bày/lộ ra; nộp, trình, xuất trình, đệ trình; bày tỏ, trình bày; trình diễn (kịch); giới thiệu; tiến cử, bồng súng chào: **to ~ a petition** đưa một bản kiến nghị

presentation *n.* sự biếu tặng; quà/đồ tặng; sự đưa ra; sự trình diễn; sự giới thiệu/tiến cử

preservative *n., adj.* để phòng giữ, để phòng bệnh, để bảo quản: **~ drug** thuốc phòng bệnh

preserve 1 *n.* mứt; khu vực cấm săn bắn hoặc câu cá **2** *v.* giữ, giữ gìn, bảo tồn, duy trì, duy hộ, bảo quản; giữ để lâu; giữ

cho khỏi phân huỷ; **well-~d** bảo
quản tốt

preset *v., n.* lấy lại, làm lại: **to ~
a clock** lấy giờ lại

preside *v.* chủ trì, làm chủ tịch,
chủ tọa: **to ~ over** chủ tọa

president *n.* chủ tịch; tổng thống;
viện trưởng, hiệu trưởng đại
học

press 1 *n.* sự ép/ấn/bóp; máy
ép, máy nén; máy in; báo chí:
printing ~ máy in; **freedom of
the ~** quyền tự do báo chí; **~
agent** người lo quảng cáo; **~
conference** cuộc họp báo; **~
gal-lery** phòng thông tin dành
cho báo chí; **~ release** thông cáo
phát cho báo chí; **~ stud** nút
bấm gồm hai cái 2 *v.* ép, ấn,
bóp: **to ~ a button** ấn nút, bấm
nút; **to be ~ed for time** thiếu
thì giờ; **to ~ forward** vội vàng
hối hả

pressure 1 *n.* sức ép, áp lực,
áp suất; sự thúc bách; sự
cấp bách/khẩn cấp; ứng suất
[điện]: **under the ~ of public
opinion** dưới áp lực của
công luận; **to put ~ on/upon
someone** dùng áp lực đối với
ai; **atmospheric ~** áp suất khí
quyển; **blood ~** áp huyết, huyết
áp; **high ~** áp suất cao; **~ gauge**
máy đo áp suất 2 *v.* tạo áp lực,
gây áp lực: **to ~ someone** gấy
áp lực đối với ai

prestige *n.* uy tín, uy danh, uy
thế, uy quyền

prestressed *adj.* có ứng suất
trước, có áp lực trước

presume *v.* cho là, coi như là;

đoán chừng: **to ~ upon someone**
lợi dụng sự quen biết với ai

presumption *n.* sự/điều đoán
chừng; tính tự phụ

presuppose *v.* giả định/phỏng
đoán trước, tiền giả định; bao
hàm

pre-tax *adj.* trước khi tính thuế

pretend *v.* giả vờ, giả đò, làm bộ:
to ~ to be asleep giả vờ đang
ngủ

pretense *n.* [*Br.* **pretence**] sự giả
vờ; điều đòi hỏi/kì vọng: **under
false ~s** bằng cách lừa dối, dùng
ngón lừa đảo

pretext *n.* cớ, lý do, lời nói thoái
thác, cớ thoái thác: **under the ~**
theo lý do

pretty 1 *adj.* đẹp, xinh đẹp, xinh
xắn; đẹp mắt, êm tai; hay hay,
thú vị: **a ~ story** câu chuyện thú
vị; **~ scenery** cảnh đẹp mắt
2 *adv.* khá, kha khá: **~ good** khá
tốt; **~ hot** khá nóng

prevail *v.* thịnh hành, phổ biến;
chiếm ưu thế, thắng thế; thuyết
phục

prevailing *adj.* đang thịnh hành,
đang phổ biến: **~ fashion** thời
trang/mốt đang thịnh hành; **~
wind** cơn gió thường xẩy ra

prevalent *adj.* đang thịnh hành/
lưu hành

prevaricate *v.* nói dối/láo, nói
thoái thác; nói quanh co

prevent *v.* ngăn cản, ngăn trở/
ngừa, cản trở, phòng ngừa, dự
phòng: **to ~ an accident** ngăn
ngừa tai nạn

preventive *adj., n.* phòng ngừa,
ngăn ngừa: **~ medicine** thuốc

phòng bệnh

preview *n., v.* (sự) xem trước, duyệt trước

previous 1 *adj.* trước: **the ~ day** ngày hôm trước **2** *adv.* trước đây/đó: **~ to his marriage** trước khi anh ta lấy vợ

prey 1 *n.* mồi: **to become ~ to** làm mồi cho; **bird of ~** chim săn mồi **2** *v.* rình/tìm bắt mồi; giày vò, day dứt: **to ~ upon** tìm mồi, bắt mồi

price 1 *n.* giá, giá hàng: **cost ~** giá vốn; **fixed ~** giá nhất định; **~ tag** bảng giá; **at any ~** bằng bất cứ giá nào; **~ fixing** sự định giá; **~ war** sự cạnh tranh giá cả **2** *v.* định giá, đặt giá; khảo giá: **to ~ oneself out of the market** lấy giá cắt cổ

prick 1 *n.* sự châm, vết châm; mũi nhọn, gai, giùi; sự đau nhói, sự cắn rứt: **the ~s of conscience** sự cắn rứt của lương tâm **2** *v.* châm, chích, chọc: **to ~ one's finger** bị một cái gai đâm vào ngón tay

prickle 1 *n.* gai **2** *v.* châm, chích, chọc

pride 1 *n.* niềm hãnh diên; sự kiêu hãnh; tính/lòng tự ái: **false ~** tính tự ái, tính kiêu căng ngạo mạn; **to swallow one's ~** nén tự ái, dẹp lòng tự ái **2** *v.* lấy làm tự hào/kiêu hãnh

priest *n.* thầy tu; linh mục

prim *adj., v.* làm ra vẻ nghiêm nghị, đoan trang: **to ~ one's hair** lấy vẻ mặt nghiêm trang

primary 1 *adj.* đầu, đầu tiên, nguyên thuỷ; gốc, căn bản;

[giáo dục, trường] sơ đẳng, sơ cấp, tiểu học; chính cốt yếu, chủ yếu: **the ~ meaning of a word** nghĩa gốc của một từ; **~ school** trường sơ cấp, trường tiểu học **2** *n.* điều đầu tiên, điều căn bản, sơ cấp: **~ elections** tuyển cử sơ bộ

prime 1 *n.* buổi sơ khai, thời kì đầu tiên; thời kì đẹp đẽ/rực rỡ nhất: **in the ~ of life** trong tuổi thanh xuân; **~ meridien** đường kính chính; **~ rate** tiền lời thấp nhất **2** *adj.* đầu tiên; hàng đầu, chủ yếu; tốt/ngon nhất; [số] nguyên tố: **~ cause** nguyên nhân đầu tiên **3** *v.* sơn lót; bơm xăng vào cac-bua-ra-tơ; mồi nước vào máy/bơm

primitive *adj.* đầu tiên, ban sơ, nguyên thuỷ; cổ xưa, thô sơ: **~ culture** nền văn hoá nguyên thuỷ

prince *n.* ông hoàng, hoàng tử, hoàng thân, tay cử: **~ consort** chồng chúa vợ tôi

princess *n.* bà chúa, bà hoàng, công chúa

principal 1 *n.* hiệu trưởng; tiền vốn: **assistant ~** phó hiệu trưởng/giám đốc **2** *adj.* chính, chủ yếu: **~ clause** mệnh đề chính

principle *n.* nguyên tắc, nguyên lý; nguyên tắc đạo đức/xử thế: **in ~** về nguyên tắc, trên nguyên tắc; **to do something on ~** làm việc gì theo nguyên tắc

print 1 *n.* chữ in; sự in; dấu in, vết; vải hoa in; tài liệu in, ấn phẩm: **to appear in ~** tác phẩm được xuất bản; **out of ~** bán hết và chưa in lại; **finger ~** dấu lăn tay **2** *v.* in, đăng, xuất bản, đăng tải; in dấu/vết, in, rửa, in [ảnh]; viết kiểu chữ in; khắc, ghi sâu

printer *n.* thợ in, chủ nhà in

prior *adv.* trước, trước khi: **~ to my arrival** trước khi tôi tới nơi

priority *n.* quyền hưởng trước, quyền ưu tiên, ưu tiên: **to give ~ to** cho quyền ưu tiên

prise *v.* tách rời vật gì bằng sức, nạy

prism *n.* lăng trụ; lăng kính

prison *n.* nhà tù, nhà lao, đề lao: **~ house** nhà tù, nhà lao

prisoner *n.* tù, người tù, tù nhân, phạm nhân: **~-of-war** tù binh chiến tranh

pristine *adj.* ban sơ, cổ xưa

privacy *n.* sự riêng tư; sự xa lánh; sự kín đáo: **to live in ~** sống cách biệt

private 1 *n.* lính trơn, binh nhì; chỗ kín: **in ~** kín đáo, bí mật, riêng tư; **~ soldier** lính trơn, binh nhì **2** *adj.* riêng tư, cá nhân, riêng, kín, mật; hẻo lánh, khuất nẻo: **~ detective** thám tử tư; **~ enterprise** công ty tư; **~ life** đời tư; **~ school** trường tư, trường tư thục

privatize *n.* tư nhân hoá các công ty/xí nghiệp nhà nước

privilege 1 *n.* đặc quyền, đặc ân **2** *v.* cho đặc quyền, ban đặc quyền

privy 1 *n.* chỗ/nhà tiêu, nhà xí **2** *adj.* riêng, tư, kín, bí mật được biết riêng [bí mật]: **~**

Council Viện cơ mật

prize 1 *n.* giải thưởng, phần thưởng; chiến lợi phẩm, của trời cho: **first ~** giải nhất; **~ money** tiền thưởng; **~-winner** người thắng giải, người đoạt giải **2** *v.* quý, đánh giá cao; nạy, bẩy lên **3** *adj.* tốt, mẫu mực: **a ~ student** một học sinh mẫu mực

pro 1 *n.* đấu thủ nhà nghề **2** *n.* lý thuận, đồng ý, hưởng ứng: **the ~s and cons** lý thuận và lý nghịch, thuận và chống, lý do/ phiếu tán thành và lý do/phiếu phản đối

proactive *adj.* thúc đẩy sự thay đổi

probability *n.* điều có thể xảy ra; sự có khả năng xẩy ra, sự có lẽ đúng: **in all ~** điều đó có thể xảy ra, rất có thể đúng

probably *adv.* chắc

probation *n.* thời gian tập sự; thời gian thử thách; sự tha tạm [tù]; sự cho học tạm [nếu điểm vẫn xấu thì mới đuổi]: **to be on ~** trong thời gian tập sự

probe 1 *n.* máy dò, cực dò, cái dò; điều tra **2** *v.* thăm dò, điều tra

problem 1 *n.* vấn đề; bài toán, điều khó hiểu **2** *adj.* gây phiền toái cho ai, tạo khó khăn

procedure *n.* thủ tục; nghi thức

proceed *v.* tiến lên, đi tới; tiếp tục, tiếp diễn, diễn tiến

proceeding *n.* kỉ yếu, biên bản; việc kiện tụng: **to take legal ~s against someone** đi kiện ai

process 1 *n.* quá trình, tiến trình; phương pháp, cách thức; trát đòi: **in the ~ of moving to a new**

procession

site hiện đang dọn đến một địa điểm mới **2** v. chế biến, gia công

procession n. cuộc diễu hành, đám rước

proclaim v. công bố, tuyên bố, làm bài báo cáo; xưng; để lộ ra

procrastinate v. chần chừ, trì hoãn

procreate v. sinh đẻ

proctor n. giám thị [ở trường]; người coi thi

procure v. kiếm được, mua/thu được; tìm [phụ nữ] cho nghề mại dâm, dắt gái, làm trùm gái điếm

prod 1 n. gậy nhọn **2** v. đâm, thúc; thúc giục

prodigal adj. hoang phí, phá của, hoang tàn: **the ~ son** đứa con hoang tàn

prodigy n. người/vật kỳ diệu; thần kỳ

produce 1 n. sản xuất, sản vật; kết quả, hậu quả: **farm/ agricultural ~** nông sản **2** v. sản xuất, chế tạo; sinh, đẻ, đem lại; gây ra/nên; viết ra, xuất bản, đưa ra, giơ ra, (xuất) trình; trình diễn

product n. sản phẩm, vật phẩm; kết quả

production n. sự sản xuất/chế tạo; sự sinh/đẻ; sản phẩm, tác phẩm; sự đưa ra, sự xuất trình

profanity n. tính/lời báng bổ; lời nói tục tĩu

profess v. tuyên bố; theo [đạo]; tự cho/xưng là: **to ~ oneself satisfied with** tuyên bố hài lòng với

profession n. nghề, nghề nghiệp; nghề tự do; lời tuyên bố, lời công bố

professor n. giáo sư đại học

proffer v., n. biểu, dâng, hiến, mời

proficiency n. khả năng, năng lực, tài năng

profile 1 n. mặt (nhìn) nghiêng, trắc diện, trắc đồ; vị trí; sơ lược tiểu sử: **to keep a low ~** giữ một vai trò thấp **2** v. vẽ mặt nghiêng, chụp mặt nghiêng

profit 1 n. lợi, lợi ích, bổ ích; lãi, lợi nhuận, tiền lời: **to do something to one's ~** làm gì có lợi cho ai; **~-taking** tiền lời có được sau khi bán cổ phiếu **2** v. có lời/lợi, làm lợi, mang lợi; kiếm lợi; lợi dụng

profound adj. sâu sắc, thâm thúy, uyên thâm, sâu xa; [giấc ngủ] say; [sự ngu dốt] hoàn toàn: **to take a ~ interest** hết sức quan tâm

profuse adj. có nhiều, dồi dào, vô khối, thừa; hào phóng

progeny n. con cái, con cháu, dòng dõi, hậu duệ

prognosis n. dự đoán, tiên liệu [về bệnh tình]

program(me) 1 n. chương trình; cương lĩnh

progress 1 n. sự tiến tới, sự tiến bộ, tiến triển; sự tiến hành: **~ report** bản tường trình sự tiến bộ **2** v. tiến tới, tiến bộ, tiến triển, phát triển; tiến hành, xúc tiến

prohibit v. cấm, cấm chỉ, ngăn cấm

prohibitive adj. [thuế, giá] đắt quá không mua nổi

project 1 *n.* dự án, đề án, kế
hoạch; công trình; công cuộc
2 *v.* phóng, chiếu ra; chiếu;
thảo/đặt kế hoạch; tính trước,
dự tính; nhô ra, thò ra, lòi ra: **to
~ oneself into someone's feelings**
đặt mình vào tâm trạng người
nào

projection *n.* sự phóng/bắn ra;
sự/phép chiếu, hình chiếu; sự
chiếu phim; sự đặt kế hoạch;
sự trù liệu; sự nhô ra, chỗ nhô
ra, phần thò ra: **to undertake
the ~ of a new enterprise** đặt
kế hoạch cho một cơ sở kinh
doanh mới

projector *n.* máy chiếu/rọi

prolapse *n., v.* (sự)sa xuống

prolific *adj.* đẻ nhiều, mắn đẻ, sai
quả, sinh sản nhiều; [nhà văn]
sáng tác nhiều

prolong *v.* kéo dài, gia hạn

promenade *n.* cuộc đi dạo chơi;
chỗ dạo mát: **~ concert** buổi
hoà nhạc ngoài trời

prominent *adj.* kiệt xuất, xuất
chúng, siêu quần xuất chúng

promiscuous *adj.* lang chạ, tạp
hôn, ngủ bậy; hỗn tạp, lẫn lộn,
bừa bãi: **a ~ woman** một người
đàn bà lang chạ

promise 1 *n.* lời hứa, lời hẹn ước:
to keep a ~ giữ lời hứa; **to break
a ~** không giữ, nuốt lời hứa; **an
empty ~** lời hứa suông/hão **2** *v.*
hứa, hứa hẹn, hẹn ước; báo trước

promissory *adj.* hứa hẹn, hẹn trả
tiền: **~ note** giấy hẹn trả tiền

promote *v.* thăng chức, thăng
cấp/trật; đẩy mạnh, xúc tiến;
đề xướng; ủng hộ; quảng cáo

[hàng hóa]: **to ~ trade between
two countries** đẩy mạnh thương
mãi giữa hai nước

promotion *n.* sự thăng thưởng/
thăng chức, sự vinh thăng; sự
cho lên lớp trên; sự xúc tiến; sự
khởi xướng; sự quảng cáo [món
hàng]

prompt 1 *adj.* đúng giờ; mau lẹ,
nhanh chóng, ngay **2** *v.* nhắc
[diễn viên]; gợi ý; xúi giục,
thúc đẩy **3** *adv.* nhanh chóng,
tức thời, ngay: **at ten o'clock ~**
vào lúc mười giờ đúng **4** *n.* sự
nhắc, lời nhắc; kỳ hạn trả tiền,
kỳ hạn trả nợ: **to give the actor
a ~** nhắc cho diễn viên

promulgate *v.* công bố, ban bố/
hành; đồn, truyền

prone *adj.* úp, sấp, nằm sấp; ngả/
thiên về, dễ

prong *n.* răng, ngạnh, nhánh,
chĩa: **the ~ of a fork** răng nĩa

pronoun *n.* đại từ: **personal ~s**
nhân xưng đại từ; **possessive ~s**
sở hữu đại từ

pronounce *v.* tuyên bố; phát âm:
to ~ a word phát âm một từ

proof 1 *n.* chứng, chứng cớ; sự
thử thách; bản in thử, bản vỗ:
above ~ chứng cớ vừa nêu trên;
to read/correct ~s sửa bản in
2 *adj.* chịu/chống được: **water~**
không thấm nước; **fire~** không
cháy được **3** *v.* làm cho không
xuyên qua, làm cho không
thấm nước: **to ~ something on
glossy paper** làm cho vật gì
không thấm qua giấy láng

prop 1 *n.* cái chống, nạng chống;
cột trụ **2** *v.* đỡ, dựng, chống,

propaganda

chống đỡ, dựa

propaganda *n.* tuyên truyền

propagate *v.* truyền (giống), nhân giống; truyền bá, lan truyền; sinh sôi nảy nở

propeller *n.* chân vịt (tàu), cánh quạt (máy bay)

proper 1 *adj.* (danh từ) riêng; đúng, thích đáng, thích hợp; hợp thức, đúng đắn, phải lẽ: ~ **noun** danh từ riêng; **in the ~ time** đúng lúc, phải lúc; ~ **behavior** thái độ cư xử đúng đắn 2 *adv.* thích đáng, thích hợp, đúng đắn

property *n.* của cải, vật sở hữu, tài sản; tính chất, đặc tính; đồ dùng sân khấu: **common ~** của cải chung; ~ **tax** thuế nhà đất, thuế thổ trạch; **public ~** tài sản công cộng

prophecy *n.* lời đoán trước, lời tiên tri/sấm

prophet *n.* nhà tiên tri; giáo đồ

proponent *n.* (người) đề xuất, đề xướng

proportion 1 *n.* tỷ lệ; phần; sự cân đối/cân xứng: **the ~ of five to one** tỷ lệ năm một 2 *v.* làm cân xứng, làm cân đối: **to ~ one's expenses to one's income** làm cho chi tiêu cân xứng với lợi tức

propose *v.* đề nghị, kế hoạch đề xuất; đề cử, tiến cử; dự định, có ý định; cầu hôn: **to ~ a course of action** đề nghị một đường lối hành động

proposition 1 *n.* lời đề nghị, kế hoạch đề ra; lời tuyên bố; việc, chuyện, vấn đề: **a tough ~** việc

làm gay go, chuyện khó thành 2 *v.* đề nghị, tuyên bố, gạ ăn nằm với ai

propound *v.* đề nghị, đề xuất

proprietary *adj., n.* thuộc chủ quyền, quyền sở hữu; giới chủ nhân

propriety *n.* sự thích đáng; sự đúng mực, sự hợp thức, sự phải phép; phép lịch sự, khuôn phép

propulsion *n.* sự đẩy tới; sự thúc đẩy

prose 1 *n.* văn xuôi, tản văn: ~ **poetry** thơ xuôi, thơ tự do 2 *v.* chuyển sang thể văn xuôi; nói chán lắm

prosecute *v.* kiện, truy tố, khởi tố: **to ~ the law-breaker and make a claim for damages** truy tố kẻ phạm pháp và đòi bồi thường thiệt hại

prosecutor *n.* công tố viên; bên nguyên cáo

prospect 1 *n.* cảnh, toàn/viễn cảnh; viễn tượng, triển vọng, tương lai, tiền đồ 2 *v.* thăm dò (quặng mỏ), điều tra; tìm kiếm: **to ~ for gold** thăm dò tìm vàng

prospectus *n.* giấy cáo bạch; dự án, tiểu luận

prosperity *n.* sự thịnh vượng/ phát đạt/phồn vinh

prostate *n.* tuyến tiền liệt: ~ **gland** tuyến tiền liệt ở đàn ông

prostitute *n.* đĩ, gái điếm, gái mại dâm, ả giang hồ

prostrate 1 *adj.* nằm sấp; phủ phục; bị đánh gục; kiệt sức: ~ **with grief** nằm gục xuống vì kiệt sức 2 *v.* đặt, nằm sấp úp; làm mệt lử: **to ~ oneself before**

the king phủ phục trước nhà vua

protagonist *n.* người tán thành; vai chính trong một vở kịch; người chủ đạo

protect *v.* che chở, bao che, bảo hộ/vệ, phòng: **to ~ against pornography** bảo vệ chống lại sách báo khiêu dâm

protective *adj.* che chở, bảo vệ (về kinh tế): **~ clothing** quần áo bảo vệ; **~ custody** sự giam giữ phòng ngừa

protégé *n.* người được bảo hộ, người được che chở

protest 1 *n.* sự phản kháng; lời kháng nghị; lời phản đối; lời xác nhận long trọng; lời cam đoan; lời quả quyết: **under ~** phản đối lại, một cách miễn cưỡng, vùng vằng 2 *v., n.* phản kháng, phản đối; long trọng xác nhận: **to ~ one's innocence** cam đoan là vô tội

Protestant *n.* người theo đạo Tin Lành

protocol *n., v.* nghi lễ, lễ tân; nghị định thư

prototype *n.* nguyên mẫu, mẫu đầu tiên

protractor *n.* rắp-póoc-tơ, thước đo góc [hình bán nguyệt]

protrude *v.* thò ra, nhô/lồi ra

proud *adj.* hãnh diện, tự hào [of về]; tự đắc, kiêu căng/ngạo/ hãnh; đẹp lộng lẫy, hùng vĩ: **to be ~ of one's achievements** hãnh diện về sự thành đạt của ai

prove *v.* chứng tỏ, chứng minh, tỏ ra: **to ~ one's goodwill** chứng tỏ thiện chí của mình

proverb *n.* tục ngữ, cách ngôn; điều ai cũng biết, người ai cũng biết

provide *v.* cung cấp, chu cấp; dự phòng, chuẩn bị: **to be well ~d for** được cung cấp dưỡng đầy đủ; **the law ~s that…** luật pháp qui định rằng; **to ~ someone with something** cung cấp ai cái gì

providence *n.* sự lo xa, dự phòng; Thượng đế; ý trời, mệnh trời: **special ~** sự dự phòng đặc biệt

province *n.* tỉnh, tỉnh bang; phạm vi, lĩnh vực

provision *n.* sự dự phòng; điều khoản [khế ước]: **~s** thực phẩm dự trữ, đồ ăn đồ uống

provocation *n.* sự khiêu khích; sự xúi giục

provoke *v.* khêu gợi, kích thích; chọc tức, trêu chọc, khiêu khích; xúi giục, khích

prow *n.* mũi thuyền, mũi tàu

prowess *n.* lòng can đảm; năng lực đặc biệt

prowl 1 *n.* sự rình mò; sự đi lảng vảng, đi quanh vẩn vơ: **to take a ~ around the shopping complex** đi vơ vẩn quanh khu phố 2 *v.* đi lảng vảng kiếm mồi, đi loanh quanh

proximity *n.* sự gần gũi; vùng lân cận

proxy *n.* giấy/sự uỷ quyền; người thay mặt: **by ~** do uỷ nhiệm

prudent *adj.* dè dặt, cẩn thận, thận trọng, khôn ngoan

prune 1 *n.* mận khô, mứt mận 2 *v.* tỉa, xén cành cây; lược bớt [cho đỡ rườm]: **to ~ down a tree** cắt cây, chặt cây bớt, tỉa cây

pry

pry 1 *v.* nạy ra; nhìn tò mò, nhìn xoi mói; dính mũi vào: **to ~ into someone's affairs** xía vào việc gì của ai 2 *v.* trao giải thưởng, ca ngợi ai

psalm *n.* bài thánh ca/thánh thi

pseudonym *n.* tên riêng, bút danh, biệt hiệu

psyche *n.* linh hồn, tinh thần

psychiatry *n.* bệnh học tinh thần/ tâm thần

psychic *n., adj.* ông đồng, bà đồng bóng, đồng bóng

psychology *n.* tâm lý học; môn học tâm lý

pub *n.* quán rượu, tửu quán, quán ăn

puberty *n.* tuổi dậy thì

public 1 *n.* công chúng, quần chúng; dân chúng, nhân dân: **in ~** giữa công chúng, công khai; **to appeal to the ~** kêu gọi công chúng 2 *adj.* chung, công, công cộng: **~ domain** trang dành cho công chúng; **~ figure** con số chung; **~ holidays** những ngày nghỉ lễ chung; **~ library** thư viện công cộng; **~ prosecutor** nhân viên luật lo kết tội tội phạm; **~ relations** quan hệ/giao tế với quần chúng

publicity *n.* sự quảng cáo, sự rao hàng

publish *v.* xuất bản, phát hành; công bố, ban bố: **to ~ a newspaper** xuất bản một tờ báo

pudding *n.* bánh pud-ding, bánh kem/sữa

puddle 1 *n.* vũng nước; việc rắc rối 2 *v.* lội/vấy bùn; làm hỏng

puff 1 *n.* hơi thở, luồng gió/hơi;

hơi thuốc lá; chỗ phồng lên; bánh su, bánh xốp: **cream ~** bánh su nhồi kem 2 *v.* thở phù phù, thở hổn hển; phụt ra; hút/ rít hơi thuốc; làm bông lên, làm phồng lên; vênh váo, tự đắc: **to ~ and blow** thở hổn hển, thở ì ạch; **to ~ up with pride** vênh váo tự đắc

pugilism *n.* quyền thuật, môn đánh quyền

pugnacious *adj.* hay gây gổ, thích đánh nhau

pull 1 *n.* sự lôi/kéo/giật; núm, quả đấm; sức kéo, sức hút; thế lực 2 *v.* lôi, kéo, giật; bứt [tóc]; bẹo [tai]; nhổ răng; nhổ cỏ dại: **to ~ a fast one** cố lừa dối; **to ~ one's weight** chia sẻ công việc; **to ~ apart** xé toạc; **to ~ in a suspect** bắt một kẻ tình nghi; **to ~ out** kéo ra; nhổ ra; [quân đội] rút ra; rút ra khỏi [nhóm]; **to ~ through** qua khỏi được, thoát; **to ~ oneself together** lấy lại can đảm, lấy lại bình tĩnh; **to ~ a face** nhăn mặt

pulley *n., v.* cái ròng rọc

pulmonary *adj.* thuộc phổi, có liên quan đến phổi

pulp 1 *n.* cơm, thịt [trái cây]; lõi cây; tuỷ [răng]; bột giấy; cục bột nhão: **to reduce to ~** nghiền nhão ra 2 *v.* nghiền nhão; xay

pulpit *n.* bục giảng kinh, giảng đàn

pulse *n., v.* mạch; nhịp đập, cảm xúc rộn ràng: **to stir someone's ~** gây xúc động rộn ràng cho ai

puma *n.* báo, sư tử

pummel *v.* đấm liên hồi, đấm thùm thụp

pump 1 *n.* cái bơm, máy bơm: **bicycle ~** bơm xe đạp; **hydraulic ~** bơm thuỷ lực 2 *v.* bơm, moi tin tức: **to ~ up a tire** bơm lốp xe

pumpkin *n.* quả bí ngô

pun *n., v.* (sự) chơi chữ

punch 1 *n.* cú đấm: **a ~ on the head** cú đấm vào đầu 2 *n.* máy giùi; máy khoan; kìm bấm; máy rập 3 *v.* đấm, thụi, thoi 4 *v.* giùi lỗ; khoan; bấm [vé]

punctual *adj.* đúng giờ

punctuate *v.* đánh dấu chấm câu; nhấn mạnh; lúc lúc lại ngắt quãng

punctuation *n.* dấu ngắt câu, dấu chấm câu

puncture 1 *n.* lỗ thủng 2 *v.* đâm thủng, chọc thủng

pungent *adj.* cay, hăng; cay độc, chua chát

punish *v.* phạt, trừng phạt, trừng trị; hành (hạ): **to ~ someone for doing wrong** trừng phạt ai vì làm một việc gì sai

punitive *adj.* phạt, trừng phạt, để trừng trị

punk *n., adj.* gỗ mục; thằng láo, phường đểu cáng, tên (oắt con) lưu manh: **~ rock** nhạc róc

punnet *n.* giỏ đựng rau quả

punter *n.* người đánh cá độ đua ngựa

pup *n.* chó con: **a conceited ~** chàng thanh niên tự cao tự đại, đứa bé kiêu ngạo; **to sell somebody a ~** lừa bịp ai, lừa đảo ai

pupa *n.* (*pl.* **pupae**) con nhộng

pupil 1 *n.* học trò, học sinh 2 *n.* con ngươi, đồng tử

puppet *n.* con rối; bù nhìn: **~ government** chính phủ bù nhìn, chính quyền ngụy

puppy *n.* chó con

purchase 1 *n.* sự mua/tậu; vật mua/tậu được; thu hoạch hàng năm: **~ price** giá mua, tậu, sắm; giành được

pure *adj.* trong, trong sạch, nguyên chất, tinh khiết, trong lành; thuần chủng, không lai; trong sáng; trong trắng, trinh bạch; [toán học] thuần túy; hoàn toàn: **~ in heart** tấm lòng trong trắng; **~ science** khoa học thuần tuy

purge 1 *n.* sự làm sạch, sự thanh lọc; cuộc thanh trừng 2 *v.* làm sạch, gột rửa, lọc, thanh lọc; thanh trừng; cho uống thuốc tẩy/xổ; tẩy, xổ: **to be ~d of sin** rửa sạch tội lỗi

purify *v.* lọc trong, làm sạch, tinh chế: **to ~ water for drinking** lọc trong nước để uống

purity *n.* sự trong sạch, trong trắng, tinh khiết; sự nguyên chất/thuần khiết; tính trong sáng

purple *n., adj.* (màu) đỏ tía

purport 1 *n.* ý nghĩa, hàm ý, nội dung 2 *v.* có ý nghĩa là, có nội dung là: **to ~ that it be signed by you** [tài liệu] có vẻ như do chính bạn ký tên

purpose 1 *n.* mục đích, ý định; chủ định, chủ tâm, chủ ý, dự định; sự quả quyết, quyết tâm: **for the ~ of** nhằm mục đích; **on ~** cố ý, cố tình, có chủ tâm 2 *v.* có ý định, có chủ ý

purr 1 *n.* tiếng mèo khò khò/rừ

purse

rừ 2 v. [mèo] kêu rừ rừ, kêu
khò khò

purse 1 n. túi tiền, hầu bao;
tiền, vốn; túi; ví tay của phụ
nữ: **to hold the ~ string** nắm
mọi chi tiêu, nắm dây thắt ví
tiền; **public ~** gây quỹ bằng
cách đánh thuế 2 v. nắm, mím
[môi]; bỏ vào túi

pursue v. đuổi theo, rượt bắt, truy
nã/kích; theo đuổi, đeo đuổi,
tiếp tục; mưu cầu [hạnh phúc]:
to ~ the policy of peace theo
đuổi chính sách hoà bình; **to ~
happiness** mưu cầu hạnh phúc

purveyor n. nhà thầu cung cấp
thực phẩm cho quân đội

pus n. mủ

push 1 n. sự xô, sự đẩy (một cái);
sự thúc đẩy; sự hăng hái dám
làm: **to get the ~** bị sa thải 2 v.
đẩy, xô; xô lấn, chen lấn; thúc
đẩy, thúc giục; đẩy mạnh, mở
rộng, xúc tiến; ép, thúc bách;
tung ra, quảng cáo [món hàng]:
to ~ a button bấm cái nút; **to
~ drugs** bán chất ma tuý; **to ~
around** chèn, lấn, coi thường;
to ~ aside đẩy sang một bên; **to
~ one's luck** không sợ rủi ro; **to
~ off** thuyền ra đi, khởi hành;
chuồn, tẩu; **to ~ on** đi tiếp, tiếp
tục; **to ~ through** xô lấn qua,
chen qua; làm cho xong

put v. [put] để, đặt, bỏ, cho vào,
đút vào; sắp đặt, sắp xếp; đưa/
đem ra; nói ra, diễn tả; cắm/
đâm vào, bắn vào, buộc vào;
lắp/tra vào: **to ~ a heavy tax on**
đánh thuế nặng; **to ~ a stop to**
chấm dứt; **to ~ aside** dành dụm,

để dành; bỏ đi, để sang một
bên; **to ~ away** để dành; ăn,
uống; **to ~ back** để vào chỗ cũ;
vặn [đồng hồ] lùi lại; **to ~ down**
để/đặt xuống; ghi, biên; đàn
áp [cuộc nổi dậy]; làm nhục,
hạ nhục; [máy bay] hạ cánh;
to ~ in order xếp dọn, xếp thứ
tự; **to ~ in writing** viết xuống;
to ~ money to đầu tư vốn vào;
to ~ off hoãn lại; **to ~ on** mặc/
đội/ thắt/đi vào; đem trình diễn
[kịch]; bật lên; làm ra vẻ; lên
[cân **weight**]; **to ~ out** chìa ra;
tắt [lửa, đèn]; tống cổ; làm
phát cáu; **to ~ through** giúp để
[dự luật] được thông qua; **to ~
to a vote** đem ra biểu quyết

putrid adj. thối tha, độc hại; tồi
tệ, khó chịu

putt v., n. (cú) đánh nhẹ vào banh

puzzle 1 n. vấn đề khó xử; câu
đố: **crossword ~** trò chơi ô chữ
2 v. làm bối rối, làm khó xử: **to
~ out** giải đáp được câu đố

pygmy n., adj. người lùn tịt; người
tầm thường dốt nát, người vô
tinh

pylon n. cửa tháp; cột tháp

pyramid n. hình chóp; tháp chóp,
kim tự tháp

Pythagoras' theorem n. lý thuyết
của Py-ta-gore

python n. con trăn lớn, măng xà

Q

QC n., abbr. (= **Queen's Counsel**)
luật sư cao cấp ở Anh hay ở Úc

quack 1 n. tiếng kêu cạc cạc
2 n. lang băm, lang vườn; kẻ

bất tài nhưng làm ra vẻ giỏi: ~ **doctor** ông thầy thuốc ở làng 3 v. [vịt] kêu cạc cạc 4 v. chữa kiểu lang băm; huênh hoang khoác lác

quadrant n. góc phần tư; cung phần tư

quadrilateral n., adj. (hình) bốn cạnh; bốn bên

quadruped n., adj. (thú) bốn chân

quadruple 1 adj. to gấp bốn, bốn bên, tay tư: ~ **alliance** đồng minh bốn nước 2 n. to gấp bốn lần, tăng lên gấp bốn 3 v. nhân bốn, tăng lên bốn lần

quaff 1 n. sự uống một hơi rượu 2 v. nốc một hơi dài

quail 1 n. chim cun cút 2 v. mất tinh thần, run sợ: **not to ~ before someone's threats** không run sợ trước sự đe doạ của ai

quaint adj. là lạ, hay hay; kỳ quặc, kỳ cục

quake 1 n. sự rung/run: **earth~** trận động đất 2 v. rung; run, run rẩy

qualify v. gọi là, cho là; làm cho có đủ điều kiện; có đủ tư cách, có đủ khả năng, có đủ tiêu chuẩn: **to be qualified for a position** có đủ tư cách đảm nhiệm chức vụ

quality n. chất, phẩm chất; chất lượng; tính chất ưu tú; năng lực, tài năng, đức tính; loại, hạng: **to have many good qualities** có nhiều đức tính tốt

qualm n. nỗi băn khoăn day dứt; mối e sợ, mối lo ngại; sự buồn nôn, cảm giác nôn nao

quandary n. tình trạng bối rối, tình trạng khó xử: **to be in a ~** ở trong tình trạng khó xử

quantify v. xác định số lượng

quantitative adj. về lượng, về số lượng; định lượng

quantity n. lượng, số lượng, khối lượng; chi tiết thiết kế thi công: **electric ~** điện lượng; **to buy in quantities** mua một số lượng lớn; **~ surveyor** người viết bản thiết kế thi công

quantum n. phần, mức; lượng tử: **~ theory** thuyết lượng tư

quarantine 1 n. sự kiểm dịch; sự cách ly: **to clear one's goods through ~** thực hiện kiểm dịch hàng hoá 2 v. giữ kiểm dịch

quarrel 1 n. vụ cãi nhau; mối tranh chấp/bất hoà 2 v. cãi nhau, cãi lộn: **to ~ over** cãi về việc gì

quarry 1 n. con mồi, thú bị săn; kẻ bị truy lùng 2 n. mỏ/hầm đá, nơi lấy đá 3 v. khai thác mỏ đá; moi, tìm tòi

quarter 1 n. một phần tư; một khắc, 15 phút; một quý ba tháng; khu phố, xóm phường; tuần trăng: **a ~ to two** 2 giờ thiếu 15; **at close ~s** (đánh) giáp lá cà; **a bad ~ of an hour** một vài giây phút khó chịu 2 v. chia tư; cắt làm bốn; phanh thây; đóng [quân]

quartz n. thạch anh

quash v. huỷ bỏ, bác bỏ; dập tắt, dẹp yên: **to ~ the verdict** hỷ bỏ bản án

quaver 1 n. sự rung tiếng; sự láy rền; nốt móc 2 v. rung tiếng, nói rung tiếng; láy nốt nhạc rền

quay *n.* ke, bến cảng, bến tàu

queasy *adj.* làm buồn nôn, cảm thấy lộn mửa

queen 1 *n.* bà vua, nữ hoàng, bà hoàng/chúa; vợ vua, hoàng hậu; quân Q; quân đầm: **the ~ of England** Nữ Hoàng Anh; **~ bee** con ong chúa; **~'s Counsel** người đại diện nữ hoàng; **~'s English** Nữ hoàng Anh 2 *v.* chọn làm nữ hoàng, chọn làm hoàng hậu

queer 1 *n.* người tình dục đồng giới 2 *adj.* lạ, lạ lùng, kỳ quặc, kỳ cục; đáng ngờ, khả nghi; tình dục đồng giới: **to feel ~** cảm thấy khó chịu 3 *v.* làm hại, làm hỏng; làm cho cảm thấy khó chịu

quell *v.* dẹp đàn áp, dập tắt [cuộc nổi loạn]

quench *v.* làm hết [khát]; dập tắt [lửa, loạn]: **to ~ someone's enthusiasm** làm nhụt nhiệt tình của ai

querulous *adj.* hay than phiền, hay cầu nhàu

query 1 *n.* câu hỏi, điểm thắc mắc, câu chất vấn 2 *v.* hỏi, hỏi xem, chất vấn; đặt câu hỏi, văn: **to ~ someone on the accounts' discrepancy** chất vấn ai về trương mục không rõ ràng

quest *n., v.* sự tìm kiếm, sự đi lùng: **in ~ of** đang tìm kiếm

question 1 *n.* câu hỏi; vấn đề; sự nghi ngờ: **to put a ~** đặt câu hỏi; **~ time** thời gian đặt câu hỏi ở quốc hội; **a ~ of time** không sớm thì muộn, chỉ là vấn đề thời gian; **beyond all ~** đáng nghi ngờ 2 *v.* hỏi, văn hỏi, hỏi cung; nghi ngờ: **to ~ the honesty of somebody** nghi ngờ lòng chân thật của ai

questionnaire *n.* bản câu hỏi, bản lục vấn

queue 1 *n.* hàng xếp nối đuôi; đuôi sam: **to stand in a ~** đứng xếp thành hàng 2 *v.* xếp hàng: **to ~ up for tickets** xếp hàng mua vé

quibble 1 *n.* lối chơi chữ, cách nói nước đôi; lý sự cùn, cách nói ngụy biện 2 *v.* ngụy biện, lý sự cùn

quiche *n.* bánh trứng, bánh kít

quick 1 *n.* tâm can, ruột gan; chỗ nhạy cảm nhất; người còn sống: **to cut to the ~** chạm nọc, chạm vào chỗ nhạy cảm nhất 2 *adj.* nhanh, mau, lẹ; tinh, thính; nhanh trí, linh lợi; nhạy cảm: **a ~ eye** mắt tinh nhanh; **~ fire** bắn nhanh; **a ~ mind** đầu óc bén nhạy; **~ to sympathize** dễ thông cảm 3 *adv.* một cách nhanh chóng, mau lẹ

quicklime *n.* vôi sống

quicksand *n.* cát lầy, cát lún

quid *n.* miếng thuốc lá; miếng: **a ~ of betel** miếng trầu

quiet 1 *n.* sự yên tĩnh, sự êm ả, sự yên ổn; sự thanh bình: **a few hours of ~** một vài giờ êm ả; **on the ~** hết sức bí mật 2 *adj.* yên tĩnh, yên lặng; trầm lặng; yên ổn, thanh bình, thái bình; khiêm tốn, kín đáo: **Be ~!** Im! câm mồm! 3 *v.* dỗ [trẻ] cho nín; làm dịu; [tình hình] dịu xuống, lắng xuống, bớt căng thẳng

quill *n.* ống lông; lông; (bút) lông ngỗng: ~ **feathers** lông ngỗng

quilt *n.* mền bông, chăn bông: ~ **cover** bao bọc chăn bông

quinine *n.* thuốc qui-nine, thuốc ký ninh

quintessence *n.* tinh tuý, tinh hoa, tinh chất

quintuplet *n.* trẻ con sinh năm

quip *n., v.* sự nói đùa; nói giỡn, châm biếm

quirk *n.* lời thoái thác

quisling *n.* tên phản quốc, người làm tay sai cho địch

quit *v.* thôi, bỏ, nghỉ, ngừng, ngưng; thôi việc: **to ~ a job** bỏ việc làm; **to ~ work** nghỉ việc

quite *adv.* hoàn toàn, hẳn, hết sức, rất là, rất mực; khá: **not ~ finished (yet)** chưa xong hẳn; ~ **a few** một số khá nhiều

quiver 1 *n.* ống đựng tên bắn 2 *n.* giọng run run 3 *v.* nói run run

quixotic *adj.* hào hiệp viển vông, giống như Đông-ky-sốt

quiz 1 *n.* câu hỏi thi, bài thi ngắn; người hay trêu ghẹo chế nhạo; ~ **show** chương trình truyền hình đố vui 2 *v.* kiểm tra (nói miệng), quay thi (vấn đáp); trêu ghẹo, chế nhạo

quoits *n., v.* cái vòng ném vào đầu vịt; trò chơi ném vòng

quorum *n.* túc số, đủ số đại biểu cần thiết để bầu hay thông qua một quyết định

quota *n.* số, phần; số định trước; chỉ tiêu

quote 1 *n.* lời/đoạn trích dẫn; bản khảo giá; dấu ngoặc kép 2 *v.* trích dẫn; định giá

quotient *n.* số thương, thương số

Qur'an *n.* xem **Koran**

R

rabbi *n.* giáo sĩ/mục sư Do Thái

rabbit *n.* con thỏ: ~ **hole** hang thỏ; **to breed like ~s** đẻ như thỏ

rabble *n.* đám đông gây lộn xộn; lớp tiện dân ồn ào

rabid *adj.* [chó] dại; điên dại; dữ dội, ghê gớm: **a ~ dog** chó dại

raccoon *n.* gấu trúc Mỹ

race 1 *n.* cuộc (chạy) đua; cuộc đua ngựa; sông đào, đời người: **marathon ~** cuộc chạy đua đường dài, chạy đua Ma-ra-tong 2 *n.* nòi, giống, loài, chủng tộc: **the human ~** loài người, nhân chủng 3 *v.* chạy đua/thi với; phóng nhanh, cho [ngựa] phi, cho [máy] chạy hết tốc độ

racism *n.* chủ nghĩa phân biệt chủng tộc, chủ nghĩa kỳ thị chủng tộc

rack 1 *n.* những đám mấy trôi dạt: **to go to ~ and ruin** tiêu tan thành mây khói, tiêu tan sự nghiệp 2 *n.* giá, giá để hành lý; cái mắc áo; máng ăn; giá bom; thanh răng: **a luggage ~** giá để hành lý 3 *n.* cái trăn để tra tấn; sự tra tấn, sự hành hạ: **to be on the ~** bị hành hạ 4 *v.* đóng trăn, tra tấn; hành, hành hạ, làm khổ; nặn óc; đổ đầy cỏ vào máng

racket 1 *n.* (*also* **racquet**) vợt: **tennis ~** vợt tenis, vợt đánh quần vợt **2** *n.* tiếng ồn ào, tiếng om sòm; mánh lới, mưu mô thủ đoạn làm tiền; cảnh ăn chơi nhộn nhịp: **to kick up a ~** làm ồn ào

radar *n., abbr.* (= **radio detecting and ranging**) máy ra-da; hệ thống phát tuyến ra-đa

radial *adj., n.* thuộc tia sáng; tỏa tròn; xuyên tâm

radiation *n.* ánh sáng phát ra; sự bức xạ, sự phóng xạ: **~ sickness** bệnh vì bị nhiễm phóng xạ; **~ therapy** trị liệu bằng sự bức xạ

radical 1 *n.* gốc; gốc từ; căn thức **2** *n.* đảng viên đảng cấp tiến, tay cấp tiến **3** *adj.* căn bản; cấp tiến; căn; thuộc rễ; thuộc gốc từ: **~ change** sự thay đổi căn bản

radicle *n.* nguyên lý cơ bản, gốc; dấu căn; người theo đảng cấp tiến

radio 1 *n.* ra-đi-ô, máy thu thanh, đài: **~cab** xe tắc xi có trang bị vô tuyến; **~ frequency** tần số ra-đi-ô; **~ ham** điều hành đài phát thanh tài tử; **~ network** mạng lưới ra-đi-ô **2** *v.* truyền đi bằng vô tuyến

radioactivity *n.* năng lực phóng xạ, tính phóng xạ

radiographer *n.* máy/người xử dụng tia x, ảnh quang tuyến x

radiology *n.* khoa tia x, khoa quang tuyến x

radiotherapy *n.* phương pháp chữa trị ung thư bằng tia phóng xạ quang tuyến

radish *n.* củ cải đỏ

radius *n.* (*pl.* **radii**) bán kính; vòng, phạm vi

raft *n.* bè, mảng

rafter *n.* rui mái nhà

rag *n.* giẻ rách, giẻ; một tí, mảnh vụn: **to be in ~s** ăn mặc quần áo rách tả tơi; **~-bag** bao đựng giẻ rách; **~ and bones man** người mua bán áo quần cũ, người mua bán đồ đồng, nhôm vụn; **from ~s to riches** từ tay không trở nên giàu có; **to tear to ~s** xé rách tả tơi

ragamuffin *n.* người ăn mặc rách rưới bẩn thiu; người đầu đường xó chợ

rage 1 *n.* cơn thịnh nộ, cơn giận dữ; sự cuồng bạo, sự ác liệt; tính ham mê, sự say mê; mốt thịnh hành, mốt phổ biến: **to fly into a ~** nổi cơn thịnh nộ; **to be in a ~ with someone** nổi xung với người nào **2** *v.* nổi cơn thịnh nộ, giận điên lên

raid *n., v.* (trận) tấn công bất ngờ, (trận) đột kích; (cuộc) vây bắt, bố ráp; (vụ) cướp bóc: **a police ~ on the drugs trade** cuộc bố ráp cảnh sát vào việc buôn bán ma túy

rail 1 *n.* đường rầy, đường xe lửa, đường sắt: **~way, ~road** đường sắt, đường xe lửa; **~ card** vé đi xe lửa giảm giá; **to run off the ~s** trật đường rầy **2** *n.* tay vịn, hàng rào, lan can

rain 1 *n.* mưa, mùa mưa: **to be caught in the ~** bị mưa; **~ or shine** dù mưa hay nắng; **~coat** áo mưa; **~-check** vé để xem lại trận đấu sau khi hết mưa; **~drop** giọt mưa; **~fall** lượng mưa, vũ lượng; trận mưa rào:

~storm mưa dông; **~ water** nước mưa **2** v. mưa, đổ xuống như mưa: **to ~ blows on someone** đấm ai túi bụi

raise 1 n. sự tăng lương; sự nâng lên, sự tăng lên **2** v. nâng lên, đỡ dậy; đưa lên, giơ/kéo lên; ngẩng [đầu] lên; ngước [mắt] lên; cất [tiếng]; nuôi [trẻ con, súc vật]; nêu lên, đưa ra, đề xuất; gây nên; thu [thuế, tiền]; mộ [quân]; nhổ [trại camp]; xúi giục [cuộc nổi loạn]; làm nở [một bánh mì]: **to ~ one's glass to someone** nâng ly chúc mừng ai; **to ~ someone's salary** tăng lương cho ai; **to ~ children** nuôi con

raisin n. nho khô, mứt nho

rake 1 n. cái cào **2** n. người chơi bời trác táng **3** v. cào, cời; lục soát: **to ~ one's memory** tìm trong trí nhớ; **to ~ up** cào gọn lại, khơi lại quá khứ

rally 1 n. cuộc mit-ting lớn; sự tập hợp lại **2** v. tập hợp lại; lấy lại sức; tấp nập lại: **to ~ someone's spirit** củng cố lại tinh thần; **to ~ from an illness** bình phục sau một cơn bệnh

ram 1 n. cừu đực; tàu mũi nhọn; búa thuỷ động **2** v. đóng [cọc]; nện [đất]; nhét/nhồi/ấn vào; đâm

ramble 1 n. cuộc dạo chơi, cuộc du ngoạn/ngao du: **to go for a ~** đi dạo chơi **2** v. đi dạo chơi, ngao du; nói huyên thiên, nói dông dài

ramification n. sự phân chia nhánh, nhánh, chi nhánh

ramp 1 n. bờ dốc, dốc; thang lên máy bay; bệ phóng **2** v. xây bờ dốc, đắp mô

rampage n., v. (sự) giận giữ, (cơn) điên lên

ramshackle adj. [nhà] xiêu vẹo, đổ nát

ranch n. trại nuôi súc vật

rancid adj. [bơ, mỡ] trở mùi, có mùi, ôi: **to smell ~** đã có mùi

rancor n. sự thù oán, oán thù, mối hiềm thù

R&D n., abbr. (= Research and Development) nghiên cứu và phát triển sưu tầm nghiên cứu và phát triển

random 1 n. càn, bừa (bãi), ẩu, bậy **2** adj. ẩu, bừa: **~ access** có thể có được các trữ liệu trong máy vi tính

range 1 n. hàng, dãy; phạm vi, tầm hoạt động, lĩnh vực, trình độ; loại, khoảng; vùng; bãi cỏ rộng lớn; lò bếp: **a wide ~ of prices** đủ loại giá **2** v. chạy dài; xếp hàng; đi khắp; lên xuống trong một khoảng giữa hai mức; được xếp vào loại

rank 1 n. hàng, dãy; hàng ngũ, đội ngũ; hạng loại, cấp, bậc; đẳng cấp, giai cấp, địa vị xã hội: **to close the ~s** siết chặt hàng ngũ; **the ~ and file** lính thường; dân thường **2** v. xếp loại/hạng, xếp theo thứ tự trên dưới; đứng vào hàng: **to ~ with** đứng ngang hàng với **3** adj. oi, trở mùi; [cây cối] rậm rạp, sum sê; trắng trợn, rõ ràng rành rành, quá quẩn: **a ~ smell** mùi oi

rankle v. [vết thương] làm mủ, thành độc; làm đau khổ, day dứt, giày vo

ransack *v.* lục lọi, lục soát; cướp bóc, cướp phá: **to ~ one's brains** nặn óc suy nghĩ

ransom 1 *n.* tiền chuộc: **to hold something to ~** giữ lại vật gì để đòi tiền chuộc 2 *v.* đòi nộp tiền chuộc

rap 1 *n.* cú đánh nhẹ, gõ; tiếng gõ; sự buộc tội: **to take the ~** bị phạt oan 2 *n.* một tí, một chút, mảy may 3 *v.* đánh nhẹ, gõ, cốp; gõ cửa: **to ~ out a reply** đáp lại một cách cộc cằn

rape *n., v.* (sự/vụ) cưỡng dâm, hiếp dâm, hãm hiếp

rapid 1 *n.* thác, ghềnh 2 *adj.* nhanh, mau: **a ~ decline in health** sự giảm sút sức khỏe nhanh chóng

rapport *n.* quan hệ; sự hiểu nhau, sự thông cảm

rapt *adj.* say mê, chăm chú; sung sướng vô cùng: **to be ~ in movies** say mê xem xi-nê

rapture *n.* sự sung sướng/say mê, mê ly: **to go into ~s** sung sướng vô cùng

rare 1 *adj.* ít có, hiếm (có), hy hữu, hạn hữu; [không khí] loãng; ít khi xảy ra 2 *adj.* [thịt] tái, còn hơi sống, lòng đào

rascal *n.* tên lưu manh, thằng đểu, tên vô lại; thằng ranh con:

rash 1 *n.* chứng phát ban: **heat ~** chứng rôm 2 *adj.* liều, ẩu, bừa bãi; cẩu thả, khinh suất

rasp 1 *n.* cái giũa gỗ; tiếng kèn kẹt 2 *v.* giũa, cạo, nạo; làm sướt da; làm phật ý; kêu cọt kẹt, cò cử

rat 1 *n.* con chuột, kẻ phản bội, người bỏ đảng; tên mách lẻo; thằng chó: **~ race** đua chuột; **~ trap** cái bẫy chuột 2 *v.* bắt chuột, giết chuột; bỏ đảng, phản bội: **to ~ on someone** phản bội ai

ratchet *n.* bộ bánh cóc

rate 1 *n.* tỷ lệ; tốc độ; giá, suất, mức; hạng, loại; thuế nhà đất: **at any ~** dù sao chăng nữa; **~ of exchange, exchange ~** (tỷ) giá hối đoái, hối suất 2 *v.* đánh/lượng giá, ước lượng/tính; coi, xem như; xếp hạng/loại: **to ~ someone too high** đánh giá ai quá cao

rather *adv.* thà... hơn; hơi thể: **He is ~ tired.** Ông ấy hơi mệt.; **~ large** hơi to quá

ratify *v.* phê chuẩn, thông qua

ratio *n.* (*pl.* **ratios**) tỷ lệ, tỷ số; số truyền

ration 1 *n.* khẩu phần, phần ăn: **~ card** thẻ lĩnh gạo 2 *v.* hạn chế; chia khẩu phần; (bắt) bán theo phiếu/bông

rationale *n.* lý do, cơ sở hợp lý: **~ for learning a foreign language** lý do học ngoại ngữ

rattan *n.* mây, song

rattle 1 *n.* tiếng lách cách/lạch cạch; trống lắc, trống bổi; chuyện ba hoa: **~ box** cái lúc lắc 2 *v.* kêu lách cách, kêu lạch cạch, kêu lốp cốp; nói/đọc liến thoắng

raucous *adj.* khàn khàn

raunchy *adj.* thô lỗ, dâm dục

ravage 1 *n.* sự tàn phá; cảnh tàn pha 2 *v.* tàn phá, cướp phá, cướp bóc

rave *v.* mê sảng, nói sảng; nói một cách say sưa: **to ~ about/over something** nói một cách say sưa về cái gì

raven *n.* con quạ

ravenous *adj.* đói lắm, đói cồn cào, đói meo

ravine *n.* khe núi, khe suối

raw **1** *adj.* [thịt, rau] sống; [tơ] sống; [đường, dầu] thô; [vết thương] đau buốt; [thời tiết] ẩm, lạnh; [gió] rét căm căm; non nớt, thiếu kinh nghiệm: **~ materials** nguyên liệu **2** *n.* cái còn nguyên chất, cái chưa được biến chế: **life in the ~** đời sống thiếu văn minh; **swimming in the ~** bơi truồng

ray **1** *n.* tia [ánh sáng, hy vọng]: **a ~ of hope** tia hy vọng **2** *n.* cá đuối

rayon *n.* tơ nhân tạo

raze *v.* san bằng, phá trụi; phá bỏ: **to ~ out** phá bằng, phá bỏ

razor *n.* dao cạo: **safety ~** dao bào; **~ blade** lưỡi dao cạo

reach **1** *n.* sự với tay; tầm với, sự trải ra: **within ~ of** trong tầm tay với, ở gần **2** *v.* chìa, đưa [tay] ra; với lấy, với tới; (đi) đến

react *v.* tác động/ảnh hưởng trở lại, phản ứng; phản động; đánh lại, phản công

reactor *n.* lò phản ứng: **nuclear ~** lò phản ứng hạt nhân/nguyên tử

read **1** *v.* [read] đọc; học; xem, đoán [chỉ tay]; ghi, chỉ; viết/ ghi; đọc nghe như: **to ~ aloud** đọc lớn; **to ~ between the lines** đoán/hiểu được ẩn ý; **to ~ through** đọc từ đầu đến cuối; **to**

~ someone like a book biết rõ ai, đi guốc trong bụng **2** *adj.* đọc nhiều, có học thức, thông thái: **well ~, widely ~ in literature** hiểu sâu về văn học **3** *n.* việc đọc sách báo, thời gian đọc: **a good ~** việc đọc giỏi

reader *n.* độc giả, bạn đọc, người đọc; sách tập đọc, độc bản, tập văn tuyển; người đánh giá bản thảo

readjust *v.* điều chỉnh lại, sửa lại; thích nghi lại, thích ứng lại

ready **1** *adj.* sẵn sàng, chuẩn bị; sẵn lòng; để sẵn; [tiền] có sẵn, mặt: **~ cash** tiền mặt; **~-made** (= **~-to-wear**) làm sẵn, may sẵn, đóng sẵn; **~ mix** xi-măng, sơn pha trộn sẵn **2** *v.* sửa soạn, chuẩn bị sẵn sàng đâu vào đấy **3** *adv.* sẵn, sẵn sàng: **to pack everything ~ for …** xếp mọi thứ vào va li **4** *n.* tư thế sẵn sàng

real **1** *adj.* thực, có thực, thực tế; thật, không giả; chân chính, chính cống: **~ gold** vàng thật; **~ estate** bất động sản; **~ life** đời sống thực; **~ time** thời gian có trữ liệu nhanh nhất trong máy vi tính **2** *adv.* thật ra, rất thực: **to get ~** tự đánh thức mình **3** *n.* đơn vị tiền tệ của Tây Ban Nha; thực tế

realign *v.* làm cho ngay thẳng lại; hợp lại một nhóm chính trị

reality *n.* sự thực, thực tế, thực tại, hiện thực: **in ~** thật ra, kỳ thực, trên thực tế; **~ television** chương trình truyền hình người thật việc thật

realize *v.* thực hiện, thực hành;

really

nhận rõ, thấy rõ

really *adv.* thực, thật, thực ra: **not ~** không hẳn đúng thế

realm *n.* lĩnh vực, địa hạt; vương quốc

realtor *n.* người môi giới mua bán nhà đất, giám đốc văn phòng địa ốc

ream **1** *n.* ram giấy [500] **2** *v.* khoét rộng thêm, khoan rộng ra; đục rộng

reap *v.* gặt, gặt hái; thu về, thu hoạch, hưởng: **to ~ profits** thu lợi; **to ~ where one has not sown** không làm mà hưởng, ngồi mát ăn bát vàng

reappear *v.* lại hiện ra, lại xuất hiện, tái xuất hiện

reapply *v.* nộp đơn lại, làm đơn xin lại

reappoint *v.* tái bổ nhiệm, phục hồi chức vụ

rear **1** *adj.* ở phía sau, ở đằng sau; hậu phương; hậu quân; ở đoạn cuối/đuôi; mông đít: **~ view mirror** gương nhìn sau, gương/kính chiếu hậu **2** *n.* phía sau, đằng sau, đoạn cuối: **to look to the ~** nhìn đằng sau **3** *v.* nuôi, nuôi nấng, nuôi dạy, giáo dục; chăn nuôi; trồng **4** *v.* ngẩng, đưa lên; xây dựng; [ngựa] chồm lên, lồng lên: **to ~ one's head** ngẩng đầu lên

rearrange *v.* sắp xếp/sắp đặt lại

reason **1** *n.* lẽ, lý lẽ, lý do; lý trí, lý tính; lý, lẽ phải: **by ~ of** do bởi; **it stands to ~ that** có bằng chứng là; **within ~** trong vòng lẽ phải **2** *v.* lý luận, suy luận; cãi lý/lẽ, biện luận, tranh luận;

trình bày; suy/nghĩ/luận ra

reassess *v.* đánh giá lại, chấm lại

reassurance *n.* sự làm yên lòng/ làm vững dạ; việc cam đoan một lần nữa

rebate *n., v.* số tiền được giảm bớt, giảm bớt, hoàn lại

rebel **1** *n.* người nổi loạn, quân phiến loạn **2** *v.* nổi loạn, dấy loạn; chống đối

reboot *v.* cho máy (vi tính) chạy lại

rebound **1** *n.* sự nảy/bật lại: **to hit a ball on the ~** đánh quả banh đang lúc bật lên **2** *v.* [bóng] nảy, bật lên; có ảnh hưởng ngược lại

rebuff *n., v.* (sự) khước từ, (sự) cự tuyệt

rebuke *n., v.* (lời) khiển trách, quở trách

recalcitrant *adj.* hay cãi lại, hay chống lại, cứng đầu cứng cổ

recall **1** *n.* sự gọi về, sự triệu hồi; sự nhớ lại, sự hồi tưởng; sự huỷ bỏ/thủ tiêu: **letters of ~** thư triệu hồi **2** *v.* gọi/đòi về, triệu hồi; nhớ lại, hồi tưởng, huỷ bỏ

recant *v.* công khai rút ý kiến; chối bỏ

recap *v., n., colloq.* đắp lại [lốp/ vỏ xe]; tóm tắt lại

recapitulate *v.* tóm tắt lại

recapture *v., n.* bắt lại, việc bắt lại

recast *v., n.* đúc lại; viết lại [sách, kịch]; diễn lại kịch

recede *v.* lùi lại; [nước] rút xuống

receipt *n.* giấy biên nhận, biên lai; sự nhận: **in ~ of** đã nhận được

receive *v.* nhận, lĩnh, thu, tiếp;

tiếp [khách], tiếp đón, tiếp đãi; chứa chấp [đồ ăn cắp]; thu được, thâu được: **to ~ payment** nhận tiền

recent *adj.* mới đây, gần đây, vừa mới xảy ra

receptacle *n.* đồ đựng, chai, lọ, …; đế hoa

reception *n.* sự tiếp đón; tiếp tân, chiêu đãi: **to attend a ~** tham dự một buổi tiếp tân/chiêu đãi

recess **1** *n.* giờ ra chơi; giờ nghỉ; kỳ nghỉ [của quốc hội, toà án]; chỗ thụt vào, hốc tường **2** *v.* ngừng họp, nghỉ họp

recession *n.* tình trạng kinh tế sút giảm, sự lùi lại; tình trạng buôn bán ế ẩm

recharge *v., n.* nạp điện lại [bình điện, dao cạo điện]; đóng tiền lại vào điện thoại di động

recipe *n.* công thức nấu ăn, công thức pha thuốc

recipient *n., adj.* người nhận [thư, tiền, học bổng]; người được hưởng [bằng, danh dự]; người được tiếp máu: **award ~, prize ~** người được tặng giải thưởng

reciprocate *v.* đáp lại, đền đáp lại; chúc lại

recite *v.* đọc thuộc lòng; thuật/kể lại, kể lể

reck *v.* (trong thơ văn) ngại, băn khoăn, lo lắng

reckon *v.* tính, đếm; đoán, cho là, nghĩ, tưởng: **to ~ with** tính toán đến; thanh toán

reclaim *v.* làm khô, cải tạo, khai/vỡ hoang; lấy lại, đòi lại; cải tạo, giác ngộ [người hư]; thuần hoá [thú rừng]

recline *v.* nằm nghiêng, dựa, ngồi tựa; tựa đầu

recluse *n., adj.* (người) sống ẩn dật; ẩn sĩ

recognition *n.* sự công nhận/thừa nhận; ghi nhận: **beyond ~** không còn nhận ra được nữa

recognize *v.* công nhận, thừa nhận; nhìn nhận; nhận ra, nhận được; [chủ tịch] cho phép phát biểu: **to ~ the members of a new government** thừa nhận thành phần chính phủ mới

recoil **1** *n.* sự giật, sự bật/nảy lên; sự chùn lại **2** *v.* giật, bật, nảy; lùi lại, chùn bước: **to ~ from doing something** chùn bước không dám làm việc gì

recollection *n.* ký ức, hồi ức; sự nhớ lại: **to have a dim ~ of** nhớ không rõ, nhớ lờ mờ

recombine *v.* kết hợp lại một lần nữa, gom lại một lần nữa

recommence *v.* bắt đầu lại, khởi sự lại

recommend *v.* gửi gắm, giới thiệu, tiến cử, đề bạt; khuyên bảo, dặn bảo; đề nghị, khuyến nghị

reconcile *v.* giảng hoà, giải hoà; hoà giải, điều hoà

reconnect *v.* nối lại, kết hợp lại

reconsider *v.* xem xét lại vấn đề, cứu xét việc gì

reconstitute *v.* thành lập lại, cổ chức lại: **to ~ a committee** thành lập lại uỷ ban

reconstruct *v.* xây dựng lại, tái thiết, kiến thiết lại; diễn lại [thảm kịch]; khôi phục lại

record **1** *n.* đĩa hát; kỷ lục; hồ

recorder

sơ; sổ sách; sự ghi chép, biên bản: **gramophone ~** đĩa/đĩa hát; **criminal ~** bản ghi tội phạm; **to break a ~** phá kỷ lục; **to go on ~** dẫn chứng ý kiến người nào một cách công khai; **off the ~** không chính thức; nói riêng với nhau, đừng ghi xuống nhé; **to put (set) the ~ straight** sửa lại điều hiểu lầm **2** *v.* ghi, ghi chép; thu, ghi [tiếng/âm]; [nhiệt kế] chỉ [nhiệt độ]: **to ~ the proceedings of a conference** ghi biên bản hội nghị

recorder *n.* máy ghi âm, máy thu băng; bộ phận/dụng cụ ghi; lục sự; sáo dọc: **tape ~** máy thu băng

recount *v.* kể lại, thuật lại

re-count *n., v.* (sự) đếm phiếu lại, đếm lại: **to ~ one's money** đếm lại tiền

recoup *v.* đền, bồi thường: **to ~ someone for his losses** bồi thường thiệt hại cho ai

recourse *n.* sự nhờ/cầu đến: **to have ~ to something** cầu đến cái gì

re-cover *v.* bọc lại, bao lại

recover *v.* lấy lại, tìm lại được; thu lại, bù lại; khỏi bệnh, lại sức, bình phục; tĩnh trí lại: **to ~ what was lost** lấy lại những gì đã mất; **to ~ one's health** lấy lại sức khoẻ

recreation *n.* sự nghỉ, sự giải trí/ tiêu khiển

recruit 1 *n.* lính mới, tân binh; thành viên mới **2** *v.* lấy, mộ, tuyển mộ [lính, hội viên/đảng viên]

rectangle *n.* hình chữ nhật

rectify *v.* sửa cho đúng, sửa chữa; chỉnh lưu: **to ~ mistakes** sửa lỗi lầm

rector *n.* mục sư, viện trưởng, hiệu trưởng trường đại học

rectum *n.* ruột thẳng, trực tràng

recuperate *v.* lấy lại; thu về/hồi; phục hồi

recur *v.* lại diễn ra, tái diễn; phát lại, tái phát: **to ~ to past memories** trở lại trong trí nhớ

recycle *v.* tái chế biến: **to ~ all old newspapers** tái chế biến những báo cũ

red 1 *n.* màu đỏ; quần áo màu đỏ; người cộng sản; bị hụt tiền; mắc/thiếu nợ: **to be in the ~** bị thiếu nợ, bị hụt tiền **2** *adj.* đỏ; đỏ hoe, hung hung đỏ; đẫm máu; cộng sản, hồng: **~ card** thẻ báo hiệu đuổi cầu thủ ra khỏi sân; **~-eye** đèn ở máy chụp hình để khỏi bị nhắm mắt; **to be caught ~-handed** bị bắt quả tang; **~-light district** khu nhiều nhà chứa/nhà thổ; **~ tape** nạn giấy tờ, tệ quan liêu

redeem *v.* chuộc về [đồ cầm]; chuộc lỗi; cứu nguy; trả hết nợ: **to ~ a fault** chuộc lỗi

redefine *v.* định nghĩa lại, xác định lại

redeploy *v.* chuyển quân đến một nơi mới, đưa qua ra chiến trường

redevelop *v.* tái phát triển, triển khai lại; sang lại phim

redial *v.* quay lại số điện thoại

redirect *v.* gởi lại một lần nữa, gởi đến địa chỉ mới

redo *n.* làm lại; tu sửa, tô điểm lại

redraft *v.* viết lại, thảo lại: **to ~ a letter** viết lại lá thư

redraw *v.* vẽ lại

redress *v., n.* sửa lại; đền bù, bồi thường

reduce *v.* giảm, giảm bớt, hạ; tự làm cho gầy đi, xuống cân, xuống ký: **to ~ to the rank of** giáng cấp

redundant *adj.* thừa, dư; rườm rà

reed *n.* lau, sậy; lưỡi gà, lợp tranh: **a broken ~** người không thể tin cậy được, người không thể nhờ cậy được; **~ organ** đàn khẩu cầm

re-education *n.* sự cải tạo, việc cải huấn: **a ~ camp** trại cải tạo, trại cải huấn

reef *n.* đá ngầm, san hô: **barrier ~** bờ biển san hô

reek **1** *n.* mùi hăng/thối **2** *v.* nồng nặc, sặc mùi thối

reel **1** *n.* ống, cuộn: **a ~ of cotton thread** một cuộn chỉ sợi **2** *v.* quấn, cuốn; kéo [tơ]: **to ~ off** tháo chỉ ra khỏi ống **3** *v.* đi lảo đảo, loạng choạng; quay cuồng nhảy nhót: **my head ~s** đầu tôi choáng váng

re-election *n.* sự bầu lại, sự tái cử

re-employ *v.* tái tuyển dụng, tuyển dụng lại

re-entry *n.* sự trở vào, sự vào lại; sự trở về khí quyển trái đất: **~ permit** giấy phép quay trở lại

re-establish *v.* thiết lập lại, tái thiết lại

re-evaluate *v.* thẩm định lại, đánh giá lại, định giá lá lại

reeve **1** *n.* thị trưởng, quận

trưởng, chủ tịch hội đồng thành phố **2** *v.* luồn, xỏ dây; buộc chặt dây: **to ~ a rope** luồn dây qua ròng rọc

re-examine *v.* thi lại, kiểm tra lại, xem xét lại, kiểm soát lại

refer *v.* chuyển đến, giao cho; nói đến, nhắc đến, tìm đến, nhờ cậy: **I have to ~ to his report.** Tôi phải xem báo cáo của ông ta.

referee *n., v.* (làm) trọng tài

reference *n.,v.* (*abbr.* **ref.**) sự chuyển đến, sự giao cho; sự hỏi ý kiến; sự tham khảo/tham chiếu; sự nói/nhắc đến, sự ám chỉ; người/giấy giới thiệu: **~ books** sách tham khảo

refill **1** *n.* lõi bút mực dự trữ, lõi chì **2** *v.* đổ đầy lại, làm cho đầy lại: **to ~ with petrol** đổ nay lại xăng

refine *v.* lọc, luyện tinh, tinh chế; làm cho tao nhã/tinh tế/lịch sự hơn: **to ~ gold** luyện vàng

reflect *v.* phản xạ, phản chiếu, dội lại; phản ánh: **to ~ on/upon** suy nghĩ, ngẫm nghĩ

reflection *n.* sự phản xạ/phản chiếu; ánh (phản chiếu); sự suy nghĩ/ngẫm nghĩ; sự phản ánh: **angle of ~** góc phản xạ, ảnh phản chiếu

reflex *n., adj.* phản xạ

reforestation *n.* sự trồng cây gây rừng lại

reform **1** *n.* cải cách, sự cải thiện/cải lương/cải tạo, sự cải tổ, sự sửa đổi: **constitutional ~** việc sửa đổi hiến pháp; **land ~** cải cách ruộng đất **2** *v.* cải cách;

reformat

cải thiện/lương/tạo, cải tổ, sửa đổi; sửa mình

reformat *v.* sửa đổi lại, hoàn chỉnh lại

reformatory *n.* trại cải tạo, nhà trừng giới

refraction *n.* sự khúc xạ; độ khúc xạ

refrain 1 *n.* đoạn điệp, điệp khúc, điệp cú 2 *v.* cầm, nhịn, kiềm chế: **to ~ one's tears** cố cầm nước mắt, cố giữ không khóc

refresh *v.* làm cho tỉnh lại, làm cho khoan khoái; làm nhớ lại; giải khát, giải lao: **to ~ oneself with a cup of coffee** uống một ly cà phê cho tỉnh người lại

refreshment *n.* sự tịnh dưỡng, tinh thần khoẻ khoắn; các món ăn uống giải lao: **~s** đồ uống, đồ giải khát, đồ giải lao, trà bánh, quà bánh

refrigerator *n.* tủ (ướp) lạnh, tủ đá

refuel *v.* đổ xăng/dầu lần nữa

refuge *n.* nơi ẩn náu, nơi trốn tránh; chỗ nương náu

refugee *n.* người lánh nạn, dân tị nạn; người tránh ra ngoại quốc [để tránh sự khủng bố chính trị hoặc tôn giáo]: **political ~** dân tỵ nạn chính trị

refund 1 *v.* trả lại, hoàn lại; bồi hoàn 2 *n.* sự trả lại, sự hoàn lại, món tiền trả lại

refurbish *v.* trang trí lại bàn ghế, giường tủ trong nhà

refuse 1 *n.* rác rưởi; đồ thừa, đồ (phế) thải 2 *v.* n từ chối, khước từ; cự tuyệt: **to ~ to do something** từ chối làm việc gì

refute *v.* bẻ lại, bác, bác bỏ: **to ~**

someone's argument bác bỏ lý lẽ của ai

regain *v.* lấy lại, thu hồi, chiếm lại

regal *adj.* thuộc/như vua chúa, vương giả

regard 1 *n.* sự chú ý; lòng kính mến; những lời chúc tụng: **in/ with ~ to** về vấn đề, đối với vấn đề, về phần 2 *v.* chú ý, để ý, lưu tâm; coi như, xem như; có liên quan đến, có quan hệ tới

regardless *adv.* không đếm xỉa tới, bất chấp: **~ of consequences** bất chấp hậu quả (ra sao)

regenerate *v.* cải tạo, đổi mới; tái sinh

regent *n.* quan nhiếp chính; nhân viên hội đồng quản trị viện đại học

regime *n.* chế độ, chính thể: **democratic ~** chế độ dân chủ

regiment 1 *n.* trung đoàn; đoàn, bầy, lũ 2 *v.* tổ chức thành đoàn đội, kiểm soát chặt chẽ

region *n.* vùng, miền, khu vực; khoảng: **a mountainous ~** khu vực miền núi

register 1 *n.* sổ, sổ sách; máy ghi, đồng hồ, công-tơ; khoảng âm, âm vực: **land ~** địa bạ, sổ sở hữu đất; **~ of births** sổ khai sinh 2 *v.* ghi sổ, vào sổ; ghi tên, ghi danh, đăng ký; [máy, công-tơ] chỉ, ghi; gửi bảo đảm [thư]

registry *n.* cơ quan đăng ký; sự vào sổ: **~ office** văn phòng đăng ký hộ tịch/cưới hỏi/tử tuất

regret 1 *n.* sự tiếc, lòng thương tiếc, sự hối tiếc: **to express ~ for** xin lỗi 2 *v.* hối tiếc; thương tiếc

regroup v. họp nhóm trở lại, tạo thành nhóm

regular 1 adj. đều đều, thường lệ, có quy luật, có định kỳ, đều đặn, thẳng, cân đối; chính thức, [nhân viên] trong biên chế; [bộ đội] chính quy; [động từ] quy tắc; đúng giờ giấc, quy củ; hoàn toàn, triệt để: ~ **army** quân chính quy; ~ **customer** khách quen 2 n. khách thường xuyên; nhân viên biên chế; bộ đội chính quy

regulate v. sắp đặt, quy định (luật lệ); điều chỉnh, điều tiết: **to ~ the flow of electricity** điều chỉnh đồng hồ điện

regulation n. luật lệ, điều lệ, quy tắc; sự quy định/chỉnh lý; sự điều chỉnh/điều tiết

regurgitate v. ựa ra, nôn thức ăn ra

rehabilitation n. sự phục hồi [quyền, danh dự, nhân phẩm]; sự khôi phục [đất nước]; sự tập luyện lại, chỉnh hình; sự giáo dục lại, cải tạo

rehash n., v. (sự) làm mới lại cái gì nhưng không thay đổi nhiều

rehearse v. diễn thử, diễn tập, tập dượt trước

reign 1 n. triều, triều đại; sự ngự trị/chế ngự 2 v. trị vì, thống trị; thịnh hành, chiếm ưu thế, ngự trị, bao trùm

reimburse v. hoàn lại, trả lại: **to ~ a travel expense** hoàn trả tiền di chuyển

rein 1 n. dây cương: **to assume the ~s of government** nắm chính quyền; **to draw in the ~s** giữ

ngựa lại 2 v. gò cương, kiềm chế vào khuôn phép: **to ~ in one's temper** kiềm chế tính tình của mình

reindeer n. mai tuần lộc (kéo xe ông già No-en)

reinforcement n. sự tăng cường

reinstate v. phục hồi, phục nguyên [chức vụ]

reissue n., v. (sự) tái bản, phát hành lại, cấp lại: **to ~ a driving licence** cấp lại bằng lái xe

reiterate v. nhắc lại, nói lại, lặp lại

reject 1 n. vật/hàng bị loại; người bị loại, thí sinh bị đánh hỏng; phế phẩm 2 v. loại/bỏ ra; bác bỏ, không chấp thuận; cự tuyệt

rejoice v. (làm cho) vui mừng, hoan hỉ

rejuvenate v. làm trẻ lại, cải lão hoàn đồng

rekindle v. đốt/thắp lại, nhen/ nhóm lại; cổ vũ, kích thích

relapse 1 n. sự rơi lại vào; sự phải lại bệnh: **relapsing fever** bệnh sốt vì nhiễm trùng 2 v. rơi lại vào; phải lại [bệnh]; phạm lại [tội]: **to ~ into poverty** lại rơi vào tình trạng nghèo khổ

relate v. thuật/kể lại; có liên quan [to đến]; có họ với, có quan hệ họ hàng với, bà con với

relation n. sự liên lạc, mối quan hệ/liên hệ, sự tương quan; sự giao thiệp: **diplomatic ~s** quan hệ ngoại giao; **a ~ between cause and effect** mối quan hệ nhân quả

relative 1 *n.* bà con, người có họ 2 *adj.* tương đối; có liên quan đến, cân xứng với, tùy theo; [đại từ] quan hệ: ~ **density** số lượng trong một hoá chất so với tiêu chuẩn; ~ **humidity** số hơi nước có trong không khí, độ oi bức

relax *v.* buông/nới lỏng; làm chùng, làm bớt căng thẳng; làm giãn, giải trí; thư giản; nghỉ ngơi: **to ~ one's mind** giải trí

relay 1 *n.* cuộc chạy tiếp sức; rơ-le điện; chương trình tiếp âm/ tiếp vận: ~ **race** chạy tiếp sức 2 *v.* chuyển đi; xếp đặt theo kíp; chiếu lại, cho quay lại, tiếp vận/âm: **to ~ a message** cho nghe lại bài diễn văn

release 1 *n.* sự giải thoát; sự thả; sự phát hành [sách, phim]; sự thả [bom]; sự giải ngũ; sự cho phép, sự miễn: **press ~** thông cáo cho nhà báo 2 *v.* làm thoát khỏi [buồn, bệnh tật, mối lo]; tha, thả, phóng thích; phát hành, cho đăng; nhả [phanh]; thả [bom]; cho giải ngũ/phục viên; miễn: **to ~ prisoners-of-war** thả những người tù chiến tranh

relegate *v.* loại bỏ, bỏ riêng ra; giao cho ai

relent *v.* dịu xuống; mủi lòng, động lòng thương; bớt nghiêm khắc

relevant *adj.* thích hợp/đáng, ăn nhằm với: **to be ~ to the times** thích hợp với thời đại

reliable *adj.* đáng tin cậy; chắc chắn, xác thực

relic *n.* thánh tích, thánh cốt; dấu vết, di tích

relief 1 *n.* sự giảm/bớt; việc cứu tế; sự thay phiên đổi gác; trợ cấp xã hội; sự giải vây, sự cứu viện: **to provide ~ for the earthquake victims** cứu trợ nạn nhân động đất 2 *n.* sự nổi bật lên;
sự đắp/chạm nổi: **high ~** khắc chạm nổi

relieve *v.* làm giảm bớt, làm nhẹ bớt; giúp đỡ, cứu trợ; đổi [gác]; giải vây; làm yên lòng: **to ~ one's feelings** nói hết cho hả dạ, nói hết cho người nhẹ nhõm; **to ~ oneself** đi tiểu tiện

religion *n.* đạo, tôn giáo, đạo giáo; tín ngưỡng

relinquish *v.* từ bỏ [quyền lợi, hy vọng, tật]

relish *n., v.* mùi vị, hương/phong vị; sự thích thú, khoái; nếm, hưởng, thưởng thức

reluctant *adj.* miễn cưỡng, bất đắc dĩ, không sẵn lòng

rely *v.* tin, tin cậy, dựa vào, trông/ỷ vào

remain *v.* còn lại; ở/lưu lại; vẫn còn (là)

remand *n., v.* (sự) giam tạm trong lúc điều tra: ~ **center** trung tâm giữ tạm thời tội phạm vị thành niên

remark 1 *n.* sự lưu ý; lời phê bình/bình luận; sự nhận xét/ nhận định: **to make no ~ on something** có ý nhận xét về việc gì 2 *v.* phê bình, bình luận, nhận xét; thấy, lưu ý, chú ý: **to ~ on** nhận xét, phê bình

remedy 1 *n.* (phương) thuốc; cách

chữa; sự đền bù **2** v. sửa chữa; đền bù, bù đắp

remember v. nhớ(lại), ghi nhớ: **to ~ oneself** trấn tĩnh lại, sực nhớ lại

remembrance n. sự hồi tưởng/ tưởng nhớ; kỷ niệm, món quà lưu niệm, kỷ vật; lời thăm hỏi: **in ~ of someone** để tưởng nhớ đến ai

reminder n. sự nhắc nhở, thư nhắc: **a gentle ~** lời nhắc khéo

reminiscence n. sự nhớ lại, hồi ức; kỷ niệm, hồi ký

remission n. sự miễn; sự tha thứ/ xá miễn

remit v., n. (sự) trả, gửi tiền; tha, xá, miễn; giảm: **to ~ money home** gởi tiền về nhà

remix v. ghi phối nhạc

remnant n. đồ thừa; dấu vết, tàn dư, tàn tích; đầu thừa đuôi theo, vải vụn

remodel v. sửa đổi, tu sửa, đại tu bổ

remonstrate v. khuyên can; khiển trách; phản đối: **to ~ against something** phản đối việc gì

remorse n. sự ăn năn, hối hận

remote adj. xa xôi, xa xăm, hẻo lánh: **the ~ past** quá khứ xa xưa; **~ control** điều khiển từ xa

remove v., n. dời đi, di chuyển; bỏ [mũ] ra; tẩy trừ, xoá bỏ loại bỏ; cắt bỏ; giết, thủ tiêu; cách chức

remuneration n. sự trả công, sự đền đáp; tiền thù lao, tiền thưởng, tiền lương

renaissance n. thời kỳ phục hưng

renal adj. thuộc về thận

rename v. đổi tên, thay tên, đặt tên lại

rend v. [**rent**] xé nát; xé [không khí]; giày vò, làm đau: **to ~ someone's heart** làm đau lòng người nào

render v. làm cho; diễn tả, biểu hiện; trình diễn; dịch; trát vữa tường nhà: **to ~ thanks** đền ơn đáp nghĩa

rendezvous n., v. (gặp nhau) ở chỗ hẹn

renew v. thay đổi mới; gia hạn, thêm; nối tiếp, [giấy phép, học bổng] ký lại, cấp thêm/tái cấp

renewal n. sự tiếp tục/gia hạn (mua năm, giao ước); sự phục hồi; sự đổi mới

renminbi n. môn chơi ghép số

renounce v. bỏ, từ bỏ, không thừa nhận: **to ~ the world** từ bỏ thế giới

renovate v. sửa chữa, đổi mới, cải tiến, tân trang, làm mới lại

renowned adj. có tiếng, nổi tiếng, trứ danh

rent 1 n. tiền thuê nhà/đất, địa tô; sự thuê, sự cho thuê: **house for ~** nhà cho thuê; **~-free** không mất tiền thuê **2** v. cho thuê (nhà, đất); cho cấy rẽ; cấy rẽ, cấy nộp tô; thuê [nhà, đất, phòng, xe]: **to ~ a house to someone** cho ai thuê nhà

rental n. tiền (cho) thuê

renunciation n. sự từ bỏ, sự không nhận

reopen v. mở lại, khai giảng lại, bắt đầu lại

reorder v. đặt mua lại

reorganization n. sự cải tổ, sự tổ

repackage

chức lại, chỉnh đốn lại, việc tái tổ chức

repackage *v.* đóng gói lại lần nữa

repaid *adj.* trả rồi, trả trước: ~ **invoice** hoá đơn trả tiền rồi

repaint *n., v.* (sự) sơn lại, tô màu lại

repair 1 *n.* sự sửa chữa, sự tu sửa; tình trạng còn tốt (sử dụng được): **to be beyond ~** không thể sửa chữa được 2 *n.* sự năng lui tới, sự vãng lai: **to have ~s done to a building** năng lui tới một cao ốc 3 *v.* sửa chữa; vá [quần áo]; tu sửa, tu bổ, trùng tu [nhà cửa]; sửa sai: **to ~ an error** sửa sai lầm 4 *v.* đi đến, hay lui tới

repatriate *v.* (cho) hồi hương/trở về nước

repay *v.* [**repaid**] trả lại, đáp lại; đền đáp: **to ~ money** trả tiền đã vay mượn

repeal *n., v.* (sự) bãi bỏ, huỷ bỏ, triệt tiêu

repeat 1 *n.* sự nhắc/lặp lại; chương trình/tiết mục được chơi lại 2 *v.* nhắc lại, lặp lại; chơi lại, phát thanh lại, truyền hình lại; phải ở lại chứ không được lên lớp trên: **to ~ itself** lặp lại như cũ

repel *v.* đẩy lùi/lùi; khước từ, cự tuyệt; trừ

repellent 1 *n.* thuốc trừ; vải không thấm nước 2 *adj.* có ý từ khước, có ý cự tuyệt

repent *v.* ăn năn hối hận, hối cải

repercussion *n.* tiếng vọng, âm vang; ảnh hưởng

repetitive *adj.* lặp lại, động tác

lập đi lập lại

replace *v.* thay thế; để vào chỗ cũ

replay *n., v.* (sự) đấu lại/chơi lại một trận đấu

replenish *v.* đổ cho đầy lại; bổ sung

replicate 1 *v.* lập lại, làm lại cái khác 2 *adj.* cuộn trở lại, gấp lại 3 *n.* (âm nhạc) cách một giọng

reply 1 *n.* câu/thư trả lời: **in ~ to your letter** để trả lời thư của bạn; ~ **paid** người nhận sẽ trả tiền cước phí 2 *v.* trả lời, đáp lại: **to ~ to someone about something** trả lời ai về việc gì

report 1 *n.* báo cáo; biên bản; bản tin: **progress ~** bản tường trình diễn tiến công việc; **weather ~** bản dự báo thời tiết 2 *v.* báo cáo, tường trình; kể/ thuật lại; trình báo, tố cáo, tố giác; đồn: **to ~ for a newspaper** viết phóng sự cho một tờ báo; **to ~ back** tường trình lại cho ai

repository *n.* kho, chỗ chứa, nơi chôn cất

represent *v.* thay mặt, đại diện; tiêu biểu/tượng trưng cho; đóng, diễn; miêu tả

representative 1 *n.* đại biểu, đại diện; nghị viện, dân biểu hạ viện: **House of ~s** Hạ viện 2 *adj.* tiêu biểu, tượng trưng; đại nghị

repress *v.* dẹp, đàn áp; nén, cầm lại, kiểm chế

reprieve *n., v.* (sự) hoãn thi hành án tử hình; (sự) tạm thời giảm bớt [đau khổ]

reprimand *n., v.* (lời) quở trách, khiển trách

reprint 1 *n.* sự in lại; bài in riêng 2 *v.* in lại

reprisal *n.* sự trả/báo thù, hành động trả đũa: **to make ~s on someone** trả thù ai

reproach **1** *n.* sự trách mắng; điều sỉ nhục **2** *v.* quở trách, trách mắng [**for** về tội]

reprobate **1** *n.* người tội lỗi, người ăn chơi phóng đãng **2** *adj.* đầy tội lỗi, phóng đãng truy lạc **3** *v.* chê bai ai, bài xích người khác

reproduce *v.* sao lại [tranh ảnh]; mọc lại; tái sinh, sinh sôi nảy nở, sinh sản, sản xuất lại

reproductive *adj.* [cơ quan **organs**] sinh sản

reproof *n.* sự/lời mắng mỏ/quở trách

reptile *n.* loài bò sát; người hèn hạ, kẻ bợ đỡ, kẻ luồn cúi

republic *n.* nước/nền cộng hoà

repudiate *v.* bỏ/để [vợ]; không nhận, từ chối, cự tuyệt; không công nhận/thừa nhận: **to ~ a gift** không nhận quà

repugnant *adj.* gớm ghiếc, ghê tởm, đáng ghét; gớm, ghét, không ưa; mâu thuẫn, trái, không hợp: **to be ~ to someone** ghét người nào

repulse **1** *n.* sự đẩy lùi; sự từ chối/cự tuyệt **2** *v.* đánh lui, đẩy lùi; từ chối, cự tuyệt

reputation *n.* danh tiếng [tốt hoặc xấu]; tai tiếng; tiếng tốt, nổi tiếng, thanh danh, phương danh, tiếng tăm: **to maintain one's ~** giữ thanh danh

repute **1** *n.* tiếng tốt; tiếng (tăm), lời đồn: **of good ~** tiếng tốt **2** *v.* cho là, đồn rằng

request **1** *n.* lời xin, lời yêu cầu/ thỉnh cầu: **on ~** được yêu cầu **2** *v.* xin, yêu cầu, đề nghị

requiem *n.* lễ cầu siêu, lễ cầu hồn

require *v.* cần phải có, cần đến; đòi hỏi

requisition **1** *n.* sự yêu cầu; lệnh sung công trưng dụng/ trưng thu/trưng tập: **under ~** theo lệnh của ai **2** *v.* trưng dụng, trưng thu

requite *v.* đáp lại, đền đáp; báo/ trả thù; thưởng

rerun *n., v.* cho chiếu lại, cho chạy lại

resale *n.* bán lại, bán lần nữa

rescind *v.* huỷ bỏ, thủ tiêu [giao kèo, luật]: **to ~ a contract** huỷ bỏ hợp đồng

rescue **1** *n.* sự cứu, sự giải thoát **2** *v.* cứu, cứu thoát, cứu nguy, giải cứu/thoát: **to ~ someone from death** cứu ai khỏi chết

research *n., v.* (sự) nghiên cứu, (sự) khảo cứu: **~ assistant** nghiên cứu sinh, phụ khảo; **~ project** dự án nghiên cứu; **to ~ into the causes of cancer** nghiên cứu nguyên nhân gây ra bệnh ung thư

resemble *v.* giống với [người nào, vật gì]

resent *v.* không bằng lòng, phật ý; oán (giận): **to ~ a bit of fun** không bằng lòng về câu nói đùa

reservation *n.* sự giữ trước [phòng trọ, vé, chỗ ngồi ở rạp]; khu dành riêng; sự hạn chế, sự dè dặt

reserve **1** *n.* sự/vật dự trữ; quân trừ bị/dự bị; cầu thủ dự bị, cầu thủ phòng hờ; tính dè dặt/e lệ, sự ý tứ, sự giữ gìn: **federal ~ bank** ngân hàng dự trữ quốc gia; **in ~** để dành đấy, để dự trữ **2** *v.* để dành, dự trữ; dành/ giữ trước; dành riêng

reservoir 1 *n.* lính trừ bị, lính dự bị/hậu bị **2** *n.* hồ/bể chứa nước; kho, nguồn

reset *v.* đặt lại, vặn lại, lắp lại; nhận lại [kim cương]; căng lại [lò xo]; bó lại [xương gãy]: **to ~ your clock** lấy giờ lại

reshuffle *v.* trang [bài]; cải tổ: **to ~ the cabinet** cải tổ nội các

resident 1 *n.* người cư ngụ, cư dân: **permanent ~** người (ngoại kiều) thường trú **2** *adj.* cư trú; thường trú: **~ doctor** bác sĩ nội trú

residue *n.* bã; phần còn lại (sau khi trả nợ xong)

resign *v.* xin thôi việc, từ chức; bỏ, từ bỏ: **to ~ oneself to** đành cam chịu, đành phận...

resilience *n.* tính co giãn, tính đàn hồi

resin *n.* nhựa (thông)

resist *v.* chống lại, chống cự, kháng cự; chịu được; cưỡng lại được; nhịn được

resistance *n.* sự chống cự/kháng cự/đề kháng; điện trở: **to take the line of least ~** chọn con đường dễ nhất, chọn phương pháp dễ nhất

resolute *adj.* cương quyết, kiên quyết

resolution *n.* sự quyết tâm/cương quyết/kiên quyết; bản nghị quyết; sự/cách giải quyết [vấn

đề]; sự/cách giải: **to carry out a ~** thực hiện một quyết định

resolve 1 *n.* quyết tâm, kiên quyết: **to take a great ~** to quyết tâm đối với việc gì **2** *v.* kiên quyết; quyết tâm; giải quyết [vấn đề]; giải [bài toán]; phân tích: **to ~ to do something** giải quyết làm việc gì

resonance *n.* tính âm vang; cộng hưởng

resort 1 *n.* nơi nghỉ mát; phương kế, phương sách; **mountain ~s** nơi nghỉ mát trên núi; **as a last ~** cùng kế mới phải **2** *v.* dùng đến; đi đến, lui tới

resound *v.* vang dội; vang lên; dội lại

resource *n.* tài nguyên; cách xoay sở, phương kế, phương sách, thủ đoạn; tài xoay sở/ tháo vát: **human ~s** nhân lực; **natural ~s** tài nguyên thiên nhiên

respect 1 *n.* sự kính trọng/tôn trọng; lời kính thăm; mặt, phương diện; mối liên quan: **to pay one's last ~s to** để phúng viếng; **in every ~** về mọi phương diện **2** *v.* kính trọng, tôn trọng: **to ~ the law** tôn trọng pháp luật

respiration *n.* sự thở, sự hô hấp; hơi thở

respite *n., v.* (sự) hoãn, (sự) nghỉ ngơi

resplendent *adj.* chói lọi, rực rỡ, lộng lẫy

respond *v.* đáp lại, hưởng ứng; phản ứng lại: **to ~ to an appeal** hưởng ứng lời kêu gọi

responsibility *n.* trách nhiệm: **to**

bear ~ chịu trách nhiệm; **to take the** ~ nhận lấy trách nhiệm

responsible *adj.* chịu trách nhiệm; có (tinh thần) trách nhiệm; đáng tin cậy, đứng đắn; chức vụ quan trọng, tin cẩn: **to be** ~ **for** chịu trách nhiệm về; **to be** ~ **to** trực thuộc, có trách nhiệm đối với

rest 1 *n.* lúc nghỉ ngơi; sự yên nghỉ (ngàn thu); sự ngừng lại; sự yên tâm/vững dạ; cái giá/tựa; dấu lặng: **to take a** ~ đi nghỉ ngơi; **to set a question at** ~ giải quyết một vấn đề; ~ **area** nơi dừng xe nghỉ; ~ **house** nhà nghỉ, quán trọ 2 *n.* phần còn lại; những người khác, những cái khác: **all the** ~ tất cả còn lại 3 *v.* nghỉ, nghỉ tay, nghỉ ngơi; yên nghỉ, chết; ngừng lại; dựa/tựa trên: **to** ~ **on one's laurels** thoả mãn những gì đã làm được; **to** ~ **one's case** đi đến kết luận 4 *v.* vẫn còn, vẫn cứ; tuỳ ở

restaurant *n.* quán ăn, tiệm ăn, nhà hàng, quán cơm

restitution *n.* sự hoàn/trả lại; sự bồi thường: **to make** ~ **for one's debts** trả nợ cho ai

restive *adj.* [ngựa] bất kham; ngang bướng

restore *v.* khôi phục lại, hồi phục; lập lại; tu bổ, sửa chữa lại; hoàn lại

restrain *v.* kìm lại, ngăn giữ, nén, dằn, kiềm chế

restraint *n.* sự ngăn giữ, sự kiềm chế; sự giam giữ; sự giữ gìn, sự dè dặt; sự hạn chế/câu thúc: ~ **of trade** hạn chế việc mua bán

restrict *v.* thu hẹp, hạn chế, giới hạn: **to** ~ **the use of drugs** hạn chế dùng thuốc

restructure *v.* tái phối trí cơ quan, sắp xếp lại

result 1 *n.* kết quả, hậu quả; đáp số: **as a** ~ **of …** vì lý do 2 *v.* là kết quả của, do … mà ra: **to** ~ **from …** đưa đến kết quả là

resume *v.* lại bắt đầu, lại tiếp tục; lấy lại, chiếm lại

résumé *n.* bản tóm tắt/tóm lược; bản kê khai lý lịch, bản lý lịch học vấn và làm việc

resurface *v.* rải nhựa lại [con đường]; [tàu ngầm] nổi lên trên mặt nước; [nhân vật ẩn mình] ra khỏi bóng tối, lại thò đầu ra, lại xuất hiện

resurgence *n.* sự lại nổi lên, sự lại mọc lên, sự tái sinh/tái xuất hiện

resurrection *n.* sự làm sống lại, sự phục hưng

resuscitate *v.* làm sống lại, làm tỉnh lại

retail 1 *n.* sự bán lẻ: ~ **dealer** người buôn bán lẻ; ~ **price index** bản mục lục giá bán lẻ 2 *adv.* bán lẻ: **to sell both wholesale and** ~ vừa bán buôn vừa bán lẻ 3 *v.* bán lẻ

retain *v.* giữ, cầm lại; giữ nguyên, duy trì; ghi nhớ; thuê, mướn [luật sư]: **to** ~ **control of** vẫn nắm giữ quyền kiểm soát

retaliate *v.* trả thù, trả đũa, trả miếng

retard *v.* làm chậm, làm trễ

retch *v., n.* nôn, oẹ

retention *n.* sự giữ lại; sự duy

623

trì; sự ghi nhớ, trí nhớ; sự bí
tiểu tiện

reticence *n.* tính ít nói, tính trầm
lặng

retina *n.* võng mạc, màng lưới
[mắt]

retire *v.* rút/lui về, đi ra khỏi, rời
bỏ; về hưu, hồi hưu, thôi việc;
cho về hưu, bắt về hưu: **to ~
from the world** sống ẩn dật

retirement *n.* sự về hưu, sự thôi
(việc, buôn bán): **~ pay/pension**
lương hưu trí, hưu bổng/liễm; **~
village** khu nhà dành cho người
đã về hưu ở

retort *n., v.* (lời) cãi lại, đáp lại,
bẻ lại

retort *n.* bình cổ cong (trong
phòng thí nghiệm)

retouch *n., v.* (sự, nét) sửa lại
trên bức ảnh

retract *v.* rút/co vào; rút [lời hứa,
ý kiến); nuốt lời; phản cung

retrain *v.* huấn luyện lại, tái huấn
luyện

retread **1** *n.* lốp xe đắp lại **2** *v.*
đắp lại [lốp xe]

retreat **1** *n.* sự rút lui; sự rút
quân; lệnh rút binh; sự ẩn dật;
nơi ẩn dật, chốn im thanh cảnh
vắng **2** *v.* rút lui, ẩn dật

retrenchment *n.* sự giảm bớt chi
tiêu, tiết giảm nhân lực

retrial *n.* sự xử lại, sự ra toà lại

retribution *n.* sự báo thù; sự trừng
phạt

retrieve *v.* lấy lại, tìm lại được;
thu về/hồi; khôi phục/phục hồi
được, xây dựng lại được

retro *adj.* dùng lại kiểu cũ

retrofit *v.* sửa đổi lại cho hợp

retrospect *n.* sự nhìn lại quá khứ/
dĩ vãng

return **1** *n.* sự trở lại/về, sự quay
trở lại; tiền lời/lãi; sự trả lại,
món hàng trả lại; quả banh
đánh trả lại; kết quả bầu cử;
tờ khai thuế: **income tax ~** tờ
khai thuế lợi tức; **by ~ mail**
qua chuyến thư về; **in ~ for
something** để đền đáp lại việc
gì; **~ trip** chuyến về **2** *v.* trở lại,
trở về; về (nhà); để (trả) lại;
trả lại, hoàn lại [tiền mình vay,
vật mình mượn], gửi trả; đáp
lễ; tuyên án: **to ~ a borrowed
book** trả lại sách đã mượn

reunification *n.* sự thống nhất lại,
tái thống nhất

reunion *n.* sự sum họp/đoàn tụ;
sự họp lại; cuộc họp mặt [trong
gia đình, sinh viên cùng khoá
trở về trường]: **family ~** đoàn tụ
gia đình

reuse *n., v.* (sự) dùng lại, dùng
lại một lần nữa

revamp *v.* sửa đổi, sửa chữa,
chắp vá lại

reveal *v.* để lộ, bộc lộ, tiết lộ;
phát/tố giác

revel **1** *n.* cuộc liên hoan; cuộc ăn
chơi chè chén, cuộc truy hoan
2 *v.* chè chén ồn ào; ham thích,
miệt mài

revelation *n.* sự tiết lộ/phát giác;
thiên khải

revenge **1** *n.* mối thù; sự trả thù:
to take ~ on somebody for ... trả
thù ai về ... **2** *v.* trả/báo thù,
báo phục, rửa hận

revenue *n.* thu nhập (quốc gia),
lợi tức; hải quan, quan thuế

reverberate *v.* phản chiếu, phản xạ; dội/vang lại

reverence *n.* sự/lòng tôn kính

reverie *n.* sự mơ mộng/mơ tưởng; sự mơ màng

reverse **1** *n.* bề trái, mặt trái; điều trái ngược; sự chạy lùi; sự thất bại, vận bĩ **2** *adj.* ngược, nghịch, đảo, trái lại **3** *v.* đảo ngược, lộn ngược; đảo lộn; cho chạy lùi; thay đổi hoàn toàn; huỷ: **to ~ the charge** tính tiền người nhận điện thoại

revert *v.* [quyền, tài sản] trở lại nguyên cũ

review **1** *n.* sự xem/xét lại; sự xem xét lại, duyệt lại; sự ôn lại [bài]; cuộc duyệt binh; bài điểm sách: **book ~** bài phê bình sách; **grammar ~** ngữ pháp ôn tập **2** *v.* xem lại, xét lại; duyệt xét lại; ôn lại [bài học]; duyệt (khán) [binh]; hồi tưởng; phê bình [sách]

revile *v.* chửi rủa, mắng chửi, xỉ vả

revise *v.* sửa đổi, tu chính, hiệu chính, xem lại

revisit *v.* đi thăm lại, đi viếng lại

revitalize *v.* tiếp sinh khí lại, tiếp lại sức sống, tiếp sức mạnh lại

revive *v.* làm sống lại, làm tỉnh lại; làm hào hứng lại; đem diễn lại [kịch cũ]; khơi lại [kỷ niệm]

revoke *v.* huỷ bỏ, thủ tiêu, rút, thu hồi

revolt **1** *n.* cuộc nổi loạn, cuộc nổi dậy **2** *v.* nổi loạn, làm loạn, nổi dậy, khởi nghĩa, làm ghê tởm

revolution *n.* cuộc cách mạng; vòng quay, tua: **cultural ~** cuộc cách mạng văn hóa

revolve *v.* (làm cho) quay tròn, xoay quanh

revolver *n.* súng lục, súng sáu (ổ quay)

revue *n.* kịch tạp diễn [gồm nhiều tiết mục nhạo báng thời sự/nhân vật]

revulsion *n.* sự (bỗng nhiên) ghê tởm; sự thay đổi đột ngột

reward **1** *n.* sự thưởng; tiền/vật thưởng **2** *v.* thưởng, báo ơn

rewrite **1** *n.* bản viết lại **2** *v.* viết lại, chép lại; sửa lại [bản văn]

rhetorical *adj.* thuộc tu từ học; thuộc khoa hùng biện; hoa mỹ; bay bướm, cường điệu: **~ question** câu hỏi đặt vấn đề

rheumatism *n.* bệnh thấp khớp, bệnh phong thấp

rhinoceros *n.* con tê (giác)

rhombus *n.* hình thoi

rhyme **1** *n.* vần; bài thơ **2** *v.* (ăn) vần: **to ~ with something** ăn vần với việc gì

rhythm *n.* nhịp điệu [trong ngôn ngữ, thơ, nhạc]; sự nhịp nhàng

rib *n.* xương sườn; gân [lá]; gọng [ô]; đường kẻ, đường rạch

ribbon *n.* ruy băng, băng, dải; dây/dải [phù hiệu, huy chương]: **typewriter ~** ruy băng máy chữ

rice *n.* lúa gạo; lúa: **~ bowl** vùng cấy nhiều lúa; **~ flour** bột gạo; **~ field** ruộng lúa, gạo; **a good ~ harvest** một mùa lúa tốt; **~ mill** nhà máy xay gạo; cối xay gạo/thóc; **~ seedling** cây mạ; **~ wine** rượu trắng

rich *adj.* giàu, giàu có, có của; dồi dào, phong phú, sum suê;

riches

đẹp lộng lẫy, đất tiền, sang; [đồ ăn] bổ béo; [rượu] đậm, nồng; [màu sắc] thắm; [giọng] vang: **to get ~** làm giàu, trở nên giàu có; **to strike it ~** tìm được của/vàng/dầu; thành công bất ngờ

riches *n.* của cải, tiền của, bạc tiền, tài sản; sự giàu có/phong phú: **from rags to ~** từ chỗ khổ rách áo ôm mà trở nên giàu

rickshaw *n.* xe kéo, xe tay

rid *v.* [rid] giải thoát, thoát, giũ sạch: **to ~ oneself of all debts** giũ sạch hết nợ nần

riddance *n.* sự giải thoát; sự tống khứ: **Good ~!** Thật là thoát nợ nhé!

riddle 1 *n.* câu đố; điều khó hiểu, người khó hiểu 2 *v.* làm thủng lỗ chỗ, bắn thủng; sàng

ride 1 *n.* sự đi chơi; cuốc xe; cuộc đi [ngựa, xe]: **to take a ~** đi chơi trên lưng ngựa/xe đạp/ xe hơi; **to give somebody a ~** cho ai đi nhờ xe 2 *v.* [rode; ridden] cưỡi ngựa, đi ngựa; cưỡi lên [ngựa, xe đạp, voi]; đi xe đạp, đi xe; lướt trên [sóng]: **to ~ out** vượt qua được

ridge *n.* dãy đồi; ngọn, đỉnh, chỏm, chóp; nóc; sống [mũi]; lằn, gợn, mặt [hàng vải]

ridicule 1 *n.* sự chế nhạo 2 *v.* chế giễu, chế nhạo, nhạo báng; giễu cợt

rife *adj.* có nhiều, đầy dẫy; lan tràn

rifle 1 *n.* súng trường (nòng có đường rãnh xoắn); đường rãnh xoắn 2 *v.* vơ vét, lục lọi lấy hết

rift *n., v.* kẽ nứt/hở, chỗ nứt rạn; sự bất hoà

rig 1 *n.* thiết bị, máy móc; cách sắp đặt buồm ở tàu thuyền; cách ăn mặc: **oil ~** thiết bị đào giếng dầu 2 *v.* trang bị cho tàu thuyền; lắp ráp; ăn mặc; dựng lên chiếu lệ 3 *v.* lừa đảo, gian lận [cuộc đua, cuộc bầu cử]

right 1 *n.* điều phải/hay, điều tốt; điều thiện; bên (tay) phải, bên phía tay mặt; quyền, quyền lợi; phe hữu, phái hữu; cú đấm bên phải: **~ and wrong** trái phải, thiện ác; **~s and privileges** mọi thứ quyền lợi và đặc quyền; **~s and responsibilities** quyền lợi và trách nhiệm 2 *adj.* phải, đúng, tốt, có lý; (tay) phải/mặt; cần phải có, đúng, thích hợp, xứng đáng; ở vào tình trạng tốt; [đường] thẳng, [góc] vuông: **the ~ answer** câu trả lời đúng; **the ~ eye** con mắt bên phải; **to feel all ~** cảm thấy khoẻ mạnh; **in one's ~ mind** nghĩ và hành động đúng; **~-to-lifer** người chống đối phá thai; **as ~ as rain** hoàn toàn khoẻ mạnh 3 *adv.* thẳng; ngay, chính; phải, đúng; tốt, đúng ý; đáng, xứng đáng; hoàn toàn: **~ ahead** về bên phải, thẳng đây; **~ away** liền, tức thì; ngay bây giờ; **~ in the center** ở chính giữa; **~ here** ngay tại đây 4 *v.* lấy lại cho ngay, làm lại cho đúng: **to ~ a mistake** sửa lại lỗi lầm

righteous *adj.* ngay thẳng, đạo đức, chính đáng, công bằng

rigid *adj.* cứng, cứng rắn, khắt khe, không co giãn

rigmarole *n.* câu chuyện không ra đâu vào đâu

rigor *n.* tính khắc nghiệt, tính khắt khe; sự run rét: **~ mortis** xác chết cứng đơ

rile *v.* chọc tức, trêu chọc

rim *n., v.* vành, bờ, mép; miệng [chén, bát, chum]; gọng [kính]

rind *n.* vỏ (cây, dưa hấu); cùi [phó mát]; bì lợn

ring 1 *n.* cái vòng; cái đai; cái nhẫn; vòng tròn; vũ đài; đấu trường [bò tót]; nhóm, bọn, ổ; quầng [mắt]: **boxing ~** vũ đài quyền Anh; **engagement ~** nhẫn đính hôn; **~ fence** hàng rào bao quanh miếng đất; **~ finger** ngón đeo nhẫn; **~ road** đường vòng quanh thành phố 2 *n.* bộ chuông; tiếng chuông (điện thoại); tiếng kêu leng keng; vẻ; cú điện thoại 3 *v.* [**rang**; **rung**] reo, rung, lắc, giật [chuông **bell**]; kêu, rung/ngân vang; văng vẳng; nghe có vẻ; rung chuông báo hiệu: **to ~ back** gọi điện thoại lại; **to ~ off** ngưng gọi điện thoại; **to ~ round** gọi điện thoại cho nhiều người; **to ~ up** gọi điện thoại

rink *n.* sân băng

rinse *n., v.* (sự) súc [miệng, chai, ấm], (sự) giũ/vắtquần áo, (sự) tráng [bát đĩa]

riot 1 *n.* sự náo loạn; cuộc nổi loạn; sự bừa bãi lộn xộn: **~ police** cảnh sát dã chiến 2 *v.* nổi/dấy loạn

rip 1 *n.* sự xé; vết rách, chỗ xé 2 *v.* xé toạc ra: **to ~ out, to ~ open a package** xé cái gói ra

ripe *adj.* chín; chín muồi, chín chắn; ăn được

ripple 1 *n.* sóng gợn lăn tăn; tiếng róc rách; tiếng rì rầm 2 *v.* (làm cho) gợn sóng lăn tăn; róc rách rì rầm; làm cho rì rào

rise 1 *n.* sự tăng lên, sự tăng gia; chỗ đường gốc; sự cất tiếng; sự mọc lên mặt trời]; sự thăng cấp, thăng tiến; nguồn [sông]; nguồn gốc, căn nguyên: **to give ~ to something** gây ra/nên 2 *v.* [**rose**; **risen**] tăng lên; dâng/nổi lên, lên cao, bốc lên; trèo/leo lên; dậy, trở dậy, đứng dậy/lên; [mặt trời, mặt trăng] mọc; tiến lên, thẳng tiến, thành đạt; nổi dậy, khởi nghĩa; [sông] bắt nguồn: **to ~ above** vượt lên trên; **to ~ early** dậy sớm

risk 1 *n.* sự liều, sự mạo hiểm; sự rủi ro nguy hiểm: **to take ~s** liều, lao vào nguy hiểm 2 *v.* liều; có thể phải chịu rủi ro: **to ~ one's life/neck** liều mạng

rite *n.* lễ, lễ nghi, nghi thức: **funeral ~s** lễ tang, tang lễ

ritual *n., adj.* (thuộc/theo) lễ nghi, nghi thức

rival 1 *n.* người kình địch/cạnh tranh 2 *v.* sánh với; cạnh tranh

river *n.* con sông; dòng sông; dòng máu: **~ basin** lưu vực sông; **~ bank** bờ sông; **~ bed** lòng sông

rivet 1 *n.* đinh tán 2 *v.* tán đầu; ghép/thật chặt: **to ~ one's eyes on something** nhìn chòng chọc vào cái gì

roach *n.* con gián

road *n.* con đường; đường đi; đường phố; con đường [dẫn tới ...], cách, phương pháp: "Road under Construction" ĐƯỜNG ĐANG SỬA; ~ **block** vật chướng ngại chặn đường, chỗ cảnh sát chặn đường hỏi giấy; ~ **bully** đường đáng sợ; ~ **courtesy** đường cho đi tạm; ~ **hump** (= speed hump) ụ nhô lên nhằm giảm bớt tốc độ; ~ **map** bản đồ chỉ đường; ~ **sign** dấu hiệu đi đường; ~ **test** kiểm tra an toàn xe

roam v. đi lang thang, đi lung tung

roar n., v. (tiếng) gầm, rống; (tiếng) nổ ầm ầm; (tiếng) la thét om sòm, (tiếng) cười phá lên: **to ~ with pain** la lên vì đau

roast 1 n., adj. thịt quay, thịt nướng, đã nướng: ~ **chicken** gà quay; ~ **pig** thịt lợn quay 2 v. nướng, quay [thịt]; rang: **to ~ coffee beans** rang cà phê

rob v. cướp, ăn cướp, lấy trộm: **to ~ Peter to pay Paul** lấy của người nầy đem cho người khác

robe 1 n. áo choàng mặc trong nhà; áo thụng [giáo sư, quan toà] 2 v. mặc/khoác áo choàng

robot n. người máy: ~ **plane** máy bay không người lái

robotics n. khoa nghiên cứu người máy

robust adj. khoẻ mạnh, tráng kiện, cường tráng

rock 1 n. đá, tảng đá; hòn đá; mỏm đá ngầm; [rượu] chỉ bỏ nước đá, chứ không pha xô đa hay nước lã: **as hard as ~** cứng như đá; ~ **bottom** [giá] thấp nhất, hạ nhất; ~ **garden** vườn

non bộ 2 v. đu đưa, lúc lắc; làm rung chuyển: **to ~ a baby to sleep** ru em bé ngủ; **to have one's hopes ~ed** sống trong hy vọng

rocket 1 n. tên lửa, hoả tiễn, rôcket; pháo thăng thiên; hoả pháo; ~ **launcher** súng phóng tên lửa 2 v. bắn hoả tiễn

rod n. cái que, cái gậy; cái roi, roi vọt; cần câu; sào Anh [gần bằng 5m]; vi khuẩn que: **fishing ~** cần câu cá; **Spare the ~ and spoil the child.** Yêu cho vọt, ghét cho chơi.

rodent n., adj. (thuộc) loài gậm nhấm; chuột

rodeo n. (pl. rodeos) cuộc đua cưỡi ngựa quăng dây bắt bò, cuộc thi cưỡi ngựa vượt qua những rào cản

roguish adj. đểu, xỏ lá (ba que); tinh nghịch

role n. vai trò, vai tuồng, vai: ~ **model** đóng vai người mẫu

roll 1 n. cuốn, cuộn, súc, ổ; bánh mì nhỏ; tập giấy bạc; tiếng vang rền [của sấm, trống]: **a ~ of toilet paper** cuộn giấy vệ sinh; **bread ~** ổ bánh mì 2 n. danh sách, danh mục; sự điểm danh: **a ~ of honor** bảng ghi vinh danh ai; **to strike off the ~s** loại bỏ khỏi danh sách hành nghề 3 n. sự lăn tròn; sự lắc lư tròng trành 4 v. cuốn, cuộn, quấn; lăn, vần; [xe cộ] chạy, lăn; [người] đi xe; [năm tháng] trôi qua; [tàu thuyền] tròng trành, lắc lư; (địa hình) lên xuống thoai thoải; lăn [bột];

vang rền, đổ hồi; đọc rung, uốn lưỡi [những chữ r]: **to ~ back** giảm giá; **to ~ over** lăn mình; **to ~ up** cuốn thuốc, cuộn mình lại; **to ~ away** lăn đi; **to ~ by** trôi qua

roller *n.* trục lăn, ống lăn; trục cán; xe lăn đường; đợt sóng lớn; cái cuộn tóc: **~ coaster** xe lửa lên núi xuống núi ở giải trí trường; **~ skates** đôi pa-tanh

Roman *n., adj.* thuộc La Mã: **~ Catholic** đạo Thiên Chúa (theo giáo hội La Mã); **~ numeral** số La Mã

romance *n., v.* câu chuyện tình lãng mạn; lãng mạn, truyện thơ về anh hùng hiệp sĩ; truyện phiêu lưu mạo hiểm; bịa đặt

Rome *n.* thành La Mã; nhà thờ La Mã: **When in ~, do as the Romans do.** Nhập gia tuỳ tục.

romp *v., n.* nô đùa ầm ĩ; thắng một cách dễ dàng: **to ~ home** thắng một cách dễ dàng

roof 1 *n.* mái nhà, nóc; vòm [trời, cây, miệng]; nóc, mui [xe]; trần [máy bay]: **tiled ~** mái (lợp) ngói; **to go through the ~** đạt đến tột đỉnh; **to hit the ~** nổi cơn giận dữ; **a ~ over one's head** có nơi ăn ở 2 *v.* lợp, che mái; làm mái che cho

rookie *n.* lính mới, tân binh

room 1 *n.* buồng, phòng; cả (những người trong phòng) phòng; chỗ; cơ hội, duyên cớ: **~ and board** ăn ở, tiền phòng và tiền ăn, tiền ăn trọ; **~ clerk** thư ký khách sạn; **~ service** công việc dọn phòng; **no ~ to**

turn in (= **no ~ to swing a cat**) không có chỗ xoay trở; **to make ~ for** dọn/nhường chỗ cho 2 *v.* có phòng, ở phòng cho thuê, ở chung phòng: **to ~ with someone** ở chung phòng với ai

roost 1 *n.* chỗ [chim] đậu; chuồng gà; chỗ ngủ: **to rule the ~** làm như mình là chủ, hách dịch 2 *v.* [chim] đậu; ngủ: **come home to ~** trở lại gốc không mấy thích

rooster *n.* gà trống

root 1 *n.* rễ cây, rễ; chân [răng]; các cây có rễ củ; căn nguyên, gốc rễ, nguồn gốc; căn; từ gốc: **to lay an ax to the ~ of a problem** đào tận gốc/trừ tận gốc vấn đề; **to get to the ~ of the matter** nắm được thực chất vấn đề 2 *v.* làm ăn sâu, làm cắm chặt; nhổ bật rễ; lấy mõm ủi moi; lục lọi; reo hò cổ vũ: **to ~ up/out** nhổ rễ lên

rope 1 *n.* dây thừng, dây chão; chuỗi, xâu; dây thòng lọng [quàng vào cổ ngựa, cổ bò; treo cổ tử tù]: **to jump ~** nhảy dây; **to know the ~s** biết hết mọi cách thức; **on the high ~s** lên mặt quan trọng, làm ra vẻ ta đây; **to give somebody plenty of ~** để cho ai tự do muốn làm gì thì làm 2 *v.* trói/buộc bằng thừng; quăng thừng bắt [ngựa, bò]; chăng dây thừng làm giới hạn: **to ~ in/into** chăng dây để giới hạn

rosary *n.* chuỗi tràng hạt

rose 1 *n.* hoa hồng; cây hoa hồng; màu hồng: **a bed of ~s**

một luống hồng **2** *adj.* màu hồng; **~-colored** màu hồng; tươi vui, lạc quan

roster *n., v.* danh sách; (bảng) phân công

rostrum *n.* diễn đàn, bục diễn giả

rot 1 *n.* sự thối rữa/mục nát; chuyện dại dột: **Don't talk ~!** Đừng nói chuyện vớ vẩn! **2** *v.* thối, rữa, mục: **to ~ away** chết dần chết mòn

rotary 1 *n.* máy quay: **~ Club** Hội Phù luân **2** *adj.* chuyển động, quay: **the ~ motion of the earth** chuyển động quay tròn của trái đất; **~ furnace** lò quay

rotate *v.* quay, xoay quanh; luân phiên nhau: **to ~ crops** trồng luân phiên, luân canh

rote *n.* sự nhớ thuộc lòng, sự học vẹt

rotund *adj.* giọng oang oang, mập mạp

rough 1 *n.* trạng thái chưa gọt giũa; người cục mịch hoặc du côn: **a ~ diamond** kim cương còn nguyên; **to take the ~ with the smooth** kiên nhẫn chịu đựng gian khổ; **~ justice** đối xử công bằng **2** *adj.* xù xì, ráp, nhám; gồ ghề, lởm chởm; dữ dội, mạnh, hung dữ, hung bạo; [biển] có sóng lớn, động; thô, chưa gọt giũa, chưa mài giũa, chưa trau chuốt; thô lỗ, cục cằn, lỗ mãng; [bản] nháp, phác qua, dịch phỏng; [tiếng] chói tai; nặng nhọc, nặng nề, gay go, khó khăn: **a ~ copy** bản thảo đầu tiên; **a ~ sketch** vẽ nháp **3** *adv.* dữ, thô bạo: **to treat**

someone ~ đối xử thô lỗ với ai **4** *v.* làm dựng ngược, vuốt ngược; phác thảo: **to ~ it out** đi cắm trại, ngủ ngoài trời; **to ~ up** đánh đập, ngược đãi

roulette *n.* bàn đánh bạc ru-lét; cái kẹp uốn tóc

round 1 *n.* sự hình tròn; khoanh [thịt bò]; vòng tròn; sự quay vòng, sự tuần hoàn, chu kỳ; sự đi vòng/tua, sự kinh lý; hiệp, vòng đấu; loạt [súng], tràng [pháo tay **applause**], chầu rượu: **to dance in a ~** nhảy vòng tròn **2** *adj.* tròn; (béo) tròn tròn; chẵn, tính chẵn; khứ hồi; [gọng] sang sảng; thẳng thắn: **a ~ trip** cuộc hành trình khứ hồi; **a ~ peg in a square hole** không thích hợp, nồi tròn nắp vuông; **3** *adv.* quanh, vòng quanh; chung/xung quanh; quay trở lại: **to go ~** đi vòng quanh; **all the year ~** quanh năm suốt tháng **4** *prep.* quanh, vòng quanh, chung/xung quanh: **to travel ~ the world** đi du lịch vòng quanh thế giới **5** *v.* làm/cắt tròn, xén tròn; đi vòng quanh; đọc [nguyên âm **vowel** chúm/tròn môi]: **to ~ up** chạy quanh dồn súc vật; vây bắt

rouse *v.* khua, khuấy động; đánh thức, làm thức tỉnh; khích động, khêu lại, gợi lại; chọc tức

roust *v.* quấy rầy ai

rout 1 *n.* sự tháo chạy, sự tán loạn lúc rút lui; sự thảm bại **2** *v.* đánh cho tan tác; đánh tơi bời

route 1 *n.* đường đi; tuyến đường; đường của người phát thư **2** *v.*

gửi [thư, gói hàng] theo một tuyến đường nào đó

router *n.* chức năng (trong máy vi tính) đưa trữ liệu vào mạng

routine *n., adj.* công việc hằng ngày, thói quen mỗi ngày; thủ tục, thường lệ

rove *v.* đi lang thang

rover *n.* người đi lang thang, lãng tử

row 1 *n.* [**rows**] hàng, dãy; dãy nhà; hàng ghế; hàng cây; cuộc đi chèo thuyền: **to sit in a ~** ngồi thành hàng 2 *n.* sự om sòm, sự huyên náo: **to kick up a ~** làm om sòm lên 3 *v.* chèo thuyền, chèo: **to ~ someone across the river** chèo thuyền cho ai sang sông

royal *adj., n.* thuộc nhà vua; hoàng gia; sang trọng, huy hoàng, trọng thể: **the ~ family** hoàng gia, hoàng tộc

royalty *n.* địa vị nhà vua, vương vị; quyền hành nhà vua, vương quyền: **royalties** tiền bản quyền tác giả/phát minh, tiền tác quyền

rub 1 *n.* sự cọ xát/chà xát; sự lau chùi, cọ chải; nỗi khó khăn, sự cản trở 2 *v.* cọ xát, chà xát; xoa, thoa, xoa bóp; lau/đánh bóng; xát mạnh để làm bản rập: **to ~ down** xoa bóp, chà xát; **to ~ in** xoa dầu cho thấm; nhắc đi nhắc lại; **to ~ off** lau/ xoá sạch; làm xước; **to ~ out** lau/chùi sạch; giết, thủ tiêu; **to ~ noses** lau mũi phản đối người khác; **to ~ shoulders with** liên lạc, tiếp xúc với người nào; **to ~ someone (up) the wrong way** làm trái ý ai, chọc tức ai

rubber 1 *n.* cao su: **~ stamp** con dấu cao su; nhân vật/nghị hội bù nhìn; **~ tree** cây cao su 2 *n.* cái tẩy, cục gôm; giầy cao su, ủng cao su; khăn lau, giẻ lau

rubbish *n., v.* rác rưởi, rác rến, vật bỏ đi; vật vô giá trị; chuyện bậy/láo/nhảm, chuyện vô lý: **~ bin** thùng rác

rubble *n.* gạch vụn, đá vụn

ruby *n.* ngọc đỏ, hồng ngọc, ru bi

rucksack *n.* ba lô

ruckus *n.* một hàng, một dãy

rudder *n.* bánh lái

rude *adj.* láo xược, vô lễ, bất lịch sự, khiếm nhã, thô lỗ, dã man; thô sơ, không tinh vi; mạnh mẽ (đột ngột), dữ dội

rudimentary *adj.* bước đầu, sơ bộ, sơ đẳng; thô sơ

ruffle 1 *n.* diềm đăng ten tổ ong; sóng gợn; khoang cổ; hồi trống rền 2 *v.* làm xù/rối lên; (làm) sóng gợn lăn tăn; làm mếch lòng, làm trái ý: **to ~ someone's hair** làm rối tóc ai

rug *n.* tấm thảm; chăn, mền: **as snug as a bug in a ~** ấm như nằm trong chăn

rugby *n.* môn bóng bầu dục

ruin 1 *n.* sự đổ nát, sự suy đổi; sự tiêu tan; sự thất bại/phá sản; ruins di tích, tàn tích: **the ~s of Angkor Wat** sự đổ nát của điện Đế thiên Đế thích 2 *v.* làm đổ nát, làm hỏng, làm tan nát, làm hư nát, tàn phá; làm phá sản; làm hư hỏng, dụ dỗ [con gái]

rule 1 *n.* lệ thường, thói quen; phép tắc, quy tắc, quy củ; luật lệ, điều lệ, quy luật; quyền thống trị: **as a ~** theo thường lệ; **~ of thumb** theo kinh nghiệm **2** *v.* trị vì, cai trị, thống trị; quản trị, chi phối, chỉ huy, điều khiển; chế ngự, kiềm chế, đè nén; [toà] ra lệnh, quyết định, phán quyết; kẻ [giấy]

ruler 1 *n.* nhà cầm quyền; vua, chúa **2** *n.* cái thước kẻ

rum *n.* rượu rum

rumble *n., v.* (tiếng) ầm ầm (tiếng) đùng đùng; (tiếng) sôi bụng ùng ục

rummage 1 *n.* sự/đồ lục lọi: **~ sale** cuộc bán đồ cũ linh tinh/tập tàng **2** *v.* lục lọi, lục soát; lục bừa, lục bừa bãi, lục lung tung

rumor 1 *n.* tin đồn, lời/tiếng đồn **2** *v.* đồn (đại)

rump *n.* mông đít [của loài vật]; phao câu [của chim]

rumple *v.* làm rối [tóc]; làm nhăn/nhàu, vò nhàu

run 1 *n.* sự chạy; cuộc đi chơi/ dạo, chuyến đi: **on the ~ all day** long suốt ngày chạy ngược chạy xuôi **2** *n.* sự hạ nhanh, sự giảm mau; cơn, hồi, loạt; **a ~ of bad luck** hồi bị đen **3** *v.* [ran; run] chạy, cho chạy, cho chảy; trông nom, điều khiển, quản lý; luồn [dây]; đưa lướt; [máu] chảy; [tin] lan mau/nhanh; [ngón tay] lướt: **to ~ across** chạy ngang qua/tình cờ gặp; **to ~ after** chạy theo, đuổi theo/ theo đuổi [đích]; **to ~ off** cho chạy/ quay thành nhiều bản/ chạy trốn; chảy; **to ~ through** chạy qua/đâm xuyên qua/đọc lướt

qua; **to ~ away** bỏ chạy, chạy đi; **to ~ down** chạy xuống/ [đồng hồ] hết dây cót/[bình điện] hết điện; **to ~ for President** ra tranh cử Tổng thống; **to ~ foul of** trở nên dại dột, đi ngược lại với; **to ~ into** chạy vào trong; mắc/rơi vào; tình cờ gặp; **to ~ out of** hết (thì giờ/ tiền); **to ~ over** tràn/ trào ra/đọc lướt qua/chạy đè lên, chẹt phải; **to ~ for one's life** chạy bán sống bán chết

rung *n.* thanh ngang, bậc [thang]; nan hoa

runner *n.* người chạy, lực sĩ chạy; tuỳ phái, ông chạy giấy; công nhân đầu máy xe lửa; thân cây bò lan; đường rãnh; dây cáp kéo đồ; con lăn

runny *adj.* chảy ra nhiều, dễ chảy (nước mắt)

runt *n.* giống bò nhỏ; người bị cọc, anh lùn

rupee *n.* đồng tiền ru-pi (Ấn độ, Pakistan, Sri Lanka)

rupture 1 *n.* sự cắt đứt, sự đoạn tuyệt/tuyệt giao; sự đứt [mạch máu]; sự thoát vị: **the ~ of diplomatic relations between two countries** sự đoạn giao quan hệ ngoại giao giữa hai nước **2** *v.* (bị) cắt đứt, (bị) đoạn tuyệt; (làm) vỡ, đứt, gãy, thủng, rách; (làm) thoát vị, thoát trường

rural *adj.* thuộc miền nhà quê, đồng quê, thôn dã, thôn ổ, nông thôn: **~ areas** những vùng thôn quê

ruse *n.* mưu mẹo, mưu kế, mưu chước

rush 1 *n.* sự xông lên, sự xô đẩy; sự đổ xô tới, sự lao/dồn tới, sự cuốn đi; sự vội vàng, sự gấp gáp: **to be in a ~** to vội vàng làm gì; **a ~ job** công việc cần làm gấp; **~ hours** giờ cao điểm, giờ tan sở (đông xe), giờ đi làm (kẹt xe) 2 *v.* xông lên, xô, đổ xô tới; lao, dồn tới; chảy mạnh, dồn lên; đi gấp; làm/gửi gấp

rusk *n.* bánh bít cốt cho trẻ em

Russia *n.* nước Nga

rust 1 *n.* gỉ, sét; sự cùn trí nhớ; bệnh gỉ sắt [của cây lúa] 2 *v.* gỉ; làm gỉ

rustic *adj., n.* quê mùa, mộc mạc; chất phác; thô kệch

rustle *n., v.* (tiếng) sột soạt, (tiếng) xào xạc; ăn trộm [bò, ngựa]

rusty *adj.* gỉ, han, sét; [ngoại ngữ] cùn; lỗi thời, lạc hậu; cau có bực tức

rut 1 *n.* vết bánh xe; vết đường mòn; **in a ~** theo lối mòn, theo lối cũ 2 *n.* sự động đực 3 *v.* động đực

rye *n.* lúa mạch đen

S

's 1 *v., abbr.* (= **is, has**) chữ viết tắt của **is** hay **has** 2 *poss. pron.* (**of**) đứng sau tiếng danh từ số ít chỉ quyền sở hữu

sabbath *n.* ngày xa-ba của dân Do Thái; ngày Chủ nhật của đạo Tin Lành; thời kỳ nghỉ: **~ day** ngày nghỉ tôn giáo như Thiên Chúa giáo là ngày Chủ nhật, Do Thái giáo là ngày Thứ bảy và Hồi giáo là ngày Thứ sáu

saber *n.* gươm, kiếm lưỡi cong của kỵ binh

sabotage *n., v.* (sự) phá hoại; làm hỏng

sac *n.* túi, bao

sachet *n.* túi nhỏ ướp nước hoa, túi bột thơm để trong áo quần

sack 1 *n.* bao tải, túi, bị: **to get the ~** bị đuổi/thải; **to hit the ~** đi ngủ 2 *n.* sự cướp phá, sự cướp bóc 3 *v.* đóng bao; sa thải; đánh bại 4 *v.* cướp phá, cướp bóc

sacred *adj.* thiêng liêng, bất khả xâm phạm; thánh, thần thánh: **a ~ book** sách thánh; **a ~ duty** nhiệm vụ thiêng liêng

sacrifice 1 *n.* sự hy sinh; sự cúng thần, vật tế thần; sự bán lỗ 2 *v.* hy sinh; cúng tế; bán lo

sad *adj.* buồn, buồn bã, buồn rầu, âu sầu; đìu hiu, cô quạnh, quạnh quẽ; kém, tồi, hèn

saddle 1 *n.* yên ngựa, yên xe đạp; phần thịt nối giữa hai lối; phần giữ dây cáp trên các cầu: **in the ~** móc lên trong văn phòng; **~-horse** ngựa để cưỡi 2 *v.* thắng yên; dồn, chất [gánh nặng, trách nhiệm]: **~ my nag** trò chơi trẻ con

safari *n.* cuộc đi săn ở Nam Phi, cuộc đi thăm các thú vật Nam Phi: **~ park** công viên có nhiều thú vật Nam Phi

safe 1 *n.* tủ sắt, két sắt; chạn, tủ thịt: **to keep money in the ~** để tiền trong tủ sắt 2 *adj.* chắc chắn, an toàn, vô sự; không nguy hiểm; dè dặt, thận trọng:

safeguard

to play it ~ chơi ăn chắc; ~ **and sound** an toàn; ~ **keeping** sự che chở bảo vệ khỏi mất mát

safeguard *n., v.* (cái) để che chở/ bảo vệ

safety *n.* sự chắc chắn, sự an toàn; tính chất an toàn không nguy hiểm: ~ **belt** dây an toàn; ~ **catch** cò an toàn; ~ **lamp** đèn an toàn dành cho giới đào mỏ; ~ **net** lưới an toàn của người làm xiếc; ~ **zone** khu vực an toàn

sag 1 *n.* sự lún/cong; sự chùng; sự hạ giá; sự sút kém 2 *v.* lún/ cong/oằn/võng xuống; chùng; nghiêng một bên; hạ giá, sụt giá; sút kém

sage *n., adj.* nhà hiền triết, hiền nhân, bậc thánh hiền; khôn ngoan già dặn

sail 1 *n.* cánh buồm; thuyền, tàu: **to set** ~ giương buồm; ~**boat** thuyền buồm 2 *v.* đi/chạy (trên mặt biển); lái, điều khiển; đi thuyền, đi tàu thuỷ; nhổ neo; bay lượn: **to** ~ **into** lao vào công việc, tấn công/chỉ trích dữ dội

saint *n., v.* (*abbr.* **St.**) thánh; ông thánh, phong thánh

sake *n.* lợi ích: **for your** ~ để có lợi cho anh; **art for art's** ~ nghệ thuật vì nghệ thuật

sake *n.* rượu sa-ke của Nhật

salad *n.* rau xà lách: ~ **dressing** dầu giấm hoặc nước pha để trộn xà lách

salary *n.* tiền lương, tiền công

sale *n.* sự bán; số hàng hoá bán được; cuộc bán xon, cuộc bán hạ giá, bán khuyến mãi: **for** ~

để bán, đem ra bán; **garage** ~, **yard** ~ bán xon đồ thừa bày ở trong nhà để xe hoặc ở ngoài sân cỏ; ~ **or return** trao đổi hàng đã mua; ~**s department** bộ phận đóng gói bán

salient *adj.* nổi bật, dễ thấy; nhô/ lồi ra

saline *adj., n.* (có) nước muối, (nước) mặn như muối

saliva *n.* nước bọt, nước dãi

sallow *adj.* [da] tái xám

salmon *n., adj.* cá hồi, có màu cá hồi

salon *n.* phòng tiếp khách; cửa tiệm sang trọng; phòng/cuộc triển lãm tranh/xe: **beauty** ~ tiệm uốn tóc; **shoe** ~ tiệm bán giày phụ nữ

saloon *n.* quán rượu, tửu quán; phòng khách lớn, hội trường: ~**-bar** quầy rượu hạng sang; ~ **deck** hành lang cho khách quán rượu dùng; ~**-keeper** chủ tiệm rượu

salt 1 *n.* muối, muối ăn; sự châm chọc, sự tế nhị: **table** ~ muối bột dùng để ăn; ~ **and pepper** muối tiêu, đen trắng lẫn lộn; **to rub** ~ **into the wound** làm cho ai đau đớn thêm, xát muối vào vết thương 2 *adj.* ướp muối, tẩm muối; đau đớn, thương tâm: **to weep** ~ **tears** khóc sướt mướt, khóc như mưa 3 *v.* muối, rắc muối; thêm mắm thêm muối: **to** ~ **an account** tính giá cao nhất trong các món hàng

salty *adj.* mặn; chua chát, sắc sảo: ~ **fish** món cá mặn

salute 1 *n.* sự chào; cách chào,

lời chào: **a twenty-one gun ~** 21 phát súng chào **2** *v.* chào: **to ~ someone with a smile** chào ai bằng nụ cười

salvage 1 *n.* sự cứu tàu [khỏi đắm/cháy]; đồ đạc cứu được, của cải vớt được **2** *v.* cứu khỏi đắm/cháy

salvation *n.* sự cứu rỗi, sự cứu vớt linh hồn; **~ Army** Đội quân Cứu tế Từ thiện

salve 1 *n.* thuốc mỡ, thuốc xoa **2** *v.* xoa dịu, an ủi

same 1 *pron.* vật đó, điều như thế, người đó: **all the ~** vẫn cứ thế, tất cả đều giống nhau **2** *adj.* như nhau, giống nhau: **in the ~ boat** cùng một chuyến tàu **3** *adv.* giống, cùng

sampan *n.* thuyền tam bản

sample 1 *n.* mẫu, mẫu hàng **2** *v.* thử, ăn thư

sampling *n.* lấy làm mẫu, dùng làm mẫu

samurai *n.* sĩ quan Nhật

sanatorium *n.* nhà điều dưỡng, nơi an dưỡng

sanctify *v.* thánh hoá, làm hợp đạo thánh; biện bạch

sanction 1 *n.* sự đồng ý/tán thành; hình phạt **2** *v.* đồng ý, phê chuẩn; quy định việc thưởng phạt

sanctuary *n.* chỗ tôn nghiêm, nơi thờ phụng, chùa chiền, nhà thờ; chỗ ẩn náu, nơi trốn tránh; nơi bí ẩn: **to take ~ in** tìm nơi ẩn trốn

sand 1 *n.* cát, bãi cát: **numerous as the ~** vô số; **~ bank** bãi cát; **~ blast** luồng cát phun; **~ shoes** giầy đi cát **2** *v.* đổ/rải cát: **to ~**

a road trải cát lên đường đi

sandal *n.* dép, săng-đan

sandpaper *n., v.* giấy nhám, giấy dùng đánh bóng; đánh bằng giấy nhám

sandstorm *n.* bão cát

sandwich 1 *n.* bánh xăng uých, bánh mì (kẹp) thịt: **~ board** bảng quảng cáo cho người đeo trước ngực và sau lưng **2** *v.* để vào giữ, kẹp vào giữa, xen vào giữa

sane *adj.* lành mạnh, đầu óc vững vàng, không điên cuồng; phải chăng, ôn hoà, đúng mực

sanguine *adj.* tin tưởng, lạc quan, đầy hy vọng; đỏ, hồng hào; đỏ như máu; thuộc máu

sanitary *adj.* vệ sinh: **~ napkin** khố/băng kinh nguyệt

sanity *n.* sự lành mạnh, sức khỏe tâm trí; sự đúng mực, sự ôn hoà, sự khôn ngoan

Sanskrit *n.* tiếng Phạn, Phạn ngữ

Santa Claus *n.* ông già Nô-en

sap 1 *n.* nhựa cây; nhựa sống **2** *v.* làm kiệt sức; làm nhụt chí **3** *v.* đào hầm hào; phá hoại, phá ngầm

sapling *n.* cây nhỏ; chó săn con

sapphire *n.* ngọc xa-fia; màu trong xanh: **~ wedding** kỷ niệm đám cưới đã 45 năm, kỷ niệm 45 năm lấy nhau

sarcastic *adj.* mỉa mai, châm biến, chế nhạo

sardine *n.* cá xác-đin, cá hộp, cá mòi

sardonic *adj.* mỉa mai, châm biếm; nhạo báng

SARS *n., abbr.* (= **Severe Acute**

Respiratory Syndrome) bệnh nhiễm vi khuẩn cấp tính màng óc phát khởi ở Trung quốc năm 2002

sash 1 *n.* khăn thắt lưng, thắt lưng bao 2 *n.* khung cửa kính trượt kéo lên kéo xuống

Satan *n.* quỷ Xa tăng, Ma vương

satchel *n.* cặp da, túi da

sate *v.* làm thoả mãn; làm cho ngấy chán

satellite *n.* vệ tinh; vệ tinh nhân tạo; nước chư hầu, người hầu: **~ dish** đĩa ăng ten để thâu hình qua vệ tinh; **~ TV** truyền hình qua vệ tinh

satiate *adj., v.* (làm) no, chán, ngấy, thoả mãn

satin *n., adj.* xa tanh, màu láng trơn: **~ cloth** vải len láng

satirical *adj.* châm biếm, trào phúng

satisfactory *adj.* làm vừa lòng, làm vừa ý, làm thoả mãn; tốt đẹp, đầy đủ

satisfy *v.* làm vừa lòng, làm thoả mãn; đáp ứng, hội đủ [điều kiện]: **to ~ oneself** tự mãn nguyện

saturate *v.* no, bão hoà; thấm đẫm, ngâm

Saturday *n.* ngày thứ Bảy

Saturn *n.* sao Thổ, Thổ tinh

sauce 1 *n.* nước xốt; sự vô lễ, sự hỗn xược: **None of your ~!** Không được hỗn! 2 *v.* cho nước xốt, thêm nước xốt; vô lễ, hỗn láo

saucer *n.* đĩa để ly, tách; đĩa để hứng nước dưới chậu hoa

sauna *n.* sự tắm hơi; nhà tắm hơi

saunter *n., v.* (sự) đi thơ thẩn, đi tản bộ

sausage *n.* xúc xích, dồi, lạp xưởng: **blood ~** dồi; **Chinese ~** lạp xưởng; **not to care a ~** không có gì cả

sauté *v.* xào, áp chảo

savage 1 *n.* người man rợ; người tàn bạo 2 *adj.* dã man, man rợ, không văn minh; hoang vu/dại; dữ tợn: **~ scene** cảnh hoang vu 3 *v.* cắn, giẫm lên (người khác)

save 1 *v.* cứu nguy, cứu vãn; cứu vớt; để dành, tiết kiệm; tránh cho ai khỏi phải [mất công/ của]: **to ~ money** để dành tiền; **to ~ time** tiết kiệm thì giờ; **to ~ one's face** để khỏi mất mặt, để giữ sĩ diện; **to ~ one's breath** làm thinh 2 *prep., conj.* trừ ra, ngoài ra, không ke 3 *n.* sự phá bóng cứu nguy (**in soccer/ games**)

savings *n.* tiền để dành, để dành, tiết kiệt; cứu giúp: **~ account** trương mục tiết kiệm; **~ bank** ngân hàng tiết kiệm, quỹ tiết kiệm; **~ book** sổ băng có trương mục tiết kiệm

savior *n.* vị cứu tinh; **the ~** Đức Chúa Giê-su

savor 1 *n.* vị, mùi vị; hương vị; nét, vẻ, hơi hướng: **a ~ of precocity** có vẻ cầu kỳ 2 *v.* nếm, nhắm, thưởng thức; thoáng có vẻ/mùi

savvy *n., adj.* (sự) hiểu biết; khôn ngoan

saw 1 *n.* cái cưa 2 *v.* cưa, xẻ [gỗ]; cưa, đưa đi đưa lại

sax *n., abbr.* (= **saxophone**) kèn

xa-xô-phôn; búa đóng đinh lợp ngói

saxophone *n.* kèn xắc-xô

say **1** *n.* lời nói; dịp nói, quyền ăn nói **2** *v.* [**said**] nói; tuyên bố, hứa; đồn, nói; diễn tả, diễn đạt: **The contract ~s that …** Giao kèo nói rằng …; **I should ~ not!** Không ạ, thôi đi!; **let's ~** chúng ta hãy nói; **no sooner said than done** nói là làm liền; **people ~ that …, it is said that …** người ta đồn/nói rằng …; **to ~ the word** bày tỏ sự đồng ý hay cho phép; **well said** đúng, hay lắm; **when all is said and done** hết tất cả, về lâu về dài **3** *exclam.* nói đi: **You can ~ it again!** Bạn có thể nói nữa!

saying *n.* tục ngữ, châm ngôn: **as the ~ goes, …** tục ngữ có câu …

scab **1** *n.* vảy [ở vết thương], bệnh nấm vảy; người bần tiện; kẻ phá hoại cuộc đình công **2** *v.* đóng vảy; phá hoại cuộc đình công

scabies *n.* bệnh ghẻ

scads *n.* vô số, cả đống, nhiều lắm: **~ of money** cả đống tiền

scaffolding *n.* giàn thang cho thợ nề

scald **1** *n.* chỗ bỏng nước sôi **2** *v.* làm bỏng, đun sôi

scale **1** *n.* vảy [cá, rắn]; cáu bựa: **~ board** tấm ván mỏng lót sau gương; **~ insect** những côn trùng khác nhau **2** *n.* đĩa cân: **scales** cái cân; **~ pan** quả cân; **to tip the ~s** làm nghiêng cán cân **3** *n.* gam, thang âm [**major** trưởng, **minor** thứ]; sự chia độ;

tỷ lệ thuộc tỷ lệ; quy mô, phạm vi: **~ of notation** tỷ lệ giữa các đơn vị trong hệ thống số đếm **4** *v.* leo, trèo; vẽ theo tỷ lệ: **to ~ down** vẽ nhỏ đi; giảm xuống **5** *v.* đánh/làm vảy [cá]; cạo cáu; tróc vảy

scallop **1** *n.* con sò, con điệp; lát thịt mỏng **2** *v.* cắt kiểu vỏ sò [ở đường viền]; nấu [khoai tây] với xốt kem

scalp **1** *n.* da đầu; mảnh da đầu kẻ thù bị giết **2** *v.* [người da đỏ] lột da đầu [kẻ thù]; lừa bịp, lừa đảo; buôn đi bán lại, đầu cơ, phe phẩy

scalpel *n.* dao mổ

scamper *v.* chạy vụt; đọc lướt, cưới ngựa xem hoa

scan *v., n.* ngâm thơ, bình thơ; xem kỹ, nhìn kỹ; đọc lướt, quét máy [rađa, truyền hình], chụp hình/tài liệu qua máy vi tính

scandal *n.* chuyện xấu xa nhơ nhuốc; sự giềm pha, sự bôi xấu: **it is a ~ that** đó là chuyện giềm pha; **~ sheet** một bài báo bêu xấu

scanner *n.* máy phân hình, máy chụp lại tài liệu/hình ảnh

scanty *adj.* ít, hiếm, không đủ; nhỏ hẹp

scapegoat *n.* cái bung xung, người giơ đầu chịu báng

scar **1** *n.* sẹo, vết sẹo; tì vết, vết nhơ **2** *v.* để sẹo

scarce *adj.* ít có, hiếm có, khan hiếm, khó tìm: **to make oneself ~** tách ra khỏi lối đi

scare **1** *n.* sự sợ hãi, sự lo sợ hoang mang; sự cuống quít hốt hoảng **2** *v.* làm sợ hãi, làm hoảng sợ, dọa: **to ~ away/ off** xua đuổi; **to ~ the living daylights out of** rất sợ chết

scarecrow *n.* bù nhìn [ở vườn ruộng] để đuổi chim

scarf 1 *n.* (*pl.* **scarves**, **scarfs**) khăn quàng cổ, khăn trùm đầu **2** *n.* đường ghép, khúc gỗ nối **3** *v.* ghép đồ gỗ

scarlet *n., adj.* màu đỏ tươi

scatter *v., n.* gieo, rắc, rải, tung; làm chạy tán loạn; làm tan [mây], làm tiêu tan [hy vọng]: **to ~ seeds** gieo hạt giống

scavenger *n.* người quét bùn rác; thú vật ăn xác

scenario *n.* truyện phim, vở tuồng/kịch, kịch bản, quang cảnh, tình huống

scene *n.* nơi xảy ra, địa điểm; màn, lớp; cảnh, cảnh tượng, quang cảnh; trận cãi cọ, vụ ghen: **behind the ~s** ở hậu trường, kín, đằng sau; **a ~ of destruction** cảnh tàn phá; **to quit the ~** qua đời, chết; **to come on the ~** đến nơi

scenic *adj.* đẹp, ngoạn mục

scent 1 *n.* mùi, mùi thơm, hương thơm; nước hoa, dầu thơm; hơi [thú vật]; tài đánh hơi: **to put off the ~** đánh lạc hướng, làm mất dấu **2** *v.* toả mùi thơm; ngửi, hít; đánh hơi, phát hiện

scepter *n.* gậy quyền, quyền trượng; quyền vua, ngôi vua, vương quyền, quân quyền

schedule 1 *n.* chương trình, bảng giờ giấc, biểu thời gian, thời (khắc) biểu, bản kê giờ xe/

tàu/máy bay; bảng liệt kê, danh mục [giá cả, lương]; thời hạn: **ahead of ~** trước thời hạn; **behind ~** chậm **2** *v.* ghi vào bảng giờ giấc, ghi vào chương trình, dự định

scheme 1 *n.* sự sắp đặt, kế hoạch, chương trình; âm mưu, gian kế, mưu đồ, ý đồ: **to join a superannuation ~** tham gia vào chương trình quỹ hưu liễm **2** *v.* âm mưu, mưu mô

schizophrenia *n.* bệnh tâm thần

scholar *n.* ông đồ; nhà thông thái, học giả; môn sinh, học trò; người được học bổng

school 1 *n.* trường học, nhà trường, học đường/hiệu; sự đi học, buổi/giờ học, lớp; trường phái: **elementary/primary ~** trường tiểu học; **secondary ~** trường trung học; **to leave ~** thôi học; **~ age** tuổi đi học; **~book** sách học, sách giáo khoa; **~mate** bạn học, bạn cùng trường; **~ teacher** thầy giáo, cô giáo; nhà giáo; **~ year** năm học, niên học; **"School Zone"** TRƯỜNG HỌC XIN ĐI CHẬM **2** *v.* cho đi học, cho ăn học, dạy dỗ, giáo dục; rèn luyện: **to ~ one's temper** rèn luyện tính tình

schooner *n.* thuyền buồm; xe ngựa

science *n.* khoa học

scientific *adj.* khoa học; có hệ thống; có kỹ thuật

scintillating *adj.* sắc sảo, thú vị, lấp lánh, nhấp nháy

scion *n.* chồi, mầm non; con cháu, hậu duệ

scissors *n.* cái kéo

scoff 1 *n.* lời chế giễu 2 *v.* chế giễu, phỉ báng

scold *v.* mắng, mắng mỏ, rầy la, trách; gắt gỏng

scone *n.* bánh nướng

scoop 1 *n.* cái môi/thìa/xẻng; cái gàu; cái nạo; tin giật gân; món bở 2 *v.* xúc, xới, múc; nạo; thu được, vớ được, hốt được, nhặt được lượm được

scooter *n.* xe đẩy của trẻ con; xe gắn máy

scope 1 *n.* tầm, phạm vi; trình độ, năng lực 2 *v.* xem xét/ đánhgiá kỹ lưỡng

scorch *n., v.* (sự) thiêu đốt: **~ed earth policy** chính sách tiêu thổ kháng chiến

score 1 *n.* số điểm, số bàn thắng; vết/đường gạch; hai chục, hai mươi; lý do; bản đàn bè [nhạc]: **to keep ~** ghi điểm trong ván bài, trận đấu 2 *v.* ghi điểm đã thắng; đạt/giành được; gạch, khắc, khía; đả kích; phối dàn nhạc: **to ~ off** chơi trội, áp đảo

scorn 1 *n.* sự khinh bỉ 2 *v.* khinh bỉ/rẻ/miệt: **to ~ lying** không thèm nói dối

scorpion *n.* con bọ cạp

scotch 1 *n.* đường kẻ, đường gạch 2 *n.* cái chèn bánh xe 3 *v.* khắc, vạch 4 *v.* chèn bánh xe lại

Scotland *n.* Tơ-cách lan

scour 1 *v.* chùi, cọ [xoong nồi] 2 *v.* sục sạo, sục tìm, tìm kiếm 3 *n.* sự lau chùi, thuốc tẩy vải; bệnh ỉa chảy súc vật

scourge *n.. v.* thiên tai, tai hoạ, tai ương; gây tai hoạ/phiền phức cho ai

scout 1 *n.* trinh sát viên; hướng đạo sinh: **boy ~** hướng đạo sinh; **talent ~** người đi tìm tài năng mới chớm nở 2 *v.* đi trinh sát, đi do thám; tìm kiếm, lùng kiếm

scowl *n., v.* (sự/cái) quắc mắt

scrabble *n.* sự quờ quạng, viết nguệch ngoạc; trò chơi tìm từ ngữ

scramble *n., v.* (sự) bò toài; (sự) tranh giành; [máy bay] cất cánh vội để nghênh địch; bác [trứng]: **~d eggs** trứng bác

scrap 1 *n.* mảnh nhỏ; sắt vụn; ảnh cắt; đồ đồng nát, phế liệu; cuộc ẩu đả 2 *v.* đập vụn ra, thải ra, loại/bỏ đi; ẩu đả

scrape 1 *n.* tiếng sột soạt, tiếng cạo kèn kẹt; cảnh bối rối khó khăn 2 *v.* cạo, nạo, vét, gạt; quét, quẹt vào

scratch 1 *n.* tiếng sột soạt [ngòi bút]; vết xây xát nhẹ; sự gãi/ cào: **to start from ~** bắt đầu từ con số không 2 *v.* cạo, làm xước da; quẹt, nạo; viết nguệch ngoạc; gãi: **to ~ along** kiếm sống khó khăn; **to ~ out** gạch, xoá đi

scrawl *n., v.* (chữ) viết nguệch ngoạc

scream *n., v.* (tiếng) la hét, kêu thất thanh

screech *n., v.* (tiếng) kêu thét, kêu rít: **~ owl** cú mèo

screen 1 *n.* màn che, bình phong; màn, tấm chắn; màn ảnh, màn bạc; sự đóng phim thử: **to put on a ~ of indifference** làm ra bộ thờ ơ, làm ra vẻ thờ ơ 2 *v.* che chở, che giấu; chắn; chuyển thành phim, quay thành phim, chiếu lên màn ảnh; sàng, lọc; sưu tra, thẩm tra

screw 1 *n.* đinh ốc, đinh vít; chân vịt, cánh quạt: **to put the ~ on** gây áp lực 2 *v.* bắt vít, vặn vít; áp bức, đè nén

screwdriver *n.* kềm vặn đinh/ốc

scribble *n., v.* (chữ) viết nguệch ngoạc

scribe *n.* người viết thuê; người sao chép

scrimp *v.* ăn ở keo kiệt/bủn xỉn; làm cho nhỏ lại

scrip *n.* cái túi, cái bị người ăn mày, chứng khoán tạm, đô la đỏ

script 1 *n.* chữ viết tay; chữ viết, văn tự; kịch bản; bài phát thanh; bản chính 2 *v.* viết thảo một văn bản/kịch bản (cho phim)

scripture *n.* kinh thánh; lời trích trong kinh thánh: **a ~ lesson** bài học kinh thánh

scroll *n., v.* cuộn giấy, cuộn sách, cuộn câu đối

scrounge *v., n.* ăn xin, ăn mày; sự van nài

scrub 1 *n.* bụi cây/rậm; cây còi, người còi: **~ cutter** người cắt cây 2 *n.* sự lau chùi: **~ brush** bàn chải cứng dùng để cọ 3 *v.* lau, chùi, cọ, kỳ cọ; huỷ bỏ, bỏ đi

scruff *n.* tóm cổ, bắt sau gáy

scrum *n., v.* sự sắp xếp cầu thủ để dành bóng (môn bầu dục); sắp thành nhóm để dành bóng

scrumptious *adj.* ngon, tuyệt vời

scrupulous *adj.* ngại ngùng, quá cẩn thận, quá thận trọng, quá tỉ

mỉ, đúng nguyên tắc

scrutinize *v.* xem xét/nghiên cứu kỹ lưỡng, nhìn chăm chú

scuffle *n., v.* (cuộc) ẩu đả, xô đẩy, giằng co

scullery *n.* phòng nhỏ cạnh nhà bếp để rửa chén bát

sculpture 1 *n.* thuật điêu khắc/ chạm trổ; pho tượng, công trình điêu khắc 2 *v.* chạm trổ, điêu khắc

scum *n.* bọt, váng; cặn bã

scurf *n.* vảy mốc, thẹo, gàu ở đầu

scurvy 1 *adj.* đê tiện, hèn hạ, đáng khinh 2 *n.* bệnh hoại huyết, bệnh xi-cô-but

sea *n.* bể, biển; đại dương: **to go to ~** trở thành thuỷ thủ; **to put to ~** ra khơi; **human ~** biển người; **~board** bờ biển, miền duyên hải

seal 1 *n.* con dấu, ấn, triện; xi, chì, dấu niêm phong: **to set one's ~ to** cho phép ai; **under the ~ of secrecy** điều kiện phải giữ bí mật 2 *n.* chó biển, hải cẩu 3 *v.* đóng dấu, áp triện; đóng/bịt kín, gắn xi; quyết định: **to sign and ~** ký tên và đóng dấu; **to ~ off** chặn, vây chặn; **~ed orders** lệnh được phép mở vào ngày giờ nhất định

seam *n., v.* đường may nối; thẹo, chỗ nối; chỗ nứt; lớp than/ đá: **to burst at the ~s** chật quá, đông quá

sear 1 *adj.* khô, héo; [hoa, lá] tàn 2 *v.* làm khô héo; đốt [vết thương]; đóng dấu bằng sắt nung; làm thành chai đá

search 1 *n.* sự tìm kiếm; sự

khám xét/lục soát: **to be in ~ of something** đi tìm cái gì; **to make a ~ for someone** tìm ai; **~ warrant** giấy phép khám nhà **2** v. tìm kiếm; mò, sờ; khám xét, lục soát; dò, thăm dò; điều tra: **to ~ out** tìm tòi, tìm ra cái gì

search engine n. chương trình sưu tầm trên mạng

searing adj. quá mạnh có thể đốt cháy; đầy quyền lực

seashell n. vỏ sò, vỏ hến

seashore n. bờ biển; bãi biển

seasickness n. chứng say sóng

season 1 n. mùa: **the four ~s** bốn mùa; **out of ~** hết mùa; **~'s greetings** Chúc Mừng Giáng sinh/Năm Mới **2** v. cho gia vị, cho mắm muối; luyện cho quen, làm dày dạn

seasoning n. đồ gia vị, mắm muối, giấm ớt

seat 1 n. ghế, chỗ ngồi, yên xe đạp; mặt ghế; mông; đũng quần; chỗ, nơi: **~ cover** bọc nệm ghế; **~ of government** thủ phủ; **~ of learning** trung tâm học thuật, văn hoá **2** v. để ngồi, đặt ngồi

seaweed n. rong biển, tảo biển

sebum n. chất làm cho nhờn, chất nhiều dầu

secede v. ly khai, rút ra [**from** khỏi]

secession n. sự ly khai, sự rút ra [liên bang]

seclusion n. sự tách biệt; sự ẩn dật; sự hẻo lánh

second 1 n. người/vật thứ hai; người về nhì; hàng thứ phẩm: **~ in command** người đứng thứ

hai trong tổ chức, chỉ huy phó; **~ hand** kim chỉ giây **2** n. (abbr. **sec.**) một chốc lát, một giây **3.** adj. thứ hai/nhì; phụ, thứ yếu: **to be ~ to none** không chịu kém ai; **~hand** [sách, quần áo] cũ, mua lại; [tin] nghe qua người khác, được biết gián tiếp **4** v. giúp đỡ, phụ lực; ủng hộ, tán thành **5** adv. thứ hai/nhì

secondary adj. thứ hai/nhì, phụ, thứ, không quan trọng; [trường] trung học

secrecy n. sự (giữ) bí mật: **to swear to ~** hứa giữ bí mật

secret 1 n. điều bí mật; sự huyền bí; bí quyết, bí truyền: **in ~** tuyệt đối bí mật; **to keep a ~** giữ bí mật **2** adj. bí mật, kín đáo, thầm kín, riêng tư; khuất nẻo, cách biệt: **~ ballot** phiếu kín; **~ police** cảnh sát chìm, công an mật

secretary n. thư ký, bí thư; tham vụ, bộ trưởng, tổng trưởng: **~ of Defense** Bộ trưởng Quốc phòng; **~ of State** Bộ trưởng Ngoại giao

secrete v. tiết ra; cất, giấu

sect n. phái, môn phái, giáo phái: **religious ~** giáo phái

section 1 n. sự/chỗ cắt; đoạn cắt ra; mặt cắt, tiết diện; đoạn, tiết [sách]; phần, khu vực; tầng lớp **2** v. chia cắt [thành từng phần/ nhóm/khu vực]

sector n. hình quạt; quân khu; ngành, khu vực

secular adj. thế tục; trăm năm một lần; trường kỳ; già cỗi

secure 1 adj. chắc, vững chắc, kiên cố, an toàn; buộc/gói chặt,

security

thắt chặt; chắc chắn, bảo đảm: **to have a ~ future** có một tương lai bảo đảm **2** v. buộc chặt, gói chặt, đóng chặt; củng cố, làm cho kiên cố; đạt/chiếm được, kiếm được; bảo đảm: **a bank loan ~d on land property** tiền ngân hàng cho vay có sẵn nghiệp đất đai bảo đảm

security n. sự yên ổn/an ninh/an toàn; sự/tiền bảo đảm; chứng khoán: **~ check** cuộc thẩm tra/ sưu tra lý lịch

Security Council n. Hội đồng bảo an (Liên hiệp quốc)

sedan n. kiểu ô-tô/xe hơi nhỏ mui kín; ghế kiệu: **~ chair** kiệu

sedate **1** adj. bình tĩnh, trầm tĩnh, khoan thai, điềm tĩnh **2** v. giữ khoan thai/bình tĩnh

sedentary adj. ở nguyên một chỗ, không di động

sediment n. cáu, cặn; trầm tích

seditious adj. nổi loạn, dấy loạn

seduce v. rủ rê, cám dỗ, dụ dỗ, quyến rũ: **to ~ a woman** quyến rũ một người đàn bà

see **1** n. toà Giám mục: **~ of Rome** Toà thánh La-Mã **2** v. [**saw**; **seen**] trông, trông thấy, nhìn thấy, xem, coi; hiểu rõ, nhận ra; đã sống/trải qua; đi gặp, gặp, thăm; tiếp; lo liệu, chăm lo: **as far as I can ~** theo như tôi hiểu; **to ~ somebody off** tiễn người nào; **to ~ a person through** giúp ai vượt khó khăn; **to ~ eye to eye with somebody** nhìn chòng chọc vào ai

seed **1** n. hạt, hạt giống, lúa giống; mầm mống: **rice ~** cây

ma; ~ money tiền sơ khởi cho dự án **2** v. rắc hạt, gieo giống; sinh hạt, xếp hạng trong các môn thể thao

seek v. [**sought**] tìm, kiếm, tìm kiếm, tìm cách, cố gắng: **to ~ after** tìm kiếm; **to ~ out** cố tìm ra, tìm thấy; **to ~ through** lục soát; **to be to ~ (much to ~)** còn thiếu, còn cần

seem v. hình/dường như, có vẻ như, coi bộ: **It ~s that he used the wrong form.** Hình như ông ấy không dùng đúng mẫu đơn.; **There ~s to be some misunderstanding.** Hình như có chuyện hiểu lầm.

seep v. rỉ, thấm qua

seepage n. sự rỉ, sự thấm qua

seer n. nhà tiên tri

see-saw **1** n. cái đu bập bênh, chuyện đẩy tới đẩy lui, sự cò cưa: **to play on the ~** chơi trò đẩy tới đẩy lui **2** adj. đẩy tới kéo lui, cò cưa: **~ motion** chuyển động có cò cưa **3** v. chơi cò cưa, đẩy tới đẩy lui

seethe v. sôi sục, sôi nổi, náo động, lao xao

segment **1** n. đoạn, miếng, khúc; tiết, đốt: **~ of a circle** hình viên phân **2** v. cắt khúc; phân đoạn

segregate v., adj. tách riêng, phân biệt; phân ly

seismic adj. thuộc địa chấn, thuộc động đất

seismograph n. máy ghi động đất, địa chấn kế

seize v. cướp, chiếm đoạt; nắm lấy; bắt; hiểu, nắm vững; tịch thu, tịch biên: **to ~ an**

opportunity nắm lấy cơ hội

seizure *n.* sự cướp, sự chiếm, sự nắm lấy; sự bắt; sự tịch thu; sự lên cơn, sự ngập máu

seldom *adv., adj.* ít khi, hiếm có

select 1 *v.* kén chọn; chọn lọc, tuyển lựa, lựa chọn 2 *adj.* tuyển chọn/lựa: ~ **committee** uỷ ban tuyển chọn

self 1 *n.* bản thân mình, cái tôi, bản ngã, tự ngã, tự kỷ: **the consciousness of ~** lương tâm mình 2 *adj.* đồng màu, cùng màu, cùng loại: **a wooden tool with a ~ handle** dụng cụ bằng gỗ có cán cũng bằng gỗ

self-addressed *adj.* đã có địa chỉ sẵn

self-adhesive *adj.* đã có hồ/keo sẵn: ~ **labels** giấy đã có keo sẵn

self-appointed *adj.* việc tự chỉ định, sự tự bổ nhiệm

self-assurance *n.* sự tự tin, lòng tự tin

self-centered *adj.* tự cho mình là trung tâm

self-confidence *n.* sự/lòng tự tin

self-conscious *adj.* e thẹn, ngượng ngùng

self-contempt *n.* tự coi thường mình

self-control *n.* sự bình tĩnh/tự chủ

self-deception *n.* sự tự dối mình

self-defense *n.* sự tự vệ: **in ~** để tự vệ

self-denial *n.* sự hy sinh cho người khác

self-dependence *n.* sự tự chủ, sự tự lực cánh sinh

self-discipline *n.* kỷ luật tự giác

self-employed *adj.* làm việc cho

mình, tự mình làm cho mình

self-esteem *n.* sự tự trọng

self-explanatory *adj.* tự mình giải thích, tự mình hiểu được

self-image *n.* tự ý mình: **to have a positive ~** có ý kiến tốt

self-interest *n.* quyền lợi bản thân, tự lợi

selfish *adj.* ích kỷ

self-made *adj.* tự lập, bạch thủ thành gia, tay trắng làm nên cơ đồ

self-raising flour *n.* bột đã có sẵn bột nổi để làm bánh

self-regulating *adj.* tự đặt ra điều lệ

self-respect *n.* lòng/thái độ tự trọng

self-sacrifice *n.* sự hy sinh, sự quên mình

self-service *n., adj.* [quán ăn] tự phục vụ, tự dụng, tự làm lấy

self-winding *adj.* [đồng hồ] tự lên dây

sell 1 *v.* [**sold**] bán; bán rẻ, phản bội [danh dự, nước, lương tâm]: **to ~ out** bán hết, bán đổ bán tháo; **to ~ off** bán cho hết 2 *n.* đặc tính của việc mua bán, sự giảm giá, sự thải đi

semantics *n.* ngữ nghĩa học, ý nghĩa học

semblance *n.* vẻ ngoài, bề ngoài

semen *n.* tinh dịch

semester *n.* khoá học 6 tháng, học kỳ 6 tháng, lục cá nguyệt

semi *n.* một nửa, bán: **a ~ final** trận đấu bán kết

semi-annual *adj.* nửa năm một lần, sáu tháng một lần

semi-automatic *adj.* nửa tự động,

semicolon

bán tự động

semicolon *n.* dấu chấm phảy

semi-conscious *adj.* nửa tỉnh nửa mê

seminar *n.* xê-mi-na, hội nghị chuyên đề, khoá hội thảo, lớp chuyên đề [cho sinh viên cao học]: **to attend a ~** tham dự khoá hội thảo

seminary *n.* trường nhà dòng, trường đạo, chủng viện

semi-skilled *adj.* bán chuyên nghiệp, nghiệp dư

senate *n.* thượng (nghị) viện; ban đại diện, ban giám đốc, hội đồng đại học

send *v.* [**sent**] gửi, sai, phái, điều, cho đi; bắn ra, toả ra, đẩy đi; phát [tín hiệu]: **to ~ a person to Coventry** phớt lờ đi, không hợp tác với ai; **to ~ a person packing** tống cổ ai đi, đuổi ai đi; **to ~ away** gởi đi, đuổi đi; **to ~ back** gửi trả lại; **to ~ in** nộp, giao cho ai; **to ~ for** gửi đặt mua; cho mời đến; **to ~ off** gửi đi; tiễn đưa, hoan tống; đuổi đi, tống khứ

senile *adj.* già yếu, suy yếu, lão suy

senior **1** *n.* học sinh/sinh viên năm chót [năm thứ tư]; người nhiều tuổi hơn; người nhiều thâm niên hơn, người chức cao hơn: **He is Mr. Nam ~.** Ông ấy là ba của ông Nam. **2** *adj.* nhiều tuổi hơn, lâu năm hơn, thâm niên hơn: **~ citizen** người cao niên; **~ high school** trường phổ thông trung học, trường cấp 3

sensation *n.* cảm giác; sự xúc

động/náo động

sense **1** *n.* giác quan; tri giác, cảm giác; ý thức; sự khôn ngoan/thông minh, ý nghĩa, tình cảm chung: **~ of humor** có hài tính; **~ of responsibility** ý thức trách nhiệm; **the five ~s** ngũ quan; **to bring a person to his/her ~s** chữa trị ai; **to make ~ out of** hiểu nổi việc gì; **to take leave of one's ~s** điên lên, nổi khùng **2** *v.* cảm thấy, có cảm giác

sensitive *adj.* dễ cảm, dễ cảm động/cảm xúc, nhạy cảm; [tai] thính, [cân] nhạy; hay tủi thân, dễ giận: **to be ~ to the cold** yếu chịu lạnh

sensual *adj.* xác thịt, nhục dục; dâm dục; theo thuyết duy cảm

sentence **1** *n.* câu, cú; án của tòa: **death ~** án tử hình; **~ analysis** phân tích câu, cú pháp; **suspended ~** án treo **2** *v.* kêu án, tuyên án, kết án

sentiment *n.* tình, tình cảm; ý kiến; cảm tính; sự thương cảm/đa cảm

sentinel *n.* lính gác, lính canh

sentry *n.* lính gác; sự canh gác: **~ box** chòi/bốt gác

separate **1** *adj.* rời, riêng rẽ, không liền nhau, riêng biệt **2** *v.* làm rời ra, phân/chia ra; tách ra; chia đôi; can ra; chia tay, rời, phân tán; làm xa cách, chia (uyên) rẽ (thúy)

September *n.* tháng chín dương lịch

septic *adj.* nhiễm trùng; gây thối

sequel *n.* cuốn/đoạn tiếp theo; kết quả, hậu quả

sequence 1 *n.* sự nối tiếp/liên tục; cảnh (phim); sự phối hợp [thời]; dãy: ~ **of numbers** dãy số 2 *v.* sắp xếp theo thứ tự nhất định

sequestered *adj.* ẩn dật; hẻo lánh: **a** ~ **life** một đời sống ẩn dật

Serb *n., adj.* người/nước Serb

serenade 1 *n.* khúc nhạc chiều, dạ khúc 2 *v.* hát khúc nhạc chiều, dạo khúc nhạc chiều

serene *adj.* trong, sáng sủa; [biển] lặng; êm đềm, thanh bình, trầm lặng

sergeant *n.* đội, trung sĩ: ~ **at arms** trung sĩ trật tự [toà án, quốc hội]

serial 1 *n.* tạp chí 2 *adj.* theo thứ tự từng hàng/dãy/lớp; [tạp chí] ra từng kỳ: ~ **numbers** số thứ tự

series *n.* loạt, dãy, hàng, dây, tràng, đợt; hệ thống; [hoá] nhóm cùng gốc; [toán] chuỗi, cấp số: **in** ~ theo từng loại, theo từng đợt

serious *adj.* đứng đắn, nghiêm trang, nghiêm chỉnh; nặng, trầm trọng; nghiêm trọng, quan trọng, hệ trọng

sermon *n.* bài giảng đạo, bài thuyết giáo/pháp

serpent *n.* con rắn

serrated *adj.* có răng cưa, như răng cưa

serum *n.* huyết thanh

servant *n.* đầy tớ, tôi tớ, người ở, người làm; bầy tôi [của Chúa]: **civil** ~ công chức, viên chức nhà nước

serve 1 *n.* cú/lượt giao bóng/ banh: **your** ~ đến lượt anh giao banh 2 *v.* phục vụ, phụng sự; hầu hạ; dọn ăn; cung cấp, tiếp tế, phân phát; đáp ứng, thỏa mãn, có lợi cho; [quần vợt] giao ban; dùng làm: **to** ~ **one's country** phục vụ tổ quốc; **to** ~ **one's time** giữ chức vụ hết nhiệm kỳ

service 1 *n.* sự phục vụ/hầu hạ; việc/chỗ làm, công việc, công tác; sự giúp đỡ, sự giúp ích; sở, ty ban, nha, vụ, cục, ngành; bộ ấm chén, bộ đĩa ăn; cách/ lượt giao ban; binh chủng, quân chủng: **health** ~ dịch vụ y tế, sở y tế; **postal** ~ dịch vụ bưu tín; **to be of** ~ có thể phục vụ 2 *v.* sửa chữa, bảo trì [xe cộ, máy]

serviette *n.* khăn giấy

servility *n.* sự hèn hạ/đê tiện; tinh thần nô lệ

sesame *n.* cây vừng/mè, hạt vừng/mè: ~ **seed** hạt mè

session *n.* khoá họp; kỳ/phiên/ buổi họp; học kỳ, khoá học; phiên toà

set 1 *n.* bộ [bát đĩa, khăn, đồ dùng, sách, đĩa hát]; [toán] tập hợp; ván, xét [quần vợt]; giới, đoàn; hình thế; phông cảnh dựng lên: **television** ~ **(TV ~)** máy truyền hình, máy TV; **to win the first** ~ thắng ván đầu 2 *adj.* đã định, nhất định, cố ý; đã có sẵn, đã soạn trước; chăm chẳm, cố định; nghiêm trang: **a** ~ **look** trông vẻ nghiêm trang; ~ **eyes** mắt nhìn không chớp 3 *v.* [**set**] đặt, để; để [đồng hồ báo thức]; nạm, dát, gắn [ngọc]; cài [bẫy]; làm [đầu, tóc

settle

hair]; nắn [xương]: **the sun ~s** mặt trời lặn; **to ~ a table** bày bàn ăn; **to ~ about** bắt đầu; **to ~ aside** để dành, dành riêng, huỷ bỏ; **to ~ back** vặn kim đồng hồ lại; **to ~ by** để dành; **to ~ down** đặt xuống; **to ~ foot on** phát động việc gì; **to ~ free** trả tự do; **to ~ much by** đánh giá cao; **to ~ off** lên đường

settle v. giải quyết, hoà giải, điều đình; thanh toán [đơn hàng]; ngồi, đậu; (làm) lắng xuống; định cư: **to ~ down** ổn định cuộc sống, an cư lạc nghiệp, sống cuộc đời ổn định; **to ~ a dispute** giàn xếp mối bất hoà

settlement n. sự dàn xếp/giải quyết/hoà giải; sự thanh toán; sự định cư; khu định cư; thuộc địa

seven 1 num. số bảy; nhóm 7 người **2** adj. bảy: **She is ~.** Cô bé ấy bảy tuổi.; **the ~ seas** bảy đại dương; **the ~ wonders of the world** bảy kỳ quan thế giới

seventeen 1 num. số mười bảy **2** adj. mười bảy

seventy 1 num. số bảy mươi: **the seventies** những năm 70; những năm tuổi thọ trên 70 **2** adj. bảy mươi

sever v. cắt đứt, đoạn tuyệt [quan hệ **relations**]

several adj., pron. vài, nhiều: **~ weeks** vài tuần; **~ of them** vài người trong bọn họ

severance n. sự cắt đứt: **~ pay** phụ cấp thôi việc

severe adj. nghiêm khắc, khắc nghiệt, nặng; [thời tiết] khắc

nghiệt, rét lắm; [cơn đau] dữ dội; [bệnh] nặng: **to be ~ upon somebody** nghiêm khắc với ai

sew v. [**sewed; sewn**] khâu, may; khâu, đóng [sách]: **to ~ a button** khâu khuy áo; **to ~ up** khâu lại, nắm quyền tuyệt đối

sewage n. nước cống, rác cống

sewer 1 n. người khâu, người may; máy đóng sách **2** n. cống, rãnh: **~ rat** chuột cống

sex 1 n. giới tính, phái tính; giới [đàn ông, phụ nữ]; vấn đề sinh lý/dục tình; giao cấu, giao hợp: **"Sex: Male/Female"** phái tính: Nam hay Nữ [trên những tờ khai]; **without distinction of age or ~** không phân biệt già trẻ trai gái; **~ appeal** sự hấp dẫn giới tính; **the ~ act** sự giao hợp; **~ change** thay đổi giới tính; **~ worker** gái mại dâm, gái điếm **2** adj. liên hệ đến dục tính, do tình dục mà ra **3** v. xác định phái tính, khêu gợi dục tính, làm cho thèm hấp dẫn: **to ~ it up** ôm ấp hôn hít

sexist adj., n. sự phân biệt phái tính, sự khiêu dâm

sexton n. người gác nhà thờ và nghĩa địa

sexual adj. giới tính; sinh dục: **~ appetite** tình dục; **~ harassment** xúc phạm tình dục

sexy adj. khêu gợi, gợi tình, khiêu dâm: **She is a ~ girl.** Cô ấy là cô gái khiêu dâm.

shabby adj. [quần áo, nhà cửa] tồi tàn, sờn, mòn, hư, nát, tiều tụy; hèn, đáng khinh, đê tiện

shack 1 n. lều, lán, chòi; quả rơi

rụng; kẻ lêu lổng **2** v. rụng, rơi; lang bang: **to ~ up** ăn ở cùng với ai như người yêu

shackle 1 n. cái còng/cùm; sự trói buộc: **the ~s of law** sự trói buộc của luật pháp; **~bolt** cái khoá cùm **2** v. cùm lại, xích lại; ngăn cản, cản trở

shade 1 n. bóng (tối); chỗ có bóng râm/mây; chụp đèn; mành mành cửa sổ; sắc thái; một chút/ít: **in the ~ of trees** dưới bóng cây **2** v. che bóng mát, che; đánh bóng; (tô) đậm/ nhạt dần: **to ~ one's eye with one's hand** lấy tay che mắt

shadow 1 n. bóng, bóng tối/râm/ mát; chỗ tối; hình bóng; cảnh tối tăm; sự che chở: **beyond the ~ of a doubt** không một chút nghi ngờ; **~ government** chính phủ đối lập **2** v. đánh bóng, theo dõi; che, làm tối lại **3** adj. trong bóng tối; đối lập

shaft n., v. hầm, lò [mỏ, thang máy]; cuống, cọng, thân; mũi tên; cột cờ; càng xe; trục máy; tia sáng

shaggy adj. bờm xờm; xồm xoàm; rậm rạp

shake 1 n. sự rung/lắc; sự giũ [khăn, áo]; sự run: **a head ~** một cái lắc đầu; **milk~** sữa trộn kem khuấy đều **2** v. [**shook**; **shaken**] rung, lắc; lung lay, lúc lắc; giũ; run lên; làm bàng hoàng/sửng sốt; làm lung lay/ lay chuyển; làm mất bình tĩnh: **to ~ hands with someone** bắt tay ai; **to ~ down** rung cây cho quả rụng; lắc, vẩy; tống tiền; **to ~ in**

one's shoes run sợ; **to ~ off** phủi; giũ; tống đi; **to ~ up** lắc để trộn; làm thức tỉnh

Shakespeare n. tên nhà văn hào nổi tiếng người Anh

shaky adj. [tay, chân, giọng] run; lung lay

shall modal v. [**should**] **We ~ see.** Chúng tôi sẽ chờ xem

shallot n. hẹ tây

shallow 1 adj. nông, không sâu; nông cạn, hời hợt **2** n. chỗ nông/cạn

shalom n., intj. lời chào của người Do thái

sham 1 n. sự giả mạo; người giả mạo **2** adj. giả, giả bộ, giả vờ, giả mạo **3** v. giả bộ, giả vờ/tảng

shamble v., n. đi kéo lê/lóng ngóng; bước đi lóng ngóng/ kéo lê

shambles n. (lò) sát sinh; (cảnh) chém giết/hỗn loạn

shame 1 n. sự hổ thẹn; sự xấu hổ; sự sỉ nhục, sự nhục nhã: **to put someone to ~** làm cho ai xấu hổ **2** exclam. Xấu hổ quá!: **What a ~!** Đáng tiếc! **3** v. làm xấu hổ, làm nhục, sỉ nhục

shampoo 1 n. thuốc/sự gội đầu **2** v. gội đầu (cho)

shamrock n. cỏ là chụm ba, cỏ trục xe [áo len]

shank n. (xương) ống chân; cán/ chuôi; thân [cột]

shanty n. lều, lán, chòi, túp nhà lụp xụp

shape 1 n. hình, hình dạng/ thù; hình thức, loại, kiểu, thử; dáng người; bóng người; khuôn, mẫu: **to take ~** thành hình; **in good ~** sung sức; **out of ~** méo mó **2** v. nặn/đẽo/gọt/gõ/tạo thành hình; uốn nắn; bày ra, đặt, thảo [kế hoạch, chính sách]; thành hình: **to ~ someone's character** uốn nắn tính nết ai

shard n. mảnh vỡ đồ gốm

share 1 n. lưỡi cày: **plough ~** lưỡi cày **2** n. phần; phần đóng góp; cổ phần: **~ in profits** phần chia lời **3** v. chia, chia sẻ; cùng tham gia, cùng chịu; đồng ý: **to ~ and ~ alike** chia đều

shark 1 n. cá mập; tên lừa đảo; tay cừ: **loan ~** kẻ cho vay nặng lãi; **~ spotter** người canh chừng cá mập trên bờ biển **2** v. lừa gạt, làm ăn bất chính: **to ~ for a living** lừa đảo để sinh sống

sharp 1 n. [nhạc] nốt thăng, dấu thăng; kim khâu mũi thật nhọn; người lừa đảo **2** adj. sắc bén, nhọn; [ảnh] rõ nét; [sự phân biệt] rõ ràng; thông minh, [mắt] tinh; [tai, mũi] thính; [bước] nhanh, rảo; [gió] lạnh buốt; [đau] dữ dội; [lời] gay gắt, cay nghiệt; [chỗ ngoặt] đột ngột; diện, bảnh, đẹp: **a ~ knife** một con dao sắc; **a ~ turn** chỗ cua ngặt; **as ~ as a tack** thông minh lanh lợi **3** adv. đúng: **one o'clock ~** đúng 1 giờ

sharpener n. đồ dùng để mài/gọt: **pencil ~** cái gọt bút chì

shattered adj. rất ngạc nhiên và tức giận

shatterproof adj. không vỡ được

shave 1 n. sự cạo râu/mặt; sự suýt bị nguy: **to get a ~** cạo

râu một cái; **to have a close ~** suýt nữa thì chết **2** v. [**shaved**; **shaven**] cạo râu, cạo mặt; cạo [râu, mặt]; cạo mặt cho ai; bào sơ qua

shaver n. dao cạo: **electric ~** dao cạo điện

shawl n. khăn san, khăn choàng

she 1 n. con gái, con cái, con mái: **~ goat** dê cái **2** pron. nó, bà ấy, chị ấy, cô ấy; cái xe ấy, chiếc tàu ấy

sheaf n. (pl. **sheaves**) bó, lượm; thếp [giấy bạc]

shear 1 n. kéo lớn, lông cừu xén ra; sự cắt xén **2** v. [**sheared**; **shorn**] xén, cắt, hớt; cắt, chặt: **to ~ sheep** xén lông cừu

sheath n. (pl. **sheaths**) bao/vỏ kiếm; ống; màng, áo, vỏ, bao; áo đầm thật chật; bao dương vật

sheathe v. tra vào vỏ, bỏ vào bao; gói, bọc

shed 1 n. lán, lều, nhà nhỏ [chứa hàng, đồ làm vườn]; chuồng [trâu, bò, ngựa]: **~ hand** (= **~ worker**) người làm việc ở lò xén lông cừu **2** v. [**shed**] rụng [lá]; [rắn] lột [da]; rơi/nhỏ [lệ]; đổ [máu] tỏa [ánh sáng]; [lá, sừng] rụng; [rắn, cua, ve] lột

sheen n. nước bóng; sự lộng lẫy

sheep n. (pl. **sheep**) con cừu: **~dog** chó chăn cừu; **~skin** da cừu; áo da cừu; văn bằng, bằng; **to separate the ~ from the goats** phân chia giai cấp quý tộc với thường dân

sheer 1 n. vải mỏng trông thấy da **2** adj. chỉ là, hoàn toàn; dốc thẳng đứng; [vải] mỏng dính trong: **~ waste of time** chỉ phí thì giờ **3** *adj.* đúng là, chỉ là: **It is ~ waste.** Chỉ là phí công. **4** *v.* chạy lệch đi

sheet **1** *n.* khăn trải giường; tờ [giấy]; tấm/miếng [tôn]; lá, phiến; dải [băng]: **white as a ~** sợ xám mặt **2** *v.* đậy, phủ, kết lại thành tấm

shelf *n.* (*pl.* **shelves**) ngăn sách; giá, kệ; thềm lục địa

shell **1** *n.* vỏ [ốc, hến, cua, tôm; dừa]; bao; mai, mu [rùa]; vỏ [đậu, lạc]; vỏ tàu, tường nhà; đạn; vỏ về ngoài: **egg~** vỏ trứng; **to come out of one's ~** ra khỏi vỏ **2** *v.* lột vỏ, bóc vỏ, tỉa [ngô]; bắn, nã pháo, pháo kích: **to ~ corn** bóc vỏ ngô/bắp; **to ~ out** trả tiền

shellfish *n.* tôm cua, sò hến

shelter **1** *n.* chỗ ẩn/núp/che, chỗ nương náu/nương tựa; hầm trú ẩn: **to give ~ to somebody** cho ai ẩn núp, che chở cho ai **2** *v.* che, che chở, bảo vệ; ẩn, nấp, núp, trốn

shelve *v.* đóng ngăn/kệ; xếp lên kệ/giá; bỏ xó

shepherd **1** *n.* người chăn cừu/ dê, mục đồng; mục sư, linh mục: **The Good ~** Chúa trời **2** *v.* chăn [cừu] trông nom săn sóc, hướng dẫn [đám đông]

sheriff *n.* cảnh sát trưởng, quận trưởng; nhân viên thi hành lệnh toà án

shield **1** *n.* cái mộc, cái khiên, cái thuẫn; lá chắn; huy hiệu **2** *v.* che chở; chắn, che; che đậy

shift **1** *n.* sự sang số [ô tô]; sự

thay đổi; ca, kíp; mưu mẹo, phương kế: **~ key** nút chữ hoa [ở máy chữ]; **to work night ~** làm việc ca đêm **2** *v.* thay đổi; đổi chỗ, chuyển hướng; xoay xở: **to ~ the gears** sang số ô tô

shiitake *n.* nấm mộc (nấm làm trên gỗ ở Nhật hay Tàu)

Shiite *n., adj.* người/thuộc Shi-ite một môn phái Hồi giáo ở I-Rắc

shilling *n.* đồng si-ling, đồng tiền Anh

shimmer **1** *n.* ánh sáng lờ mờ/lung linh **2** *v.* chiếu sáng (lờ mờ)

shin **1** *n.* cẳng chân; xương ống quyển, xương chày **2** *v.* leo trèo nhanh bằng tay chân

shine **1** *n.* ánh sáng/nắng; nước bóng/láng: **rain or ~** dù mưa hay nắng; **to take the ~ out of** làm lu mờ cái gì, làm mất bóng cái gì **2** *v.* [**shined; shone**] đánh bóng; [**shone**] chiếu sáng, soi sáng; sáng, bóng; trội

shingle *n., v.* ván lợp mái nhà; biển hàng [bác sĩ, luật sư]; tóc tỉa đuôi

shingles *n.* bệnh zo-na, bệnh rộp da

ship **1** *n.* tàu, tàu thuỷ; máy bay, phi cơ: **to go by ~** đi bằng tàu thuỷ; **~mate** bạn thuỷ thủ; **~owner** chủ tàu; **~wreck** vụ đắm/chìm tàu **2** *v.* gửi chở [bằng tàu thuỷ, xe lửa, máy bay]; đi tàu, xuống tàu

shipping *n.* sự chở hàng bằng tàu, sự vận tải tàu biển; thương thuyền, hàng hải: **~-agent** đại lý tàu biển; **~-bill** giấy biên nhận chở hàng

shirk *v.* trốn, trốn tránh, lẩn tránh: **to ~ work** trốn việc

shirt *n.* áo sơ mi: **to lose one's ~** mất sạch cơ nghiệp; **~ front** thân trước áo sơ mi; **~ sleeve** tay áo sơ mi; **to keep one's ~ on** bình tĩnh

shit **1** *n.* cứt, phân: **to have ~ on one's liver** có tính xấu; **in the ~** có vấn đề, gặp khó khăn **2** *v.* ỉa, bĩnh bậy **3** *exclam.* tiếng chửi thề **4** *adj.* tồi tệ (tiếng lóng)

shiver *n.*, *v.* (sự) run, (sự) rùng mình

shoal **1** *n.* chỗ nông, chỗ cạn **2** *n.* đám đông, số đông; đàn cá **3** *v.* làm cho cạn; hợp thành đàn

shock **1** *n.* sự đụng chạm; sự đột xuất; sự sửng sốt, cảm giác bất ngờ; sự động đất; sốc: **to die of ~** chết vì sốc **2** *n.* mớ tóc bù xù: **~ head** đầu tóc bù xù **3** *n.* đống lúa **4** *v.* làm chướng tai gai mắt [vì xấu xa hay lố bịch]; làm đau buồn; làm điện giật; gây sốc **5** *v.* xếp thành đống

shoddy *adj.* tồi, xấu

shoe **1** *n.* giày; vành (sắt bịt) móng ngựa: **a pair of ~s** một đôi giày; **~horn** cái bót đi giày; **~shine** sự đánh giày; **~string** dây giày; **to be in a person's ~** vào trong hoàn cảnh của người nào **2** *v.* [**shod**] đi/mang giày cho, đóng móng [ngựa]; bịt đầu [gậy]

shoot **1** *n.* cành non, chồi măng; cuộc tập bắn; cuộc săn bắn; cú sút bóng: **bamboo ~** măng tre **2** *v.* [**shot**] đâm ra, trồi ra; bắn, phóng, ném liệng, quăng; bắn

[tên, súng]; sút, đá [bóng]; chụp ảnh, quay phim: **to ~ ahead** bay đến trước; **to ~ down** bắn rơi, hạ [máy bay]; **to ~ up** bắn trúng nhiều phát; lớn mau/vọt; [lửa] phun lên; [giá] tăng vọt; **to ~ one's mouth off** nói ba hoa, nói không giữ ý giữ tứ

shooting *n.* sự bắn; sự phóng đi; cơn đau nhói; sự chụp ảnh, sự quay phim: **~ gallery** phòng tập bắn; **~range** trường bắn; **~ star** sao băng, sao sa, sao đổi ngôi; **~ war** chiến tranh nóng/thật sự

shop **1** *n.* cửa hàng, cửa hiệu, tiệm; xưởng: **to talk ~** nói chuyện buôn bán/làm ăn; **~keeper** chủ hiệu, chủ tiệm; **~lifting** sự/tội ăn cắp trong cửa hàng; **to set up ~** bắt đầu kinh doanh **2** *v.* đi mua hàng, đi chợ, đi sắm đồ: **to ~ for** tìm mua; **to ~ around** khảo giá, lùng đồ rẻ

shopaholic *n.* người ghiền/mê đi mua sắm

shopping *n.*, *adj.* sự đi mua hàng; các món hàng mua: **~ bag** túi đi chợ; **~ center** trung tâm thương mại; **~ list** danh sách các thứ cần mua

shore *n.* bờ [biển, hồ]

short **1** *n.* phim ngắn; quần sóoc; mạch ngắn **2** *adj.* ngắn, cụt; thấp, lùn; thiếu, hụt, không đủ; gọn, tắt: **a ~ memory** trí nhớ kém; **in ~** nói tóm lại; **~ change** lừa bịp, đổi tiền thiếu; **~ cut** đường tắt, cách làm giảm bớt thời gian/công sức; **~-sighted** cận thị, thiển cận; **~-tempered** tính hay cáu kỉnh; **~-term** ngắn hạn **3** *adv.* bất thình lình, bất chợt: **to stop ~** bất thình lình ngừng lại, chặn đứng, tự nhiên chấm dứt; **to cut somebody ~** ngắt lời ai; **to bring up ~** ngừng lại bất thình lình

shortage *n.* sự thiếu, sự khan

shortfall *n.* sự thiếu hụt

shorthand *n.* tốc ký

shorthanded *adj.* thiếu người làm, thiếu nhân công, neo người

shorts *n.* quần đùi/lót

shot 1 *n.* phát súng, phát đạn; đạn, viên đạn; người bắn, xạ thủ; sự làm thử, sự đoán cầu may; ảnh, phim, cảnh; quả tạ [to put ném]; cú sút; trái ban; mũi tiêm, liều [ma túy], ngụm [rượu]: **a ~ in the arm** liều thuốc bổ, sự khích lệ; **to call the ~s** chỉ huy, điều khiển **2** *adj.* hư nát; bị thất bại; có tia, có vạch

shotgun *n.* súng ngắn, súng lục

shotput *n.* môn ném tạ; cú ném tạ

should *modal v.* **You ~ go at once.** Anh nên đi ngay lập tức.

shoulder 1 *n.* vai; lề xa lộ: **~ to ~** vai kề vai; **~ strap** cầu vai **2** *v.* vác lên vai; gánh [trách nhiệm]; lách, len lỏi

shout *n., v.* (tiếng) kêu la, hò hét, reo hò: **to ~ down** kêu la phản đối diễn giả

shove 1 *n.* sự xô đẩy **2** *v.* xô đẩy, xô lấn; nhét: **to ~ off** đẩy thuyền ra đi; ra đi, chuồn, cuốn gói

shovel *n., v.* cái xẻng, xúc bằng xẻng

show 1 *n.* cuộc trưng bày, cuộc triển lãm; bề ngoài, hình thức; sự phô trương/khoe khoang; sự

tỏ bày; cuộc biểu diễn, tuồng, màn phim: **by a ~ of hands** (biểu quyết) bằng cách giơ tay; **~ of force** sự phô trương lực lượng/thanh thế; **variety ~** tạp diễn văn nghệ; **~ business** ngành kịch hát điện ảnh, văn nghệ sân khấu **2** *v.* [showed; shown] cho thấy, đưa cho xem/ coi; trưng bày; tỏ ra; chứng minh/tỏ; chỉ, bảo, vạch; dẫn, dắt; chiếu [phim]; hiện ra, ló mặt, thò ra: **to ~ off** khoe khoang; **to ~ up** lột mặt nạ; xuất hiện; **to ~ one's color** để lộ chân tướng; **to ~ one's hands** để lộ ý đồ của mình

shower 1 *n.* trận mưa rào; sự tắm vòi sen; trận mưa [cú đánh, đá, đạn, hôn]; sự dồn dập tới tấp **2** *v.* đổ mưa, mưa như trút; bắn/ rơi xuống như mưa; (gửi) đến tới tấp

shrapnel *n.* mảnh đạn, mảnh bom; đạn chì

shred 1 *n.* mảnh vụn, miếng nhỏ; một tí/chút: **to tear to ~s** xé ra từng mảnh; **not a ~ of evidence** không một tí chứng cớ nào **2** *v.* [shredded/shred] cắt nhỏ, thái nhỏ, xé [thịt gà]

shrewd *adj.* khôn, khôn ngoan sắc sảo, láu cá

shriek *n., v.* (tiếng) kêu thét, (tiếng) la thét

shrill 1 *adj.* the thé, lanh lảnh, điếc/inh tai **2** *v.* kêu/nó the thé

shrimp 1 *n.* con tôm, con tép **2** *v.* câu/bắt/đánh tôm

shrine *n.* điện/miếu thờ; lăng, mộ; chỗ linh thiêng

shrink

shrink v. [shrank/shrunk] co lại, teo; [vải] co vào; chùn bước, lùi bước

shrivel v. teo lại, quăn/quắt lại; héo hon

shroud 1 n. vải liệm; màn [bí mật] 2 v. liệm; che giấu, che đậy

shrub n. cây nhỏ, cây bụi nhỏ

shrug n., v. (cái) nhún vai: to ~ off nhún vai coi thường; giũ sạch

shudder n., v. (sự) rùng mình

shuffle 1 n. sự trang bài; sự xáo trộn; sự lê chân 2 v. trang [bài]; trang bài; xáo trộn; lê [chân]; đi lê chân; trút bỏ: to ~ the cards thay đổi bài

shun v. tránh, xa lánh, lảng xa [ai; trách nhiệm]

shunt v., n. chuyển hướng; xếp lại kế hoạch

shut 1 v. [shut] đóng/khép/đậy lại; nhắm [mắt]; gập [sách]: to ~ in giam, nhốt; to ~ off cắt, ngắt, cúp, tắt, khoá [điện, nước]; to ~ up giam, nhốt; bắt câm miệng; [tiệm] đóng cửa; to ~ down đóng cửa, dẹp hãng/tiệm; to ~ one's eye (ears/heart/mind) nhắm mắt (bịt tai) làm ngơ 2 adj. bị đóng lại, ngừng hoạt động

shutter n. lá chắn sáng [trong máy ảnh], màn cửa sổ

shutterbug n. phó nhòm/người chụp hình có nhiệt tình

shuttle 1 n. con thoi: ~ bus xe buýt con thoi [giữa hai địa điểm gần]; ~ service dịch vụ chuyên chở đi về khoảng đường ngắn; space ~ phi thuyền con thoi

không gian 2 v. đi đi lại lại: to ~ back and forth đi đi lại lại

shy 1 adj. nhút nhát, rụt rè, bẽn lẽn 2 n. sự tránh né, lách qua một bên 3 v. [ngựa] nhảy sang một bên: to ~ away from tránh né

Siberia n. nước Tây Bá lợi Á

sibilant n., adj. (âm) xuýt, (âm) xì

sibling n. anh/chị/em ruột

sic 1 adv. dẫn đúng nguyên văn 2 v. đánh/tấn công ai

sick 1 adj. ốm, đau, có bệnh; muốn/buồn nôn: love~ tương tư; sea~ say sóng; ~ leave phép nghỉ ốm, thời gian nghỉ ốm 2 n. bệnh, sự đau ốm: the ~ người bệnh; ~ call việc đi khám bệnh của bác sĩ 3 v. nôn mửa, nôn: to ~ up nôn mửa

sicken v. làm ốm/đau; bị ốm; tởm, kinh tởm

sickle n. lưỡi liềm: hammer and ~ búa liềm

side 1 n. mặt, bên; hông, bề cạnh; sườn/triền núi, bìa rừng; sườn, lườn [thịt]; bên, phía, phe, phái; khía cạnh: opposite ~s hai cạnh/bên đối nhau; ~ by ~ sát cánh; on the maternal ~ bên ngoại; the winning ~ phe thắng; this ~ up mặt này ở trên; ~ dish món gọi thêm; ~ effect ảnh hưởng phụ; ~ show trò phụ; việc phụ, việc thứ yếu 2 v. đứng về phía/phe: to ~ with đứng về phía, ủng hộ

sideline 1 n. đường biên; nghề phụ, nghề tay trái: on the ~s ngồi bên xem, bàng quan, không dự vào 2 v. thay cầu thủ khỏi đội banh

sidetrack 1 *n.* đường tàu tránh
2 *v.* tránh; làm sai, đánh lạc
hướng: **to ~ someone's attention**
đánh lạc hướng sự chú ý

sidewalk *n.* vỉa hè, bờ hè: **~ café**
quán ăn, quán giải khát hoặc
cà phê ngoài vỉa hè; **~ sale** bán
son ngoài vỉa hè trước cửa tiệm

sidle *v., n.* đi rụt rè/khúm núm

SIDS *n., abbr.* (= **sudden infant
death syndrome**) bé chết yểu

siege *n.* sự vây hãm, công hãm,
sự bao vây: **to lay ~ to** bao vây

sieve 1 *n.* cái rây/sàng/giần 2 *v.*
rây, sàng, giần

sift *v.* rây, sàng, giần; chọn lọc,
phân tích

sigh *n., v.* (tiếng) thở dài: **to
heave a ~ of relief** thở dài một
tiếng nhẹ nhõm

sight 1 *n.* sức nhìn, thị lực; sự
nhìn/trông; cách nhìn, tầm;
cảnh, cảnh đẹp, cảnh tượng:
Out of my ~! Hãy đi khuất mắt
tôi!; **a sad ~** cảnh tượng buồn
thảm; **Out of ~, out of mind.**
Khuất mặt xa lòng; **to catch ~
of** nhìn thấy 2 *v.* (nhìn/trông)
thấy; ngắm

sign 1 *n.* dấu (hiệu), ký hiệu; mật
hiệu; biểu hiện, điềm, tượng
trưng; dấu vết; triệu chứng;
biển để trước cửa hàng/ công
ốc 2 *v.* làm dấu; ký tên; ra
hiệu: **to ~ away** ký giấy nhường
tài sản cho ai; **to ~ off** ngừng
phát thanh, ngừng nói; **to ~ on**
ký giao kèo làm gì; **to ~ out**
ký tên rời khỏi khách sạn/ văn
phòng

signal 1 *n.* dấu hiệu; tín hiệu;
hiệu lệnh: **~ box** hộp đèn
tín hiệu dọc đường xe lửa; **~
station** đài tín hiệu; **~ of distress**
tín hiệu lâm nguy 2 *v.* ra hiệu,
báo hiệu: **to ~ to someone to
start** ra tín hiệu cho ai bắt đầu
3 *adj.* nổi tiếng, lớn lao, đáng
kể, gương mẫu, oanh liệt

signature *n.* chữ ký; ký hiệu; chữ
in [nhà in]: **to certify a ~** chứng
nhận chữ ký

signboard *n.* biển quảng cáo;
biển hàng

significance *n.* ý nghĩa; tầm quan
trọng; sự nổi bật: **a look of deep
~** cái nhìn đầy ý nghĩa

signify *v.* có nghĩa là; biểu hiện,
tỏ cho biết, tuyên bố

sign language *n.* ngôn ngữ dành
cho người mù

silence 1 *n.* sự làm thinh, sự lặng
thinh, sự nín lặng/thinh; sự im
hơi lặng tiếng; sự lãng quên; sự
yên lặng/yên tĩnh/tĩnh mịch: **to
suffer in ~** âm thầm chịu đựng
2 *v.* bắt phải im, cấm không nói

silent *adj.* ít nói, làm thinh; yên
lặng, yên tĩnh, tĩnh mịch, thanh
vắng, im lặng; [chữ, phim] câm:
~ majority đa số thầm lặng; **~
partner** người không chia sẻ
công việc trong cùng một công ty

silhouette *n., v.* (in) bóng, hình
bóng, hình dáng

silicon *n.* chất si-lic, si-li-con; **~
Valley** thung lũng/khu vực điện
tử (ở Mỹ như San Jose)

silk *n.* lụa; tơ; tơ nhện; hàng lụa,
đồ lụa

silkworm *n.* con tằm

silky

silky *adj.* mượt, óng ánh; ngọt xớt

sill *n.* ngưỡng cửa: **door ~** bậc cửa chính; **window ~** khung cửa sổ

silly *n., adj.* ngớ ngẩn, ngờ nghệch, khờ dại; khùng, điên; [chuyện] vớ vẩn, ngu

silt *n.. v.* bùn, phù sa

silver **1** *n.* bạc; đồng tiền; đồ bạc; màu bạc **2** *adj.* **~ foil** giấy bọc bạc; **Every cloud has a ~ lining.** Trong cái rủi vẫn có cái may.

SIM card *n.* thẻ nối mạng điện thoại di động

similar *adj.* giống/như nhau, tương tự; đồng dạng

simile *n.* lối so sánh, lối ví von, tỉ

simmer *n., v.* (sự) đun nhỏ lửa cho sủi; (sự) cố nén

simper *n., v.* nụ cười điệu, cười điệu

simple *adj.* đơn, đơn giản; giản dị, mộc mạc, hồn nhiên; xuềnh xoàng; dễ hiểu, dễ làm; nhỏ mọn, tầm thường; ngu dại: **~-minded** chân thật, chất phác, chân chất, hồn nhiên; ngây thơ, ngớ ngẩn, ngù ngờ, khờ khạo

simplify *v.* làm đơn giản, đơn giản hoá

simulate *v.* giả vờ, giả cách; bắt chước

simulated *adj.* giả, bắt chước: **~ leather** da giả

simultaneous *adj.* cùng một lúc, đồng/cộng thời: **~ interpretation** sự thông dịch cùng một lúc với người nói

sin **1** *n.* tội lỗi, tội ác: **to live in ~** trai gái sống chung với nhau mà không cưới hỏi **2** *v.* phạm/ mắc tội, gây tội

since **1** *adv.* từ đó; từ lâu **2** *prep.* từ (khi) **3** *conj.* từ khi; vì lẽ, bởi chung: **~ leaving Hanoi** từ lúc rời Hà Nội

sincere *adj.* thành thật, thật thà, ngay thật, chân thật, chân thành, thật tình, thành khẩn

sincerity *n.* tính thành thật/thật thà, lòng chân thành

sinecure *n.* chức ngồi không, chức ngồi chơi xơi nước

sinew *n.* gân; bắp thịt, sức khỏe; tài nguyên

sing *v.* [**sang**; **sung**] hát, ca, ca hát; ca ngợi; [chim] hót; [nước sôi] reo: **to ~ along** hát theo điệu nhạc; **to ~ the praises of** ca ngợi, tán dương ai

Singapore *n.* nước Sing-ga-pore, nước Tân Gia Ba

singe *v.* đốt sém; thui [gà, lợn]

single **1** *n.* người độc thân; trận đánh đơn; vé một lượt (đi): **to play ~** đánh đơn; **~-entry** kế toán chỉ vào một chương mục **2** *adj.* đơn, đơn độc, một mình; đơn độc, cô đơn, không vợ/ chồng: **~ bed** giường một; **~ life** cuộc sống đơn độc; **~ mother** một mình mẹ nuôi con **3** *v.* chọn ra, lựa ra: **to ~ out** tách ra

singlet *n.* áo mặc trong, áo lót mình

singular *n., adj.* số ít; phi thường

sinister *adj.* gở, hung; ác, độc ác, nham hiểm

sink *n.* chậu rửa bát: **kitchen ~** bồn rửa ở nhà bếp

sink **1** *v.* [**sank**; **sunk**] làm chìm, đánh đắm; đào, khoan [giếng];

để kẹt [vốn]; [tàu] chìm; xuống thấp, lắng, lún xuống; hõm vào; ngập/khắc sâu vào: **to ~ money into** mắc kẹt vốn trong kinh doanh; **to ~ or swim** một mất một còn **2** *adj.* thấp, lắng xuống; hõm vào

sinology *n.* khoa Hán học

sinus *n.* xoang (mũi)

sip 1 *n.* hớp, nhắp **2** *v.* nhắp, uống hớp (rượu)

siphon 1 *n.* ống xi-fông, ống truyền nước **2** *v.* hút bằng xi-fông

sir 1 *n.* thưa ngài, thưa ông, thưa tiên sinh, thưa thủ trưởng/đại uý, đại tá, đại tướng v.v.; ngài, đức: **Dear ~s** Thưa Quý ông **2** *v.* gọi bằng ngài: **Don't ~ me.** Đừng gọi tôi bằng ngài.

siren *n.* còi hụ/tầm, còi báo động; người đàn bà quyến rũ; tiên chim [Hy lạp]

sissy *n.* (*pl.* **sissies**) người ẻo lả yếu đuối

sister *n.* chị, em gái; nữ tu (sĩ), ni cô, bà xơ, bà phước: **~-in-law** chị dâu, em dâu, chị chồng/vợ; **~ of Mercy** bà phước, nữ tu sĩ; **~ city** thành phố kết nghĩa

sit *v.* [**sat**] ngồi; [gà mái] ấp trứng; ngồi cho người ta vẽ hoặc chụp ảnh; [quốc hội] nhóm họp: **to ~ back** ngồi thoải mái; **to ~ down** ngồi xuống; **to ~ in** dự, bàng thính [lớp học]; **to ~ still** ngồi yên; **to ~ tight** ngồi lỳ

sitcom *n.* một cảnh trong kịch

site 1 *n.* nơi, chỗ, vị trí, địa điểm: **construction ~** công trường xây dựng **2** *v.* để/đặt vào nơi nào;

cung cấp địa điểm

situation *n.* tình hình/thế/cảnh, hoàn cảnh, cục diện, trạng thái; địa thế, vị trí; việc làm

six 1 *num.* số sáu; con sáu [bài, súc sắc]: **at ~es and sevens** lung tung; bất hoà **2** *adj.* sáu: **~-figure salary** lương trên một trăm ngàn

sixteen *num., adj.* (số) mười sáu

sixty 1 *num.* số sáu mươi: **the sixties [60's]** những năm 60 **2** *adj.* sáu mươi, 60:

size 1 *n.* độ lớn, kích thước; bề cao; số, cỡ, khổ: **the ~ of an orange** to bằng quả cam **2** *v.* sắp xếp theo cỡ to nhỏ; đánh giá; phết hồ: **to ~ up** ước lượng cỡ

sizzle *n., v.* (tiếng) xèo xèo

skate 1 *n.* giày trượt: **ice ~** giày trượt băng **2** *v.* trượt băng; đi pa-tanh

skateboard *n.* tấm trượt tuyết, tấm ván đi pa-tanh

skating *n.* việc trượt băng, việc đi skate

skein *n.* con chỉ, cuộn chỉ, cuộn len

skeleton *n.* bộ xương; khung, sườn, nòng cốt

skeptical *adj.* hoài nghi, đa nghi, có tư tưởng hoặc theo chủ nghĩa hoài nghi

sketch 1 *n.* bức vẽ phác thảo; bản tóm tắt; dự thảo, bản phác thảo; vở kịch ngắn **2** *v.* vẽ phác, phác hoạ, phác thảo

skewed *adj.* không đúng, không thẳng

ski 1 *n.* xki, ván trượt tuyết **2** *v.* đi xki, trượt tuyết: **~ boots** giày

skid

xki; **to go ~ing** đi chơi xki

skid *n., v.* (sự) trượt bánh, làm cho trượt, bị trượt

skill *n.* sự khéo léo, sự khéo tay, kỹ xảo/năng

skillet *n.* chảo rán (nhỏ); xoong nhỏ có cán

skillful *adj.* khéo (léo), khéo tay, tinh xảo; tài, tài tình, thành thạo

skim *v.* hớt [bọt, váng, kem, mỡ]; đọc lướt: **to ~ over** đọc qua; **to ~ the fat off the soup** hớt bớt mỡ nước dùng; **~ milk** sữa đã lấy kem

skimp *adj.* bủn xỉn [on về]

skin 1 *n.* da [người, thú]; bì; vỏ [cam, chuối]; vỏ tàu: **outer ~** biểu bì; **soaked to the ~** bị ướt sũng; **to have no ~ off one's nose** không dính dáng đến ai, không đụng chạm đến ai; **~ cancer** ung thư da 2 *v.* lột da; bóc/gọt vỏ; lừa đảo

skinny *adj., n.* gầy [trơ xương], gầy nhom; **~ dipping** môn thể thao lội dưới nước

skip 1 *n.* sự nhảy 2 *v.* nhảy, nhảy nhót, nhảy cẫng; nhảy dây; nhảy, bỏ quãng; nhảy lớp; chuồn, lỉnh

skirmish *n., v.* (cuộc) giao tranh, đụng độ

skirt 1 *n.* váy, xiêm; vạt áo, bờ, mép, rìa 2 *v.* đi dọc theo, đi vòng quanh: **to ~ the coastline** đi dọc theo bờ biển

skit *n.* nhóm, đám đông; vở kịch ngắn trào phúng, bài văn châm biếm

skive *n., v.* (sự) làm mỏng, mài

skull *n.* sọ, đầu lâu

sky *n.* trời, bầu trời; khí hậu: **under the open ~** ngoài trời

skyline *n.* đường chân trời; hình [thành phố, nhà cửa] in lên chân trời

skyscraper *n.* toà nhà chọc trời, cao ốc

slab 1 *n.* thanh, tấm; tấm bia; phiến đá 2 *v.* bóc bìa, xẻ bìa; lát từng tấm

slack 1 *n.* phần dây chùng; sự buôn bán ế ẩm; cái quần; sự nghỉ ngơi: **to have a ~ day** nghỉ ngơi một ngày thoải mái 2 *adj.* chùng, lỏng; ế ẩm; chểnh mảng, bê trễ: **to be ~ in doing something** chểnh mảng làm việc gì 3 *v.* nới, làm chùng; chểnh mảng; tôi vôi: **to ~ off** giảm bớt nhiệt tình

slag 1 *n.* xỉ vụn 2 *n.* người đàn bà lăng loàn/dâm đãng 3 *v.* kết thành xỉ

slake *v.* làm nhẹ/dịu/nguôi; tôi [vôi]: **to ~ one's thirst** làm cho đỡ khát

slam 1 *n.* tiếng cửa đóng sầm; lời phê bình gay gắt 2 *v.* đóng sầm, rập mạnh; ném phịch; phê bình gay gắt

slander *n., v.* (lời) nói xấu, (lời) phỉ báng, vu oan, vu cáo, vu khống

slang *n.* tiếng lóng

slant 1 *n.* đường nghiêng; quan điểm, thái độ, cách nhìn 2 *v.* dốc nghiêng; làm nghiêng; trình bày theo một quan điểm nào đó

slap 1 *n.* cái vỗ/đập; cái vả/

tát; chuyện sỉ nhục: **a ~ in the face** cái đánh vào mặt, sự lăng mạ sỉ nhục **2** *v.* **[slapped]** vỗ, đánh, tạt tai, bạt tai, vả **3** *adv.* bất thình lình; trúng

slash 1 *n.* vết chém/rạch/cắt **2** *v.* chém, rạch, cắt; cắt bớt; quất, quật [roi]; đả kích, đập

slat *n.* thanh gỗ mỏng, thanh tre [ở mành mành]

slate 1 *n.* đá đen, đá bảng; bảng đá; liên doanh [ứng cử viên] **2** *v.* lợp bằng ngói ac-đoa, lót bằng đá đen; chửi rủa thậm tệ

slather *v.* phủ/phết đầy

slaughter *n., v.* (sự) giết thịt, mổ thịt; (cuộc) chém giết, tàn sát

Slav *adj., n.* (người) nước Sla-vơ

slave 1 *n.* người nô lệ, người làm việc cực nhọc đầu tắt mặt tối: ~ **labor** việc làm nô dịch; ~ **trade** buôn bán nô lệ **2** *v.* làm việc đầu tắt mặt tối; chăm học

slavish *adj.* nô lệ, khúm núm; [bắt chước] mù quáng

sleazy *adj.* vải mỏng, nhếch nhác lôi thôi

sled *n., v.* [*Br.* **sledge**] (đi bằng) xe trượt tuyết

sleek 1 *adj.* bóng, láng, mượt; khéo, ngọt xớt **2** *v.* đánh bóng, làm cho bóng mượt

sleep 1 *n.* giấc ngủ; sự ngủ: **to go to ~** đi ngủ; **to put to ~** ru ngủ **2** *v.* **[slept]** ngủ; ngủ trọ/ đỗ; ăn nằm: **to ~ like a log** ngủ say, ngủ như chết; **to ~ on (it)** gác đến ngày mai; **to ~ around** ăn nằm lang chạ lung tung; **to ~ over** ngủ nhà ai qua đêm

sleeping pill *n.* viên thuốc ngủ

sleepwalker *n.* người ngủ mê đi rong, miên hành

sleet *n., v.* mưa tuyết

sleeve *n.* tay áo; ống bọc ngoài, măng sông: **to roll up one's ~s** xắn tay áo; **to have a plan up one's ~** chuẩn bị sẵn một kế hoạch

sleigh *n.* xe trượt tuyết (của ông già Nô-en)

slender *adj.* thon, mảnh khảnh, mảnh dẻ; ít ỏi

slew 1 *v.* quay, xoay,vặn **2** *n.* sự quay/xoay/vặn; lô đống

slice 1 *n.* miếng mỏng, lát mỏng; phần chi **2** *v.* thái mỏng, láng mỏng, cắt mỏng

slick 1 *n.* vết loang **2** *adj.* bóng, mượt, trơn; đẹp, sang, bảnh bao; quá khéo nói **3** *v.* làm cho bóng/mượt; xếp gọn: **to ~ up** làm cho ngăn nắp gọn gàng

slide 1 *n.* sự trượt; đường trượt; bộ phận trượt; dương bản (ảnh màu); bản kính [để soi kính hiển vi]; cầu tuột [trẻ con chơi]: ~ **rule** thước loga **2** *v.* **[slid]** tuột, trượt; lướt qua; đi qua, trôi qua; rơi vào

slight 1 *n.* sự coi thường/khinh **2** *adj.* mỏng (mảnh) thon, yếu ớt; nhẹ, không đáng kể **3** *v.* không để ý đến, coi thường, coi nhẹ, xem khinh

slim 1 *adj.* thon, mảnh khảnh, mảnh dẻ; ít ỏi, nghèo nàn **2** *v.* (làm) thon nhỏ đi

slime *n.* bùn; nhớt cá, chất nhớt bẩn

slimline *adj.* mỏng và nhỏ

sling 1 *n.* súng cao su; băng đeo

slingshot

[tay gẩy]; dây đeo **2** *v.* [**slung**] bắn, quăng, ném, liệng, đeo, treo, móc

slingshot *n.* [*U.S.* **catapult**] súng cao su

slink *v., n.* đẻ non/thiếu tháng; sự đẻ non

slip 1 *n.* sự trượt chân; sự lỡ lời, sự sơ xuất; mẩu giấy, phiếu; cành giâm/ghép; váy trong: **a ~ of the tongue** lỡ lời **2** *v.* nhét, đút, giúi; thuột, thoát, sổng; tuột; trôi qua; lẻn, lẩn; mắc lỗi vì sơ ý: **to let ~** để sống/mất; **to ~ away** chuồn, lẩn trốn; **to ~ by** [thời gian] trôi qua, lẩn trốn; **to ~ off** cởi vội

slipper *n.* dép đi trong nhà

slippery *adj.* trơn; khó nắm, khó xử, tế nhị; láu cá, ranh không: **"Slippery When Wet"** ĐƯỜNG TRƠN KHI MƯA

slit 1 *n.* khe hở, đường rạch: **to have ~s of eyes** có mắt ti hí **2** *v.* [**slit**] rọc, xé, rạch, chẻ, cắt

slither *n., v.* (sự) trượt, bị kéo đi

sliver *n., v.* miếng, mảnh gỗ; cắt ra từng miếng, xe thành sợi

slob *n., v.* (người) bất cẩn, vụng về

slobber *n.* nước dãi; tình cảm uỷ mị

slog *v., n.* làm việc chăm chỉ khó nhọc; đi khó nhọc; đánh mạnh vào bóng

slogan *n.* khẩu hiệu

slop 1 *n.* bùn; thức ăn lõng bõng; người nhếch nhác **2** *v.* (làm) đổ, (làm) tràn

slope 1 *n.* dốc, chỗ dốc, đường dốc, độ dốc **2** *v.* dốc, nghiêng

sloshed *adj.* bị đánh mạnh; được rót vào

slot *n.* khe [bỏ tiền, bỏ thư]

slouch 1 *n.* dáng đi vai thõng **2** *v.* đi nặng nề (vai thõng xuống); bẻ cong vành mũ

slough 1 *n.* vũng bùn, bãi lầy; sự sa đoạ **2** *v.* lột da/xác; tróc [vẩy]; bỏ: **to ~ off** vứt bỏ

slow 1 *adj.* chậm, chậm chạp; không nhanh trí khôn, trì độn; chậm rãi, thong thả: **in ~ motion** phim quay chậm; **~ and sure** chậm mà chắc **2** *adv.* chậm **3** *v.* làm cho chậm lại; đi/chạy chậm lại: **to ~ down** đi chậm lại

sludge *n.* bùn đặc; tảng băng; cặn dầu

slug 1 *n.* viên đạn nhỏ; con ốc sên; cú đánh **2** *v.* đấm vong mạng, đi nặng nề

sluice 1 *n.* kênh đào; cửa cống; sự dội nước ra **2** *v.* đặt cửa cống, tháo nước ra cửa cống

slum 1 *n.* khu nhà ổ chuột, xóm nghèo **2** *v.* sống trong điều kiện nghèo khổ; đi vào xóm nghèo

slumber 1 *n.* giấc ngủ **2** *v.* (thiu thiu) ngủ

slump 1 *n.* sự sụt giá; sự đình trệ/khủng hoảng **2** *v.* [giá] sụt mau; [hàng] ế ẩm, trầm trệ

slur 1 *n.* sự phát âm không rõ; sự nói xấu; luyến âm: **to put a ~ on someone** nói xấu ai **2** *v.* đọc không rõ, nói líu nhíu; nói xấu, gièm pha; hát luyến

slurp *n., v.* (người) ăn uống ồn ào

slush *n.* bùn loãng; tuyết tan

slut *n.* đàn bà nhếch nhác bẩn thỉu đĩ thỏa

sly *adj.* ranh mãnh, nghịch ngợm; mánh lới, gian xảo, xảo trá/ quyệt, giảo quyệt, quỷ quyệt

smack 1 *n.* mùi/vị thoang thoảng; vẻ, một chút/tí 2 *n.* tiếng bốp/ chát; tiếng chép môi; cái tát; cái hôn 3 *v.* tát; vỗ, đập; chép môi 4 *v.* thoáng có mùi/vị; có vẻ 5 *adv.* một cách mạnh bạo

small 1 *adj.* nhỏ, bé; [áo quần, giày] chật; ít; nhỏ mọn, không quan trọng; nghèo hèn; nhỏ nhen, bần tiện: **~ change** tiền lẻ; **~ print** chữ in nhỏ; **~ talk** chuyện phiếm; **to feel ~** cảm thấy tủi hổ, cảm thấy nhục nhã 2 *adv.* thành miếng nhỏ, quá nhỏ: **to chop something ~** che vật gì thành miếng nhỏ 3 *n.* vật nhỏ, áo quần lót: **the ~ of the back** phần nhỏ phía sau

smallpox *n.* bệnh đậu mùa

smart 1 *n.* sự đau đớn nhức nhối 2 *adj.* nhanh trí, thông minh, láu; nhanh, mau; diện, sang, lịch sự; [đau] nhức, nhói: **~ money** tiền do người chuyên môn đầu tư 3 *v.* đau đớn, nhức nhối, đau: **to ~ in** phá mà vào, đột nhập vào

smartphone *n.* điện thoại thông minh

smart TV *n.* máy truyền hình thông minh

smash 1 *n.* sự đập tan; sự va mạnh; thành công lớn 2 *v.* đập tan; đập mạnh [ban]; đâm mạnh; phá kỷ lục 3 *adv.* đụng mạnh một cái

smattering *n.* sự biết lõm bõm [ngoại ngữ]; kiến thức nông cạn

smear 1 *n.* vết bẩn; chất bôi lên bản kính; sự bôi nhọ 2 *v.* làm dơ bẩn; bôi, phết, trét; bôi nhọ

smell 1 *n.* khứu giác; mùi (thối); tài đánh hơi 2 *v.* ngửi, hửi; ngửi thấy, thấy mùi; đánh hơi tìm ra, đánh hơi thấy, khám phá; cảm thấy, nghi: **to ~ a rat** nghi ngờ có sự dối trá

smelt *v.* nấu chảy [quặng]

smile 1 *n.* nụ cười (tủm tỉm); vẻ mặt tươi cười 2 *v.* mỉm cười, cười tủm tỉm

smirk *n., v.* (nụ) cười điệu

smite *v.* [smote; smitten] đập, vỗ; đánh; đập mạnh vào trí óc, làm say mê

smitten *adj.* bị sét đánh (tình yêu), bị khủng hoảng

smock *n.* áo choàng, áo khoác, áo bờ lu

smog *n.* khói lẫn sương, hơi than bụi

smoke 1 *n.* khói; hơi thuốc (lá): **~ bomb** bom khói; **~ screen** màn hoả mù, màn khói; bình phong; **No ~ without fire.** Không có lửa sao lại có khói. 2 *v.* bốc/ toả khói; hút thuốc; hun, xông [thịt, cá]

smolder, smoulder *v.* cháy âm ỉ; âm ỉ, nung nấu

smooch *n., v.* nhảy chậm và sát vào nhau

smooth 1 *adj.* nhẵn, trơn, mượt; lặng; êm, dịu dàng; hoà nhã; ngọt xớt; [công việc] trôi chảy 2 *v.* làm cho nhẵn; san bằng; dàn xếp ổn thoả, giải quyết; gọt giũa

smoothie *n.* (drink) nước trái cây

smother

xay với kem

smother *v.* làm ngạt thở, bóp chết; để cháy âm ỉ; bao phủ, phủ kín; bưng bít

SMS *n., abbr.* (= **Short Message Service**) gởi lời nhắn/thông tin bằng điện thoại

smuggle *v.* buôn lậu; đưa lén, mang lén

snack *n., v.* quà, bữa quà, ăn qua loa/chơi: **to have a ~** ăn quà

snag **1** *n.* chân răng gẫy; gốc cây gẫy **2** *v.* nhổ hết gốc cây, cắt hết cành cây

snail *n.* con ốc (sên)

snake **1** *n.* con rắn **2** *v.* len lỏi như rắn; gian lận

snap **1** *n.* sự cắn/đớp; tiếng tách tách/răng rắc; bánh quy ròn; ảnh chụp nhanh; khuy bấm; trò trẻ: **cold ~** đợt rét đột ngột **2** *v.* cắn, đớp; bật ngón tay, quất roi; bẻ gẫy; chụp mau [ảnh]; chộp/nắm lấy; nói như cắn, nói cáu kỉnh; nổ đốp: **to ~ out of it** bỏ thói xấu, thôi, chừa; **to ~ up** bắt lấy, chộp lấy **3** *adj.* một cách nhanh chóng, không tính trước: **a ~ decision** một quyết định nhanh chóng

snare **1** *n.* bẫy, lưới; cạm bẫy, sự cám dỗ; mưu **2** *v.* đánh/gài/đặt bẫy; bẫy

snarl **1** *n.* tiếng gầm gừ; tiếng càu nhàu, (tiếng) cằn nhằn **2** *n.* chỗ/sự rối reng, bế tắc **3** *v.* gầm gừ, càu nhàu **4** *v.* làm rối reng, làm xoắn chỉ

snatch **1** *n.* sự nắm/vồ lấy; khúc, đoạn; một lúc/lát **2** *v.* nắm, vồ, chụp lẹ, giật lấy, chộp, giành

sneak **1** *v.* trốn, lén, ăn vụng: **to ~ out of** lẻn tránh công việc **2** *adj.* không báo trước, xem trước: **~ preview** việc xem xét trước khi loan báo

sneaker *n.* giày đi êm để đánh quần vợt; người đi trốn

sneer *n., v.* (nụ) cười nhạo

sneeze *n., v.* (cái) hắt hơi, nhảy mũi

snicker *n., v.* [*Br.* **snigger**] (nụ) cười khẩy, cười thầm

snide *adj., n.* đồ nữ trang giả; giả mạo, láu cá

sniff *n., v.* (sự/tiếng) hít vào, ngửi, khụt khịt

sniffle *n., v.* sự sổ mũi, hỷ mũi, chảy nước mũi

snip **1** *n.* sự cắt, vết cắt bằng kéo **2** *v.* cắt bằng kéo

snipe **1** *n.* chim dẽ giun; sự bắn tỉa **2** *v.* bắn tỉa

snippet *n.* miếng cắt nhỏ, miếng vụn; kiến thức thấp; người tầm thường

snitch *n., v.* (người) ăn cắp vặt

snivel *n., v.* sự khóc sụt sịt, nước mũi, mũi thò lò; khóc sụt sịt, chảy nướcmũi

snobbery *n.* tính đua đòi, tính trưởng giả học làm sang

snoop *n., v.* người hay rình mò/ chõ mõm, kẻ ăn cắp; rình mò, ăn cắp

snooty *adj.* kiêu kỳ, làm bộ làm tịch

snooze *n., v.* (giấc) ngủ trưa/ ngắn

snore *n., v.* (tiếng) ngáy

snorkel *n., v.* (sự) lặn dưới nước với ống thở trên mặt nước

snort *n., v.* (sự/tiếng) khịt mũi

snout *n.* mũi, mõm; vòi ống

snow 1 *n.* tuyết, đống tuyết rơi, tóc bạc như tuyết: **to shovel ~** cào tuyết; **~flake** bông tuyết; **~storm** bão tuyết 2 *v.* tuyết rơi/ mưa tuyết: **to be ~ed under** bị tràn ngập công việc

snub *n., v.* (sự) chỉnh, làm mất mặt, làm nhục

snuff 1 *n.* hoa đèn, tàn 2 *v.* cắt hoa đèn

snuffle *n., v.* (sự) khụt khịt, nói giọng mũi

snug 1 *n.* thuốc lá hít; mùi 2 *adj.* hít thuốc (lá)

snuggle *v.* đến gần, xích gần

so 1 *adv.* như thế, như vậy: **if ~** nếu thế; **~ far** cho tới nay, tính đến bây giờ; **~ to speak** đó là nói vậy; **I told you ~.** Tôi đã bảo anh mà! 2 *conj.* vì thế, vì vậy, cho nên: **and ~ on/forth** và vân vân

soak 1 *n.* sự ngâm/nhúng 2 *v.* ngâm, nhúng; làm ướt đẫm; cứa/giã nặng, chém

soap 1 *n.* xà phòng, xà bông: **~ bubble** bong bóng xà phòng; **~ opera** kịch rẻ tiền [quảng cáo]; **~ powder** xà phòng bột 2 *v.* giặt bằng xà phòng, xoa xà phòng

soar *v.* bay vút lên cao; bay liệng

sob *n., v.* (sự/tiếng) thổn thức: **~ story** truyện thương cảm; **~-stuff** bản nhạc uỷ mị, bài văn tình cảm sướt mướt

sober 1 *adj.* không say; hết say, tỉnh tỉ; điều độ; điểm đạm, điềm tĩnh; đúng mức, vừa phải; không loè loẹt: **as ~ as a judge** tỉnh táo, không thiên vị 2 *v.*

tỉnh rượu, làm hết say, làm bớt loè loẹt: **to ~ down** làm hết say

soccer *n.* môn bóng đá, môn túc cầu, bóng tròn: **~ team** đội bóng đá; **~ match** trận bóng đá

social *adj.* (có tính chất) xã hội, (thuộc) xã hội: **~ conscience** lương tâm xã hội; **~ evil** tệ nạn xã hội; **~ media** truyền thông xã hội; **~ science** khoa học xã hội; **~ security** an sinh xã hội; **~ services** công tác/dịch vụ xã hội

socialist 1 *adj.* xã hội chủ nghĩa: **the ~ Party** đảng Xã hội 2 *n.* người theo chủ nghĩa xã hội; đảng viên Xã hội

society *n.* xã hội; hội, đoàn thể, hội đoàn

sociology *n.* xã hội học

sock 1 *n.* chiếc bít tất, vớ: **a pair of ~s** một đôi bít tất 2 *n.* quả đấm, cái ném: **Give him ~s.** đấm cho nó một trận 3 *v.* đấm, thụi, thoi

socket 1 *n.* lỗ, hốc, hố; đế nến; đui đèn 2 *v.* lắp vào đế, gắn đui đèn

Socrates *n.* triết gia So-crat, người theo trường phái So-crat

soda *n.* nước xô-đa; natri cac-bo-nat: **~ water** nước xô-đa

sodomy *n.* sự giao hợp cùng phái; sự giao hợp với thú vật

sofa *n.* trường kỷ, ghế xô-fa: **~ bed** vừa là trường kỷ cũng vừa là giường

soft 1 *adj.* mềm, dẻo; mịn; dịu, ôn hoà, dịu dàng, êm dịu; dễ dàng; yếu mềm: **~ drink** nước ngọt; **~-hearted** đa cảm, có lòng từ tâm; **~ landing** phi cơ đáp nhẹ nhàng **2** *adv.* nhẹ nhàng, mềm mỏng, yếu ớt **3** *n.* chỗ mềm, vật mềm, người nhu nhược

software *n.* phần mềm trong máy vi tính

soil 1 *n.* đất: **native ~** đất tổ; **Vietnamese ~** lãnh thổ Việt Nam; **~ science** khoa địa chất **2** *n.* vết bẩn; vết nhơ: **~ pipe** ống dẫn nước thải **3** *v.* làm bẩn/dơ; dễ bẩn

sojourn *n., v.* (sự) ở lại ít lâu

solace 1 *n.* niềm an ủi: **to find ~ in doing something** làm việc gì tìm an ủi **2** *v.* an ủi, uỷ lạo

solar *adj.* thuộc mặt trời: **~ eclipse** nhật thực; **~ energy** điện năng mặt trời; **~ system** hệ mặt trời, thái dương hệ

solder 1 *n.* sự hàn, hợp kim hàn, chất hàn **2** *v.* hàn, hàn gắn

soldier *n.* lính, binh lính, quân lính, binh sĩ: **tomb of the unknown ~** mồ chiến sĩ vô danh

sole 1 *n.* cá bơn **2** *n.* đế giày **3** *v.* đóng đế giày **4** *adj.* độc nhất, duy nhất: **~ parent** cha mẹ đơn chiếc

solemn *adj.* long trọng, trọng thể, trang nghiêm; nghiêm trang, nghiêm nghị

solicit *v.* nài xin, van nài; gạ gẫm, níu kéo

solicitor *n.* cố vấn pháp luật, luật sư; người chào hàng

solid 1 *n.* chất đặc; chất/thể rắn, có thể; khối lập thể **2** *adj.* đặc, rắn, [mây] dày đặc, rắn chắc, vững chắc; đồng nhất; [ý kiến] nhất trí; khối, lập thể: **~**

argument luận cứ đanh thép; **~ geometry** hình học lập thể/ không gian; **~ gold** bằng vàng khối, toàn bằng vàng

soliloquy *n.* sự nói một mình

solitary 1 *adj.* một mình, cô độc/ đơn/quạnh, đơn chiếc, đơn độc; (chỗ) khuất nẻo, vắng vẻ **2** *n.* người ở ẩn, ẩn sĩ

solo 1 *n.* bài/bản đơn ca, màn độc diễn **2** *adv.* một mình; (hát) đơn ca; (bay) một mình **3** *adj.* đơn độc, một mình: **a ~ effort** nỗ lực một mình

Solomon *n.* người khôn ngoan

solstice *n.* điểm chí

solute *n.* vật hoà tan

solution *n.* sự hoà tan, dung dịch; cách giải quyết, giải pháp; lời/ phép giải; đáp án; thuốc nước

solve *v.* giải quyết (vấn đề); (toán) giải (phương trình)

solvent 1 *adj.* có thể hoà tan; có tiền trả nợ **2** *n.* dung môi, yếu tố hoà tan

somber *adj.* tối, mờ, mờ tối, tối tăm, tối mò, mờ mịt, ảm đạm; rầu rĩ, ủ rũ, buồn rầu

some 1 *adj.* một ít, một vài, nào đó: **~ experienced workers** một vài công nhân kinh nghiệm nào đó **2** *pron.* một vài người/ cái, một ít **3** *adv.* khoảng chừng

somebody *pron.* (= **someone**) một người nào đó; ông này ông nọ: **~ else** người nào khác

someday *adv.* vài ngày tới

somehow *adv.* bằng cách này cách nọ; thế/bề nào cũng

somersault *n., v.* (sự) nhảy lộn nhào

something *n., pron.* cái/việc/ điều/vật/chuyện gì: ~ **else** cái khác, chuyện khác, đôi khi, thỉnh thoảng

sometimes *adv.* thỉnh thoảng, đôi khi

somewhat *adv.* hơi, gọi là, một chút: **it's ~ difficult** hơi khó

somewhere *adv.* ở một nơi nào đó: ~ **else** chỗ (nào) khác

son *n.* con trai; con dân [một nước]: ~**-in-law** con rể

song *n.* bài hát, điệu hát; tiếng hát; tiếng hót

sonnet *n.* bài thơ xo-nê (14 câu)

sonorous *adj.* [âm, văn] kêu; nghe kêu

soon *adv.* chẳng bao lâu (nữa), chẳng mấy chốc, sắp, một ngày gần đây: **as ~ as possible** càng sớm càng tốt; **too ~** sớm quá; ~**er or later** sớm hay muộn, chẳng chóng thì chầy; **had ~er** thà... hơn

soot *n.* bồ hóng, nhọ nồi

soothe *v.* làm dịu, làm đỡ đau; xoa dịu, dỗ dành

sop **1** *n.* mẩu bánh mì thả vào xúp; quà biếu **2** *v.* thả vào nước, nhúng vào nước; ướt sũng

sophisticated *adj.* khôn, hiểu đời; tinh vi

sophomore *n.* sinh viên/học sinh năm thứ hai

sorbet *n.* món tráng miệng trái cây pha rượu và đá

sorcery *n.* phép phù thuỷ, yêu thuật, ma pháp

sordid *adj.* bẩn thỉu; hèn hạ, đê tiện, đê hèn

sore **1** *n.* chỗ lở, chỗ đau, bết

thương; nỗi đau lòng **2** *adj.* đau, đau đớn, nhức: ~ **eyes** đau mắt; ~ **at heart** giận, tức; buồn phiền **3** *adv.* đau, ác nghiệt, nghiêm trọng

sorrow *n., v.* (sự) buồn rầu, nỗi buồn, nỗi ưu sầu

sorry **1** *adj.* làm tiếc/buồn: **to be/ feel ~ for someone** tội nghiệp cho ai, thương hại cho ai **2** *exclam.* xin lỗi: **Sorry! I am late.** Xin lỗi tôi đến trễ.

sort **1** *n.* thứ, hạng, loại: **of every ~ and kind** thuộc đủ hạng/loại **2** *v.* xếp hạng, phân loại, lựa chọn; phù hợp, thích hợp: **to ~ out** lựa chọn

SOS *n., abbr.* (= **save our souls**) hiệu báo nguy, cứu chúng tôi với

soufflé *n.* tiếng khò khè, tiếng thổi

sough *n., v.* (tiếng) rì rào, xào xạc

soul *n.* linh hồn; tâm hồn, tâm trí; hồn; người dân: **not a ~** chẳng có ma nào; ~ **mate** người rất dễ hoà đồng

sound **1** *n.* âm, âm thanh, tiếng, tiếng động; giọng: ~ **card** thẻ tạo âm; ~ **mixer** máy lọc âm **2** *n.* eo biển **3** *adj.* khoẻ mạnh, lành mạnh, tráng kiện; hợp lý, vững, có cơ sở; [giấc ngủ] ngon; vững về tài chính; [trận đòn] nên thân **4** *v.* kêu, kêu vang, vang dội, vang lừng; nghe như; thổi [kèn]; gõ [nghe bệnh]; báo hiệu **5** *v.* dò; thăm dò: **to ~ out** thăm dò **6** *adv.* ngon lành, hay

soup **1** *n.* xúp, canh; cháo: ~ **kitchen** nơi phát cháo thí; ~ **spoon** thìa xúp **2** *v.* làm thay đổ vật gì cho mạnh hơn (như xe, máy vi tính)

sour 1 *adj.* chua; hay cáu 2 *v.* làm chua

source *n., v.* nguồn (suối, sông); nguồn, nguồn gốc, căn nguyên

soursop *n.* mãng cầu Xiêm

souse *n., v.* (món) giầm muối; đẫm nước; say luý tuý

south 1 *n.* hướng/phương/phía nam; miền nam: **~ wind** gió nam/nồm; **the South Pole** Nam cực 2 *adv.* về hướng nam, ở phía nam: **moving ~** đi/tiến về phía nam, xuống miền nam, vào nam

southeast *n., adj., adv.* (về) phía/ hướng đông nam

southern *adj.* nam: **~ hemisphere** nam bán cầu

southward *n., adj., adv.* (về) phía/ hướng nam

southwest *n., adj., adv.* (phía/ miền) tây nam

souvenir *n., v.* vật kỷ niệm, làm kỷ niệm

sovereign 1 *n.* vua, quốc vương 2 *adj.* có chủ quyền

sow 1 *n.* lợn cái, lợn mái 2 *v.* [**sowed**; **sown/sowed**] gieo: **to ~ the wind and reap the whirlwind** gieo gió thì gặt bão

soy *n.* đậu tương, đậu nành: **~ sauce** xì dầu

spa *n.* suối khoáng, bồn tắm có vòi tắm quất

space 1 *n.* không gian, không trung; khoảng, chỗ; khoảng cách: **~ age** thời đại du hành vũ trụ; **~craft** tàu vũ trụ, phi thuyền không gian; **~ shuttle**

phi thuyền không gian 2 *v.* để cách, đặt cách nhau

spade *n.* con bích [bài tây]; cái mai, cái thuổng

spaghetti *n.* mì nấu với thịt băm và xốt cà chua của người Ý

spam *n., v.* điện thư vô dụng, gởi điện thư vô tích sự

span 1 *n.* gang tay; dịp cầu; khoảng cách; chiều dài; sải cánh 2 *v.* bắc (cầu) qua; nối; đo sải, đo bằng gang tay

spangle *v., n.* trang sức bằng trang kim/bạc dát, vàng dát: **the Star ~d Banner** Lá Cờ Hoa

spaniel *n.* người nịnh hót, người bợ đỡ

spar 1 *n.* trụ, cột; cuộc đấu khẩu, cuộc cãi nhau 2 *v.* đánh nhau; tập đấu võ/quyền

spare 1 *adj.* thừa, dư, sẵn có, để dành đấy; để thay đổi/thay thế; thanh đạm, đạm bạc, sơ sài; gầy gò 2 *v.* để dành, tiết kiệm; tiếc [công sức]; tha, miễn cho 3 *n.* của để dành, đồ phòng hờ

spark 1 *n.* tia lửa/sáng; tàn lửa: **~ plug** bu-ji 2 *v.* phát tia lửa/tia sáng, làm cho hoạt động

sparkle *n., v.* (sự/ánh) lấp lánh, lóng lánh; ánh, nước [kim cương]

sparrow *n.* chim sẻ

sparse *adj.* lơ thơ, thưa; thưa thớt, rải rác

spasm *n.* sự co thắt; cơn [ho, giận]: **a ~ of cough** cơn ho đau thắt

spasmodic *adj.* co thắt; không đều đặn, lúc có lúc không, bữa đực bữa cái, lác đác

spat 1 *n.* ghệt ngắn đến mắt cá chân; cuộc cãi vã **2** *v.* cãi vã, đấu khẩu

spate *n.* nước lên, nước lớn; khối lượng lớn

spatial *adj.* thuộc không gian

spatter *n., v.* (sự) làm bắn tung tóe

spatula *n.* cái cây dùng đè lưỡi; thìa gỗ để xới cơm

spawn 1 *n.* trứng cá/tôm/sò/ếch **2** *v.* đẻ trứng

speak *v.* [**spoke**; **spoken**] nói [vài lời]; [một thứ tiếng]; nói lên [ý kiến của mình, sự thật]; phát biểu, diễn thuyết, đọc diễn văn: **to ~ of** nói đến, bàn tới, đề cập đến; **to ~ out/up** nói to (lên); nói thẳng, nói toạc ra; **to ~ for itself** tự nó đã đủ rồi, không cần phải trưng bằng cớ

spear 1 *n.* giáo, mác, thương; cái xiên **2** *v.* đâm, xiên thịt/cá

special 1 *n.* chuyến xe [lửa] đặc biệt, chuyến máy bay đặc biệt; số báo đặc biệt; cuộc thi đặc biệt **2** *adj.* đặc biệt, riêng biệt: **~ delivery** [thư] phát riêng

specially *adv.* một cách đặc biệt, hoàn toàn chuyên biệt

specialty *n.* [*Br.* **speciality**] ngành chuyên môn, chuyên khoa; món ăn đặc biệt; sản phẩm đặc biệt, đặc sản

species *n.* loài; loại, hạng, thứ

specific *adj.* nói rõ, rõ ràng, dứt khoát; xác định (thuộc loài nào); đặc thù, đặc trưng, riêng: **~ gravity** trọng lượng riêng, tỷ trọng; **a ~ statement** lời tuyên bố dứt khoát

specify *v.* nói rõ, chỉ/ghi rõ (chi tiết), dặn kỹ

specimen *n.* mẫu, vật mẫu; hạng/ thứ người, ngữ

speck 1 *n.* dấu, vết, đốm; hạt [bụi] **2** *v.* làm lốm đốm

speckle 1 *n.* vết lốm đốm **2** *v.* làm lốm đốm

spectacle *n.* quang cảnh ngoạn mục, sự trình diễn cho công chúng

spectacles *n.* kính đeo mắt: **to put on one's ~** đeo kính

spectator *n.* đẹp mắt, ngoạn mục; làm chú ý

spectrum *n.* (*pl.* **spectra**) quang phổ, hình ảnh: **prismatic ~** quang phổ lăng kính; **solar ~** quang phổ mặt trời

speculate *v.* suy xét, suy cứu, nghiên cứu; suy đoán, ức đoán, đoán phỏng; đầu cơ, tích trữ

speech *n.* lời nói, cách nói, bài nói, diễn văn/từ; ngôn ngữ: **power/faculty of ~** khả năng/ năng lực nói; **~ clinic** bệnh viện chữa các tật về ngôn ngữ; **~ therapy** cách chữa các tật bằng lời nói, khẩu ký trị liệu

speed 1 *n.* tốc độ, tốc lực: **at full ~** nhanh hết sức, mở hết tốc lực; **~ boat** tàu chạy tốc độ nhanh; **~ hump** lần ụ giảm tốc độ; **~ limit** tốc độ tối đa (cấm vượt) **2** *v.* [**sped**] làm tăng tốc độ, gia tốc, đẩy mạnh, xúc tiến; đi nhanh, phóng mau; phóng quá tốc độ cho phép: **God~ you!** Cầu trời phật phù hộ cho anh thành công!; **to ~ up** gia tốc, đẩy nhanh, đi nhanh hơn, tăng tốc đo

spell

spell 1 *n.* câu thần chú; bùa mê; sự mê say, sức quyến rũ: **to cast a ~ on someone** làm ai say mê **2** *n.* thời gian ngắn; cơn ngắn; đợt, phiên: **a cold ~** một cơn rét ngắn **3** *v.* [**spelt/spelled**] đánh vần, viết từng chữ (theo đúng chính tả); có nghĩa, báo hiệu **4** *v.* thay phiên, cho nghỉ một lát

spelling *n.* sự đánh vần; cách viết (chính tả)

spend 1 *v.* [**spent**] tiêu, tiêu pha; dùng, tốn [thì giờ]; qua, sống qua; làm hao phí, làm kiệt, tiêu phí **2** *n.* số tiền tiêu đặc biệt

spendthrift *n., adj.* người hoang phí, tay tiêu hoang, tay xài hoang

sperm *n.* tinh dịch

spew *v.* nôn/mửa ra; phun ra; thổ ra

sphere *n.* hình cầu, khối cầu, quả cầu; thiên thể; khu vực, phạm vi

sphinx *n.* x-phanh, quái vật đầu đàn bà, mình sư tử

spice 1 *n.* đồ gia vị, hương liệu; cách làm [chuyện] thêm đậm đà **2** *v.* bỏ/thêm gia vị; làm cho đậm đà

spider *n.* con nhện

spike 1 *n.* đầu nhọn, gai; đinh đế giày; đinh đường ray **2** *v.* cắm que nhọn; đóng bằng đinh; làm hỏng; pha rượu mạnh vào

spill 1 *n.* sự té lộn nhào **2** *v.* [**spilt/spilled**] làm tràn/đổ [nước]; làm văng, làm ngã; tràn/đổ/chảy ra: **to ~ over** tràn ra, đổ ra

spin 1 *n.* sự quay/xoay tròn; cuộc đi dạo; sự đâm xoáy [máy

bay]: **to go for a ~** đi dạo chơi; **~-drier** máy xấy khô quần áo **2** *v.* [**spun**] quay [tơ]; chăng [tơ nhện]; kéo kén; (làm xoay tròn), lảo đảo; làm xoay chuyện: **to ~ out** kể chuyện, kéo dài

spinach *n.* rau ê-bi-na

spinal *adj.* thuộc xương sống: **~ column** cột xương sống

spindle 1 *n.* con suốt, con quay; trục; người mảnh khảnh **2** *v.* mọc thẳng, mọc vút, lắp suốt

spine *n.* xương sống; gai [quả, trái]; gai, ngạnh; cạnh sắc; gáy sách; lông nhím; lòng can đảm

spiral 1 *n.* đường xoắn/trôn ốc; sự lên/xuống từ từ **2** *v.* chuyển động theo hình trôn ốc; [giá cả] tăng dần dần: **to ~ up** tăng dần **3** *adj.* cong, trôn ốc: **~ staircase** cầu thang trôn ốc

spirit 1 *n.* tinh thần; sự hăng hái, nhiệt tình; lòng can đảm, nghị lực; linh hồn; quỷ thần, thần thánh, thần linh: **~s** rượu mạnh; **to be in high ~s** vui vẻ phấn khởi; **evil ~** ma quỷ **2** *v.* cổ vũ; đem đi nhanh, bốc đi

spit 1 *n.* cái xiên [nướng thịt] **2** *n.* nước bọt/dãi/miếng; sự khạc nhổ **3** *v.* [**spat/spit**] nhổ [nước bọt/miếng], khạc: **to ~ at someone** phỉ nhổ ai, coi ai như rác, nhổ vào mặt ai; **to ~ out** khạc, phun ra

spite 1 *n.* sự giận; sự thù hằn, mối thù oán: **in ~ of** mặc dầu **2** *v.* làm trái ý, làm phiền, làm khó chịu, trêu tức

spittoon *n.* ống nhổ, ống phóng

666

splash 1 *n.* sự bắn toả/vung; tiếng (sóng) vỗ 2 *v.* té (nước) vào; làm bắn vung lên; lội lõm bõm; tiêu hoang, lãng phí: **to ~ one's money around** lãng phí tiền bạc

splatter *v.* kêu lộp độp; nói lắp bắp

splay *v.* mở rộng, lan rộng, nghiêng đi

spleen *n.* lá lách, (con) tỳ; sự u uất; sự hằn học

splendid *adj.* rực rỡ, đẹp đẽ, lộng lẫy, tráng lệ, huy hoàng; đẹp, tốt, hay lắm, tuyệt

splice *n., v.* (chỗ) nối, ghép [dây, ván, băng nhạc]

splinter 1 *n.* mảnh vỡ, mãnh vụn; cái dằm [đâm vào da] 2 *v.* (làm) vỡ/tách ra từng mảnh

split 1 *n.* sự nứt/rạn; kẽ hở, đường nứt; phần chia nhau 2 *v.* [**split**] chẻ, bổ, bửa, tách; chia ra; chia nhau; chia rẽ, phân hoá; tách [phân tử], làm vỡ [hạt nhân]; nứt ra, vỡ, nẻ: **to ~ hairs** bới móc, đi quá sâu vào chi tiết

splurge *n., v.* sự phô trương rầm rộ, sự loè bịp

splutter *n.,v.* người nói lắp bắp, thổi phù phù; nói lắp bắp

spoil 1 *n.* đồ cướp được; chiến lợi phẩm; lợi lộc, quyền lợi, bổng lộc 2 *v.* [**spoilt/spoiled**] cướp đoạt, tước đoạt; làm hỏng/hại; làm hư, chiều [trẻ con]; [hoa quả, cá] hư, thối, ươn

spoke *n.* cán nan hoa; bậc/nấc thang; gậy chèn

sponge 1 *n.* bọt biển; người ăn bám: **~ cake** bánh xốp 2 *v.* ăn bám/chực; bòn mót

sponsor 1 *n.* cha/mẹ đỡ đầu; người đỡ đầu/bảo đảm/bảo trợ; công ty thuê quảng cáo [phát thanh hoặc truyền hình] 2 *v.* đỡ đầu; đứng bảo đảm, bảo trợ

spontaneous *adj.* tự động, tự ý; tự phát, tự sinh; tự nhiên, không ai bắt buộc, không gò bó

spoof *n., v.* (sự) lừa gạt, lừa phỉnh

spook *n.* ma quỷ

spool *n., v.* cuộn chỉ, cuộn phim; vòng [câu quăng]; cuộn lại

spoon 1 *n.* cái thìa, cái muỗng: **coffee ~** thìa/muỗng cà phê; **to be born with a silver ~ in one's mouth** sinh trưởng trong một gia đình giàu có 2 *v.* múc bằng thìa, hớt bằng thìa: **to ~ off coffee** múc cà-phê bằng thìa

sporadic *adj.* rải rác, rời rạc, không đều đặn

spore *n.* bào tử; mầm móng

sport 1 *n.* thể thao; sự chơi đùa; trò đùa; biến dị; người đàng hoàng trung thực: **to make ~ of** trêu chọc; **~ clothes** quần áo thể thao; **~s fan** người hâm mộ thể thao; **a good ~** một người tốt 2 *v.* chưng, diện; chơi đùa: **to ~ away** tiêu thì giờ các trò chơi thể thao

spot 1 *n.* dấu, vết; vết nhơ, tì vết; chỗ, nơi, chốn: **to hit the ~** thoả mãn gì đang cần 2 *v.* làm đốm; làm bẩn; nhận ra, phát hiện 3 *adj.* tiền mặt; trả tiền ngay: **~ prices** giá bán trả tiền mặt

spouse *n.* chồng, vợ, người phối ngẫu

spout 1 *n.* vòi ấm; ống máng; vòi

nước, cây nước **2** *v.* (làm) phun ra; phun nước; ngâm thơ

sprain 1 *n.* sự bong gân **2** *v.* làm bong gân

sprawl *n., v.* (sự) nằm dài/ườn ra

spray 1 *n.* bụi nước; chất bơm, thuốc xịt; bình xịt, lọ bơm nước hoa **2** *n.* cành cây nhỏ có hoa **3** *v.* bơm, xịt, phun [thuốc]

spread 1 *n.* sự trải/giăng ra; sự truyền bá/quảng bá; khoảng rộng; khăn trải giường; ảnh in suốt trang báo; bữa tiệc linh đình; bơ/mứt để phết lên bánh mì **2** *v.* [**spread**] trải, căng, giăng/bày ra, trương ra; rải [cát, phân bố, truyền đơn]; truyền bá; bày bàn ăn, bày thức ăn; phết; [tin] truyền đi, lan đi/ra; tản ra: **to ~ oneself** thích ôm đồm quá, ba hoa

spree *n.* cuộc vui chơi miệt mài; sự tiệc tùng ăn uống lu bù: **buying ~** sự mua sắm lu bù

sprig *n.* cành cây nhỏ

spring 1 *n.* suối nước; mùa xuân; sự nhảy; sự bật lại, tính đàn hồi; lò xo, nhíp [xe]: **~ mattress** nệm lò xo; **the ~ of one's life** mùa xuân cuộc đời **2** *v.* [**sprang**; **sprung**] nhảy; bật mạnh; nảy ra, hiện ra; xuất phát; đưa ra bất ngờ

sprinkle *n.* một tí/chút; mưa phùn, mưa lún phún **2** *v.* tưới, rải, rắc, rưới; mưa lún phún

sprinkler *n.* bình tưới nước; hệ thống ống phun nước [tưới cây hoặc để chữa cháy]

sprint 1 *n.* nước rút **2** *v.* chạy nước rút

sprout 1 *n.* mầm non, chồi; giá (đậu tương): **bean~** giá đậu; **Brussels ~s** cải Bru-xen **2** *v.* mục nhú lên; đâm chồi, nảy mầm, mọc mầm, đâm mộng

spruce 1 *n.* cây vân sam **2** *adj.* chải chuốt, diêm dúa **3** *v.* làm bảnh, ăn mặc chải thuốt

spry *adj.* nhanh nhẹn, hoạt bát

spunk *n.,v.* sự nổi giận; đùng đùng nổi giận

spur *n.* cựa [gà]; đinh thúc ngựa; sự kích thích/khích lệ; đường [xe lửa] nhánh

spurn *n., v.* (sự) bác bỏ, hất hủi, chê, khinh

spurt *n., v.* (sự) bắn/phọt ra; (sự) gắng sức

sputter *v.* nói lắp bắp; [lửa] nổ lách tách

spy 1 *n.* gián điệp, điệp viên: **~ ring** hệ thống do thám/gián điệp **2** *v.* làm gián điệp; do thám, theo dõi: **to ~ on** theo dõi

squabble *n., v.* (sự) cãi nhau ầm ĩ

squad *n.* tiểu đội, tổ, đội; kíp thợ; đội thể thao

squadron *n.* đội binh, tiểu đoàn; đội tàu, hạm đội; đội máy bay, phi đội

squander *v.* hoang phí, phung phí, lãng phí, phá của, xài phí

square 1 *n.* hình vuông; ô vuông; khu nhà giữa bốn phố; quảng trường; thước thợ, thước vuông góc, ê ke; bình phương **2** *adj.* vuông; thật thà, sòng phẳng; [bữa ăn] đẫy, đầy đủ; cổ [lỗ sĩ]; bảo thủ: **~ bracket** dấu móc/ngoặc vuông; **~ dance** nhảy phương bộ **3** *adv.* thật thà, thẳng thắn: **to play ~** chơi thật thà **4** v. làm cho vuông, đẽo cho vuông; bình phương; trả, thanh toán; phù hợp

squash 1 n. quả bí, quả mướp **2** n. sự ép/nén; bóng quần: **orange ~** nước cam **3** v. ép, nén; đè bẹp, đàn áp; chen

squat 1 adj. ngồi xổm; béo lùn **2** n. thế ngồi xổm; thế ngồi chồm chỗm **3** v. ngồi, ngồi xổm, ngồi chồm chỗm; chiếm đất công ở ì

squawk n., v. (tiếng) kêu quác quác; (lời) than vãn phản đối

squeak n., v. (tiếng) cót két; (tiếng) rúc rích, (tiếng) chít chí

squeal 1 n. tiếng eng éc **2** v. [lợn] kêu eng éc; mách lẻo, hớt, chỉ điểm

squeeze 1 n. sự ép/vắt; sự siết chặt; sự ôm chặt; sự ăn bớt/ chặn **2** v. ép [cam, chanh]; siết chặt [tay]; chen, ấn; bóp nặn, bòn bòn rút

squid n. con mực

squiggle n., v. (sự) viết cong queo

squint 1 n. tật lác mắt; cái liếc mắt **2** v. lác, lé

squirm n., v. (sự) ngoằn nghèo, văn vẹo

squirrel 1 n. con sóc **2** v. nhảy như sóc, nhảy vọt

squirt v., n. làm bắn/vọt ra, tia ra

stab 1 n. sự đâm, vết/nhát đâm; sự làm thử: **a ~ in the back** sự nói xấu sau lưng; đòn ngầm **2** v. đâm bằng dao; nhằm đánh vào

stabilizer n. bộ phận ổn định, bộ phận/bánh xe thăng bằng

stable adj. vững chắc, vững

vàng, chắc chắn, kiên cố, ổn định, cương quyết, kiên quyết/ định; bền

stable n. chuồng ngựa/bò/trâu

stack 1 n. cây/đụn rơm; đống; cụm súng; ống khói [nhà máy, xe lửa, tàu thuỷ]; giá/kệ sách ở thư viện hay đụn cỏ khô: **smoke ~** ống khói **2** v. đánh thành đống, chất đống; xếp [bài] gian

stadium n. sân vận động, vận động trường

staff 1 n. (toàn thể) nhân viên, biên chế, bộ phận; bộ tham mưu; ban, bộ; gậy, ba toong; gậy quyền; cán, cột; khuông nhạc; chỗ nương tựa: **~ officer** sĩ quan tham mưu **2** v. bố trí cán bộ cho, cung cấp/bổ nhiệm nhân viên cho [cơ quan]

stage 1 n. đoạn đường, quãng, trạm; giai đoạn; cấp, tầng [tên lửa]; phạm vi hoạt động, vũ đài; giàn, giáo; bục, bệ, đài; bàn soi [kính hiển vi]; sân khấu, nghề kịch, kịch nghệ: **by successive ~s** từng đợt/cấp; **to go on the ~** trở thành tài tử/diễn viên, đóng tuồng/kịch **2** v. dựng [vở hát]; tổ chức, sắp xếp, mở

stagger v., n. làm choáng người; làm dao động; xếp chữ chi; bố trí, trải ra [giờ làm, giờ xe chạy]

stagnate v. [nước] đọng, ứ; tù hãm; đình trệ

staid adj. chắc chắn, điềm đạm, trầm tĩnh; nghiêm

stain 1 n. vết bẩn/đen; vết nhơ, ô nhục; thuốc màu **2** v. làm bẩn, làm dơ; làm nhơ nhuốc; đánh màu

stair *n.* bậc thang; cầu thang

stake 1 *n.* cọc, cột; cọc trói người bị thiêu sống; tiền đánh cược/cá: **to pull up ~s** dọn (nhà) đi nơi khác 2 *v.* đóng cọc; khoanh cọc; buộc vào cọc; đặt cược; góp vốn

stalactite *n.* thạch nhũ xuống

stalagmite *n.* thạch nhũ mọc lên

stale *adj.* cũ, đã lâu; [thịt] ôi; [câu nói đùa] nhạt nhẽo; [tin] cũ rích

stalemate *n.* thế cờ bí; sự bế tắc

stalk 1 *n.* thân cây; cuống; thân [lông chim]; chân cốc uống rượu 2 *n.* dáng đi oai vệ 3 *v.* đi hiên ngang, đi một cách oai vệ; đi lén theo, đuổi theo

stall 1 *n.* quầy bán hàng; chuồng ngựa; chỗ ngồi trước sân khấu 2 *n.* tên cò mồi ăn cắp; đòn phép đánh lừa

stallion *n.* ngựa giống, ngựa nòi

stalwart 1 *n.* đảng viên tích cực; người vạm vỡ, người lực lưỡng 2 *adj.* vạm vỡ, lực lưỡng; tích cực, can đảm, kiên quyết, quả quyết

stamina *n.* sức chịu đựng

stammer 1 *n.* sự/tật nói lắp 2 *v.* nói lắp, cà lăm

stamp 1 *n.* tem, cò; dấu, con dấu; dấu chứng nhận/bảo đảm, nhãn hiệu; dấu hiệu; sự giậm chân: **postage ~** tem gởi thư 2 *v.* dán tem vào; đóng dấu lên; in dấu lên; in sâu; đóng dấu kiểm nhận/chiếu khán vào [thông hành/hộ chiếu]; giậm chân

stampede *n.* sự chạy tán loạn; sự chạy trốn; phong trào đổ dồn vào chuyện gì

stance *n.* thế đứng; thái độ, lập trường

stanch *v.* [*Br.* **staunch**] cầm máu lại: **to ~ a wound** cầm máu vết thương

stand 1 *n.* chỗ đứng, vị trí; lập trường, quan điểm; giá [ô], mắc [áo]; gian hàng; đế, chân, bệ, đài; diễn đài, khán đài; sự đứng/dừng lại; sự chống cự: **to take a ~** giữ vị trí 2 *v.* [**stood**] đứng; đứng, ở, có; bắt đứng, đặt, để, dựng; giữ vững; đứng vững, bền; chịu đựng: **to ~ aside** đứng tránh ra một bên; **to ~ by** sẵn sàng, chuẩn bị, cứ đợi đấy; bênh, ủng hộ; thi hành [hứa hẹn]; **to ~ in line** xếp hàng (đợi lượt mình); **to ~ out** nổi vật lên; **to ~ up against/to** đương đầu với

standard 1 *n.* tiêu chuẩn, chuẩn, mẫu; chuẩn mực, mức, trình độ; bản vị [tiền tệ]; cờ, cờ hiệu; chân, cột [đèn]: **~ of living** mức/mực sống, tiêu chuẩn sinh hoạt; **~ gauge** đường sắt bề ngang tiêu chuẩn; **~ English** tiếng Anh tiêu chuẩn/phổ thông 2 *adj.* chuẩn, mẫu: **a ~ size** cỡ chuẩn

staple 1 *n.* đinh kẹp, dây thép rập giấy 2 *n.* nguyên vật liệu, sản phẩm chính: **~ food** món ăn chính 3 *v.* đóng bằng đinh kẹp 4 *adj.* chủ yếu: **~ industries** những ngành công nghiệp/kỹ nghệ chủ yếu

star 1 *n.* sao, ngôi/vì sao, tinh tú, tinh thể; vật hình sao; dấu sao, dấu hoa thị; nhân vật nổi danh, nghệ sĩ nổi tiếng, ngôi sao, minh tinh; sao chiếu mệnh;

lucky ~ số may; **movie ~** đào/ kép xi nê, tài tử xi nê, minh tinh màn bạc; **shooting/falling ~** sao sa, sao băng **2** *v.* đánh dấu sao, đánh dấu hoa thị [một câu sai ngữ pháp hoặc một thể giả thiết]; [tài tử] đóng vai chính; [phim] có đóng vai chính

starch 1 *n.* bột/tinh bột; hồ bột **2** *v.* hồ cứng

stare 1 *n.* sự/cái nhìn chòng chọc **2** *v.* nhìn chòng chọc/chằm rằm; rành rành, lộ lộ

starfish *n.* sao biển

starfruit *n.* trái khế

stark 1 *adj.* cứng đờ; lộ rõ; hoang vu **2** *adv.* hoàn toàn: **~ naked** trần như nhộng

start 1 *n.* lúc bắt đầu, lúc khởi thuỷ, ban đầu; sự/chỗ khởi hành; điểm/giờ xuất phát; sự giật mình: **from ~ to finish** từ bắt đầu đến/chí cuối **2** *v.* bắt đầu [một việc gì]; bắt đầu [đi, làm]; mở [máy]; gây, nêu: **to ~ out** khởi hành; khởi công; **to ~ with** bắt đầu có/với

startle *v.* (làm) giật nảy mình

starve *v.* bắt nhịn đói, bỏ đói; (làm) chết đói: **to ~ to death** đói đến chết, chết đói

stash *n., v.* (sự) cất giấu

state 1 *n.* tình trạng, trạng thái; quốc gia, bang; nhà nước, chính quyền/phủ; sự trọng thể/ huy hoàng: **Department of ~** Bộ Ngoại giao Mỹ; Quốc vụ khanh; **~ school** trường công lập; **~ university** trường đại học thuộc tiểu bang; **~ of health** tình trạng sức khoẻ; **to lie in ~**

được quàn theo quốc táng **2** *v.* nói rõ, bày tỏ, tuyên bố, phát biểu; định rõ [ngày giờ]: **to ~ one's opinion** phát biểu ý kiến của mình

statement *n.* lời/bản tuyên bố; bản tường trình

statesman *n.* chính khách (có tài)

station 1 *n.* nhà ga, xe buýt, bến đò; trạm, đồn, điểm, ty; đài (phát thanh, truyền hình): **bus ~** bến xe đò; **police ~** đồn cảnh; **~ identification** sự nói rõ tên đài; **service ~, gas ~** trạm xăng, cột/ cây xăng **2** *v.* [quân đội] đóng, đồn trú; đặt/để vào vị trí

stationary *adj.* đứng nguyên một chỗ

stationery *n.* giấy viết thư; đồ dùng văn phòng

statistics *n., pl.* thống kê, những con số thống kê; khoa học thống kê, thống kê học

statue *n.* (pho/bức) tượng: **the ~ of Liberty** tượng Nữ thần Tự do (ở New York)

stature *n.* vóc người; tầm vóc

status *n.* thân phận, thân thể, địa vị; tình trạng: **~ symbol** vật tượng trưng cho địa vị xã hội; **official ~** địa vị chính thức

statute *n.* quy điều, điều lệ; quy chế, chế độ; luật lệ: **~ law** luật thành văn; **~ of limitations** qui luật hạn chế/giới hạn

staunch 1 *adj.* trung thành, đáng tin cậy **2** *v.* trung thành, tin cậy

stave 1 *n.* ván cong để đóng thùng rượu; bậc thang; gậy; đoạn thơ, tiết nhạc; khuông nhạc **2** *v.* đục thủng; làm bẹp:

stay

to ~ **off** ngăn chặn, tránh

stay 1 *n.* sự ở/lưu lại; sự hoãn/
đình lại; trở ngại; sức chịu
đựng; chỗ nương tựa: **an over-
night** ~ ở lại qua đêm 2 *n.* dây
néo/chằng cột buồm: **to miss ~s**
không lợi dụng được chiều gió
3 *v.* ở lại, lưu lại; đình lại, hoãn
lại; chặn, ngăn chặn; chống đỡ:
to ~ away không đến (gặp/dự),
vắng mặt; **to ~ out** ì ra, không
đụng đậy; **to ~ the course** theo
đuổi một việc làm cho đến
cùng 4 *v.* néo/chằng cột buồm

steadfast *adj.* kiên định, không
lay chuyển

steady 1 *adj.* vững chắc, vững
vàng; đều, đều đặn; kiên định,
không thay đổi: **a ~ rise in
prices** giá cứ tăng lên đều đều;
2 *v.* (làm cho) trở nên vững
vàng 3 *adv.* kiên định, không
thay đổi 4 *n., colloq.* người yêu
chính thức

steak *n.* thịt bít tết; miếng cá/thịt
nướng

steal 1 *n.* món hời, món hàng
mua được rẻ; đồ ăn cắp 2 *v.*
[**stole**; **stolen**] ăn cắp, ăn trộm,
xoáy: **to ~ away** lẻn/lén đi;
khéo léo mà chiếm được; **to ~
in** lẻn vào

stealth *n., adj.* sự dấu diếm,
lén lút: **by ~** một cách lén lút,
vụng, trộm

steam 1 *n.* hơi nước; hơi, sức, sức
lực, nghị lực: **to let off ~** xả hơi;
under one's own ~ không có
sự trợ giúp 2 *v.* hấp, hấp cách
thuỷ; bốc hơi, lên hơi

steel 1 *n.* thép; que thép mài

dao: **cold ~** gươm, kiếm; ~ **wool**
bùi nhùi thép [để cọ nồi, đánh
nhẵn bàn]; ~**works** xưởng luyện
thép, nhà máy thép 2 *v.* luyện
thép vào; bọc thép; tôi luyện
3 *adj.* bằng thép

steep 1 *adj.* dốc; [sự đòi hỏi] quá
đáng 2 *v.* ngâm; ngấm, thấm

steeple *n.* tháp chuông, gác
chuông (nhà thờ)

steer 1 *n.* bò/trâu đực; bò non
thiến 2 *v.* lái, cầm lái [xe, tàu]:
to ~ clear of lánh xa, tránh

stellar *adj.* thuộc sao, thuộc tinh tú

stem 1 *n.* thân [cây]; cuống, cọng
[hoa, lá]; ống [tẩu thuốc]; chân
[cốc rượu]; thân từ; mũi tàu
2 *v.* xuất phát [from từ] 3 *v.*
đắp đập ngăn; ngăn cản/ chặn,
đẩy lui

stench *n.* mùi hôi thối, mùi xú uế:
~ **trap** cạm bẫy xấu xa

stencil 1 *n.* khuôn tô; hình tô;
giấy nền, giấy in rô-nê-ô 2 *v.*
quay/in xtăng-xin, in rô-nê-ô

stenographer *n.* (cô) thư ký tốc ký

step 1 *n.* bước, bước đi, bước
chân; cấp bậc; biện pháp: ~ **by**
~ từng bước một; **in ~ with** đi
đều bước với; **Watch your ~!**
Coi chừng (không ngã), anh
phải thận trọng! 2 *v.* bước,
bước đi: **to ~ aside** bước sang
một bên; **to ~ back** lùi lại; **to
~ down** từ chức; **to ~ into** bước
vào; **to ~ on** giẫm lên, dận

stereo *n., adj.* (máy hát) âm
thanh nổi; âm thanh lập thể

stereotype *n., v.* đúc theo khuôn
mẫu, rập khuôn; chế tạo bản
đúc in

sterilize v. khử trùng, diệt khuẩn; làm mất khả năng sinh đẻ; nấu nước sôi [bầu sữa trẻ em]

sterling 1 n. đồng bảng Anh: **pound ~** đồng bảng Anh 2 adj. thật đúng tuổi: **a man of ~ worth** người có chân giá trị

stern 1 n. phía đuôi tàu, phía sau tàu 2 adj. nghiêm nghị, nghiêm khắc

stethoscope n. ống nghe của bác sĩ

stevedore n., v. (công nhân) bốc dỡ ở cảng

stew 1 n. món thịt hầm, món ra gu; sự lố lăng 2 v. hầm, ninh, nấu ra gu; nấu nhừ [quả mận, cà chua]: **to ~ in one's own juice** bị bỏ rơi chịu đựng bởi việc làm của ai

steward n., v. quản gia; chiêu đãi viên, tiếp viên, người phục vụ [tàu thuỷ, máy bay]

stick 1 n. que, gậy; roi; cán [ô, chổi]; thỏi [kẹo cao su, cốt mìn]; đũa nhạc trưởng; cột buồm 2 v. [**stuck**] đâm, chọc, thọc; cắm, cài; dán, dính; ló, thò [đầu]; ưỡn [ngực]; phình [bụng]; làm sa lầy; làm luống cuống: **to be stuck** bị sa lầy; bị kẹt, bị vướng, tắc tị; **to ~ it out** chịu đựng đến kỳ cùng; **to ~ one's neck out** nói lên một cách mạnh bạo; **to ~ out like a sore thumb** hiển nhiên; **to ~ up for someone** bênh vực ai [người vắng mặt]

sticker n. nhãn (dán đằng sau xe); vấn đề nan giải, vấn đề hắc búa

sticky adj. dính; nhớp nháp; [trời] nóng ẩm, nồm; [vấn đề] khó khăn

stiff 1 n. xác chết, người không thể sửa đổi được 2 adj. cứng đờ/đơ, ngay đơ; cứng nhắc, thiếu tự nhiên; khó, khó nhọc, vất vả; nghiệt ngã; [giá] cao quá; kiên quyết: **~ upper lip** môi trên bị cứng 3 adv. cứng, khó nhọc: **bored ~** chán ngấy

stifle v., n. làm nghẹt thở, bóp chết; chết ngộp

stigma n. vết nhơ, điều ô danh/sỉ nhục; đầu nhuy

stile n. bậc trèo, thang trèo

still 1 n. nồi nấu cơm (lậu); máy cất rượu 2 n. sự yên tĩnh/tĩnh mịch; bức ảnh chụp 3 adj. yên, im, không động đậy, không nhúc nhích; yên lặng, tĩnh mịch; nín lặng 4 v. làm cho yên lặng; làm cho yên lòng, làm cho vững dạ/làm yên tâm, làm bớt [sợ], làm khỏi [lo] 5 adv. vẫn còn

stilt n. cà kheo; cột nhà sàn: **to walk on ~s** đi cà kheo

stimulate v. kích thích, khuyến khích, khích lệ

sting 1 n. nốt (ong/muỗi) đốt; nọc; ngòi, vòi [để đốt]; sự đau nhói; sự day dứt 2 v. [**stung**] đốt, chích, châm; làm cay [mắt]; cắn rứt, day dứt; đau nhói, đau nhức/buốt; [ong, muỗi] đốt

stingray n. cá đuối gai

stingy adj. hà tiện, keo kiệt, bủn xỉn

stink 1 n. mùi hôi thối: **to raise a**

673

stint

~ bới thối ra **2** v. [**stank**; **stunk**] thối um; tởm quá; tồi quá; làm thối um lên: **to ~ of money** giàu lắm, giàu sụ

stint 1 n. phần việc; sự hạn chế (cố gắng): **without ~** không hạn chế, hết sức mình **2** v. hạn chế; hà tiện, tiếc

stipulate v. nói rõ, quy định

stir 1 n. sự quấy/khuấy; sự cời/ khêu; sự chuyển/náo động **2** v. quấy, khuấy [cà phê, sữa]; cời, khêu [củi lửa]; làm lay động; khích động, khêu gợi; nhúc nhích, cựa quậy, động đậy: **to ~ up curiosity** khêu gợi tính tò mò

stitch 1 n. mũi khâu/đan/thêu; mũi khâu vết mổ; một mảnh, một tí: **A ~ in time saves nine.** Cách điều trị đúng cứu được nhiều người.; **in ~es** không nín được cười **2** v. khâu; khâu [vết thương, sách]

stock 1 n. kho, kho dự trữ; hàng tồn kho, vốn liếng; cổ phần; nước thịt, nước dùng; thân cây; để đe; báng súng; gốc rễ, dòng dõi: **live ~** trâu bò; **in ~** tồn kho; **to take ~ of** kiểm kê hàng hoá; đánh giá, lượng giá; **lock, ~ and barrel** tất cả, cả chì lẫn chài; ~ **company** gánh hát tài tử/nghiệp dư; ~ **exchange** thị trường chứng khoán **2** v. tích trữ (trong kho); nuôi thêm [trâu bò]; thả (cá) xuống [ao hồ] **3** adj. giữ tồn kho: ~ **sizes** hàng tồn kho

stocking n. bít tất dài (đàn bà)

stoic n., adj. (người) theo phái xtô-ic tức chủ nghĩa chịu đựng/

khắc kỷ

stoke v. đốt [lò], chụm [lò]

stolid adj. thản nhiên, điềm tĩnh, phớt tỉnh, tỉnh bơ

stomach 1 n. dạ dày, bao tử; bụng: **to stay one's ~** làm cho đỡ đói; ~**ache** sự/cơn đau bụng, đau dạ dày **2** v. chịu đựng, cam chịu, nuốt [nhục, hận]: **to ~ an insult** nuốt nhục

stomp n., v. (sự) dậm chân nhảy mạnh

stone 1 n. đá, hòn đá; đá cuội; sỏi, sạn [thận, bọng đái]; hột, hạch [đào, mơ, mận]: **precious ~** đá quý, ngọc; ~ **broke** kiết lỗ đít; ~**-deaf** điếc đặc **2** v. ném đá vào ai; bỏ hột [quả]

stony adj. nhiều/đầy đá; cứng như đá; sắt đá, chai đá, sắt đá, lạnh lùng, vô tình: ~**-faced** mặt trơ như đá; ~**-hearted** vô cảm

stooge 1 n. hề phụ; vai phụ; bù nhìn, người rơm **2** v. đóng vai phụ, đóng vai bù nhìn

stool n. ghế đẩu; phân, cứt; cò mồi

stoop 1 n. sự cúi nghiêng mình; dáng gù; sự hạ mình **2** v. cúi mình, khom người; cúi rạp xuống; hạ mình; [diều hâu] sà xuống: **to ~ to conquer** hạ mình để chinh phục

stop 1 n. sự dừng/ngừng lại, sự đỗ lại; chỗ đỗ xe [lấy khách]; dấu chấm câu; phụ âm tắt; tắt âm: **full ~** dấu chấm; **to put a ~ to** ngừng, ngưng, đình chỉ **2** v. ngừng, nghỉ, thôi; chặn, ngăn chặn, can, ngăn cản; dừng/dừng lại, ngừng lại, ở lại, lưu lại: **to ~ smoking** thôi không hút nữa, cai thuốc lá; **to ~ at nothing** vô tích sự; **to ~ dead** ngừng ngay lại; **to ~ off** đỗ lại, nghỉ lại

stopper *n., v.* người chặn lại; nút, nút chai

stopwatch *n.* đồng hồ bấm giờ

storage *n.* sự cất vào kho; kho hàng; thuế (tồn) kho; sự tích lũy: **to put in ~** gửi người ta cất đồ đạc bàn ghế vào kho

store **1** *n.* cửa hàng, cửa hiệu, hiệu, tiệm; kho hàng; hàng/đồ dự trữ: **in ~** có sẵn, chứa sẵn; **to set great ~ by** đánh giá cao **2** *v.* cất giữ, để vào kho, để dành, tích trữ; chứa, đựng, tích

stork *n.* con cò

storm **1** *n.* cơn bão, dông tố; cơn sóng gió; trận; trận tấn công ác liệt: **a ~ in a teacup** vấn đề hết sức thích thú; **to take by ~** đột chiếm; **~ window/door** cửa kính phòng bão **2** *v.* đột kích, đột chiếm; tấn công: **to ~ into** xông vào

story *n.* (*pl.* **stories**) chuyện, câu chuyện; truyện; cốt truyện, tình tiết; tiểu sử, tiểu truyện; lời nói láo: **to cut a long ~ short** rút ngắn câu chuyện, nói tóm lược lại

story *n.* [*Br.* **storey**] tầng, tầng gác, tầng lầu: **a three-storied building** toà nhà ba tầng

stout **1** *n.* thứ bia nặng, màu nâu **2** *adj.* chắc mập, mập mạp; dũng cảm, kiên cường

stove **1** *n.* lò [sưởi nhà]; bếp lò [khí, điện, than] **2** *v.* trồng cây trong nhà kiếng

stow *v.* xếp gọn; chất, chứa, xếp [hàng hoá ở tàu]: **to ~ away** đi tàu thuỷ lậu vé

straddle *v., n.* ngồi giạng chân hai bên, cưỡi [ngựa]

strafe *v., n.* bắn quét, bắn phá, oanh tạc; quở trách

straggle *v., n.* đi rời rạc; tụt lại đằng sau

straight **1** *adj.* thẳng; thẳng thắng, chân thật, không úp mở; ngay ngắn, đều, ngăn nắp, thứ tự; [rượu] không pha: **the ~ and the narrow** thẳng và hẹp **2** *adv.* thẳng, suốt; đúng, chính xác; ngay lập tức: **to go ~** đi thẳng **3** *n.* sự thẳng, đoạn thẳng: **to be out of the ~** không thẳng

strain **1** *n.* sự căng thẳng; dòng dõi, giống; khuynh hướng, chiều hướng; giọng, điệu; khúc/điệu nhạc: **mental ~** sự căng thẳng tinh thần **2** *v.* làm căng; làm căng thẳng, làm mỏi [mắt]; làm cong/méo; lọc, rây [cho hết nước]; hết sức cố gắng

strait *n., adj.* eo biển: **in dire ~s** trong cơn túng quẫn

strand **1** *n.* tao [dây]; chuỗi hạt đeo cổ; sợi [tóc] **2** *n.* bờ biển, bờ sông/hồ **3** *v.* mắc cạn

strange *adj.* lạ, xa lạ, không quen; lạ lùng, kỳ lạ, kỳ dị, kỳ hoặc, kỳ cục, kỳ quái; **to feel ~** cảm giác lạ

strangle *v.* bóp cổ/họng; thắt cổ; làm nghẹt cổ, bóp nghẹt; nén [cười]; đàn áp [phong trào]

strangulated *adj.* bị siết chặt, bị kẹp cứng

strap **1** *n.* dây, đai để chằng [bằng da, vải, cao su] **2** *v.* buộc bằng

strategic

dây da, đánh đai; liếc dao cạo

strategic *adj.* [vị trí, vũ khí] chiến lược

strategy *n.* chiến lược

stratify *v.* xếp thành tầng/lớp

stratum *n.* (*pl.* **stratums**, **strata**) địa tầng, lớp, vỉa; tầng lớp xã hội

straw **1** *n.* rơm; ống rơm, ống hút [để uống nước]: **not worth a ~** không có giá trị gì **2** *adj.* bằng rơm; nhỏ nhặt, tầm thường: **~ vote** cuộc bỏ phiếu thử

strawberry *n.* quả dâu tây; bụi dâu tây

stray **1** *n.* súc vật bị lạc, trẻ con bị lạc **2** *adj.* [người, đạn] lạc; rải rác, lác đác **3** *v.* lạc, đi lạc, lạc đường; lầm đường lạc lối, lầm lạc

streak **1** *n.* đường sọc/rạch, vệt, tia [**lightning** chớp]; nét, một chút; hồi, cơn: **~ of lightning** tia chớp **2** *v.* làm cho có vệt; thành sọc/vệt; chạy vụt; cởi truồng chạy nhanh qua chỗ đông

stream **1** *n.* dòng/ngọn/con suối, dòng sông nhỏ; dòng nước, luồng nước: **a ~ of light** một luồng ánh sáng; **to go against the ~** ngược dòng **2** *v.* chảy như suối, chảy ròng ròng; trào ra, tuôn/ùa ra; [lá cờ] tung bay phấp phới

street *n.* phố, đường, đường phố; hàng phố; lòng đường: **up one's ~** trong tầm hiểu biết, hợp với quyền lợi của mình; **~s ahead** đắng tối cao; **~ cleaner** người quét đường, xe quét đường; **~ floor** tầng dưới cùng

strength *n.* sức mạnh/khoẻ, sức lực; cường độ [của điện]; nồng độ [của rượu]; sức/độ bền [vải, vật liệu]; quân số hiện có: **on the ~ of** vì tin vào

strengthen *v.* làm cho mạnh (thêm); củng cố, tăng cường; trở nên hùng mạnh, thành mạnh thêm: **to ~ one's hands** khuyến khích ai thẳng tay hơn nữa

stress **1** *n.* sự cố gắng; sự bắt buộc; ứng suất; sự nhấn mạnh; trọng âm: **to lay ~ on** nhấn mạnh vào [một điểm] **2** *v.* nhấn mạnh [một âm tiết, một điểm]; cho tác dụng ứng suất

stretch **1** *n.* sự kéo dài ra; sự duỗi [tay] ra; nghĩa rộng; quãng đường, khoảng đất; dải: **~ of land** dãi đất **2** *v.* kéo ra, căng/ giăng ra; duỗi [tay, chân]; lạm dụng; **to ~ oneself** vươn vai (nông) rộng ra; giãn ra; nằm sóng soài; [cánh đồng] trải dài ra, chạy: **to ~ one's wings** vươn vai

stretcher *n.* cái cán; cái để nông, khung để căng

strew *v.* [**strewed**; **strewed**/ **strewn**] rắc, vãi, rải

stricken *adj.* bị ảnh hưởng, bất hạnh; làm ngang bằng que gạt

strict *adj.* nghiêm ngặt, nghiêm khắc; chính xác, hạn chế: **~ discipline** kỷ luật nghiêm ngặt

stride **1** *n.* bước dài: **to take in one's ~** ổn định công việc của mình; **~s** sự tiến bộ **2** *v.* [**strode**; **stridden**] đi dài bước; đứng giạng chân; bước qua

strife *n.* sự cãi cọ, sự xung đột

strike 1 *n.* cuộc đình công/bãi công; sự tìm được [dầu, quặng mỏ]; cú vụt bóng trúng [bóng chày]: **to go on ~** đình công 2 *v.* [**struck**] đánh, đập; đánh [**match** diêm]; đúc [tiền]; [đồng hồ] điểm giờ; làm cho chú ý; đâm rễ; tấn công; bãi công, đình công; đào trúng, tìm được [dầu, mỏ]: **to ~ it rich** đào trúng mỏ; phất to; **to ~ at the root** triệt hạ đến tận gốc; **to ~ back** đánh trả lại; **to ~ down** đánh ngã; **Strike while the iron is hot.** Không để lỡ mất cơ hội.

string 1 *n.* dây, băng, dải; chuỗi, chùm, đoàn; xơ, thớ; dây đàn: **shoe ~** dây giày; **a ~ of pearls** một chuỗi hạt ngọc; **to pull ~s** giật dây; **with no ~s attached** không có điều kiện gì ràng buộc cả 2 *v.* [**strung**] buộc bằng dây; treo bằng dây; mắc dây vào đàn; căng dây [vợt ten nít]; xâu, xỏ [thành chuỗi]: **to ~ along** đi theo ai; **to ~ out** tháo dây ra 3 *adj.* có dây: **a 16-~ instrument** một thứ đàn có 16 dây, đàn tranh

strip 1 *n.* mảnh, dải, miếng [hẹp và dài]: **comic ~** cột hí hoạ; **air ~** đường bay; **landing ~** đường máy bay hạ cánh; **~club** câu lạc bộ có vũ/thoát y cởi truồng; **to tear a ~ off a person** khiển trách ai thậm tệ, quở mắng ai một cách giận dữ 2 *v.* lột [trần], cởi áo quần; tước đoạt; làm trướt răng [đinh vít]; lột [vỏ]

stripe *n.* sọc, vằn; lon, quân hàm: **Stars and ~s** cờ sao sọc, cờ Mỹ

strive *v.* [**strove; strived**] cố gắng, phấn đấu: **to ~ against** đấu tranh chống

stroke 1 *n.* cú đánh đòn, roi; đột quy; kiểu bơi, nét bút; cái vuốt ve: **~ of the pen** nét bút; **My friend had a ~ last night.** Tối qua bạn tôi bị ngập máu đột quy.; **~ of genius** một ý kiến độc đáo; **~ of luck** dịp may bất ngờ 2 *v.* vuốt ve: **to ~ someone the wrong way** làm ai nổi giận, làm ai phát cáu

stroll *n., v.* (sự/cuộc) đi dạo, đi tản bộ

strong 1 *adj.* khoẻ mạnh, tráng kiện; bền, kiên cố, chắc chắn; giỏi, cứng, có khả năng; đặc, mạnh; [mùi] nặng, hôi, thối; mãnh liệt, kịch liệt; [động từ] không theo quy tắc: **as ~ as a horse** khoẻ như trâu/voi; **~ language** lời nói nặng; **~ measure** biện pháp cứng rắn; **to be ~ in math** giỏi toán 2 *adv.* rất mạnh

structure 1 *n.* kết cấu, cơ cấu, cấu thức, cấu trúc; công trình kiến trúc/xây dựng: **a sentence ~** cấu trúc câu 2 *v.* kết cấu, cấu trúc, sắp xếp

struggle 1 *n.* cuộc đấu tranh/ chiến đấu, sự tranh đấu: **the ~ for national independence** cuộc đấu tranh giành độc lập quốc gia; **the ~ for existence** cuộc đấu tranh để tồn tại 2 *v.* vùng vẫy, vật lộn; cố gắng; tranh đấu

strum *v., n.* gảy, gãi, búng [ghi ta]

strut 1 *v.* đi khệnh khạng, đi vênh vang: **to ~ like a peacock** đi khệnh khạng như con công

stub

2 *n.* thanh chống, giàn chống

stub 1 *n.* gốc cây; mẩu [bút chì, thuốc lá, xì gà]; cuống [chi phiếu, vé] 2 *v.* đánh gốc, dụi tắt tàn thuốc, vấp [ngón chân]

stubble *n.* gốc rạ; râu mọc lổm chổm

stubborn *adj.* bướng, bướng bỉnh, ngoan cố; ngoan cường; [vết] không sạch

stud 1 *n.* ngựa giống, trại nuôi ngựa giống, trại nuôi ngựa nòi: ~-farm trại nuôi ngựa 2 *n.* đinh đầu lớn; núm trang trí; khuy rời đinh tác, ri-vê 3 *v.* đóng đinh; rải đầy/khắp: to ~ with rải rác đầy, lổm đầy những ...

student *n.* học sinh (trung học), sinh viên; người nghiên cứu: ~ body toàn thể học sinh/sinh viên; ~ center trung tâm sinh hoạt của sinh viên

studio *n.* xưởng vẽ, xưởng điêu khắc, hoạ thất; xưởng phim, phim trường, phòng ghi âm: ~ flat phòng ghi âm, xưởng vẽ

study 1 *n.* sự học tập, sự nghiên cứu; đối tượng học tập/nghiên cứu; phòng học, phòng làm việc' bài tập nhạc: Center for Vietnamese Studies Trung tâm Việt học, Trung tâm Nghiên cứu Việt Nam; ~ room phòng học 2 *v.* [studied] học, nghiên cứu

stuff 1 *n.* chất; thứ, món vật liệu, chất liệu: to know one's ~ nắm vững môn của mình 2 *v.* nhốt, nhét, dồn, lèn; bịt [tai]; đút phiếu lậu [vào thùng phiếu bầu]; ngốn, tọng: Stuff it!

Không thích, không ưa!

stuffy *adj.* thiếu không khí, hấp hơi, khó thở, ngột ngạt; có mùi mốc; buồn tẻ, chán; bảo thủ quá

stultifying *adj.* làm chán nản, không có ý tưởng mới

stumble *v., n.* vấp, sẩy/trượt chân; nói/đọc vấp váp sai lầm; tình cờ: to ~ upon/across tình cờ gặp lại

stump 1 *n.* gốc cây (còn lại); mẩu tay/chân cụt; chân răng; mẩu [bút chì, thuốc lá, xì gà] 2 *v.* đánh bóng [hình vẽ]; quay, truy [thí sinh]; làm cho ai bí; đi vận động tuyển cử ở [một vùng]; đi khập khiễng/cà nhắc

stun *v.* làm choáng váng; làm sửng sốt/kinh ngạc

stunner *n.* người rất hấp dẫn (phụ nữ); cái gì làm ngạc nhiên người ta

stunt 1 *n.* người/vật còi cọc 2 *n.* trò biểu diễn phô trương táo bạo: ~ man người đóng những vai nguy hiểm 3 *v.* biểu diễn nhào lộn, biểu diễn trò nguy hiểm 4 *v.* làm còi cọc

stupefy *v.* làm cho u mê đần độn, làm ngây dại; làm sững sờ/sửng sốt/kinh ngạc

stupid *adj., n.* ngu ngốc/dại/đần, đần độn, ngớ ngẩn

sturdy *adj.* khoẻ mạnh, mạnh mẽ, cứng cáp, cường tráng; mãnh kiệt, kịch liệt, kiên quyết

stutter 1 *n.* sự/tật nói lắp 2 *v.* nói lắp, cà lăm

sty 1 *n.* chuồng lợn/heo 2 *n.* (also **stye**) cái chắp, cái nhài quạt ở mắt 3 *v.* nhốt vào chuồng, ăn ở bẩn thỉu như chuồng lợn

style 1 *n.* cách, lối; phong cách, văn phong, văn, lối hành văn; kiểu, dáng, loại; mốt, thời trang; vẻ sang trọng lịch sự; biệt hiệu, tên tự 2 *v.* gọi tên là

suave *adj.* lịch sự, lễ phép, ngọt ngào

subcategory *n.* danh sách phụ, loại phụ

subclause *n.* mệnh đề phu, vế phụ

subcommittee *n.* tiểu ban, phân ban

subconscious *adj.* tiềm thức

subdivision *n.* chi nhánh, phân hiệu, phân bộ/cục

subdued *adj.* im lặng bất thường; không sáng (màu sắc)

subject 1 *n.* dân, thần dân, bề tôi; công dân; đề tài, đầu đề, chủ đề; chủ ngữ (trong câu); chủ thể; đối tượng nghiên cứu; môn học, môn, món: **on the ~ of** về vấn đề, liên quan đến; **~ matter** vấn đề chính 2 *adj.* phụ thuộc, phụ dung, lệ thuộc, phải chịu, dễ bị: **to be ~ to damage** dễ bị hư hại 3 *v.* chinh phục [một nước]; bắt phải chịu

sublime *adj., n.* cao cả, cao siêu, cao nhã; siêu phàm, tuyệt vời, tuyệt luân, trác tuyệt

submarine 1 *n.* tàu ngầm, tiềm thuỷ đĩnh 2 *adj.* ở dưới biển, ngầm

submerge *v.* dìm/nhận xuống nước; làm ngập nước; [tàu ngầm] lặn

submit *v.* chịu phục tùng, cam chịu, quy phục; trình bày, đệ

trình, nộp đơn

subordinate 1 *n.* người cấp dưới, thuộc viên 2 *adj.* phụ thuộc, lệ thuộc; [mệnh đề] phụ 3 *v.* đặt vào phía dưới, đặt xuống bậc dưới

subscribe *v.* quyên góp; mua [báo chí] dài hạn; tán thành, đồng ý

subsequent *adj.* đến sau, xảy ra sau, theo sau

subservient *adj.* khép nép, khúm núm, quy luy, quá lễ phép

subset *n.* bộ phận thứ nhì, bộ phụ

subside *v.* [nước] rút xuống; [trận bão, tiếng ồn] bớt, ngớt, giảm cường độ, lắng dịu

subsidiary 1 *n.* công ty phụ, người phụ, vật bổ sung 2 *adj.* phụ, trợ, nhỏ

subsidize *v.* trợ cấp cho, phụ cấp thêm

subsistence *n.* sự sinh nhai, sinh kế; sự tồn tại: **~ allowance** tiền tạm ứng trước, trợ cấp sinh nhai tạm

substance *n.* chất, vật chất; thực chất, căn bản; đại ý, nội dung; của cải; thực thể

substantial *adj.* có thật; có thực chất, thực tế; to tát, lớn lao, quan trọng

substitute 1 *n.* người thay thế/ điền khuyết, giáo viên phụ khuyết ngắn hạn; vật thay thế, món hàng thay thế 2 *v.* thay, đổi, thay thế; thay chân tạm thời cho

subterfuge *n.* mưu kế để lẩn tránh/thoái thác

subtitle *n., v.* tiểu đề; phụ đề

subtle *adj.* tế nhị, tinh tế; khôn khéo, khéo léo; [mùi vị] phảng phất; huyền ảo

subtraction *n.* tính/phép trừ; sự trừ đi

suburban *adj.* thuộc/ở ngoại ô

subvert *v.* lật đổ; phá vỡ, đả phá

subway *n., v.* (đường) xe điện ngầm; hầm cho khách bộ hành qua phố

succeed *v.* tiếp theo, đến tiếp, kế tiếp; nối ngôi vua, kế vị, kế nghiệp; thành công

succession *n.* sự kế tiếp/nối tiếp; sự thừa kế, sự ăn thừa tự; sự nối ngôi, sự/quyền kế vị; chuỗi/tràng: **~ planning** sự hoạch định liên tiếp

succinct *adj.* ngắn gọn, cô đọng

succor *n., v.* sự giúp đỡ/cứu giúp; viện trợ, chi viện

succulent *adj., n.* ngon, bổ; [cây] có lá mọng nước

succumb *v.* thua, không chịu nổi, quy; chết: **to ~ to temptation** không chống nổi sự cám dỗ

such 1 *adj.* như thế/vậy, thế đó; thật là, quả là; đến nỗi/đỗi: **~ a lovely morning** một buổi sáng thật là đẹp 2 *pron.* **as ~** (cứ nguyên) như thế/vậy, với tư cách đó; **~ and ~ consequences** những hậu quả như thế như thế

suck 1 *n.* sự bú/mút, sự hút 2 *v.* bú, mút; hút; hấp thụ, tiếp thu [kiến thức]: **to ~ in** hút, tiếp thu; **to ~ up** hút

suckle *v.* cho bú, nuôi sữa; bú

suction *n.* sự hút, sự mút

sudden *adj.* thình lình, đột ngột, đột nhiên: **a ~ change** sự thay đổi thình lình

Sudden Infant Death Syndrome *n.* (*abbr.* **SIDS**) triệu chứng đứa bé chết đột ngột

suds *n.* bọt xà phòng, nước xà phòng

sue *v.* kiện, thưa; đi kiện; yêu cầu, cầu khẩn, thỉnh cầu

suffer *v.* chịu, bị, chịu đựng, dung thứ; đau, đau đớn, đau khổ; bị thiệt hại, bị tổn hại: **to ~ a pain** chịu đau đớn

suffice *v.* đủ, đủ để/cho

sufficient *adj.* đủ, vừa đủ, đầy đủ

suffix *n.* hậu tố, vĩ tố, tiếp vĩ ngữ

suffocate *v.* (làm) nghẹt thở; nghẹn ngào, chết ngạt

suffrage *n.* sự/quyền bỏ phiếu, quyền đi bầu: **universal ~** sự phổ thông đầu phiếu

suffuse *v.* lan ra, tràn ra, làm ướt đẫm

sugar 1 *n.* đường, lời đường mật: **two lumps of ~** hai cục đường; **cane ~** đường mía; **~ cane** mía, cây mía; **~ Daddy** mỏ tiền, ông già dại gái; **~ refinery** nhà máy tinh chế đường 2 *v.* cho/bỏ đường, rắc đường, bọc đường

suggest *v.* gợi ý, dẫn ý; đề nghị, đề xướng

suicide *n., v.* (vụ/sự) tự tử, tự sát, tự vẫn: **to commit ~** tự tử, tự sát, quyên sinh

suit 1 *n.* bộ com lê, bộ vét: **~ of clothes** bộ quần áo; **law ~** vụ kiện 2 *v.* thích hợp, thích ứng; hợp với, thích hợp với; phù hợp với: **to ~ the action to the word** lời nói đi đôi việc làm

suite *n.* dãy phòng (giấy), phòng

đầy đủ tiện nghi; tổ khúc; đoàn tuỳ tùng

suitor n. người cầu hôn, đơn đương, đương sự

sulfur n., v. [Br. **sulphur**] (rắc) chất lưu huỳnh làm diêm hay thuốc súng

sulk v., n. hờn, hờn dỗi, người hay hờn dỗi

sullen adj. cau có, nhăn nhó, sưng sỉa

sully v. làm dơ, làm bẩn; làm xấu xa nhơ nhuốc

sultry adj. oi bức, ngột ngạt

sum 1 n. tổng, tổng số; số tiền: ~ **of money** tổng số tiền; ~ **total** tổng số 2 v. cộng lại, tóm tắt, tổng kết, đúc kết; kết luận: **to ~ up** tổng ít lại

summary n., adj. (bài/bản) tóm tắt, tóm lược, sơ lược, khái lược, giản lược, giản yếu

summer n. mùa hè, mùa hạ: ~ **resort** thành phố nghỉ hè, chỗ nghỉ mát

summit n. đỉnh, chóp, chỏm; đỉnh cao: ~ **conference** hội nghị thượng đỉnh/tột đỉnh

summon v. gọi đến, mời đến, triệu/vời đến

summons n., v. trát đòi hầu tòa

sumptuous adj. lộng lẫy, huy hoàng, xa hoa

sun 1 n. mặt trời, ánh nắng, ánh sáng mặt trời: **to rise with the ~** dậy sớm; ~ **lamp** đèn phơi nắng [trong buồng tắm], đèn tia cực tím, đèn tia tử ngoại; ~ **deck** ban công lộ thiên 2 v. phơi, phơi nắng; tắm nắng

sundae n. kem bày thêm trái

cây, sô-cô-la và lạc

Sunday n. ngày chủ nhật: ~ **school** lớp đạo pháp (dạy hôm chủ nhật)

sunder v. phân ra, tách ra

sundries n. đồ lặt vặt, đồ linh tinh

sunken adj. bị chìm; [mắt] sâu, trũng, [má] hóp

sunlight n. ánh sáng mặt trời

Sunni n. môn phái Hồi giáo

sup v., n. ăn cơm tối, uống từng hớp, ngụm, hớp

super 1 n. vai phụ; người gác cổng 2 adj. tuyệt, cừ, chiến, số dách, hết sảy, hết ý 3 adv. đặc biệt, hoàn toàn

superb adj. tuyệt giỏi/hay, tuyệt trần/vời; cao cả, nguy nga tráng lệ, hùng vĩ: **a ~ view** một cảnh nguy nga

superficial adj. nông cạn, thiển cận, sơ thiển; hời hợt, chỉ có bề ngoài

superfluous adj. thừa, dư, không cần, vô ích

superintendent n. giám đốc, hiệu trưởng, người quản lý

superior 1 n. người bề trên; Cha Bề Trên; thượng cấp 2 adj. ở trên, cao cấp; khá hơn; tốt (hơn), giỏi (hơn); thượng hạng, hảo hạng; trịch thượng, hợm

superlative n., adj. (thể) tuyệt đối; (sự) tột bực; (cấp so sánh) cao nhất

supermarket n. siêu thị, chợ lớn

supernatural adj. (siêu) tự nhiên, linh thiêng

superpower n. siêu cường (quốc)

supersede v. [luật lệ] thay thế [luật lệ cũ]

superstitious *adj.* tin nhảm, mê tín, dị đoan

supervise *v.* trông nom, giám sát/thị, quản đốc: **to ~ a project** giám sát một dự án

supine *adj.* lật ngửa, uể oải

supper *n .* bữa cơm tối

supple *adj., v.* dễ uốn, mềm; mềm mỏng

supplement 1 *n.* phần phụ thêm, phần bổ sung; phụ trương 2 *v.* phụ thêm vào, bổ túc/sung/khuyết

supply 1 *n.* sự cung cấp/tiếp tế; đồ tiếp tế/dự trữ: **in short ~** khan hiếm 2 *v.* cung cấp, cung ứng, tiếp tế; dẫn, đưa [chứng cớ]

support 1 *n.* cái chống, cột chống; sự ủng hộ, sự cấp dưỡng: **financial ~** sự cấp dưỡng tài chính; **moral ~** sự ủng hộ tinh thần 2 *v.* chống, đỡ (cho khỏi đổ); ủng hộ; nuôi nắng, cấp dưỡng: **to ~ one's family** cấp dưỡng cho gia đình

suppose *v.* giả thiết, giả định, giả sử

suppress *v.* đàn áp; cấm; nín, nén, cầm; giữ kín, ỉm đi

supreme *adj.* tối cao, tối thượng/đại, chí cao, chí tôn: **~ Court** toà án tối cao, tối cao pháp viện

surcharge *n., v.* (phần) chở thêm; (tiền) phạt/thu thêm; (sự) nạp nhiều điện quá; phụ thu

sure 1 *adj.* chắc, chắc chắn, cẩn thận; vững: **for ~** chắc chắn 2 *adv.* chắc chắn: **as ~ as eggs are eggs** chắc như đinh đóng cột

surety *n.* người bảo đảm, sự bảo đảm

surf 1 *n.* sóng vỗ vào bờ: **~ club** câu lạc bộ của người chơi lướt sóng 2 *v.* lướt sóng

surface *n.* bề mặt, mặt ngoài; mặt; bề ngoài; ở mặt biển: **on the ~** trong bề ngoài **~ mail** thư từ gửi đường thuỷ, thư thường (không phải gửi máy bay) 2 *v.* đánh bóng bề mặt; [tàu ngầm] nổi lên mặt nước, [công an chìm, gián điệp] ra mặt

surfeit *n.* (sự) ăn nhiều quá phát ngấy

surge 1 *n.* sự dâng/trào lên; sóng cồn 2 *v.* dấy lên, dâng lên

surgery *n.* khoa mổ xẻ, khoa giải phẫu/phẫu thuật: **plastic ~** giải phẫu thẩm mỹ, phẫu thuật tạo hình

surly *adj.* cáu kỉnh, cau có, quạu, gắt gỏng

surmise *n., v.* (sự) đoán chừng, (sự) phỏng đoán, (sự) ức đoán

surmount *v.* vượt qua, khắc phục [khó khăn]

surname *n.* họ

surpass *v.* hơn, quá, vượt, trội hơn

surplus *n., adj.* số thừa, số dư, số thặng dư: **budget ~** ngân sách thặng dư

surprise 1 *n.* sự ngạc nhiên; sự bất ngờ; thú vị bất ngờ: **~ attack** trận đột kích; **~ party** tiệc bất ngờ 2 *v.* làm ngạc nhiên; đánh úp, đột kích; chộp bắt, bắt quả tang

surreal *adj.* lạ lùng; không thiết thực

surrender 1 *n.* sự đầu hàng; sự

giao lại cho; từ bỏ **2** *v.* từ bỏ; giao lại, nộp, dâng; đầu hàng, đầu thú: **to ~ to temptation** bị cám dỗ mà không cưỡng được

surreptitious *adj.* lén lút, gian lận, vụng trộm

surrogate *n.* người thay thế, người đại diện: **~ mother** người mang thai thế cho mẹ

surroundings *n.* vùng xung quanh, vùng phụ cận, khu lân cận; môi trường, hoàn cảnh

surveillance *n.* sự giám sát

survey 1 *n.* cái nhìn tổng quát; sự kiểm điểm/tra; sự xem xét, nghiên cứu; sự đo đạc; bản đồ trắc địa: **to make a ~** lập bản đồ địa hình; làm một cuộc thăm dò (ý kiến) **2** *v.* nhìn chung, quan sát toàn diện; xem xét, nghiên cứu; lập/vẽ bản đồ [đất đai]

survival *n.* sự sống sót; sự tồn tại; tàn tích: **~ of the fittest** phương thức tuyển chọn tự nhiên

susceptible *adj.* dễ bị, dễ mắc; dễ xúc cảm, dễ giận

suspect 1 *n.* người bị tình nghi **2** *v.* ngờ, nghi (ngờ): **to ~ somebody of a crime** nghi ngờ người nào phạm tội **3** *adj.* bị nghi ngờ/tình nghi

suspend *v.* treo lơ lửng/lủng lẳng; hoãn lại, đình chỉ; đóng cửa, đình bản [báo]; ngưng chức: **to ~ payment** hoãn trả tiền

suspense *n.* sự chờ đợi hồi hộp: **to keep in ~** hoãn thông báo tin gấp cho ai

suspicion *n.* sự nghi ngờ/ngờ vực; một tí, một chút: **under ~** bị nghi ngờ

sustain *v.* chống đỡ; chịu đựng; chịu, bị [thua, thiệt]; kéo dài: **in order to ~ the readers' interest** để giữ sự chú ý của độc giả

sustenance *n.* chất bổ; thức/đồ ăn; kế sinh nhai

suture *n., v.* đường khâu vết thương, đường nối, đường ráp; khâu, ráp nối

swab 1 *n.* giẻ lau sàn nhà; miếng gạt **2** *v.* lau bằng giẻ; chùi, thấm [vết thương] bằng gạc

swagger *v., n.* (vẻ/dáng) vênh váo, nghênh ngang; (lời) khoác lác

swallow 1 *n.* sự nuốt; miếng, ngụm **2** chim én, chim nhạn: **One ~ does not make a summer.** Một con én không làm nên mùa xuân. **3** *v.* nuốt đồ ăn, nuốt lời/giận, chịu [nhục]; dễ tin: **to ~ one's anger** nuốt giận

swamp 1 *n.* đầm lầy, bãi sình lầy **2** *v.* làm ngập; tràn ngập

swan *n.* chim thiên nga

swanky *adj.* đẹp, lịch sự, trang nhã

swap (*also* **swop**) **1** *n.* sự đổi chác, sự đánh tráo **2** *v.* đổi, đổi chác; đánh tráo

swarm 1 *n.* đàn, bầy, đám, bọn đông, đám đông, lũ: **a ~ of bees** đàn ong **2** *v.* họp/tụ lại thành đàn; [chỗ] đầy nhung nhúc

swash *n.* tiếng sóng vỗ; sự huênh hoang khoác lác

swathe *n., v.* (vải) băng, quấn băng

sway 1 *n.* sự lắc lư/lúc lắc/đu đưa; sự cai/thống trị **2** *v.* (làm) lắc lư, lắc, (làm) đu đưa; thống trị, cai trị

swear 1 *n.* lời thề; câu chửi rủa: **~ words** câu chửi thề, lời nguyền rủa **2** *v.* [**swore; sworn**] thề; bắt thề; chửi, nguyền rủa: **to ~ by** tin, tỏ ra rất tin vào; viện [trời, phật] mà thề; **to ~ in** làm lễ tuyên thệ nhậm chức

sweat 1 *n.* mồ hôi; sự mồ hôi; công việc vất vả: **~ shirt** áo nịt vải bông [mặc khi tập thể thao]: **by the ~ of one's brow** bằng mồ hôi nước mắt của mình, bằng công sức của mình **2** *v.* ra mồ hôi, đổ/toát mồ hôi, xuất hãn, toát dương: **to ~ it out** lo sợ áy náy, nóng ruột chờ đợi

sweater *n.* áo len (dài tay)

sweep 1 *n.* sự quét dọn; sự đảo mắt, sự nhìn quanh; khúc/đường cong; dải; tầm súng: **to make a clean ~ of** san bằng, được hết, vét hết **2** *v.* [**swept**] quét; vét [mìn]; bay vút; trải ra: **to ~ under the carpet** che dấu việc gì để sẽ quên đi

sweet 1 *n.* kẹo mứt, đồ ngọt, của ngọt; **~s** kẹo ngọt **2** *adj.* ngọt; thơm; êm ái, êm đềm, du dương; xinh xắn, đáng yêu, dễ thương: **~ potato** khoai lang; **~ talk** ăn nói dịu dàng; **~ tooth** thích ăn ngọt

swell 1 *n.* chỗ sưng; chỗ cao/gồ lên; sóng cồn **2** *v.* [**swelled**] sưng lên; phồng lên, to lên, căng ra; làm phình/phồng lên; làm tăng lên

swerve *n., v.* (sự) chênh lệch, (sự) đi lệch hướng

swift 1 *n.* chim én **2** *adj.* nhanh, mau, lẹ: **a ~ response** sự trả lời nhanh **3** *adv.* nhanh, mau: **to run ~** chạy nhanh

swig *n.,v.* hớp rượu, uống một hớp lớn

swill 1 *v.* cọ rửa; nốc ừng ực **2** *n.* sự cọ rửa; cuộc chè chén lu bù

swim 1 *n.* sự bơi lội: **to be in the ~** nắm được tình hình chung **2** *v.* [**swam; swum**] bơi; [đầu] choáng váng, nổi; lướt nhanh: **my head ~s** đầu tôi choáng váng

swindle *n., v.* (sự/vụ) lừa đảo, bịp bợm, gạt, lường gạt

swine 1 *n.* (*pl.* **swine**) lợn, heo **2** *n.* người bị khinh rẻ

swing 1 *n.* sự đu đưa/lúc lắc; cái đu; chuyển đi; cú xuynh; nhạc xuynh, giọng khi nhún nhảy: **in full ~** đang lúc hoạt động/sôi nổi nhất; **~ door** cửa hai chiều và tự động đóng lại **2** *v.* [**swung**] đu đưa, lúc lắc, đánh đu; treo lủng lẳng/tòng teng; vung [tay; gậy]; quay ngoắt; đi nhún nhảy

swipe 1 *n.* cú đánh mạnh **2** *v.* đánh mạnh; xoáy, ăn cắp

swirl 1 *n.* chỗ nước xoáy **2** *v.* cuộn, xoáy, cuốn đi

swish *n., v., adj.* (tiếng) chảy ào ào, chảy rào rào; (tiếng roi) vun vút; (tiếng áo quần) sột soạt

switch 1 *n.* cành cây, roi gậy mềm; sự đổi, sự tráo; cái độn tóc; cái ngắt điện; ghi đường xe lửa **2** *v.* quật, vụt, đổi, đánh tráo; bẻ ghi [xe lửa]: **to ~ on** cắm [điện, dây nói]; bật [đèn]; **to ~ over** đổi sang cái khác, chuyển sang cái khác

swivel 1 *n.* vật nối hai bộ phận với nhau để cho một phần quay được **2** *v.* quay tròn quanh trục;

quay người/mất nhanh

swoon *v.* ngất đi, xỉu, bất tỉnh

swoop **1** *n.* trận đột kích; sự bổ nhào xuống **2** *v.* tấn công, đột kích; sà xuống: **to ~ down** nhào xuống

sword *n.* (thanh) gươm, kiếm

swot *n., v.* người chăm chỉ học hành, chăm học, học gạo

sycamore *n.* cây sung

syllable *n.* âm tiết, vần

syllabus *n.* (*pl.* **syllabuses**, **syllabi**) đề cương khoá học, đề cương luận văn, chương trình, giáo trình

sylvan *adj.* liên hệ đến gỗ/cây

symbol *n.* vật tượng trưng; tiêu biểu, biểu tượng, biểu hiệu, biểu hiện; ký hiệu [hoá học, ngữ âm]

symmetry *n.* sự/tính đều nhau, sự/tính đối xứng

sympathy *n.* lời chia buồn, lời phân ưu; sự đồng tình/đồng ý; sự thương cảm: **in ~** lời chia buồn

symphony *n.* nhạc giao hưởng, nhạc hoà tấu; buổi hoà nhạc giao hưởng; dàn nhạc giao hưởng

symposium *n.* hội nghị thảo luận, hội thảo, cuộc toạ đàm

symptom *n.* triệu chứng

synagogue *n.* nhà thờ Do Thái, giáo đường Do Thái

synchronize *v.* đồng bộ hoá, căn giờ cho khớp

syndicate **1** *n.* tổ chức cung cấp bài báo và phim ảnh; nghiệp đoàn, nhóm người cùng chơi chung xổ số, đảng [chuyên nghề cờ bạc, mại dâm và bán

ma túy]: **crime ~** băng đảng tội phạm **2** *v.* cung cấp [bài báo, phim ảnh] qua tổ chức

syndrome *n.* hội chứng

synergy *n.* sự hợp tác giữa các công ty để có hiệu quả hơn

synonym *n.* từ đồng nghĩa

synopsis *n.* bản tóm tắt, toát yếu, khái yếu

syntax *n.* cú pháp, cấu trúc câu

synthesizer *n.* đàn điện đa năng

synthetic *adj., n.* hoá chất hỗn hợp; vải nhân tạo

syphilis *n.* bệnh giang mai, bệnh tiêm la

syringe *n., v.* ống tiêm, ống thụt nước, rửa vật gì bằng ống tiêm

syrup *n.* nước đường, xi-rô

system *n.* hệ thống; chế độ; hệ thống phân loại; cơ thể; phương pháp

T

ta *intj.* cảm ơn

tab *n., v.* đầu, dải, vạt; nhãn: **to pick up the ~** trả tiền cho mọi người [sau bữa ăn cơm, bữa rượu]

table **1** *n.* cái bàn; bàn ăn, mâm cỗ, cỗ bàn, tiệc; bảng, biểu; cao nguyên: **alphabetical ~** bảng chữ cái; **~ cloth** khăn bàn và khăn ăn; **~ manners** phép lịch sự ở bàn ăn; **~ of contents** mục lục; **~ tennis** bóng bàn; **to clear the ~** dọn bàn; **to turn the ~** trở mặt với người khác **2** *v.* hoãn lại chưa bàn vội; đặt lên bàn, đưa vào chương trình họp

tablet *n.* viên (thuốc), thanh, thỏi [sô-cô-la]; xếp giấy viết; tấm, thẻ, bản; bảng kỷ niệm; bài vị

tabloid *n., adj.* báo khổ nhỏ đăng tin giật gân, tin tức ngắn

taboo 1 *n.* điều kiêng ky, điều cấm ky 2 *adj.* bị cấm đoán, câm ky

tacit *adj.* [đồng ý, thoả thuận] ngầm, không nói ra

taciturn *adj.* ít nói, trầm mặc, lầm lì

tack 1 *n.* đinh đầu bẹt, đinh rệp; đường khâu lược; đường lối, chính sách 2 *v.* đóng xuống; khâu lược

tackle 1 *n.* đồ dùng, dụng cụ; sự cản cầu thủ bên kia [bóng bầu dục] 2 *v.* túm lấy, nắm lấy, ôm ghì; cản, chặn [cầu thủ đối phương]; tìm cách giải quyết

tact *n.* sự khéo léo, tài xử trí, cách xử sự lịch thiệp

tadpole *n.* con nòng nọc

tael *n.* lạng, lượng

tag 1 *n.* nhãn, thẻ [ghi tên, địa chỉ, giá tiền]; trò chơi đuổi nhau: **price ~** bảng giá; **name ~** bảng tên 2 *v.* buộc/gắn nhãn; bắt được; bám sát: **to ~ along behind someone** theo đuôi, bám sát ai

Tagalog *n., adj.* người/tiếng dân đảo Phi-luật-tân

tail 1 *n.* đuôi [thú, chim, cá]; áo, sao chổi, đám rước]; **to have one's ~ between one's legs** sợ cụp đuôi; **to turn ~** chuồn mất, lỉnh mất 2 *v.* theo sát để rình; theo đuôi: **to ~ after** theo đuôi ai

tailor 1 *n.* thợ may 2 *v.* may

(quần áo); làm nghề thợ may; làm riêng, soạn riêng [cho một nhu cầu]

taint 1 *n.* vết bẩn/nhơ 2 *v.* làm bẩn, làm nhơ nhuốc; làm hoen ố; [thức ăn] thối, ôi, ươn

take 1 *n.* mẻ (bắt được, săn được); tiền thu vào; cảnh [quay phim] 2 *v.* [**took; taken**] cầm, nắm, giữ; lấy (đi/ra); mang (theo), đem (theo); theo [lời khuyên; đường lối **course**]; dự, thi [kỳ thi]; nhân, thừa [dịp, cơ hội **opportunity**]; chụp [ảnh]; mua năm [báo, chí]; tốn, mất [nửa giờ, 3 tháng] chịu đựng; dùng, chiếm, ngồi [chỗ, ghế]: **to be taken ill** bị ốm, lâm bệnh; **to ~ one's chance** nắm lấy cơ hội; **to ~ after** giống như, đuổi theo; **to ~ away** lấy đi, đem đi, trừ đi; **to ~ down** bỏ xuống, hạ xuống; phá [nhà]; biên/viết xuống; **to ~ in** cho [khách] ở trọ; thu hoạch [mùa màng]; làm hẹp [quần áo] lại; bao gồm; đánh lừa; **to ~ off** cởi ra, bỏ ra; trừ bớt; bắt chước, nhạo; bỏ đi; [máy bay] cất cánh; **to ~ on** lấy, nhặt [hành khách]; nhận lãnh [trách nhiệm]; mượn, tuyển, lấy [nhân viên]; **to ~ out** lấy ra, moi ra, đem ra, gấp ra, rút ra; **to ~ up** mang lên, đưa lên; lên gấu [áo, quần]; chấp nhận, áp dụng; chọn, làm [nghề]; bàn đến, đề cặp đến [vấn đề]; **to ~ up with** làm bạn với, kết giao với, thân mật với; **to ~ over** tiếp nhận/quản; **to ~ apart** tháo gỡ đi, bỏ đi; **to ~ into one's head** có ý định, có ý nghĩ; **to ~ to heart** ảnh hưởng quá nhiều, xúc động mạnh

tale *n.* truyện, truyện ngắn; truyện bịa (đặt)

talent *n.* tài, tài ba, tài năng, tài cán, người tài; thiên tài, nhân tài; khiếu, năng khiếu: **~ show** chương trình văn nghệ (không chuyên)

Taliban *n.* môn phái đạo Hồi chiếm cứ nước A-Phú-Hãn từ năm 1995 đến năm 2002

talk 1 *n.* lời nói; lời xì xào; tin đồn; bài/buổi nói chuyện; cuộc đàm phán/điều đình: **peace ~s** cuộc hoà đàm, hoà hội 2 *v.* nói, nói chuyện, chuyện trò; bàn tán; nói chuyện; bép xép; kể: **to ~ back** nói lại; cãi lại, hỏi trở lại đài phát thanh; **to ~ of** nói về/đến; **to ~ over** bàn kỹ; **to ~ round** thuyết phục, dỗ dành; **to ~ to/with** nói chuyện với ai

tall *adj.* cao, cao lớn; phóng đại; khoác lác

tallow 1 *n.* mỡ [làm xà phòng hoặc nến] 2 *v.* bôi mỡ

tally 1 *n.* sự kiểm điểm; sổ tính toán, biển khắc tên 2 *v.* đếm, kiểm; ăn khớp

talon *n.* móng, vuốt; gốc biên lai

tame 1 *adj.* đã thuần; thuần hoá rồi, lành; buồn tẻ, nhạt nhẽo 2 *v.* nuôi, dạy cho quen/thuần; thuần hoá; chế ngự, đè nén, làm nhụt

Tamil *n.* một sắc tộc ở phía nam Ấn-độ

tamper *v.* làm xáo trộn, lục lọi, làm giả [khoá], chữa, sửa [giấy

tờ, tài liệu]; mua chuộc [người làm chứng]

tan 1 *n.* màu da rám nắng, màu da ngăm ngăm 2 *adj.* màu vỏ đà, màu vàng nhạt 3 *v.* làm sạm/rám [nước da]; [da] sạm lại, rám nắng; thuộc [da]

tandem *n.* xe đạp hai người

tang *n.* vị, mùi vị, hương vị

tangent *n.* đường tiếp tuyến; tang: **to fly off at/on a ~** đi chệch ra ngoài đề, lạc đề

tangerine *n.* quả quít

tangible *adj.* có thể sờ mó được, hữu hình; rõ ràng; hiển nhiên, xác thực

tangle 1 *n.* mớ bòng bong; tình trạng lộn xộn 2 *v.* làm rối [tung/beng]; rối, vướng; rối trí

tank 1 *n.* thùng, bể [nước, dầu, xăng]; xe tăng, chiến xa, tàu bò: **~ top** áo không tay; **~ truck** xe chở sữa/dầu 2 *v.* đổ đầy thùng; uống say sưa

tanker *n.* tàu chở dầu; xe chở sữa/dầu

tantalize *v.* nhử trêu ngươi, chọc tức, làm khổ

tantamount *adj.* ngang với, tương đương với, chẳng khác gì

tantrum *n.* cơn thịnh nộ, cơn tam bành

Taoism *n.* đạo Lão, Lão giáo

tap 1 *n.* vòi nước; vòi thùng rượu; đường dây phụ 2 *n.* cái đập/vỗ nhẹ; tiếng gõ nhẹ; kèn báo hiệu tắt đèn; kèn trong buổi lễ quân táng 3 *v.* giùi lỗ [thùng rượu]; rạch [cây] lấy mủ; (mắc dây) nghe trộm [điện thoại]; rút, khai khác [nhân lực, tài tư]:

to ~ someone for money đòi tiền ai 4 *v.* đập/vỗ nhẹ, gõ nhẹ

tape 1 *n.* dây, băng, dải; băng điện tín, băng ghi âm, băng máy đánh chữ điện tử: **~ measure** thước đo; **~ recording** sự ghi âm vào máy 2 *v.* viền, buộc, đo bằng thước dây: **to have something ~d** hiểu rõ việc gì

taper 1 *n.* cây nến nhỏ, đèn cầy 2 *v.* thon, nhọn, hình búp măng

tapestry *n.*, *v.* tấm thảm, trang trí bằng thảm: **~ weaver** thợ dệt thảm

tapioca *n.* bột sắn hột, bột báng, ta-piô-ca

tar 1 *n.* nhựa đường, hắc ín 2 *v.* rải nhựa; bôi hắc ín: **~red with the same brush** có những khuyết điểm giống nhau

tardy *adj.* trễ, muộn; chậm chạp

target *n.*, *v.* bia (bắn tên/súng); đích, mục tiêu; chỉ tiêu cần đạt được: **~ practice** tập bắn bia

tariff *n.* giá, thuế quan, thuế xuất nhập cảng, thuế xuất nhập khẩu; biểu thuế quan

tarnish 1 *n.* sự mờ/xỉn; vết nhơ 2 *v.* làm mờ, làm xỉn; mờ đi, xỉn đi; làm nhơ nhuốc

tarpaulin *n.* vải dầu, vải nhựa không thấm nước

tart 1 *n.* bánh nhân hoa quả, bánh nhân mứt; người con gái hư 2 *adj.* chua; chua chát, chua cay 3 *v.* trang điểm cho hấp dẫn

task 1 *n.* nhiệm vụ; công việc, công tác, bài làm: **~ force** đơn vị (tác chiến) đặc biệt, nhóm đặc nhiệm 2 *v.* trao trách nhiệm, giao việc, bắt gánh vác

tassel 1 *n.* tua, núm tua; râu ngô, cờ ngô 2 *v.* trang sức bằng núm tua, bẻ cờ cây bắp

taste 1 *n.* vị, mùi, mùi vị, hương vị; khẩu vị; sự nếm mùi, sự trải qua; sở thích, thị hiếu; khiếu thẩm mỹ; một chút: **to have no ~** không có mùi vị gì; **a man of (good) ~** người có óc thẩm mỹ 2 *v.* nếm; được nếm mùi, hưởng, thưởng thức; có vị: **to ~ of garlic** có mùi tỏi, có vị tỏi; **to ~ blood** khích lệ bằng những thành công sớm

tatters *n.* miếng, mảnh; quần áo rách rưới: **in ~** bị xé tan tành

tattoo *n.* hình xăm trên da

taunt 1 *n.* lời mắng nhiếc, lời chế nhạo 2 *v.* nhiếc, chế nhạo 3 *adj.* [dây] căng, kéo căng; [thần kinh, tình hình] căng thẳng

taut *adj.* căng, căng thẳng

tavern *n.* quán rượu, hàng ăn, tiệm ăn

tax 1 *n.* thuế, tiền cước: **income ~** thuế lợi tức thuế thu nhập; **~ collector** người thu thuế; **~ cut** sự giảm thuế; **~ evasion** sự trốn thuế; **~ file number** số bộ thuế; **~ haven** nơi đánh thuế thấp; **~ rate** thuế suất; **~ return** tờ khai thuế 2 *v.* đánh thuế; thử thách, đòi hỏi: **to ~ someone's patience** đòi hỏi ai phải kiên nhẫn

taxi 1 *n.* (*also* **taxi-cab, cab**) xe tắc-xi: **~ driver** tài xế tắc-xi 2 *v.* đi/ngồi tắc xi; kéo máy bay chạy trên mặt đất [lúc sắp cất cánh, sau khi hạ]

TCM *n.*, *abbr.* (= **Traditional Chinese Medicine**) thuốc Tàu gia truyền

tea *n.* (nước) chè, (nước) trà; tiệc trà: **a cup of ~** một chén trà, một tách trà; **~ break** giờ nghỉ uống trà, giờ giải lao; **~ dance** trà vũ; **~ drinker** người ghiền trà; **~ house** quán trà, tiệm ăn nhỏ; **iced ~** chè đá

teach *v.* [**taught**] dạy, dạy học; dạy bảo, dạy dỗ, giáo dục: **to ~ someone a lesson** dạy cho ai một bài học

teak *n.* gỗ tếch

team **1** *n.* đội, tổ, nhóm; cỗ [ngựa, bò]: **basketball ~** đội bóng rổ; **~ spirit** tinh thần đồng đội; **~ work** việc làm đồng đội **2** *v.* hợp thành đội, vào cùng nhóm

tear **1** *n.* nước mắt, giọt lệ: **~drop** giọt nước mắt, giọt lệ, lụy; **~ gas** hơi ga làm chảy nước mắt; **to burst into ~s** khóc oà lên; **to move someone to ~s** làm cho ai ứa nước mắt **2** *n.* chỗ rách, vết rách **3** *v.* [**tore**; **torn**] xé rách, xé, làm rách; kéo, giật, bứt [tóc]: **to ~ along** chạy vụt đi; **to ~ away** xé rời ra; **to ~ off/out** giật ra, giật xuống; **to ~ one's hair out** hành xử một cách giận dữ; **to ~ someone to pieces** xé xác người nào, đánh cho ai tơi bời; **to ~ up** xé nát, xé vụn; cày bẩn

tease *v., n.* chọc/trêu ghẹo, trêu chọc

teat *n.* [*U.S.* **nipple**] đầu vú, núm vú; núm vú cao su

technical *adj.* chuyên môn, kỹ thuật: **~ education/training** giáo dục chuyên nghiệp/huấn nghệ;

~ hitch trở ngại máy móc/kỹ thuật; **~ school** trường kỹ thuật

technicality *n.* chi tiết, chuyên môn/kỹ thuật

technique *n.* kỹ thuật, kỹ xảo

technocrat *n.* khoa học gia, chuyên gia kỹ thuật

technology *n.* kỹ thuật, kỹ thuật học, công nghệ

tectonic *adj.* xây dựng, kiến tạo

tedious *adj.* chán ngắt, buồn tẻ, nhạt, buồn ngủ

tee **1** *n.* phát âm của chữ T **2** *n., v.* điểm phát banh, đặt ở điểm phát banh

teem *v.* (có) nhiều, đầy, đông: **to ~ with** đông nhung nhúc

teenager *n.* thiếu niên, thiếu nữ

teens *n.* tuổi mười mấy, tuổi thanh thiếu niên, tuổi thanh xuân

teethe *v.* mọc răng

teething *adj.* sự mọc răng: **~ problems** vấn đề khó khăn ban đầu của một cơ quan

teetotaler *n.* người kiêng rượu

telecast **1** *n.* chương trình truyền hình **2** *v.* phát đi, truyền đi [chương trình truyền hình]

telecommunication *n.* viễn thông

teleconference *n.* hội nghị bằng truyền hình trực tiếp

telegram *n.* bức điện, điện tín

telegraph **1** *n.* máy điện báo **2** *v.* đánh/gửi điện: **~ pole** cột dây thép

telephone **1** *n.* dây nối, điện thoại: **~ booth** phòng điện thoại **2** *v.* gọi/kêu điện thoại cho, điện thoại cho

telescope **1** *n.* kính viễn vọng/ thiên văn, kính nhìn xa **2** *v.*

television

[hai ống kính, hai bộ phận] lồng nhau; đâm vào nhau

television *n.* (*abbr.* **TV**) vô tuyến truyền hình, máy ti-vi máy truyền hình

teleworking *n.* làm việc ở nhà bằng điện thoại liên lạc với sở hoặc khách hàng

telex *n., v.* máy điện báo, máy tê-lách, gởi điện báo

tell *v.* [**told**] nói, nói lên, nói ra, nói với, bảo; chỉ; tỏ, biểu lộ, biểu thị; kể/thuật lại; phân biệt, đếm: **to ~ someone off** nói thẳng vào mặt ai; **to ~ the time** nói giờ

teller *n.* người kể chuyện, thủ quỹ ngân hàng, người thâu phát tiền ở ngân hàng

temerity *n.* sự cả gan, sự liều lĩnh

temp *n., v.* làm việc tạm thời, tuyển dụng tạm thời

temper **1** *n.* tính, tâm tính, tính tình/khí; cơn giận, sự cáu giận; sự bình tĩnh: **to keep one's ~** giữ bình tĩnh, không nóng nảy **2** *v.* hoà vôi, tôi thép; tôi luyện, kiềm chế, ngăn lại

temperament *n.* tính, tính khí, khí chất

temperate *adj.* [khí hậu] ôn hoà; giữ gìn, đắn đo

temperature *n.* độ nhiệt, nhiệt độ, ôn độ, sốt

tempest *n., v.* trận bão, dông tố, bão tố

temple **1** *n.* đền (thờ), điện, miếu, chùa, nhà thờ, giáo đường, thánh đường, thánh thất **2** *n.* thái dương, màng tang

tempo *n.* độ nhanh; nhịp, nhịp độ

temporary *adj.* tạm thời, lâm thời, nhất thời, chốc lát

tempt *v.* xúi, xúi giục; nhử, cám dỗ, dụ dỗ

ten *num., adj.* (số) mười; bộ mười; tờ giấy mười đôla: **about ~ students** độ 10 cậu học sinh; **~ o'clock** 10 giờ; **~ hours** 10 tiếng đồng hồ

tenable *adj.* giữ được, thường xuyên, bảo vệ được: **~ position** công việc thường xuyên (biên chế)

tenacious *adj.* dai, bền, bám chặt; kiên trì

tenant *n., v.* người/thuê nhà/đất

tend **1** *v.* chăm non, chăm sóc; giữ gìn: **to ~ to a patient** chăm sóc người bệnh **2** *v.* hướng/ nhắm tới; có khuynh hướng, quay về

tender **1** *n.* người trông/chăn/ giữ; toa **2** *n.* đề nghị (mời); sự bỏ thầu **3** *v.* mời, xin, yêu cầu, đề nghị **4** *adj.* [thịt] mềm; [cỏ] non; [cây] yếu ớt; âu yếm; dịu dàng, nhẹ nhàng; nhạy cảm, dễ xúc động: **~-hearted** tấm lòng nhạy cảm, trái tim yếu mềm

tendon *n.* gân

tendril *n.* tua, râu [cây nho, các cây leo]

tenement *n.* nhà ở; nhà nhiều buồng

tennis *n.* quần vợt, ten-nít: **~ court** sân quần vợt; **~ racket** vợt ten-nít

tenor *n., adj.* phương hướng/ khuynh hướng chung; ý nghĩa chung, nội dung chính; giọng nam cao; bè tê-no; hát giọng cao

tense 1 *n.* thời của động từ trong các ngôn ngữ: **past ~** thời quá khứ 2 *adj.* [dây] căng [tình hình] găng, căng thẳng: **a ~ situation** tình hình căng thẳng 3 *v.* làm cho co giãn

tension *n., v.* sự căng thẳng; sự căng thẳng; áp lực, sức ép, điện áp; tình trạng khẩn trương

tent 1 *n.* lều, tăng, rạp: **to pitch ~s** cắm, dựng lều 2 *v.* che lều, cắm lều, cắm trại

tentacle *n.* tua cảm, vòi, xúc tu

tenuous *adj.* nhỏ, mảnh, ít, loãng, không đặc; tế nhị, tinh tế, vi tế

tenure *n.* thời gian chiếm hữu/ hưởng dụng; nhiệm kỳ; quy chế không đổi được [của giáo sư đại học]: **~ position** việc làm lâu dài; **~ of office** nhiệm kỳ công việc

tepid *adj.* êm ấm; nhạt nhẽo, hững hờ, lạnh nhạt

term 1 *n.* danh từ/thuật ngữ chuyên môn; thời hạn, thời kỳ, hạn, hạn kỳ, nhiệm kỳ; kỳ/ khoá học, học kỳ, quý; điều kiện/khoản, giá; lời lẽ, sự giao thiệp, giao hảo, quan hệ 2 *v.* gọi, kêu, đặt tên là

terminal 1 *n.* ga cuối cùng, ga chót, sân bay; cực, đầu dây; máy điện toán ở đầu cuối: **international ~** sân bay quốc tế 2 *adj.* cuối (cùng), tận cùng, chót: **~ cancer** bệnh ung thư nan y

terminate *v.* (làm) xong, chấm dứt, kết thúc, hoàn thành, kết kiểu; định giới hạn; giới hạn

terminus *n.* ga/bến cuối cùng; điểm chót

termite *n.* con mối [đục tường gỗ]

terms *n.* điều kiện thoả thuận: **~s of reference** điều tham khảo, từ cần được tham chiếu

terrace *n.* nền đất đắp cao; sân thượng

terrestrial *adj.* thuộc (trái) đất; ở trên cạn

terrible *adj.* dễ sợ, ghê gớm, kinh khủng, khủng khiếp; xấu/ dở kinh khủng, tồi, tệ hại, thậm tệ

terrier *n.* chó dùng để lục lọi; lính địa phương

terrific *adj.* kinh khủng; hay lắm, hết ý/sảy, tốt hết sức, tuyệt, ngon vô tả

territory *n.* đất đai, địa hạt, lãnh thổ; khu vực, vùng, miền; thuộc địa; vùng đất chưa thành tiểu bang

terror *n.* sự khiếp sợ; người/vật làm khiếp sợ; sự khủng bố: **reign of ~** thời khủng hoảng, thời đẫm máu

terrorism *n.* sự khủng bố, chính sách khủng bố

terse *adj.* [lời] ngắn gọn; [văn] súc tích

tertiary *adj.* thứ ba; thuộc kỷ thứ ba, thuộc đại học: **~ education** giáo dục đại học

test 1 *n.* bài thi, bài kiểm tra; sự sát hạch, trắc nghiệm; vật để thử, đá thử vàng, sự thử, sự làm thử: **blood ~** sự thử máu; **road ~** thi lái xe [để lấy bằng]; **~ ban** cấm thử vũ khí hạt nhân; **~ paper** bài trắc nghiệm; **~ tube** ống thử; **~-tube baby** hài nhi thụ tinh nhân tạo; **written** ~ bài thi viết **2** v. thử, kiểm tra, trắc nghiệm; thử thách; phân tích, thí nghiệm: **to** ~ **one's eyes** thử mắt

testament n. di chúc, chúc thư/ ngôn; kinh thánh

testate adj. có để di chúc, có làm chúc thư

testicle n. hòn dái, ngoại thận, cao hoàn

testify v. khai, làm chứng, chứng/ xác nhận

testimony n. bằng chứng; sự nhận thức; sự chứng nhận; lời khai; lời cung khai

téte-a-téte 1 n. cuộc nói chuyện tay đôi **2** adj. mặt đối mặt, giữa hai người

tether n., v. (dây) buộc [bò, ngựa]: **at the end of one's** ~ hết hơi, kiệt sức, vô phương kế

text 1 n. bản văn, văn bản; nguyên văn/bản; đoạn ngắn [trích từ kinh thánh]; đề, đề mục, chủ đề, sách giáo khoa: ~ **processing** phương thức cho người dùng máy vi tính chuyển đổi văn bản **2** v. gởi bản văn đi

textile n. hàng dệt, vải, tơ lụa; nguyên liệu dệt, sợi, bông, gai, đay: ~ **mill** nhà máy dệt

Thailand n. nước Thái Lan

than conj., prep. hơn: **more** ~ **ten people** nhiều hơn 10 người

thank 1 n. lời cảm ơn **2** v. cám ơn, cảm ơn, cảm tạ: **Thanks very much.** Xin cảm ơn nhiều. **3** v. cám ơn, cảm ơn, cảm tạ

thanksgiving n. sự tạ ơn

that 1 adj. ấy/đo **2** pron. đó, đấy, cái ấy/đó: **That is the right way.**

Cách đó là đúng. **3** conj. cái/ người mà **4** adv. thế/vậy: ~ **much money** nhiều tiền thế; ~ **many books** nhiều sách thế

thatch 1 n. rơm, rạ, tranh, lá **2** v. lợp rơm, lợp rạ, lợp tranh, lợp lá: **to** ~ **a roof** lợp mái nhà bằng tranh

thaw 1 n. sự tan tuyết/giá/nước đá **2** v. làm tan; [tuyết, băng] tan; [trời] đỡ giá rét, ấm hơn; bớt dè dặt, bớt lạnh lùng, vồn vã hơn, cởi mở hơn: **to** ~ **the thick layer of snow** làm tan lớp tuyết dầy

the 1 art. cái, con, người: ~ **White House** cái nhà sơn trắng; ~ **place to eat Chinese food** chỗ (nên đi) ăn cơm tàu **2** adv. càng: ~ **more** ~ **merrier** càng đông càng vui

theater n. [Br. **theatre**] rạp hát, nhà hát; nghề ca kịch, sân khấu, kịch nghệ; chỗ, nơi; hý viện, hý trường, phòng giải phẫu ở bệnh viện: **operation** ~ phòng mổ

thee pron. ngươi, con, anh [ngôi thứ hai, đối cách] [tôn giáo]

theft n. sự/tội trộm cắp

their poss. adj. của họ, của chúng nó: **They do** ~ **jobs.** Họ làm việc của họ.

theirs poss. pron. của họ, của chúng nó

them pron., adj. họ, chúng (nó); những cái ấy

theme n., adj. chủ đề, đề tài, đại ý; bài luận, luận văn; nhạc chủ đề, nhạc hiệu: ~ **park** công viên giải trí

themselves *pron., pl.* chính họ, bản thân họ, tự họ, tự chúng: **They did it ~.** họ tự làm lấy

then **1** *n.* lúc ấy/đó, khi ấy, hồi đó: **every now and ~** thỉnh thoảng, năm thì mười hoa **2** *adv.* lúc ấy/đó, sau đó, rồi thì, rồi, và lại: **First comes fall, ~ winter.** Thoạt tiên là mùa thu, rồi đến mùa đông. **3** *conj.* thế thì, vậy thì, trong trường hợp đó **4** *adj.* thời ấy, lúc ấy: **the ~ minister of education** bộ trưởng bộ giáo dục lúc ấy; **What ~?** Rồi sau đó thì sao?

theology *n.* khoa thần học

theorem *n.* định lý

theory *n.* lý thuyết, lý luận, nguyên lý, thuyết, học thuyết: **in ~** về lý thuyết, theo lý thuyết; **good in ~ but inapplicable in practice** hay về lý thuyết nhưng không áp dụng được trong thực tế

therapy *n.* phép chữa bệnh, (trị) liệu pháp: **physio~** vật lý trị liệu

there **1** *adv.* chỗ ấy/đó, đấy, ở đó, tại đó, đằng ấy: **sit ~** ngồi đấy đi; **From ~ take the bus home.** Từ chỗ ấy anh đi xe buýt về nhà được rồi.; **down ~** dưới đó; **in ~** trong đó; **out ~** ngoài đó/ ấy, ở ngoài; **over ~** ở đó, ở bên ấy; **up ~** trên ấy/đó **2** *exclam.* Đấy!: **There you are!** Được rồi, đấy, xong rồi!

thereabout(s) *adv.* quanh đó, gần chỗ ấy, khoảng ước chừng, độ chừng, chừng, xấp xỉ, lối

thereby *adv.* theo/bằng cách ấy; có liên quan tới cái đó, có dính dáng đến chuyện ấy, có liên quan tới cái đó

therefore *adv.* thế thì, vậy thì, bởi vậy cho nên

thereupon *adv.* ngay sau đó, liền sau đó; do đó, vì vậy; trên ấy, trên đó

thermal **1** *adj.* nóng, nhiệt: **~ springs** suối nước nóng; **~ underwear** quần áo lót, quần áo ếch **2** *n.* giữ ấm: **~s** áo quần lót giữ cho ấm người

thermometer *n.* cái đo nhiệt, nhiệt kế, nhiệt biểu, hàn thử biểu, cái cặp sốt

thermostat *n.* máy điều nhiệt

thesaurus *n.* (*pl.* **thesauri**) từ điển từ ngữ [xếp theo mục loại, chứ không theo thứ tự a-b-c; thường kê những từ đồng nghĩa hoặc cùng họ]; toàn thư từ điển

these *adj., pron.* những cái/người nầy; **These are not your shoes.** Đôi giày này đâu phải của anh.

thesis *n.* (*pl.* **theses**) luận văn, luận án, luận đề/điểm, thuyết; chính đề: **to submit one's ~** đệ trình luận án

they *pron.* họ, chúng nó, chúng, bọn chúng, các ông/bà/cô ấy

thick **1** *n.* chỗ dày nhất, chỗ mập, chỗ tập trung: **in the ~ of the forest** chính giữa rừng; **in the ~ of it** chính đang lúc bận rộn nhất **2** *adj.* [tường, giấy, môi] dày, không mỏng; to, mập; [tóc, rừng] rậm; [cây, cối] rậm rạp; [sương mù] dày đặc; [đạn] nhiều và khít, như mưa; đặc, quánh, sền sệt, không loãng; [giọng] lè nhè; tối dạ, ngu đần;

đần độn; ăn ý, ăn cánh, thân: **to be ~ with each other** thân với nhau **3** *adv.* dày, dày đặc, cứng, khó khăn

thicket *n.* bụi cây, lùm cây

thief *n.* (*pl.* **thieves**) kẻ trộm, kẻ cắp, thằng ăn cắp

thigh *n.* bắp đùi, bắp vế

thimble *n.* cái đê, cái bao tay [dùng lúc khâu]

thin **1** *adj.* mỏng, không dày; [dây] mảnh; gầy, mảnh dẻ, mảnh khảnh; [tóc] thưa, lơ thơ; [người ở, dân] thưa thớt; [cháo, súp, không khí] loãng; [giọng] yếu ớt, nhỏ nhẹ; [lý do, cớ] không vững: **a ~ sheet of paper** một tờ giấy mỏng; **~ air** không khí loãng **2** *adv.* rất mỏng, rất yếu ớt **3** *v.* làm mỏng, mỏng ra, mảnh đi; gầy đi, pha loãng, **to ~ out the leaves** tỉa bớt lá đi

thing *n.* vật, đồ, đồ vật, thứ, thức, cái; điều, sự, việc, chuyện; đồ đạc quần áo, đồ tế nhuyễn của riêng tây; công việc, sự việc; người: **How are ~s going?** Thế nào, dạo này công việc anh ra sao?; **the best ~ to do now** điều tốt nhất phải làm ngay bây giờ

think **1** *v.* [**thought**] nghĩ, suy nghĩ, nghĩ ngợi, ngẫm nghĩ; tưởng, tưởng tượng, nghĩ rằng/ là, cho là; nghĩ kỹ, suy tư, suy tưởng: **I don't ~ that.** Tôi không cho là thế.; **to ~ about** suy nghĩ về; **to ~ again** suy nghĩ lại; **to ~ of** nghĩ đến/về, nhớ đến, nghĩ ra được, có ý kiến về; **to ~ over** suy nghĩ kỹ về; **to ~ up** nghĩ ra; **to ~ twice** suy nghĩ lại, suy nghĩ

cẩn thận **2** *n.* điều suy nghĩ: **to have a ~ about something** có suy nghĩ chính chắn trước khi quyết định

third **1** *num.* một phần ba; người/ vật thứ ba; ngày mồng ba **2** *adj.* thứ ba: **Fifty ~ Street** phố 53; **the twenty ~ of April** ngày 23 tháng 4; **~ party** người thứ ba, đệ tam nhân; **the ~ World** thế giới thứ ba, các nước chậm tiến

thirst **1** *n.* sự khát nước; sự thèm khát, sự khao khát: **to quench one's ~** làm cho hết khát **2** *v.* khát nước; thèm khát, khao khát, thèm thuồng: **to ~ after something** thèm khát cái gì

thirteen *num., adj.* mười ba

thirty *num.* ba mươi: **the thirties [30's]** những năm 30; những năm tuổi trên 30

this **1** *adj.* (*pl.* **these**) này: **by ~ time** bây giờ, lúc nầy **2** *pron.* (*pl.* **these**) cái/điều/chuyện/ việc này **3** *adv.* như thế này: **~ much** nhiều như thế này, bây nhiêu

thong **1** *n.* dây da, roi da; dép nhựa **2** *v.* buộc bằng dây da, đánh bằng roi da

thorax *n.* ngực

thorn *n.* gai; cây/bụi gai

thorough *adj.* hoàn toàn; kỹ, kỹ lưỡng, cẩn thận, tỉ mỉ

those *adj., pron.* xem **that**: **You may take these pens but not ~.** Anh có thể lấy những cái bút này chứ đừng lấy những cái đó.

thou *pron.* ngươi, con, anh [ngôi thứ hai, danh cách] [tôn giáo]

though **1** *conj.* dù (cho), dẫu cho,

mặc dù/dầu, tuy: **as ~** dường như, như thể là, khác nào như **2** *adv.* tuy vậy, tuy thế, thế nhưng, tuy nhiên

thought *n.* ý nghĩ, ý tưởng, tư tưởng; ý, ý định/muốn, ý kiến; sự nghĩ ngợi/suy nghĩ/suy tư; sự lo lắng, sự để ý, sự quan tâm [đến người khác]: **to be lost in ~s** suy nghĩ miên man; **to give ~ to** cho ý kiến

thousand *num.* (số) một nghìn, một ngàn: **~s of people** hàng nghìn/hàng người

thrall *n., v.* người nô lệ; cảnh nô lệ, cảnh tôi đòi; bắt làm nô lệ, bắt phải phục tùng, áp chế

thrash *v.* đánh, đánh đòn, đập; đập [lúa]; đánh bại; quẫy, vỗ, đập; bàn kỹ, thảo luận: **to ~ out** rất công phu mới đạt được, tranh luận sôi nổi mới đi đến kết luận

thread 1 *n.* chỉ, dây; dòng, mạch; đường ren: **to hang by a ~** như treo đầu sợi tóc **2** *v.* xâu, xỏ [kim]; lách qua, len

threat *n.* lời doạ nạt/đe doạ/hăm doạ; sự đe doạ: **empty ~s** lời đe doạ suông

three *num., adj.* (số) ba, con ba; quân ba/tam: **~ o'clock** ba giờ

thresh *v.* đập [lúa]; đập lung tung, quẫy

threshold *n.* ngưỡng cửa, bậu cửa; bước đầu; lợi tức mức căn bản: **to stand on the ~ of life** đứng trước ngưỡng cửa cuộc đời

thrift *n.* sự/tính tần tiện, tiết kiệm: **~ shop** tiệm bán đồ cũ

thrifty *adj.* tần tiện, tiết kiệm,

kiệm ước, tiện tặn; thịnh vượng, phồn vinh

thrill 1 *n.* sự sướng rộn lên, sự rộn ràng; sự rùng mình: **the ~ of a lifetime** sự vui sướng một lần trong đời **2** *v.* làm rộn ràng/hồi hộp; làm run lên, làm rùng mình; rộn ràng, hồi hộp, rùng mình, run lên [vì sướng, vì sợ]; [giọng] rung/ngân lên

thriller *n.* truyện/tuồng/phim trinh thám giật gân, truyện ly kỳ rùng rợn

thrive *v.* [**throve**; **thriven/thrived**] phát đạt, thịnh vượng; chóng lớn, phát triển mạnh

throat *n.* họng, cổ họng, cuống họng: **to have a sore ~** đau cổ; **to be at each other's ~s** cãi nhau giữ dội

throb 1 *n.* sự/tiếng đập mạnh; tiếng vù vu **2** *v.* đập, nhảy mạnh, đập rộn lên; [động cơ] kêu vù vù

throes *n.* cơn đau: **~ of death** lúc rãy chết

throne *n.* ngôi (vua), ngôi báu; ngai (vàng), đế vị, vương vị; vương quyền

throng 1 *n.* van bướm, van tiết lưu, van ga cánh bướm [trong động cơ] **2** *v.* điều tiết lưu lượng, tiết lưu; bóp cổ; bóp nghẹt

throttle *n., v.* cuống hầu, họng

through 1 *adj.* [tàu, vé] suốt, thẳng, làmxong việc: **no ~ road** đường cùng, đường không có lối ra **2** *prep.* xuyên qua, qua, suốt; vì, do, nhờ, tại **3** *adv.* từ đầu đến cuối, suốt, đến cùng:

to go ~ with a plan thực hiện chương trình

throw 1 *n.* sự ném/quăng/thảy/ liệng; khoảng ném xa 2 *v.* [**threw**; **thrown**] ném, quăng, thảy, liệng, vứt, quẳng, lao; vật ngã, hất ngã; bỏ/ném/vứt vào; cố tình thua [cuộc đấu]: **to ~ away** vứt đi, bỏ lỡ; **to ~ out** đuổi ra, trục xuất; phóng ra, văng [tục]; ưỡn [ngực]; **to ~ over** bỏ, rời bỏ; **to ~ up** nôn ra, mửa ra; giơ [tay] lên; vứt lên; từ bỏ

thrust 1 *n.* sự đẩy mạnh; nhát đâm [dao, kiếm/gươm]; sức đẩy/đè/ép 2 *v.* đẩy, ấn, thọc; đâm (mạnh)

thud 1 *n.* tiếng thịch/uỵch 2 *v.* đánh uỵch một cái, ngã uỵch một cái

thug *n.* du côn, côn đồ, côn quang; tên sát nhân

thumb 1 *n.* ngón tay cái: **all ~s up** vụng về 2 *v.* lật dở [trang sách]: **to ~ a ride** đứng bên xa lộ ra hiệu tay xin đi nhờ xe

thump 1 *n.* quả đấm/thụi, cú đánh mạnh 2 *v.* đập, đập mạnh, đấm (thình thình), đập (thình thình)

thunder 1 *n.* sấm sét, tiếng vang như sấm: **to steal someone's ~** dùng ý kiến người khác 2 *v.* có sấm, nổi sấm, sấm động; ầm ầm như sấm; la lối, quát tháo ầm ĩ

Thursday *n.* ngày Thứ năm

thus *adv.* như thế, như vậy; vì thế/vậy, vậy thì; đến như thế

thwack *n., v.* (cái) vụt mạnh

thwart *v., n.* cản trở, ngăn trở, làm trở ngại, phá

Tibet *n.* nước Tây Tạng

tic *n.* tật giật tay, tật co giật

tick 1 *n.* tiếng tích tắc (như đồng hồ); dấu nháy, dấu kiểm: **in a ~** trong khoảnh khắc, trong giây lát 2 *n.* con bét, con ve, con bọ chó 3 *n.* vải bọc [nệm, gối] 4 *v.* kêu tích tắc; đánh dấu nháy 5 *v.* mua chịu, cho ai mua chịu

ticket 1 *n.* vé; phiếu, bông; nhãn ghi giá hàng; danh sách ứng cử viên, liên danh; vé phạt ô tô: **return ~** vé khứ hồi 2 *v.* dán nhãn; phát vé; biên giấy phạt

tickle 1 *n.* sự cù (lét); cảm giác buồn buồn: **to give someone a ~** cù người nào 2 *v.* cù, cù lét, thọc cù; thọc cù lét; làm cho khoái, mơn trớn; buồn buồn, ngưa ngứa

tidbit *n.* miếng ngon, cao lương mỹ vị

tide 1 *n.* triều, thuỷ triều, con nước; dòng (nước); dòng; chiều hướng, trào lưu 2 *v.* giúp đỡ tạm; vượt, khắc phục [khó khăn]: **to ~ over difficulties** vượt qua những khó khăn

tidy 1 *adj.* sạch sẽ, gọn gàng, ngăn nắp, có thứ tự; [món tiền] khá lớn 2 *v.* xếp dọn, dọn dẹp, làm cho gọn gàng; sửa sang trang điểm một tí: **to ~ up** làm cho sạch sẽ gọn gàng

tie 1 *n.* dây [để buộc/trói];sự ràng buộc, liên hệ, quan hệ; nơ, nút; cà vát; sự ngang điểm/phiếu, sự hoà/huề; dấu nối [nhạc]; tà vẹt đường ray xe lửa: **neck~** cà vạt 2 *v.* buộc, cột, trói; thắt [nút, ca vát]; ràng buộc, trói buộc; hoà với ...; hoà nhau vì ngang điểm/phiếu: **to ~ down** cột, ràng buộc; **to be ~d up** buộc; trói lại; buộc, băng [vết thương]; giữ nằm im [ngân khoản]; [xe cộ, đường điện thoại] bận quá, bị kẹt

tier 1 *n.* tầng, lớp, bậc,bậc thang 2 *n.* người buộc, người trói

tiff *n.* sự xích mích, sự bất hoà

tiger *n.* con hổ, con cọp

tight 1 *adj.* chặt, khít, căng, căng thẳng; chật, bó sát; kín, kín mít, không thấm nước; [tiền] khó kiếm, eo hẹp; chặt chẽ, hà tiện; say bí tỉ 2 *adv.* chặt, kín, khít: **to sit ~** ngồi im, án binh bất động

tile *n., v.* (lợp) ngói, (lót) gạch hoa, gạch vuông, ca rô, đá lát

till *n.* ngăn kéo tiền

till *v.* trồng trọt, cày cấy

till 1 *prep.* đến, tới: **~ now** cho đến nay; **~ then** đến lúc đó 2 *conj.* cho tới khi, trước khi

tiller *n.* người trồng trọt; dân cày, nhà nông, người làm ruộng

tilt 1 *n.* độ nghiêng; cuộc (cưỡi ngựa) đấu thương 2 *v.* (làm) nghiêng đi: **to ~ back** kéo nghiêng về phía sau, ngã ra đằng sau

timber 1 *n.* gỗ làm nhà; cây gỗ; xà nhà, kèo: **~ yard** bãi gỗ 2 *v.* trồng rừng, cung cấp gỗ: **~ed house** nhà bằng gỗ

timbre *n.* âm sắc

time 1 *n.* thì giờ, thời gian; giờ; lần, phen; thời hạn, kỳ hạn; thời buổi; dịp, lúc, cơ hội; nhịp: **six ~s in all** sáu lần tất

cả; **behind the ~s** lạc hậu; **full ~** toàn thời gian; **in due ~** đúng lúc, đúng ngày đúng tháng; **on ~** đúng giờ; **several ~s** nhiều lần; **to waste ~** phí phạm thời giờ; **~ sheet** tờ giấy ghi giờ 2 *v.* bấm giờ, đo thì giờ; điều chỉnh cho đúng/đều; chọn đúng lúc

timekeeper *n.* người ghi giờ; đồng hồ bấm giờ

times 1 *prep.* nhân mấy lần 2 *n.* số lần hơn

timetable *n., v.* biểu thời gian, thời khắc biểu, thời dụng biểu, giờ xe/tàu chạy; làm thời dụng biểu

timid *adj.* nhút nhát, e lệ, rụt rè

timorous *adj.* rụt rè nhút nhát, e sợ

tin 1 *n.* thiếc, sắt tây; hộp thiếc, hộp sắt tây: **~ foil** giấy thiếc; **~ opener** cái mở hộp 2 *v.* tráng thiếc

tincture 1 *n.* cồn thuốc; nét thoáng; chút ít, màu nhẹ 2 *v.* bôi màu, tô màu, làm cho có vẻ

tinge 1 *n.* màu nhẹ; nét thoáng 2 *v.* pha màu nhẹ

tingle *n., v.* (sự) ngứa ran; (sự) náo nức

tinker 1 *n.* thợ hàn nồi 2 *v.* hàn; chắp vá, vá víu

tinkle 1 *n.* tiếng leng keng 2 *v.* (làm cho) kêu leng keng, rung [chuông]

tinsel 1 *n.* kim tuyến; vật hào nhoáng 2 *v.* trang sức bằng kim tuyến, trang điểm bằng vật hào nhoáng, làm cho hào nhoáng

tint 1 *n.* màu nhẹ 2 *v.* nhuốm

màu, tô màu: **to ~ a car** nhuốm màu cửa xe

tiny *n.* bé tí, nhỏ xíu

tip **1** *n.* đầu, chóp, đỉnh, ngọn, đầu bịt: **the ~ of the iceberg** một bằng chứng nhỏ nổi bật **2** *n.* tiền diêm thuốc, tiền trà nước; lời mách, tuy ô; lời chỉ điểm, lời báo cáo mật (cảnh sát): **to give him a ~** cho anh ấy tiền trà nước **3** *v.* bịt: **to ~ with gold** bịt bằng vàng **4** *v.* thưởng, cho tiền diêm thuốc, cho puốc boa; mách, báo cáo mật cho: **to ~ off** mách cho ai biết điều bí mật **5** *v.* lật/làm nghiêng [cán cân **the scales**]

tipsy *adj.* chếnh choáng (hơi men), ngà ngà say

tiptoe **1** *n.* đầu ngón tay, đi nhón nhén; thấp thỏm; kín đáo bí mật: **to be on ~** đi nhón chân **2** *v.* đi nhón chân, đi nhón nhén

tirade *n.* diễn văn đả kích; diễn văn đả kích, tràng/chuỗi những lời chửi rủa công kích

tire *n.* [*Br.* **tyre**] lốp/vỏ bánh xe: **~ pump** bơm

tire *v.* (làm) mệt, (làm) mệt mỏi, (làm) chán

tissue *n.* mô; vải mỏng; giấy lụa; giấy vệ sinh, giấy đi cầu, giấy chùi đít; mùi soa giấy

tithe *n., v.* (đóng) thuế thập phân đóng cho nhà thờ

titillate *v.* làm cho buồn cười, thọc léc, cù cho cười

title **1** *n.* tên, nhan [sách]; đầu đề[bài hát/thơ]; tước, tước vị hiệu, danh hiệu; tư cách, cương vị, danh nghĩa; bằng khoán,

chứng thư, văn tự; tuổi, chuẩn độ [vàng]: **~ deed** văn tự nhà đất; **~ holder** người chủ văn tự nhà đất; **~ page** trang tít; **~ role** vai chính **2** *v.* gọi là

T-junction *n.* [*U.S.* **T-intersection**] ngã ba, chỗ giao thông hình chữ T

to **1** *prep.* đến, sang, về phía; mãi đến; để, với mục đích; đến một vị trí/tình trạng nào đó; đến nỗi gây nên; thành; theo, cùng với; so với; của; để mừng; vào; về: **faithful ~ the end** trung thành đến cùng **2** *adv.* đến: **to go ~ and fro** đi đi lại lại; **when he came ~** khi ông ấy tỉnh lại; **~ this day** cho đến ngày nay; **a quarter ~ eight** tám giờ kém/ thiếu 15 phút; **~ a certain extent** đến/tới một chừng mực nào đó

toad *n.* con cóc

toast **1** *n.* bánh mì nướng **2** *n.* chén/ly rượu mừng; người được bàn tiệc nâng cốc chúc mừng: **I propose a ~ to him.** Tôi xin mời các bạn nâng cốc chúc mừng ông ấy.; **~ of the town** thành phố reo mừng **3** *v.* nướng (bánh mì) **4** *v.* nâng cốc chúc mừng

toaster *n.* máy nướng bánh mì

tobacco *n.* thuốc lá; cây thuốc lá: **~-box** hộp đựng thuốc lá; **~-pipe** ống điếu hút thuốc; **~ pouch** túi đựng thuốc lá [để hút tẩu/pip]

toboggan *n., v.* (đi) xe trượt băng

today *n., adv.* hôm nay, ngày nay: **from ~** kể từ ngày hôm nay; **Shall we go ~?** Chúng ta đi ngày hôm nay không?

toddler *n.* đứa trẻ mới biết đi (chập chững)

toe 1 *n.* ngón chân; mũi [giày]: **the big ~** ngón chân cái; **from top to ~** từ đầu đến chân; **to turn up one's ~s** chết, bỏ đời **2** *v.* **to ~ the line/mark** tuân theo mệnh lệnh

toffee *n.* kẹo bơ cứng

tofu *n.* đậu hủ (của người Tàu và Nhật)

together *adj., adv.* cùng (với), cùng nhau; cùng một lúc, đồng thời: **to get oneself ~** giữ bình tĩnh; **to walk ~** cùng nhau đi bộ

toggle *n., v.* cái chốt néo dây, cột chốt dây vào

toil 1 *n.* công việc khó nhọc **2** *v.* làm việc khó nhọc/vất vả; đi một cách khó khăn mệt nhọc

toilet *n.* phòng rửa tay, nhà tắm, nhà vệ sinh, cầu tiêu; cách ăn mặc, phục sức; sự trang điểm: **~ seat** ghế ngồi cầu tiêu; **~ soap** xà phòng thơm/tắm/rửa mặt; **~-training** việc tập cho trẻ con đi nhà cầu

token *n., adj.* dấu hiệu, biểu hiện; vật kỷ niệm; đồng giơ tông [để trả tiền xe, gọi dây nói]; thẻ: **by the same ~** cũng là, để theo vào đó, vả lại

tolerance *n.* lòng khoan dung/ khoan thứ; sự/sức chịu đựng; sự chịu thuốc

toll 1 *n.* thuế qua đường/cầu, tiền mãi lộ; số nạn nhân, số người tử nạn; lệ phí gọi dây nói liên tỉnh: **~ call** cú dây nói liên tỉnh; **~-free** [cú điện thoại liên tỉnh] miễn phí **2** *n.* tiếng chuông

3 *v.* nộp thuế cầu đường **4** *v.* rung, đánh [chuông]; rung/điểm chuông (báo tử)

tomato *n.* (*pl.* **tomatoes**) quả cà chua

tomb *n.* mả, mồ, mộ, phần mộ

tomorrow *n., adv.* mai, ngày mai

ton *n.* tấn [= **short ton** ở Mỹ và Canada bằng 2000 bảng; = **long ton** ở Anh bằng 2240 bảng]; ton [đơn vị dung tích tàu biển]; số lớn, rất nhiều: **freight ~** đơn vị trọng tải tàu biển

tone 1 *n.* tiếng; âm; thanh điệu; giọng; sắc; vẻ, phong thái; sức, cường lực **2** *v.* so dây đàn; hoà hợp, ăn nhịp; (làm) dịu đi: **to ~ down** làm bớt gay gắt

tongs *n.* cái kẹp, cái cặp

tongue *n.* cái lưỡi; miệng lưỡi, cách ăn nói, mồm mép; tiếng, ngôn ngữ; vật hình lưỡi: **to hold one's ~** không nói gì, nín lặng; **mother ~** tiếng mẹ đẻ

tonic 1 *n.* thuốc bổ; âm chủ, chủ âm **2** *adj.* bổ, tẩm bổ, bổ âm, bổ dưỡng, bổ tì; thuộc chủ âm

tonight *n., adv.* tối nay, đêm nay

tonsil *n.* ami-đan, hạch hạnh nhân

too *adv.* quá, quá đáng; rất, cũng, nữa: **~ long** dài quá; **~ much/ many** nhiều quá; **You like tea; I do ~.** Bạn thích nước trà tôi cũng thế.

tool *n., v.* đồ dùng, dụng cụ; công cụ, lợi khí, tay sai: **farm ~s** nông cụ, điền khí; **~ kit** đồ đựng phụ tùng

toot 1 *n.* tiếng còi/kèn **2** *v.* bóp còi, bóp kèn, rút còi, nhận kèn

tooth *n.* (*pl.* **teeth**) răng [người, vật]; răng [lược, bừa, cào, cưa, bánh xe]: **armed to the teeth** được trang bị đầy đủ; **a decayed ~** răng sâu; **~ache** đau răng; **~brush** bàn chải răng; **wisdom ~** răng khôn

top 1 *n.* chóp, chỏm, đầu, ngọn, đỉnh, mặt [bàn]; nắp, vung, mui xe: **at the ~ of** ở/đứng đầu; **from ~ to bottom** từ đầu đến đến chân/cuối; **on ~ of that** thêm vào đó, hơn nữa **2** *n.* con quay, con cù, bông vụ: **to sleep like a ~** ngủ say, ngủ như chết **3** *adj.* trên hết, đứng đầu: **at ~ speed** với tốc độ cao nhất; **~ level** hạng cao nhất; **~ ten** mười bản nhạc hay nhất, mười quyển sách bán chạy nhất **4** *v.* ở trên đỉnh/ngọn; leo tới đỉnh, trèo lên ngọn; cao hơn; vượt hẳn, hay hơn: **to ~ a class** đứng đầu lớp

topic *n.* vấn đề; đề tài, chủ đề

topography *n.* địa hình; phép vẽ địa hình

topple *v.* (làm) ngã, (lật) đổ, đổ nhào

topsy-turvy *adj., adv.* lộn bậy, lộn xộn, đảo lộn, lung tung, hỗn loạn; lộn nhào

Torah *n.* luật của Chúa được ghi trong kinh thánh

torch 1 *n.* đuốc, ngọn đuốc, đèn: **the ~ of liberty** ngọn đuốc tự do; **electric ~** đèn pin; **to carry a ~ for someone** chịu sự bất công trong tình yêu; **to put to the ~** đốt hủy đi **2** *v.* đốt đuốc

torment 1 *n.* sự giày vò/day dứt

giần vặt, sự đau khổ: **to suffer ~s** chịu đau khổ **2** *v.* làm đau khổ, dày vò, day dứt

tornado *n.* (*pl.* **tornadoes**, **tornados**) bão táp, bão lốc, bão xoáy

torpedo 1 *n.* (*pl.* **torpedoes**) ngư lôi: **~ boat** tàu chiến nhanh loại nhỏ **2** *v.* phóng ngư lôi để đánh đắm tàu; phá hoại, phá hủy

torpid *adj.* mụ, mụ óc, mê mụ, trì độn, bơ thờ

torque *n.* vòng cổ

torrent *n.* dòng nước lũ; tràng chửi rủa

torrid *adj.* nóng như thiêu

torso *n.* tượng bán thân; thân trên

tortoise *n.* rùa

torture 1 *n.* sự tra tấn; nỗi giày vò **2** *v.* tra tấn, tra khảo; làm khổ sở điêu đứng, hành hạ

toss 1 *n.* sự ném/tung; cái hất [đầu] **2** *v.* tung, ném lên, quẳng lên; hất [đầu]; tung [đồng tiền xem sấp hay ngửa]; lúc lắc tròng trành; trở mình trằn trọc: **to ~ money about** ăn tiêu hoang phí; **to ~ off** uống một hơi

tot 1 *n.* trẻ nhỏ, đứa bé con; một chút xíu **2** *v.* cộng, cộng lại

total 1 *n.* tổng số: **to reach a ~ of** đạt đến tổng số **2** *adj.* tổng cộng, toàn thể/bộ, hoàn toàn **3** *v.* cộng lại; lên tới

tote *v.* khuân, mang, vác vai

totter *v., n.* đi lẩy bẩy; lung lay, sắp đổ, sắp sụp

touch 1 *n.* sự sờ/mó/rờ; xúc giác; sự tiếp xúc/giao thiệp; lối đánh đàn, kiểu đánh máy; một chút/ tí; nét vẽ: **a ~ of garlic** một chút tối; **a ~ of fever** hơi sốt một tí; **to get in ~ with** liên lạc với; **to lose one's ~** không còn liên lạc nữa **2** v. sờ, mó; đụng, chạm; vuốt, bấm [dây đàn]; dính dáng, đụng tới; đạt tới; làm cảm động/xúc động: **to ~ base** dựa trên căn bản; **to ~ on** nói đến; **to ~ up** tô, sửa [bức vẽ, tấm ảnh]

touché *intj.* sự ghi nhận việc đổ lỗi/chỉ trích phê bình

tough 1 *adj.* bền, dai sức, khoẻ, mạnh; khó, gay go, bướng, ương, ngoan cố; [khu] dữ, du côn: **a ~ nut to crack** người cứng đầu, chốt cứng khó bể **2** v. làm cho mạnh, nghiêm khắc: **to ~ it out** chịu đựng

tour 1 *n.* cuộc du lịch; cuộc đi thăm; cuộc kinh lý: **on ~** đang đi lưu diễn **2** v. đi du lịch; lưu diễn

tourist *n.* nhà du lịch, khách du lịch, du khách

tournament *n.* cuộc đấu, cuộc tranh tài

tourniquet *n.* miếng vải quấn chặt vết thương ở tay/chân

tousle v. làm bù/rối [tóc]; làm nhàu

tout *n., v.* người chào hàng, người mách nước đánh cá

tow *n., v.* (sự) dắt đi, kéo đi: **~ truck** xe lớn dùng để kéo xe

toward(s) *prep.* về phía; đối với: **~ the end of the year** vào quãng cuối năm

towel *n., v.* khăn lau; khăn mặt: **paper ~** khăn giấy; **~ rack** giá khăn mặt

tower 1 *n.* tháp, lầu, đài; pháo đài: **control ~** đài kiểm soát

không lưu **2** v. đứng cao hơn, vượt hẳn lên

town *n.* thị xã, thành phố nhỏ, tỉnh nhỏ; bà con hàng phố: **~ hall** toà thị chính, thị sảnh; **~ planning** quy hoạch/thiết kế thành phố

toxic *adj.* độc: **~ chemicals** chất độc hoá chất

toy 1 *n., adj.* đồ chơi, đồ vô giá trị, không giá trị **2** v. chơi với, đùa với, giỡn, thử với [ý tưởng]: **to ~ with one's work** đùa với công việc

trace 1 *n.* vết (chân), dấu, vết tích; một chút/tí: **a ~ of gray in her hair** vài sợi tóc bạc trên đầu bà ta **2** v. đi theo vết chân; vạch, kẻ, vẽ; chép, đồ lại, can: **to ~ back** truy nguyên đến; **to ~ over** đồ lại

track 1 *n.* vết dấu chân; dấu, vết; đường/lối đi; đường rầy xe lửa; trường đua; bánh xích; môn điền kinh, chạy nhảy: **race ~** trường đua; **to be on the right ~** đi đúng đường; **to keep ~ of** theo dõi; **~ suit** áo quần thể thao **2** v. để vết; theo vết/dõi, nã bắt, lùng bắt: **to ~ down** tìm thấy/ra, theo bắt

tract 1 *n.* dài, khoảng, vùng, miền **2** *n.* sách nhỏ (về tôn giáo, chính trị)

tractor *n.* sự kéo, sức kéo; máy kéo

trade 1 *n.* sự buôn bán, thương mại, thương nghiệp, mậu dịch, nghề, nghề nghiệp, những người cùng ngành nghề: **foreign ~** ngoại thương; **~ secret** bí quyết thương mại; **~ union**

nghiệp đoàn, công đoàn **2** *v.* buôn bán, trao đổi mậu dịch

trademark *n.* nhãn hiệu

tradition *n.* truyền thống; truyền thuyết/thoại sự truyền miệng

traffic 1 *n.* sự đi lại, sự lưu thông/ giao thông; xe cộ; sự buôn bán/ thương mại/đổi chác; sự vận tải, sự chuyên chở: ~ **cop** cảnh sát giao thông/công lộ; ~ **jam** kẹt xe **2** *v.* buôn bán, mua bán: **to ~ with somebody** buôn bán giao dịch với ai

tragedy *n.* bi kịch; thảm trạng, tấn thảm kịch

trail 1 *n.* vệt dài, vạch; vết, dấu vết, hơi; đường mòn: **hot on the** ~ theo riết/sát **2** *v.* kéo lê, quét; theo dấu vết, truy lùng; bò, leo

trailer *n.* xe rơ-moóc; xe kéo: ~ **home** nhà nhỏ kéo theo xe khi đi du lịch cắm trại; **movie ~** xe chiếu phim

train 1 *n.* xe lửa; chuỗi, loạt; đuôi áo dài lê thê; đoàn tuỳ tùng: **to go by ~** đi xe lửa; **express/fast ~** xe/tàu tốc hành **2** *v.* dạy, dạy dỗ, tập; huấn luyện, rèn luyện, đào luyện, tập luyện, đào tạo, tập dượt, uốn [cây cảnh], chĩa [súng]: **to ~ children to be good citizens** dạy dỗ trẻ con thành công dân tốt

traipse *v.* dạo chơi, đi vơ vẩn

trait *n.* nét, điểm, sắc thái

traitor *n.* kẻ phản bội/phản nghịch, tên phản quốc

tram *n.* xe điện

trammel *n., v.* lưới ba lớp để đánh cá; đánh cá bằng lưới; làm trở ngại

tramp 1 *n.* người đi lang thang; cuộc đi bộ dài; tiếng chân bước nặng nề; tàu hàng không có lộ trình nhất định **2** *v.* đi lang thang; cuốc bộ; bước nặng nề: **to ~ the streets** đi lang thang khắp phố

trample *v.* (sự) giẫm lên, giẫm nát; (sự) chà đạp, (sự) giày xéo: ~ **on** dẫm mạnh lên

trance *n., v.* (sự) xuất thần lên đồng; (sự) hôn mê

tranquil *adj.* lặng, lặng yên, lặng lẽ; yên tĩnh, yên ổn, thanh bình

tranquilizer *n.* thuốc giảm đau/ thống, thuốc chỉ thống, thuốc làm cho đỡ đau

transaction *n.* công việc kinh doanh giao dịch; sự thương lượng điều đình để giải quyết; văn kiện hội nghị; sự chuyển trương mục ngân hàng, việc rút tiền ở ngân hàng

transcend *v.* vượt qua/quá, hơn

transcribe *v.* sao/chép lại, chuyển tả; ghi lại; chuyển dịch [tốc ký]; chuyển biên, phiên âm

transcript *n.* bản sao lại (học bạ); bản dịch

transfer 1 *n.* sự chuyển nhượng, sự nhường lại; sự dời chỗ, sự di chuyển; sự truyền [nhiệt]; sự chuyển giao [quyền hành]; sự thuyên chuyển; sự chuyển ngân/chuyển khoản; bản đồ/ in lại; vé đổi xe, vé chuyển xe tàu: ~ **fee** lệ phí chuyển tiền **2** *v.* nhường, nhượng, chuyển nhượng; dọn, dời, chuyển, di chuyển; chuyển giao; thuyên chuyển, đổi [nhân viên];

chuyển [tiền, đô la]; đổ lại, in lại; đổi lại, chuyển xe

transfiguration *n.* sự biến hình/ biến dạng

transform *v., n.* (làm) thay đổi, (làm) biến đổi; biến hình, biến dạng; biến chất, biến tính; biến hoá; biến cải, cải biến, biến tạo

transformer *n.* máy biến thế

transfusion *n.* sự rót/đổ sang; sự truyền [máu]: **blood ~** sự truyền/sang/tiếp máu

transgress *v.* phạm, vi phạm

transient **1** *n.* khách trọ ngắn ngày **2** *adj.* [khách trọ] chỉ ở thời gian ngắn, không thuê lâu; chóng tàn, nhất thời, ngắn ngủi; tạm thời; thoáng qua: **~ guest** khách ở thời gian ngắn

transistor *n.* bóng bán dẫn, tran-zito

transit *n.* dự đi/vượt qua; sự chuyên chở qua, sự quá cảnh; đường đi: **in ~** dọc đường; **~ lane** đường dành cho xe chuyên chở công cộng

transition *n.* sự chuyển tiếp/quá độ; chuyển giọng: **to be in ~** trong thời kỳ chuyển tiếp

translate *v.* dịch, thông dịch, phiên dịch; chuyển, biến [into thành]; [toán] cho tịnh tiến

translucent *adj.* trong mờ

transmit *v.* truyền, chuyển giao; tống đạt; truyền [tin, điện, lệnh, bệnh]; truyền thanh, phát thanh: **to ~ news** truyền tin tức

transparency *n.* dương bản, giấy bóng trong dùng cho đèn chiếu, ảnh phim đèn chiếu: **overhead ~** ảnh phim dùng cho đèn chiếu

transparent *adj.* trong suốt, rõ ràng

transpire *v.* ra/toát mồ hôi; tiết lộ; xảy ra

transplant **1** *n.* bộ phận cấy/ ghép; sự cấy/ghép [thận, mô] **2** *v.* cấy [lúa]; cấy, ghép [thận, mô]; đưa đi chỗ khác, di thực, bắt di cư

transport **1** *n.* sự chuyên chở/ vận tải; phương tiện chuyển vận; tàu chở lính/quân: **public ~** chuyên chở công cộng **2** *v.* chuyên chở, vận tải; gây xúc cảm mạnh

transpose *v.* đổi chỗ, đảo; chuyển vị, hoán vị; dịch giọng, đổi giọng

transsexual *adj., n.* lưỡng phái tính, người lưỡng phái tính

transvestite *n.* đàn ông trang phục đàn bà

trap **1** *n.* bẫy; cạm bẫy; cửa sập, cửa lật, ống chữ U: **~ door** cửa sập, cửa lật; **to set/lay a ~** đặt, gài bẫy **2** *v.* bẫy, đặt bẫy, cài bẫy

trapeze *n.* đu lộn, xà treo; hình thang: **flying ~** đu bay

trapezium *n.* đôi vòng dùng nhào lộn

trash *n., v.* bã (mía); rác rưởi; đồ vô giá trị; sách nhảm nhí láo lếu; đồ cặn bã, quân vô lại; cành cây tỉa bớt

trauma *n.* chấn thương

travel **1** *n.* cuộc du lịch/du hành; sự/đường chạy: **air ~** du lịch bằng máy bay **2** *v.* đi xa, đi chơi, (đi) du lịch, ngao du, du hành, di chuyển; đi, chạy, chuyển động; [tin] lan truyền đi, đồn đi

traverse 1 *n.* đường ngang, đường tắt; sự phản đối, sự chống đối, điều làm trở ngại 2 *v.* đi ngang qua, đi qua, nằm vắt ngang; nghiên cứu kỹ lưỡng

trawl 1 *n.* lưới rà, cần câu giăng 2 *v.* giăng, thả lưới rà

tray *n.* khay, mâm; ngăn, chậu

treachery *n.* sự phản bội, hành động phản trắc

treacle *n.* nước mật đường

tread 1 *n.* bước đi, dáng đi; tiếng chân bước; mặt bậc cầu thang; đế giày; gai, talông lốp xe 2 *v.* [**trod; trodden**] đặt chân lên, bước/giẫm lên; [chim] đạp mái: **to ~ on someone's toes** kết tội ai về những ưu quyền

treason *n.* sự làm/mưu phản: **high ~** tội phản quốc

treasure 1 *n.* tiền bạc, châu báu, của cải, kho của quí, kho tàng; vật quý, người yêu quí: **~ hunt** sự đi tìm châu báu; **~ trove** của báu tìm được 2 *v.* quý trọng, trân trọng giữ gìn

treasury *n.* kho bạc, ngân khố; (ngân) quỹ; kho; bộ ngân khố/ tài chính

treat 1 *n.* sự thết đãi; bữa tiệc (lớn), yến tiệc; điều vui thích 2 *v.* đối đãi, đối xử, cư xử, ăn ở; thết, thết đãi, bao; bàn xét, nói đến, nghiên cứu; xem như, coi như; chữa, điều trị

treaty *n.* điều ước, hiệp ước

treble 1 *n.* giọng trẻ cao 2 *adj.* gấp ba; [giọng] cao, kim 3 *v.* nhân ba, tăng gấp ba

tree 1 *n.* cây; cái nong giày, cái cốt yên: **family ~** cây/sơ đồ gia phả; **~ house** nhà trồng cây cho trẻ con chơi 2 *v.* bắt phải trốn trên cây

trek *n.* cuộc đi (xe bò); cuộc di cư

tremble *n., v.* (sự) run, run sợ, lo sợ; (sự) run lập cập; (sự) rung

tremendous *adj.* ghê gớm, kinh khủng, khủng khiếp; to lớn, lớn lao (kinh khủng); kỳ lạ, kỳ dị

tremor *n.* sự rung rinh; sự rung động/chuyển; sự chắc động: **earth ~s** vụ động đất (nhỏ)

trench *n.* hào, hầm; rãnh, mương

trend 1 *n.* chiều hướng, khuynh hướng, xu hướng, thiên hướng; phương hướng; **fashion ~s** khuynh hướng thời trang 2 *v.* đi về phía, hướng về

trepidation *n.* sự rung động; sự náo động/bối rối

trespass 1 *n.* sự xâm nhập, sự xâm phạm/vi phạm 2 *v.* xâm phạm, xâm lấn, xúc phạm: **to ~ against** vi phạm

tresses *n.* bím tóc, bộ tóc

trestle *n.* mễ, giá [để kê phản/ bàn]; trụ cầu

triad *n.* bộ ba; nguyên trị hoá bộ ba

trial *n.* sự thử, sự thí nghiệm; sự thử thách, nỗi gian nan, sự khổ tâm; vụ xử án: **to bring to ~** đưa ra tòa (xử); **by ~ and error** bằng cách mò mẫm; **~ by jury** xử án bằng đoàn bồi thẩm/phụ thẩm; **~ run** sự chạy thử

triangle *n.* hình tam giác

tribe *n.* bộ lạc, bộ tộc, đám, bọn, lũ, tụi

tribulation *n.* nỗi đau khổ, sự khổ cực

tribunal *n.* toà án, pháp đình, toà hoà giải

tributary 1 *n.* sông nhánh, phụ lưu 2 *adj.* [nước] phải triều cống, phụ dung, chư hầu, phụ thuộc

tribute *n.* đồ cống, cống vật, cống lễ; vật tặng, tặng vật; lời khen, lời mừng, lời chúc tụng

trick 1 *n.* trò khéo, trò ảo thuật; trò tinh nghịch, trò chơi xỏ/khăm; trò gian trá, thủ đoạn, mưu mẹo, ngón, mánh lới, mánh khoé, đòn phép; nước bài; tật, thói: **up to one's ~s** cư xử không tốt 2 *v.* lừa, đánh lừa, lừa gạt, lường gạt: **to ~ someone into doing something** đánh lừa ai làm việc gì

trickle 1 *n.* dòng nước/máu nhỏ 2 *v.* chảy nhỏ giọt

trifle 1 *n.* chuyện nhỏ mọn, chuyện vặt; món tiền nhỏ: **to waste one's time on ~s** mất thì giờ cho những chuyệt lặt vặt 2 *v.* đùa cợt, đùa giỡn, lãng phí, coi thường, xem nhe

trigger 1 *n.* cò súng, nút bấm: **to pull the ~** bóp cò; **to be quick on the ~** trả lời nhanh chóng 2 *v.* gây nên/ra

trigonometry *n.* lượng giác học

trilateral *adj., n.* ba bên, tay ba

trillion *n.* một nghìn tỷ [Mỹ, Pháp]; một tỷ tỷ

trim 1 *n.* thứ tự, sự sắp đặt (gọn gàng, sẵn sàng); cách phục sức; sự xoay buồm 2 *adj.* gọn gàng, ngăn nắp 3 *v.* tỉa, xén, hớt [tóc]; bẩy biện, trang hoàng [cây Nô en]; gạt [bấc đèn]; xén bớt, tỉa [cành lá]; xén [lề sách]; xoay [buồm]

trimester *n.* quí ba tháng

trinity *n.* nhóm ba: **the ~** ba ngôi một thể

trinket *n.* đồ nữ trang rẻ tiền

trio *n.* bộ ba

trip 1 *n.* cuộc đi, chuyến đi, cuộc hành trình; bước trật/hụt, sự vấp, sự vấp váp/sai lầm; sự ngáng 2 *v.* ngáng làm cho ngã; vấp, bước hụt, hụt chân; nói lỡ lời, lầm lỗi

triple 1 *n.* bộ ba, sinh ba con 2 *adj.* gấp ba, ba lần; gồm ba phần/cái: **~ time** nhịp ba, ba lần 3 *v.* nhân ba, (tăng) gấp ba

triplicate 1 *n.* bản thứ ba 2 *adj.* thành ba bản; ba lần 3 *v.* nhân ba, tăng lên ba lần, làm thành ba bản

tripod *n.* kiềng ba chân, giá ba chân [máy ảnh]

trishaw *n.* xe ba bánh (ở các nước Á châu)

triumph 1 *n.* chiến thắng/thắng lợi lớn; đại thắng; cuộc lễ khải hoàn; sự hân hoan 2 *v.* thắng, chiến thắng, đánh bại: **to ~ over the enemy** chiến thắng kẻ thù

trivial *adj.* tầm thường, không đáng kể, không lấy gì là quan trọng, vặt vãnh

troll 1 *n.* quỷ khổng lồ 2 *n., v.* hát tiếp nhau; câu cá kéo mồi trên nước

trolley *n.* xe đẩy tay, xe đẩy để mua hàng

trombone *n.* kèn đồng

troop 1 *n.* bọn, lũ, đám, toán,

trophy

đoàn; đội hướng đạo **2** *v.* xúm đông lại, đi từng đoàn, lũ lượt kéo đến: **to ~ off** lũ lượt kéo đi

trophy *n.* chiến tích, vật kỷ niệm, chiến thắng, chiến lợi phẩm; cúp, giải thưởng (thể thao)

tropic *n.* chí tuyến: **the ~s** (vùng) nhiệt đới

tropical *adj.* (thuộc) nhiệt đới

trot 1 *n.* nước kiệu, đua ngựa có kéo xe: **to put a horse into a ~** cho ngựa đua có xe léo **2** *v.* đi/ chạy nước kiệu; chạy lon ton: **to ~ out** khoe, phô trương

trouble 1 *n.* điều lo lắng; chuyện phiền nhiễu/hà; sự khó nhọc; tình trạng lộn xộn; bệnh; sự trục trặc: **to get into ~** làm cho ai bị rắc rối lôi thôi; [gái chưa chồng] có chửa; **~ spot** nơi hay xảy ra vấn đề/khó khăn **2** *v.* làm phiền, quấy rầy; làm cho băn khoăn lo lắng; làm khổ sở; làm đục lên; lo lắng, bận tâm

trough *n.* máng ăn [cho súc vật], máng nhào bột

trounce *v.* đánh bại, đánh thua, thắng

troupe *n.* gánh hát, đoàn kịch, đoàn văn công

trousers *n.* quần: **a pair of ~** một chiếc/cái quần

trousseau *n.* quần áo chăn màn của cô dâu

trout *n.* cá hồi, cá hương

trove *n.* (*also* **treasure trove**) quí vật vô chủ được tìm thấy; sách quí

trowel 1 *n.* cái bay thợ nề, cái bứng cỏ **2** *v.* trát bằng tay, bứng bằng xẻng

truant *n., adj.* (học sinh) trốn học: **to play ~** trốn học

truce *n.* sự ngừng bắn, đình chiến, hữu chiến: **to ask for a ~** yêu cầu đình chiến

truck 1 *n.* xe tải, xe vận tải, xe cam nhông; xe dỡ hành lý, xe đẩy của công nhân khuân vác **2** *v.* chở cam nhông, chở bằng xe tải; buôn bán đổi chác: **to ~ with someone** buôn bán với ai

truculent *adj.* hung hăng, hùng hổ, hung dữ

trudge 1 *v.* đi mệt nhọc, lê bước **2** *n.* một cuộc đi dài mệt mỏi

true 1 *adj.* thật, thực, có thật, đúng sự thật, xác thực; trung thành; chân thành; chính xác: **a ~ copy of the original** bản sao y chính bản **2** *adv.* thật, thực: **to come ~** trở thành sự thật; **Tell me ~.** Hãy nói thật với tôi. **3** *v.* điều chỉnh cho đúng chỗ: **to ~ up a wheel** điều chỉnh bánh xe cho đúng **4** *v.* mang vật gì vào đúng vị trí

trump 1 *n.* lá bài chủ; người tốt, người đàng hoàng: **to play a ~ card** chơi lá bài chủ **2** *v.* cắt bằng quân bài chủ; bịa đặt

trumpet *n., v.* kèn trom-pet: **to blow one's ~** gọi lớn ai như là thổi kèn trom-pet

truncate *v.* cắt cụt; cắt xén, bỏ bớt [đoạn văn]

truncheon *n.* (*also* **baton**) (đánh) dùi cui, ma trắc

trundle *v.* lăn, đẩy xe

trunk *n.* thân người; thân [cây]; hòm, rương; vòi [voi]; thùng xe ôtô; quần cộc (để bơi); **~call** việc gọi điện thoại đường dài, gọi điện thoại liên tỉnh; **~-road** đường chánh

truss **1** *n.* giàn nhà, khung nhà, vì kèo; băng giữ **2** *v.* đỡ bằng giàn; buộc [gà] lại (trước khi quay): **to ~ a chicken before roasting** buộc gà lại trước khi quay

trust **1** *n.* sự tin cậy/tín nhiệm, lòng tin; sự hy/kỳ vọng; sự giao phó/uỷ thác; trách nhiệm: **breach of ~** tội bội tín; **to take on ~** chấp nhận bằng sự tin cậy không cần bằng chứng **2** *v.* tin, tin cậy, tín nhiệm, giao phó, phó thác, bán chịu, cho chịu; hy vọng: **to ~ to luck** trông cậy vào sự may mắn

truth *n.* sự thật, chân lý; sự đúng, sự có thật: **to tell the ~** nói thật; **in ~** thật sự, đúng ra

try **1** *n.* sự thử, lần thử: **to have a ~ at** thử một lần xem **2** *v.* [**tried**] thử, làm thử, dùng thử, ăn thử; thử thách; xử, xét xử; cố gắng: **to ~ one's luck** thử thời vận

tsunami *n.* cơn sóng thần tsunami xẩy ra ở Nam Dương và Ấn Độ dương

tub **1** *n.* bồn tắm, chậu tắm, chậu gỗ; sự tắm: **bath~** bồn tắm; **~ chair** **2** *v.* tắm trong chậu, cho vào chậu, tắm chậu

tube **1** *n.* ống; săm, ruột (xe đạp, ô tô) **2** *v.* đặt ống, gắn ống, làm thành hình ống

tuber *n.* thân củ, củ

tuberculosis *n.* (*abbr.* **TB**) bệnh lao

tuck **1** *n.* nếp gấp **2** *v.* gấp lên; giắt [chăn, màn] cho trẻ con

ngủ: **to ~ in** nhét, giắt; **to ~ away** giấu kỹ, cất kín; **to ~ up** vén lên, xắn lên

Tuesday *n.* (ngày) thứ ba, (hôm) thứ ba

tuft *n.* chùm [lông]; chòm [lá]; búi [tóc, cỏ]; cụm, khóm, bụi

tug **1** *n.* sự giật/kéo mạnh: **~ of war** trò chơi kéo co **2** *v.* kéo mạnh, giật mạnh; kéo

tuition *n.* sự dạy học, phụ đạo, tiền học: **~ fees** học phí

tumble **1** *n.* cái ngã, sự nhào lộn, sự lộn xộn; hiểu, ngã lộn, té nhào; đổ sụp: **to take a ~** đoán, hiểu **2** *v.* ngã, sụp đổ: **to ~ down the stairs** ngã từ trên cầu thang xuống

tumid *adj.* sưng lên, nổi u lên; khoa trương

tummy *n.* dạ dày

tumor *n.* u, khối u, bướu

tumult *n.* tiếng ồn ào/om sòm; sự náo động: **mind in a ~** đầu óc bối rối xáo động

tuna *n.* cá thu, cá ngừ

tundra *n.* khu vực rộng không cây cối

tune **1** *n.* điệu hát, giọng; sự hoà âm; hoà thuận: **out of ~** lên dây sai, sai, lạc điệu; **to change one's ~** đổi giọng, đổi thái độ **2** *v.* lên dây, so dây; điều chỉnh, làm [máy]: **to ~ up** điều chỉnh dây, nhạc cụ; điều chỉnh máy xe hơi

tungsten *n.* hoá chất tăng-ten; dây tăng-ten trong bóng đèn

tunic *n.* áo chẽn, áo dài thắt ngang lưng

tunnel *n., v.* đường hầm, đường

xuyên sơn; hang, ổ; đường hầm ở mỏ than: **~ vision** sự không thấy được toàn cảnh

turbine *n.* tua-bin

turbulence *n.* sự hỗn loạn, sự náo động

turf *n.* bãi cỏ; trường đua ngựa; cuộc đua ngựa

turkey *n.* gà tây, gà lôi; thịt gà tây/lôi: **cold ~ treatment** việc thiết đãi món gà tây đông lạnh

Turkey *n.* nước Thổ nhĩ kỳ

turmoil *n.* tình trạng náo động/ hỗn loạn

turn **1** *n.* sự quay, vòng quay; sự rẽ, chỗ ngoặt; sự diễn biến; lần, lượt, phiên; hành động: **in ~** lần lượt; **to take ~s** thay phiên nhau **2** *v.* quay, xoay, vặn, lộn (trong ra ngoài); ngoảnh, quay [đầu]; ngoặt, rẽ; dịch; đổi; quay, xoay tròn; trở nên/ thành; giở [trang sách]: **to ~ off** tắt [nước, điện]; **to ~ a deaf ear** không trả lời; **to ~ over a new leaf** cải tiến việc làm

turnip *n.* củ cải

turpentine *n.* dầu thông

turret *n.* tháp nhỏ, tháp pháo, tháp đặt súng

turtle *n.* rùa: **to turn ~** lật úp; **~-neck** cổ lọ, áo len cổ lọ

tusk *n.* ngà [voi]; răng nanh [lợn lòi]

tussle *n., v.* (cuộc) ẩu đả

tutor **1** *n.* gia sư, phụ khảo, thầy/ cô giáo kèm riêng; trợ lý học tập **2** *v.* kèm học, dạy thêm, phụ đạo, bảo học; giám hộ

tutorial *n., adj.* phụ đạo/giáo; cẩm nang

tuxedo *n.* (*abbr.* **tux**) áo xi-môc-kinh, lễ phục đàn ông

TV *n., abbr.* (= **television**) vô tuyến truyền hình

twang **1** *n.* tiếng tưng [đàn]; giọng mũi: **to speak with a ~** nói giọng mũi **2** *v.* bật, búng dây đàn; nói giọng mũi

tweak *n.,v.* cái véo, vặn

tweed *n.* hàng len mặt sùi sùi: **~s** quần áo may bằng hàng tuýt sùi sùi

tweezers *n., v.* cái nhíp, nhổ bằng nhíp

twelve *num., adj.* (số) mười hai

twenty **1** *num.* số hai mươi: **the twenties [20's]** những năm 20; những năm tuổi trên 20 [từ 20 đến 29] **2** *adj.* hai mươi

twice *adv.* hai lần; gấp hai: **~ over** hai lần; **~ a week** mỗi tuần hai lần; **to think ~** suy nghĩ thật chín chắn

twiddle *n., v.* (sự) xoay xoay, vặn, ngoáy ngoáy: **to ~ one's thumbs** xoay ngón tay cái

twig *n.* cành cây nhỏ, dây nhánh nhỏ

twilight *n., adj.* hoàng hôn, lúc chập tối, lúc tranh tối tranh sáng

twin **1** *n., adj.* trẻ sinh đôi: **identical ~s** hai đứa song sinh giống hệt nhau **2** *v.* liên kết/ kết nghĩa hai người/thành phố với nhau

twine **1** *n.* sợi xe, dây bện; dây gai buộc gói, khúc uốn quanh: **the ~ of a rope** khúc quanh cuộn dây **2** *v.* xoắn, bện, kết lại, quấn quanh: **to ~ flowers into a wreath** kết hoa thành vòng

twinge *n.* (sự) nhói, (sự) nhức nhối; (sự) cắn rứt

twinkle *n., v.* (sự) lấp lánh; long lanh, lóng lánh

twirl *n., v.* (sự) xoay quanh, quay nhanh

twist **1** *n.* sự xoắn, sự vặn, sự bện; vòng, khúc uốn lượn, khúc cong; sự trẹo gân/xương; điệu nhảy tuýt; bản tính, khuynh hướng, sự thất thường: **the ~s and turns** những chỗ/cái ngất ngoéo; **a ~ to the truth** điều bóp méo sự thật **2** *v.* xoắn, vặn, bện, kết, xe; vặn vẹo; uốn khúc; trật, sái, (làm) trẹo; bóp méo [sự thật, lời nói]: **to ~ and turn** [con đường] quanh co, lượn vòng; [người ngủ] cựa mình, giở mình nhiều lần; **to ~ with pain** quần quại đau đớn

twitch *n., v.* (sự) co rúm, co quắp, giật mạnh: **to ~ one's sleeve** kéo tay áo ai

Twitter *n.* mạng truyền thông giao tiếp xã hội Twitter

two **1** *num.* số hai; đôi, cặp; quân/cây hai, con hai: **a week or ~** độ một hai tuần; **to put ~ and ~ together** suy luận đúng **2** *adj.* hai, đôi: **~ cylinders** hai xy-lanh; **~-edged** hai lưỡi; **~ seater** ô tô/phi cơ hai chỗ ngồi

tycoon *n.* trùm tư bản, vua [dầu hoả, thép]

type **1** *n.* kiểu mẫu; kiểu; (cỡ) chữ in: **to print in large ~** chữ lớn **2** *v.* đánh máy: **to ~ a letter** đánh máy một lá thư

typhoid fever *n.* bệnh sốt thương hàn

typhoon *n.* bão

typical *adj.* điển hình, tiêu biểu; đặc thù

typist *n.* người đánh máy, thư ký đánh máy

typographical *adj.* thuộc nhà/ nghề in: **~ errors** lỗi nhà in, lỗi ấn công

tyrant *n.* bạo chúa, bạo quân, kẻ bạo ngược

U

U-boat *n.* tàu ngầm Đức

udder *n.* bầu vú [bò, cừu]

UFO *n., abbr.* (= **Unidentified Flying Object**) vật bay không xác định được

ugly *adj.* xấu, xấu xí, xấu xa, đáng sợ: **as ~ as sin** xấu như ma; **an ~ customer** một con người xấu, người đáng sợ; **~ duckling** người đẹp hay giỏi nổi bật

UK *n., abbr.* (= **United Kingdom**) nước Anh kể cả Bắc Ái Nhĩ Lan

Ukraine *adj., n.* thuộc nước U-kren

ukulele *n.* đàn ghi ta nhỏ bốn dây [ở Hao-oai]

ulcer *n.* loét: **stomach ~** bệnh loét bao tử

ulterior *adj.* kín đáo, không nói ra; về sau: **~ motive** lý do sâu kín, hậu ý

ultimate *adj.* cuối cùng, chót, tối hậu; tối đa; căn bản, cơ bản: **He gave an ~ decision.** Ông ấy đã đưa ra quyết định cuối cùng.

ultrasonic *adj.* siêu âm

ultrasound *n.* hệ thống siêu âm dùng xem các bộ phận nằm trong cơ thể, cách xem hình bào thai nằm trong bụng mẹ

ultraviolet *adj.* (*abbr.* **uv**) cực tím, tia tử ngoại

umbilical *n.* rốn: **~ cord** dây rốn

umbrage *n.* oán hận, sự mếch lòng: **to take ~** làm mếch lòng

umbrella *n.* ô, dù; sự bảo vệ

umpire **1** *n.* trọng tài: **The ~'s decision is final.** Quyết định sau cùng là của trọng tài. **2** *v.* làm trọng tài

UN *n., abbr.* (= **United Nations**) Liên hiệp quốc: **United Nations Organization** tổ chức liên hiệp quốc

unable *adj.* không có khả năng, không thể được: **to be ~ to do something** không thể làm việc gì

unabridged *adj.* không tóm tắt, nguyên vẹn, đầy đủ: **an ~ version of the book** bản tóm tắt đầy đủ cuốn sách

unaccented *adj.* không có trọng âm, không có dấu nhấn

unacceptable *adj.* không thể chấp nhận được

unaccompanied *adj.* không có người đi theo, không có vật kèm theo: **She helped to look after ~ children traveling alone.** Bà ấy giúp những không có thân.

unaccomplished *adj.* không hoàn thành, không thực hiện được; bất tài

unaccustomed *adj.* không quen, không thường xẩy ra, bất thường

unachievable *adj.* không thể thành công được: **~ objectives** mục tiêu không thể đạt được

unacknowledged *adj.* không được công nhận, không được xác nhận

unaffected *adj.* không bị ảnh hưởng; không màu mè

unaided *adj.* không được trợ giúp, không có sự giúp đỡ: **to do something ~** làm việc gì không ai trợ giúp

unanimous *adj.* đồng thanh, nhất trí: **It is a ~ decision.** đó là quyết định nhất trí hoàn toàn

unannounced *adj.* không được thông báo, không báo trước

unappealing *adj.* không mời gọi, không hấp dẫn

unapproachable *adj.* không thể đến gần được, không thể đạt đến được

unarmed *adj.* không có vũ trang/ khí giới, tay không

unassuming *adj.* nhúng nhường, khiêm tốn

unauthorized *adj.* không được phép, trái phép

unavoidable *adj.* không thể tránh được

unawares *adv.* bất ngờ, thình lình, đột nhiên, bỗng nhiên; vô ý, vô tình, lỡ ra: **to be caught ~** bắt lấy bất ngờ

unbalanced *adj.* không thăng bằng; [đầu óc] rối loạn, không bình thường, không quyết toán: **~ account** tài khoản không cân bằng

unbearable *adj.* không thể chịu nổi/được

unbeatable *adj.* không thắng nổi, không thể đánh bại được

unbelievable *adj.* khó tin, không thể tin được: **It is ~ that such an event happened.** Không tin được biến cố đó đã xẩy ra.

unbiased *adj.* không có thành kiến, không thiên vị

unbind *v.* cởi, tháo, mở, thả ra

unblinking *adj.* không nhấp nháy, không do dự

unblock *v.* mở ra, không cấm, không đóng

unborn *adj.* chưa đẻ/sinh; sau này, tương lai

unbreakable *adj.* không vỡ/bể được

unbroken *adj.* nguyên vẹn; không bị gián đoạn; không nao núng; [ngựa] chưa dạy cho thuần được

unburden *v.* làm nhẹ bớt; bộc lộ tâm tình

uncanny *adj.* ly kỳ, kỳ lạ, huyền bí

uncertain *adj.* không chắc chắn, hay thay đổi: **~ weather** thời tiết hay thay đổi

uncertified *adj.* không được chứng nhận, không được xác nhận: **We can't accept these ~ documents.** Chúng tôi không thể chấp nhận tài liệu không được chứng nhận nầy.

unchanging *adj.* không đổi, không thay đổi

unclaimed *adj.* không ai nhận, không đòi hỏi: **These are ~ letters.** Nay là những thư không

có ai nhận.

uncle *n.* bác (trai), chú, cậu; giượng

unclean *adj.* bẩn, bẩn thỉu, dơ bẩn

unclear *adj.* không rõ, không sáng, không minh bạch

unclench *v.* nhả ra, cởi ra

unclothed *adj.* cởi áo quần, lột trần

uncomfortable *adj.* khó chịu, không thoải mái, bực bội; lo lắng, áy náy; không tiện, bất tiện: **Today I feel ~ because of this new coat.** Hôm nay tôi cảm thấy khó chịu.

uncommon *adj.* không thông thường, ít có; lạ lùng

uncomplimentary *adj.* không làm vui lòng, không cho, không khen ngợi

uncompromising *adj.* không nhượng bộ/thoả hiệp

unconcerned *adj.* không quan tâm, lãnh đạm, vô tình

unconnected *adj.* không nối được, không kết hợp được

unconscious *adj., n.* ngất đi, bất tỉnh, không biết, vô ý thức: **He is ~.** Ông ấy trong tình trạng bất tỉnh.

unconstitutional *adj.* trái hiến pháp, vi hiến

unconventional *adj.* không theo qui ước, độc đáo

uncooked *adj.* chưa chín, còn sống: **Don't eat ~ meat.** Đừng ăn thịt còn sống.

uncountable *adj.* không đếm được, không tính được: **~ nouns** danh từ không đếm được

uncouth *adj.* thô lỗ, lỗ mãng, vụng về

uncover *v.* mở rộng, mở nắp, bỏ mũ; tiết lộ, khám phá, phát hiện: **to ~ a secret** tiết lộ bí mật

uncut *adj.* không cắt xén, không bị kiểm duyệt

undaunted *adj.* không bị khuất phục, ngoan cường

undecided *adj.* không nhất định/ nhất quyết, không dứt thoát, lưỡng lự, do dự, trù trừ

undefeated *adj.* chưa hề bị thua

under 1 *adj.* dưới: **~ jaw** hàm dưới 2 *adv.* dưới: **to go ~** chìm dưới nước; **to keep someone ~** bắt ai phục tùng 3 *prep.* dưới, ở dưới; non, chưa đầy/đến; đang, trong: **~ the circumstances** trong trường hợp/hoàn cảnh này; **~ the cover of night** thừa lúc đêm khuya; **~ the terms of that treaty** theo (điều khoản) bản hiệp ước đó; **~ treatment** đang được chữa bệnh, đang được điều trị

underage *adj.* chưa đến tuổi trưởng thành

underbid *v., n.* bỏ thầu thấp, cho giá thấp hơn

undercharge *v.* lấy giá rẻ, tính giá thấp; tiếp điện còn thiếu

underclothes *n.* quần áo lót, quần áo trong

undercover *adj.* bí mật, chìm: **~ police** công an/cảnh sát chìm, cảnh sát mặc thường phục

undercurrent *n.* dòng nước ngầm; phong trào ngầm

undercut *v., n.* bán hay làm việc dưới giá

underdeveloped *adj.* kém mở mang/phát triển: **The World Bank helps ~ countries.** Ngân hàng thế giới giúp các mước kém mở mang.

underestimate *n., v.* đánh giá thấp, coi thường, tính sai, tính thấp quá: **I have ~d the workload for the project.** Tôi tính thấp công việc của dự án.

undergo *v.* [**underwent; undergone**] bị, chịu, trải qua: **to ~ surgery** vụ mổ, giải phẫu

undergraduate *n., adj.* sinh viên chưa tốt nghiệp [bốn năm đầu]; sinh viên cử nhân: **~ courses** những khoá học trong chương trình cử nhân

underground 1 *n.* xe điện ngầm, mêtrô; phong trào (kháng chiến) bí mật, chiến khu, bưng 2 *adv.* ở dưới đất, ngầm, địa hạ; kín, bí mật: **to work ~** hoạt động bí mật 3 *adj.* để ở dưới đất, giữ bí mật

underhanded *adj.* giấu giếm, lén lút, không quang minh chính đại; nham hiểm, thủ đoạn

underlying *adj.* cơ sở, cơ bản

undermine *v.* xói mòn; làm hao mòn, phá hoại, phá ngầm, đục khoét

underneath 1 *n.* bên/phần dưới 2 *adv.* dưới, ở dưới, bên dưới, ở dưới: **Your bag is ~ the table.** Túi xách của bạn ở dưới bàn.; **to look ~** xem ở phía dưới 3 *prep.* ở dưới, dưới, bên dưới: **using dogs to locate people trapped ~ collapsed buildings** dùng chó để tìm người bị vùi dưới những ngôi nhà bị sập

undernourished *adj.* thiếu ăn, thiếu dinh dưỡng

underpaid *adj.* trả lương ít/thấp: **Women are often ~ for the work they do.** Phụ nữ thường bị trả lương thấp đối với công việc của họ.

underpass *n.* đường chui, đường hầm

underprivileged *adj.* bị thiệt thòi, có ít quyền lợi, được hưởng ít quyền lợi

underscore *v., n.* gạch dưới; nhấn mạnh

undersea *adj.* dưới mặt biển: **~ exploration** cuộc khám phá dưới mặt biển

undersigned *adj.* người ký tên ở dưới: **I, the ~, wish to state ...** Tôi ký tên dưới đây muốn xác nhận rằng.

understand *v.* [**understood**] hiểu, hiểu ý, hiểu biết; thông cảm, hiểu ngầm: **it is understood that ...** người ta hiểu rằng; **to ~ each other** hiểu biết nhau, hiểu nhau

understanding *n., adj.* sự hiểu biết/am hiểu; sự thông minh; sự thoả thuận; điều kiện: **to come to an ~** đi đến một sự thông cảm

understudy *n., v.* (người) đóng thay

undertaking *n.* công việc, công cuộc (kinh doanh): **a commercial ~** việc kinh doanh thương mại

undertone *n.* màu nhạt, màu dịu; giọng thấp

underused *adj.* ít dùng

undervaluation *n.* sự đánh giá thấp, việc định giá thấp, sự coi thường

underwear *n.* quần áo lót mình: **~ store** cửa hàng bán quần áo lót

underwriter *n.* người/hãng bảo hiểm

undeserved *adj.* không xứng đáng, không đáng: **an ~ victory** cuộc thiến thắng không xứng đáng

undesirable *n., adj.* (người/việc) không ai ưa

undetectable *adj.* không thể tìm ra được, không dò ra được

undeterred *adj.* không ngã lòng, không bị ngănchặn

undeveloped *adj.* không mở mang, không phát triển: **~ countries** những nước kém phát triển

undisclosed *adj.* không được phổ biến, giữ bí mật, không cho ai biết: **He was paid an ~ sum.** Ông ấy được trả một số tiền không cho ai biết.

undiscovered *adj.* không tìm ra được, không phát hiện được, không khám phá ra được

undo *v.* [**undid; undone**] tháo, cởi, mở, làm tung ra, làm bung ra; làm hỏng, làm hư hỏng, cho trở lại cái vừa bỏ (trong máy vi tính): **to ~ a parcel** mở một gói hàng

undress *v.* cởi quần áo, thoát y

undue *adj.* thái quá, quá chừng quá đỗi; quá mức, vô lý, phi lý; không xứng đáng: **~ influence** sự ảnh hưởng của người khác đến quyết định của mình

undulate *v.* gợn sóng, chập chờn như sóng

unduly *adj.* bất tử, bất diệt; quá chừng, quá đáng

unearned *adj.* không kiếm được, không làm ra mà có (như tiền lời ngân hàng)

unearth *v.* đào lên, khai quật; mò tìm/ra, phát hiện được: **to ~ new facts** tìm ra tài liệu mới

uneasy *adj.* lo lắng, băn khuẩn; khó chịu, bứt rứt, không yên tâm; khó xử, bất tiện: **in ~ conditions** trong điều kiện không thoải mái

unedited *adj.* không được xem lại, không được biên soạn, không được biên tập

uneducated *adj.* không có học thức/văn hoá, vô học; không được giáo dục/giáo hoá

unemployed **1** *n.* người thất nghiệp, người không có việc làm: **to help the ~** giúp những người thất nghiệp **2** *adj.* thất nghiệp, mất việc

unending *adj.* mãi không hết, vô tận, liên miên

unenjoyable *adj.* không thích thú, không thú vị

unequal *adj.* không bằng/ngang, không đều [nhau]; không/bất bình đẳng; thất thường: **~ to that task** không kham nổi nhiệm vụ đó; **~ treatment** đối xử không công bằng, đối xử bất thường

unerring *adj.* không thể sai, chính xác

UNESCO *n., abbr.* (= **United Nations Educational, Scientific**

and Cultural Organization) Tổ chức giáo dục, khoa học và văn hoá của Liên Hiệp Quốc

unethical *adj.* trái với luân thường đạo lý, trái nguyên tắc (đạo đức), không được đúng đắn, [cạnh tranh] bất chính

uneven *adj.* không phẳng, không đều, gồ ghề; [số] lẻ, thất thường, hay thay đổi

uneventful *adj.* không có chuyện gì xảy ra, bình tĩnh, yên ổn, không có biến cố (gì đáng kể)

unexpected *adj.* không ngờ, không mong đợi, thình lình, ý ngoại, đột nhiên: **It is an ~ meeting.** Cuộc gặp gỡ bất ngờ.

unexplained *adj.* không giải thích được, không rõ ràng

unexplored *adj.* chưa ai thăm dò/ thám hiểm

unfair *adj.* không công bằng, bất công, thiên vị, tây vị; gian lận: **All workers protested against the ~ retrenchment.** Tất cả công nhân phản đối việc cho nghỉ việc không công bằng.

unfaithful *adj.* không trung thành, phản bội/trắc

unfamiliar *adj.* không quen/biết, lạ; không rõ, không am hiểu, không am tường

unfavorable *adj.* không thuận lợi, bất lợi, không lợi; không tán thành, không thuận, không cho hảo ý, không chấp thuận

unfeeling *adj.* không cảm giác/ cảm động, nhẫn tâm

unfinished *adj.* chưa xong, chưa hoàn thành/hoàn tất, bỏ dở, dở dang: **~ business to be settled**

công việc dở dang đã được làm xong

unfit *adj.* không thích hợp; thiếu khả năng, không đủ tư cách; không đủ sức khoẻ

unfold *v.* mở [tờ báo, v.v.] ra bày tỏ, bộc lộ

unforeseeable *adj.* không đoán trước được

unforgettable *adj.* không thể quên được

unfortunate 1 *adj.* không may, rủi ro, khốn nạn, bất hạnh; đáng tiếc 2 *n.* người bất hạnh, người không may

unfriendly *adj.* không thân thiện; thù địch, cừu địch, bất lợi

unfulfilled *adj.* chưa (làm) tròn, chưa thực hiện được; chưa đạt được, chưa toại [ý, nguyện]

unfurnished *adj.* [căn nhà] không có đồ đạc: **to rent an ~ house** thuê một ngôi nhà không có đồ đạc

ungracious *adj.* thiếu nhã nhặn/ lịch sự, khiếm nhã

ungrateful *adj.* bạc, không biết ơn, vô ơn, vong ân bội nghĩa; [công việc] bạc bẽo, không thú vị

unguarded *adj.* không canh phòng, không phòng thủ; khinh suất, không đề phòng/giữ gìn/ thận trọng: **Unguarded remarks often result in unexpected revelations.** Những lời nói không thận trọng thường gây ra hệ quả không đoán trước.

unguided *adj.* không có hướng dẫn, không được hướng dẫn

unhand *v.* thả ra, cho rời khỏi

unhappy *adj.* khổ, khổ sở, thiếu hạnh phúc; không may, không hay/tốt, bất hạnh, rủi, buồn

unharmed *adj.* không sao, không can gì, bình yên vô sự, an toàn; nguyên vẹn, toàn vẹn

unhealthy *adj.* hại sức khoẻ, bệnh tật, bệnh hoạn: **Don't eat ~ food.** Đừng ăn thức ăn không tốt cho sức khoẻ.

unheeded *adj.* không ai chú ý đến, không ai để ý đến

unhelpful *adj.* không có ích, vô ích

unhinge *v.* lấy/gỡ bản lề đi

unhook *v.* mở khuy, tháo móc

unhurt *adj.* không bị hề hấn gì, không sao, vô sự

unidentified *adj.* chưa nhận dạng được; chưa tìm ra căn cước/lai lịch/gốc tích: **These ~ bodies are waiting for DNA testing.** Những cơ thể chưa nhận ra gốc gác được hiện đang chờ thử nghiệm DNA.

uniform 1 *n.* đồng phục, quân phục: **Students are required to wear ~s.** Học sinh đòi hỏi phải mặc đồng phục. 2 *adj.* cùng một kiểu, giống nhau, đồng dạng; đều nhau, bất biến: **to keep at a ~ temperature** giữ nhiệt độ không thay đổi

unify *v.* hợp nhất, thống nhất, thống hợp: **Vietnam was unified in 1976.** Việt Nam được thống nhất vào năm 1976.

unilateral *adj.* một phía/bên, đơn phương

unimaginable *adj.* không thể tưởng tượng được

unimportant *adj.* không đáng kể, không quan trọng

uninhabited *adj.* bỏ không, không có người ở

uninhibited *adj.* tự do, không bị hạn chế/kiểm chế

uninstall *v.* không được ghép vào/thiết kế

uninsured *adj.* không có bảo hiểm

unintelligible *adj.* khó hiểu, không hiểu được

uninteresting *adj.* không hay, chán, vô vị

uninterrupted *adj.* liên tiếp, liên tục, không bị đứt quãng, không bị gián đoạn; không bị ngắt lời

uninvited *adj.* không được mời

union *n.* sự kết hợp/liên kết; sự nhất trí/đoàn kết; đồng minh, liên minh, liên hiệp; liên bang; công hội, công đoàn, nghiệp đoàn: **labor ~** nghiệp đoàn lao động, công đoàn; **trade ~** nghiệp đoàn; **~ card** thẻ hội viên nghiệp đoàn

unique *adj.* có một, duy nhất, độc nhất, đơn nhất, vô song, có một không hai, độc nhất vô nhị: **Our plan is ~.** Mục tiêu duy nhất của chúng ta là …

unisex *adj.* cả nam lẫn nữ

unison *n., adj.* sự hoà hợp nhất trí: **to act in ~** hành động nhất trí

unit *n.* đơn vị; một, một cái: **The family is a basic ~ of a society.** Gia đình là một đơn vị của xã hội.; **~ cost, ~ price** giá một đơn vị, giá một cái

unite *v.* hợp làm một, hợp nhất;

liên kết, đoàn kết (với nhau); kết hợp, liên hiệp

universal *adj.* chung, phổ thông, phổ biến; cả thế giới, thuộc vũ trụ/vạn vật: **~ gravitation** sức hấp dẫn của vạn vật; **~ language** ngôn ngữ quốc tế; **~ suffrage** đầu phiếu phổ thông; **~ time** giờ thế giới; **There is a ~ desire for peace.** Toàn thể thế giới đều mong muốn hoà bình.

university *n.* (trường/viện) đại học, trường cao đẳng, trường đại học tổng hợp: **national ~** đại học quốc gia; **state ~** đại học nhà nước, đại học tiểu bang

unkempt *adj.* [tóc] rối bù; [quần áo] lôi thôi cẩu thả, lôi thôi lếch thếch: **to spot ~ hair and filthy clothes** đầu tóc rối bù quần áo lôi thôi

unkind *adj.* không tử tế, ác, tàn nhẫn, [lời] nặng

unknot *v.* mở nút ra, tháo nút ra

unknown 1 *n.* ẩn số 2 *adj.* không biết, chưa biết, lạ; không tiếng tăm gì, vô danh: **tombs of ~ soldiers** mồ chiến sỹ vô danh

unlatch *v.* mở chốt cửa, đẩy then cửa

unlawful *adj.* trái luật/phép, không/bất hợp pháp, bất chính: **~ gatherings** việc tụ tập trái phép

unleaded *adj.* không đậy nắp; xăng không có chất kẽm/nhớt

unleash *v.* thả xích [chó]; gây ra [chiến tranh]

unless *conj.* trừ phi, trừ khi: **Unless you try, you will never succeed.** Nếu không cố gắng, bạn không bao giờ thành công.

unlicensed *adj.* không có giấy phép, không đăng ký, không có môn bài

unlike 1 *adj.* không giống, khác; [hai cực] đối nhau: **Mary is ~ her sister; she doesn't talk a lot.** Mary không giống như người chị, cô ấy không nói nhiều. 2 *prep.* khác với: **~ his father** khác với cha anh ta

unlisted *adj.* không có trong danh sách, không có tên trong danh sách

unload *v.* cất gánh nặng, dỡ hàng/đồ; tháo đạn ra

unlucky *adj.* không may, rủi, xui, xúi, đen đủi, vận áo xám; [điềm] gở, không hay, xấu

unmarked *adj.* không đánh dấu, không chú ý, không bị theo dõi

unmarried *adj.* chưa lấy vợ/ chồng, chưa lập gia đình, còn độc thân, chưa thành gia thất; ở vậy

unmatched *adj.* chưa ai bì/sánh kịp, chưa ai địch nổi, vô song, vô địch; lẻ, lẻ đôi, lẻ bộ

unmitigated *adj.* không giảm bớt; tuyệt đối: **an ~ fool** một gã đại ngốc

unmoved *adj.* không nhúc nhích; thản nhiên, không cảm động, không mủi lòng: **The pitiful cries from the lost child left him ~.** Sự khóc thương đau xót của đứa bé bị lạc làm cho nó không nhúc nhích.

unnatural *adj.* không tự nhiên, giả tạo, gượng gạo, điệu, điệu bộ; trái với thiên nhiên

unnecessary 1 *adj.* không cần thiết, vô ích, thừa, vô dụng 2 *n.* những cái vô ích, những thứ không cần thiết

unnerve *v.* làm nản, làm nhụt nhuệ khí/can đảm

unnumbered *adj.* không đánh số, không có số

unobserved *adj.* không được quan sát, không được xem; không được dự thính

unobtainable *adj.* không kiếm/ tìm ra được

unoccupied *adj.* trống, chưa ai ngồi, không có ai ở/chiếm; rảnh, nhàn, nhàn rỗi: **an ~ house** nhà trống không ai ở

unofficial *adj.* không chính thức: **They have an ~ meeting.** Họ có cuộc gặp gỡ không chính thức.

unpaid *adj.* không (trả) công, không lương, công không; chưa trả, chưa thanh toán: **Send me the ~ invoice.** Gởi cho tôi hoá đơn chưa thanh toán.

unpardonable *adj.* không thể tha thứ, không thể dung thứ được

unplanned *adj.* không có kế hoạch, không hoạch định trước

unpleasant *adj.* khó chịu, không thoải mái, khó ưa, đáng ghét

unpopular *adj.* không được ưa chuộng, không được hoan nghênh, không thịnh hành, bị mất nhân tâm, chẳng ai thích/ mê: **He is an ~ leader.** Ông ấy không phải là nhà lãnh đạo nổi tiếng.

unprecedented *adj.* không tiền khoáng hậu, chưa hề có/thấy, chưa từng có, chưa từng thấy

unpredictable

(trước đây): **The latest ruling by an eminent judge set an ~ principle.** Quyết định mới nhất của quan toà đã đưa ra một nguyên tắc chưa từng thấy trước đây.

unpredictable *adj.* không thể đoán trước được, không thể nói trước được

unprepared *adj.* không sẵn sàng, không chuẩn bị

unpretentious *adj.* không khoa trương, khiêm tốn

unprincipled *adj.* thiếu đạo đức, vô luân thường

unprofessional *adj.* không chuyên nghiệp, nghiệp dư

unprofitable *adj.* không vụ lợi, không sinh lợi

unprotected *adj.* không được che chở, không được bảo vệ

unpublished *adj.* chưa xuất bản, chưa in

unravel *v.* tháo, gỡ [mối chỉ]; giải quyết [bí mật]

unread *adj.* không đọc được

unreasonable *adj.* vô lý, quá quắt, không biết điều

unregistered *adj.* không đăng ký, không trước bạ, không vào sổ

unrelated *adj.* không có liên quan/quan hệ, không dính dáng

unreliable *adj.* [người, tin] không đáng tin cậy

unrepentant *adj.* không ân hận, không ăn năn

unreserved *adj.* không để dành riêng cho ai, không dè dặt

unresolved *adj.* chưa giải quyết, không được giải đáp

unrest *n.* tình trạng náo động/

xôn xao/bất an; sự băn khoăn lo ngại, sự không yên tâm

unripe *adj.* [quả] xanh, chưa chín; chưa chín muồi

unroll *v.* mở ra, tháo [cuộn] ra, trải ra

unruffled *adj.* bình tĩnh, điềm tĩnh, không nóng

unruly *adj.* khó dạy, ngỗ nghịch, bất trị

unsafe *adj.* không an toàn, nguy hiểm: **It is ~ to travel at night in remote areas.** Không an toàn khi đi vào ban đêm ở những nơi xa xôi hẻo lánh.

unsatisfactory *adj.* không làm vừa lòng/ý, không thoả mãn: **I have received ~ answers.** Tôi vừa nhận lời phúc đáp không thoả đáng.

unsatisfied *adj.* không được thoả mãn, chưa hả

unscheduled *adj.* không lên chương trình, không qui định thời gian

unscrew *v.* tháo/vặn [ốc] ra: **I can't ~ the cap of this box.** Tôi không thể tháo nắp cái hộp nầy.

unscrupulous *adj.* vô lương tâm, không đắn đo

unseen *adj.* không (nhìn) thấy được, vô hình

unsettled *adj.* hay thay đổi; không ổn định; chưa có người đến định cư; chưa giải quyết/ thanh toán

unsightly *adj.* khó coi, xấu xí, bẩn mắt

unskilled *adj.* [công nhân] không có chuyên môn, không có tay nghề giỏi: **You can find ~ jobs easily.** Bạn có thể kiếm việc không cần chuyên môn dễ dàng.

unsociable *adj.* không thể hoà đồng được, không thể gần gũi được

unsold *adj.* không bán được: **These ~ books will be donated.** Những sách không bán được sẽ cho tặng.

unsolved *adj.* không được giải quyết, chưa được giải quyết, không tìm ra

unsound *adj.* điên, rối loạn, không lành mạnh; [đồ ăn] thiu, ôi, hư; [lý luận] không vững

unstable *adj.* không vững/chắc, không ổn định

unsteady *adj.* lung tay, không vững/chắc, lảo đảo; run run; [đèn lửa] leo lét, chập chờn

unstructured *adj.* không kết cấu được, không kết hợp được

unsuccessful *adj.* hỏng, thất bại, không thành công: **His efforts were ~.** Nỗ lực của ông ấy không thành công.

unsuitable *adj.* không đủ tư cách, bất tài; không thích hợp: **My health condition is ~ for such heavy work.** Sức khoẻ của tôi không thích hợp đối với việc làm nhiều giờ.

unsupported *adj.* không ủng hộ, không hỗ trợ/giúp đỡ

unsympathetic *adj.* không thông cảm, không động lòng thương

untangle *v.* gỡ rối, gỡ ra

unteachable *adj.* không thể dạy được, khó dạy

unthinkable *adj.* không thể tưởng tượng/có được

untidy *adj.* không gọn gàng, lộn xộn, bừa bãi, bù rối, không chải chuốt; lôi thôi, lếch thếch

untie *v.* tháo, cởi [dây, ca vát]; cởi trói

until *prep., conj.* cho đến khi/ lúc: **The library is open ~ midnight.** Thư viện mở cửa đến nửa đêm.

untimely *adj.* non, yếu, sớm quá; [lời nói, hành động] không đúng lúc, trái khoáy: **an ~ death** sự chết yểu

untold *adj.* không nói ra, không kể lại; không kể xiết, vô kể, vô số, không biết bao nhiêu mà kể: **an ~ story** câu chuyện chưa được kể lại

untouched *adj.* còn nguyên, nguyên si; chưa đả động đến, chưa bàn đến; không xúc động/động tâm: **Much of the Vietnamese coastline has remained ~.** Dọc bờ biển Việt Nam vẫn còn mới.

untrained *adj.* không được huấn luyện, chưa thạo

untrue *adj.* không đúng, sai (sự thật); không trung thành: **The allegations are completely ~.** Những vu cáo hoàn toàn sai sự thật.

untruth *n.* điều nói dối, láo; chuyện giả dối

untypical *adj.* không đặc biệt, không thường

unused *adj.* chưa dùng đến

unusual *adj.* lạ (thường), khác thường, ít có, hạn hữu; phi thường, tuyệt vời

unvalued *adj.* không giá trị, không có giá, không được trọng

unvarnished *adj.* không đánh véc-ni; không phấn son, không tô điểm, tự nhiên

unveil *v.* bỏ mạng che mặt; khánh thành; tiết lộ: **to ~ the new sculpture commemorating the opening of the renovated museum** khánh thành hình điêu khắc mới trong dịp khai mạc viện bảo tàng vừa mới tu bổ

unwanted *adj.* không ai muốn, không ai cần; thừa

unwary *adj.* không cẩn thận/ thận trọng, lơ đãng, coi thường, khinh suất

unwavering *adj.* không lung lay, cương quyết, kiên quyết, không nao núng

unwed *adj.* chưa lập gia đình, chưa làm đám cưới

unwelcome *adj.* [khách] không được hoan nghênh; [tin tức] dữ, gở, không hay

unwieldy *adj.* khó cầm, khó sử dụng; khó trị

unwilling *adj.* không vui lòng, không sẵn lòng

unwind *v.* tháo ra, không cuộn nữa; thư giãn

unwise *adj.* dại dột, khờ dại, không khôn ngoan

unworthy *adj.* không xứng đáng, không đáng, không có tư cách

unwritten *adj.* nói miệng, chưa viết xong; [giấy] trắng, chưa viết; [luật] do tập quán qui định; [ngôn ngữ] chưa có chữ viết, chưa có văn tự; chưa thành văn: **The ~ rule (not to**

walk barefoot) is understood by all. Tất cả mọi người đều hiểu là không được đi chân đất là luật bất thành văn.

unyielding *adj.* cứng rắn, không chịu nhượng bộ/khuất phục, không chịu thua

up **1** *n.* sự lên, sự thăng: **the ~s and downs of...** những sự thăng trầm; **Our new business is on the ~.** Cơ sở kinh doanh mới của chúng ta đang phát triển. **2** *adj.* đang (đi) lên; đang đứng; ngược: **~market** tuỳ theo thị trường **3** *adv.* ở trên, lên trên, lên; lên, dậy; đến, tới; hết, hoàn toàn; to lên: **~ in the air** trên trời, trên không; **I get ~ very early.** Tôi dậy rất sớm.; **fill her ~** xin ông đổ đầy thùng xăng cho tôi; **Please speak ~.** Xin ông nói to lên một tí.; **to be ~ and about** khỏi bệnh rồi đã đứng dậy đi lại được rồi; **~ to ...** xứng đáng với; **~ to now** cho đến nay **4** *prep.* ở trên, ngược lên: **~ hill and down dale** lên dốc xuống đèo; **~ the river** ngược dòng sông

upbeat *adj., n.* (âm nhạc) nốt không nhấn đứng trước nốt nhấn

upbringing *n.* sự dạy dỗ, sự giáo dục/giáo dưỡng

update *v.* cập nhật hoá, hiện đại hoá: **to ~ one's knowledge** cập nhật kiến thức của mình

upfront **1.** *adj.* thẳng thắn: **He is ~ about his intentions.** Ông ấy nói thẳng ý định của ông ta. **2** *adj.* trả trước: **You have to pay**

an ~ fee of 5 percent. Bạn phải trả trước lệ phí 5%.

upgrade *v.* nâng cấp; thăng cấp, thăng trật

upheaval *n.* sự thay đổi/biến động đột ngột; sự dấy lên, sự nổi dậy: **political ~** chính biến

uphill 1 *adj.* [đường] dốc; khó khăn, vất vả 2 *adv.* lên dốc: **to run ~** chạy lên dốc

uphold *v.* [**upheld**] nâng lên, giương cao; ủng hộ, tán thành; giữ vững, duy trì, kiên trì; xác nhận

upholstery *n.* nghề bọc nệm; nệm ghế, nệm xe hơi

upkeep *n.* sự/tiền bảo trì, bảo dưỡng, sửa sang

uplift 1 *n.* sự nâng/nhấc lên, sự nâng cao, đề cao; sự tiến bộ; hứng khởi 2 *v.* nâng/nhấc/đỡ lên; nâng cao, đề cao

upload *v., n.* chuyển trữ liệu vào bộ nhớ lớn hơn

upon *prep.* ở trên, vào lúc; nhờ vào, theo, với: **~ my arrival** lúc tôi đến nơi

upper 1 *n.* mũ giày: **to be on one's ~s** nghèo xác nghèo xơ, không một đồng dính túi 2 *adj.* trên, cao, thượng: **~ berth** giường trên [ở tàu thủy, xe lửa]; **~ lip** môi trên; **the ~ Chamber/House** Thượng nghị viện

upright *adj.* đứng thẳng; đứng; thẳng góc; ngay thẳng, chính trực: **an ~ piano** đàn dương cầm mở nắp đứng

uprising *n.* cuộc nổi dậy, cuộc khởi nghĩa

uproar *n.* tiếng ồn ào, tiếng ầm ĩ; sự náo động

upset 1 *n.* sự đổ, sự lật đổ; sự khó chịu, sự bối rối, sự lo ngại, tình trạng bất an 2 *v.* làm đổ, lật đổ, làm lật úp; đảo lộn, làm xáo trộn; làm rối loạn; làm lo ngại, làm cho ai tức giận, làm khó chịu; làm bối rối: **to ~ someone** làm cho ai tức giận; **to ~ a plan** làm đảo lộn kế hoạch

upside *n.* phần trên, phía trên: **~ down** đảo lộn, lộn ngược, ngược, lộn đầu đuôi

upstairs *adj., adv.,* n. ở trên gác, ở tầng trên; lên gác/lầu, lên tầng trên

upstream *adj., adv.* ngược dòng sông/suối

upsurge *n.* đợt bột phát, cơn, cao trào

uptight *adj.* hồi hộp, tức giận

upward *adj., adv.* hướng lên, lên, về phía trên: **to look ~** nhìn lên

urban *adj.* thuộc về thành thị, ở thành phố: **~ district** khu nội thành; **~ planning** thiết kế đô thị

urea *n.* chất u-rê

urethra *n.* ống đái

urge 1 *n.* sự thúc đẩy; dục vọng mãnh liệt 2 *v.* thúc giục, thúc, thôi thúc, giục giã, nài nỉ; cố gắng thuyết phục, khuyến thích: **I strongly ~ you to be patient and not to resort to violence.** Tôi xin các bạn hãy kiên nhẫn, đừng có bạo động.

urgent *adj.* gấp, khẩn cấp, khẩn nài: **Food is an ~ need for tsunami victims.** Thực phẩm là

urinary

nhu cầu khẩn cấp cứu trợ nạn nhân Tsunami.

urinary *adj.* thuộc nước tiểu: ~ **tract** niệu đạo

urinate *v.* đái, đi đái, đi tiểu, tiểu tiện

urn *n.* lư, vạc; đỉnh, bình đựng tro hoả táng; bình trà lớn, bình cà phê lớn ở tiệm

U.S. *n., abbr.* (= **United States (of America)**) nước Mỹ/Hoa Kỳ

us *pron.* chúng tôi, chúng mình/ ta: **We like him, and he likes ~.** Chúng tôi ưa anh ta, và anh ta cũng thích chúng tôi.; **all of ~** tất cả chúng tôi/ta

usage *n.* cách dùng (thông thường); thói quen, tập quán, tục lệ; sự dùng quen

use **1** *n.* sự dùng, cách dùng, quyền sử dụng; thói quen; ích lợi: **in ~** được dùng, có người ngồi; **to be of no ~** vô ích; **to have no ~ for someone** không ưa ai; **to make ~ of** dùng, sử dụng **2** *v.* [**used**] dùng, sử dụng; lợi dụng; tiêu dùng, tiêu thụ: **to ~ up** dùng hết; **There ~d to be a banyan tree right here.** Trước kia ở ngay chỗ này có một cây đa.; **~d to coffee** quen uống cà phê

useful *adj.* có ích, hữu ích, dùng được

usher **1** *n.* người đưa ghế, người chỉ chỗ ngồi [cho khán giả]; người đón khách đến dự lễ cưới (ở nhà thờ) **2** *v.* đưa, dẫn [**in**/ **into** vào; **out** ra; **to** đến]; báo hiệu, mở đầu: **to ~ into ...** đưa vào chỗ ngồi; **to ~ in a new era**

đi vào một kỷ nguyên mới

usual *adj.* thường, thường dùng, thông thường, quen dùng: **as ~** như thường lệ

usurp *v.* lấn chiếm, chiếm đoạt

utensil *n.* đồ dùng, dụng cụ, khí cụ: **kitchen ~s** đồ dùng trong bếp, nồi niêu xoong chảo

uterus *n.* dạ con, tử cung

utility *n.* sự ích lợi: **utilities** điện nước và khí đốt; **public utilities** tiện nghi công cộng

utmost **1** *n.* mức tối đa, chỗ tột cùng, cực/tột điểm: **to do one's ~** làm hết sức mình, hết sức cố gắng **2** *adj.* hết sức, tột bực, vô cùng, cuối cùng, xa nhất, lớn nhất, cực điểm

utopian *n., adj.* (người) không tưởng

utter **1** *adj.* hoàn toàn, tuyệt đối: **Utter nonsense!** Chuyện hoàn toàn vô lý, chuyện láo 100 phần trăm! **2** *v.* thốt ra, nói ra, phát ra; bày tỏ

U-turn *n.* sự quay xe để đi ngược lại hình chữ U

V

vacancy *n.* khoảng trống, chỗ trống, chỗ khuyết; nhà/ phòng trống (để cho thuê): **"No Vacancy"** KHÔNG CÒN PHÒNG TRỐNG

vacant *adj.* trống, bỏ không; [chức vụ] khuyết; [cái nhìn] lơ đãng: **to apply for a ~ position** xin vào làm ở chỗ khuyết

vacation **1** *n.* kỳ nghỉ, thời gian

nghỉ (hè): **~ with pay** nghỉ ăn lương; **during my ~ I visited Hanoi** trong thời gian nghỉ hè tôi đã đi thăm Hà Nội **2** *v.* đi nghỉ

vaccine *n.* vac-xin, thuốc chủng, thuốc chích ngừa

vacillate *v.* lúc lắc, lắc lư, lảo đảo, chập chờn; do dự, lưỡng lự, không quyết định

vacuum 1 *n.* chân không [vật lý]: **~ cleaner** máy hút bụi **2** *v.* hút bụi: **I have ~ed the carpets today.** Tôi vừa mới hút bụi thảm ngày hôm nay.

vagabond 1 *n.* người lang thang/ lêu lổng; du đãng **2** *adj.* lang thang, lêu lổng

vagina *n.* âm đạo; vỏ bọc, bẹ lá

vagrant *n., adj.* (người) lang thang

vague *adj.* mơ hồ, mập mờ, lờ mờ, không rõ, hàm hồ; [cái nhìn] lơ đãng

vain *adj.* tự phụ, tự đắc, quá để ý đến nhan sắc áo quần của mình; vô ích, vô hiệu quả: **~ efforts** những nỗ lực vô ích; **to be ~** tự đắc về

valance *n.* (*also* **valence**) diềm màn (cửa sổ)

Valentine *n.* thiệp mừng hoặc quà tặng vào ngày valentine [14 tháng 2]; bạn gái vào dịp đó

valet *n.* người hầu phòng đàn ông [lo quần áo cho ông chủ nhà hoặc khách trọ]

valiant *adj.* can đảm, dũng cảm, anh dũng

valid *adj.* có giá trị/hiệu lực, có căn cứ, vững, chính đáng

validate *v.* làm cho có giá trị, cho ngày giờ có hiệu lực vào vé xe, tàu

valley *n.* thung lũng, lưu vực; khe mái

valor *n.* sự can đảm, sự dũng cảm

valuable 1 *n.* đồ quí giá, đồ tế nhuyễn, nữ trang, tài bảo **2** *adj.* có giá trị, quí giá, quý báu

valuation *n.* sự đánh giá, sự lượng giá

value 1 *n.* giá trị, giá cả; năng suất; nghĩa, ý nghĩa: **market ~** giá thị trường, thời giá; **moral ~s** tiêu chuẩn đạo đức **2** *v.* quý, trọng, chuộng, coi trọng, đánh giá cao; sùng thượng; đánh giá, định giá: **to ~ one's property** định giá tài sản của ai

valve *n.* van [ruột bánh xe, tim]; mảnh vỏ [sò]

vampire *n.* ma hút máu, ma cà rồng; người đàn bà ve vãn/mồi chài đàn ông

van *n.* xe chở hàng nhỏ, xe tải, xe hành lý, xe dọn nhà; toa xe lửa chở hàng

vandalism *n.* hành động phá hoại

vane *n.* chong chóng gió, cánh quạt cối xay, chân vịt: **weather ~** chong chóng xem chiều gió

vanguard *n.* quân tiên phong, tiền đội

vanilla *n., adj.* va-ni, mùi thơm na-ni: **~ ice cream** kem va-ni

vanish *v.* biến mất, lẩn mất; tiêu tan: **to ~ into the crowd** lẩn mất vào đám đông

vanity *n.* tính tự cao tự đại, tính kiêu căng; sự hư vô, tính hư ảo; chuyện phù hoa; bàn phấn, bồn

vanquish

rửa mặt, bàn trang điểm: ~ **case** hộp đựng phấn son

vanquish *v.* thắng, được, đánh bại; chế ngự, chiến thắng

vantage *n.* thế lợi, lợi thế, ưu thế: ~-**point** lợi thế, ưu thế

vapor 1 *n.* hơi, hơi nước; vật hư ảo, sự tưởng tượng hão huyền; ~ **pressure** áp suất hơi nước 2 *v.* bốc hơi, nói khoác lác, nói chuyện chẳng đâu vào đâu

variable 1 *n.* biến số, gió biến đổi 2 *adj.* (có thể) thay đổi, biến thiên

variety *n.* trạng thái khác nhau, tính chất bất đồng, tính đa dạng: ~ **show** chương trình văn nghệ nhiều tiết mục; ~ **store** cửa hàng tạp hoá

various *adj.* (nhiều thứ) khác nhau

varnish 1 *n.* véc-ni, sơn dầu; nước bóng; men, mã 2 *v.* quét sơn dầu, đánh véc-ni; tô vẽ, tô son điểm phấn, tô điểm thêm

vary *v.* thay đổi; đổi khác, thay đổi, biến đổi; khác với; không đồng ý; biến thiên, biến tấu

vascular *adj.* thuộc mạch máu

vase *n.* lọ cắm hoa, bình

vasectomy *n.* thuật giải phẫu cắt ống dẫn tinh đàn ông

vassal *n.* chư hầu; kẻ lệ thuộc, đầy tớ

vast *adj.* rộng lớn, bao la, mênh mông, bát ngát

vat 1 *n.* thùng lớn, vạc, bể 2 *v.* bỏ vào bể, bỏ vào chum

Vatican *n.* Toà thánh Va-ti-căng: ~ **City** thành phố Va-ti-căng

vault 1 *n.* máy vòm, khung vòm;

hầm; hầm mộ; phòng có tủ sắt lớn của nhà băng 2 *n.* cái nhảy qua 3 *n.* nhảy qua, nhảy tót; nhảy sào: **pole** ~ môn nhảy sào 4 *v.* xây thành vòm, che phủ bằng vòm

vaunt *n., v.* (lời) khoe khoang, khoác lác

veal *n.* thịt bê

veer 1 *n.* sự xoay chiều, sự đổi hướng 2 *v.* thay đổi chiều hướng; thay đổi ý kiến

vegetable 1 *n.* rau: ~ **soup** xúp rau, xúp lêghim 2 *n.* người tàn tật, người bị bệnh tâm thần 3 *adj.* thuộc thực vật: ~ **oil** dầu ăn thực vật

vegetarian *n., adj.* (người) ăn chay, không ăn mặn; chay, không có thịt: ~ **diet** chế độ ăn toàn rau, chế độ kiêng thịt

vehemence *n.* sự dữ dội, sự mãnh liệt/kịch liệt

vehicle *n.* xe, xe cộ; phương tiện truyền bá

veil 1 *n.* mạng che mặt, khăn quàng đầu; trướng, màn che; màn [sương, đêm, mây]; lốt, bề ngoài: **to drop the** ~ bỏ mạng che mặt xuống 2 *v.* che mạng; che, phủ; che giấu, che đậy

vein *n.* tĩnh mạch, mạch máu; gân lá; gân cánh [sâu bọ]; vân [gỗ, đá]; mạch [than, quặng]; hứng thơ, thi hứng; lối, kiểu (nói): **pulmonary** ~ tĩnh mạch phổi

velocity *n.* tốc độ, tốc lực; sự nhanh chóng

velvet *n., adj.* nhung; tiền lãi, tiền lời, món bổng

venal *adj.* tham nhũng, dễ mua

chuộc, dễ hối lộ, hay ăn của đút, hay ăn hối lộ

vend *v.* bán những hàng lặt vặt, bán hàng rong

vendor *n.* người bán hàng, người bán hàng lặt vặt: **street ~** người bán hàng rong

veneer *n.* lớp gỗ mặt; vỏ/bề ngoài, mã (ngoài): **a house with brick ~** nhà gạch có plas-ter

venerable *n., adj.* người đáng tôn kính: **the ~ A.B.** Thượng toạ Thích A.B.; **a ~ historian** một sử gia đáng tôn kính

venereal *adj.* hoa liễu, phong tình

vengeance *n.* sự trả/báo thù, sự phục thù: **with a ~** một cách dữ dội

venison *n.* thịt hươu, thịt nai

venom *n.* nọc độc, sự độc ác, ác ý

vent **1** *n.* lỗ, lỗ hổng, lỗ thông/thoát; ống khói; lối thoát: **to give ~ to one's anger** trút cơn giận **2** *v.* trút, bộc lộ, thổ lộ, phát tiết: **to ~ a barrel** giùi lỗ thùng cho thông hơi

ventilate *v.* thông gió/hơi; thảo luận công khai

ventral *adj.* thuộc bụng, ở bụng

ventricle *n.* thất, tâm thất; não thất (xem **auricle** tâm nhĩ)

ventriloquist *n.* người nói tiếng bụng

venture **1** *n.* việc liều lĩnh, việc mạo hiểm: **at an important ~** việc mạo hiểm quan trọng **2** *v.* liều, dám, đánh bạo, mạo hiểm: **to ~ an objection** dám lên tiếng phản đối

venue *n.* chỗ hẹn gặp, địa điểm tập hợp; nơi xử án

Venus *n.* thần Vệ nữ, người đàn bà đẹp, thần ái tình; sao Kim

veracious *adj.* thành thật, chân thực, xác thực

veranda(h) *n.* hiên, hè

verb *n.* động từ

verbal **1** *n.* từ mà gốc là động từ, động từ **2** *adj.* thuộc động từ; bằng lời nói, bằng miệng; dịch từng chữ một: **~ agreement** đồng ý bằng miệng, chứ chưa viết xuống

verbatim *adj., adv.* đúng nguyên văn, từng chữ một

verdict *n.* lời tuyên án/phán quyết; quyết định của phụ thẩm/bồi thẩm: **a ~ of not guilty** sự tuyên án vô tội

verge **1** *n.* bờ, ven, biên, rìa: **on the ~ of a sneeze** gần nhảy mũi **2** *v.* tiến sát gần, gần như, nằm sát: **to ~ on/upon** sát gần, gần như

verify *v.* soát lại, kiểm lại, thẩm tra, kiểm tra; xác nhận, xác minh, chứng minh, chứng nhận

vermicelli *n.* bún, miến, mì nhỏ sợi

vermin *n.* sâu bọ, chấy rận; bọn vô lại

vernacular **1** *n.* tiếng bản xứ; tiếng mẹ đẻ, thổ ngữ; tiếng thông thường/thông tục; tiếng riêng, tiếng lóng trong nghề: **to be translated into the ~** được dịch ra tiếng địa phương **2** *adj.* bằng tiếng địa phương

vernal *adj.* thuộc mùa xuân; thuộc tuổi thanh xuân: **~ equinox** (điểm) xuân phân

vernier *n.* vec-nê

versatile *adj.* có nhiều tài, uyên

verse

bác; có nhiều công dụng

verse 1 *n.* thơ; câu thơ, đoạn thơ, bài thơ, tiết [trong một chương kinh thánh]: **free ~** thơ tự do **2** *v.* làm thơ, diễn tả bằng thơ

versus *prep.* (*abbr.* **vs**) chống, chống lại: **~ someone else** đối với ai khác

vertebra *n.* (*pl.* **vertebrae**) đốt xương sống

vertical *n., adj.* (đường) thẳng đứng

verve *n.* sự hăng hái nhiệt tình: **to be in good ~** đương cao hứng/ hăng hái

very 1 *adv.* rất, lắm, quá; chính, đúng **2** *adj.* chính, ngay; chỉ; thực, thực sự: **caught in the ~ act** bị bắt quả tang

vessel *n.* thuyền lớn, tàu thủy; mạch, ống; bình, lọ, thùng, chậu: **blood ~** mạch máu

vest 1 *n.* áo gi-lê [đàn ông, đàn bà]; áo lót **2** *v.* mặc quần áo cho; ban, phong, trao quyền cho

vestige *n.* dấu vết, vết tích, di tích, tàn tích

vet 1 *n., abbr.* (= **veteran**) cựu chiến binh **2** *n., abbr.* (= **veterinarian**) bác sĩ thú y, bác sĩ chữa bệnh súc vật

veteran 1 *n.* cựu (chiến) binh, binh sĩ giải ngũ; tay kỳ cựu: **Department of ~ Affairs** bộ cựu chiến binh **2** *adj.* kỳ cựu, lão luyện

veto 1 *n.* quyền phủ quyết, sự phủ quyết **2** *v.* bác bỏ, phủ quyết: **to ~ a bill** dùng quyền phủ quyết để bác bỏ một dự luật

vex *v.* làm phật ý, làm bực, làm khó chịu

via *prep.* qua, quá cảnh, theo đường: **~ the canal** qua ngả kênh

viable *adj.* có thể tồn tại/thành tựu được

viaduct *n.* cầu cạn, cầu xe lửa ở chỗ cạn

vial *n.* lọ thuốc nước

vibrate *v.* rung (động); chấn động, lúc lắc, run lên, rộn ràng, rộn rã

vicar *n.* mục sư, cha sở

vicarious *adj.* chịu thay cho người khác; chia sẻ với người khác; được uỷ nhiệm thay thế

vice 1 *n.* thói hư/nét xấu, thói hư tật xấu; sự đồi bại, sự trụy lạc; chứng/tật [của ngựa]; thiếu sót **2** *n.* êtô, mỏ cặp **3** *prefix* phó, thứ: **~-chairman** phó chủ tịch, phó chủ nhiệm, phó ban; **~-consul** phó lãnh sự; **~-president** phó tổng thống, phó chủ tịch

vicinity *n.* vùng lân cận/phụ cận; sự gần gũi: **in the ~ of Hanoi** ở gần Hà Nội

vicious *n.* xấu xa, đồi bại, dâm đãng; độc ác, ác, xấu chơi; [ngựa] dữ, sai, trật: **~ circle** vòng luẩn quẩn; **~ rumor** lời đồn ác

victim *n.* nạn nhân [tai nạn, chiến tranh, vụ lừa đảo]; vật tế thần, vật hy sinh

victor *n.* người thắng trận/cuộc, kẻ chiến thắng

victory *n.* sự thắng trận/cuộc, sự chiến thắng; thắng lợi: **to win a ~** giành được thắng lợi

video 1 *n., adj.* băng truyền hình: ~ **cassette** băng nhựa quay hình; ~ **conference** hội nghị bằng truyền hình; ~ **recorder** máy ghi hình băng nhựa 2 *v.* quay phim bằng máy quay nhỏ

vie *v.* ganh đua, tranh đua, thi đua

Vietnam *n.* nước Việt Nam

view 1 *n.* sự nhìn thấy; tầm mắt; cảnh, quang cảnh; cách nhìn, quan điểm, ý kiến: **to come into** ~ hiện ra trước mắt; ~**point** quan điểm; **in** ~ **of …** xét vì, bởi, xét thấy, vì lý do; **political** ~ chính kiến 2 *v.* trông/nhìn thấy, xem; xem xét kỹ, nghĩ về: **to** ~ **a matter from one's position** nhìn vấn đề theo vị trí của mình

vigil *n.* sự thức để trông nom/ canh phòng

vigilance *n.* sự cảnh giác, sự cẩn mật: **to lack** ~ thiếu cảnh giác, thiếu thận trọng

vigor *n.* sức mạnh, cường lực, sự cường tráng, khí lực; sức hăng hái mãnh liệt

vile *adj.* [thời tiết] xấu, khó chịu; [mùi] thối, ghê tởm; [lời lẽ] xấu xa, bỉ ổi; hèn hạ, đê hèn

villa *n.* biệt thự

village *n.* làng, xã, hương thôn

villain *n.* kẻ hung ác, tên côn đồ, tên vô lại; thằng lưu manh, tên phản bội [trong phim kịch]

vindicate *v.* bào chữa, bênh vực, chứng minh [cho người bị nghi hoặc tố cáo oan]

vine *n.* cây leo, cây bò; cây nho: ~ **grower** người/nhà trồng nho

vinegar *n., v.* giấm, trộn giấm

vineyard *n.* vườn nho, ruộng nho

vintage *n., adj.* sự/mùa hái nho; nho hái được; rượu nổi tiếng; loại (rượu, ôtô, máy bay) đã cũ

vinyl *n.* chất nhựa vi-nin

viola *n.* đàn viô-lông lớn, đàn an-tô

violate *v.* phạm, vi phạm, xâm phạm, xúc phạm; lỗi [thề]; bội [ước], làm trái với; hãm hiếp

violence *n.* sự mạnh mẽ dữ dội; bạo lực, vũ lực, sự cưỡng bức, tính chất bạo động/quá khích; tội bạo hành, tội hành hung: **domestic** ~ bạo hành trong gia đình

violent *adj.* mạnh (mẽ), dữ (dội), mãnh liệt; hung tợn, hung bạo, hung dữ, quá khích, kịch liệt: ~ ~ **death** cái chết bất đắc kỳ tử

violet 1 *n.* cây hoa tím, hoa tím, màu tím 2 *adj.* tím

violin *n.* đàn viô-lông, đàn vĩ cầm, người kéo viô-lông

VIP *n., abbr.* (= **Very Important Person**) thượng khách

viper *n.* rắn độc, rắn vipe; người hiểm ác

viral *adj.* gây độc hại/nguy hiểm bệnh hoạn

virgin 1 *n.* gái tân, gái (đồng) trinh, trinh nữ; trai tân 2 *adj.* còn tân, còn trinh, trinh khiết, trong trắng: ~ **forest** rừng hoang

virile *adj.* thuộc đàn ông, nam tính; hùng dũng, hùng, cương cường, đáng bậc tu mi nam tử

virology *n.* khoa vi-rút

virtual *adj.* thực sự, thực tế, có thật; ảo, giả: **a** ~ **prisoner** chẳng khác gì một người ở tù; ~ **focus** tiêu điểm ảo

virtue *n.* tính tốt, đức, đức tính, đức hạnh; trinh tiết; cái hay, cái lợi, ưu điểm; hiệu quả, hiệu lực (của phương thuốc)

virus *n.* vi-rút, độc chất, độc tố; mầm độc, mối độc hại

visa *n.* chiếu khán, thị thực trên thông hành/hộ chiếu: **entry ~** thị thực nhập cảnh

vis-a-vis *prep.* đối diện, liên quan; so với: **Britain's role ~ the United States'** vai trò nước Anh liên quan đến Mỹ

viscous *adj.* nhớt, lầy nhầy, sền sệt; dính, dẻo

visible *adj.* (có thể trông) thấy được: **without ~ cause** không có nguyên nhân rõ rệt

vision *n.* sức nhìn/trông, thị lực, điều mơ ước; ảo tưởng, ảo ảnh, ảo cảnh, ảo mộng; ảo giác, sức tưởng tượng, cái nhìn xa

visit **1** *n.* sự đi thăm, sự thăm viếng; chuyến tham quan, cuộc đi thăm/chơi; câu chuyện thân mật; sự khám/thăm bệnh **2** *v.* thăm, thăm hỏi, đến thăm, đến chơi, thăm viếng; tham quan, đi thăm [chỗ nơi, nước]; [tai họa, dịch tễ] giáng xuống

visual *adj., n.* thuộc sự nhìn, thuộc thị giác: **~ aid** trợ thính thị; **~ display unit** một giàn máy nghe nhìn

vital **1** *n.* thuộc đời sống, cần cho cuộc sống **2** *adj.* cần cho sự sống; sống còn, quan trọng, quan yếu; nguy hiểm (đến tính mạng); sinh động, đầy sức sống: **a ~ question** vấn đề sinh tử; **~ statistics** (thống kê) sinh tử giá thú

vitamin *n.* thuốc bổ, thuốc vi-ta-min

viva *n., intj.* (tiếng hoan hô) muôn năm!

vivacious *adj.* nhanh nhẩu, hoạt bát, linh lợi, sống lâu

vivid *adj.* [bức tranh, sự miêu tả] sinh động; [kỷ niệm] rõ ràng, rõ rệt, sâu sắc; [màu] rực, chói

vixen *n.* cáo cái, chồn cái; đàn bà đanh đá

viz *adv., n.* hư là, có thể nói

vocabulary *n.* từ vựng, ngữ vựng

vocal *n., adj.* thuộc phát âm, thuộc âm thanh; to/lớn tiếng, hay nói; bằng miệng; thích nói tự do: **~ music** thanh nhạc

vocational *adj.* thuộc nghề nghiệp: **~ education** giáo dục nghề nghiệp/chức nghiệp

vociferous *adj.* la lối om sòm, la hét ầm ĩ: **a ~ crowd** đám đông la hét ầm ĩ

vogue *n.* mốt, thời trang: **to be in ~** đang thịnh hành

voice **1** *n.* giọng nói, tiếng nói, tiếng, lời nói, sự tỏ bày, sự phát biểu; quyền ăn nói; âm kêu/tỏ; dạng: **with one ~** đồng thanh, nhất trí **2** *v.* nói lên, bày tỏ, phát biểu, phát thành âm kêu

void **1** *n.* chỗ trống, khoảng trống; sự trống rỗng, bỏ không, khuyết; không có hiệu lực, vô giá trị: **to fill a ~** lấp khoảng trống **2** *adj.* trống, bỏ không, trống rỗng: **to consider something as null and ~** xem cái gì cũng chẳng có giá trị **3** *v.* huỷ bỏ, làm cho mất giá trị, vô hiệu

volatile *adj.* dễ bay hơi, nhẹ dạ; vui vẻ, hoạt bát

volcano *n.* (*pl.* **volcanoes**) núi lửa, hoả diệm sơn: **active ~** núi lửa đang phun

volition *n.* ý, ý chí

volley **1** *n.* loạt [đạn], tràng [pháo tay], chuỗi [cười]; quả vô lê **2** *v.* ném/bắn hàng loạt, tuôn ra hàng tràng; đánh bóng chuyền

voltage *n.* điện áp

voluble *adj.* lém, liếng thoắng, ăn nói trôi chảy/lưu loát, lưu lợi, lợi khẩu

volume *n.* quyển, cuốn, tập; khối; thể tích, dung tích; âm lượng, độ vang: **a two-~ dictionary** một bộ từ điển hai tập/cuốn; **~s of smoke** nhiều đám khói

volunteer **1** *n.* người tình nguyện; quân tình nguyện, quân chí nguyện **2** *v.* tình nguyện (đi lính), xung phong (tòng quân); xung phong [làm việc gì], tự động đưa ra

voluptuous *adj.* ưa nhục dục, hiếu sắc, dâm đãng; khêu gợi, gây khoái lạc, đầy khoái lạc

vomit **1** *n.* chất nôn mửa ra **2** *v.* nôn, mửa; phun ra

voracious *adj.* tham ăn, ham ăn, phàm ăn: **a ~ reader** người đọc nhiều sách, người ngốn sách

vortex *n.* gió cuốn, gió xoáy, xoáy nước, cơn lốc: **to be drawn into the ~ of ...** bị lôi cuốn vào cơn lốc ...

vote **1** *n.* sự/quyền bỏ phiếu, lá phiếu; số phiếu; sự biểu quyết: **to cast a ~** bỏ lá phiếu **2** *v.* bỏ/đầu phiếu, bầu cử; bỏ phiếu

thông qua: **to ~ in** bầu cho ai; **to ~ out** bỏ phiếu chống ai; **to ~ for** bỏ phiếu tán thành; **to ~ against** bỏ phiếu phản đối, bỏ phiếu bác

vouch *v.* xác nhận, xác minh; cam đoan, bảo đảm: **to ~ for the truth of ...** bảo đảm sự thật

voucher *n.* người bảo đảm; biên lai, chứng từ/chỉ, phiếu trả tiền rồi để đổi lấy hàng

vow **1** *n.* lời thề/nguyền, lời thệ ước/thề nguyền: **to take ~s** đi tu **2** *v.* thề nguyền, thề, nguyện: **to ~ revenge** thề sẽ báo thù

vowel *n.* nguyên âm, mẫu âm; chữ cái ghi nguyên âm

voyage **1** *n.* chuyến du lịch bằng đường biển hoặc máy bay **2** *v.* đi du lịch xa (bằng đường biển)

vulgar *adj.* thô tục, thô bỉ; tục tĩu; thường, thông thường, thông tục, bình dân, đại chúng

vulnerable *adj.* có chỗ yếu, có nhược điểm, có thể bị công kích/chỉ trích

W

wacky *adj.* tàng tàng, điên điên

wad *n.* nùi bông, xấp giấy bạc; nút lòng súng

waddle *n., v.* (dáng) đi lạch bạch như vịt

wade *v.* lội, lội qua [chỗ nông]: **to ~ across a river** lội qua sông; **to ~ through a book** đọc mãi mới hết một quyển sách

wadi *n.* sông ngòi cạn chỉ có nước vào mùa mưa

wafer

wafer *n.* bánh quế, bánh kẹp; bánh thánh

waffle **1** *n.* bánh kẹp, bánh quả tim; chuyện gẫu **2** *v.* nói chuyện gẫu, nói chuyện liến thoắng

waft *n., v.* thoảng/nhẹ đưa; gửi vọng; thoảng qua

wag *n., v.* (sự) lắc [đầu]; (sự) vẫy [đuôi], ve vẫy; người hay nói đùa, người hay tinh nghịch

wage **1** *n.* tiền lương, tiền công: **to earn/get a ~** được trả lương, kiếm được tiền công; **~ earner** người làm công ăn lương; **starvation ~s** đồng lương chết đói; **~-rise** sự tăng lương; **~ scale** thang lương; **~-sheet** giấy trả lương **2** *v.* tiến hành [chiến tranh], đánh nhau với: **to ~ war against** gây chiến

wager **1** *n.* sự đánh cuộc/cá: **to lay a ~** đánh cá **2** *v.* đánh cuộc, đánh cá

wagon *n.* xe bò, xe ngựa; xe goòng, xe có thùng: **water ~** xe chở nước; **to be on the ~** kiêng rượu

waif *n.* trẻ bị bỏ rơi, đứa trẻ vô thừa nhận, đứa trẻ bơ vơ; chó lạc, mèo lạc; vật vô chủ

wail *n., v.* (tiếng) than khóc, than van, rền rĩ: **the Wailing Wall of Jerusalem** bức tường cao ở thành phố Giê-ru-xa-lem ở trong nhà thờ Herod, nơi chúa Giê su cầu nguyện vào ngày Thứ sáu

waist *n.* chỗ thắt lưng, eo; áo chẽn đàn bà

wait **1** *n.* thời gian chờ đợi; sự rình: **to lie in ~ for** nằm rình, mai phục **2** *v.* chờ, đợi: **to ~**

for chờ; **to ~ one's turn** đợi đến lượt mình

waiter *n.* người hầu bàn, tiếp viên nhà hàng

waiver *n.* sự từ bỏ/khước từ; sự/ giấy cho hoãn

wake **1** *n.* lần tàu: **in the ~ of the earthquake** sau vụ động đất ấy **2** *n.* thức canh người chết **3** *v.* [**woke**; **woken**] thức giấc, thức dậy, tỉnh dậy

walk **1** *n.* sự đi bộ; cuộc đi dạo chơi, đi tản bộ; quãng đường đi bộ; dáng đi; đường đi, lối đi; tầng lớp xã hội: **Let's take a ~.** Chúng ta hãy dạo chơi một vòng đi.; **different ~s of life** đủ các tầng lớp xã hội khác nhau **2** *v.* đi, đi bộ, đi lang thang, đi tản bộ, đi chơi; đi chân: **to ~ away** bỏ đi; nẵng đi, cuỗm mất; **to ~ off with** nẵng đi, cuỗm mất, chuồn đi đem theo; **to ~ out** bỏ ra đi, thình lình bỏ đi; đình công, bãi công

wall **1** *n.* tường, vách, thành [giếng, mạch máu, tim]; thành, thành lũy, thành quách: **the Great ~ of China** Vạn Lý Trường thành; **to be pushed to the ~** bị dồn vào chân tường, bị dồn vào thế bí **2** *v.* xây tường/ thành bao quanh: **to ~ up** xây bịt lại

wallet *n.* ví da, ví tiền

wallop *n., v.* cú đánh mạnh, quất mạnh

wallow **1** *v.* [trâu] đắm mình trong bùn, bơi, đắm mình: **to ~ in wealth** đắm mình trong tiền của, nhung lụa **2** *n.* bãi trâu nằm, bãi đầm

walrus *n.* con moóc, hải mã, hải tượng

waltz 1 *n.* điệu nhạc/nhảy van-xơ 2 *v.* nhảy van-xơ

wan *adj.* xanh xao, nhợt nhạt, yếu ớt, tái mét

wand *n.* đũa thần, gậy phép; que đánh nhịp, đũa nhạc trưởng; gậy quyền, quyền trượng

wander *n., v.* đi lang thang, đi thơ thẩn; đi chệch đường, lạc đề; lơ đễnh, nghĩ lan man: **to ~ about the streets** đi lang thang ngoài đường phố; **to go for a ~ around the garden** đi thơ thẩn quanh vườn; **to ~ the world** đi khắp thế giới

wane 1 *n.* sự/lúc tàn, lúc hết thời, tuần trăng lúc khuyết, khuyết, xế bóng, về già, tàn tạ, suy giảm, lu mờ, hết thời (oanh liệt) thân bại danh liệt 2 *v.* khuyết, xế; giảm đi, suy yếu, tàn tạ

wangle *n., v.* dùng mánh khóe/thủ đoạn để đạt được

want 1 *n.* sự thiếu, sự cần, sự cần thiết; nhu cầu; cảnh túng thiếu: **to be in ~** sống thiếu thốn 2 *v.* muốn, muốn có; cần, cần có, cần dùng; thiếu, không có

war *n.* chiến tranh; sự đấu tranh: **~ of aggression** chiến tranh xâm lược; **to declare ~** tuyên chiến; **nuclear ~** chiến tranh nguyên tử/hạt nhân; **psychological ~** chiến tranh tâm lý; **~ correspondent** phóng viên chiến trường; **~ pension** tiền trợ cấp cựu chiến binh; **World ~ I** trận Thế Giới Đại chiến 1

ward 1 *n.* người vị thành niên

được giám hộ [theo pháp luật]; nghĩa tử của nhà nước; sự giám hộ, sự bảo trợ, khu vực (tuyển cử); phòng khu/nhà thương; phòng giam: **electoral ~** khu vực bầu cử; **isolation ~** khu cách ly 2 *v.* đỡ, gạt, tránh phòng, ngăn ngừa: **to ~ off** tránh, đỡ

warden *n.* cai tù/ngục, ngục lại, ngục tốt; người gác; quản lý nhà thờ, người coi khu rừng cấm săn bắn

warder *n.* cai ngục/tù

wardrobe *n.* quần áo (của một người); tủ quần áo

warehouse *n.* kho hàng

warfare *n.* chiến tranh: **chemical ~** chiến tranh hóa học; **nuclear ~** chiến tranh nguyên tử/hạt nhân

warm 1 *adj.* nóng, ấm; [lời cảm ơn, sự tiếp đón, bạn] niềm nở, nồng nhiệt, nồng hậu; sôi nổi, nhiệt liệt: **to put some ~ clothes on** mặc áo ấm vào 2 *v.* hâm nóng, hấp lên cho nóng, làm cho nóng/ấm, sưởi ấm; nóng lên, ấm lên: **to ~ up** (làm) sôi nổi lên 3 *adv.* cảm thấy ấm, ấm áp 4 *n.* nơi ấm áp

warn *v.* báo trước cho biết; cảnh cáo, răn, can: **to ~ someone of danger** báo cho ai biết trước nguy hiểm; **to ~ off** nói cho ai tránh xa nơi nào đó

warp 1 *n.* sợi dọc; sự vênh/cong 2 *v.* làm vênh/oằn, làm cong; làm sai lạc/thiên lệch; vênh, oằn, cong

warrant 1 *n.* sự bảo đảm, giấy chứng nhận; trát; lý do (xác

warranty

đáng): **search** ~ trát khám nhà **2** v. bảo đảm, chứng thực, chứng nhận; biện hộ cho

warranty n. sự bảo đảm, sự cho phép: **two years'** ~ bảo đảm hai năm

warrior n. chiến sĩ, quân nhân, chinh phu

wart n. hột cơm, mụn cóc; bướu cây

wary adj. cẩn thận, thận trọng, cảnh giác

wash **1** n. sự rửa, sự rửa ráy/tắm rửa/tắm gội; sự giặt giũ, quần áo đem giặt, quần áo giặt rồi; nước rửa gội, nước rửa bát, nước vo gạo; nước vôi quét tường, lớp tráng: **to have a** ~ tắm rửa **2** v. rửa [mặt, tay, chân; bát, đĩa, chén, cốc; xe]; gội; giặt [quần áo]; rửa ráy; [nước] vỗ vào; cuốn đi: **to** ~ **away** rửa sạch; làm lở, cuốn đi mất

washer n. người rửa/giặt; máy giặt, vòng đệm, lông đền

wasp n. ong bắp cày, ong nghệ

wastage n. sự hao phí, sự lãng phí

waste **1** adj. bỏ hoang, hoang vu, bị tàn phá: ~ **land** đất hoang; **to lay** ~ tàn phá **2** n. sự phí phạm, sự phung phí/lãng phí/hao phí; đồ thừa, rác rưởi, vật phế thải; đất hoang, hoang địa, chỗ hoang vu: **to run to** ~ uổng phí đi **3** v. phí, tiêu phí, phung phí, lãng phí, làm phí, uổng phí; tàn phá; làm hao mòn dần, làm tiêu hao: **to** ~ **one's breath** cho lời khuyên vô hiệu

wastrel n. phế phẩm; người hoang phí; kẻ lưu manh

watch **1** n. đồng hồ đeo tay: **wrist** ~ đồng hồ đeo tay **2** n. sự canh phòng/canh gác; lính canh, người canh, người gác/trực; phiên gác; tổ trực: **to be on the** ~ canh gác, trông chừng, thấp thỏm chờ; **to keep** ~ **over** canh, gác, canh chừng **3** v. canh, gác, trông, trông nom; nhìn xem, quan sát; rình, theo dõi; chờ: **to** ~ **for** để ý xem, quan sát; chờ, rình; **to** ~ **over** trông, canh; **Watch out!** Coi chừng! đề phòng

water **1** n. nước, nước uống, nước rửa; dung dịch; sông nước, đường thuỷ, biển, thuỷ triều, nước (bóng/láng): **to be in hot** ~ bị lôi thôi, rắc rối, khó khăn; **to fish in troubled** ~**s** lợi dụng lúc đục nước béo cò; **to pour/throw cold** ~ **on** giội gáo nước lạnh vào; ~ **main** ống nước chính; ~**pipe** ống nước; ~ **polo** bóng nước; ~ **power** sức nước, than trắng; ~ **skiing** môn chơi trượt nước; ~ **off a duck's back** đổ nước qua đầu vịt, vô ích **2** v. tưới, tưới nước; cho [súc vật] uống nước; làm loãng; uống nước; chảy nước, ứa nước

waterfall n. thác nước

watermark n. ngấn nước, hình mờ [ở giấy viết thư]

watery adj. ướt, đẫm nước, sũng nước; đẫm lệ; loãng, lỏng, lõng bõng; nhạt nhẽo, bạc bẻo

watt n. oát, đơn vị đo điện

wattle **1** n. yếm [gà tây/lôi]; râu [cá] **2** n. phên liếp, cọc cừ **3** v. đan que, làm tường bằng phên

wave 1 *n.* sóng, làn sóng[ở biển, ở tóc uốn quăn]; cái vẫy tay; đợt [nóng, lạnh, người]; sóng điện: **permanent ~** tóc làn sóng giữ lâu 2 *v.* phất [cờ]; vẫy [mùi soa]; vung, múa [gươm, gậy]; uốn tóc; [cánh đồng] gợn sóng; [tóc] quăn tự nhiên; [cờ] phấp phới; vẫy tay ra hiệu: **to ~ aside** gạt sang một bên; **to ~ goodbye** vẫy tay chào từ biệt

waver *v.* chập chờn, rung rinh; lưỡng lự, do dự

wax 1 *n.* sáp, chất sáp: **~ museum** viện bảo tàng người sáp 2 *v.* đánh sáp, bôi sáp

way 1 *n.* đường, đường/lối đi; đoạn/khúc đường; phía, chiều; hướng; cách; phương pháp, biện pháp: **all the ~** đến cùng; **by ~ of introduction** để giới thiệu; **to find a ~** tìm đường, tìm cách; **to get out of the ~** tránh ra; **this ~** lối này; **to be in the ~ of ...** làm vướng người khác; **to give ~** nhường bước; **to know one's ~ around** biết rõ đường đi nước bước; **to lead the ~** dẫn đường; **to make ~ for** nhường chỗ cho; **to mend one's ~s** tu tỉnh, cải tà qui chính 2 *adv.* **~ in** lối vào; **~ out** lối ra

W.C. *n., abbr.* (= **water-closet**) nhà vệ sinh, nhà cầu

we *pron.* chúng ta, chúng tôi

weak *adj.* yếu, yếu ớt, yếu đuối, mềm yếu, nhu nhược; kém, không giỏi; loãng, nhạt, lạt: **a ~ character** tính tình yếu mềm

weakness *n.* tính yếu đuối/yếu ớt; tính mềm yếu, tính nhu nhược; sự kém; điểm yếu, nhược điểm

weal 1 *n.* vết hằn đỏ trên da, lằn roi 2 *n.* cảnh sung sướng/hạnh phúc 3 *v.* đánh dấu lằn đỏ

wealth *n.* tiền nong, tiền của, của cải; sự giàu có; sự phong phú: **material ~** của cải vật chất

wean *v.* cai sữa, thôi cho bú; làm cho ai dứt bỏ

weapon *n.* vũ khí, khí giới

wear 1 *n.* sự mặc/mang; quần áo, y phục, giày dép; sự mòn, sự hao mòn, sự hư hỏng, sự bền còn mặc được 2 *v.* [**wore**; **worn**] mặc [quần áo]; đội [mũ, nón]; đeo, mang [giày, bít tất]; để [tóc, râu]; dùng mòn/cũ; làm cho hao mòn; mang/có [vẻ]; bị mòn, mòn/cũ đi; dùng lâu, bền; **to ~ off** (làm) mòn mất; mất đi, qua đi; **to ~ on** trôi qua, trôi đi; tiếp diễn; **to ~ out** hết dần; **to ~ well** dùng bền, mặc bền; lâu bền

weary 1 *adj.* mệt, mệt mỏi, mệt lử, rã rời; chán, ngấy, chán ngắt, ngán 2 *v.* làm cho mệt/chán; mệt

weather 1 *n.* thời, tiết trời, thời tiết: **~ forecast** bản thông báo thời tiết 2 *v.* vượt qua [trận bão]; vượt, khắc phục [khó khăn]; mòn, đổi màu, đổi thay [vì mưa gió]

weave 1 *n.* kiểu dệt 2 *v.* [**wove**, **woven**] dệt, đan: **to ~ in and out** chạy xe len ra len vào trên xa lộ; **to ~ flowers** kết hoa

web *n., v.* mạng; vải dệt, tấm vải; súc giấy, cuộn giấy [in

website

báo]; màng da [chân con vịt]: **spider's ~** mạng nhện

website *n.* trang mạng vi tính toàn cầu

wed *v.* lấy [chồng/vợ], cưới [vợ/ chồng], kết hôn với; làm lễ cưới cho; lấy nhau, cưới nhau, kết hôn

wedding *n.* lễ cưới, hôn lễ: **~ banquet** cỗ/tiệc cưới; **~ ceremony** lễ cưới, lễ thành hôn; **~ present** quà (mừng đám) cưới; **~ ring** nhẫn cưới

wedge **1** *n.* cái nêm **2** *v.* nêm, chêm; chen vào

Wednesday *n.* ngày Thứ tư

wee *adj.* nhỏ xíu: **a ~ bit** hơi, hơi hơi

weed **1** *n.* cỏ dại, cỏ hoang; thuốc lá **2** *v.* nhổ cỏ, giẫy cỏ, làm cỏ: **to ~ out** loại bỏ/trừ

week *n.* tuần, tuần lễ: **a ~ from today** bây giờ tuần sau, ngày này tuần sau; **last ~** tuần trước

weep **1** *v.* [**wept**] khóc; ứa nước, chảy nước: **to ~ for joy** khóc vì quá vui sướng; **to ~ one's heart out** khóc lóc thảm thiết **2** *n.* sự ứa nước mắt

weevil *n.* mọt (lúa)

weft *n.* sợi ngang [xem **warp**]; vải

weigh *v.* cân; cân nhắc, đắn đo; cân nặng, nặng: **to ~ down** làm nghiêng/lệch cán cân; **to ~ the pros and cons** cân nhắc lợi hại, đắn đo không biết có nên hay không, đắn đo khả phủ

weight *n.* sức nặng, trọng lượng, tải trọng; cân; tầm quan trọng, ảnh hưởng, uy tín: **to gain ~** lên cân; **to lift ~s** cử tạ; **~s and

measures đơn vị cân đo; **~ loss** làm giảm cân

weird *adj.* kỳ quặc; siêu tự nhiên, phi thường

welcome **1** *n.* sự tiếp đón, sự hoan nghênh: **to receive a warm ~** được đón tiếp niềm nở/nồng nhiệt **2** *adj.* được tiếp đãi ân cần niềm nở, được hoan nghênh; cứ tự nhiên (sử dụng); cứ tuỳ ý: **Thank you. You're ~.** Cảm ơn ông. Tôi không dám. Có gì/chi đâu (mà ơn với huệ).; **~ news** tin vui **3** *v.* tiếp đón ân cần, hoan nghênh, tiếp rước niềm nở, hoan nghênh nhiệt liệt **4** *exclam.* hoan nghênh, chào mừng: **Welcome home!** Hoan nghênh quí bạn đã trở về!

weld **1** *n.* mối hàn, sự hàn xì **2** *v.* hàn, xì, gắn chặt, gắn bó

welfare *n.* hạnh phúc, phúc lợi, an sinh; trợ cấp xã hội

well **1** *n.* giếng nước/dầu, nguồn cảm hứng, lòng cầu thang; điều hay, điều tốt: **to sink/dig a ~** đào giếng; **~-being** hạnh phúc, phúc lợi; **~-wisher** bạn bè tốt, người cầu mong điều tốt lành **2** *v.* phun lên/ra, vọt lên/ra, tuôn ra: **to ~ up/out/forth** phun ra, tuôn ra **3** *adj.* [**better; best**] khoẻ, mạnh khoẻ, mạnh giỏi; tốt, hay, tốt lành, đúng lúc, nên, cần; giỏi, hay, khéo; khá, khấm khá; sung túc, phong lưu; kỹ, rõ, nhiều: **very ~** tốt, giỏi lắm, hay/được lắm; **~-groomed** ăn mặc đẹp, ăn mặc bảnh bao; **~-known** ai cũng biết, có tiếng/ danh, nổi tiếng/ danh, hữu danh, danh tiếng; **~-matched** xứng đôi vừa lứa; đối nhau; **~-off** phong lưu, sung túc; **~-read** đọc rộng biết nhiều, có học (thức); **~-timed** đúng lúc/ dịp, phối hợp thật khéo; **~-worn** sờn rách, mặc đã cũ; cũ rích, nhai đi nhai lại, lặp đi lặp lại mãi/hoài **4** adv. tốt, giỏi, hay, sung túc, đầy đủ: **to swim ~** bơi giỏi; **to shake ~ before using** trước khi dùng xin lắc kỹ (lọ/ chai thuốc này); **to get ~** bình phục **5** intj. quái, lạ, thế đấy, thôi, thôi nào: **Well, such is life!** Thôi, đời là thế!

welt n., v. diềm (ở giày); đường viền; lằn roi

west 1 n. hướng/phương/phía/ miền tây: **to live in the ~** ở miền tây; **north~** tây bắc; **south~** tây nam **2** adj. ở phía tây; về hướng tây: **~ wind** gió tây **3** adv. về phía tây, tây phía

westerly adj., n. [gió, hướng] tây, hướng tây

western 1 n. phim cao bồi, phương tây, người tây phương **2** adj. thuộc phía tây, của phương tây, Tây phương: **~ countries** các nước phương tây

wet 1 n. mưa, trời mưa; người phản đối luật cấm rượu, người chủ trương cho tự do uống rượu: **come in out of the ~** đi vào trong cho khỏi mưa **2** adj. ướt, đẫm nước, đầm đìa; ẩm, ẩm, ướt; [trời, mùa] mưa; [sơn] còn ướt: **~ dream** giấc mơ ướt át, đầy tình ái; **~ to the skin** ướt sạch/đẫm; **~ behind the ears**

thiếu kinh nghiệm, còn non **3** v. [**wet/wetted**] làm ướt, thấm nước, dấp nước; [trẻ con, chó] đái vào/lên

whack 1 n. cú đánh mạnh: **to have a ~ at** thử làm **2** v. đánh mạnh, vụt mạnh

whale n. cá voi

whammy n. sự ảnh hưởng tội lỗi/rắc rối

wharf n. (pl. **wharves/wharfs**) bến tàu, cầu tàu

what 1 adj. Gì? Nào?: **She knows ~ dish you like best.** Bà ấy biết cô thích món gì nhất. **2** pron. **What are you doing?** Bạn đang làm gì thế?; **What else?** Còn gì nữa?; **So ~?** Thế thì đã sao? **3** intj. Biết bao! Làm sao!: **What a crowd!** Ồ! sao mà đông thế! **4** adv. Gì? thế nào: **What about?** Có gì nữa không?

whatever 1 adj. nào, bất cứ cái nào, dù thế nào đi chăng nữa: **~ profession you choose** bất luận con chọn nghề nào **2** pron. bất cứ cái gì, tất cả cái gì mà: **take ~ you like** bạn thích cái gì thì cứ việc lấy **3** adv. bất cứ gì

wheat n. lúa mì, cây lúa mì

wheedle v. dỗ dành, tán tỉnh

wheel 1 n. bánh xe, bánh lái, tay lái, sự quay tròn: **steering ~** tay lái ô-tô **2** v. lăn, đẩy cho lăn; quay, xoay; [chim] lượn vòng: **to ~ about/around** quay lại

wheelchair n. ghế đẩy, xe lăn

wheeze n., v. sự/thở khò khè, kêu vo vo

whelp n., v. (đẻ) chó sói con, hổ con, sư tử con

when 1 *adv.* bao giờ, lúc nào, khi nào, hồi nào 2 *conj.* khi, lúc, hồi; trong khi mà: **since ~** từ bao giờ 3 *pron.* lúc, ngày tháng, thời gian: **the wheres and ~s** địa điểm và thời gian

whenever *adv., conj.* bất cứ lúc nào; mỗi lần/khi

where 1 *adv.* đâu, ở đâu, đến đâu; từ đâu, nơi mà; chỗ mà, địa điểm mà: **Where are you?** Bạn ở đâu? 2 *conj.* ở đâu, nơi mà 3 *n.* địa điểm: **I must know the ~s and the whens of it all.** Tôi cần biết rõ về địa điểm và thời gian [ở đâu và bao giờ]. 4 *pron.* nơi mà, đâu, ở đâu: **Where is the harm in trying?** Cứ thử thì đã có hại gì?

whereabouts 1 *n.* chỗ ở, nơi ở: **no clue as to his ~** không có manh mối gì cho biết hiện nay ông ấy ở đâu 2 *adv.* ở đâu, ở chỗ nào (vậy): **Whereabouts did you put it?** Bạn để cái đó ở đâu?

whereas *conj.* trong khi mà, còn, chứ còn; xét về

whereby *adv.* nhờ đó, bởi đo

wherein 1 *adv.* ở chỗ/điểm nào 2 *conj.* ở nơi ấy, ở đó

whereon *adv., conj.* trên cái gì, về cái gì; trên (cái) đó, về cái đó

whereupon *conj.* về cái đó; ngay lúc đó, nhân đó

wherever *conj., adv.* bất cứ ở đâu: **Sit ~ you wish.** Muốn ngồi đâu thì ngồi.

whet *v.* mài [dao]; gợi: **to ~ the appetite** gợi sự thèm ăn

whether *conj.* dù... hay..; không biết có ... hay không

which 1 *adj.* nào: **Which university do you prefer?** Bạn thích trường đại học nào hơn? 2 *pron.* người nào, ai, cái gì, cái nào: **I cannot tell ~ is ~.** Tôi chịu không phân biệt nổi cái nào vào cái nào.

whichever *adj., pron.* bất cứ (cái/người) nào: **Take ~ you wish.** Bạn muốn lấy cái nào thì lấy.

whiff 1 *n.* hơi nhẹ, mùi thoảng, luồng 2 *v.* thổi nhẹ

while 1 *n.* lúc, chốc, lát: **in a little ~** chốc/lát nữa; **for a ~** một lúc 2 *conj.* trong khi; còn thì, tuy 3 *v.* để trôi qua, giết thì giờ: **to ~ away** để cho thì giờ trôi qua

whim *n.* ý chợt có, ý thích chợt nảy ra

whimper 1 *n.* tiếng khóc thút thít; giọng than van, giọng rên rỉ 2 *v.* vừa nói vừa khóc thút thít; than van, rên rỉ

whine *n., v.* (tiếng) rên rỉ, than van, khóc nhai nhải; (tiếng) rền rĩ

whip 1 *n.* roi, roi da; nghị sĩ phụ trách kỷ luật của đảng mình trong Quốc hội 2 *v.* đánh bằng roi, vụt, quất; rút nhanh ra; cởi phắt [áo]; đánh bại, thắng; đánh [kem, trứng]: **to ~ up** nấu nhanh/vội [bữa cơm]; khích lệ

whirl 1 *n.* sự xoay tít; hoạt động quay cuồng; sự chóng mặt 2 *v.* xoay tít, xoáy, quay lộn/tít; quay cuồng; chóng mặt

whisk 1 *n.* cái vẫy nhẹ, cái đập nhẹ; chỗ quét bụi; cái đánh trứng/kem 2 *v.* vẫy; quét; đánh lên; đi lướt nhanh như gió

whisker *n.* tóc mai dài; râu, ria

[mèo, chuột]; râu quai nón; những sợi râu

whiskey, whisky *n.* rượu uýt-ky

whisper **1** *n.* tiếng nói thầm; tiếng lá xì xào; tiếng gió xào xạc; lời xì xào, tin đồn **2** *v.* nói thầm, thì thầm nhỏ to; [lá] xì xào; lời xì xào; [gió] xào xạc; bàn tán xì xào, đồn thổi, đồn đại

whistle **1** *n.* cái còi; tiếng còi; sự huýt/thổi còi, sự huýt sáo/gió; tiếng hót, tiếng rít, tiếng réo: **as clean as a ~** rất trong sạch; **to blow the ~** mang ra công khai **2** *v.* huýt/thổi còi; huýt sáo/gió; [chim] hót; [gió] rít; [đạn] réo: **to ~ for** huýt sáo/gió để gọi, đợi mong vô ích

whit *n.* một chút, một tí

white **1** *n.* màu trắng; quần áo trắng; đồ trắng; đồ trắng; tròng trắng mắt; người da trắng: **egg ~** lòng trắng trứng **2** *adj.* trắng, bạc, bạch; trắng bệch, tái mét; trong trắng; sạch sẽ, lương thiện: **as ~ as a sheet** xanh như tàu lá; **~ elephant** con bạch tượng; vật cồng kềnh cô dụng; **~ collar(ed)** thuộc người làm văn phòng, công chức tư chức; **the ~ House** bạch ốc, bạch cung, toà nhà trắng; **~ lie** nói dối đại (chuyện không quan trọng); **to bleed someone ~** bòn rút ai không còn gì

whittle *v.* vót, gọt, chuốt; đẽo

WHO *abbr.* (= World Health Organization) tổ chức y tế thế giới

who *pron., ai,* người nào, người như thế nào; (cái) (người)

mà, (những người) mà: **Who's speaking, please?** Thưa ai ở đầu dây đấy ạ? xin (ông/bà/cô) cho biết quý danh; **Who does what?** Ai làm gì?

whoever *pron.* bất cứ ai, bất cứ người nào

whole **1** *n.* tất cả, toàn bộ, toàn thể, tổng thể, chỉnh thể: **the ~ of the population** tổng thể dân số **2** *adj.* đầy đủ, trọn vẹn, nguyên vẹn: **the ~ country** cả nước, toàn quốc; **~ number** số nguyên; số tuổi đời [của tạp chí, tạp san]

wholesale **1** *n.* sự bán buôn/sỉ: **to sell ~** bán buôn, bán sĩ **2** *adj., adv.* buôn, sỉ, mở; hàng đống/ mở, hàng loạt, đại quy mô: **~ price** giá bán buôn **3** *v.* bán buôn

wholesome *adj.* lành, không độc; khoẻ mạnh; khoẻ mạnh; lành mạnh, bổ ích

whom *pron., ai,* người nào, những ai, những người; (những) người mà: **Of ~ are you thinking?** Bạn đang nghĩ đến ai đấy?

whomever *pron.* (phụ từ của **whoever**) bất cứ ai

whoop *n., v.* (tiếng) kêu/la lớn; (tiếng) ho rũ

whore *n., v.* (làm) đĩ, gái điếm, con nhà thổ

whorl *n.* chuổi dây lá; vòng xoắn

whose *pron.* của ai; của người mà

why **1** *n.* (*pl.* **whys**) lý do tại sao **2** *adv.* Tại sao, vì sao: **That is ~ he had to raise the question.** Vì

thế nên ông ấy đã phải nêu câu
hỏi ấy lên. **3** *intj.* Sao! Thế nào!

wicked *adj., n.* ác, hung ác, hung
dữ; xấu, hư, tệ

wicker *n.* liễu gai

wide 1 *adj.* rộng, rộng lớn; mở
to/rộng; uyên thâm, uyên bác
2 *adv.* rộng, rộng khắp, rộng
rãi: **~ awake** tỉnh hẳn, tỉnh như
sáo;tỉnh táo

widow 1 *n.* đàn bà goá, quả phụ:
grass ~ người quả phụ tiếc
thương sâu dậm **2** *v.* bị goá
chồng: **to be ~ed** bị goá chồng

wield *v.* nắm và sử dụng [đồ
dùng, quyền hành]

wife *n.* (*pl.* **wives**) vợ

Wifi *n.* mạng vi tính toàn cầu
(internet) không dây

wig *n.* bộ tóc giả

wiggle *n., v.* (sự) ngọ nguậy

wigwam *n.* lều người da đỏ

Wikimedia *n.* trang mạng truyền
thông thông tin Wikimedia

wild 1 *n.* vùng hoang vu, hoang
địa: **in the ~s** vùng hoang vu; **~
West** xứ viễn Tây hoang dã
2 *adj.* hoang, dại, rừng; chưa
thuần; man rợ; dữ dội, bão táp,
điên cuồng, điên loạn, cuồng
nhiệt; ngông cuồng, rồ dại;
phóng túng, phóng đãng; bừa
bãi: **~ animal/beast** dã thú; **~
schemes** những mưu đồ rồ dại;
a ~ way of life lối sống phóng
đãng bừa bãi; **to sow one's ~
oats** chơi bời trác táng **3** *adv.*
vu vơ, bừa bãi

wildfire *n.* đám cháy lan nhanh:
to spread like ~ [tin] lan truyền
thật nhanh

wildlife *n.* chim muông ở rừng,
mãnh thú dã cầm

wile 1 *n.* mưu mẹo/kế/chước, gian
kế **2** *v.* lừa, dụ

will 1 *n.* ý định, ý chí, lòng, chí,
sự quyết tâm; ý muốn, nguyện
vọng; di chúc, di mệnh, chúc
thư, di ngôn: **free ~** tự do ý
chí; **Where there's a ~ there's a
way.** Có chí thì nên.; **at ~** theo
ý mình, tuỳ ý **2** *v.* muốn; [trời]
định; để lại bằng di chúc: **Do
as you ~.** Bạn cứ làm việc theo
ý muốn. **3** *modal v.* [**would**]
sẽ, nhất định sẽ; lúc đó sẽ; tất
nhiên, hẳn là

willow *n.* cây liễu

wilt *v.* làm héo, tàn úa; tàn tạ,
hao mòn

wimp *n.* hệ thống máy vi tính;
người không ảnh hưởng gì

win 1 *n.* sự thắng cuộc, sự được:
a ~~ position không ai thắng
cuộc, đã được hoà giải **2** *v.*
[**won**] thắng, thắng cuộc, thắng
trận; chiếm, đoạt [giải]: **to ~
back** lấy lại, chiếm lại, giành
lại; **to ~ over** thu phục, lôi kéo;
to ~ the day chiến thắng

wince *n., v.* (sự) rụt lạ [vì đau/sợ]

winch *n.* cái tời, cái tay quay,
ma-ni-ven

wind 1 *n.* gió; tin phong thanh;
hơi thở: **~ instrument** nhạc khí
thổi; **to break ~** đánh rắm; **to
put the ~ up** làm cho ai sợ, làm
tăng sự căng thẳng; **~ rose** bảng
chỉ chiều gió **2** *v.* đánh hơi;
làm mệt đứt hơi

wind *n., v.* [**wound**] cuộn, quấn,
cuộn tròn lạ; lên dây [đồng hồ],

làm xong, giải quyết, thanh toán; uốn khúc, quanh co, uốn lượn: **to ~ up wool into a ball** cuộn len lại thành cuộn; **to ~ oneself into a rage** khéo léo được lòng ai; **to ~ someone around one's finger** xỏ dây mũi ai, điều khiển người nào; **to ~ up** lên dây đồng hồ, cột chặt lại

window *n.* cửa sổ; ghi xê; cửa kính [ô-tô, xe lửa]: **~ dressing** nghệ thuật bày tủ kính; bề ngoài giả dối; **~ pane** ô kính cửa sổ; **~ screen** lưới cửa sổ

windshield *n.* kính chắn gió (ô tô)

wine **1** *n.* rượu vang/chát, rượu nho **2** *v.* đãi rượu, uống rượu: **to ~ and dine** thết đãi ăn uống (lu bù)

wing **1** *n.* cánh chim, sâu bọ, máy bay; cánh, cháy nhà; cánh quân, đẳng; phi đội: **~s** cánh gà sân khấu; **to take ~** cất cánh bay; **in the ~s** trong hậu trường; **to spread one's ~s** tăng cường quyền hành; **to take under one's ~s** đối xử như người được bảo vệ; **waiting in the ~s** chờ sẵn sàng **2** *v.* thêm cánh, chắp cánh, bắn trúng cánh (tay): **to ~ one's way** bay đi

wink **1** *n.* (sự) nháy mắt, khoảnh khắc: **I didn't sleep a ~.** Tôi không chợp mắt được tí nào. **2** *v.* nháy mắt (ra hiệu); nhắm mắt làm ngơ

winnow *v.* sảy, quạt, sàng [thóc]; sàng lọc, phân biệt

winter **1** *n.* mùa đông, mùa rét/lạnh, sắp tuổi già: **in ~** vào mùa đông; **~ sports** môn thể

thao mùa đông **2** *v.* tránh rét, trú đông: **to ~ in the tropical countries** tránh rét ở các xứ nhiệt đới

wipe **1** *n.* sự lau, sự chùi **2** *v.* lau, chùi: **to ~ away** lau (sạch) đi, tẩy; **to ~ the slate clean** huỷ bỏ tội phạm trong quá khứ; **to ~ off** lau đi, lau sạch, xoá sạch; **to ~ out** lau đi/sạch, tiêu diệt, bày trừ, triệt hạ

wire **1** *n.* dây [bằng kim loại]; điện tín, điện báo, điện văn, bức điện, dây thép: **steel ~** dây thép; **barbed ~** dây thép/kẽm gai; **telephone ~** dây điện thoại; **to get one's ~s crossed** trở thành hiểu lầm; **to pull the ~s** giật dây; **~-tapping** việc ghi âm điện thoại **2** *v.* buộc bằng dây sắt; đánh/gởi điện; bắt điện, mắc dây điện: **to ~ in** rán hết sức; **to ~ off** rào dây kẽm để bảo vệ

wireless *adj.* không có dây

wisdom *n.* sự không ngoan, trí tuệ; kiến thức

wise **1** *adj.* khôn, khôn ngoan; từng trải, lịch duyệt, có kinh nghiệm; láu, ma lanh: **~ guy** tay láu lỉnh ma lanh; **to look ~** có vẻ thông thạo; **to get ~** trở nên thông thái **2** *v.* tỉnh ngộ, khôn ra, bạo dạn: **to ~ up** khôn ra, không hơn trước, tỉnh ngộ

wish **1** *n.* điều mong ước, điều ao ước; ước muốn, lệnh: **to make a ~** cầu ước một điều gì; **our best ~es** những lời chúc mừng tốt đẹp nhất của chúng tôi **2** *v.* muốn, mong, hy vọng; chúc;

ước ao: **I ~ I had money.** Ước gì tôi có tiền.

wisp *n.* nắm [tóc]; mớ [rơm, cỏ]; làn [khói]; **a ~ of hair** nắm tóc

wit *n.* trí, trí thông minh, trí khôn, trí tuệ, tài trí; người dí dỏm, người hóm hỉnh, người lanh trí

witch *n.* mụ phù thuỷ; mụ già xấu xí

with *prep.* với, cùng, cùng với; trong số; có, mang theo, kèm theo; bằng; dùng, cho thấy; thêm vào; về phần; đối với; vì; theo (tỉ lệ); tách ra; chống lại: **to mix ~ the crowd** trà trộn vào đám đông; **a boy ~ brains** một cậu bé có óc thông minh; **to shake ~ cold** run lên vì lạnh, lạnh run lên; **~ open arms** mở rộng vòng tay đón rước

withdraw *v.* [**withdrew; withdrawn**] rụt, rút về, rút lại, rút khỏi; rút lui, triệt thoái; huỷ bỏ, thu hồi; rút quân; rút lui/ra: **to ~ money from the bank** rút tiền từ ngân hàng ra

wither *v.* (làm) héo, tàn úa; héo mòn, tàn tạ

withhold *v.* [**withheld**] trừ, khấu trừ, giữ lại [tiền, thuế]; từ chối (không cho/giúp); che giấu

within **1** *prep.* ở trong, trong, bên trong, nội trong; trong vòng, trong khoảng, trong phạm vi: **~ two weeks** chỉ nội trong vòng hai tuần; **~ one's grasp** hiểu biết ai; **~ one's power** trong phạm vi quyền hạn của người nào **2** *adv.* ở trong; trong thâm tâm

without **1** *prep.* không có; ở bên ngoài: **~ a home** không nhà,

không nơi trú ngụ; **to do ~ a sweater** không cần mặc áo len **2** *adv.* ở ngoài, ở bên ngoài: **from ~** từ bên ngoài, từ ngoài vào

withstand *v.* [**withstood**] chống lại, chống cự, đề kháng; chịu đựng

witness **1** *n.* người (làm) chứng, nhân chứng, chứng nhân; người được chứng kiến; bằng chứng, chứng nhận, chứng cớ: **to bear ~ to** làm chứng cho; **~ stand** ghế nhân chứng **2** *v.* chứng kiến; nói lên, chứng tỏ, để lộ ra; ký chứng nhận, chứng thực, nhận thực, thị thực: **to ~ an accident** chứng kiến tai nạn xẩy ra

wizard *n.* thầy phù thủy, thuật sĩ; người tài giỏi

wobble *v., n.* (sự) lung lay; lắc lư; lảo đảo, loạng choạng; lưỡng lự, do dự, [giọng] run run

woe *n.* sự đau khổ/đau buồn/bi thống/thống khổ; tai hoạ, tai ương, tai ách

wok *n.* chảo chiên xào giống như cái tô

wolf **1** *n.* (*pl.* **wolves**) chó sói; đồ lang sói, quân sài lang; người hung tàn; người hay chim gái: **a ~ in sheep's clothing** con cho sói đội lốt cừu, người khẩu Phật tâm xà **2** *v.* ngốn, ăn ngấu ăn nghiến: **to ~ down one's food when hungry** ăn ngấu nghiến khi đói

woman *n.* (*pl.* **women**) đàn bà, phụ nữ: **~ doctor** nữ bác sĩ; **~ preacher** nữ mục sư; **married ~** phụ nữ có chồng

womanizer *n.* việc làm cho yếu

đuối như đàn bà, việc hay đi chơi gái

womb *n.* dạ con, tử cung

women *n.* (*sing.* **woman**): **~'s liberation** sự giải phóng phụ nữ

wonder **1** *n.* vật kỳ diệu, điều kỳ lạ, kỳ quan/công; sự ngạc nhiên/kinh ngạc: **to work ~s** kiến hiệu lạ thường; thành công rực rỡ; **the Seven ~s of the world** bảy kỳ quan thế giới **2** *v.* lấy làm lạ, ngạc nhiên; tự hỏi, muốn biết

wonderful *adj.* kỳ lạ, phi thường, kỳ diệu, thần kỳ; hay lắm, tuyệt diệu

woo *v.* chim, tán, ve, cua [gái]; dạm hỏi, cầu hôn; theo đuổi, truy cầu

wood *n.* gỗ; củi, rừng: **fire~** củi; **~s** rừng; **made of ~** làm bằng gỗ; **to take to the ~s** chạy trốn (vào rừng); **not to see the ~ for the trees** thấy cây mà không thấy rừng, chỉ thấy hiện tượng mà không thấy thực chất

woodpecker *n.* chim gõ mõ, chim gõ kiến

woofer *n.* loa âm thanh nổi lớn

wool *n.* lông cừu, lông chiên; len, đồ/hàng len: **to pull the ~ over someone's eyes** đánh lừa người nào; **~-gathering** đãng trí

word **1** *n.* tiếng, từ; lời, lời nói; tin tức, âm tín; lời hứa hẹn; lệnh, khẩu hiệu; sự cãi nhau: **game** trò chơi ô chữ; **the spoken ~** lời nói; **in other ~s** nói khác đi; **as good as one's ~** giữ lời hứa; **by ~ of mouth** bằng lời nói, truyền miệng/khẩu; **to have ~s**

with someone cãi vã, to tiếng với ai; **to put in a good ~ for him** gửi gấm cho anh ấy, nói hộ anh ấy; **~ of honor** lời danh dự **2** *v.* nói ra, viết ra, diễn tả: **to ~ something diplomatically** nói một cách khéo léo

work **1** *n.* việc, việc làm, công việc, công tác, công trình; đồ làm ra, sản phẩm, tác phẩm: **a ~ of prose** một tác phẩm văn xuôi; **out of ~** mất việc, thất nghiệp; **public ~s** công chính, sở lục lộ; **~ experience** chương trình làm việc để có kinh nghiệm; **a ~ of art** tác phẩm nghệ thuật; **~ study** hệ thống phương pháp đánh giá; **~ station** nơi làm việc có dụng cụ máy móc **2** *v.* [**worked**] làm, làm việc, lao động; hoạt động; tác động; chạy, tiến hành, tiến triển; làm cho chạy, chuyển vận; thi hành, thực hiện; làm, rèn, nhào, nặng, vẽ; khai thác mỏ: **to ~ one's fingers to the bones** làm việc rất cần mẫn; **to ~ one's way up** nổi nóng, nổi giận; **to ~ out** thảo, vạch ra [kế hoạch]; thực hiện, thi hành; giải [bài toán]; **to ~ up** gây nên/ra, gieo rắc, dẫn khởi; lên dần, tiến dần; tạo dựng dần dần; khích động; khiêu khích; **~ to rule** theo luật lao động để tránh tai nạn

workaholic *n.* người say mê làm việc

worker *n.* thợ, công nhân; người làm việc, người lao động; ong/ kiến thợ: **social ~** nhân viên công tác xã hội; **a model ~** một công nhân gương mẫu

world *n.* quả đất, địa cầu, hoàn cầu; thế giới; cả thế giới, tất cả mọi người; thế gian, xã hội, thế sự, thế cố: **to go around the ~** đi vòng quanh thế giới; **the whole ~** toàn thế giới; **~ war** chiến tranh thế giới, thế chiến, đại chiến; **~ Cup** giải túc cầu thế giới; **~ power** quyền lực thế giới; **~ without end** mãi mãi

World Wide Web *n.* (*abbr.* **WWW**) mạng vi tính toàn cầu

worm **1** *n.* con giun, con sâu/ trùng; đường ren **2** *v.* bắt sâu, trừ sâu; moi [tiền, bí mật]; chui, luồn, lẩn, lẻn

worry **1** *n.* sự lo lắng/phiền não; sự làm phiền; [chó] sự nhay: **full of worries** có nhiều chuyện lo nghĩ **2** *v.* lo, lo nghĩ, lo ngại, lo lắng; làm phiền, làm khó chịu, quấy rầy; [chó] nhay

worse **1** *n.* cái xấu hơn, cái tệ/tồi hơn: **to go from bad to ~** càng ngày càng xấu/tệ hơn **2** *adj.* xấu hơn, tồi/dở/tệ hơn; nguy hiểm hơn; ốm nặng hơn: **to get ~** tồi hơn, dở hơn, đau/ốm nặng hơn **3** *adv.* xấu hơn, kém hơn

worsen *v.* (làm cho) xấu hơn, tồi hơn, tệ hơn

worship **1** *n.* sợ thờ cúng, sự sùng bái/tôn sùng: **freedom of ~** sự tự do thờ phượng **2** *v.* thờ, thờ cúng, thờ phụng, cúng bái; tôn kính, tôn thờ, tôn sùng, suy tôn; đi lễ, lễ bái

worst **1** *adj.* xấu nhất, tệ nhất, tồi nhất, dở nhất; nguy hiểm nhất,

nặng nhất, tệ hại nhất: **the ~ fault** sai lầm nghiêm trọng nhất **2** *adv.* xấu nhất, tệ nhất **3** *n.* cái xấu nhất, cái tồi nhất: **to get the ~ of** thất bại, thua

worth **1** *n.* giá, giá cả; giá trị: **a discovery of great ~** một sự phát hiện có giá trị lớn **2** *adj.* đáng, bõ công; đáng giá; có (tài sản đáng giá): **not ~ a piaster** không đáng một đồng

would *modal v.* [xem **will**] sẽ: **He ~ come if he could.** Nếu đến được thì anh ấy sẽ đến.

wound **1** *n.* vết thương, thương tích; điều xúc phạm, điều làm tổn thương **2** *v.* làm bị thương, làm tổn thương, chạm đến, xúc phạm

wrangle *n., v.* (vụ) cãi nhau lớn/ to

wrap **1** *n.* chăn, mền, khăn choàng, áo choàng: **to be under ~s** giữ bí mật **2** *v.* gói, bọc, bao, quấn; bao phủ, bao trùm: **to ~ up** bọc kỹ, quấn kỹ

wrapper *n.* áo choàng đàn bà; người gói; cái bọc sách, băng tờ báo, giấy gói, vải gói

wrath *n.* sự/cơn tức giận, cơn phẫn nộ, thịnh nộ

wreak *v.* gây thiệt hại

wreath *n.* (*pl.* **wreaths**) vòng hoa [nô-en]; vòng hoa tang; luồng khói, đám mây cuốn

wreck **1** *n.* sự tàn phá/phá hoại (tàu, nhà, xe v.v.); đống gạch vụn; xác tàu chìm; vụ đổ máy bay, vụ xe lửa trật bánh; làm hỏng, làm tan vỡ, làm sụp đổ; phá hoại, làm thất bại **2** *v.* làm hỏng, phá hoại, làm tan vỡ

wrench 1 *n.* chìa vặn đai ốc, mỏ lết; sự vặn mạnh, sự giật mạnh; sự trật/sái [mắt cá chân]; sự day dứt 2 *v.* van/giật mạnh; làm trật, làm sái [mắt cá chân]; là trệch đi

wrestle 1 *n.* cuộc đấu vật; sự vật lộn 2 *v.* vật, đánh vật; vật lộn, chiến đấu [with với]

wriggle *v., n.* (bò) quần quại; len, luồn, lách; vặn vẹo, uốn éo, ngoe nguẩy, ngọ nguậy

wring *n., v.* [**wrung**] vắt [quần áo]; vắt [nước], siết chặt, bóp chặt; nặn, moi [tiền, bí mật]: to ~ **out** water vắt nước; to ~ **one's hands** xiết chặt tay ai

wrinkle 1 *n.* vết nhăn; vết nhàu quần áo; sóng gợn [trên mặt nước] 2 *v.* nhăn, cau; làu nhàu; [vải] nhàu; [da] nhăn

wrist *n.* cổ tay

writ *n.* lệnh, trát, giấy đòi

write *v.* [**wrote; written**] viết, biên, ghi; viết văn; viết thư: to learn how to ~ học viết; to ~ **back** viết thư trả lời, hồi âm; to ~ **down** biên xuống, viết xuống; to ~ **in** thêm vào; to ~ **off** xoá bỏ [món nợ], gạch đi; to ~ **up** tường thuật, viết bài tán dương

writhe *v.* quần quại; uất ức, bực tức

wrong 1 *n.* điều xấu/trái, cái xấu; điều hại, chuyện bất công: to know right from ~ biết điều phải qua điều trái 2 *adj.* xấu, tồi, trái; sai, lầm, không đúng; hỏng; trái, ngược 3 *adv.* sai, không đúng, bậy, láo: to guess

~ đoán sai 4 *v.* làm hại, làm thiệt hại ai; đối đãi bất công

wrought *adj.* đã rèn; đã thuộc; đã bào kỹ: ~ **iron** sắt rèn

wry *adj.* méo mó, nhăn nhó; [cái cười] gượng: to pull a ~ **face** nhăn mặt

WTO *n., abbr.* (= **World Trade Organization**) tổ chức mậu dịch quốc tế

www *abbr.* xem **World Wide Web**

X

x-axis *n.* trục hoành

X-chromosome *n.* chất phân biệt giới tính X

xenophobia *n.* tính bài ngoại

xerox 1 *n.* máy chụp ảnh xê-rox: ~ **copy** bản phóng ảnh; ~ **machine** máy chụp ảnh xe-rox 2 *v.* chụp ảnh [trang giấy], chụp phóng ảnh

Xmas *abbr.* (= **Christmas**) lễ Giáng sinh, lễ Nô-en

X-rated *adj.* được liệt kê vào hạng không tốt (phim, ảnh) vì dâm tục hay bạo hành

X-ray 1 *n.* tia x, quang tuyến x 2 *v.* chụp tia x, chụp hình (phổi, v.v.), rọi quang tuyến x: ~ **tube** ống làm tăng điện năng cho quang tuyến X

xylophone *n.* mộc cầm, đàn phiến gỗ

Y

yacht *n.* du thuyền, thuyền buồm nhẹ, thuyền yat: **~ club** câu lạc bộ du thuyền

yak *v., n.* tham dự vào cuộc chuyện trò đàm thoại; cuộc đàm thoại thường/chán ngắt

yam *n.* khoai lang; củ từ, khoai mỡ

yank *n., v.* (cái) kéo mạnh, giật mạnh

Yankee, Yank *n., colloq.* người Mỹ, người Hoa kỳ

yap *n., v.* (tiếng) sủa ăng ẳng; (nói) chuyện phiếm

yard **1** *n.* sân; sân nuôi (gà vịt), bãi rào; xưởng, kho **2** *n.* đơn vị đo lường mã, thước Anh [= 0,914 mét; gồm có **3 feet** hoặc **36 inches**]

yardstick *n.* thước đo

yarn *n.* sợi, chỉ; chuyện bịa

yawn **1** *n.* cái ngáp **2** *v.* ngáp; há hốc, mở toang: **to ~ one's head off** ngáp sái quai hàm

y-axis *n.* trục tung

Y-chromosome *n.* nhiễm sắc thể giới tính Y

ye *pron.* (= **you**) bạn, ông/bà, anh/chị

yeah *adv., colloq.* dạ, vâng

year *n.* năm; tuổi: **leap ~** năm nhuận; **in the ~ 1924** năm 1924; **New ~'s Day** ngày Tết (Nguyên đán); **the new ~** năm mới, tân niên; **~ after ~** trong nhiều năm ròng; **~ in and ~ out** suốt năm, cả năm, quanh năm; **ten ~s old** lên 10 tuổi

yearn *v.* nóng lòng, mong mỏi,

ao ước, khao khát

yeast *n.* men, men rượu, men bia; men làm bánh

yell *n., v.* (tiếng/sự) la hét, kêu la, la lớn

yellow **1** *n.* màu vàng; tính nhúc nhát; bệnh vàng da **2** *adj.* màu vàng, vàng, da vàng; nhát gan, nhút nhát: **~ belly** da vàng; **~ card** thẻ vàng, thẻ cảnh cáo cầu thủ phạm lỗi; **to turn ~** hoá vàng, vàng ra, vàng úa **3** *v.* vàng ra, nhuộm vàng

yelp *n., v.* (tiếng) kêu ăng ẳng

yen **1** *n.* đồng yên của Nhật bản **2** *n.* sự thèm, sự thèm thuồng, sự thèm muốn

yes **1** *n.* tiếng vâng, dạ; phiếu thuận: **a ~ or no question** loại câu hỏi hỏi có hay không **2** *exclam.* vâng, phải, dạ, được, ừ, có: **Will you go? — Yes I will!** Bạn có đi không? Có!

yesterday *n., adv.* hôm qua: **fashions of ~** những thời trang cũ, những mốt năm xưa

yet **1** *adv.* bây giờ, lúc này; còn, hãy còn, còn nữa; dù thế nào, một lúc nào đó; hơn nữa, vả lại: **The thief is ~ to be caught.** Rồi thì người ta cũng sẽ bắt được tên ăn cắp. **2** *conj.* mà, ấy thế mà, tuy nhiên

yeti *n.* giống người to lớn nhiều tóc sống ở trên núi Hy-mã lạp sơn

yew *n.* cây thuỷ tùng

yield **1** *n.* hoa lợi, sản lượng; hiệu suất; lợi tức, lợi nhuận **2** *v.* sinh ra, sản xuất; sinh lợi; chịu nhường, nhường bước,

chịu thua, khoan nhượng; đầu
hàng, khuất phục: **to ~ oneself
up** dấn thân vào

YMCA *abbr.* (**= Young Men's
Christian Association**) hội
thanh nữ Thiên Chúa giáo

yodel *n., v.* (sự) hát đổi giọng từ
trầm sang giọng kim

yoga *n.* môn phái thiền zo-ga

yoghurt *n.* sữa chua

yoke 1 *n.* ách, đòn gánh, cầu vai,
cái kẹp bắt ống nước: **the ~ of
colonialism** ách thực dân 2 *v.*
lồng ách vào cổ, cặp vào nhau

yolk *n.* lòng đỏ trứng

you *pron.* ông, bà, cô, ngài, anh,
chị, em, các ông, v.v.: **if I were
~** nếu tôi là bạn; **~ and yours**
bạn và người trong gia đình

young 1 *n.* thú con, chim non
2 *adj.* trẻ, bé, non, chưa già,
non nớt, chưa có kinh nghiệm,
thanh niên: **~ at heart** còn ngây
thơ; **~ trees** những cây non

your *pron.* của ông/bà/cô/anh/
chị/mày; của các ông

yours *pron.* cái này của ông/bà/
cô,v.v.

yourself *pron.* (*pl.* **yourselves**) tự
ông/cô/bà/mày, chính bà/chị/
anh mày: **You said so ~.** Chính
bạn đã nói như vậy.

youth *n.* tuổi trẻ, tuổi thanh niên,
tuổi thanh xuân; buổi ban đầu;
thanh niên, chàng thanh niên;
lứa tuổi thanh niên

YouTube *n.* trang mạng truyền
thông truyền hình toàn cầu
YouTube

yowl 1 *n.* tiếng tru; tiếng ngoao
2 *v.* tru, ngoao, tru tréo

yuan *n.* đơn vị tiền tệ Trung quốc

yuck *intj., n.* (*also* **yuk**) diễn tả
điều không vừa ý, điều không
vừa ý

yummy *adj.* ngon quá, ngon
tuyệt, ngon ơi là ngon!

yuppy *n.* giới trẻ trung lưu có
nghề chuyên môn làm việc ở
thành phố

YWCA *abbr.* (**= Young Women's
Christian Association**) hiệp hội
phụ nữ trẻ Thiên Chúa giáo

Z

zany *n., adj.* anh hề, người thích
làm trò hề

zap *v.* giết, tiêu huỷ, đánh mạnh

zeal *n.* lòng hăng hái, lòng sốt
sắng, nhiệt tâm

zebra *n.* ngựa vằn: **~ crossing**
đường kẻ vằn cho khách bộ
hành cho đường phố

zenith *n.* thiên đỉnh; điểm cao
nhất, cực/tuyệt đỉnh, cực điểm,
tột đỉnh

zero 1 *n.* số không, zê-rô: **eight
degrees below ~** 8 độ dưới
không độ; **~ option** không có sự
lựa chọn nào cả; **~-sum** tỷ số
đều không 2 *v.* đưa xuống số
không, điều chỉnh điểm nhắm:
to ~ in on nhắm đến

zest *n.* thú vị; vị ngon, mùi thơm;
sự thích thú, sự say mê; chất gia
vị: **to eat with ~** ăn ngon miệng

zigzag 1 *n.* hình/đường chữ chi
2 *adj.* ngoằn ngoèo, theo đường
chữ chi: **a ~ging road** đường
ngoằn ngoèo 3 *v.* chạy ngoằn

zillion

ngoèo **4** *adv.* ngoằn ngoèo:
to run ~ up to the pass chạy
ngoằn ngoèo lên đèo
zillion *n.* vô vàn, nhiều vô kể
zinc 1 *n.* kẽm: **~ cream** kem
chống nắng; **~ oxide** bột kẽm
2 *v.* tráng kẽm, mạ kẽm, lợp
bằng kẽm
zip 1 *abbr.* (= **Zone Improve-
ment Program**): **~ code** mã
hiệu khu bưu chính **2** *n.* tiếng
rít; nghị lực; giây khoá kéo: **~
fastener** giây khoá kéo **3** *v.*
bay rít/vèo qua; kéo phéc-mơ-
tuya: **to ~ up** kéo phéc-mơ-
tuya
zipper *n.* khoá kéo, phéc-mơ-
tuya
zit *n.* mụn nhọt
zither *n.* đàn tam thập lục [gảy
tay như thập lục]
zodiac *n.* hoàng đạo

zombie *n.* người nửa sống nửa chết
zone 1 *n.* đới, miền, vùng, khu
vực: **demilitarized ~** [**dmz**]
vùng phi quân sự; **industrial
~** khu vực kỹ nghệ **2** *v.* chia/
khoanh/ quy vùng: **to ~ land
for construction** chia đất để
xây cất
zoo *n.* vườn bách thú, vườn thú,
sở thú: **~ keeper** người canh
giữ sở thú
zoological *adj.* thuộc động vật
học: **~ garden** sở thú, vườn
bách thú
zoom 1 *n.* tiếng kêu vù vù; sự
bay vọt lên: **~ lens** ống kính
chụp gần/xa **2** *v.* vù vù; bay
vọt; vặn ống kính cho gần hay
xa: **to ~ a camera lens** điều
chỉnh ống chụp gần/xa
zucchini *n.* rau xanh zu-chi-ni

"Books to Span the East and West"

Tuttle Publishing was founded in 1832 in the small New England town of Rutland, Vermont [USA]. Our core values remain as strong today as they were then—to publish best-in-class books which bring people together one page at a time. In 1948, we established a publishing office in Japan—and Tuttle is now a leader in publishing English-language books about the arts, languages and cultures of Asia. The world has become a much smaller place today and Asia's economic and cultural influence has grown. Yet the need for meaningful dialogue and information about this diverse region has never been greater. Over the past seven decades, Tuttle has published thousands of books on subjects ranging from martial arts and paper crafts to language learning and literature— and our talented authors, illustrators, designers and photographers have won many prestigious awards. We welcome you to explore the wealth of information available on Asia at **www. tuttlepublishing.com**.